黄心川先生欣开期颐祝寿文集

本书编委会　编

广西师范大学出版社
·桂林·

图书在版编目(CIP)数据

黄心川先生欣开期颐祝寿文集/《黄心川先生欣开期颐祝寿文集》编委会编.—桂林：广西师范大学出版社，2018.9
ISBN 978-7-5598-1431-9

Ⅰ.①黄… Ⅱ.①黄… Ⅲ.①东方哲学-文集
Ⅳ.①B3-53

中国版本图书馆CIP数据核字(2018)第276355号

出 品 人：刘广汉
责任编辑：刘孝霞
助理编辑：罗泱慈
装帧设计：王鸣豪

广西师范大学出版社出版发行
(广西桂林市五里店路9号　　邮政编码:541004
网址:http://www.bbtpress.com)
出版人:张艺兵
全国新华书店经销
销售热线:021-65200318　021-31260822-898
山东鸿君杰文化发展有限公司印刷
(山东省淄博市桓台县寿济路13188号　邮政编码:256401)
开本:787mm×1 092mm　1/16
印张:49.25　字数:908千字
2018年9月第1版　2018年9月第1次印刷
定价:198.00元

黄先生近照

黄先生年轻时

黄先生在写字

黄先生与印度前总统拉达克里希纳交谈

黄先生在印度龙树大学演讲

黄先生游颐和园

黄先生在家中

黄先生在书房

黄先生在书房

黄先生与夫人

序

家父黄心川，先后执教于北京大学与中国社会科学院等科研院校，已经跨入望百之年，一生主要与人文科学为伴，在教育、科研岗位上耕耘七十余载，毕生致力于新中国的宗教学与印度哲学等学科的建设。

在我的记忆里，父亲的印象最初是很模糊的。母亲因被打成“右派”，调到重庆工作，我也跟随母亲在重庆生活，父亲则一人在北京大学哲学系教书。那段时光里，我总会利用每年的一个假期来北京看望父亲，但终日见到的都是父亲忙碌的身影。父亲在做科研和写文章之余，还要处理系里的行政事务。直至父亲正式退休，这样的印象才逐渐淡化。

父亲也曾像其他人一样，是时代的弄潮儿。他始终怀揣着救国救世的理想，即使在耄耋之年仍然始终如一，不改初心。位卑未敢忘忧国。虽然父亲从小家境优渥，但他却放弃了衣食无忧的生活，不畏艰难困苦，一心关切祖国的解放事业。在上大学时，他便积极投身于革命。为了实现人类平等的理想，他义无反顾地奔赴战场，至今身上还留有弹片。朝鲜战争之后，父亲转业从政，曾为政府的行政决议出谋划策。但他最终还是选择了回到文化岗位，以科研和著书立说为本，传播知识，培育后人，乐此不疲，此生无悔，堪为幸事。有时我会想，对于他们这一代人而言，虽然命运多舛，生活动荡，颠沛流离，但他们很少抱怨，也没有过多的想法和选择，一旦确定了方向，便会坚定不移地走下去。这种执着的精神便是信仰。信仰深入骨髓，便与生命结为一体。有时逆境也是成长的助缘，能够激发你的潜能，通过加倍的努力与付出后达成心愿，成就更为强大的自己。父亲一生中所遇到的逆缘并非和平年代的生人所能理解，不论经历生死或是遭遇非难，他始终保持乐观积极的心态，从不抱怨。热心肠的父亲常常仗义助人，不言回报，却从不为自己的不公正待遇计较一二。这大概也是他受人尊敬的原因之一吧。

父亲的成就得益于纯善的追求与出色的才华，但他一向低调自谦，很少主动谈起自己的成就。据老前辈们回忆，当年父亲考取北京大学副博士时，由于英文写得过于流利，以至于考官都在猜测这位学生可能不是中国人。入学以后，他先跟随任华先生学希腊哲学，后来又师从汤用彤先生学习印度哲学，再向朱谦之先生学习东方哲学。虽然这些名家的指导让父亲受益无穷，但是国家的学科建设任务高于个人的学术兴趣。在长达数十年的时间里，父亲接受国家的安排，先后参与筹建了中国社科院世界宗教研究所、南亚研究所和亚洲太平洋研究所等单位。为了帮助和培养更多的学术性人才，父亲常常会专门挤出时间帮助他人修改文章，如今很多学生已经成为人文社科研究领域的专家。虽然繁杂的事务耽误了科研工作，但父亲并未因此而放弃学术理想，只要有空余时间就会从事学术研究。在他不懈的坚持下，历经十余年终于完成了专著《印度哲学史》。此书是父亲重要的研究成果之一，不仅为我国的印度哲学研究提供了范本，也获得了海内外的一致赞誉。

时间荏苒，转瞬已近百年。如今父亲九十有余，作为子女的我也已退休数年。父亲这一生淡泊名利，安于初心，始终保持开放豁达的心态，至今仍然精神矍铄。父亲八十岁时，学生们曾积极地想为他筹办祝寿活动，却被他制止。因为父亲历来不愿意给别人添麻烦。九十岁时，大家又提出祝寿要求，一开始他仍然不答应，在子女的坚持下，他同意仅在同事和学生之间举办一个小规模的活动。现在学生们要为父亲出版纪念九十寿辰文集，嘱我写序，恭敬不如从命，只好勉为其难，草撰成文。

黄夏年

2018 年 8 月

目　录

黄心川先生是我十分敬爱的老师

许抗生*

首先，让我热烈祝贺黄心川先生九十大寿，祝先生身体健康、长命百岁！

黄心川先生是我十分敬爱的一位老师。他为人正直，平易近人，学生与他十分好相处，所以平时我们常称他为“老黄”。虽说他有时遇到不顺心的事儿，也会发些脾气，但他发过即过，从不记在心上，心胸豁达坦荡。正因为如此，他能与学生打成一片，相处得很融洽，学生对他亦敬亦爱。

我是在大学时期因上黄心川先生的课而认识黄先生的。当时黄先生是北京大学（以下简称“北大”）哲学系东方哲学教研室的老师，开设的课是印度哲学史，主要讲的是古印度佛教哲学等内容。当时北大能开设这门课的恐怕也就只有黄先生一人（以前汤用彤先生开过这门课，但当时身体已不好，不能开课了）。就全国高校来说，也很少有人能开这样的课，真可谓凤毛麟角。我有幸能在北大听到黄心川先生的课。我记得黄先生在讲授古印度佛教课时，他为了学生们能更好地了解佛教、增加学生的感性知识，亲自带我们去参观一些佛教寺庙。我印象最深的是，黄先生带我们参观雍和宫时边参观、边讲解，讲了不少我前所未闻的有关藏传佛教的故事，时至今日我还记忆犹新。

还有一次，在课余聊天时，我们谈论到了有关龙树（Nagarjuna）的佛教思想，黄先生十分感慨地说，他曾经参加过一次有关龙树佛学思想的国际学术会议，在会上有位国外的佛教学者能引用大量的梵文资料讨论龙树的思想，这是我们做不到的，所以我们还得努力向人家学习。黄先生讲的这件事，对我的触动也很大，当时我就想我们必须弥补这一缺陷，迎头赶上才是。当然，这是20世纪五六十年代的事，现在的情况肯定不再是这样了。

黄先生讲课对我影响最大的，自然是他讲的古印度佛教思想。可以说，我所知道的一些古印度佛教知识，就是黄先生教授给我的。20世纪90年代，我曾写过一本小书，叫《老子——东方思想的大河》，当时在日本出版。其中谈到的古印度佛教思想，就是根据黄心川先生的讲课内容和其他一些著作的思想写成的。当时黄先生认为，古印

---

* 许抗生，北京大学哲学系教授。

度佛教的历史大约经历了这样几个阶段，即原始佛教（或称早期佛教）、部派佛教、大乘空宗佛教、大乘有宗佛教、密教。原始佛教思想主要讲的是释迦牟尼的四谛十二因缘说，部派佛教则分上座部和大众部及其演化而成的十八部或二十部，大乘空宗主要讲的是以龙树为代表的中观佛学，大乘有宗主要是指以无著世亲为代表的唯识学，最后是密教的兴起和佛教的衰落。根据这一线索，我在书中介绍了古印度佛教的概况。由此可见，黄心川先生在古印度佛教思想方面，对我的影响是很大的。在此我应当感谢黄先生。

最后，让我再一次祝贺黄心川先生九十寿辰，祝先生福如东海，寿比南山！

一代学术宗师，卓越理论贡献

——读黄心川先生论著有感

詹石窗　胡瀚霆*

黄心川老先生是我国当代著名的东方学家、印度学家、宗教学家，是中国东方哲学的开创者与奠基者。先生在学术研究领域耕耘超过一个甲子之年，著作等身，获奖甚多。其多部论著被译为英文、日文、韩文、越南文等，在国际上产生了很大影响，为我国的学术研究做出了卓越贡献。笔者作为后学，在先生的论著中获益良多，以下就简单谈谈在阅读先生论著时的几点感受。

一、放眼世界，宏大的学术视野

（一）深邃的研究进路

在黄老先生的论著中，我们可以发现有这样一条研究进路：以印度哲学与佛教研究为主，兼涉儒、释、道三教思想。在此基础上，先生将研究拓及东方宗教哲学领域，并放眼全球。

在印度哲学领域，黄老有《印度哲学史》与《印度近现代哲学》两本重量级专著。中国社会科学院（以下简称“中国社科院”）哲学研究所的孙晶教授曾指出，黄老所著《印度哲学史》“是一本非常有价值的学术著作，它系统地论述了印度整个古代和中世纪的哲学史，脉络清楚、深入浅出”①。而《印度近现代哲学》则是《印度哲学史》的续编，该书将印度近现代哲学发展史分为启蒙运动时期、民族主义运动兴起时期、民族和民主运动发展时期，详细阐述了19世纪初至20世纪中叶印度主要哲学家的哲学思想。此后，黄老综合其三十余年来对印度哲学研究的成果，凝结成《印度哲学通史》一书。除了学术专著外，黄老发表了关于印度哲学与宗教的系列论文，如《试论龙树的中观哲学》《印度奥义书的哲学思想》《印度的胜论哲学及其在中国的影响》《印度教在中国的

---

* 詹石窗，四川大学道教与宗教文化研究所教授、四川大学老子研究院院长；胡瀚霆，哲学博士，四川大学道教与宗教文化研究所专职博士后、助理研究员。

① 孙晶：《中国的印度哲学研究》，《哲学动态》1996年第6期。

传播与影响》等。这些论文对印度重要哲学思想及宗教流派进行了专题考察与解读，对印度哲学与中国文化之间的互动关系进行了深入探讨。

早在20世纪70年代末，先生就展开了对佛学领域的研究，而2002年出版的《东方佛教论：黄心川佛教文集》则是先生几十年间关于佛学研究的部分重要论著的集结。在该书“后记”中，先生提出了宗教研究的方法论指导：“研究宗教要从整体上把握它的教义思想的发展，要注意它在思想上的源与流的关系。中国佛教是从印度（包括中亚）传来的，传到中国后经中国人吸收消化后成为中国的佛教，哪些是源，哪些是流，这些还需要我们去认真地加以研究才行……现在我们把宗教作为社会科学的一个分支来加以研究……站在更高的起点，超脱宗派的樊篱，实事求是地指出它的所在，恢复它的历史本来面目。”①先生提出的这一宗教研究方法论同样指导着后学们的宗教学研究，而先生在其方法论指导下所取得的研究成果，更无疑是后学们学习与参考的典范。

除了重点研究印度哲学与佛教思想外，黄老对于我国传统的儒学、道教以及伊斯兰教等文化的研究也倾注了不少心力。其中《中国宗教与中国传统文化》《论中国历史上的宗教与国家的关系》《“三教合一”在我国发展的过程、特点及其对周边国家的影响》等专论，从历史脉络与思想架构上对我国宗教、政治、宗教关系的历史情况进行了宏观的审视。又有《印度瑜伽与中国佛教、道教、民间气功等关系》《中国密教的印度渊源》《印度吠檀多哲学与中国佛道思想的交流》《印度瑜伽与少林武功》等论文对我国传统的佛、道文化进行溯源与考察。

我们知道，印度在历史上向外输出的主要是与宗教有关的思想文化，其中佛教最具典型性。中国的佛教源于印度，它又是日本、韩国、朝鲜等地方的佛教源头。另外，中国本土的儒、道文化对周边国家的影响亦是非常深远。黄老在深入研究印度哲学、佛学以及儒、道文化的基础上，将其研究进路拓展到整个东方哲学思想领域。《东方哲学的起源、演变及其与中国的关系》《中国与东方周边国家哲学的双向交流及其影响》《东方价值观及其现代意义》《中国传统文化与东亚文化模式》《佛教在东亚》等系列论文就是先生在东方哲学思想领域的研究结晶。从地理版图来看，先生关于东方哲学的研究以中国为中心，东有韩国、朝鲜、日本，西至古波斯，南及越南，西南有印度、斯里兰卡等；从时间跨度来说，上下跨越五千余年。先生以古代、中世纪、近现代、现代四个时期为分析阶段，概观东方哲学思想史，对东方价值观提出了独到的见解，深刻阐释了东方哲学的现代意义。而先生主编的《东方著名哲学家评传》系列丛书亦即在这个框架下组织编写的。

---

① 黄心川：《东方佛教论：黄心川佛教文集》，北京：中国社会科学出版社，2002年，第331页。

黄老的学术视野并不局限于对东方诸国哲学思想与宗教文化的研究，而是以其自身独特的学术视角对亚太地区的宗教文化进行考察，并放眼全世界。早在1988年，东方出版社就出版了黄老主编的《世界十大宗教》。这是一本宗教学领域的重要著作，出版当年即获得全国十大优秀图书奖及中国社会科学院优秀成果奖。黄老在亚太宗教文化领域上的研究成果有《亚洲价值观与亚太文明和宗教的发展》《亚洲价值观与东西方精神文明的交融》《世界宗教的亚洲起源、传播和现状》《世界宗教圣地的形成、发展及其历史意义》等。通过对亚太地区宗教文化的研究，加上放眼全球文化的视野，黄老又以其对亚太宗教思想的研究为架构，主编了《当代亚太地区宗教》，该书填补了学界对尼泊尔、朝鲜、蒙古等国家和中亚及大洋洲等地区的宗教研究的空白。

以上，我们以黄心川老先生的代表性论著为线索，从整体上概观了黄老学术研究的进路。不难发现，黄老的学术研究以印度哲学与佛教研究为主，兼及儒、释、道思想，以此为基础，拓至东方宗教哲学领域，并放眼全球。黄老的系列研究不仅为我国传统宗教文化研究做出了贡献，而且拓展了国内学界对国外地区宗教与新兴宗教的研究。阅读黄老的论著时，笔者还发现其中有一个显著的特色：研究国外地区宗教哲学文化时，先生尤其注意研究对象与中国本土文化的关系，注重探究其对中国社会、文化所产生的影响，并发掘其现代意义，如在《印度教在中国的传播和影响》一文中，先生以考古发现与传世文献为依据，考察了印度教传入我国的渠道与建庙活动的经过，概述了印度教文化在我国的流传情况，论述了印度教对道教及传统气功的影响，探索了吠檀多哲学与中国哲学交流的问题。在《印度文化对中国古代文化的影响》《印度瑜伽与中国佛教、道教、民间气功等关系》《尼泊尔佛教及其对我国的影响》《中国与东方周边国家哲学的双向交流及其影响》等系列文章中，先生详细论述了以印度为主的国外宗教文化对我国宗教、艺术、科学等领域所产生的影响。

笔者以为，对本土文化的重视，对我国传统宗教文化之源与流的梳理，无疑是黄老学术情怀之深刻体现。

（二）宽广的研究领域

先生学术视野之宽阔，不仅体现在其研究进路上，同样显示在先生的学术研究涉及多种学科领域这一方面。先生是北大哲学系科班出身，但先生的论著中除了哲学、宗教学的研究外，还涉及艺术、经济、政治与国际关系等研究领域。

在艺术方面，先生主要有《从印度到中国：佛教造像的艺术之路》《印度、中国佛教造像艺术的发展过程及其特点》二文，这是先生对佛教造像艺术的探索。在这方面的研究中，先生对佛教造像的前因后果进行了分析，指出“佛教创始人释迦牟尼……并不重视甚至反对偶像崇拜……佛教对偶像的崇拜大概是在部派佛教时期开始出现的，大乘兴起后，达到了高潮”①。先生又对印度佛教的造像艺术之显、密分期及其艺术特点进行了判定与描述，进而对佛教传入中土后，在我国历史进程中所呈现的造像艺术之概况进行分析解说。先生在这方面的探索，无疑能帮助相关研究者迅速了解佛教造像艺术的发展情况，准确把握其特点。

在经济方面，先生主要有《经济全球化与东西方宗教》《经济全球化与东西方宗教的关系》《经济全球化过程中的宗教趋向》《当前东亚佛教的复兴情况及其对社会经济的影响》等论文。黄老先生关于这一方面的研究主要是在21世纪初，是站在经济全球化的时代背景下，考察东西方宗教间的关系与发展趋势，并由此探讨在这一背景下宗教与经济之间的互动作用。先生在当时敏锐地指出，在经济全球化的浪潮之下，东西方具有传统宗教政治复兴、民族宗教冲突日益激烈、宗教世俗化、宗教与政治结缘、宗教普世化与本色化、新兴宗教异军突起、东西方宗教的交流与融合等发展趋势。十八年后的今天，我们回顾历史，可见世界宗教的发展正如先生的预判。而先生当年的研究成果，对后来我国宗教学领域的研究，无疑具有方向性的指示作用。

在政治与国际关系方面，先生有《沙俄利用宗教侵华简史》《沙俄侵略蒙藏与喇嘛教》《论中国历史上的宗教与国家的关系》《前景广阔的中韩关系》《中韩文化的共同特征及其相异性》《东北亚的文化模式与合作关系》等系列论著。先生在这一方面的研究，大体又可分为三块内容。其一，关于晚清以来宗教在我国外交关系中之角色的研究。例如，《沙俄利用宗教侵华简史》一书着重阐述了1860年以前俄国东正教与早期中俄的外交关系，揭露了沙俄利用东正教、喇嘛教和伊斯兰教侵略中国的历史真相；《沙俄侵略蒙藏与喇嘛教》一文，则细数了沙俄利用喇嘛教对蒙古进行渗透和分裂、对西藏进行争夺和颠覆的种种罪行。其二，关于宗教与政权关系的研究。例如，《论中国历史上的宗教与国家的关系》一文探讨了在我国不同朝代中，儒家、道教、佛教、伊斯兰教乃至景教、摩尼教等宗教与国家政权之关系的展现情况，又依据历史之经验对当代社会与宗教相适应的政教关系进行了探索。其三，立足当代，考察并展望我国与东亚各国的国际关系。此中既有中韩两国关系的具体考察，亦有东亚各国间关系的概况性论述。就中韩两国关系而言，黄老在《中韩文化的共同特征及其相异性》一文中，根据自己对中国传统文化基本特征的看法与韩国文化进行比较，论述了中韩文化的基本特征与核心精神。《韩国佛教的发展过程及其与中国的双向交流》《民国佛教刊物所见当代韩国佛教史料摭议》等论文对中韩两国间的文化交流情况做了深入探究。就东亚各国间关系的概况性论述而言，笔者以为《东亚的文化模式与合作关系》一文尤具代表

① 黄心川：《东方佛教论：黄心川佛教文集》，第112、113页。

性。该书对日本、韩国与中国的文化模式及其相互间的关系进行了考察，并结合时代的需求为中、日、韩三国文化合作提出了建设性的意见。

通过以上对先生所涉学科领域研究成果的梳理，我们不得不感叹，先生学术视野之广与研究之深，着实令后辈学者敬仰。细细读来，我们还能从先生的论著中发现这样一个特点：先生的研究虽涉及多学科领域，但并不显得杂乱。笔者以为，这是因为先生有着深厚的哲学、宗教学功底，对不同学科领域的探索都是以文化与宗教为基础，由此引申出在经济、社会、艺术、政治、国际关系等领域的诸多观点。换言之，先生是从文化与宗教的视角，对不同学科领域进行探索，由此提出自己独到的观点。这是值得后辈学者所师法的。当然，想要拥有广博的学术视野，就必须像黄老一样，以对本专业有着高深学术造诣为前提。

二、 方法独到，超前的学术理念

前文中，我们从研究进路与学科领域两个方面对黄老的学术视野进行了概述。然而，想要在如此广博的学术领域中恣情遨游，其学术驾驭能力无疑需要达到相当的高度。黄老为何能拥有如此这般的学术驾驭能力？笔者认为，这在一定程度上取决于先生的学术理念与研究方法。在阅读先生论著之时，笔者认为先生的学术理念与研究方法有以下三大特点。

（一） 以史实、文献为基础

文献是研究的基础，没有典籍文献就无法展开科学的考证和阐释。同时，任何观点的提出也必须立足于文献依据，而尊重史实则是通往真理、获得真知的根本前提。黄老就是以对文献的详细梳理和对史实的真实反映而奠定其学术思想之研究的。

在史实方面，就针对历史人物之思想与历史事件之影响的学术研究而言，可以分为历史人物之生平、时代背景、历史评价与历史事件发生的时代背景、具体经历、历史影响等史实问题，对这些史实问题的重视能让我们对历史人物之思想与历史事件之影响有更为真实的认识与同情的理解。对历史人物之史实问题的重视，突出地体现在黄老对中印等佛学家之思想的研究中，如在《试论龙树的中观哲学》《严佛调与中国佛教文化》《释迦牟尼的哲学和社会思想》《玄奘及唯识学研究的回顾与展望》等系列论文中，先生都是从这些历史人物的生平与时代背景入手，发掘其思想形成的最直接的影响因素，以此加深对历史人物的同情的理解，由此再展开对这些人物之思想与哲学理论的研究。而《印度教在中国的传播和影响》《隋唐时期中国与朝鲜半岛佛教的交流——新罗来华佛教僧侣考》等论文则以历史事件之史实为基础，前一篇以印度教在中国的传入渠道与建庙经过之历史史实为切入点，后一篇则通过对隋唐时期朝鲜的社会政治情况与中国佛教传入朝鲜的经历之史实作为后续研究之基础。

在文献方面，从《隋唐时期中国与朝鲜半岛佛教的交流——新罗来华佛教僧侣考》《民国佛教刊物所见当代韩国佛教史料摭议》二文中即可领略到黄老先生文献功夫之深厚。在《民国佛教刊物所见当代韩国佛教史料摭议》一文中，先生根据其所见中华民国出版报刊的资料目录，对当代韩国佛教史料进行整理，详为列表，足见功夫。而先生对整篇文章的架构即是在细致地梳理分析文献的基础上，对史料文献中所记载的人物事迹及其体现的历史意义进行评判。《隋唐时期中国与朝鲜半岛佛教的交流——新罗来华佛教僧侣考》一文则是在史实陈述的基础上，根据中韩史籍，详细考证出在隋唐时期新罗来华的僧侣共 117 人，并将来华僧侣的法名、入隋唐年月、活动情况、著译和存疑的问题进行列表统计。在此基础上探究新罗佛教宗派与隋唐佛教之间的关系。从我们对黄老先生这两篇论文的概述中，不难发现，这两篇论文不仅体现了先生深厚的文献功底，而且也反映出先生在夯实的文献基础上对历史人物与历史事实的深刻见地。细细读来，着实让人拍案叫绝。而先生对文献的使用技巧及其在文章架构中所运用的方法，尤其值得我们学习琢磨。值得一提的是，先生在《隋唐时期中国与朝鲜半岛佛教的交流——新罗来华佛教僧侣考》一文中考证出的隋唐时期新罗来华僧侣的人数比朝鲜学者李能和统计发表的六十五人，日本学者中吉功在 1974 年统计发表的六十六人几乎多了近一倍。这一对比，亦即体现出黄老先生对文献之重视与驾驭文献的过人之处。该文获得了 1993 年第四届国际佛教学术奖和中国社会科学院科研成果奖，这是我国佛学的研究与世界学术接轨的标志。另外，先生在文献方面的工作既比较系统地整理了中国所保存的印度哲学史、印度佛教史、印度文学史等的历史资料，阐明了它们在中国的影响，又从中国保存的六十四部佛经中整理出了在印度已经失传的印度唯物主义（顺世外道）的历史资料。①

当然，在学术研究中，文献与史实并不各自独立，它们是相互联系、互相佐证的。黄老对于文献与史实亦是交互运用，并不偏执其一。本文之所以将二者分开介绍，只是为了更为明确与清晰地展现先生在这两方面的功力。

（二）注重比较研究

注重比较研究，是笔者在阅读先生论著时的又一强烈感受。先生在访谈录中谈到，先生的中学语文与历史老师是清朝遗老耆宿，在他们的影响下先生曾苦读四书五

---

① 李建欣：《平章华梵　融贯东西》，载中国社会科学院青年人文社会科学研究中心编《学问有道——学部委员访谈录（下）》，北京：方志出版社，2007 年，第 1435、1436 页。

经，熟谙我国古代经典。先生之后还在教会大学学习过。又，先生在北大求学期间，曾师从任华、汤用彤等老一辈哲学家，学习古希腊哲学与印度哲学，对西方哲学有深刻把握。因此，比较研究在先生的学术研究方法中自然而然地成了重要手段。用先生自己的话来说："由于我是搞西方哲学科班出身的，对东西方哲学都有些常识，因此在研究中常常从比较的角度出发，减少了盲目性和局限性。"①这也就是比较研究在先生的学术研究中所凸显的重要意义。

我们在前文中已提到黄老的学术研究以印度哲学与佛教研究为主，兼及儒、释、道思想，并以此为基础，拓及东方宗教哲学领域，并放眼全球。而比较研究方法即是贯穿在先生的研究进路中的。我们知道，不同地域之间的相似性与差异性尤为分明，而黄老的研究进路在地缘上大抵可分为中国与周边国家、东方与西方两大模块，因此，我们可以从地缘模块的角度上概览比较研究在黄老学术研究中的具体运用。

在研究中国与周边国家之思想文化的交流互动上，《印度瑜伽与少林武功》《印度瑜伽与中国佛教、道教、民间气功等关系》《密教与道教》《中韩文化的共同特征及其相异性》等论文尤具代表性地体现了从比较角度切入的研究方法。《印度瑜伽与少林武功》《印度瑜伽与中国佛教、道教、民间气功等关系》二文即以比较的视角，从瑜伽的起源、发展、理论和修持方法等方面，探讨了印度瑜伽与我国佛教、道教与民间气功的关系，发现"《易筋经》的十二势，与12—15世纪之间在印度出现的《诃陀瑜伽灯明》等相比，虽然在运气与身体姿势结合方面有些相似，少数名称如'倒拽九牛尾势'与'牛头功'，'韦驮献杵势'与'金刚功'或'勇士功'等相同外，其余都有差异……《备急千金方》……只有一些相似的姿势可与印度诃陀瑜伽相比较……婆罗门引导法见于宋时张君房所编《云笈七签》……道教内丹的修炼与诃陀瑜伽运气所经的脉道、方法也有很多相似之处……"②《密教与道教》开篇即从比较的视角探究二者在哲学思想、女性崇拜、修行实践等方面的相似之处，指出"印度的密教和中国的道教不仅在古代和中世纪有过长期交往的历史，而且在宇宙观、生命观和宗教修持方面有着惊人的相似之处"③。继而在中国密教与道教的范畴中对中国佛教与道教、中国汉地密教与道教的关系进行了比较分析，通过这一技术手段总结出密教与道教的交融情况，认为"道、密融合不但

---

① 李建欣:《平章华梵　融贯东西》，载中国社会科学院青年人文社会科学研究中心编《学问有道——学部委员访谈录(下)》，第1436页。

② 黄心川:《印度瑜伽与中国佛教、道教、民间气功等关系》，《东方佛教论:黄心川佛教文集》，第94页。

③ 同上书，第58页。

表现在教义内容，而且表现在行事实践方面，大致可分为三种情况。（一）密教吸收了道教以前先行的思想和信仰，如阴阳五行说……；（二）道、密在传播过程中摄取、融合了对方的教义内容、仪礼、符咒、印法等，采用了对方的术语、文句、咒声等；（三）道、密全盘吸收了对方思想和内容，甚至名称也很雷同”①。黄老先生这篇文章是对密教在中国传播情况的总体把握，对密教与道教交融情况的分析则是对密教在中国传播细节的深入剖析，在很大程度上推进了我国学界当时关于密教的研究工作。这无不得益于先生在研究过程中对比较研究方法的运用。

在东西方文化研究的这一模块上，如《玄奘及唯识学研究的回顾与展望》《东西方哲学的汇合与东方哲学的转型》《亚洲价值观与东西方精神文明的交融》等论文，先生同样以比较的视角，对玄奘及唯识学在东西方的研究情况、东西方哲学的异同进行分析，并以此作为深入研究的基础。先生主编的《现代东方哲学》一书，可以说，亦是从东西哲学思想的比较视角出发，在“传统东方哲学的现代转型”与“现代东方哲学在国家社会发展中的作用”这一视角下，对现代东方哲学思想进行了概观与审视。个中细节笔者便不在此赘说了，读者自可深入阅读先生的文章，体味其中奥妙。

（三）联系现实社会与时代发展进行深入解读

阅读先生论著还能感受到先生并非为了学术而做学术，也不是就问题只谈问题，而是始终观照着时代的发展。他着眼当下，展望未来，通过专题性考察，以揭示社会心理的涌动与走向。因而，我们在先生的论著中经常能看到先生在其时代背景下对学术前沿动态乃至社会发展方向的讨论。也正是这样的讨论，体现出先生对社会人文的深切关怀。

在先生的系列学术成果当中，《现代中国佛教》《都市寺院的特点与展望》《法显大师与改革开放精神》《亚洲价值观与亚太文明和宗教的发展》《当前南亚宗教发展的趋势与特点》《前景广阔的中韩关系》等论文即鲜明地反映了先生在其所处的时代背景下对佛学发展、亚洲宗教发展、中国与周边国家关系发展等问题的探讨。具体来说，《现代中国佛教》从佛教活动和佛学研究两个方面对现代中国近几十年的佛教情况进行了介绍。《都市寺院的特点与展望》从政治、经济与文化的发展、人才、信息等方面分析了寺院设置在城市里的好处，并对未来佛教的发展趋势进行展望。《法显大师与改革开放精神》则指出“法显的成就，也是古代改革开放这一理念下的表现”②，这对我们坚持

---

① 黄心川：《印度瑜伽与中国佛教、道教、民间气功等关系》，《东方佛教论：黄心川佛教文集》，第71页。

② 黄心川：《法显大师与改革开放精神》，《佛学研究》2011年总第20期。

改革开放、构建和谐社会有着重要的现代价值与国际意义。不难发现，先生这三篇关于佛教的论文，都是站在彼时之时代前沿发出的关于佛教现状、发展及社会意义的思考。在《亚洲价值观与亚太文明和宗教的发展》一文中，先生指出“中国在这个地区（亚太）愈来愈重要的地位和作用自不待言。因此从国际战略出发，我们必须对亚太地区在冷战以后所形成的政治、经济格局，亚太地区在当前国际政治经济乃至社会文化中的作用进行全面的调查了解”①，继而，文中对彼时亚太地区的宗教动向进行了考察。而《当前南亚宗教发展的趋势与特点》则把注意力集中在印度、斯里兰卡、尼泊尔、巴基斯坦、孟加拉等南亚国家，对这一地域上的印度教、佛教、耆那教、锡克教、巴哈伊教、琐罗亚斯德教、基督教等宗教的发展趋势与特点进行考究。在指出南亚宗教发展掀起复兴热潮、具有普世化等特点外，尤其发现，彼时南亚宗教在西方兴起盛行，如“基督教的某些派别已直接地把印度瑜伽融合到他们的修持体系中”②。可以说，先生的这一研究是在更宽广的视域下，对国际社会中宗教发展动态的观照，是对全人类宗教情感的关怀。又如，《前景广阔的中韩关系》一文既从彼时中韩建交以来的合作背景出发，从政治、经济、文化等方面对中韩关系的发展前景做了展望，又从全球视角，对国际因素在中韩关系的未来发展中可能产生的影响做了思考。

这里，我们仅是简要概述了先生论著中所体现的对现实社会与时代发展的观照，笔者所摘取的也仅是先生的众多论著中少数几篇，但我们能从中体会到在先生所涉及的研究领域中，无不体现着先生观照现实的情怀。笔者相信，也就是因为有这种情感的支撑，先生才能在其学术研究中绽放出这般绚烂的光彩。

三、结　语

先生学术视野之广博、研究方法之独到，无不令后学赞叹；其学术成果之丰硕、学术抱负之宏远，无不令后学敬仰。先生在其学术生涯中能取得如此之成就，笔者以为这同先生的人生经历是分不开的。先生曾在访谈录中谈及自己的“人生三阶段”，我们可从中体会先生潜心学术的原动力，从而学习先生以学术之成就报效祖国的精神。

先生出生在历史文化名城——常熟，中学时受江南文坛中骚人墨客的影响，曾梦想成为一名文人学者。而彼时的中国正处在山河破碎的边缘，侵华日军踏进了先生的家乡，先生此时受到反日反蒋的革命教育，并协助地下党员创办革命刊物。抗战胜利

---

① 黄心川：《亚洲价值观与亚太文明和宗教的发展》，《当代亚太》1998 年第 11 期。

② 黄心川：《当前南亚宗教发展的趋势与特点》，《东方佛教论：黄心川佛教文集》，第 145 页。

后，先生目睹了国民党的残酷统治，而为祖国的前途担心，也为自身的命运忧虑。经过反复思考，先生决定把自己的前途与祖国的命运紧密结合在一起，毅然决然地踏上了革命的道路。他突破千难万险，成为一名游击队员，先后参加过苏区游击战、淮海战役、渡江战役、抗美援朝战争，不幸在抗美援朝战争第五次战役中受伤，被评为荣誉军人。从此，先生离开了他热爱的军旅，转业到地方成为政府公务员。政府公务员没做多久，先生在党中央提出“向科学进军”的号召下，考上北大外国哲学史专业，从此走上了学术之路。①简要回顾先生的这段历史，我们足以想象先生在战火纷飞时代的沧桑，能够体会到先生在革命岁月中所砺就的报国情怀。

先生曾说：“我常常把革命看成是一首‘社会的诗’，革命的理想是诗的理想，革命的生活是一种饶有诗意的、浪漫主义的生涯，因此什么艰难困苦都能忍受，都怡然自得。”②就是在这样一种“诗”的精神的支撑下，先生度过了那些艰苦的战争岁月，而其时所砺就的报国情怀又支持着先生踏上学术之路。所以我们在阅读先生论著之时，也就不难理解其中所体现的诸如重视本土文化、注重对我国传统宗教文化之源与流的梳理、观照现实社会与时代发展、重视东方各国文化间的交流与互动等特点了。笔者以为，这就是先生报国情怀在其学术研究上的体现，是在一定意义上对“欧洲中心论”的反击。③ 也就是因为这种精神和情怀的鼓舞，先生在其学术生涯中取得了为学界公认的优秀成果，为我国当代宗教学的建设做出了不可磨灭的贡献。

---

① 参见李建欣《平章华梵　融贯东西》，载中国社会科学院青年人文社会科学研究中心编《学问有道——学部委员访谈录(下)》。

② 同上书，第 1434 页。

③ 关于“对‘欧洲中心论’的反击”的说法，在李建欣《弟子眼中的黄心川先生》(载常熟市政协学习和文史委员会编《常熟文史》第 29 辑，2001 年)一文中有论述，笔者甚为赞同，因而在此补充说明。

谈谈黄心川先生的几点贡献

刘培育*

我和黄心川先生有三十多年的交谊，简言之为“三缘”，从中可以看到黄先生的一些贡献。

一缘因明。“文革”结束后，中国迎来了“科学的春天”。1982 年 2 月，我们在京召开了一个只有 7 人参加的微型因明座谈会，明确提出“抢救因明遗产是当前学术界和出版界一项重要而急迫的任务”。中国社科院及时用要报把这一呼吁报送给党中央和国务院，陈云做了重要批示。次年我们在敦煌召开了首届因明研讨会，黄先生的研究生方广锠到会。会上成立了因明研究工作小组，方广锠是小组成员。1989 年初，我们筹备召开第二届因明研讨会，即全国藏汉因明学术交流会。我去拜访黄先生，请黄先生届时到会指导，请中国社科院南亚文化研究中心参与主办。主办方除了中国逻辑史研究会外，还有中国佛教文化研究所、中国藏学研究中心。黄先生马上就答应了，并说抢救因明很重要。由于李一氓、赵朴初等的支持，我们的会议在中共中央对外联络部院内顺利地召开了。黄先生不仅到会，还亲自主持半天会议，发表了讲话。商务印书馆还向会议赠送了黄先生的《印度哲学史》一书，给与会学者很大的鼓舞。21 世纪初，我和黄先生等商量召开第三届因明研讨会，我们还一块儿去中国藏学研究中心协调，很顺利地形成了筹备方案，大家推黄先生担任筹委会主任。后来这个会议又演变成首届国际因明学术研讨会，2006 年 6 月在杭州召开，产生了很大的影响。会议主办方在闭幕式上特别感谢德高望重的著名专家黄心川先生对这次会议做出的重要贡献。会上成立了中国逻辑学会因明专业委员会，黄先生和我都被聘为顾问。2017 年我们在杭州召开了第二届国际因明学术研讨会。

二缘玄奘。研究因明离不开玄奘。1991 年春，河南大学葛黔君老师告诉我，玄奘故里很荒芜。经商量，我撰写了“开展玄奘研究和修复玄奘故里”的倡议书，主要提出三条：(一)加强玄奘研究，成立玄奘研究中心；(二)修复玄奘故里；(三)建立玄奘纪念馆和玄奘塑像。我们呼请有关部门重视对玄奘思想的研究、玄奘故里的修复和玄奘纪

---

* 刘培育，中国社会科学院哲学所研究员、博士生导师，中国社会科学院老专家协会会长，玄奘研究中心副主任。

念馆(像)的建设,我们呼吁海内外人士积极献策,使上述倡议得以落实,早见成效。我写好后向黄先生征求意见,他表示完全赞成。黄先生带头在倡议书上签名,并主动联系多位专家签名。签名的一共有十一位(以姓氏笔画为序):石峻、刘培育、孙宝刚、巫白慧、李荣熙、罗竹风、季羡林、黄心川、段文杰、葛黔君、楼宇烈等先生。1991 年 9 月,该倡议书被全国多家媒体全文发表,在学术界和社会上引起很大的反响。当时偃师县汪永春县长给我回信,表达玄奘故里人渴望修复故里的心声。时任河南省省长的李长春批示说:要重视专家们的建议,认真修复玄奘故里,并使洛阳(偃师)成为玄奘研究中心。1992 年 7 月 30 日,玄奘研究中心在中国社科院宣告成立,黄先生担任中心主任,赵朴初担任名誉主任。印度、巴基斯坦、尼泊尔、斯里兰卡等国大使到会祝贺。玄奘研究中心成立以来,成功举办了五次大型的国际玄奘学术研讨会和多次国内专题研讨会,出版了《玄奘研究》,推动了国内的玄奘研究和中外学术交流。玄奘故里二期工程正在进行,玄奘寺、玄奘纪念馆、玄奘西天取经博物馆等在不同的地方修复或新建,都有黄先生的支持和奉献。黄先生的学术思想,他的丰厚资源,他的崇高威望,他的责任感和奉献精神,保证了这些学术活动和建设项目的成功,也深深地感染着我们。没有黄先生就没有玄奘研究中心二十六年的成绩!

三缘宗教教育。20 世纪 80 年代末 90 年代初,我国许多地方出现“宗教热”,有些大学生周末也到教堂做礼拜,然而很多人包括国家相关管理人员都缺少必要的宗教知识,于是我产生了开展宗教专业函授教育的想法。我把这个想法和中国社科院亚洲太平洋研究所(以下简称“亚太所”)的徐绍丽、薛克翘、张九林等几个同志沟通,我们很快达成共识,即由我供职的中国逻辑与语言函授大学和中国社科院亚太所合作创建宗教系,设宗教专业大专班(两年制)、佛教基础专修班(一年制)和单科班,面向社会招收函授生。我们建议请黄先生担任宗教系主任,我和薛克翘分别跟黄先生谈了我们的想法,黄先生表示赞成。接着我们又同国家宗教事务管理局沟通,获得支持。薛克翘组织亚太所和宗教所的一批专家,用半年多时间,编写了包括佛教、道教、基督教、伊斯兰教等领域十种函授教材:《印度佛教史》(韩廷杰著)、《中国佛教史》(颜雄著)、《佛教与中国文化》(薛克翘著)、《佛教典籍概论》(方广锠著)、《佛经导读》(黄心川著)、《中国道教史》(卿希泰、唐大潮著)、《道教典籍》(陈敏著)、《基督教简史》(闻筝著)、《伊斯兰教简史》(金宜久主编),参加编著工作的还有王邦维、业露华、华方田、苏军、何劲松、魏道儒、王俊荣、王建平、吴云贵、周燮藩等先生,时任国家宗教事务局政策法规司副司长的王作安先生编写了《我国现行宗教政策讲稿》。我们完成了相关的办学手续,于 1992 年 12 月 1 日向社会公布了中国逻辑与语言函授大学宗教系招生简章。第一个月就有四百多人报名,前后招收了近两千名学员,有宗教、政协、统战、司法战线的官员和普通工作人员，也有多年修行的汉传与藏传佛教僧人、道教道士，还有公司老板、大学生和平民百姓。年龄最大的七十四岁，最小的十八岁。他们中的一些人学习很用功，如湖北黄石的一位居士一次寄来了几万字的学习体会。总的来讲，宗教系函授教育是办得成功的，为提高我国宗教干部和信众的相关基础知识做了实实在在的事，也获得了社会各界的好评。赵朴初听到后高兴地说："我一直倡导对佛教管理人员进行佛教知识培训，几次捐款，却始终没有搞起来，你们办宗教函授教育，一下子就两千人，真是功德无量！"

通过上面罗列的一些事情，可以看出黄先生在推动因明研究、弘扬玄奘精神、开展宗教教育等方面都做出了重要的贡献。黄先生是我尊敬的师长，也是我学习的榜样。

黄心川在“印度哲学”学科创建中的贡献

朱明忠 *

1978 年 3 月，中国科学界召开了“科学大会”，在会上宣读了中国科学院院长郭沫若写来的祝词《科学的春天》。经历了十年“文革”的中国，终于迎来“科学大发展的春天”。无论在自然科学战线，还是在社会科学战线都呈现出一片生机盎然、蓬勃发展的形势。在这种大好形势下，我国社会科学界发展迅速，涌现出许多新的学科和新的研究领域。“印度哲学”学科，就是在这种形势下产生的。黄心川教授在这个学科创建中起了重要的作用，可以称之为学科的创始人。此学科自 1978 年创立以后，大约经历十年的发展，到了 80—90 年代，其科研队伍不断壮大、科研成果陆续问世，呈现出一个欣欣向荣的局面。

我作为“文革”后黄心川先生的第一批研究生，毕业后一直在中国社科院和北大合作成立的“南亚研究所”工作，并在他指导下从事印度哲学研究。所以，我亲历了“印度哲学”学科的创立和发展过程，也深知黄先生在学科建设中所做的大量工作。本文的主旨，主要是阐述黄先生在本学科的创建过程中所做的突出贡献，以及近年来本学科所取得的重要科研成果。

一、“印度哲学”学科建立之前

在古代，中国与印度通过佛教交流在宗教与文化领域建立了广泛而紧密的关系。但是，到了近代，中印两个文明古国皆国势衰落，遭受西方列强的侵略和奴役。因此，双方之间的宗教往来和文化交流日趋减少。直到现代，中印文化交往的颓势才逐渐改变。在这个过程中，有两件事情值得一提。

一则是，1924 年印度现代著名诗人泰戈尔访华一事，在中国掀起了一股印度文化热。此后，泰戈尔有名的诗集，如《吉檀迦利》(1913 年获诺贝尔文学奖)、《新月集》、《园丁集》、《飞鸟集》等被陆续译成中文，这些诗歌不仅反映出印度教吠檀多哲学的精华，而且也表达了诗人对人与大自然相互和谐共处的强烈渴望。可以说，泰戈尔的神圣诗

---

* 朱明忠，中国社会科学院亚太与全球战略研究院研究员。

歌又重新点燃中国人对印度的兴趣。

二则是，20世纪初中国佛教复兴运动的兴起。在这场运动中，中国各地陆续建立起佛学院，如上海和杭州的华严大学、南京的支那内学院、武昌的佛学院、镇江的玉山佛学院、普陀山的南海佛学院、闽南佛学院，等等。这些佛学院一方面传授佛学知识、培养佛教人才，另一方面也研究中印佛教的历史与文化。各个佛学院不仅开设了印度佛学，还开设了印度教六派哲学的课程。

20世纪初，我国逐渐兴起了研究印度文化的热潮。在这个过程中，许多大学开设了印度教哲学的课程。1916年，北大哲学系首先开设了印度哲学专业，由许季上先生讲授。1917—1924年，梁漱溟先生在北大讲授印度哲学。1922年，汤用彤先生从美国留学归来，先后在东南大学、南开大学和北大讲授印度哲学史、中国佛教史等课程。1946年，金克木先生在武汉大学开设印度哲学史课程，1948年到北京大学继续讲授印度哲学史。金克木走后，武汉大学的印度哲学史，由石峻先生讲授。中华人民共和国成立后，汤用彤任北大副校长期间，仍然给研究生开设印度哲学的课程。以上各位先生所讲的印度哲学，不仅有佛教哲学，而且还包括印度教的六派哲学、耆那教的哲学和顺世论的哲学等。

随着对印度宗教哲学研究的深入，中国学者也陆续出版了不少学术著作。1919年，梁漱溟出版《印度哲学概论》；1925年，梁启超出版《印度佛教史略》；1936年，黄忏华出版《印度哲学史纲》；1943年，印顺出版《印度之佛教》；1945年，汤用彤出版《印度哲学史略》。除上述专著外，我国学者还在各种杂志上发表了许多有关印度哲学的论文，向公众大量介绍古代与现代的印度哲学思想。

1949年中华人民共和国成立以后，随着中印友好关系的发展，两国的文化交流也呈现出一个崭新的局面。50—60年代，北大东方语言系招收了大批学习印地文、梵文、巴利文的学生；北京广播学院（中国传媒大学的前身）也开设了泰米尔语、孟加拉语和尼泊尔语等专业。这些院校培养的学生，为我们开展印度文化研究奠定了人才基础。与此同时，从印度和德国留学归来的中国老一辈学者，也翻译和出版了大量印度教古典文学名著，如季羡林先生翻译的《沙恭达罗》（1956年）和《五卷书》（1959年），金克木先生翻译的《云使》（1956年）、吴晓玲先生翻译的《龙喜记》（1956年）和《小泥车》（1957年）等。

二、黄心川在"印度哲学"学科创建中的贡献

就是在1978年，为了迎接科学的春天，为了加强我国对南亚各国的研究，中国社

科院与北大决定合办“南亚研究所”，其名称为“中国社会科学院·北京大学南亚研究所”（以下简称“南亚所”），办公地点就设在北大六院。这个由中国两个最高学术单位合办的研究所，当时在全国乃至世界都是相当有名气的。所长由我国著名的梵文和印度学专家季羡林先生担任（季羡林先生还兼任北大副校长），副所长则由著名印度哲学史专家黄心川先生担任。所内云集了一大批“文革”期间分散于各个单位从事过南亚研究的中老年学者。当时，该所设立了五个研究室：印度政治经济研究室、印度历史研究室、印度哲学与宗教研究室、巴基斯坦与孟加拉研究室、尼泊尔与斯里兰卡研究室。

在这些研究室中，印度哲学与宗教研究室是学术力量比较强的一个。该研究室主任由我的导师黄心川副所长兼任，室内有大名鼎鼎的印度哲学专家金克木先生、佛学专家童玮先生、印度哲学学者宫静教授以及几个研究生。

在我国社会科学领域中，“印度哲学”学科的真正创立，应当说，就是从 1978 年南亚所设立印度哲学与宗教研究室才开始的。为什么这么说呢?

虽然我国对印度哲学的学习和研究有很长的历史，但是以前的研究都是零星的、分散的，并不具有现代学科研究的意义。在古代，我国的佛教高僧曾翻译或注释过不少印度哲学的文献，但大都是从教派斗争或批驳异教思想的立场和角度出发的，因此，我国古代佛教徒对印度哲学的研究是片面而偏激的。到了现代，伴随中印文化的交流，我国的几所著名大学的哲学系都陆续开设了印度哲学的课程，但是这些课程大都是选修课，其目的也只是加强学生对东方哲学的了解，以抵制西方人鼓吹的“欧洲中心论”的影响，尚不具备对印度哲学进行系统研究的学术环境和物质条件。

南亚所成立以后，当时身兼南亚所副所长和印度哲学与宗教研究室主任的黄心川教授，在“印度哲学”学科建设中做出了突出的贡献。

黄心川教授不同于一般学者，他是一位既有革命战斗经历，又有学术研究历程的学者。1948 年，他是浙江著名教会学校——之江大学文学院三年级的学生，主修英国文学，由于参加中共地下组织领导的爱国民主运动，而遭到国民党迫害，故被中共地下组织送到新四军苏北靖江根据地，参加游击队活动。1950 年，抗美援朝战争爆发，由于急缺英文翻译，他应征参加中国人民志愿军，在朝鲜任志愿军第三兵团英文参谋，在第五次战役中不幸负伤致残。伤愈之后，他参加地方工作，曾任江苏省高等法院审判员、冶金工业监察局驻鞍山钢铁公司国家监察员等职。1954 年，国家号召青年干部踊跃上大学学习科技知识，黄心川考上北京大学副博士研究生，师从哲学系任华教授和北京大学副校长、印度哲学与佛学专家汤用彤教授，开始研修印度哲学和佛学专业。毕业之后，他留在北大哲学系任教。1964 年，在毛泽东主席的建议下，中国科学院组建世界宗教研究所，北大哲学系著名教授任继愈先生调任所长。在任继愈先生带领下，黄心川和北大哲学系一些研究宗教的同志，调到中国科学院世界宗教研究所。从此，黄心川开始专门从事印度哲学与宗教的研究。

“印度哲学”学科在初创时期遇到许多困难。无论是科研资料、科研条件，还是研究人员等方面都相当匮乏。当时，为了解决这些困难，黄先生做了以下大量的工作。

（一）为学科的建立购买、收集了大量书籍和科研资料

当时南亚所的科研经费是很紧张的，其中有一部分是外汇，可以从国外购买图书资料。黄心川先生精打细算，尽量利用这有限的外汇，从国外购买一些有学术价值的图书。他的原则是，首先要购买那些能奠定学科研究基础的文献，如印度哲学各流派的经典、重要哲学家的名著，等等；其次才是进口一些评论性的著作。为此，每年年底填写购书订单的时候，他都要亲自挑选、亲自审查，以保证进口图书的质量。另外，他还从国内收集了大量有关学科研究的佛教文献，以及我国历代思想家对印度哲学的评述性著作。经过大约十年的积累，到 20 世纪 80 年代末，南亚所图书馆内有关印度哲学与宗教的图书资料，从全国来说，可谓是数一数二的。我记得那个时候，许多北京或外地的研究人员、研究生，都经常来南亚所查找有关印度哲学的资料。

黄心川还要求研究室的科研人员，一定要重视收集和整理学术资料，为今后的学术研究打好基础。他一直主张，搞科研，首先要从收集和积累资料做起。在 20 世纪 80 年代初期，他就与商务印书馆哲学编辑室的武维琴先生商定，计划在商务印书馆出版一套有关印度哲学的资料选集，具体的选编工作由南亚所完成。他计划先编写三本书：《印度古代六派哲学资料选集》《印度佛教哲学资料选集》和《印度近现代哲学资料选集》。后来，由于种种原因，只有姚卫群编译的《印度古代六派哲学资料选集》于 2003 年由商务印书馆出版，出版时更名为《古印度六派哲学经典》。此书把古代印度教六大哲学流派的基本经典翻译成中文，内容集中而重要，对以后开展印度哲学研究有重要的参考价值。

在积累科研资料、夯实科研基础方面，黄心川先生还做了一项重要工作，即编纂《南亚大辞典》。他认为，有关印度和南亚的知识或词语，大量涉及梵文、印地文、孟加拉文或其他语种，即使在英文字典中也查不到这些词汇，因此国内急需一本有关印度和南亚的辞典，以供科研人员使用，也可为外交、外贸人员查阅。因此，他以副所长的身份，动员全所人员共同投入编写《南亚大辞典》的工作。此项工作从 20 世纪 80 年代中期开始，历尽坎坷，几起几落，最终于 1998 年由四川人民出版社出版，题为《南亚大辞典》，二百余万字。该辞典包括南亚各国政治、经济、历史、文化、宗教、哲学各个方面的词汇和知识，它不仅是研究印度哲学宗教人员必备的工具书，也是一切对南亚问题感兴趣的人的重要参考书籍。应当说，这部《南亚大辞典》的出版凝聚着黄心川先生的良苦用心和卓识远见。

（二）在培养学科人才方面，付出了巨大的努力

为“印度哲学”学科培养后继人才，一直是黄先生最大的心愿。1978 年，他招收了第一批研究印度哲学的硕士研究生，一共三位，即朱明忠、姚卫群和方广锠。为了本学科的长远战略，黄先生让三个学生分别向三个方向发展：朱明忠主攻印度近现代哲学，姚卫群主攻印度古代哲学，方广锠主攻印度佛教哲学。1981 年这三名研究生毕业后，分别分配到南亚所、北大哲学系和中国社科院世界宗教研究所从事科研工作，后来这三位同志都在各自单位成为研究印度哲学与宗教的学科骨干和带头人，并且出版了不少学术著作。

1982 年，黄先生又招收了第二批硕士研究生，共三人。到了 20 世纪 90 年代，他开始招收印度哲学专业的博士生，共三个。在这三人中，李建欣毕业后分到中国社科院世界宗教研究所，从事印度哲学和佛教的研究；徐绍强分配到中国藏学研究中心，专门从事藏传佛教之研究。黄先生的第二批博士，仅一人，名为程建华，其毕业后分配到中国社科院哲学所东方哲学研究室工作，专攻印度佛教哲学。无疑，从以上研究生所从事的工作来看，黄先生确实为我国印度哲学学科的发展培养了一批人才。

（三）召开国际学术会议，促进中印学者的交流

“印度哲学”学科在初创时期，面临许多困难，除了积累学术资料、培养科研人才之艰辛外，还面临一个如何开展中外学术交流的问题。研究外国问题的学科，如果不到外国访问或不与外国学者交流，肯定不会有大的发展。在这方面，黄心川先生煞费苦心，请来了不少国外著名印度学学者来华讲学，组织了一些国际学术会议，大大地增进我国学者与国外学术界的交流。

20 世纪 80 年代，当时的南亚所请来了印度现代著名哲学家 S.穆蒂来华讲学。穆蒂在印度非常有名，他担任印度哲学界最权威的组织——“印度哲学大会”的执行主席，多次到欧美各国讲学。穆蒂首次来到中国，受到我国学术界的热烈欢迎。他在北大做了一次演讲，题为“印度吠檀多哲学观”，来聆听这次演讲的不仅有中国社科院和北大的学者，还有北京其他高校和学术界的朋友。

20 世纪 80 年代，南亚所还请来了一位著名学者——印度历史学家罗米拉·塔帕教授。罗米拉·塔帕在印度历史学界颇有名气，她写的《印度历史》一书在印度和欧美受到一致好评。由于她对有悠久历史文化的中国非常向往，因此这次中国之行也使她十分高兴。我记得，她曾在北大做了多次有关印度历史的讲座。

80 年代有两次重要的学术会议给人留下了深刻的印象。一次是 1982 年在西安召

开的“佛教国际讨论会”。这次会议由南亚所与陕西省社会科学院历史所联合举办，与会者不仅有中国各地的佛学研究者，而且还有许多来自印度、尼泊尔、日本、韩国等的外国学者。在这些外国学者中，最有名的是日本著名印度学专家中村元先生，他所著的《印度思想史》和《东方民族的思维方法》在世界享有很高的声誉。此次会议首先在西安举办为期三天的学术讨论会，然后与会者一同到甘肃敦煌参观古代中国的佛教石窟艺术。

另一次会议是1988年在江苏常熟市召开的“全国印度宗教与中国佛教学术讨论会”。常熟市是黄先生的故乡，会议在这里召开，备受当地政府的支持。这次会议由南亚所和北大哲学系主办，与会者来自全国各地社科院和高校，有四十多人。在会上，学者发表论文的题目有“印度哲学中的‘直觉’认识方式”“论印度哲学中的‘天人合一’学说与中国哲学中‘天人合一’学说的异同”“论印度教与印度佛教的共性”“中国密教的印度渊源”“佛教思想与中国文化”，等等。这次会议反映出当时中国对印度哲学与宗教研究的最高学术水平。会后，主办方还专门出版了一本论文集，以纪念这次会议的召开。

（四）协助各地社科院和高等院校建立印度哲学专业

黄先生一直认为，要使我国的“印度哲学”学科蓬勃发展，光靠南亚所一家之力是不行的，因此他主张，凡有条件的高等院校哲学系，都应当设立印度哲学专业，以利于印度哲学知识的普及和后继人才的培养。所以，黄先生尽心竭力倡导和帮助有条件的科研单位和高校成立印度哲学研究室。

从20世纪80年代开始，在黄心川倡导和南亚所的影响下，许多社科单位和高校都陆续建立起“东方哲学”和“宗教学”的专业。例如，北大哲学系建立了东方哲学研究室，聘请佛学专家楼宇烈任主任。中国社科院哲学所也成立了东方哲学研究室，聘请早年留学印度的佛学和梵文专家巫白慧任主任。中国人民大学哲学系成立了宗教研究室，聘请佛学专家方立天任主任。南京大学、山东大学都先后建立起宗教学专业……这些学术机构的相继建立，不仅大大加强了我国对印度宗教与哲学的研究，而且还培养出一大批硕士和博士研究生，解决了这个领域后继乏人的问题。

此外，中国各地陆续建立了几个南亚研究所，如四川大学的南亚研究所、云南省社会科学院的东南亚南亚研究所。与此同时，中国社科院·北京大学的南亚所创办了《南亚研究》杂志，四川大学南亚所创办了《南亚研究季刊》，云南省社会科学院创办了《东南亚南亚研究》(2018年3月更名为《南亚东南亚研究》)等。这些研究单位与学术刊物的创办，加强、加速了本学科的发展。

（五）创办《南亚研究》，出版大量学术著作，为学科发展奠定了基础

自1978年南亚所成立之后，黄先生就创办《南亚研究》杂志（双月刊），为研究人员发表科研成果提供了园地，大大提高了科研人员的积极性。黄先生身先士卒，不仅忙于领导工作，而且在《南亚研究》上发表大量有关印度哲学的论文，并陆续出版了他多年研究的学术专著，如《印度哲学史》《印度近现代哲学》《印度近代哲学家辨喜研究》等。这些科研成果为印度哲学学科的发展奠定了基础，也为后来者提供了教科书。

《印度哲学史》（商务印书馆，1989年）。该书是我国第一部全面、系统阐述古代印度哲学发展史的专著。它论述了吠陀时代哲学思想的萌芽，奥义书的哲学学说，印度教六个正统哲学流派——数论、胜论、瑜伽论、正理论、弥曼差论和吠檀多论，佛教不同时期的哲学——原始佛教、部派佛教、大乘佛教和密教，耆那教和顺世论的哲学，以及沙门思潮中兴起的"六师"哲学等。该书在介绍哲学流派时，都详尽地分析了每个派别的起源和发展史、主要著作、代表人物和典型学说。该书的特点在于：一是运用辩证唯物主义和历史唯物主义的观点，客观地分析了印度古代哲学的发展历史，打破了西方哲学家认为古代印度没有唯物论和无神论思想的错误论调，并重点论述了顺世论以及其他派别的唯物论思想。二是大量运用中国保存的历史资料，阐述印度古代哲学的发展史，例如，在印度许多有关顺世论的资料都已遗失，但该书却使用我国汉译佛经中所记载的顺世论的大量资料论述顺世论的历史存在和思想观点。三是以中国人的视角考察印度古代哲学，侧重论述印度哲学流派如何传入中国及其对中国的影响，以此证明哲学交往也是中印文化交流的重要组成部分。该书已出版二十余年，但至今仍是中国人学习和研究印度哲学的必读之物。

《印度近现代哲学》（商务印书馆，1989年）。该书系统地阐述了印度近现代哲学的发展历程以及各个历史阶段中最有代表性的哲学家与哲学体系。它论述了印度近代宗教改革运动中著名宗教改革家罗姆摩罕·罗易、达耶难陀、罗摩克里希那、斯瓦米·维韦卡南达（即辨喜）的哲学思想；分析了印度民族独立运动中民族领袖纳奥罗吉、罗纳德、提拉克、奥罗宾多、甘地的哲学和社会政治思想；还论述了现代印度伟大诗人泰戈尔的哲学、美学和社会改革理论。除印度教文化系列之外，它还介绍了近现代印度伊斯兰教哲学的兴起和发展，阐述了伊斯兰教著名思想家赛义德·阿赫默德·汗、伊克巴尔的哲学与社会思想。过去，中国人一谈印度哲学，便指古代哲学或佛教哲学，很少有著作涉及印度近现代哲学。该书是我国第一部全面研究印度近现代哲学的著作，开创了中国人研究印度近现代哲学的先河。它的最大特点是从中国人的视角考察印度哲学，侧重阐述印度近现代哲学家对中国的影响。在论述甘地、泰戈尔哲学的章节中各设立了"甘地与中国""泰戈尔与中国"一节，以阐释他们与中国的联系和对中国的影响。

《印度近代哲学家辨喜研究》(中国社会科学出版社,1979年)。辨喜(其名Vivekānanda,按意译,是辨喜;按音译,应是维韦卡南达)是印度近代最著名的哲学家和宗教改革家,亦是印度近现代新吠檀多哲学的开创者。该书讲述了辨喜的生平和时代背景,分析了他的新吠檀多思想、宗教改革思想、社会政治理论和民族主义理论,并指出辨喜的哲学和社会思想正是印度新生民族资产阶级意志的代表,他一方面批判印度封建主义落后腐朽的思想和信仰,另一方面也反对英国殖民者对印度的侵略和剥削。辨喜的思想,无论对后来民族独立运动领袖,还是对现代新吠檀多哲学家都产生了巨大的影响。此书最大特点是论述了辨喜与中国的关系,它记述了辨喜1893年来我国广州访问的事迹和他对中国的印象。辨喜对中国的历史文化有很深的了解,他看到的中国虽然很贫弱,但对中国的未来却充满期望。他指出,中国在其强盛的时期曾拥有许多其他国家所没有的技术和创造,因此预言,中国文化必将像“凤凰一样”获得新生,担负起“综合东方与西方文化”的伟大使命。

三、“印度哲学”学科的学术成果

从1978年我国“印度哲学”学科创立,到80年代后期,大约经过十年的时间,我国学者在这个领域的科研成果就开始不断涌现。在这些成果中,不仅有大量的翻译作品,而且有许多我国学者撰写的有关印度哲学与宗教的学术专著。

(一)在印度经典与名著的翻译领域

1980年以后,我国学者把大批印度古代经典从梵文、印地文翻译成中文,它们的出版大大促进了中国民众对印度哲学与印度教的了解。这些经典有《罗摩衍那》(季羡林译,人民文学出版社,1980年)、《摩诃婆罗多·初编》(金克木、赵国华、席必庄译,中国社会科学出版社,1993年)、《摩诃婆罗多》(黄宝生、金克木、赵国华等译,中国社会科学出版社,2005年)、《〈梨俱吠陀〉梵文哲学诗选》(巫白慧译,载于《月亮国的智慧》,沈阳出版社,1997年)、《五十奥义书》(徐梵澄译,中国社会科学出版社,1984年)、《奥义书》(黄宝生译,商务印书馆,2010年)、《摩奴法论》(蒋忠新译,中国社会科学出版社,1986年)、《薄伽梵歌》(张保胜译、中国社会科学出版社,1989年)、《薄伽梵歌》(黄宝生译,商务印书馆,2010年)、《圣教论》(即《蛙氏奥义颂》)(巫白慧译、商务印书馆,1999年)、《古印度六派哲学经典》(姚卫群编译,商务印书馆,2003年)、《罗摩功行之湖》(金鼎汉译,人民文学出版社,1988年)、《博伽梵往世书》(嘉娜娃译,中国社会科学出版社,2013年)等。

此外，我国学者还从英文、德文、日文翻译了许多有关印度哲学与宗教的专著，以及近现代印度哲学家的名著。其中有恰托巴底亚耶的《印度哲学》（黄宝生、郭良鋆译，商务印书馆，1980年）、巴萨特·库马尔·拉尔的《印度现代哲学》（朱明忠译，商务印书馆，1991年）、查尔斯·埃利奥特的《印度教和佛教史纲》（李荣熙译，商务印书馆，1982年）、中村元的《东方民族的思维方法》（林太、马小鹤译，浙江人民出版社，1989年）、马克斯·韦伯的《印度的宗教：印度教和佛教》（康乐、简惠美译，广西师范大学出版社，2005年）、奥罗宾多的《神圣人生论》（徐梵澄译，商务印书馆，1984年）、泰戈尔的《人生的亲证》（宫静译，商务印书馆，1992年）、泰戈尔的《人的宗教》（刘建译，河北教育出版社，2000年，载于《泰戈尔全集》）、室利·阿罗频多的《瑜伽论》（徐梵澄译，商务印书馆，1987年）、室利·阿罗频多的《综合瑜伽》（徐梵澄译，华东师范大学出版社，2005年）、室利·阿罗频多的《瑜伽书札集》（徐梵澄译，华东师范大学出版社，2005年）等。

（二）在印度古代哲学研究领域

除翻译印度教经典之外，中国学者还对古代印度哲学进行了深入研究，并发表了许多学术专著。其中主要有：

巫白慧的《印度哲学：吠陀经探义和奥义书解析》（东方出版社，2000年）。作者巫白慧是中国著名梵文学家，曾在北大东方语言系任教，后担任中国社科院哲学所东方哲学室主任，从事印度古代哲学研究。他翻译了《梨俱吠陀》的大量诗篇和其他吠陀经典，在研究这些古代文献的基础上写出了这部书。该书论述了印度哲学的起源和思想萌芽，指出早在《梨俱吠陀》时代，印度圣贤就开始有关哲学问题的争论：宇宙的起源问题——宇宙是神创造的，还是其他东西造的；世界的本原是精神的，还是物质的；人的意识是在肉体形成之前，还是形成之后产生的；人的灵魂是永存的，还是断灭的；轮回问题是人虚构出来的，还是确实存在的。正是争论这些问题，才引导出《奥义书》的哲学。一般认为，印度哲学发展史上只有唯心主义哲学，而没有唯物主义哲学。但是，本书利用奥义书的大量资料证明印度古代的唯物主义思想十分丰富，指出《奥义书》不仅是唯心主义哲学的权威典籍，而且也是印度唯物主义哲学的重要记录。此书对研究印度古代哲学的起源和发展有重要参考价值。

汤用彤编的《汉文佛经中的印度哲学史料》（商务印书馆，1994年）。汤用彤是中国现代最早研究印度哲学的学者之一，不仅精通中印佛学，而且也通晓印度哲学，曾在中国多所大学讲授印度哲学课。他花费了大量精力，在通读中国古代佛教经典的基础上，编写了这部著作。该书从汉译佛经中摘取了大量有关印度哲学的历史资料，其中许多资料在印度已经失传，却完好地保存在中国。它一方面分门别类地列举出汉文佛经中所记录的印度各哲学流派：吠陀、《奥义书》、顺世论、耆那教、六师、数论、胜论、弥曼差论、吠檀多论等。另一方面,他还从哲学概念的角度列举出各派哲学的思想,如关于"我"的学说、因果关系学说、"极微"学说、因明学说、"有"与"无"学说、世间生起的原因、关于"意识"的学说等。该书所收集的资料不仅填补了印度哲学资料丢失的空白,而且也对研究印度古代哲学有重要价值。

姚卫群编著的《印度哲学》(北京大学出版社,1992 年)。作者姚卫群是黄心川先生的硕士研究生,毕业后一直在北大哲学系讲授印度哲学与佛学。该书最大的特点,不是从纵向,而是从横向,即从哲学学说的视角对比地阐述印度各哲学派别的观点。它所列举的哲学学说有转变说、积聚说、因果说、直觉思维方法、辩证思维方法、逻辑思维方法、量论、我论、解脱论、社会伦理论等。例如,关于"转变说",即主张世界最初有一根本原因,从这个根本原因而派生出万事万物的观点,属于这种观点的印度哲学流派有数论、瑜伽论、吠檀多论、大乘佛教的瑜伽行派,但各派的具体观点又有很大差别。该书分别阐述了各派"转变说"的思想内容。在论述每一学说时,它都首先列举了各派的观点,然后加以比较。这种论述方式可以使读者清晰地了解在同一种哲学概念中各派哲学的异同,因此,该书对中国人学习和研究印度哲学有重要价值。

孙晶、朱明忠的《印度吠檀多哲学史》(中国社会科学出版社,2013 年)。作者孙晶、朱明忠分别是巫白慧、黄心川先生的硕士研究生,毕业后分别在中国社会科学院哲学所和亚太所专门从事印度哲学研究工作。该书分上下两卷,全面系统地阐述了印度古代最重要的哲学流派——吠檀多论的起源和发展历史。上卷论述了《梨俱吠陀》的哲学萌芽、《奥义书》的哲学、《薄伽梵歌》的哲学、《梵经》的哲学、乔荼波陀与《圣教论》、商羯罗的不二论、罗摩奴阇的限定不二论、摩陀婆的二元论,以及 16 世纪一些虔诚派改革家的吠檀多哲学。下卷论述了印度近现代吠檀多哲学的发展历程和一些重要的新吠檀多哲学家,如罗姆摩罕・罗易、罗摩克里希那、斯瓦米・维韦卡南达、奥罗宾多、薄伽万・达斯、薄泰恰里耶、拉达克里希南、拉哲等。从中世纪以后,吠檀多哲学一直在印度意识形态领域占据主导地位,尤其是到了近现代,新吠檀多思想对于印度民众的影响更大。因此,此书对中国人了解印度古代哲学以及现代印度人的精神面貌有重要参考价值。

江亦丽的《商羯罗》(台北东大图书公司,1997 年)。作者江亦丽师从黄心川教授,毕业后在中国社科院亚太所从事印度哲学研究。该书介绍了商羯罗的生平和时代背景,论述了他的梵我不二论、摩耶论、因果论和宇宙进化论,分析了他的认识论、"上智"与"下智"说,以及轮回与解脱观。该书特别阐述了商羯罗在印度哲学史上的地位及其对印度近现代哲学家的影响。商羯罗是印度哲学史上具有划时代意义的人物,他创立的吠檀多绝对不二论对后世影响极大,从他以后吠檀多哲学迅速上升,成为印度的主导意识形态。该书对学习和研究商羯罗和吠檀多思想大有助益。

除以上著作外，还有姚卫群的《印度宗教哲学概论》(北京大学出版社，2006 年)、李建欣的《印度古典瑜伽哲学思想研究》(北京大学出版社，2000 年)、孙晶的《印度吠檀多不二论哲学》(东方出版社，2002 年)、龙达瑞的《大梵与自我——商羯罗研究》(宗教文化出版社，2000 年)等。

（三） 在印度近现代哲学研究领域

要了解印度文化，除了研究古代哲学外，还要研究印度近现代哲学，因为近现代哲学更接近现代印度人的思想，更能反映现代印度人的精神追求。我国学者对印度近现代哲学也进行了深入的研究，并取得了丰硕的科研成果。这方面的著作有：

宫静的《泰戈尔》(台北东大图书公司，1992 年)。作者宫静毕业于北大哲学系，后在中国社科院亚太所专门从事印度哲学的研究。该书阐述了印度现代伟大诗人泰戈尔的宇宙观、人生观、宗教观、真理观、认识论、方法论、美学思想、社会政治与伦理思想、爱国主义与国际主义思想。泰戈尔反对西方人鼓吹的“征服自然”的观点，主张自然万物都具有神性，人与自然是和谐统一的，因此倡导人们应顺应自然，爱护自然，实现人与自然的和谐共处。同样，每个人都具有神性，人与人之间在本质上是和谐统一的，因此他提倡“普遍之爱”思想，引导人们相互尊重，相互友爱，最终达到人类社会的和谐与统一。他还批判印度教所宣扬的消极遁世的人生观，主张积极乐观的人生态度，主张人们应当在行动中、在爱他人的过程中、在感受美的过程中去证悟人的内在神性，达到人与神的结合。该书指出，泰戈尔的世界观和人生观代表了印度人民积极向上、乐观进取的精神面貌，透过他的哲学可以看到印度传统文化的精华与西方自由、平等、博爱的人道主义思想的融合，也可以看出中印两国人民的深厚友谊。

朱明忠的《奥罗宾多·高士》(台北东大图书公司，1994 年)。奥罗宾多是一位闻名世界的印度现代哲学家，其名声可以与甘地、泰戈尔相提并论。该书系统地阐述了奥罗宾多的整体吠檀多论、整体瑜伽论、精神进化论、社会进化论、人类统一的理论等，并评述了他的哲学的进步意义和社会影响。奥罗宾多早年留学英国，深受印度传统文化和西方现代思想的影响，因此其哲学的思想渊源有三：一是继承印度古代吠檀多不二论的思想；二是吸收西方现代哲学和人道主义的思想；三是大量吸纳和运用西方自然科学的内容。因此，他的哲学最大特点是，融合东西方哲学、调和宗教与科学、调和唯物主义与唯心主义，融汇自然观、认识论、伦理观、宗教观和社会发展观为一个整体。在评价奥罗宾多思想意义时，作者概括为三条：一是创立了一个完整的“整体吠檀多论”；二是创立了一个以印度哲学为精神基础的“社会进化”和“人类统一”的理论；三是创立了一个典型的印度文化与西方文化相融合的思想体系。奥罗宾多生前创立了奥罗宾多修道院，死后其弟子们又建立了一个“奥罗宾多新城”，两者皆成为奥罗宾多思想的实验基地，用以转化人的本性，最终实现“人类统一”的理想。

宫静的《拉达克里希南》(台北东大图书公司，1996 年)。拉达克里希南是印度现代著名的新吠檀多哲学家，同时被誉为“东西方哲学比较大师”。该书系统地阐述了拉达克里希南的新吠檀多理论、神秘主义的直觉论、精神宗教的理论、东西方比较哲学的内容和方法、伦理观和教育思想等，并评述了他对印度哲学的影响。他的新吠檀多理论，实质上就是把吠檀多不二论与西方的绝对唯心主义融合在一起，把梵称之为“绝对”，用证悟梵的直觉方式去认识“绝对”。他强调宗教是人类生活所不可缺少的，他创立的“精神宗教”只不过是其哲学的另一个名称。从本质上说，“精神宗教”就是认识宇宙本体——“绝对”或梵与人的本性——“自我”之间的关系，通过这种认识来转化人性，实现人与梵的结合。此书还重点论述了拉达克里希南在比较哲学方面的贡献：一是他将大量的印度哲学经典和传统吠檀多的思想介绍到西方，他把《薄伽梵歌》《奥义书》和《梵经》等译成英文，并且用英文写了《印度哲学》《印度教人生观》《理想主义人生观》《宗教与社会》等著作，使西方人深刻理解印度哲学；二是以批判性的态度，把西方哲学的观点、方法和种种概念介绍给印度；三是对东西方哲学进行综合性研究，为此他写出了大量著作，如《东西方宗教》《东方宗教和西方思想》《宗教的共性》《印度思想与基督教教义》《哲学史：东方与西方》等。

除此以外，还有尚劝余的《圣雄甘地宗教哲学研究》(中国社会科学出版社，2004 年)、朱明忠的《尼赫鲁》(台北东大图书公司，1999 年)等。

从以上科研成果的问世，足以看出“印度哲学”学科在我国社会科学领域中已经生根开花和结果，正在蓬勃发展着。大量青年学者的著作的出现，也表明这个学科的科研队伍正在不断壮大，后继有人。

四、小　结

一般地说，在社会科学领域，一个成熟的学科要具备四个条件：(一)要有一支研究这门学科的科研人才队伍，其中要有一批骨干和学术带头人；(二)要具备有关这个学科的完备的图书资料，最好有个图书馆，以供科研人员查阅；(三)此学科已经发表或出版了相当多的科研成果，在国内，甚至在世界上都产生了一定影响；(四)无论是涉内学科，还是涉外学科，都应当建立一个国内交流和国际交流的畅通渠道，经常召开此学科的学术会议，以便科研人员与海内外学者的学术交流。从以上条件来看，“印度哲学”学科自建立以来，经过三十多年积累和发展，现在已经完全具备这四个条件，可以说，它已经成长为一个比较成熟的学科。今后，随着中印友好关系的不断发展，再加上本学科的科研人员的奋发努力，本学科一定能够继续发展壮大。

实际上，黄心川先生可谓是“印度哲学”学科的创始人和带头人。他在以上几个环节都做了大量的工作，为此学科的发展做出了突出的贡献。今是黄老先生九十岁华诞，我们在祝福他健康长寿的同时，也不能忘记他为学科建设所付出的大量心血和努力。故而，写出本文，以让读者了解和铭记他在这个领域所做出的杰出贡献。

师恩永难忘

江亦丽　罗照辉*

一

恩师黄心川先生今年七月九十岁华诞，作为他的学生，我们从遥远的印度送上最诚挚的祝福：福如东海，寿比南山。

毕业几十年来，由于工作的原因，我们常驻国外。虽然远隔千山万水，我们与恩师的联系几十年来未断过。最近一次见他，是今年三月在印度。

3月10日，印度南部原法属殖民地本地治里雅高酒店，一场纪念徐梵澄先生的国际研讨会正在举行。此刻，一位风度儒雅的长者正在台上做主旨发言，他就是中国知名的印度学大家黄心川先生。

我们夫妇作为此次活动的发起人，看着黄先生睿智慈祥的面容，听着他精彩的发言，都非常感慨。

举办此次研讨会的初衷，是为中印领导人武汉非正式会晤积累共识，营造气氛。在请中方学者与会问题上，我们与印方反复沟通，感觉黄先生是最合适的人选。但一想到他已届九十高龄，我们对他能否应邀前来心存疑虑，没想到他欣然应允。

这是首次关于徐梵澄先生的专题学术研讨会，徐先生也是中国知名的印度学专家、哲学家和翻译家。从1945年到1978年，他在印度共生活了三十三年。其中，1945年起在泰戈尔国际大学任教，1951年起在本地治里的奥罗宾多修道院从事翻译、著述、讲学二十七年。

因为有像黄先生这样的高水平学者与会，这次研讨会非常成功。黄先生是20世纪70年代发现并邀请徐梵澄先生回国定居的直接当事人，是这段历史的见证者和参与者。与会的还有徐先生定居本地治里期间直接与他接触过的当地学者，有来自印度和法国的知名学者夏尔玛、墨普德，以及本地治里政府和议会等各界人士一百多人。

黄先生在主旨发言中讲述了他三十年前在昆明开会时偶遇从印度回国探亲的徐

---

* 江亦丽，哲学博士，曾在中国社会科学院亚洲与太平洋研究所从事印度哲学研究；罗照辉，中国驻印度大使。

梵澄先生，从而促成徐先生叶落归根回到祖国的一段佳话，让人感叹人生的机缘巧合。如果不是他们在昆明的偶遇，如果不是黄先生四处奔走、大力推动，徐先生则可能会终老于异国他乡，长眠于天竺。幸运的是，他们遇见了，徐先生回国了。徐先生晚年一直笔耕不辍，出版了多部论著和译著，为后人留下了丰富的学术遗产，这其中黄先生功不可没。

当时印度天气炎热，再加上从德里没有直达本地治里的航班，都需要转机，我们还担心舟车劳顿，他老人家身体会吃不消，但他精神很好，兴致也很高，在飞机上不休息，一直在看书，过人的精力令人钦佩。研讨会开幕前，黄先生还出席了徐梵澄先生的绘画展开幕式，欣赏了徐先生在奥罗宾多修道院留下多幅书画作品。徐梵澄先生有深厚的国画和书法造诣，为修道院留下了三百多幅书画作品，这次展出的是其中部分作品。大家在岁月尘封的书画前驻足品味，欣赏一代大师留下的艺术瑰宝和精神遗产。

黄先生的公子、知名宗教学者黄夏年先生也在会上做了学术报告，介绍了徐梵澄先生在翻译印度经典作品和传播印度哲学思想、瑜伽、研究尼采哲学等方面的重要贡献。曾经在徐梵澄先生的指导下完成对奥罗宾多研究的朱明忠教授因身体原因未能与会，但提交了介绍徐先生生平及重要贡献的论文。

罗照辉在发言中表示，今天我们纪念徐梵澄先生有着特殊意义。第一，他是首位将奥罗宾多介绍到中国的学者。第二，他是中印民间交流的一座桥梁。第三，纪念他更是为了将他推进中印友好的宝贵精神遗产发扬光大。罗照辉代表中国政府和使馆感谢本地治里政府、印度国家艺术和文化遗产基金会、本地治里教育合作组织、奥罗宾多修道院发起并与中国驻印度使馆共同举办此次研讨会。罗照辉在会上专门向与会的九十高龄的黄先生特致谢忱，会场响起热烈掌声，以表达对黄先生的敬意。

本地治里首席部长纳拉亚纳表示，中印两大巨人同属发展中大国，应当密切合作，共同缔造亚洲世纪。人文交流对两国关系发展具有重要意义。徐梵澄先生曾为促进两国文化交流、增进民间友谊做出重要贡献，我们应当继承并弘扬徐梵澄遗产，促进印中人文交流，深化两国友谊。本地治里政府愿与中国深化合作。

媒体对此次活动高度重视，印方媒体和新华社、《人民日报》等中方媒体现场报道。

二

时光流逝，从 1982 年成为黄先生的学生到今天，转眼间已是三十多个春秋，但回想起在燕园读书聆听黄先生教诲的日子，仍历历在目。

第一次见到黄心川先生是在北大的六院。1982 年 9 月，江亦丽考上了黄先生的硕士研究生，攻读印度哲学和宗教。罗照辉也同期考入南亚所，师从知名学者常任侠，从事印度艺术史研究，但经常去听黄先生的课。

当时黄先生是南亚所的副所长，所长是另一位大师季羡林先生。那年黄先生招了三个硕士生，江亦丽是其中之一。9月初的一天，我们去所里报到，当时的南亚所是中国社科院与北大合办的，地址设在六院。六院坐落在北大图书馆的西侧，是一座古色古香的两层小楼，灰墙红檐，墙上爬满茂密的青藤。小楼一分为二，一半是南亚所，另一半是北大哲学系。在他的办公室里，我们第一次拜见了黄先生。黄先生白面长身，温和、儒雅，是标准的江南才子。从此以后，他每周都在他的办公室里给我们上课，讲授印度哲学史等课程。他说话语速较快，带有江浙口音，刚开始听他讲课有一点点吃力，但很快就习惯了。在我们入校之前，黄先生还带过三个硕士生，后来都成了研究印度哲学和宗教的著名学者，他们是方广锠、朱明忠、姚卫群。

黄先生对学生要求很严格。由于江亦丽的专业是印度宗教哲学，黄先生要求她和其他两位研究生学习梵文。梵文是世界上最难的语言，规则烦琐，语法复杂，拼写的变化让人非常头疼。当时南亚所的任远女士(任继愈先生的女儿)在中央民族学院(现在的中央民族大学)开了一个梵文班，江亦丽和师兄每周一次骑车去那里听课，学了一年的梵文。后来江亦丽到印度德里大学念博士，论文题目是“印度教与佛教的比较研究”，导师普拉萨拉又要求她学习梵文，她又断断续续地学了一年，但惭愧的是一直没有学好。

黄先生讲课时旁征博引，信息量很大，经常给学生指定一些参考书目，主要是一些研究印度哲学和佛教的大师的著作，如我国著名学者汤用彤的《印度哲学史略》《汉魏两晋南北朝佛教史》，吕澂的《中国佛学源流略讲》《印度佛学源流略讲》，拉达克里希南(曾经当过印度总统)的《印度哲学》《印度教人生观》《东方宗教和西方思想》。在燕园的三年时间里，我们系统阅读了这些大师的著作，受益匪浅。当时我们还经常去哲学系听汤一介、楼宇烈、许抗生等知名教授讲授中国哲学和佛教的课程。

黄先生对学生非常关心，记得刚入校的那年国庆节，黄先生邀请我们和毕业后在南亚所工作的师兄方广锠去他家一起过节(其他师兄或回家或家在北京)。当时黄先生的家住在台基厂临街的一所公寓里。我们骑着自行车，从北大穿越半个北京城，到达黄先生家时已是华灯初上。师母夏老师准备了满满一桌子美味可口的饭菜，让人感觉到家的温暖，也使我们至今难以忘怀。夏老师是个贤内助，把黄先生照顾得非常好，对我们这些学生也很好。遗憾的是她几年前不幸病逝，愿她的在天之灵安息!

黄先生教书育人，桃李满天下。几十年来，黄先生带出一批批研究生，其中有不少成为国内研究南亚宗教和文化的著名学者。黄先生德高望重，退休后还一直活跃于学术界和佛学界，经常出席国内外学术会议。他的家里经常有登门求教的访客，他总是不辞辛苦，热情接待，并耐心地给出指导意见。这也是他广受大家爱戴的原因之一。

黄先生为人正直，严于律己，他担任南亚所领导多年，从不为自己谋私利，研究所分宿舍时，无论是按他的资历还是行政职务，他都可以选择较好的房源，但他每次都谦让，把这些房源分给资深教授，直到快退休的时候才搬到一处面积较大的房子里。

黄先生治学严谨，学识丰富，在中国的印度学界有很大影响。黄先生著述甚丰，他集数十年心血完成的《印度哲学史》《印度近现代哲学》是目前国内最系统、全面研究印度哲学的著作。以上两本书从马克思主义的立场深入分析了印度各派哲学思想的发展和演化，是研究印度哲学的必读之书。他主编的《世界十大宗教》几十年来一直畅销不衰，不断地再版重印。作为学者，黄先生的一大爱好是收藏书籍，他家里的书柜都是顶着天花板，到处都堆满了书。

黄先生早年就读于教会大学，英文很好。在北大攻读副博士时，又学了俄文。他对学术走出去、引进来非常重视。20 世纪 80 年代是改革开放的初期，中国打开国门，与外部世界交流。当时南亚所研究的学术气氛非常浓，大家云集，经常举办研讨会。每当与印度等南亚国家及日本从事南亚研究的专家交流时，黄先生总是让科研处通知我们这些研究生参加，不仅使我们开阔了眼界，也锻炼了英语听力。

2018 年 8 月写于新德里

莫卧儿细密画艺术研究

——宫廷画派的沿革

罗照辉

莫卧儿细密画是印度莫卧儿王朝(1526—1857)的绘画艺术。它包括两种风格明显有异的画派,即拉其普特民间画派和莫卧儿宫廷画派。本文研究的只是宫廷画派。

宫廷画派肇始于莫卧儿王朝第二代君主胡马雍(1530—1556年在位)时期。胡马雍继位之初,内讧外叛,处境维艰,阿富汗人舍尔沙拥兵自立,逼其亡命波斯。在波斯的十四年中,胡马雍深受异国宫廷风气的熏陶,并广交文人雅士,吟诗赏画,借酒浇愁。波斯当时正值沙法维王朝统治盛期,其宫廷绘画艺术达到登峰造极的境界,被誉为"东方拉斐尔"的著名宫廷画家毕在德就生活在此期。波斯绘画兼有中国明代绘画的纯熟笔致和波斯传统的典雅明快风格,画面装饰性较强,布局简单,以动植物作为背景,精细如织,颜色苍白与浅绿相一致,显得疲弱。但其对色彩敏感,在风景表现上,大地和岩石作为主要的彩色背景决定着画面的情调,有时是黄色,有时是金色,但更多的是玫瑰色和淡紫色,泉水和溪流则染成绿色。书法般的线条把现实主义和装饰意味交织在一起,创造出诗一般的意境。胡马雍极为欣赏这种绘画,有记载表明他曾从师学画。在返印复位时,他诚恳地邀请波斯青年画家阿里和萨玛德同行。阿里和萨玛德都是毕在德大师的得意门徒,年轻有为,是当时波斯宫廷艺术沙龙里的后起之秀。他们接受了邀请。从此,印度艺苑的百花园中绽放出一朵带有浓郁波斯芳香的奇葩。

一

阿克巴时期(1556—1605年在位)是宫廷画派的初期阶段。此期绘画在皇室的保护下自由地创作着,外来的波斯艺术与本土印度艺术交光互影,尚未形成统一的风格。阿克巴朝晚期,外来因素与本土传统珠联璧合,宫廷绘画渐入佳境。

波斯绘画经胡马雍移植于莫卧儿宫廷,不到一年即随着胡马雍驾崩而夭折。阿里和萨玛德的艺术才能直到阿克巴朝才得以发挥。据当时宫廷史官法兹尔记载,阿克巴在位期间下令阿里和萨玛德继续为波斯史诗《哈玛扎传》绘制插图。有些艺术史家据此将宫廷画派的开端定在这一年。阿克巴经武修文,鼓励绘画,皇家画院得以建立,艺术得到极大的发展。《阿克巴则例》是记载阿克巴政府机构各方面情况的实录，其中一节专论"绘画艺术"，描述了当时皇家画院的情形："圣上幼时即已表现出对这种艺术的偏爱，给予诸多鼓励，因为他视此为学习亦为娱乐的方式。所以艺术昌盛，很多画家得到了极高的荣誉。画家的作品每天都由达洛伽和仆人摆在圣上面前，圣上根据作品的质量予以不同的奖励，或是提高他们的俸禄……"画院里除了阿里和萨玛德这样一些来自波斯的画家外，较大一部分画家来自印度本土古吉拉特地区。古吉拉特绘画是一些在棕榈或贝叶经上绘制的小型插图艺术，内容多为神话传说、宗教宣传。其初期构图简单，艺术表现缺乏深度。14 世纪中叶以后，插图退去纯粹边缘装饰风格，进入书稿的遗留空白，甚至进一步发展到以整页篇幅用于绘画插图，线条纤细，刻画入微。纸张大量地用于手稿后，插图更加精细，图案富于变化，风景和动物成了经常表现的题材，在色彩的运用上直接继承了古代壁画富丽堂皇的传统。由于阿克巴实行宗教宽容政策，为外来文化与本土艺术的融合开了绿灯，古吉拉特派的画家得以奉诏入宫，在宫廷里接受波斯画家的指导，为《哈玛扎传》绘制插图。这些本土画家自幼受传统绘画的严格训练，为萌芽中的宫廷画派带去了本土因素，一旦作品完成，雇佣关系解除，他们又返回故里继续创作，而在波斯大师指导下接受的某些波斯风格又时时出现在作品中，为传统的古吉拉特风格带来了宫廷艺术的新因素。于是，波斯绘画衍变成本土的宫廷画派，古吉拉特派演进成民间拉其普特画派。所以，莫卧儿宫廷画派的形成实际上就是波斯绘画与本土古吉拉特传统糅合吸收的结果。

此期绘画以手稿插图为主，内容亦多为波斯古典文学作品。《哈玛扎传》是最早的插图手稿，一般绘于棉布上，最大幅占满整页，长约 28.25 英寸①、宽 22 英寸，也有在字里行间、书稿空白处绘制的。因其微小，故谓之细密画。《生活小景》取自该书插图（作者不详），是此期绘画中最有代表性的一幅作品。画面右边的清真寺和枝繁叶茂的大树构成了全画的主要部分，坐在清真寺边花毯上的阿訇在接受行人的请安。左面居中，一男子正采摘出墙的大树枝上的鲜花或果实，此情节富有浓厚的生活情趣；左下角两男子正窥视门内情景，门内一舞女跪坐，男侍举手向主人作诉说状，主人正专注地听着，似乎不相信所叙述的事实，惊讶地抬起了双手不知所措。最明显的波斯特征是屏风般的围墙将画面分隔成犹如连环画似的场景，各不相属，一图多景，隔墙景移。建筑物精细单薄，犹如剪纸，其上缀满花纹图案精细如织。阿訇所坐地毯以平面的方式表现，人物也像贴上去一般，这也是波斯艺术家常用的手法，毯上图案清晰可辨。其技巧和构图表明这幅画是沙法维风格的作品，但已经显露出印度本土绘画的痕迹。从主题

---

① 1 英寸约合 2.54 厘米。

上看，这幅画充满了现实主义精神，其中又不无理想主义成分。像“一枝红杏出墙来”，行人伸手采摘出墙的果实，此情此景在现实生活中也经常看到。树上的猴子在顽皮地打着秋千，飞鸟栖落，一女侍手持水壶在快乐地浇花。生活的乐趣和甜蜜表现得多么酣畅淋漓。这是波斯细密画中所缺少的精神。波斯绘画被波斯诗歌所鼓舞，波斯冒险的、英雄主义的浪漫史诗，充满传奇色彩和幻想，是一种花团锦簇般绚丽的美的创造。自然风光、爱情享乐，这一切场面移植到绘画中，岩石、芳草、花树、彩云等一切自然对象变成了浪漫主义的表现内容，超脱了现实。连一些在圣河中沐浴的宗教性题材在绘画中也变得既不神圣又不神秘，小河、山谷充满了小鸟、鲜花，梦幻般的色调使峡谷充满着理想主义、浪漫主义的美。对俗世生活的描绘也是如此，画面中最大的一块，往往是理政的国王，或是与蛟龙搏斗的英雄，华丽的地毯花纹明晰，织物的色泽鲜艳耀眼。英雄的臂膀以金色涂饰，头饰服装为精细薄如蝉翼的丝绸。远景也表现精细，树枝的每一小片叶子都不放过。阿克巴朝从一开始就在绘画中表现出了某种向现实主义的转化。理想的、浪漫的精神在向幕后退居。从技巧表现上看，远景中苍茫的大气感，花和树的表现也完全是纯印度式的，不注重细节，代之以简朴而阔大的图案。这幅画面上也可见到一些透视法的运用，模糊的远景，被墙遮住下肢的人物形象，这在波斯绘画中是不可能的。波斯绘画中所有的人物形象都单独而立，以两三人为一组，各无联系。在莫卧儿这里却是更高度的抽象，艺术家可以毫不犹豫地只画上半身或左半身，或从脖颈以下表现，这是一种现实主义的表现方法，人物互相之间也多有联系，手势姿态表现一定的情节，传达出某种意图。波斯绘画将风景的鸟瞰透视与人物的直视结合，保留了两度空间。在莫卧儿画家这里却得到了改变。建筑物表现出三度空间的感觉，人物组像层层上升，观者视线犹如楼梯式向上移。该手稿另一幅插图《狱吏》亦以屏风似建筑把画面分作几部分，人物服饰各异，线条流畅，精细传神，树叶以大簇阴影表现，构图从下往上，层层叠叠，俯射透视感很强。在一些风景画面上出现了大规模透视的强烈感觉，但又不同于西方所谓的焦点透视。而这种俯射式透视使作品本身像活的一样，使人有身临其境的感觉。

在《阿克巴史》《巴布尔传》《帖木儿传》等阿克巴朝晚期书稿插图中，更进一步表现出明显的不同于波斯绘画的风格。花草、灌木及丛林的表现极具写实手法特质，充满了自然主义的活力。绘画的装饰意味变淡了许多，对地毯的表现也由过去的极其精细变得稍稍粗放一些。在色彩的使用上，也不像有些波斯作品那样没有目的、纯为装饰。黄、黑、蓝色较少使用，这也同波斯风格有异。《巴布尔小憩》绘于 1598 年，现藏印度国立博物馆。支立的帐篷下坐着的巴布尔正向大臣发号施令，其坐势使人想起古代印度佛教造像上的“安逸座势”，即一腿曲，一腿下垂。周围有象战、角力等娱乐性场面，地毯的表现不再是平面的，带有某种正确的透视感。树簇、白云显得极富有写实倾向。另一幅《巴布尔落马》中对马的动势表现得极其准确，富有活力，这种活力是印度本土几千年来形成的优秀艺术传统之一，是波斯绘画所缺少的。莫卧儿宫廷绘画越来越脱却波斯绘画的痕迹，正在形成自己独特的风格。

画院的作画方式也不同于波斯。此期作品大多数是多人合作绘制的。一般由两人合作，其一叫“塔莱”，即素描。此为波斯语，意即基础，亦指风格或范例，定证其重要；其二叫“阿姆尔”，即绘画。亦有第三人合作的，叫“契拉那玛”，即画像。甚至有第四人合作的，叫“苏拉提”，即人像描。有些资料中还提到第五种人，叫“南伽美兹”，即色彩，专管上色。这种合作情形使人想到比起美术来，宫廷绘画更像工艺。波斯画家定下作品的基本格调，即他率先完成“塔莱”，之后便一人一人往下传，各自描绘出自己所擅长的部分，这种创作方法可能出自保护人的本意，他认为这样既可以加快创作速度，增加作品数量，又能保证最好的质量。阿克巴朝的作品极少留有画家签名，其缘由也正因此。在这种情形中，本土艺术家就轻而易举地将他原来的风格转嫁到有波斯大师参加创作的作品中了。也许阿克巴对集体创作的鼓励还有另一番良苦用心，即希望这种合作能促使印度本土与波斯画家融洽协调，互相理解。这同他的一贯思想是吻合的。

二

贾汗吉和沙吉汗时期（1605—1660 年在位）是宫廷画派的成熟时期。这一时期统一的风格形成了，现实主义艺术风格得以确立，肖像画方兴未艾。宫廷绘画犹如春花秋月，进到了“天上、人间”的境界。

皇室的鼓励和保护乃是绘画发展的先决条件。贾汗吉有较高的艺术修养，能歌善写，喜好绘画，阿克巴朝的画家在这时仍得到尊敬。贾汗吉在其回忆录中不无自豪地写道：“我对绘画的热爱和我的审美力如此发达，以至于任何作品摆在我面前，无论画家是死是活，我都能马上指出其为何人所绘。如果同一幅画出自多人手笔，我也能一一分辨。甚至同一人物形象的眼或眉由不同画家所作，我也能辨别出来。”沙吉汗风流文雅，耗资巨大的泰姬陵埋葬了他缠绵的爱情，表明他对建筑艺术多么感兴趣。他对绘画艺术也同样提供保护。旧朝的画家投靠新主，继续在宫廷舒适自由的环境中创作着，新的丹青妙手不断涌现，源源不断地奉诏入宫，充实着皇家画院的队伍。直接来自波斯的老一辈画家俱已往矣，新的一代在成长，他们在宫廷沙龙熏陶中成熟，其风格既不偏向波斯，又不偏向古吉拉特，而是有着新一代独特的风格和建树。

遗存至今的贾汗吉朝画集共四部，沙吉汗朝画集共五部。艺术成为帝王的御用工具，记录了大量当时所发生的历史事件。艺术家生活在深宫，仰仗帝王鼻息创作，力图捉摸出帝王的每一种想法，并把这种意图形象地反映在纸上。阿克巴朝画家跟随征战队伍记录了很多战争场面，此期硝烟已散，皇帝仍表现出这种现实性的爱好，所不同的只是在和平宁静环境中充满享乐主义情趣的表现。贾汗吉在其回忆录中提到很多事件，结尾处都是“我令画家描绘此事”。宫廷景象，朝觐场面尤多。这种画很写实。《贾汗吉宫廷图》中，皇帝坐在金银镀饰的宝座上，左右上下四列朝臣围绕，十分显赫威严。这种场面一般以花园为背景，茂树繁花，赏心悦目。沙吉汗也喜欢表现自己坐在孔雀宝座上召见群臣的场面。《沙吉汗接见波斯使节》是历史性纪录。画面上，沙吉汗正中踞坐，高高在上，旁有侍从持扇，武士赳赳而立，烘托出帝王无比的高贵和尊严。使者站立在座下，仰头向皇帝诉说来意，作交谈状。周围绕以群臣，气氛似乎颇严肃紧张。画面下部侍从牵马，大概是使者所骑。整体构图由下而上。围栏、建筑物精巧的柱子显得逼真写实，宫墙上的壁画亦被清晰无误地反映上去了，不像过去的纯装饰意味和分割画面，已变成画面不可分割的一部分。这样安排也使这种大规模场面显得紧凑、丝毫不乱。每个人物都刻画得十分精当传神。这类题材的画面人物有些多达六十八位，艺术家要在小型尺幅中表现众多的人物，没有高超的构图安排和位置经营，显然是不行的。《贾汗吉猎狮图》绘于1623年，现藏加尔各答印度博物馆。关于这件事，贾汗吉在回忆录中写道：“应着枪声，狮子倒在我的枪下，我以前（从当王子到现在）所射杀的狮子都没有这只大。我命令随来的艺术家根据它本来的外形和身体画一幅肖像。”画面中，狮子仰面倒下，在痛苦地痉挛着，众人骑大象或站立，一同向勇敢的射手致意。画面极其真实、近乎照相般地反映这一场面，而不是诗意的情感表现。艺术家以自然的色泽去表现所描绘的对象，如象的暗褐、树的碧绿、石头的浅黑、沙漠的黄色，说明艺术家对色彩的敏感。远景中风景的表现有透视学的运用。在《锡科福尔圣者图》中，描绘这位苏菲派苦行者在室外修炼、众人钦佩观看的情景。绿树掩映着清真寺圆顶，小鸟栖落在屋顶鸣唱，风景作为装饰主题有极准确的表现：金色的遥天，大气苍茫，飘动的浮云，感受光的渲染，时而金黄，时而铅紫，一望无际的落日红霞，等等。人与景物仿佛融合为一，色彩对比强烈，白的服饰，绿的枝叶，黄的天空，使画面平添一种轻松之外的浑厚沉雄气象。宫廷秘闻、宫帐私生活也是画家表现的题材。《少妇》绘于沙吉汗朝，两位穆斯林少妇华贵雍容，一饰项链，正转头看着夜空中的月天绿树，另一人正走向花坛，手持花朵。她身着透明薄衣，人体肌肤感反映准确精当，肉红色的皮肤，脚镯、头饰，服装奇异，连修饰抹红的指甲也表现出来了。建筑物白色的大理石与红色人物形象及远景中朦胧的暗绿月色，形成鲜明对比。人物心理状态的描绘尤其准确，那转头看月的少妇脸上流露的是满足、愉悦的神情，颇有“闺中少妇不知愁，春日凝妆上翠楼”的意境。浸润在画面中的享乐、富足情调，是那个时代的缩影。生活的恬静、满足在艺术中得到了充分体现。《出浴图》则描绘少女出浴后懒散闲适的意态。她长发披肩，白色沙幔自背部斜裹至下肢，人体肌肤感很强，少女的青春热力、如花似玉的面庞给人以美感，是那时贵族社会娇小姐的典型形象。前有侍女持琴弹唱，后有侍女手捧梳妆盒。对屏风的描绘表现出对透视技巧的熟练运用。《音乐小景》描绘一贵族听乐，奏乐的都是后宫妇女，很有特色。

此期绘画的另一特色是大量人物肖像画的出现。阿克巴朝即已表现出对肖像画的极大兴趣，这种风气此期更盛。贾汗吉甚至专门设立肖像馆，画家为他所画的肖像从儿时到垂暮之年，各个阶段都有。上流社会互赠肖像的现象蔚然成风。一方面，对英雄史诗的插图发展了肖像画，对帝王的各类回忆录的插图亦刺激了肖像画；另一方面，从蒙古人到突厥人、从突厥人到莫卧儿，这是一个英才辈出的时代，战争环境培养了人们孔武好斗的精神，崇拜强权、崇拜英雄的心理意识，通过艺术的物质外化形式反映出来，成为时代审美心理特征的一个重要部分。波斯细密画艺术中以浪漫诗歌人物为主的肖像画，给人以过于美好文雅的感觉，在莫卧儿肖像中却显出一种强烈的内心激动的精神气质，逼真传神。豪华的外衣、耀目的珍饰、富丽的腰带、透明的薄纱和织着玫瑰花样的厚实的锦缎、贵重的羽饰以及大块的珠宝，如实地反映出上流社会奢侈豪华的生活情景。《贾汗吉像》绘制于 1625 年，是他晚期的形象。这位文雅的帝王显得多么尊贵矜持，刚愎勇毅。画家以线条勾勒的细密手法、很简洁的构图，把人物心理状态刻画得十分准确。紧皱的眉、眯起的眼，下巴上收、嘴唇紧抿，似乎忧心忡忡，一点也没有过分修饰的痕迹。在这里，画家描绘的显然是一位至尊至上、掌握生杀大权和国家命运的皇帝，而不是一位艺术的爱好者和收藏家、一位热情奔放的诗人。但那梳理得整整齐齐、并微微上翘的胡须、细入毫发的鬓角，以及包戴齐整有致的头巾和宽肩上的服饰，却反映了这位帝王严谨、文雅的气质。《达拉·锡科王子肖像》绘于 1650 年，如实地描绘了这位不幸王子的外貌。形制奇异的头巾下，是修饰齐整的连腮胡须和唇胡。卷起的头发，耳上的银色双环，淡淡细长的眉毛，有着女性般文弱的气质。尤其是眼神的刻画传达出这位王子的单纯、宁静。与其说是一人之下、万万人之上的太子，还不如说是一介儒士。他的软弱气质后来导致了其弟奥朗则布的篡位。这些肖像是侧面头像，都显得僵硬。还有四分之三面部表现法。开始这两种表现并存，后合而为一。纯侧面像是印度本土传统的人物形象表现方式，四分之三面容则在波斯细密画中多见。相形之下侧面像较多，组合群像也多于单像。在波斯大师那里，以红色线条表现鼻、耳、唇，以黑色描绘眼睛、眉毛的方法在印度也变成全以素描形式或以自然色来描绘人物肖像了。《伊赖亚特·坎在病床上》反映了此期肖像画的最高艺术成就，它是画家按贾汗吉的命令在伊赖亚特大臣久病临终时绘制的，绘制时间约为 1618 年。画面上，伊赖亚特骨瘦如柴，无力地倚靠在床被上。一个垫背被他痛苦挣扎时蹬落下去，看来是一阵剧烈的痉挛刚刚过去。他处于暂时的平静状态，生命对他来说已是十分短暂，他平视前方，似乎正检讨自己的一生，十分坦然，没有对死亡的恐怖。黑颜色的服饰与敞露的瘦弱躯体形成对照，更显得他瘦弱不堪，仿佛处于疾风中的微弱灯火，生命之光就要消失了。相同的精神境界使人想起阿旋陀壁画中的《濒死的公主》。只是公主正当青春年华，花容月貌。艺术家刻画的是她在侍者搀扶下艰难地从床上倚坐起来，表现出对生命的热爱和留恋。在这里却是一位风烛残年的老叟，显赫一时的权臣，生活的艰辛、荣耀他都经历过，可以满足地进入天堂了。《贾汗吉王子肖像》是四分之三面容表现，他穿戴齐整华丽，右手持一鸽子，鸽子被线拴在他腰间。十分闲散、活泼和清新，王子充满了文雅的气质，同老年的肖像绝然不同。《喜尔圣人像》则反映这位伊斯兰学者身穿厚袍踞坐，张嘴扬手讲述着什么，对其动态的一瞬间反映极为准确。在人物肖像中，从皇帝、王子、大臣到圣人、阿訇、武士、诗人、学者，无所不包。整个看来，肖像画色彩富丽、线条流畅洗练、造型生动、轮廓清晰、精致传神，能较好地表现出人物的内心世界，是宫廷绘画中的精品。

动物、植物画在此期也取得很高成就。皇帝对大自然风景的无尽兴致鼓舞着画家以笔和色彩去画、去表现。贾汗吉嗜花如命，《回忆录》中记录了逾百种花卉，临死前的遗嘱中还专门提到要在自己的陵墓周围种上各种花草。这种喜好使花卉成为绘画中经常出现的题材。《百合花》工笔细致，茎叶逼真，含苞待放或盛开的花朵在和风中款款轻荡，似乎送来阵阵花香。帝王对动物的爱好亦鼓励了画家，《孔雀》和《野鸭》两幅画色泽富足，完全是照相般写实，羽毛的细腻给人以柔暖可触的感觉。《鸦鹊图》亦然，背景为山峦、小河、绿树及苍茫的天空，甚至还有飞翔的群燕相伴，表现出很高的技巧。

三

奥朗则布时期（1660—1707 年在位）是宫廷画派的衰落阶段。奥朗则布刚愎自用，信奉逊尼派伊斯兰教义，恢复了歧视印度教徒的种种做法。艺术失去了皇室的保护，宫廷绘画的衰落势在必行，犹如日薄西山，一蹶不振。

事实上，细密画艺术在沙吉汗朝晚期即已呈现“夕阳无限好”的景象。艺术发展规律的内部运动导致了现实主义艺术的形式主义化。大多数宫廷生活事件、历史性事件的如实描绘，缺少幻想成分和创新精神，固执的帝王兴趣有限，艺术家的一切活动都围绕着宫廷和皇帝，视野受到限制，技巧的专门化也不利于艺术探索，助长了形式主义的发展。建筑物白色大理石上都覆盖镶嵌华丽的宝石珠瑙，服饰多为在白色的丝绸织品上加以繁复的金边、银边及花草图案，这些都具有某种固定的表现方式。人们的服饰、习惯有历史的延续性，如实描绘的艺术家代代如是，显然这种照相般写实不利于新的探索。从贾汗吉时期始，不论书中插图、单幅画像，其边缘皆饰以华丽的花边，这本身作为绘画的一部分存在限制了人们对绘画中空间延伸的想象力，而且也是装饰细节中形式主义的体现。到 18 世纪这种形式主义倾向体现在对早期史诗插图的大量临摹中。艺术的高潮就意味着衰亡的开始，形式主义也导致了衰亡的加速，平庸、缺乏激情和创见的作品大量出现，质量显然比前期作品低劣。

奥朗则布的不保护主义是艺术衰亡的直接原因。他不同于前朝先王为印度教王后所生，泰姬是他的生身母亲，自小从母亲那里继承了对伊斯兰教的虔诚信守，长成后与兄弟之间爆发的仇杀，加强了他在马上治天下的信念。国势衰微，印度教贵族的不断反抗，耗费了他主要的精力。东平西伐、南征北战、穷兵黩武，只有在和平相安环境中才能发展的文雅气质、艺术情趣得不到正常的培养。当时西方旅行家塔伏里厄在奥朗则布宫中生活了一段时期，说他“尤其表现出对逊尼派的极大热情……当他登上皇位时，他宣布要以坚决遵信穆罕默德教规的严正为特色，因为在贾汗吉和沙吉汗时期对这些教规的遵信被放松了”。他曾下令将阿克巴陵墓的壁画覆盖起来，此期来印度旅行的意大利学者玛纽斯记载:“奥朗则布命令在其上覆盖一层石灰粉，以便使人们再也看不见壁画，他说这种事情是伊斯兰的教理所不容的。”因为阿克巴陵上有一些人物壁画，因此他为了遵守教义的纯洁而不惜去惊扰、亵渎安息的先王。艺术失去了保护，大部分画家为生活所迫，不得不走出他们曾长期生活过的令人无忧无虑的宫廷，走向社会，走进市场。由于种姓职业分工的限制，画家别无其他技能，只有以作画为谋生手段，不免粗制滥造。沙吉汗朝末期即已出现一些“市场画家”，此期更是有增无减。

现存此期绘画的还有一些帝王肖像画，帝王在这方面的兴趣表现得稍强一些。仍有一些反映他狩猎、巡游、阅览、理朝、指挥作战的绘画作品，一如前朝诸帝所为。但画面中奥朗则布的年龄很老，显然是在他统治后期创作的。也许是人到晚年，他感到精疲力竭，对国势的衰微已无能为力，也意识到自己的失败和失败的原因，作为这种心理活动的外化表现便是对艺术开禁，允许，提倡，进而保护绘画。《奥朗则布王子》是他很少几幅年轻时肖像画中的一幅。清瘦的面容，锐利的目光，显得干练，蕴含了无尽的智谋和权术。那一大把浓密的连腮胡须更平添一种尊贵威严的帝王气概。《比贾普尔的征战》绘制于 1686 年，描绘奥朗则布镇定自若地指挥大军作战的场面。画面规模很大，战旗猎猎，铁骑嘶鸣，炮兵架起的大炮正对城内轰击，步兵骑兵配合作战，方列齐整。空气仿佛都凝结了，硝烟四起，战争正进入白热化程度。奥朗则布一手持长矛，一手护盾，站立在突出的石块上，面对各军将领发布命令，显得镇定沉着，运筹帷幄，颇有大将风度。

此期莫卧儿绘画表现出比较明显的是受西方绘画的影响。从题材上看，《耶稣的诞生》一画取自《圣经》故事，圣母、耶稣、飞翔的天使都是常见的莫卧儿人形象，背景的建筑、花园、地毯装饰也完全是莫卧儿式的。这种西方题材的借用，其表现方式完全是莫卧儿细密画风格的情景，这种情景还可在《玛丽的诞生》中看到。坐在床上的母亲显得轻松、幸福，床下侍女正给婴孩玛丽行洗礼。人物形象是典型的莫卧儿女性，建筑装饰、人物衣着均为印度所特有。它们是本土画家按自己的理解对西方题材的描绘，显得稚拙，缺乏本土题材的生气。只是在技巧的透视感表现上，才能看到表现这类题材时对西方技巧的借鉴。这种借鉴也影响了此期其他题材绘画的表现。艺术家变得喜欢描绘夜景了。夜猎图景，绕火堆而坐的情形都有表现，人物面容生辉，被火光照耀得泛红发亮，而后背则为阴影，运用了比较准确的焦点透视法。《王子访问阿訇》绘于1660年，王子端踞而坐，阿訇姿势闲适，正侃侃而谈。时近日暮，大气苍苍，两只小鸟在飞翔，尤其背景上衬出高尖的西方哥特式教堂。建筑物和树木有写实性描绘，透视感很强。他们坐在河边，河里渔夫在撑着船，水车在风中转动，富有生活气息。《阿訇们讨论可兰经》亦绘于此期，暮色茫茫，四人围坐，面前放着《可兰经》，大家在激烈地谈论着。《夜景中的阿訇会议》十分准确地描绘了夜景、夜景中的人物，月亮隐约可见，月光朦胧，大地犹如蒙上以迷雾织就的面纱。茅屋田舍、各种植物静静地沉睡着，画面显出一种奇妙的静谧。只有六位阿訇在激烈地争论着，动感极强。静与动的对比强烈，意境深阔、幽美。

奥朗则布驾崩后，继任的穆罕默德·沙又一度奉行艺术保护政策，但细密画艺术的衰颓之势已不可逆转。1732年奥德的地方势力独立，以勒克瑙为中心建立了独立的王朝。不久，德干地区以海德拉巴为中心亦独立。这两个地方朝廷的建立，吸引了很多艺术家投奔。环境的变化，为了适应新的保护人的趣味，绘画风格也随之变化。于是莫卧儿宫廷画派开始衍变为勒克瑙风格和德干风格。

18世纪末，原来的细密画家分散更远。有些仍在京都生活，沦为市场画家。一些印度教画家则为了另觅新主，宁愿跋山涉水，远走他乡，寻求保护。东到巴特那，在19世纪初形成巴特那风格；南到海德拉巴、迈索尔等处，最南抵坦约尔，亦建立了独立的地方画派。莫卧儿宫廷画派作为一个艺术派别已不复存在。

四

莫卧儿宫廷细密画以其贯穿始终的现实主义精神为特色，在印度艺术史上独树一帜。过去是宗教性艺术，现在是宫廷性艺术；过去，艺术依附于神权，现在则依附于王权；过去服务于信仰，现在则服务于政治。莫卧儿宫廷细密画的这种转变有着深刻的哲学背景。

莫卧儿王朝是信奉伊斯兰教并奉之为国教的王朝。当时流行着苏菲派神秘主义的哲学思想。苏菲派是阿拉伯阿拔斯王朝后期产生的一个哲学派别，经历了从神秘到怀疑、从苦行到享乐的发展过程，他们认为爱和美酒引起的愉悦如同亲证真主，美酒佳肴、盛开的鲜花、流淌的小溪就是真实的自然。这种思想经过穆斯林神学家的传播，同印度本土的享乐主义思想协调一致。印度本土的顺世论哲学就是宣扬吃喝玩乐的哲学，是印度几千年世俗文化的意识体现。苏菲派与顺世论等享乐主义思想结合在一起，能动地参与了时代精神和心理结构的形成，至少在统治阶级内部培养了追求享乐的风气。加上当时没有财产继承制，贵族领主变得异常淫靡奢侈，竞相炫耀其富有，过着今朝有酒今朝醉的生活，这更刺激了享乐主义哲学的发展。

可见，苏菲派哲学与印度本土各种享乐主义思想结合，成为莫卧儿王朝时代精神的体现。细密画艺术正是这种时代精神的物质化凝聚。艺术家运用高超的艺术技巧，将精细的线条与绚丽的色彩结合起来，刻画出生活在上流社会各阶层人们的心理状态。帝王的显赫，贵族的荒淫，阿訇的清谈，舞女的伤感，都出现在艺术家的笔下，构成了一幅巨大的时代肖像画。这幅肖像画是印度民族无比宝贵的财富，并将在人类艺术的天空永远放射着璀璨夺目的光彩。

南宋临济宗高僧无准师范及其在中日两国的法系

杨曾文*

一、无准师范的生平

无准师范(1179—1249),无准是号,俗姓雍,四川梓潼县人。九岁出家,喜读禅宗史书,在南宋光宗绍熙五年(1194)受具足戒,此后游历成都、荆南及盛行禅宗的江浙一带,参访名师,请益禅法,先后参谒过的名师有嗣法于大慧宗杲的佛照德光、嗣法于密庵咸杰的松源崇岳等人,最后投到密庵咸杰的嗣法弟子之一的破庵祖先门下并嗣其法。

南宋宁宗嘉定十三年(1220),师范应请到庆元府(今浙江宁波)住持清凉禅寺,传法三年,逐渐远近闻名。此后应请住持镇江府焦山普济禅寺一年,住持庆元府雪窦山资圣禅寺、阿育王山广利禅寺各三年。在南宋理宗绍定五年(1232)八月,师范奉命到临安府(今浙江杭州)住持"朝廷第一祈祷去处"(取自《无准和尚奏对语录》之语)的径山兴圣万寿禅寺,直到去世。师范在此传法长达十七年之久。

在师范住持径山兴圣万寿禅寺的第二年,寺院遭火灾焚毁,三年后得以修复。然而在六年后(淳祐二年,即1242年)寺院再次遭遇火灾,至淳祐八年(1248)秋得以修复。在两次修复寺院过程中,由于师范的崇高声望和组织得力,不仅得到来自朝廷和荆、湘、蜀等地士大夫、僧俗信众的大力支持,而且也得到隔海日本佛教寺院的援助。寺院修复后,规模比原来有所扩大。因为四方来参禅者越来越多,师范在寺外四十里建造上百间房屋作接待之处,理宗赐额"万年正续院"。此外,师范还在旁边建造珍藏皇帝所赐书翰的"归藏所",开辟东西两室以奉祀寺院祖师及自己的祖先,理宗赐名为"圆照庵"。

宋理宗绍定五年(1232)十二月,皇太后杨氏去世,翌年(1233)二月赐谥"恭圣仁烈皇太后",灵位设在皇宫的慈明殿。当年农历七月十五日中元节,师范奉理宗之诏入宫说法。他先被领进修政殿,以"臣僧师范"的名分礼拜理宗,然后为他说法。师范首先

---

* 杨曾文,中国社会科学院荣誉学部委员、世界宗教研究所研究员。

捧香祝愿理宗皇帝“万岁万岁万万岁”，在致辞中感谢朝廷为修复径山寺先后赐予度牒一百五十道，称径山寺是“高宗皇帝临幸之地，朝廷第一祈祷去处”，然后发挥禅宗的心性思想，说皇帝的“广大圣心……不离日用，游刃万机，区别邪正，剖决是非，丝毫无隐，如明镜当台，物来斯照，无一法不从心之所现”。又说：“陛下全此心以活天下，天下咸服；广此心以化万邦，万邦来朝；推此心以崇佛法，佛法乃兴；纯此心以行仁孝，仁孝乃至。此臣僧区区效野人之芹，所陈若此。”借此机会劝皇帝以“圣心”、如同明镜一般的清净之心来治理天下，崇兴佛法，推行仁孝之教。宋理宗对他说法表示满意，赐以金襕袈裟并设斋款待。

当天午时，师范应召至供奉已故恭圣仁烈皇太后灵位的慈明殿，升座与弟子以禅宗惯用的问答式的说法，为皇太后追荐冥福。理宗垂帘听他说法。师范在说法中祝“太后超三界，仰祝皇图亿万年”，并且喻示皇太后已经升到“九莲开合处，百宝自庄严”的极乐世界。①

此后，理宗对一向留心佛典的参知政事兼同知枢密院事陈贵谊转述师范说法的内容。陈贵谊表示赞叹，奏称师范的说法“简明直截，有补圣治”。于是，理宗在嘉熙三年(1239)赐给师范以“佛鉴禅师”之号及缣帛、金银钱、香合、茶药等。从此，师范声望更高。

无准师范于理宗淳祐九年(1249)三月去世，年七十三岁。终前书偈曰：“来时空索索，去也赤条条，更要问端的，天台有石桥。”皇帝派中使前来降香赐币，门下弟子建塔葬全身于万年正续院之侧，塔号“圆照”。

师范生前说法的语录、撰述载于弟子宗会、智折等人编《佛鉴禅师语录》六卷之中。②

二、无准师范的禅法

现存师范弟子编录的《庆元府清凉禅寺语录》《镇江府焦山普济禅寺语录》《庆元府雪窦山资圣禅寺语录》《庆元府阿育王山广利禅寺语录》《临安府径山兴圣万寿禅寺语录》及《小参》《法语》《普说》《拈古》《颂古》《偈颂》中，记述他正面阐述禅法的文字极少。尽管如此，我们仍可以从中找到他阐述禅法的语句。

可以说无准师范上承北宋临济宗杨岐派圆悟克勤法系的禅法，主张清净的心性是

---

① 参见《佛鉴禅师语录》卷六《无准和尚对话录》。

② 以上参考《佛鉴禅师语录》后附粲无文撰《径山无准禅师行状》，并参考《五灯全书》卷四八、《南宋元明禅林僧宝传》卷七所载《师范传》。

世界万物的本原，也是人人解脱的内在依据，认为通过自我修持断除烦恼，便可体悟自性达到解脱。现从以下四个方面略加介绍。

（一）以宋代程式化的语句阐释禅宗的基本宗旨

唐代惠能创立南宗后，至唐末五代得到迅速发展，先后形成禅门五宗，而在进入宋代以后，云门、临济、曹洞三宗相继兴盛，对禅宗的基本宗旨的表述有了程式化的表述，即“不立文字，教外别传，直指人心，见性成佛”。因此，一些禅师在传法过程中，对此似乎已不屑于论证，好像只是直接引用便可以将自己的主张表达清楚了。然而，对我们来说，借助他们的这种表述，却可以方便地窥测到他们的禅法主张。

师范在向门下弟子乃至皇帝的说法中，也一再地以此程式化的语句宣述禅宗的基本宗旨。例如他说：

> 世尊云：吾有正法眼藏，涅槃妙心，分付摩诃大迦叶。自后迦叶传阿难，阿难传商那和修，以至西天二十八祖，此土六祖，而后分两宗，列五派，莫不以心传心，如水与水。至于显大机，彰大用，涌出超宗越格之妙，与一切人解粘去缚，拔楔抽钉，使人人明自心，见自性，直到安乐之地。然此心能建立一切法，无一法不从心之建立。①
>
> 达摩西来，不立文字，直指人心，见性成佛。②

在宋道原《景德传灯录》等禅宗灯史中，几乎皆有类似的记述，说释迦牟尼佛在入涅槃之前传法于摩诃迦叶，说：“吾以清净法眼、涅槃妙心、实相无相、微妙正法，将付于汝，汝当护持。”③此后，迦叶传阿难，阿难传商那和修……至西天二十八祖兼东土（中国）初祖菩提达摩，直至六祖惠能，分南北二宗，后南宗独盛，分禅门五宗，皆提倡以心传心，不立文字，直指人心，见性成佛。传法方式不拘一格，或正面教示，或问东答西，或以动作，或以棒喝，所谓“大机、大用”“超宗越格”，目的是引导修行者自己断除迷误烦恼，体悟自性，达到解脱，所谓“解粘去缚，拔楔抽钉，使人人明自心，见自性”。这种禅法的理论根据就是大乘佛教的佛性思想，认为佛性不仅是世界万有的本原和本体，而且是人们达到解脱的内在依据、基因，即所谓“此心能建立一切法，无一法不从心之建立”。

---

① 《佛鉴禅师语录》卷六《无准和尚奏对语录》。

② 《佛鉴禅师语录》卷二《住径山寺语录》。

③ 《景德传灯录》卷一。

（二）人人皆有佛性，人人皆可成佛

关于佛性的道理，原出自《大般涅槃经》等大乘经典，早期禅宗的祖师引用和发挥得很多，至后代的禅师，似乎认为没有再阐释的必要了。因此，在现存他们的传法语录中，正面加以诠释的极少，经常是引述大意，甚至用比喻、暗示加以表述。师范在说法中曾这样表述佛性的思想：

> 乾坤之内，宇宙之间，中有一宝。①
>
> 人人脚跟下有一坐具地，诸佛出世，祖师西来，不敢动着一丝毫。山僧今日亦不敢动着一丝毫，亦要诸人不动一丝毫，直下构取。②
>
> 大道之源，万物之母，虚空莫能喻其广，沧溟未足较其深，可以昭日月之明，可以益山河之固，量包众善，体育群灵，德敷寰宇，犹春在百花，明赞政机；如镜临万像，一周事毕，不守故常，得意生身，随方任运。
>
> 如来正法眼藏，涅槃妙心者，即非他心，乃人人具有之心，上自帝王，下至黎庶，莫不咸具此心……一切众生具有如来智慧德相，但以妄想执着不能证得。③

这是说，在乾坤之内，宇宙之间，真如佛性（“涅槃妙心”“如来智慧德相”）既是“大道”（人道、天道、佛道）的本原，也是万物的根基，虽虚旷辽远，无形无相，然而日月依之而明亮，山河据之而坚固，是万善之本源，是众生之心性；任运随缘，无所不在，上自帝王下至百姓，人人具有；只是由于被“妄想执着”遮覆而不得显现，如果能够断除迷妄执着，如前面所引“解粘去缚，拔楔抽钉，使人人明自心，见自性”，便可达到解脱成佛。

然而对此佛性、涅槃妙心，同样也不可以世俗眼光加以执着，应当以中道、不二的观点来加以把握。唐代马祖既讲过“即心是佛”，也讲过“非心非佛”“不是心，不是佛，不是物”，目的是为了防止弟子对用言词表述的佛性道理产生执着。同样，师范也说过：“恍恍惚惚，杳杳冥冥，非精非物，非佛非心。缺齿老胡（按：指菩提达摩）得之而不识，扬在乎嵩山之阴。诸人还识得么？水上青青绿，元来是浮萍。”④意思不外是说，真如佛性如同《老子》中所讲的“道”⑤一样，虽说“恍恍惚惚，杳杳冥冥，非精非物，非佛非

---

① 《佛鉴禅师语录》卷一《住清凉寺语录》。

② 《佛鉴禅师语录》卷一《住阿育王寺语录》。

③ 《佛鉴禅师语录》卷六《无准和尚奏对语录》。

④ 《佛鉴禅师语录》卷二《住径山寺语录》。

⑤ 《老子》：“道之为物，惟恍惟惚。惚兮恍兮，其中有象；恍兮惚兮，其中有物。窈兮冥兮，其中有精。其精甚真，其中有信。”意为道虽惚恍窈冥，无形无相，然而其中蕴含着万象万物、细微的真实的精气，是天地万物之母。参见冯达甫撰《老子译论》，上海：上海古籍出版社，1998 年。

心”，然而它毕竟有物有精，既是佛也是心，为天地万物之源，世间迷悟之本，即使如水上绿色浮萍，难道不是它的显现吗？

师范正面阐释佛性的语句虽然太少，然而仅从上面所引也可以看出，他的禅法也是以佛性思想为基本依据的。

（三）将看话禅作为可以选用的参禅方法之一

圆悟克勤的弟子大慧宗杲提倡看话禅。看话禅也叫看话头、参话头，简单地说就是聚精会神地参究一段语句，乃至语录中一个字，在参究中又必须超越语句或字的任何含义，仅仅当作通向“无念”或“无心”的解脱境界的一种手段。所参话头中常用的有赵州和尚回答“狗子还有佛性也无”之问所说的“无”字。师范属于克勤另一弟子虎丘绍隆的法系，在说法中没有从正面介绍看话禅的语句，然而也并没有排斥看话禅，相反，在《佛鉴禅师语录》卷四“普说”中有这样一段语句：

> 所以参禅既是得头，又须得尾，方是不疑天下老和尚舌头。你若是真个未有入头处，便须把做至紧至要底一件事理会始得。古人大有方便控你入路，便须昼三夜三，将一则咬不破底话头，冷地里东咬西咬，忽然蹉口咬破，自笑一回，然后就这里扶持起来，甚生标格。

意思是说，修行者应相信师父的指点，参禅悟理要做到有始有终，找一个切入点将一个事理思悟清楚。如果没有解悟，那么可以采用前人提倡的看话禅的做法，日夜参扣一个话头，一直坚持下去，直到入悟为止。虽然师范对此没有更多地阐释和发挥，然而可以看出，他也将参话头当作参禅可选的方法之一。

（四）上堂说法自然生动，善用形象绚丽的对偶语句

禅宗的禅师上堂说法，进入宋代以后已经实现程式化，特别是通用丛林《禅苑清规》等清规以后，禅寺对每年季节性的法事、各种事务、日常生活的仪规皆做出明确详细的规定。从禅宗史书来看，除应请出任寺院方丈时需升座说法外，平时每月初一（旦）、十五（望）要上堂说法，还有在四月初八浴佛（佛诞节）上堂、四月十五日夏安居开始的结制上堂和七月十五日夏安居结束的解制上堂，十二月八日佛成道日、皇帝生日（圣节，宋理宗生日称天基节）也要上堂说法。此外如端午节、中秋节、元旦、元宵节、十月一日开炉，还有为普请（劳作）、谢首座、谢两班及为其他临时的事情举行上堂说法的仪式。

据师范在清凉寺、雪窦寺、阿育王寺、径山寺的语录，师范在说法中经常使用辞藻

华丽、描述季节风景的对偶句。现仅举出部分语句：

春日迟迟，春风浩浩，灵利衲僧，点即不到。

年年是好年，日日是好日，好事大家知，今朝正月一。

春日晴，黄莺鸣，山花似锦，汀草如茵，堪悲堪笑。

秋风离离，秋色依依，岭上白云一片两片，篱边黄菊三枝五枝。

王道平平，其寿绵绵，渔歌樵唱，共乐尧年，无为焉，无私焉，乾坤一统旧山川。

韶光烂漫时，百卉皆妍秀，处处有春风，村村自花柳。

形名未兆，文彩全彰，短者自短，长者自长。黄面瞿昙徒自说黄道黑，胡须达磨何须历魏游梁。拍禅床云：长忆江南二三月，鹧鸪啼处百花香。

春风浩浩，春雨绵绵，花凝晓露，柳带寒烟，造化无作而作，万法不然而然。

春色依依，花木芳菲，满眼满耳，绝毫绝厘。

秋风清，秋月明，秋叶片片，秋露零零。

在上堂说法中穿插使用这样形象、生动和优美的词句，可以使说法显得自然，富有情趣，防止枯燥，从而吸引门下弟子和参禅者的注意力，达到好的弘法效果。

粲无文撰《径山无准禅师行状》说，师范"幼不嗜学，闲居未尝执卷。鼓鸣众集，肆口而说，多不病繁，少不病简，不为险辞怪语，簧鼓后学，平夷而峭峻，简明而圆活，如转丸于千仞之冈，纵横高下，无影迹可寻。踞座筹室，迅机痛快，破山截流。至于随病与药，能曲施方便"，其大意是说师范自幼不钻研书本，至住持寺院上堂说法和接引学人，能够随缘发挥，运用词汇繁简适宜，避免使用艰涩冷僻的语句，然而在他平易的表述中蕴含着凌厉的禅机，引导学人断除虚妄，达到应病与药，启发自悟的效果。

此外，师范在与皇帝、朝廷的接触中，以"臣僧"的身份和"上感圣恩"的感情谦恭应对，不管是当面说法，还是在天基节上堂说法及上奏的书状，称颂皇帝是当代的尧舜，说"虚空广大，圣心广大，虚空无边，圣德无边""长居北极之尊，永作中天之主"，祝愿"圣寿无疆""八表归仁，万邦入贡""万年恢正续，四海乐无为"，反映了禅宗已将自己寺院和法事活动纳入维护国家安定尊严的体制，自觉地将为皇帝朝廷和国家民众祈祷福安、和谐作为自己的神圣职责。

三、 无准师范在中国的法系

无准师范生前弟子很多，其中比较有影响的弟子有袁州（今江西宜春）仰山雪岩祖钦禅师(约1218—1287)、杭州净慈断桥妙伦禅师、台州国清灵叟源禅师、明州(今浙江宁波)天童别山祖智禅师、福州雪峰环溪惟一禅师、明州天童月坡明禅师、明州雪窦希叟绍昙禅师、杭州灵隐退耕德宁禅师、福州雪峰绝岸可湘禅师、明州天童西岩了慧禅师、越州(今浙江绍兴)光孝石室辉禅师等人。

雪岩祖钦,婺州(今浙江金华)人,自幼出家,年十八岁开始参访名师,最初到本州双林寺参谒曹洞宗的一位绰号为“铁橛”的远禅师,受教坐禅“看狗子无佛性话,只于杂识杂念起时,向鼻尖上轻轻举一个无字”①。祖钦在一年间日夜专心看一个“无”字,然而一日在“返观”的一念之间,忽然陷于“澄澄湛湛,不动不摇”,不知昼夜的“昏沉”状态。此后到杭州,先后参谒临济宗杨岐派大慧下二世的妙峰之善禅师、虎丘下四世石田法熏(1171—1245)禅师、松源崇岳的弟子天目文礼和尚(1167—1250),皆未达到契悟。

南宋理宗宝庆三年(1227)②,祖钦到径山,礼无准师范禅师为师,然而长期间也未能入悟。后来他到浙东天童寺参谒虎丘下三世痴绝道冲禅师,一日在五凤楼前闲走,抬头间看见一棵古柏树,忽然感到“向来所得境界,和底一时飏下,碍膺之物,扑然而散”,由此彻底摆脱一向困惑自己的“昏沉散乱”。他回忆说,“自此不疑生,不疑死,不疑佛,不疑祖”,即达到被认为是入悟的境界。③此外,他还参谒过大慧下三世笑翁妙堪、北涧居简及虎丘下五世石溪心月。然而他最后认定无准师范为自己嗣法之师。

祖钦从南宋理宗宝祐元年(1253)八月应请出任潭州(今湖南长沙)龙兴寺开始,先后住持过六所寺院,其他五所寺院是湘西(今湖南衡山)道林禅寺、处州(今浙江丽水)南明佛日禅寺、台州仙居护圣禅寺、湖州光孝禅寺、袁州仰山禅寺。

祖钦一生经历了南宋的灭亡,元朝进兵统一江南的历史巨变。他于元世祖至元二十四年(1287)去世,年七十多岁。去世前,他将自己说法过程中使用的竹篦、尘拂和写有赞词的自己画像、写有“绿水青山,一同受记”的题词,一起寄送嗣法弟子原妙。赞词曰:“上大今已无人,雪岩可知礼也,虚名塞破乾坤,分付原妙侍者。”④其中“上大今已无人”中的“上大人”三字和“雪岩可知礼也”中的“可知礼也”皆取自唐宋以来的启蒙描

---

① 《古尊宿语录·赵州语录》载:“问:狗子还有佛性也无?师云:无。”临济宗大慧宗杲提倡看话禅,专心看此“无”字。据此,曹洞宗的禅僧也提倡看“无”字。

② 此据清纪荫《宗统纪年》卷二五。

③ 此处主要据《雪岩和尚语录》卷上“普说”中所载祖钦的自述,并参考《雪岩和尚语录》卷下《上吴丞相》及《荆溪吴都过书》中的自述部分。原书提到人名,皆是简称,也未说明他们在禅宗中的世系。此据相关资料补充。

④ 《续灯存稿·祖钦传》。

红字帖上的文字。① 全赞大概是说：居方丈上位者已去，为师一生知礼，空有虚名远扬，现将信物与法传授原妙侍者。原妙，即高峰原妙，在西天目山传法。

雪岩祖钦传记与禅法的资料主要有明净柱辑《五灯会元续略》卷三、明通问编《续灯存稿》卷四、清超永编《五灯全书》卷四九等所载《祖钦传》，另有祖钦弟子昭如等编《雪岩和尚语录》（以下简称《雪岩录》）两卷。

祖钦的主要弟子中除高峰原妙外，还有衡州酃县（今湖南炎陵县）桃源山灵云寺铁牛特定、杭州径山西白虚谷希陵、建昌府能仁寺天隐牧潜圆至、安吉州（今浙江湖州）道场山及庵宗信、匡山（庐山）源、高丽国铁山琼等禅师。

无准师范——雪岩祖钦的法系，经高峰原妙，传中峰明本——千岩元长，再经八代到明代幻有正传，一直传到清代以后。

四、 无准师范在日本的法系

在师范弟子中有日本僧圆尔辨圆（1202—1280）。他从师范受法后回到日本，长期在京都东福寺传法。此后，师范弟子中的兀庵普宁（1197—1276）、无学祖元（1226—1286）相继在南宋末和元初应邀东渡日本传法。现对他们三人事迹略做介绍。

（一） 圆尔辨圆和临济宗在日本京都的传播

圆尔辨圆，圆尔是字，以字行，俗姓平，骏河（今治日本静冈）人。自幼奉佛，在天台宗寺门派的传法中心园城寺（三井寺）出家，到奈良东大寺受戒，又学密教。在荣西的弟子荣朝创建上野长乐寺之后，圆尔曾投到他的门下参学临济禅法，后又到荣西另一弟子镰仓寿福寺行勇门下学禅。

圆尔在四条天皇嘉祯元年（宋理宗端平二年，1235）乘船入宋，时年三十四岁。他从明州登岸，先参谒天童寺痴绝道冲，接着到临安天竺寺从柏庭善月受天台教法，又先后到净慈寺笑翁妙堪、灵隐寺石田法熏的门下参禅。经无准师范弟子退耕德宁的介绍，圆尔前往径山寺师事无准师范禅师，从受禅法。

无准对圆尔寄予厚望，曾对他说："他日归本国，必于先涓滴处横起波澜，竖无胜幢，发挥吾道，须踵从上乃祖遗芳，永利未来际。"②殷切希望他回国后继承祖师宗旨将禅宗广泛弘传日本，以利未来众生。南宋淳祐元年（1241）四月，圆尔辞师归国。临行，

---

① 原文是"上大人孔乙，己化三千、七十二。尔小生八九子佳，作仁，可知礼也"。参见孙焕英《张冠李戴"孔乙己"》，载《中华读书报》2004 年 8 月 25 日。

② 《元亨释书・圆尔传》。

无准赠以临济宗杨岐派虎丘下二世密庵咸杰祖师的法衣、亲书自赞的顶相(肖像)、禅宗宗派图等,并书"敕赐万年崇福禅寺"以备他将来之用。

圆尔归航遭遇暴风,同行三船中有两船漂没,他乘坐的船漂经高丽沿岸辗转从九州博多(在今日本福冈)登陆,时为日本仁治二年(1241)秋。太宰府(在今日本福冈)僧湛慧尊圆尔为师,在横岳山建造崇福寺,请圆尔来寺开堂说法。宋朝移民谢国明为圆尔在博多之东创建承天寺,也请圆尔住持。圆尔在九州弘传禅宗,遭到当地天台宗僧人的反对,甚至谋划将承天寺毁坏。地方官连忙报请朝廷,朝廷不仅明令制止,而且破格升承天、崇福二寺为官寺。这两所寺院的匾额皆是无准亲笔书赠。在肥前(今日本长崎、佐贺一带)的僧人荣尊曾与圆尔同时入宋,然而提前回国,得知圆尔回国,也将自己的寺院改为禅寺,并请他为开山住持。这样一来,圆尔逐渐出名。此后,圆尔得到日本朝廷权贵和幕府执权的支持,使临济宗在京都、关东等地得到迅速传播。

日本进入镰仓时期以后,虽然全国军政大权被主持幕府的武士领袖(将军或执权)把持,然而以天皇为首的朝廷仍保留名义上最高政权地位。藤原道家(1193—1252),即九条道家,曾三度出任摄政,也得到幕府信任,可谓权势倾朝。藤原道家信奉佛教天台、真言诸宗,其子藤原良实担任左大臣(书称"藤相"),也尊崇佛教。湛慧因事到京都,藤原良实请湛慧说法,受到赞誉。藤原良实介绍他见其父"大相国"藤原道家。湛慧向他们说自己得到圆尔的教示,并对圆尔做了介绍。于是,藤原道家、良实父子立即派人迎圆尔入京,请他到自己别墅说法,并从他受"禅门大戒兼秘密灌顶"①(既受菩萨戒,又受密教灌顶)。

圆尔从此在京都受到藤原道家及其二子良实、实经(任右大臣)的崇信和优遇。道家之妻纶子(准后)、女婿兼经、西园寺实氏,皆对他执弟子礼。近卫家良以下的文武官人也礼敬圆尔。②藤原道家在京都东山月轮的别庄模仿南宋的径山寺,建立规模等同于奈良东大寺、兴福寺二寺的东福寺,请圆尔任开山之祖。东福寺大体遵照中国禅寺管理制度和说法修行制度,然而迫于当时的形势,还兼传天台、真言二宗,设有真言宗八祖像、天台六祖像及密教传法灌顶的道场。

圆尔的声望日高,在京都一带居住传法的旧有宗派的学僧也常登门求教,有的特来请教禅宗旨要。延历寺座主、藤原道家之子慈源常向圆尔问"显、密奥秘"。比睿山学僧静明向圆尔问天台宗义,"兼探别传之旨"。圆尔在做了明晰的回答之后,以带有

---

① 《元亨释书·圆尔传》。

② 参见圆心编《圣一国师年谱》及古田绍钦《日本禅宗史·临济宗》,载西谷启治编《讲座禅》卷四《禅的历史——日本》,东京:筑摩书房,1974年。

讥讽的语气回答:“子未精教观,况我佛祖单传之正宗,岂义学之所跂及哉!”静明表示信服。法相宗学僧良遍在请教圆尔后,写出《真心要诀》,请他作跋。三论宗学僧回心也前来问真俗二谛之义。①圆尔通过与这些佛教界高僧的交往和对话,迅速扩大了临济宗在日本佛教界和社会的影响。

圆尔出名后,经常往来于镰仓、京都两地传法。在后深草天皇建长五年(1253),圆尔初到镰仓传法,被安置住在当年幕府为荣西所建的寿福寺,受到执权者北条时赖的欢迎。北条时赖迎请他到自己府上授“禅门菩萨戒”。北条时赖虔信佛教,对包括禅宗在内的诸宗义理也有所了解,然而常为各宗的不同说法感到困惑,便乘机向圆尔询问。圆尔采取机智的回避态度,按照禅宗“无念、无著”,对事物不做分辨判断的宗旨,引南岳怀让的“说似一物则不中”的话做了回答。②正嘉元年(1257),圆尔应北条时赖(时已在最明寺出家)之请正式出任镰仓寿福寺住持,在此寺推行宋地禅院制度。北条时赖还推荐他任京都建仁寺住持。建仁寺刚遭火灾不久,在圆尔主持下迅速修复了佛殿和云堂(僧堂)等。藤原道家模仿唐代宗赐径山法钦禅师“国一”之号,亲书“圣一和尚”四字赠给圆尔。圆尔还奉敕任东大寺大劝进,又任尊胜寺、天王寺、法成寺的干事等职,负责寺殿修复工作。

圆尔也受到皇室的尊崇。后嵯峨上皇、后深草上皇、龟山上皇也都先后召请圆尔授“禅门菩萨戒”,听他讲禅法。这样一来,圆尔更加出名,为他传法提供十分有利的条件。

圆尔回国之后,一直没有忘记径山无准师范禅师的“法乳”之恩,经常有书信往来。圆尔在九州崇福寺开堂说法后,曾写信告诉无准,并附上自己的“上堂语要”。无准在回信中说:“尝闻日本教、律甚盛,而禅宗未振。今长老既能竖立此宗,当一一依从上佛祖法式。”③无准知悉圆尔住持承天寺后,在致圆尔的信中说:“更宜以此道力行,使吾祖之教,在在处处,炽然而兴。”圆尔在住持京都东福寺后,又修书并备礼物送给无准。无准在回信中说:“且知自崇福迁东福,住四名刹,安众行道,殊慰老怀。但恁么操守,力弘此道,使一枝佛法流布日本,真不忝为宗乘中人也。长老禅教兼通,又能践履,不患不殊胜,只贵始终一节,介然不改耳。此老僧所望,余无他祝,多多为大法自爱。”④从这几封信可知,无准为圆尔回国后在弘传禅宗中取得的成绩感到十分欣慰,并且殷

① 《元亨释书·圆尔传》。

② 同上。

③ 同上。

④ 辨圆的再传弟子师炼校纂《圣一国师语录》。上引两段载《大正藏》第80卷,第22页中下。

切期望圆尔按“佛祖法式”，将禅宗在日本兴盛起来。

圆尔在传法中虽然没有摆脱“兼修禅”的模式，然而已把重点放到传播临济宗方面，并且在他住持的寺院实施宋地丛林清规。他曾表示说：“以坐禅工夫为本分行履，味法喜禅味，为圣胎长养，透佛祖不传之妙，绍径山先师之宗。”①意为以坐禅悟道为本分修行，继承径山无准先师所传之宗。

圆尔于弘安三年(1280)十月去世，时年七十九岁。死前遗偈曰：“利生方便，七十九年，欲知端的，佛祖不传。”②花园天皇时赐谥“圣一国师”之号。这是日本有“国师”号之始。圆尔著作和语录有《假名法语》(也称《坐禅论》)、再传弟子虎关师炼校纂的《圣一国师语录》。

圆尔在中国丛林生活和参学六年，对于禅宗旨趣和临济宗的峻烈的禅风是熟悉的。他上堂说法和教示门人也贯彻禅宗“无念为宗”的思想，教人不执着名相，不求取舍，断除烦恼和世俗观念，直探心源，识心见性。圆尔虽兼传天台、密教，然而仅从他传授禅法来说，是遵照了中国唐宋以来禅宗宗旨和临济宗门风的。圆尔生前为东福寺等寺制定寺规，规定后世选任的住持必须是有“器量”者。

圆尔的门下出了不少著名弟子，前后出任东福寺住持者有东山湛照、无关普门、白云慧晓、山叟慧云、藏山顺空、无为昭元、月船琛海、痴兀大慧、直翁智侃、南山士云、双峰宗源等人，此外还有奇山圆然、天柱宗昊、无住一元、无传圣禅等人，皆活跃于佛教界，进一步扩大了临济宗在日本的传播范围和社会影响。

宋元时期中日两国禅僧对以程朱理学为代表的“宋学”在日本的传播起到重大推动作用。圆尔也为宋学在日本的传播做出过贡献。《元亨释书·圆尔传》后之“论”说，圆尔归国时带回“内外”经籍(佛教书与儒道书等)数千卷，后皆收藏在京都东福寺的普门书库，其中有论述佛、儒、道三教一致的《佛法大明录》二十卷。圆尔到镰仓传法期间，曾向执权北条时赖讲过《大明录》。《圣一国师年谱》记载：龟山天皇文永五年(1268)，大相国源基向圆尔问“三教大意”，圆尔述《三教要略》呈上；后宇多天皇建治元年(1275)，圆尔奉诏入宫谒龟山法皇，说“三教旨趣”；圆尔晚年据自己从宋带回的典籍编写《三教典籍目录》，置于普门书库。此书久佚，现仅存14世纪据东福寺普门书库藏书编的《常乐目录》《明德目录》。据此二录，圆尔带回的宋学书籍中有吕祖谦《诗记》，胡安国《春秋解》，张九成《中庸说》，朱熹《大学章句》《大学或问》《中庸或问》

① 《东福寺文书》，间接译自赤松俊秀监修、法藏馆1970年出版《日本佛教史》第3章第1节“镰仓禅的勃兴”。

② 《元亨释书·圆尔传》

《论语精义》《孟子精义》《孟子集注》以及《论语直解》(当为朱震注)、《五先生语》(周敦颐、程颢、程瞬、张载、朱熹语录)等。[①]圆尔只是这方面的早期代表,此后宋僧兰溪道隆、兀庵普宁、大休正念、无学祖元及元僧一山一宁等也在不同场合向日本人介绍宋学。可以认为,宋学的传入促成了以后“五山文学”的形成和发展,对日本儒学适应时代发生变革也有推动作用,同时对以武士阶层占支配地位的政治体制也有一定影响。

在日本禅宗史上,圆尔占有重要地位。他在宋地参学临济宗六年,在回国后传法过程中得到皇室权贵和幕府武士上层的大力支持,从住持九州的崇福寺、承天寺开始,进而以京都东福寺、建仁寺为中心,远及幕府所在地镰仓的寿福寺以及三河(今日本爱知)的实相寺,弘传临济禅法,兼传真言、天台二宗。圆尔既通晓汉文,能够顺利地阅读汉语佛典禅籍,又能直接运用日语说法,比在日传禅的中国禅僧兰溪道隆、兀庵普宁等人更便于接近朝野各阶层的信徒,扩大了禅宗影响。无住一圆《沙石集》卷九说:“日本禅门之繁昌,由此而始。”意为日本盛行禅宗是从圆尔开始的。

圆尔辨圆因谥“圣一国师”,其门派在古代日本禅宗二十四派中为“圣一派”,以东福寺为传法中心,在各地拥有众多寺院,曾为五山派的主流派。近代日本临济宗十四派中的东福寺派奉圆尔为开山祖。

(二) 在日本传法六年的兀庵普宁

在师范的弟子中,继日本圆尔辨圆之后,在南宋末年有兀庵普宁,元初有无学祖元。

兀庵普宁,兀庵是号,南宋西蜀人。幼年出家,习唯识之学,后到建康(今江苏南京)蒋山参谒临济宗杨岐派痴绝道冲,接着到四明(在今浙江宁波)阿育王寺师事无准师范。师范应请住持径山万寿禅寺,普宁随侍前往。日本圆尔在师范门下参学期间,与普宁有密切交往。

普宁离开径山后,先后担任过杭州灵隐寺、明州天童寺的首座,住持过象山灵岩寺和常州无锡南禅福圣禅寺,声名渐闻丛林之间。

1234年,蒙元灭金,此后一再派兵南下攻略江南。南宋社会处于动乱之中,不少禅僧应请东渡日本。南宋理宗景定二年(日本文应元年,1261),已年高六十四岁的普宁搭乘商船东渡日本,先寄寓九州博多圣福寺,后应请到圆尔住持的京都东福寺传法,受到僧俗信众的礼敬。幕府前执权、已剃度出家的北条时赖闻其名,迎请普宁到镰仓建

---

① 足利衍述著、日本古典全集刊行会编:《镰仓室町时代之儒教》,日本:凤出版,1985年,第1编第4章第1节。

长寺，不久让他住持建长寺。建长寺前住持兰溪道隆曾在蒋山与普宁为同学，然而年龄比普宁小十多岁，对普宁十分友好。①

普宁在建长寺期间，北条时赖在政务之暇常到寺院参禅问道。普宁曾告诉北条时赖“见性”的道理，说：“天下无二道，圣人无两心。若识得圣人之心，即是自己本源自性。”②意为自己的本性与圣人——佛、菩萨没有根本差别。普宁还对他说：“青青翠竹，尽是真如；郁郁黄花，无非般若。”意为真如佛性为世界本原，万物是其显现。据载，北条时赖当下入悟，向普宁礼拜。普宁授以自己的法衣和“付法偈”表示印可。“付法偈”称：“我无佛法一字说，子亦无心无所得，无说无得无心中，释迦亲见燃灯佛。”意为他已经超越语言文字体悟自性，达到解脱。后来又作五首《助道颂》赠送北条时赖。普宁发挥“道在日用”、真俗相即的思想，向北条时赖表示：他日常处理军政大事，“治国治民”，并没有妨碍修学佛法，体悟自性，然而如果从诸法性空、“心思路绝”的最高意境来看，即使佛与一切事物（法）也是虚幻无实的，不应当加以执着。普宁为了对北条时赖护持佛法给以鼓励，甚至在《长书上最明寺殿》中称他是前无古人的“再来之佛”，说：“日本兴创宗门，唯我最明寺殿再来之佛，留心佛法，道念坚固，超越上古圣人一头地矣。”③

在北条时赖死后的第三年，即文永二年（南宋度宗咸淳元年，1265），普宁因寺中有人诽谤反对他，便集众宣布退院，不顾幕府执权和众僧的挽留，毅然决然地到九州搭乘船只回国。普宁回国后，先后在婺州宝林寺、温州龙翔寺住持，在元世祖至元十三年（1276）十一月二十四日去世，享年八十岁，赐谥“宗觉禅师”，有说法语录三卷行世。在日本的弟子有东岩慧安，在京都创建正传寺。

普宁的法系在日本古代二十四派中称宗觉派，影响较小。

（三）无学祖元东渡传法及对日本的影响

无学祖元，字子元，号无学，俗姓许，宋庆元府鄞县（今浙江宁波鄞州区）人。十三岁时，在杭州南屏山净慈寺礼临济宗大慧宗杲的再传弟子北涧居简为师出家受戒，翌年到余杭径山寺师事无准师范禅师。祖元从十七岁开始，遵从师范的教导修看话禅，连续五六年夜以继日地参究赵州“狗子无佛性”公案中的“无”字，然而无有所悟。此后，他丢开“无”字坐禅，豁然开悟，得到师范的印可。

师范圆寂后，祖元游历各地参禅，先后参谒属于临济宗大慧、虎丘两大法系的名僧

---

① 以上主要据《元亨释书》卷六及《延宝传灯录》卷二的《普宁传》。

② 《最明寺殿契悟因缘》。

③ 《兀庵普宁禅师语录》卷中。

石溪心月、偃溪广闻、虚堂智愚、物初大观、退耕德宁等著名禅师，曾在诸寺担任过书记、藏主、净头等僧职，应请住持鄞县白云寺、台州真如寺。当时正值元兵加紧攻略江南，南宋灭亡的前夕，社会极度混乱。南宋恭帝德祐元年(1275)，祖元为逃兵乱躲进雁荡山住入能仁寺。翌年元军临境，寺众逃散，然而祖元在堂内安坐。元军涌入，有兵将剑架在他的颈上恐吓，他“神色不少变”，并诵偈曰：“乾坤无地卓孤筇，喜得人空法亦空。珍重大元三尺剑，电光影里斩春风”，“复为说法”。元兵不仅没有杀他，而且“作礼而去”。翌年，元军攻灭南宋。祖元回到天童寺，在师兄环溪惟一的门下担任首座。①

兰溪道隆去世(1263)后，日本幕府一直没有找到满意的禅师住持建长寺。执权者北条时宗在弘安元年(1278)五月特派道隆的弟子无及德诠、杰翁宗英二僧携带自己的请帖入宋招聘“俊杰”禅师赴日任建长寺住持。翌年，在天童山的祖元接受招聘，当年六月携镜堂觉圆、桃溪德悟东渡至九州，八月到镰仓。执权北条时宗对祖元“执弟子礼”，表示崇敬并给予优遇，先让他住持建长寺，后又特建圆觉寺请他为开山祖。

当时日本幕府为防御元军入侵进行战备，命各地僧众读经修法，日夜祈祷佛、菩萨和善神的佑助以降伏外敌。当时祖元站在日本抗元卫国的立场，利用经常接近北条时宗的机会以宣说佛法的形式对他鼓励，增强他克敌制胜的信心。他在入建长寺的升座拈香法语中，祝执权北条时宗“长为佛法金汤，永作皇家柱石”。弘安四年(1281)春，正值元军第二次侵袭九州的前夕，北条时宗入寺见祖元。祖元为表示安慰，特书三个字“莫烦恼”相赠。②在“弘安之役”紧张进行之时，北条时宗“血书诸经，保扶国土”，请祖元升座说法。祖元在法语和偈颂中表示“佛力与天力共运，圣力与凡力齐新”，日本在北条时宗带领下必定能借助“神力”战胜外敌。在元军遭受惨败之后，祖元在八月上堂说法中诵“石人笑不彻，木人喜不彻”“大地山河似掌平，十方世界一团铁”的歌词表示庆贺。③

祖元在弘安九年(1286)九月三日去世。死前索笔写偈曰：“来亦不前，去亦不后，百亿毛头师子现，百亿毛头师子吼。”享年六十一岁，谥“佛光禅师”。

祖元生前说法的语录，由弟子一真、德温、真慧等整理为十卷，其中包括祖元在南宋台州真如寺和日本镰仓建长寺、圆觉寺的语录，其中包括普说、法语、偈赞，后面还附有祖元行状、年表。

---

① 以上据《佛光国师语录》卷九所载如芝《无学禅师行状》、静照《佛光禅师行状》，并参考《元亨释书》卷八《祖元传》。

② 《元亨释书》卷八《祖元传》。

③ 《佛光国师语录》卷三。

在宋元赴日禅僧中，祖元的法系是日本镰仓末期和室町时期最有影响的禅派。祖元的弟子中以高峰显日、一翁院豪、规庵祖圆等人最有名。高峰显日（1241—1316），后嵯峨天皇之子，十六岁时在京都东福寺圆尔门下出家，先后从普宁、祖元参禅。显日在下野（今治日本栃木）那须云岩寺、相模（今治日本神奈川）净妙寺、万寿寺及镰仓建长寺传法。嗣法弟子二十多人，著名的有室町时期在五山禅林中担当领袖角色的梦窗疏石。一翁院豪（1210—1281），曾入宋在径山无准师范门下参禅，回国后住持上野长乐寺。在祖元来日时，他虽年已七十，然而仍前往参问，从受禅法。规庵祖圆（1261—1313），曾在祖元门下任书状侍者，祖元死后到京都东福寺参圆尔的弟子无关普门。祖圆继普门之后任京都南禅寺住持，传纯临济禅法。

祖元的法系在日本禅宗二十四派中称“佛光派”。近代以后日本临济宗十四派中圆觉寺派奉祖元为开山祖师。

南宋著名禅僧无准师范曾长期以径山寺为中心弘传临济宗，培养出许多著名弟子，其中大部分人在中国传法，也有的到日本传法，在中日两国禅宗和佛教文化发展史上做出过重要贡献。今天我们应当珍惜、保护和维护好径山寺及相关佛教文化遗迹，进一步挖掘、研究曾在径山传播过牛头宗、临济宗和其他佛教宗派的历史人物的历史事迹和文献，为充实中国佛教史、文化史的内容，为推进中日两国佛教文化的友好交流发挥积极作用。

清代康、雍、乾三朝对民间宗教的政策及其后果

马西沙*

清康熙年间(1662—1722)对待民间宗教的政策与其时的其他政策基本一致，即全面实施与民休息的政策，无为而治，采取多种措施缓和入关以来多种尖锐复杂的矛盾，形成了一种宽松的社会环境。这种政策的改变，给清政权奠定了长治久安的基础，造就了历史上有名的“康乾盛世”。当然康熙时期与民休息的政策及无为而治也带来了一些新问题，以致雍正年间(1723—1735)再次进行政策的调整，在许多社会问题上采取了宽严相济的政策，其中对待民间宗教的政策也发生了变化。

一、 康熙时代与民休息的政策

清代顺治、康熙两朝朝政迥然有别，导致社会形态也相差巨大。例如在顺治时代，如火如荼的民间宗教反抗清政权的运动，到了康熙时代基本销声匿迹了。康熙六十年间官书、方志、档案很少见到民间宗教活动的记载，其实民间宗教的发展并没停止，只是各地官员对民间宗教的政策变得温和了，或是对这类活动采取不加干涉的态度，使得民间宗教与当局的对抗所引发的冲突也随之减少而已。

康熙和雍正时期，是清朝实行与民休息政策的时期，这一时期日渐复苏与振兴的经济以及较为平静宽松的社会环境，为民间正常宗教活动的兴起提供了有利的条件。民间宗教运动出现了与明末清初迥然不同的形态，完全是得益于康熙六十一年间宽容的政策。

康熙皇帝与历代帝王相比，无论是个人品质还是对客观环境的顺应能力都是罕有其匹的。为了把清帝国从战乱不已、财力枯竭、民族矛盾尖锐、人民强烈不满的状况中挽救过来，他竭尽毕生精力，实行了一系列巩固政权的措施，使清政权免蹈元朝覆辙，免为短祚的帝国。他停止圈地运动、废除逃人法、劝勉农桑、奖励垦荒、蠲免赋税、大兴

---

* 马西沙，中国社会科学院荣誉学部委员、中国社会科学院世界宗教研究所研究员。

赈济、节省开支、兴修水利，甚至抑制豪势，调和租佃关系。在晚年，他又实行了“盛世滋丁，永不加赋”的政策。其子雍正继承了他的政策，最终完成了“摊丁入地”的税制改革。凡此种种，都达到了与民休息、巩固政权的目的。

下面以山东省为例说明康熙在位的六十一年间德政及其效果。

康熙皇帝对京都所在的华北地区格外关注。他在位六十一年，仅对山东一省之谕旨不下数百道，且指令周详，大都符合实际。他屡次南巡，四度经过山东，体察民情，罢免了不称职的行政长官。康熙二十六年(1687)，新上任的山东巡抚钱珏“陛辞，恭请训旨”。他告诫说：

为治之道，要以爱养百姓为本，不宜更张生事。尔到地方，务当安静，与民休息。①

“与民休息”“不宜更张生事”是康熙在位六十一年的最根本思想。他十分清楚“百姓足，则国家充裕”，有此两条则可防内乱于未然，使国家长治久安。

康熙皇帝对山东的具体情况十分了解。康熙四十二年(1703)他曾对臣下说：

朕四次经过山东，于民间生计无不深知。东省与他省不同，田间小民俱依有身家者为之耕种。丰年则有身家之人所得者多，而穷民所得之分甚少。一遇凶年，则已身并田亩产业有力者流移四方，无力者即转死于沟壑。此等情状，尔东省大臣庶僚及有身家者亦当深加体念。②

山东土地高度集中，恶性兼并的状况当然是地主阶级贪婪本性造成的，从本质上与其他省份并无不同。不过，山东的情况似乎更加严重。为此，康熙皇帝一方面屡次下令打击东省势豪，一方面又极力缓和“业主”与雇农的关系。康熙二十三年(1684)，他命令新上任的巡抚张鹏翮说：

今见山东人民逃亡京畿近地及边外各处为匪者甚多，皆由地方势豪侵占良民田亩，无所倚藉，乃至如此。尔任后，务翦除势豪，招集亡命，俾得其所。③

① 《圣祖实录》卷一二九，第19页。

② 《山东通志》训典一。

③ 《圣祖实录》卷一一六，第26页。

对山东省赋税不均问题，他亦颇为关注。康熙二十九年(1690)山东巡抚佛伦曾奏称：

东省累民之事，第一赋税不均，凡绅衿贡监户下，均免杂差，以至偏累小民。富豪之家，田连阡陌，不应差役，遂有奸滑百姓，将田亩诡寄绅衿贡监户下，希图避役，积习相沿，牢不可破。①

显然，没有功名的地主将“田连阡陌”的土地诡寄于“绅衿贡监”户下，致使赋税徭役，大都转嫁到少地或无地贫苦农民身上，造成底层群众动辄流离的悲惨状况。佛伦在任内，实行改正厘剔的政策，打击诡寄的“奸滑百姓”，康熙皇帝对此大加赞赏，并命令在直隶等省一体实行。这样就使地方豪富势力不得不承担相当份额的赋税徭役，从而减轻了无地或少地的农民的经济负担。当然，康熙皇帝也十分明白地主富商是清政权的社会基础，是依靠的力量。他说：“地方多殷实之家，是最好事。彼家资皆从贸易积聚，并非为官贪婪所致，何必刻剥之，以取悦穷民乎？”②然而，当豪富势力的发展过于膨胀、危及地方政权的稳固、导致百姓流离失所时，就不能不抑制一下。但他更多的是注意调解“业主”与雇农二者的关系。据《圣祖实录》记载：

山东巡抚佛伦疏言：“东省康熙二十九年分地丁钱银，尽行蠲免，百姓无不感戴。惟无地小民，尚未得均沾圣泽。臣……劝谕绅衿富室，将其地租酌量减免一分至五分不等。”应如所清。嗣后直隶各省，遇有恩旨蠲免钱粮之处，七分蠲免业户，以三分蠲免佃种之民，俾得均沾恩泽。从之。③

以七三开，蠲免地主及佃农地丁钱银的做法，不仅在山东得以实施，而且推广至全国，成为一种制度，无疑减缓了穷苦百姓的负担，对复苏生产力起到了积极作用。不仅如此，作为帝王的康熙还亲自劝谕大臣及地方豪富对佃户减租：

……尔东省大臣庶僚及有身家者，似此荒歉之岁，虽不能大为拯济，若能轻减所入田租，以各赡养其佃户，不但深有益于穷民，即尔等田地日后亦不致荒芜。如

---

① 《圣祖实录》卷一四六，第14页。

② 《圣祖实录》卷二六六。

③ 《圣祖实录》卷一四七，第26—27页。

果民受实惠，岂不胜谢恩千倍耶。①

康熙皇帝对只知道保禄位、养妻子之昏庸抚臣，对不关心民瘼的地方行政长官，屡行罢免。康熙三十七年(1698)，“山东巡抚李炜，居官不善，地方饥馑，百姓乏食，竟不奏闻……著革职”②。康熙四十三年(1704)，山东巡抚王国昌又因“擅收赈养饥民官员银两贮库，以至不得不即行赈养”③，被革职查办。

康熙一朝，自皇帝起便崇尚节俭。康熙多次告诫臣下奢华导致国运衰败的道理。他曾经把明清两朝宫廷费用做过比较：“明朝费用甚奢，兴作亦广，其宫中脂粉钱四十万两，供应银数百万两……宫女九千，内监至十万，饭食恒不能遍及，日有饿死者。今则宫中不过四五百人而已。”④节约费用大都充实国币，用于蠲免赋税或赈济灾民及兴修水利。至康熙四十九年(1710)止，全国历次蠲免钱粮，已逾一亿两白银。山东地瘠民贫，从康熙三十七年后，连续数载减免赋税，以缓民力。至康熙四十四年(1705)，山东经济已见复苏。那年康熙皇帝第四次巡察山东，所到之处百姓处境已有改观：

朕不意山东之民，遽能如此。前者南巡，民间阎失所、不堪瞵目。今服饰颜面，大异往昔。闻各官赈养亦善。此承平日久，国币丰饶，故能蠲数年钱粮，遣官赡养赈济耳。⑤

朕因四方无事，车驾南巡，得访民情，深知利弊。回舟山左，见麦秋大熟，民无菜色，朕心甚慰。⑥

经过数十年休养生息，到康熙中末叶，中国的经济不仅摆脱了清初“赤地千里无鸡鸣”的残败景象，而且整个生产力水平已经超过明代。但是封建社会后期的社会矛盾一个也没有解决，在表面繁荣的背后，土地日益兼并，吏治日趋腐败，贫富日渐悬殊，生产工具的落后和闭关锁国的政策，都使生产力的发展水平无法得到根本改善。康熙四十五年(1706)以后，以至雍正时代，在官书中仍有大量山东人民偶遇灾年，便流离失所的记载。所谓康熙盛世，也仅仅为底层劳动群众提供了一个起码的生存和劳动的社会

① 《山东通志》卷首，训典一。

② 《圣祖实录》卷一八五，第12页。

③ 《圣祖实录》卷二一五，第3—5页。

④ 蒋良琪：《东华录》，卷二一。

⑤ 《圣祖实录》卷二一九，第10—11页。

⑥ 《圣祖实录》卷二二〇，第18—19页。

条件。但即便如此，在落后的封建社会已非易事。

除了经济和政治方面，在法律和道德方面，康熙皇帝也有深刻的认识。

康熙皇帝十分反对严刑酷法，反对滥刑及法律上的各种残民以逞的措施，他特别提倡教化的作用。他对陷罪网罗的无辜之人深为同情，希望以良好的风俗及道德起到维护社会安定的作用。

康熙二十五年(1686)丙寅三月康熙下谕旨云：

> 刑曹民命攸关，国兴所系。今见法司嫩鞠刑狱，或恐不得其情，专尚苛刻，偏于敢酿者为多。夫人命馨于刑法，心必中正之心，行平恕之道，使法蔽其辜，毋纵毋枉。豪强有力凶顽不逞之徒，必无解肢苟免于刑，贫贱孤飞孱弱无知之辈，必为详慎，务得其真情。如是比户可封，长治久安，懋登上理。盖法令禁于一时，而教化维于可久。若事法令而教化不行，是舍本而逐末也。近见风习日弊，人心不古，嚣陵成习，奢滥多端，狙诈之术日工，狱讼之兴靡已。或豪富陵骊孤寡，或劣绅武断乡曲，或恶衿出入衙署，或蠹棍诈害良善。萑苻刑辟之日繁，良由化导之未善。朕今欲法古帝王尚德缓刑，化民成俗。举凡敦孝弟以重人伦，笃宗族以昭雍睦，和乡党以息争论，重农桑以足衣食，尚节俭以惜财用，隆学校以端士习，黜异端以崇正学，讲法律以儆愚颂，明礼让以厚风俗，务本业以定民志，训子弟以禁非为。息诬告以全善良，诫匿逃以免株连，完钱粮以省催科，联保甲以弥盗贼，解忿以重身命等项。作何训迪劝导，及作何责成内外，文武该管官督率举行尔，部详察典制定议具奏钦此遵旨议定，应将特颁上谕通行，晓谕八旗，包衣左领，并直隶各省督抚转行府州县乡村人等，切实遵行，务使军民咸知尚德缓刑之至意。①

这段上谕是康熙皇帝对刑法及其执行机构中心种种弊端的深刻揭示，对古仁人帝王尚德缓刑、化民成俗的渴望。其中的“圣训”十六条包含了康熙本人一生对民众、社会的最重要的要求，也包含了他的社会理想和理念，即用儒家思想的仁、义、礼、智、信来调和人与人的关系、人与社会的关系、法律与道德的关系。在他看来，如果用儒家的治国理政的理念来调节各类社会关系，则国家的长治久安就是自然的结果。

作为一代明君，他从内心深处反对严酷法律，他倡导道德的作用——尚德，确实是希望各级官员“咸知尚德缓刑之至意”。在这种思想的指导下，地方官当然不敢滋意生事。

---

① 《会典事例》载康熙二十五年丙寅三月上谕。

康熙十一年(1672),康熙与臣下有一段关于佛教及民间教派黄天教、弘阳教的对话。

> 二十一日壬戌。辰时,陈设卤薄,上出正阳门,幸南苑。行经海会寺,召学士传达礼请曰:"闻此寺内有一狂僧,自称得道,甭试往问之。"达礼承旨往问。回奏讫。又奏曰:"臣观此僧,语言动静大似狂妄,勿论得道之僧,即使真正活佛,亦与国家何益。况此辈不耕而食,不织而衣,自谓得道,招摇鼓惑,深为可恶。至于黄天、弘阳等教,男女杂集,诵经说法,先经严禁,至今尚未革除。切思此等之人,自古以来,止足为害,实无裨益,若不预行禁止,恐愚民被其煽惑,深为不便。伏乞皇上斥逐此僧,且敢禁黄天等邪教,以肃清京畿内地,则天下幸甚!"上曰:"出家人止宜住深山躬谷,京师是修行之地。朕亦知此僧狂妄,自古以来,此等之人,往往为害不浅,甭言朕已知之。"①

这些对话中,臣子对佛教的态度是"招摇鼓惑,深为可恶",而对"黄天、弘阳"等教要加以禁断,并将其禁断"以肃清京畿内地"。而康熙皇帝并未做出禁断的正面回应,只是讲知道此事,不要再讲了。

研究康熙皇帝在位六十一年的历史,关于民间教派教案,较完整的仅有康熙五十六年(1717)十月,河南兰阳县李雪臣传播的莲教一案,此案因兰阳县李雪臣聚集党羽多人,齐约十月十八日"聚众杀官",为当局侦破,康熙命将李雪臣杖毙。杖毙的原因并不在信教,而在于打算聚众杀官。②

由此可知,康熙时代民间宗教几乎没有与当局的发生过对抗,而是平静地在宗教领域内以正常的形态发展。之所以如此,是因为康熙皇帝实行的前所未有的宽宏、温和的政策,这种政策无疑是明智和正确的。

二、 雍正时代宽严兼济的政策、措施

康熙是一位宽厚仁慈的君主,具有儒学理念并将这种理念躬行实践的帝王,在中国历史上并不多见。康熙执政六十余年,由于为政宽厚,也导致一些弊端,如吏治腐败,诸皇子之间为争夺帝位导致臣下朋党对立等。在对待民间宗教上,康熙则基本采

---

① 康熙十一年壬子,载《康熙起居注》。

② 《朱批奏折》,康熙五十六年十月十一日李树德奏折。

取不加过问的态度，这也使各地诸种教派复苏和发展。雍正初年(1723)的一份档案反映了这种状况：

> 臣闻直隶南四府接连山东、河南、山西地方，颇有邪教，踪迹诡秘，名号多端……称为神传、为尽礼、为混元、为八狗(疑为八卦。——编者注)等号。其诱人之法，若富者入教，令其输钱；贫者入教，反与之钱。贫民贪利，自然乐从。又恐同居之人泄漏，必令举室之人尽皆愿从，方许入教。多以邪术书、符咒水，巧作幻端，迷人耳目。又访江南、浙江以及湖广、江西，则有无为、大乘、糍团等教。所称无为者，不耕不织，但播谷于田间，听其自生。耕耘灌溉之事，一切尽废，石田丰草，失业良多。大乘、糍团，亦大略相类。甚至一教蔓延数府，每处各聚多人，众者万计，少者亦不下数千。虽南北之教各异其名，大率讲说邪法，多在夜间，男女不分，伤风败化。愚民一受宠络，虽悔无及。此等邪教始不过蛊惑男妇，图利营奸，迨党与日多，则其心叵测。①

这份出现在雍正初年的奏折极为重要。虽然有些内容大而化之，不甚准确，但其形象地描写出清政权入关仅六七十年，民间宗教却在半个中国以不可阻挡之势兴起了。这就不可避免地构成了对统治者的潜在威胁。

面对蓬勃兴起的民间宗教运动，雍正王朝实行了比康熙时代更为严厉的禁断措施。但总体上说，还是以宽严兼济、区别对待的政策为主。下面就以两个例子对这种政策加以分析。

第一例：

雍正初年至雍正十一年(1733)，江西省发生了一系列罗教教案。在这些案件中较严重的是南昌一带的大乘教徒黄森官“纠党倡道，滋害地方”案。此案被当局重判，以儆效尤，以正人心。

江西当局特将禁巫术及“邪教”的法律条文、告示，广为粘贴，并将告示贴于高脚木牌，“每一里给牌一面，令保甲肩牌沿门传谕，令有收存大成等教经卷者，概行呈缴，取具悔过甘结，悉照自首免罪。于法既为不扰，而教令可以遍及。本署司现在另拟示式，即发各府转饬照刊，务使穷乡僻壤及有棚民处所一体传知。遍传之后，即将示牌竖立保长之家。如有破损，许其禀县另给，俾之触目惊心，庶几改行从善，亦教先于刑之意也”②。

---

① 参见拙著《清代八卦教》，北京：中国人民大学出版社，1989年，第80页。

② 中国社会科学院历史研究所清史研究室编：《清史资料》第3辑，北京：中华书局，1982年，第198页。

江西地方官还是沿着先帝康熙的法治思想即先劝诫然后付诸法律。为了防范“聚众集匪”，防止传教敛钱，用于建造斋堂，提出建造斋堂即属违例，其钱财就可以没收入官，经堂即行折毁。

据凌燽《西江视臬纪事》载：

又城郭通衢以及远僻乡壤，或有设立斋堂，聚众集匪，最为滋害。若令召民买顶，则仍为民业，未免址宇犹存，愚顽未化；若招居僧道，更难必其尽属良善。窃以此项创建之费，无非奸民醵敛之资，建设既为违例，依法即应入官。应饬各县，除在通衢大乡，即改作讲约公所外，如孤僻荒村，遇有经堂即行拆毁，木料、砖瓦造册另存，以为公事修建添补之用。仍饬各县，将所属有无经堂责令保甲具报，不得滥差衙役，沿乡滋扰。如保甲有隐匿不报，及以僧道庙宇混称经堂捏害者，按律究处，亦清源遏流之一道也。①

江西当局劝诫在先、执法在后的措施以及没收建斋堂的钱财、拆毁斋堂外，第三个措施是加强保甲制度。据《西江视臬纪事》载：

至外来异言异服之人，所在多有。设立保甲，本以稽查匪类，相应一并责令保甲严查。凡庵堂、寺院、歇店等处，如有容留来历不明之人，保甲一并惩处。至星相艺卜，律所不禁，苟非行踪诡秘，不得概事混拿，则奸宄可惩，而地方不扰矣。至本地居民作何化导改邪归正之处，查各乡设立约长，值日宣讲圣谕广训，原以化导愚顽无知，各县视等具文，其实心奉行者究为无几。应饬各州县遵照雍正八年奉行条议实力遵行，勤于宣布，庶几渐仁摩义，不难易俗移风矣。②

在以上劝化、加强保甲制、拆毁经堂诸类办法实施后，“限以三月，邪经务自收缴，经堂务尽查毁”，并由各地方官与犯事者具结申，报上官。

倘结报之后，仍有私习大成、罗教，及藏匿大乘、罗经并私立斋堂事发者，除本犯及保甲邻佑照律治罪外，即将该地方官照例参处，合并详请核实，以便转饬遵照。③

① 中国社会科学院历史研究所清史研究室编：《清史资料》第3辑，第198—199页。

② 同上书，第199页。

③ 同上。

到雍正十三年(1735),江西罗教信仰者仍然踵行习教,以致当局不得不发布《禁罗教传示》:

> 为查禁邪匪以正人心,以维风俗事,照得邪教惑人,禁例綦严。江省愚民传习罗经,恣为诞妄,本干禁律,法应从严。今两院仰体圣世宽仁,特设首免之条,以开自新之路。业经本署司等会议,自雍正十三年三月为始,定限三个月内尽行首缴,概免根究。逾限不首,即照邪教定拟,已通行饬遵在案。诚恐无知愚妄积习难移,或僻远村墟申严未偏,致稽遵缴,仍负恩施。今特将禁例胪列于左,传牌遍谕,为此示仰军民人等知悉:尔等凡有罗教经卷及原设斋堂之家,务须依限赴县尽行首缴,改邪归正,尽作良民。所有从前设教鼓众之处,一无所问。如敢故抗不遵,是始犹无知误犯,今则有心顽梗矣。法律具在,定即照后开条例分别治罪,断不为罔不率教之顽民少弛禁令也。保甲邻佑,一体凛遵,毋忽特示。计开:一、定例嗣后如有私习罗教者一经发觉,将为首者照左道异端煽惑人民律拟绞。不行首报之邻佑总甲人等,均照律杖一百。二、凡将罗教经典隐藏在家不行首出销毁者,枷号两个月,杖一百。①

这份显然是罗教自明成化、正德间创立以来,第一次如此明晰的法律文书。这份法律文书较之后来的乾隆时代仍是十分宽容的,体现了雍正时代办事认真,政策、法律具体可以操作,又仍然沿袭了康熙时代以德化人、劝诫在先的做法。体现了那一时代总体宽严相济的特点。

它首先明示:两院仰体圣世宽仁,特设"首免之条",限至三月内自首概免追究的政策。而且明确指出凡传教、设斋堂之人,自首概在赦免之列。

而三月之后,再行传习罗教者,则依照条例,分别治罪。

江西省当局惩治罗教的措施得到雍正皇帝的首肯,但雍正七年(1729)福建省当局禁止罗教时,巡抚刘世明"习无为罗教者□家吃斋,臣通饬严禁"上奏朝廷时,雍正皇帝即认为"但应禁止邪教惑众,从未有禁人吃斋之理,此奏甚属乖谬纷扰",将奏折驳回。②清廷禁断罗教,却又不禁人吃斋,促使江南罗教徒有机可乘,纷纷改换教名,老官斋教之名因之问世。据后来被逮捕的罗教头目姚文谟(姚文宇后裔)供称:

---

① 中国社会科学院历史研究所清史研究室编:《清史资料》第3辑,第211页。

② 蒋良骐:《东华录》卷三一。

小的祖上原奉罗教，雍正七年奉文查拿，就改为一字教，又名老官斋教。①

第二例：

从雍正五年(1727)至雍正七年有关罗教的史料分析，漕运水手中的罗教组织已经带有某种行帮会社的性质。其组织内部以师徒、师父、师叔、干爹、干儿相称，"各帮粮船舵工、水手各立教门，多收门徒，结为死党，一切任其教主指使，绑缚、烧炙、截耳、割筋，毫无忌禅，为害殊甚"②。漕运总督鉴于"其擅用非刑割耳，亦因倚恃教门，故敢肆行无忌"，认为"若不严绝其根源，诚恐愚昧无知之水手仍有入其邪教，扰害漕帮"③。

无独有偶，苏州巡抚陈时夏在接到刑部咨文，查拿罗教后，于雍正六年(1728)正月在苏州等地查出阎庵、俞庵、王庵、西来庵、施茶庵、马姓庵、李庵、半野堂、倪庵、刘庵等十二处庵堂。据陈时夏奏折讲："查以上各庵，房屋不过数间，供三世佛，诵经做会，非僧非道，每与粮船水手和同教往来。粮船来南，多以米粮资其食用，或粮船水手有疾病流落者，各庵之人亦资其盘费。查粮船水手多有不法之徒，待众打架，生事横行……"④陈时夏建议严办"所有房屋尽行入官，拆变公用，以杜根株"⑤。

但浙江巡抚李卫不同意张大有与陈时夏的意见。为了保证漕运的畅通，不赞成对水手信仰罗教进行深究，甚至不赞成拆毁庵堂。此后雍正果然依李卫此折行事，并未拆毁庵堂，仅将其改为公所，则漕运水手住歇往来自由。一年多以后，雍正皇帝发布了处置罗教的原则："查罗教始于明代，流传已久。其中有聚众生事者，亦有无知附和者。概严不可，概宽亦不可，惟在地方官随事因人分别轻重，首倡生事者不可不惩，无知附和者量加宽宏，未有尽行解送来京之理。惟期化导愚顽，去邪归正，以杜蛊惑人心之渐，岂可株连无辜也。"⑥

这道谕旨看起来宽严并重，其实与以后诸朝对民间宗教的政策相较，则十分宽松了。雍正一朝对罗教多次案情处理都是以此精神为依据的。甚至对罗教教主罗明忠也以"奉留养亲"之名，予以开释。这种政策使雍正一朝没有发生过一次以民间宗教为旗帜的造反事件。

---

① 《朱批奏折》，乾隆十三年十一月二十四日江西巡抚开泰奏。

② 《朱批奏折》，大约雍正五年十一月朱录刑部咨文。

③ 《朱批奏折》，雍正六年二月二十日漕运总督张大有奏折。

④ 《朱批奏折》，雍正六年正月二十九日苏州巡抚陈时夏奏折。

⑤ 同上。

⑥ 瞿宜颖：《中国社会史料丛钞》，长沙：湖南教育出版社，2009年，第461页。

三、乾隆一朝统治者与民众的尖锐矛盾及其原因

像任何封建王朝一样，清政权在走过一段上升发展时期后，逐渐失去了勃勃生机，机体本身日益腐败；本来掩盖着的内部矛盾，一步步尖锐并暴露出来，终于导致社会危机的到来和大乱不止的局面。然而与许多王朝不大相同的是，清王朝盛极而衰的步履异常迅速。乾隆（1736—1795 年在位）中叶是清代经济、政治、文化最繁荣的时代，这种繁荣如昙花一现，迅即败落，紧接着便是社会动乱，这种动乱连续着近代历史，一发而不可收拾。

从乾隆十三年（1748）到道光十五年（1835）的八十余年间，仅以汉族为主体的较大规模的农民起义就爆发了五次，造成农民起义的内在原因是什么呢？

乾隆三十九年（1774），由于年岁歉收，“地方官妄行额外加征”①，山东爆发了王伦领导的清水教起义。从此一叶落而天下秋，农民起义便接踵而至了。

乾隆五十一年（1786），因为“据台湾皆贪官污吏，扰害生灵”，林爽文宣告“以救吾民，特兴义兵”②。中国东南地区爆发了天地会起义。

事不过十载，嘉庆元年（1796），川、陕、楚等五省爆发了以收元教、混元教徒为骨干的农民起义。它的导因是地方官“以虐民喜事为能”，以致“官逼民反”。③这次起义持续近十年。

川、陕、楚农民起义被平定，又不过十载，华北大平原上突然爆发了林清、李文成领导的八卦教起义。起义军直捣皇权的象征——紫禁城，并在直、鲁、豫三省攻城略地，极大地震惊了清王朝的统治中枢。这次起义的导因是“地方官平时苛虐，无事不与民为仇”④。

中国古代史上最后一次农民暴动，发生在山西省赵城县。道光十五年，先天教徒因“贫困难度”，在曹顺的率领下，揭竿而起。⑤

从短短的八十年间爆发的五次农民起义来看，造成社会危机的是一种综合性的因素：土地开垦已经饱和，兼并却有增无减；人口数倍增长，物价也在飞涨；开边扩土或平定内乱的战争连续不断；导致政府开支的膨胀、赋敛的加重，等等。但根本原因是统治

---

① 《军机处录副奏折》，乾隆三十九年十月十九日大学士舒赫德等奏折。

② 《林爽文起义军告示》，载中国人民大学清史研究所、档案系中国政治制度教研室编《康雍乾时期城乡人民反抗斗争资料》，北京：中华书局，1979 年，第 780 页。

③ 《清史稿·谷际岐传》。

④ 《军机处录副奏折》，嘉庆十八年十月十二日通政使张鹏展奏折。

⑤ 《军机处录副奏折》，道光十五年闰六月初四日曹顺供词。

阶级对广大农民的剥削和压迫日益加剧，导因则是整个吏治的腐败。

乾隆一朝，社会危机的突然来临与最高统治者的指导思想和所作所为有着直接的关系。乾隆皇帝本人从整体上看已远不是一个励精图治的有远见的统治者，而是一个躺在康雍两朝宵衣旰食、任贤惕厉而成的一份大家业上享尽荣华的富贵天子。他好大喜功、虚荣矫饰，既缺少祖父康熙皇帝的恢宏气度，又缺乏其父雍正皇帝的认真求实精神。他依仗大一统的江山社稷和亿万人民积累起来的庞大财富，从事一系列旨在夸耀千古的战争。他自诩的“十全武功”，固然其中有某些战争对巩固统一的中华民族颇有补益，但无端的讨伐亦不乏其例。所谓“十全武力”耗尽了财力，计一亿两千万两白银，其中两次平定金川之役费用为七千万两白银。而平定回、准之役又耗去三千五百万两白银。仅此二项已逾一亿，数字的庞大是惊人的。“十全武功”似乎显赫一时，但为时不久便引发了川、陕、楚等五省农民大起义，十载之间又耗去了一亿两白银。而流水似的白银，皆为民脂民膏。

乾隆皇帝为了满足一己私欲，其奢侈也为历代帝王所罕见。他六次南巡，仅官库耗银即两千万两。他每到一处不是为了体察民瘼，而是为了大肆挥霍，以逞帝王之威福。地方官为了献媚取宠，揣摩好恶，不惜朘剥百姓，以供皇帝一时之欢。饰具踵靡，取费较之康熙皇帝南巡，殆十倍之。清跸所至，戏台、采棚、灯舫等物，沿途点缀不断，水行飞舟，络绎不绝。而所到城市，街衢尽行铺设地毯，周围百十里，极尽奢华。

乾隆三十七年(1772)，乾隆皇帝虽已数度南巡，并且进行了几次大规模的战争，但是国库藏银却达到了清代历史的最高水平，岁进七千八百万两白银，比乾隆初年“计倍而赢”①。这一事实表明封建统治者对劳动人民剥削的酷烈。以山东省为例：雍正年间，该省由于频繁的自然灾害，造成“带征未完积欠通计三百余万两”。乾隆皇帝初登基，便下令严加追索，威胁所谓“恣意拖欠”者，“当严加重惩，必不姑贷”②。这种做法不仅实施于山东一省，各省大率类然。这种损下益上、富国穷民的政策，后来被龚自珍形象地喻为“自啖自肉”。

赋税苛刻固然给人民带来了极重的负担，而官吏贪污更形成了一个无法填满的无底洞。乾隆一朝“贪污之风遍天下”，自和珅用事，“上下相蒙，惟事婪赃黩货”③。和珅贪污数额之巨，在封建社会首屈一指，它发生在乾隆一朝绝非偶然，和珅不过是整个官僚机构极端腐败的代表。而这个贪赃枉法、无恶不作的人物又恰恰是乾隆皇帝最宠信

---

① 《高宗实录》卷二七，乾隆三十七年十一月癸卯。

② 《山东通志》卷首，训典二。

③ 昭梿：《啸亭杂录》卷十。

的佞臣。和珅本人极为狡猾，善揣人主好恶。他当初仅为一銮仪卫普通校尉，不数载即迁副都统，又迁军机大臣上学习行走，不久由尚书授大学士。乾隆四十三年(1778)其子当了驸马，乾隆皇帝依之益专，致使权倾天下，而钻营谋利之徒，奔走效力于门下，朝野上下，贿赂公行，树党植羽，吏治之风，腐败已极。

中枢机构如此，各省大吏亦纷起效尤。如山东省"大吏屡非其人，吏治废弛，贪污遍野"①。仅国泰任职期间，"婪索诸属员，数辄至千万。察诸州仓库，亏二百万有奇"②。亏空数则"巧取于民"，致使"奸民为之动摇"③。

嘉庆一朝，吏治之风又一大变："告奸挟制之风，纷起效尤"，"而萎靡不振，畏难苟安者甚多……甚或以阘冗者为安详，勤干者为多事，黑白莫分，是非倒置"④。

由于乾嘉两朝，最高统治者政命皆出邀誉，导致"媚上骄下之臣当道，忠君爱民之宰退守。于是废公利己，各失政守"。"病国殃民，贪酷废法"的"不肖之徒"遍布全国。他们"夤缘为奸，颠倒法纪，倒移轻重，渔利害民……含冤忍死者不知几何"⑤。统治阶级对待人民的逻辑是"无事恣其侵渔，有事止于剿杀。剿杀之后，仍事侵渔。侵渔既久，势必又至剿杀"⑥。统治阶级的贪赃枉法或怠惰因循，玩忽职守，说明国家机器到乾嘉时代已经失灵。再加上天灾频仍、土地兼并、物价上涨、人口暴涨等因素，造成了底层社会的动荡不安。

当时华北地区的状况：

流民多。造成流民的因素很多，赋税苛刻和自然灾害是其中主要原因，以致贫农无法承担地主租佃，不愿租种土地。据《山东通志》记载乾隆中叶时情况：

> 往时东省贫农称贷，富户加息四五分尚肯偿还，是以小民挪借有资，不至流离失所。令即取息二三分，借出不还……有余之家，恐为所负，不复出借……贫户爷叩无门，不得不求食他乡。⑦

另一方面，华北地区已无荒可垦，而人口的绝对增长数字是史无前例的。就全国

---

① 昭梿：《啸亭杂录》卷十。

②《清史稿·国泰传》。

③ 昭梿：《啸亭杂录》卷十。

④《朱批奏折》，嘉庆十八年十月十六日两广总督蒋攸铦奏折。

⑤ 同上。

⑥《清史稿·孙嘉淦传》。

⑦《山东通志》卷首·训典二。

来说，乾隆六年(1741)已达一亿六千万人，至乾隆五十八年(1793)，就达到了三亿一千万。山东省人口，乾隆十八年(1753)时为一千二百七十万，六十年后的嘉庆十七年(1812)竟达到二千八百九十万，皆计倍而增。同一时期，直隶、河南等省人口亦惊人增长。致使华北人民“艰于口食”不得不觅地求生。乾隆皇帝也很清楚山东省情况：“岁偶不登，闾阎即无所恃，南走江淮。北出口外……滋生无策，动辄流移。”①

抗欠者多。由于赋税苛刻，贪官污吏层层盘制，引起广大群众起而抗争。当时山东民间流传着这样的谚语：“不欠钱粮，不成好汉。”②可见抗欠已经成为一种风气。不仅抗欠国家赋税，佃农还抗欠田租。其中一些人“强霸田亩”“抗租不纳”“累年拖欠，相习成风”。甚至“鸣钟聚众，持梃围宅”③，威胁地主身家性命。

流为“匪类”者多。由于农民无法在正常秩序下生活，以致扒抢案件大量增加。“无业穷民，群居觅食。昼则随帮受雇，夜则乘机为匪”④，而流民由于无所归依，也导致“艰于口食，共谋抢夺”，以致“盗风日炽”⑤。山东等地的曳刀会、顺刀会，河南的红胡子会等，或聚赌械斗，或“横行乡里”，都成为流民或无业闲散人等“打劫烧抢”的依仗。

参加民间宗教活动者多。乾嘉时代，华北地区群众信仰民间教派的成员激增。乾隆一朝民间宗教的活动与康雍时代相比较，有三个特点：

第一，民间宗教活动已遍及全国，许多教派教势连跨数省，入教者成千累万，形成了更加严密的组织体系和领导核心。而当局也加紧了对各类教派的侦破和镇压，民间宗教与清政权的矛盾尖锐突出。即使如此，新的教派依然不断地涌现出来，活动也更加秘密。据统计，乾隆二十年(1755)以前史料仅记载了十六个秘密宗教与结社的活动，而乾隆二十年以后则多达一百九十九种。统计表明，乾隆二十年以后，民间宗教和结社组织活动的频繁和新教派、新结社组织不断地涌现，足证在一个动荡的时代，这些组织的空前活跃和人民群众与政府的对抗和离异的情况之严重。下面我简单地举些实例说明当时的状况。

乾隆七年(1742)，当局在直隶、山西发现黄天教的活动，乾隆二十八年(1763)侦破该教活动中枢，将直隶万全县传教的李氏家族一网打尽，并将创教人李宾的坟墓、塔碑以及传教庙宇碧天寺捣毁。仅乾隆一朝即对黄天教办案五次。

---

① 《山东通志》卷首·训典二。

② 同上。

③ 中国人民大学清史研究所、档案系中国政治制度教研室编:《康雍乾时期城乡人民反抗斗争资料》，第241页。

④ 《山东通志》卷首·训典二。

⑤ 同上。

乾隆八年(1743),当局在云南、贵州、四川等省侦破张保太大乘教活动,大肆逮捕在教头目、教徒,焚毁经书、平毁经堂。发现该教已传播至七八个省份。

乾隆十三年,福建建昌、瓯宁两县斋教群众举行暴动,当局出兵镇压,暴动失败。浙江、福建两省当局继而大肆搜捕民间教派成员,仅福建十几个县即发现无为教、大乘教、龙华教、观音教等教的数十座经堂,并在浙江庆元、温州等地捕获老官斋教教主姚文宇后代多人,大肆杀戮流徙。

乾隆二十二年(1757),直隶、山西当局侦破收元教重要骨干成员胡二引进、冯世京、周清水多人,收缴经书,杀戮教徒。①

乾隆三十二年(1767),清当局在苏州、杭州几次侦破罗教水手活动,平毁教堂三十八座,并在直隶逮捕了罗教创始人后代罗明忠及其家属,平毁了罗祖墓碑。

乾隆四十年(1775),河南当局侦破混元教活动,抓获教首樊明德,处以斩决,并将该教另一领袖刘松流放至甘肃。刘松的弟子在二十年后川、陕、楚等五省农民大起义之初,成为首倡者或骨干成员。

乾隆四十二年(1777)甘肃省圆顿教(又名悄悄会)首领王伏林倡教聚众,"谋为不轨",当局出动马队镇压,致使数百人死于刀箭之下。乾隆五十三年(1788),当局再次于甘陕边境侦破圆顿教活动。②

此外活跃在华北地区的著名弘阳教、清茶门教、一炷香教等,也多为当局屡次侦破并加以镇压。上述史料足证,那一时代的底层社会已经危机四伏、民不聊生,给民间宗教开辟了极为有利的活动条件。

第二,民间宗教与民间武术团体的合流。清代的华北、华东地区除了存在着许多民间教派以外,还存在着大量的民间武术团体,如神拳会、顺刀会、虎尾鞭、曳刀会、义和拳、八卦拳,等等,名目繁多。它们大都是以传习武术而组织起来的松散团体,这些团体有的有着悠久的历史,有的则出现于清代中叶。它们治世而隐,乱世而出,几乎是封建社会政治、经济状况的晴雨表。乾隆中叶以后,它们大量地出现在底层社会,说明了当时社会的混乱与不安。据乾隆四年(1739)的一份档案记载:

> 河南一省之民情,尤愚而易诱。每有四方游棍、僧道之徒,假挟治病、符咒邪术,以行医为名,或指烧香礼斗,拜忏念经,求福免灾为词,哄动乡民。遂致愚夫愚妇,一时被其煽惑,归依邪教。自一方面渐流数处,辗转纠集蔓延,人数既

① 马西沙、韩秉方:《中国民间宗教史》,上海:上海人民出版社,第 1274 页。

② 同上书,第 1294 页。

> 多，奸宄百出……更豫省少壮之民，习于强悍，多学拳棒，如少林寺僧徒，而以教习拳棍为名，聚集无赖，凶狠不法之辈，效尤成风，邪教之人专意诱骗此等人入伙，以张羽翼。①
>
> 伏查豫省民情愚悍，非学习拳棒，好勇斗狠，即崇信邪教，拜佛求神……妖言惑众，愚民受其蛊惑者颇多……②

民间宗教与武术团体合流，还突出表现在山东兖州、东昌一带清水教与义和拳、八卦拳等团体的结合上。

显而易见，民间宗教有着较为严密的组织体系，有着共同的信仰。而民间武术团体则具备进行武装斗争的高超技艺，乾隆初、中叶以后，部分民间宗教与武术团体的合流，反映了华北地区农民运动的特点和历史趋势。

值得提及的是，除了武术团体以外，乾隆初、中叶还大量出现了会党的活动。乾隆七年，福建当局在漳浦、诏安、平和等县首次发现小刀会和子龙会的活动，乾隆八年四川当局首次发现啯噜党的活动，乾隆十三年福建当局又发现铁尺会的活动。而天地会活动的大量出现则在乾隆中叶左右。凡此种种都是社会危机的征兆。

不仅如此，以"反满兴汉"为号召的反清活动亦在那一时期大量涌现。

乾隆十七年(1752)，湖北罗田县人马朝柱等人假借西洋出有幼主，系明代后裔朱洪锦，编造《劝世文》，称"满州兵来历不清"，意图推翻清政权，"统掌山河，普安社稷"③。

乾隆十八年，台湾诸罗及彰化等地，群众树立红旗，内绣"周裔孙部"四字，希望"以剪贪官，以舒愤瞒(懑)事"④。

乾隆三十一年(1766)，向习神拳之浙江鄞县吴氏家族，在反清斗争中于毡帽内俱贴一"明"字，以表明反清复明之意。⑤

乾隆三十三年(1768)，湖北荆门何佩玉等聚众起事，红白绫大旗上写着"中华明君见汉不杀"或"见汉不杀"等口号。⑥

上述史料说明，表面上的满汉民族矛盾，已经包含着深刻的阶级矛盾和对抗，这种矛盾和对抗的进一步激化，必然导致大规模的农民起义的爆发。

---

① 《朱批奏折》，乾隆四年十月十九日兵部右侍郎雅尔图奏折。

② 《朱批奏折》，乾隆五年正月十七日河南巡抚雅尔图奏折。

③ 《高宗实录》卷四一六，第25—29页。

④ 《朱批奏折》，乾隆十八年四月十三日福州将军新柱奏折。

⑤ 《朱批奏折》，乾隆三十一年二月初四日浙江巡抚熊学鹏奏折。

⑥ 《军机处录副奏折》，乾隆三十三年二十一日湖广总督定长奏折。

第三，民间宗教教派内流传着不少变革旧秩序和追求光明的宗教口号。

由于大批破产的农民、小手工业者、小市民涌入民间教派，迅速地改变着某些教派的成分。宗教必须满足绝大多数群众的意志和要求才能继续存在和发展。在这种情况下，一些教门的教义、理条、口诀发生了深刻的变化。这些内容预示了一个动乱时代的开始。它们宣称，这将是一个“大劫在迩”的时代，“世界当有一变”①。要“换乾坤，换世号”。要经过“反乱年，末劫年”，“末劫年，刀兵现”②。“南方丙丁，木易要先起。又西北乾天，李、刘各引雄兵，直指长安地”。在这种动乱的时代，宗教徒们热切地盼望救世主弥勒佛的降临，他们呼喊着“真空家乡，无生父母，现在如来，弥勒我主”③，希望“我祖速至”。他们深信在一场光明和黑暗的决斗之后，“阴阳还理照，天换世界人”④。而全新的世界就会出现在面前：“新天新地新乾坤、新人新书新时辰。”⑤不仅天地人变新了，而且日月经天的走向，春夏秋冬的季节，每日每月每年的时辰都变更了、变化了。这样旧的世界秩序就在希望和幻想中遭到了否定。这些内容深刻地反映了那个时代的劳动群众极度憎恨旧秩序和自发地渴望从这些重担下解放出来并找到美好生活的憧憬。

综上所述，我们看到在乾隆中叶以后，清王朝已经面临着一个风雨将至、大乱在即的局面。一个农民革命风云际会的时代已经为期不远了。显然在这样的一个时代，在要求变革现实的苦难的人群面前，一切民间宗教内部的各种政治势力都面临着抉择，然后由人民来决定他们的命运。

---

① 《戡靖教匪述编》卷十一。

② 《军机处录副奏折》，乾隆四十年四月二十八日河南巡抚徐绩奏折。

③ 《军机处录副奏折》，乾隆五十二年二月二十日山东巡抚明兴奏折。

④ 《军机处录副奏折》，乾隆三十八年三月初五日何火胃奏折。

⑤ 《军机处录副奏折》，乾隆二十二年收元教胡二引进供词。

惠能和他的佛教思想*

李富华**

黄先生是世界宗教研究所的创始人之一，是任继愈老所长遵照毛主席的批示筹建宗教所的最重要的助手，我们十二位最早进入宗教所工作的应届毕业生就是黄先生到各大学亲自选定的。建所之初，黄先生是我的直接领导，具体指导我的工作，我能从一个历史专业的学生逐渐成为一名宗教学的研究者，黄先生是我的启蒙老师之一。五十多年来，黄先生作为我曾经的老领导和老师，我们之间已建立了深厚的友谊，我非常尊敬黄先生，衷心地祝愿他更健康、更快乐！得知他的学生李建欣博士等要为黄先生九十岁诞辰编辑出版纪念性论文集，并向我索稿，我奉上20世纪80年代初发表的一篇文章《惠能和他的佛教思想》，以表祝贺！

李富华

2017年9月19日

惠能是我国唐代的著名和尚、中国禅宗的实际创始人。作为佛教思想家，他在中国思想史上有着特殊的影响。

关于惠能及禅宗史的研究，中外学者已不乏著作问世，但观点并不一致；关于惠能的一些问题，学者们的分歧很大。这就使我们对惠能和他的佛教思想得不出一个清楚的概念。问题主要有这样几个：(1)惠能生平中的几个年代；(2)对《坛经》的看法；(3)惠能的佛教思想到底是什么，它区别于他的前人的主要特点在哪里；(4)惠能思想的来源等。这些问题的存在固然是因为关于惠能的历史记载本身出入甚大，同时也在于研究者所持的不同观点。作为初学者，本人常常思考并试图搞清楚这些问题，此文就是这样的一个尝试。

一、惠能的生平

据僧传记载，唐贞观十二年(638)，惠能出生于新州(今广东新兴)的一个失势的官

* 原载《世界宗教研究》1981年第3期。

** 李富华，中国社会科学院世界宗教研究所研究员。

吏家中。父亲姓卢，名行蹈，原籍范阳（今河北涿县①），唐高祖武德中（又说武德三年[620]），“左降流于岭南，作新州百姓”。惠能三岁时，父亲去世，“老母孤遗”，失去依靠；又因“业无腴产”，遂日益贫困，到惠能成人，不得不以卖柴养家。这就是惠能出家前经历的大概情况。

大约是惠能三十岁的时候，即唐高宗乾封二年（667），他偶然于市卖柴，听到一客诵《金刚经》，“一闻经语，心即开悟”。从此，他与佛教结下了不解之缘。他安置了老母，毅然只身离开家乡，寻访佛法，最后来到湖北黄梅东山，“参礼五祖”弘忍处，做了他门下的一个“服舂”的苦役人。八个月后，他又意外地被弘忍选为传法人，成为中国禅宗的第六代祖。②

惠能传奇式的发迹生涯，内含着中国佛教思想史上一个重要阶段的开始。弄清楚这段历史，有助于了解惠能佛教思想的源流。

关于惠能的生平，佛教史家的记载出入很大，特别是“参礼五祖”的时间，有的说是唐高宗龙朔元年（661），有的说是唐高宗咸亨二年（671），时间相差整整十年。这一记载的不同，关系到惠能生平中一个重要时期，即从首听《金刚经》到上黄梅东山的这段过程。确定这一过程的年代，有助于弄清楚惠能的整个生平，也有利于了解惠能佛教思想的源流。考诸僧传，惠能上黄梅东山的过程大体有三种记载。一种是《坛经》的记载。“惠能安置母毕，即便辞违，不经三十余日，便至黄梅，礼拜五祖”，即直接上黄梅东山的记载。按惠能弟子法海所著《坛经略序》云，这一年是唐高宗龙朔元年。第二种是《景德传灯录》《宋高僧传》等禅宗史书的记载。惠能得知《金刚经》为“黄梅忍大师”劝持后，就从家乡先至韶州，遇刘志略，“结为交友”，在刘家听其姑无尽藏诵《涅槃经》。后修辑宝林寺，令其居之修道。不久，惠能从韶州到乐昌县西石窟，从智远禅师学法，在智远的进一步启发下最后来到黄梅。这一过程发生的时间都在咸亨二年。③第三种是《曹溪大师别传》的记载。“咸亨元年（670）”惠能离开新州来到韶州曹溪，与刘志略“结义为兄弟，时春秋三十”④。在刘家，其姑无尽藏常诵《涅槃经》，惠能“提与略役力，夜即听经至明”。后住宝林寺，“修道经三年”。三十三岁时，又投乐昌县西石窟的远禅师“学坐禅”。最后因从惠纪禅师处闻《投陀经》感到“空坐”毫无作为，于是至东山谒弘

---

① 1986 年设涿州市，隶属河北保定。——编者按

② 参见《宋高僧传》卷八、《坛经》宗宝本“行由品”、《曹溪大师别传》等。《曹溪大师别传》载《续藏经》第二编乙十九套第五册，第 483—487 页。

③ 参见《景德传灯录》卷五、《宋高僧传》卷八。

④ 如果惠能的生年无误，他三十岁时应是唐高宗乾封二年（667）。

忍大师，这一年是“咸亨五年(674)，大师春秋三十有四”。

比较上述三种记载，《坛经》最略，而《曹溪大师别传》最详。《景德传灯录》等的记载与《曹溪大师别传》大体相同，只是年代上略行出入。《坛经》是惠能弟子法海等记述师父说法的语录，其成书年代离惠能最近，是研究惠能首先应该重视的材料。然而其《略序》对惠能上黄梅东山，继承衣法嗣为六代祖的时间，记为龙朔元年很值得商榷。因为这一年距弘忍死年的上元二年(675)有十五年之久，当时的弘忍还不满六十岁，他能在自己精力尚强之时逊让祖位、自甘隐退吗？这是难以置信的，而且与《坛经》本身的记载也有矛盾。《坛经》宗宝本记述：弘忍传法惠能，送他过江南遁，临别时说，“汝去三年，吾方逝去”。《坛经》兴圣寺本记为：“汝去后一年，吾即前逝。”《坛经》敦煌本的记述虽不明确，但亦有“汝去努力将法向南，三年勿弘”的记载，暗示弘忍传法后三年离世。诚然，《坛经》的上述记载仅是弘忍生前的一种神秘的宗教预言。类似的这种预言在佛教史传中是屡见不鲜的，它又往往暗示了事实的真相，但也不尽如此。因此，它只能提供一方面的证据。又据《景德传灯录》所记，“忍大师即付衣法，复经四载，至上元二年乙亥岁，入室安坐而逝，寿七十有四”。《传法正宗记》卷六亦有同样记载，“此后四载……入室宴坐而灭，实上元二年也”。而大约成书于后周广顺二年(952)的《祖堂集》也大体相似地作了如此记载，述曰：“即承衣法，遂辞慈容，后隐四会怀集之间，首尾四年至仪凤元年(676)正月八日南海制旨寺遇印宗。”①就是说从惠能得法到隐遁总共四年时间，其间，上元二年即第三个年头，弘忍已离世了。参照这些记载可以说明弘忍传法惠能后没有几年就死了。弘忍死于上元二年是确定无疑的，那么，据上述材料推断，从弘忍传法到他去世的时间就绝不会长达十五年之久，就是说龙朔元年传法的记载显然是不准确的。另外，记述惠能直接上了黄梅东山并很快继承了祖位，也是不大合情理的。惠能原是一个打柴的樵夫，又目不识丁。这样一个对佛教毫无知识的人，一上黄梅东山就能与弘忍大师争辩佛性之义，并讲述作佛的道理，这难道不是一个矛盾吗？惠能被佛教徒称为“肉身菩萨”，即天生的佛教大师，因此许多附会的预言被编造出来，其目的是神化惠能。《略序》所记的刘宋求那跋陀罗在广州法性寺创建戒台并立碑曰：“后当有肉身菩萨于此受戒”；又梁释智药曾植菩提树一株并预志曰：“后一百七十年，有肉身菩萨于此树下开演上乘”等故事就属这类预言。而直接上黄梅东山的记载也可做同样解释，它的目的是要把惠能描绘成一个不学自佛的天生菩萨。基于上述理由，我们认为《景德传灯录》及《曹溪大师别传》等的记载更接近事实。惠能立志求佛，离开

---

① 《祖堂集》关于惠能传记的部分资料，参见阿部肇一著《中国禅宗史的研究》，东京：信诚书房，1963年，第四篇资料。

新州首先来到曹溪。在曹溪得遇刘志略，随其姑无尽藏学佛，听诵《涅槃经》，并在曹溪宝林寺“修道经三年”。后来又向乐昌县西山石室的智远禅师“学坐禅”。惠能就是通过这样一段学佛的经历，初步形成了自己的佛教思想，打下了他创宗成祖的基础。

如果上面的叙述是可靠的，那么惠能就应是在唐高宗咸亨二年(671)前后上黄梅东山谒见弘忍。这对惠能来说是他一生的转折点。

经过在曹溪的三年学佛听经和习禅实践的惠能，投身弘忍门下，其目的是为了进一步印证自己悟得的佛教道理。他在拥有千人弟子的佛教大师弘忍面前提出了“唯求作佛”的要求，并在“佛性”本无差别的回答中，显示了高人一筹的见解，使得弘忍为之惊叹，誉为“自识佛性，顿悟真如”，遂选为意中的传法人。为了避人耳目，弘忍先让惠能在碓房服役。八个月后，弘忍以传法为名，命徒众各述一偈，结果七百余僧，只有上座神秀“窃聆众誉”，怀着继承衣法的妄想，诚惶诚恐地书写了一首偈语，即“身是菩提树，心如明镜台，时时勤拂拭，莫使惹尘埃”。这一偈语在弘忍看来，虽然“依此偈修，有大利益”，但并没有入得“门内”，更谈不上继承衣法了。而早已被弘忍选中的惠能却出人意料地写了一首与神秀相对的偈语，即“菩提本无树，明镜亦非台，本来无一物，何处惹尘埃”(《坛经》敦煌本作：“菩提本无树，明镜亦无台，佛性常清净，何处有尘埃”)，表明了识自本心的独到见解。由此使弘忍下了最后决心，于深夜秘密召见惠能，为其讲说《金刚经》并传衣法。为了防止“命若悬丝”的争夺衣法的斗争，弘忍命惠能连夜南遁，并嘱咐暂时隐居，“不宜速说，佛法难起”。于是惠能在离开东山之后，在广东四会一带(今广东粤海)的猎人行中，一直隐居了五年之久(唐高宗咸亨三年[671]至仪凤元年[676])。唐高宗仪凤元年惠能来到广东法性寺，正值印宗法师讲《涅槃经》，在众僧关于是风动还是幡动的争执中，他指出“不是风动，不是幡动，仁者心动”，遂引起注意，披露了得法南遁的行踪，结束了隐居埋名的生涯。在印宗等僧众的拥戴下，惠能在广州正式“薙发”出家。次年，即仪凤二年(677)，惠能回到阔别多年的曹溪宝林寺，在韶州刺史韦据等官僚学士及僧尼道俗千余人的支持下，重修寺庙，大开东山法门。在以后的三十六年间，惠能未离曹溪一步，一意传播他的佛教学说。其间，从学的僧俗常在千人左右。唐玄宗先天二年(713)惠能去世。他死后，他的弟子继续传播他的佛教学说，并逐渐形成临济、沩仰、曹洞、云门、法眼等独具特点的五种宗派，所谓“一门深入，五派同源”。这就是以惠能为创始人的中国禅宗南宗。

二、关于《坛经》

《坛经》是惠能留给后人唯一的一部语录式著作。我们研究惠能和他的佛教思想，

《坛经》是最基本的依据。然而，如同影响中国几千年的儒家经典《论语》不是孔丘自己写的一样，《坛经》也不是惠能写的，而是他的弟子们整理的他的语录。加上传抄流行出于不同弟子之手，且历时久远，这就出现了《坛经》的不同版本和“增损”“节略”“互有出入”等情况，也出现了关于《坛经》的种种议论。诸如：“《坛经》皆他人记录，故多讹误”“《坛经》为后人节略太多，不见六祖大全之旨”，等等。并由此引起后世学者对《坛经》考证式的研究，以判别其真伪。到目前为止，保存下来的《坛经》版本基本上是四种，即敦煌本《坛经》、宋本《坛经》、曹溪古本《坛经》、宗宝本《坛经》。据考证，敦煌本《坛经》是英国人斯坦因在 20 世纪初从敦煌窃走的我国珍贵的古写本之一。它的抄写年代大约相当于唐末到宋初一段，是日本学者矢吹庆辉最早从大英博物馆影印公布的。宋本，亦称惠昕本，又叫兴圣寺本，最初发现于日本京都堀川兴圣寺，后影印流行。从这个本子的序言中可知，它是北宋初“邕州（今广西南宁）罗秀山惠进禅院沙门惠昕”编定，书为二卷十一门。编定时间约为 967 年（宋太祖乾德五年），后于南宋绍兴二十三年（1153）在蕲州刊行于世。第三个本子称曹溪古本，又称契嵩本，是北宋沙门契嵩（1007—1072）据“曹溪古本”校刊而成，书为三卷。元朝至元中又有沙门宗宝根据三种本子，相互“校雠”，编定了一种新的《坛经》，称宗宝本。后来被陆续收入各种大藏经中的《坛经》，大体上是这几种版本的翻版。

关于几种《坛经》的比较研究，因篇幅过长，不便在这里详论。但可以有根据地说，《坛经》几种版本的基本内容是一致的。我们说的是基本内容，比如生平中的《金刚经》传法，五祖集门人求偈，惠能得法南遁等。佛教思想方面的“般若智世人本自有之”，定慧不二，“法无顿渐，人有利钝”，“无念、无相、无住”；坐禅不着心，不着净；一切万法尽在自身中，以及三科法门、三十六对法，等等。不是指一切内容，比如敦煌本中关于《坛经》传宗的内容就不见于其他版本。各种版本之间内容不同的地方是存在的，但并不影响基本内容的一致。从形式上看，敦煌本《坛经》不分品节，只有段落，这是与其他三种版本的很大不同，反映了某种原始记录的痕迹；加上是传抄最早的版本，这样，一些学者就只肯定敦煌本是“真”的，而其余的不是“篡改”，就是加进了“私货”，从而否定其史料价值。然而，正是敦煌本中所谓“吾灭后二十余年……有人出来，不惜身命，定佛教是非，竖立宗旨，即是吾正法”的悬记，暗示了惠能死后二十年，神会争南宗正统一事。这恰恰说明敦煌本是经过惠能弟子神会一派的加工。因此不能一概而论，说谁早谁就是真的，而晚出的就一定经过篡改。如同敦煌本《坛经》，那种在惠能死后，其弟子利用《坛经》为其争正统服务，加进一些有利自己一派的内容是不足为奇的，同样的内容也见于宗宝本《坛经》等时间晚出的几种《坛经》，显然是经过加工整理，显得比敦煌本更有条理，并分了品目。但内容相近或完全相同之处还是基本的。就说宗宝本《坛经》"机缘品""顿渐品"所增加的内容，主要是惠能与其弟子的答问。这些内容还散见于禅宗史传中这些弟子本人的传记，就内容说是可靠的，增入《坛经》也是恰当的，可以集中地反映惠能的思想。又如"风幡之议"，这是敦煌本不见载录的，其他三种版本均有记载。而且，据今所见各种禅宗史书中也几乎都有记载。其中记载最详细的要算《曹溪大师别传》和《历代法宝记》。《历代法宝记》是唐保唐寺释无住一派的作品，成书于唐代宗大历年间(766—779)。《历代法宝记》的第十一节，专节讲述"风幡之议"的故事。这部分内容从敦煌本的前后内容看也显然是脱记。因此就不能因为敦煌本无记而武断"风幡之议"是"伪"。又如首闻《金刚经》和《金刚经》传法的记载。这是包括敦煌本在内的四种版本的《坛经》均有记载的事，也见于《宋高僧传》和《景德传灯录》等禅宗史书，因此就不能因为敦煌本简略而否定这一事实。笔者认为，四种版本的《坛经》，其史料价值均应有所肯定，在使用的时候应当有所选择，不能因此肯定一个而否定其他。《坛经》的流行有一个历史的过程。最初是由法海记录，经手抄流行；而听惠能讲法的弟子又并非法海一人，这就不能肯定其他弟子没有记录，更不能说他们对法海记录的《坛经》没有进行过补充。很显然，敦煌本《坛经》就是经过神会一派弟子的整理，所以它既不能称作"法海本"，更不能称"惠能实录"。在以后逐渐刊行的其他三种版本的《坛经》，在内容上有增加，在体例上有修改，这种情况应当作具体分析。在学术界，中外学者关于惠能和初期禅宗史的各种著作中，涉及《坛经》的取材，一般并不拘泥于一种版本的《坛经》。这种做法并不影响他们著作的学术价值，本文亦采取这种态度。

应该说，《坛经》是惠能及其弟子们的共同著作，它通过各种不同的角度系统地阐述了惠能带有独创性的佛教学说。这一套学说构成了我们所说的禅宗神学体系。

三、惠能的佛教思想

历代禅宗史家都用"直指人心，见性成佛"来表述禅宗思想，从菩提达摩时代就已是如此了。但这种表述只说了禅宗思想的一个方面，而且还不是惠能佛教思想的主要特点。禅宗在佛教史家看来是从菩提达摩开始的，而我们认为那只是历史的渊源，并不是以惠能为代表的真正的中国禅宗。大家知道，达摩以下传五代才至惠能，而与惠能同时，还有以神秀为代表的禅宗北宗。他们同是东山门下，同得所谓五祖弘忍的亲传，应该说在佛教教义上是最接近的。但事实上以惠能和神秀为代表却形成了"南能北秀"两大派，其门户之嫌，几有不两立之势。不可讳言，"直指人心，见性成佛"也是惠能佛教思想的十分重要的组成部分，甚至可以说是它的佛教学说的理论基础之一。唐释宗密曾说:“达摩西来,唯传心法,故自云,我法以心传心,不立文字。此心是一切众生清净本觉,亦名佛忭,或云灵觉。迷起一切烦恼,烦恼亦不离此心;悟起无边妙用,妙用亦不离此心。妙用烦恼,功过虽殊,在悟在迷,此心不异。欲求佛道,须悟此心。”“以心传心,不立文字”也是惠能的思想,比较起来惠能比达摩时代更彻底。惠能说:“诸佛妙理,非关文字”,“本性自有般若之智,自用智慧常观照用,不假文字”。说明惠能的佛教思想,与达摩一派的禅法是一脉相承的。心是“清净本觉,亦名佛性”“欲求佛道,须悟此心”,这即是即心即佛,见性成佛的思想。“心”是什么?通俗地说就是指每个人的思想,而“性”则是指一切众生能够成佛的本性。佛性本有,全在心悟。这种心性的关系,在惠能的佛教思想中也是大量被讲到的。敦煌本《坛经》第三十七节云:“心即是地,性即是王。性在王在,性去王无。性在身心存,性去身心坏。”佛性是存在于众生的心地中的,众生的心觉悟到自身存在的成佛的本性即可成佛了。佛就在自心之中,身外无佛可求。《历代法宝记》记载,惠明追惠能求法,问“忍大师发遣之日,有何言教,愿为我说。能禅师具说心法,直了见性”。惠能的嫡传弟子,曾不遗余力为惠能南宗争正统的神会曾说,“一切在心,邪正由己”“千经万论,只在明心”。这都说明惠能的佛教思想是深深打着“明心见性”“见性成佛”的思想印记的。

但是,在惠能的佛教思想中,关于心性问题的表述大量的是用了“自性”这一概念。我们就《坛经》中涉及“自性”的内容抄录一小部分,从中可见一斑。

一切般若智,皆从自性而生,不从外人。

功德须自性内见,不是布施供养之所求也。

自性内照,三毒即除,地狱等罪,一时消散,内外明彻,不异西方。

吾所说法,不离自性。离体说法,名为相说,自性常迷。须知一切万法,皆从自性起用,是真戒定慧等法。常见自性自心、即是自性等佛。

本性是佛,离性别无佛……诸佛刹土,尽自虚空。世人妙性本空,无有一法可得,自性真空,亦复如是。

于自身中见自性有三身佛。此三身佛,从自性生,不从外得……若遇善知识,闻真正法,自除迷妄,内外明彻,于自性中万法皆现,见性之人,亦复如是。此名清净法身佛……若不思万法,性本如空,一念思量名为变化。思量恶事,化为地狱……一念善,智慧即生。此为自性化身佛。念念圆明,自见本性,善恶虽殊,本性无二。无二之性,名为实性,于实性中,不染善恶。此名圆满报身佛。

吾今教汝说法不失本宗,先须举三科法门,动用三十六对,出没即离两边,说一切法,莫离自性……自性能含万法,名含藏识,若起思量即是转识,生六识,出六门，见六尘，如是一十八界，皆从自性起用，自性若邪，起十八邪，自性若正，起十八正。

从上述所引《坛经》的部分段落中不难看出，在惠能的佛教思想中，自性是具有主导地位的因素。见性即可成佛，人认识到自己的本性，就达到了佛的境界。那么自性这一概念在惠能的思想中是不是就是“宇宙的本体”“世界的本原”呢？显然不是。惠能所谓的自性就是人的本性。自性在自身中是清静虚空的，所谓“性本如空”。而处于变化的是心，心思恶，则“自性常迷”；心思善，则生智慧。“心生则种种法生，心灭则种种法灭”；心“无非”“无乱”“无痴”即是“自性戒定慧”。由此而知，自性与自心是有联系又有区别的，归根到底是决定于心的。心就是指人的内心，即人的思想和意识。明心才能见性，这种思想具有明显的主观唯心主义的色彩。

自性清净，见性成佛的思想，并不是达摩的发明，当然就更不是惠能的独创。自性清净的思想，在古代印度哲学中早就有之。佛教大众部讲：“吾人心性，本来离烦迷妄而自性清净，唯为客尘烦恼所染而成不净。其客尘无始以来，与净心俱在。由此造业，生起诸有为法，流转生死，苦修圣道，则离染而净心显现矣。”吕澂先生认为：“由以心性本净之思想或出自婆罗门哲学，可研究也。”在印度数论哲学的原始经典《数论颂》，即我国最早译名为《金七十论》中，亦有自性这一概念。论称：“变，自性所作故”，“如是我者，见自性故，即得解脱”。见自性即得解脱，与佛教所说的见性成佛的思想是一致的。可见自性清净、见性成佛的思想是渊源久远的。在中国佛教史上，自南朝刘宋时天竺僧求那跋陀罗等译出《楞伽经》后，自性这一概念就在我国佛教界广为流传。《楞伽经》是菩提达摩传播佛教唯一遵从的经典，所谓“吾观震旦，所有经教，唯《楞伽》四卷，可以印心”。如果离开楞伽心意，不是“如愚无知”，就是“狂而已”。《楞伽经》开宗明义，就是要众生“于五法自性，识两种无我”。《楞伽经》的第一部分详论所谓七种“性自性”，即“集性自性，性自性，相性自性，大种性自性，因性自性，缘性自性，成性自性”。而与此相联系的则是七种第一义。其中“以性自性第一义心，成就如来世间出世间上上法”。《楞伽经》宣称：“欲得如来随人身者，当远离阴界人心”，“唯心直进”“佛子眷属，彼心意意识，自心所现自性境界，虚妄之想，生死有海，业爱无知，如是等因，悉已超度”。就是说要想成佛（如来进入自身），应当直入其心，由心中去显现自性的境界，就是佛了。什么叫自性呢？《楞伽经》也有解释，它说：“云何成自性，谓离名相、实相、妄相；圣智所得，及自觉圣智趣所行境界，是名成自性如来藏心。”又云：“如来藏自性清净，转三十二相人于一切众生身中……如来藏常住不变……有时说空、无相、无愿，如实际法性，法身，涅槃、离自性，不生不灭，本来寂静，自性涅槃。如是等句，说如来藏已。”所谓自性，就是心的境界超脱世间，断除一切尘念和欲望，停止一切感性的和理性的活动，从而达到只有那些“圣智”才能得到的一种神秘的精神境界，这种境界就是自性，也称如来藏心。由此可知，自达摩以来，所传自性清净、见性成佛的思想源于《楞伽经》。随着《楞伽经》的传入，不独达摩一派专擅其法，其他一些僧人也接受了它的影响。南朝齐梁时代“即心即佛”思想的流行就是这种影响的表现。梁僧宝志，曾写过《大乘赞十首》，其中有“不解即心即佛，真似骑驴觅驴”之语。和宝志同时的傅翁，则是除达摩一派外，力主“即心即佛”思想的一个代表人物。他的著作《心王铭》就是力主“即心即佛”思想的代表作。这个共九十二句的四言体长篇中，就是讲了一个“即心即佛”的思想。其中讲“心即是佛，除此心王，更无别佛”“知佛在内，不向外求”“清净心智，世如黄金；般若法藏，并在身心”等。傅翁生于齐明帝建武四年(497)，卒于陈太建元年(569)，早于惠能一百四十余年，但他们关于心佛问题的主张几乎是完全相同的。

综上所述，直指人心、见性成佛的思想是惠能佛教思想的重要组成部分；但同样明显的是，这一思想在印度早期佛教思想中是早已有之的，而且是达摩一派楞伽传宗的主要内容。如果说惠能是创立中国禅宗的一个划时代的佛教大师，那么他的佛教思想中就应当包括许多前人所不能具有的新思想，而这些新思想正是中国禅宗思想中独具特点的部分。笔者认为，惠能区别于前人的地方，在于他在《楞伽》经义的基础上，吸收了《金刚般若经》中的大乘般若空宗的思想和《涅槃经》的佛性说，从宗教哲学和宗教修行实践两个方面对流行的佛教加以改造，从而形成了自己的佛教思想。

惠能的著名偈语“菩提本无树，明镜亦非台，本来无一物，何处惹尘埃”流传很广，也是被中外学者们广为引用的。虽然有的同志提出异议，认为它不能代表惠能的思想，是属后人伪造，但理由并不充足。本来无一物的思想，也就是自性本空的思想，应当说正是惠能思想中的一个独具特点的内容。自性清净的思想是达摩一派禅法的思想基础，但达摩直到神秀都没有摆脱一种传统的佛教说教，即自性“唯为客尘烦恼所染而成不净”，从而需要勤修苦练，使“染着净除而自性显现”。这就是神秀的所谓“时时勤拂拭”的思想。而惠能则否定了这种思想。所谓“客尘烦恼”，不外是人对客观事物的执着，即人的贪爱之欲和对客观事物的承认。但惠能认为这一切都不过是人自心作用的结果。心生则种种法生，心灭则种种法灭。“世人妙性本空，无有一法可得。”心空，一切皆空。“一切无有真，不以见于真”，那么，“客尘”对于自心还有什么作用呢?！自性本来就是空的，无一法可得(即任何物质的和精神的现象都是不实在的，虚幻的)，还有什么东西可以去染着它呢?！当然就不需要去勤加“拂拭”了。在惠能看来，正是因为人的自性本是“空”的，所以他说：“此法门中，坐禅元不着心，亦不着净，亦不言不动”(依敦煌本，宗宝本“着”作“看”)，“悟此法者，即是无念、无忆、无着……用智慧观照，于一切法不取不舍，即见性成佛道”。就是说，所谓“见性成佛道”，就是要悟得自心也是空的，也不能执着这个道理。从而绝对摒弃一切思念，进入绝对空寂的境界，也就是佛的境界。

惠能关于“元不着心，亦不着净”，无念、无住、无忆的思想正是《金刚般若经》说教的主要内容。

《金刚经》“妙行无住分”云：“于法应无所住。”又云：“凡所有相皆是虚妄，若见诸相非相，即见如来。”“法”者即是客观存在的一切现象。“于法应无所住”就是讲，尽管人有眼耳鼻舌身意，接触到许多有形色和无形色的现象，但都应当视而不见、听而不闻，把它看作是虚假的存在。因为这些现象（相）本来都是“虚妄”的，不实在的。如果体会到并实践了这个道理，即“见诸相非相”，那么你就见到如来了。《金刚经》的一套说教就是从各个方面彻底否定客观世界的存在，甚至连人自身、人的思想和佛教徒所追求的“成佛”也被彻底否定了。《金刚经》“大乘正宗分”云：“若菩萨有我相、人相、众生相、寿者相，即非菩萨。”人要想成菩萨，就要断绝人自身的欲望（我相），断绝一切社会关系（人相），断绝人对尘世的留恋（众生相）和对长寿的希求（寿者相），也就是否定人作为人的一切。《金刚经》“离相寂灭分”又讲：“离一切相，即名诸佛。”但同时又讲“所谓佛法者，即非佛法”“所念一切法，即非一切法”。这就表明所谓诸佛、佛法也是不存在的。《金刚经》反复强调的“应生无所住心”，就是心不应住着于任何形色之上，对外界的各种现象既不思念，也不受它的影响。然而，《金刚经》“一体同观分”又讲“如来说诸心，皆为非心，是名为心”。心也被否定了。那么佛是什么呢？就是什么也没有。

《金刚般若经》最早由鸠摩罗什译出，而后又有菩提流支、义净、玄奘等的译本，共六种之多。它在传播佛教大乘般若空宗思想方面起了重要作用，特别是隋唐之际又直接影响了中国禅宗思想的形成。史载，在所谓禅宗四祖道信时就已宣讲般若思想；到五祖弘忍已正式改传《金刚经》；而惠能皈依佛门，又是由《金刚经》启蒙。《坛经》多处记载：弘忍传法惠能就是从讲《金刚经》开始；惠能明确告诉众弟子：“但持《金刚经》一卷，即得见性。”（依敦煌本，宗宝本“但持”作“持诵”）由此说明，在禅宗形成的历史过程中，《金刚经》虽然不能说是唯一遵从的经典，但作为它所依据的主要经典之一是应当承认的事实。《金刚经》般若空宗的思想引入达摩一派的禅法，使禅学发生了根本的变化。“禅”已不再是原来意义的静坐，思虑，而变成了“智慧观照”，即般若波罗蜜（通过智慧达到彼岸）了。它舍弃了佛教传统的修行方法，而强调要由智慧去觉悟一切皆空的道理。其理论基础就是把原来《楞伽经》所主张的自性清净的思想，发展为自性本空的思想，把渐悟引向顿悟。这就是为什么神秀和惠能同是东山门下，却形成“南能北秀，水火之嫌”的根本所在。

从渐悟到顿悟，在达摩一派禅法的发展史上是一个质的飞跃。渐悟和顿悟是两种不同的修行方法。如果说自性本空是惠能佛教思想的理论方面，那么顿悟成佛就是他的佛教思想的宗教实践的方面。两者结合起来构成了惠能佛教思想的整体。

惠能认为，“愚人智人，佛性本无差别，只缘迷悟不同”“不悟即佛是众生，一念悟时众生是佛”“若悟无生顿法，见西方只在刹那”“前念迷即凡夫，所念悟即佛”。在惠能看来，凡夫和佛，佛与众生只在一念之间。前念和后念是一刹那间就可以完成的人的思维活动，但就是在这一短促的刹那间，一个迷途的众生，就可一悟至佛地。这是多么快的成佛道路啊！

成佛，是佛教徒宗教修行的根本目的。但成佛的道路却有种种，所谓六度（布施、持戒、忍辱、精进、禅定、智慧）就是成佛的六种方法。这些方法归结起来主要就是佛教所讲的戒、定、慧“三学”。佛教徒就是通过戒（持戒，佛教所规定的对信奉者生活各方面进行限制的律条、法规，有五戒、八戒、十戒、具足戒等），定（禅定，如小乘的四禅八定、达摩的壁观、天台宗的“一心三观”等），慧（一般指探究佛理，用智慧领会佛教一套道理）的修行，以求得精神上的解脱，达到成佛的目的。而在惠能的佛教思想中只重视慧，而轻视或者说是否定了戒和定的作用。虽然惠能也讲“我此法门，以定慧为本”，但他对定有他自己的解释。他所谓的定是“内不乱”，是完全排斥了具体宗教实践的内心活动。本来意义的定就是坐禅、入定，但惠能说：“道由心悟，岂在坐也”，“诸法空寂，是如来清净坐，究竟无证，岂况坐也”。他根据自性本空的思想，认为坐禅这套佛教的修行方法是完全无用的，是不能证得任何道果的。这样，就把佛教徒修身成佛的一切中间环节否定了，从而建立起他的顿悟成佛说的基础。

众所周知，顿悟成佛说不是惠能提出的，是早死于惠能三百余年的南朝名僧竺道生首先倡导的。竺道生是顿悟成佛的第一个鼓吹者。还应该指出竺道生的顿悟成佛说是与《涅槃经》的佛性说相联系的。所谓佛性问题，也就是成佛的根据问题。在中国佛教史上，关于佛性问题的讨论与《涅槃经》的传译有直接关系。据《经录》记载，《涅槃经》的译本前后有十五种之多，其中最著名的是东晋法显译的六卷本《涅槃经》和北凉释昙无谶所译的四十卷本《涅槃经》。竺道生正是依据《涅槃经》“一切众生，悉有佛性”的思想，提出了“一阐提人皆得成佛”的学说，为佛教在我国传播提供了新的武器，从而受到统治者和僧侣贵族们的重视和推崇，所谓“时人以生推阐提得佛，此语有据，顿悟不受报等，时宜宪章”。正因为如此，在竺道生死后，《涅槃经》广为流传。

惠能的佛性论就是竺道生的涅槃佛性说的直接继承和发展。如上所说，惠能在谒见弘忍以前，曾有三年时间听习《涅槃经》。这是惠能思想的重要来源之一。惠能关于佛性的许多论点，比如“人虽有南北，佛性本无南北”“獦獠身与和尚不同，佛性有何差别”，就是《涅槃经》“一切众生，悉有佛性”的思想。惠能说：“菩提般若之智，世人本自有之，只缘心迷，不能自悟，须假大善知识，示导见性。当知愚人智人，佛性本无差别，只缘迷悟不同，所以有愚有智。”就是说，人人都有佛性，区别在于心的迷悟，只要心中获得智慧，言下即可见性成佛。这就是《坛经》所说的“自性般若”。《坛经》云：“不识自性般若，如说食不饱。”又说：“一切般若智，皆从自性而生，不从外入……口莫终日说空，心中不修此行。恰似凡人，自称国王，终不可得”，“世人愚迷，不见般若，口说般若，心中常愚。常自言我修般若，念念说空，不识真空。般若无形象，智慧心即是，若作如是解，名般若智”。很清楚，《坛经》向我们出示了这样一种思想：人人都有佛性，只要启发人自身本有的智慧心，而这种智慧心就是心口如一的“一切皆空”的思想，获得这种不仅表现在口头上，同时也表现在心的行动上的般若智，就能“顿悟菩提”“自见本性”。这里自性是佛和人人都有佛性的思想浑然成为一体，而且和一切皆空的般若思想结合起来。自性也就是佛性，人人有之，只要人人都用一切皆空的般若智去观照自性，就可成佛。这里，佛是由自心自悟，不假外求；成佛完全在个人内心的一念之间，不依赖任何禅定、念佛一类的宗教修行。这就是顿教法门，也就是顿悟成佛。这种简易成佛法打破了中国佛教的历史传统，带着浓厚的民间色彩。

由此，我们还可以这样说，惠能佛教思想区别于前人的另一个主要特点就是顿悟成佛说。同是东山门下的神秀一派的禅风是“其开法大略，则忘念以息想，极力以摄心。其人也品均凡圣；其到也，行无前后。趣定之前，万缘尽闭，发慧之后，一切皆如”。弘忍的另一个弟子法如的行状中亦言：东山门下的禅是“念佛名，令净心”。都是坐禅一套，都不同于惠能的思想。这说明惠能的佛教思想既区别于他的前人，也区别于同是东山门下的神秀等人，从而独树一帜，成为中国佛教史上一支宗派的祖师。这就是真正的中国禅宗。

四、 惠能佛教思想产生的历史背景

惠能晚于玄奘，但可以说是唐代与玄奘齐名的一代高僧。惠能生活与活动的年代大约是 7 世纪后半叶到 8 世纪初。当时，我国正处在唐王朝由武则天临朝称制到取而代之的历史时期，封建统治阶级内部的权力斗争十分激烈。唐朝李氏宗室和贵戚勋臣，图谋叛而“相继诛死者，殆将尽矣”（《旧唐书・本纪六》），武则天的政权并不十分巩固。为了维持和巩固自己的政权，武则天除了不断剪除异己，培植亲近外，还十分注意对佛教的利用。689 年，“沙门十人伪撰《大云经》，表上之，盛言神皇受命之事”（《旧唐书・本纪六》）。同年武则天改唐为周，当了皇帝。武则天从伪造的佛经中找到了自己当皇帝的根据，佛教也因为武则天的扶持而恣意发展起来，所谓“陛下信心皈依，发弘誓愿，壮其塔庙，广其尊容，已遍于天下久矣”。在武则天时代，佛教在我国的发展达到了极盛时期。惠能正是在这一历史时期进入佛门。他有机会看到各种佛教学派的流弊，从而可以综合和选择更有利于时代的内容，适应时代的潮流。

武则天时代，不但统治集团内部矛盾十分尖锐，而且孕育着深重的社会危机。唐太宗继隋文帝之后，进一步巩固了大一统的封建王朝。他的许多政策，特别是科举取士的制度是隋文帝政策的延续，而武则天广开仕途，又进一步巩固了这种制度。这种政策，打击了世代为官的士族制，而使更多的中小地主和知识分子进入官僚集团。这种统治集团内阶级成分的重大变化也必然反映在佛教思想的发展中。南北朝时期代表门阀士族的贵族佛教，转变为代表统治集团中中小地主阶级利益的禅宗佛教就是这一时代的产物。在惠能以前，佛教和宫廷集团关系极密切。一个佛教流派的传布，一种佛教传教事业的发展都要借助于统治者的支持。从南北朝时期的佛图澄、鸠摩罗什、道安等到隋唐初叶的智顗、玄奘以及曾为“两京法主，三帝门师”的神秀一派都可以说是统治者御用佛教的代表。而惠能这个“名声普闻”的名僧则与统治者无甚瓜葛，他与他的弟子们的传教事业带有更多的民间色彩，吸引了众多的知识分子。惠能的禅宗佛教打破了封建统治者和僧侣贵族对佛教的垄断，使濒于危机的佛教找到了新的出路。

在中国思想发展史上，隋唐时期是一个承上启下的时代。玄学作为魏晋时期主流的哲学思想，经过南北朝到隋唐时期已被完全中国化的佛学所代替。隋唐时期虽是我国封建文化的鼎盛时代，出现过如李白、杜甫、白居易、韩愈、柳宗元等一代杰出的文豪，但在哲学思想领域，除了名籍史册的一批高僧外，尚找不到如同先秦诸子、汉代董仲舒以及魏晋玄学家们那样独具特点的思想家，也没有成体系的哲学流派。而唯独佛学则深入社会各个领域，成为独具特点的思想流派，呈现出兴旺的发展景象。

就中国佛教发展史来说，隋唐时期亦是一个大转变的时期，而这样一个大转变集中地表现为惠能禅宗思想的形成。要讲清这一转变，就必须回顾中国佛教至隋唐时期的发展史。为了说明问题，我们不妨概略地做一叙述。

先是在汉魏时期，佛教虽已传入，但影响并不深远，而且是作为神仙方术的一种被接受下来；同时外籍僧徒们的活动主要是进行佛经的翻译。著名的翻译家有安士高、支谶等人，他们分别译介了小乘禅学和大乘般若学的一些经典，也传布了释迦牟尼及其佛教学说的初步知识。进入东晋南朝，我国历史出现了南北分裂和所谓五胡十六国的复杂局面，佛教也因此进入了新的历史时期。南北分裂，战争和朝代更替的频繁，给人民带来了深重的灾难，而统治者也极力利用佛教来麻痹人民的反抗精神，安定人心，维系自己可能被随时推翻的政权。正因为这样，在东晋南北朝时期佛教得到了极大的发展，出现了、也造就了一批十分有成就的佛教高僧，其中著名的有竺道生、道安、慧远及外籍僧鸠摩罗什、求那跋陀罗等，特别是鸠摩罗什，他所译的大乘经典对当世和后来佛教在我国的发展影响很大。但是，由于国家的南北分裂，加上汉族传统文化的南移，而北方又是以游牧民族为统治的局面，遂造成南北文化发展的不同趋势，从而在佛学的发展上亦形成南北不同的学风。在南方，适应门阀士族以清谈为特色的玄学，佛教崇尚讲论经文，探究佛教义理，即所谓"义学"，而"定学摄心未闻于俗"。在北方，则偏重于佛教修行的实践，发展了禅学。这两种不同的学风，给佛教在我国的发展造成了一定的局限性，也丧失了它的一部分欺骗作用。那些"每日敷化，但竖玄章"的义学师们，必然是饱食终日，与皇室密切往来的僧侣贵族。而劳苦群众则被关在寺庙的大门之外，或者充当寺院的奴仆。他们也拿不出数量可观的钱财布施寺庙以积所谓的"功德"。佛教在当时并不能成为劳动人民寄托来世的希望，也不能使他们的痛苦得到安慰。同时，那种"聚落宴作""空林睡卧"，浪迹天涯，"衲衣乞食"式的禅僧苦行又是那些封建贵族和中小地主所不乐为。正是因为这种情况，佛教如果不借助统治者的力量就无法发展。这就决定了南北朝时期佛教贵族化的倾向。他们一方面巴结朝廷，求得他们的"护法"；同时与士族地主一样，使寺院变成既经营地产，又施放高利贷等多种经营的地主庄园。寺院因此又有着世俗化的倾向。隋文帝一统南北，结束了近三百年的南北对立，给南北佛教的合流和融合创造了条件。隋唐时期佛教宗派的纷纷出现就是南北佛教合汉的产物。惠能的禅宗思想也正是在这种历史背景下应运而生的。

惠能的禅宗与唐代天台诸宗一样，他们所主张的"定慧双修"就是融合了南北不同学风而形成的。但是，惠能对中国传统佛教的改造更彻底。他既摒弃了南朝义学的烦琐章句，也否定了参禅打坐一套修行的方法。他把佛教徒所追求的成佛，变成刹那间即可悟得的智慧。昨天还在作恶，你今天从善，就可成佛。这就是常说的"放下屠刀，立地成佛"。这种在成佛问题上的大胆改造，既迎合了新兴官僚集团及士大夫的宗教需要，又为下层劳苦群众提供了信佛的方便。这种佛教思想不讲求念佛读经，不迷信佛的权威，不主张一定出家持戒，更蔑视"造寺、供僧、布施、设斋"一类功德。这就使信佛成为一种极简单的事，传播和发展佛教也可以不依赖任何官府。惠能禅宗佛教的发展，使中国佛教出现了民间化的趋向，也使佛教的其他宗派相应地衰落下来。中唐以后，佛教的影响从表面上看远不如南北朝和隋唐初叶那样繁荣，但它却深入民间，更普及了。佛教发展的中心也不再是如同洛阳、长安那样的京畿首府，而转移到远离政治中心的乡村和山林。佛教在我国的发展（主要指汉族地区）出现了一个新的历史时期，而这一历史时期具有主导地位的佛教思想，就是惠能的禅宗思想。

“锦绮之花”：佛经的语言、文本与翻译*

王邦维**

佛经的翻译是一个在不同的场合下被讨论过，而且已经讨论得很多的问题。学者们从不同的角度，依据不同的材料，以宏观或微观的形式对佛经翻译做过讨论，近一百年来，日本学者在这方面做的工作尤其多一些。

过去的讨论，在研究佛教历史和文献的学者中，更多的是从实证出发，具体涉及佛经翻译的途径，翻译方法，译语、译文的理解，很多时候也涉及文献的来源以及经录等问题。在研究所谓的翻译学的学者中，则比较宏观，近年来更倾向于引进一些西方的翻译学或者比较文学、比较文化学的理论，试图来做更多、也往往被认为是更新的阐释。除此之外，近年来也有一些研究汉语史的学者，利用汉译的佛经作为语料，这中间常常也要涉及佛经翻译中的一些问题。

本文不准备讨论某一部具体的经典的翻译，或某一位译人的翻译活动，或某一种翻译理论应用的可适性，仅仅提出几个与古代佛经翻译相关的问题。提出这些问题的背景是，讨论佛经的翻译，是不是还可以从佛经的产生、佛经在两千多年间流传的历史以及文化交流和互动的角度来做一些思考。这些角度，似乎也接近于当今几个比较时髦的学科，如文本发生学、文本解读、阐释学、文化传播学等所要讨论的题目。不过，在我看来，学科名称并不重要，重要的是我们应该怎么认识佛经翻译这一已经存在两千多年，现在仍然还在进行的现象和过程。从文化史、翻译史以及佛教史的角度而言，如果我们对此能够有一个比较精细而不是粗疏，具体而不是模糊的描述，一些长期以来争论不休的问题也许就比较容易得到解决。

我先提出几个问题，必要时举一个或几个例子，然后就这些问题谈一下我的意见。这几个问题分别是：(一)经典怎么形成：早期佛经的语言和翻译问题；(二)经典怎么流传：佛经流传过程中的文本；(三)翻译还是文本转换：汉译佛经的特点；(四)“改治”：文本转换的另一个例子；(五)一点余论：翻译是什么。

---

* 原载《清华大学学报》(哲学社会科学版)2013年第2期，题目为《语言、文本与文本的转换：关于古代佛经的翻译》。

** 王邦维，北京大学东方文学研究中心教授。

以下是我对这些问题的看法。当然，所有这些，都有待于同行们的指正和做进一步的讨论。

一、经典怎么形成：早期佛经的语言和翻译问题

依据一般的说法，释迦牟尼在公元前6世纪或前5世纪创立佛教。佛教一经创立，就有了广泛意义上的佛经。佛教讲佛法僧"三宝"，其中的法宝——有时用Buddhavacana，即"佛语"这个词来代表——一定意义上讲就是指佛经。这与佛教早期的历史有关。这样的说法，如果做宽泛的理解，基本上可以接受。

最早的佛经究竟是什么样，我们实际上并不清楚。我们现在见到的佛经，即使可以判断为最早或者可能是最早的文本，都大大晚于释迦牟尼的时代。不过，通过分析和研究，我们还是可以发现一些与最早的佛经——20世纪的一些学者往往称此为原始佛典(Urkanon)——相关的痕迹。从研究的结果看，这些最早的佛经，主要有这样一些特点：

（一）它们最早只是口头流传的释迦牟尼的一些教言，在释迦牟尼在世时或去世后，由其弟子们编辑，而后通过所谓的"结集"(saṅgīti)才逐步成为经典。这个过程，与中国古代的《论语》成书的过程有些相似，但规模更大，过程更复杂，二者在时间的尺度与地域的广度上不可比拟。

（二）记载最早的佛经的语言不大可能是巴利语，更不可能是梵语，最大的可能是古代印度东部的某种或者某几种方言，依德国学者Henrich Lüders的推断，是古印度的半摩揭陀语(Ardhamāgadhī)。①当然，也有不同的意见，但所有的不同意见都说不上有更有力的根据。因此，我们仍然可以设想，我们今天见到的巴利语的以及其他早期印度语言的佛经，如犍陀罗语佛经，其核心部分，一定程度上都是从一种原始佛典语言(Ursprache)的佛经转换而来。②

（三）这样的转换，既包括文本形式的转换，也包括语言形式的转换。在我看来，这种转换的过程，整个地讲，其实就包含着各种形式的翻译，但这种意义上的翻译，其中包含的内容，远比一般理解的翻译要大得多，丰富得多。

因此，我们是否可以这样说，佛教经典在形成的过程中，很早就与翻译有关系。这种

---

① Henrich Lüders: *Beobachtungen über die Sprache des buddhistischen Urkanons*, Berlin, 1954.

② 讨论最早佛经的语言问题，中文出版物中可以参考季羡林《原始佛教的语言问题》，北京：中国社会科学出版社，1985年。20世纪90年代以前讨论这一问题的大部分西文著作，季先生的书中都有引用。

翻译，在一开始，只是在中世纪印度雅利安语（Middle Indo-Aryan）范围内两种或多种分支语言，包括巴利语、犍陀罗语、其他俗语、梵语等之间的翻译。在佛教传到印度以外的地区以后，情形又有所改变，佛经被翻译成非印度的语言，这中间发生的变化当然就更大了。

二、 经典怎么流传：佛经流传过程中的文本

历史上的佛经怎么流传，可以讨论的问题有许多，这里只谈与文本有关的问题。最原始的佛经缺乏实例，不好做讨论，但早期的佛经流传下来的有很多，我举几个例子，首先举《法句经》。

不管在南传还是在北传的系统中，《法句经》都可以说是一部很重要的经典，尤其是南传。现存的《法句经》，最为人熟知的是巴利本的 *Dharmapada*。在斯里兰卡和东南亚地区南传佛教的范围内，巴利本有名很自然。在南亚以及东南亚以外的地方，尤其是欧美地区，巴利本的《法句经》有名，主要是因为最早的西文译本所依据的是巴利本。巴利本二十六品，属于上座部的传承系统，这一点众所周知。

除了巴利语的《法句经》，保存在印度语言（Indic languages）中的还有三种《法句经》。与巴利语《法句经》不同的是，这三种《法句经》，早些时候并没有人知道，它们被发现以及对它们的了解，不过是近几十年的事。他们也都不属于上座部的传承系统。

第一种是有名的犍陀罗语《法句经》（*Gāndhārı Dharmapada*）。这部《法句经》使用的语言是印度古代西北的方言，即现在一般所称的犍陀罗语。经卷写在桦树皮上，用佉卢文抄写，20 世纪初在中国新疆的和田地区出土，后来被分别收藏在法国巴黎和俄国圣彼得堡。发现的当时，曾经在国际东方学界引起过很大的轰动。但直到 20 世纪的 60 年代，英国剑桥大学的教授 John Brough 经过长期的努力，才出版了他的一个完整的校刊本，校刊本同时包括他所做的研究。犍陀罗语《法句经》不是全本，是残本，Brough 整理的校刊本存二十二品。①20 世纪 90 年代以来，从阿富汗陆续流出的文物中，也发现了一些写在桦树皮上的最古老的佛经，其中也有犍陀罗语的《法句经》，不过只有一些片段。②

---

① John Brough: *The Gāndhārī Dharmapada*, London: Oxford University Press, 1962.

② Richard Salomon: *Ancient Buddhist Scrolls from Gāndhārī: The British Library Kharoṣṭhī Fragments*, Seattle: University Washington Press, 1999; Timothy Lenz: *A New Version of the Gāndhārī Dharmapada and a Collection of Previous-Birth Stories: British Library Kharoṣṭhī Fragments 16＋25*, Gāndhāran Buddhist Texts 3, Seattle, 2003。我十多年前为前一本书写过一篇书评，参见《敦煌吐鲁番研究》第 5 卷，北京：北京大学出版社，2001 年，第 343—353 页。

第二种是梵语本，但名字不叫《法句经》，而是 *Udānavarga*。这是德国学者 F.Bernhard根据德国吐鲁番探险队在中国新疆地区发掘所获得的写本残片，即所谓 Turfanfunden 的一部分重新恢复出来的。梵本经文有三十三品。①此外，20 世纪 80 年代日本学者中谷英明与法国的伯希和从库车苏巴什（Subashi）佛寺遗址掘得的梵语写本中，也整理出一部 *Udānavarga*，内容有残缺，只能说大致完整。②

第三种《法句经》来自西藏。20 世纪 30 年代中期，印度学者 Rahula Sāṅkṛtyāyana 四次进入中国西藏地区，寻找从印度以及尼泊尔流入中国西藏的梵文经典。这是他在西藏见到的梵文经典之一。Sāṅkṛtyāyana 对一些经典拍了照片或者做了笔录。这些照片后来保存在今天印度比哈尔邦的首府巴特那的一个研究所里。照片中包括这部《法句经》，因此这部《法句经》后来又被称作《巴特那法句经》（*Patna Dharmapada*）。时间已经过去了七十多年，原件是否还在西藏，在西藏的什么地方，目前没有人知道。

这部《法句经》的校刊本有两种：一种是德国学者 Gustav Roth 的校刊本③，另一种是英国学者 Margret Cone 的校刊本④。

从语言上讲，这一部《法句经》只能勉强算是梵语本。说勉强，是因为这部《法句经》的俗语化程度很高，我们既可以说它是包含很多俗语成分的梵语本（Sanskrit version with much Prakrit elements），也可以说它是还没有完全梵语化的俗语本（Prakrit version not yet fully Sanskriticized）。

从这四种印度语言的《法句经》中，我们就已经可以看到，即使是同名或不同名但内容基本相同的一种佛经，可以有不同的文本，还可以用不同的语言传写，而且这中间的情况非常复杂。它们之间，既有文本转换的问题，也有翻译的问题。

但更复杂的是汉译的《法句经》。

---

① *Udānavarga*, Sanskrittexte aus den Turfanfunden X, hrg. von F. Bernhard, Band I(Einleitung, Beschreibung der Handschriften, Textausgabe, Bibliographie), II(Indices, Konkordanzen, Synoptische Tabellen), III(Der tibetische Text), Göttingen: Vandenhoeck & Ruprecht, 1965, 1968, 1990.

② 中谷英明（H. Nakatani）：*Udānavarga de Subaši*, Paris: Institut de Civilisation Indienne, Tome I, II, 1987；スバシ写本の研究，京都：人文书院，1988 年。

③ G. Roth: "Particular Features of the Languages of the Ārya-Mahāsaṃghika-Lokottaravādins and their Importance for Early Buddhist Tradition. 2. Text of the Patna Dharmapada," in *Die Sprache der ältesten buddhistischen Überlieferung*, (*Symposien zur Buddhistforschung*, II), Vandenhoeck & Ruprecht in Göttingen, 1980, pp.97–135.

④ M. Cone: "Patna Dharmapada, Part I: Text," *Journal of the Pali Text Society*, Vol.13, 1989, pp.101–217.

在汉文三藏中，现存的《法句经》或者说内容与《法句经》基本相同，但名称略异的经典至少有四种。

第一种是三国时的翻译，经名就是《法句经》，翻译的时间很早，属于中国历史上最早翻译的佛经之一了。全经三十九品，汉译两卷。[①]经前题名讲"尊者法救撰，吴天竺沙门维祇难等译"。与维祇难合作的有竺将炎，也许还有支谦。

《出三藏记集》卷七有《法句经序》，这是关于《法句经》的非常重要的一篇文献。其中讲到《法句经》如何产生和形成的过程：

> 《昙钵偈》者，众经之要义。昙之言法，钵者句也。而《法句经》别有数部，有九百偈，或七百偈及五百偈。偈者结语，犹诗颂也。是佛见事而作，非一时言，各有本末，布在众经。佛一切智，厥性大仁，愍伤天下。出兴于世，开现道义，所以解人。凡十二部经，总括其要，别有四部《阿铃》。至去世后，阿难所传。卷无大小，皆称闻如是处佛所，究畅其说。是后五部沙门，各自抄采经中四句六句之偈，比次其义，条别为品。于十二部经，靡不斟酌，无所适名，故曰《法句》。夫诸经为法言，《法句》者，犹法言也。近世葛氏传七百偈，偈义致深。译人出之，颇使其浑漫。惟佛难值，其文难闻。又诸佛兴皆在天竺。天竺言语，与汉异音。云其书为天书，语为天语。名物不同，传实不易。唯昔蓝调安侯世高、都尉、弗调，译胡为汉，审得其体，斯以难继。后之传者，虽不能密，犹尚贵其实，粗得大趣。

然后讲到翻译《法句经》的经过，同时还讨论到翻译中的"质直"和"美言"问题：

> 始者，维祇难出自天竺，以黄武三年来适武昌。仆从受此五百偈本，请其同道竺将炎为译。将炎虽善天竺语，未备晓汉。其所传言，或得胡语，或以义出音，近于质直。仆初嫌其辞不雅，维祇难曰：佛言依其义，不用饰。取其法，不以严。其传经者，当令易晓，勿失厥义，是则为善。座中咸曰：老氏称：美言不信，信言不美。仲尼亦云：书不尽言，言不尽意。明圣人意，深邃无极。今传胡义，实宜经达。是以自竭受译人口，因循本旨，不加文饰。译所不解，则阙不传，故有脱失多不出者。然此虽辞朴而旨深，文约而义博。事钩众经，章有本故，句有义说。其在天竺始进业者，不学《法句》，谓之越叙。此乃始进者之鸿渐，深入者之奥藏也。可以启蒙辩惑，诱人自立。学之功微，而所苞者广，实可谓妙要者哉。昔传此时有所不出，会

① 收入《大正藏》第4卷。

将炎来，更从谘问，受此偈等。重得十三品，并挍往故，有所增定。第其品目，合为一部三十九篇，大凡偈七百五十二章，庶有补益，共广闻焉。①

翻译中以“质直”还是“美言”作为标准，提出这样的命题，在中国古代的翻译史上，这是首次。对这一问题的讨论，一直持续了几百年。经录中说这篇序言“未详作者”，很多学者推测作者是支谦，这有道理。说译经的合作者是支谦，根据的也是这个推测。

第二种是《法句譬喻经》，四十二品，汉译四卷，晋代沙门法炬共法立译。②

第三种是《出曜经》，三十四品，汉译三十卷，姚秦凉州沙门竺佛念译。③经前有序，为僧叡所撰。④僧叡的《序》讲的是三十三品，现存的《出曜经》实际分为三十四品。

第四种是《法集要颂经》，三十二品，四卷，《尊者法救集》。这是宋代来华的印度惹烂馱啰国密林寺僧人天息灾译。⑤

不同文本，不同形式，甚至名字也不一样的《法句经》，已经有了这么多版本。由此而生出一个问题：它们之间是什么样的一个关系呢？从佛教发展历史的角度看，这个问题的一部分，可以用另一种问法来表达：这些不同文本的《法句经》，它们属于佛教的什么部派呢？巴利本的《法句经》不用说属于南传的上座部，但其他的《法句经》呢？

先讲巴利语之外的四种印度语言的《法句经》。

依照目前的研究，第一种，即犍陀罗语的《法句经》，属于法藏部的可能性最大。这个意见最早是校订和研究《法句经》的 John Brough 提出的，但 Brough 很谨慎，他说，这只是可能性最大。不过我以为基本可以视作定论。⑥

第二种《法句经》，即 *Udānavarga*，在整理这部文献的德国学者看来，属于说一切有部。这样说当然有根据。不过，最近二十多年的研究发现，在中亚发现的梵文文献中，过去认定为说一切有部的文献，其中也有一些属于根本说一切有部。虽然说一切有部在一些情况下确实可以与根本说一切有部视为一体，但二者还是有差别的。因此，这部《法句经》属于说一切有部还是属于根本说一切有部，需要再考虑。在我看来，推断为根本说一切有部，即说一切有部的一个分部，有更多的道理。

---

① 《出三藏记集》卷七《法句经序》，《大正藏》第 55 卷，第 49—50 页。

② 收入《大正藏》第 4 卷。

③ 同上。

④ 同上。

⑤ 同上。

⑥ 王邦维：《论阿富汗新发现的佉卢文佛教经卷》，《中华佛学学报》2000 年第 13 期（卷上），第 13—20 页。

第三种是印度语言的《法句经》,又称《巴特那法句经》的问题比较复杂。没有任何一种证据说明它属于哪一个部派,但它无论在语言上还是在结构、内容上显然与《法句经》所有其他的传本都不一样。Peter Skilling 十多年前提出一种意见,他推测其属于正量部。Skilling 为此做了细致的分析,他的分析我以为言之有理。①可以补充的一点是,从玄奘在《大唐西域记》中的记载看,7 世纪时,正量部在印度实在是很有影响。依照《大慈恩寺三藏法师传》卷五所讲,著名的戒日王的妹妹所皈依的教团,就属于正量部。②正量部影响之大,以至于义净把他当时所见的所有的印度佛教部派总括为四个大的部派,其中一个就是正量部。③可惜,正量部的文献我们现在知道的少之又少。④

但是更难做出判断的也许是汉译的几种《法句经》。它们显然又有所不同。

第一种,维祇难本。法光不久前提出一种说法,认为可能属于化地部。⑤Charles Willemen(魏查理)支持这个说法。⑥这个意见值得注意。

第二种《法句譬喻经》,目前仍然不清楚。

第三种《出曜经》,如果我们接受传统的编者法救属于说一切有部的说法,这部《出曜经》也就应该属于说一切有部。前一个说法应该可以接受。

第四种《法集要颂经》,翻译的时间已经比较晚。从这一点看,属于根本说一切有部的可能性似乎大一些。

---

① Peter Skilling: "On the School-affiliation of the 'Patna Dharmapada'," *Journal of the Pali Text Society*, Vol.23(1997), pp.83 – 122.

② 《大慈恩寺三藏法师传》卷五,《大正藏》第 50 卷,第 247 页中。

③ 义净著、王邦维注:《南海寄归内法传校注》,北京:中华书局,1995 年,第 10—11 页。我在书的前言中对此有更多的讨论。

④ 正量部的经典在汉译佛教文献中目前可以确认的只有《三弥底论》和《律二十二明了论》。前者收入《大正藏》第 32 卷,后者收在《大正藏》第 24 卷。前者失译,后者由陈真谛翻译。真谛,西印度优禅尼国人,经扶南来华。真谛很有可能就是正量部僧人。依照义净的记载,六七世纪时,在西印度,正量部的影响很大,而且可能是最大的;在南海方面,正量部也颇有影响。参见 Bangwei WANG "Buddhist Connection between China and Ancient Cambodia: Śramaṇa Mandra's Visit to Jiankang", *The Benefit of Broad Horizons: Intellectual and Institutional Preconditions for a Global Social Science*, *International Comparative Social Studies*, Vol.24, Leiden-Boston: E. J. Brill, 2010, pp.280—291.

⑤ Bhikkhu Dharmajoti: "Fa Ju Jing, The Oldest Chinese Version of the Dharmapada: Some Remarks on the Language and Sect-affiliation of its Original," *Chinese Translation of Buddhist Scriptures: New Discoveries and Perspectives*, Tokyo: ICPBS, 2006, pp.41 – 73.

⑥ Charles Willemen:《印度部派佛教"化地部"的新研究》,《人文宗教研究》第 1 辑,北京:宗教文化出版社,2011 年,第 130 页。

有关《法句经》，可以讨论的问题当然还有很多，但只是从《法句经》这些不同的传本，我们可以看得很清楚，佛教历史上的一些部派，都有过编撰自己部派的《法句经》或《法句经》一类经典的过程，最后的结果就是我们现在看到的这种状况。

第二个例子：《那先比丘经》。

在南传巴利经典里，《那先比丘经》的经名是《弥兰陀王问经》(*Milindapañha*)。这也是一部有名的经典，但它实际上比较晚出。①因此，在斯里兰卡的巴利语三藏系统中，它属于藏外经典。不过在缅甸系统中，它已经被收入《小部》(*Khuddaka-Nikāya*)之中。

汉文的佛典里《那先比丘经》是什么时候翻译的，不是很清楚。经录的记载是"失译人名，附东晋录"，也就是说最晚不晚于东晋。但有的学者从译文的文体和语言推断，应该更早，最早的推到了后汉。如果保守一点，应该是在后汉至东晋之间。因此汉译的年代不一定比巴利本形成的年代晚。②

《那先比丘经》或者说《弥兰陀王问经》在研究早期佛教教义方面的重要性不用多讲，这里主要考虑它的传承系统。巴利本与汉译本虽然有很大的不同，但二者显然曾经有一个共同的来源，这就是原始的《那先比丘经》或者说《弥兰陀王问经》。这个原始的《那先比丘经》是用什么语言写成的呢？有人说是俗语，有人说是梵语，也有人说是混合梵语。什么语言都有可能，但就不可能是巴利语。理由很简单，那就是经的内容所反映的历史背景。弥兰陀王是希腊的国王，那先比丘与弥兰陀王的对话发生在犍陀罗，故事发生在这里，作为一部经典，最早形成应该是在犍陀罗。如果考虑到从阿育王时代到弥兰陀王的时代，乃至更晚，犍陀罗地区使用的是古代印度的西北方言，即现在一般所称的犍陀罗语，最早传本的语言也应该是犍陀罗语。现在还有留存的当时的碑铭和在这一地区发现的最早的佛经写本的情况可以证明这一点。只是在其后的某个时候——当然这个时间也比较早——被改造成巴利本，进入南传上座部传承的系统。同时在中国的后汉至东晋之间的某个时候，传到汉地，译为汉语。汉译本代表的显然是另一个传承系统。虽然我们目前还不能准确指出这究竟是哪一个传承系统，但从时间和地域的条件上推断，后者保留的原始形态是不是会更多一些呢？③

上面选取佛经中两部很有名的佛经作为例子，是要想说明，佛经在流传的过程中，

---

① 《那先比丘经》虽然也被算作是佛经，但显然不是"佛说"，经文中对话的两位主角，那先比丘(Nāgasena)和弥兰陀王(Menandros)都是佛陀以后的人物，推测年代大约在1世纪至2世纪。

② 汉译现存两种传本，一种分为二卷，一种分为三卷，收入《大正藏》第32卷。

③ Paul Demiéville(戴密微)："Les versions chinoises du Milindapañha," *Bulletin de l'École française d'Extrême-Orient*, XXIV, Hanoi, 1924, pp.1 - 258.

其文本会有多么复杂的情况。为什么会有这样的现象？原因很简单：第一，我们今天见到的佛经，没有一种是释迦牟尼当时的原本。第二，传承的系统，早期大致是依据部派而作区分，部派则与时代和地区有所联系，不同时代情况又往往有变化。第三，即使是在一个部派之内或者说一个传承系统之中，不同的时候、不同的地区，流行或使用的抄本先后也会有一些大小不等的变化，包括语言方面的转变。

因此，根据过去一百多年对佛教经典的研究所得到的结果，我们现在是否应该注意到一点或者是否可以这样说：佛教经典的来源，最早出自释迦的教言，但后来却是从一个系统发展为多个系统、一条线发展为多条线，由此而最终形成的一种结果？

这里我特别想强调的是传承的系统，这样的传承系统，在早期阶段，大多数与部派有关，但往往也涉及其他的因素。这些传承系统性质不一，总结起来，大致可以包括几个方面：

第一，部派的系统（nikāya traditions）。不一定是十八或是二十个部派，但主要的部派都曾经有自己的传承系统。

第二，地区的系统（regional traditions）。随着佛教在印度各个地区的传播，乃至传出印度，到达中亚或者东南亚，传承自然有所不同。

第三，教法的系统（doctrinal traditions）。例如所谓大乘或小乘。

第四，学理的系统（philosophical traditions）。例如分别说部、经量部、毗婆沙师，等等。

第五，语言的系统（language traditions）。例如原始佛教的语言、俗语、梵语，等等。

当然，在很多情况下，这些系统互相之间会有所交叉或重叠。

如果我们把视野从印度本土延伸到中亚和中国，更可以看到，大多数佛教的经典，它们最早或者其主要的一部分来自印度，后来有的可能来自中亚，或者是逐渐添加中亚的成分，然后到达中国，再翻译成中文，翻译中又有增删、修改，甚至添加。之后传到朝鲜、日本和越南。任何一种经典，如果讲其中的 element，就有多种 element。我们的任务之一，就是找出这些 element，并做分析和研究的功夫。

其实，如果我们把视野转回到中国，我们会发现，中国古代经典的传承，也曾经有过类似的历史，如作为中国文化最基本经典的《尚书》和《诗经》，其早期的流传过程，与佛教经典产生和流传的情况其实很相似。

三、 翻译还是文本转换：汉译佛经的特点

上面说了，一种佛经，往往有多种语言的多种文本，这些文本，如果是同一语言，我们可以看作是文本之间的转换或者互构，如果是不同语言，其间也就有一个翻译的过

程，实际的情况往往是两种性质兼具。这在汉译佛经中表现得尤为明显。

以般若类经典为例。不管在梵文佛经还是汉文佛经中，般若类经典都是一个大类。汉文的《般若经》不仅是最早翻译的佛教经典之一，而且数量非常多，这包括后汉支娄迦谶翻译的十卷本的《道行般若经》、三国吴支谦翻译的六卷本《大明度无极经》、西晋无罗叉与竺叔兰翻译的三十卷本《放光般若经》、西晋竺法护翻译的三十卷的《光赞般若经》、后秦鸠摩罗什翻译的二十七卷的《摩诃般若波罗蜜经》与十卷的《小品般若波罗蜜经》以及唐玄奘翻译的篇幅浩大、集大成的六百卷《大般若波罗蜜多经》，再还有许多零星的译本。[①]所有这些译本，虽然都是《般若经》的某一部分，虽然往往称作同本异译，但其实源文本大多不一样，译者翻译时对原文文本的处理，往往大相径庭。这一点，只要做一个对比，就可以看得很清楚。翻译当然可以说是翻译，但翻译的方式和处理的手段各有不同。这中间其实也还是文本的一种转换。

同样的情形，在其他类别的经典，例如"宝积部""大集部"中间也能看到。

在翻译的同时，对文本进行更大程度的再加工，转换特征更为明显的例子也有不少。这类的例子在汉译佛经也很多，例如三国吴康僧会翻译的《六度集经》、不明译人的多种《杂譬喻经》、西晋安法钦翻译的《阿育王传》及萧梁僧伽婆罗翻译的《阿育王经》等都是。严格地讲，这一类经典，不是一般的翻译，而是编译，或者说是改写。这一类的翻译，很难或者说不可能找到所谓的原本(source text)，但可以在相近文献中找到相似的来源(parallel source)。最早的文本和原文献，经过翻译和大幅度的改编，不管是结构还是内容，都发生了更大程度的转换和改变。

因此，汉译佛经生成的过程，虽然可以说是一种语言的文本(source text)转变为另一种语言的文本(target text)的翻译，但很明显，这个过程有一个与一般理解的翻译不同的特征，那就是，它不仅仅是翻译，也包括文本的转换和再造。相关的很多细节需要我们做更多的考虑和研究。

四、"改治"：文本转换的另一个例子

"改治"是传统中国翻译佛经时使用的一个词语，它不是指翻译，而是指对已经翻

① 这些早期翻译的般若类经典，《道行般若经》《大明度无极经》《小品般若经》一般又称为《小品般若》，相当于梵本的《八千般若》(*Aṣṭasāhasrikāpra jñāpāramitā*)；《放光般若经》《光赞般若经》《摩诃般若经》一般又称为《大品般若》，相当于梵本的《二万五千般若》(*Pañcaviṃś atisāhasrikapra jñāpāramitā*)。玄奘的六百卷本则几乎可以说是般若经翻译的集大成者，虽然除此之外还有一些零星的般若类经典存在。

译出的文本进行再加工，往往被认为是改译，但实际上是对已有的译文进行改写。"改治"最著名的例子是刘宋时代完成的南本《大般涅槃经》。

《大般涅槃经》本来是印度大乘佛教的经典，原文是一种不太规范的梵文，汉译本现存三种：

第一种，东晋法显与印度来华僧人佛驮跋陀罗合译的六卷本。经题《大般泥洹经》。译出地点在建康（今江苏南京）道场寺，时间是在东晋义熙十三至十四年（417—418）。

第二种，北凉昙无谶译四十卷本。译出地点在武威，时间是北凉玄始十年（421）。

第三种，南本《大般涅槃经》，三十六卷。刘宋僧人慧严、慧观与谢灵运等根据前两种译本"改治"而成。经录里有时说成是翻译，其实"改治"与翻译是有区别的。这部经，旧题"宋代沙门慧严等依《泥洹经》加之"，其他古本或作"三藏昙无谶译，梵沙门慧严、慧观同谢灵运再治"，或作"北凉沙门天竺三藏昙无谶译，梵宋沙门慧严、慧观同谢灵运再治"，就说得很清楚，"改治"的地点也在建康。准确地说元嘉八年（431）新的"改治本"又称为"南本"，先前的昙无谶在北方译出的译本则称为"北本"。①

从内容上讲，"南本"比"北本"几乎没有差别，只是章节上重新做了划分，文字上则进行了新的润饰和改写，显得更为通顺和雅驯。详细的对照已经有人做过。从翻译的角度讲，虽然有较多的理由认为"北本"具有较大的权威性，但后代许多人更推重"南本"。

这样的工作，基本不涉翻译，只是对译文的再造。这使汉译佛经的文本形式更为丰富。但是对于这样"改治"文本的事，有一点其实值得我们思考，那就是，为什么古人要费力去做"改治"的工作，这后面是不是有文化价值和取向上的某种考量。

这一问题，涉及的方面比较多，希望有机会再做细致的讨论。

五、 一点余论：翻译是什么

有关汉译佛经，可以讨论的问题还有许多，这里不能一一讨论。最后只是想到问一个问题：究竟什么是翻译。要回答这个问题，实在很不容易。对"翻译"一词的定义，在我看来，不说是人言人殊，也是不同时代，不同的人，往往会有不同的理解。这中间最相关的，是语言和文化的背景。时下讨论得比较热烈，也比较时髦的翻译学和翻译

---

① 参见拙文《略论大乘〈大般涅槃经〉的传译》，载《季羡林教授八十华诞纪念论文集》（下卷），南昌：江西人民出版社，1991 年，第 769—787 页。

学理论，以今论古，以外论中，往往没有充分考虑到时代、历史、语言、地域的差距，虽然议论风生，终究难中鹄地。

北宋时代的赞宁，撰写《宋高僧传》，其中的卷一至卷三为《译经篇》，专门记载唐代中期到北宋年间从事译经的外国和中国僧人的事迹，最末是赞宁写的一段总结性的“论曰”。赞宁讲：

> 翻也者，如翻锦绮，背面俱花，但其花有左右不同耳，由是翻译二名行焉。初则梵客华僧，听言揣意，方圆共凿，金石难和，椀配世间。摆名三昧，咫尺千里，觌面难通。次则彼晓汉谈，我知梵说。十得八九，时有差违。至若怒目看世尊、彼岸度无极矣。后则猛、显亲往，奘、空两通。器请师子之膏，鹅得水中之乳。内竖对文王之问，扬雄得绝代之文。印印皆同，声声不别，斯谓之大备矣。①

赞宁是一位学问僧，但他不懂梵语，也从未从事过佛经的翻译工作，他对“翻译”一词的解释，显然穿凿，不足为信，不过他说的“背面俱花，但其花有左右不同”，倒有些像佛经在翻译过程中所呈现出五光十色、各类形态杂陈的情形。什么是翻译，这个问题，不同的人当然可以有不同的理解和解释。但不管答案是什么，佛经在两千多年流传过程中所形成的多种语言文本，这其中既有印度的，也有非印度的，尤其是其中的汉译佛经，所有这些，都为我们思考这个问题提供了丰富的事例。

---

① 《宋高僧传》卷三，《大正藏》第50卷，第723页。

小南海及香泉寺石窟刻经与僧稠学行

——“南朝重义理，北朝重修行”论驳议兼及净土宗祖师*

罗　炤**

北齐乾明元年(560)，高僧僧稠的弟子们在河南省安阳县小南海石窟中窟的外壁镌刻了《华严经偈赞》和《大般涅槃经·圣行品》(节文)，这是中国佛教石经中第一次出现华严信仰的经文，不仅是中国佛教石窟史和石经史上的重要事件，而且是中国佛教发展史上的重要事件。

小南海石窟中窟开凿于北齐天保元年(550)，天保八年(555)僧稠进一步修整完善(“重莹修成，相好斯备”)。此窟外壁的石经，是在乾明元年僧稠圆寂之后，徒众追念先师业绩而镌刻的。众所周知，在6世纪前、中期的北朝佛教乃至隋唐佛教中，僧稠是具有重要影响的宗师。以往对于僧稠的研究主要注意的是其禅定修行，给人的印象是僧稠仅仅注重坐禅，尤其重视修持《大般涅槃经·圣行品》的“四念处法”，以及“十六特胜法”。但是，小南海石窟的刻经让我们看到一位面貌更加丰满的僧稠。

僧稠弟子们在小南海石窟中窟留下的刻经题记清楚表述，此处的经文是敬仰、遵循、依据“先师”生前的学行、“观法”镌刻的，目的是让僧稠的生平事业永垂不朽，传承万代：“众等仰惟先师，依准观法，遂镂石班经，传之不朽。”此窟外壁右方专辟一区，摩崖刊刻《大般涅槃经·圣行品》以及《梵行品》的偈赞，与《续高僧传·僧稠传》等文献记载的僧稠禅定修行内容一致。然而，在窟门上方、紧接僧稠门徒的上述题记，而且是在《大般涅槃经·圣行品》刻经之前，镌刻的是《华严经偈赞》，分别从六十卷本《华严经》卷七“佛升须弥顶品”和卷六“贤首菩萨品”的“偈赞”中辑录，其中最后四句“卢舍那佛惠无碍，诸吉祥中最无上，彼佛曾来入此室，是故此地最吉祥”，特意将“佛升须弥顶品”中的“拘那牟尼”改为“卢舍那佛”，着力地突出表现僧稠师徒对六十卷本《华严经》的主佛卢舍那佛的信仰和崇拜。小南海石窟中窟刻经的布局以及镌刻的《华严经偈赞》，非常明显地反映出僧稠师徒极其熟稔大部头的六十卷本《华严经》，能够按照自己的信仰和崇拜非常妥帖地调度、组合、排布其中的经文(小南海石窟中窟外立面、题记及刻经，分见图1—5)。

---

*　该文曾发表于《石窟寺研究》第8辑，北京：科学出版社，2018年。

**　罗炤，中国社会科学院世界宗教研究所研究员。

图 1　小南海石窟中窟外立面

图 2　小南海石窟中窟窟门上方题记及局部刻经

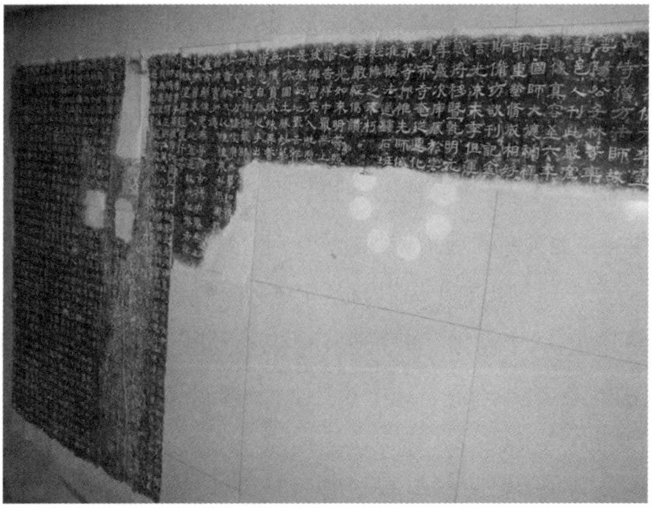

图 3　小南海石窟中窟刻经（一）

图4　小南海石窟中窟刻经（二）

图5　小南海石窟中窟刻经（三）

小南海石窟中窟的刻经虽然是僧稠弟子们在他圆寂之后镌刻的，但所刻经文是"依准先师观法"选定的，而且目的是要让先师的学行"传之不朽"。弟子们如此庄严的行动和虔诚的愿望，证明小南海石窟的这些经文确实能够准确地反映僧稠生前的宗教思想和实践活动，而这些刻经的布局进一步显示：在僧稠的信仰和崇拜中，《华严经》和卢舍那佛居《涅槃经》之前，是他首要的信仰和崇拜对象。这是文献记载的僧稠史迹所缺失的重要事实，也是以往的中国佛教史和僧稠研究未曾充分注意到的问题。

事实上，僧稠的学行比学者们迄今认识到的远为丰富和复杂。《续高僧传·僧稠传》记载：僧稠"初从道房禅师受行止观"①。道房是少林寺开山祖师跋陀和地论派南道系祖师勒那摩提的高足，李裕群《关于安阳小南海石窟的几个问题》一文②认为："僧稠从道房所学仅是禅法，而不是地论学说……至于(小南海石窟中窟)窟外所刻《华严经偈赞》或可说明僧稠也习《华严》，但这是因早年与地论师一段因缘，因而难免受到邺城地区地论宗的一定影响。"这样的论断，不完全符合小南海石窟中窟刻经的实际情况，同时将僧稠的行履、信仰和宗教实践简单化了。

文献仅仅记载僧稠向道房"受行止观"，没有具体记述他与地论派的其他因缘。不过，道房所属的地论派南道系有一大特征，就是把佛教分判为四宗：《毗昙》学为因缘宗，《成实》学为假名宗，《般若》学为不真(诳相)宗，《华严》《涅槃》学为真(常)宗。③ 小南海石窟中窟"仰惟先师，依准观法"所刻的经文，恰恰符合僧稠师父道房一派判教的标准，将《华严经》和《涅槃经》作为崇奉的核心和最精粹的真经。把小南海石窟中窟镌刻的《华严经偈赞》仅仅视为"难免受到邺城地区地论宗的一定影响"，与窟门上方的庄严题记和经文的布局次第不大符合，可能忽略了地论派南道系的判教标准。

僧稠与地论派的联系，并非仅有道房一条脉络。僧稠的修行，也并非只有学者们认识到的禅定一途。僧稠还是一位具有神异能力、精通咒术的奇僧。《续高僧传·僧稠传》记载：僧稠能够"冥知"北齐文宣帝高洋要来寺庙"加害"于他，预先做了妥帖的安排，让高洋到来时大惊失色，"下马拜伏，愧悔无已……乃躬负(僧)稠身往寺……因谓曰：'弟子前身曾作何等?'(僧稠)答曰：'作罗刹王，是以今犹好杀。'即咒盆水，令帝自视，见其影如罗刹像焉"。《续高僧传·僧稠传》还记载了他的其他灵异之事："尝以暇日，(文宣)帝谓曰：'弟子未见佛之灵异，颇得睹不?'稠曰：'此非沙门所宜。'帝强之，乃投袈裟于地。帝使数十人举之，不能动。稠命沙弥取之，初无重焉"④，"一时忽有《仙经》两卷在于床上，稠曰：'我本修佛道，岂拘域中长生者乎?'言已，须臾自失"⑤。

---

① 《续高僧传》卷十六，《大正藏》第50卷，第553页下。

② 李裕群：《关于安阳小南海石窟的几个问题》，《燕京学报》1999年第6期。

③ 参见智顗《妙法莲华经玄义》卷十上(《大正藏》第33卷，第801页中)；吉藏《大乘玄论》卷五(《大正藏》第45卷，第63页下)；法藏《华严一乘教义分齐章》卷一(《大正藏》第45卷，第480页下)。

④ 《续高僧传》卷十六，《大正藏》第50卷，第555页上中。《广弘明集》卷四《归正篇第一之四·废李老道法诏(北齐高祖文宣皇帝)》中同样有和僧稠神异之事相关的记载。

⑤ 《续高僧传》卷十六，《大正藏》第50卷，第554页上。

在僧稠生活、修行的时代和地域，地论派祖师菩提流支乃精通密咒第一人，校验咒术“则无抗衡矣”①。菩提流支还翻译了多种咒经，至今仍然保存在各种版本的佛教大藏经中。对比《续高僧传·菩提流支传》中有关菩提流支施咒术引井水的记载，以及《续高僧传·昙鸾传》中所记菩提流支教示昙鸾持诵《观无量寿佛经》、抛弃南朝陶弘景传授给他的《仙经》、回到并州以后矢志一心修行无量寿佛—阿弥陀佛净土之事，我们从《续高僧传·僧稠传》上述有关咒术和《仙经》的记载中，不难看出地论派祖师菩提流支对他的影响。此外，小南海石窟中窟的右壁全部雕刻《观无量寿佛经》描绘的、由“八功德水”和“九品往生”等组成的无量寿佛—阿弥陀佛极乐世界变相，充分展示了对于西方净土的崇拜和向往，从中可以进一步发现僧稠和菩提流支在信仰上的联系——菩提流支翻译的《〈无量寿经〉优婆提舍愿生偈》（《往生论》），是净土宗信奉的根本经典“三《经》一《论》”中的“一《论》”；正是由于菩提流支的关键性点拨和决定性影响，昙鸾才摆脱了道教，专心致志投入无量寿佛—阿弥陀佛净土修行，并且著《〈往生论〉注》，成为净土宗的开山之作。

附带说明，五代时期燕云十六州被石敬瑭割让给契丹人建立的辽国，北宋无力收回，而昙鸾是雁门人，当时其故乡可能陷入辽境。面对辽、金一浪高过一浪的进犯，宋朝从失败走向更大的失败，由屈辱沉入更大的屈辱。一挫再挫、国土日蹙之下，为了维持风雨飘摇的局面，宋朝朝野需要在精神上“严夷夏之防”。中国的净土宗僧人在这样的社会氛围之中生存、发展，不可避免地要受到“夷夏”观念的影响，因此从北宋时期的省常开始，中国的净土宗僧人抹掉了自称“北国虏僧”②的昙鸾在净土宗中的历史地位，将没有直接传承关系，而且修行方式和宗教理论并不相同的东晋时期高僧庐山慧远奉为净土宗的开山祖师。事实上，庐山慧远与昙鸾是近邻同乡③，“雁门娄烦人也”，同样是“北国虏僧”，但因为他在庐山修行、弘法半个世纪，直至生命终结，一生的大半时间是在汉地的江南度过的，因而被宋朝的净土宗僧人视为纯粹的汉地高僧，进而篡改成净土宗的开山祖师。对比之下，日本净土宗因为开山祖师法然（1133—1212）极其崇敬善导，因而对于善导之前的昙鸾—道绰的传承法脉也非常重视，一直敬奉昙鸾，他们的法脉传承更加接近历史事实。不过，净土宗真正的开山祖师应该是菩提流支，中国和日本的净土宗都数典忘祖了。

为什么菩提流支会被净土宗遗忘，国内外的中国佛教史研究者还没有对此做出特

① 《续高僧传》卷一，《大正藏》第50卷，第428页下。

② 《续高僧传》卷六“昙鸾传”，《大正藏》第50卷，第470页上。

③ 关于庐山慧远的籍贯，近百年来存在多种见解，现在基本确定在山西原平，距昙鸾故乡很近。

别深入的研究。笔者判断，这一不正常的历史现象可能和菩提流支在邺城遭遇到异常的事故有关。《历代三宝纪》卷九记载：菩提流支“从魏永平二年至天平年，其间凡历二十余载，在洛及邺译”①。半个多世纪以后的《续高僧传·菩提流支传》所记大体相同，对于魏天平年以后菩提流支的下落均未著一字，没有任何交代。《历代三宝纪》成书于隋文帝开皇十七年(597)，距离菩提流支居留邺城的时间只有六十年，但已经不知道他在“天平年”以后的事情了。在隋朝至初唐时期的佛教史籍中，有关菩提流支来华以后的记载主要是在洛阳期间的，他在邺城的时间和相关记录都极其短暂。

蹊跷的是，顺治版《黄梅县志·仙释志》记载：“流支禅师，中印度人，梁武帝时与达摩同来东土，译经藏，于梅地(黄梅)建道场曰‘菩提’，后寂于多云山，其塔在焉。”菩提道场即今湖北省黄梅县苦竹乡七里畈董家城墩的菩提寺(现名广福寺)，多云山在菩提寺北，是黄梅县的名胜区。2002年从菩提寺旁的水塘中捞出乾隆年间的《临济正宗三十二世天峰真性和尚之塔》碑，碑文亦云：“夫多云一山，乃菩提流支自西域来，阐教中土，卓锡于此。讲经说法，注译诸经，独传千有余年……而师来重建之，则师即支祖之后身也。”这两条记载晚于菩提流支生前一千一二百年，而且黄梅县在菩提流支生前属于东魏的敌国、南朝梁武帝的统治地区②，菩提流支弘传的又是大乘佛教“有宗”(瑜伽行派)的经论，而当时梁武帝正在以举国之力弘扬大乘“空宗”(般若中观派)的《大品般若经》③，在信仰和义理方面菩提流支与南朝佛教存在着根本性的抵触。在正常情况下，如果没有特别急迫的、不得不离开北朝的原因，菩提流支完全不应该出现在黄梅，而且是以受到北魏和东魏皇帝和权贵们高度崇奉、在皇宫和华屋安享尊荣的大翻译家之身，流落到敌国边境上的穷乡僻壤。那么，清朝时期黄梅县有关菩提流支晚年归宿的这两条记载是否可靠呢？笔者认为，它们是确有根据的可靠记录。理由如下：

第一，明末、清初，程朱理学占据绝对的统治地位，主持编纂顺治《黄梅县志》的县官以及参与其事的编修者们一定都是儒家的忠实信徒和誉满一方的醇儒，如果黄梅县不是确实存在菩提流支的遗迹，没有任何理由能够让他们将本来远在邺城，而且已经时隔千年的菩提流支载入《黄梅县志》。

第二，黄梅县与庐山隔长江相望，境内有多处在中国历史和中国佛教史上均产生

---

① 《历代三宝纪》卷九，《大正藏》第49卷，第86页中。

② 黄梅县(自南朝萧齐永明四年至隋文帝开皇初的近百年间称永兴县)在梁武帝太清三年(549)被东魏吞并，此时如果菩提流支还活着，应已年逾古稀，甚至入耄耋之年。他从邺城至黄梅并建寺院，应该在被东魏吞并之前若干年。

③ 《出三藏记集》卷八，《大正藏》第55卷，第53页下—54页下；《广弘明集》卷一九，《大正藏》第52卷，第234—239页。

过重要影响的佛教寺庙，其中与菩提流支创建的菩提寺距离仅十公里左右的四祖寺和五祖寺是著名的禅宗祖庭，香火旺盛，六祖惠能即是在五祖寺得到五祖弘忍印可，授其传法衣钵，惠能的得法故事及其《得法偈》早已传遍海内外，而且清朝初期的中国佛教几乎是禅宗的一统天下，当时四祖寺、五祖寺、道信、弘忍、惠能在佛教界和社会上的知名度高出菩提流支不知多少倍（至今知道菩提流支的中国人也没有多少），黄梅县完全没有必要借助菩提流支提高自己的地位和声望。如果不是确有菩提流支驻锡黄梅、并圆寂于此之事，《黄梅县志》绝不可能、更没有任何动力挖空心思，凭空捏造、杜撰。

第三，中唐前期的《历代法宝记》和宋朝的《五灯会元》编造出菩提流支伙同“光统律师”（慧光），六次下毒谋害禅宗祖师达摩、最后终于得逞的故事，菩提流支被丑化成为阴险、凶毒的恶僧，禅宗内部以及民间早已普遍流传。在这样的社会背景之下，《黄梅县志》载入菩提流支，并不能给黄梅县带来美誉。黄梅县有四祖寺和五祖寺，该县志的编修者未必全都不知“菩提流支毒杀达摩大师”的故事，但是他们仍然把菩提流支来到黄梅县、开创菩提寺并在此圆寂、建塔供奉之事让载入县志。如果不是确有其事而且是传承已久、属于黄梅县引以为豪的古迹，《黄梅县志》绝对不可能将其载入。尤其需要注意的是，如果菩提流支不是黄梅菩提寺真真切切的开山祖师，作为乾隆年间的禅宗僧人，菩提寺的和尚们怎么可能会把本宗流传已久、几乎尽人皆知的菩提流支毒杀达摩之事往自己的寺庙身上牵连？《临济正宗三十二世天峰真性和尚之塔》的碑文怎么可能要特别说明此寺乃菩提流支创建，并且还要具体指明天峰真性本人“即支祖之后身也”？

根据以上三个方面的事实和道理判断，虽然顺治《黄梅县志》关于菩提流支晚年创建黄梅菩提寺并终老于此的记载是一千多年以后的追述，但有确切的依据，真实可信。《历代三宝纪》和《续高僧传》都缺载菩提流支的晚景归宿，在黄梅出现的菩提流支行迹及其墓塔，恰恰补上了二书的缺失。

黄梅县存在菩提流支的遗迹和记载，出人意料，需要研究中国佛教特别是北朝佛教和大乘“有宗”及净土宗的学者们予以重视。中国佛教史上的翻译家特别是像菩提流支这样贡献巨大、影响深远的大翻译家，没有一位的晚景像菩提流支这样落寞。这意味着，菩提流支是因为特别的原因，从东魏首都邺城逃入梁境的，进入梁境仍然需要隐蔽在荒僻的边境地区。至于是什么具体的原因逼迫菩提流支落魄如此，现在已经无从知晓了。

道绰（562—645）是北朝后期至初唐时人，原本深入研修《涅槃经》，隋炀帝大业五年（609）到昙鸾晚年弘法的文水石壁玄中寺，见到记载昙鸾业绩的碑文，深受感动，于是舍《涅槃经》讲说，专修净土法门，一心念阿弥陀佛，观想礼拜，并为信众开讲《观无量寿佛经》约两百遍，其主要著作《安乐集》尤其推崇菩提流支翻译的《往生论》和昙鸾的著作《〈往生论〉注》。从道绰的这些经历、修行、讲演和著作中，可以明显地看到菩提流支的影响。特别宝贵的是，在《安乐集》卷下，道绰还具体、明晰地记述了中国净土宗"第一依中国三藏法师，并此土大德等，皆共详审圣教，叹归净土……敬有师承。何者？谓中国大乘法师流支三藏；次有大德呵避名利，则有慧宠法师；次有大德寻常敷演，每感圣僧来听，则有道场法师；次有大德和光孤栖，二国慕仰，则有昙鸾法师；次有大德禅观独秀，则有大海法师；次有大德聪慧守戒，则有齐朝上统（法上。——引者）。然前六大德并是二谛神镜，斯乃佛法纲维，志行殊伦，古今实稀，皆共详审大乘，叹归净土"①。道绰写下的这些文字，是关于中国净土宗早期历史的极其珍贵的记录，明确地将菩提流支作为中国净土宗第一代的开山祖师。遗憾的是，后来的中国净土宗僧人，特别是北宋后期以后的净土宗对《安乐集》中的这些言之凿凿的文字视而不见，将菩提流支连同其后五代传人慧宠、道场、昙鸾、大海、法上统统抹掉了，日本的净土宗也仅仅记住了昙鸾。

善导于贞观十五年(641)去玄中寺请教道绰，道绰授以《观无量寿佛经》并净土教义、行法。善导后来到长安，盛唱阿弥陀净土念佛法门，极受道俗的敬信，成为道绰以后唐代净土宗历史上最杰出的人物。善导直接受教于道绰，从净土宗的传承中抹掉菩提流支（连同慧宠、道场、昙鸾、大海、法上）的，不可能是善导。

安史之乱前后，禅宗大兴，《历代法宝记》编造的菩提流支伙同"光统律师"六次下毒谋害达摩的故事，就是在这个时候传播开来的。净土宗此时的大师是承远，承远为汉州绵竹县（今四川绵竹）人，吕温(772—811)的《南岳弥陀寺承远和尚碑》记其"初事蜀郡唐禅师，禅师学资州诜公，诜公得东山弘忍，坚林不尽，秘键相传"②。《历代法宝记》是益州（今治四川成都）保唐宗所传的早期禅宗史，而"资州诜公"（智诜，609—702）恰恰是保唐宗的初祖。智诜本是汝南人，十三岁出家，初从玄奘学习经论，后投黄梅东山五祖寺师从弘忍，学成后到益州资中的德纯寺弘法三十余年。《历代法宝记》记载，万岁通天二年(697)七月，女皇帝武则天诏请智诜赴京城内道场，其后赐予达摩所传、惠能原持之袈裟。因此，智诜与达摩之间存在着特别的联系。而黄梅五祖寺在菩提流

① 《安乐集》卷下，《大正藏》第47卷，第14页中。

② 载《文苑英华》卷八六六、《全唐文》卷六三〇、《四部丛刊·集部·吕和叔文集》卷六。柳宗元《南岳弥陀和尚碑》误记了承远早期的参学经历，写作"公始学成都唐公，次资川诜公"，见《柳河东集》卷六、《全唐文》卷五八七。智诜于长安二年(702)圆寂，承远十年以后才出生，没有可能向智诜问学。

支所建的菩提寺东北方向不足十公里处，智诜以及五祖寺的僧人应当知晓菩提流支晚年流落黄梅菩提寺之事。

智诜“初事玄奘法师学经论”①，而玄奘和菩提流支同属大乘佛教的“有宗”，且都是大翻译家，菩提流支更对玄奘赴印度之前的学行具有极其重要的影响，玄奘冒险西行的主要目的就是为了廓清菩提流支和勒那摩提开创的地论派在教义上存在的未解疑惑。因此，智诜对于菩提流支的了解应当比五祖寺的其他僧人更多。如此观察，《历代法宝记》编造的菩提流支伙同“光统律师”毒害达摩的故事，最初可能缘起于五祖寺，可能是五祖寺的僧人特别是智诜得知菩提流支不明不白沦落到黄梅之后，依据佛教的因果报应观念臆想出来的。早期可能只是智诜和五祖寺僧人心中产生的疑问、口传出来的悬念，经过一百多年的逐步演变，最后形成一连串完整的、具有神异色彩的故事，记录在《历代法宝记》中。② 现在已经无法知晓这一编造过程的具体环节，但是，无论如何智诜都应当是其中的一个重要人物，而且有可能是始作俑者。

日本学者神田喜一郎1936年发现的，后来由柳田圣山校订、注释、出版的《传法宝纪》“全本”记载：达摩初到嵩山，罕有知者，唯道育、慧可二人奉师，“其后（达摩）门庭日广，时名望僧深相忌嫉，久不得志，廼因食致毒。（以下原文为双行小注）此恶人名字世亦共闻，无彰人过，故所宜隐。或当示现为迹，以相发明，盖所未恻。大师知而食之，毒无能害。后见频啗毒不已，谓慧可曰：‘我为法来，今得传汝，更住无益，吾将去矣。’因集门人，重明宗极。便噉毒食，以现化焉……尝自言一百五十岁矣”。接下来记录了一段“其日东魏使宋云自西来于葱岭，逢大师西还”③的神异故事。

同为早期禅宗史，但《传法宝纪》成书早于《历代法宝记》半个世纪左右。上述《传法宝纪》所记之事，与《历代法宝记》基本相同，但情节简单许多，并且隐去了“此恶人名字”。《传法宝纪》的这些记录证明：五祖弘忍的弟子们对于达摩之死有共同的认知，《历代法宝记》的记录晚出，因而更加详细，故事也更加神奇。对照《传法宝纪》的记载，可以进一步看出益州保唐宗的《历代法宝记》所记菩提流支与“光统律师”毒害达摩之事，最初的源头出自智诜。

将菩提流支从净土宗传承谱系中清除、抹去的人，极有可能是智诜的再传弟子、后

---

① 《历代法宝记》，《大正藏》第51卷，第184页中。

② 《历代法宝记》，《大正藏》第51卷，第180页下至181页上。

③ 上海古籍出版社、法国国家图书馆编：《法藏敦煌西域文献（25）》，上海：上海古籍出版社，2002年，第282页。日本学者神田喜一郎在《敦煌秘籍留真》一书中最早发表P.3559（P.3664）的“全本”《传法宝纪》。《大正藏》第85卷，第1291页收录的《传法宝纪》（敦煌本P.2634）没有此处引用的这些记事。

来在南岳依《无量寿经》刻苦修行阿弥陀净土的承远。在历代的净土宗重要僧人中，无论是在传法脉络上还是在时间上，只有承远距离菩提流支毒害达摩的故事源头最近，当时正是禅宗蒸蒸日上之时，无人为菩提流支证诬，因而将净土宗与这一历史性“耻辱”断绝关系的要求也最迫切。

笔者推断是承远将菩提流支从净土宗的传承谱系中抹去的，不仅有上述的黄梅五祖寺—智诜—承远以及菩提流支—黄梅菩提寺—“毒害达摩”这两个相互连接的链条作为依据，另外还有受到承远的决定性影响而从庐山转到南岳、追随承远在弥陀台般舟道场专修净土法门的另一位净土宗祖师法照提供的证据。法照在其所著《净土五会念佛诵经观行仪》卷中说：

> 昔长安叡法师、慧崇、僧显、慧通，近至后周实禅师、西河鸾法师等数百人，并生西方。绰禅师等，因鸾法师得生西方。各率有缘，专修净土之业。绰禅师又撰西方记验，名《安乐集》流行。又晋朝远法师，入卢山三十年不出，乃命同志白黑百有二十三人，立誓期于西方，凿山铭愿。①

这是在道绰之后一百五十年左右，唐朝时期有关净土宗谱系的另一个重要的记录。遗憾的是，尽管法照在这段文字中提及了道绰的《安乐集》，但对比上文引录的《安乐集》中的净土宗谱系，可以发现法照做了很大的篡改，并且出现了低级的错误。法照此处说的“昔长安叡法师”，应即鸠摩罗什的四大弟子之一、其得力的译经助手僧叡。《高僧传》卷六《僧叡传》记载，他“平生誓愿，愿生西方”“每行住坐卧，不敢正背西方”。命终之时，“入房洗浴，烧香礼拜，还床向西方，合掌而卒”②。这只是僧叡对于无量寿佛—阿弥陀佛西方净土的信仰、崇拜和祈求，与创建、发展净土宗是两码事。在僧叡的时代，净土宗的理论和特有的修行方式都还没有出现。法照另外列举的慧崇、僧显、慧通、后周实禅师，应该和僧叡一样，只是信仰、崇拜阿弥陀佛，祈求往生西方净土，但并没有从事净土宗的修行，他们的“专修净土之业”，与净土宗的修行有质的差别。法照将北魏时期的西河（昙）鸾法师排在后周（北周）实禅师之后，也是很不应该犯的错误。

《安乐集》已经明确地列举了道绰之前的净土宗六代祖师，法照此处还特别说到“绰禅师又撰西方记验，名《安乐集》流行”。但是，他却提出一个和《安乐集》完全不同

---

① 《净土五会念佛诵观行义》卷中，《大正藏》第 85 卷，第 1244 页中。

② 《高僧传》卷六，《大正藏》第 50 卷，第 364 页中。

的谱系。不能不说，这是他的有意篡改。

在法照的这个谱系中，有两个问题值得特别注意。

一是菩提流支没有了。这是和《安乐集》的谱系最明显的不同。联系到法照与承远的关系，承远、智诜与《历代法宝记》的关系，智诜和黄梅五祖寺的关系，五祖寺和菩提流支创建的黄梅菩提寺之间的距离，而法照是在二十岁之前就到南岳师事承远，这样观察，在抹杀菩提流支开创净土宗历史地位的事情上，承远扮演的角色便会自然而然地浮现出来了。不过，法照列举的长安叡法师、慧崇、僧显、慧通和后周实禅师，则来自承远从广州的慧日座下承传的可能性较大，不大可能是他得自益州保唐宗的禅宗和尚传授。

二是庐山慧远在这个谱系中附带出现，不是主要人物，没有开山祖师的地位，说明后世尊奉的净土宗谱系在唐朝时期尚未形成，法照的这个谱系尚处在过渡阶段，需要到北宋时期才能把庐山慧远抬上净土宗开宗创派人的圣坛。

现在回到本文的僧稠与《华严经》的议题。菩提流支和勒那摩提在北魏孝文帝时期共同翻译了印度大乘佛教"有宗"大师世亲所著的《〈十地经〉论》，并且经二人分别传授，形成地论派的南道和北道两系，成为地论派的两位开山祖师。地论派以阐释、弘扬《〈十地经〉论》得名，《〈十地经〉论》是解说《十地经》的论著，而《十地经》即《华严经·十地品》，原本是《华严经》的一部分，《十地经》是从《华严经》中单独抽取"十地品"而成的经典。因此，地论派是华严宗的先驱，所以唐朝的华严宗祖师法藏所著《〈华严经〉传记》将菩提流支、勒那摩提及其弟子慧光以及慧光的再传弟子灵裕等人均作为传播《华严经》的重要人物录入。僧稠的传记虽然没有具体记录他与菩提流支和勒那摩提之间的交往，以及除了道房之外他和地论派人物还有什么实际联系，但从小南海石窟中窟的刻经，以及僧稠上述极似菩提流支的精通咒术、鄙弃《仙经》等神异行迹判断，他显然受到当时占据北朝佛教主导地位的地论派很大的影响。

僧稠与地论派的关系，还可以从少林寺得到印证。僧稠是少林寺的第二代寺主，他和地论派大师、律宗祖师慧光是少林寺开山祖师佛陀最得意的两位弟子。佛陀邀请菩提流支和勒那摩提在少林寺译经堂翻译《〈十地经〉论》，由此可知佛陀极其亲近、大力支持地论派。上文已曾述及，僧稠"受行止观"的另一位师父道房，是勒那摩提的三大弟子之一、地论派南道系的重要人物。从佛陀和道房两个方面的影响观察，僧稠与地论派的关系不会是一般性的、浅表层次的。

关于僧稠在邺城的情况，是高洋下诏迎请僧稠"赴邺，教化群生"，僧稠"闻有敕召，绝无承命。苦相敦喻，方遂元（允）请……帝躬举大贺，出郊迎之。稠年过七十，神宇清旷……帝扶接入内，为论正理……帝闻之，毛竖流汗，即受禅道……尔后弥承清诲，笃敬殷重”①。僧稠入邺之时，已经年逾古稀，学行圆满，地位崇高，万人景仰，连杀人不眨眼的高洋都对他如此崇拜，僧稠怎么可能如《关于安阳小南海石窟的几个问题》一文所说，只是“因早年与地论师一段因缘，因而难免受到邺城地区地论宗的一定影响”？

在首都邺城附近地区，属于北齐时期的华严信仰摩崖刻经还有河南省卫辉市霖落山香泉寺石窟华严洞外崖壁的大幅《华严经·佛不思议法品》等经文（图6）。此寺与僧稠关系密切②，现存稠禅师塔③，原有稠禅师殿④。

对比小南海石窟刻经及相关记事，香泉寺石窟刻经很可能是在僧稠生前镌刻的，早于小南海石窟中窟刻经，能够更加充分地展现出僧稠的华严信仰，但由于现存的刻经没有确切的时间记录，本文姑且将其置于小南海石窟刻经之后。今后需要高度重视香泉寺石窟的摩崖刻经，深入研究它与僧稠、与小南海石窟刻经的关系。

---

① 《续高僧传》，《大正藏》第50卷，第554页上至中。

② 唐朝时期有关僧稠的文献资料没有关于僧稠居留汲县（今河南卫辉）霖落山香泉寺的记载，相传香泉寺是僧稠于北齐天保七年（556）在战国时期魏安厘王离宫的废基上兴建的。《续高僧传·僧稠传》记载：僧稠“从移止青罗山，受诸疠疾供养，情不惮其臭溃，甘之如荠”（《大正藏》第50卷，第554页上）。“疠疾”即麻风病和麻风病人，所以会“臭溃”。《续高僧传·那连提黎耶舍传》记载：北印度乌场国高僧那连提黎耶舍来到北齐以后，“又于汲郡西山建立三寺，依泉旁谷，制极山美。又收养疠疾，男女别坊，四事供承，务令周给”（《大正藏》第50卷，第432页下）。香泉寺东寺即那连提黎耶舍所建三寺之一，另二寺已成为香泉寺西寺的霖落寺和距此不远的六度寺。三寺远离乡村，群山环抱，依泉傍谷，环境幽美，那连提黎耶舍在此救治了不少麻风病人，因而香泉寺被认定为中国历史上有据可查的第一座麻风病院——疠人坊。其东、西两寺中间山谷两旁的山崖上，至今仍遗留当年放置麻风病死者骨灰盒的大量石龛。据传，那连提黎耶舍辞世之前将逾百种治疗麻风病的药方刻在十方石碑上，树立在香泉寺“洗心”洞旁。1939年日本侵略军大举进攻时，石碑被迁移至香泉寺的县政府，该寺住持为防石碑被日军劫掠，请县政府派员将碑秘密埋藏。因人事代谢，至今不知埋藏何处。僧稠“受诸疠疾供养”的青罗山，是否即香泉寺所在地，待考。

③ 香泉寺西寺庭院西侧有一石塔，塔身东、北、西三面镌刻宋仁宗“至和甲子”（1054）、宋哲宗“绍圣”（1094—1098）、宋徽宗“崇宁四年”（1105）和“壬寅岁”“崇宁癸未岁”五则题记，其中崇宁四年题记有“复来叩稠师塔，目击道存”文句。此塔形制、造像、图案均近于武周时期或略后之物，而且是唐朝时期北方地区较多的、供奉佛像的小型石塔式样，与北朝后期至唐朝前期尊奉高僧的石塔，如香泉寺北方近百公里的安阳灵泉寺道凭塔及其附近众多的摩崖镌凿的僧人纪念塔形制不同。题记中的“稠师塔”可能另有所指，现已不存。

④ 元朝前期大文学家、汲县人王恽所著《游霖落山记》一文特别记述香泉寺“盛时殿阁极侈，今只稠禅师一殿岿然独存”（见《四部丛刊·秋涧先生大全文集》卷三六）。

图6　香泉寺石窟北齐摩崖石刻《华严经》(局部)

在中国佛教史研究中,"南朝重义理,北朝重修行"的论断早已成为定论,长期占据统治地位,而僧稠则作为"北朝重修行"的代表人物,一直被简化为仅仅是修持"四念处"和"十六特胜法"的禅师,几乎无人探究他与《华严经》的关系,因为敦煌写本出现之前的纸质文献资料没有显示僧稠在这一方面的学行。香泉寺石窟华严洞外摩崖镌刻的《华严经·佛不思议法品》,是《华严经》中哲理特色极其浓重的一品,它反复地强调:"一切诸佛,一一毛孔,次第出生一切世界微尘等佛,未曾断绝。一切诸佛,于一一微尘中,示现一切世界微尘等佛","一切诸佛,于一念中,悉知一切众生心心所行","一切诸佛,于一毛孔,悉能安置一切众生","一切诸法,自性无言,无方无处,舍离音声,言语道断,究竟彼岸,离虚妄境界"①,等等。法藏的《金狮子章》等重要著作阐发的义理、华严宗对于程朱理学影响巨大的"一即一切,一切即一""理事一如,理事无碍"等根本性的哲理论断,即从这一品生发。现在通过考古调查得知,香泉寺石窟华严洞刻经与僧稠关系密切,是比迄今所知敦煌写本出现之前的纸质文献如《续高僧传》等有关僧稠的最早资料还要早一百年左右的原始石刻,并且比小南海石窟刻经能够更加充分地展现僧稠对于佛教义理的了解深度,证明僧稠不仅是一位刻苦修证的禅师,还是精通《华严经》义理的高僧,弥足珍贵,需要引起中国佛教史研究者特别是南北朝佛教史研究者的重视。

僧稠精通《华严经》义理的历史事实,在敦煌写本的文献中有更加充分、更加深入的体现。

---

① 《华严经》卷三十,《大正藏》第9卷,第591页下、第593页上、第594页上、第595页上。

伯希和从敦煌携至巴黎的写本 P.3559(P.3664)①中,有一短篇《稠禅师药方疗有漏 病愈出三界逍遥散》(以下简称《稠禅师药方》),前半部分开列"信受""精勤""空门""息缘""观空""无我""逆流""离欲"八味"药"及其剂量和对治对象的"药方";后半部分开头是简短的制"药"说明和"服用"注意事项:"右此八味,慧斧锉之,于定臼中细捣,以不二罗筛,勿令粗过……若闷旋塔逍遥,稳则幽居静坐,其慎药之法。"结尾是一篇激励、诫勉的诗篇,以"金丹未足比,玉屑岂能胜?莫软堕,勤自课,时可昔(惜),莫座(错)过"作结。②

《稠禅师药方》的八味"药",指代的是禅定修行的八个阶段,次第清晰,逐步递进,平实稳固,且需"慧斧锉之,于定臼中细捣,以不二罗筛,勿令粗过……若闷旋塔逍遥,稳则幽居静坐,其慎药之法"。这些禅修指导与要求,和《续高僧传》中的《僧稠传》《僧邕传》《(净影寺)慧远传》等所记的僧稠禅法几乎契合无间,特别是与僧稠修行的"十六特胜法"联系密切。而"金丹未足比,玉屑岂能胜"的诗句,则与上文引录《僧稠传》中记述的"一时忽有《仙经》两卷在于床上,稠曰:'我本修佛道,岂拘域中长生者乎?'言已,须臾自失"完全合拍,表达的都是僧稠鄙夷、贬斥道教的态度。无论从总体上考察,还是综合各个方面的事实检验,这一篇《稠禅师药方》都有可能出自僧稠本人之手,即使不是僧稠亲手所作,其中表述的也是纯正的僧稠禅法。《续高僧传》中所记的僧稠禅法大多是印度原版形式,《稠禅师药方》则以中国化的药方形式传授僧稠禅学的精髓。尤其值得注意的是,《稠禅师药方》中的"慧斧锉之,于定臼中细捣,以不二罗筛",这里的"慧斧"和"不二"都是大乘佛教最根本的义理,而且将"慧"置于"定"之前。

在 P.3559(P.3664)中,紧接《稠禅师药方》的后面,是署名"稠禅师"的长篇《大乘心行论》。此篇开宗明义,直截了当地说:"心外无法。"接着特别强调:"烦恼在心中……心外无好恶,无是非,无贡高我慢,无增无减,无得无失,无达无顺,一切是心……心出无量法。是故《经》云'三界虚妄,但一心作'。"③这里的"是故《经》云'三界虚妄,但一心作'"出自六十卷本《华严经·十地品》④,亦即地论派尊崇的根本经典《十地经》。

---

① P.3559 与 P.3664 为同一写卷,误编为两个号。

② 上海古籍出版社、法国国家图书馆编:《法藏敦煌西域文献(25)》,第 286 页上。

③ 同上。

④ 《华严经》,《大正藏》第 9 卷,第 558 页下。此句依据其底本《高丽藏》,为"三界虚妄,但是心作"。宋、元、明等版本大藏经此句为"三界虚妄,但是一心作"或"三界虚妄,但一心作"。

日本学者篠原寿雄认定《大乘心行论》是禅宗北宗僧人的作品。①笔者认为这一判定不符合《大乘心行论》的实际情况。署名"稠禅师"的《大乘心行论》虽然不大可能全部出自僧稠之手,而且可能掺入了禅宗北宗的一些思想成分,但它的主体部分和基本思想与僧稠禅法、《华严经》存在着密切的关系,是对僧稠禅法的准确阐释。特别是其中收录了除P.3559(P.3664)之外,《续高僧传》等涉及僧稠的所有文献中从未出现过的、对于僧稠禅学思想做出高度哲学化概括的文字,弥足珍贵。因此,判定其为禅宗北宗的作品与事实相差太远。② 下面列举根据,论述事理。

第一,"稠禅师"《大乘心行论》极其明确、清晰地揭示禅定修行中的心、境(法)关系:"但除攀缘心,不除善恶法","迷心起行,除境不除心;解心起行,除心不除境"。③只有在融会贯通了印度佛教传统的禅修理论,并且在禅定实践中严格、圆满地修行之后,才能以如此凝练的中国文字,将自己禅修的切身体验,以及他人的成功经验和失败教训,做出这样简洁明了的概括和总结;才能对于认识和解决禅定修行中的关键问题——心与境的关系,从哲理的高度予以明晰的剖判。虽然《大乘心行论》在这里讲述的只是宗教上的禅定修行理论,但就纯粹的精神发展高度而言,它已经对于思维与存在的关系这一哲学基本问题做出了明确的答复。可以断定:"迷心起行,除境不除心;解心起行,除心不除境"这十八个字,只有僧稠才能说出来、写出来。因为,做出这样明晰乃至断然的概括和剖判,不仅需要本人经历长期、严格的禅定苦修,而且需要有大量的指导他人禅修的经验,真切了解禅修成功与失败的根源,必须在禅定修行领域具有

---

① 篠原寿雄、田中良昭编:《敦煌讲座8·敦煌佛典与禅》,东京:大东出版社,1980年,第172—173页。

② 马格侠《敦煌所传僧稠禅法研究》一文(载《天水师范学院学报》2009年第1期)认为《大乘心行论》"对念佛与戒律的并重,与前面所讲的僧稠禅法无关,反而与天台智凯禅师(应为"智顗"——引者)律教并重的念佛禅有相似之处"。这一判断可能不确。天台宗祖师智顗的核心思想和止观修行是空、假、中"三谛圆融"与"一心三观",强调三谛的平等互具、圆融无碍。《大乘心行论》没有出现空、假、中三谛,未见阐述"一心三观""三谛圆融"的文字,却有与智顗的"一心三观"完全不同的"三种正观"——简伪存真观、真如实智观、真如本来不起止观。同时,僧稠师兄慧光为南山律宗的开山祖师,僧稠本人同样重视弘传戒律。《续高僧传·僧稠传》记载:"(僧稠)又北转常山,定州刺史娄睿、彭城王高攸等请至。又默之大冥山,创开归戒,奉信者殷焉。燕赵之境,道未通被,略言血食,众侣奔赴,礼贶填充,时或名利所缠者,稠为说偈止之。闻者惭色而止。"杀人不眨眼的北齐文宣帝高洋经僧稠劝诫,"因从受菩萨戒法,断酒禁肉,放舍鹰鹞,去官畋渔,郁成仁国。又断天下屠杀,月六年三敕民斋戒,官园私菜,荤辛悉除"。《续高僧传·僧邕传》记载:"稠公禅慧通灵,戒行标异。"

③ 上海古籍出版社、法国国家图书馆编:《法藏敦煌西域文献(25)》,第286页下。

公认的权威地位；同时还需要透彻了悟六十卷本《华严经》的"三界虚妄，但一心作"的绝对唯心主义义理，在禅定实践中将"心外无法"的意念贯穿于一切对象之中。自北魏后期至盛唐时期的两个半世纪里，能够严格按照印度传统的禅修理论和实践要求，圆满成就艰苦卓绝的禅定修行，并且具备长期的和大量的指导后辈禅修的经验，成为禅定修行领域公认的绝对权威，又能透彻理解《华严经》义理者，僧稠不仅是第一人，而且远远超出同时期的其他修行者。

明末兼弘净土、禅宗和天台教法的高僧云栖袾宏在《竹窗二笔》(九十)"厌喧求静"一文中，将"迷心起行，除境不除心；解心起行，除心不除境"的论断修改成"愚人除境不除心，智者除心不除境"，并不符合《大乘心行论》的原意。但是，在云栖袾宏之前，未曾见过禅宗僧人们重视《大乘心行论》的这一禅学论断，没有禅宗僧人特别地引用和弘传过它。因为，无论北宗还是南宗，禅宗在心、境关系的认识上持不同于"除心不除境"的立场：神秀、惠能二人皆"除境不除心"，他们的差别仅在于惠能"除境"更加彻底、更加干净利落，而神秀则像勤恳的老农一样，努力地对身、心都要"时时勤拂拭，莫使惹尘埃"。禅宗的主旨是"明心见性"，而且"明心"是前提，只有"心"明，才能"见性"。禅宗追求的是"明心"，而不是"除心"。

然而，从《续高僧传·(净影寺)慧远传》记载的慧远向僧稠学习禅修的心得中，可以看出"解心起行，除心不除境"是对僧稠禅法的准确概括：慧远"忆昔林虑，巡历名山，见诸禅府，备蒙传法，遂学数息，止心于境。剋意寻绎，经于半月，便觉渐差，少得眠息，方知对治之良验也。因一夏学定，甚得静乐，身心怡悦，即以己证，用问僧稠。稠云'此心住利根之境界也，若善调摄，堪为观行'"①。慧远"学数息"，学的正是僧稠特别着力修证的"十六特胜法"。《续高僧传·僧稠传》记载僧稠修禅的过程："当依《涅槃·圣行》四念处法，乃至眠梦觉见，都无欲想，岁居五夏。又诣赵州障供山道明禅师，受十六特胜法，钻仰积序，节食鞭心。"②修"四念处法"，僧稠达到"都无欲想"；修"十六特胜法"，让僧稠"节食鞭心"。显而易见，"都无欲想"和"节食鞭心"都是"除心"。"十六特胜法"的前四种为"一知息入，二知息出，三知息长短，四知息遍身"，这四种修法即为"数息"，属于"身念处观"，是"十六特胜法"的初级阶段。"十六特胜法"的"九心作喜，十心作摄，十一心作解脱"属于"心念处观"；最后五种是"十二观无常，十三观出散，十四观离欲，十五观灭，十六观弃舍"，这五种修法属于"法念处观"。"法"包括五蕴、六根六尘、四圣谛、十二因缘、八正道、七觉支等，"境"即在"法"的范围内。慧远从"学数

---

① 《续高僧传》卷八，《大正藏》第50卷，第491页下。

② 同上书，第553页下。

息”，到“止心于境”，实即完成了“十六特胜法”各阶段的禅定修行，达到了印度佛教传统的禅定要求“心住一境而不散乱”，因此僧稠赞扬他“此心住利根之境界也，若善调摄，堪为观行”。慧远向僧稠学习禅修的“止心于境”经历，为《大乘心行论》概括的“解心起行，除心不除境”提供了一个具体的、圆满的例证。

附带说明：在 P.3559(P.3664) 中，还有一篇《稠禅师意》，有学者认为是僧稠弟子或再传弟子记录、转述僧稠禅法的作品。《稠禅师意》说：“若心境俱灭，即自然寂定。”[①]这样的禅定诠释，与印度佛教传统的禅学理论和修行实践大不相同，而僧稠是严格依据印度佛教的禅学传统和修行次第坐禅修定的，无论是“四念处”，还是“十六特胜法”和“五停心观”，僧稠禅修的每一个阶段、每一个步骤，“心”都依据印度佛教经典的指定，有“观”的具体对象——各种各样的“境”，而不是“心境俱灭”。这一篇《稠禅师意》带有老庄玄学的痕迹，可能是唐朝前期长江流域出现的禅学著作，近于禅宗南宗“泯绝无寄宗”的主张，与僧稠的禅学思想差异甚大，因为当时僧稠的影响仍然巨大，所以冒用僧稠的名义流传。

第二，P.3559(P.3664) 中的第三种文献是署名“蕲州忍和上”即禅宗五祖弘忍的《导凡圣悟解脱宗修心要论》(以下简称《修心要论》)，此篇在敦煌文献中较多，计有北宇 04、S.2669、S.3558、S.4064、P.3437、P.3559、P.3777 等十一件写本，还有六种朝鲜刊本。虽然在敦煌发现的早期禅宗史《楞伽师资记》中的《弘忍传》否认弘忍有著作传世，说：“其忍大师，萧然静坐，不出文记，口说玄理，默授与人。在人间有禅法一本，云是忍禅师说者，谬言也。”[②]但在《楞伽师资记》的禅宗二祖《慧可传》中却有和《修心要论》非常相近的论述。[③] 因此，无论这篇《修心要论》是否为弘忍所著，它属于禅宗的典籍则是确定的。

《修心要论》和《大乘心行论》的主旨都注重在讲述“心法”——禅定止观中的“观”法，但二者之间的区别极其明显：《修心要论》开宗明义，说其主旨是阐释“修道之体”乃“自识……自性圆满清净之心”，此后反复教人“知自心”，“知心是本师”，“知守自心，胜念他佛”，“故知法要，守心第一。此守心者，乃是涅槃之根本，入道之要门，十二部经之祖，三世诸佛之宗”，“若有一人不守心，得成佛者，无有是处”，“八万四千法门，三乘、五体、七十二贤圣行宗，莫过自心是本”。[④]《大乘心行论》却明确断言禅定修行正确与

① 上海古籍出版社、法国国家图书馆编：《法藏敦煌西域文献(25)》，第 285 页下。

② 《楞伽师资记》，《大正藏》第 85 卷，第 1289 页中。

③ 同上书，第 1285 页下。

④ 上海古籍出版社、法国国家图书馆编：《法藏敦煌西域文献(25)》，第 277 页下—279 页上。

否，最核心、最关键的差别是“迷心起行，除境不除心；解心起行，除心不除境”。《修心要论》的“识心”“知心”“守心”，属于“迷心起行”，被《大乘心行论》视为迷妄、邪行。虽然二者皆从《华严经》的“三界虚幻(妄)，唯(但)是一心作”出发，却向完全相反的方向前进。《修心要论》结尾部分引据《华严经》的“四种料简”说明持戒起行的理路，最后归结为“欲知真实法，唯修一念心”①。坚持遵循被《大乘心行论》排斥的“迷心起行，除境不除心”的道路践行禅修。

比较《大乘心行论》和《修心要论》，可以明显看出《大乘心行论》与早期禅宗典籍的差别，《大乘心行论》不可能是禅宗北宗的文献。

第三，《大乘心行论》说：“欲行万行，要不生分别，心如车轴，心如大海，心如大地。”接着依次以车轴、大海、大地为例，详细讲解“心无分别”的道理和功效。② 六十卷本《华严经》有著名的偈语：“心如工画师，画种种五阴；一切世界中，无法而不造……心佛及众生，是三无差别。”③显而易见，《大乘心行论》做出的“心如车轴，心如大海，心如大地”的比喻及释义，来自《华严经》的这些偈语，是对这些偈语的进一步发挥。在禅宗的众多文献中，见不到“心如车轴，心如大海，心如大地”的比喻。然而，在地论派特别重视的经、论中，却有这样的比喻和同样的释义，如《思益梵天所问经》卷四“授不退转天子记品”：“又如大海，堪受大雨，澍如车轴，不增不减……又如大海，百川众流，入其中者，同一咸味。”④《究竟一乘宝性论》卷四“自然不休息佛业品”：“犹如彼大地，体安固不动，为利益众生，见彼我无别。”⑤河北省涉县中皇山娲皇宫的地论派摩崖刻经，第一部就是《思益梵天所问经》。地论派祖师菩提流支翻译的《〈胜思惟梵天所问经〉论》，就是阐释《思益梵天所问经》义理的论典。《究竟一乘宝性论》则是地论派另一祖师勒那摩提翻译的，与《〈十地经〉论》同为地论派最为尊崇的论典。显然，《大乘心行论》做的“心如车轴，心如大海，心如大地”的比喻及释义，只能出自地论派和熟知地论派义理的人之手，只有他们才能想出来、写出来。

根据以上三个方面的事实和道理，笔者认为《大乘心行论》阐述的是与禅宗北宗不同的义理，不是禅宗北宗僧人的作品；它虽然不会全部出自僧稠之手，而且可能掺入了禅宗北宗的少量思想，但总体上它和僧稠禅法、《华严经》及地论派存在着密切的关系，

① 上海古籍出版社、法国国家图书馆编：《法藏敦煌西域文献(25)》，第280页下—281页上。

② 同上书，第288页。

③ 《华严经》卷十，《大正藏》第9卷，第465页下。八十卷本《华严经》此偈译作“心如工画师，能画诸世间，五蕴悉从生，无法而不造”，《大正藏》第10卷，第102页上。

④ 《思益梵天所问经》卷四，《大正藏》第15卷，第57页下。

⑤ 《究竟一乘宝性论》卷四，《大正藏》第31卷，第846页上。

其核心创见是对僧稠禅法的准确阐释和精练总结；《大乘心行论》更加全面、更加深入地反映出，僧稠不仅熟悉《华严经》，而且将《华严经》的义理与禅修实践圆满地融合成为一个体系，总结出“迷心起行，除境不除心；解心起行，除心不除境”的明晰禅学理论。①

P.3559(P.3664)是敦煌文献中非常重要的一个写卷，在20世纪的敦煌学研究史上，它较晚得到重视。由于其中有多种十分珍贵，而且抄写时间较早的禅宗文献，半个多世纪以来学者们重点研究的是这些禅宗写本；同时，《续高僧传·道信传》和P.3559(P.3664)的《秀和尚传》都表明，道信和神秀一脉相承，都极其重视禅定修行，从形式上看他们与僧稠都是以禅修为依归的高僧，而且P.3559(P.3664)的编集、抄写人很可能是法如—神秀系统的禅宗北宗僧人——普寂的弟子们，因此一些学者认定P.3559(P.3664)全卷的所有文献都是禅宗北宗文献。然而，P.3559(P.3664)中既有禅宗北宗的珍贵文献，还有地论派和僧稠的重要著作以及包含摄论派义理的篇章，需要仔细分辨，不能因为禅宗北宗僧人的作品在其中占有重要地位而把P.3559 (P.3664)中的所有文献都认定为禅宗北宗的著作。特别需要分辨的是禅定修行——“止观”的“观”法。从“止”——结跏趺坐，念入、出息上看，僧稠和道信、神秀似乎没有差别，都非常重视“坐”“止”。这应该是与僧稠有关的几篇文献被收入P.3559(P.3664)的原因。但是，这只是双方在形式上、表面上的相似，进入禅定修行的深层次领域，他们之间的差别便呈现出来。因为，禅定并非仅仅是“止”“坐”而已，禅定修行的重点在“观”法——在禅定中认识、体验、证悟佛教的主要义理和根本的目标，从内心的最深处得到彻底解脱。而在“观”法上，禅宗和僧稠的理路基本上是南辕北辙，背道而驰：禅宗的方向是“除境不除心”，僧稠的道路是“除心不除境”。P.3559(P.3664)的编集、抄写者有可能在一定程度上认识到了这种差别，因而将“稠禅师”名义下的几篇文献集中放置在禅宗文献之后。

P.3559(P.3664)卷首的第一种《圆明论》，就是一篇非常珍贵的地论派著作，全篇以地论派大师、佛(跋)陀和勒那摩提的嫡传、僧稠的师兄、律宗的开山祖师慧光创立的“渐、顿、圆”判教体系②为准绳，以六十卷本《华严经》的卢舍那佛“无碍法界智”分辨佛

① 加拿大学者冉云华1983年在《敦煌文献与僧稠的禅法》(载《华冈佛学学报》第6期)等三篇论文中首先运用P.3559(P.3664)中的资料研究僧稠的禅法，但未涉及僧稠在佛学义理方面的造诣。日本学者冲本克己1987年发表的论文《僧稠について——初期禪宗史をめぐる一視點》(载平川彰编《仏教研究の諸問題—仏教学創刊十周年記年特輯》，东京：山喜房佛書林)，在冉云华的基础上，进一步注意到小南海中窟的刻经和造像，认识到僧稠除了禅法，亦注重经论的研究，但没有深入剖析。

② 法藏《华严一乘教义分齐章》记载：“依光统律师立三种教，谓渐、顿、圆。”见《大正藏》第45卷，第480页中。

教教义的不同阐释，批评各种错误的理解，解说禅观的逆顺、邪正的各种法门，最后归结于《华严经·卢舍那品》的“五海十智之义”①。《圆明论》的第七品“自心现量品”“依《楞伽经》自觉圣智宗，立一切诸法皆是自心现量义”②，阐释的是地论派与 8 世纪中期以前的禅宗南、北宗共同认知的《楞伽经》的义理（地论派祖师菩提流支重新翻译了《楞伽经》，将四卷本扩充为十卷本），但其中论述的主旨是与《华严经》完全一致的“除心以外，更无一法”“明知万法，皆是心业所现也”③的教义。惠能在广州直指风动、幡动只是“心动”的大彻大悟，和这一“自心现量品”十分接近，禅宗北宗却没有达到过这样的思想境界。④

P.3559（P.3664）的第二种是一篇以“阿摩罗识”开头的文章，“阿摩罗识”是《摄大乘论》的翻译者、摄论派的创始人真谛在眼、耳、鼻、舌、身、意和末那、阿赖耶等八识之外，特别成立的第九识，地论派、天台宗亦有采此说者，禅宗文献则未见如此突出“阿摩罗识”的事例。显然，此篇可能和摄论派关系密切，但也有可能是地论派的作品。

日本学者发现了 P.3559（P.3664）中的禅宗北宗文献，做出重要贡献。但是，将 P.3559（P.3664）中的作品全部认定为禅宗北宗文献，就与事实不符了。

P.3559（P.3664）中署名“稠禅师”的《大乘心行论》，将小南海石窟中窟和香泉寺石窟刻经反映出的僧稠崇奉《华严经》、通晓华严义理的事实，引进更加深入的层次，依据《华严经》首创的核心哲理“三界唯心”，对禅学理论最精要的问题做出明晰的剖判，进一步补充了《续高僧传》等有关僧稠的权威记录所缺载的重要史实。《大乘心行论》和香泉寺、小南海石窟的刻经提示我们：僧稠不仅是一位苦修禅定的大成就者，他还深通《华严经》的哲理，强调需要“慧斧铿之”“以不二罗筛”，能够结合自己的禅修实践，提炼出精粹的禅学理论；以僧稠作为依据，做出“南朝重义理，北朝重修行”的论断，不完全符合历史事实特别是 6 世纪初以后北朝佛教发展的真实情况。

六十卷本《华严经》是在南朝翻译的，但华严学却不是在南朝，而是在北朝兴盛起来的。尤其是在菩提流支和勒那摩提译出《〈十地经〉论》以后，北朝佛教的华严—地论学勃然兴起，蔚为大宗，成为中国佛教的两大主干之一。从北魏后期至初唐时期，自地论派渐次生发出律宗、净土宗、华严宗和唯识宗四大支系。从 6 世纪初开始，北朝佛教

---

① 上海古籍出版社、法国国家图书馆编：《法藏敦煌西域文献（25）》，第 276 页上。

② 同上书，第 275 页上。

③ 同上书，第 275 页下—276 页上。

④ 日本学者柳田圣山、冈部和雄认为《圆明论》为禅宗北宗系著作，美国学者麦可瑞（John R. McRae）认为《圆明论》是神秀的著作，可能都是由于对地论派义理认识不足而做出的判断。

的义理之学非常发达，而且是大乘佛教的“有宗”占据主导地位，和南朝佛教以大乘“空宗”(般若—中观之学)为传播主流形成分庭抗礼的局面。同时，在华严—地论学勃兴之前，毗昙学、成实学、涅槃学等已经在北朝相当兴盛；当华严—地论学在北朝佛教中独占鳌头之后，也没有妨碍原有的毗昙学、成实学、涅槃学继续发展。因此，认定北朝佛教重修行、不重义理，不符合历史上的真实情况。佛教研究界以往对于地论派的研究特别是对其义理的研究比较薄弱，这是误认为北朝佛教不重义理的重要原因。令人欣慰的是，中、日、韩三国学者现在已经开始重视研究地论派，今后应当能够产生重要的研究成果。

学院派的佛教研究者有很多人(包括笔者)对僧团内部的制度和规仪缺乏了解，这是认为南朝重义理、不重修行的重要原因。佛教修行有多种途径和方式，不仅只有禅定一种。无论是哪个国家、哪个派别的佛教僧人，都需要遵守和采行戒律、礼忏和禅定这三种主要的修行途径和方式。戒律和礼忏是僧人们每日必守、必为的修行；禅定虽然也是最重要的修行方式之一，但与戒律和礼忏相比，却不是每一位僧人天天必修的功课，更不是每一位僧人都能达到同样的程度，因而在禅定修行上，不能和戒律、礼忏一样对僧人们提出同一标准的要求。以往的中国佛教史研究者有很多人缺乏戒律和礼忏方面的知识，误以为僧人的修行主要是禅定。“南朝重义理，北朝重修行”的论断，与学者们的佛教知识缺环有很大的关系。

事实上，无论是南朝还是北朝的佛教僧人，都必须遵守戒律，差别仅仅在于北朝主要遵行《四分律》，南朝主要遵行《十诵律》和《僧祇律》。南、北方所持戒律的不同主要是来源和传承上的差异，并不存在宽严和虔诚程度上的实质性差别。有学者认为：“南北朝时，南方的戒律很盛，可以说超过了北方。”①从庐山慧远、佛驮跋陀罗、求那跋陀罗、僧祐等南朝的佛教大师们对于戒律的重视、译传和弘扬，到梁武帝“于无碍殿受佛戒”②乃至著《断酒肉文》，自此素食、戒酒成为汉传佛教定制，影响中国佛教一千五百年，至今依然严格遵行。这些情况显示，认为南朝佛教持戒“超过了北方”，确有所据。

礼忏是佛教僧人必须每日多次重复的修行。印度大乘佛教僧团有“六时礼忏”的制度，每天清晨、日中、日没、初夜、中夜、后夜六个时段，寺院全体僧众聚集一处，礼拜佛像，诵读经文，忏悔过失。明朝以后的汉传佛教简化了这一制度，寺院僧众每日清晨和入夜以后两次聚集大雄宝殿，礼佛、诵经、忏悔，称为“上殿”“早晚二殿”，不少寺庙在

---

① 严耀中：《东晋南朝佛教戒律发展》，《佛学研究》1996年总第5期。

② 《南史》卷六《梁武帝纪》天监十八年夏四月丁巳条；《续高僧传》卷六《慧约传》，见《大正藏》第50卷，第469页中。

上午和下午还要“上殿”。这样的礼忏修行，僧人内部叫“做功课”，本来是出家人的修行活动，因为是天天要做的事情，现在变成学校里学生们学习事务的名称了。北朝的礼忏修行，现存的文献资料较少，仅有《法苑珠林》卷八六《忏悔篇》收录的灵裕所著《总忏十恶偈文》一篇，最重要的原始资料保存在河北省邯郸市北响堂石窟南洞廊柱和河南省安阳市西南郊的大住圣窟外壁的刻经中，显示出北朝后期的佛教僧团遵行的是印度大乘僧团的礼忏仪制，同时加入了一些中国僧人严格依凭印度佛教进行了重组的新元素。①相比之下，南朝佛教的礼忏活动更加丰富多彩，除了僧团每日的礼忏之外，在家的居士们依据翻译的佛典，同时加入了一些中国固有的伦理思想，创制出新的礼忏著作和修行仪法。例如南齐竟陵王萧子良的《净住子》、大文豪沈约和陈文帝等人的《忏悔文》，都是中国佛教徒在礼忏领域的新创造，而梁武帝主持制定的《慈悲道场忏法》(《梁皇忏》)，则是划时代的大事件，由此发展出中国化佛教的标志性法事活动《梁皇忏》和水陆道场。在南朝僧俗人士踊跃进行礼忏创制的基础上，天台宗祖师智顗制定了多种对于后世有重要影响的忏法。就礼忏修行比较，南朝与北朝佛教各具特色，同样重视，而南朝佛教的礼忏仪法不仅不亚于北朝佛教，而且更加丰富多彩，具有更多的中国元素和中国信众的创新和发展。

即使在禅定方面，有学者检索《高僧传》，发现“东晋南朝禅僧的数目无疑超过了北方。如佛驮跋陀罗、慧远、慧观、畺良耶舍、智严、求那跋陀罗等都是这一时期禅学的主要推动者……他们基本上又是戒律学的大师……东晋南朝时的禅律或禅戒的合一，正是体现了中国佛教发展的一种趋势”②。有关南朝和北朝禅定修行的比较研究，特别是对于南朝禅定修行的研究，迄今为止相当薄弱，而有关北朝禅定修行的研究，则一向集中于僧稠一人，也没有产生特别全面、深入的重要成果。因此，在禅定方面，北朝是否比南朝更加重视，是否胜于南朝，还有待今后做出全面、深入研究之后，才能做出符合历史事实的结论。

综上所述，长期主导中国佛教史研究的“南朝重义理，北朝重修行”的定论，不符合历史上的真实情况，需要认真检讨，全面复议。这一错误结论的产生，是由于学院派学者不了解僧团内部的修行活动，没有全面地研究南北朝时期佛教修行的历史事实，相信了唐朝时期个别人的片面之论，并且进一步地将僧稠一人的事迹（而且只注意到僧稠禅定修行的事迹）扩展到对于整体范围的南朝和北朝佛教发展趋势和特点的评价。

---

① 参见拙文《宝山大住圣窟刻经中的北朝礼忏系统》，《石窟寺研究》第1辑，北京：文物出版社，2010年，第161—179页。

② 严耀中：《东晋南朝佛教戒律发展》，《佛学研究》1996年总第5期。

近二十多年来，已经有国内外的学者分别从不同的侧面对这一定论提出了一些异议，但从正面做出整体性的驳议尚不多见。本文依据小南海石窟中窟和香泉寺石窟刻经中显示的历史事实，以及敦煌写本 P.3559(P.3664)中的“稠禅师”《大乘心行论》对于僧稠禅法的理论总结，并概略考察了南朝与北朝佛教在戒律和礼忏修行方面各自不同的特点，批评了“南朝重义理，北朝重修行”论的缺失，期望能够成为引玉之砖，敬请学者们今后做出更加深入和全面的研究，并对本文给予指正。

（因正式出版物中缺乏小南海石窟刻经的完整图版和香泉寺石窟刻经的清晰图版，本文图版分别自互联网的相关博客和网页采集。）

［附记］

《石窟寺研究》第七辑刊登的拙作《中国佛教石经概述》遗漏了元朝时期北京地区的两处石经，即元顺帝至正五年（1345）建成的居庸关过街塔券门两壁、四天王造像的空间处，镌刻梵、藏、八思巴、畏兀儿、西夏、汉等六种文字的《一切如来心陀罗尼经》《佛顶尊胜陀罗尼经》和咒语以及《造塔功德记》等；另外一处元朝石经在房山石经山雷音洞内，当时隋朝所刻石经脱失五方，高丽僧人慧月发心募得元朝宫廷内高丽大臣的善款，补刻并重新嵌置在洞壁原处。谨此补充。

另外，《敦煌研究》2016 年第 4 期刊登张驰的《山西省和顺县沙峪摩崖造像调查》一文，记录了北魏永安二年（529）张还香等人在摩崖镌刻的《观世音菩萨普门品》全品经文。这是一个重要发现，属于早期的佛教石经，而且是最早的整“品”刊刻一千七百字以上（包括题记）的摩崖刻经，值得予以特别的重视。

［补述］

顷接台湾“中央研究院”历史语言研究所刘淑芬教授惠函，教示如下：

> 大文提及中唐前期《历代法宝记》和宋朝的《五灯会元》编造出“光统律师”和菩提流支六度毒害达摩，流支是以被丑化为恶僧。故《黄梅县志》载入流支，并不能为其地增辉。
>
> 诚然禅宗史籍确有此记载，但此处或可加一注脚，中唐《历代法宝记》撰成后，唐宋佛教界都不断有为慧光、流支辩解的言论，如：
>
> (1) 唐代释神清（？—820）《北山录》就指出这是对慧光、流支的毁谤：“彼流支、光统，皆德化敷弘，人天极望，奖贤辅善，共扬风教，如光之门，德行十人（慧光门下名扬不一），今此佞人曷敢讪毁！”此书宋僧慧宝、德珪作注更直指《历代法宝

记》之不可信："光统律师乃一代之英杰，况主僧柄，岂能尔耶？《宝林传》者，乖误极多，后之学者，宜更审之也。"

(2) 宋代明教大师契嵩(1007—1072)著《传法正宗记》卷五也指此说"吾故鄙而不取"。

(3) 南宋祖琇撰于隆兴二年(1164)。《隆兴编年通论》卷七："又谓光统律师、菩提流支数下毒害师。师遂不救。呜呼甚哉。光统流支法门龙象。讵能尔乎。是皆立言者误也。"

衷心感谢刘教授以上教示！

拙作结稿以后，又想到一个关于菩提流支是否毒害菩提达摩的证据——河北省邯郸市成安县东二祖村北的元符寺内署名"梁武帝撰"的《达摩大师碑》记载：菩提达摩"以大同二年十二月五日终于洛州禹门山，未测其报龄也。遂茔葬于熊耳吴坂矣"。《文物春秋》2012年第3期刊载的任乃宏《二祖庙〈菩提达摩碑〉碑文复原及考释》一文记述："此碑1935年被重新发现。该碑原淤于地面以下，碑首不知去向，碑体上部风化较重且有局部剥落，部分字迹已无法辨认。"此碑结尾题署："大唐元和十三年五月十二日，昭义军监军使，兴元元从，登仕郎、守内侍省奚官局令员外置同正员、上柱国、赐紫金鱼袋，李朝正重建。"李朝正还在碑文之前"述"《序》一篇，《序》中起首即说明："此碑文布传于天下久矣，未详其本立处。顷日得之，窃玩其文，乃知梁武帝深达玄旨。"随后还特别说明："朝正尝愿于熊耳吴坂再立此碑，属以戎事多故，遂乖本志。今乃就二祖可大师塔前建之，用表真宗之所由也。"

河南省陕县熊耳山空相寺和登封县少林寺也有同样的"梁武帝撰"《达摩大师碑》，立碑时间学者意见不一。2003年第2期《曹溪禅研究》刊载纪华传《菩提达摩碑文考释》一文，认为此"梁武帝撰"《达摩大师碑》碑文出现的下限在唐玄宗开元二十年(732)之前。学者大多认同此文的论定。

如此，则开元二十年之前，唐朝朝野已经普遍认定菩提达摩于梁武帝"大同二年十二月五日终于洛州禹门山"。梁武帝大同二年，即东魏天平三年(536)，其时东魏已经迁都邺城三个年头，菩提流支也早已随同东魏朝廷在邺城两年多了，慧光也早已在北朝名满天下并且在邺城任沙门统多时了。他们二人怎么可能会专程结伴回到洛阳禹门山区，一而再再而三地下毒谋害菩提达摩呢？

《传法宝纪》大致撰于开元四年至开元二十二年之间，作者可能知道《达摩大师碑》，所以在菩提达摩被毒死一事上没有明言下毒者是谁，仅含糊其词某位名僧。《历代法宝记》成书于成都保唐寺无住(714—774)圆寂之后不久，由其弟子编撰。此书指名菩提流支与慧光毒死菩提达摩，可靠性如何，可想而知。

另外，《续高僧传·慧可传》记载："达摩灭化洛滨，可亦埋形河涘。而昔怀嘉誉，传檄邦畿，使夫道俗来仪，请从师范。可乃奋其奇辩，呈其心要，故得言满天下，意非建立，玄籍遐览，未始经心。后以天平之初，北就新邺，盛开秘苑。"《续高僧传》的这一记载应该有比较确切的根据。是则达摩应该圆寂于北魏后期，慧可在此之后还在河洛地区弘法一段时间，享有盛誉，随后和东魏朝廷一起北迁邺城。《续高僧传·菩提达摩传》无一字言及达摩被毒死，仅记他"游化为务，不测于终"。如果达摩确实被菩提流支和慧光毒死，慧可还怎么敢去慧光主事的邺都，把自己送入虎口呢？

佛灭年代及其意义

方广锠*

一、佛灭年代

佛教称觉悟佛法之人的逝世为“寂灭”，亦即“涅槃”，认为该人从此不再受三界的束缚，再也不进入生死轮回，彻底解脱。本文所谓的“佛灭年代”，指佛教创始人释迦牟尼的逝世年代。

佛教由古印度释迦牟尼创立，其后广泛流传于古代南亚、中亚、东亚、东南亚地区，影响巨大。至今，佛教不但在东亚、东南亚、南亚部分国家依然保持着强大的影响力，并且出现向非洲、西欧、北美扩展的势头。佛教传统认为，释迦牟尼二十九岁离家出走（亦有经典主张释迦牟尼十九岁出家，学术界一般采用前一种说法），开始践行沙门道，并修习六年苦行。后因认识到苦行无助于解脱，便摒弃苦行，于三十五岁在菩提伽耶证悟四谛、十二因缘，觉悟成佛。成佛后，随即前往鹿野苑为五比丘说法，亦即“初转法轮”。佛教传统认为，从初转法轮起，组成佛教的三要素，即所谓佛、法、僧“三宝”全部具足，标志着佛教的正式形成。按照佛传的记载，佛教正式形成后，释迦牟尼在恒河中下游一带传教四十五年，最后在拘尸那迦逝世，终年八十岁。

按照上述佛传故事，释迦牟尼创教四十五年以后逝世，或者说，释迦牟尼在逝世前四十五年创立了佛教。所以，佛教的形成年代就与佛灭年代紧密相关。因为只有在确认释迦牟尼逝世年代的基础上，才能真正确认释迦牟尼在鹿野苑初转法轮的年代。

有人说，古印度没有历史。其主要是指关于古印度的历史记载，缺乏明确而可信的纪年。在这种情况下，曾经有人把释迦牟尼逝世的年代比喻为一片混沌的印度古代史研究中的一根闪闪发光的柱子。人们依据它而上溯吠陀、梵书时期的年代，中定摩揭陀西宋纳伽王朝的年代，下推孔雀王朝的年代。但是，释迦牟尼究竟何时逝世，实际上至今在学术界还是一个没有明确结论的问题。在各种不同的史料中，对这个问题有着种种不同的说法。后人的研究更是歧见纷出，据说共有六十多种。目前，对宗教界、学术界影响较大的说法有三种：

---

* 方广锠，上海师范大学哲学与法政学院教授。

一是现在流行于南传佛教国家的说法，认为释迦牟尼逝世于公元前 544 年；二是“众圣点记”的说法，主张释迦牟尼逝世于公元前 486 年；三是日本学者中村元的说法，推断释迦牟尼逝世于公元前 383 年。其他各种说法有的与上述三种说法相差无几，可以归为一类；有的与神话相混淆，不可置信。如我国曾经流传的公元前 1027 年说，藏传佛教区域流传的公元前 961 年说等。应该指出，这些与神话相混淆的说法虽然在学术界影响不大，但对佛教信徒却有着巨大的影响力，不可忽视。

下面，先对上述三种主要说法做一个简单的介绍与评述。

（一） 南传佛灭年代说

在我国佛教协会主办的刊物《法音》杂志上，载有公历与佛历。这里所谓的佛历，就是南传佛教国家流传的纪年法。它以南传佛教主张的释迦牟尼逝世年代起算。由于南传佛教主张释迦牟尼逝世于公元前 544 年，所以佛历与公历的换算办法如下：

1. 公元前：

佛历 = 545 − 公元前纪年数

公元 = 545 − 佛历

比如：秦始皇统一中国为公元前 221 年，相当于佛历 324 年；而佛历的 400 年，相当于公历的公元前 145 年。

2. 公元后：

佛历 = 544 + 公元纪年数

公元 = 佛历 − 544

比如：公元 1986 年，相当于佛历 2530 年；而佛历 2600 年，相当于公元 2056 年。

印度历法的一月实际相当于公历的三月至四月，而印度历法的二月，相当于公历的四月至五月。南传佛教认为释迦牟尼是在印度历法二月的月圆日诞生，又是在这一天成道与涅槃的，把这一天作为“吠舍佉节”来庆祝。1954 年在缅甸召开的“世界佛教徒联谊会”第三次大会上，决议把这一天规定为世界佛陀日。这也是我国佛教界采用佛历的由来。由于印历与公历并不严格相当，所以每年的世界佛陀日实际上均为公历四月到五月之间的月圆日。佛历的第一年实际相当于公元前 544 至公元前 543 年。因此，也有些学术著作在谈到南传佛灭年代时采用公元前 543 年这一说法。

西方学者威廉姆·盖格尔在（英译）《大史·序言》①与日本学者中村元在《印度古代史》②中都认为南传佛教的佛灭说是 11 世纪中叶以后才出现的。但根据我国吕澂先

---

① 威廉姆·盖格尔：《大史·序言》（英译），科伦坡：锡兰政府信息部，1950 年。

② 中村元：《印度古代史》，东京：春秋社，1979 年。

生的考证，上述观点站不住脚。根据《大慈恩寺三藏法师传》，我国玄奘7世纪游历印度时，曾经在拘尸那迦听到四种关于佛灭年代的说法，其中就有上述南传佛教主张的这一种。由此可见，最迟在7世纪，这种说法已经流传。根据道宣的《释迦方志》卷上与道世的《法苑珠林》卷二九，南传的这种佛灭年代出于大菩提寺石柱记。这一佛灭年代也传到西藏，可见布顿的《善逝教法史》。关于这一佛灭年代，吕澂先生有比较详尽的考证，可参见吕澂先生的《谈南传佛灭年代》，此不赘述。

（二）众圣点记说

关于众圣点记说，隋费长房的《历代三宝纪》卷十一是这样记叙的：

> 师资相传云：佛涅槃后，优波离既结集律藏讫，即于其年七月十五日受自恣竟，以香华供养律藏，便下一点，置律藏前。年年如是。优波离欲涅槃，持付弟子陀写俱。陀写俱欲涅槃，付弟子须俱。须俱欲涅槃，付弟子悉伽婆。悉伽婆欲涅槃，付弟子目揵连子帝须。目揵连子帝须欲涅槃，付弟子旃陀跋阇。如是师师相付，至今三藏法师。三藏法师将律藏至广州，临上舶反还去，以律藏付弟子僧伽跋陀罗。罗以永明六年共沙门僧猗于广州竹林寺译出此《善见毗婆沙》，因共安居。以永明七年庚午岁七月半夜受自恣竟，如前师法，以香华供养律藏讫，即下一点。当其年计得九百七十五点，点是一年。①

传统将这一纪年方法，称为“众圣点记”。齐永明七年，乃489年。由此推算，释迦牟尼逝世于公元前486年。

对于众圣点记，信从者相信其可靠。反对者主要提出如下两点，予以质疑：

1. 传统认为第一结集仅仅是以会诵的方式校订佛陀的教诲，其方式依然是口口相传，并没有形成文字。既然没有书面的经典，这个点往哪里点？

2. 在近千年的时间中，年年不错，每年都点一点。这种说法可信吗？

中国古代著名的佛教目录学家智昇则从另一个角度提出疑问：“即此撰集已后，年下一点，此或如然。若言优波离手自下点者，未可即为指南也。”②亦即对“年下一点”这种方式，保留有限度的相信；但对最早一点由优波离亲手点下的说法，表示尚有可疑。

---

① 《历代三宝纪》卷十一，CBETA(2018)，T49，no.2034，p.95，b20—c6。

② 《开元释教录》卷六，CBETA(2018)，T55，no.2154，p.536，a9。

（三）日本宇井百寿、中村元两位的研究成果

过去，人们都是以佛灭年代作为基准，去推算印度历史上诸多重大事件的年代。由于佛灭年代本身的不确定性，则依据佛灭年代得出的各历史事件的年代是否正确，自然值得怀疑。日本学者抛开传统的方法，另辟蹊径，提出了全新的观点。

首先发难的是日本著名佛教学者宇井百寿先生。他以阿育王诏敕中提到的五个希腊系国王的在位年代为线索，依据希腊史料，推算出阿育王的即位年代为公元前271年。然后选取《十八部论》《部执异论》中所说的阿育王于佛灭后一百一十六年灌顶即位的说法，由此倒推出佛灭年代为公元前386年。他的研究，见所撰《佛灭年代论》（载《印度哲学研究》第二卷）。

此后，日本中村元先生又根据希腊史研究的新成果，对五个希腊系国王的在位年代重新做了研究，认为他们共同在位的年代是公元前261年至前255年。考虑到大夏国王狄奥多托斯约于公元前250年脱离塞留古王朝，及阿育王于即位之第十三年发布有关之诏敕，中村元把阿育王即位的时间定为公元前267年之前。接着，中村元又考察了印度的有关资料，包括亚历山大东征、往世书中的有关记载、佛教的传说乃至发生在公元前242年的日食，等等，认为阿育王即位应为公元前268年。

确定了阿育王即位年代后，中村元先生与宇井百寿先生相同，也选取阿育王于佛灭后一百一十六年灌顶即位的说法，故认为释迦牟尼应该逝世于公元前383年。中村元先生并连带考证耆那教创始人大雄逝世于公元前372年。详情可参见上述中村元《印度古代史》之附录《关于玛乌利亚王朝及乔答摩·佛陀的年代问题》。①

（四）诸说评述

上述三种观点中，究竟哪一种更近于历史的真实，确实是一个比较难以回答的问题。

首先，日本两位学者的第一步工作，即充分利用与印度历史毫无关联的希腊史料来考证阿育王的即位年代，这种方法是科学的、可信的，有说服力的。当然，由于资料的局限，他们的结论与历史的真实可能还会有些误差，但误差最多不会超过十年。就印度历史而言，能够有这样的成果，应该说是相当难能可贵的。

但是，日本学者的第二步工作，就不那么令人信服了。阿育王究竟是佛灭后哪一年灌顶即位的，在佛典中有好几种说法。日本学者屏除了其他各种说法，采用一百一

---

① 参见中村元著《印度古代史》。该文中译文见拙译《关于玛乌利亚王朝及乔答摩·佛陀的年代问题》，载《南亚与东南亚资料》1987年第1期。

十六年说。但是，如果说释迦牟尼与阿育王只相隔一百一十六年，那就有好多问题说不通。

比如说，根据律藏记载，佛灭后百年左右，在毗舍离举行第二结集，由此分成上座部与大众部。但如果把佛灭年代定在公元前383年，则第二结集将发生在阿育王时代。这与我们现在对印度佛教史的认识是相悖的。

又如，佛教与耆那教大体同时，但大雄比释迦牟尼年龄略大，逝世亦在释迦牟尼之前。佛典中记叙释迦牟尼曾以大雄死后耆那教团内部不团结的事例来教育弟子，要求他们应该尽力保持僧团的和合。但按照中村元先生的推算，则释迦牟尼先于大雄逝世，这与现有史料也是相抵触的。

实际上，中村元先生对自己第一步的工作是满意的，对第二步的工作也有保留。认为上述结论并非最终的，不可更改的。他进而认为"仅凭文献研究并不足以得出决定性的结论"，"将来如能采用考古学方面的及科学的考察方法，那也许可以彻底解决它"。

那么，众圣点记说如何呢？

正如吕澂先生指出的，如果我们接受中村元先生的最新研究成果，即阿育王灌顶即位的年代是公元前268年，然后不采用《十八部论》等典籍所说的阿育王于佛灭后一百一十六年即位说，而采用《善见律毗婆沙》所载，阿育王在佛灭后二百一十八年灌顶即位说，则依此推算，释迦牟尼逝世的年代就是公元前486年，与众圣点记恰好相符。这难道仅仅是偶然的巧合吗？

当然，宇井百寿先生与中村元先生所以不采用二百一十八年说，是有他们的理由的。

首先，他们认为这种说法是南传佛教所传，靠不住。其实，应该说这是北印度、中印度关于那一段时距记忆的普遍反映。它与佛教传说的佛灭后第一个百年左右举行第二结集；佛灭后第二个百年左右举行第三结集，且第三结集的具体地点就在阿育王统治的华氏城也相吻合。因此，二百一十八年说的与众圣点记的史料价值都不容忽视。

日本学者反对采用二百一十八年说的另一条理由是，佛教传说，从释迦牟尼逝世到阿育王即位，在这一时段中，共有五位高僧主持教团，传承法统。即佛典中所谓的"异世五师"。他们认为，如果采用二百一十八年说，则每个高僧传承法统的年代平均为四十多年，这未免不合理。如采用一百一十六年说，每人平均为二十多年，大体为一代人，相对较为合理。我认为上述推理论据不足。第一，"异世五师"不过是后代的追忆，这五师是否真有师徒相承关系，现在很难考证。毋宁说，这是五个曾经分别为佛教发展做出过贡献的人物，其后佛教徒为纪念他们的贡献，列举其名，称之为“异世五师”。这五个人并没有都在同一个地区活动，就是一个证明。而后人不察，以为“异世五师”相互间存在着实际的师承关系。第二，即使这五人确有师承关系，由于佛教师徒间并无血缘关系，因此不能用世俗的两代人大约差多少岁的成法去比拟佛教师徒年龄的差异。在佛教界，老法师一生带许多弟子，但年老时传法给年龄较小的关门弟子的做法屡见不鲜。

当然，采信众圣点记，则必须回答上面提到的那两个反对者提出的质疑。我认为，对于第一条疑问也许可以这样回答：最初佛教的确没有成文的典籍，也不可能在什么律藏书本上点点。但不能否认有这样的可能：佛弟子们用某种方式把释迦牟尼逝世的年数记录在某种媒介上。后来有了成文的律藏著作，便有人将记录在某媒介上的关于释迦牟尼逝世年数的记录，移录到律本上。并按照传统，每年于自恣日点上一点，即今天所谓的众圣点记。

对于第二条疑问，则更好解释。佛教有每年夏安居的传统，安居后要举行“自恣”。对于虔诚的宗教徒来说，作为一项仪式，认认真真地于每年自恣日在律本上点那么一点，并世世代代传下去，并不是什么不可思议的事情。印度佛教徒记忆力之强，也是见诸史籍记载，有着明确记录的。

总之，在没有更加充足的理由足以推翻众圣点记之前，我认为这一说法的可信程度要更高一点。

那么，南传佛教的佛灭说又如何呢？

我们现在没有理由否定南传的佛灭说。但是，南传佛灭说出自南传上座部，众圣点记也出自南传上座部。从时代上看，众圣点记的说法要比现在的南传佛灭说更加古老。这是否说明众圣点记更加可靠呢？此外，吕澂先生指出，印度古代使用木星纪年法，每轮一周为六十年。而众圣点记与现在的南传佛灭说相较，大致相差六十年。因此，是否存在这种可能：由于某种疏漏出现一个木星周期差数，致使佛灭年代从众圣点记的公元前 486 年变成公元前 546 年。再因为某些我们现在不知道的原因，又相差了一二年，从而变成前 544 年。当然，吕澂先生的上述说法，仅是一种猜测。

总之，佛灭年代问题至此并没有最后解决。但笔者比较倾向传统的众圣点记说。在诸种说法中，它相对比较可信。特别是众圣点记说与日本学者考订的阿育王灌顶年代竟然可以如此契合，更增加了它的可信度。

二、 佛灭年代的意义

研究佛灭年代的意义何在？对于佛教研究者来说，至少也有如下两方面意义。

（一）佛教产生的时代背景

佛教产生的标志，是释迦牟尼在鹿野苑初转法轮。这一点，学术界、宗教界都没有异议。如前所述，按照众圣点记的说法，释迦牟尼逝世于公元前 486 年。因此，释迦牟尼在鹿野苑初转法轮的时间应当是公元前 531 年。这也就是佛教产生的确切时间。

我认为，明确这一时间对研究佛教产生的时代背景具有重大的意义。

以往，人们在研究佛教的产生时，一般认为当时婆罗门教不但已经传到恒河中下游地区，而且已经趋于衰落。认为正因为此时的婆罗门教不足以维系人心，故而有佛教等沙门思潮的产生。由于把佛教的产生定位在这一时代背景上，于是提出一系列相关的推论，限于篇幅，此不赘述。研究者还往往按照印度正统派哲学的排序，把佛教的位置放在奥义书之后。但明确了上述佛教产生的确切年代后，便可以发现以前的论述存在着一个绝大的时代错位。

我们知道，雅利安人约于公元前 1200 年左右进入西北印度。此后，以《梨俱吠陀》为代表的雅利安文化便逐渐与西北印度的土著文化相结合，形成以“吠陀天启”“祭祀万能”“婆罗门至上”等三大纲领为标志的婆罗门教。婆罗门教文化什么时候开始从西北印度向东方传播，学术界尚有不同意见。有的认为在公元前 1000 年左右，有的认为在公元前 800 年左右。日本著名的印度学学者中村元认为，雅利安人“在公元前 1000 年以前侵入西北印度之后，逐步向东方发展。约于公元前 500 年，在恒河上游以俱卢・般遮罗的国土为中心的各地区建立了具有印度式特征的氏族制农村社会……此后，他们进一步向东方发展，在恒河中游各地区定居，其势力一直达到恒河下游地区”①。也就是说，直到释迦牟尼创教时代，婆罗门教的势力还局限在恒河上游地区。值得注意的是，雅利安人进入西北印度，靠的是暴力征服；而婆罗门教进入恒河中下游，却是和平渐进。毫无疑问，后者需要比前者更长的时间，才能发挥效用。成书于公元前 2 世纪至公元 2 世纪的《摩奴法论》称“婆罗门中国”，亦即婆罗门教的根据地的位置为“位于喜玛瓦特山与文底耶山之间的，维那舍那以东和钵罗耶迦以西的地区”②。也就是说，直到印度佛教部派佛教时期，虽然婆罗门教已经传到恒河中下游一带，但它的根据地仍然没有超过阿拉哈巴德一线。既然这样，说释迦牟尼时代婆罗门教已经在恒河中下游地区长期发展，具有很大的势力，甚至已经趋于衰落就完全失去依据。前此以这一观点为基础分析得出的佛教产生的时代背景以及各种推论也就完全失去其存在的合理性。

---

① 中村元：《印度古代史》（上册），第 174 页。

② 蒋忠新译：《摩奴法论》，北京：中国社会科学出版社，2007 年。

我认为，释迦牟尼创教时代，婆罗门教传入恒河中下游地区的时间还不长，还没有真正站稳脚跟。实际上，从印度历史看，直到4世纪笈多王朝成立，婆罗门教才作为一个优势文化在恒河中下游确立其地位。在释迦牟尼时代，婆罗门教作为一种相对成熟的文化形态虽然已经传到恒河中下游，但它既给当地的土著文化及原有的社会结构以巨大的冲击，同时也受到土著文化的强烈抵制。从而在当时的思想文化领域中引起震荡，激发起一派“百家争鸣”的局面。这一佛教产生时代背景的重新定位，对我们研究佛教的产生具有重大的意义。

根据学术界对奥义书的研究与断代可知，现存的十三部古奥义书，有七部约产生于公元前800年至公元前400年之间，亦即比释迦牟尼略早或大体与释迦牟尼同时。其余六部都产生在释迦牟尼时代之后。考虑到古印度交通不便；考虑到奥义书思潮在婆罗门教中心区域产生之后传到恒河中下游地区尚需时日，则奥义书思潮在恒河中下游地区的流布与释迦牟尼创教及初期佛教时代大体同时。这就说明了为什么在早期的佛教经典中可以看到不少关于吠陀的载述，却见不到关于奥义书的载述。其实，如果我们仔细考察奥义书的思想倾向，可以发现它与初期佛教完全处在一个时代层位上，其阶级基础、思想特征都基本相同。这是印度古代哲学中的重大问题，拟另行专题论述。对初期佛教与奥义书思潮之间关系的正确阐述，对我们理解佛教的产生，进而研究奥义书思潮的根源都有重大的价值。

我认为，问题不仅仅是以往对佛教产生的时代背景判定有误，更重要的是这里蕴含着雅利安文化与印度土著文化的关系问题。更正确地说，是由雅利安文化与西北印度土著文化孕育成的婆罗门教文化与恒河中下游土著文化的关系问题。这是印度古代文化史研究中的大题目。关于这一问题，笔者已在《渊源与流变》①一书的第三章“初期佛教的起源”中有所阐述，此处从略。

（二）佛灭年代与末法思潮

佛教认为，一切有为法都是无常变化的。佛法虽然是世界永恒的真理，但佛教作为在三界中活动的社会现象，本身也是有为法，同样有产生、发展、灭亡的历史。佛典记载，释迦牟尼把自己创立的这一代佛教分为正法、像法、末法等三个时期。按照佛教一般的说法，所谓“正法”，是指在这一时期中，佛法能够正确地流传。僧人都能够依教修行，并能够证得果位，亦即所谓“有修有证”。所谓“像法”，是指在这一时期中，佛教已经开始变化，有点似是而非。“像法”的“像”，就是“相似”，亦即“似是而非”的意思。有些著作将“像法”解释为膜拜佛像，这种说法值得斟酌。像法时代的僧人虽然也能够

---

① 方广锠：《渊源与流变》，北京：中国社会科学出版社，2004年。

努力修行，却难以证得果位，亦即所谓“有修无证”。所谓“末法”，是指在这一时期中，世界已进入“五浊恶世”，种种不如法的现象纷纷出现。末法时代的人们既不能如法修行，也不能证得果位，亦即所谓“无修无证”。末法过后，释迦牟尼的一代教法彻底灭亡，要等弥勒佛下世，重创一代新的佛法。

上述三个时期的长短，不同经典的说法不一，较为常见的说法为正法一千年、像法一千年、末法一万年。但又有一种说法，正法本应长达一千年，但由于释迦牟尼接受阿难的请求，让妇女出家成立比丘尼教团，从而使佛教的正法由一千年减损为五百年。据说第一结集时，大迦叶曾经因此批评阿难不应提出这一使佛教正法减损的要求。

不管正、像、末三个时期的长短各自到底是多少，佛法住世共分为正、像、末三期，正法“有修有证”，像法“有修无证”，末法“无修无证”，这是所有的佛教徒共同认可的。佛教传入中国，上述佛法住世分为正、像、末三期的观点也同时传入。对一个虔诚的佛教徒来说，如果生于正法时代，可以通过自己的努力修持，争取解脱；即使生于像法时代，也可以通过努力修持，由此积累条件（佛教称之为“资粮”），即使当下无法解脱，也可以争取在弥勒下世时投胎为人，参加弥勒的龙华三会，得到解脱。我们在当时的不少发愿文中看到，很多佛教徒发愿，希望自己能够逢遇弥勒龙华三会，其思想根源就在这里。但如果生在末法时期，即使按照传统的方法去修行，也已经毫无用处。那么，人们怎样才能积累资粮、得到解脱呢？有人提出，处在无修无证的末法时期，“非福何凭”？于是各类通过做功德以“修福”的信仰活动开始兴起，佛教的修行观由此发生巨大的变化，中国佛教由此开启新的局面。我认为，佛教具有信仰层面、义理层面这样两种不同的表现形态，两个层面原本是相互纠缠、相互渗透，密不可分的。佛教的末法思想使得佛教的信仰层面更加发展壮大。这也是中国佛教的信仰层面转型滥觞于南北朝晚期、形成于唐五代，完成于北宋的原因之一。北宋以下，信仰层面佛教成为中国佛教主流，中国佛教的面貌大为改观。

所有这一切，都与正、像、末三期时间的设定与计算，亦即与释迦牟尼逝世（诞生、成道）的年代密切有关。由于对释迦牟尼诞生、涅槃的具体时间，古代曾流传种种不同的说法，所以，在中国佛教的历史上，我们可以看到这样的现象，人们不断讨论释迦牟尼究竟是什么时候诞生的、末法时代到底从什么时候开始。特别在南北朝时期，由于按照众圣点记的说法，佛教已经流传将近一千五百年，亦即末法时代即将到来，不少佛教徒开始产生一种担心，不仅担心自己的成道，而且担心佛教的命运。中国帝王的“废佛”，更使佛教徒的这种担心有了现实的紧迫感，中国佛教由此产生一系列与此相关的新现象，房山石经的刊刻就是一例。

由于末法思想是推动中国佛教转型与发展的内在动力之一，而末法思想又与佛灭年代有着密切的关系，由此，佛灭年代问题在佛教史上自然具有十分重要的意义。

［附注］

我曾经在一篇文章中写道："生命固然只是一个过程，但不同的生命在不同的时空因不同的努力迸发出不同的光彩。"

上面这句话中的"不同的时空"，指的是客观给予的机会或条件，"不同的努力"则指本人付出的心血与劳苦。在这句话中，我把客观条件放在前面，主观努力放在后面，那是因为就我几十年人生经验的观察，很多人，不是不聪明，不是不努力，而是客观没有给他们施展才能的环境或条件。这些人中，有的依然不屈不挠，艰苦奋斗；有的终于放弃，甘于平庸；也有的自暴自弃，甚至走上邪路。面对这种现象，中国人传统的感慨是"此乃时也！命也！运也！"

我多次说：我绝对不算很聪明。我一生所见比我聪明的人，太多太多。但我很幸运，遇到了几位改变我命运的人，是他们给了我机会，指点我前进。他们是我生命中的"恩人"。黄心川先生就是其中至为重要的一位。

1977年恢复高考，我正在新疆塔城师范学校当教师，当时没有动心。那时的想法很简单：大学毕业以后，无非是参加工作；我已经有了工作，做好本职工作即可，上不上大学无所谓。1978年，开始招收研究生，这时我动心了。因为当年"评法批儒"，曾引发起我学习佛教的兴趣，但新疆没有学习佛教的条件。1978年的研究生招生简章中，中国社会科学院世界宗教研究所竟然有佛教专业，让我喜出望外。但自己连高中也没有毕业，所知道的那点文史知识，都是后来东拉西扯、一鳞半爪地看闲书得来的。何况从小喜欢数理化，虽然在塔城师范教语文，平时自学的重点却是高等数学，还编过一本物理教材。现在贸然去考佛教，自己也觉得不靠谱，心中着实惴惴。我后来自己评价当时的行为：无非是看到有机会，于是踮起脚尖，使劲向上跳了跳。没想到这个机会真的被我抓住了，从此人生改换了轨迹。

但如上面所说，相对而言，客观条件更重要。所以，自己跳了跳，其实是次要的；更加关键的，是赴京面试遇到了黄先生。有关经过，在《我与佛教》《曾坐春风点愚迟》等几篇文章中都有叙述，这里省略。总之，如果不是遇到黄先生，我或者依然在新疆塔城师范教学，或者成为一个伊斯兰教的研究者。是黄先生改变了我的命运，让我如愿以偿地成为一个佛教研究者。饮水思源，我能够有今天，归根结底，是黄先生当年录取我，收我为学生，让我从此走上科研之路、学术之路。为此我对黄先生始终满怀感恩之情。

关于读硕士期间黄先生在学业上的指导，乃至撰写博士论文时黄先生的关键性指点，我在有关文章中都有提及。由于黄先生的指点与引领，自己从一个学术的爱好者一步一步踏进了学术殿堂。自然，我的工作还有很多缺陷，很多不足，还需要我更加努力，才不负黄先生、任先生及其他诸位先生的教诲。

欣逢黄先生九十华诞，本想写一篇多年来接受黄先生教诲的往事，又想写一篇扎实一点的学术论文，但最终因携团队赴法编目，诸多杂事缠身，没有能够如愿。只好从旧作中截取一段，加上近年的一些新思考，改写为此文，作为向黄先生递交的学习汇报。

敬祝黄先生健康长寿！

2018 年 7 月 28 日于巴黎

殷周人文转向与儒学的宗教性*

洪修平**

儒家思想的渊源可追溯到上古夏商周三代以来的哲学与宗教文化观念的变迁之中，而其最直接的思想来源则是殷周之际伴随着人们思考的重心由天道转向人道而开始出现的人文思潮。殷周人文转向是由神本向人本的思想重心转移，而非向人文精神单向度的发展。这种人文转向既奠定了儒学乃至整个中国文明发展的基本精神、规范了其主要走向，也使中国宗教在发展中形成了一种特有的以人为本的人神关系。这种人文转向的复杂意蕴及其对包括儒学在内的中国文化的发展所产生的深刻影响，值得认真反思。

一、三代文明传统与殷周人文转向①

关于夏商周三代的历史与文化之间的关系，学术界一直存在着许多不同的看法。特别关于夏代，虽然20世纪以来不断发现的河南二里头文化遗址、河南龙山文化遗址等考古学新材料，使关于夏文化的探讨取得了很大进展，但由于史料不足，许多问题仍然有待进一步探讨。

从历史上看，中国古代哲学与宗教的萌芽出现得很早②且相互结合在一起。"在

---

* 本文原载《中国社会科学》2014年第9期。

** 洪修平，教育部"长江学者奖励计划"特聘教授，南京大学东方哲学与宗教文化研究中心主任，哲学系宗教学系教授、博士生导师。

① 本文分别使用了人本、人道、人文和人本主义、人文主义等不同的提法。一般说来，人本与神本相对，人道与天道相对，人文与天文相对，分别有不同的指向和侧重，但它们在内涵上往往又有一定的相通或交叉，而目前学术界在使用这些术语时，也并不总是严格地加以限定，因此我们在讨论时也根据约定俗成的惯例而在不同的场合使用不同的提法。

② 近年来，在辽宁朝阳的红山文化遗址，考古学家发现了"我国已知最早的原始宗教祭祀遗址"，"又在建平、凌源交界处的牛河梁发现了大型祭坛、女神庙和积石冢群"（《光明日报》2011年1月16日，第1版），从一个侧面反映了五六千年前红山先民的宗教生活样式（有关牛河梁遗址的发掘和牛河梁祭坛、女神庙和积石冢群等，参见孟昭凯、金瑞清著《牛河梁遗址》，北京：中国文联出版社，2004年）。

中国宗教的神灵观念和神性观念中，孕育了古代中国人关于人与超人、人与天、自然与超自然的思考，而这便成了历代哲人各种哲学思辨和科学探索的起点”①，因此可以说：“中国的哲学开端于孔子和老子，其切近的源头是三代宗教。”②

根据现有的考古成果和文献史料，一般认为，上古经历了一个从“民神杂糅”而“绝地天通”③的过程，尤其是进入夏商时代以后，中国由蒙昧时代进入了文明时代。随着夏王禹将王权传给自己的儿子，王者世袭制确立，以“天下为家”为特点的宗法性国家正式形成。上述变化，表现在宗教信仰与宗教观念上，即是“原始宗教发展为为统治集团服务的国家宗教”④。到殷商时，为适应民族贵族的统治需要，出现了以上帝和祖先崇拜为核心的天命神权论。⑤从灵魂不死、万物有灵、图腾崇拜到天命神权论，标志着原始宗教与哲学具有了初步的理论形态。表现在文化制度上，“阶级和国家产生后，贵族们利用其中某些习惯（指原始社会以来的传统习惯——引者注）加以改造和发展，逐渐形成各种礼仪，作为稳定阶级秩序和加强统治的一种制度和手段”⑥。《礼记·礼运》中说：“今大道既隐，天下为家，各亲其亲，各子其子，货力为己，大人世及以为礼，城郭沟池以为固，礼义以为纪，以正君臣，以笃父子，以睦兄弟，以和夫妇，以设制度，以立田里，以贤勇知，以功为己。”西周时周公对礼仪的改造，成为后来儒家思想的重要来源和直接先导。

---

① 牟钟鉴、张践：《中国宗教通史》（上册），北京：社会科学文献出版社，2000 年，第 3 页。

② 余敦康：《中国宗教与中国文化》第 2 卷“宗教·哲学·伦理”，北京：中国社会科学出版社，2005 年，第 3—4 页。

③ “绝地天通”之说最早见于《尚书·吕刑》，《国语·楚语》对此有进一步的解说。其中从“民神不杂”“民神杂糅”而至“绝地天通”的说法，现在一般根据当代人类学、民族学和考古学的研究，都认为这是“把宗教发展的进程说反了”，因为“民神不杂”的状态不可能是文化的最原始阶段，而“民神杂糅”“家为巫史”倒恰恰反映了原始宗教的特点。

④ 牟钟鉴、张践：《中国宗教通史》（上册），第 85 页。

⑤ 关于殷商时的至上神“上帝”与“祖先神”之间的关系，学术界存有不同的看法。王国维、郭沫若、朱芳圃等“一些早期的甲骨学者……认为甲骨文中的帝或上帝就是殷人的祖宗神”（李申：《中国儒教史》[上卷]，上海：上海人民出版社，1999 年，第 3 页）。张光直也认为“殷人的‘帝’很可能是先祖的统称或是先祖观念的一个抽象”（《中国青铜时代》，北京：生活·读书·新知三联书店，1999 年，第 372 页）。孙叔平则认为“由于殷人认为帝是最高神，所以有时也用祭帝之礼来祭自己最崇敬的祖先。甲骨文中有‘帝王宾’的记载，这似乎不能作为殷人认为上帝就是自己的祖先神的证据”（《中国哲学史稿》[上]，上海：上海人民出版社，1980 年，第 11 页）。牟钟鉴等也认为“从殷墟卜辞看，上帝与殷王并没有血缘关系。他们从不称殷王为‘天子’，祭祀祖先也不包括上帝”（牟钟鉴、张践：《中国宗教通史》[上册]，第 98 页）。

⑥ 杨向奎：《宗周社会与礼乐文明》，北京：人民出版社，1992 年，第 229 页。

谈到儒家思想的起源，必须回溯到殷周之变及思想文化上出现的人文转向。殷商时期，由于殷王的威权来源于天命，而天命有待鬼神的启示，因此祭祀是头等重要的事，“殷墟卜骨数以万计，事无大小，都要请问鬼神”①，“祭祖是殷代宗教中最重要、最隆重的活动”②。张光直甚至认为殷商之“商”字即是源于祭祖。③到西周初年，以周公为代表的统治阶层在总结反思殷王朝覆灭的教训之基础上，开始对殷代的宗法制度和宗教观念进行变革，提出了“以德配天”的思想，强调“皇天无亲，惟德是辅”（《左传·僖公五年》引《周书》，并见于《尚书·蔡仲之命》），认为“民之所欲，天必从之”（《左传·襄公三十一年》引《泰誓》），并“制礼作乐”④，推行以德性伦理为本的礼乐文化制度⑤，这标志着“殷人尊神，率民以事神，先鬼而后礼”的天命神权至上的神本思想向周人“敬德保民”“事鬼敬神而远之”的人本思想的转向与过渡。《礼记·表记》曾总结说：

> 夏道尊命，事鬼敬神而远之，近人而忠焉，先禄而后威，先赏而后罚，亲而不尊。
>
> 殷人尊神，率民以事神，先鬼而后礼，先罚而后赏，尊而不亲。
>
> 周人尊礼尚施，事鬼敬神而远之，近人而忠焉，其赏罚用爵列，亲而不尊。

周公制作并推行的以德性伦理为本的礼乐文化，为儒家重礼乐人文的基本路向奠定了基础。“以德、礼为主的周公之道，世代相传，春秋末期遂有孔子以仁、礼为内容的儒家思想”⑥，但值得注意的是，“以德配天”的人文转向，并非意味“天”的神圣性和权威性完全退隐，而是这些属性及其福佑指向的道德意蕴强化，故祭祀仍然是必要的，如《诗经·大雅·大明》所说：“昭事上帝，聿怀多福。”只是德行成为献祭之时首先要考虑的内容，“只有德行，才是获得天命的首要条件。不重视德行，就得不到上帝的保佑”⑦。

---

① 范文澜：《中国通史简编》，北京：人民出版社，1964 年，第 123 页。

② 牟钟鉴、张践：《中国宗教通史》（上册），第 97—98 页。

③ 参见张光直著《中国青铜时代》，第 127 页。

④ 《礼记·明堂位》：“武王崩，成王幼弱，周公践天子之位，以治天下。六年，朝诸侯于明堂，制礼作乐，颁度量，而天下大服。”

⑤ 这种礼乐制度的文化来源是多方面的，“周初祭祀礼乐制度中既有周人传统礼乐成分，又有殷人礼制文化因素，甚至还有东夷与南蛮的礼乐文化成分”（张岂之主编：《中国思想学说史·先秦卷》[上]，桂林：广西师范大学出版社，2007 年，第 169—170 页）。

⑥ 杨向奎：《宗周社会与礼乐文明》，第 279 页。

⑦ 李申：《儒教简史》，桂林：广西师范大学出版社，2013 年，第 8 页。

这在考虑儒学之源时是不可忽视的。

在宗教神学观念不断变化发展的同时，还出现了一些朴素的对宇宙自然的理性认识，主要有原始的阴阳、八卦和五行说等，这在《周易》和《洪范》中有比较系统的反映，既标志着从宗教中逐渐分离出了科学，从神话中逐渐分离出了哲学，也为春秋战国时期诸子百家学说提供了更多的思想资源。如果说"在从'三代'大传统到东周新世界观的突破中，有两个思想范式的转变具有革命性，一个是从'三代'宗教到儒家的人文理性的兴起，另一个是从'三代'宗教到道家的自然理性的兴起"，那么，结合传世文献和近年来新出土的简帛文献，如大致为东周时期产物的帛书《黄帝四经·道原》、郭店简本《老子》《太一生水》、上博简《恒先》《凡物流形》和《三德》等，就可以更加清楚地看到早期道家自然宇宙观的起源和发展，以及"三代宗教世界观的革命性转变"。①殷周以来对宇宙自然的朴素的理性认识，是孔老分别创立儒家和道家的重要思想资源，对儒道两家突破上古三代对天命鬼神的崇拜和信仰，而将理性精神贯穿于对天人关系的思考与体认，均有影响。

对于殷周之变以及人道主义思潮的出现，学界普遍给予了极大的关注和充分的肯定。例如傅斯年认为，殷周之际大变化的特征，"既不在物质文明，又不在宗教法制度"，而在"人道主义之黎明"②。许倬云也认为"中国最早的'突破'是在商周之际"③，当时出现了"人道主义的萌芽"④。王国维在《殷周制度论》中有类似的看法。⑤冯天瑜则从中华元典的角度谈到了殷周之变："由殷至周，有一个文化主旨从神本到人本的转换，这一转换在中华元典那里打上鲜明印记，并对此后的整个中华文化带来深远影响。"⑥殷周之变以及人道主义思潮的出现对中华文化的发展带来的最直接影响，是春秋末年包括儒家思想在内的诸子之学的出现，后者均是对此思潮的延续和发展，而这也体现了孔子所谓"述而不作"的实际意涵。

问题在于，东周以后的诸子思想，是否循着殷周之变以来的人文转向单向度地发展。《墨子》中天志、明鬼之说告诉我们，问题显然不是这么简单。近年来新出土的简帛文献也为我们打开了更为广阔的古代思想世界，如上博简《鬼神之明》在孔墨之外另

---

① 王中江：《出土文献与先秦自然宇宙观重审》，《中国社会科学》2013年第5期。

② 傅斯年：《性命古训辨证》，上海：上海古籍出版社，2012年，第121页。

③ 许倬云：《中国文化与世界文化》，贵阳：贵州人民出版社，1991年，第58页。

④ 许倬云：《西周史》，北京：生活·读书·新知三联书店，2001年，第110页。

⑤ 参见王国维著《殷周制度论》，《王国维论学集》，北京：中国社会科学出版社，1997年，第1页。

⑥ 冯天瑜：《中华元典精神》，上海：上海人民出版社，1994年，第118页。原文中"由殷至周"误作"由周至殷"。

立“鬼神有所明有所不明”之说、《鲁邦大旱》透露了孔子对祭祀礼仪的态度、《三德》则既有“自然理性和天道观的内容”又有“天神论和神意论的内容”，这些都表现了“东周时代的信仰具有更为复杂和多样的面貌”①。这从一个侧面表明，殷周人文转向并不等于宗教性的完全消失，片面理解和过分强调人文转向的意义并不符合实际的历史情况。

与此密切相关的另一个问题是，如何看待殷周之变及神本向人本的转向对此后整个中华文化的深远影响。这种影响之大，甚至一直延续到今人的精神生活之中。从一个方面说，它为中华文化之“人学”特色奠定了坚实的基础，孕育出以“仁爱”为本的儒家和以“自然”观照人生的道家，并据此接受了外来的大乘佛教而演化出强调“佛法在世间，不离世间觉”的中国禅宗乃至近代以来的“人间佛教”；从另一方面看，过分专注当下人生、强调“人定胜天”而缺乏对神圣的敬畏感，也常使现实中的人生缺少了终极的意义。

二、 儒家的起源与儒学的两重性

以德性伦理为本的礼乐文化制度在西周时不断发展完善，为社会的稳定和发展提供了基础。这种制度虽强调“以德配天”“民之所欲，天必从之”，但毕竟还是蕴含了“王权神授”的思想，强调周取代殷是因德行而顺应了“天意”，所以周公又经常说：“天休于宁王，兴我小邦周”（《尚书·大诰》），“天乃大命文王，殪戎殷，诞命厥命”（《尚书·康诰》）。到春秋时代，周王室趋于衰弱，天子权威发生动摇，诸侯开始各自为政，“礼乐征伐自天子出”逐渐转变为“礼乐征伐自诸侯出”，在思想观念和礼仪制度上，出现了对天命神权的怀疑批判和所谓的“礼崩乐坏”之局面。“夫民，神之主也”（《左传·桓公六年》），“国将兴，听于民，将亡，听于神”（《左传·庄公三十二年》）之类的说法，表明“周公宗教改革中的人文主义因素得到了空前的发扬”②，而西周礼乐制度的危机，则成为力图重整此制度的孔子与儒家兴起的直接条件。面对“孰不可忍”的社会现实，儒家通过自身的理性思考提倡援仁入礼、“克己复礼”以“归仁”的新思路。显然，儒家的起源与“礼”及其重要内容之一的宗教祭祀均有密切关联，这为理解具有仁礼双重结构的儒

① 王中江：《出土简帛文献与古代思想世界新视野》，《学术月刊》2012 年第 9、10 期。另参见王中江著《〈鬼神之明〉与东周的“多元鬼神观”》《〈三德〉的自然理法和神意论》（《简帛文明与古代思想世界》，北京：北京大学出版社，2011 年）及丁四新著《论楚简〈鬼神〉篇的鬼神观及其学派归属》（郭齐勇主编：《儒家文化研究》第 1 辑，北京：生活·读书·新知三联书店，2007 年）。

② 牟钟鉴、张践：《中国宗教通史》（上册），第 166 页。

学的宗教性提供了进路。

对于儒及儒家的起源，历来异说纷纭。依《说文解字》称“儒，柔也。术士之称。从人，需声”①来看，“儒”开始时是有技艺者的通称，后来才成为孔子学派的专称。儒家之儒，已经不同于以往意义，但两者之间存在源流关系。儒的概念，其含义在历史中是动态变化的。儒家之儒士的起源，一般认为其最初主要是从古代的宗、史、祝、卜这一类人中分化出来的专为贵族人家“相礼”的人，而这决定了儒学与宗教有割不断的联系。“宗、史、祝、卜”有时也称“巫、史、祝、卜”。他们之间关系密切而有时分工又并不是十分严格，特别是巫与史，陈梦家说：“卜辞卜、史、祝三者权分尚混合，而卜史预测风雨休咎，又为王占梦，其事皆巫事而皆掌之于史。”②范文澜也指出：“巫史都代表鬼神发言，指导国家政治和国王行动。”③巫史关系密切，其与儒家的“同涂殊归”④值得特别重视。

由于巫往往与求雨之祭相关⑤，因此，章太炎曾特别从术士之儒→需→巫的关联中来探讨儒士的起源，提出了儒本于求雨之巫师的看法⑥，并借《庄子・田子方》中语以为证，为探讨儒士的起源提供了新的思路。据徐中舒考证，“需”与“士”一样，在甲骨文中已经出现，乃作沐浴濡身之状，可能与沐浴斋戒以从事祭祀活动有关，这与《礼记・儒行》中“儒有澡身而浴德”的说法正好相合，他认为，“需”字“即原始的儒字”，所以说“儒在殷商时代早就出现了”⑦。但他同时认为，儒和巫在历史上虽有联系，但从殷武丁时代以来，儒已从巫分化出来，两者已经有了明显的分工，前者事人鬼（祖先），后者事上帝。⑧这与马王堆帛书《要》所记孔子之言正相吻合。据任继愈的研究，“祖先祭祀与天帝信奉相伴相随，纠结在一起”是中国传统宗教信仰的特点⑨，而这为我们了解儒家在接续殷周人文转向传统的同时，又仍然带有宗教性的特点提供了历史参照。

---

① 许慎：《说文解字》，北京：中华书局，1963 年，第 162 页。

② 陈梦家：《商代的神话与巫术》，《燕京学报》1936 年第 20 期。

③ 范文澜：《中国通史简编》（修订本）第 1 编，第 121 页。

④ 马王堆帛书《要》记孔子言：“吾与史巫同涂而殊归。”（陈鼓应主编：《道家文化研究》第 3 辑，上海：上海古籍出版社，1993 年，第 435 页）

⑤ 如陈梦家所说：“巫之所事乃舞号以降神求雨，名其舞者曰巫，名其动作曰舞，名其求雨之祭祀行为曰雩。”（《殷虚卜辞综述》，北京：中华书局，1988 年，第 600—601 页）

⑥ 章太炎：《国故论衡・原儒》，上海：上海古籍出版社，2006 年，第 87 页。

⑦ 徐中舒：《先秦史论稿》，成都：巴蜀书社，1992 年，第 302—308 页。

⑧ 徐中舒：《甲骨文中所见的儒》，《四川大学学报》1975 年第 4 期。

⑨ 李申：《中国儒教史》（上卷），第 1—2 页。

"宗(巫)、史、祝、卜"占主导的时代,是"学在官府"的时代。《礼记·曲礼》中说:"天子建天官,先六大,曰大宰、大宗、大史、大祝、大士、大卜,典司六典。"这里,天子优先设置的天官六大,都与祭礼有关。郑玄注曰:"此盖殷时制也。"①周代情况便有所不同。《周礼·天官》②中记载说:"大宰之职,掌建邦之六典,以佐王治邦国。"③这里的六典,指治典、教典、礼典、政典、刑典、事典。从中可见,在周代,"天官中已无大宗、大史、大祝、大士、大卜,它们多半被作为春官保留下来……《周礼》所云天官大宰所掌'建邦之六典'与《礼记》所云天官六大所典司的'六典'显然不是同样的内容"④。如顾颉刚所说:"即此'天官'一词,《曲礼》上讲的是神职,而《周官》上讲的却是皇帝宫中的执事之官,两者在'神'和'人'的思想上迥然不同。"⑤虽然顾颉刚并不赞同《礼记·曲礼》中所说为殷时之制,但他指出"天官"其实有侧重神、人不同的思想内涵,却给了我们重要的提示。天子职官由重神事向重人事的转化,以及宗、史、祝、卜地位的下降,反映的正是"殷周之变"人文思潮的涌现。而伴随着这股人文思潮和礼乐文化的出现,由宗(巫)、史、祝、卜中分化出的一批"相礼"之士,成为日后中国主流文化传承者儒士的前身。⑥马王堆帛书《要》记载了孔子论《易》时所说:"《易》,我复其祝卜矣,我观其德义耳!幽赞而达乎数,明数而达乎德……赞而不达于数,则其为之巫;数而不达于德,则其为之史……吾求其德而已。"⑦这表明,儒是从巫史文化中发展起来的,其与巫史的主要区别在于"达于德",这既是人文思潮兴起的体现,也是儒家重礼的历史渊源。

傅斯年在谈到儒之起源时曾有"所谓儒者乃起于鲁流行于各地之'教书匠'"⑧之说,其实,"与其说儒从'教书匠'中产生,毋宁说现实社会的祖先祭祀、土地信仰与上帝

---

① 阮元编:《十三经注疏》(影印本),北京:中华书局,1980年,第1261页。

② 对于《周礼》的成书年代,历来颇多争议,至今未有定论,但其中许多内容,已为近来一些考古发现所证明,所以李学勤曾说:"《周礼》和《左传》一样,长期蒙受怀疑的厄运,其内容也在文物研究中得到越来越多的证明,也许不久会为学术界多数所承认。"(《李学勤集》,哈尔滨:黑龙江教育出版社,1989年,第4页)有关这一问题的讨论,可参见彭林著《〈周礼〉主体思想与成书年代研究》(增订版),北京:中国人民大学出版社,2009年。

③ 阮元编:《十三经注疏》(影印本),第645页。

④ 王齐洲:《"君子谋道":中国古代文学观念的主体意识》,《中山大学学报》2009年第1期。

⑤ 顾颉刚:《"周公制礼"的传说和〈周官〉一书的出现》,《顾颉刚集》,北京:中国社会科学出版社,2001年,第211页。

⑥ 胡适:《中国哲学史》,姜义华主编:《胡适学术文集》,北京:中华书局,1991年,第626页。

⑦ 陈鼓应主编:《道家文化研究》第3辑,第435页。

⑧ 傅斯年:《中国古代思想与学术十论》,桂林:广西师范大学出版社,2006年,第94页。

崇拜造就了一定数量的礼俗专门职业者”①。儒士与相礼之士的关联，更多地指向儒学的宗教性之源。“礼”本来就是宗教崇拜的一部分，“从词源上说，‘礼’所指的是正确履行宗教祭祀的礼仪”②，“礼在殷代无疑是由祭祀文化所推动而发展的”③，“‘礼’这个概念在《中庸》中依然保留了相当浓厚的宗教祭祀色彩”④，“中国的礼仪是既拜神，也拜人……我们既不能说礼仪就是宗教，也不能说礼仪就不是宗教”⑤，这些思考，均使我们对“吾从周”的孔子所说的“周因于殷礼”以及以“仁学”为核心、以仁礼为双重结构的儒学的宗教性多了一层理解。

《论语·雍也》中有“女(汝)为君子儒，无为小人儒”的说法，这既表明“儒”这种职业并不始于孔子，也说明“儒”有君子与小人之别。从现有资料看，大约在战国时，儒就被用来指称孔子所开创的儒家学派了。《墨子·非儒》开篇即言“儒者曰：亲亲有术，尊贤有等。言亲疏尊卑之异也”，结尾则说“今孔某之行如此，儒士则可以疑矣”，又批评儒者“繁饰礼乐以淫人，久丧伪哀以谩亲”⑥。显然，墨家从“兼相爱”出发，是不赞同儒家“言亲疏尊卑之异”的“爱有差等”的，其所否定的，正是儒者所崇尚的“礼乐”。同时，“儒”与“学在官府”时代的“宗(巫)、史、祝、卜”之间的渊源关系，也决定了其从源头上就与王权政治有一定的关联性。因此，《汉书·艺文志》中说“儒家者流，盖出于司徒之官，助人君顺阴阳明教化者也。游文于六经之中，留意于仁义之际，祖述尧舜，宪章文武，宗师仲尼，以重其言，于道最为高”⑦，其中“顺阴阳明教化”即透露出儒家思想以伦理教化为主而又兼具宗教性的双重特色。⑧

孔子儒家“克己复礼”的思路是以“郁郁乎文哉，吾从周”为基本出发点的，而“西周文化又是三代文化漫长演进的产物，经历了巫觋文化、祭祀文化而发展为礼乐文化，从

① 余治平：《儒服、儒者与殷商宗教生活考论》，《河北学刊》2011年第6期。

② 杜维明：《论儒学的宗教性》，武汉：武汉大学出版社，1999年，第57页。

③ 陈来：《古代宗教与伦理——儒家思想的根源》，北京：生活·读书·新知三联书店，1996年，第242页。

④ 杜维明：《论儒学的宗教性》，第58页。

⑤ 李零：《绝地天通——研究中国早期宗教的三个视角》，《跨文化对话(5)》，上海：上海文化出版社，2001年。

⑥ 《墨子间诂》，《诸子集成》(影印本)第4册，上海：上海书店出版社，1986年，第178、180、189页。

⑦ 《汉书》，北京：中华书局，1962年，第1728页。

⑧ 吴文璋：“所谓‘助人君，顺阴阳明教化’就是巫师的制度化，祭司化，又演变到理性化的儒者。”(《巫师传统和儒家的深层结构——以先秦到西汉的儒家为研究对象》，高雄：台湾复文图书出版社，2001年，第24页)

原始宗教到自然宗教，又发展为伦理宗教”。因此，一方面，经过长期的文化积淀而在西周时期形成的“远神近人的人本取向”等“体现了三代传衍的传统及其养育的精神气质”①，成为儒家思想的基本来源，并通过其得以进一步发扬光大；另一方面，脱胎于上古三代以来宗教传统的儒家“人学”仍然保留着某种宗教性。

三、 人文性与宗教性的双重维度

徐复观在《中国人性论史·先秦篇》中论述中国的人文精神之长期孕育过程时，既谈到了“周初宗教中人文精神的跃动”，也提到了春秋时期“宗教的人文化”，认为“春秋时代以礼为中心的人文精神的发展，并非将宗教完全取消，而系将宗教也加以人文化，使其成为人文化的宗教”②。虽然笔者并不赞同徐复观旨在说明在这过程中“原有宗教性的天，在人文精神激荡之下，演变而成为道德法则性的天，无复有人格神的性质”，孔子对此的发展即在于“将性与天道融合”，而“仁是性与天道融合的真实内容”③，但他从“宗教的人文化”和“人文化的宗教”来谈殷周以来人文精神的发展，却对理解儒学的两重性提供了启示。

儒学接续殷周人文转向的传统而成为中国文化中人文精神的主要代表，但其人文性并不隔绝于其宗教性。儒学的宗教性并不如通常研究者所论，仅表现出“以道德代宗教”的特色，或仅以天道性命之论体现超越性，而是同时表现在对敬天祭祖的人神关系的关注中。这作为儒学的基本品格之一，与人文性同时构成了儒学的双翼。儒学人文性与宗教性的双重性格，也可以追溯到殷周之际。

殷周之际的人文转向，使中国主流文化由“尊神”的天命论转向了“尊礼”的礼乐文化，但这只是神本向人本的重心转移，而不是向人文精神单向度的发展。近年来新出土的许多简帛文献就表明，对于天命鬼神等宗教问题的讨论，其实从未断绝。这既是包括儒学在内的诸子学兴起的历史和现实环境，也是儒家思想人文性与宗教性并存的一种反映。这与孔子的“未能事人，焉能事鬼”“畏天命”“获罪于天，无所祷也”的精神也正相吻合，表现出的是一种以人为本的人神关系。傅斯年在讨论周代天命论和诸子天人观时曾指出，周初虽有天命无常论，但时人之敬畏帝天仍然其情至笃，“其认定惟有修人事者方足以永天命，自足以证其智慧之开拓，却不足以证其信仰之坠落”“盖亟

① 陈来：《古代宗教与伦理——儒家思想的根源》，第16页。

② 徐复观：《中国人性论史·先秦篇》，上海：上海三联书店，2001年，第13、44页。

③ 同上书，第44—45页、第80页。

畏上天，熟察人事，两个元素化合而成如是之天人论”，他称之为“畏天威、重人事之天命无常论”，并认为这是“东周诸家思想所导源，亦宋代以来新儒学中政论之立基点也”①。儒学人文性与宗教性的并存，亦导源于周文化的这种多重性。对此，可再从孔子与儒家思想中的仁和礼的关系角度加以分析。

仁和礼在孔子儒家那里是一体两面、有机统一的②，两者的相辅互动构成了儒家理论学说展开的基本骨架，而其围绕的中心是“人”的问题。这种学说同时有着殷周之变以来中国宗教发展所形成的一种特有的以人为本的人神关系的烙印。

对人的重视与对人伦关系的强调，构成了儒学的两重性格，这体现在仁和礼的关系当中。“仁者人也”，“仁”规定了人之所以为人的本质，而“克己复礼为仁”，则强调通过“礼”来实现人的本质的必要性。在肯定人的基础上以仁爱、义礼来规范人的行为，并把它提高到实现人的本质的高度来强调，这体现了儒学人文精神和中国文化的基本特质。③对此，可以“人学”来加以概括，即中国传统思想文化本质上是一种关于人的学问，重视现实的社会和人生是其最根本的特点。④但这只是问题的一方面。另一方面，中国文化中其实还存在着一种敬天祭祖的宗教传统，这种传统与中华文化的人文精神并行不悖、相互交织，甚至两者凝为一体本身就是中华民族传统信仰特点的体现。⑤儒家所重视的，显然不仅仅是人伦关系，“礼”所蕴含的人神关系所透露出的宗教性同样受其重视。

如前所说，“礼”自古以来就与宗教崇拜有着不解之缘，而祭礼又是儒家礼仪中最重要的内容，儒家经典《礼记·祭统》中说：“凡治人之道，莫急于礼。礼有五经，莫重于祭。夫祭者，非物自外至者也，自中出生于心也。心怵而奉之以礼，是故唯贤者能尽祭之义。”并强调了祭祀的伦理意义：“夫祭有十伦焉：见事鬼神之道焉，见君臣之义焉，见父子之伦焉，见贵贱之等焉，见亲疏之杀焉，见爵赏之施焉，见夫妇之别焉，见政事之均焉，见长幼之序焉，见上下之际焉。此之谓十伦。”⑥这反映出殷周之变以后，中国宗教的发展，同时接续着人文传统和宗教精神。

---

① 傅斯年：《性命古训辨证》，第129—131页。

② 关于“仁”和“礼”何者为儒家思想之核心的讨论及不同看法，参见傅永聚、韩钟文主编《二十世纪儒学研究大系》第1册，北京：中华书局，2003年，第43—49页。

③ 参见洪修平著《论儒学的人文精神及其现代意义》，《中国社会科学》2000年第6期。

④ 参见洪修平著《从“三教”关系看传统文化的“人学”特质》，载《中国传统思想文化与廿一世纪国际学术研讨会论文选集》，南京大学出版社，1992年。

⑤ 任继愈认为：“祭祖先，敬天神，二者紧密纠结胶固，凝为一体，构成中华民族传统信仰的核心。”（李申：《中国儒教史》[上卷]，第2页）

⑥ 阮元编：《十三经注疏》（影印本），第1602、1604—1605页。

近年来引起学界普遍关注的上博楚简《鲁邦大旱》①对于补充理解儒学两重性及其在以后发展中出现不同路向，提供了很好的例证。《鲁邦大旱》虽仅有六支简，二百零八个字，但蕴含的思想文化信息却非常丰富。由于其文字略有缺失，又古字难辨，学界对其的研究至今仍存在着分歧。例如简文所记录对话发生的年代，有的认为是鲁哀公十五年，有的认为是鲁哀公十一年至十六年之间；其主人公，有的认为就是历史上真实的孔子，有的认为可能是把晏子的话移植到了孔子身上，还有的认为其可能是七十子后学的一支或荀子后学的作品；经整理释定的简文，笔者也已见到了有近十个版本。②尽管许多问题还可以做进一步研究，但就学界目前已大致确定的其中所反映的东周时期的儒学对祭礼的看法，对于理解儒家如何协调人文性和宗教性的关系非常有意义。简文中最值得重视的有三方面内容。其一，"邦大旱，毋乃失诸刑与德乎?"③鲁邦大旱，鲁哀公向孔子请教对策，孔子认为大旱是失刑与德的结果。由于大旱与刑德之间有一定关系，因而最重要的对策就是"正刑与德"。这符合孔子与儒家重人事的基本人文关怀，但也透露出"天人感应"的宗教情怀④，这与孔子敬畏天命鬼神的思想倾向一致。其二，由于"庶民知说之事鬼也，不知刑与德"，故"毋爱珪璧币帛于山川"，即虽经殷周人文转向，但东周时的庶民依然只知"说"这样的祭礼而不知刑与德⑤，因而孔子主张不要吝惜玉帛来祭祀山川鬼神。这既表现了"普遍尊鬼而事神的社会背景下"⑥孔子

① 马承源主编:《上海博物馆藏战国楚竹书》(二)，上海：上海古籍出版社，2002年。

② 参见朱渊清、廖名春主编《上博馆藏战国楚竹书研究续编》，上海：上海书店出版社，2004年；《古籍整理研究学刊》2004年第1期。

③ 《鲁邦大旱》的引文，主要参考的是范丽梅的释文(朱渊清、廖名春主编:《上博馆藏战国楚竹书研究续编》，第163—164页)。

④ 认为孔子是"以鬼为不神""君子以为文，而百姓以为神"的廖名春，也承认"其逻辑前提是天人感应论"(《试论楚简〈鲁邦大旱〉的内容与思想》，朱渊清、廖名春主编:《上博馆藏战国楚竹书研究续编》，第113页)。李学勤则提出，孔子认为大旱与失刑德之间有关联，"不能简单地指为天人感应的思想"，因为孔子对"天"的看法"已超出了殷商、西周神化的传统"(《上博楚简〈鲁邦大旱〉解义》，朱渊清、廖名春主编:《上博馆藏战国楚竹书研究续编》，第100页)。李学勤的看法很有道理，但也正因为孔子对"天"的看法已超出了殷商西周神化的传统，所以他才在主张祭祀的同时更强调"正刑与德"，而不是简单直接地向上天祈祷，这与儒家继承殷周之变以来"以德配天"的人文转向正相一致。这里透露出的"天人感应"宗教情怀，也是儒家"神道设教"始终具有的意蕴。

⑤ 关于"说"祭及其内涵，参见范丽梅著《上博楚简〈鲁邦大旱〉注释》中的有关解释(朱渊清、廖名春主编:《上博馆藏战国楚竹书研究续编》，第165—167页)。

⑥ 廖名春:《试论楚简〈鲁邦大旱〉的内容与思想》，朱渊清、廖名春主编:《上博馆藏战国楚竹书研究续编》，第106页。

的庶民关怀，也与孔子一贯重祭祀之礼相一致。①大旱而行祭礼，联系上面第一点来看，并不是简单的随顺民俗，其中蕴含了一种以人为本的人神关系，是人文化的宗教，而不是无神的人文主义。其三，孔子见过鲁哀公后出来，遇到子贡，问他对自己回答的看法，子贡表示不赞成，认为只需“正刑与德，以事上天”，而无须“毋爱珪璧币帛于山川”。以上，既有只知“说”祭者，又有认为只需正刑与德者，还有认为“说”祭和“正刑与德”两者都为必须者，这正反映了东周时期鬼神观等宗教思想的多元。这里“子贡”与“孔子”的差别，反映了儒学发展的不同路向，而即使是反对祭祀而认为只需正刑与德的子贡，也还是提到了“正刑与德，以事上天”，表明他并没有完全摆脱“事天”的观念，而这反映了上天鬼神观念在东周时的深刻影响。孔子是认为“说”祭和“正刑与德”两者都为必须者，这恰恰表明其思想观念中人文与宗教的两重性，其由“庶民知说之事鬼”而主张祭祀，表现了重现世现生的儒家关注庶民诉求的现实关怀，而这种关怀正奠基于以人为本的人神关系。

儒学人文和宗教的两重性，使其在自身展开中呈现多向度的曲折，同时也使对儒家思想的理解有时会产生分歧。典型的例子如孔子的天道观。“天何言哉？四时行焉，百物生焉。天何言哉”（《论语·阳货》），这里的天，是表达天虽不言却决定一切的天命论宗教性思想，还是强调天道自然而然，透露出人文的无神论倾向？这两种不同理解都能从孔子其他言论中找到佐证。如果说孔子思想中可能本身就同时蕴含这样两种倾向，那对于其所说“畏天命”“天厌之”“天丧予”等的理解就比较不会有太大的分歧了。有学者认为儒家尊奉的天，就是万物的主宰，是有意志的神，而绝非没有人格的天。宗教一词有人神关系和人对神的敬重两层意思。②还有人据此认为，“在儒教中，人与神的关系，集中表现为天人关系，即上帝与人的关系”③。儒家的天，代表的是上帝、至上神，是“主宰之天”。包括笔者在内的很多人，对上述观点并不完全赞同。但他们指出了儒家从孔子开始，有关天和天人关系的论述中就包含对天敬畏和崇拜的宗教性。孔子以后，孟子的“尽心、知性、知天”和荀子的“明于天人之分”，董仲舒的“天人感应”和王充的“疾虚妄”，乃至宋儒的“天理人欲”“人心道心”之辨，都表现出儒学在展开中摇摆于人文性和宗教性之间的多向度发展。源于殷周文化传统中的儒家所谓天，不能等同于上帝、至上神，但也不是与之完全无关。殷周时期的天与上帝，本来有同有异。④接续此文

---

① 《论语·八佾》：“子贡欲去告朔之饩羊。子曰：‘赐也！尔爱其羊，我爱其礼。’”

② 何光沪：《多元化的上帝观——20世纪西方宗教哲学概览》（增订版），北京：中国人民大学出版社，2010年，第1、4页。

③ 李申：《中国儒教论》，郑州：河南人民出版社，2004年，第8页。

④ 关于殷周时期天与上帝的异同，参见朱凤瀚著《商周时期的天神崇拜》，《中国社会科学》1993年第4期。

化传统,“天命”有时也可理解为“天道”①。儒家对“天道性命”的思考与表达,其实蕴含着对敬天祭祖的人神关系的重视及对天命鬼神的敬畏,并往往通过理性化的方式加以表达。以上两者的关系,是一体两面,相互依存,但在不同的历史时期、不同的人物和不同的思想体系中,又各有侧重和不同的表现。宋儒曾以理气释天道鬼神:“上帝,天之神也”②,“帝是理为主。苍苍之谓天”③,“以形体言之谓之天,以主宰言之谓之帝,以功用言之谓之鬼神,以妙用言之谓之神,以性情言之谓之乾”④。如果我们从人伦关系和人神关系两个方面来看儒学的重礼,能更全面地理解汉代以后儒学的发展及其在中国文化中的地位和作用。历史表明,儒学的人文精神并不排斥其宗教性,只是前者清楚地显示出一条明线,而后者则时常隐而不显,从而造成了人们对其理解上的分歧。

四、 儒学宗教性的反思

儒学兼具人文和宗教的两重性,对中国文化发展的影响既深且巨,并延续至今。就一定意义而言,它既是大乘佛教在华成功传播的重要条件,也是基督教在华传播屡屡受挫的重要原因。同时,儒家延续并拓展的人文传统,以及在上古三代以来宗教传统的土壤中生成的“人学”的宗教性,既造成了儒学在历史上曲折而多向度的发展,也成为现代新儒家寻求理论突破的资源。

关于儒学的人文精神对中国佛教传播发展的影响,笔者曾有专文讨论。⑤这里希望进一步指出的是,佛教的发展史本身是一个动态的过程,以现代宗教学基本上都以对神或上帝的信仰为核心来界定宗教⑥的观点视之,佛教从其在印度创立之始,就在有神、无神之间摇摆。作为反婆罗门的思潮,初创的佛教的显著特点之一就是将“缘起”和“无我”作为其全部思想学说的理论基础,以反对婆罗门教关于万能的造物主(大梵天)和不死的灵魂(神我)的说教。佛教以缘起论来反驳婆罗门教的神创论,并把坚持无我视为它区别于各种“外道”的主要标志之一。因此,佛教(特别是原始佛教)是有神论还是无神论,在中外学者中曾有过争论。历史地看,相对于婆罗门教而言,佛教在

---

① 《诗经·周颂·维天之命》郑玄笺云:“命犹道也,天之道于乎美哉,动而不止,行而不已。”

② 朱熹:《诗集传》卷十一,《小雅·正月》注。

③ 《朱子语类》卷三,北京:中华书局,1986 年,第 5 页。

④ 《河南程氏遗书》卷二二上《伊川杂录》,《二程集》,北京:中华书局,1981 年,第 288 页。

⑤ 参见洪修平著《论中国佛教人文特色形成的哲学基础》,《中国哲学史》1996 年第 1—2 期;《论汉地佛教的方术灵神化、儒学化与老庄玄学化》,《中华佛学学报》1999 年第 12 期。

⑥ 参见何光沪著《多元化的上帝观——20 世纪西方宗教哲学概览》(增订版),第 2 页。

创立之初确实具有某种无神论的倾向，但并不彻底，因为佛教虽然反对神创说，却并不否定神的存在，而且，由于“无我”说与佛教所坚持的“业报轮回”说之间存在着张力，佛教在以后的发展中很快提出了种种变相的“我”而实际上走向了有我说。大乘佛教更把佛陀无限神化，视之为超人的存在，描绘成神通广大、全智全能的神，并认为三世十方有无数的佛。不过由于“无我说”的影响，后来种种关于“我”的理论在印度佛教中始终被说成是“不了义”或“方便说”而不占主导地位。佛教在中国却呈现出了不同的气象，而这与其受到儒家同时具有的人文和宗教两重性的影响密切相关。

中国并没有印度佛教产生和发展时的文化传统和背景，相反，儒家强调的依持本善的天命之性成圣作贤以及“人死为鬼”①、“天道福善祸淫”(《尚书·汤诰》)、“积善余庆，积恶余殃”②，虽然与佛教强调的“无我”以及自作自受的因果报应论具有不同的特点③，但对其在中国的传播产生重要影响。其结果是，佛教传入中国后，它的缘起论、“无我说”最初并不为人们重视，甚至被加以改造，相反“有我论”则一直有很大的市场。肯定“心神”的常存不灭，成为中国佛教的一大特点。而此“心神”实际上就是儒家本善的天命之性与传统上不灭的灵魂之结合体。中国佛教既坚持了佛陀“无我说”对众生平等的强调和对业报的强调，同时又将印度佛教提出的种种轮回中的假设之“我”和佛性、如来藏思想所蕴含的肯定每个道德实践之自我的倾向，通过与儒家的本善人性和入世精神的结合而造成了中国佛教人生化、入世化的特点。同时，佛教作为一种宗教，其信仰层面有对佛菩萨的崇拜，而其崇拜的落脚点则是期待众生从人生苦海中得到解脱，这与儒家敬畏天命鬼神的以人为本的宗教精神正相契合。从佛教在中土传播的历史及其与儒家的关系来看，可以说，儒学的人文精神，引发了中国佛教的人本化、心性化，而儒学的宗教精神则接引了作为宗教的佛教的信仰教义。中国佛教在儒学关注现世现生的人文精神和天道人性贯通的宗教精神的影响下，最终将神圣的佛性与现实的人心结合在一起，通过对主体自我的肯定而日益走向了现实的社会人生，从而完成了外来宗教的本土化，成为中国传统文化的重要组成部分，并至今仍在现实中发挥着深刻影响。立足于“众生”(指人及一切有情识的生物)的解脱而强调永超人生苦海的佛教，在中国则更突出了“人”的问题，并被大多数人理解为是祈求人生幸福的宗教而加

① 《礼记·祭法》：“大凡生于天地之间者皆曰命，其万物死皆曰折，人死曰鬼。”王充《论衡·论死》引时人的观点：“人死为鬼，有知，能害人。”

② 《易传·坤·文言》：“积善之家，必有余庆；积不善之家，必有余殃。”

③ 例如：第一、儒家讲人死为鬼，但鬼却是不可以再投胎为人的；第二、父母作善恶，子孙可以受报，由此而强调祖上积德对子孙后代的福荫；第三、赏善罚恶有外来的力量、外在的主宰，即所谓“天地罚之，鬼神报之”(《论衡·祸虚》)，由此而重敬天崇祖的祭祀。

以信奉。

与此同时，应该看到，儒学虽具宗教性，但其立足点则是人本，从宗教信仰中的神人关系来看，与基督教的神本信仰属于两种不同的类型①，这在一定程度上阻碍了基督教的在华传播。基督教在中国的传播发展，从唐代的景教算起，已有一千三百多年的历史。元代有也里可温教，明末清初有耶稣会传教。从19世纪初（嘉庆十二年，1807）新教掀开的基督教是在中国的第四期传教，至今也已有两百多年时间。基督教在中国传播发展过程中，与佛教的中国化一样，也与中国社会和中国固有的思想文化不断进行着互动和调整，例如通过“礼仪之争”而最终取消了对信徒祭祖、祭孔的禁令，在传教的同时加强教育、医药和慈善救济等社会服务，这些都为消除基督教与中国社会和民众的隔阂，起到了一定的作用。但与佛教相比，基督教至今仍然与中国传统思想文化有着相当的距离，并没有像佛教那样融入中国传统文化之中，与之融为一体，甚至积淀为民族心理深层结构的一个部分。基督教在华传播的屡屡受挫，原因当然很多，在历史上，或因礼仪之争而被禁，或因伴随着殖民统治者的洋枪洋炮一起进入而被赶，或因科学主义的流行而被贬。②但儒家大力弘扬的人文传统以及宗教精神中以人为本的人神关系，对基督教在华传播也有至关重要的影响。从历史上可以看到，基督教在华传教的过程中其实已经注意到了对中国社会文化习俗的适应，利玛窦等人来华传教时，还曾专门换下西装而穿上中装。但以荣耀上帝为根本目的的基督教与以儒家为主要代表的中华文化和传统宗教，在信仰的根本问题上还是有很大的不同。以人为本，还是以神为本，这是个问题。在经济全球化而宗教文化多元化的今天，基督教如何彰显自身特色而又与以人为本的中国宗教传统相适应，如何汲取中国文化的养料而在探讨解决中国社会和中华民族现代化转型所面临的各种问题中进一步本土化，并更好地与中国社会主义社会相适应，从而为当代中国文化建设和满足人的精神需求发挥积极作用，这都有待进一步探索。

同样，从儒学方面来看，殷周人文转向以后形成的同时具有人文性和宗教性的儒学在当代究竟应该如何发展并发挥积极作用？儒学以人为本的宗教性在与基督教文明的互动和对话中如何加强自身的发展、凸显自身的价值、满足民众日益增长的信仰需求？是把宗教性发挥到极致甚至以“国教”的形态来对抗基督教信仰，还是在发扬光

① 李向平说，人类文明中的信仰形态，“就其主要形式来说，不外就是两大信仰类型：以人为本与以神为本”（《两种信仰概念及其权力观》，《华东师范大学学报》［哲学社会科学版］2013年第2期）。

② 参见洪修平著《从佛教的中国化看基督教在中国的发展》，《世界宗教研究》2006年第4期。

大自身特有的伦理精神的同时，致力于把敬天祭祖及对终极神圣的向往和追求化为百姓日用的精神资粮，以引导人们在关注当下生活的同时也趋向于精神的提升、构建安顿心灵的精神家园？这些问题同样值得深思。

在思考上述问题时，回顾并反思近代以来关于儒教是教非教的争论以及现代新儒家对儒学宗教性由排拒而转向重新阐发的过程，将有助于跳出对儒家人文传统和心性之学的片面强调，更全面地了解儒学的宗教性与中国传统宗教的特质及其特殊价值。

有关儒学是否为宗教和儒学宗教性的讨论，是随着近代以来西学东渐和中西文化的碰撞而慢慢凸现出来的。早在20世纪初，梁启超、蔡元培、陈独秀等就明确提出过儒教非教说。①虽然他们主要是针对当时社会上出现的复辟帝制、要"定孔教为国教"的逆流而发表的观点，并非从学术研究的角度来专门讨论这个问题，但这反映出西学东渐、社会变革背景下人们对传统思想文化的反思。他们的观点对后来的学术研究有深远影响。

20世纪70年代，随着对中国哲学和宗教研究的深入，任继愈较早提出了儒学是宗教的观点。其在1980年发表了《论儒教的形成》②和《儒家与儒教》③两篇文章，认为孔子学说经过汉代推行董仲舒的"罢黜百家，独尊儒术"政策和宋明理学的两次大改造，最终成了宗教。值得注意的是，任继愈将儒学视为宗教，其着眼点是对宗教和中国传统文化的批判。因为在他看来，儒教"是封建宗法专制主义的精神支柱，它是使中国人民长期愚昧落后、思想僵化的总根源"④。同样值得注意的是，当时反对儒学是宗教者，其重要理由之一却是儒学在历史上曾起过积极作用，潜台词还是对宗教的批判。⑤这反映了中国大陆学界当时对宗教问题较为普遍的看法。

与此形成对照的是，中国港台地区的一些人，在同样大力主张儒教是宗教的同时，却强调儒家思想是中国传统文化的精华，也是全人类的思想财富。⑥近年来，随着人们对中华文化复兴和精神文明建设的关注，更有学者认为，"在种种复兴中华文化的呼吁

① 例如梁启超明确提出儒教非教、孔子"不为宗教家"(《保教非所以尊孔论》)。陈独秀也认为"孔教绝无宗教之实质与仪式，是教化之教，非宗教之教"(《驳康有为致总理书》)。

② 任继愈:《论儒教的形成》,《中国社会科学》1980年第1期。

③ 任继愈:《儒家与儒教》,载《中国哲学》第3辑,北京:生活·读书·新知三联书店,1980年。

④ 任继愈:《论儒教的形成》,《中国社会科学》1980年第1期。

⑤ 例如有学者在认为汉武帝"独尊儒术"有助于当时社会进步时曾据此反问:如果说董仲舒的思想是宗教思想,"岂不是等于承认宗教对社会的进步作用"(李国权、何克让:《儒教质疑》,《哲学研究》1981年第7期)?!

⑥ 1992年就任香港孔教学院院长的汤恩佳近年来就大力宣传这一观点。

和探索之中，重建儒教是一种重要的努力和尝试”，他们致力于建立一种现代宗教意义的儒教，甚至希望其成为“国教”，并呼吁“政府宜尽快承认儒教的合法地位，赋予儒教与佛道回耶等宗教平等的身份”①。有趣的是，近年来，同样是为了传承儒学优秀文化传统使之在现代社会更好地发挥积极作用，也有学者明确反对把儒学打造成现代宗教意义上的“儒教”②。这些争论，反映了随着时代的变迁，学者们对宗教和传统文化的认识所发生的变化。

关于儒学是否为宗教的问题，从一开始就不是一个纯粹的学术争论或理论问题，而有着很强的现实社会关怀。这个问题的提出，与近代以来西学东渐、科学思潮传入中国有关，也与中国向何处走的关键时刻人们对传统的反思有关。这在现代新儒学对儒学宗教性的思考中有充分的体现。从 20 世纪 20 年代肇始的现代新儒学思潮，其发展历程大致可分为三期。不同时期的主题，都充分表现出有关学者强烈的社会责任感和历史使命感——他们都在融会中西之学中来展开自己对中国文化发展问题的思考。就儒学与宗教的关系而言，如果说从 20 世纪 20 年代开始的新儒学第一期，主要是致力于“在儒学中寻找无神论的反宗教思想”③，强调“周孔教化非宗教”“中国自有孔子以来，便受其影响，走上以道德代宗教之路”④，以回应科学理性主义等西学的冲击，这是因为“‘五四’新文化运动以来，中国知识分子，因深受西方启蒙心态的影响，对宗教多半抱着否定和排拒的态度”⑤，那么，其发展的第二期则主要是“致力于阐发儒学即道德即宗教以及内在超越的品格”⑥，强调儒学道德宗教的特质，从儒家的伦理道德与宗教超越精神“合一而不可分”⑦的角度，参与到世界文明的对话中，以期从中寻求普世性的价值。⑧然而以西方一神论宗教为参照、以西方话语为背景、以西方观念为标准的讨论，并不能充分彰显儒学的特质和价值，因而到了新儒学发展的第三期，学者就开始转向对体现中国民族特色的儒家文化中精神资源和价值的探讨，尽管这种探讨仍是

① 参见中国儒教网(http://www.chinarujiao.net/p_info.asp?PID=8312)等网站。

② 黄玉顺：《儒家自有教法，不宜效法宗教》，载《儒教问题研究》，北京：人民出版社，2012 年。

③ 刘子阳、朱寰：《杜维明对儒学宗教性问题的方法论批判》，《吉首大学学报》2007 年第 4 期。

④ 梁漱溟：《中国文化要义》，北京：学林出版社，1987 年，第 102、106 页。

⑤ 杜维明：《儒家人文精神的宗教涵义》，《哲学动态》2000 年第 5 期。

⑥ 朱寰：《对现代新儒家思想内在理路的探讨——以新儒家对儒学宗教性的思考为线索》，南京大学哲学系博士学位论文，2004 年，第 54 页。

⑦ 唐君毅：《中华人文与当今世界》，载《唐君毅集》，北京：群言出版社，1993 年，第 488 页。

⑧ 例如牟宗三曾将儒教与基督教相比来讨论这个问题(《中国哲学的特质》之“作为宗教的儒教”，上海：上海古籍出版社，1997 年)。

在经济全球化而文化多元化，因而普遍关注文明对话的世界话语背景下展开，但已经开始回归中国文化自身话语体系的本位。

中国大陆，改革开放以来展开的讨论，在很大程度上仍然围绕着中国向何处去的思考而展开。争论的双方虽然在儒学是否为宗教的问题上观点相反，其背后的共同希望，都是中国能顺利走上繁荣富强的现代化之路。正是循着这一理路，关于儒学是否为宗教的问题，慢慢转向如何发挥儒教的作用或儒学是否具有宗教性以及中国传统的宗教具有哪些特性等问题。随着对文化复兴的自觉以及对“宗教热”等现象的反思，也出现了对儒家宗教性资源的重新评价，致力于讨论究竟应该如何发挥其实际作用，以为人的安身立命提供超越性的依持。有些讨论已经由“儒教是不是宗教”转换为“儒教是怎样一种宗教”①。原来习惯上把宗教和人文相对立看待，这时却出现了“人文主义宗教与宗教人文主义”②或“儒家人文精神的宗教涵义”这样的论题。“在比较文明的格局之中，强调儒家人文精神的宗教性无非是要阐明儒家的人生哲学虽然入世却有向往天道的维度……儒家在人伦日用之间体现终极关怀的价值取向正显示‘尽心知性’可以‘知天’乃至‘赞天地之化育’的信念。”③

以上关于儒学宗教性的讨论，虽然开始回归中国文化自身话语体系的本位，但在国际化日益加深的时代，当然仍会受到西学的影响。例如杜维明从“终极关怀的价值取向”来谈儒学的宗教性，使我们很容易联想到德国神学家保罗·蒂利希（1886—1965）对宗教的一个著名的定义：“宗教，就该词最宽泛、最基本的意义而论，就是终极关怀。”④这种中西文化交互影响中的学术讨论，是现代新儒学的一大特色。中国大陆学者对儒学是否为宗教的争论更多地逐渐转向儒学具有宗教性的讨论，也与受西方宗教学和海外新儒家的影响不无关系。这从一个侧面表明，当今的儒学研究和发展，其实都离不开东西方文化的交流。如何在现代化和世界化的背景中凸显儒学的主体性及自身的特点并实现儒学的更新和发展，这应该成为讨论儒学宗教性的现实背景，而儒学兼具人文性和宗教性的特点，对接受外来宗教文化的影响则应成为探讨其在当代世界多元文明并存格局中发展的历史参照。在探讨儒学宗教性时，超越对天道性命的单向强调，同时关注其在敬天祭祖和人神关系问题上体现出的宗教性，也许能更加全面地回归儒学自身的特质，并使之真正在社会生活中发挥更大的作用。儒学的宗教性

---

① 参见陈明主编《儒教新论》之“编序”，贵阳：贵州人民出版社，2010 年。

② 参见蒙培元、李存山和郭沂的相关笔谈，《中国哲学史》2002 年第 2 期。

③ 杜维明：《儒家人文精神的宗教涵义》，《哲学动态》2000 年第 5 期。

④ 吕大吉：《从哲学到宗教学》，北京：宗教文化出版社，2002 年，第 763 页。

在很大程度上体现出对天命鬼神及祖先圣贤的敬畏与崇奉，这种情感，转化为天佑神护等朴素观念而深植并贯穿于普通百姓的日用生活与社会习俗之中，成为民族文化的一大特色。

就儒学“敬天祭祖”的宗教性传统而言，它有助于人在自身的原始天性逐渐被复杂的社会性所取代时，通过“慎终追远”和对天道人心的贯通来追寻安身立命之本，即生活的本质和意义。在天人合一的思维方式中开启张扬人性的道德升华之路，这使得儒学的忠孝、仁义、忠恕之道不仅是一种道德说教，还是人之为人的立身行事之本①，而且也具有“与天地合其德”“与鬼神合其吉凶”②的宗教意蕴。曾子曰：“夫子之道，忠恕而已矣”（《论语・里仁》），这种基于对自己道德良心坚守的忠恕之道，正是因为“与天地合其德”而上升为夫子“一以贯之”之道，成为儒学的根本。孔子曰：“君子有三畏：畏天命，畏大人，畏圣人之言。”（《论语・季氏》）儒学强调的这种敬畏感，既确保了其在社会生活中发挥着重要的道德劝善功能，对现实人心和社会道德起着重要的引领作用，同时也能满足社会大众对终极神圣的精神需求。

对于儒学的人文精神，学界已经有了比较共同的肯定，而对于儒教是教非教以及儒学宗教性的讨论，则至今仍未取得较为一致的看法，关于后者的讨论，对如何更好地继承和发展中华优秀传统文化无疑是有意义的。儒学中反映出来的殷周人文转向的复杂意蕴及其对中国文化发展的多重影响值得认真反思，因为它对于考察中国宗教有别于西方宗教的特点、中国社会文化的特质乃至当代中国文化建设和发展的走向以及中国文化如何更好地发挥对当下中国人的精神引领作用等，都具有重要的意义。

---

① 《孝经・开宗明义》注：“忠孝道著，乃能扬名荣亲，故曰终于立身也。”（阮元编：《十三经注疏》［影印版］，第 2545 页）

② 《易・乾卦・文言》：“夫大人者，与天地合其德，与日月合其明，与四时合其序，与鬼神合其吉凶，先天而天弗违，后天而奉天时。天且弗违，而况于人乎？况于鬼神乎？”

写在 A. B. 凯思的《印度逻辑和原子论》出版之前

宋立道*

《印度逻辑和原子论》原书名为 *Indian Logic and Atomism*。书名虽然非常现代化，内容却是很传统的学术。它反映了截至19世纪初的百年间，西方的（其实也就是英国和德国的）印度学研究水平。尽管如此，恐怕也不好说今天的印度学研究就已经超越了这个水平。无论东西方，现在的人文学界——也许还包括整个学术界——其实都很忙碌，流行语称作“浮躁”。一位老学者前些年跟我说，古人写书，一辈子写一本；古人刻书，一辈子也就只刻成几册；如今学术人很不一般。有的教授，一年就能攒出几本来。著作等身，已经成了寻常之事。但亚瑟·伯林戴尔·凯思（Arthur Berriedale Keith, 1879—1944）先生不属于此列，他若见了今天的出版繁荣，肯定要汗如雨下。伯林戴尔·凯思的这本书，研究了古印度思想当中最重要的两个宗教哲学派别——正理派和胜论派。这两个派别正好可以作为典型，代表印度思想当中的知识论和本体论的成就。其知识论，按照西方的学术分类标准，当包括逻辑学在内。胜论派是关于世界构成的基本范畴，有一套自己的看法。说起来我们中国人以往并不陌生，著名的玄奘法师从印度回来，就翻译过《胜宗十句义论》。汉传的佛经当中，《大庄严经论》《因明入正理论》《百论疏》《成唯识论述记》等都提到过胜宗理论。一句话，胜论派是古印度的一支重要哲学或宗教哲学派别。至于正理派，像龙树（Nagarjuna）这样的印度佛教思想家以及陈那（Dignaga）等人，也都说起它。《正理经》是最早的印度逻辑学著作，它直接影响到后来佛教的因明学的形成。

本书作者亚瑟·伯林戴尔·凯思可以称得上是20世纪欧洲最著名的东方学者之一。他是苏格兰人。其父是律师，其兄威廉·约翰·凯思当时在印度殖民地做官，执政于尚属于印度殖民地的缅甸行省。凯思本人在苏格兰的爱丁堡受教育，毕业于爱丁堡大学，以后又曾在牛津的巴略尔学院学习。有十余年的时间，他是英国王室的律师，受雇于政府殖民地事务部。他也在印度做过官员，对印度古典文化充满感情。其学术研究的兴趣主要在吠陀经典及古梵语方面。这位非常多才多艺的学者，在法律、政治

---

* 宋立道，贵州大学出版社前社长。

学方面的成就并不低于其在印度学领域内的耕耘所得。他与爱丁堡大学的关系极深，今天，爱丁堡大学的图书馆仍然保留了以他的名字命名的一大批藏书。

伯林戴尔·凯思先生博闻强记，学问渊深，他对梵语、梵语戏剧和诗歌，对于印度神话，对于从奥义书到往事书，以至正理学派和佛教因明家的著作都有深入的研究。他的许多著作自然也涵盖了所有这些领域。他在印度的文学、语言学和哲学经典方面的研究，使他获得很高的学术声誉。1990 年，他的传记出版时，为了表达对这位学者的尊重，副标题就采用了印度传统中赞誉大学问家的著作方法，他的传记作者小席恩(Ridgway F. Shinn Jr.)称其为“苏格兰学术的大花鬘”(the chief ornament of Scottish Learning)。

说过了本书作者的情况，接下来大致介绍古代印度哲学的一般理论特色以及印度思想的宗教倾向。说一说在印度文化背景下，通常我们今天所谓的哲学本体论、知识论、解脱实践论是如何内在地连接起来的。

凯思先生的《印度逻辑和原子论》出版于 1921 年。本书集中地探讨了古印度两个理论立场非常接近的派别，它们同属于吠陀系统中的六派哲学。凯思教授在本书中主要研究了与佛教相对立的正理—胜论派的逻辑学与本体论作品。这一过程中，他涉及了吠檀多派的商羯罗、佛教的陈那等论师。关于印度哲学和正理学说，凯思写过不少的著作与文章，像《印度和锡兰佛教哲学——从小乘佛教到大乘佛教》，以及《世亲和〈论轨〉》(*Vasubandhu and the Vadavidhi*)、《因明入正理门论的作者考》(*Authorship of the Nyayapravesa*)等。我们还得不厌其烦地再说一句：在 20 世纪的 20 年代，这些作品都是居于东方思想史研究前哨的成就。

要理解正理派与胜论派哲学，有必要大致看一下这两家在印度哲学的总体系中的位置，以了解印度哲学的理论本质及思维倾向。印度有一部著名的哲学百科全书，称为《摄一切见论》(*the Sarva-darsana-samgraha*)。从这部书中，我们看到：在印度，任何哲学见解——无论它们是否同意有神论——都被承认是印度思想的一部分，尽管前面我们说了，宗教取向是印度哲学的第一特征。必须说明：印度人的玄思，从一开始就是放在寻求人生的价值意义上的。评判生死的价值以确定偏重此世努力方向，才是印度思想的动机。他们眼中，并不存在纯粹理性思维活动的快乐与游戏。印度人绝不会赞同为思辨而思辨的取向。当马达婆大师(Mādhāvacārya)在编写其《摄一切见论》时，无疑认为一切形式的人生见解，都可以放到哲学的或者宗教哲学的体系中来。在印度，理论主张审美观点当成 darsanas，也就是佛经里面的“见”或“见解”。但是有一点，印度的各家哲学派别都有一个约定俗成的原则立场——所有的思想和主张都应该也可以放到同一个基准线或同一个原则下来考校。这是一切哲学讨论的前提。任何一位哲学家在陈述自己的见解以前总要表述他的对手，也就是因明常说的敌证一方的见解。这种自所成立的主张称作前宗(purvapaksa)，它是相对于后宗而言的。前宗是对立一方的意见，对这种意见进行了驳斥，然后才会由立论者出示自己的主张。驳斥，也叫破斥(khandana)。那在破斥之后出现的才是哲学家自己的主张和对此主张的证明，后者就称作随见(uttarapaksa)——随后的主张，或者结论(siddhānta)了。结论在印度逻辑中又被称作“(道理)成就”。

由于对异己的思想可以持平等的态度，也可以包容和吸纳对立的意见或见解，印度思想宝库中才能最终“百花齐放”。他们也有自己的“百花齐放”的思想环境。从消极一面说，我们可以说印度思想缺少明确的时间观；但从积极一面看，正是这一点使印度人觉得：其实太阳底下并无新鲜的东西。无论什么思想，莫不是以前出现过的，也可以说，没有什么思想是根本非法的或完全荒谬绝伦的。无论过去、现在，还是未来，一切存在都是相对的东西，今天是昨天的明天，今天也是明天的昨天，在这个意义上没有什么思想称得上货真价实的“崭新”，也没有什么思想一定陈旧得不可救药。一切都属既有既成。因此，在主流的印度教吠檀多和大乘佛教的经典中，我们都可以看到各种各样的见解——顺世论的、佛陀的、耆那教的、数论的、瑜伽派的、弥曼差派(声论)的、正理派的以及胜论派的思想。印度思想本来就有综合的特色，一切有关生命意义的思想都在各家的思想中获得各个应有的地位。每一种思想体系都从一定的视角加以组合，成为百科全书式的宗教哲学。印度的种种宗教哲学派别都会有异教或者异端的称呼，但那其实只是一种异见，从字面说，只是思想上的不同看法和见解，并不因此成为不共戴天的敌人。在印度，只有在进入近代以后，才有用剑与火宣传教义，从肉体上消灭异己的外来力量。

印度的哲学，按传统的说法可以分为正统的与非正统的两个部分。前者就被称作āstika 而后者就称作 nāstika。前者指的是吠檀多等的六派哲学，后者指耆那教和佛教之列。六派哲学当中，至少一开始，在原初的时期，也有同佛教一样有无神论倾向的，例如数论与弥曼差派就认为世界并非大自在天的作品，尽管他们也同意吠陀经典的神圣性质。其实，印度古代远不止只有六派宗教哲学，它们的数目要大得多，所以佛经里面还说，有九十六种外道或者数目可以更多。

本书的重要内容是对印度逻辑学的研究。逻辑学，我们知道，人类思想史有三大系统：古希腊的、印度的和中国的。中国的本色逻辑指墨子的逻辑学。正确地说，指墨子学派的后学所组织起来的那种逻辑。从时间上看，墨子逻辑稍晚于古希腊的哲学家亚里士多德的逻辑体系。根据胡适先生在他的《先秦名学史》一书中的研究，晚期墨家的逻辑已经有了归纳与演绎的推理，其关于辟、侔、援、推的一套理论，还真是非常讲究的认识方法和论证方法。可惜中国人无论生活中还是治学中，都没有保存这门学科。说到逻辑，无论是古希腊的，还是中国的或者印度的，最初都产生于辩论活动。可以简单地说，逻辑生于论辩。中国逻辑生于名辩学者，只有在东周末期社会瓦解、“礼崩乐坏”的情况下，才可能有人出来批评时政。名辩家们都是古代的“自由知识分子”，像郑国的邓析专门针对子产这样的政治家，从语言上钻“法家”的空子；而惠施这样的名辩家对于庄子的语言逻辑创造有很大的启发性。在印度哲学，语言论证和与之相联系的语言逻辑，从来就是捍卫和证明宗教教条的工具。印度的逻辑，单纯地从时间上看，可以分为古代的正理逻辑与近代的新正理逻辑。如果考虑到佛教方面对于正理派逻辑哲学的借鉴，佛教的因明——其实在印度背景下，佛教通常也称这门学问为正理的——也分为古因明与新因明。

“因明”这个名称，似乎是由汉地去印度取经的玄奘发明的。译者一直疑心这个名称的梵文“hetuvidya”，是玄奘甚或他的高足窥基的创造。佛教因明，从留存至今的梵本来看，玄奘译为因明的，其实原文并无对应的梵文名词——例如《因明入正理门论》就是一证。佛教因明的学术史，通常以陈那菩萨为分界线，前为古因明而后为新因明。本书的研究的对象，是正理派和胜论派。此二家比陈那生活的 5 世纪早得多了。从历史上看，正理派与胜论派起初是各不相同的思想系统，有着各不相当的发展道路。但是，这并不妨碍两家的共同的哲学目的，有相互同情的哲学方法论。不仅如此，在印度历史中，他们走得越来越近，在中世纪的晚期也就形成了一个派别，叫作正理—胜论派。

粗泛地讲，正理—胜论派在历史上的共同发展有两千四百年之久，从公元前 6 世纪一直到今天，时盛时衰，盛时影响到各家哲学；最弱的时候，也还是不绝如缕。正理派与吠檀多派一样，都可以称为印度哲学的宝库。大约公元前 4 世纪，乔答摩・足目(Gautama)就创立了《正理经》，以后每一代都有《正理经》的注家和阐释者，如像 4 世纪时的伐差耶那，稍晚的乌地约塔卡罗(Uddyotakara，约 650 年)、瓦恰斯帕底(Vacaspati Misra，约 840 年)、巴沙尔瓦鞠那(Bhāsarvajna，约 860 年)、乌德衍那(Udayana，约 984 年)、迦延达(Jayanta，10 世纪)。《胜论经》最早的形式是迦那陀(Kanada)诵出的。这位逻辑学家生在正理派祖师乔答摩之前约百年。印度逻辑史上重要的正理学者还有 6 世纪时的普拉夏斯塔帕达(Prasastapada)，以及 10 世纪时的室利达罗(Sridhaka)和约 15 世纪时的沙利伽罗・弥希罗(Sarikara Misra)。

正理派与胜论派的哲学基础及理论兴趣都是大致相同的。但一开始胜论派着力于叙述构成世界的基本元素及属性等，而正理派则对语言的功能、本质，论辩的规则特别有兴趣。简而言之，前者所感兴趣的是宇宙构成论或者形而上学，后者则留意认识发生的过程与依据等。将这两家综合起来成为一大哲学流派的是乌德衍那，他是12世纪时的人。乌德衍那是新正理派的创始人。为什么在古代印度有这么一个对于语言逻辑如此有兴趣的哲学派别呢？其实，正理派还是怀着浓厚的宗教情绪来看待语言问题的。语言，在印度可以简称为śabda，中国和尚一直译为“声”，其实也与“语词”“语言”通，甚至“观念”。从一开始，“声”这东西，就是神秘和玄奥的。从根本上看，声的神秘性来源于吠陀祭祀的功能。祭祀时的唱赞诗歌都是表达为声的，既然印度教的祭祀是有效的，可以感天动地、役使鬼神，婆罗门学者就会问自己：这样的有效性，它的根本依据或者本质究竟如何呢？在尘世的现实的生活中，我们如何评价“声”的价值呢？婆罗门们对此最终达成了共识，相信这是声的力量来自吠陀经典的神圣性。声，起源于自在天的创造，但它又是无始以来本有的，所以具有原始实在者的地位。声音不仅仅是人的嗓子或喉头所发、我们耳朵所得，它还有更深层的意义。虽然声可以因人的意志发动——佛经上称这是勤勇无间所发，但声的本质依据在于吠陀，或者在于大自在天。这种看法通常是专门研究祭祀礼仪和吠陀诵赞的弥曼差派的主张，正理派并不一定同意，但正理派对于声或者对于语言的神秘性还是膺服的。

正理派认为人之所以在世间受苦，正在于不了解人生的本质，但世间的真实与人生的本性要揭示出来，就得靠语言，在印度哲学，也就是声。只有声（语言）才能澄清各种各样的误会，清除种种迷误，使人走向解脱，成为正命的觉悟者，也就是克服人世间种种不幸与缺陷的大智慧者。这里，逻辑并不只是日常生活语言的规范，它寓有道德的含义。逻辑不仅仅是语言表达的，也是生活方式的规范了。《正理经》中并不乏道德的说教，但道德是世间的，离世的或出世的宗教目标才是人们感兴趣的，愿意追求的。至于胜论学说，尽管其早期与晚期各有差异，不过说到底，主要关心的也还是解脱问题。正理派与胜论派两家，理论兴趣可能不尽相同，但这绝不意味着他们两家只是纯粹的逻辑的或者玄学的爱好者。

印度正统的哲学，如弥曼差派甚至胜论中的思想家，都坚决相信声的本质是正面的肯定性的存在，也就是实有一种实在存在着。本质规定了“声”或者“语词”的意义与功能。另一方面，佛教，尤其是大乘有宗佛教，所谓法相宗与瑜伽行派，却都认为“声”以及声所表达的语词或者概念的本质是一种虚妄的杜撰。瑜伽行佛教特重“自相”（svalakṣaṇa）实在。陈那的因明学著作与陈那弟子天主慧的《因明入正理论》都讲到这种自相。自相是终极的真实，是世界的本相，但自相又不是我们的理性能力能够把握的。只有在瑜伽禅定中那湛然不动的境界才能把握自相。陈那并未从正面说自相究竟是什么，这是因为：自相或者佛教所主张的根本真实本来就是离言绝相的，佛教说这叫“语言道断”。这里也就透露了佛教对于语言的最终真实性是不相信的。但陈那的自相观，可以从另一角度，也就是从相对于自相认识的共相认识来揭示。陈那主张涉及共相的认识并不是真正的知识，这里从反面透露出一点自相和自相认识的本来真实。自相只有通过真正的现量（大致可说它就是感觉知识）才可以认识。从认识主体的角度看，如果人的认识功能并不是真正意义上的纯粹感觉，那它就不是现量，或者只是假的现量，亦称似现量。

《因明入正理论》这样解释似现量，说“有分别智于义异转，名似现量。谓诸有智，了瓶衣等分别而生。由彼于义，不以自相为境界故，名似现量”。这意思是掺杂了概念意识的（有分别的）知识能力在所知对象（义）发生作用，就是一种似现量。所谓似现量，指的是知识能力已经产生了“瓶”“衣”这样的类别概念。而类概念并不是自相，它是人的理性能力虚妄地构筑的。陈那的《因明正理门论》说得更清楚，（概念性的知识）“但于此中了余境分，不名现量，由此即说忆念、比度、悕求、疑智、惑乱智等，于鹿爱等，皆非现量，随先所受分别转故……如是一切世俗有中瓶等、数等、举等、有性、瓶性等智，皆似现量，是假非真，名世俗有”。

佛教的目的是揭示世界的实相或者自相，从而否定我们对于生活着的世间的稳定与真实感。佛教徒认为，我们关于现实世间的认识与描述一定是共相性质的，也就是借助概念来实现的，而概念本身是理性虚妄加工的产物。概念，在印度的正统宗教哲学也就可以是“声”或借声表达的“所指”或对象。类别或范畴——如瓶如衣——都是“声”的形式。佛教认为它们并无实存的本质，它们的产生只是因为人类从反面来理解，忽略了一一自相之间的差别才形成的。比如，正是忽略了老人与小孩子的年龄差别，忽略了男人与女人的差别，我们才得到了“人”的概念；如果不通过忽略时时变易的随生随灭的自相的差别，我们也得不到共相的概念。“牛”这一概念就是忽略了不同颜色、大小、牛角、牛蹄等的差别才达成的一个共相概念。从这里，我们知道，对于佛教来说，只有具体的个别才是真实的，一般永远是虚妄的理性产物。从这里我们也就想到了欧洲中世纪的唯名论与唯实论之争。人类的思想和思想的困惑在本质上是一致的！

这种从反面来揭示概念内涵的方式被称作遮诠论法（Apohavāda）。遮，就是否定的意思，诠是“解释说明”的意思，这从反面来界定概念或共相的理论，是陈那首先提出来的。“遮”又叫“离”，遮离的目的是清楚的，它只是权宜地表达对于世间法的承认，而随时提醒人们不要迷恋于我们的五根（感官）所执为实在的世界或世相。佛教谈论因明和逻辑，其实其出发点是从根本上否定世间法的实在性与意义。佛教徒之所以在因明论中始终不忘现量与比量的区分就是为了维护其所心仪的自相世界的真实性，一心一意地要想取消概念（共相）世界的实在性。而在世俗的逻辑方法上，佛教徒仍然与一般的正理派或胜论派，或与正理—胜论派是一致的。正是从这一理论前提出发，在这个基础上，凯思先生所撰写的《印度逻辑和原子论》这本书其实相信：印度逻辑是一个包含了正统与非正统派的逻辑在内的庞大体系。也正是在这个意义上，人们可以认为，佛教的因明是对最早的正理学说的继承和发展；当然这里也就包含了新因明对于旧因明的继承，以及中世纪后期形成的新正理派是对原始的正理学说和佛教因明回应的产物。

印度的逻辑科学大致分为五个部分。首先是语法的也就是声明论的逻辑，它以拜尼尼(Panini)的梵文语法为核心或骨干；其次是弥曼差派的学说，它从祭祀经典的解读阐释开始，在历史上涉及了各种各样的语言逻辑问题；第三是胜论派与正理派的学说，其本源当然是自然哲学，但其联系于解脱而对宇宙构成和语言表述的特殊兴趣，也产生了缜密的逻辑体系；第四是上面已经提到了的佛教因明；第五是新正理派的逻辑。它是印度教逻辑的最终形态。从13世纪到今天，新正理学说一直受到挑战。

本书称《印度逻辑和原子论》，它是采用西方哲学术语来命名的著作。印度逻辑的意思，上面已经说了；原子论，也就是极微说。极微，就是极其微小，极其细微，因之被比附于古希腊的原子说。在印度，胜论哲学应该是最初表述极微说的。在时间上比胜论稍后一点几乎同时的佛教说一切有部，也主张极微学说。仅从原子单元的本质上看，可能两家是相互借鉴的，也没有根本的区别。关于这一点，读者如果读了凯思的这本书会有更清楚的了解。译者愿意借用一张表格来说明印度逻辑发展的旅程：

印度的逻辑家及派别发展史

时代	声明学派 (Grammar)	弥曼差派 (Mimamsa)	胜论派与古正理派 (Vaisesiska and Old Nyaya)	佛教因明 (Buddhist Logic)	新正理派 (New Nyaya)
	吠陀经典 (Vedas)				
	学术理法 的吠陀	祭祀法的 吠陀			
公元前 3世纪	拜尼尼 (Panini)				
公元前 2世纪	波檀迦腻 (Patanjali)				
1世纪			迦那陀(Kanada)		
2世纪				龙树 (Nagarjuna)	
3世纪		贾弥尼或 贾伊弥尼 (Jaimini)	乔答摩 (Gautama)		

（续表）

时代	声明学派（Grammar）	弥曼差派（Mimamsa）	胜论派与古正理派（Vaisesiska and Old Nyaya）	佛教因明（Buddhist Logic）	新正理派（New Nyaya）
4 世纪				世亲（Vatsyayana）	
5 世纪		沙巴拉（Sabara）	普拉夏斯塔帕达（Prasastapada）	陈那（Dignaga）	
6 世纪					
7 世纪	迦希迦（Kasika） 巴尔特里哈利（Bhartrihari）	普拉跋迦罗（Prabhakara）	乌地约塔迦罗（Uddyotakara）	法称（Dharmakirti）	
8 世纪		库马立拉（Kumarila）		法上（Dharmottara）	
9 世纪			瓦恰斯帕底（Vacaspati Misra）		
10 世纪			乌德衍那（Udayana）		
11 世纪	凯耶达（Kaiyata）				
13 世纪					甘格夏郁帕帝耶耶（Gangesopadhyaya）
16 世纪		那罗延那（Narayana）			罗怙主（Ragunatha）
17 世纪	巴托吉底克希塔（Bhattojidiksita）	阿帕提婆（Apadeva）			马土腊主（Mathuranatha） 世间主（Jagadisa） 迦达德罗（Gadadhara） 阿南跋陀（Annambhatta） 般遮南纳（Pancanana） 摩尼加纳（Manikana）
18 世纪	纳吉巴塔（Nagijibhatta）				

正理派讲逻辑，胜论派讲本体论。凯思教授的这本书就是从这两个方面的联系与区别上来探讨从古代到中世纪晚期的印度哲学的。同世界大多数哲学体系一样，印度哲学也重视本体论的建立。本体论，研究的是存在和存在的本质。古典哲学都致力于研究实在的本性，在其最根本的核心问题上，它有三个相互关联的思想：知识→正行（道德实践）→解脱。最终结果是要脱离人世的苦难，要离苦得乐。印度的各家哲学，无论其为正统派还是非正统派，都开出自己的存在范畴系列。但恐怕除了吠檀多将最

终的真实归结为梵和我，算是接近最高的统一性之外，其余的各家宗教哲学都会开列好些基本的范畴——它们称作“句义”。现象世界只是某种虚幻的影子，无论吠檀多还是佛教中观宗，都认为这个世界上的事物（世间法）如梦如幻如泡影，它们都只是摩耶（maya）的作用幻化。不同的是，在吠檀多是外在的幻，在中观派这种幻来自内在的虚妄分别。吠檀多认为克服这种幻妄有待于正确地认识存在本身，这样他在解脱的方法论上也就与佛教是殊途同归的——通过逻辑的分析方法揭示现象界的虚妄本质。一旦揭去了现象界上笼罩着的迷雾，世界的本体也就朗然而现，直证真如本体的实践者也就获得了解放。跳出了生死轮回的瀑流，也就进入了涅槃的境界。数论哲学认为世界是从两个最为基本的实体——自性和神我——流出的，自性是世界的本源，它服从于神我的需要，而不断地流衍和变化。所有的印度宗教哲学都相信世界呈现于我们的只是假象，在现象界后面的是一系列的句义（范畴），揭示这些范畴之间的关系，就是分析的任务，而分析必须采用逻辑。这样我们也就看到了印度宗教哲学从始于解脱论而踏上本体探索的道路，由批判现象而走向本体叩问，因此它不能不借助逻辑的思想理路及其力量。

说到句义（范畴），印度的胜论哲学是很有代表性的，胜论由于在逻辑立场上接近正理派，所以两家非常具有亲和力。胜论的句义有六个或七个或十个，即实、德、业、同、异和合。实分地、水、火、风、空（以太或虚空）、时（时间）、方（空间）、我（神我或自我）和意（精神或心意）；德则分为色味香触等二十四种，业分取、舍、屈、伸等，这些正是凯思先生的这本书要想详尽讨论的。有趣的是，对于胜论，最终的“实”也是个别的、不可能再加划分的。一实只是他实的容器，但它又不可以同那容器分离开来。后期的正理—胜论对于“实”这一范畴的广泛深入的分析，引向了对于关系和否定本质（类似佛教遮诠理论）那样的东西。这样我们便看到被佛教称为“外道”“异学”的正理—胜论派，其实也同佛教瑜伽行派一样，其对真实性（谛性、正理、真如等）的寻求，一方面深入了本体论，另一方面也深入了知识论。后者包括了逻辑学与概念论这样的学科。

《〈徐梵澄佛学文集〉跋》

孙　波*

1984 年 1 月,《五十奥义书》出版。之后,我国台湾地区即有盗版,徐先生遂托友人打探消息,然未有所得,因为在彼时,两岸交流还不甚通畅。其实徐先生并无诉讼之意,只是想看看其版面是否美观。在我所购置的一套《世界佛学名著译丛》中,徐先生翻译的《五十奥义书》赫然在目,它被分解为上、中、下三册。该译丛出版方为台湾华宇出版社,主编蓝吉富,每书前有港台地区若干佛教大师的序言,名字依次为白圣、印顺、星云、净心、演培、永惺、圣印。《五十奥义书》亦有编者的短序,有云:"译者原本将书名命为《五十奥义书》,这一书名,乍看颇为费解,所以在收入译丛时,我们将它改为《奥义书选译》,这一点是要请译者与读者鉴谅的。"短短两三句话,却是问题大有,《五十奥义书》的书名"费解"何有?其序首言便是"奥义书五十种,皆无所谓深奥之意义也"。序末又说到杜森(Paul Deussen)之《六十奥义书》、休谟(Hume)之《十三奥义书》,何等醒目!何等明白!哪里有一丝"费解"呢?书名改过,还要"请译者……鉴谅",然何时"请"过?译者本人不知。笔者见之书名,以为另有译者,一看内容,才知编者在搞"障眼法",真是"君子疾夫舍曰欲之而必为之辞!"当然,若以高境看,彼社彼主编"取之于民",毕竟于文化或精神的事业有利,兹不论。笔者在这里想表达的意思是,在徐梵澄先生的语境中,吠檀多学与佛学是两橛,虽然其亦"应乎释也"①,但终了分道于东西,不宜混同也。本文就徐先生的佛学研究做一梳理,而吠檀多学研究,那才是他老人家的主要战场。

徐先生的佛学研习始于青年时代,在 20 世纪 30 年代初,他尝与鲁迅盘道,其中多涉及佛学,鲁迅要他读《百法明门论》《弘明集》《广弘明集》,他说:"我于佛学的一知半解,最初是由先生启蒙的。"②1935 年春,游方于印度的锡兰比丘纳啰达访问上海,徐先生为他做翻译,并译出他的小册子《佛教略述》,后来在 1939 年出版。其文有曰:"综是

---

* 孙波,中国社会科学院世界宗教研究所退休干部。

① 参见徐梵澄译《薄伽梵歌·译者序》,香港:室利阿罗频多学院,1957 年。

② 徐梵澄:《星花旧影——对鲁迅先生的一些回忆》,北京鲁迅博物馆鲁迅研究室编:《鲁迅研究资料》,天津:天津人民出版社,1983 年。

以观，佛法非哲学也，非宗教也，非寻常伦理也。无以名之，名之曰真实之理，解脱之道，或直译巴利语曰达摩（法）。”徐先生以为“Buddhism 与其曰佛教，毋宁曰佛学，这种学问，实在算是一种‘身心性命’的学问”①。这是他一生对待佛教的态度。

鲁迅去世之后至抗日战争胜利，徐先生在此期间留有的文字很少，他曾说：“我去读佛经了。”1945 年底他赴印度泰戈尔国际大学教书，讲以欧阳竟无的唯识学思想。1947 年，梵澄先生偶见法国学者莱维（Sylvain Levi）之《唯识〈二十颂〉》《唯识〈三十颂〉》并安慧之疏的校订本，“以为可以印证古译，且睹论制之原型”，“因借录一过，参以魏、陈、唐三译，于二十论有所勾稽，于三十颂则存唐译而翻其安慧疏”②。前文名之为《〈唯识二十论〉钩沉》，与后书共同完成于 1948 年秋，越三十四年，刊登在《世界宗教研究》（1982 年第 4 期）上。其文“小引”有言：

> 昔勤策之流盛倡唯识论，同时镜芙大师（欧阳竟无）且赞为“巧不可阶”。其后胡适之辄诋为“印度最卑贱之陀罗尼”。于今返观之，巧则巧矣，盖巧于立说而别有所为也。比之于西洋哲学，仍属单纯朴质，亦不可同年而语。谓为卑贱之陀罗尼则不然。稽诸史事，在大乘全盛就衰之际，唯识亦不过其诸宗之一耳，经诸师补苴增益，迨体系圆成而旋就萎落，与佛法而皆亡，轮廓犹稍存于吾华，谓其为高为卑为贵为贱皆无自而可。胡氏或有激而云然，要之非通方之论也。梵澄昔年亦稍窥此学，颇欲究其中之奥窍，寻古德之用心，辄取《二十唯识论》梵文原本与诸译本对勘，字研句校，条分缕析。因未学藏文，而与藏文对勘，则借助于南印度学者阿雅斯瓦密氏。所得虽不过数纸，而诸家之苦心孤诣，翻译之进退得失，皆粲然明白矣。

我们来看，短短三百字，时代之背景，唯识之情势，文章之主旨，译事之灵犀，皆交代得很清楚了。

另一重要的译事结束于 1952 年 11 月 24 日，为杰出的佛家逻辑学者法称（620—680）的《正理一滴论》，徐先生译出并题名为《因明蠡勺论》。据佛学家、因明家虞愚（1909—1989）介绍：此论是法称学说提要性的著作，相当简略，而且只有此论存有梵文原本，其他各论只有藏译流传于世。他讲到此论曾由吕秋逸（澂）和韩镜清两先生翻过，二者皆著名的唯识家，且都明通于藏文，而虞愚先生则是英文高手。他还谈到早年

① 孙波：《徐梵澄传》，北京：社会科学文献出版社，2009 年，第 93 页。

② 参见徐梵澄译注《安慧〈三十唯识〉疏释·跋》，北京：中国佛教文化研究所，1990 年。

他曾译过此论，可惜“文革”时被抄掉了，后来他又以语文体重译，前两章已译完，后一章篇幅较大，尚未全部译出。大概是全工未竟，故未编入《虞愚文集》（刘培育主编，甘肃人民出版社，1995 年）。而《因明蠡勺论》之译稿，被徐先生置于发箧，从未与人见示过。为什么呢？因为《安慧〈三十唯识〉疏释》面世已多有不易了。1987 年春节以后，徐先生写信给正在助理任继愈先生编辑《中华大藏经》的李富华，问及译稿《安慧〈三十唯识〉疏释》：

> 拙译“安慧三十唯识疏”，辗转所中二年余，闻终落尊处。窃以为此疏之译，可藉以窥见古印度论师制作之原型，奘糅基释中皆不可见矣。其可宝玩有在于此。今世诸家选译，多失此旨。是亦一佳物也。故盼能早日刊行，拜感之至。耑此即致，敬礼。①

徐先生以为并自信此译可入《中华大藏经》，因为译文之“文字求不与古甚相乖背”，这是谦辞，在我辈看来，庶几与唐制一般无二。然编辑《中华大藏经》有一原则，收录者截止于晚清。后来，此译稿为中国佛协所得，于 1990 年内部出版，16 开本，黄色封面，薄薄一小册子。徐先生另有手稿《神名释—韦陀神坛巡礼》，写于 1953 年。后此文经调整、扩充，更名为《韦陀教神坛与大乘菩萨道概观》，发表在《世界宗教研究》（1981 年第 3 期）上。此外，徐先生还有一文《关于毗沙门天王等事》值得一提，该文是对张政烺先生在我所的讲词《封神演义漫谈》（《世界宗教研究》1982 年第 4 期）的补充，其中讲到文化的交流：

> 这里，大致有一通则可述，即所谓文化交流，是大者吸收小者，如水之就下。水之就下，必然挟其所过之地的水而下行，聚许多小流而为大水。某一系统推移——文化从来不是静定的——必然挟带了各地本土文化元素，其间种种物理的参合变化，难可胜言，往往经过某些地域和一长段时间，其本来面目皆改变了。在这点上可见其过渡期与经历处之重要。佛教一离印度本土而北传，遂化为大乘而密乘，本身渐渐变质了，远为在鹿野苑初转法轮时之瞿昙始料所不及。而在其所传播之区域，愈与其土俗信仰合，愈浸灌到社会的低层，其势力亦愈增大，存留亦愈久远。

---

① 孙波：《徐梵澄传》，第 370 页。

何以其“势力亦愈增大”“存留亦愈久远”？盖因人性中天生有其平等观之诉求，而佛教推“平等性”以极致，泯除了阶级的分化。印度最古时代（就《梨俱吠陀》而言）阶级尚未形成，后来社会分化，“分二、成三、加四”，四是“戍陀”，所谓“四姓沙门，皆称释子”，可见其早已超出寻常的平等性了，但社会大势又如水下堕，力不可挽，即人心不可收拾，于是佛教大士不免悲观，说“无常”，说“空有”，虽然它为一绝大的智慧，又不免是负极的一端，乃至消极的影响逾两千余年。徐先生非常遗憾地认为因着内部的冲突，印度现代的情况并不是很好，并且所有的宗教都似乎有害无益。但是，在评价一个民族真正的价值的时候，还要看到她的过去和未来。他在其英文著作《唯识菁华》（新世界出版社，1990 年）的序言中说：

> 人类既应该回首于它漫长的历史，又应该放眼于它无限的未来，正如古诗云：“欲穷千里目，更上一层楼。”无论如何一个民族可能暂时被世人所忽视，但是他们过去的光荣和对人类的贡献是不能被否认的。对于一个伟大过去的认识意味着对一个伟大未来的希望。在经过火的洗礼之后，一只新生的凤凰从它前身的灰烬中腾空而起，它甚至比过去更加美丽。印度次大陆的伟大希望就在于此。

《唯识菁华》与《安慧〈三十唯识〉疏释》是一什么关系呢？其中有解读在，小结在，暂不论。就《安慧〈三十唯识〉疏释》而言，有昔年的一个“小引”，有 1984 年跋和 1987 年跋，前者只有千字，中者不足三百字，后者稍过三百字，极简，提示性的三言五语。这就是徐先生的风格，说话简单平实，若不留意，未解处一下就会滑过，其实在一个观点之后有着很大的背景。此《安慧〈三十唯识〉疏释》问题较重，故放在本文末节讨论。而在此前，让我们先来看一下他未做完的工作——《佛教密乘研究——摄真言义释》。

工作笔者是见过的。徐先生译出咒语，每一句占一纸，分四行，梵文、拉丁文注音、汉文古代音翻（如“唵”om、“泮吒”pha 等）及译文句。笔者曾对他说：“现如今全世界恐怕就您老人家一个人在干这差事了。”当时他回答：“可能的。”随后他告诉笔者他的翻译力求达到这样一个原则：既要求出真言的本义，又要照顾到信仰者的心理。这工作时断时续，到了也仅做了“少分”，后连译稿都“不翼而飞”了。好在《佛教密乘研究——摄真言义释》有一序言，提前发表了（《世界宗教研究》1991 年第 2 期）。徐先生将其发端与我们娓娓道来。

首先，从发生学上来说，他指出：无论取何种态度，人生观的确立总与宇宙观有关。也就是说，与人对自然或“天”的看法有关。人不论如何能耐，他也只能“先天而天弗违，后天而奉天时”，即是观察到了许多规律，并依此做出了一些有利于人生之事。于是人类从自身的社会经验中抽绎出两大生命原则:生存与繁衍。两个原则合并为一,成就了他的本能,即是其自我求占空间与时间。在进化之初,求存在为多体,而合为集体,发展了群性,其中人与人必然交往、沟通,当然需要语言。而语言又属“有情声”(与自然界之“无情声”如风声水声不同),有情则直接心理,又是一个生命力的问题,这生命之“能力”是否影响到物质或环境,如有作用,到了何种程度?如宗教领域内的颂赞和祷告,便是这可提供研究的材料,属“声教”的范围。

其次,与“声教”对举者,是“文教”,于此分中分印,皆是地域条件使然。“文教”甚依于物质,凭借思智,较复杂和久远,从来都重视人为,也即“自强不息”。而“声教”更接近自然,“声成文,谓之音”,印度天气炎热,动植皆易繁荣,然人们喜阴厌动,又器物不易保存,所以犹重“声音”之传,密乘三事(身、语、意)中之语密,即念诵真言或咒语,便能反映出其民族的心理特质。语密所立之主旨,是“声从于字出,字生于真言,真言成立果”(见《大日经·百字真言法品第二十二》),可谓真言被认为是原始之声,因而生字,再生字之声,总之是“一”衍出“多”,“多”又归于“一”。“声音”无长驻,“器物”也无长驻,后者如“瓶”之碎。吠陀之终教或吠檀多学派,谓声音之知,表义,可由之直知,则当入现量一类。然此“现量”稍瞬即逝,故佛教“诸行无常”的宣传,是将其法印印在“声音”上,亦顺理成章。况且,“声音”中自有其能力之所在。比如,他与晚辈谈咒语之事,“他用梵文很有韵味地念了一段,说:‘这就是渡,渡,大家都到彼岸。是出自《心经》。’我说:‘就这么简单呀。再说说。’他回答:‘不能说,越说越不明白。’”①我们说,欲作求解,“渡,渡,大家都到彼岸”只是说明了一个意思,表述了一个现象。设若身临其境,且在命悬一线的危难时刻,那么“渡,渡,大家都到彼岸”就会产生巨大的力量,因为那是“上天”或“大梵”或“上帝”的声音。徐先生告诉我们,若依古婆罗门教的传统研究真言,则许多问题便迎刃而解,只是佛教和密宗信仰者不肯从这方面入手,于是其视景不免隘限了。就制作而论,真言远比不上梨俱诗颂,因为后者是上古之见道之士即“见士”和诗人所作,与中古之佛教徒不同,径直可说,他们立足于精神源泉的混辟处。

再次,徐先生说,入华之后,真言多只存音翻,虽原文有义而不出其义,则更现似不可思议,为秘密中之秘密了。菩提流支说“真言”亦名“密言”,由此可知“真言宗”亦称“密宗”故,原是师徒间之秘传,不轻授外人,已是秘密了。何以“秘密”?是为信仰。玄奘译场有“五种不翻”之例。人类由好密而信仰,可以说是本性使然,《奥义书》中有“天神皆好隐而不好显”之说,人类亦然,有时竟可说为了秘密而秘密了,因其相信秘密中

① 孙波:《徐梵澄传》,第445页。

有神奇的力量，便更不肯轻易公布于世了。其实有些字并无深意，也只合音翻，如惊叹声——夥颐等，如韵语声——些、兮等。除了因习性之自私而好“秘密”之外，尚有信神而畏祸、好文而掩陋、分别而尊本教等缘由。译出的咒语其实并不“秘密”，皆是明明白白、朴朴实实的话语。也许“秘密”只与“明白”对言，假设换一种态度呢？即“敬畏”，则与“神圣”对言了，那可能是“放之四海而皆准”的达道。而“秘密”本身却极易外附种种仪法、迷信，从而被封裹，透不出光明来，终至成一“黑法”。这么说，徐先生的工作是有意义了，他要还真言“本来面目”。

下面我们稍加笔墨，谈谈徐译《安慧〈三十唯识〉疏释》。

《唯识二十颂》《唯识二十论》《唯识三十颂》为世亲（约 4 或 5 世纪）所作。据说世亲作此三书时在晚年，未予疏解，后十大论师纷纷疏释，其成果为玄奘所得。奘师在其译经的最后阶段，曾打算将十大论师的注疏全部翻出，以总结瑜伽一系的学说，然又采纳了窥基的建议，改用编纂办法，糅合十大论师的学说为一书，并由窥基一人独任笔受，编译而成《成唯识论》。据史料记载当年还有一小情节：玄奘为窥基讲唯识，圆测（613—696）设法旁听并抢先著述，窥基很有意见，玄奘安慰窥基说，圆测虽为唯识论作注解，却不懂因明，遂将因明秘传给窥基。我们说，窥基“很有意见”，一定是闹了小脾气，大师也如常人，仿佛邻家的小孩子一样。此事以常人的眼光看，无可厚非，但从出家人的角度看，基师的心眼儿未免小了一点儿。心眼儿不大，所持必会有所偏好，这乃是心理经验之事，如建议奘师以护法（约 6 世纪中叶）疏释为主干杂糅各家，此举或与本门本派（慈恩宗）有功，而于学术史却是大大的缺憾。徐先生有诗《慈恩寺》不无揶揄，短句有云：“舌诵青莲讲法华，基师从谤有三车。空门惯说无生忍，难止心兵讼角牙。”①“无生忍”，安于无生无灭之理而不动也。

《安慧〈三十唯识〉疏释》，梵文原本久佚，然存藏文译本。1922 年，法国学者莱维在尼泊尔发现梵文本，遂就藏文译本和玄奘所译糅以校订，修正有十数处之多，出版于 1925 年。“其书旋由德国学者雅各比（Hermann Jacobi）译成德语。后法国普桑（Poussin）氏又将华文本《成唯识论》译成法文，由是唯识学乃彰于欧陆……吕氏（澂）则据藏文古译，成其《唯识简译略钞》，刊于支那内学院志”（1987 年跋），“发稿之次，又闻香港有霍韬晦氏译本，亦愿读者参稽之矣”（1984 年跋）。吕澂译本全名曰《安慧三十唯识释略抄》，他在“引言”中说：“梵本与藏译最近……独与唐译时相径庭终不可合”，因此他将“颂文对校梵藏翻译，释论多依藏译，以其译意更明畅也”。吕澂对安慧评价较高，与欧阳大师的态度不同，他说：“安慧论释不繁，坚守家法，如释识变则从中边，释心所则

① 参见徐梵澄著，孙波注解《蓬屋诗存》卷四，北京：社会科学文献出版社，2009 年。

从集论五蕴，释三性又从摄论，理解一贯，古义之说其在兹乎。”此与徐先生不异：“安慧笃守师承，蔚为‘古学’，与我国汉时经师守家法相似。”①“古义”“古学”与“今义”“今学”（护法）对言，实则一流，分前分后，而区别在于，“要之不若玄奘博采多家，裒成新制；譬若醍醐，则此犹然酥酪”②。吕氏译文发表在《内学》杂志 1926 年第 3 期上，而另译本，香港霍韬晦先生的《安慧〈三十唯识释〉原典译注》则发表在 1980 年，由香港中文大学出版。霍氏在 1969 年秋由业师唐君毅先生的举荐，获哈佛燕京学社的资助，前往日本专攻佛学，历时十年，译书终于出版，且是书译文晓畅，注释详细，予入门者以很大的方便。他在序言中写道：“至于梵文原典，则据莱维校订的天城体字本易写为罗马字体而成，其中曾参考日本学者荻原云来、宇井伯寿的订正表，亦有一些是我自己所做的改正，大概可以成为一个出错较少的本子了。”徐先生“于三十颂则存唐译而翻其安慧疏”，霍韬晦则一并自己翻过，因为他认为“若干重要概念若前人的翻译不能恰当表达其原义的”，要“予以重译或重新定名”，如 prinama 译为“转化”（旧译“变”或“能变”），诸如此类。

徐先生于安慧疏之旨趣提撕甚短，仅有几句：“其说我法，皆是别无依于总无；而谓自证离言，唯佛所证。斯则截断三分，归于一体，非若护法之别立证自证分，可与梵道之‘自我’相混者也。然则谨守绳墨，其功亦巨。”③“别无”者何？别无“我法”；“总无”者何？总无“相见”，此乃安慧一分说，又可称为相见遍见说；而“自证离言，唯佛所证”，是说“转识成智”，或曰“神知”，或如康德所说的“知性直观”（牟宗三译“智的直觉”），或如阿罗频多所说的“超心思”；又“三分”者何？见分、相分、自证分，由之联结下句“非若护法之别立证自证分”；两句中有“归于一体”者，“一体”者何？自体，赖耶，或吠檀多的术语曰之“心灵”。而欧阳大师与此相反，对安慧不免苛难，他说：“然安慧别义渊源性宗，以相见为遍计无，不可遵信”，又“安慧八识皆能遍计，所据理教不能精确，犯过重重，护法破以十义，会以三事，而计度分别惟摄属第六、七心品乃定”④。安慧“谨守绳墨”，玄奘“裒成新制”，欧阳大师尊奉后者，即护法、玄奘、窥基一系，唯识学之妄心系统，不承认华严宗也即性宗脉络往真心（如来藏）上发展，而贤首之说从真谛（499—569）之《大乘起信论》来，真谛也正是安慧的学生。更有甚者，大师说：“自天台、贤首等宗兴盛而后，佛法之光愈晦。”⑤可是，历史的情势恰恰相反，倒是慈恩一传即没，故牟

---

① 参见徐梵澄译注《安慧〈三十唯识〉疏释·小引》。

② 同上。

③ 同上。

④ 黄夏年主编：《欧阳竟无集》，北京：中国社会科学出版社，1995 年，第 104、122 页。

⑤ 同上书，第 90 页。

宗三先生说大师:“此真颠倒之见也。”①若果跳出妄心系统的门墙(此可为“横摄系统”——借牟宗三语,属知识论[二元及多元论]——笔者),安慧有些说法并不违理(此可为“纵贯系统”——借牟宗三语,属精神论[一元或一元包摄二元及多元论]——笔者),如“八识皆能遍计”,依吠檀多,八识皆一“知觉性”(“力”),不过层级或说“能级”不同而已,譬如波浪与海水,海水表识体自身,波浪表功能差别,两者“不一不异”。也就是说,诸“识”皆有其功用,皆在“动静”,亦可谓皆在“遍计”(其一也一,其不一也一)。

自来以安慧为一分家、难陀为二分家、陈那为三分家、护法为四分家为古说。但徐先生说安慧“截断三分,归于一体”,似安慧并未“分”。依霍韬晦先生的研究,《成唯识论》解“识变”(霍译为“转化”),无异将识转化划分能所,再二分化为相、见二分:

> 义虽严紧,然亦失之质实。由此遂再追问此二分产生之根据,属同种出抑异种出,更有一分家、二分家、三分家乃至四分家等各种主张。其说如下:“安慧解云:变,谓识体转似二分。二分体无,遍计所执。除佛以外,菩萨以还,诸识自体即自证分……”(《成唯识论》卷一,第 23 页)……但今查对安慧释文,并未发现安慧使用相分、见分、自证分等名词,亦无上述一般之议论。因此把安慧列为一分家的看法很可能是后人总结此一问题的讨论时加上去的。不过,若从内容上推导,则后人有这样的看法亦自有据。②

何以徐先生又说“截断三分”呢?大概的意思是说安慧未有给“二分”“三分”乃至“四分”留有余地。而“归于一体”者,大约是说“体”无由“分”,但可以“转化”,也即“生”,如一人之身体由青少变为(“转化”或“生”)壮老,从事相上看便有了分别,然仍不碍能所为一,体用为一,主客为一。“这是安慧‘识转化’的重要观念,由此可见其立场是更接近于主观观念论(精神论——笔者),而与成唯识论承认有‘疏所缘’不同。”③由此联想到阿罗频多的话:“‘本体’经过知觉性自见为客体上的主体,及同此一‘本体’向它自体的知觉性自呈为对主体的客体。”④

“一体”,在安慧,或指阿赖耶识?依霍先生的解释,于阿赖耶识自身所蕴含的价值意味,即识心是否是有一纯粹形式,在安慧本人尚未厘清,这一带有价值意味的纯粹形

---

① 牟宗三:《佛性与般若》,长春:吉林出版集团,2010 年,第 466 页。

② 霍韬晦:《安慧〈三十唯识释〉原典译注》,香港:香港中文大学出版社,1980 年,第 22 页。

③ 同上书,第 114—115 页。

④ 室利·阿罗频多著、徐梵澄译:《神圣人生论》,北京:商务印书馆,1996 年,第 648 页。

式，可以保住"法"或"德性"。然而他把烦恼视为外来的东西(客尘)，这便有一个暗许，即"阿赖耶识是一非烦恼性的存在；但亦可以说：阿赖耶识自身清净。这就分别与成唯识论及早期大乘经典如来藏清净心说相通"了。①再向上推之，"则世亲之学说中，亦含有绝对的普遍的真如识变说之意味"②。所谓"自身清净""绝对的普遍的真如识变"，是在说一纯粹的"观念""理想"或"精神"，徐先生谓之"真我"。他说："后世治法相学者，辄曰五法三自性皆空，八识二无我俱遣，既空既遣，必证必得，上方犹大有事在。斯则依他实依真我，非如芦束相交，镜智自镜圆成，有照双栖同树。"③"真我"者乃"真心"也，"真心"者乃"清净"也。而对此"真我"有无之认肯，事关重大，这也是新旧唯识学的分野。但是"真如"与"清净心"并非一事，正如"道"与"德"的概念有所区别一样，说"真如心"或"心真如"，似乎有些难解，其中有承认"有""我"之嫌，所以，"世亲晚年的思想，只阿赖耶识受熏持种，不言自性清净心，而真如只是理……既不能熏，亦不受熏，故内学院(欧阳大师)依奘传之唯识学即批评《起信论》之'真如薰习'为不通"。这是牟宗三先生的话，他认为"如是真净，则受熏亦能熏；如不是真净，则只受熏，而不能熏"。这就是说，如果阿赖耶识为真净，那么《起信论》为对，这样，"人人可以成佛"的主观原则(正如"人人可以成雷锋")，便有了形上之依据；而依妄心一系，因为没有这绝对观念(如"由人而圣而希天"的人极者)，所以"成佛"只为偶然。④不错，护法、玄奘、窥基皆天才人物，然其头脑特偏析理，未重或蔽于"真净"之域，则原始精神有失。可能，他们想把对于有关人生的问题的解释用律法思维的形式确定下来，但人生的问题，终要还原为人性的问题，而人性的问题又要通过人的心理活动来表现。于此我们不妨一问："刹那刹那"的"心理活动"之"瀑流"，能为"五十一心所"所厘定吗？回答：当然不能。唯识知识难以建基于心理活动之上，正如楼房不能盖在流沙上一样。而心理之"根"，乃至人性之"根"，在上不在下，在上者"天根"，而"天根"本"清净"，或曰"本善"，如孟子言。

徐先生的话还有一句要注意："可与梵道之自我相混者也。"前句是"非若护法之别立证自证分"。此"梵道"，指数论或僧佉。数论的特点是什么呢？即长于分析程序，且立足于二元：一曰"神我"，为心灵，为静者，一曰"自性"，为能力，为动者；前者不动不变，自体光明，后者属于机械者，于前者只有反之映，没有反之动("回还")。也就是说，"自性"为被动知觉性，而"神我"则是宇宙因，设若要反(返)之动而进至"神我"，那么，

---

① 霍韬晦：《安慧〈三十唯识释〉原典译注》，第58页。

② 佐伯良谦：《和译安慧唯识三十颂释论之考察》，《现代佛教学术丛刊》第29册，1978年11月。

③ 参见徐梵澄译《薄伽梵歌·译者序》。

④ 牟宗三：《佛性与般若》，第224页。

"自性"必得止息活动，以归于不变的止寂而消除。此"自性"也同"自我"。上说妄心系统之阿赖耶识"只受熏""不能熏"，如此与"机械者"或"被动知觉性"有多大的分别呢？另引霍韬晦先生的分析，以加深理解。他说：

> 护法思路，前面已多次提及，是长于组织，成唯识论随处都可以看到他对问题的分解能力。对于三性(遍计执性，依他起性，圆成实性)关系，他以真妄、性相对列，目的即在显体……必须承认，这样的分解是清楚的，但很容易造成三性壁垒。尤其是后二性的相、性分裂，更难会通，所以近代学者批评唯识家是二重本体(二元)，即缘于对此关系误解而来。护法的语言，不能不负一点责任。其实依世亲的原颂，只要我们对识转化的世界(依他起的存在)不加以分别心的执取，就是圆成实性，也就是唯表别(识)状态的存在；世间上并非另有一独立的真如。①

徐先生指出：唯识学盘根错节终不离佛陀之宗，与近代哲学不同。释迦于初时传教，汲汲于人生之苦，未尝着意于思辨哲学，但其思想中并非没有深湛的道理。在后来的两千多年中，"才智辈出，立同立异，渐汰渐纯，去故取新"，各成系统，各具规模，而唯识之学便是有萃于此者。虽然，"迨体系圆成而旋就萎落，与佛法而皆亡"。他又说："观其通用因明之楷式以免堕负，密接中观而不堕两边，明我、法之双空，破实色之执著，而远绍般若之鸿绪，将求有得于'无为'者也。至若其新熏种子之说，亦有助于蒙养之功，暗与近代西洋潜意识之说有合。"②至于对待唯识学的态度呢？他告诫我们："虽然，其有未尝窥此学者，愚且将委婉而告之曰：'此固当研治者也。'其有耽嗜此学者，愚必正色谓之曰：'置之！斯得之矣。'"③

其实，就于唯识如此，推之，就于佛学亦然。还有一小问题，就是他在使用"梵道"与"梵学"时的不同，在后者，是指吠檀多学，即一元论或一元包摄多元论，那才是印度民族的本经本法。徐先生曾有拟题"如何从梵学的背景研究佛学"者，于此我们可以明了，因为他把诸《奥义书》和阿罗频多的学说介绍入中国了。

---

① 霍韬晦：《安慧〈三十唯识释〉原典译注》，第139页。

② 参见徐梵澄译注《安慧〈三十唯识〉疏释·小引》。

③ 同上。

藏传佛教和道教*

朱越利**

藏传佛教和道教都是中国的宗教。不过前者主要由印度密教和西藏本教融合而成,形成地为藏区。后者主要继承了中原地区的古代宗教与文化,形成地主要为汉族地区。表面看,二者根源不同,流行的地域有别,似乎风马牛不相及。实际情况恰恰相反,二者的历史渊源很深。

一

一些印度学者发现,《度母秘义经》《风神咒坦多罗》《摩诃支那道修法》《弥罗山坦多罗》《梵天坦多罗》等几部婆罗门教梵文文献,都提到印度密教中与救度母崇拜或独结母崇拜有关的"女人道"(Vamacara)来自中国,印度密教中奉行的"五真性"供养也与中国有关。《度母经》和《风神咒坦多罗》还提到在4世纪时,伐湿斯塔(殊胜,Vesistha)曾亲赴中国向道教徒学习"摩诃支那功"。印度学者雷易(P. C. Ray)教授在他的《古代中世纪印度化学史》一书中说,印度泰米尔文文献记载,南印度密教的十八位"成就者"中有两位是中国人,泰米尔名字叫博迦尔(Bogar)和普里巴尼(Pulipani),他们于3世纪时去印度传播道教禁咒、医术和炼丹术等,博迦尔曾带弟子回中国学习,学成又回到印度。①

道经《太上洞渊神咒经》有一段经文与印度文献相呼应。该经凡二十卷,各卷非撰于一时。撰于东晋时期的卷二十曰:"道言:自今至辛巳年,当有赤人。赤人长三尺七寸,三亿万人,居东海水中,亦有学仙道士。南海有八十万人,人身长九尺。亦来入中国受道,时人或不识之矣。水人在海中曲山上,亦有男女,居在水中。时出九曲山上。有学道人,多端正,天下无有此比矣。水中人王三百夫人,夫人悉受道法,天人、玄女之仙化之。三洞大经布流于西海。亦有人,长一丈七尺。亦有夫妇之道,行道异于中国

* 原载《中央民族大学学报》(哲学社会科学版)2000年第4期,第69—76页。

** 朱越利,四川大学道教与宗教文化研究所教授、博士生导师。

① 黄心川:《道教与密教》,《中华佛学学报》1999年第12期。

之人矣。王方平、麻姑日日往彼化人。此国亦有水人，身长一丈六尺。多有女人，少有男子。王身长二丈九尺，及三千夫人，各有三十六王子。不食五谷。天人亦往来水下，作金玉七宝之室。人身亦衣金玉七宝之衣也，中国人得亦不能别之。行则乘风而驾雨，亦有自然之道炁矣。此之水人等，居在水下，水在上流耳。海中大虫，非世人所知。亦有大马大牛，如大马人头。百亿万种，不以一物也，无可比之者矣，世无所此也。”① 这些神话，光怪陆离不如《山海经》，纪实成分的比例则过之。

中国古籍中所说的四海，不同的古籍、不同的时代所指不同。《尔雅·释地》将中原周边地区泛称为四海，曰：“九夷、八狄、七戎、六蛮，谓之四海。”《太上洞渊神咒经》则用“四海”泛称中国周边地区。

东海和北海与本文关系不大，本文只对南海和西海感兴趣。《太上洞渊神咒经》将中国的疆域大致确定在汉代强盛时期的范围。其卷二十曰：“中国，长安是也。东至海隅，南至吴楚之外郊，西至罽宾，北至沙漠，悉是中国之名也。”②

据此我们很容易知道它说的南海和西海的范围。从东南到西南横着看过去，南海当包括西南端今天的孟加拉湾、孟加拉国、尼泊尔和印度西部等。唐代僧人义净赴印度取经，写了一部书就命名为《南海寄归内法传》。从西北到西南竖着看下来，西海当包括西南端今天的阿拉伯海和印度东部等。总之，南海和西海的范围将古印度包括了进去。

所谓“水人”或“水中人”，当指渔民、船民以及水下采珠工人等。他们生活在岛上、船上或水边，善于游泳，以水为生，故《太上洞渊神咒经》称之为水人或水中人，并加上了“居在水下”“往来水下”之类的神话描写。印度东面为孟加拉湾，西面为阿拉伯湾，大陆上流淌着印度河、恒河、布拉马普特拉河等，不乏“水人”。

《太上洞渊神咒经》说西海也有夫妇之道，行道异于中国之人。印度婆罗门教主张满足爱的情感或性欲，方法与道教房中术不同。

总之，《太上洞渊神咒经》说南海人来中国受道，三洞大经布流于西海，神仙去南海、西海化人，等等，大概描写了晋代印度有人来中原学习道教，道教经典传入印度，道士赴印度传道等事实。天人和玄女是道经中常见的夫妻神。尤其是玄女，作为房中女神可谓大名鼎鼎。王方平是著名的男性神仙，女神仙麻姑在古代也家喻户晓。《太上洞渊神咒经》让他们出双入对，显然也赋予他们共同教授房中术的使命。这两个神话是将道士的行为神化的结果。

---

① 《道藏》6/76中下，文物出版社、上海书店、天津古籍出版社，1988年。

② 《道藏》6/77上。

有学者苦心寻觅道教功法于历史上传入印度的交通路线。荷兰汉学家高罗佩(R. H.Van Gulik)博士推测,金刚乘所吸收的道教的东西,当是经阿萨姆邦从中国传入印度的。①中国学者张毅研究员说道教是经由滇缅线传入东印度的。②

二

除了专门来华学道和专门赴印传道者外,来华印度僧人融会佛道、促进中印文化交流,亦功不可没。黄心川教授从史传中统计,自2世纪上叶至8世纪中叶,即纯密形成之前,印度次大陆和中亚地区来汉地的僧侣中谙熟杂密法术的共计三十九人③。可以想象,名不见经传者更不在少数。三十九人中三分之二以上是印度人。这些人不仅身怀妙术,而且个个通达权变。为了传播印度佛教,他们尽可能采用中国人熟悉的表达方式,甚至学习与吸收中国宗教的一些思想和方术。黄心川教授指出,在这些人身上"集中表现了印度婆罗门教、中亚萨满教、西藏的本教和中国先秦两汉道教的巫术、魔术、占星术、方术、谶纬、神咒等等之大成"④。这种现象是释道融合与斗争的具体表现。

仅举北魏时来华的印度僧人昙无谶为例。《魏书·沮渠蒙逊传》曰:"始罽宾沙门曰昙无谶,东入鄯善,自云'能使鬼治病,令妇人多子',与鄯善王妹曼头陀林私通。发觉,亡奔凉州。蒙逊宠之,号曰'圣人'。昙无谶以男女交接之术教授妇人,蒙逊诸女、子妇皆往受法。世祖闻诸行人,言昙无谶之术,乃召昙无谶。蒙逊不遣,遂发露其事,拷讯杀之。"⑤

《北史》综合北四史而成,其卷九三《僭伪附庸传》由《魏书》全录此事,自不待言。僧传的记载与《魏书·沮渠蒙逊传》不同。梁代僧祐著《出三藏记集》卷十四有《昙无谶传》,说是蒙逊担心足智多谋的昙无谶为北魏重用,于己不利,遂将昙无谶秘密杀害。

---

① 高罗佩著,李零、郭晓蕙等译:《中国古代房内考》,上海:上海人民出版社,1990年,第479页。

② 汶江(张毅):《试论道教对印度的影响》,《南亚与东南亚资料》1982年第2辑。关于这条路线,方国瑜《云南与印度缅甸之古代交通》(《西南边疆》第12期,1941年6月昆明版)和郑天挺《历史上的入滇通道》(《旅行杂志》第17卷第3期,1943年)已经考证过。汶江本人另有一篇文章《滇越考——早期中印关系的探索》(《中华文史论丛》1980年第2期)考证过这条路线。

③ 三十九人名单,请参阅黄心川的《中国密教的印度渊源》(中国社会科学院《南亚研究》编辑部编《印度宗教与中国佛教》,北京:中国社会科学出版社,1988年,第6—9页)。

④ 黄心川:《道教与密教》,《中华佛学学报》1999年第12期。

⑤ 《魏书》卷九九。

《法苑珠林》卷七九《冤魂志》为昙无谶鸣不平，说蒙逊的左右常白日见昙无谶持剑击蒙逊，蒙逊因此病死。《出三藏记集》卷三六《李顺传》又说魏世祖的使者李顺受蒙逊贿赂，遂听任蒙逊杀死昙无谶。《魏书·李顺传》也如此记载。苏晋仁教授根据僧传的记载，断定昙无谶绝无教授男女交接术之类的秽迹，是李顺受贿赂而将蒙逊的诬陷之词谎报世祖，《魏书·沮渠蒙逊传》遂误记。①

究竟是僧传为尊者讳，还是《魏书·沮渠蒙逊传》误记，今已无法对质。笔者以为，即使昙无谶并无其事，也是来自印度次大陆和中亚地区的其他僧人有其事。因为，欲加昙无谶之罪，何患无辞！若皆无其事，蒙逊何苦要败坏自己的女儿们和儿媳们的名声呢？

道经也提到印度次大陆和中亚地区来华僧侣的房中密术。《天皇至道太清玉册》卷四记载，梁天监十四年(515)，范云向梁武帝解释什么叫舍利时曰："西胡房中秘密之法以合气而采阴者得之。其色红紫而体重也。胡言舍利。"②梁武帝时有吏部尚书范云，天监十四年时已逝世十余年，此解释舍利之范云当是误记姓名或有意伪托。

所谓"能令妇人多子"，颇似道教的房中广嗣术。广嗣术是汉代太平道之所长，《太平经》多有阐述。所谓"合气"，当时人们多用于描述天师道的黄赤之道。所谓"采阴"，是玄素之道、容成之术等中国房中术的重要内容。印度人研究房中术开始得很早。2 世纪上半叶至 8 世纪中叶来华印度僧人中如果有人以印度房中术授人，那是不奇怪的。上述记录有可能是用道教术语去描述印度房中术，但更有可能是反映了印度僧人把道教房中术融入密法的事实。

黄心川教授对《大正藏》第 18—21 卷密教部收录的受到道教影响的七十部经轨进行分析，总结出杂密时期密教在汉地和道教的交融可分为三种情况：

第一种，密教吸收了道教以前先行的思想和信仰，如阴阳五行说、五脏六腑说、谶纬、神仙方术、六甲、巫祝、鬼神，等等；

第二种，道、密在传播过程中摄取、融合了对方的教义内容、仪礼、符咒、印法等，采用了对方的术语、文句、咒声等；

第三种，道、密全盘吸收了对方思想和内容，甚至名称也很雷同。③

谙熟杂密法术的来华印度僧人回到印度后，免不了传授融合了道教的巫术、魔术、占星术、方术、谶纬、神咒等内容的密术。这种密术大概为日后的纯密所摄取。

---

① 苏晋仁：《佛教文献整理谈》，《世界宗教文化》1998 年第 4 期。

② 《道藏》36/394 下。

③ 黄心川：《道教与密教》，《中华佛学学报》1999 年第 12 期。

三

高罗佩博士说："中国古代道教的房中秘术，曾刺激了金刚乘在印度的出现。"①张毅研究员比较了密教和道教的相似之处。我将他的比较，大致归纳为九点：

1. 追求肉体不朽；

2. 认为人身为宇宙的一小天地，因此非常重视身体的修持；

3. 根本修行中，双身功尤为重要；

4. 非常强调阴性的重要，有佛性存于女根的说法，和道家的"玄牝之门，是天地根"的说法完全一致；

5. 采用还精术；

6. 较真言宗晚出的天性宗的教义与仪轨中所带的道教色彩更为浓厚而显著，在他们的祈祷歌中可以发现许多和《道德经》中"知其雄，守其雌"之类的说法十分相似的词句；

7. 女性无论在密教的教义、神祇和信徒中都占有十分重要的地位；

8. 密教对待各个种姓一视同仁；

9. 密教也如道教一样，长期流行于民间，和劳动人民有密切联系，他们所注意的是现实世界，而不是一味地追求理想的彼岸。②

张毅看到密教在许多地方都和印度传统各宗派有显著的差异，和道教却十分相似，而且相似之处又非常明显，因此他认为不能轻率地说这种现象仅仅是偶合。他总结说："不是密宗的框架形成之后，才接受道教思想那样的外来成分，而是道教输入印度之后，才促使密宗的形成。"③

萧登福教授也做了比较。我将他的比较，大致归纳为六点：

1. 曼荼罗依袭道教将神祇与五色、五方相配，分阶依次陈列，皆用多重圆坛或方坛，四门四向通达。其中密教金刚界大曼荼罗乃仿自道教之九宫神坛；而胎藏界大曼荼罗及金刚界九会之成身会，则仿自《太上洞神太元河图三元仰谢仪》所述之道坛，间接沿承自汉世帝王郊祀天地之坛(郊天为圆坛，祀地为方坛)。

---

① 高罗佩著，李零、郭晓蕙等译：《中国古代房内考》，第 479 页。

② 汶江：《试论道教对印度的影响》，《南亚与东南亚资料》1982 年第 2 辑。

③ 张毅：《试论密宗成立的时代与地区》，载中国社会科学院《南亚研究》编辑部编《印度宗教与中国佛教》，第 21 页。

2. 密教坛场上所常用之香炉、如意、拂子、麈尾等物，出自中土；剑、镜、铃则为道教术仪中所不可缺者。再者，密教用酒、脯、纸钱以祭，更可看出系受道教之影响而来。道教的称名启请仪式也成为密宗信徒与佛、菩萨及诸神祇沟通心意的主要方式。密教虽然承继了印度外道的护摩句召术仪，但其中常可看到道教的影子。密教之五体投地即所谓“磕长头”的叩拜姿势，直接仿效道教，间接沿承《周礼》拜法而来。密教之仪法中，有“以囊盛镜，常得将随身”，以镜照“魔鬼失心野狐恶病”使其现形，此佩镜用镜之法皆与道教无异。而有的密典说，咒师以绛巾裹头，执剑绕行，挥拟四方，以止息雨雹，其服饰，其仪法，与道士之禹步及头裹绛巾相似。仿袭之迹，自是可见。以剑镜来延生修仙的观念，显然是受道教影响而来。

3. 密教使用符、印、箓，使用噀水、叩齿、咽津等术治病、驱鬼、修道，并经常与符、咒、存思及特定之坛场仪轨等配合进行，也有取神策求灵签之法，这些都袭自道教。在巫蛊厌胜方面，两者皆书名于人偶身上，称名诵念，以针刺人偶身，埋之地下，就其形式看，疑受道教影响而然。

4. 密教沿用的道教神祇很多，天神类较常用者有青赤黄白黑五方天帝及北辰、南北斗、荧惑、太白、二十八宿等星神，地祇类较常用者有五岳四渎、城隍社庙、六甲禁忌、青龙、白虎、朱雀、玄武、灶君、土公、飞尸、伏注、溷厕之神等，冥神类较常用者有太山府君、判官、善恶童子、司命、司禄等。

5. 密教以观想法来驱鬼治病，修仙证道。以五佛五神配五方五色，并观想神祇吐气进入吾人身体各部位中；而其将人身分为顶、眉、心、脐、腰下等多处莲轮（气穴），修行时冥想气行于诸莲轮上，且将神祇与身中百骸百脉相配应，这些观想方式都与道教相同，应可确定系受道教影响而来者。

6. 密教无上瑜伽之男女双修法，借由男女交合、观想，重视明王妃之搭配等，配合道场科仪以进行，以求悟道成佛，系受道教影响而来。他总结说，从密宗受道教影响程度之深来看，不仅流行于中土之密宗如此，甚至可以确定印度本土之密宗已如此。①

黄心川教授根据印度学者的研究和中印保存的大量史料，追溯了印度的密教和中国的道教在古代和中世纪长期交往和相互影响的历史，归纳了两教在宇宙观、生命观和宗教修持方面惊人的相似之处。他认为，印度的密教和中国的道教都以积极入世为其主要特征，在哲学上都主张二元论，都崇拜女性和性力，印度密教的“即身说”和

① 参见萧登福著《道教与密宗》，台北：新文丰出版公司，1993 年；《道教星斗符印与佛教密宗》，台北：新文丰出版公司，1993 年；《道教术仪与密教典籍》，台北：新文丰出版公司，1994 年；《道教与佛教》，台北：东大图书股份有限公司，1995 年；等等。

道教的“人道合一”思想极为相似。道、密在修行的实践方面有着更多的相似性:(1)房中术或性技术;(2)炼丹与制药技术;(3)服饵养生法;(4)吐纳调息法;(5)按摩或体操锻炼法。①

印度纯密究竟融合了多少道教内容,道教对于印度纯密的形成究竟起到多大作用,这一课题还需要深入做下去。几位学者的共同意见是,印度纯密的确融入了道教内容。我想,至少这一点是可以成立的。

8世纪,莲花生(藏文:bad-ma-vbyang-gnas,梵文:Padmasambhava)大师接受赞普赤松德赞(khri-srong-lde-btsan)的邀请,翻越喜马拉雅山,将印度密教带入吐蕃。不言而喻,被包裹着的道教内容也就不请自来,随之而入,并逐渐融入了藏传佛教。

四

在7世纪松赞干布(srong-btsansgam-po)开始兴佛之前的笃本(brdo-bon)和洽本(vkhyar-bon)时期,本教是西藏上层和群众主要的宗教信仰。人们的生活方式、思维习惯及社会心理等,无不受本教左右。

笃本、洽本二者和道教之间有许多相似之处,如宣扬天地人三界说,盛行自然崇拜和多神崇拜,使用驱鬼巫术等。这些相同点在其他原始宗教中也可以找到。全面比较笃本、洽本二者和道教之间独特的相似点是比较困难的事。初步比较,至少有以下四点:

第一,本教垒石为坛祭天的做法,令人想到中原地区自先秦开始的巫祭和封禅之坛。巫祭和封禅之坛被道教继承为斋醮之坛。

第二,本教贵数字“九”,认为天和地皆有九层,创世之神有九位。本教经典《伏藏》中的主要体系之一是《九乘经论》,即将教义分为九乘。这令人想到中原文化自古贵“九”。按照中原文化的阴阳说,偶数为阴,奇数为阳,“九”为阳数,故《周易》八卦的阳爻称为“九”。“九”在个位阳数中数值最大,故贵阳思想将“九”视为极阳之数,视为最尊与大吉之数。引申开来,“九”则表示顶端、终极、极限等意,如汉语中的“九天”一词,即形容天的最高处。本教的九层天、九层地,也是表示层数极多、天极高、地极深之意。而九神、九层经论则显示尊贵,并满足追求吉利的心理。

第三,本教宣称人体内附有战神(dgra-lha,在人的右肩)、阳神(pho-lha,在人的右腋),他们是人最重要的保护神。此外人体内还有阴神(mo-lha)、舅神、家神、生命神

① 黄心川:《道教与密教》,《中华佛学学报》1999年第12期。

等，说法不一，也是负责保护人的生命安全和健康的。这令人想到道教存思人体内各部位、各器官众多的神灵并服气的方术。

第四，“参”被本教说成是女神向大地吐下的药物唾液，具有万能的解毒的功能。本教用“参”为信徒去污治病，净化心灵。这令人想到道教修炼方术和祈禳法术中对叩齿、咽唾液和噀水的重视。

东汉末年巴蜀地区的五斗米道，即吸收了当地氐羌族的原始崇拜和巫术，并为氐羌群众信奉，且传入云南和川西一带。目前还没有发现本教和道教直接交流的痕迹。但可以推断，存在着二者通过云南和川西相互产生间接影响的可能性。

道教是中国土生土长的宗教，它几乎继承了中原古代文化的所有方面。笃本和洽本也吸收了中原文化不少内容。所以说，即使五斗米道没有对藏区产生任何影响，笃本、洽本二者与道教之间存在着大量相似之处也是很正常的。

关于本教形成的时间，说法不一。时间最早的说法说笃本形成于聂赤赞普(gnya'-khi-btsan-po)时期，即大约公元前117年前，相当于西汉武帝执政时期(公元前140—前87)。据说洽本是止贡赞普(gri-gum-btsan-po)时，即大约1世纪，相当于东汉初年，从罽宾、勃律、象雄三地传入的。

郭沫若据史料考证说，炎帝后裔“有一部分曾东下到了今山东地方。更多的是散布在今陕、甘、青、藏以及四川和宁夏的广大地区，称为氐羌或消羌戎”①。

《后汉书·西羌传》记载，战国秦献公时(公元前384—前361)羌人首领爰剑之孙叫作卬的，率自己的部落，迁居到赐支河曲(在今青海东南部)西数千里的地方。其后子孙独自发展，有的成为牦牛种，即越巂羌。《新唐书·吐蕃传上》称之为“发羌”和“唐牦”，说是吐蕃之祖。《旧唐书·吐蕃传上》说：吐蕃本汉西羌之地。这些说明笃本兴起之时，已有羌族在西藏生活。

罽宾为古西域国，汉魏六朝时在今喀布尔河下游及克什米尔一带。勃律也是古西域国，在今克什米尔境内。象雄古国，在今西藏的阿里地区。据任乃强教授考证，这些古国皆为羌人所建。② 这表明洽本也来自羌族。

《旧唐书·吐蕃传上》又记载，原居南凉(今甘肃西部和青海一部分)的樊尼(应为羌人，一说鲜卑人)，于北魏太延五年(439)，率众逾积石(在今青海南部)，于羌中建国，开地千里，群羌归之如市。这说明在洽本发展时期，仍不断有羌人迁居西藏。

---

① 郭沫若：《中国史稿》第1册，北京：人民出版社，1976年7月，第111页。

② 任乃强：《古羌族派分之民族》，载氏著《任乃强民族研究文集》，北京：民族出版社，1990年，第434—438页。

西藏远在五万年前就有古人类生活。1958年以来，西藏各地相继发现多处旧石器和新石器时期的文化遗址。这表明西藏地区也是古文明发祥地之一。印、樊尼等部落带去了羌族原始宗教。这一民族迁徙时期，正是本教形成和发展的时期，正是藏民族形成的时期。日本学者羽田野伯猷说本教在本质上是以“瓶瓶”式的宗教为基础的①，这一判断一方面说明笃本、洽本是牧民的原始宗教，一方面说明笃本、洽本与羌族的原始宗教密不可分。

汉藏同源，藏族与汉族和其他兄弟民族的联系可追溯到上古时期，羌族是炎帝的苗裔。②印、樊尼等部落带去的羌族原始宗教中，自然而然地融有中原古代宗教的许多内容。这是笃本、洽本二者与道教之间先天地存在着大量相似之处的根本原因。

印度密教自传入之日始，就十分注意吸收洽本的内容。在佛教前弘期，洽本曾顽强地抵抗佛教的传入。这种反应是很自然的，任何宗教都不欢迎其他宗教分享自己的领地。吐蕃奴隶主统治集团内部残酷的权力之争，将佛本斗争也卷了进来，佛本此消彼长，斗得难分难解。

不过，中国有句老话，叫作“不打不相识”。斗争使印度密教更加认识到融汇本教的重要性。印度密教融汇了本教，这就使它增加了与道教的相似之处。同时，洽本也吸收佛教的内容，逐步演变成觉本(bsgyur-bon)。

11世纪阿底峡(Atisa)进入古格(在今西藏阿里地区)，印度密教开始在西藏确立优势。西藏上层和群众，最终选择了印度密教。这种选择不是偶然的。首先，佛教在理论和仪轨的系统性和精致方面，大大超过原始的本教，更适合封建社会的需要。其次，印度密教走了一条本教化的道路，受到认同。除此之外，大概还有第三条重要原因，那就是信仰本教的藏族上层和群众，对融有道教内容的印度密教也许会有似曾相识的感觉。

自松赞干布时起，汉地佛教开始向西藏传播。尽管藏族上层和群众选择了印度密教，但是藏传佛教仍然吸收了汉地佛教的内容。汉地佛教也融有不少道教内容。

五

1264年，元世祖忽必烈任命萨伽(sa-skya)派教主、国师八思巴('phags-pa)担任总

---

① 羽田野伯猷:《チベットの佛教受容の条件と变容の原理の一侧面》,《チベット・インド学集成》第2卷《チベット篇Ⅱ》,京都:法藏馆,1987年,第16页。

② 俞敏:《汉藏两族人和话同源探索》,《北京师范大学学报》1980年第1期。任乃强、泽旺夺吉:《康藏与中原地区早期交往试探》,《藏学研究论丛》第1辑,拉萨:西藏人民出版社,1989年。

制院院事，掌管全国佛教及西藏地区的事务，西藏地方政权开始实行政教合一制度。尽管八思巴没有真正掌权，但这种制度在名义上已是正式形成了。

这一制度对于元政府和西藏地方政权都是新举措。当时世界上实行政教合一制度的有西亚和阿拉伯地区的伊斯兰国家，以及罗马主教在意大利中部建立的教皇国。但这些国家都不是在世俗中央政权管辖下的地方政权。这样的地方政权在中国历史上曾经出现过。那就是东汉末年张鲁自号“师君”，以五斗米道教主的身份，在巴蜀建立的割据政权。汉帝封他为镇民中郎将，领汉宁太守，承认他对地方的统治。该政权在战乱的年代，保持了近三十年偏安局面，实在是难得。

活佛转世制度的形成，离不开当时的政治和经济背景，也需要宗教神学的巧妙解释。

活佛转世的意思是化身再来，与日本神道教的天皇世袭和天主教的教皇选举不同。活佛转世制度的创始人、噶玛噶举派黑帽系嘎玛巴希（karma pakshi）圆寂前，指示弟子寻找他的转世。他把化身再来比喻为太阳今宵西坠明朝东升，比喻为飞鸟自天而降。他立下了继续调伏众魔、化度有情、发展佛教事业的誓愿。《贤者喜宴》绘声绘色地编述了噶玛巴希夺舍转生的灵异过程。《红史》《青史》等编述了其他一些活佛乘愿再来，通过投胎或夺舍转生的神话故事。总之，化身再来的神学依据是佛教的三身说、投胎转生说、夺舍转生说和菩萨说等。

但是，在印度佛教中没有佛或菩萨一世接一世地显化再来的描述。佛本生故事讲述佛前生曾为太子、国王、婆罗门、商人、象王等。这些故事宣讲业报轮回说，劝人修善，与化身再来不是一回事，更不是世世显化。

世世代代化身再来的神话在道教中却很多，如东汉末年的《老子变化经》、边韶《老子铭》、三国时吴葛玄所著《老子道德经序诀》、六朝时期的《老子变化无极经》等，均讲述老子化身历代降生的神话，即常说的老子八十一化，每一世皆有名号。唐代的《紫微大帝说玄武本传》又增加了一世，说老子八十二化为玄武。元代《梓潼帝君化书》说梓潼帝君九十七化故事。这些故事在中原地区家喻户晓。而《青史》讲述历代转世的神话，则与老子、玄武等神话类似。①

另外，桑耶寺的建筑风格，底层为西藏式，中层为汉式，顶层为印度式，我们从中能够得到什么样的启示呢？耐人寻味。

---

① 参见廓诺·迅鲁伯著、郭和卿译《青史》，拉萨：西藏人民出版社，2003年。

从印度佛教到中国佛教

——印顺佛教研究概说

麻天祥 *

弁　言

人类文化，皆因传承而得赓续，唯有前辈学而不厌，诲人不倦，才能继往圣之学于千古。在我们这一代，若季羡林、任继愈、石峻、汤一介等相继仙逝，均为我们留存了丰厚的文化积淀和生生不息的精神财富，让我们循着他们的脚印继续向前，以开万世之太平。黄心川先生也是我最敬佩的前辈。先生温润如玉，博学多识，虚己待人，接引后辈，始终是我瞻仰的巍巍高山、顶礼的浩浩大海。与先生结缘于20世纪80年代末，由可望而不可即，至即之也温，弹指之间竟三十年了。先生在治学的领域给我的教诲和在人生道路上的提携令我终难忘怀。而今先生九秩，寿望期颐，特以此文敬献先生。祝先生寿比南山，光耀后人。

印顺是当代意在探求真理、重视闻思的学问僧。作为僧人，印顺对佛家的终极关怀，饱含信仰的激情；作为学者，他能够独立思考，敢于"标新立异"，以历史与逻辑相结合的方法，主张以佛法研究佛法，事实上也采用了中国传统和现代哲学的治学方法。他力求返归"文本"，从缘起无常到真常唯心，从实际到理性，追寻佛家第一义；他否定大乘径遭禁书，批评传统净土亦为佛界大不以为然，然而禅宗史的研究却直接为他赢得了荣誉。他强调，自印度传来的达摩禅，为一贯的如来藏禅；因而突出法融在禅宗史上的地位，并说明，禅宗发展至惠能，虽然一变而成为老庄化了的中国禅，但其"性在作用""即心是佛""识心是佛"的宗旨，仍不脱真常唯心论的轨迹。

对于净土，印顺特别重视弥勒信仰，以弥勒的人间净土为切近的追求，这也是印顺"人间佛教"建设的理论基础。

曾记得，在我做博士论文答辩时，主持答辩的石峻老先生语重心长地告诉我，要做好近代佛学研究，还应当对胡适、铃木大拙以及印顺的佛学思想予以比较。十数

---

* 麻天祥，武汉大学人文社会科学研究院驻院研究员、武汉大学哲学学院教授。

年来，天涯孤旅，南北辗转，老先生的话铭肌镂骨，让我始终不能忘怀。其间我曾有几篇有关胡适、铃木、印顺禅宗思想的比较文章载诸学术刊物，并以一章附之拙著《中国禅宗思想发展史》后。然而，仔细想来，实在不能尽如己意。我也曾多次聆教石老先生尊前，但每次都不敢谈及此事，或许是力不从心，或许是尚不够努力，总觉得愧对石老先生的教诲。20世纪末，老先生驾鹤西归，于我则终成一段遗恨，愧疚中有挽联遥致先生：

二乘三学，梵曲依依伴鹤驾；四书五经，春风徐徐拂桃李。

此联不仅寄予我对老先生的追忆，更多的是蕴含我有负老先生厚望的自责。而今虽促成对印顺思想的研究，依然有不胜重负之感。

首先，印顺给我的印象是一个与众不同的学问僧。他虽然是一个虔诚的释迦弟子，但他不以经谶为职业，不以事鬼神为修福之道，而且不迷信前人之成说，敢于在真理探求的道路上刨根问底，是一位特立独行的学者。难怪石老先生要我将其与胡适、铃木予以比较了。

深入了解印顺主要著作之后，我尤其觉得印顺是一个值得注重的人物。他的思想清晰易见却难以正确把握；其重在佛学超越精神的理论探究，却以参与的人间佛教影响社会；其以当代佛学大师享誉东亚诸国，却又屡遭限制与责难；其行文语体时而残缺不全、佶屈聱牙，文言却高雅洗练，若阳春白雪。尽管如此，我们还是可以看出印顺佛学思想是基于如下两条理路全面展开的：

1. 理论上返归释迦之本教，即缘起无常，而非真常或梵化；

2. 特行于人间佛教之探索，既非死鬼的佛教，也非天神之佛教，是“人的佛教”。

显而易见，印顺是一个意在探求真理、重视闻思的学问僧。

印顺说：“在修行、学问、修福——三类出家人中，我是着重在学问，也就是重在闻思，从经律论中去探求佛法。”并一再强调他是一个平凡的人。其实这是作为一个与众不同，尤其是与众僧不同的学问僧，在经历了太多的人世沧桑之后，痛定思痛而发的感喟。印顺一生既非高官，也非巨贾，又不是平交王侯、运筹政界声名显赫的政治和尚，他的日常只是在寺院的经房、禅室中读书写作而已。就是这样一个普通的僧人，却因为对佛理的探索，经历了一场场“暴风雨”的袭击。

这里，首先透过印顺幼年的博学、印顺所著的第一部批判中国佛教的书，以及在中国台湾地区的两次“焚书”事件，展现印顺思想的形成、流变及其在学术上的贡献。

一、 致学与奠基

印顺俗姓张,名鹿芹,浙江海宁人。父承祖业,薄有田产,附近镇上,有南货店一爿。据印顺说,他七个月便出生于世,所以,历来瘦弱,不怎么结实,七岁随父亲到镇上读书,与书结下了不解之缘。“从丹经、术数,而转到了老子、庄子、新约、旧约”以及佛教的经论。他学过中医,做过小学教师,直到二十岁那年(1925),“读到冯梦桢的《庄子序》‘然则庄文、郭注,其佛法之先驱耶’,而引起了探究佛法的动机”①。印顺少年博学,自然为日后研究佛法奠定了深厚的学养与理论基础。诚如他自己所言,自二十五岁出家,“学佛未成成病夫”,换句话说就是成了一个“从佛法研究佛法”的学问僧。若说一生难忘是因缘的话,印顺的成就也是他自身的素质、家庭条件和历史环境决定了的。印顺诚恳地说,他这一生太平凡,平凡到不能再平凡的地步,其实说的就是做一个“学问僧”的平凡。

照印顺的说法,对他一生,尤其是一生学术影响最大的是三部书。第一部是多罗那他(Taranatha)的《印度佛教史》,第二部是宗喀巴的《密宗道次第广论》,第三部是《古代印度》(*Ancient India*)。第一部是藏传佛教觉囊派学者关于印度佛教的形成、发展和流变的学术著作,记述自释迦牟尼去世后,至印度波罗、斯那王朝覆灭,佛教在印度的盛衰。其内容不仅可以补充玄奘、义净以前印度佛教史料的不足,也填补了义净之后诸多史料的空白,是研究印度佛教重要的参考文献。印顺说它“对后来《印度之佛教》的写作才有了史的重要参考”②,应当说是符合其思想发展实际的。其实,不仅如此,这本书同样奠定了印顺佛学研究的历史观念和理论基础,形成他对中国大乘佛教的独特认识。第二部是藏传佛教格鲁派创始人的名著,此论概括密宗四部教法,而以无上瑜伽为重中之重,问世后在藏传佛教中广为流传。第三部虽然不知为何人所译,也不知何处所出,但印顺直到晚年,仍然对其念念不忘,足见其对印顺影响之深远了。

毫无疑问,对印顺影响最大的这三部书显然都是同印度佛教有密切关系的著作。由此我们不难发现,印顺对中国佛教的研究自然同它的历史渊源紧密结合在一起,并在比较中给以历史的当然也是逻辑的评判。

除了上述三部书对他影响最大之外,在印顺的一生中,给他造成麻烦最多的则是

① 参见印顺著《游心法海六十年》(台北:正闻出版社,1985年)及《平凡的一生》(台北:正闻出版社,1994年)。

② 参见印顺著《平凡的一生》。

他自己的一部专著《佛学概论》。印顺说,因为有了这本书,“为我带来麻烦,然而我也为它而没在大陆受苦,因缘就是那样复杂”①。

二、 一石击水,死水微澜

1942年,《印度之佛教》出版发行。如果说,前述三部书为印顺佛学思想奠基,那么,此书的出版则标志着印顺现代佛学思想的雏形已脱颖而出,开始走向在创新中继承的学术长路。书前自序编述缘起、方针与目的,将其思想上的转化及对佛学流变的真知灼见和盘托出,由是表现出和而不同的治学态度与批判精神。自序内容具体清晰,姑转述如次:

> 佛教之末流,病莫急于“好大喜功”。好大则不切实际,偏激者夸诞,拟想者附会,美之曰“无往而不圆融”。喜功则不择手段,淫猥也可,卑劣也可,美之曰“无事而非方便”。圆融方便,昔尝深信不疑,且以此为佛教独得之秘也。

文章开宗明义,指出佛教,当然是中国佛教末流“好大喜功”,所谓“圆融”“方便”,昔日深信为佛教独得之秘,“而卒无以纾国族之急,圣教之危”,那就不能不教人重新审视并予以不同的评价了。如此大有推倒一切的气概,其誉在此,其毁也在此。接着印顺忆及梁漱溟、张力群、释慧松谈佛教兴亡,而有所感触:一、“释尊之为教,有十方世界而详此土(此地),立三世而重现在(此时),志度一切有情而特以人类为本(此人)。释尊之本教,初不与末流之圆融者同,动言十方世界,一切有情”;二、“佛教之衰灭,末流伪杂有以致之”,“病其流风之杂滥,梵佛一体而失佛教之真也”。

简单地说,在印顺看来,佛教发展至当时社会,末流所趋,日见衰竭,其原因一在理论上以“圆融方便”而流风杂滥,二则在“事大而急功”“言高而行卑”,离开了此时、此地、此人,与释尊之本教相背离,而失佛教之真。也就是他后来批判中国佛教在理论上空疏简陋,懒于思维,在行为中却又高谈玄理,漠视事实。有鉴于此,他“深信佛教于长期之发展中,必有以流变而失真者。探其宗本,明其流变,抉择而洗练之,愿自治印度佛教始”。

于印度佛教,印顺自有其确定不疑、独立不羁的认识。他反复强调:

---

① 参见印顺著《平凡的一生》。

> 印度之佛教，初则无常论盛行，中则性空论，后乃有真常论盛行。
>
> 初则详无常、实有之声闻行；次则说性空、幻有之菩萨行；后则说真常、妙有（不空）之如来行，以空为不了义……今以历史印证之，则印度佛教发展之遗痕也。

简而言之，印度佛教在长期的发展中，早已经历了无常、性空乃至真常的历史流变。从形而上看，"释尊之特见，标'缘起无我说'，反吠陀之常我论而兴。后期之佛教，日复一日，倾向于'真常、唯心'，与常我论合流"，"若即理论之圆融方便而见之于事行，则印度'真常论'者之末流，融神秘、欲乐而成邪正杂滥之梵佛一体。在中国者，末流为三教同源论，冥镪祀祖，扶鸾降神等，无不掺杂于其间"。接着他进一步指出：

> 中国佛教之传统学者，以"真常论"为根基（三论、天台融真常于性空，唯识则隐常于真常。贤、禅、密为彻底之真常者。净则随学者所学而出入之）——或为正常之适应，或为畸形之发展，或为毒素之羼入，必严为料简，正不能以方便二字混滥之。
>
> 中国佛教为圆融、方便、真常、唯心、他力、顿证之所困，已奄奄无生气；神秘、欲乐之说，自西而东，又日有泛滥之势。

因此印顺强调：

> 能立本于根本佛教之淳朴，宏阐中期佛教之行解（梵化之机应慎），摄取后期佛教之确当者，庶足以复兴佛教而畅佛之本怀也欤！

这里，简单的重复是必要的。在印顺看来：

1. 佛教长期发展，必有其流变而失其本真；
2. 真常论与释尊缘起无我之说相去甚远；
3. 中国佛教以真常论为根基，好大喜功，冥镪祀祖，扶鸾降神，已奄奄而无生气；
4. 宜尊释尊之教，弘扬中期佛教之行解，融摄后期佛教之有益者，才能见佛教复兴于当世，才能推动佛教在此时、此地、此人的发展，即其所谓"人间佛教"。

显然，印顺对中国佛教的批判，或者说对中国佛教的真常论的批判是溢于言表的，但至今不知为何，或许是为贤者讳，学界，尤其是教界，有意无意地在避开这样的事实。在一致肯定印顺作为当代佛学大师的同时，学界又不得不承认，"真正能对他思想作深刻掌握的并不多"①。

---

① 江灿腾：《台湾佛教文化的新动向》，台北：东大图书股份有限公司，1993年，第78页。

《印度之佛教》的出版，如一石击水，使沉寂的佛教学术研究泛起微澜。一年后，陈家康撰长文予以评论。文曰：

> 辛亥以来三十二年间敢于对大乘思想提出怀疑，加以抨击的人，几乎没有。想不到在戎马倥偬之际，还能出版印顺法师所著《印度之佛教》一书，使人看到一点新鲜的见解。印顺法师虽然不敢怀疑大乘，抨击大乘，但是，在他所著的这本书中，可以看出，大乘的地位在目前中国佛学思想中，不能不开始动摇。①

陈文的这些话，应当说是中肯的，对"究有独到之见"的印顺佛学思想也是肯定的。然而，对此颇有争议的"独到之见"，直到如今，仍讳莫如深②，也就难怪对其思想不能"作深刻掌握"了。当然，说大乘开始动摇，在当时或许有某些迹象，其后的历史证明，预言未成事实。

三、 概论激起的轩然大波

1949 年，早已完成的《佛法概论》一书在香港出版。印顺说："旧稿积压了四五年，由于厦岛讲学因缘，才续写完成，得以印行流通。"在这一著作中，印顺同样坚持对大乘的否定性评判，尽管是含蓄的。他说：

> 关于佛法，我从圣龙树的《中观论》，得一深确的信解：佛法的如实相，无所谓大小，大乘与小乘，只能从行愿中去分别。

初期佛法的时代适应性，是不能充分表达释尊的真谛的。大乘应运而盛行，虽带来新的方便适应，"更以异方便，助显第一义"，但大乘的真精神，是能"正直舍方便，但说无上道"的，确有他独到的长处！佛法的流行人间，不能没有方便适应，但不能刻舟

---

① 陈家康：《试评〈印度之佛教〉》，《群众》（合订本）第 8 卷，1948 年。

② 郭朋："陈文所谓的大乘，确切一点说，主要应该是指真常系和密教（或者再加上唯识），而对于性空系的思想学说，印公可说是完全肯定、奉为正宗的。"（《印顺佛学思想研究》，北京：中国社会科学出版社，1991 年，第 3 页）其实这里涉及对佛教基本理论的认识问题，涉及宗教超越性和人间佛教参与性以及理性主义与信仰主义等一系列哲学、社会学、宗教学的理论问题，争议是不可避免的，印顺的贡献正在于此。回避印顺提出的问题，虽然化解了正面的冲突，却无助于佛学理论的深入探讨。

求剑而停滞于古代。原来，释尊时代的印度宗教，旧有沙门与婆罗门二大类。应机设教，古代的声闻法，主要是适应于苦行，厌世的沙门根性；菩萨法，主要是适应于乐行，事神的婆罗门根性。这在古代的印度，确乎是大方便，但在时异境迁的今日，今日的中国，多少无上妙方便，已失却方便大用，反而变为佛法的障碍物了！

简单地说，在印顺的思想中，真正的佛法无所谓大小，大乘应运而生的适应性，“是不能表达释尊的真谛的”，虽然有方便适应之长，只是应旧有沙门和婆罗门之机而设教的。如此适应厌世沙门根性的苦行，和适应事神婆罗门根性的乐行，在古印度虽然无可置疑，但在今日中国，“已失却方便大用”，而成为佛教发展的障碍了。一句话，大乘不适于今日之中国！①

佛教传入中国，辗转一千余年，与中国文化相互渗透，形成独具中国特色的中国佛教，无论在佛门，还是在社会各个层面，所谓的大乘，都具有无可移易、不能取代的地位。其究竟是否与佛法真谛相吻合，是否符合今日之中国，的确是一个复杂而有待讨论的问题，这里不宜也不可能做出权威的判断。印顺力排众议，否定如众星捧月的大乘佛教，并提出一整套与众不同的佛教思想，原本是一个合情合理的学术问题。尤其是他作为一个学问僧，那种不囿于已成之见，勇于探索的治学热情显然应当予以肯定。然而，事实却相反。如果说《印度之佛教》只是摇动社会略起微澜，《佛法概论》继续这样的论断，无疑让一些人觉得印顺离经叛道，以致借题发挥，将纯粹的学术问题变成复杂的、令人啼笑皆非的政治问题，掀起了轩然大波。

其实，争论的焦点还是对中国佛教的评判问题，印顺的“离经叛道”无疑招致佛门的反对而引起中国台湾地区僧界大哗。所谓“为共产党铺路”只不过是欲加之罪的借题发挥，于是而有“取缔《佛法概论》的三部曲”相继发生。

首先是借“围剿圆明”②，“先造成不利于我（指印顺自己。——作者注）的广泛传说”。继而，教界“异口同声，要慈老出来救救中国佛教”，再由中国台湾地区僧界元老慈航振臂一呼，公开发表文章《假使没有大乘》指斥印顺“打倒大乘”，非圣非法，离经叛道。文章虽未发表，但印顺作为“魔障”的形象已经在台湾地区不胫而走了。③

---

① 上引均见印顺著《佛法概论·自序》，上海：上海古籍出版社，1998年。

② 圆明，中国佛教协会派遣留日僧人，崇拜胡适，主张向印顺学习。故“围剿圆明”以批判圆明为名，以批判印顺为实。

③ 印顺在其著作《平凡的一生》中记载：“这篇文章的题目是：‘假如（也许是“使”）没有大乘。’文章是慈航法师写的，是批评我，应该说是对我发动的无情攻击。文章的大意，说我要打倒大乘，提倡小乘佛教，提倡日本佛教。说我想做领袖，问我‘到底是谁封了你的’。”

事实上，印顺自然清楚，是自己对中国佛教的臧否触怒了佛教界大多数的信仰主义者，因此对慈航在学理上的不同意见还是能够理解的。他说："我称叹缘起性空的中道，说唯识是不了义，慈航法师提倡唯识宗，也许因此而有所误会。"或许，慈航及其他佛门弟子只是对印顺佛教思想有针锋相对的看法，以致采取一些过激行动，当然绝非"有所误会"，也是合情合理的。但是，风雨欲来，乌云压顶，接着，一位秘书长以"为共产党铺路"的罪名为始作俑者的"第三部曲"则显然要置印顺于死地了。印顺对此有详细的回忆：

> 国民党中央党部，有一种对党员发行而不向外界公开的月刊(半月刊?)，常时的最近一期，有这么一则："(大意是)据报：印顺所著《佛法概论》，内容歪曲佛教意义，隐含'共匪'宣传毒素，希各方严加注意取缔。"
>
> (秘书长)立刻以中佛会(四三中佛秘总字第一号)名义，电台湾省分会、各县市支会、各佛教团体会员、佛学讲习会等，"希一致协助取缔，勿予流通传播"，并以副本分送内政部、省政府、省保安司令部、省警务处、各县市政府，以表示中佛会的协助政府。这一天，是民国四十三年一月二十三日。子老每说："大家正高叫刀下留人，就卡嚓一刀的砍了下去，太厉害了!"
>
> 中佛会行文以来，年底年初，传播的谣言，也越来越多。有的说，印顺被逮捕了。有的说，拘禁了三天。也有说，不敢到台北来。也有说，躲起来了。我并不乐意去听这些，但偏有好心人，要传到我的耳朵里。我心里有点惭愧了！古语说："我虽不杀伯仁，伯仁由我而死。"现在是："我虽没有造口业，而无边口业却为我而造。"
>
> 我是那样的懦弱，那样的平凡！我不能忠于佛法，不能忠于所学，缺乏大宗教家那种为法殉道的精神。

"歪曲佛教意义"，毕竟是对佛法理解不同的问题；"为共产党铺路""隐含'共匪'宣传毒素"在当时的台湾地区可是个掉脑袋的罪名。于是已出版的著作"希一致协助取缔，勿予流通传播"，也可说是一次小的"焚书"事件。印顺被逮捕，或者被拘禁三天，或者说躲起来不敢到台北来的种种传闻铺天而来，大有"庆父不死，鲁难未已"之势。对于一个学者(虽然印顺是一个僧人，但是一个学问僧)而言，这种让人啼笑皆非却又令人不寒而栗，类似清初文字狱的欲加之罪，印顺实在也是百口莫辩。

当然，所谓"为共产党铺路""隐含'共匪'宣传毒素"的指控，是指书中关于北拘卢洲(福乐之地)的介绍①,说印顺借此隐喻共区,为共产党做宣传。众所周知,北拘卢洲乃古印度神话传说中的四大部洲之一,佛教早已沿用此说而非印顺新创。然而,面对"狂风骇浪般的袭击",印顺也唯有自认倒霉,一方面"理直气壮地""申请再审查",另一方面又委曲求全,"在申请修正时,却自认'逃难时缺乏经典参考,文字或有出入'",并对北拘卢洲的解说作了修改,内容"简略为:北拘卢洲——大家浑浑噩噩,没有家庭组织;饮食男女,过着无我我所,无守护者的生活。没有肤色——种族的差别。——这该是极福乐的,然在佛法中,看作八难之一。——要在社会和平、物产繁荣的基础上,加上智慧与慈悲,真理与自由佛法流行,才是佛教徒仰望的净土"。如此总算平息了这场轩然大波。不过,应当看到,印顺当时不仅百口莫辩,事后也是有苦难言。他不愿继续同教界正面冲突,同样不愿放弃自己的见解以取悦权势,所以对中国佛教的理论问题,他既不坚持己见,反拨挑战,也不否定原有的观点,让人听起来若蒙一头雾水。如此虽然避免了正面冲突,却也无法继续深入有关中国佛法重大理论问题的探讨。印顺在回忆这一段经历时,充分表现了他的难言之隐。他说:

> ……我不能忠于佛法,不能忠于所学,缺乏大宗教家那种为法殉道的精神。我不但身体衰弱,心灵也不够坚强。

痛定思痛,言近旨远,他的这句话,乍看起来是指关于北拘卢洲检讨的修正,从内容上看,无疑是对自己"不能忠于佛法,不能忠于所学",缺乏"为法殉道的精神"而流露的深刻自责。修正不当修正,欲言而不能言,对印顺思想不能做深刻把握的原因,自然也来自这里。②

---

① 印顺解释说,《佛法概论》被认为有问题的,主要是北拘卢洲。这原是中华民国三十三年(1944)在四川的讲稿,发表在《海潮音》上,当时都是经过新闻检查而刊布的。这一讲稿,还收到虚大师的奖金,我怎么也想不到是会有问题的。四大部洲说,与现代的知识不合,我解说为:这在古代是有事实根据的,不过经传说而渐与事实脱节。拘卢即今印度的首都德里,为古代婆罗门教的中心。北拘卢,也就是上拘卢,在拘卢北方,所以"传说为乐土,大家羡慕着山的那边"。我画了一幅地图,北拘卢泛指西藏高原。当时是抗战时期,即使是1949年,西藏也还没有陷落(具政治倾向的措辞,与其学问僧身份不合。——作者注),能说我所说的北拘卢洲(福地),隐隐的指共产区而说吗?我对四大部洲的解说,与旧来的传说,有点不合。这不是我的不合!而是四大部洲的传说,与现代所知的现实世界不合。为了免除现代知识界的误会,作一合理的解说,这算"歪曲佛教意义"吗?其实,王小徐的《佛法与科学》,虚大师的《真现实论》,都早在我以前,尝试新的解说,以免现代知识界的误会了。

② 上引均见印顺著《平凡的一生》。

应当说明，印顺的这一修正实在也有点文字游戏的味道，类似20世纪初欧阳竟无与太虚关于“养成弘法利生之才，非养成出家自利之士”的争论。欧阳不得不将“出家自利”改为“趋寂自利”，其实就字面上而言，是由于汉文的歧义所造成的不同理解，欧阳前后的解释并无本质上的差异。欧阳虽做了表面上的让步，却又不吐不快①；与欧阳不同的是，印顺隐忍不言，只做了如此含蓄而让人费解的深刻自责。

四、净土与“焚书”

中国台湾地区佛教一般说受日本佛教影响较大，光复之后的台湾地区佛教无疑又与大陆佛教一脉相承，民间信仰同样以念佛而求往生西方极乐净土为终极追求，尤其是阿弥陀佛及其念佛法门早已是社会的普遍信仰②，这与宋代以后禅净合流的大陆佛教几乎没有什么不同。民国时期，台湾地区佛教虽然也受大陆佛教革新运动之影响，但毕竟地域封闭，传统佛教的信仰仍然是根深蒂固的。印顺对大乘的非议，换句话说，太虚“对天乘行果的大乘，不反对而认为不适宜于现代”的“世界性的佛教倾向”自然会受到强大的抵制。由此观之，印顺强调“在往生净土以外，还有人间净土与创造净土”，从而赞扬、抬高弥勒净土的“净土新论”，受到传统的弥陀信仰的冲击，也就在情理之中了。于是乎又一次漫天风雨扑面而来，印顺的《净土新论》遭到激烈的批评，“甚至有大批烧毁其书者”。或许此说有点言过其实③，但是，这一则“焚书公案”至少说明印顺的净土观念毕竟与众不同而引起了极大的重视。

印顺对净土思想的研究，应当说早已开始，其基本观念与思想倾向同《印度之佛教》自然是相互呼应的。也就是说，印顺对净土的研究同样是基于印度的经典从全体佛法中对净土思想予以检讨的。说明白点，就是与其批评大乘的思想相一致，对汉传佛教的净土观亦予深刻的检讨和审慎的评价。至于其新净土论的形成，应当说是以印

---

① 参见拙著《欧阳竟无》，载王寿南主编《中国历代思想家(21)》，台北：台湾商务印书馆，1999年，第98—103页。

② 参见江灿腾著《台湾当代净土思想的争辩与发展》，台北：南天书局，1998年，第621页。

③ 同上，江注引自慧吉祥文《〈妙云集〉的内容与精华》，参考印顺编《法海微波》(台北：正闻出版社，2005年)。而后《当代》第30期发表王炯如等文，《为李炳南居士辩白》指斥江文“有少数教徒认为与其提倡的法门有所抵触，于是发动徒众把它烧毁殆尽”以及按语“此少数教徒即为本社先师李公炳南老居士。又附刊先师遗照”云云，声明“焚书之事无涉于先师”，并要求“还我先师之清白”。印顺也于同期《当代》发表文章，突出其对李氏的良好印象，说“焚书事件”不过是“漫天风雨”中的一个“传说”。

顺在1951年冬于香港宣讲《净土新论》为主要标志，1953年冬又有《念佛浅说》的说法，即后来传说遭焚烧的那种，在弥陀佛七法会中被记录保存，以及《天国与往生净土》《东方净土发微》和《东山法门的念佛禅》五种，最终集结为《净土与禅》出版发行，于是，系统、全面地展现了印顺的净土思想。江灿腾曾为此鼓噪曰：《净土新论》是“在台湾佛教界掀起激烈反对声浪的一本受争议的著作。不过，就内容而言，仍可以说是迄今为止，对传统净土信仰作反省的，一部最有系统，最深刻的杰出著作……主要流通区应在台湾”①。同时，江氏还详细地介绍了杨白衣等是如何因循印顺《净土新论》的观点批判传统净土思想，以及台湾净土思想影响的概况，并予以系统检讨和多方位比较，以凸显印顺净土观的时代价值。由此可见，无论毁、誉，印顺净土思想在台湾佛教界都占有相当重要的地位。印顺对此也曾专门撰文解说，虽然其中仍难免欲言又止，婉转委屈，有令人费解的地方，但我们还是可以用印顺自己的话说明他的这段经历，解读他自己的思想。

我是太虚大师门下的后进，受虚大师思想的影响很大。大师说：“律为三乘共基，净为三乘共庇。”广义的净土说，就是我论列净土思想的原则。民国二十九年，虚大师讲《我怎样判摄一切佛法》，分佛教为三期：一、依声闻乘行果趣发大乘心的正法时期。二、依天乘行果趣发大乘果的像法时期，在印度进入第二千年的佛法，正是传于西藏的密法；中国则是净上宗。三、依人乘行果趣进修大乘行的末法时期。

到了这时(现代)……依声闻行果，是要被诟为消极逃世的；依天乘行果(密、净)，是要被谤迷信神权的，不惟不是方便，而反成为障碍了。这是虚大师晚年的定论，方便的融摄了密与净(这句话显然与前句有直接的逻辑冲突，自然教人费解。——作者注)，而主张现在应弘扬“人生佛教”。关于弥勒净土，二十一年冬，大师在厦门成立慈(弥勒)宗学会，并合编《弥勒上生经》……我的赞扬弥勒净土，就是依这一思想而来的。

(太虚)二十九年从锡、缅回来，要说中国佛教，“说大乘教，修小乘行”，缅甸、锡兰方面，“所说虽是小乘教，所修的却是大乘行”，有采取南传佛教长处的意思，有世界性佛教倾向。所以对天乘行果的大乘，不反对而认为不适宜于现代。针对重死鬼的中国传统而说“人生佛教”，大师是深入中国佛学而又超越了旧传统的。

我与大师是有些不同的……大师长于融贯，而我却偏重辨异……大师说“人

① 江灿腾：《台湾当代净土思想的争辩与发展》，第621页。

生佛教”，我说“人间佛教”；“一般重死与鬼，太虚大师特提示人生佛教以对治。然佛法以人为本，也不应天化、神化，不是鬼教，不是（天）神教，非鬼化非神话的人间佛教，才能阐明佛法的真意义”（《游心法海六十年》）。其实，大师也说：“融摄魔梵，渐丧佛真之梵神秘密乘，殊非建立三宝之根本。”可是“点到为止”，只说不适宜于现代而已。

在印度大乘佛教中，大师立三宗，我也说三系，内容大同。不过我认为，在佛教历史上，“真常唯心论”是迟一些的。大师以此为大乘根本，所以说早于龙树、无著……对流行于印度或中国的“怪力乱神”“索隐行怪”的佛教，与大师同样的不会尊敬他们。

恕我引文过长，但这些话对于把握印顺思想都是关键的地方。这里，印顺不仅谈净土，而且涉及佛教之全体。

首先，他指出：中国佛教的净土观，是依天乘行果，有迷信神权倾向，不唯不方便，而且多成障碍。

其二，故主张弥勒净土，也是对太虚的思想的继承。

其三，虽然是继承，但又不尽相同。方法上有融贯与辨异的不同，在思想上，印顺不仅反对重死鬼的佛教，同时也反对天神化的佛教，即反对天乘行果的大乘佛教。此处他还特意标明，对此太虚只是点到为止，“只说不适宜于现代而已”，其意在强调“不只不适宜”。“怪力乱神”“索隐行怪”八字，尽将其批判大乘之意寓于不言之中。

其四，三宗、三系虽同，但对真常唯心论的看法，则大相径庭了。印顺以“时代不同”委婉地否定了太虚的大乘观念。

接着，印顺专讲净土以及由此激荡而起的风波：

民国四十年冬，我在香港讲《净土新论》：“是依太虚大师所说，净为三乘共庇，说明佛法中的不同净土，在往生净土以外，还有人间净土与创造净土。”……衰落的中国佛教界，思想只是附带的成分。五十四年三月，日本藤吉慈海教授来访，他“这次访问台湾佛教界，一提到印顺，似乎都表示不以为然，但到底什么事不对，大家又说不出来。我不好意思说别的，只说也许与净土有关吧”。“我不好意思说别的”，在国际友人面前，我还能说“漫天风雨”的问题吗？“大家又说不出来”我想也是不愿提到具体问题。对藤吉教授的谈话，如推想为大家对印顺“不以为然”，就是为了《净土新论》，那可就不免误会了。

这里提到的日本教授一事，印顺在《法海微波·序》中有详细的说明。透过这些言不尽意的话，我们仍然可以看出印顺对中国佛教的批评。他认为中国佛教界不重视佛理的研究，“思想只是附带的成分”，这自然是惹祸上身的主因，虽然他解释说是因为出席日本世佛会和主持善导寺。台湾佛教界对印顺“不以为然”，印顺以“也许与净土有关”的话虚与周旋。印顺解释“不好意思说别的”，自然是指“漫天风雨”后面的思想冲突，也就是说实际上是由于印顺对大乘的批评，对传统净土思想的贬抑。至于“大家又说不出来”，则是因为印顺的观念言之成理，而难以轻易否定。请注意印顺说的话，“如推想为大家对印顺‘不以为然’，就是为了《净土新论》，那可就不免误会了”。他显然是告诉大家，所有一切对他不利的传说，乃至“焚书”之类的“漫天风雨”，都不像事件表面呈现得那么单纯，而是另有隐衷——即围绕中国佛教义理问题的不同诠释与冲突。

> 江文末后说：“《净土新论》的高超理想……却不被台湾佛教界广为接受，显然存在着：理想与现实的差异。”这句话说得非常正确！现实的中国佛教，或称之为“庶民的宗教”，那是佛教已与民间习俗相结合的（不只是“念佛”）流行于民间而成为习俗，要改革谈何容易！然不能适合现实，也并非毫无意义……我不像虚大师那样，提出教理革命，却愿意多多理解教理，对佛教思想起一点澄清作用。

印顺说得很清楚，现实的中国佛教只是庶民的宗教，即民间信仰，其中包括念佛，但不只是念佛，意思就是，目前的中国佛教与真正的佛教还有很大的距离：其一，不适合现代；其二，但非毫无意义；其三，必须改革；其四，要想改革，绝非易事。所以，他是以孔子、太虚为榜样，尽自己的心力，“默默地为佛法而研究，为佛法而写作，尽一分自己所能尽的义务”①，为佛教思想做一点澄清的工作，并不奢望被现实的民间佛教广为接受，即所谓“知其不可为而为之”。

总之，印顺认为，无论是佛学的基本理论，还是净土信仰，包括禅的观念，都需要有进一步的厘清工作，中国佛教必须改革，而改革是需要付出代价的，他愿继承先辈的精神，敢为天下先，为整个佛教在现代的发展做出自己的贡献。

诚然，中国佛教是否全如印顺所言，另当别论。大乘佛教的是非，在历史上也有过不同方面、不同程度的争论，如今也姑且不论，但追求超越是宗教的基本特征，以无限作为终极追求的对象是不可移易的，佛教亦当如是。在现实中，超越的转换向外便成

---

① 上引均见印顺著《冰雪大地撒种的痴汉——〈台湾当代净土思想新动向〉读后》《当代》第30期，1988年10月。

为对社会污浊面的否定，即实现至善、至美、至公、自然淳朴的人间净土；向内则超越名利、荣辱、得失乃至生死的欲念，而臻至高尚的道德品位。从这两个方面讲，印顺所做的一切都是值得肯定的。他对中国现实佛教的界定，以之为庶民的宗教，即民间信仰，尤可见其作为一个学问僧的理论水平。至于他对中国佛教界的批判，应当说不仅言之成理，而且也是有事实根据的。从这个意义上，他对佛学所做的深入探讨，在学术上无疑将垂范后世。有人说："玄奘以来，唯公一人。"①表面上看评价似乎太过，然而，认真思索也不无道理。《中国禅宗史》为中国僧人赢得了第一个博士学位，多少也能说明一点问题。不过，我们没有必要评判评判者的是非，还是让我们通过解读他的思想以明其学术价值及历史地位吧。

① 释性广：《人间佛教禅法及其当代实践》，引昭慧著《印顺导师像赞》，《弘誓》第44期，2000年4月。

古印度哲学及其对中国文化的影响

姚卫群 *

印度文明是人类主要文明之一，哲学则是这一文明中的核心成分。它对古代东方思想体系的形成和发展有重要影响，对中国文化也有重要影响。印度佛教哲学对中国文化的影响巨大，但古印度哲学又不限于佛教哲学。本文拟对印度历史上形成的主要哲学形态的基本内容及其特色以及在中国的传播与影响进行探讨。

一、 印度哲学的发展源头

印度最早的文明是印度河文明。在这一文明的主要遗址——摩亨佐达罗和哈拉帕的一些考古物品中可以看到一些古代印度人的宗教信仰情况，但由于这一文明遗址没有留下文字或没有留下我们能识别的文字，因而这一时期宗教的详细情况我们是不了解的，更是谈不上哲学思想。

我们现在能看到的最早的古印度的文字资料是吠陀时期留下的一些文献。这些文献的内容最初是口头流传的，后人将其整理成书面文字。这些资料给我们提供了当时古印度宗教思想的较为详细的内容。所谓“吠陀”是一大批创作年代的时间跨度很长的作品，大部分文献产生于约公元前 16 世纪至公元前 9 世纪之间。①其主要成分是有关当时人们生活的赞歌，内容涉及大量宗教思想，也包含印度最初的哲学观念。哲学的思想与宗教思想是密切相关的，印度哲学的早期观念是在宗教思想的基础上发展起来的。

吠陀时期宗教最初的发展阶段是多神崇拜。当时的印度人把自己周围的一些不可理解的自然现象尊为神，如吠陀赞歌中经常崇拜的神有太阳神、雷神、火神、风神、水神等。这些神都是古人对无法理解但又要做出解释的一些自然现象进行拟人化的想象后创作出来的。

---

* 姚卫群，北京大学哲学系宗教学系教授、博士生导师。

① 对“吠陀”有广义和狭义的理解。广义的吠陀指吠陀本集、梵书、森林书、奥义书等。狭义的吠陀仅指吠陀本集。本文中说的吠陀主要指狭义的吠陀。

随着社会的发展和人们思维能力的增强，吠陀时期人们的信仰逐渐向一神崇拜阶段过渡。许多神由于所属部族被兼并等原因，逐渐消失；而一些由于兼并而扩大的部族的神的信奉者越来越多。因而，在一些大的部族中，通常人们信奉单一的神，或在先前信奉的神中，某一种神的影响突出起来。

在吠陀时期较后的阶段，人们已经不满足于对单纯的神的崇拜，而是开始在各种自然现象中寻求一种最高的事物本体，寻找事物产生的根本因，并且对先前吠陀中信奉的神表示怀疑。他们开始想象出一些抽象的概念作为世间事物的根本。这就促成了哲学思想的出现。

吠陀中有为数不多的一些所谓“哲理诗”，其中提出的一些思想可以看作是古印度较早的哲学观念。这些哲理诗中较有名的是《无有歌》(《梨俱吠陀》10・129)、《生主歌》(《梨俱吠陀》10・121)、《原人歌》(《梨俱吠陀》10・90)等。

《无有歌》认为，最初，既没有“有”，也没有“无”。此赞歌提出了“太一”(tadekam)的概念，认为在“太一”之外没有任何别的东西。实际是认为，“太一”是万有最初存在的东西。

《生主歌》认为，生主最初表现为“金胎”(garbha)。金胎给予人呼吸、力量。一切事物听从他的命令，天神听从他的命令。他是动物的主宰者，天地的创造者。

《原人歌》把“原人”(purusa)视为万有的基础，认为世间事物是原人的部分或由他所产生。这一赞歌把万物与人紧密联系起来考虑，将其一体化。这较早地在印度展示出了一种认为人类本性与世界本性同一的思想倾向。

吠陀中除了上述这些较突出的概念外，还提出了“理法”(rta)、“实在”(sat)、“梵”(brahman)等一些明显有哲学意义的概念。这些概念在吠陀中尽管不多或出现频率不高，但它们的出现对后来印度系统化哲学思想的形成有重要的意义，是古代印度人开始进行哲学思维的萌芽形态。①

吠陀思想对印度文明有重大影响，是现代印度文化的主要思想源头。

奥义书从广义上说也属于吠陀，但它和吠陀本集等较早的吠陀文献有很大不同。印度的较为明确的大量哲学思想产生于奥义书时期。因而严格意义上的印度哲学是以奥义书为开端的。奥义书由一大批文献构成，这些文献现存大约有二百多种，反映了很长一个时期中印度哲学与宗教思想中的一些基本观念。奥义书的形成年代的时间跨度很长，其中最初的一些奥义书产生在公元前9世纪左右，之后的几个世纪又有这类文献陆续产生，较晚的奥义书有些甚至在公元后才出现。这些文献对印度文化的

① 参考黄心川著《印度哲学史》，第30—47页。

发展，特别是对哲学思想的形成影响极大。印度历史上的许多哲学派别的思想源头要追溯到这些文献。

奥义书的内容虽然涉及的范围很广，包括印度几百年间的许多思想家的各种哲学及宗教观点，但在这些观点中，仍可看出奥义书哲人所关注的一些思想要点。其主要理论大致有三个方面：梵我理论、轮回解脱观念及物质要素思想。

梵我理论是奥义书中所讨论的最主要的问题。“梵”被认为是一切事物的本体，而“我”则被认为是生命现象的主体。奥义书的众多思想家主张“梵我同一”或“梵我一如”的观点。他们认为，事物的本体和人等生命现象的主体在本质上是同一的，各种生命现象中的主体（众多小我）与梵没有本质不同，作为现象界的小我只是梵的外在表现。事物在本质上就是梵，梵之外的事物是不存在的或不实的。关于获得梵我关系智慧的手法，奥义书哲人经常使用一种“遮诠法”，认为对于梵或我这种最高实体的体悟，只能采用否定形态的方式，要使用一系列的“不”或“非”来否定各种正面描述所使用的名相概念，在这种否定中去体悟事物的根本或最高真理。

轮回解脱观念的一些萌芽形态可以在吠陀中看到，但最早形成清晰的思想观念则在奥义书中。在奥义书的许多思想家看来，生命现象也就是轮回。轮回有很多形态，有相对好的和相对差的。人的小我或灵魂进入何种状态的轮回，取决于其生前的行为，行善者成善，行恶者成恶。但再好的轮回状态也是不好的，因为轮回状态中不可能没有痛苦。轮回状态来自人的无知或无明（avidya）。它的产生完全是由于人们不认识梵我同一，不认识作为现象界具体内容的无数我（小我）在本质上是梵，不认识仅有梵是唯一实在的，因而错误地认为在本来唯一实在的梵之外还有多样性的世间事物，由此产生对不实事物的追求，而这些追求往往不能真正或最终达到目标，使人产生痛苦。人的这些追求行为会产生“业力”，它将影响有关人的“小我”，使其不断在各种轮回状态中流转，经受痛苦。奥义书思想家认为，人要摆脱痛苦就必须脱离轮回，这就是解脱。最根本的达到解脱的方法是获得最高的智慧。在奥义书中，这种智慧主要就是体悟到梵我同一。获得这种智慧后就将消除无知，不会再去追求不实在的东西，就不会有相应的行为和业力。这样轮回也就不能继续下去了，即可达到解脱。

物质要素思想也是奥义书中的重要内容。这种理论认为，存在着构成世间事物的一些要素。这些要素主要是物质的。印度思想史上经常提及的地、水、火、风等物质要素的概念，最早就出现在奥义书中。奥义书中的许多思想家把此类物质要素看作是世间事物的基础。一些奥义书中提及了水、地、气、火、空、风等要素，认为事物由这些要素组成。这些要素在奥义书中有时被分别（单独）提及，有时被一起提及。此外，一些奥义书还提到“安荼”（qzfa，蛋状物）、“质料”（annam，一种抽象的物质要素）等概念，认为这些是事物的基础。

奥义书在印度思想史上占有显要地位。它的思想内容十分复杂，其主流观念是婆罗门教的思想，但非婆罗门教的思想成分也同样存在。奥义书不仅被后世的婆罗门教或印度教的哲学派别视为圣典，也受到了佛教等派别的重视，其理论被印度历史上绝大多数思想派别吸收或借鉴。

二、古印度婆罗门教哲学派别的主要思想

婆罗门教哲学的一些基础思想在吠陀和奥义书中就已出现，但此教在印度后世的主要思想表现在所谓“六派哲学”中：数论派、瑜伽派、胜论派、正理派、弥曼差派、吠檀多派。这些派别在古印度哲学中属于正统派，因为它们都承认信徒最多的古代圣典“吠陀”的权威。

六派哲学的一些萌芽思想在公元前一千多年至公元前六百多年间就已出现。但它们形成独立派别的时间则多在公元前 3 世纪至公元初。

数论派的思想渊源非常古老，但形成独立派别的时间大致在公元前 4 世纪左右。此派的基本理论框架是所谓“二元二十五谛”（即此派理论中的二十五个基本概念——神我、自性、觉、我慢、眼、耳、鼻、舌、皮、发声器官、手、足、排泄器官、生殖器官、心、香、味、色、触、声、地、水、火、风、空），它的各种哲学思想都纳入了这一框架之中。数论派持一种“转变说”的理论，认为世间事物和人生现象是由物质性的“自性”和精神性的“神我”这两大实体（二元）结合后转变出来的。此派认为转变后的事物（其余二十三谛）构成了轮回世界，轮回中充满了痛苦。而要摆脱这种状况就要依靠数论派“二元二十五谛”的最高智慧，对自性和神我进行辨别，使二者不再结合，这样轮回即可停止，人也就达到了无痛苦的解脱。

瑜伽派的修持方法在印度河文明时期就已产生，但瑜伽派形成独立派别的时间则在公元前 2 世纪左右。瑜伽派在哲学上使用数论派的基本理论，它的修持方法则被数论派所使用。此派对远古时期就出现的瑜伽实践做了理论上的系统化，这对后来的印度宗教哲学派别中修行理论的形成有重要影响。瑜伽派致力于对心的作用进行抑制，追求达到“三昧”状态。具体的修行方法有所谓“八支行法”，即禁制、劝制、坐法、调息、制感、执持、静虑、等持。这八支中的后三支被称为“总制”，由它可以获得各种神通力，最后能获得一种对自性和神我的辨别智，并达到“法云三昧”。在这种三昧中，修行者能摧毁各种导致轮回的种子，最后达到解脱。

胜论派中的一些观念在奥义书中就有展现，但形成独立派别的时间约在公元前 2

世纪。此派在理论上的重要特点是用“句义”(与观念相对应的实在物)来区分自然现象的主要种类。此派中提到的十个句义是实句义(事物自体)、德句义(事物的静的属性)、业句义(事物的动的形态)、同句义(事物间存在的同的关系)、异句义(事物间存在的异的关系)、和合句义(事物所具有的自体与属性等的不可分的因果关系)、有能句义(使事物能共同或单独生出特定结果的句义)、无能句义(使事物不能共同或单独生出特定结果的句义)、俱分句义(事物间存在的相对的同异关系)、无说句义(事物的非存在状态)。在句义论的体系中,胜论派论述了极微论、量论、时空观、同异观念等。胜论派也追求解脱,认为认识了句义论的智慧就能摆脱轮回,达到至善境界。但从总体上说,此派关注的重点是各种自然现象的种类。它是古印度自然哲学的主要代表。

正理派是印度最早出现的提出系统逻辑思想和辩论规则的派别,此派形成独立派别的时间大致在 1 世纪左右。正理派把“十六谛”作为其学说的基本体系。所谓“谛”指实在。正理派在探讨逻辑和辩论等问题时,提出了十六个基本概念或范畴:量、所量、疑、动机、实例、宗义、论式、思择、决了、论议、论诤、坏义、似因、曲解、倒难、堕负,这十六谛构成了此派的基本理论框架。在解释这些谛的过程中,正理派提出了四种量的分类、五支作法的基本推论式、推理与辩论失败的表现和原因等理论。正理派把认识十六谛的智慧看作是达到解脱的根本方法。此派的关于推理基本模式的理论以及对推理中使用的“因”的分析构成了印度古代极有特色的逻辑学说和其他一些认识理论。在此派理论的基础上,佛教等派也提出了因明学等方面的学说,在东方思想史上做出了重要的贡献。

弥曼差派的思想渊源要追溯到梵书时期,但此派形成独立派别的时间约在公元前 2 世纪。弥曼差派以吠陀祭祀为主要研究对象,他们相信吠陀圣典的正确性,相信祭祀的功效。与这一立场相应,此派提出的根本思想是“声常住论”。所谓“声”指言语、观念或知识,特别指吠陀的言语或知识。弥曼差派认为,这种观念和知识是先天本有的,不是人造的,它常住不灭,并绝对正确。一般的言语和观念是这种先天本有的“声”的显发,要以这种常住之声为根本。弥曼差派强调“声常住论”主要是为了论证吠陀及其思想的永恒性及至上性。此派后来的一些思想家曾大力破斥古印度的有神论,并且吸收和发展了胜论派的句义论,在印度思想史上起了重要的作用。

吠檀多派是印度哲学中的主流派,它的根本思想在奥义书中已出现,但成为一个独立派别的时间约在 1 世纪左右。此派后来产生了许多分支,这些分支的出现与此派思想家对奥义书等文献中提出的梵我关系理论的不同见解直接相关。吠檀多派的主要分支有:跋达罗衍那的“不一不异论”、商羯罗(788—820)的“不二一元论”、罗摩努阇(约 11—12 世纪)的“限定不二论”及摩陀婆(约 13 世纪)的“二元论”。“不一不异论”

认为，梵作为世界的创造者或根本因与小我或现象界是不同一的，而从小我都具有梵性，一切事物离开梵都不能存在的角度看，梵与我又是同一的。“不二一元论”认为，梵或大我是万有的根本，一切事物在本质上是梵或大我的幻现，没有独立于梵或大我之外的事物存在。小我（现象界）既不是梵的部分，也不是它的变异。作为人生现象的无数小我与大我本是一个东西，仅仅由于身体的限制，它们才显得不同，两者实际上是不二的。“限定不二论”认为，我（小我或现象界）是梵（实体或整体）的属性或部分，属性或部分尽管隶属于实体或整体，然而并不能因此就认为属性和部分不实。同时也要看到，现象界（小我）虽非虚无，但也仅仅是限定最高实体的属性或部分，事物的最高实体是不二的梵。“二元论”认为，梵虽是根本，但与小我不同一，二者是分离的。它们都实在，是二元的关系。吠檀多派自产生以来，一直在印度文化中占有主导地位，直到近现代，仍是印度思想界影响最大的传统哲学理论。

三、 古印度佛教哲学的理论特色

佛教虽为一个宗教派别，但具有极强的文化底蕴和思辨色彩，其中的哲学内容相当丰富。佛教哲学在印度哲学的发展中占有重要地位。

佛教的形成时间大致在公元前 6 世纪左右，产生时间比婆罗门教晚很多，信众也远没有婆罗门教或印度教的人数多，在印度不是影响最大的宗教。佛教理论最初是在批判、吸收、改造婆罗门教理论的基础上形成的。

婆罗门教的主流思想是奥义书以及吠檀多派中的有关理论。这些理论认为，存在着一个最高的实体，这一实体长存永在，是一切事物的根本因。各种事物来自这一实体，或在本质上就是这一实体。婆罗门教的哲学思想与此教中的“婆罗门教至上”的政治主张直接相关。

佛教在产生时就反对长期在古印度居主导地位的婆罗门教的主流思想。佛教认为，世间事物中不存在一个最高的实体或本体，人的生命现象中也不存在一个“我”（小我或灵魂）。包括人生现象在内的世间一切事物都是因缘和合而成的，事物是“缘起”的。各种事物不断变化，是“无常”的。生命现象是一种轮回过程。在这种轮回中，充满了痛苦。佛教的目标是要引导众生脱离痛苦，达到跳出轮回的涅槃（解脱）状态。佛教的这种哲学理论与其“四姓平等”的政治主张有关。在佛教看来，人的社会地位不应由与生俱来的种姓等级来确定，社会中不应有一个永远居于最高地位的种姓，人的社会地位也不应永恒不变。与这种政治主张相应，佛教在哲学上主张无常、无我，并追求一种消除了无明的涅槃状态。这种无常、无我和涅槃的理论在佛教中被称为“三法印”，即三项判定是否为佛教主张的理论标准。

佛教也借鉴和吸收了吠陀奥义书中就出现的轮回业报思想，认为行善者成善，行恶者成恶，只是佛教的善恶标准与婆罗门教的善恶标准是不同的。佛教的善除了遵守其制定的一些基本戒律和道德规范外，是要遵守平等的原则，最高的善则是体悟或尊奉佛教的根本智慧，如无常和缘起等思想。而婆罗门教最高的善则是按照种姓制的要求来行事，体悟或尊奉此教的真理，如梵我同一的思想等。佛教认为，再好的轮回状态也只是相对的好，因为轮回状态在本质上是不好的，是充满痛苦的。因而，在佛教中，最好的善行就是体悟佛教的根本智慧，坚持众生平等的观念。

早期佛教理论的重点是分析人生现象，提出了“五蕴”“十二因缘”等学说。

五蕴是对人及人的作用的一种分析，认为人及人的作用有五种成分构成，即色（物质成分）、受（感受）、想（表象、观念等）、行（意志一类的心作用）、识（意识活动，如区别与认识事物）。这种五蕴的理论也是要否定生命现象中有一个“我”一类的主体的观念。

十二因缘是佛教对生命现象的轮转过程中一些主要环节的分析，这些环节是无明（对事物本质的无知）、行（由无明引生的种种行为）、识（意识或精神体）、名色（精神要素与物质要素的结合体）、六处（六种感觉器官）、触（感觉器官对外界的接触）、受（感受）、爱（对外部世界的渴爱或渴望）、取（对外部事物的追求）、有（后世相应的果报或生存环境）、生（来世之再生）、老死。十二因缘的学说是早期佛教缘起学说中的代表性理论，它与早期佛教的其他理论有着密切的关联。此说把人生现象描述为一种有依存关系的发展变化系列，否定了婆罗门教关于有常恒不变的实在体（我）的理论，认为人由于无明而去追求世俗世界，产生痛苦。只有消除无明，断灭轮回，才能脱苦，达到涅槃状态。

佛教在发展中理论不断丰富，对事物（法）的分析更为细致。除五蕴和十二因缘等外，佛教还提出十二处和十八界的理论。

十二处指眼处、耳处、鼻处、舌处、身处、意处、色处、声处、香处、味处、触处、法处。前六处指六种身体器官（六根），后六处指六种认识对象（六境）。十二处的理论分析的着眼点是人及其与之关系紧密的外部现象。正是由于人的认识器官及其相应的作用，才有可能产生各种感受或认识，展示人的生命或情感活动，展示整个世界现象。

十八界指眼界、耳界、鼻界、舌界、身界、意界、色界、声界、香界、味界、触界、法界、眼识界、耳识界、鼻识界、舌识界、身识界、意识界。这里涉及的是人的认识器官、认识对象以及认识器官接触认识对象后所产生的认识。十八界的理论较全面地论述了佛教关于人的认识形成过程中所涉及的各个要素。

在部派佛教和大乘佛教时期，佛教还对事物做了更细的种类划分，提出了“五位”的理论。五位是色法(物质现象)、心法(精神体)、心所法(精神体所具有的各种表现)、心不相应行法(非色非心的一些属于行蕴的事物)、无为法(没有生、住、异、灭的法)，在每一类法下一般又有更小的分类。小乘佛教中有五位七十五法的分类，大乘佛教中则有五位百法的分类等，这些关于法的分类的理论充分展示了佛教对事物的各种表现形态的细致观察和思考。

关于事物的本质，佛教的观念是不断变化的。早期佛教侧重分析人生现象，认为事物或现象是缘起的，主张无常和无我。在这种观念的基础上，越来越多的佛教徒或佛教文献认为事物是“空”的。部派佛教中的一些派别认为某些事物“空”，某些事物“有”。而到了大乘佛教时期，绝大多数佛教思想家或佛教文献都强调一切事物在本质上是“空”，主张“性空”或“体空”的思想。大乘佛教中的中观派主张“缘起性空”，大乘佛教中的瑜伽行派主张“唯识性空”。各种大乘佛教在论证“空”的手法上有不同，但在主张事物无自性、主张“性空”上是一致的。

佛教哲学中很重要的内容是关于人的思维方式的理论。释迦牟尼在创立佛教时，就提出了“中道”的观念。但他最初讲的“中道”是“苦乐中道”，认为既不能追求极端化的苦行，也不能追求极端化的享乐，将这二者看成是“二边”(两个极端)，教导信徒要“舍此二边，有取中道”。佛教在后来的发展中，将“中道”视为一种适用范围更为广泛的思维方法，认为对各种事情都不能走极端，要超越事物中相对的二边或两端。佛教在解释有与无、断与常等各种对立的概念时，都持中道的立场。在大乘佛教中，这种思维方法更是普遍使用。如大乘佛教的《心经》中有“六不”(不生、不灭、不垢、不净、不增、不减)，中观派的《中论》中有“八不”(不生、不灭、不常、不断、不一、不异、不来、不出)，《维摩诘经》中强调“不二法门”，《成唯识论》中讲“我法非有，空识非无”中道。这些都是在释迦牟尼提出的苦乐中道理论基础上发展出来的。佛教的这种中道思想实际上就是一种否定形态的思维方法。它看到了名相概念等在描述事物本质时的局限性，认为要在不断否定这种局限性的过程中才能把握事物的本质，获得最高的真理。这种思维方法与奥义书中的“遮诠法”极为相近，所不同的是，奥义书或婆罗门教圣典中的遮诠法要体悟的是事物的最高实体，而佛教的否定形态的思维方法要体悟的是事物的实相或本质。

佛教的哲学思想与其宗教理论是密不可分的。早期佛教就认为消除无明是达到涅槃的根本途径，而消除无明也就是认识佛教对包括人生现象在内的事物本质的观念，有了这种认识，看到事物都是缘起的，其中没有不变的自体或自性，人就不会去追求外部的事物，就不会有相应的行为和业力，这样也就跳出了轮回，达到涅槃。大乘佛教更是提出了"实相涅槃"的观念，认为涅槃不是离开现实世界的一种境界，而是就在现实世界中，达到涅槃其实就是认识现实世界的本质（实相）。因而，在大乘佛教中，认识了事物的"性空"本质就是一种最高的智慧，有了这种智慧就能达到涅槃。也可以说，在佛教中，不认识事物的本质即无智慧，将陷入轮回，而获得了最高智慧则可解脱。这展示了佛教哲学的重要特色。

四、古印度其他重要哲学或宗教派别的思想

在古印度哲学中，除了婆罗门教六派哲学和佛教哲学之外，其他有重要影响的哲学或宗教派别就是耆那教和顺世论。

耆那教的产生时间与佛教相近，也是在公元前 6 世纪左右。此教在理论上与佛教都反对婆罗门教哲学的基本观念，否定世间现象中有一个最高的本体，否定事物在本质上与最本实体是同一的。

耆那教致力于探讨人生和世间事物的真理。在哲学上，此教把世间各种现象归纳为"命我"和"非命我"两大类。

"命我"在耆那教中大致相当于生命体中的常恒永在的东西。它被分为两种，一种是处于轮回中的，另一种是解脱的。处于轮回中的命我又被分为动的与不动的。不动的命我存在于地、水和植物等中，动的命我存在于具有两个感官以上的动物等中。这样，命我基本上就存在于各种事物中，既存在于生物中，也存在于地、水等一般的非生物中。因而，耆那教实际提出的是一种万物都有生命的观念，这种观念是此教的一个特色理论。解脱的命我在此教中显然指摆脱了各种物质束缚的主体。使命我摆脱束缚是耆那教作为宗教派别追求的一个基本目标。

"非命我"在耆那教中指命我之外的现象，主要由四部分组成：法、非法、虚空和补特伽罗。法指使事物运动的条件，非法指使事物静止的条件，虚空指事物存在的场所，补特伽罗指物质包括极微及其复合物。

耆那教还探讨了时间问题，认为时间的作用是解释事物的存在、变化、运动和长短持续。耆那教把法、非法、虚空、补特伽罗及命我看作是五种永恒的实体，认为宇宙的根本要素就是这五种永恒的实体加上时间。

耆那教关于"命我"和"非命我"的理论基本上体现了它对世间事物的分类思想。它的这种理论在古印度属于一种"积聚说"，即认为事物是由许多种要素（包括物质的和非物质的）聚合构成的。

在认识论方面，耆那教提出了"五种智"的理论，认为有五种认识方式：感官智（通

过感官等获得的认识)、圣典智(借助符号和言语获得的认识)、直观智(直接对事物自身、时间、空间等的认识)、他心智(对别人精神活动的一种直接认识)、完全智(对一切事物及其变化的最完满的认识)。耆那教认为这些认识方式中的后两种是不借助感官的直接认识事物本质的认识方式,不会产生错误。而前三种方式或者要借助感官,或者直觉程度不高,都可能产生错误。

耆那教认为要达到解脱就要体悟本教最高真理的意义(谛义),使自己的命我摆脱物质的束缚,达到一种自由的状态。此教也持一种智慧解脱的观念。

顺世论的思想渊源在印度非常古老,但提出较为明确的思想并成为一个派别则是在佛教产生前的各种思潮争鸣时期,时间大约在公元前 6 世纪左右。此派由于在理论上与古印度许多派别对立,坚持反宗教的态度,因而长期受到其他派别打压,有关其理论的文献留下来的不多,现在我们对于顺世论思想的了解有许多是依赖于其他派别文献对其理论的批判或转述。

顺世论在哲学上提出一种“四大”的理论,认为世间一切事物的基础是地、水、火、风这四大元素。除了这“四大”之外,其他的东西是不存在的。不仅世间一般的事物是由“四大”组成的,而且人的身体等也是“四大”结合的产物。

顺世论认为,人的意识与人的身体是不能分开的:身体存在,意识才存在;身体毁灭了,意识也就消失了。人的身体是由“四大”结合生成的,因此,意识归根结底来源于物质元素。尽管个别的元素本身不具有意识,但当这些元素以某种方式结合在一起,即组成人的身体时,意识就表现出来了。顺世论否定人的认识来源于“我”(灵魂)的观点,认为这种“我”是不存在的,意识不过就是由“四大”构成的身体的属性。正确的认识来源于人对外物的感知,其他的认识形式是不可靠的。

顺世论认为,事物由“四大”和合而成,否定有一种超自然的东西作为创造世间事物的根本因。在古印度的不少宗教派别中,这种因被认为是神,或是“梵”,等等,认为世间事物由这类超自然的根本因创造。但顺世论则坚持认为,世界上没有任何此类因,根本不存在什么主宰者或创造者,一切事物都是自然而有的。

顺世论反对古印度流行的许多宗教思想。它否定轮回解脱和因果报应的理论,宣称天堂和地狱根本不存在,祭祀毫无意义,社会中流行的种种宗教义务或要求不过是骗人的把戏。顺世论不相信善有善报恶有恶报,认为人的行为不会有什么业果,只有蠢人才使自己被断食等苦行折磨。在人生存的时候,应尽可能地享受纯粹的快乐,并避开必然伴随着它的痛苦。此派坚决否定禁欲主义的意义,它大力倡导人在现实世界中追求幸福的生活。

尽管顺世论几千年来一直受到压制,但它在印度历史上一直存在。此派提出了许多与现代科学极为接近的思想，反映了古印度下层人民群众的思想观念，使灿烂的古代印度文明更具多样性。

五、 印度哲学的重要特点

印度哲学在世界上占有显要地位，这一哲学形态具有一些重要的特点。这里侧重分析几个较突出的。

（一） 哲学与宗教的关系紧密

在古代印度，哲学与宗教有着密切的关系，很难离开印度的宗教讲哲学，印度的哲学多为宗教派别中表现出来的思想。也可以说，印度的宗教具有很强的思辨性，而印度的哲学大多带有宗教色彩。

这种特点在印度重要历史文献和主要思想派别中都有表现。如《梨俱吠陀》中的为数不多的一些所谓“哲理诗”都与宗教思想相关，大多奥义书中的哲学思想与宗教的思想交织在一起。印度古代主要的哲学派别除顺世论外，都是宗教教派系统中的哲学派别，如所谓正统派哲学是指婆罗门教系统中的六个主要派别。在印度哲学史上影响较大的中观派和瑜伽行派是佛教中的两个主要派别。耆那教在哲学方面也提出了不少思辨性较强的理论，这些理论基本上都是在宗教体系中的理论。

古印度的哲学在多数场合是被作为一种达到宗教根本目标的有效手段或思想方法。在印度历史上的主要哲学派别中，除顺世论外，各派都讲轮回与解脱，都讲要脱离轮回世界中的痛苦。这些派别一般认为，轮回状态的产生与人的业力有关，而业力又与无知或无明有关，无知或无明要依靠智慧才能消除。因此，各派都讲智慧解脱，认为本派的基本哲学理论是最高的智慧。各派要通过哲学的智慧，来获得宗教上追求的最高境界。

虽然印度的哲学多带有宗教色彩，但各派在程度上还是有差别。有些哲学派别的理论与宗教教义结合得非常紧密，是有关宗教体系中的内在组成部分；有些哲学派别的理论则与宗教教义的结合比较松散，具有形式上或表面上的关联。例如吠檀多派、瑜伽派、佛教、耆那教等派中的哲学思想与宗教教义结合得就相当紧密，这些派别中宗教成分与哲学成分难以进行严格区分。而胜论派、正理派等派别虽然是宗教教派中的思想流派，但宗教的成分实际上占很小的比例。胜论派主要论述的是自然哲学方面的内容，而正理派主要论述的是逻辑和辩论方面内容，两派中的宗教方面的成分明显是外在的。

但总体上说，在印度，哲学与宗教的关系密切是十分突出的。印度从古至今是一个盛行宗教信仰的国家，宗教无论对印度历代的上层统治者，还是对下层的普通百姓，都有着巨大的影响。印度古代的哲学确实很难说有实质性的独立于宗教影响的发展。而印度古代的宗教派别多数具有丰富的哲学思想,这在世界上是不多见的,是印度的宗教或哲学的一个重要特点。

(二) 后代思想家一般沿用古代经典中提出的理论模式

印度的哲学还有一个重要特点:后代的思想家对古代经典中提出的基本理论模式极为尊崇。印度哲学中的许多对立观点一般都有古老的渊源,历史上的思想家不断出现,但很少创立新的学派,而是每人维护一个古代的思想流派。一般的思想家在提出一种理论时,总要以再一次解释某一个旧的观点的形式出现,并往往论证说,他仅仅是阐明远古就已存在的东西,自己没有提出什么新东西。如胜论派后代的思想家都沿用此派根本经典《胜论经》中提出的"句义论"的理论模式,正理派后代的思想家都沿用此派根本经典《正理经》中提出的"十六谛"的理论模式,吠檀多派后代的思想家一直讨论此派根本经典奥义书和《梵经》中论及的梵我关系理论。因此,印度历史上许多思想家总是隶属于一个早就存在的宗教哲学派别。这使得印度哲学的发展展现出一种横向发展的模式,即许多派别产生都很早,它们都沿用本派古代根本经典中提出的理论模式,这些派别在历史上长期共存,并行发展。两千年前是这些派别,两千年后基本上还是这些派别。具体地说就是,印度的宗教哲学的发展一般都受一些特定的思想结构或理论模式的束缚,各派的发展一般都以注释本派的最初根本经典的方式表现出来,各派在历史上的重要思想家通常就是本派根本经典的注释者,或是对注释的注释者。在印度,古老经典对于后代的思想家常常具有极大的权威影响力,使他们在表达思想时很少打破旧的框架,新的思想内容不得不非常矛盾地依附于旧的形式。

印度哲学的这种发展特点,在某种程度上表现了思想意识的相对停滞,这种特点和印度古代的社会经济的发展有一定关系。印度古代的社会或经济结构有一系列特点,如土地公有(这在很大程度上是由灌溉、水利建设等工作需要巨大的集体劳动决定的),长期存在一种由农业和手工业直接结合而成的自给自足的农村公社,公社中的劳动分工由种姓制度固定不变。这些特点在印度的原始公社瓦解后逐步形成,并在后来长期的社会发展中一直存在,变化很小。这种社会经济结构变化相对不大的情况是印度历史发展的一个特点,它自然要影响到印度哲学的发展。印度哲学发展的特殊性,即在某种程度上的相对的思想意识的停滞性,与印度古代的社会经济结构变化相对不大的特点是一致的。①

---

① 参见德·恰托巴底亚耶著,黄宝生、郭良鋆译《印度哲学》,北京:商务印书馆,1980年,第19—23页。

（三）古代哲学资料年代缺乏确定性

研究印度历史的人都会知道，有关古代印度保存下来的资料文献是很不完备的。一些古印度的重要历史朝代、重要人物的基本史料大量缺失，而且即便是在保存下来的一些资料中，也缺少有关年代的记载或缺少准确可靠的记载。研究印度历史，要大量依靠古代印度之外国家的旅行者或传教者撰写的游记或旅行记载。例如，中国古代的佛教高僧法显写的《佛国记》、玄奘写的《大唐西域记》等文献，对于人们了解古印度的许多历史情况是非常重要的。如果没有这类文献，印度历史上的一些王朝或重要人物的情况在今天就不会为世人所知。但这类记载所能解决的问题也还是有限。关于古代印度的一个朝代或一个朝代的君王的年代的不同说法甚至能相差几百年，至于一般的人物或文献的年代模糊则更是不足为奇了。

印度的哲学资料是印度历史资料的一部分，这种情况同样存在。在印度的历史资料中，很少精确记载哲学文献及人物等的年代。如同要搞清楚印度历史上的许多重要人物的年代问题是很困难的一样，要想判定古代印度哲学中各派的创始人、主要文献的确切年代也是很困难的。关于印度哲学各派的古代主要文献的确切产生年代现在一般都没有最后定论，因为有关资料中关于各派创始人或根本经典的作者等的记述都近于传奇或神话。如关于数论派和胜论派的创始人，一般的印度史料中都把他们说成是仙人，并作了一些离奇的描述。关于数论派的创始人迦毗罗，《金七十论》卷上记载："昔有仙人，名迦毗罗，从空而生。"关于胜论派的创始人优楼迦（也译作"迦那陀"），《百论疏》卷上记载："优楼迦……此人释迦未兴八百年前已出世，而白日造论，夜半游行。"这类记载很难作为历史让人相信。再如关于佛教的创始人释迦牟尼，有关他的生卒年代实际上并没有一个公认或统一的说法，因为资料的记载和不同地区的传说有很多种。①耆那教亦是如此，关于其创始人情况的记述也不是很清晰。耆那教最早的经典"十四前"已失传，而现存经典"十一支"②还不为所有教徒承认③，至于最早经典的年代则更是无从说起。

虽然印度古代哲学的主要文献、人物、事件等的确切年代由于史料缺乏记载而含糊不清，但在进行研究时还是要划定一个大致的时间，作为进行考察讨论的基础。国际学术界在印度哲学的一些根本文献及其主要作者的年代考证方面做了大量研究工作，取得了不少成绩，但在许多问题的看法上始终统一不起来。关于一个重要文献或

---

① 参见吕澂著《印度佛学源流略讲》，上海：上海人民出版社，1979年，第4—6页。

② 原为"十二支"，一支佚失。

③ 耆那教有白衣和空衣两派。白衣派认为十一支是教祖学说的真传，而空衣派则不承认。

人物的年代判定，不同学者的看法经常相差很大。在进行这种年代的考证工作时，各国学者们多数是确定一个尽量小的时间范围，很少指明精确的时间。例如对于婆罗门教中的六个主要哲学派的形成年代的研究即是如此。不少学者（尤其是一些日本学者）在研究这些派别的产生年代或根本经典及其作者的年代时往往划定三个时期：一是派别基本思想萌芽时期（在此派没有完全形成前的一些先驱思想）；二是有关派别根本经典的最初部分的形成时期（现存印度哲学的许多根本经典都不是一人所作，这些经典中往往有派别创立者最初创作的部分和后人追加的部分）；三是现存根本经典定型时期（即根本经典出现后，经过一段时间的后人追加过程，最后定型的时间）。这种判定方法得出的文献或人物的年代虽然也没有精确到某一具体的年份，然而根据现有资料的情况也就只能做到这一步。尽管这种研究结论仍有不少推测的成分，但它毕竟向我们提供了一个研究对象的大致存在时间范围。

当然，划定这种范围也需要一些史料根据，而且，范围越小越有意义。在中国史料方面，汉译佛典及关于汉译佛典年代等的记述对于考证印度古代哲学文献的产生时间极有价值，因为在划定一部印度文献的产生时间的范围时，其翻译年代是确定其产生时间下限的重要参考依据，一部文献不可能在其被翻译时还未出现。汉译佛典及一些中国佛教僧人写的对印度其他派别理论的批评也有助于推测有关文献或人物的存在年代，这类史料虽然多数也不能推出有关文献或人物的精确时间，但至少可以起到缩小所推时间范围的作用。

六、 古印度哲学在中国的传播和影响

印度是中国的近邻，两国间的文化交流有着悠久的历史。相对来说，古代印度的文化对中国文化的影响要大些。印度的宗教哲学很早就传入中国，这之中最突出的就是佛教。佛教经过两千多年在中国的传播、发展、变化，成为中国文化中非常重要的组成部分。佛教的许多思想已经与中国原有的传统文化紧密融合在了一起，在当代社会中仍然发挥着重要的作用。佛教外的印度哲学在古代也传入中国，对中国文化也有一定程度的影响，在中国古代受到思想界的重视。古印度主要哲学或宗教派别在中国传播的大致情况和影响可扼要归纳如下。

佛教思想是古印度宗教哲学里在中国影响最大的。这一文化形态最早传入中国是在公元前 2 年（西汉哀帝元寿元年）。佛教进入中国汉地最初是通过古代西域这一路径流传过来的。在传入中国后，佛教逐步在中国立足，扩大影响，渐渐融入中国原有的文化中。佛教在中国的最初传播之所以比较顺利，与佛教的某些思想同中国原有传

统文化的一些观念相似有关，也与当时的许多佛教传播者用中国传统文化的概念来解释佛教有关。这些解释虽然有不少不符合印度佛教的本义，却能使中国人对佛教开始感兴趣，形成新的信众。这就使其在中国有了进一步发展的基础，初步在中国社会中占有了一席之地。这一时期在中国传播的佛教，在很大程度上是属于所谓“格义佛教”。

印度佛教的般若类经典是佛教的基础经典，般若思想不仅影响了大乘佛教的发展，而且也影响了后来小乘佛教的发展。般若思想在佛教传入中国之初就已引进，一些般若经典在汉代和西晋时已译成汉文，引起了中国人的关注。西晋末东晋初“六家七宗”的出现，标志着有中国特色的佛教般若学说的形成。但“六家七宗”受原有中国传统文化的影响，对印度大乘佛教以“空”观念为核心的基本理论的理解有偏差。这种情况在鸠摩罗什和其弟子们译出大量般若中观类佛典之后有了很大改观，中国人对佛教的一些基本理念有了比较接近印度佛教原义的理解。

南北朝时期，印度佛教的许多经论在中国发生重要影响，在中国出现了许多“师说”，形成了所谓“学派佛教”。另外，中国佛教僧人也写了不少有关佛教的文章，编集了许多佛教文集，编撰了一些佛教的史传目录类著作，在传播佛教的过程中对印度佛教文化的内容有了一定的消化、吸收和改造。

隋唐时期，佛教在中国进入鼎盛阶段，印度佛教的许多典籍被译成汉文，各种佛教思想在中国流传。在这一基础之上，中国产生了所谓“宗派佛教”，影响较大的有天台宗、三论宗、慈恩宗、华严宗、禅宗、净土宗、密宗、律宗等。这些宗派一般都以印度佛教的有关经论为基础，结合中国的原有文化的成分，对佛教进行了适合中国具体情况的改造，形成了不少中国特色十分突出的佛教宗派。其中在中国社会中影响较大的是禅宗和净土宗。

宋代之后的佛教已经和中国原有的本土文化结合得极为紧密，中国原有文化中的儒家和道家受到佛教思想的很大影响，它们的理论中融入了很多佛教的观念，佛教在发展中也吸收了儒、道思想的一些成分，儒、释、道成为中国文化的基本组成部分。

佛教思想在中国民间有极为广泛的影响，如佛教中的善恶观念、慈悲观念、因果报应思想、性空理论、禅定方法、众生平等思想等在中国的信众极多。这些观念发源于古代印度，但传到中国后对中国的思想文化产生了相当大的影响。到了近现代，在众多的民众的思想中仍然根深蒂固，在中国社会中广为流传。

印度的婆罗门教（或印度教）哲学是印度思想史上的正统或主流。这种哲学在印度本国的影响比佛教的影响要大得多，但在中国的影响远没有佛教思想的影响大。婆罗门教在古代也传到了中国。

婆罗门教在古印度的圣典吠陀和奥义书的思想随佛教思想传入中国，中国思想界对它们主要是通过一些佛教文献中的记述或转述来了解的。在汉译佛典中,“Veda”(吠陀)一词也被音译为“韦陀”“围陀”等,意译为“知论”“明论”等。中国三国时期的支谦、竺律炎译的《摩登伽经》卷上就论及了吠陀的思想,其他汉文佛典中论及它的文献也不少。一些汉译佛典中亦论及了奥义书的思想,中国后魏时期菩提流支译的《提婆菩萨释楞伽经中外道小乘涅槃论》中论及了奥义书中的“安荼”生世间事物的理论等。但在中国古代的有关汉文佛典中,并没有出现“奥义书”一词,奥义书在佛典中通常是不与其他吠陀文献相区分的。

婆罗门教六派哲学也随佛教传入中国,汉译或汉文佛典中对这些派别有大量记述。而且,其中一些派别的主要哲学文献在古代有完整的汉译本。

数论派的根本文献《数论颂》在古代就译成了汉文,此颂的重要注释《金七十论》被真谛法师全部译成了汉文,《金七十论》在中国后代还被收入了佛教的汉文大藏经中,这在印度哲学的文献中是极为罕见的,但这也使中国人较系统地了解了数论派的基本思想体系和学说特点。

瑜伽派的宗教修持或修炼理论也随佛教进入中国,在中国产生了一定影响。此派的修持方法在佛教和印度哲学的不少其他派别中都有吸收,这方面的内容在中国古代就广为流传。到了近现代,中国民间把瑜伽修持中的一些内容作为强身健体的重要方法加以发展,各种瑜伽训练班或健身班在中国许多地区都颇受人们欢迎。

胜论派的思想也传入中国,有文献译成了汉文。一些古代中国僧人曾阐明或解析胜论派的相关思想,这方面的内容在中国古代的佛教文献中是大量存在的。唐代玄奘法师全部译出了胜论派的重要文献《胜宗十句义论》,这一文献也被佛教的汉文大藏经全文收入,可见它在中国的受重视程度之高。

正理派的理论在古代也传到了中国,这种传播主要是随着佛教的因明学在中国的发展而实现的。佛教在产生时并没有明显关注逻辑与辩论方面的问题,但随着古代印度的不同思想派别之间的思想交锋的加强,逻辑推理和论辩技巧逐渐成为各派争取信众、扩大影响的重要手段。在中国,正理派的思想被作为古印度逻辑理论的最初主要形态受到人们的重视。

弥曼差派的思想是在佛教之后传入中国的。印度佛教的文献中有许多批驳“外道”理论的成分,外道中也包括弥曼差派。这类文献有不少译成了汉文。因而,中国人多是通过佛教文献中的相关内容了解弥曼差派的。在汉文佛典中,弥曼差派的思想常常与吠陀或吠檀多派的思想混在一起,被称为知论或明论。在中国近现代,弥曼差派被作为印度婆罗门教中的纯正统派的重要组成部分而受到人们重视。

吠檀多派的思想在古代随佛教传入了中国。佛教思想家在转述或批驳外道思想时间接将此派介绍给中国人。汉译佛典中有关吠檀多派思想的内容，对中国古代思想界有一定影响。吠檀多派思想最初来源于印度古代圣典吠陀、奥义书，许多观念与吠陀、奥义书是一致的。因而，在汉文佛典论及此派时，基本上与吠陀等不加区分，通常也译为“知论”“明论”等。在中国近现代，吠檀多派也受到关注。近现代中国人与印度交往不少，对印度教也有一定了解，印度教的思想作为印度文化中的主流观念受到中国人的重视。印度教哲学中的核心理念与吠檀多派密不可分，中国人接触印度教自然也接触到吠檀多派的思想。在中国近代的印度哲学研究中，吠檀多派占有重要地位。在中国学者撰写的印度哲学研究论文中，以吠檀多派思想为专题的不少。中国现代也出版了多部有关吠檀多派的专著。

耆那教是与佛教并行发展的一个重要古印度宗教派别，与佛教的交往很多，因而在佛教的不少文献中就经常提及此教。无论是在早期佛教的一些文献中，还是在后来的大乘佛教文献中，都有关于耆那教的内容。这类文献传入中国，被大量译成汉文。古代中国僧人在其著作中也常提及耆那教的思想或主张。中国近代学者有对耆那教的专门研究并发表于期刊。

顺世论的思想在古代也传到中国。中国人了解此派主要是通过佛教文献中的有关记述实现的。古代汉文佛典中有不少直接提及、转述或批驳顺世论的内容，如汉译佛典中的阿含类经典中就在批驳“六师”思想时提及了顺世论的一些代表人物及其思想，鸠摩罗什和玄奘法师翻译的一些佛典中也涉及了顺世论的理论。在中国近现代，顺世论的思想十分受重视。由于此派在古印度主张无神论和唯物主义思想，因而中国近代的思想界关注此派的学者不少。中国现代翻译出版了印度学者写的有关顺世论的专著，中国学者写的有关顺世论的研究论文在学术期刊上也有发表。

总的来说，印度古代的主要哲学派别在历史上都传到了中国，对中国文化产生了深刻的影响。这之中以佛教哲学的影响最大，而其他一些印度信众较多的哲学派别在中国也有一定程度的影响。这种影响在古代促进了不同文化体系之间的思想融合，加快了东方特色的哲学体系的形成，推动了人类的文明和进步。

有原因无责任：鸠摩罗什僧团分裂的文化透视

王亚荣*

佛教入华是世界文明交往史上的盛事，虽然以和平交流为特质，但其过程并不平坦。至鸠摩罗什入华，大乘空宗勃兴，印度佛教在中国的传播进入了一个新的时代。历史上对罗什的评价非常高，察之史迹，名不虚传。罗什在入长安之前，颠沛流离，自从入长安后，因缘具足，译经传法，非常顺利。天下僧众，也莫不翘首。但是，僧团的分裂，成为中印佛教文化交流史上一件很特殊的事情，而且佛陀跋陀罗的出走普遍得到同情。关于僧团分裂的原因，见仁见智，各有道理，但基本的着眼点都集中在罗什与佛陀跋陀罗师承学派的差异上。笔者以为，其中可能有不少误会，或许换一个角度重新审视史料，从中印文化背景的差异着手研究，或可廓清迷雾，从而发现僧团分裂的真正原因。

一、 祐录和僧传中所见的鸠摩罗什僧团分裂

这里，需要根据史料先回顾一下僧团分裂的经过。

姚秦弘始三年(401)十二月二十日，秦主姚兴迎请鸠摩罗什入长安，待以国师之礼，天下义学僧人纷纷入关。据《晋书》记载：

> (姚)兴既托意于佛道，公卿以下莫不钦附，沙门自远而至者五千余人。起浮图于永贵里，立波若台于中宫，沙门坐禅者恒有千数。①

《出三藏记集》中也有详细记载：

> 于时四方义学沙门，不远万里。名德秀拔者才、畅二公，乃至道恒、僧标、僧睿、僧敦、僧弼、僧肇等三千余僧，禀访精研，务穷幽旨。庐山慧远，道业冲粹，乃遣

---

* 王亚荣，陕西省社会科学院宗教研究所研究员。

① 《晋书》卷一一七《载纪·姚兴上》，北京：中华书局，1996年，第2985页。

使修问。龙光道生，慧解洞微，亦入关咨禀。①

罗什道场颇盛，吸引了四方义学僧，佛陀跋陀罗也是其中之一。

佛陀跋陀罗，意译“觉贤”，天竺人。长期游学罽宾，以禅律闻名。遇中国僧人智严求法西域，遂从其所请往东土弘法。据祐录载，佛陀跋陀罗对罗什久有所闻，在长安有他乡故知之感：

> 闻鸠摩罗什在长安，即往从之。什大欣悦，共论法相，振发玄绪，多有妙旨。因谓什曰：“君所释不出人意，而致高名何也?”什曰：“吾年老故尔，何必能称美谈。”什每有疑义，必共谘决。②

由此可见，两位传法大师的关系非常自然，也很融洽。但不久就发生了始料不及的变故。

约后秦弘始十二年到十三年（410—411），僧团发生分裂。据僧祐记载，僧团的分裂是由“五舶”之争所引起，《高僧传》又补充了佛陀跋陀罗门下妄言得阿那含果：

> 唯贤守静，不与众同。后语弟子云：“我昨见本乡，有五舶俱发。”既而弟子传告外人，关中旧僧，咸以为显异惑众。又贤在长安，大弘禅业，四方乐靖者，并闻风而至。但染学有浅深，得法有浓淡，浇伪之徒，因而诡滑。有一弟子因少观行，自言得阿那含果，贤未即检问，遂致流言，大被谤渎，将有不测之祸。于是徒众，或藏名潜去，或逾墙夜走，半日之中，众散殆尽，贤乃夷然不以介意。时旧僧僧略、道恒等谓贤曰：“佛尚不听说己所得法，先言五舶将至，虚而无实，又门徒诳惑，互起同异，既于律有违，理不同止，宜可时去，勿得停留。”贤曰：“我身若流萍，去流甚易，但恨怀抱未申，以为慨然耳。”于是与弟子慧观等四十余人俱发，神志从容，初无异色，识真之众，咸共叹息，白黑送者千有余人。姚兴闻去怅恨，乃谓道恒曰：“佛贤沙门，协道来游，欲宣遗教，缄言未吐，良用深慨，岂可以一言之咎，令万夫无导。”因敕令追之。贤报使曰：“诚知恩旨，无预闻命。”于是率侣宵征，南指庐岳。③

---

① 释僧祐撰、苏晋仁注解：《出三藏记集》卷一四《鸠摩罗什传》，北京：中华书局，1995年，第534页。

② 同上书，第541页。

③ 释慧皎撰、汤用彤校注：《高僧传》卷二《佛陀跋陀罗传》，北京：中华书局，1992年，第71—72页。

> 关中旧僧道恒等以为显异惑众,乃与三千僧摈遣佛贤,驱逼令去。门徒数百,并惊惧奔散。乃与弟子慧观等四十余人俱发,神志从容,初无异色。识真者咸共叹息,白黑送者数千人。①

以上是关于这次鸠摩罗什僧团分裂最完整的核心资料,其中的隐情就在字里行间。表面看,记载僧团分裂的过程是比较清楚的,值得注意的有四点。

一是这次分裂是僧团内部的事情。分裂的缘起、参与的人众、处理的经过,等等,基本以僧众为主体。虽有事后姚兴曾令追回觉贤,但已于事无补。

二是僧团虽分裂,但未见其领袖鸠摩罗什和佛陀跋陀罗有何龃龉。检索史料,至僧团发生分裂以及分裂之后,未见到佛陀跋陀罗和罗什之间有何交涉与矛盾,两人似乎都抱着不"介意"的态度。

三是承担犯戒责任的还有佛陀跋陀罗的门下,"徒众悉同其咎"②。

四是僧团分裂的当事者众多,但没有当事者有关的记述留下。我们今天是通过这些仅有的南方史料来了解北方的事情,而且还晚了许多年。

二、 补充与还原

要客观完整地了解整个事件的真实面貌,搞清楚事件背后的隐情,还需要做一些补充和还原的工作。

首先需要补充的是僧祐所云"关中旧僧"的概念。

僧团发生矛盾的一方是觉贤及其门下,另一方是"关中旧僧",因此需要对其内涵做一些客观的了解。觉贤及其门下比较清楚,有智严、宝云等弟子,还有数以百计对觉贤的禅法有兴趣的追随者。"关中旧僧",也记作"旧僧""秦僧"。查阅史书,此前和此后都没有这个称呼。所谓的"关中旧僧",并无明确的身份区分,盖泛指罗什入关之前长期在关中活动者。其中又有两类,一是关中籍,一是非关中籍。从关中佛教的发展来看,无论关中籍或非关中籍,都与此前的道安僧团有千丝万缕的渊源关系。

其次是分裂之后的余绪。

僧团分裂之后,天下之人都抱惋惜的态度,尤其是与长安关系密切的庐山的慧远,

---

① 释僧祐撰、苏晋仁注解:《出三藏记集》卷一四《佛陀跋陀罗传》,第542页。

② 《宝云法师传》云:"后还长安,随禅师佛陀跋陀罗受业,修道禅门,孜孜不怠。俄尔禅师横为秦僧所摈,徒众悉同其咎,云亦奔散。"(释僧祐撰、苏晋仁注解:《出三藏记集》卷一五,第578页)

闻讯后立即表态："致书与姚主解其摈事，欲迎出禅法。"[①]慧远是道安的得意弟子，道安对其寄予"使道流东国，其在远乎"[②]的厚望。道安去世之后，慧远继其衣钵，在庐山盛弘经教，中土汉籍僧人声望之高者无出其右。道安分张徒众时，慧远率领部分人东下，后在庐山定居，但与关中一直有来往。甚至到罗什时代，慧远仍然有"关中旧僧"昙邕为沟通庐山与关中的专使，积极引进"关中胜说"[③]。所以，由于有这些渊源关系，慧远有调解纠纷、发表意见的资格，其意见也受到关中僧众的重视。

第三是谁是所谓的"关中旧僧"。

谁是"关中旧僧"，代表者是谁，搞清楚这一点很重要。僧祐将道恒作为摈遣佛陀跋陀罗的领头者，《高僧传》在道恒之前还有僧略。从出身籍贯来看，这两位确实是关中资历较高的僧人。但在僧团分裂上，发挥作用的实际上以僧略为主。关键的原因是僧略与道恒的身份不同，僧略是僧官，而且是职级最高的"僧主"。两人相比，僧略的资历声望都在道恒之上，所以僧祐谓道恒质疑并领导摈遣佛陀跋陀罗于情理上不通。

僧略，俗姓傅，北地泥阳人（今陕西铜川）。少出家，止长安大寺（后来罗什译经传法之地）。僧略是弘觉法师的弟子，曾为姚苌时都讲。僧略出家后曾游学于青司、樊、沔等地，通六经及三藏。而这一地区正是道安僧团活动的范围。

姚兴立僧官的目的在于维持秩序。因为姚兴崇尚佛教，"盛弘大化，建会设斋，烟盖重叠，使夫慕道舍俗者，十室其半。自童寿入关，远僧复集，僧尼既多，或有愆漏"[④]。姚兴任命僧官，自然在熟悉的"旧僧"中选择，以僧略为僧主，僧迁为悦众，法钦、慧斌共掌僧录。于是遂成为一种"制度"。僧官设立之后，效果是好的，如传中所云："共事纯俭，允惬时望，五众清肃，六时无怠。"[⑤]达到了任僧官的目的。

而道恒法师，也不是无名之辈，其事迹见《高僧传》卷六等。

道恒，关中蓝田人。《高僧传》称东晋安帝义熙十三年（417），道恒"卒于山舍，春秋七十二"[⑥]，逆推之，即道恒生于东晋穆帝永和二年（346）。据僧传所云："至年二十，后母又亡，行丧尽礼，服毕出家。游刃佛理，多所兼通，学该内外，才思清敏。"[⑦]即道恒出家十年后，道安法师入长安。道安到来之后，长安继竺法护之后又形成了一个庞大的

---

① 释慧皎撰、汤用彤校注：《出三藏记集》卷一四《佛陀跋陀罗传》，第 542 页。

② 释慧皎撰、汤用彤校注：《出三藏记集》卷一五《慧远传》，第 566 页。

③ 同上书，第 568 页。

④ 释慧皎撰、汤用彤校注：《高僧传》卷六《僧略传》，第 240 页。

⑤ 同上。

⑥ 释慧皎撰、汤用彤校注：《高僧传》卷六《道恒传》，第 247 页。

⑦ 同上书，第 246 页。

僧团，人数达数千。以常情推之，所云“游刃佛理，多所兼通”，应该是道恒在道安僧团中熏陶所致。

道恒与罗什僧团的关系不仅有明确的记载，而且道恒甚得罗什信任，屡屡为罗什译经传法的助手。如《高僧传》中所云：

罗什入关，即往修造，什大嘉之。及译出众经，并助详定。时恒有同学道标，亦雅有才力，当时擅名，与恒相次。①

又，前所引《出三藏记集》中也有记载，道恒是罗什门下“名德才秀”者之一：“四方义学沙门，不远万里。名德秀拔者才、畅二公，乃至道恒、僧标、僧睿、僧敦、僧弼、僧肇等三千余僧，禀访精研，务穷幽旨。”

还有，道恒参与《大品》的译传，与僧叡专当翻译《思益经》时的传写，等等，都见诸经录，可见道恒得罗什青睐，确在译场充当重要的助手，因而道恒在僧团中应有较高的声望。说道恒为“十哲”之一，得罗什衣钵，当不为过。

道恒还得到秦主姚兴的青睐，认为其有“经国之量”，请还俗辅政。姚兴令尚书令姚显敦逼道恒，还亲自下书，甚至请罗什和僧略劝道恒，但都遭到道恒的拒绝。当然，罗什和僧略没有替姚兴讲话，反而请秦主“施既往之恩，纵其微志”。②

三、 南方僧团的态度与史料的隐情

佛教入华后先后形成了不少僧团，北方在罗什僧团之前就有竺法护僧团、佛图澄僧团、道安僧团，翻译经典，弘扬佛法，贡献多多。虽然僧团在形成的过程中都不同程度地遭遇到劫难、坎坷，但未闻有僧团自己分裂之事。如道安僧团曾屡屡分张徒众，盖因环境恶劣，情非得已。所以之后的鸠摩罗什僧团的分裂前所未有，自然引起了广泛的关注。慧远、《出三藏记集》和《高僧传》都传达的是南方僧团的信息，下面我们来了解一下他们是怎样看待这次分裂事件的。

僧团内部发生分裂，几乎所有的人都抱遗憾的态度，“咸共叹息”，但具体来讲又有所不同。这可以从姚兴、慧远的态度及《出三藏记集》与《高僧传》所反映的作者角度看出端倪。

---

① 释慧皎撰、汤用彤校注：《高僧传》卷六《道恒传》，第 246 页。

② 同上书，第 247 页。

姚兴认为觉贤有小错，无大错。

如前所引《高僧传》中所云，听说觉贤被摈后为之“怅恨”，认为觉贤“协道来游，欲宣遗教，缄言未吐”“岂可以一言之咎，令万夫无导”。因此亲自派使者前去追觉贤。这里请注意“岂可以一言之咎，令万夫无导”，即认为觉贤虽有小错，但无大过，乃瑕不掩瑜之意。

慧远认为有错，但觉贤无错，错在“门人”。

慧远的态度，据《高僧传》所载：

> (慧)远以(觉)贤之被摈，过由门人。若悬记五舶，止说在同意，亦于律无犯。乃遣弟子昙邕，致书姚主及关中众僧，解其摈事。①

即慧远认为觉贤无错，没有犯戒，犯戒的是“门人”。是哪些“门人”，《高僧传》中没有记载，不外乎有三意：一是觉贤门下，二是罗什门下，三是泛指。由“远以贤之被摈，过由门人”的语气来看，似乎指的是觉贤的门人，但也不排除指参与争辩是非的双方“门人”。可见慧远的态度也是认为有错，与姚兴不同的是慧远认为觉贤无错，错在“门人”。

《出三藏记集》和《高僧传》的作者虽然比较客观地记叙了事件的经过，但明显的是责难“关中旧僧”。

《出三藏记集》和《高僧传》的态度可以从对这件事叙述的语气中看出。两书作者对整个分裂事件的记叙是比较中立的，都客观地记叙了当事各方的言行，对事件的发生抱遗憾的态度，同时同情觉贤及其门下的遭遇。由于中立，书中并没有指出谁错，但有明显的倾向性。首先，书中“关中旧僧”“旧僧”“秦僧”的概念空前绝后，值得玩味。尤其《出三藏记集》不说僧略，单提“关中旧僧道恒等以为显异惑众，乃与三千僧摈遣佛贤，驱逼令去”。不但不准确，且“与三千僧摈遣佛贤，驱逼令去”的“三千”之数，显然有扩大之嫌。“驱逼”两字，更是加重了语气，这才导致了“门徒数百，并惊惧奔散”“识真者咸共叹息，白黑送者数千人”，字里行间清楚地表明了对“关中旧僧道恒等”的责难和对佛陀跋陀罗的同情。

笔者认为，其中另有隐情，必须廓清。

这种隐情就是，南方僧团不认可北方后秦的僧官及其制度，不愿意予以正面的承认，因此才以“关中旧僧”的含糊概念代之。即“关中旧僧”概念的提出是为了回避姚秦

① 释慧皎撰、汤用彤校注：《高僧传》卷二《佛陀跋陀罗传》，第72页。

的僧官及其僧官制度，书中责难的情绪实际上透露出对僧官制度的反感。明白了这一点，也就明白了为何慧远要“致书姚主及关中众僧，解其摈事”。可以肯定，竭力倡导“沙门不敬王者”的慧远也是反对设立僧官。但僧团分裂，事关重大，慧远自然不会置身事外。事情已经发生，善后却是不容回避的难题。于是慧远只好出面，设法“解其摈事”。从“过由门人”来看，慧远是承认有人犯错才导致分裂事件发生，因此才设法“解其摈事”。

慧远是当时代人，《出三藏记集》及《高僧传》在后，且写作地也在南方，在对待这件事时实际上有三难。

其一，不承认“僧官”，但又不能不承认后秦官府对佛教的支持。

其二，不承认“僧官”，但又不能不承认“僧”。“沙门”可以不敬“王者”，但按“六和敬法”，“沙门”不能不敬“沙门”，对犯戒的处分是“沙门”做出的，而不是“王者”做出的。

其三，不承认“僧官”，但又不能不承认“摈遣”之法是按照佛律来处理的，是合“法”的。

以上就是慧远和《出三藏记集》《高僧传》等的为难之处。

附及，妄语戒是根本大戒，如何能“解其摈事”？即通过什么途径来取消处分？假设“摈事”可“解”，那就要承认当时的处理是失误。那么谁来承担失误的责任；后果如何；“过在门人”，是否意味着“门人”犯了大戒；谁的“门人”；如何处理；等等。这些问题史料无载，不得而知。

四、有原因　无责任

笔者认为，鸠摩罗什僧团的分裂有客观的原因，但是没有主观责任，也没有需要承担责任者。僧团的分裂是中印文化的差异所导致，分裂未必是坏事。

首先，姚兴的后秦官府不需要承担责任。

如史籍所载，后秦对佛教大力支持，人所共知。姚兴不是一位佞佛的帝王，也是公论。罗什入长安，入关问学者数以千计，络绎不绝，不得已才设立僧官——俗人不便，由僧人们自己管理自己，官府负责后勤生活等事宜。何况，觉贤出走后姚兴才派人去追，可见争论期间姚兴并不清楚，也未干涉，足见其尊重自己所设立的僧官。

其次，僧官们不需要承担责任。

所谓的僧官，负有管理与服务僧众的责任，即“五众清肃，六时无怠”。从现有资料来看，担任僧官的僧略和同僚们德行都无可挑剔，而且“僧官”的物质待遇全都交给了常住，自己并不享用。既然僧众起了争执，牵扯到“妄语”的根本大戒，职责所在，僧官们不能不处理，否则何来“五众清肃”？而且，各方面都承认，确实是有人犯“过”。

再次，鸠摩罗什不需要承担责任。

所有的史料记载都没有说罗什在这次僧团分裂中有何言行，但后人不明就里，往往将罗什扯进来，强调与觉贤的师承学问的差异。依罗什的精明与风度，僧众们的争论是与己无关的，何况住在“解舍”里的罗什不便也没有必要干涉“僧官”的事务。

而且，佛陀跋陀罗不需要承担责任。

佛陀跋陀罗于定中所见“五舶”，直口说出，并无“妄语”的故意，何犯戒之有？再者，正宗嫡传的西方高僧前来东土是传法的，不是来求法的，因而佛陀跋陀罗并不“介意”，也就是不计较，清者自清，浊者自浊。《高僧传》卷二说佛陀跋陀罗“志韵清远，雅有渊致”“风流人也”，其芝兰之风采可以想见矣，必不是斤斤计较之人。

最后，各方门人也不需要承担责任。

“妄语”得不还果的只是某一位学僧，由于无法证明可能造成了局部的困惑。复述“五舶”的是一些门人，与不相信者起了争执。这与后来遭遇“南山犯重”的道宣律师如出一辙。禅定的不可思议，按现在的话来说，精神层面的事情除了当事者之外，其他谁能说得清？即便“门人”有错，但让这些学识嫩、资历浅、修行不够的年轻门人们承担分裂僧团的责任，显然有失公允。

僧团为何分裂？从根本上来说是中印文化的差异所导致，表现为共性文化与个性文化的冲突。中印两国同为文明古国，各有渊源，有自己的悠久传统。以农耕文明为基础的中国社会文化，对共性的强调远非印度可比，而众所周知天竺国的个性文化远较中国为发达。此外，佛教传入，本来就是新生事物，僧官制度更是前所未有，是中国共性文化的产物。而且，以印度的文化土壤培植的佛教戒律制度也不可能完全按照原来的模样移植到中国，必然要经过中国文化的浸润和会通。所以，未必一定认为僧团的分裂是坏事，一定要找出承担僧团分裂责任的人。世界文明的交往本来就是不断地分与合，这正是文明的活力所在。由此而观之，鸠摩罗什僧团的分裂有其历史的必然性。

要之，无论从共性文化立场出发的“求同”“求异”，或者是从个性文化立场出发的“求异”“求同”，都需要兼而顾之。鸠摩罗什僧团的分裂，前贤探讨颇多，但都以罗什与佛陀跋陀罗的师承学派差异为着眼点。察的是“异”，但为的是“同”，因而没有看出南方的慧远和《出三藏记集》《高僧传》的作者不认可僧官的立场，从而忽视了僧团分裂中僧官制度的关键影响。更有甚者，有国外的学者甚至认为关中僧借官势迫害觉贤，则似离题更远了。

试论犹太哲学及其根本特征*

傅有德**

犹太民族是一个伟大而智慧的民族，她为人类贡献了《圣经》，创立了一神教，对人类文明尤其是西方文明产生过巨大的影响。然而，谈到哲学，人们往往会问：犹太人有哲学吗？如果有，其特点是什么？

一

要弄清什么是犹太哲学，还需从什么是哲学谈起。

众所周知，哲学肇始于古代的希腊。在早期的希腊哲人那里，哲学被规定为“对智慧的爱”。爱就是追求或探索，智慧就是关于宇宙和人生的真理，用以爱智的工具就是人的理性思维。因此，所谓哲学，乃是人类理性对于宇宙和人生之根本问题的反思和求索。理性反思的对象可以有许多，而哲学反思的乃是其中最普遍、最根本性的。例如宇宙的本原、人生的目的和意义、认识的基础、上帝的存在、人与神的关系，诸如此类。然而，哲学之成为哲学的关键不在于问题本身，甚至也不在于问题的答案，而在于人这个主体用什么样的方式去对待这些问题。如果用的是信仰和想象，那么，产生的结果就是宗教；如果用的是情感和想象，产生的可能就是艺术作品；只有运用人的理性思维，哲学的产生才是可能的。理性思维的主要形式是分析和综合，以及以此为基础的推理和论证。理性的推理和论证是极其复杂的思维过程，它至少有三个特点：一是必须运用概念或范畴；二是必须符合逻辑规则；三是系统有序。因此说，哲学就是人运用自己的理性对于一些根本问题的逻辑的、系统的思考。

综观西方哲学的历史，我们也可以得出和上述哲学观一致的结论。西方哲学凡两千五百年，历经古代、中世纪、近代和现当代几个大的阶段，地跨欧洲和北美。论及的问题有宇宙论的、本体论的、认识论的、逻辑的、伦理的、语言的、社会的、政治的、文化的、科学的，等等，可谓千头万绪、包罗万象。大的流派和分支有世界观上的唯物主义

---

* 原载《哲学研究》1999年第4期。

** 傅有德，山东大学犹太教与跨宗教研究中心主任、博士生导师。

和唯心主义，认识论上的经验主义和理性主义，人生哲学上的享乐主义和禁欲主义、功利主义和唯动机论，等等；还有语言分析哲学、逻辑哲学、历史哲学、政治哲学、科学哲学，诸如此类。这些大的流派和分支内部又包含众多的学派和子分支，如柏拉图主义、亚里士多德主义、新柏拉图主义、托马斯主义、笛卡儿主义、斯宾诺莎主义、康德主义、黑格尔主义、唯意志主义、存在主义，以及生态伦理学、医学伦理学、物理哲学、数学哲学，等等，真称得上是复杂多样、异彩纷呈。然而，透过这些在不同的时代和地域产生的错综复杂的流派和分支，我们即可发现，虽然西方哲学家们探讨的问题不尽相同，理论观点和思想体系差别甚大，但他们在研究和阐述各自的哲学时，采取的都是理性的、逻辑的思维方式。也就是说，他们是用人的理性能力来思考，用哲学的概念和范畴按照逻辑规则来分析问题和解决问题的：柏拉图的理念论、康德的批判哲学、海德格尔的生存哲学，无不是理性思维和逻辑推论的结果；人们公认的其他西方哲学体系，也都是这样形成的。

或许有人会说：叔本华、尼采、柏格森、弗洛伊德等哲学家是非理性主义者，他们的思维方式不是理性主义的，而是非理性主义的。其实不然。非理性主义哲学家也和理性主义哲学家一样是用理性进行思维的。所谓非理性主义哲学是就其内容而言的，无非是说它在观点上突出和强调了人的非理性因素，如意志、情感、无意识之类，而不是说这类哲学家的思维方式是非理性的。他们的思维方式也是理性主义的，他们在构造自己的体系时所运用的也是哲学史上已有的概念和范畴，也是遵循逻辑规则的。有谁能说叔本华的《作为意志和表象的世界》和弗洛伊德的《梦的解析》是非理性思维的产物呢？因此，非理性主义哲学并没有否认哲学是理性的思维和探求这一根本特征。

用这样的观点看问题，早期的犹太经典中是没有完全意义上的哲学的。犹太人的古代文化是犹太教，其基本的文献就是《圣经》以及后来形成的犹太教法典《塔木德》和《密德拉什》。犹太教的《圣经》是广为人知的《新旧约全书》中的《旧约》，由《摩西五经》《先知书》和《圣著》三部分组成。它是古犹太先知、国王、祭司和文人学士在不同历史时期记述的犹太信仰、道德训教、历史传说和文学故事的集萃。《圣经》的作者们，尤其是其中起作用最大的先知们，主要是用发达的想象力或形象思维来阐述信仰、描述事物、叙述事实和预见未来的。例如《创世记》中对上帝创造世界的描写，《出埃及记》中关于摩西在西奈山接受神启的记述，《先知书》中对于以赛亚和以西结所见之“异象”的叙述，等等，都不是理性思维的结果，而是典型的想象力的产物。至于《列王记》中的历史记述、《诗篇》中的道德格言以及爱情诗《雅歌》之类，就更与理性思维相去甚远了。

《塔木德》和《密德拉什》是圣经时代以后犹太教拉比们的作品。拉比是老师的意思，指的是接受过正规的犹太传统教育、熟悉犹太教的经典并能够对犹太教做出解释的犹太知识分子。他们也主持犹太教的各种宗教仪式，其功能类似于基督教的牧师，在历史上长期占据犹太人精神领袖的地位。《塔木德》是继《圣经》以后最重要的犹太教经典，它包括《密西纳》和《革玛拉》两部分。前者是2世纪以前以犹太王子为首的早期拉比从民间搜集起来的宗教律法条文，相对于成文的律法书《圣经》而言，是为"口传法"。后者是对《密西纳》律法的评注和解释。拉比们主要是以《圣经》为根据来论证口传法的权威性，用想象力来发挥和解释经书中的律法内容，而不是用理性对犹太教的信仰和律法做思考和推论。在《塔木德》中，形象的比喻和动听的故事屡见不鲜。作为说教作品，《密德拉什》对《圣经》各篇做了详细的阐述和诠释，更凸显了拉比们的丰富想象力和文学才能，但是在这里，理性的作用就更加微不足道了。这并不是说《塔木德》和《密德拉什》中没有理性思维的痕迹，而是说信仰和想象型思维占主导地位，其中的一些理性思考和推论是零散的、不系统的。

总之，古代犹太教的经典不是理性的产物，而是信仰和想象力的产物，因而是宗教性作品，而不是哲学性作品。换句话说，古代犹太文化的主流不是哲学性的，而是宗教性的。虽然其中不乏个别的哲学观点，但没有系统的哲学可言。这一结论当是大致不谬的。

公元前3世纪希腊的亚历山大大帝对巴勒斯坦的入侵和占领与犹太哲学的产生有直接的关系。这次入侵和占领是有史料记载的第一次犹太人和希腊人、希伯来文明和希腊文明的冲突与融合。两个世纪过后，第一位犹太哲学家诞生了，他就是亚历山大里亚的斐罗(Philo of Alexandria，公元前30—公元50)。斐罗借用了古希腊哲学，尤其是柏拉图主义和斯多亚派的观点，理性地解释《圣经》及其学说，认为世界是上帝以"理念"为工具规范早已存在的质料的结果。理念是上帝创世前就有的思想。"逻各斯"是最高的理念，是"理念中的理念"。它既是上帝创造世界的工具，又是上帝和人之间的中介。它内在于世界，即为万物的规律；内在于人，构成人的心灵；内在于犹太教的《托拉》，成为神为人确立的律法。①作为第一个犹太哲学家，斐罗所涉及的范围很广，思想的深度也是空前的。遗憾的是，他的著作是被基督教会保存下来的，在很长的一个历史时期内，犹太人对他一无所知，因而没有对犹太哲学产生实际影响。

然而，犹太人毕竟从斐罗开始踏上了漫长的哲学探索之路。在中世纪，经历了伊斯兰教哲学(也是希腊哲学的衍生物)熏陶的犹太人造就了萨阿底、加比罗尔、哈列维、道德、迈蒙尼德、格森尼德、克莱斯卡等著名哲学家。其中，迈蒙尼德著述最丰富、玄思

---

① Robert M. Seltzer: *Jewish People*, *Jewish Thought*: *The Jewish Experience in History*, London: Pearson, 1980, p.210.

最深奥、影响最广远，堪称旷古大哲。总起来说，这些哲学家都是用理性思维的方式借助古希腊哲学的概念对本民族原有的宗教传统进行阐释和论证。他们所关心的主要问题是上帝的存在及其属性、上帝创世论、神与人的关系、灵魂与肉体的关系、人生的最大幸福，等等。从他们和希腊哲学的联系看，有些倾向于柏拉图主义，有些则更靠近亚里士多德哲学。然而，无论如何，犹太哲学是用希腊哲学的概念和范畴以及方法反观犹太教传统，并加以理论化和系统化的结果。正是在这个意义上，著名犹太哲学史家古得曼才说："犹太哲学可以描述为用一般哲学的概念和规范对犹太信仰和习俗所做的描述。"①

著名犹太学者阿瑟·海曼(Arther Hyman)认为，人们公认的犹太哲学家大都具备如下两个最起码的条件：第一，犹太哲学家必须对犹太教有所论述，不管其论述是宗教性的抑或是世俗的；而且他必须对自己所论述的内容在生存态度上抱有某种程度的认同和信奉。第二，犹太哲学家在论述犹太教时必须运用哲学的概念和论证，而不是运用"阿嘎哒"式(故事性叙述)的、神秘的、文学的或其他表述形式。根据第一个条件，那些虽然是犹太人、对犹太教也有所论述但缺乏对它的认同和信奉的哲学家，如斯宾诺莎、马克思、弗洛伊德等，就不能算作犹太哲学家，而只能是一般意义上的哲学家。②把海曼在这里说的犹太哲学家的两个基本条件和古得曼的犹太哲学定义稍加比较，我们就会发现，它们实质上是异曲同工，强调的都是用理性思维的方式对犹太教内容的探索和阐述。

毫无疑问，古得曼和海曼对犹太哲学的界定或描述抓住了犹太哲学的本质，因而是可取的。他们的观点在犹太哲学界有很大的权威性，根源也正在于此。

然而，这里尚有可疑之处。如果一个犹太哲学家除了对犹太教的信仰和习俗进行理性的探讨外，还对一般性的哲学问题做了研究和阐述，这些问题是非犹太教的，而且探讨的方式是理性的，那么，这部分内容是否应该属于犹太哲学呢？如果严格按照古得曼和海曼的定义，回答就应是否定的，因为它不是直接关于犹太教的信仰和习俗的。但是，显而易见，过分地拘泥于这样的定义就可能排除犹太哲学家的一般性哲学思考的权利，使犹太哲学仅仅局限于犹太教的范围内，因而无法上升到哲学的最高普遍性。

我们认为，犹太哲学固然应该运用理性思维研究和探索犹太教的问题，但是，犹太

---

① Julius Guttmann: *Philosophy of Judaism: The History of Jewish Philosophy from Biblical Times to Franz Rosenzweig*, New York: Holt, Rinehart and Winston, 1964, p.4.

② Arther Hyman: "What is Jewish Philosophy? Teaching Implications," in *Jewish Studies: Forum of the World Union of Jewish Studies*, No.34, 1994, p.10.

哲学家对于那些虽然不属于犹太教但又不违反犹太教的一般哲学问题的探讨，也应该属于犹太哲学的范围。例如，中世纪犹太哲学家迈蒙尼德在《迷途指津》中对于亚里士多德的宇宙永恒论的阐述和评论，现代犹太哲学家马丁·布伯对于我—你关系的分析和论证，虽然和犹太教没有直接的或必然的联系，但由于他们是在肯定犹太教的前提下讨论这些哲学问题的，因而和犹太教的基本信仰有着间接的联系和一致性，所以也应该属于犹太哲学的范围。否则，一个犹太哲学家那里的哲学就不够完整，没有达到应有的普遍性。事实上，多数犹太哲学家除了探索犹太教的信仰和习俗以外，也阐述了他们对于当时流行的一般哲学问题的看法。这两部分内容常常糅合在一起，很难把它们分割开来。

总之，在我们看来，犹太哲学首先是那些对犹太教抱有同情心和认同态度的犹太人创造的，非犹太教徒或无神论者的学说与犹太哲学无缘。其次，犹太哲学是利用一般哲学的概念或范畴对犹太教的信仰和习俗所做的理性考察和探究，单纯的犹太教信仰或纯粹的理性论证都不足以构成犹太哲学。最后，犹太哲学家在考察犹太教的信仰和习俗的同时对一般哲学问题所做的探索和论述，只要是在理论上和犹太教一致的，也可以视为犹太哲学的内容。

二

只要对上述犹太哲学的界定做一引申，我们就不难发现，犹太哲学的根本特点是理性和信仰的结合。

这个特点有两层含义。

其一是说犹太哲学是用理性的思维方式研究犹太教传统这个对象，试图借理性之助解决上帝的存在，人生的信仰、目的和意义等问题。这是一种理性的方法和信仰对象的结合。这样一种结合体现在从斐罗开始的所有犹太哲学家那里，整个犹太哲学发展的历史就是用理性思维的方式分析和论证犹太宗教信仰和习俗的历史。

其二是说犹太哲学在内容上既有理性主义的因素，又不排斥或排除信仰的成分。这里说的理性主义是指一种强调人的理性能力和理智知识对于认识上帝、指导人生的重要作用和价值的观点。对于大多数犹太哲学家而言，理性主义和信仰是并驾齐驱的。对于他们来说，否认理性的作用，只承认信仰，就只有犹太教而没有哲学；反过来，如果只强调理性和知识，忽视了信仰的作用和价值，犹太教传统就失去了意义，这就导致了古希腊的唯智主义，而不再是犹太哲学了。

要说明犹太哲学是理性和信仰的结合，迈蒙尼德哲学是一个好例。他认为，如果仅仅在口头上谈论真理或貌似真理的理论，而不真正理解它们，就不能真正信仰它们，“因为只有理解了才能信仰”①。在他看来，信仰而无理解是盲目的，因此，必须对传统的信仰作一番理性的考察，使之成为不违反理性的信仰。通过他的理性的考察，《圣经》中上帝按自己的“形象”造人被解释成按上帝的“理智”造人；“看见”“看”“望”在被用于上帝时，“都是指理智的把握，决不是指眼睛的看到”②。这样一来，犹太教传统中的人格神就被抽掉了神人同性论的特征而被理性化了。同时，迈蒙尼德又始终把信仰放在不可替代的重要位置上。当亚里士多德派的宇宙永恒论和犹太教关于上帝从虚无中创造世界的学说发生冲突时，迈蒙尼德就毫不犹豫地站到了犹太教信仰一边，认为犹太教的创世论远比宇宙永恒论更为可取。还有，在论述先知何以做出预言的时候，迈蒙尼德把上帝和从他而释放出的“流”放在了突出重要的地位，认为神不但是预言的最终源泉，而且在预言的产生过程中发挥着直接的重要作用。与此同时，他又强调理性和信仰是同时共存、互相补充的，只有具备高度发展了的理性能力的人才有可能将潜在的预言现实化。③迈蒙尼德的目的就是调和理性和信仰，使《圣经》中的“上帝创世论”“神车论”及犹太教传统中的“先知论”，等等，都成为理性或哲学研究的对象，使哲学的内容既是有关宗教的，又是理性主义的。在他那里，犹太教的主要信仰和习俗与希腊哲学的基本概念和原理，在理性主义的分析和论证下结合起来，不论在内容还是形式上，都给人一种有机统一、和谐一致的感觉。诚然，迈蒙尼德对信仰和理性的调和尚未达到天衣无缝的程度，但在所有的犹太哲学家当中，他在这方面的努力是最出色、最成功的。

古希腊哲学的主流是理性主义的，尽管毕达哥拉斯哲学、柏拉图主义以及斯多亚派带有浓厚的神秘主义色彩。近现代西方哲学的主流也是理性主义的。只有在中世纪的西方哲学中，信仰才压倒了理性，哲学成了神学的婢女。和西方哲学相比，犹太哲学的特色就在于，它在承认理性作用的同时，始终没有放弃宗教信仰。这一点即使是在理性主义色彩很强的科恩（又译柯亨）和开普兰的哲学中也是显而易见的。作为新康德主义的马堡学派的创始人，科恩哲学的基调始终是理性主义的。但是在 1912 年从大学退休以后，他的哲学却发生了一个从康德主义到犹太教传统的转变。晚年的科恩认为，康德道德哲学中的上帝不过是为了保证德性和幸福的统一而虚设的实践理性的逻辑前提，它无法保证自然界和人类社会的存在，不能成为人的崇拜对象和追求的

① 迈蒙尼德：《迷途指津》第 50 章，济南：山东大学出版社，1998 年，第 107 页。

② 同上书，第 4 章。

③ 同上书，第 2 章。

目标，无法确保道德律令在个人身上的遵行。因此，必须从伦理学进展到宗教，引入一个可以供人信仰的上帝观念。他主张理性的宗教。在这样的宗教中，上帝被解释为宇宙的创造者和万物的基础、犹太律法的来源，并且和人之间有一种相互关系。上帝在这里虽然被说成是一种观念，但科恩认为，他就是人们所崇拜、所爱的神。开普兰在《作为一种文明的犹太教》中指出：启蒙运动以来，人们对来世的希冀已经被现世的自我实现所取代，传统的超自然的上帝业已成为明日黄花。现代犹太人需要一种新的犹太教文明。新的犹太教是与理性和科学一致的，其中没有超自然的人格神的位置。但是，在这样的宗教中，上帝仍然存在，他就是宇宙中内在的生命力的全体，是导致人的拯救的力量，也是人的信仰对象和生活目标。①科恩和开普兰的上帝虽然不同于传统犹太教中的人格神，却是他们的信仰所在，而且他们认为，这样的宗教信仰是普遍性的。

和以儒家、道家为主体的中国传统哲学相比（道教和佛教除外），犹太哲学的特点更加彰显。从内容上看，中国哲学中的儒家，尤其是在先秦的孔孟思想中，对终极实在的信仰和追求没有凸显出来。《论语》中确有不少地方谈到天、天命和鬼神，如“祭如在，祭神如神在”（《八佾》），“获罪于天，无所祷也”（《八佾》），“天生德于予，桓魋其如予何”（《述而》），但是孔子并没有宣称他的伦理主张来自上天，而自称他述的是夏商周三代的先王之道，尤其是周礼。可见，在孔子那里，天命和人伦、信仰和理性是没有被结合起来的。同时，就思维方式而言，儒学中理性思维的特征不够显著，直观的陈述或比喻多于理性分析和逻辑论证。道家的形而上学以总天地万物之源的道为根本，并使之为人生鹄的，因而具有很强的超越性。但道家和儒家哲学一样重视直观或形象的描写和陈述，没有突出理性的分析和证明。这和犹太哲学既坚持传统的犹太教信仰，又使之和希腊的理性主义巧妙地糅合在一起的做法相比，显然是大不相同的。

从更深层的意义上说，犹太哲学之结合信仰与理性于一身有着深刻的人性论基础。人就其本性而言是一个综合性动物，他既有感性的欲望、情感，又有理性的思维，还有包括信仰在内的精神性追求。这些内在的本性因素外化为人的活动和行为，从而构成了丰富多彩的人生。换言之，人不仅是感性的肉体，也不仅是理性的动物，而且还是富有情感的、有精神追求并趋向于超越自己的生命存在。人的生活并非总是符合理性的，也并非总是现实的、功利性的；人必须有精神追求，必须有信仰，必须具有超越性。一般说来，滥觞于古希腊的西方哲学，尽管内容丰富充实，但因其主要倾向是理性

① M. Kaplan: *Judaism as a Civilization*: *Toward a Reconstuction of American-Jewish Life*, New York, 1981；参见拙作《开普兰的犹太文明论述评》，《文史哲》1999年第2期。

主义的，不免重知识而轻德性，突出功利而淡化情义，理论思维和科学态度有余，而超越性的精神追求强调不足。这些偏颇之处恰好在犹太哲学那里得到了矫正。尽管犹太哲学家对于理性或信仰的态度不完全相同，有的偏重信仰，有的突出理性，但他们大都在很大程度上两者兼顾，不致顾此而失彼。这样一来，犹太哲学就更全面地反映了人的复杂本性和丰富多彩的实际人生。

犹太哲学既然是用理性的方法、哲学的概念和范畴对犹太教的信仰和习俗的研究，那么，犹太哲学在本质上必然是一种宗教哲学。信仰和理性的统一是宗教哲学的基本特征。因此，犹太哲学的根本特征实际上是一般宗教哲学的基本特征的具体表现而已。

三

犹太哲学的产生和上述特点的形成归因于独特的历史和文化背景，归根到底是由犹太人的散居(Diapora)决定的。

散居指的是犹太人分散侨居世界各地这一现象。从历史上看，散居是和犹太人的命运息息相关的。公元前 586 年，犹太国被巴比伦攻破，居民被掠往东方的巴比伦五十余年。这可以算作古代以色列人立国以后的第一次大流散。公元前 3 世纪，亚历山大大帝征服巴勒斯坦后，许多犹太人流亡到希腊化国家。公元 70 年以后，被罗马帝国征服的犹太人不得不离开故国家园，先是散居在中东和地中海沿岸诸国，而后到达西欧、北欧和东欧，逐渐遍及世界各地。截至 1998 年，全世界的犹太人口大约是一千三百万，除了以色列国内的四百万左右外，大多数都寄居在地球的各个角落。其中北美和东欧最多，约占世界犹太人总数的 60%。

散居是国家沦亡的结果，因此对犹太民族来说是痛苦和耻辱的事。然而，这一独特的现象对犹太文化的发展却是至关重要的。正是由于散居，本来闭关锁国并以“上帝的选民”自居的犹太人才有机会接触异国文化，才不得不接受外来文化的影响，因而才产生了犹太哲学。如前所述，犹太哲学就是犹太宗教传统和希腊哲学交汇的结果。第一个犹太哲学家斐罗是散居亚历山大里亚的犹太人。如果不是散居，斐罗就无从接受希腊哲学，也就不可能用希腊哲学分析和提炼犹太传统，进而形成犹太哲学。中世纪哲学之父萨阿底出生在埃及，后来是巴比伦犹太学院的校长。旷古大哲迈蒙尼德出生、成长在西班牙，成年后担任了开罗的宫廷医生。犹太启蒙运动之父门德尔松，现代犹太哲学的主将科恩、拜克、罗森茨维格、布伯都是散居德国的犹太人。海舍尔受教育于德国，事业成就于美国。开普兰则是完全在美国的文化氛围中成长起来的犹太哲学家。可以毫不夸张地说，没有散居，就没有犹太哲学家和犹太哲学。

犹太哲学的特点也和犹太人的散居有着直接的密不可分的联系。散居的犹太人是没有祖国的，因而不得不直接面对异族的思想文化。在西方，就是直接面对理性主义的哲学和理性色彩浓重的基督教文化。然而，犹太人又是一个拥有悠久的历史和深厚宗教传统的民族，她不会轻易放弃自己的传统而欣然接受西方文化的同化。这样一来，在散居的犹太人那里，犹太教传统和西方文化（在近代以前主要是古希腊文化），对上帝的信仰和以求知为目的的缜密的理性思维就表现为冲突和矛盾。那些固执的、墨守成规的犹太人对以古希腊哲学为代表的西方文化采取敌视态度，在现实生活中退缩在传统犹太教之内，力所能及地抗拒西方文化的侵入。而另一些犹太人则对西方文化采取了灵活的态度。他们在坚持犹太传统的同时，承认西方理性主义传统的价值，承认理性思维较之于单纯信仰的优越性。因此，他们试图将这两种传统融为一体，用理性理解和阐述犹太教的信仰和习俗，并且在内容上力求使二者相容共存。这些人就是犹太哲学家。经过几代人的努力，终于形成了理性与信仰结合为一、使二者相融互补的犹太哲学的根本特点。无疑，只有在散居的状态下，这些犹太人才得以接受希腊传统和西方文化，并将西方的理性的思维方式引入对自身传统的研究，把犹太教的信仰和外来的理性主义的哲学概念相结合，进而形成了独具特色的哲学形式。

不仅如此，犹太哲学的历史发展和演化也是和犹太人寄居其上的国度的哲学和文明传统分不开的。古代斐罗吸吮的是希腊哲学的乳汁。萨阿底、哈列维、道德、迈蒙尼德、格森尼德等中世纪犹太哲学家接受的是伊斯兰文化，并通过伊斯兰思想家接受古希腊哲学的熏陶。现代的门德尔松深受沃尔夫的影响，而科罗赫马尔在很大程度上是黑格尔哲学的学生。拜克、布伯、海舍尔则与现代西方的存在主义哲学有着千丝万缕的联系。同时，基督教文化以及现代科学对犹太哲学的发展也起了不小的作用。从犹太哲学的整个进程来看，除了中世纪哲学家如迈蒙尼德、格森尼德、克莱斯卡和阿尔伯之间有着明显的前后继承和发展的关系外，多数犹太哲学家的主要渊源关系，除了传统犹太教以外，多半是横向的，即主要是从所在国的西方哲学家那里学习哲学并接受其方法和理论观点的。这一点在现代犹太哲学家那里表现得尤为突出。例如，罗森茨维格、布伯本身就是存在主义的哲学家，他们的哲学不论在方法还是在思想观点上都是相当西化的，尽管不同程度地坚持着犹太教的传统。产生这种现象的根源仍然是犹太人的散居。从总体上看，散居西方的现代犹太人在经过启蒙运动、犹太宗教改革运动洗礼、理性主义哲学与科学的长期熏陶及习染后，比中世纪的犹太人离自己的传统更远，和西方哲学的关系更加密切，理性主义的色彩也更为浓厚了。

解脱、逍遥与道德完善

——《奥义书》与儒道哲学论人的本质及其比较 *

董　平 **

《奥义书》所确立的梵我同一观念是印度文化尤其是在各正统学派那里，关于自我观念的经典性表述。这一观念之基本的理论结构及表述方法都与中国古代儒道哲学中的天人合一思想有着很大的平行性与相似性，但它们所蕴含的哲学—文化意义却各有不同。解脱、逍遥与道德完善，分别代表了《奥义书》哲学、道家哲学以及儒家哲学关于人的本质之实现的最高境界。梵我同一的意义界域是超现实的彼岸世间，其极致是摩耶的消除转进于生死之轮回的解脱而获得永恒的极乐；天人合一的意义则属于现实的人生境域，在道家那里，其极致是生命之本质自由的还原而实现人间世的逍遥游；在儒家那里，则是道德本体的终极实现而参赞天地之化育。

一

《奥义书》(*Upanishad*)也被称为吠檀多(vedanta)，即"吠陀的末尾"，它是吠陀的最后部分，也是吠陀之宗教思想的哲学阐释。大梵(Brahman)为世界存在的第一原因与宇宙现象的终极实在，以及自我(Atman)与终极实在之间的绝对同一性，这二者乃是早期的也是主要的《奥义书》所阐明的核心思想，它同时也是印度教之宗教理念的典范性表述。在这些《奥义书》中，作为世界现象之最初原因的大梵是被作为意识的纯粹存在来阐述的，而现象则是其意志作用之下的意识本身之流动的结果，因此也是意志的表象。作为太初独一无二的纯粹存在，大梵本身具足一切性相，其自身的独立实存是绝对的、无条件的、唯以其自身为原因的自在，而作为其意志之表呈形式的现象则是相对的、有条件的、暂时的、必须依赖于实在才获得其现存的可能性的。由于意志的自身存在与意志的表呈形式在逻辑上所据有的位格并不同一，因此终极实在与现象世界之间也就存在着逻辑上的二

---

* 原载《哲学研究》1999 年第 1 期。

** 董平，浙江大学求是特聘教授、中国哲学博士生导师，浙江大学中国思想文化研究所所长，浙江大学佛教文化研究中心主任。

重分割。大梵即是一切现象的终极实在或最高的宇宙精神，也是万物的创造之主，本体之实在的真实性与绝对神性是直接相同一的。以各种各样的繁复性、时空中的连续性与间断性、现象之间的因果关系等所呈现出来的意志的表象世界，仅仅在作为意志的客观化的意义上才与终极实在之间构成某种间接的联系。因此在人的现实存在的境域之中，他所可经验的一切事物及其活动，乃至于这种经验活动的结果，都不具有最终的真实性。现象的一切都是"摩耶"，是一种非真非假、既非存在也非非存在的状态。按照《奥义书》的阐释，摩耶即是无明，其根本消除必须依赖个体最为内在的本质自我的直接证取及其本身即是终极实在的体悟。因此，梵我同一不仅是世界之二重性分割在主体世界之最终消解的必要途径，同时也是生命超出摩耶而实现其永恒不灭的必要途径。

自我不是活动于经验中的人的个体。《奥义书》将人的一般经验状态区分为清醒、梦境与无梦睡眠，自我构成所有这三种状态的本质基础却又超越于所有这三种状态。身体及其感觉器官、精神状态、表象的连续性、意识的流动等，仅仅是自我的对象而不是自我本身，而且这一切恰好都由于自我的终极实在性才在经验中成为可能。在清醒状态下自我享有粗疏的对象，具有关于外部世界的意识；在梦境状态中，它享有较为精微的对象，具有关于内部世界的意识并产生为其自身所想象的对象；在无梦的酣睡之中，客体性的对象，无论精粗，都已然消失，既无主体也无客体，主—客体之间的双重性对待关系已被解除。但是实际上，无明在酣睡中也仍然存在，只是其功能被暂时遏制了而已，因而自我也不能在其中享受到肯定性的极乐。因此，清醒、梦境或酣睡状态下的个体，或陷于我性与他性的对待而有身体与观念的种种变化，或陷于意识的流动而飘忽不定，或虽有主—客体之两歧的消解却缺乏自我本身的积极肯定，所有这一切都决定了一切经验状态中的个体（及其意识）均非终极自我。《奥义书》认为，自我，就其本身的实在性而言，乃是普遍超越于一切现象又涵摄一切现象的、绝不在时空的流转变化之中改变其自身的、不需要依赖其他任何原因而自为原因、自我证明的永恒、常住、不易的自在之体。在《歌者奥义书》中，波罗贾帕底（Prajapati，造物主，生主神）教导说："自我无有罪恶，无有老死，无有忧悲，无有饥渴；其所欲为真实，其思想为真实。是所当去寻求，所当努力去理解者。已求得并理解此自我者，即得一切世界与一切欲望。"① 按照这一教导，雷神因陀罗（Indra）经过艰苦的历程终于证得了这种终极自我："诚然，名

---

① 《歌者奥义书》(*Chā ndogya Up.*) VIII.7.1。本文所引奥义书均根据拉达克里希南编注的《主要的奥义书》(S. Radhakrishnan: *The Principal Upanisads: Edited with Introduction, Text, Translation and Notes*, New Delhi, Indus, 1994)，同时参考徐梵澄译《五十奥义书》，北京：中国社会科学出版社，1984年。

为空者乃是名与色的决定者。在其中的乃是大梵，彼为永生者，彼即是自我……我已获得了光荣。我即为光荣的光荣。”①这里的“空”是指大梵无形体而有精微之质的实在性而言，“名与色”则指称一切现象。大梵是各种名色的决定者，故为世界的最终实相；自我既经确认为即是大梵本身，则宇宙的本体即与主体的心灵本质实现了逻辑上的同一，世界的二重性分割及由此而产生的一切双重性对待关系便在主体世界获得最终的消解。因此就个体而言，自我是超经验的“第四种状态”，是为纯粹意识本身的实存状态，其中没有主—客体之关系的双重对待，一切无明均已消除，自我纯然作为终极的主体而呈现其自身，而不是如在酣睡状态那样使其自身消解于某种纯粹的抽象，从而享有永恒的极乐。一如大梵之遍在一切之中却又超出一切现象之表，自我也寓居个体心灵之内却又超出个体之外而遍在一切万物。《奥义书》云：“比微小更微小，比伟大更伟大，此自我处于一切众生的内心之中”②，“此即我内心之自我，小于谷颗，小于麦粒，小于芥子，小于黍米，小于一黍米中之内核。此即我内心之自我，大于地，大于空，大于天，大于所有这些世界”，“涵括一切业，一切欲，一切香，一切味，涵括此全部世界，无言，无虑，此即我内心之自我；此即是大梵”③。这种其大无外、其小无内而与大梵相同一的自我，即是个体之心灵的本质，是我的“本我”，是真正的生命主体，因此《奥义书》也称之为“生命的生命”④。作为“生命的生命”，自我即不滞着或局限于任何个体，而具有其自身存在的绝对性与普遍性。尽管呈现于经验世界中的一切生命形式都必然在时空的连续性中走向衰退与消亡，但存在的本质却是永恒不灭的，因此自我也绝不随形体的衰亡而衰亡；不宁唯是，一切生命体之自然的解构与消亡在本质上乃是自我在其实在意义上的回归，是永恒的生命新形式的开端。故《奥义书》断言：“能知识的自我绝不是被产生的，他也不在任何时候死亡。他不产生于任何东西，亦无任何东西产生于他。他是未诞生的、永恒的、持久的与原始的。当身体死亡，他并不死亡。”⑤作

① 《歌者奥义书》VIII.15.1。

② 《羯陀奥义书》(*Katha Up*.) I.2.20。

③ 《歌者奥义书》III.14.3—4。

④ 《广森林奥义书》(*Brhadaranyaka Up*.) IV.4.18。

⑤ 《羯陀奥义书》I.2.18。为阐明大梵与自我的绝对永恒性及其存在的无限性，《奥义书》常称之为“未生者”“未显者”，因生者必有死，未生则不死；显者必有形，即为有限，未显则无形而为无限。上引《羯陀奥义书》之义亦见《薄伽梵歌》：“任何时候它都不生不灭，它不曾出生，将来也不会凋殒，身体纵然毁灭它也不受损害，它太始无生而又永恒常存”(2.20)，“正如有人脱掉了旧衣，另外换上一件新衣，同样，灵魂脱掉了旧身，另入一个新体”(2.22)。参见张保胜译《薄伽梵歌》，北京：中国社会科学出版社，1989 年，第 22 页。

为寓居于个体心灵之中并构成其内在实性的自我，其本身的存在是没有原因的，或者只以其自身为原因；因此之故，它也绝不在时间的赓续中改变其自身。这种存在的绝对性乃必然与普遍性共存，现象世界的一切众生乃至于一切现象本身，就其存在的实在性及其生命的本质而言，原本就是主体自身之生命实性的对象化，是自我的本质显现。换言之，自我的实在性是遍漫于宇宙之全体的，一切生命均根源于绝对的唯一。杂多是唯一的变现，而唯一的本质则是其本身的纯粹存在。在《歌者奥义书》中，阿罗尼曾反反复复地告其子湿维他凯徒云："那是精微的本质（一切之根），此全部世界均以其为自我。那是真实者。那即是自我。那就是你，湿维他凯徒。"①"那就是你"无疑是最为简洁的关于自我与大梵之本质同一性的确断。按照这一观念，自我即非任何有限的个体所能局限，因为它本身即是此全部世界的精微本质。因此，"那就是你"的自我体证一经实现，即时即使个体生命超越至宇宙生命的层面，即时即使现象世界一切似乎真实的客体性与异己性获得主观消解而转为自我的呈现。故《奥义书》云："洞见一切万有均在其本身的自我之中以及其自我在于一切万有之中，由于这种洞见的原故，他即不会感到有任何的畏缩"，"对知者而言，当一切万有实际上已与其本身的自我成为一体之时，那么对于已洞见此唯一者而言，还有什么痴迷与忧苦"②？痴迷与忧苦仅仅是双重性对待的产物，而唯一性的洞见即是自我与大梵之同一性的主观实证，是我与自然两个宇宙的本质契合，它断灭了一切经验世界中的双重性对待关系，因此也断灭了一切痴迷与忧苦的根源，从而实现了自我之作为纯粹存在之实在性的终极还原。对于这种唯一性的洞见者而言，宇宙的终极实在即是自我的本质实性，生命因此而全然超脱了经验世界中一切名色的羁绊而转进于绝对自由的、无限普遍的神圣境域，并享有其自身本质所固有的自由与幸福。故《奥义书》云："无限者即是幸福。在任何小的（有限的）事物之中没有幸福。只有无限者是幸福。"③

自体的突破而进入与大梵相同一的无限性并享有永恒的极乐即是"摩诃萨"，即是解脱，它是由自我与终极实在的完全同一而实现的灵魂的根本救赎——它不再陷于因果关系的束缚之中而超出了生死轮回的苦难。在《奥义书》中，解脱的过程曾被形象地比喻为箭射："噢姆(aum)音节乃是弓，人的自我，的确，便是箭。大梵据说即是箭的鹄的。它可以由于不犯错误而被射中。因此人与它结合为一，恰如箭（与其鹄的结合为一）。"④所

---

① 《歌者奥义书》VI.8.7。

② 《伊莎奥义书》(Isa Up.) 6—7。

③ 《歌者奥义书》VIII.23.1。

④ 《秃顶奥义书》(*Mundaka Up.*) II.2.4。

谓不犯错误，即是心无旁骛而专心致志。故以自我之箭射取大梵的，一方面是必须以宗教修持为必要条件，另一方面则必须依赖主体自身之内在的精进努力。“此自我不能由教诲而得，不能由智力而得，甚至也不能通过多闻而得。他只有被（自我）选择的人才能获得。对于这样的人，自我即展示其自身的本质。”[①]显而易见，自我的证取或自我与大梵的同一必须要由个体自身的主体性来承担，由于作为个体之终极实性的自我，就其自体性而言，乃是无形无相的，仅仅是纯粹意识的纯粹存在。这一点决定了自我是一切经验知识的决定者与一切的知识者，同时也决定了在任何情况之下它都不可能成为知识的对象，因为它本身即是独一无二的知识主体，除此以外不可能再有其他的主体。因此之故，所谓自我的实现，也就根本不是某种在经验状态下可理解的知识过程，而是一种非经验的自我的直觉观照。这种观照的最终结果，乃是纯粹意识本身的自我肯定，是其本身作为一切世界现象之原因、一切我与非我之共同的超验景的自我肯定；即便太阳陨落、月亮陨落、圣火熄灭、言语止息，自我也仍然闪耀其自体之光辉并照亮此全部世界。[②]在这种自我的直觉观照之中，经验知识活动所必要的三个条件，即知识、知识者与被知识者（或知识对象），在绝对主体那里乃是合而为一的，因此自我的观照也就不具有任何外向展开的特征，而是完全内向的。《奥义书》认为，自我不能通过感官经验获得，只有将眼光转向自体的内部，才能发现自我从而获得生命的永恒[③]，“通过心灵与感官的静寂（他发现）自我的伟大”[④]。换言之，自我的体认要求主体将眼耳鼻舌身意等一切官能及其活动从经验状态完全撤回到自体的心灵内部并进入某种非经验的超觉状态，只有当一切经验性的知识念虑与事物的相对关系及我性与他性的双重性对待等都被充分断灭以后，自我，作为个体生命的终极实性与全部宇宙的究竟实相，才有可能充分呈现其本身的辉煌。

在形而上学的意义上，大梵之作为一切宇宙现象之最初的精神性本原的设定，即已然在逻辑上造就了一个经验所不可企及的超越性的世界；但是如果人的现实存在根本与这种神圣境域无缘，那么形而上学的设定便是没有意义的。因此在哲学上解决这样一个问题十分必要，即如何消解作为创造之神的大梵相对于人之现存的异己性，或者如何架设一座可由生存的此在境域通达于彼岸之神圣境域的桥梁。如上所述，这一问题在《奥义书》中正是通过梵我同一的理论阐述来圆满解答的。作为太初原始之唯

---

① 《羯陀奥义书》I.2.23，也见《秃顶奥义书》III.2.3。

② 《广森林奥义书》IV.3.6。

③ 《羯陀奥义书》II.1.1。

④ 同上书 I.2.20。

一实在的大梵，其自性本质与人的自我或人本身的存在实性被先验地规定为同一，即为纯粹意识本身。这样，作为心灵本质的自我即不仅为宇宙现象的终极实在，而且还成为大梵之绝对的本体世界与经验的现实世界之间相互链接、相互组合的原点，同时也是这两个世界相互分隔的临界点。自我的证取即是经验世界的超越，同时也即转进到了存在的绝对境域。因此《奥义书》云：自我“是通往永生的最高桥梁”①，“自我即是桥梁，即是保持这些世界相互分隔的界限。在桥梁的那端，没有白天与黑夜，没有老死、忧悲、善行、恶行。一切罪恶都从这里返回，因为大梵世界是没有罪恶的”②。这一转进的过程，即是个体之心灵不断被净化、被纯化的过程，而在现实性上，这是必须以苦行的修持作为助缘的。而一旦臻于自我的绝对境域，其中不仅涵摄了宇宙的一切法相，而且最终消解了作为创造之神的大梵或伊湿伐罗(Ishvara)之外在的绝对性而使之转化为自我本身的神性；超越的彼岸世界不再是不可企及，而已然成为自我之绝对的主体世界了。

二

确认人的本质自我即与大梵同一的宇宙人生之最终实相，是《奥义书》的一种根本思想。上述表明，这一思想的贯彻是以大梵作为世界现象的本体并且一切呈现于经验世界的现象都是本体自身之意识的表呈或意志的客观化这一先验逻辑设定为前提的，因此自我的终极实性实际上便需要将一切经验排除在外。或者更直接地说，这一过程本身即是本我的纯粹意识对于一切经验事物之客体性的不断消解。恰恰在这一点上，我们将首先看到中国哲学中关于人的本质学说的鲜明特色。

无论在道家还是儒家那里，道这一概念都具有宇宙现象之终极本原的内涵，并且实际上即是超越于形器的本体自身。作为本体，道是宇宙一切万物所赖以存在的原因，其自身本质即普博周遍于一切现象，并且主导着一切事物之生成、维持、毁亡的全过程。但是道的自体性相却不是如《奥义书》那样被表述为绝对静寂的纯粹意识，而是被表述为某种具有其自身能动性的阴阳和合统一之体(《老子》：“万物负阴而抱阳，冲气以为和。”《易》：“一阴一阳之谓道。”)。因此，一方面，道是一切万有之生存本质在形而上学意义上的超验赋予者，但它本身却并非宇宙的最高精神或绝对意志，它不具有像大梵那样的绝对神性；另一方面，道体之所统合的阴阳是两种质性相反而又相成之

---

① 《白骡奥义书》(*Svetasvatara Up.*) VI.19。

② 《歌者奥义书》VIII.4.3。

"气",其相互之间的互感、互动、互生、互变及其均衡与和谐即构成道体自身的本质运动,并且这种运动立即在宇宙现象之全体那里获得其对象化。换言之,一切呈现于时空结构中的现象的递嬗流转与盈虚消息,乃是道体之本质运动的直接表呈。因此在中国哲学中,形上的本体世界与可经验的现实世界之间并不存在逻辑上的二重分割,而是原本和谐统一的。因此之故,现象事物的变化性也非虚假的摩耶,而是真实的;亦非无常,而是常态(《老子》:"复命曰常。");亦非断灭,而是永恒(《老子》:"反者道之动","周行而不殆"。《易》:"穷则变,变则通,通则久","天地之道恒久而不已也,利有攸往,终则有始也"。)。永恒只能在变化中实现出来,而不能在绝对的静寂之中被实现出来。就道的自体性相而言,其本身也是"有"与"无"的统一,"有"谓其性,是为阴阳之原质的和合(《老子》:"道之为物,惟恍惟惚。惚兮恍兮,其中有象;恍兮惚兮,其中有物;窈兮冥兮,其中有精,其精甚真,其中有信。"《庄子·大宗师》:"夫道,有情有信。");"无"谓其相,即无形相可被经验所知觉(《老子》:"视之不见","听之不闻","搏之不得"。《庄子·人间世》:"唯道集虚。")。唯道的自性为"有",才使之标志为宇宙人生之最终实相;唯其自相为"无",才使之具有普遍的涵摄性,为一切之一的共相而又超越于一切的一。

道为整全之太一,为宇宙的终极实在,为万物所从引导出来的根本原因并实际主导着现象世界万物的生成毁亡与变化流迁,这一基本观念是为先秦儒道两家所共有的;在这一基本点上,儒道并无分歧。然而在道家那里,道本身存在之自然的绝对性是不可超越的,作为道自身运演的一种结果,人也仅仅是无穷现象的一个层面,是为道之一偏(《老子》:"域中有四大,而人居其一焉。"),因此人的本质即是全然与道的自性相互同一不二的自然性。这一本质规定即意味着人的主体性充其量只能在体道的前提下实现对于道本身的自觉遂顺,而不可能超越于道的绝对性规约;道家是将人的存在及其本质约化为道的绝对性背景之下的自然性的。而在儒家那里,人之存在的自然性及其作为现象序列的一个层面固然得到肯定,但人的特殊性,其所以区别于他种现象的特质——仁义礼智,却更是被充分凸显的;正因有此种特质,人虽为万物一偏,却最为天下贵(《礼记·礼运》:"故人者,其天地之德,阴阳之交,鬼神之会,五行之秀气也……故人者,天地之心也。"《孟子·离娄下》:"人之所以异于禽兽者几希,几希者,仁义也。"《荀子·王制》:"人有气有生有知亦且有义,故最为天下贵也。")。这种人本身之道德原质的凸显,使儒家在其本体论的建构中不断融入道德的本原性内涵,不仅赋予道所主导下的宇宙之全体的流动变化以生命意义(此与道家不异),而且使道本身直接翻转为兼摄自然、社会与人生之共相本质的实体。简言之,道不仅是现象存在及宇宙之自然生命的本体,同时也是集中体现了人文精神的社会人伦之理法,也即道德的本体(《中庸》:“诚者,天之道也。”《孟子·尽心下》:“仁也者,人也,合而言之,道也。”《荀子·强国》:“道也者,何也? 曰:礼义辞让忠信,是也。”)。因此,儒道两家之所以在其理论之一般风貌上展现出不同的特色,其关键实际上并不在于其关于道的一般理解,而在于其关于道体主导之下的人的本质的不同理解。荀子在《解蔽》中曾批评庄子“蔽于天而不知人”,从他的立场来看,这一批评无疑是中肯的,但是儒道两家之思想的整体结构都是在以道为宇宙人生之终极实在这一基本背景下建构完成的,故道家之所谓“不知人”与儒家之对于人的道德性的深刻理解与充分凸显,恰好为中国思想文化史上儒道之间的互动互补提供了原理上的充分可能性。

在儒道哲学中,人的本质都是为道的绝对性所先验地规定了的,尽管这种先验规定的内容并不完全相同。在道家看来,人仅仅是由道“留(流)动而生物”的自然性所实现出来的无限丰富与繁复的现象世界中的一个层面,其之所以能获得其现存的依据来源于道,故其现存的本质与一般事物的生存本质也并无殊异,都必须接受道之自然的必然性的根本制约。“夫物,量无穷,时无止,分无常,终始无故”①,永远在时空的连续性中不断流变,因而作为现象的人的生命,便也不可避免地被拖进这一处于永恒变化中的现象洪流。换言之,在生存现象层面,生命没有自由,必须接受阴阳之大化的陶冶;存在显得渺小,犹一毫之于马体(《大宗师》:“天地为大炉,造化为大冶。”《秋水》:“吾在于天地之间,犹小石小木之在大山也……此其比万物也,不似毫末之在于马体乎。”)。应该说,至少是在庄子那里,在道之存在的绝对性及其陶钧万物之必然性的背景之下,一切个体生命在其此在情境中的渺小与不自由,乃是被充分凸显的;这一现实人生之基本的情境规定,正是庄子对人的本质进行深刻反思的起点。

从经验现实的一般状况来考察,庄子认为个体生命存在的一般情形是“一受其成形,不忘以待尽。与物相刃相靡,其形尽如驰,而莫之能止,不亦悲乎! 终身役役而不见其成功,苶然疲役而不知其所归,可不哀邪! 人谓之不死,奚益? 其形化,其心与之然,可不谓大哀乎!”②执着于自体(成形)而师其“成心”,“与物相刃相靡”而“终身役役”,以至于“驰其形性,潜之万物,终身不反”③,正意味着个体之自我本质的迷失而使生存流于纯粹表象,这样的人生是值得为之大呼悲哀的。然“人之生也,固若是之芒乎?”非也! 尽管个体生命不可能实现对于道的超越,却可能实现对其自体及一般现象的整体超越,因为人的本质是同一于道的,而道的存在则是普遍超越于一切事物的,因

① 《庄子·外·秋水》。
② 《庄子·内·齐物论》。
③ 《庄子·杂·徐无鬼》。

此庄子要求以道的智慧直接切入于主体心灵，并以之观审宇宙人生，而实现道智之普遍观照下的万物一齐。在这种观照下，一切存在的相对价值即被消解以至于毫无意义，自体的范限即获得根本性突破，生命则由于这种突破而转化为普遍，并在这种普遍之中实现其自身所固有的自由。简言之，由于主体的心灵本质与道体之同一性的自觉体认，存在的普遍本质及个体的生命本质均实现了其现实性的终极还原。以"心斋"与"坐忘"为必要条件的这种生命之本真的回归，在个体那里即达到了一种超然于一切经验事物及其相对价值之羁縻的"真人心态"，虚静恬淡，寂泊无为，"旁薄万物以为一"；虽"群于人"而"侔于天"，既"与人和"更得"天和"，故能"放德而行，循道而趋"，"明白入素，无为复朴，体性抱神，以游世俗之间"，充分自得于人间世的"天乐"与"逍遥游"。这种逍遥游的极致，即所谓"乘天地之正而御六气之辩以游无穷者"，便是主体生命之绝对无待、不需任何假借的自由本质于此在而又神圣的人生境域中的终极实现。①

可见在以庄子为代表的道家那里，人的本质即是个体之生命存在的自然性，他反对一切经验存在及其相对价值对于生命本身之存在的异化，而要求将存在的自然性及其自由本质通过主体精神与道的冥同合一充分地展现出来，使生命主体能够充分享有其自身的自由幸福。但是在儒家看来，存在的自然性仅仅是物之性，而不应是人之性。道家强调道之绝对性所主导之下的一切万物之间的平等无差别，莛与楹，厉与西施，小大丑美，道通为一，故在共同作为道的运演结果这一点上，"人"与"物"的存在本质确乎无甚差别；儒家则强调道之自身运演所展开的秩序性与层次性，人与物虽同为道的结果，但却属于不同的层次，唯人为天地之心，唯人为特具道德，故道德即作为人类之本质的一般约化而被抽引出来，以区别于他种物性。在儒家看来，道体之为阴阳二元的和合统一乃使其本身具有"能生"之用，现象世界的一切及其变化的有序性即道之自身生命的直接展开，也是宇宙之道德的直接表呈（《易》："大哉乾元，万物资始"，"至哉坤元，万物资生"，"天地之大德曰生"。）。因此道不仅是存在的本体，而且也是道德的本体。在自然界，天地于万物无不持载，无不覆帱，四时错行，日月代明，万物并育而不相害，道并行而不相悖，小德川流，大德敦化，充分体现了道本体的博厚之德，高明之智，故能成就其本身的悠久无疆。这一宇宙生命的整体秩序，即成为儒家关于社会之政治及其致治原则的基本理念，也为其社会人伦之理法的基本原则，故政治的最高形态即是天道秩序之在人间的完全对象化。而实现这种对象化之所以可能，则由于人性或人的本质原本与道不相违异，道在赋予人以生命的同时也赋予其道德之原质，并且正是

① 本人关于庄子生命哲学的一般理解，已较详细地表述于《论庄子的生命哲学》一文（《中国文化月刊》总第166期，台北：东海大学编印，1993年8月）。

这种道德原质才使人成为人。因此就个体而言，仁义礼智非由外铄，而原为人性所固有；在现实性上的道德践履也非任何意义上的外在性强制，而是自我本质之性的当然性要求。由于儒家将存在的本体同时确认为道德的本体，因此在个体那里，自我内在本质之德性的体认即是尽心以知性，知性即是体道。及知之既至，则其德性之自然的外向便越发若决江河，沛然莫之能御。换言之，自我之本质的涵养及其实现与个体在现实性上的道德践履所取向度是完全同一的，是即所谓合外内之道也。合外内之道，即是自我本质与天道本质之同一性的主观实证，是即表述于《中庸》与《孟子》之中的“诚”。既至于诚，则不仅自我的本质之性得以充分的显发，而且由于洞然朗彻于本体自身，一切万物之性也都遍照无遗，全体宇宙因为主体精神所充分涵摄而纯然转化为主体世界了。故孟子云：“万物皆备于我矣。反身而诚，乐莫大焉。”《中庸》云：“唯天下至诚，为能尽其性；能尽其性，则能尽人之性；能尽人之性，则能尽物之性；能尽物之性，则可以赞天地之化育；可以赞天地之化育，则可以与天地参矣。”赞天地之化育而与天地参，便是由自我本质的完满实现而达到的人道之极致，也是生命存在之价值的无上高扬。

三

综观上述，《奥义书》中的自我观念与儒道哲学中关于人的本质的论述在理论结构及其方法上的平行性是显而易见的，它们都将人的本质理解为宇宙的终极实在本身，并且都以现象世界之外在性的主观消解为人的本质之实现的极致。在一般意义上，自我本质的充分实现与终极实在的证取是一致的，在这种同一性之中，由于主—客体之间不存在经验状态中的双重性对待关系，因而主体即是绝对的，现象世界的一切都是自我之本质的对象化，主体精神遂由此而被提升到绝对的神圣境域。

但是《奥义书》的思想毕竟属于印度文化，儒道两家也各有境界。尽管三者共以自我本质的终极还原或自我与终极实在之同一性的证取为其理论的一般归结，但其中所包含的哲学—文化意蕴却各有千秋，而在哲学比较的意义上，不同思想体系的各自特点及其哲学—文化内涵的阐明也许比其相互之间一般共性的揭示更为重要。

在《奥义书》中，作为终极实在之大梵的自体性相是纯粹意识的纯粹存在，其本身的永恒性即是其静寂的不变性。由于这一基本理解，呈现于经验中的一切现象即在逻辑上被置于终极实在的相对地位，事物在时空中的连续性与间断性及其经验的可感受性遂被确认为摩耶，即是不具有终极实在性的。因此在《奥义书》中，自我的终极还原即是其自体之静寂的不变性（也即永恒性）的究竟复归；相对于现象世界之丰富繁复的变化性而言，梵我同一即是对变化的否定与超越。但是在中国哲学中，终极实在之道的自体却不是静寂不动的，现象的变化性被理解为道体自身的自然性运动的直接表呈，因此现象不存在是否真实这样的问题；永恒性不是变化性的相对，而恰恰在变化中才能实现。在道家那里，自我之本质实性与道体之同一性的证悟即是对道之自体及其外向表呈之变化性的自然的遂顺，并在这种遂顺中实现生命的自由；而在儒家那里，则表现为对于变化性的利导，要求在顺应中通过主体精神合乎时措之宜的恰当调适而实现其存在价值的永恒。由此可见，《奥义书》与儒道哲学虽共以自我本质与终极实在的同一性为倡导，但由于其关于终极实在之自体性相的基本理解存有差异，其关于现象世界的基本理念及其一般态度也各自不同。

因此之故，梵我同一与儒道之"天人合一"所蕴含的文化精神便也各有一番境界。在《奥义书》中，作为宇宙之根本实在性的自我，其实现必须以现象之非真实性的破除为先行条件，这是一个不断求真的过程，诚如其所云："真理的面目是为金盖所掩的。揭开它吧，噢，普善（太阳神），以便我这热爱真理的人能够看见它。"[①]梵我同一即体现了对于永恒真理的不断精进。在道家那里，自我的实在性即是同一于道体本身的自然性，这种同一性的自我解悟，不仅是求真，更是对于生命存在之自然价值的不懈寻求，其中体现了更为明显的审美气质。就儒家而言，由于道德的本原性内涵的突出强调，其自我实现的过程即主要体现为善的持久进取，是道德境界的不断升华。

就自我与终极实在之同一性在个体的证悟方式而言，梵我同一所取路向是完全内向的，其实质是寂然不动之本体的自我观照，故须解除眼耳鼻舌身意的经验活动，断灭一切经验的知识念虑，表现为某种非经验状态的宗教体验。而在儒道两家那里，自我与实在之同一性的体认则动静兼摄、内外涵容，道的内省同时需展现于经验的实践。就道家而言，由自我与道的同一性证悟所实现的"真人心态"，当作为一种主体精神展现于生存的现实境域，即是生命的灵动、放达、自由、飘逸，是行于世却不滞于世的逍遥；对儒家而言，自我实现即是其道德本原的充实与还原，其于伦常日用之间的自然发越，乃体现为生命的谨严、笃实、博厚、温恭，是由道德理念在生活实践中的贯彻而实现出来的价值的崇高。

最后，梵我同一旨在现实人生之苦难的解脱，其实质是神我的复归，在经验中它导向一种宗教生活，其意义及价值指向则是出世间的彼岸世界。而在中国哲学中，道不具有神性，自我也不具有神性。自我与实在的同一，在道家那里，是为生命在此在境域中充分葆有其自身的辉光，随着是非毁誉物累心魔的统统解除，生命即能实现其本身

---

① 《伊莎奥义书》15。

之自然的生存价值;老庄并不具有出世间的遐思,而仅有既非出世也非入世而为游世的构想。儒家的精神是积极入世的,道德理性必须贯彻于经验活动,故其自我与实在之同一性的确认,其极致乃是个体道德的含弘光大,及至赞天地之化育,发而措之天下之民,焕发为辉煌的王道事业。究竟说来,中国的文化精神中是很缺乏出世间的遐思及价值的彼岸指向的。[1] 犹如“天籁”之不离“人籁”“地籁”而又别成一天,人生的神圣境域原也不需抛却此在世间,当主体心灵与道成为一体之时,生命的本质即获得升华,此在的人间世即由这种本质的升华而转变为人生的神圣境域了。

［附记］

1994 年 12 月至 1995 年 11 月,我受国家教委派遣赴印度浦那大学高级梵文研究中心(The Center for Advanced Study in Sanskrit, University of Poona, Maharashtra, India, 411007)研习印度哲学,在 V. N. Jha 教授(中心主任)的指导下,以研习《奥义书》为主。我赴印度求学,曾得到黄心川先生的热情鼓励、周到提携与热心帮助,也因此曾数度拜访先生,并与夏年兄熟识。赴印度之际,黄先生还专门给我介绍了在印度的朋友谭中先生等人。后知我赴浦那大学,又专门来信加以鼓励。虽是二十多年前的往事,至今仍历历在目。今黄先生年届耄耋,期颐可待,衷心祝愿黄先生摄养天和,寿比南山!

---

① 即便在后来的道教那里,彼岸的观念也没有在其宗教理论的整体构成中占据多么重要的地位。“神仙”仅是不死之人,故现世修炼即可成仙,不须舍弃此生超越彼岸方得成仙。这种此生修炼即可求得形固而不死的思想,在世界文化中是非常特别的。

襄阳承恩寺地区佛教遗迹之考察*

邢东风**

襄阳是历史文化名城，佛教是襄阳历史上一颗璀璨的明珠。这里曾是中国佛教的重要据点，高僧云集，佛刹林立，直到今天还有许多佛教的历史遗迹散在各处，古刹承恩寺就是其中之一。说到承恩寺，笔者2011年冬第一次到襄阳时曾经参访，当时最深的印象是深山古刹，现存规模虽然不大，但是文物精美，规格甚高。正如黄夏年先生所说："这里颇有皇家寺院的气派。"2012年参加襄阳"道安论坛"，又到承恩寺参观。2015年底，笔者应襄阳民宗局的邀请，到承恩寺附近的襄宪王墓进行调查，目的是考察当地的千峰庵遗构及其周边一带的僧人墓碑。通过这三次访问调查，搜集到一些与当地历史上的佛教相关的碑铭、塔铭等遗迹资料。2016年夏，笔者将这些资料加以整理，写成《襄阳承恩寺地区佛教遗迹之考察》①一文，以襄宪王墓、千峰庵、承恩寺等三个相互关联的视点为中心，从承恩寺地区这一个特定的角度揭示了襄阳佛教的辉煌历史。该文发表之后，又陆续发现一些新的资料，特别是今年(2018)3月，笔者第八次到襄阳，承蒙李俊勇先生指教，并提供承恩寺明代碑刻的照片，由于新资料的发现，所以有补充和修改的必要。最近恰逢李建欣先生约稿，要为黄心川先生九十华诞出版祝寿文集，于是想到黄先生在2016年10月"道安论坛"上的讲话，呼吁学术界加强对地方佛教的研究。这篇文章里讨论的刚好是一项地方佛教史的话题，经过修改完善，也可看作对黄先生号召的一个呼应，因此不揣固陋，谨以此文作为贺礼，向尊敬的老师黄心川先生做一汇报。

一、襄宪王墓及其墓主

按照明朝的规定，皇子中除太子以外，其他诸子封为亲王，授金册金宝，年俸万石，

---

* 本文系日本学术振兴会基金资助课题成果之一部，课题代码：JSPS科研费26370045。笔者的调查得到襄阳民宗局白光德局长、肖春强先生、赵科长以及承恩寺村老村长的协助，最近又承蒙李俊勇先生提供资料，在此一并申谢。

** 邢东风，日本爱媛大学教授。

① 该文发表在2016年10月的"道安论坛"上，后来又在《湖北文理学院学报》2016年第10期和第12期连载。

王府设有官属和卫士，待遇和礼制仅次于皇帝的规格。亲王的嫡长子、嫡长孙可以袭封王位，其他王子封为郡王。郡王的嫡长子、嫡长孙可以袭封郡王，其他诸子及后代也享有一定的名位和官禄。这些凤子龙孙的出生、婚配都在朝廷备案，终身享受俸禄，死后丧葬也由朝廷负责。①

明代的襄阳也驻有亲王，通常称为“襄王”。从第一代的襄宪王朱瞻墡（1406—1478）②开始，到明末被张献忠杀害的襄忠王朱翊铭，共有九代，王府就在襄阳城内的九龙壁一带。他们的陵墓建在襄阳城外西侧的山丘地区，即今谷城县东南、南漳县西北之间的狭长地带，绵延大约36公里。这些陵墓大多位于相对封闭的簸箕形山地，墓冢建在山南坡，两侧各有山岗，前面有河。墓区内一般建有神道、享堂、墓冢，墓冢前面有祭台（拜台），祭台上面有享堂。按照明朝的礼制，亲王、郡王死后，皇帝都要“遣官致祭”，而后在墓区树立“御制”的致祭碑。现在这些陵墓大多已毁，据说还有七八座遗迹尚存。

襄宪王墓是其中最早和最大的一座，位于谷城县东南茨河镇承恩寺村，距襄阳市区约45公里，离承恩寺只有两公里左右。墓区坐落在五朵山中，原有外城围绕整个墓区。从墓区入口处到陵墓之间，有约1公里长的神道，途中间有许多石桥。墓冢依山而建，直径约50米，高约15米，四周砌有围墙。墓前原有三层开阔的祭台，最上一层有一座寺院，名叫“千峰庵”，今已破败不堪。

墓区入口处原有两座“御制”的致祭碑，现在只有一座保存完好，另一座仅存龟趺和半截断碑。那座完整的碑上刻有致祭文，碑文如下（标点、公元纪年系笔者所加，“/”号表示改行。下同）：

> 维/成化十四年岁次戊戌五月壬戌朔十三日甲戌，/皇帝遣武安侯郑英/赐祭于襄宪王，曰：惟王宗室至亲，国家藩辅，孝友出于天性，/恭俭由于自然，博览经书，兼多材艺，曩事/皇考，尝进嘉谟，暨朕临朝，屡输诚悃，忠君爱国之心，老而弥笃，/礼贤下士之誉，久而愈彰，正宜永享富贵，何意遽以疾薨？/讣音来闻，不胜哀悼，爰遵彝典，特赐谥曰“宪”，遣官致祭，庸/表亲情。灵其不昧，尚歆鉴之！□乎襄王□□夏□书□。

---

① 参见《明史》卷一一六《诸王一》。

② 关于襄宪王的生平，史传没有记载。现在有不同说法，或说1424—1478，或说他活了73岁，但都没有提供根据，本文采用一般的说法。

这是目前墓区内仅存的讲述墓主情况的碑文记载，它可以证明墓主就是襄宪王。碑文大意是说，襄宪王生前孝友恭俭，饱读经书，多才多艺，曾为明英宗献计献策，对明宪宗也忠心耿耿，而且礼贤下士，尊重人才，成化十四年(1478)因病去世，宪宗派武安侯郑英(？—1516)前往致祭，特封谥号曰“宪”。碑文里提到的“皇帝”和“朕”就是明宪宗，“皇考”就是明英宗，郑英是明成祖时期武将郑亨的重孙，成化十三年(1477)袭封武安侯。

襄宪王朱瞻墡，是明太祖朱元璋的四世孙，明仁宗的第五子，明英宗的叔父。永乐二十二年(1424)封为襄王，宣德四年(1429)到长沙就藩。长沙原是潭王府所在地，后来撤除，改作襄王封地。正统元年(1436)，襄宪王嫌长沙低湿，请求改迁高爽之地，于是明英宗让他移居到了襄阳。

正统十四年(1449)土木堡之变，明英宗听从太监王振(？—1449)的怂恿，御驾亲征，结果被蒙古瓦剌部活捉成了俘虏。朝中没了皇帝，自然要考虑由谁来接替皇位的问题，当时很多人觉得襄宪王最合适，于是太后下令把襄宪王的金符调入宫中，准备让他接班，不过最终没有决定。当时襄宪王也给朝廷上书，建议由英宗的长子继承皇位，让英宗的弟弟郕王辅助朝政，同时招募智勇之士，设法迎回英宗。当他的上书到达北京时，郕王已经即位，是为景帝。

瓦剌部活捉了英宗，原本希望利用这个俘虏皇帝要挟明朝，以便索取更多的利益，可是明朝很快有了新的皇帝，又有兵部尚书于谦(1398—1457)统帅兵力，有效地抗击了瓦剌部的进攻，在这种情况下，明英宗已经没有多少利用价值，于是瓦剌部把他放还明朝。英宗回到北京，住在南宫，名义上是太上皇，实际上形同软禁，对占据了皇位的景帝怀恨在心，梦想着有朝一日复辟翻天。这时襄宪王又给景帝上书，建议他对英宗多加礼敬，以示恭顺。本来英宗落难是咎由自取，他的回朝对景帝构成巨大的威胁，他想要的是皇位而不是礼仪，景帝对此心知肚明，所以干脆省去虚假的客套。襄宪王的建议当然不合景帝的心意。

景泰八年(1457)，武将石亨(？—1460)发动夺门之变，拥立英宗复辟，不久景帝去世，英宗终于再次登上皇帝的宝座。英宗本来是个昏庸的皇帝，而且小肚鸡肠，贪恋权力，所以他复辟以后，马上对当初参与“拥立外藩”的人员进行报复，像于谦、王文(1393—1457)那样一些坚守京师、抗击瓦剌的功臣，都因为拥立外藩之嫌而惨遭杀害。不仅如此，英宗对襄宪王也有怀疑，因为当初有人提议让襄宪王继任皇位，所以英宗以为他也曾经图谋皇位。过了一段时间，英宗在宫里发现了襄宪王当初的两道上书，又得知襄宪王的金符一直放在太后宫里，于是才打消了疑虑，终于明白这位王叔不仅不曾图谋皇位，而且还极力维护自己，乃是忠心耿耿、光明磊落之人。

从此以后，英宗对襄宪王格外亲切，从天顺元年到六年(1457—1462)，三次诏令进京朝见，并给予特殊的礼遇，结果宪王去了两次，最后一次以年老谢绝。叔侄相见，英宗把襄宪王比作周公，说他的两道上书好比《尚书》里的《金縢》。《金縢》里记载周武王死后成王消除对周公误解的故事，英宗也把襄宪王比作辅佐周成王的周公。这样的评价，可以说把他的叔父捧上了天。襄宪王也给英宗献上了大礼，那就是把当初郕王(景帝)的即位定性为"乘危篡位，改易储君，背恩乱伦"，并建议销毁他的陵墓。这个建议正中英宗下怀，自然得到了采纳。英宗觉得襄宪王功高盖世，想给他的宫殿加盖黄琉璃瓦，也就是让他享受皇帝的礼制，襄宪王马上谢绝，说这样违反祖制，自己的王府只要陶瓦即可"世世相安"。襄宪王早就打算把自己的"寿藏"(陵墓)建在五朵山，于是英宗派人前往负责修建。直到今天，墓冢遗构的砖上还有"有司"的字样，残存的一段围墙，历经五百多年，依然严丝合缝，平整如故，足见官制的建筑非同一般。襄宪王上京时路过河南，当地父老向他申冤，为被诬告下狱的按察使王槩诉说不平。他把这个情况告诉英宗，英宗当即下令放人，并任命王槩为大理卿。宪王离京之前，嘱托英宗要"省刑罚，薄税敛"，希望他复辟以后能宽待百姓，英宗拱手道谢说："敬受教。"最后，英宗还特意写了《岘山》《汉水》两篇赋和一首《襄阳四时歌》诗送给襄宪王。总之，英宗对襄宪王是先疑后信，恩宠有加，正如《明史》所说："礼遇之隆，诸藩所未有。"①

关于襄宪王的史料，最常见的是《明史》卷一一九。另外，明代何乔远的《名山藏》卷三九里也有他的传记，而且比《明史》更为详细。为便于参考，不妨抄录于下：

> 襄宪王瞻墡，母昭皇后，永乐二十二年用皇孙封王。读书通诗，尤长《春秋》。宣宗四年，之国长沙。正统初，言长沙卑湿，请迁亢爽地，睿帝居之襄阳。帝北狩，其时诸王中，王最长亲且贤，朝议以国家有故，非长王无以填之，吁迎立王子。既不果，郕王摄。王上书皇太后，请立睿帝太子，急发府库，募勇敢士迎銮，而令郕王加意监国之政，而郕王隐之，不以闻太后。书至，已立为皇帝矣。郕王即位，又上言："陛下诞登宝位，非从上皇册封，若稍失臣节，宜旦夕遣使视膳，朔望率群臣问安，以不失恭顺之意。"睿帝复辟，于谦、王文坐谋迎王子诛。疑王与有谋，而王实不知。久之，从宫中得王所为二书，赐书遗王，比于《金縢》。召王朝，既见甚欢，使诣谒长、献二陵。归，上章言："伏睹皇太后制谕，废郕王如汉昌邑王。臣读《汉书》，霍光因昭帝无后，援立昌邑，以承汉祀，初无篡夺之非。郕王承皇上寄托之重，乃乘危篡位，改易储君，背恩乱伦，非昌邑比。臣阅其所葬杭氏寿陵高耸，僭拟

① 《明史》卷一一九。

长、献，臣不胜愤悼，伏望夷毁，以明礼法。”上从之。河南按察使王槩，坐诬系狱，王过河南，河南父老遮王车讼槩。王访槩为吏诚善，及小见赐宴，酒半，王跪席举身为上言：“日从洛中来，洛父老所以遮车讼槩。”状上，立命召为大理卿。王出，有二都督犯驾，内侍以闻，上怒，庭杖二都督。王入谢曰：“臣出无驾，二都督何从知之？若罪二都督，是臣为阱于二都督也。”上竟赦二都督杖。王数欲返国，上特赐护卫，及旗手司鹰坊司食盐，三千引官。其二夫人之弟、二乳母之夫，皆为百户。春秋，上戊祭社稷山川，赐陪祭官，悬带牙牌，又赐之。襄王之宝雕玉篆，曰以识密奏。上曰：“昔周公有大勋劳，成王宠以天子礼乐。叔父岂下周公？侄欲加叔父宫殿黄琉璃瓦。”王踧踖辞：“奈何以臣坏祖宗之典训？且居第当传孙子，用陶瓦，世世相安也。”上曰：“善。”及行，上送至午门外，王逡逡若有所言，上曰：“叔父何言？”王顿首曰：“今海内之民，财殚力痛，望陛下如望慈父母。愿陛下省刑罚，薄税敛，以答海内心。”上拱手谢王还。上及太后，思王不已，四年复召王。王至，上谕廷臣曰：“吾叔父襄王，天下第一贤王也。其以朕言牓于宗人之府。”三时返国，御制《岘山》《汉水》二赋，及《襄阳四时歌》以荣之。王行，上送至芦沟桥，驾在王后，王辞以“臣先君，大乱之道也”，上曰：“今日侄送叔，非君送臣，叔父何辞之与有？”王不得辞，反其车以面上。六年复迎，王以老辞。上岁致存问，诸藩自谷王后皆禁不朝，王独以小心清慎、守法远嫌，得来朝者再。在位五十年薨。

这个传记生动地描绘了英宗与襄宪王的交往经过，给人以叔侄之间亲密无间、君臣道合的印象。其实皇族之间的亲情并不可靠，即便是骨肉同胞，为了争权夺利而相互残杀的事例屡见不鲜，倒是这对叔侄之间的“道合”值得留意。也就是说，他们究竟在什么问题上走到了一起呢？根据上面的致祭碑，可知襄宪王“博览经书”，再根据这篇传记，可知他在经书里“尤长《春秋》”。大家知道，《春秋》的特点就是强调大一统。从这个背景来看，大概襄宪王在政治上有着很强的正统观念，在他看来，景帝在没有得到英宗授权的情况下即位称帝，那就相当于篡权，因此他的心里并不认可景帝，于是一直站在维护英宗的立场上。对于贪恋皇权的英宗来说，景帝是最大的障碍，必欲除之而后快；与此相反，宪王不仅始终维护英宗的地位，而且在诸王当中最为年长，他的支持代表了皇室宗亲方面对英宗皇位的认可，因此，于这样一位王叔，英宗自然心怀感激。显然，这种政治上的一致，才是他们二人最根本的相合之处，英宗对襄宪王的尊宠，正是对襄宪王政治支持的回报。按照承恩寺村当地的传说，英宗复辟之后，为了感谢襄宪王，许诺“天下王土叔侄各半”。其实英宗怎么可能有那么大方？他许诺的只是让襄宪王使用皇帝专用的黄色琉璃瓦，而襄宪王一向“小心清慎，守法远嫌”，他心里非常清楚，还是住在“陶瓦”的王府更为踏实，假如享用了皇帝的礼制，搞不好连死后的“寿藏”也留不到今天。

襄宪王与明英宗还有一个共通点，那就是信佛。关于这一点，后面还要再叙。

二、 千峰庵与附近的碑记

千峰庵就在襄宪王墓前，其位置原来应该是最上一层的祭台，而它的功能是兼作享殿和寺院。原来是一座不大的四合院，现在仅有一侧厢房尚可勉强住人，对面的厢房早已坍塌，正殿只剩下断壁残垣。千峰庵虽已破烂不堪，但是还有一些明清时期的遗迹。它的基址为明代遗构，正殿柱基的直径有 40 厘米以上，可以想见当初的立柱相当高大。原来的横梁已被改作立柱，与现存的殿宇相比，颇显大材小用，不难想见当初的正殿规模高大，用材特殊。正殿后壁的墙基是明代遗构，原来是墓冢外墙的一部分，做工精细不亚于皇家宫墙。现存殿宇的建筑质量相当粗糙，远不如明代残墙的精美，墙砖上可见“有司”“千峰庵”“道光七年福部造”“二位禅师修造”等字迹，其中“有司”的砖块是明代遗物，其他字迹表明现存遗构应是清代重建。根据正殿后墙骑在明代墓冢外墙的情况，笔者推测，千峰庵原来的位置很可能再稍微靠前，正殿的后墙与墓冢外墙之间应有一定距离，后来在清代重建时向后延伸，从而形成现在的格局。

襄宪王墓和千峰庵

千峰庵的正殿前壁嵌有一块石碑，立于乾隆四十六年（1781），无标题，碑文如下（“□”号内文字为笔者校补，下同）：

盖闻释氏之心，无不喜乎向善，出家弟子，每贵乎修理。今/千峰庵，建自大明成化之初，经年甚久，栋宇摧颓，野蛙争聚/于梵堂，圣像集尘，而袈①裟莫顾其肩背，而人睹之曰："荒凉亦/已甚矣。"幸有慈明之徒清倓者，藏鼻智慧，乃九岁祝发于承/恩，廿五岁秉戒于白云，廿六岁乃持此庵，睹斯寥落之状②，不/胜触目而心伤，乃不惮辛勤，殚精毕虑，重修大雄宝殿，东西/两厢③焕然一新，装理如来阁堂之佛像，而祖创新修地藏本/王之金容。功竣告毕，本方乡友，欲志斯僧之行，立造碑文以/为后之云。乡友芳名：

（以下为乡友名，从略——引者）

住持□□　监院清倓

乾隆四十六年九月中□之吉日　铁笔石匠刘□先

这篇碑记是笔者所见有关千峰庵的唯一历史记载。根据碑文可知，千峰庵建于明代成化初年（1465），当时襄宪王尚在世。到了清代乾隆年间，"栋宇摧颓""荒凉亦已甚"，于是清倓和尚主持重建，当时修复了大雄宝殿、东西配殿及佛像，并新建地藏王菩萨像。清倓 9 岁就在承恩寺出家，26 岁住持千峰庵，根据下面将要谈到的他的墓碑，可知他是承恩寺传承系统中的第十七代法孙。

应该说，假如千峰庵不是坐落在襄宪王墓前，那就没有什么特别之处，然而它的位置刚好在墓冢旁边，而且它的下边很可能就是墓道的入口处，陵墓和寺院配置在一起，这样的例子非常少见。千峰庵建在享殿的位置，显然是作为供佛和祭祀墓主的场所，同时还可作为守护墓冢的设施。据当地民间传说，襄宪王死后，他的嫔妃出家为尼，住在这里为他供佛上香，同时守护陵墓。这样的说法应非空穴来风。实际上，类似的例子在后来的襄王墓地也有出现，目前知道的有襄怀王墓的乐善寺，还有襄忠王墓的无风庵。据有的学者考证，乐善寺原是为襄怀王墓而建，据万历《襄阳府志》卷四七襄王所作《敕赐乐善寺碑记》：

弘治甲子（1504），襄怀王薨……襄王暨妃上请乞寺护持，皇上俞兄，赐额名"乐善"。④

① "袈"，原文作"架"，今校改。

② "状"，原文作"壮"，今校改。

③ "厢"，原文作"箱"，今校改。

④ 转引自《襄藩王室墓葬规制》，大拇指论文（http://www.lunwen001.cn/，2016 年 7 月 8 日）。

这个记载清楚地表明乐善寺兼有护持墓冢的功能，同时也可作为千峰庵具有同样性质的佐证。又据当地传说，襄忠王墓原来有座“无风庵”，当初忠王的嫔妃削发为尼，住在这里为忠王守陵，后人称为“明月寺”。① 总之，墓冢旁边配置寺庙，这样的例子由襄宪王首开其端，后来的襄王也如法炮制，所以在历代襄王墓中非止一例。这样的配置，无疑和墓主生前信佛有关。

距襄宪王墓和千峰庵约两百米开外，有一个低平的山坡，上有土屋数间，现有信佛善女居住。这里的地名叫“殿沟”，恐怕是因接近兼作享殿的千峰庵而得名，如今也属于承恩寺村。土屋旁边有一片空地，原来有座龙王庙，现在庙已不存，仅有一个简单的神龛。屋旁有一石碑，立于清代同治元年(1862)，系龙王庙遗物，碑文如下：

殿沟赤帝会碑记

《书》曰：“天道福善而祸淫。”故匪彝□□/者，无得而纵之，而作福积善者，亦未/有不加护者也。我殿沟龙王庙之/有荧惑星君圣像者，吾居民之/尊奉而禋祀者，有历年矣。其惩戒而/降殃于吾乡者，未尝无人，其庇佑而/降祥于吾乡者，亦未尝无人。然其降/祥与降殃，总之不离福善祸淫者。近/是凡我居斯土者，崇修祀典，各秉彝/伦，于每年十月十五日，以作常规处/备，满堂香烛，恭谒神祠外，各捐钱/一百，以利生息。多则作装修之费，少/则为香火之赀，庶足以答神庥者，/亦可以略表寸忱矣。《传》曰：“夫火烈，民/望而畏之，故鲜死焉。”吾当鉴之矣。

僧湛煊　张富　张怀□(以下人名省略——引者)

大清同治元年十月十五日立

碑文里讲的是龙王庙的事情，但是也和当地的佛教有关，通篇文字可以说是儒、释、道思想糅合的产物。正文开头和结尾处分别引用《尚书》和《左传》的原文，中间讲述“荧惑星君”的福善祸淫与人们是否“各秉彝伦”的关系，并号召人们捐钱，以便用作“装修之费”，或作为“香火之赀”。

赤帝又称为炎帝、神农氏，是古代传说中主管火事和农耕的神人。荧惑星就是火星，因色红如火，亮度或明或暗，运行变化不一，令人迷惑，所以叫作“荧惑”，古来被当作灾星，认为它的出现预示着孛乱、残杀、疾病、死丧、饥饿、战争等灾祸的发生。从这篇碑记来看，“殿沟”的地名由来已久，当地曾有炎帝信仰，人们把炎帝与荧惑星联系起

① 参见徐明义等编《茨河镇旅游景点故事》(打印稿)，2014 年印制。该资料由襄阳民宗局提供，特此申谢。

来，称为“荧惑星君”，并由此信仰结成邑社，邑社名为“赤帝会”。他们认为“荧惑星君”能给人间带来幸福或灾祸，究竟是祸是福，要看人们是否“各秉彝伦”，而所谓“各秉彝伦”，也就是积德行善。立碑人中有一位湛煊和尚，很可能是“赤帝会”的领袖。根据此碑以及下面将要提到的僧人墓碑，可知他生活于清代嘉庆至同治年间，是海珍和尚的弟子，如瑚和尚的法孙，在承恩寺的传承系统中为第二十二代。不过，通常龙王庙里供奉的是龙王，而炎帝或“荧惑星君”一般是在火神庙里供奉，殿沟龙王庙里兼供水火二神，这又意味着什么呢？笔者学识有限，还请方家指教。

在土屋及龙王庙旁边，以及附近的山上，有若干僧人墓碑散在各处。墓碑大多用青石板做成，长度不超过 1 米，正面刻有文字，记载墓主法名、立碑年代、立碑人等。现将这些墓碑的铭文抄录如下（按立碑年代排列，年代不详者排在最后）：

1. 圆寂恩师□清□　嘉庆十七年(1812)九　(此碑为断碑——引者)

2. 曹洞正宗　千峰堂上第二十世恩师上如下瑚号室之墓

　　嘉庆二十五年(1820)小阳月中□

　　徒海珍　孙湛煊　曾孙寂祥

3. 曹洞正宗　圆寂恩师上净下混西老和尚之墓

　　时皇清道光十二年(1832)季春上浣

　　报本孝徒真恺　孙如理　曾孙海源

4. 曹洞正宗　廿三代巍然寂静老和尚墓　道光甲午十四年(1834)□月初四日寒食节　立

　　嫡　□□贞元(以下字迹不清——引者)

　　侄(以下字迹不清——引者)

　　徒淳良　孙贞奎　重孙(以下字迹不清——引者)

5. 第二十一世上海下珍云老和尚真性之墓

　　时皇清道光二十八年(1848)寅月□八日

　　孝徒湛煊　孙寂祥　重孙淳明、淳旸　玄孙贞□

6. 子山午向　十七代住持清倓安祖之墓

　　同治二年(1863)仲冬月上旬吉日

　　孝徒净溢、净汉、净混　孙真恺、真惠、真□

曾孙如理、如瑚、如珑玄孙□□

二十二代孙湛琼、湛照、湛经　二十三代寂乐、寂平、寂香、寂修　二十四代淳敦、淳化、淳溹

7. 曹洞正宗　第十九代上真下恺朗月老和尚之墓　同治九年(1870)七月吉日

四世孙湛铨　五世寂乐　六世淳敦

三世孙海庆　四世孙湛琼　五世孙寂平、寂修

细草长松奇妙谛　黄花翠竹是前身(此二句为碑石两侧对联——引者)

8. 曹洞正宗　圆寂恩师真保老和尚之墓　黄帝纪元壬子年(1912)清明　立

孝徒素珠　孙德旺

9. 曹洞正宗　第廿三世上瑞下成祥老和尚之墓　皇帝纪元壬子年(1912)清明　立

孝徒淳旸　孙贞录、贞铨　重素珠、素玉　玄德旺

10. 廿一世德恒照老和尚之墓

侄寂祥、寂乐　孙淳旸、淳国　曾孙贞录　元孙素珠

徒寂修　孙淳敦、淳化　重□法、□广

以上是笔者调查时见到的墓碑。还有两座墓碑,铭文如下:

11. 第二十一世上海下量老和尚真性之墓

12. 曹洞正宗　圆寂恩师上贞下录老和尚之墓

孝徒素珠　孙德旺

以上二碑笔者没有见到,碑文依据当地人的抄录,由襄阳民宗局提供。

从上面的碑文可知,这些墓碑系清代中期至清末民初遗物,墓主都和承恩寺或千峰庵有关,均为曹洞宗僧。这些墓碑不大,墓形大多比较简陋,可见清代承恩寺和千峰庵的财力已经明显衰弱。据陪同笔者调查的肖春强先生介绍,附近山上还有类似的墓碑。因调查时间有限,当时只看到这些。笔者期望当地能够进行全面的调查,如能发现明代的僧人墓碑,必将有助于了解明代承恩寺地区曹洞宗传承的具体情况。

距襄宪王墓和千峰庵约两三公里外，还有两座僧人舍利塔。其中一座是临济宗广汉和尚（1802—1859）的舍利塔，立于清代咸丰十一年（1861），现在仅存半截。另一座是承恩寺如宝和尚（1808—1858）的舍利塔，立于咸丰八年（1858），保存状态较好。二塔均有比较完整的塔铭，可以帮助我们了解塔主的情况。以下分别介绍。

临济正宗妙峰汉老和尚塔

第廿代住持兴山宝公之塔

先说临济宗广汉和尚的舍利塔。塔铭如下：

临济正宗妙峰广汉老和尚塔

妙峰和尚塔志铭

师讳广汉，号妙峰，为有明临济/正宗隐潭真龙和尚十一世孙/也。师生平恂恂温恭，似不能言，/而其事上孝，临下慈，身虽寓乎/方外，而孝友克笃于宗亲。英年/至太平店龙家巷之三王庙，恒/以劳瘁弥勤，力农自给，以助香/火，以资斋馔，接纳方来，务得其/宜。应酬缙绅，无不悦豫远近，檀/信咸称师为慈惠长者。晚年视/始祖隐潭公墓无碑可表，恐愈/久而湮没弗闻，乃立崇隆丰碑/以壮之。又为恩师大悟公造石/浮图一级，用酬法乳之恩。至于/为后嗣计，凡衣单之所宜有者，/用无不周。呜呼！若师者，真所/谓克开于前，能裕于后也。师以/咸丰己未（1859）八月五日无恙示寂，/侧身而化，享年五十有八。越二/年辛酉（1861），其孙本魁卜吉，窆于寺/南之寨坡，属予作序以记之。复/请熊公翼卿为之铭曰：/觉性圆明，是谓大悟。万化皆空，/何来电雾？禅灯可续，慈航(渡。/□□西寻，有缘难遇。

皇清咸丰十一年（1861）九月廿一日

孝徒续源
孝孙本魁
重孙觉先
鹿门山樵熊飞
秋圃瘦菊撰并书
孝侄续昙
孙本秀、本传、本宗
曾孙觉震
曾孙觉性
耳孙隆海

据此塔铭可知，妙峰广汉（1802—1859）是大悟和尚的弟子，明代临济宗隐潭真龙和尚的第十一代法孙，住在太平店龙家巷的三王庙，自力躬耕以助香火，又善接纳各方信士，被人称为“慈惠长者”。曾为祖师隐潭真龙立碑，为恩师大悟建塔，又为弟子建立种种，白手起家，一生辛苦，造福寺众。可惜关于他的祖师隐潭真龙和恩师大悟，现已无从了解。按照塔铭所说，此塔位于他生前所住寺院南边的寨坡，因此他生前的寺院应在此塔北边不远处。笔者目前尚不能确定那座寺院是否就是承恩寺，或者就是“太平店龙家巷之三王庙”。无论如何，此塔本身可以证明当初承恩寺地区还有临济宗僧住持传法。

再说承恩寺如宝和尚的舍利塔。塔额铭文如下：

敕赐大承恩寺法嗣海晏、海昆
第廿代住持兴山宝公之塔
襄阳府永安山徒海恒，孙湛深、湛相、湛永，曾孙寂明、寂妙、寂理
皇清咸丰岁次著雍敦牂（1858）闰余月谷旦立

以下是塔铭正文：

吾祖上如下宝，号兴山，襄阳人也。世/居牛南徐氏名族，嘉庆戊辰正月建/生。有术者相之曰：“此儿堪为佛子。”祖/之考徐公讳良魁，祖之母李氏，皆与/般若有大因缘。生孩五月，遍求名师，/闻大承恩寺名僧法讳真志，号曰自/成，心源明洁，行解孤高，许以托迹禅/林，礼拜为师。行年三岁，即来皈依。渐/长，洒扫诵

经，培植善根。昔在祖母，每/难释怀，乃命祖之二兄，不时视之。一/往一来，而手足之情有不能自已也。/爰割爱辞亲，亦皈依太祖为长徒，更名如珠，号燮山，自是为吾伯师祖。伯/祖敏悟夙成，志尚清修，太祖甚得之。/至道光癸未岁(1823)，太祖西归，祖年十六，/惟伯祖是依。谛听兄诲，以至成人。伯/祖尝谓吾祖曰："吾与汝，僧俗均为兄/弟，合收一徒，汝意云何?"祖云："唯命是/听。"丙午(1846)，大众推荐伯祖管理常住，数/年圆寂。祖遵遗言，一灯相续。丁酉(1837)，大/众复举于祖曰："吾等既为佛子，唯流/通佛法，以报佛恩，某当重视常住，必/获福德。"祖从众命，经理数年，气象为/之一新。皆诸上人，助理相成。越至八/年甲辰(1844)，祖以未登一品，请辞常住事务，/遂谒汉阳归元寺，具授菩萨大戒。/及归之后，烟霞静而尘无染，水月空/而性倍明，所谓绍曹洞之正宗，续佛/祖之慧命，皆吾祖灵根夙植，得乎定/静之自然。今年春，祖寿五旬，空诸所/有，顿悟无生，乃命吾师预造砖石，缘/遇工匠修建浮图，兼营寿藏，以待终/年。师奉祖命，克全法乳，不数月寿藏/落成，邻于伯祖之左。孙不敏，略述来/由，谨记颠末，传于无坠也，并/志之以为吾祖寿藏序。/

发弟子杨楚材书丹

徒孙湛相撰

嘉鱼石工周正兴、汪友顺　镌

徒侄海筏、海宗、海沧、海珊、海照、海玺、海定、海庆、海岚、海方、海曙

侄孙湛文、湛□、湛茂、湛纲、湛□、湛鹏、湛照、湛敏、湛煊、湛空、湛镛、湛仪、湛纯、湛轮、湛柱、湛果、湛秘、湛堂

侄曾孙寂昭、寂超、寂祥、寂安、寂根

侄玄孙淳德、淳旸、淳泰

侄鼏孙贞录、贞铨

俗侄徐九朝，孙永宽、永宏

据此塔铭可知，塔主如宝是清代中期承恩寺曹洞宗僧，号兴山，俗姓徐，襄阳人。自幼长在承恩寺，拜寺僧自成真志为师，后又拜真志的老师为师。十六岁时，老和尚去世，又拜师兄为师，后为嗣法弟子。道光十七年(1837)任住持，二十四年(1844)到汉阳归元寺受菩萨戒，晚年回到承恩寺，专事禅修。

由于如宝是承恩寺的住持，所以他的舍利塔也建得规格较高，与上面提到的那些僧人墓碑相比，可谓天壤之别。这篇塔铭的价值，首先在于它清楚地记述了如宝的生

平，从而使人得以了解承恩寺历史上一位高僧的具体情况。其次是它记录了许多参与立碑僧人的名字，通过这些僧名，可以了解如宝前后几代承恩寺僧的法脉关系。而且，由于其中的许多僧名在上面的墓碑中也有出现，因而可以确定，那些墓碑里的僧人都和承恩寺有关，他们属于同一个"家族"。尽管清代的承恩寺已经衰落，但是从这些墓碑和塔铭里记录的僧名来看，当时人数还算不少，可谓子孙满堂，后继有人。

在这个承恩寺大家族中，世代分明，辈分有序。其中辈分最高的是乾隆年间重修千峰庵的清倓，他是第十七代，属于"清"字辈。其次是净湜，为第十八代，属于"净"字辈。再下来是如宝的老师真志，为第十九代，属于"真"字辈。如宝本人是第二十代，属于"如"字辈。如宝的弟子海晏、海昆等为第二十一代，属于"海"字辈，往下依次为"湛"（第二十二代）、"寂"（第二十三代）、"淳"（第二十四代）、"贞"（第二十五代）、"素"（第二十六代）、"德"（第二十七代）等字辈。总之，从"清"字辈到"德"字辈，共有十一代，自乾隆年间到清末民初，时间跨度约一百二十年。

那么这些辈分是怎么确定的呢？实际上，它有两个依据：一是元代曹洞宗僧雪庭福裕（1203—1275）制定的少林寺排辈顺序，承恩寺僧人的字辈就是按这个顺序排列的；二是承恩寺自身的传承顺序，承恩寺僧人的世代就按这个顺序计算。说到少林寺的排辈顺序，北京房山区谷积山灵鹫禅寺附近现存一块明代石碑，上面刻有《移嵩山祖庭大少林禅寺宗派之图》，全文如下：

移嵩山祖庭大少林禅寺宗派之图

福慧智子觉，
了本圆可悟。
周洪普广宗，
道庆同玄祖。
清净真如海，
湛寂淳祯素。
德行永延恒，
妙体常坚固。
心朗照幽深，
性明鉴崇祚。
衷正善禧祥，
谨悫愿济度。
雪庭为导师，

引汝归玄路。

时正统十三年八月吉日①

此碑刻于明代正统十三年(1448),从碑文题目可知,此“图”是从少林寺抄来,内容是少林寺僧字辈排列顺序表,它刻于明代正统年间,在现存相同内容的历史资料中是最早的“版本”,具有相当的权威性。正文的五言诗是雪庭福裕所作,他以诗句的形式规定了少林寺的排辈顺序。从雪庭福裕开始,凡属于少林寺系统的僧人,都按这个顺序起名,因此,假如几代僧人的名字都与这个顺序相合,那么一般来说可以肯定是出自少林寺的系统。

实际上,承恩寺毁于元末,永乐年间由少林寺僧觉成重建。按照少林寺的辈分排序,觉成是第五代,然而他是承恩寺的中兴祖师,所以按照承恩寺的传承顺序来说,他是第一代。承恩寺地区现存的僧人墓碑中,最早的是清倓,按照少林寺的辈分排列顺序,从“觉”算起,“清”字辈刚好是第十七代。因此,清倓以下历代僧人的世系,都是从觉成算起的。关于觉成,史料有载,下文再叙。

总之,千峰庵及其周边的碑铭遗迹,可以证明承恩寺地区直到清末民初时期还有曹洞宗的传承,这支法脉来自嵩山的少林寺。此时承恩寺已经没有帝王的支持,尽管度日维艰,他们依然在苦心经营,始终坚守“曹洞正宗”的祖业,的确是曹洞宗的孝子贤孙。

三、 承恩寺与明代帝王

承恩寺位于襄阳市谷城县东南五朵山北侧,现为全国重点文物保护单位,各种资料多有介绍。关于它的历史沿革,一般说是始建于隋大业年间,原名“宝岩禅寺”,传说隋炀帝的女儿在这里饮浴甘泉,治愈头疾,黑发重生,于是炀帝下令建成此寺;唐代宗时扩建,更名“广德宝岩禅寺”;元末毁于兵火;明永乐二十一年(1423)重建,诏命少林寺僧觉远住持,赐寺田一万余亩,天顺年间,明英宗赐额“大承恩寺”;清代经过重修;1956年列为湖北省重点文物保护单位,“文革”时遭破坏,1968年成为八一电影制片厂分厂厂址,2006年列为全国重点文物保护单位。

以上介绍大部分符合史料记载,但是也有不准确的地方。例如关于承恩寺由来的

① 转引自张文大《房山谷积山石刻出土 揭秘少林寺僧辈分》,盛世收藏网(http://www.sssc.cn/,2016年4月11日)。

传说，在史料记载中，那位饮浴甘泉治愈头疾的人物并非隋炀帝公主，而是一个宫女。据同治《谷城县志》卷八“释老”记载：

> 隋炀帝宫姬有恶疾，愿出为尼，乘白牛至广德寺，牛卧不去，乃止宿寺中。浃旬见癞鼠屡啮一草，饮浴于池，既而癞愈。姬亦采食沐浴，疾果愈。后入宫，备述其事，使视所食草，则何首乌也。至今池边盛生。

就是说，隋炀帝的一个宫女因患“恶疾”而出家为尼，她骑的白牛走到这里不再前进，于是只好在此住下；经过一段时间，她发现池边有癞蛤蟆经常啃食一种草，又在池中游泳饮水，后来身上的癞也没了；于是她也吃那种草，而且到池里沐浴，结果“恶疾”痊愈；后来回到宫中，讲述这个经历，宫里派人去看，发现那种草原来就是何首乌。何首乌可作药材，一般认为具有乌发的功能，所以那个宫女的“恶疾”很可能是头皮癞疮，或者是头发变白。

关于永乐年间重建广德寺的僧人，现在说是少林寺僧觉远，但史料记载的却是觉成。据同治《谷城县志》卷八“释老”记载：

> 少林僧觉成，号大用，绍曹溪之正传。诏重修广德寺，敕改“大承恩寺”。见胡濙记。

就是说，觉成号大用，本来是少林寺僧，属于曹洞宗；皇帝下诏重修广德寺，又改寺名为“大承恩寺”。此事见于胡濙（1375—1463）的碑记，胡濙的碑记现在还有保存，碑文在县志里也有收录，下面还要提到。实际上，继胡濙之后，襄宪王的《敕赐大承恩寺记》里也说复兴广德寺的僧人是觉成。

还有，关于明代承恩寺拥有的寺田，现在说有一万余亩，但据承恩寺保存的清代《承恩寺香火田界地碑》记载，当初的“香火田地不下万顷”，可见实际上当时的寺田还要更多。

总之，关于承恩寺历史的介绍，至少有三点需要订正：一是最初在这里治愈头皮病的人物乃是隋炀帝的宫女；二是明代成化年间主持重建的人物是来自少林寺的曹洞宗僧觉成；三是明代这里的寺田多达万顷。

承恩寺依山而建，现有格局和主要建筑基本上是明代遗存。沿南北中轴线直进，原来的主要殿宇依次为山门、天王殿、大雄宝殿，在山门和天王殿之间的两侧，还有钟楼和鼓楼。山门和鼓楼今已不存，现在只有天王殿、钟楼和大雄宝殿。天王殿后面有四合院，院落后方是大雄宝殿。大雄宝殿门额为“永安招提”，这个“永安”就是指永安山，“招提”是指承恩寺，当初明英宗应襄宪王的请求，把五朵山改名为“永安山”，广德寺改称为“大承恩寺”，所以直到清代还称为“永安招提”。门额两侧各有铭文“道光岁重光赤奋若且月谷旦”“阖院大众建立”。据此可以推测，大雄宝殿曾于道光二十一年（1841）重修。殿内呈四方形，供奉泥塑金饰毗卢佛像，像高 10 米，应系襄宪王捐造的原物。钟楼建于成化十一年（1475），内有明宪宗所赐铜制梵钟，高 2.3 米，口径 1.57 米，钟身铸有梵文和花纹图样及汉字落款，据说是湖北境内现存最大的铜钟。还有明宪宗手书金字《金刚般若波罗蜜经》，现为国家级文物。

承恩寺俯瞰①

襄宪王捐造的毗卢佛像

承恩寺天王殿

承恩寺内还保存有明清时期的碑刻及钟铭，根据这些带有文字的遗迹，可以更清楚地了解该寺的历史。

首先是明代胡濙的碑记。碑文如下：

崇圣殿记

广德宝岩禅寺水陆崇圣殿记

佛氏之学，自汉明帝时行于中土，凡法幢所建，必山川名胜之区，侈为宝构，以为奉像设，俾人观相而生敬/信也。像设虽涉于有为，而事理实相为表里，一切世间事物巨细，咸囿于成住坏空之数，诚能作此观者，/为法如梦幻泡影，置之心境之外，然非乘方便力，以幻成幻，安能具大庄严，为无上之胜因也哉？/襄阳西北有山曰“万铜”，有大招提曰“广德”，盖其峰峦环拱，聚气藏风，水源通贯，又非他山可比。故建寺以/来，法席鼎盛，累有宿德倡道其中，而宗风愈振，缵承丕绪，代不乏人。今际/昌辰，尊崇像教，适成公大用，继领寺事，以兴复为己任，大肆经营，凡丛林所宜有者，罔不毕具。不远数千里，/缄辞致香，遣其徒了广谒予征记，且云今复

① 本图引自《古刹名胜话承恩》，谷城县文化馆（http://www.gcxwhg.com/，2016 年 7 月 8 日）。

以中前殿基改建为水陆崇圣宝殿，高五十七尺，重檐叠拱，/极其壮丽，雄冠诸刹，敬蒙/襄府贤王殿下造毗卢佛一尊，座至焰光三十尺，金彩饰就，虔奉殿中南向，暨/钦差提调大岳太和山宫观事中贵陈成塑丈六金身接引阿弥陀佛于殿壁后，北向殿中，周围悉悬水水陆/神像，亦极一时庄严之盛。若非登载，曷示方来？烦述兴作，记文勒诸贞珉，用垂不朽。仍欲以成考订/圣朝颁降仪文，并金山水陆施食根本，刊于碑阴，俾永永流传，其用心可谓劳且勤矣。窃观丛林宿纳，多以激/扬斯道自任，而于事为之末，或不加意。公则鞠躬尽瘁，示现有为，成始成终，略无少懈。非性智圆融，达事/理之不二，安能如是？爰用为之备纪其颠末，庶来者知其所自，相与扶植，俾久而弗坠也。盖其兴废，固囿/于数，而亦在乎人焉。特书此为记，以复其请。/

正统八年岁次癸亥五月上澣资德大夫正治上卿礼部尚书前/太子宾客兼国子祭酒毗陵胡濙记

广德宝岩禅寺当代开山住持绍曹洞正宗少林觉成　首座圆兴　门徒施财造像□岩□□

襄阳卫舍财信官胡福能　施主胡福胜　萧福惠　周觉义　武当山吕□□谨书篆勒□

这里所说的“广德寺”位于万铜山，与下文提到的承恩寺明代钟铭的“万铜山广德宝岩禅寺”刚好相应，其实就是后来的承恩寺。襄阳历史上先后有两个“广德寺”：一个在谷城县的万铜山，原名“广德宝岩禅寺”，后来改称“承恩寺”；另一个在隆中，原来叫作“云居禅寺”，明代成化年间改称“广德寺”，寺名沿用至今。现在一般只知道隆中的广德寺，其实谷城“广德寺”的得名更早。这篇碑文作于正统八年（1443），当时广德寺尚未改名，所以碑文里没有提到“承恩寺”。广德寺改名为“承恩寺”，是在此后的天顺四年（1460）。

根据碑文可知，当时觉成和尚住持广德寺（后来的承恩寺），经过“大事经营”，恢复了原有的规模，又在原来前殿的基址上建起一座宏大的崇圣殿，里面安置襄阳王捐造的毗卢佛像，还有太监陈成捐造的阿弥陀佛像，周围配以各种水陆神像，从而使这座寺院盛况空前。这座崇圣殿，就是后来的大雄宝殿。为了纪念崇圣殿的落成，觉成派弟子了广拜见胡濙，请求作记，于是才有这篇碑文。按照少林寺的排辈顺序，觉成为第五代，属于“觉”字辈，了广为第六代，属于“了”字辈。由于广德寺在他们的努力下实现中兴，所以二人分别成为这里的第一代和第二代。

碑文中提到的为广德寺捐造毗卢佛像的“襄府贤王”，指的就是襄宪王，由于胡濙在襄宪王之前去世，与他生前同时的襄王只有襄宪王。襄宪王为广德寺捐造佛像之事，刚好与广德寺的“大事经营”有关，他显然参与了广德寺的复兴事业，很可能是这里最大的施主。总之，这件事非常清楚地表现了襄宪王热心奉佛的一面。

碑文作者胡濙，《明史》卷一六九有传。字源洁，号洁庵，武进（今属江苏）人，明成祖至明英宗时期大臣。建文二年（1400）进士。永乐年间奉命寻找建文帝下落，又在江、浙、湖、湘任地方官。仁宗时为礼部侍郎、太子宾客兼南京国子祭酒。宣德年间任礼部尚书，参与平定汉王叛乱。正统年间，上疏建议减少皇家贡物，淘汰法王以下喇嘛僧徒四五百人，撤销去山西灾区采买物料的成命，废除供应军需的差遣以减少农民负担，这些建议得到英宗采纳。他曾两次丢失礼部大印，被弹劾下狱，后因重新找到而得复职。英宗被俘期间，群臣建议迁都，胡濙和于谦力排众议，坚守京师。景泰年间，任太子太傅，曾建议景帝对被释放回京的英宗多加礼遇。天顺元年（1457），英宗复辟，胡濙告老还乡，享年89岁。胡濙历仕六朝，在官五十余年，当了三十二年的礼部尚书，为人节俭宽厚，喜怒不形于色，善于承迎，喜好佛老，擅长文章，兼通医学。他生前著有许多佛教碑记，至今散见于全国各地。

承恩寺还有一口明代铁钟，上有铭文，其中有如下记载：

□□万铜山广德宝岩禅寺

兹有荆州卫□住奉佛信善范真，发诚心，罄舍囊资，命工铸造洪钟一颗，重二千余斤，恭施襄阳府广德宝岩禅寺千佛大殿，永充声击，丕赞皇图，祝延圣寿。

这里提到的“万铜山”就是承恩寺所在的五朵山，“广德宝岩禅寺”就是后来的承恩寺。据此钟铭可知，这个铁钟由荆州信士范真捐造，重约两千余斤。铭文中没有提到铸钟的年代，但从“广德宝岩禅寺”的提法，可以推知此钟铸于广德寺改名之前，很可能与上面提到的崇圣殿完成于同一时期。

其次是襄宪王撰写的碑记。碑文如下：

敕赐大承恩寺记

予封国西南三舍许，有寺曰“广德”，世传始创于隋，初名“宝严”，至唐广德间重修，因以为额，元季颓圮。我/国朝永乐中，有僧觉成，力任兴复，崇梵宇，栖法像，增楼阁，储释典，方丈禅堂，靡或不具，轮奂之美，睎昔有加，而实为封国名胜之刹。恒慕其地幽境秀，峰峦环/拱，欲游观而未之果。正统甲子始获一造，以尝所怀。其寺南有山曰“五朵”，状如芙蓉削出，心甚爱之。岁丁丑天顺纪元，/睿皇大弘敦睦，特敕会朝，克布衷悃，爰乞兹山以营寿藏。制允所请，乃/敕工部主事刘春以董之。时三司奉檄，府卫趋命，百工交作，罔敢或遑。阅三年庚辰，厥工告集，殿宇门庑，垣墉桥道，观深坚致，靡有遗缺，/恩至渥也。夫昔之创此寺也，而寺为山之主；今之营此藏也，而山为寺之宾。不有纪述，曷示无穷？故复请改其山为“永安”，改其寺为“大承恩寺”。名实兼美，今古/同辉，庶为子孙者监观于斯，同一感戴于万亿年也。昔周公以王室至亲，心在纪述，志存笃恭，勋劳之大，宜厚其赐。瞻墡仰赖太祖、太宗开创于前，/昭考章兄绍承于后，公旦勋劳，素无毫末，虽尝上章慰安/太后，护保/国本，衷期复銮舆，不过少效微忠而已。乃祗承/圣眷，宠锡屡加，以及寿藏，率廑/圣怀，比隆成周敦睦之意，弗意睿皇上实我/皇上嗣统。复/敕太监陈喜等监赐钟碑，以成先志，俾是刹所需，益备以周。瞻墡思惟/大恩无以报称，故敕兹文以寓纪述之万一也。谨记颠末如上，复系之以歌曰：□五朵兮巃嵸，势峻极兮穹窿。俨芙蓉兮献秀，实磅礴兮攸钟。恒缅想兮驰思，特/躬览兮幽踪。尟阴阳兮对待，亦预卜兮玄宫。粤/睿皇兮放勋，敷敦睦兮同宗。颁金符兮取觐，忻仰睹兮重瞳。爰详陈兮厥由，荷俯纳兮愚衷。/敕司空兮董役，阅三载兮成功。耸巍巍兮台殿，缭屹屹兮垣墉。焕华彩兮冈峦，诚旷世兮奇逢。惟兹山兮支分，盖广德兮是同。有别院兮犹存，亦释氏兮茂崇。聿/请易兮题额，志恩意兮优隆。肆/皇上兮至仁，念先志兮克恭。既/锡予兮贞珉，犹荐贶兮华钟。虽勉缀兮兹文，曷能具兮形容？聊垂颂兮有永，冀少罄兮微忠，庶亘今兮亘古，与天地兮无穷。

大明成化丙申季冬望日襄王瞻墡顿首谨书

这篇文章是襄宪王为纪念明英宗为广德寺赐额“大承恩寺”而作，作于成化十二年(1476)，主要内容包括：一是广德寺的历史沿革。重点是说明该寺在元末被毁之后，永乐年间经过觉成重建，终于成为襄阳一带的“名胜之刹”。显然，承恩寺的兴盛始于觉成的重建。二是襄宪王本人与广德寺及五朵山的因缘。广德寺一带“地幽境秀”，襄宪王早就心向往之，正统九年(1444)第一次来到这里，当时就留下了美好的印象。天顺元年，襄宪王进京，请求在此山修建“寿藏”，英宗准许，并派工部主事刘春前往监造。三年以后(1460)，寿藏建成。由此可见，襄宪王墓建于1458—1460年期间，历时三年完成，而他之所以把墓地选在这里，最初是因为仰慕广德寺的庄严及其周围环境的幽美。三是广德寺的改名。陵墓建成以后，襄宪王感激皇恩浩荡，又觉得自己的陵墓可以和广德寺相伴，心里特别高兴，于是上奏英宗，请求把五朵山改名为“永安山”，把广德寺改名为“大承恩寺”，结果得到批准。显然，改名“永安”的理由，一方面是因为这里环境幽美，另一方面是因为这里靠近广德寺，让他觉得心里特别踏实。把广德寺改名为“大承恩寺”，当然是表示对皇帝的感恩，然而襄宪王作为寺外之人，竟可以为广德寺作主申请改名，足见他与这所寺院的关系之深，所以才能一言九鼎。四是讲述自己维护英宗的功绩，一方面借助英宗的评价自我宣传，一方面保持谦卑低调，说自己不过是“少效微忠”而已。这篇碑文是关于承恩寺和襄宪王墓的重要史料。

顺便一说，襄宪王的碑记里提到太监陈喜当时捐赠了钟碑，此事在同治《谷城县志》所收襄王府长史吴宏密的《题大承恩寺碑阴》也有提及，当初明英宗除了赐额“大承恩寺”之外，还颁赐一口梵钟，于是此寺成为“沙门之矩镇”。由此可见，当初承恩寺得到了帝王的支持和恩赐，于是地位提高，臻于兴盛。

再次是襄庄王朱厚颎(1531—1566)的《重修大承恩寺碑记》。碑文如下：

重修大承恩寺碑记

大承恩寺，去襄城西南九十里，五朵山之阴，始创于隋，名宝严寺。迄唐改名广德寺，元末兵火之变。我/朝永乐年中，有僧觉成，力任恢复，一仿皇都庆寿寺之制，焕然维新，盖天有意于名胜之地以有待也。我祖襄宪王，/太祖高皇帝之四世孙，成祖文皇帝之三世孙，仁宗昭皇帝之第五子，英宗睿皇帝之叔父也，于永乐二十二年十月十二日册封为襄王，忠孝著闻，监/国二次。宣德十年之国长沙，正统元年迁国襄阳。正统十四年，/英宗皇帝北狩，我祖具陈慰安二疏上/皇太后，乞命皇太子居摄天位，急发府库募勇敢之士，务图迎复，仍乞训谕郕王尽心辅政。疏上时，景泰已即位八日矣。天顺元年，复具疏上。后/英宗皇帝即位，得二疏于宫中，感叹不已。奉书我祖云：“深见叔父忠爱之诚，发于谠论，抑邪扶正，防微杜渐，无非为/宗庙朝廷计。推叔父之心，即周公之心，而此二书亦即《金縢》之书之比也。”遣太监夏时等赍捧/敕符迎请入殿二次，又/御制《岘山》《汉水》赋、《襄阳四景歌》赠之。盖忠诚昭格，君臣契合，诚千载奇遇也。至于暮年，卜五朵山为寿茔，具奏于朝，特允所请，敕工部主事刘春董其役。/殿宇极轮奂之美，特恩也。复请改山为永安山，改寺为大承恩寺。又蒙/敕赐钟楼。成化十四年正月十六日，我祖仙逝，谥襄宪王。遣武安侯郑英，又遣御用太监陈喜等累/赐谕祭文。遣官造坟归葬，迄于今八十有余载矣。嘉靖三十一年，予叨袭王爵，请命于朝，三十五年春，躬亲祭扫，因历五朵形胜，峰峦秀丽，壁立云中，龙虎/拱伏，朱雀前迎，而寺为玄武之后嶂焉。万山环朝，清泉盛佛，诚吾祖之乐丘也。仰惟昔之修寺与吾祖/册封，均出于永乐之年，盖天鉴吾祖之忠诚，故分封之日，默为仙茔之计耳，岂偶然哉？今日叨享爵禄之荣耀，皆吾祖懋德之遗庆也。可无追思而为堂构之/图哉？除命官重整殿堂外等，寺经年久，不无亏于风雨鸟鼠者，遂捐余禄命书办官阮恩，僧悟才、悟香修葺。今百工告成，僧启予记之，因聊序其略如右。又追/思畴昔祭扫感慨之情，系之以歌云：/五朵擎天气势雄，龙飞凤舞万山宗。根盘太岳巍无际，象俨芙蓉瑞庆钟。金麟踊跃璇源派，彩羽飞鸣玉树丛。兰桂交芳芝灿烂，何须天外觅崆峒？吁嗟吉地神所思，善人天相预仙宫。昭哉我祖/圣明后，赤心辅国比周公。累朝隆眷恩优渥，赫赫精忠夷夏闻。一朝仙逝惊朝野，哀哀理驾白云中。山灵毓秀俾多益，德厚流光及眇躬。洁诚祭扫挥珠泪，/神驰浩浩心冲冲。徘徊四顾日沉晖，法制所拘马复东。佛殿重修玄武壮，登台西望听晨钟。每睹美墙思继述，日就月将愧不聪。惟愿鸿休贻燕冀，/国祚绵绵俪华嵩。

大明嘉靖四十二年岁次癸亥九月吉旦

襄王厚熲顿首书

这篇碑文作于嘉靖四十二年（1563），作者朱厚熲是襄宪王的后代，于嘉靖三十一年（1552）袭封王爵，成为第六代襄王，按谥号称为襄庄王。碑文主要叙述襄宪王对英宗皇帝的忠诚和经历，同时也透露出若干与承恩寺相关的历史信息。其中值得注意的，一是永乐年间觉成重建广德寺（承恩寺），是仿照“皇都庆寿寺之制”而建。皇都就是现在的北京，庆寿寺是北京历史上著名的寺院，始建于金代，元明时期仍为巨刹，后来俗称双塔寺，20 世纪 50 年代被毁。庆寿寺在明代都城的佛寺中也占有极高的地位，广德寺仿其制而建，不仅意味着它规格甚高，而且说明承恩寺的规模和配置在很大程度上反映了明初庆寿寺的制式。二是在嘉靖三十五年（1556）至四十二年（1563）期间，襄庄王曾发起维修承恩寺，当时负责维修的寺僧有悟才和悟香，二人属“悟”字辈，系觉成下第五代，可见自觉成以来，到嘉靖时期为止，承恩寺的传承共有六代。

以上三篇明代碑文都是有关承恩寺的重要史料，它们在同治《谷城县志》卷七里也有收录，但县志的录文错误较多，所幸原碑尚存，本文根据李俊勇先生提供的照片誊录，而朱厚熲碑记的录文也是出自李俊勇先生之手，比县志的录文更为可靠。

此外还有一通清代碑刻。碑文如下：

承恩寺香火田界地碑

承恩寺即古宝岩寺也，创自隋，至唐更名“广德”，历宋元，逮明始有“大承恩”之名，而寺亦大成焉。其香火田/地不下万顷，迨明末兵燹，而后豪强吞并，十去八九。及我朝定鼎以来，仅余水旱数百亩，而边界率多模糊不清，且零星四散，实难照查。池自任常住之后，与各房大/众齐力稽查，于各处界限，已逐一查明，然不勒石详载，难垂永远，爰□大众共建界地碑记。余已被侵/食者，姑置勿论，其现经

> 官□者，俱录其坐落，详其四至，或以分水岭为界，或以沟河心为界，或以某姓/田地为界，书立清楚，俾后人一目了然，而奸强不致越□□几世永守，而承恩寺香火万代矣。又思/目前扰乱之世，各村香火产业，犹恐恶行霸侵蠹食，□□田约假契占吞，所以[谨]勒田产，大众世业，永远垂[世]耳。
>
> （以下记寺田四至，从略——引者）
>
> 嘉庆二年七月廿八日（以下文字不清——引者） 承恩寺住持 净池

此碑立于嘉庆二年(1797)，碑文内容主要是记载承恩寺“香火田”的界限，目的是防止恶霸侵占蚕食；同时说明承恩寺在明代最为兴盛，但是明末遭到战争破坏，寺田也被豪强吞并了十之八九，到了清代嘉庆年间，只剩下水旱田地数百亩了。可见清代承恩寺的经济基础已经远远不如明代。碑文作者净池是当时承恩寺的住持，为该寺第十八代，属于“净”字辈。

最后再说觉成。关于觉成，上面胡濙和襄宪王的碑记是最早的记载，此外还有僧传的记载：

> 释觉成，襄阳僧也。少怀幽隐，决志弃俗，超然高蹈，寄迹桑门。泛读经论，妙解天成，发语惊人，若有神悟。每执事，辨理刊断，祸福瞩于机先，事后按之，莫不符验。然独处茅茨，萧条物外，不轻许诺。湘藩仰其风徽，更番迎迓，抵于荆郡。又复偕至京师，觉成请别止上方山，敷坐讲说，平易可亲，虽玄机密运，晦匿自深，而弘旨提挈，宣谭曲尽。由是海内闻风，四部云集，万指堵环。已而言返旧里，兴复承恩寺，更于别墅，自造寿塔，中有藏石，不令人知。后无疾化去，门人即就其塔瘗焉。后三十年，襄王薨，卜壤于此，欲毁其塔为兆域，举锸发土，掘起一碑，视其文曰：“地本襄王地，住我三十年，襄王来葬此，移吾向东边。”观者惊异，叹为神僧。于是依迁灵骨，奠址东方，更造新塔，规制严廓，胜于旧矣。①

按照这个记载，觉成是襄阳僧人，广读经论，理解力强，善于预测；先曾受到湘王的礼敬，被请到荆州，又随湘王进京，在上方山传教说法，名声大振；后来到襄阳，重建承恩寺；生前为自己造塔，塔址就是后来襄宪王墓的所在地。这里提到的“湘藩”，是指湘献王朱柏(1371—1399)，他是朱元璋的第十二子，于洪武十一年(1378)受封湘王，十八

---

① 喻昧庵：《新续高僧传》第3册之卷三七，台北：新文丰出版公司，1974年影印本，第1126—1127页。

年(1385)就藩,封地在荆州。觉成原本是少林寺僧,湘王礼请觉成,很可能是把他从少林寺请到荆州。湘王进京,很可能是因为平叛有功,受到明太祖的嘉奖。不过,明太祖时的京师是在南京,而觉成陪同湘王去的京师显然是北京,关于湘王和北京的关系,笔者还不清楚。无论如何,觉成到北京之后就离开了湘王,住在上方山。上方山位于北京房山,那里有著名的石经寺(云居寺),该寺是重要的佛教据点,在那里传教说法,自然容易扩大影响。湘王在建文帝即位后被迫害治罪,自杀身亡,觉成离开湘王,大概也表现了他的先见之明。觉成后来到了襄阳,重建广德寺,最后无疾而终。他比襄宪王早逝三十年,根据襄宪王的卒年来推测,可知觉成的卒年应为正统十四年(1449)。从觉成受湘王礼请到最后去世,时间跨度大约六十年,觉成的世寿可能超过八十岁。关于觉成在自己塔内留下的预言,即"地本襄王地,住我三十年,襄王来葬此,移吾向东边"的诗句,至今还在当地流传,它的意思无非是说明觉成与襄宪王有生死不解的因缘。

有明一代,佛教甚兴,英宗本人就是一个崇佛的皇帝,皇宫里的太监更是佞佛成风,在他们的影响下,当时全国上下形成了一个奉佛高潮。明英宗的崇佛,与他从小受到太监王振的影响有关。王振是明代臭名昭著的太监,此人有三大特点:一是善于笼络皇帝,深得宠信;二是干预朝政,贪赃枉法,祸国殃民;三是热心佞佛,几乎达到痴迷的程度。无论是政治还是奉佛,英宗与王振经常牵扯在一起,难解难分。

王振原来做过教师,永乐年间入宫当了太监,因伺候宣宗皇帝而得信任,又在东宫伺候太子,太子后来继位成为英宗皇帝,王振也因此得以高升,当上了司礼监大太监。明太祖时严禁太监参与朝政,王振深得英宗宠信,经常干预朝政,最初曾受到太后的阻止,然而到了正统七年(1442)以后,越发肆无忌惮,左右朝政,专横跋扈,诛戮大臣,贪污受贿,徇私枉法。正统十四年(1449)土木堡事变,王振怂恿英宗御驾亲征,在与瓦剌部的作战中胡乱指挥,导致明朝五十万大军覆没,英宗成了俘虏,王振本人也被乱军所杀。①

王振在政治上恶名昭彰,然而在奉佛方面却不遗余力,对于建造佛寺、兴办佛事尤其热心。当时京城一带兴建或修复的许多佛寺,大多有他的参与,我们至今还可以在许多佛寺遗迹中看到他的名字,从而知道他曾为那些寺院捐款。古代把天当作至上神,王振认为天与佛为一回事,天是"在天之佛",佛是"在世之天",所以敬佛就等于敬天。②他以"佛弟子"自命,建议英宗每年举行一次度僧仪式,以至于当时"男女出家累数

① 参见《明史》卷三〇四《本传》。

② 参见王振撰写的《敕赐智化禅寺之记》碑文。原碑现存北京智化寺内。因王振令人痛恨,碑文落款署名已被损毁。

百千万……营构寺宇，遍满京邑，所费不可胜纪”①。王振得势之后，在自己的私宅修建了一所家庙，专门用来供佛，并请大兴隆寺的方丈兼作住持。那座佛寺至今还在，就是北京市内的智化寺。这座寺院做工精美，规格不让皇家寺院，足见王振势力熏天，同时为了奉佛也不惜血本。

英宗从小受到王振的伺候，把这个太监当作恩师，在奉佛方面也是对他言听计从。正统十三年，王振发起重修大庆寿寺，并改称“大兴隆寺”，使该寺成为京城里规模最大、地位最高的寺院。据说当时“日役万人，縻帑数十万，闳丽冠京都。英宗为赐号‘第一丛林’，命僧大作佛事，躬自临幸，以故释教益炽”②。英宗还把一个姓杨的僧人请到这里，尊为上师，礼遇极隆，“仪从侔王者，食膏粱，被组绣，藐万乘若弟子”③。景帝时期，佞佛之风依然不减，当时“中官兴安最用事，佞佛甚于振，请帝建大隆福寺，严壮与兴隆并。四年三月寺成，帝克期临幸”④。这座景帝敕建的大隆福寺，完成于景泰四年(1453)，从此成为北京城里的又一座巨刹。英宗复辟以后，对那个死有余辜的“恩师”依然念念不舍，特意在智化寺里为王振修建了“旌忠祠”。总之，在英宗和景帝时期，由于皇帝和宦官的直接影响，佞佛之风大为盛行，这股风气也蔓延到全国各地。

从这样的背景看来，襄宪王的信佛可谓上行下效，不足为奇，加上他与英宗关系密切，二人之间也可能兴趣相投，彼此唱和，承恩寺的遗迹和史料就可以证明他们曾在这里有过奉佛方面的亲密合作。总之，地处深山的承恩寺，正是由于直接得到帝王的关怀，所以才有“皇家气派”的辉煌。

四、结　语

通过上面的考察，可见承恩寺地区是明清时期曹洞宗的一个据点。承恩寺的佛教源远流长，历史上曾几经兴废，其最兴旺的时期是在明代，特别是明英宗时期，在帝王的直接支持下达到极盛。而这所寺院之所以得到帝王的青睐，除了佛教信仰之外，还和附近的王陵建设有关，所以承恩寺的发达有着多方面的原因。到了清代，承恩寺的香火大不如前，但是这里的僧人仍然坚守祖业，并曾努力复兴，从而使这支法脉绵延不断，至少持续到民国初期。作为曹洞宗的遗迹，在其他地区也有保存，但是像承恩寺地

---

① 参见《明史》卷一六四《单宇传》。

② 同上。

③ 同上。

④ 同上。

区这样比较完整的清代曹洞宗遗迹则属罕见，通过它们可以了解襄阳佛教和清代曹洞宗的一部分实态，因而具有特殊的价值。

本文把襄宪王墓、千峰庵和承恩寺作为三个视点，只是为了叙述的方便，实际上它们是不可分割的整体，因为它们不仅都在同一地域，而且相互之间紧密关联。从历史经纬来看，襄宪王墓和千峰庵的出现，可以说是承恩寺的延伸，而承恩寺的复兴，也得益于襄宪王墓的修建，当失去帝王的支持以后，承恩寺也走向衰落。这样的过程刚好反映了承恩寺的佛教与明代的帝王同命相连，他们的关系可以说是一荣俱荣，一辱俱辱。

从佛教史的角度说，承恩寺地区在明清时期成为曹洞宗的据点，这个结果既非突如其来，也不是单凭帝王的扶植，而是与宋代以后襄阳佛教的状况以及曹洞宗的脉动密切相关。承恩寺的法脉直接来源于少林寺，如果进一步追踪溯源，则是来源于更早的曹洞宗，而且与襄阳本地的佛教有关，只是这个脉络绕了一个大圈而已。

实际上，曹洞宗的历史与襄阳有着不解之缘，特别是襄阳的鹿门山，曾经是曹洞宗的重要据点。早在唐末五代时期，就有曹山本寂的弟子处真禅师在此住持传法，人称“鹿门处真”①。他的弟子谭和尚志行，也住在鹿门山。② 北宋时期，芙蓉道楷的弟子鹿门自觉（？—1117）来到这里，襄阳从此成为曹洞宗的一大据点，后来他本人也被尊为曹洞宗第九代祖师。他的弟子青州希辨（1081—1149），在曹洞宗的历史上也是一个影响深远的人物。希辨于政和五年（1115）来到襄阳，从鹿门自觉得法，后往山东，曾参芙蓉道楷，住持青州天宁寺，后来被金兵挟持到中都燕京（今北京），先后住持奉恩寺、华严寺、仰山栖隐寺。③ 希辨离开襄阳以后，也把曹洞宗带到他所经历的各地，由于他的关系，曹洞宗传到燕京地区，后来这支法脉又延伸到河北、山东、山西、河南等地，因此他实际上是金元时期北方曹洞宗的鼻祖，对曹洞宗的发展具有重大影响。关于这一点，元代曹洞宗高僧林泉老人从伦曾有如下评语：

> 青州法祖渡江以来，至朔方，居万寿，立曹洞一宗，与圣安竹林、晦堂佛日而鼎峙焉，故三派渊源，于今愈盛。青州之下四传而得万松，光英丛林，声传四海，天下

---

① 参见道原《景德传灯录》卷二〇。

② 同上书，卷二三。

③ 关于青州希辨，除了史料记载之外，还可参考现代学者的研究，如李辉、冯国栋《曹洞宗史上阙失的一环——以金朝石刻史料为中心的探讨》（《佛学研究》2008 年第 17 期），以及刘晓《万松行秀新考——以〈万松舍利塔铭〉为中心》（《中国史研究》2009 年第 1 期）。另外，北京西郊现在还有清雍正十年（1732）的《重修青州辨主塔略》碑记，也是关于青州希辨的资料。

指为祖道中兴。①

这里提到的“青州法祖”，就是指青州希辨。在从伦看来，希辨是金元时期北方曹洞宗的始祖，由于他来到燕京，所以曹洞宗才得以和当时燕京的临济、云门二宗鼎足而立。青州希辨之后，经过大明法宝、王山觉体、雪岩善满的传承，到了金末元初的万松行秀（1166—1246），终于迎来曹洞宗的中兴。当时燕京的报恩禅寺和郊外的仰山栖隐寺就是曹洞宗的中心，万松行秀就住在那里，门下龙象辈出，从伦住在报恩寺，著书立说弘扬祖道，雪庭福裕在少林寺弘法，成为该寺的中兴祖师。他的弟子足庵净肃，住在济南灵岩寺，这些地方都成了曹洞宗的道场。到了明代永乐年间，雪庭福裕的第四代法孙觉成来到襄阳，把曹洞宗的法脉又传了回来，从那以后，曹洞子孙在这里生息繁衍。他们虽然不曾轰轰烈烈，但是细水长流，反而比其他地方的曹洞家族延续更久，以至于前后长达五百年，这样的例子也属罕见。

由此可见，曹洞宗从宋代就已在襄阳落地生根，后来它的种子传到北方各地，开花结果，繁茂兴旺，其中一支后来回到襄阳，在故乡土地的滋养下，终于使曹洞的香火延续到近代。总之，曹洞宗在襄阳发祥甚早，影响广泛，源流特长，这正是襄阳地区历史文化所独有的荣耀，须要珍惜，值得纪念，应该宣扬。

① 从伦：《灵岩足庵肃公禅师道行碑》。此碑立于元代至元三十年（1293），今存济南灵岩寺。

泾川三次舍利的发现及其研究

杜斗城　丁得天*

泾川县，现隶属甘肃省平凉市，古称泾州，因地处泾河川的腹地而得名。其地处陇东地区东端甘、陕交界处，泾河在其境内自西北向东南穿流而过，汭水从王母宫石窟所在的回山前汇入泾河。泾川居丝绸之路要冲，自古是西出长安通往西域的第一重镇。①

泾川很早就有佛教传入，虽无明文记载，但考古出土的早期造像弥补了这一缺憾。②泾川县玉都乡出土的十六国时期的华盖式金铜佛坐像（图1），高19厘米，有华盖、背屏、台座等完整的组合部件③，此像也是目前发现的中国最早、最完整的数件金铜造像之一。十六国时期的金铜佛像，各地发现者十分罕见，这不仅证明了早在十六国时期，中国已经有高超的金铜佛像铸造工艺及造像艺术，且为中国早期佛教造像研究的断代提供了重要的年代标尺，具有十分重要的价值。

图1　泾川玉都乡出土的十六国铜鎏金华盖式佛像　甘肃省博物馆藏

*　杜斗城，兰州大学历史文化学院教授、博士生导师；丁得天，敦煌研究院编辑部馆员。

①　参见泾川县政府门户网站：http://www.jingchuan.gov.cn/index.php?m=content&c=index&a=lists&catid=57。

②　杜斗城：《对泾川佛教文化的一点认识》，载杨曾文编《泾川佛教文化论》，北京：人民出版社，2015年，第92页。

③　金申：《金申趣谈古代佛像》，北京：紫禁城出版社，2009年，第61页。

开凿于北魏时期的泾川王母宫石窟、南北石窟寺等既受到云冈、龙门等大型石窟的影响,又有独特的造像题材和风格,在中国佛教石窟寺的发展史和研究史上具有重要的地位和影响。泾川佛教繁荣兴盛的时间,与境内几座大型石窟寺开凿的时间相一致,也与北魏统治阶层在全国范围内推崇佛教和大规模开窟造像的时间是同步的。从北魏太和末期宦官抱嶷兴建王母宫石窟开始,到永平初泾州刺史奚康生修建规模宏大的南北石窟寺,包括泾州籍的北魏胡灵太后崇佛的一段时期内,是泾川佛教石窟寺繁荣发展的高峰期。其后,历经北魏、西魏、北周到隋唐,泾川的佛教都很兴盛。

隋唐时期进入大一统的帝国,统治阶层对佛教的推崇,使得该地佛教也呈现了辉煌发展的面貌,多次出土的佛舍利就充分证明了这一点。1964 年在泾川水泉寺发现了武周时期的舍利套函①,所使用的金棺银椁开创了中国最早用棺椁进行舍利瘗埋的制度。1969 年出土的宝宁寺舍利套函,是目前所见北周时期为数不多的舍利瘗埋的实物资料。2012 年底以来,在对原大云寺旧址旁侧进行的考古发掘中,新发现了瘗埋的舍利和同样被当作"葬舍利"而窖藏的一大批佛教造像②,出土的铭文砖记载了该地为北宋的龙兴寺。这些考古发现表明了泾川佛舍利及其信仰延续了北周、隋唐以来的繁盛,并相沿至北宋早期。

泾川县先后三次出土了佛舍利及佛教遗物,第一次是 1964 年 12 月发现的武周时期大云寺舍利,发现的地宫内放有唐代的舍利石函,内置金棺、银椁、琉璃瓶、舍利子等珍贵的佛教供养品。③1969 年,在原大云寺出土舍利的西边约两百米处又发现了北周时期宝宁寺的舍利石函,内置两层铜函与琉璃瓶及舍利子。④2005 年,在原宝宁寺遗址附近发现了一驱北周时期的佛教造像,同样被认为是宝宁寺中供奉的佛教造像。⑤2012 年末至 2013 年,在今大云寺博物馆东侧墙外施工时发现了北宋时期的窖藏佛教造像,即窖藏造像 1 号坑,出土了大小近两百多件佛教造像,随后又陆续发现了龙兴寺的舍利地宫和 2 号窖藏造像坑。⑥以上三次佛舍利的发现,均有较为准确的纪年,分别是武周时期

---

① 董玉祥:《甘肃省泾川县出土的唐代舍利石函》,《文物》1966 年第 3 期。

② 杜斗城、崔峰:《山东龙兴寺等佛教造像"窖藏"皆为"葬舍利"说》,载刘凤君、李洪波主编《四门塔阿閦佛与山东佛像艺术研究》,北京:中国文史出版社,2005 年,153 页。

③ 董玉祥:《甘肃省泾川县出土的唐代舍利石函》,《文物》1966 年第 3 期。

④ 据泾川县佛教文化研究会印制的内部材料。

⑤ 张怀群:《大云寺西侧之北周宝宁寺佛像出土及遗址调查记》,载王学书、李全中编《泾川大云寺史籍资料选辑》,泾川县大云寺景区开发建设管理委员会办公室印制,2009 年,第 140—141 页。

⑥ 吴荭:《泾川佛教遗址简介》,载杨曾文编《泾川佛教文化论》,第 246 页。

(唐代)、北周及北宋,其研究史的展开也是围绕着以上三次发现佛舍利展开的。

舍利肯定是瘗埋于寺院及其附属建筑物内的,故而对舍利瘗埋的讨论就需要对所属寺庙进一步探究。大云寺、宝宁寺和龙兴寺出土的舍利年代不同,造成了对寺院的认识也不同,寺院之间是平行关系还是替代关系,就需要通过舍利瘗埋的方式和文献资料的记载,再结合考古发现进而对寺院的沿革和变迁进行讨论。

一、 大云寺出土舍利及佛教遗物

1964 年 12 月,甘肃省泾川县城关镇贾家庄生产队在组织进行平田整地时,发现了地下埋藏的砖室一座,内置"舍利石函"等佛教文物。1965 年 2 月,甘肃省文物工作队对该遗址及其出土文物进行了调查(图 2)。①

图 2 大云寺出土石函、铜匣、银椁、金棺、琉璃瓶、舍利子杜裕民供图

出土的大云寺舍利套函共计五重,依次是石函、铜匣、金棺、银椁、琉璃瓶(舍利子在琉璃瓶中),函内还放有十一件金银发钗,地宫甬道内出土了五十三枚"开元通宝"铜钱。《甘肃省泾川县出土的唐代舍利石函》一文对其进行了较为详细的记录,舍利石函盝顶盖上有"大周泾州大云寺舍利之函总一十四粒"(图 3),函身有司马孟诜撰写的铭文,对舍利石函函身的铭文做了初步校录(图 4),铭文中有武周延载元年(694)的纪年,为后续的研究做了基础性工作。我们对出土的舍利石函内置的供养品进行了分析研究,可知除了琉璃瓶及舍利和石函非唐代原物之外,其他均为延载元年新作。同时根据《广弘明集》②和《隋国立舍利塔诏》等佛经的记载,表明武周大云寺的舍利是隋文帝于仁寿元年(601)颁赐给泾州大兴国寺的舍利,其数目也是一十四粒,与隋代的舍利子

① 董玉祥:《甘肃省泾川县出土的唐代舍利石函》,《文物》1966 年第 3 期。

② 《广弘明集》卷十七《舍利感应记》,《大正藏》第 52 卷,214c。

数目相同。因为所处年代的特殊性，宗教信仰在当时被视为“牛鬼蛇神”，文中对佛舍利并未进行正面的介绍。①1971 年，郭沫若先生在甘肃省博物馆对大云寺舍利石函参观时，认为大云寺舍利套函是稀世珍宝，并对此评价为“舍利石函，贵在石函”。

图 3　石函盖顶拓片

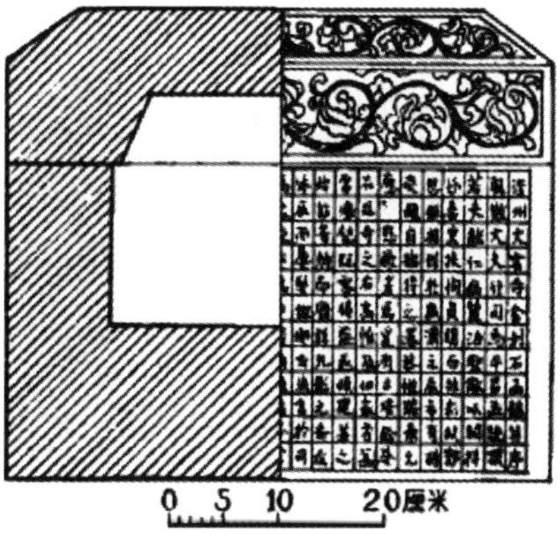

图 4　石函剖面图

对舍利石函铭文的校注和释读是研究大云寺舍利石函的基础性工作。惜调查报告中的录文未对武周时期武则天所制的新字做出详细解释。拙作《〈泾州大云寺舍利石函铭并序〉跋》一文将武周所见的新字做了更为准确的校释和核对，并发现《石函铭》作者孟诜在《旧唐书》《新唐书》中均有记载，其另一重要著作《食疗本草》在敦煌文献中也有遗存等。②

大云寺舍利套函所体现的瘗埋制度无疑是最为重要的内容。徐苹方先生在考证了全国各地出土的各个时代的舍利塔基之后，认为大云寺用石函、铜匣和金棺、银椁瘗埋舍利的制度是考古所见实物中最早的，虽然比文献中所记载的年代迟了三十四年，但这样的瘗埋方式一改古代印度和中亚地区使用罂坛或盒子进行瘗埋的方式，而使用了中国传统的棺椁墓葬的方式，开创了中国使用棺椁进行佛舍利瘗埋的先河。徐苹方先生的研究观点后来多被引用，产生了广泛影响。而唐代出现的前所未见的舍利容器——棺椁，说明唐代的舍利瘗埋制度已经基本上中国化了，与佛教在唐代创宗立说实现中国化的步伐相一致。同时也表明唐代舍利瘗埋的最大特点就是出现了与墓葬形制类似的地宫以及采用棺椁形式的容器瘗埋舍利，唐代也是古代舍利瘗埋的集大成者，对以后宋元时期的舍利瘗埋产生了极大的影响。③冉万里通过对大云寺舍利石函铭文的释读，对大云寺舍利

① 董玉祥：《〈甘肃省泾川县出土的唐代舍利石函〉发表前后》，载杨曾文编《泾川佛教文化论》，第 254 页。

② 杜斗城：《〈泾州大云寺舍利石函铭并序〉跋》，《敦煌学辑刊》2005 年第 4 期。

③ 冉万里：《中国古代舍利瘗埋制度研究》，北京：文物出版社，2013 年，第 100 页。

石函的瘗埋的年代提出了不同的看法，因铭文中没有明确指明大云寺延载元年瘗埋的舍利就是隋仁寿时期所瘗埋的舍利，而隋代仁寿时期的舍利石函已经成为一种制度，塔下铭即是其必备品，而大云寺出土的石函只字未提塔下铭，表明大云寺塔基地宫重新瘗埋的舍利不是隋代仁寿元年的舍利，而是此前唐代某个时期的舍利。①基于此种情况，其还认为隋文帝仁寿时期于泾州大兴国寺所瘗埋的舍利目前尚未发现，并推测就在现大云寺遗址附近。同时出土的琉璃舍利瓶的样式，也表明大云寺塔基地宫出土的琉璃舍利瓶的安置开创了新风，在初唐和盛唐的佛教塔基中多次发现相似的琉璃舍利瓶，且类似的大云寺塔基地宫供养品的完善也标志着舍利瘗埋制度已经完成了中国化。②

二、宝宁寺出土舍利

1969年在出土大云寺舍利石函西侧的偏南处，相距约两百米，发现了刻有北周天和二年(567)纪年的舍利套函等佛教的供养品。其时正处于特殊时期内，没有对其进行科学的调查记录，从而考古发掘出土时的情况不十分明了，只记载是从耕地中出土，是否有地宫及其他相关文物的存在则未见记录。出土的宝宁寺舍利套函现藏于平凉市博物馆(图5)。③

这套舍利套函的组合从外到内依次为石函、大铜匣、小铜匣、琉璃瓶、舍利子，另外在套函中还有如发钗、玉器等若干供养品(图6)。宝宁寺舍利石函函身刻有“比丘慧明造”字样，可见其最初是由北周宝宁寺僧人慧明所造，石函铭文同时记载其年代为北周天和二年。

图5 宝宁寺舍利石函
(强进前拍摄)

图6 石函内大小铜匣及琉璃瓶
(采自《平凉文物》)

① 冉万里:《古泾州地区的舍利瘗埋活动略论》,载杨曾文编《泾川佛教文化论》,第210—211页。
② 安家瑶:《谈泾川琉璃舍利瓶》,《2015丝绸之路与泾川文化学术研讨会论文集》,第289页。
③ 据泾川县佛教文化研究会印制的内部材料。

1. 石函

石函为青色砂岩质地，方形，高46厘米，长68厘米，宽49.5厘米。石函分上下两部分组成，上面为盝形顶，素面无纹饰。下层较长的一面竖排分三栏：中间一栏较宽，中绘有一莲花状香炉，平底，形如博山炉，下有一交脚盘腿而坐的伎乐天供养形象，左右两边各有一僧人，立姿，手持香盒，分别面朝中间作供养状。两侧栏内各雕一相对而踞的狮子，狮子上方浮雕纹饰。

舍利石函函身侧面的尾部铭文为"大周天和二年岁次丁亥八月庚子五月廿三日壬戌"。从铭文内容来看，比丘慧明原作佛像一驱，而该佛像因故未成，可能利用原佛像的材质雕刻了该石函，"虽不释氏见存，与真踪无异"，可知该石函应当是比丘慧明所造，改原作后用来供奉舍利。同时，在文末又刻有"大周天和二年岁次"的纪年，表明宝宁寺比丘慧明造作该石函的时间应当在北周天和二年。

2. 石函内藏的供养物品

（1）大铜函

石函内置有一大铜函，大致呈方形，分上下两层，顶部为盝形顶，表面已氧化出现铜绿色锈，素面无纹饰，铜函顶盖与匣身直接扣合，无合页或扣鼻等连接部。

（2）小铜函

大铜函内置一小铜函，两函形制相同，周身均无纹饰，高7.3厘米，宽6.4厘米。

（3）琉璃瓶

小铜函内置一翠绿色琉璃瓶，口沿略残，细长颈，腹部呈球形，底部内凹，高5.7厘米。

（4）舍利

瓶内装数十粒舍利子，具体数目未有统计，暂不详。

（5）其他物品

玉发钗一件，玉带环两件，琉璃杯一件，金属法器（似为刀具）共三件，银环状不明用途器物两件，铜环状不明用途器物两件，金钗一件，银钗十二件，银篦两件，鎏金开元通宝十五枚。

2005年3月19日，紧靠1969年出土瘗埋舍利的宝宁寺遗址旁边，现位于水泉寺村的甘肃省苗木实验基地开挖管沟时出土单体造像一驱①，该像现藏于泾川大云寺博物馆（图7）。

佛像出土时，除脖颈及左手处有残损之外，整体的保存比较完整。该佛像青石质，通高1.8米，螺髻低矮，面相略显饱满而方圆，双眼微鼓。佛像着双领大衣，内着交领

① 参见王学书、李全中编《泾川大云寺史籍资料选辑》，第91—92页。

图7 2005年宝宁寺旧址旁侧出土北周造像（丁得天拍摄）

衫。左衫覆于右衫上，胸前衣带打结，右手施无畏印，左手搭着袈裟的一角，衣纹、腿部轮廓等呈现出层次感，腿部袈裟贴体而又略显厚重，两腿分立，轮廓已经比较明显，赤足立于圆形坛上，圆台下有榫，可知其原有底座。该造像与北周时期的造像风格十分相似，当为北周造像。

根据当地工作者辑录资料的记载，出土造像后，相关工作人员对出土佛像的周边地区做了勘察，在附近已经开挖的壕沟中见到有大量的建筑物构件，据载有汉代的绳纹板瓦，唐代的手印砖、布纹大瓦、素面筒瓦及有连续菱形格纹图案的印纹砖。同时见到有白色的石墙基，在下层的积土中发现了宋代耀州窑、龙泉窑的瓷片，还有新石器时代的斜纹红色陶片①，表明此地曾有过占地范围和建筑规模比较大的地上建筑物。

关于宝宁寺舍利的情况，因出土的时间及其他情况的影响，发掘后并未公开发表过更多的文字资料，对起初发掘的情况亦所知不多。这种情况使得宝宁寺佛舍利的情况几乎不为人所知。有关宝宁寺舍利的研究也就更加少见，一者是因为有关宝宁寺资料的稀少，还有是对宝宁寺舍利的公开较迟，再者因北周时期的舍利在国内发现的舍利中十分稀见，目前可见的实物资料的可能也仅有宝宁寺一例。

三、龙兴寺舍利

2012年12月31日，在现大云寺墙外发现了北宋龙兴寺的遗址，出土了一座舍利地宫和两个窖藏造像坑。舍利地宫内出土的铭文砖显示该寺院是北宋龙兴寺中的曼殊院。同时也出土了一大批佛教造像，造像的年代从北魏一直到北宋时期。

1. 窖藏造像坑

2012年12月31日，首先发现的即1号窖藏坑。该坑距离地表1.5米，南北长2.4米，东西宽1.9米，深1.2米。造像埋藏整齐，共分三层。第一层经过扰动，堆积情况不明。第二层、第三层分层排列。造像主要是以石质为主，还有部分是泥塑，泥塑的造像保存状况较差。体量大的造像多背东面西，小件的则散放或填充于大件之间。总计出土造像、造像碑等两百多件(图8)。

---

① 张怀群：《大云寺西侧之北周宝宁寺佛像出土及遗址调查记》，载王学书、李全中编《泾川大云寺史籍资料选辑》，第140—141页。

1 号造像坑二层状况(吴荭供图)

2 号坑二层状况(吴荭供图)

图 8 龙兴寺出土佛教造像

1 号坑出土了一块墨书的铭文砖,砖长 28 厘米,宽 14.5 厘米,厚 6 厘米,出土时在窖藏造像的第一层中摆放,有的字迹已经漫漶不清,其中有“大宋淳化三年/壬辰六月”的纪年时间,表明该造像坑很可能于北宋淳化三年(992)埋藏。1 号坑中还出土有一件残损了的八角形的陀罗尼经幢,上细下粗,柱身上刻有经文。

2 号窖藏坑于 2013 年 1 月以后陆续发现。该坑为长方形,距地表 1.3 米,南北长 3.25 米,东西宽 1.8 米。相对于 1 号坑的排列整齐,2 号坑则相对比较凌乱,一共分有五层,各层经过统计,出土有佛教造像四十七件。

2. 地宫

1 号坑和 2 号坑中间发掘出一座小型的地宫。地宫已经遭到损坏,系用青砖围成一圈所砌。东西向,长 1.12 米,宽 0.46 米,高 0.5 米(图 9)。

舍利地宫及铭文砖

灰陶棺

琉璃瓶

佛骨

图 9 龙兴寺地宫出土铭文砖及舍利(吴荭供图)

地宫内有灰陶棺一具，前高后低，前后顶部呈圆弧形。灰陶棺的四面为浅刻的方格，无纹饰，棺身下有壶门座，座边上雕刻有镂空的花叶状纹饰。

灰陶棺前摆放有碟、托等各一个。出土时，在陶棺的东侧摆放有一块青石质地的正方形铭文砖，边长 33 厘米，宽 5 厘米，铭文中有大宋大中祥符三年(1013)的纪年记载。

灰陶棺内有两个漆盒，漆盒因年久及保存环境的影响，已经朽蚀而失去原本的颜色。漆盒内放有四个盛装舍利的琉璃瓶，有散落的舍利近两千粒，漆盒之间并排摆放有四层佛骨。佛骨下面又有两个琉璃瓶，另外还有部分五彩的舍利，共计二十三枚，有红色、黑色、青色，等等，均为砂石所见本来的颜色。

龙兴寺瘗埋舍利的组合：地宫 + 陶棺 + 漆盒 + 琉璃瓶 + 舍利子，另有佛牙、佛骨、五彩舍利等。

3. 造像

佛教造像是本次出土佛教文物中最为重要的内容，它们同样被当作舍利进行了瘗埋。①这批造像中有明确纪年的有两尊，还有一件造像碑可以通过残存的发愿文推知其年代。其余大部分造像中都没有文字题记。从造像、造像塔等的风格特点和衣饰等来观察，其年代跨越了北魏、西魏、北周、隋代、唐代、宋代，时间跨度很大，使我们对佛像年代的判断造成了困扰，但其中有明确纪年的两件造像为判断其他造像的年代提供了参考(图 10)。

龙兴寺出土北周佛像　　隋代菩萨像　　隋代菩萨头像

图 10　龙兴寺出土造像（丁得天拍摄）

窖藏坑出土的主要佛教造像类型有圆雕单体造像、造像碑、背屏式造像和龛像、造像塔。其中有一件比丘法起造像碑，根据其发愿文残文可推知其为北周明帝武成二年

① 杜斗城、崔峰:《山东龙兴寺等佛教造像“窖藏”皆为“葬舍利”说》，载刘凤君、李洪波主编《四门塔阿閦佛与山东佛像艺术研究》，第 153 页。

(560)所造;两件单体造像有准确的纪年题记,分别是北周天和六年(571)的残石佛立像、隋开皇四年(584)的石菩萨坐像。还有一尊残存的菩萨像底座上刻有功德主的发愿文以表明其造像的目的,通过其类型风格的对比,笔者认为是唐代的造像。

出土的舍利有两千多颗,还有佛牙佛骨等物,瘗埋的僧人是龙兴寺僧人智明,获取舍利的方式有多种多样。龙兴寺出土的数量众多的舍利,表现了舍利信仰自隋唐以来到北宋的世俗化趋势更加明显,也对考证龙兴寺的沿革提供了更为可靠的资料。关于隋代大兴国寺、唐代大云寺和北宋龙兴寺是不同时期同一寺院的改额还是分别为不同的寺院,这个问题还有继续深入讨论的必要,三寺相距虽很近,关系却也较为复杂。①在寺院的沿革上,大兴国寺——大云寺——龙兴寺是否存在历史性的替代关系并无过硬的资料,大云寺和开元寺是一种替代关系,而龙兴寺则不一定改为开元寺,并对武周时期各地的大云寺和玄宗时期各地的开元寺进行了梳理,提出泾州大云寺之文化和政治辐射力是全国其他寺院所不可匹敌的。②在舍利容器的研究方面,安家瑶先生认为龙兴寺的琉璃舍利瓶随着佛教信仰的世俗化,舍利塔的修建和舍利容器的制作也突破了原有的规制,已经呈现出多样化的特征。③

龙兴寺出土的一批佛教造像是舍利瘗埋的重要内容,此前在山东青州、博兴以及四川彭州等地皆出土过北宋时期的窖藏造像,这些窖藏造像笔者认为均是"葬舍利"之举。④对于造像本身的研究,因为目前考古工作尚未完全结束,还只有一部分散见的成果。在造像研究方面,尚处于初步阶段⑤,从出土造像的情况看,其中尤以北周和隋代的造像为多。

瘗埋舍利是佛教中一项重要的仪式和活动,同时也留下了为数众多的相关佛教遗迹与遗物,其在中国的传入、发展和演变过程与佛教在中国的广泛传播是同步的。对佛舍利的崇拜实际上就是对佛的崇拜,舍利是佛教徒心目中最崇高的圣物。佛教认为供养佛舍利可得"最上福田"。泾川出土的如此众多的佛舍利及相关文物,恰恰是佛舍利在中国不断演变过程的见证和反映,并且有诸多问题尚待深入研究和思考,今后需要放置在整个佛教传播路线的背景中继续深入展开研究。

---

① 张利亚:《北宋舍利崇奉的世俗化趋势——以甘肃泾川龙兴寺出土舍利砖铭为例》,《西北师大学报》2014年第3期。

② 梁子、张维慎:《从泾州出土文物看大云寺、龙兴寺与开元寺的关系》,《2015丝绸之路与泾川文化学术研讨会论文集》,第351—356页。

③ 安家瑶:《谈泾川琉璃舍利瓶》,第290页。

④ 杜斗城、崔峰:《山东龙兴寺等佛教造像"窖藏"皆为"葬舍利"说》,第153页。

⑤ 吴荭、王永安等:《甘肃泾川佛教遗址2013年发掘简报》,《文物》2016年第4期。

佛教信仰及其认同模式

——兼论中国佛教的社会建设功能

李向平 *

当代中国社会的转型已进入一个新阶段，经由大群社会向小群社会过渡，既有的结构、制度、组织先后呈现了分化状态，社会成员之间、社会成员与各类组织之间、各种利益群体与组织之间关系的新格局得以逐渐凸显，其中蕴含的人类合作的新机制，亟须学术界重新讨论、加以认识。

尤其是随着“总体性社会”的解体，社会“自由流动空间”和“自由流动资源”的出现，国家之外的“非国家空间”、NGO 与 NPO 组织以及网络组织、非正式组织和组织外成员的出现，无疑标志着中国“社会”的重新构成。为此，严格意义上的社会建设机制亦将开始呈现，从而要求这些体制外的社会成员、非正式的社会组织，逐步形成一套自我管理、自我服务、彼此协调的机制。

佛教作为一种社会组织，也在此社会变迁过程中逐步形成了一套自我管理、自我服务以及彼此协调的社会认同机制，尤其是在非国家、非市场空间里的社会建设功能随之日益突出。为此，在佛教、国家与市场之间如何能够建立一种新的互动结构和分析范式，以充分揭示佛教与国家、社会、市场之间的协作共存诸关系，应当是中国佛教乃至中国社会建设过程中的一个非常重要的课题。

为此，本文的宗旨，主要是基于一种“宗教社会性”的论述逻辑，把佛教置于一种社会建设、伦理重建的大背景中来分析，本着一种佛教—社会的互动主义观念来看待佛教及其寺庙所具有的社会功能。它希望说明：佛教的社会功能及其社会公益事业，既涵盖社会建设的公共理性，同时又能着重于与国家、市场相对应而言的佛教行动逻辑，致力于把佛教从国家政治的行动逻辑解脱出来，以促使中国佛教能够在改革开放之中，真正获致一种国家与市场之外的社会建设意义。

这些问题的提出，说明当代佛教的社会活动及其意义，早已与中国社会本身的建构和发展紧密地结合在一起，尤其是 20 世纪以来中国佛教实施的“人间佛教”的社会运动，在一种佛教社会运动的规模上，建构了一条中国佛教进入人间、服务社会的重要

---

* 李向平，华东师范大学社会学系教授、博士生导师。

路径。这个发展路径，本来就是中国佛教发展的内在而必然的要求，甚至是佛教信仰本身所衍生出来的社会行动逻辑。关键的问题是，当代佛教组织如何能够在制度设计层面，有效地聚集组织资源、利用社会资源，进行制度化运作，使当代佛教的社会行动机制能够顺利呈现出当代社会所要求的形式理性，走出中国佛教信徒基于个人崇信、功德文化的认同模式。

一、 佛教认同与社会建设

在中国当代社会之中，社会建设的主要问题，实际上在于个人与个人、个人与组织、组织与组织之间的关系的协调，促进社会成员与社会组织的自我服务和自我管理，是当代中国社会建设的一个主要方面。

这里所讲的社会建设，既是指社会关系、社会利益的调整，亦是指一种社会运行机制，强调其自身具有的一些制度化机制，如通畅的社会流动机制、合理的利益协调机制、安全的社会保障机制，有效的矛盾疏导机制，等等。处理这些问题的常见的方法，或从国家与社会的关系入手，或以社会成员之利益关系为立场，或主张对新型社会风险的预防，或是从新社会组织的层面入手。

在此社会背景之下，原来处于国家边缘的一系列准国家组织以及乡村社会传统力量复兴起来，比如工青妇、工商联等组织、基层群众自治组织（如村委会和居委会）等，它们的社会属性越来越强，并以此为基础而培育出了一系列挂靠性的"社会"组织，成为经过国家民政部门或工商管理部门登记、注册的合法组织。另外，依据中国人信仰传统和文化惯习，中国人原有的血缘、地缘等初级社会关系在社会建设构成中的作用也日益凸显，家族、宗族组织、姻亲、拟血亲组织、民间信仰组织、宗教组织如寺庙、道观、教堂的大量出现，对社会成员的自我管理、社会组织的自我服务发挥着不可替代的作用，成为当代中国社会发育和社会建设的又一重要领域和重要工具。

这说明，在传统社会组织与现代社会组织之间，在国家与市场之间，中国社会已经呈现出另外一块非常重要的社会领域，它们将在中国日益需要的社会领域之中发挥日益重要的社会建设功能。而与此社会组织紧密关联的社会成员，他们就会因此而活动在多种组织的社会空间中，虽然他们并不仅仅把自己简单地视为某个组织的固定成员，而是有选择的通过在不同情境下强调自己的不同组织成员身份来寻求完成自身的身份认同，从而显示了这些存在于国家与市场之间、传统社会与现代社会之间的新社会组织，的的确确在发挥它们应有的社会建设功能。同时，这些现象也说明了当前中国所急需的社会建设和社会整合，正在以一种新的形式呈现出来。

这种新型的社会建设模式，正是以各种社会关系的整合，而有别于高度国家化的社会建设路径，特别是各类正式与非正式社会组织及其成员的认同方式，他们的组织成员资格的定义和接纳，将对这些组织成员的身份建构和认同结构，产生极大的影响和制约。尽管他们的认同方式可能不同于正统的国家认同和政治认同，但在他们的认同结构之中，却可能内含十分丰富的国家、政治认同的各项要求，进而丰富并且强化了当代中国社会的整体认同，服务于和谐的社会建构。

在社会学中，社会认同是一个多侧面的概念，可以用多种方式予以说明。特别要加以说明的是，认同亦可被视为一种“社会建设的行动单位”，是为了对付特殊的环境，是解决问题的工具，是执行的角色。因此，认同方式可以揭示社会建设的行动逻辑、运行机制，包括社会秩序、社会组织的构成。至于那种把个人参与社会运动的意义和经验予以归类和描述，乃是认同方式得以构成的基础。所以，将社会运动的分析构架置于参与认同的建构过程，借由个人对参与社会运动的意义和经验的描述与归类，个人就能够在参与社会运动的同时与其他社会成员互动，进而调整其集体认同的框架。①

社会学家经常提到的“认同”，大致有社会认同和自我认同两种方式。社会认同是别人赋予某个人的属性，基本上可以被看作是一个人的标志。同时，社会认同也将该人与具有相同属性的其他人联系起来。多样化的社会认同反映了人们生活的多样化。虽然社会认同的多重性可能成为社会冲突的潜藏来源，但是大多数人是围绕着一种主要的认同来组织他们生活的意义和经验的。因而社会认同包括一种集体的维度。这些认同标示出个人是与他人“相同”的。基于一系列共有的目标、价值观或者经验的共同认同，能够形成社会运动的重要基础。

至于自我认同则是把我们区分为不同的个体，指的是自我发展的过程，通过这一过程我们形成了对自身以及对我们同周围世界的关系的独特感觉。自我认同概念的提出与符号互动论者的理论有很大的关系。正是通过个人与外部世界不断的沟通才创造和改变了他或她的自我感觉。自我与社会之间的互动过程有助于把个体的私人世界与公共世界联系起来。②

佛教及其信仰认同，亦可能内含一种在“社会建设”构成中具有“行动单位”的意义，或者是一种社会建设的组织认同，或者是个人认同方式。它们作为一种社会化，或者是正在社会化的佛教信仰体系，与中国社会其他社会组织、文化—信仰体系取得相互的理解，建构为一种彼此认同的社会建设机制，进而构成了佛教认同与社会建设之

---

① 沙莲香等：《中国社会心理分析》，沈阳：辽宁教育出版社，2004 年，第 272 页。

② 安东尼·吉登斯：《社会学》，北京：北京大学出版社，2003 年，第 38—39 页。

间最重要的必然关系。为此，在此认同结构之中，佛教认同与社会建设产生了一种极其特别的互动关系，从而影响到整个社会的建构与和谐状况。

实际上，当代中国佛教的发展就身处这样一种格局之中。它们既是一种非国家组织，亦是一种国家认可的、正式的，甚或是一种非正式的社会组织。他们的成员虽然具有独特的信仰身份，亦是国家公民。他们在以自己选择、委身的信仰作为身份认同的基础时，也接受整体性的国家与政治认同。尤其是这些佛教组织的自我管理以及组织成员的自我服务功能，曾以其庞大的社会实体和人数众多的群体信仰者，在固有的社会建设过程之中，发挥了格外值得关注的社会建设功能。

为此，佛教的寺庙组织及其认同方式，将是理解和讨论这一重要社会现象的基本概念工具。它将显示出佛教组织作为当代中国社会组织的一个类型，如何把认同该佛教信仰的各种中国人组合为一个群体、构成为一种组织，进而在建构其身份认同的时候，把他们视为该组织的一个固定成员，使他们具有一种社会归属感，具有一种价值认同和彼此交往的价值关联，从而发挥出应有的社会建设功能。

二、 佛教信仰的适应型认同

曼纽尔·卡斯特曾经指出，全球化网络社会之中存在着三大认同方式：合法性认同（Legitimizing identity）、抗拒性认同（Resistance identity）和规划性认同（Project identity）。

合法性认同，是由社会的支配性制度所引入，以扩展和合理化它们对社会行动者的支配。它产生于公民社会，具有一套组织和制度，以及一系列被结构化的、组织化的社会行动者，这些社会行动者同时也再生产出合理化其结构性支配来源的认同。抗拒性认同，是由那些其地位和环境被支配性逻辑所贬低和污蔑的行动者所拥有。这些行动者对此筑起了抵抗的战壕，并在不同于和相反于既有社会体制的原则基础上生存下来。它导致了共同体的形成。规划性认同，是指社会行动者基于不管什么样的能够获得的文化材料，建构一种新的、重新界定其社会地位并因此寻求全面社会转型的认同。它有可能是以被压迫者的认同为基础，但它会扩展到这种规划性认同所延伸的社会转型。

就此三大认同方式的特征及其相互关系而言，合法性认同本身可能是一种强制性的认同，它本身就可能带有一种冲突的关系；抗拒性认同，可能是我们社会里最重要的一种认同，它以抗拒边界的认同为基础，建构出集体的、抗拒那不如此就无法承受的压迫力量的认同；而规划性认同如果能够发展起来，那么它就必定产生于共同体的抗拒之中。①

然而，观察中国当代佛教的演变轨迹，我们可以发现中国佛教的认同模式，与此认同模式之间各有异同。特别是从 20 世纪 80 年代以来，当代中国佛教最初亦以“宗教文化”的策略性认同方式，再度进入了中国社会和中国人的精神生活之中，进而是以在与社会主义相适应的政治要求之下，获得了国家的认可，建构了它们的合法性认同模式。

在此认同模式之中，佛教文化的策略性认同模式及其在社会建设中的功能发挥，亦被相应地分解为积极的和消极的两大层面，如同宗教被理解为“药品”和“毒品”一样，同时具有两种功能形式。在此，合法性认同模式之中所内含的强制性认同功能，从而具有了合法性的发挥空间，并且在正式佛教组织与非正式佛教组织之间呈现了一种具有冲突特征的社会认同关系，并且以佛教团体、佛教活动场所及信教公民的三种认同形式体现出来，分别对应于中国社会的不同要求。

如果说，西方文明的认同在于自我与本我、文化与自然的对立，如果没有这个对立，就不可能有文化的特性，与其他存在样式相对立的存在的样式，如特定的生活风格、礼仪、道德观就不可能被改造出来，非文化的或者是没有被文明化的就不可能作为识别范畴存在②，那么，中国文明价值体系所强大制约下的认同模式，可能不在于自我与本我、文化与自然的对立，恰好就是它们的整合与协调。

出自这样一种社会—历史的要求，适应性佛教认同方式的建构，很有可能就是中国佛教在佛教信仰者自我身份建构及其社会认同、国家认同、族群认同与其他社会文化的认同之间，寻找一个彼此能够整合的适应性认同路径。不是强调它们之间的对立，而是注重它们之间的协调与整合。特别是社会化的中国佛教存在方式，已经建立一种中国佛教的互益型、公益型的组织结构模式。它们虽然在一定程度上降低了佛教文化本来的群体、组织意义，但却又另外建构了一种佛教信仰体系的运作形式——以人际沟通或社会服务为中心的佛教运作形式，围绕着个人的信仰事奉方式、人际互动方式来进行，以及各种社会化乃至个性化的佛教信仰方式，呈现了不同程度的社会建设功能。

因此，中国佛教强调与社会相适应的组织模式本身，将是佛教的社会建设功能得以正常发挥的基本路径，同时也是一种认同方式的限定方式。卡斯特提出的抗拒性认

---

① 曼纽尔·卡斯特：《认同的力量》，北京：社会科学文献出版社，2006 年，第 6—10 页。

② 乔纳森·弗里德曼著、郭建如译：《文化认同与全球性过程》，北京：商务印书馆，2003 年，第 151 页。

同，在中国佛教则是一种适应性认同，并以"社会化"的佛教文化模式，表达为一种组织设计和信仰认同的认定方式，被佛教信徒和公民认同为地方社会和知识系统的一个有机构成。其作为一种社会资本，在某种程度上可能建构为佛教信徒对社会的最基本的适应性认同。它直接以佛教社会化的组织模式为基础，进而将中国佛教置身于社会建设的过程之中。至于它们在佛教组织与信仰认同之间直接或间接的关系，或互动、整合，或对峙、冲突，从而有可能构成本文提出的适应性认同模式，从而在佛教组织内部融化了卡斯特所认为的那种抗拒性认同关系。

三、 佛教作为"社会建设的行动单位"

佛教为社会所能提供的社会建设能力，关键是佛教组织的建构模式、信仰表达模式、团契模式、身份及信仰群体的认同方式，它们决定了佛教文化的信仰表达、人际互动、团体认同、人群信任……由于当代中国佛教文化的群体建构，大多围绕着互益行动、公益团体，甚至是佛教内自我管理和自我服务的要求来进行的，这就决定了中国佛教文化的社会适应和社会建设功能，不得不以社会服务、社会工作为自己的宣教模式和存在方法。

因此，佛教作为一种适应性认同方式的建构，中国佛教所常常具有的群体主义、个人主义之间的互动模式，可以使中国佛教及其佛教信仰的本质，不是一个场所或一个建筑，而是一个无形的、个人化、私人化的身份建构。

佛教信仰者的身份建构，主要是通过社会定位、界定自己的所属群体来实现的。这种身份认同方式，大多是努力使自己进入某个信仰群体，其目的在于从中获得某种社会资源和其他人的帮助。当然，这种身份建构还有另一种方式，即以一种反群体的方式来表示自己的身份认同。反群体的认同方式，强调的不是自己属于某个群体。恰好相反，它强调的是自己不属于任何群体，而是通过自己独特的行动方式来表现自己，强调一种独立而完整的行为方式。

这是因为，群体或个人的边界确定之后，人们就能获得社会关系网络中的位置，从而确定了身份。所以，身份的建构与表达，大抵上具有两种模式：一是通过集体内部的相似性和群体间的差异所确定的边界，二是通过个人与他人的相似和差异所界定的边界。[①]为此，社会建设中必须面临的一个重要问题，就是抗拒性认同方式与合法性认同方式之间难以避免的矛盾关系。

① 姚建平：《消费认同》，北京：社会科学文献出版社，2006年，第6页。

按照卡斯特的说法，抗拒性认同的特征是龟缩在公共天堂里，围绕神、民族、家庭等传统价值来构筑其共同体，并且用种族的图腾和地域的防线来确保其营地的封闭性。这些共同体很少沟通，它们除了为自己的特殊利益和价值而抗争、协商外，从不与国家沟通。而规划性认同则源于共同体的抗拒，而不是源自公民社会的制度重建，因为这些制度面临的危机，以及抗拒性认同的出现，恰恰是破坏前者而产生后者的网络社会所具有的新特征造成的。①

然而，由于中国人的佛教信仰模式，在相当大的程度上还是像传统信仰那样，是一种扩散式的信仰方式，选择和委身信仰，却不一定要皈依该信仰群体所构成的佛教制度。他们的信仰表达往往是要依赖于固有的现实秩序或制度安排。②所以，构成佛教的所谓信仰群体常常不会去强调自己的利益边界，大多是在保留个人信仰的同时，去主动适应中国政治、社会中的各种要求，从而淡化了佛教组织本身所具有的抗拒性认同功能，亦不会去强调一个佛教组织本身所具有的自我规划能力。

一种信仰认同的类型，往往是与一种特殊的信仰方式及其崇拜观念紧密联系的，或者说，有什么样的崇拜观念，该佛教就会构成什么样的认同类型。不太强调信仰群体或组织性格的佛教信仰方式，它们形成的认同模式亦会随之而淡化了其中群体认同要求。这就是说，与佛教—文化的社会建设性紧密相关的认同建构，已经涉及了社会建设的个体性呈现机制。它们具有个体性的认同要求，却不一定要求一个组织的内在认同。所以在中国佛教的适应性认同模式之中，虽然亦具有多重的认同策略，但它们在建构其认同模式时，往往会把合法性认同、规划性认同和抗拒性认同这几种方式包括在其中，并且会在不同的时空地点之中，予以不同形式的表达。而组织、群体化认同方式的淡化，实际上就已经强化了它的适应性认同内容。

所以，认同的建构是一个至为严肃的镜子游戏。它是多重的识别实践的复杂的时间性互动，这种识别发生于主体或人群的外部和内部。至于在那些传统的体系中，认同则分配在更大的社会网络中。③这种分配要求，自然就会构成了中国佛教认同模式之中所能包含的社会协调和社会建设能力。在此语境之中，信仰者个人对于佛教组织的认同，常常就是一种社会交往的期待。

特别关注宗教与全球化现象的宗教社会学家彼特·贝耶尔，曾以尼克拉斯·鲁曼

---

① 曼纽尔·卡斯特：《认同的力量》，第413—414页。

② 参见李向平著《信仰、革命与权力秩序——中国宗教社会学研究》（上海：上海人民出版社，2006年）中的相关论述。

③ 乔纳森·弗里德曼著、郭建如译：《文化认同与全球性过程》，第44—50、213页。

的“宗教是一种交往结构”的概念，论述全球化背景中的宗教交往现象，以此作为分析工具处理全球化过程之中不同信仰和不同国家之间宗教信徒的交往。他指出，这种宗教交往能够建构一种虔诚和神圣的社会现实，它们能够生产和再生产类似于经验、传统、神圣、超验存在、奉献、启蒙和转变这些现象及其社会意义。①哈贝马斯也曾经说：“上帝的观念被转化成为一种逻各斯的观念，这种逻各斯的观念支配着信徒团契以及正在自我解放的社会的实际生活语境。上帝变成了一种交往结构的名称。这种交往结构迫使人们在由于人性的丧失而遭受惩罚时去超越他们偶然的经验本性，为此，它们通过并非他们本人的客观事物而间接相互遭遇，彼此邂逅。”②

虽然，上帝观念是以基督教为中心的定义方式，然而，如果把这个上帝观念转换为其他信仰对象，佛教之作为交往结构的观念和结构这种现象，依然是客观存在的。因为对社会资本的内涵而言，一种佛教信仰体系，必然同时是一种社会交往结构。所以，借助于“交往结构”这一概念，我们也能够把佛教认同模式视为一种社会人际的交往结构，进而考虑佛教型适应性认同结构在社会建设过程中的形式和功能。

如果说，佛教认同模式所具有的佛教资源，能够建构为一种人际交往资本，那么，佛教文化就能以一种社会资本的形式得以存在；如果说，该佛教本身所具有的社会建设功能，常能以社会资本的规范、信任人际互动的形式来表达，那么，可以说，这个社会化的中国佛教就已被建构为中国社会—文化认同的一种社会资本。此时，中国的佛教组织和佛教文化，已经实践了中国语境中社会建设的基本功能，建构了中国人独特的适应性信仰认同模式。

就中国佛教的社会性格来说，中国的佛教组织及其认同结构，实际上就是如何通过各类佛教组织及其团契形式，使佛教认同模式得以在社会建设的功能发挥层面顺利表达出来。因为，社会化的佛教文化组织结构，对于中国佛教信徒的身份建构，以及这种身份建构与国家认同、社会认同、社区认同、适应性认同等问题的讨论，无不举足轻重。为此，佛教信仰认同与社会认同的有机整合，乃是文化资源和社会资源的双重共享，也是佛教信仰、传统习俗和社会资源的普遍整合，进而使无数佛教信徒能够在其中获取一种价值共识和精神归属感。

为此，当我们在使用一个社会建设的概念，来刻画这一特定的认同世界的时候，它在很大的程度上，即是佛教文化的抽象理念如何渗透到社会关系、个人生活的人际网

---

① Peter Beyer, *Religions in Global Society*, London, Routledge, 2006, pp.10—13.

② 尤尔根·哈贝马斯著，刘北成、曹卫东译：《合法性危机》，上海：上海人民出版社，2000年，第160页。

络的过程，把传统的成员关系改变为佛教组织的团契关系。所以，唯有把中国佛教文化的各个认同过程给予梳理清楚了，中国佛教在社会建设层面的功能，才会随之一目了然。反之，如果佛教本身还难以形成一种“社会建设的行动单位”的话，那么，佛教之参与社会建设的使命，就恐其难以完全承担。

基于中国佛教信仰的分散型特征，中国人的信仰认同方式，一般就是建立在个人信仰的层面上，不太强调个人信仰的身份建构，而是主张个人信仰与人际网络关系的沟通，不强调信仰群体的组织结构。它直接以个人的信仰认同模式作为一种象征交往结构，而不局限于佛教组织的认同。所以，中国佛教的认同体系，大多是一种不约而同的个人信仰、佛教伦理，以及伦理制约乃至功德互惠的人际交往结构。人有我有，你有我有，同根共体，无缘慈悲，从而是一种人人对应、社会互动的信仰认同方式。

一个司空见惯的现象是，当代中国社会里佛教信仰认同的一个基本特征，就是当佛教信仰在涉及、从事各种社会活动的时候，其基本行动逻辑往往以“道德文化”，以个人的神圣崇信行为、精神个体的安身立命作为优先考量原则，而非社会连带价值关联的抽象理念。其中，个体信仰、个人道德为基础的“生存需求”，往往要强于社会整体的“公共需求”，常常会以个人化的信仰认同形式，以获取协调群体之中的共识和相互之间的帮助。当然，这并不是说中国佛教的信仰认同方式，没有为社会连带、社会建设的公益活动做出贡献。而是说，从事这些社会公益活动的行动逻辑，常常是个人的信仰原则，进而不去强调无数个人的信仰认同及其要求制度化运作形式，难以建构一种制度型认同模式。

正是这样一种信仰认同模式，它能够为那些没有进入任何正式社会组织的人，提供一种非正式的社会协助，使他在其中能够具有一种群体归属感，从而体现了佛教组织的社会建设功能。这至少说明了中国社会与佛教组织之间适应性认同的同构性关系，同时亦主导了个人信仰的认同建构，以至于在佛教与社会结构关系层面，可能建构一种佛教与社会相适应的信仰认同方式。因此，政治要求及其支持系统，甚至是佛教与政治协调之“同”，实际上就是基于当代中国佛教运作层面上的适应性协调的结果。它们之间的有机关联，正可以建构出一种社会适应性的佛教认同模式，表达了中国佛教在不同的组织形式之中所能发挥出来的社会建设功能。然而，适应社会并不等同于社会建设。

为此，如何参与社会建设，就等于给中国佛教提出了一个新的命题，为我们反思中国佛教的生存状态，提供了一个契理契机的殊胜因缘。

四、难以表达的制度认同功能

在中国佛教的发展历史中，国家的公共权力更愿意把佛教仅仅视为一套思想法则、一种鼓舞行善的行为准则。这就导致人们对佛教的一种道德化的解释，促使佛教在政治、经济、社会诸领域中，无不对应着公共权力的同一方向而发展。

佛教以丛林制度为基础，并以寺庙、法师、信众三位一体。虽然其历经现代佛教改革，佛教的制度形态已多少呈现为教团佛教，但佛教信徒大多注重个人精神的修为、心性觉悟境界的个体呈现，而不以世俗社会生活的组织和制约作为特点，从而构成了天国净土与心灵净化的不二法门。即心即佛，出世入世而更加注重世间的觉悟，可说是佛教价值理性并不完全在于形式理性的依赖。佛教之"寺庙"，指的就是这种以寺院、丛林制度为核心，对于信徒、信仰模式的组织规划形式，而非寺庙本身的建筑格式，等等。

佛教的存在形式，就其建制而言，它属于制度宗教，从而具备了制度比较的学术价值和现实意义。因此，制度宗教(institutional religion)是一种独立自在的宗教，具备了特有的宇宙观、崇拜仪式及专业化的神职人员。它的概念和理论是独立的，不依附于其他制度之上；它有独立的组织如教会、教堂及主教、司铎、僧侣，不是其他制度的一部分；它的成员也是独立的，做法事的时候，他从属于佛教僧团，不再是其他团体的一分子。此时，宗教的成员超然于一切世俗制度之外，并把这种超越，作为进入社会的前提。①

所以，传统中国在从个人信仰到制度宗教的公共路径之中，脱胎于制度宗教对世俗权力制度的依赖模式，从而构成了在信仰与宗教间进行制度化的"中间逻辑"。②因为，在中国宗教的运行和中国人的信仰表达中，无论是制度型还是扩散型，大都隐含着一个权力关系，作为超越信念与现实关系间的交往媒介。③为此，杨庆堃"制度宗教"概念中的"制度"意义，我理解为国家权力对于人们在精神、信仰层面上的各种不确定性的制度性安排。这个"制度"，实际上就相当于这样一种"中间逻辑"关系。它们在表达形式及其实施层面上的变化，构成了制度宗教中的"制度"建构形式，进而严重制约了

① 刘创楚、杨庆堃：《中国社会——从不变到巨变》，香港：香港中文大学出版社，1989 年，第65 页。

② 李向平：《信仰如何构成宗教——"宗教市场论"与中国宗教的地域性经验》，第三届"宗教社会科学研讨会"论文，北京，2006 年 7 月 5—17 日。

③ 李向平：《宗教的权力表述——中国宗教的公私形态及其秩序构成》，《江西师范大学学报》2004 年第 6 期。

中国佛教的认同模式的构成。

在佛教的制度构成过程之中，佛教信仰与个人信仰之共享的制度化结果，它依赖的是这样一种中间逻辑：众生（福报功德）—关系（法师）—机制（业报轮回）—众生（非对称性交换关系）[①]。因此，佛教所努力建造的世界关系，实际上是一种"法师（僧侣）为中介的理性主义"。它以法师个人为中介，最后是以个人角色关系为中介，难以直接呈现一种绝对化特征，反而是可随这种个人化的中介关系的转移而转移。

所以，佛教教规没有任何权威，只是作为纯粹独立的道德的自由意志，因此除本身之外它并没有权威。[②]它以佛陀为楷模，以戒律为宗依，以"六合"为共住原则，戒和同修，法味同受，财利共享。因为，佛陀就是僧伽组织的成员之一[③]，所以佛教强调人成即佛成，强调信仰者个人心灵的自我约束，并不强调特别的组织化控制力量。这样，佛教组织实际上就是一种自我驱动来进行道德约束，具有多元的、人性的、个人化特征的宗教组织。

正如佛经所讲"自当炽然于法勿他炽然，当自归依法勿他归依"[④]。

强调自我关照、自我庇护，不需要外在的归依。以人为中心。一切造善恶，皆从心生想，是故新出家，皆以心为本。即心即佛，我心即佛。至于"如来戒律，布在世间，若能遵用，足相纲理"[⑤]。它作为佛教的戒律，乃是佛陀的人格化的法，维系佛教僧团得以团结的源泉，必须为所有僧人遵守。于是，僧侣、戒律、寺庙，此三者就构成了佛教制度的基本内涵。其中，僧侣为中心，固为佛教信仰与佛教组织的中介关系，而寺庙和戒律却出自僧侣的行动逻辑及其建制化的结果。

这种中介关系的制度化，就由此而构成了佛教与信徒之间从信仰到宗教关系的制度化处理方式，而僧侣或者法师之作为佛教与信徒之间的"交往媒介"，随即被设置在信仰者个人的社会资源及其共享的过程中，被予以了高度的角色化、个性化。而作为中介共享关系的法师或僧侣，这就是后来中国佛教的寺庙或丛林，以方丈、住持为核心的制度基因。他们个人的道德修养和宗教技术，就直接影响甚至左右了佛教对于日常世俗生活的制约能力。于是这种个人化和道德化的宗教形式，就使信仰者个人把佛教对于自己的宗教要求转化为宗教与哲学、文学、道德修养，注重个人心性，而难以直接

---

① 王顺民：《当代台湾地区宗教类非营利组织的转型与发展》，台北：洪叶文化事业公司，2001年，第268页。

② 渡边棋雄：《佛教的教论》，东京：三省堂，1935年，第91页。

③ 宇井伯寿：《印度哲学研究》第4卷，东京：岩波书店，1965年，第414页。

④ 《长阿含》卷二《游行经第二》。

⑤ 《续高僧传》卷五《智僧传》，《大正藏》第50卷，第466页。

以其制度化结果成为普遍性的社会规范，只能成为部分宗教精英、高层人士、知识分子的精神特权乃至信仰特权，其理解世界和人生的努力就会因此而趋向道德神秘主义，难以从中引申出一种入世的理性化行为方式。

一般地说来，法师为中介关系的佛教是“没有神的信仰”，佛教徒不需要感谢神，因为在他的修行过程中，他只能依靠自己，从来不祈求神的恩惠。佛教徒作为无神论者，根本不考虑神是否存在的问题，即使神是存在的，也不管它们可能会拥有怎样的力量。为此，已经解脱的人都会认为自己是高于神的。

佛陀有时也被信徒当作神，佛教也要有自己的寺庙，成为膜拜的对象，但是这仅仅是纪念的膜拜而已。佛教构想了人源于自身却又超脱自身的解脱之道，创造了没有神的信仰。在某些伟大的宗教里，请神、赎罪、祭祀以及严格意义上的祈祷并没有占据重要的地位。但是，佛教是这样一种宗教，它虽然不敬神，却承认神圣事物的存在，承认四圣谛以及据此而来的各种仪轨的存在。①所以，以俗世之超脱作为信仰宗旨的佛教，相当强调个人的修持，从而能够视法师(僧侣)为从信仰到佛教间的中介关系。

这种中介关系的过度依赖，就使传统中国的佛教制度具有另外一种特征，即佛教寺庙及其制度几乎是完全镶嵌在世俗社会结构之中而难以独立。这个特征首先可以从佛教僧侣的分类体现出来。根据佛教与中国社会人伦日常关系的分类层次，传统中国的佛教寺僧大致可被分成三类：第一类，官僧，由国家拨款供养并负责完成皇家的佛教礼仪及其服务；第二类，私僧，由一些达官贵人、大户人家提供食住等条件；第三类，民僧，他们孤立地生活或形成一个小团体而栖身于乡间，由民间社会一般信仰社群的微薄捐赠维持。②正因这些原因，佛教现象才根据具体的地域和社会层次的不同，表现出了各自的发展方向乃至关系悬殊的社会特征。

一个最基本的特征，即是在由官方承认的那些寺院和那些仅仅是允许建立的寺庙之间普遍存在着对立。寺庙主要关心的是确保受到皇帝的保护。这种保护的形式是由皇帝向寺庙赐额，以避免道场被没收、被官府拆毁。所以，中国僧界似乎是由许多各自独立的小集团组成的，后者又各自具有僧侣领袖，根据他们的影响或教理而分别吸引人数不同的僧侣或世俗人。所以，在同一位法师周围，往往有数位弟子，有时甚至可以多达几百名。相反的是，寺院仅仅组成一些相当松散的管理机构。当这些寺院规模

---

① 涂尔干：《宗教生活的基本形式》，上海：上海人民出版社，1999 年，第 35—37、43 页。

② 谢和耐：《中国 5—10 世纪的寺院经济》，上海：上海古籍出版社，2004 年，第 7—8、320—321 页。

较大时，他们在自己的许多“院”中，又形成了许多各擅长于某一种特殊科目（戒律、念诵、译经、禅定等）的宗派。在这样的条件下，由法师及其弟子们所形成的类似世俗家庭的单位，具有一种秘密集团的特点，他们在一定程度上都要逃脱“三纲”（上座、寺主、维那）的权力。文献史籍上所说的“私度”，正是暗示那些并非在寺院的寺主和世俗官吏控制下使人遁入教门，而是在弟子集团内部受皈依的仪轨。①

按照从信仰到佛教制度的建构过程，佛教僧侣作为其间的中介关系，将直接左右着中国佛教制度的建制形式，至少是严重制约着佛教寺庙的建制形式无法建构为一个完整的制度结构，使世俗权力关系对佛教的建制型教态产生了不少深远、难以摆脱的影响。

首先佛教要处处接受官方的监督与约束，使它无法违抗官方的意旨，包括不能建立全国性的统一宗教组织。因此官方化的佛教僧团基本上以寺院为单位。其中子孙寺一类虽有一定的宗门色彩，寺里的主持和方丈却按师承关系传位。这样，在同宗寺院之间就缺乏了互相固定的关系；同时也随着寺庙住持的更换，宗门的色彩也要随之变化，而更换主持往往又是按官方或寺产捐助人的意旨；再次，不论是禅寺还是律寺，寺内僧众所诵习的经典就不限于一家一宗。所以，这类寺院就只能说是某一宗门的传习场所，而不是这个佛教制度的细胞组织。更加关键的是，政府经常把佛教视为一套思想法则、一种鼓舞行善的行为，从而导致对佛教的一种儒教解释，促使佛教在经济、伦理和宗教诸领域中，只好朝着与官方传统同一种方向发展。于是，佛教教团就不可能建构成为一支有组织的社会政治力量。②

基于这样一种历史背景，中国佛教以寺院为中心的佛教功德共同体，就逐步被镶嵌在世俗权力秩序之中，其宗教共同体就逐步带有了强烈的世俗社会的组织特征。还在南北朝的时候，佛教寺庙中的“三纲”就成了基层僧官，其产生办法由寺众推举而变为官府委派，或者是皇帝敕任。到了梁武帝时代，甚至出现了白衣僧正。因此，佛教之僧籍管理、度僧造寺、寺院经济等管理权力，均得交由朝廷俗官负责。其宗教共同体的自治化损失，已经多少演变为具有政治性的和经济性的社会组织，从而深刻淡化了佛教寺庙、丛林制度为佛教信徒所能提供的制度认同功能。

在这样的制度制约之下，佛教的寺院、丛林组织，只能局限在僧尼教化等宗教行事方面的管理，个人之信仰是佛教僧团管理的主要资源。信仰成为佛教组织自我管理的基础，为此，佛教的戒律就成为佛教信仰者的个人行为准则。虽然“宗教的信仰和发自

---

① 谢和耐：《中国5—10世纪的寺院经济》，第46—47页。

② 同上书，第28、213、296页。

因果分明的观念……各自由内心的自净其意，发为规矩，便是最高的自治的原理"①，然而，在制度设置和组织的管理层面上，佛教僧团的社会本质，可能就不是一种法定的宗教团体组织，而是接近于某些为了共同的经济或政治目的而建构起来的组织，或许就是一种各信徒、各僧侣为了实现自己的宗教信仰而聚集到一起的。

为此，中国佛教制度就呈现一种特殊的双重性格：僧官制度和丛林制度。宏观的政治控制，使全国的佛教僧团管理向国家管辖制——僧官制度发展，并以僧官制度为主；微观的寺院僧团管理、佛教的自我管理，则向丛林制度转变，以戒律和丛林制度为主。②僧官制度的主要责任，是规范限制僧团的发展。至于持戒修行，佛法弘扬，则依赖佛制戒律和丛林制度。它们是历来中国佛教僧团盛衰之标记。佛教、僧团是否能够振兴，几乎完全在于戒律和制度是否健全。

正如印顺法师指出的那样，这就是佛教内部"法"（经）和"毗尼"（律）的不均衡发展所致。教义（法）的一面具有可以赞美的一方面，而教制—律制却是失败的。由于僧众的泛滥，影响社会和国家，从而使国家对此进行政治干预，遂使中国佛教的僧制向国家管辖制和禅僧的丛林制度两方面演变。③这就使中国佛教的管理制度，表达为一种二元化的发展特征，一方面是佛教与国家之间的适应性认同，另一方面则是个人性极为突出的功德互惠型认同。

但是，这种所谓二元化的发展特征，并非神圣信仰与世俗世界的二元化，而是在佛教制度的设置和管理层面所呈现出来的二元对峙现象，即僧官与俗官的对峙，是佛教共同体之中承受了朝廷俗官力量的渗透和制约。史籍记载："除刑名重罪、例属有司外，若僧人自相干犯，当以清规律之。若斗诤犯分，若污行纵逸，若侵渔常住，宜从家训，毋扬外丑。盖悉称释氏，准俗同亲，属守祖规，随事惩戒。"④朝廷法规和丛林清规，从此就在佛教的制度之中呈现出一种社会学所谓双向关系模式，既冲突亦合作。

虽然佛教在中国社会也是一种普遍性的宗教运动，但由于佛教僧侣的分层特征，使他们所能够呈现出来的社会关系形形色色，无法直接构成一种类似于"合一的圣事"那样的宗教共同体，只能与中国世俗不同的社会层次，分别发生不同的社会连带关系；而中国世俗社会各个层次也出于各自的特殊利益，分别对佛教组织构成不同的要求。

---

① 南怀瑾：《禅宗丛林制度与中国社会》，载张曼涛主编《现代佛教学术丛刊》第 90 期，台北：大乘文化出版社，1978 年，第 373 页。

② 王永会：《中国佛教僧团发展及其管理研究》，成都：巴蜀书社，2003 年，第 335 页。

③ 释印顺：《泛论中国佛教制度》，载氏著《教制教典与教学》，台北：正闻出版社，1982 年，第 5 页。

④ 《敕修百丈清规》，《大正藏》第 48 卷，第 1130 页。

所以，中国佛教尽管也被视为一种制度宗教，然而其宗教现象则是通过社会关系的不同形态而分别表现出来的，自然就是一种镶嵌在现实社会关系中的组织形态，从而在制度认同层面表现了功能的弱化。

无论是出家身份的僧侣，还是在家修炼的佛教信徒，它们之间无法构成一种有机互动的机制。寺院丛林与居士团体之间缺乏组织关联，居士组织和丛林寺院相互分离。佛教制度以出家人为代表为核心，在家佛教徒没有独立的组织。出家在家之间，没有彼此关联的制度建构，从而削弱了佛教对于世俗生活的组织功能。

久而久之，出家僧侣的佛教寺庙、丛林，就逐步转化成一种宗教活动场所了，一种具有宗教特征的空间关系而已。人们出离了这个场所，等于就出离了由它们集中构筑的人间净土，进入了世俗；反之亦然，故而在出家与在家之间就缺乏制度层面的认同连续。

五、"社会"缺失而导致的个体认同路径

如果从宗教学或宗教社会学的角度来看，宗教信仰是否就应该是纯粹个人主义的体验，是否应该脱离任何社团组织而发生呢？如果答案是肯定的，宗教的组织和制度就是多余的，甚至是宗教生活的累赘和妨碍；如果答案是否定的，那么，这就与该宗教对于社会生活的组织方式紧密关联，并且制约着该宗教信仰者如何依据自己的信仰而规训自己的私人生活。

因为宗教既是集体的信仰，同时也是个人的认信结果，宗教的群体性和个体性互相影响，在时间上和空间上可以不完全重合，但在社会性表达和精神个体的独立呈现方面，则能够以制度、组织来加以区隔，并予以神圣意义上的保证，否则，就可能出现虽有宗教伦理，却无理性化的社会行动方式。

在此层面，韦伯把宗教的理性化（并非单纯的宗教伦理）视为社会行动和社会组织理性化程度的标志，而宗教的理性化则制约着人的行为方式和社会组织的发展；反过来，社会的发展又进一步促进着宗教理性进化的趋势。在这里，宗教是和经济利益、社会组织紧密联系在一起的一个整体，宗教是一个能够理性化的社会存在形式。不同的宗教自然具有不同的理性类型。韦伯虽然强调唯有西方基督教产生了"理性化"的发展方向，但是他同时也承认世界其他地区的其他宗教都有建构出各异其趣的"理性主义"类型。社会科学家所要致力的是寻找出不同的理性主义的比较点，理解其中的异同以及重建这些理性主义类型的历史形塑过程。①

① 顾忠华：《韦伯〈新教伦理与资本主义精神〉导读》，桂林：广西师范大学出版社，2005年，第9页。

依据佛教丛林制度的戒律，它无疑也应当具有韦伯所言之形式理性及其对于宗教生活的组织功能。但是，由于它局限在寺庙丛林中内部的宗教行事治理，在其直接建构寺庙丛林的形式理性时，它的功能就被缩减了。特别是因为僧律、戒条对于国法的依附，使僧侣的言行在法律上被限定于礼教的范围之中。以儒教经义来制订寺庙丛林、佛教群体共存的伦理关系，以此作为规范僧尼们行为的准则，就不仅使他们的思想离不开儒家忠孝节义的轨道，而且也使佛教教义的内容发展与传统的共存意识趋于一致。因为佛教教徒为了逃避官方的惩罚和别人的攻击，不得不标榜忠孝等观念为自身辩护，如唐僧法琳在回答太史令傅奕的责难时，极言佛教是"近则安国利民，远则超凡证圣"①。

因此，言其寺庙丛林如同一个依儒礼而治理的家族，也许是一种赞许，也许是一种批评。因为它淡化了寺庙丛林作为佛教共同体的形式理性及其要求，泯灭了佛教共同体的群体特征，再配置以丛林制度的子孙庙倾向，许多寺庙就偏向于一个家族、私人的财产了。

加之，丛林制度的执行，关键在于人，人为、人治的色彩很重。如《敕修百丈清规》说："然苟非其人，一寺废荡，又遗党于后，至数十年蔓不可图。"②

虽有制度，却依然依赖人心、道德的修持，在制度性和伦理性的双向整合关系之间，高僧式的法师作为中间关系，寺庙丛林的存废就只好依赖人为的东西了。其间，尤其是对寺庙丛林方丈、住持个人作用的过度强调，几乎忽略了寺庙丛林作为佛教共同体的重要性，从而把丛林制度的功能局限在日常生活、宗教行事的内部管理上。因此，强调戒律，把戒律视为佛教三学之首的主要缘由，由此而倾向为个人之信仰，既是寺庙丛林得以完善管理的基础，亦是佛教僧团得以存在的主要资源。

近代的太虚和尚说："中国民族以至中国佛教最大的弱点，则在家族性太深，中国佛教僧寺亦变为一个一个家族，此为中国僧寺没法振兴的症结处。若能医好此病症，中国佛教乃可重振。"③印顺法师亦指出：中国佛教不容易前进的最大障碍，是寺院家庭化。中国为宗法社会的国家，家庭意识使佛教变质。一方面，佛教不传贤而传子，结果如通货一样，劣质的通货打倒了优良通货；住持的资格，也不再是德学而是应酬与攀缘了。④所以，丛林制度，本属宗法社会时代产物，保守性太强。⑤这种现象，延至近代，

① 谢和耐：《中国5—10世纪的寺院经济》，第213页。

② 《大正藏》第48卷，第1119页。

③ 太虚：《建设中国现代佛教谈》，《太虚大师全书》第9编，《制议》第33册，第277页。

④ 释印顺：《泛论中国佛教制度》，载氏著《教制教典与教学》，第13页。

⑤ 释东初：《中国佛教近代史》(上)，台北：东初出版社，1974年，第202页。

就成为太虚和尚必欲发动近代佛教三大革命的主要原因之一。

至于当代中国佛教的社会行动特征，就是当佛教寺院在从事各种社会活动的时候，其基本行动逻辑往往以“功德文化”、个人的神圣崇信行为、精神个体的安身立命作为优先考量原则，而非社会连带价值关联的抽象理念。这些以个人崇信原则为基础的佛教行动方式，严重制约了佛教社会活动的制度化运作形式，进而难以建构一种制度型的行动模式，难以建构为一种“概化的权利与义务”(generalized rights and obligations)及其社会共识(social principles)。①

中国传统佛教的信仰方式，大多以“许愿—灵验—还愿”或者“有求必应”类的双向约定的契约形式，建构了一种以功德文化为中心的功利交换原则，在菩萨与信徒之间构成了一种“相对交换关系”(mutual reciprocity)。故而佛教信徒的个人主观性佛教信仰观念，在佛教社会活动之中占有相当大的比例，甚至在一定程度上构成一种以此为核心层面的“灵验性佛教信仰模式”。它们在当前佛教的社会活动及其构成中，占有相当大的比例。因此，这种寺庙灵验性的社会行动逻辑，当然要极大地影响到佛教参与社会建设和社会服务的佛教认同模式。它能够出于一种“现世性的行善”(secular charity)及其因果对应式的行动逻辑，并且相应地建构出一种佛教信仰独具的社会认同模式。

依据佛教寺庙的发展格局，可以把佛教的社会认同结构，梳理出寺庙型认同、慈悲型认同和因果型认同等若干模式，并能够在每一种认同模式之中寻找到相应的佛教行动模式。在与其寺庙型认同模式相适应的层面上，构成的是一种“特定空间型认同机制”；在与其慈悲型认同方式彼此适应的形式上，他们构成的是一种“皈依法师型认同机制”；而在其因果型认同层面上，佛教僧侣乃至信徒们建构出来的则是一种“功德灵验型认同机制”。

认同模式	认同机制
寺庙型认同模式	特定空间型认同机制
慈悲型认同模式	皈依法师型认同机制
因果型认同模式	功德灵验型认同机制

① 王顺民:《当代台湾地区宗教类非营利组织的转型与发展》,第266—267页。王氏之论,说明以西方基督教佛教团体或个人所从事的社会公益事业,虽然他们的慈善行动亦属于个别(personal)而非正式(informal)的,但其本质上基于一种不可改变的神人关系,进行公益活动的目的却是一种“单向交换关系”、一种“神圣性的行善”(sacred charity)、一种“制度化的行善”行为,是为了荣耀神而做的事情,故能从中衍生一种“正义伦理”逻辑,走向马克斯·韦伯所言之形式理性或普遍性伦理制约。

这样三种类型的认同模式及其认同机制，可以说是当代中国佛教社会活动的主要模式。它们左右着中国佛教神圣与世俗的关系处理，制约着佛教寺院在承担部分社会公益事业的行动特征，同时，也在直接促进无数佛教信徒接近佛教、了解佛教，接受它们的功德文化而信仰佛教。在这些认同模式之中，也许最为缺乏的，就是佛教作为一种社会组织或制度宗教所能够直接建构起来的社会认同方式，进而不得不把佛教信仰的认同机制局限在寺庙或个人化的认信过程之中。况且，中国国家与市场之外的社会空间，一直无法得以顺利地建设，从而使中国佛教的生存，不是依赖国家权力秩序就是寄托在经济市场之中难以自拔。因此，佛教的社会化制度认同模式常常无法建构，而只能顺应着个人信仰的表达方法，建构出一种以个人功德灵验型为基础的认同模式。

或许，在今后中国佛教事业的发展过程中，有可能按现代社会需要的各种社会公义(justice)、权利(right)、非个人性(impersonal)与常规性(regular)，建构一种“制度化行善”(institutionalized charity)的社会公共模式，把佛教对于行善布施和功德福报的强调，作为回向给八方众生的“非对称性交换关系”(asymmetrical reciprocity)。

就佛教的社会行动逻辑而言，如何超越佛教领袖的个人认知惯习、佛教信仰者个人的神圣崇信行为，把佛教信仰的公共意义予以进一步的制度化安排，以形成社会价值整合的连带关系(social solidarity)，即如何让寺庙、佛教信仰成为人们日常生活、社会活动的一个必要的构成部分，是目前中国佛教参与社会建设所面临的最大问题。

六、余　论

佛教作为制度宗教，是一种集中的、集体的、组织化的资源，是由那些由个人集中起来并服务于共同目的、目标的那些资源，而组织或身份或群体本身，就是支持和动员一切其他资源成为可能的基本的集体资源。①这也就是说，“任何一定数目的人成为社会，不是因为在每一个人身上本身都存在着一种由物所决定的社会内容，而是只有当这些内容的活力赢得相互影响的形式时，当一个个人对另一个个人——直接地或者通过第三者的媒介——产生影响时，才从人的单位空间的并存或者也包括时间的先后，变成了一个社会”②。因此，如果说，“连带责任”是一个极具基督徒特色的德行③，那么，在佛教的“缘起”规则之中，也往往包含着依赖的共生和内在的依赖之间的关系。以至

① 丹尼斯·朗：《权力论》，北京：中国社会科学出版社，2001年，第159页。

② 盖奥尔格·西美尔：《社会学：关于社会化形式的研究》，北京：华夏出版社，2002年，第5页。

③ 《天主教教理》，石家庄：河北天主教信德室编印，2004年，第455页。

于在佛教传统中，尤其是在大乘佛教中，这条规则也能够发展为一种复杂的、对完全的内在联系的透彻理解，进而建立一个对宇宙整体的观见，作为对所有苦难中的生命的休戚相关的深刻体察，作为对一个普遍的拯救的关怀。①

正如学界指出的那样，当代社会如欲完成现代宗教的一次革命性转型，那就必须重建宗教与道德的联盟。②而且，这种联盟必定要以双方的制度建构，也许才会对现实社会产生理性的功能，宗教伦理才会像韦伯所言，有助于“祛魅”，有助于现代社会理性生活的建构。否则，在目前伦理力量碎片化的现代社会，人们也许能够做的，就是保守住自己的小小团体。有了团体组织，伦理功能才有发挥的机制。不然，伦理就是伦理而已，始终难以对现实社会发生作用，反而被现实社会所利用。

“因为宗教是存在于社会和这个社会的附属社区与区域之中的，它本身也就要受到这个社会及其附属单位的规范与结构的影响。”③所以，它们必须具有自己的组织和制度，才能以系统对应系统，否则，就仅仅是个人的信仰。仅仅具有宗教的个人性，而无宗教的社会性了。而个人信仰及其价值精神，则近似于“个人间效用不可比”的制度经济学难题。

倘若从社会理论的角度考察这个问题，则可以将一个社会由前现代到现代的转变特征，归结为从一个散漫的群体形式变成一个组织严密紧凑的社会，由小群组织转变为大群组织。而传统社会变迁的主要过程恰巧就在于它的分化，导致各种社会组织、团体、协会从原有的社会共同体中间产生，构成多种社会力量参与社会建设的可能性。所以，社会组织不但是社会学的核心概念，也是中国现代社会变迁中的中心问题。④在此社会语境之中，中国佛教及其在当代社会生活中的组织形式，实际上就制约了它与社会建设的相互关系。这已越出了信仰、观念层面，更重要的是佛教之寺庙僧团如何呈现如马克斯·韦伯所言的形式理性的重大问题了。

在此基础上，任何一个宗教体系都可能建成一个社会组织，建成一个自由结合的精神生活共同体。唯有在一种制度、组织的基础上，宗教才能成为公共利益可靠而不

---

① 诺托·R.泰勒：《作为和解资源的佛教和基督教》，载徐以骅、张庆熊主编《基督教学术》第2辑，上海：上海古籍出版社，2004年，第341页。

② 万俊人：《宗教与道德之间：关于“信念伦理”的对话》，载张志刚、斯图尔德主编《东西方宗教伦理及其他：第三届中美哲学与宗教学研讨会论文集》，北京：中央编译出版社，1997年，第118页。

③ 罗纳德·L.约翰斯通：《社会中的宗教：一种宗教社会学》，成都：四川人民出版社，1991年，第242页。

④ 刘创楚、杨庆堃：《中国社会——从不变到巨变》，第20、22、27页。

可缺少的基础，参与国家、社会的公共生活，服务社会公益事业。否则，参与社会建设就是一句空话。所以，如何使佛教信仰成为社会生活的一种有效的建构，如何使佛教寺僧成为社会建设的一种社会资源，进而把佛教发展与社会建设、佛教伦理与社会伦理之间的壁垒双向打通，促使中国佛教真正具备“社会建设的行动单位”之结构和功能。

这才是中国佛教或人间佛教进一步社会化、主动参与社会建设的基本问题。

《阎罗王授记经》缀补研考

张　总*

在敦煌归义军政权时期，即中原王朝之晚唐、五代与宋初，曾流行一种插绘有十王，为生、死者皆可祈福的经卷。因此经与艺术、宗教、民俗的密切关系在疑伪经中很有代表性，引起中外许多学者的注意与研讨。日本寺庙内原存不少古本十王图轴。此经一出，渊源立显。因而日本学者最先入手，自20世纪30年代起发表了很多相关论文。中国学者则有胡适先生最早留意研讨此经，惜未完稿，此后海峡两岸的学者都对此经作过校录研究。欧美学者亦早就注重十王图轴，近年更有详深专著问世。因前贤近硕对此经的研究成果颇丰①，笔者在此对研究史略作伸表，以明渊源。

日本学者中矢吹庆辉曾翻译此经，塚本善隆②、松本荣一③、酒井忠夫④、泉方璟⑤、梶谷亮治⑥、坂出祥伸⑦、秃氏祐祥与小川贯弌⑧、仁井田陞⑨、铃木敬⑩、西上

---

* 张总，中国社会科学院世界宗教研究所研究员。

① 萧登福：《道佛十王地狱说》，台北：新文丰出版公司，1996年，第579—603页。该书附录二对日本学者成果有系统详细介绍，但仍有秃氏教授重要论文未提到，中国台湾地区、欧美的学术论文也未提及。

② 塚本善隆：《关于引路菩萨信仰》，《东方学报》第1册，京都：京都大学人文科学研究所，1931年，第130—182页；《净土宗史·美术篇》（载氏著《塚本善隆著作集》第7卷，东京：大东出版社，1975年）收录了此篇，名为《引路菩萨信仰与地藏菩萨信仰》，内容有改动增补。

③ 松本荣一：《地藏十王图和引路菩萨》，《国华》第515号，1933年10月，第265—270页；《敦煌画研究·图像篇》第3章第7节、第8节，东京：同朋舍，1937年；《敦煌本十王经图卷·杂考》，《国华》第621号，1942年8月，第227—231页。

④ 酒井忠夫：《关于十王信仰的诸问题和阎罗王受记经》，载《斋藤先生古稀祝贺纪念论文集》，东京：刀江书院，1937年，第611—656页。

⑤ 泉方璟：《十王经的研究》，《大谷学报》第23卷第4号，1941年，第295—318页。

⑥ 梶谷亮治：《日本十王信仰以及十王图的成立与展开》，《佛教艺术》卷九七，1974年，第84—95页。

⑦ 坂出祥伸：《日本文化中的道教》，载坂本健彦编《中村璋八博士古稀记念东洋学论集》，东京：汲古书院，1996年，第983—1007页。

⑧ 秃氏祐祥：《十王经与十王图》，载《龙谷大学佛教史学论丛》，京都，1939年。秃氏祐祥、小川贯弌（小川为秃氏教授的学生，完成老师遗作）：《十王生七经赞图卷的构造》，载西域文化研究会编《西域文化研究五·中亚佛教美术》，1962年，第257—296页。

⑨ 仁井田陞：《敦煌发现十王经图卷所见的刑法史料》，《东洋学报》第25卷第1号，第377—391页。

⑩ 铃木敬：《中国绘画史总合目录》，东京：东京大学出版会，1982—1983年；《明代绘画史研究——浙派》，东京：木耳社刊，1968年，第105—121页。

实[①]等发表过研讨此经的论文著作，还有泽田瑞穗[②]、吉冈义丰[③]、金冈照光、水野敬三郎等写过相关论文。一般来说，这些论述中塚本善隆、松本荣一与秃氏、小川师生之文等最具代表性，影响较大。欧美学者中有雷德侯（Lothar Ledderose）考定了普林斯顿大学藏十王图轴内容[④]，太史文（Stephen F. Teiser）写出了资料详备、立论新颖的专著[⑤]。日本与德国学者还分别对敦煌、吐鲁番所出的回纥文本做过探讨。

中国学者则有胡适[⑥]、杜斗城[⑦]、石守谦[⑧]、萧登福[⑨]、杨富学、汪玉祥、罗华庆以及罗世平等[⑩]有此题方面校录、考论与研究撰述。

中国学界以杜斗城的校录研究影响较大，但此前的论著对研究史重视不足，因而对有关此经研考中已经解决及尚存问题均不够明晰。笔者正是通过从前贤近作的文、

---

① 西上实：《十王图の展开》，《六道绘》，京都，1982 年，第 62—64 页。

② 泽田瑞穗：《地狱变》，《高等研究学院第 4 系 1968—1969 年年鉴》，京都，1968 年，第 539—542 页。

③ 吉冈义丰：《中国民间的地狱十王信仰》，《川崎大师教学研究所纪要：佛教文化论集》第 1 卷，1975 年。

④ Lothar Ledderose，"King of Hell"，《"中央研究院"国际汉学会议论文集（艺术史组）》，台北，1981 年，第 191—196 页；"A King of Hell"，《铃木敬先生还历纪念中国绘画史论集》，东京，1981 年，第 33—42 页；"The Ten Kings and the Bureaucracy of Hell"，*Paper presented at the Cleveland International Symposium on Chinese Painting*，March 1981，Rev.，August，1984.

⑤ Stephen F. Teiser，*The Scripture on the Ten Kings and the Making of Purgaturt in Medieval Chinese Buddhism*，Honolulu，University of Hawaii Press，1994，pp.24—340，载《唐研究》第 3 卷，北京：北京大学出版社，1997 年，第 483 页。

⑥ 胡适：《胡适手稿》第 8 集（上册），台北：胡适纪念馆，1970 年。其中有 1961 年 8 月写《伦敦大英博物馆藏的十一本〈阎罗王授记经〉》等相关材料，但没有最终完成。还可参见刘再聪、陈正桃著《胡适与敦煌学》，《敦煌学辑刊》1996 年第 1 期。此文指出，胡适先生 1928 年就考察了敦煌遗书，是中国学者中最早者。

⑦ 杜斗城：《敦煌本〈佛说十王经〉校录研究》，兰州：甘肃教育出版社，1989 年。

⑧ 石守谦：《有关地狱十王图与其东传日本的几个问题》，《"中央研究院"历史语言所集刊》第 56 本第 3 分，1985 年。

⑨ 萧登福：《敦煌俗文学论丛》第 4 篇《敦煌写卷〈佛说十王经〉的探讨》、第 5 篇《敦煌所见十九种阎罗王受记经〈佛说十王经〉》之校勘。台北：台湾商务印书馆，1988 年。

⑩ 杨富学：《从〈佛说十王经〉译本看回鹘佛教》，北京："纪念中国佛教二千年国际学术研讨会"论文提要集，1998 年。汪玉祥：《中国地狱"十殿"信仰的起源》，载汪玉祥主编《古代西南丝绸之路研究》第 2 辑，成都：四川大学出版社，1995 年，第 161—186 页。罗世平：《地藏十王图像遗存与信仰》，《唐研究》第 4 卷，北京：北京大学出版社，1998 年，第 373—414 页。

著之中良多获益及对经本材料的查阅，感到此方面工作虽然硕果累累，但在基本材料的拼接等方面还有不少余地。如松本荣一缀合过的图本仍可再缀接，最后拼合结果说明图绘本基本完整并无残卷，写本之中也有可以缀成完卷的精品，研究汉文卷也应提到回纥、西夏文卷，再者年代考订与图像起源方面也有些很重要的线索。在研考此经时，对相关经籍、经题的复杂与基本情况的描述交代也应更准确才好。

虽然此经因敦煌遗书的面世而倍受重视，但需明确其失传虽久却并未亡佚。中国历代大藏未收入此经，但现知敦煌本以外中国、日本寺庙都有此经图本传世，日本两种藏经中已有收录。《大正藏》图像部第七卷收入了高野山宝寿院的绘图卷本。《卍续藏经》第一百五十册，载有《预修十王生七经》与《地藏菩萨发心因缘十王经》。后经也有十王且题为藏川所述，但内容仍有不同。据研究，《地藏十王经》是日人据此经而造，因而是伪经的伪经。①现在已明具十王的经有两系，一为敦煌系《阎罗王授记经》，一为日本的《地藏十王经》。前者所具生人为自己修斋的预修特质，与仅为亡人修斋追福不同②，而《地藏十王经》却无此内涵，这是两系的最大区别。国内很多论著提及时常将两系经混同，其实日本学者早已辨明其间关系。因而研考敦煌系本《阎罗王授记经》时，须将两者关系预先说明。

此经题名称十分庞杂，敦煌数十个经本中经名就有十二种以上。其中有首题、尾题及全称、简称之分别。正式首题就有七种。常用的是《佛说阎罗王授记四众预修生七往生净土经》，字数最多的为《佛说阎罗王授记令四众送终逆修生七斋功德往生净土经》，较简为《佛说阎罗王授记经》。尾题有《阎罗王授记经》与《佛说十王经》等。学者们探讨此一经时，也使用了《阎罗王授记经》《佛说十王经》《十王生七经》《地狱十王图》等多项不同名称。以前分析经题均未透彻，笔者发现，《佛说十王经》的尾题实际仅现于绘图本之后，经首“成都府大圣慈寺沙门藏川述”之题名与五会赞经启语亦同，即“藏川”名与《十王经》只与具有赞文、插图的卷本有关，此点在过去研讨中多未辨明。而纯写本尾题则多为《阎罗王授记经》。总括来说，无论图、写本，此经正式名称是《阎罗王授记经》，而《佛说十王经》只是图本的一种简称。因而探讨此经时，名称仍以《阎罗王

---

① 日本学者景耀在其《考信录》卷四中认为《地藏菩萨发心因缘十王经》是平安末期或镰仓初期由日人据《预修十王生七经》而伪撰（参见慈怡主编《佛光大辞典》第2册，北京：书目文献出版社，1989年，第2322页）。

② 罗世平《地藏十王图像的遗存及其信仰》中认为逆修是指死后追福，预修是生前修福。而笔者认为预修与逆修同义，均是指生前修福。此经名中两词常作同义用，又无逆修与追福联系的证据（此项释义还可参见季羡林主编《敦煌学大辞典》“逆修”条，上海：上海辞书出版社，1998年，第444页）。

授记经》为宜。

以前的研究者已注重图、文本的区别，将此经析为两类，如秃氏与小川、杜斗城、萧登福均是如此。将此经分为甲乙、繁简两类固无不当，但从现在掌握俄藏本中别本、庐山传世本以及石窟造像中的石刻本等状况来看，须有更完整的概括才能表述出《阎罗王授记经》的形式特点与性质内容。《阎罗王授记经》可作为写文、绘图本简称，而《佛说十王经》应仅指具赞词、插图之本。日本的《地藏十王经》虽托名藏川，内容并不相同。此类经本成立先后次序应为《阎罗王授记经》→《佛说十王经》→《地藏十王经》。

本文对《阎罗王授记经》经本做了彻底考察。对此经插图、写本均作了缀合，从而对完整的插图本两种类型做出分析区别；文中还从俄藏残片中识别出一个别本，剔除一个错订为此经的《灌顶经》；举引了汉文传世本、回纥经本情况，并注意到西夏文本的重要线索。考订推年方面也从疑伪经典组合、董文员的三幅绘卷与八十余岁老人所抄数经方面分别有所深入。在此经起源方面，笔者找到了具阎罗、五道图像的重要碑像，又从十王中主要的三王组合方面发现了演进的脉络，但限于篇幅，仅略陈要素而已。因学识浅陋，不足之处尚祈读者赐教。

一、《阎罗王授记经》缀合

此经的缀接可以分为图本、写本两个部分。现知《佛说十王经》均分藏于日本、法国、英国。这些图本都是纸本淡彩，以墨线勾画并设色填彩的绘本。日本大阪府和泉市久保惣纪念美术馆藏本可称其中翘楚，此图卷完整又绘制精良，卷末有董文员题名与辛未年题记。据说此图卷是由佐藤汎爱氏由北京携至日本，以后曾藏京都山中商会①，现藏大阪久保惣纪念美术馆。法藏 P.2003 与 P.2870 都是文图皆具，首尾完好的绘本精品。图本之中还有日本高野山宝寿院藏本。日本天理馆与德国藏回纥文图本则由百济康义与葛玛丽（Annemarie von Gabain）、茨墨等学者做了缀合研究。此外有版画如韩国海印寺本以及日本建仁寺两足院本、中国《玉历宝钞》的十王图等，已不在本文讨论的范围。

（一）图本缀合及稀见材料

松本荣一与太史文教授都注重缀合并各有成果。如松本荣一对大英博物馆藏的

---

① 据上引秃氏教授论文《十王经与十王图》第 1 节注 4、第 4 节注 5。论文中还说此图在大正十四年由山本湖舟氏照相复制，并藏镰仓长尾美术馆。松本教授著作《敦煌画研究・图像篇》附图图版 117、118 注为京都山中商会藏。

两个小残片图 Ch.00404 + Ch.00212 的缀接。法国国家图书馆藏P.4523 + 大英博物馆藏 Ch.ciioo1(L)的工作则要先归功于太史文先生,虽未以图示,但专著附录4已说明两图可合一。①P.4523 有卷首图与五位冥王的画像,Ch.ciioo1(L)有后五位冥王和卷尾画,两者皆是无文字的绘本。

笔者发现松本荣一所缀成之图与 S.3961 恰可合并。松本荣一在 20 世纪 30 年代就曾补出 S.3961 所缺字迹,又缀连大英博物馆藏的两件小残片②,此距两件缀成只一步之遥。至五十年后讲谈社《西域美术 II》敦煌画 62 刊出两小片拼合为一的图版③,Ch.00404 是十王经图的卷首画,高 28.8 厘米、宽 55.8 厘米,画面上有六臂观音、被帽地藏与十王等;Ch.00212(BM.SP213)为文字的起首及部分善童子图,高 11.4 厘米、宽 38.1 厘米。同书仅隔一个图号的敦煌画 64 就刊出了 S.3961 的画面,但节删了前面的文字部分,否则任何人都可见出两者原为一卷。20 世纪 90 年代出版的《英藏敦煌文献》仍将此卷首图与S.3961分刊于第 14 册与第 5 册。④

敦煌此经图本其实只有 S.3961 卷首有缺残,其文字从经题开始,上面约十五行字有缺失,下面六行字有缺失。Ch.00212 与此卷所缺十五行字相拼,恰正吻合!有些字正好是两纸各半。缀成的文字如下("/"前为残片文字,"/"后为 S.3961 号文字,"["后为仍缺失部分)。

佛说阎罗王授记四众/逆修生七斋[往生净土经

赞曰　如来临般涅/槃时　广召天灵与[地祇

　用为琰魔王授/记 乃传生七预[修仪

如是我闻一时/佛在鸠尸那城阿维跋[提河边

婆罗双树间/临般涅槃时举身放光[普照大

众及诸菩萨摩/诃萨天龙神王天主帝释[四天大

王大梵天王阿修罗/王诸大国王阎罗天子太山府

---

① 参见 Stephen F.Teiser, *The Scripture on the Ten Kings and the Making of Purgaturt in Medieval Chinese Buddhism*, p.229,附录 4。

② 参见松本荣一著《敦煌画研究·图像篇》附图图版 114。

③ 大英博物馆监修:《西域美术Ⅱ·斯坦因敦煌绘画Ⅱ》,东京:讲谈社,1982 年,图号敦煌画 62、64。

④ 中国敦煌吐鲁番学会文献委员会、中国社会科学院历史研究所、英国国家图书馆、伦敦大学亚非学院整理:《英藏敦煌文献·汉文佛经以外部分》,成都:四川人民出版社,1990—1995 年。其中第 14 册第 212 页起刊 S.3961 全部,第 5 册第 217 页"供养人题记"名刊卷首图。

君司命司录五/道大神地狱官典悉来集会
敬礼世尊合掌/而立
赞曰　　时/佛舒光满大众 普臻龙鬼会人天
　　　　释/梵诸天冥密众 咸来稽首世尊前
佛告阎罗天/子诸大臣于未来世当得做佛名曰
普贤王如来/十号具足国土严净百宝庄严
国名花严菩/萨充满
赞曰　世尊/此日记阎罗 不久当来证佛陀

现在此卷仅卷首图六臂观音一部分与前面下部十九字稍残,全经应属完卷。

具图的《阎罗王授记经》还有庐山开先寺本及西夏、回纥文本。日本天理图书馆藏回纥本四十余残片,原为张大千收集于敦煌,在缀合的两图上题为"六道轮回"与"地狱变"。日本百济康义对此有研考论文,杨富学曾有介绍。①《地狱变》图碎片中有众多僧俗形象等,残留的回纥文已难卒读。其中佛像及娑罗树等,应与十王经卷首"授记图"有关,还有渡水图景,似近于第二王初江王处的图景。《轮回图》右上角有五道云气,其中有人或菩萨、阿修罗、奔跑的畜生,其下大黑云气中有牛头狱卒,还有亡者、蛇及文吏部分形象。残存文字专家识读为"第十王,五道……轮王公的图",因而可确证此图对应十十土经图中"五道转轮土"图。德国柏林印度艺术博物馆藏为吐鲁番出品,40余残片分属16个经本。除一殿秦广、六殿卞城、七殿泰山王无对应的回纥文,余七殿或取梵音(阎罗)或采意译(平等)或为汉语音译(初江、宋帝、五官、都市、转轮王)。其插图可见有第二初江王、第八平等王与第十五道转轮王部分,回纥文经图与汉文本大致对应可以确知。

西夏文本情况则复杂得多,其材料现仅知一角,值得研究处尚大有可为。史金波注明俄藏黑水城文献中有《十王经》《阎王授记成佛经》各一卷②,据经名很可能是插

① 百济康义:《天理图书馆藏古维吾尔语文献》,《天理图书馆报》第86号,1986年,第142—148页。杨富学:《回鹘之佛教》,乌鲁木齐:新疆人民出版社,1998年,第14页。高士荣、杨富学:《汉传佛教对回鹘的影响》,《民族研究》2000年第5期。

② 史金波:《西夏佛教史略》,银州:宁夏人民出版社,1988年,第397、405页。据苏联戈尔巴乔娃与克恰诺夫合编的《西夏文写本和刊本目录》(载中国社会科学院民族研究所、历史研究室资料组编译《民族史译文集》第3辑,1978年,第45页)和日本西田龙雄编的《西夏文〈华严经〉》(京都:京都大学文学部,1975—1977年)可知,《十王经》《阎王授记成佛经》为苏联科学院东方学研究所列宁格勒分所藏西夏文佛经。第83号为《十王经》,第264号为《阎王受记成佛经》。

图、文本各一卷。王静如在20世纪30年代曾介绍罗振玉购自河北定州佛像腹中所出、明代刻本西夏文经中有一残卷。①插图为一帝审断状,前有狱卒持业秤之景象。经文译回后则与汉文《阎罗授记》不大对应,但有"第五次七日过于某某狱帝颂言"句,其罪秤出现第五七日,与汉文经卷业镜在第五七日阎罗、地藏处出现不同。其文多描述"狱帝"如何,亦有黑马黑衣冥使的内容。又笔者曾见友人示黑水城的张居道入冥事版画,分两层,上面地藏菩萨与阎罗王处中心,地藏高高趺坐莲台上,阎罗则冕旒立案前,童子文吏侍侧。一妇女跪其前,枷锁散置地上。地阎罗身后并排两朵云气,一为狱吏押两戴枷妇女前来,一为吏指引一男子离去。地藏身后云气中有鹅鸡羊猪上升,其下层正是屠夫宰杀它们的场景。其旁有床帐中屠夫正犯病痛苦状,再侧为无常狱卒押解其前行图景。图像中西夏文榜题,画面两旁还应有延伸。此图在十王经图中具体地位关系颇值得研究。

美国弗利尔艺术馆藏一件原属庐山开先寺的传世本,仅在该馆藏品图录上出现一次,因而有必要介绍。庐山本有卷首画及写经开首二十九行,文起"谨启讽诵",署为"成都大慈寺沙门藏川 述赞",截至"一切罪人系闭牢狱日"。经文与敦煌出本对应无误,且三段赞词上方都画一小佛,或题有"南无阿弥陀佛"。画面有阎罗跪拜在释迦前,佛侧有菩萨、天王不少胁侍,明显为授记阎罗图景,画面上题"陈观音庆妇人文殊连男庆福造",下题"南无灭正报释迦牟尼佛会",其时代约在12世纪初②,卷后有十八段题跋,作者不乏著名人物,如翁方纲、吴荣光、端方、杨守敬、丘逢甲等。③从题跋可知清代已对此类经图展开研讨,虽然仅出自金石学角度。题跋中提到的两个人物对了知此图流传极为重要。从吴荣光题记知此图是康熙三十三年(1694)"漫堂中丞"布施此卷于开先寺。漫堂为宋荦④之号,他一生历官多任,至吏部尚书;又是清初著名的书画鉴赏

---

① 王静如:《定州佛像腹中所出佛经残卷》,《北平图书馆馆刊》(西夏文专号),1932年,第2463—2483页。

② 弗利尔艺术馆藏此图卷经荣新江教授好意告知,笔者又请郑岩觅得此经图片。汤姆斯·劳顿曾在弗利尔艺术馆成立五十周年纪念展图集上简介此幅经图。Thomas Lawton, *Freer Gallery of Art Fiftieth Anniversary Exhibition II: Chinese Figure Painting*, Washington, Smithsonian Institution, 1973。

③ 这些题跋中有不少都对此图经做出认真考证探究,如杨守敬等人,可见对《阎罗王授记经》的研讨早在清末就开始了,虽然仅是从金石书画的角度开展。

④ 宋荦(1634—1713),字牧仲,号漫堂,又号西陂、绵津山人。河南商丘人。生于崇祯七年,卒于康熙五十年。历官黄州通判、理藩院院判、刑部员外郎迁郎中、通永道佥事兼屯田驿傅、山东按察使、江苏布政使、江西及江苏巡抚、擢吏部尚书。著有《西陂类稿》五十卷、《绵津山人诗集》二十八卷、《沧浪小志》等。参见谢巍著《中国历代人物年谱考录》,北京:中华书局,1992年,第394页。

收藏家，其家藏丰厚，甚至达到暗中摸索可辨真赝的程度。①据《庐山志》，康熙二十八年（1689）宋荦任江西巡抚时曾重修开先寺。宋荦的文集《西陂类稿》卷二十八恰有《题逆修生七往生净土画卷》：

> 右画《佛说阎罗王授记四众逆修生七往生净土经》一卷，为陈观音庆妇人文殊男庆福造，不著时代及画人姓名，纸罗纹古色画法诡异，书亦具有气格，似是五代北宋人迹。题签《阎立本地狱变像》，未足为据，东坡云：佛灭度后阎浮提众生刚狠自用，莫肯信入，故诸贤圣皆隐不现，独以像设遗言提引未悟。今观此卷，所以提引众生者至矣。摩挲宝轴，憬然如闻晨钟。余藏箧衍最久，会匡庐开先心壁师访作吴门，举以赠，俾归贮之七佛楼，仿东坡施四菩萨版亦都安哉。

题记清楚说明图卷是宋荦在开先寺僧心壁至苏州访其时所赠，布施此卷又恰在其六十岁，可见寓有深意。宋荦未提此画来历，又言藏此画最久，相当喜爱。荦父文康公善画且得过皇室所赠书画，此卷或有可能源于内宫。又画上像主名字中夹佛名号很特别，而云南白族南诏、大理国曾施行“冠姓双名制”，具佛号者很多，如李观音得、董金刚田、张般若师等，剑川石窟中也有此类题名。②这些情况为了解此图卷源本能提供一些帮助。

另有多人题记均署为“中实”所嘱。中实为易顺鼎（1858—1920）之字，他以举人历修任两广、云南等省巡道，光绪末年曾在庐山栖贤寺旁筑匡山草庐。③从端方、杨守敬等人题记可知此图是他从寺中检出携回，后曾至广东、上海等地。总之，藏经洞外此珍贵传世图本，证明此经图并非只在敦煌流传。

（二）卷首图及画面略析

现存汉文经图可以缀补成六件完整的作品。其中 P.4523 + Ch.cii001（L）全为图而无文字，余五件是图赞文完整之作。加上庐山本与回纥文、西夏文图本残片，现知此

---

① 赵国英：《妙鉴谁能别苗发，一时难得两中丞——记清初书画鉴藏名家宋荦与卞永誉》，《收藏家》1995 年第 1 期。宋荦《论画绝句廿六首》（《西陂类稿》卷十三）中有“真赝何须苦辨之，刑夫人至伊能知。夜无灯光自能在，此语虽夸语未奇。后注：余尝云黑夜以书画至，摩挲而嗅之，可别真赝”，可见宋荦的鉴别水准之高。

② 张锡禄：《南诏国王蒙氏与云南白族古代姓名制度研究》，载氏著《南诏与白族文化》，北京：华夏出版社，1992 年，第 19 页。又辽代也多以佛名号入姓名，但多为“观音奴”等小名。剑川石窟考古课题组等：《剑川石窟——1999 年考古调查简报》，《文物》2000 年 7 期，第 76 页。

③ 易顺鼎，字实甫，一字中实，湖南龙阳人。其庐山吟咏极多，有庐山诗录，为陈散原老人、罗运崃、范中林与实甫四人同游山时作，另有《四魂集》等著作（参见吴宗慈著《庐山志》，载杜洁祥主编《中国佛寺志》，台北：宗青图书出版公司，1994 年，第 940 页）。

经绘图本当在十件以上。

若将缀合后形成的六个完整图卷，加以综合对比，是很有益且有意趣的。日本学者秃氏、小川已做过很详尽的画面分析比较，但连同高野山藏本只用了四个图本。①图卷中每幅画面都是依据文中的赞文来创意、布列具体内容细节的。这些画面形式相对固定，但是也有不同变化。通过对画面的对比性分析，可以略知这六卷之间的关系、画面构成原则及其要素。根据缀合后画卷对比时呈现出的规律性，画面多少涉及卷首主尊图等因素，六件图卷明显可析为两组：卷首图主尊为释迦者，共有卷首、六菩萨、持幡使者、十王（每王一幅）、赦免解脱图，共计十四幅基本画面；卷首图主尊为地藏者，无六菩萨部分，为十三个基本画面；凡卷首图中以地藏菩萨为主，后面就没有以地藏菩萨为首的六菩萨图，这个有趣的细节揭示两组图卷的区别。六卷图本及余残本的情况如下：

第一组：A. 法国藏 P.2003 绘卷。B. 日本和泉市久保惣纪念美术馆藏董文员绘卷。C. 法国藏 P.2870 绘卷。

第二组：D. 英藏 Ch.00414 + Ch.00212（BM. SP213）+ S.3961 绘卷。E. 法藏 P.4523 + 英藏 Ch.cii 001（L）。F. 日本高野山宝寿院藏本。

第三组：G. 美国弗利尔博物馆藏残本。H. 敦煌回纥文绘画残片。J. 吐鲁番回纥文绘画残片。K. 黑城、定州所出西夏文本版画。

第一组作品之中卷首图都是以释迦像为主尊者，这与经文中释迦为阎罗王授记的内容有关，其表现与经文更为契合。笔者注意到，卷首为释迦佛与十王的图，阎罗王的位置都有些特别，或左或右，都在佛的身边，与 E 本 P.4523 等卷首地藏十王图均不同。在卷首图中所有的十王都是持笏袍服，五道转轮王也是同样，并未着戎装，唯阎罗王戴冕旒，特征明显。A 本 P.2003 图虽有榜题，却已无字可辨识，只见阎罗王位于佛右侧第一身。B 本董文员绘卷与 C 本 P.2870 卷首情况都有特殊处，如 B 本卷首图十王中有两个第五，即第五五道转轮王、第五七日过阎罗王，结果十位王者总计只排至第九。C 本则是从第四王接第十五道转轮王，其后再有第五七日过阎罗王。初看起来是出现了错乱，但其并非孤例，其中体现出某种规律，背后必有原因。依榜题所示很明显，若不进行错位换置，阎罗就会处在距佛陀最远处。这种特殊错乱处理，均是为突出阎罗，将阎罗与五道换位，使阎罗位于释迦佛身旁，则体现出释迦为阎罗王授记的经文内容。

① 上述秃氏与小川先生论文的第四部分曾与十王经赞图卷详加对比，列举出 A. 法国国民图书馆藏伯希和本 P.2003；B. 日本长尾美术馆藏佐藤汎爱携本（即现藏久保惣纪念美术馆藏董文员绘本）；C. 大英博物馆藏斯坦因携本 S.3961；D. 高野山宝寿院藏室町时代古本。别本为大英博物馆藏斯坦因携残本。

当然此内容是在十王图基础上强调出的，弗利尔艺术馆藏卷残图也表现释迦为阎罗王授记的内容，头戴冕旒的阎罗王只身跪于佛陀面前，只突出阎罗一王。A、B、C、G 四本共同说明卷首图中仍以阎罗王授记为主，确实符合经文起首释迦为阎罗授记的描述。由此可知，此类卷首图应定名为“授记图”，而不是此前的论著中所言“说法图”等。

第二组图卷之首皆为地藏十王之像，即被帽地藏菩萨与十大冥王。除日本传世本中十王立于地藏两侧外，余两图卷之构图恰好符合罗华庆分析的敦煌绢图与壁画中，十王或位于地藏两边，或位于侧下成两排的特点。即 E 本卷首图十王分坐于地藏脚下前方，而 G 本首卷图，十王则位于地藏两侧，如同装饰带般垂下。卷首地藏十王图，似更符合于此类绢纸作品十王图的发展趋势。

仅具画面无文字的法、英缀合本，法藏残卷有卷首图，十王坐列地藏菩萨下，后接黑衣使者判官。五冥王可辨识为秦广、初江、宋帝、五官、阎罗。阎罗图后一吏身体、一卒腿部露出，与英藏残卷前部人物形象恰好吻合。英藏图中五冥王为变成、太山、平等、都市、五道转轮王，最后为地藏救冥解脱图。其初江王前有奈何桥，阎罗王前有业镜，同地藏菩萨坐于堂前，人像特征多同其他各本，唯一有区别处是宋帝王身着武将服装，五道转轮王则为文官形象，前有云头上六道轮回。地藏菩萨手持锡杖宝珠，善容毕现，似正教诲，前有五身戴枷罪者。[①]A 本 P.2003 此图卷常被视为代表性的名作。但此本的构成细节并不典型，数幅细节处理都较独特。例如，第六七日过变成王时乘云上天堂、地狱城的表达、第一年都市王与第三年过五道转轮王处都有类似六道图的云气，却无六道之具体物象。图卷之中五道转轮王仍为文官服饰、善男子举幡形象以及阎罗大王处无有地藏菩萨等细节，均不同于其他的画卷。凡此种种似说明此图应是《十王经》图中较早作品。而 B 本董文员绘本卷首图中确仍存有透视错误之处，其阎罗王与陈(秦)广王的身体部分，本位于舍利弗、目犍连之前，应挡遮住二弟子才对，但此图中此二王却为坐莲台上的佛弟子所挡。以此与 A 本处相比，可看出董文员卷对此图有参照，因 A 本两弟子形象很大且坐莲台，十王形象很小。董文员为使十王形象大小合适，忽略了两弟子莲台处与十王形象透视关系，才有此处纰漏出现。比较而言，B 本(董文员本)与 C 本(P.2870)的细节内容处理最为接近。虽然 C 本几乎每王都画出帐堂厅室，十冥王多坐帐中，但两卷许多幅图的场景、人物、姿态、用器，甚至构图都很相似。不难看出，C 本实际主要参照 B 本画成，每个画面的人物形貌与姿态都有取自 B 本的痕迹。从卷首图中 C 本将 B 本十

① 大英博物馆此残卷曾刊于松本荣一《敦煌画研究·图像篇》附图图版 115、116，《西域文化研究》第 5 卷《十王经赞图的构造》图 512，讲谈社《西域美术》等图册以及黄永武《敦煌宝藏》第 44 册附图美 545、546、547、548 号。法国 P.4523 也刊于《敦煌宝藏》第 133 册。此图的最大特殊性在无文字。敦煌本中还有一件无图和有图赞文字内容的法国藏 P.3761 经册，但此两者间的联系无法证明。

王排序只有第九的缺漏，加以补订，十王跪座处加高等处理来看，更流露出其采自B本的理由。两本区别只在风格的文雅与质朴，稍有细微文野之分。B本的用笔比较细劲，画面上书卷气稍重一些，尤其从卷前的使者图、马的形象等可见。由以上分析可知，第一组图本之中，恰可以A、B、C为序，排列出其先后年代顺序。

第二组图卷之关系不若前组清晰。以地藏十王图起首的图本风格与细节变化较多。D、E、F各自有些独具的特点。D本卷首前多六臂观音形象、诸图中无善恶童子，且构图排列很紧。不少学者注意到此卷十王服饰也有同于南朝帝王般的冠饰，即如《历代帝王图》陈文帝的菱角巾（状如菱角，实应称为白帢，即尖顶高耸，两侧有岐角的纱罗帽）；实际上，B与C本卷首图就有了第六王戴白色折巾的例子，而在C与E本卷首十王部分，王者竟也是白色与黑色折巾交错顶戴。而E本确实是民间味浓而画得又精到的一本，线条很流畅亦有力度。晚出的F本制于日本，风格与敦煌数本有别是很自然的。其用笔亦不讲究起落，造型较为随意，诸冥王的随从众多。画中既无冥使、六菩萨图，亦无最后的解脱图，仅十一幅图，在诸本中最少。第一、二组之间也并非截然分开，有些细节描述也很具相似承绪之处的。

诸本图中最后一图还需注意。据图后文赞，此图一般是"赦罪解脱"图，但太史文精辟分析，D本S.3961最后之图应是目连救母故事。因P.3304V背面的此经，实际上是十王经绘图的注解，只具赞语与所绘图的说明（更证明了此经图像是以赞语为准画出）。此记最后一图的说明竟然是"大目乾连于此铁床地狱劝化狱卒救母时"。虽然各本的场面都颇似劝化狱卒，但只有D本此图狱卒前为一妇女，且僧人持一物给此妇人，与目连救母的事迹相合。而余卷中此图僧人，则或为地藏或为道明形象。①

画面构成因素中重要而值得注意的是善男信女，以及图中体现的供养者。有研讨者较重视亡者地狱受罪罚的情况，其实，此图卷中除冥界大王及随从外，共有善男信女之善士、供养造斋者本人、亡者中恶逆受罚之人，此三种人构成过十斋日的主体。其中为亡者追荐，为本人预修，都与生前犯十恶五逆者成鲜明对比。特别是四川安岳圆觉洞两龛五代时地藏十王地狱像龛中，我们也发现有奉经像的善男信女之像②，所以，在此题目研究中，绝不应忽视这方面形象。

---

① 此图中有些应为地藏菩萨像，有些则被论为道明之像，太史文著作中对各家论说看法均有阐述（参见 Stephen F. Teiser, *The Scripture on the Ten Kings and the Making of Purgaturt in Medival Chinese Buddhism*, pp. 178—179）。

② 参见刘长久主编《四川安岳石窟艺术》，成都：四川美术出版社，2008年，图70、78—81。圆觉洞有两龛地藏十王龛像，又编为两种号，56号与60号，80号与84号，均指同两龛。两龛风化都很严重，但仍能看出奉经像的善信者形象，此前并无学者指出此一特征。

（三）写本缀合、别本及列表

《阎罗王授记经》的写本更多，其中也有不少已残缺不整者。这些经卷中，笔者检视时国家图书馆藏的唐 69 以前尚未公布。此件为残片，仅存十五行字，每行十七字左右，从“鸡狗毒蛇一切重罪应入地狱”至“及有事忙不得作斋请佛延僧”，正是讲预修作斋的一段内容。笔者发现，S.2815 是后面完整，前有部分缺失的一件写卷，此两者不仅内容可以相连，而且 S.2815 前面一角残存三行共七字，正好补足唐 69 所缺（“/”后是 S.2815 前角存字）。

乘在一王并新死人留连受苦不得出/生迟

滞在劫是故劝汝作此斋事如至斋日/到无

财物及有事忙不得作斋请佛延僧/建福应

因而，此两卷可以缀合无误。不仅如此，英藏 S.7598 也是一件残片且为经首，所存共十四行字。内容与唐 69 之间相衔，其间仅缺一行半字，前后可以贯通。这两件卷子的行字数与字体都很相近，尤其是首、尾题对照，更可显出如一人手笔。因而，此三个卷号，即 S.7598 + 国敦唐 69 + S.2815 又可缀合成首尾完整的一卷。胡适先生曾慨叹过S.2815是诸本之中书写最好的一卷，只可惜前面缺失了三分之一，现在有幸此卷已成全璧。

俄藏此经几个小残写片中实有一个别本。《俄藏敦煌文献》[①]第 6 册中刊出 Дx00143 与 Дx00143V 的残片虽小，却不容忽视。这是一片册页与背面，册子上存六行字，背面存两行字与尾题。此段文字与现知各本都不相同。

表一　别本与诸本对照

俄藏某本	常见诸本
（正面）者在生之日，请佛延僧，功德无量无边，亦请十王，请僧四十九人，俱在佛会。饮食供养及施所爱财物者，命终之日，十方诸佛，四十九僧，为作证明。□罪生福，善恶童子悉皆欢喜，□便得生三十（背面）三天，汝当奉持□界，于教/奉行。/佛说阎罗王受记经。	尔时琰摩罗法王欢喜顶礼，退坐一面。佛告阿难，此经名《阎罗王受记令四众预修生七斋功德往生净土经》。汝等比丘、比丘尼、优婆塞、优婆夷、天龙八部、鬼神诸菩萨等，当持奉流传国界，依教奉行。

《俄藏敦煌文献》第 7 册也刊有两个此经的残片，即 Дx00803 与 Дx00931，且均有尾题。这说明上述三本都是经尾，因而俄藏本至少也有三件之多。[②]俄藏另一手卷残

① 上海古籍出版社与俄方联合出版《俄藏敦煌文献》，上海：上海古籍出版社，1992 年。

② 俄藏 Дx00803 仅存九行约四十字，每行只有上面五个字。从内容连贯关系看，此残本与国敦服 37 号可以相接，但每行字数、字体以及残断情况并不相符，应非一本。Дx00931 存十行百余字与“阎罗王经一卷”的尾题。下部亦不全。Дx00932 等多件残片也是《金刚经》，但与前件情况书体均不相像。

片，高6—9厘米，定为《十王经》的Дx02791（孟2744），已刊于《俄藏敦煌文献》第10册。其文中虽有阎罗王、五官出现，但实属东晋帛尸密多罗译《灌顶经》中内容。残片存十六行，行最多十四字。起“痴迷或信耶”至“其精神还”。正是《佛说灌顶经》第十二卷中一段内容①：

欲望长生终不能得。愚痴迷惑信邪倒见死入地狱。展转其中无解脱时。是名九横……又有众生不持五戒不信正法。设有受者多所毁犯。于是地下鬼神及伺候奏上五官，五官料简除死定生。或注录精神未判是非。若已定者奏上阎罗，阎罗监察随罪轻重考而治之。世间痿黄之病困笃不死一绝一生由其罪福未得料简。录其精神在彼王所。或七日二三七日至七七日名籍定者，放其精神还其身中。

因而此Дx02791（孟2744）经应更名为《灌顶经》，并从《阎罗王授记经》系列中剔除。

将《阎罗王授记（佛说十王）经》经缀合整理后，我们可将这些经本集中起来分别列表如下：

表二 《佛说十王经》状况

序号	经名简称	收藏号与收藏地	原出地与现在国	图	赞	文	尺寸(cm)	备注
A	十王经	P.2003 绘卷 巴黎	敦煌 法国	√	√	√		全
B	十王经	和泉市久保惣纪念美术馆藏董文员绘卷	敦煌 日本	√	√	√	28.2×680	全
C	十王经	P.2870 绘卷 巴黎	敦煌 法国	√	√	√		全
D	十王经	Ch.00404(L)+Ch.00212(L) +S.3961 绘卷 伦敦	敦煌 英国	√	√	√	28.8×550.8	全
E		Ch.cii001(L)+ P.4523 伦敦、巴黎	敦煌 英国 法国	√			28×500	全
F	预修十王生七经	高野山宝寿院藏本 《大正藏图像部》1370号	日本高野山	√	√	√		全

① 《俄藏敦煌文献》第10册（Дx02791号刊），上海：上海古籍出版社，1998年，第46页。《佛说灌顶经》卷十二，《大正藏》第21卷，第524页。

（续表）

序号	经名简称	收藏号与收藏地	原出地与现在国	图	赞	文	尺寸(cm)	备注
G	阎罗王授记经	弗利尔艺术博物馆藏本 华盛顿特区	庐山 美国	√	√	√	28×52.4 卷首画	存首部
H		回纥文写经绘图残片 MIKⅢ：4535、4637、7246、7248、7256、7451 柏林	中国新疆 德国	√	√	√		六残片识为两个图卷①
J		回纥文残片 大阪	中国新疆 日本	√	√	√		残片为一卷中两图
K		西夏文佛经 北京	河北定州 中国	√	√	√		残卷有一插图

现知此经的写本，已有三十件以上，分藏于中、日、英、德、俄。汉文外回纥文写本约有十四件以上，亦有西夏文本。

表三 《阎罗王授记经》状况

序号	原经号	经名简称	图	赞	文	收藏地	纪年情况	备注
1	P.3761	阎罗王授记经		√	√	法国国家图书馆		册子装
2	P.3304v②			√				
3	P.5580				√			册子
4	散 799	阎罗王授记经			√	日本书道博物馆	清泰三年(936)十二月	薛延唱供养
5	散 535				√	李氏原藏	戊辰年七月	
6	散 262③				√	李氏原藏		金刚经册后阎罗王授记经
7	S.5531(8)	阎罗王经			√	英国国家图书馆	庚辰年	册子

---

① 上述太史文著作中详列出了德藏回纥文此经残片编号，三十五个残片中，有六个残片号有图（参见 Stephen F.Teiser, *The Scripture on the Tein Kings and the Making of Purgaturt in Medival Chinese Buddhism*, p. 235，附录 8）。Bibliography（第 286 页），Museum fur Indische Kunst, Berlin 部分又列出十个有图的残片，即 MIKⅢ：4607a、4607f、4693a、4693b、4693b、4693c、4693d、4693e、6237、7473。

② 此本的内容有特殊之处，只具有赞词及随后一些内容，主要是描写插图所绘的内容。

③ 散字等编号据商务印书馆编《敦煌遗书总目索引》（北京：中华书局，1983 年）。但散 262 情况与 S.5450、S.5544 情况很相似，也是《金刚经》与《十王经》，也题抄自西川戈家真印本。

（续表）

序号	原经号	经名简称	图	赞	文	收藏地	纪年情况	备注
8	S.2489	阎罗王经			√	英国国家图书馆		妙福题记
9	S.3147	阎罗王受记经			√	英国国家图书馆		张家道真题记
10	S.4530	阎罗王授记经			√	英国国家图书馆	戊辰年二月	
11	S.4805	阎罗王经			√	英国国家图书馆		
12	S.4890				√	英国国家图书馆		
13	S.5450	阎罗王经			√	英国国家图书馆	戊辰年二月	册子装
14	S.5585	阎罗王授记十王经			√	英国国家图书馆		册子
15	S.6230	阎罗王授记经			√	英国国家图书馆	同光四年（926）六月	
16	S.5544(2)	阎罗王受记经			√	英国国家图书馆	辛未年正月	册子
17	S.7598＋国敦唐69＋S.2815①	阎罗王受记经			√	英国国家图书馆 中国国家图书馆		
18	北8254 咸75	阎罗王受记——			√	中国国家图书馆		张家道真题记
19	北8255 服77				√	中国国家图书馆		后略残
20	北8256 字66				√	同上		
21	北8257 字45	阎罗王经			√	同上		妙福题记
22	北8258 列26	阎罗王受记经			√	同上	戊辰年八月	
23	北8259 冈44	阎罗王受记经			√	同上	四月五日五七（斋）	翟奉达题
24	国敦1537				√	同上		翟定友、张王作题②

① 中国国家图书馆的《敦煌石室写经详目续编著总目》第五十二号为此经残片，参见方广锠著《北京图书馆藏敦煌遗书勘查初记》，《敦煌学辑刊》1991年第2期。笔者阅得此件即唐69，残片高26厘米、宽25厘米。因可与英藏S.2815相缀，故此表中未予编序号。胡适曾评英藏此卷书写最为工楷，惜前面残三分之一，现从国敦唐69与英藏S.7598将此卷缀成完璧，实为幸事。

② 此本题记"行者张王作发心敬写此经一部"与经中字体一致，是写经人题记，"翟定友经一卷"字迹潦草，似为后加。卷后有中国书店标签，可知原为购藏。《敦煌劫余录续编》表114定为新1537，参见池田温《中国古代写本识语集录》，载《东京大学东洋文化研究报告》，1990年。

（续表）

序号	原经号	经名简称	图	赞	文	收藏地	纪年情况	备注
25	上博 48 (41379)17①	阎罗王 受记经			√	上海博物馆		
26	孟 1302 Дх00931②	阎罗王经			√	俄罗斯科学院东方研究所(圣彼得堡)		册子
27	孟 1303 Дх00803				√	同上		
28	孟 1304 Дх00143	阎罗王 受记经			√	同上		册子 别本
29	史金波表 264 83	阎王授记 成佛经、 十王经	√		√	俄罗斯科学院东方研究所(圣彼得堡)		西夏文
30	7a-ii MIKⅢ:2 3:3…③	阎罗成佛 受记经				德国柏林印度中亚博物馆		约 14 个抄本，35 余件残片

从以上两表基本可知此类经的数量及绘图、写本的状况。汉本写本至少有二十八件，图本有七件，总数在三十五件以上，已远高于原计二十二本的数量。④另在 P.2249《大

① 上博 48(41379)抄录了多部佛经，其中 17 号为此经(参见上海博物馆编《上海博物馆藏敦煌吐鲁番文献》第 2 册，上海：上海古籍出版社)。

② 俄罗斯科学院东方研究所圣彼得堡藏品目录原刊于黄永武主编《敦煌丛刊初集·苏俄所集卷子目录一、二》，台北：新文丰出版公司，1985 年。其目录中孟 1302 即 Дх00931、孟 1303 即 Дх00803、孟 1304 即 Дх00143，此件原目录中未题经名。近年上海古籍出版社与俄方联合出版的《俄藏敦煌文献》第 6 册中刊出 Дх00143 与 Дх00143v，即此残片的正反两面，第 7 册中刊出了 Дх00803 与 Дх00931。

③ 德国所藏的回纥文此经情况出自 Annemarie. von Gabain(葛玛丽)，"Ksitigarbha-kult in Zentralasien, Buchillustrationen aus der Turfan-funden," H. Hartel, et al(ed), *Indologen-tagung* 1971: *Verhandlungen der Indologischen Arbeitstagung im Museum fur Indische Kunst*, Berlin, Otto Harrassowitz, 1971, pp. 41—47。还有英文论文"The Purgatory of the Buddhist Uighurs: Book Illustrations from Turfan," In *Mahayanist Art on after A.D. 900*, ed. by Willaim Watson (Colloquies on Art and Archaeology in Asia). No.2., London, University of London, School of Oriental and African Studies, and The Percival David Foundation of Chinese Art: 1972, pp.25—35。太史文著作附录 8 详列了德国所藏回纥文此经残片编号，可参见。

④ 胡适先生查对了英藏十一本以及法藏、国敦等文本。杜斗城校录了二十一本中的十九本，与萧登福所校数一样。杜文未校的书道博物馆藏本，在秃氏与小川论文中作为写本的典型全文录出。太史文著作对此经统计已很详尽，只是未包括上海博物馆的藏卷。

般若经》卷二三二背面《康保住契约》前，也抄出一条此经之题。①而西夏、回纥文现知在二十件左右，因而其总数在五十五件上下。三个语种大约都有绘图和写本，西夏文本最需加强研究。

二、《阎罗王授记经》年代考证

日本藏经收录的此经题识均有年代。《地藏菩萨发心因缘十王经》后识语述说严佛调称此经梵本由真佛所授，明显是伪托之词；题识还有天圣十年（1032）十一月刻版印行语，其写本当在此之前。而《大正藏图像部》第七卷所刊《预修十王生七经》后识语则有明代成化五年（1469）六月记，也有日本宽永四年（1627）之记，相当于我国明代天启七年。②虽然此经本年代较晚，但其与敦煌图绘本完全对应，说明了此经流传影响与变化。

从题记情况可见三种区别：纪年明确、具有干支、具有题名者。

具干支纪年题记的有五个写本。S.4530 为戊辰年二月廿四日八十五。散 0353 为戊辰年七月廿八日八十五□三写流传。国敦藏列 26 为戊辰年八月一日八十五老人手写流传。S.5531 为庚辰年。S.5544 为辛未年正月。再如 S.3147 题与国敦咸 75 皆题为比丘道真受持。S.2489 与国敦字 45 并题，安国寺患尼弟子妙福发心敬写此经。对这些情况进行分析，可以进一步掌握此经的年代与跨度。

S.6230 题记有后唐庄宗时“同光四年丙戌六月六日写记之耳”。现藏日本书道博物馆的散 0799 原属日本中村不折，题记有后唐末帝时“清泰三年丙申十二月二十日”。国敦藏 8259（冈 44），是敦煌五代著名历史学家翟奉达为亡妻马氏③所作十王斋写经的

---

① 《佛说阎罗王授记四众预修生七斋往生净土经》
成都府大慈沙门　藏川述　谨　　如来临
佛说授记四众预修生
此后有壬午年康保住雇一年契的内容及癸未年正月一日立契、辛巳年画□之记。壬午年可能是后梁龙德二年（922），癸未年可能是龙德三年（923），辛巳年可能是后梁龙德元年（921），或为北宋太平兴国六年（981）。

② 高野山宝寿院本。另在韩国海印寺有版画原版《入十王生七经》，曾收藏于松本文三郎教授的佛教徵古馆，后移至京都大学人文科学研究所。

③ 此缀合写卷是说明遵从十王斋的极好材料。十王斋为七七、百日、周年、三年，每斋时写一经。第五七斋过阎罗王时写了此《阎罗王授记经（十王）》。写经者对马氏有称母，有称妻。从一七斋至周年斋写经者应为翟奉达与马氏之子，三年斋时翟奉达作总结。王惠民对此点解释得很清楚，见《敦煌写本〈水月观音经〉研究》（《敦煌研究》1992 年第 3 期）注释 3。

一部分，虽然原卷数经只题月日，但经施萍亭先生拼兑，得知此卷前接天津艺术博物馆藏4532写经①，此两卷又可后连P.2055，三卷共十经，与修十斋过十王的程序分毫不差。②起首的天津卷经题前有显德五年三月一日之记，而国敦此卷中《阎罗王授记经》是同年四月五日过五七斋时所写，此为五代后周柴荣年号，即958年。三件明确纪年都属敦煌归义军曹氏政权时期，三个年号亦分属曹氏政权中三人。同光四年为最早的曹议金（仁贵）时期（914—935），清泰三年属曹元德时期（935—939），显德五年（958）属曹元忠时期（944—974）。敦煌曹氏政权起自914年（后梁末帝乾化四年）至于1002年（北宋真宗咸平五年）③，其时庶民佛教得到很大的发展，修斋祈福之民俗提供的环境与土壤，使《阎罗王授记经》一类疑伪经大量流行。④此种背景很值得重视。

由于翟奉达供奉十王斋，以写十部经的形式来完成，自然启发人们思考，写经之中是否还有类似情况？虽然尚未再现以十经供十王斋者，但敦煌写经中确实存在不少"组合"，尤其流行的是疑伪经的组合。《阎罗王授记经》即非单独存在，多在组合之中。如S.5531就写有九经，此经排在第八；有趣的是S.3147与国敦咸75题签的经名上也有"八"字，这种组合关系可与曹氏政权流行疑伪经表⑤相辅相成，说明庶民佛教之经典状况。这方面探索不仅有助于了解当时信仰特点，对年代考订也是有益的。当然，写经组合与题识信息也有同时存在的情况。

（一）呈现组合的疑伪经典

翟奉达写十经之中都是短小的疑伪经，如P.2374题记为"维大周显德六年四月……禅师惠光，发心敬写延寿命经、续命经、天请问经三卷"。国敦8247（日93）有《续命经》《延寿命经》《天请问经》《心经》《造塔功德经》《大乘四法经》《十想经》七经，

---

① 施萍亭：《一件完整的社会风俗史资料——敦煌随笔之三》，《敦煌研究》1987年第2期。

② 仍有学者未注意到此写经为三卷合一的十王斋卷，如罗世平《地藏十王图像的遗存与信仰》（参见《唐研究》第4卷，第407页）中论为国敦卷与天津卷缀合，未言及P.2055卷百日、周年、三年写经卷的情况。又方广锠博士《藏外佛教文献》第1辑中对翟奉达此写经中第二七斋水月观音经有校录专论（北京：宗教文化出版社，1995年，第349—353页），但此《水月观音经》内容实同于《大悲启请》，这一点在王惠民更早发表的论敦煌水月之文（《敦煌写本〈水月观音经〉》）已探究明白。

③ 曹氏政权系年据荣新江《归义军史研究——唐宋时代敦煌历史考索》第2章，上海：上海古籍出版社，1996年。

④ 同上书，第9章第2节"九、十世纪敦煌佛教的盛衰"，第269—278页。

⑤ 同上书，第277—278页，据池田温《中国古代写本识语集录》所制的曹氏时期具纪年的佛典文献表。

《俄藏敦煌文献》第七册所刊Дx00927亦有七经。S.5581亦有六经，P.3932抄出五经。最典型S.5531共有九经：《妙法莲花经》《佛说解百生怨家陀罗尼经》《佛说地藏菩萨经》《佛说天请问经》《佛说续命经》《摩利支天经》《佛说延寿命经》《佛说阎罗王授记经》《般若波罗密多心经一卷》。上海博物馆藏四十八经册抄经达四十三号之多，其中此类经为数不少。上举之例足以说明抄写佛经中的组合关系。

P.3761《阎罗王授记经》较特殊，不仅为册子装，而且是有经有赞却无图的内容。我们注意到与之相邻的两个经号，也都是册子装，形式都较小，每页仅有三四行，每行仅有四五字，每行字数、字体、大小都相近，并写有多部经，且与前述成组佛经内容相似。如P.3759为《佛说八阳神咒经》《佛说摩利支天菩萨陀罗尼经》《解百生冤结陀罗尼经》①，经后题"戊子年闰五月十六日写"。P.3760写有《法华经观世音菩萨普门品第廿五》《佛说观音经》《佛说地藏菩萨经》《佛说续命经》。我们知道，董文员绘卷之前也写有《地藏菩萨经》。从经文成组及册子形式极为相近来推断，我们有理由相信，虽然字体并不完全一致，这三个经号仍是同时所写。同一经号中数个经确有不同的字体出现，如P.3932中前三经为一人所写，后两经为另一人书。此三册之中戊子年且闰五月的记载，为年代排定提供了依据。此年干支闰月同北宋端拱元年(988)相符，敦煌历法亦不抵牾。② 太史文曾分析此经有卷子，大、小册子与绘图本等多样形式，以适应不同的宗教要求。这三册袖珍式的小册子，可以方便地随身携带，在宗教用途上也有相同的适应性，此亦可帮助说明其年代的一致性。

上海博物馆藏48(41379)经册之中17号为《阎罗王受记经》，其前有《地藏菩萨经》等，册中还有著名的《清泰四年(937)曹元深祭神文》，经册形成必在此年后。此册封面上部存有"庚辰年八月十七"题字。此庚辰必应是清泰四年以后的庚辰，约为北宋太平兴国五年(980)。因经册中清泰及同光等纪年，其抄成于980年的可能性很大。

写有9部经的S.5531上题有庚辰年十二月廿日，后面还写出了三经名，即"摩力支天经""地藏菩萨经""佛说续命经"。此为921年或981年。S.5531与上海博物馆藏48的两个庚辰纪年相比较而言，北宋初年时对唐五代流行的经典抄录已至集大成的程

---

① P.3759经题中虽没有，但经文中多出《佛说解百生冤结陀罗尼经》。此三卷中，P.3759的书迹与P.3761颇相近，与P.3760字体却不相似。在注中所举的P.3922经册中，前三经(《观音经》《心经》《续命经》)字体一致，后两经(《地藏经》《解百生冤结陀罗尼》)字体一致，可见为两人书。由此可证，这种佛经组合中，字体不同，数人书写的情况都是存在的。

② 此点经邓文宽先生教示。戊子年闰五月据陈垣《二十史朔闰表》(北京：中华书局，1962年)为北宋端拱元年。其前后的戊子岁有808、868、928等，其闰月均不相合，最佳选择为988年。

度，因而S.5531的年代更可能在五代的庚辰年即贞明六年（921）初①。

（二）八旬老人题记的写经

有数本此经题记都是八旬老人所作，这些写本是否出自同一位老人之手呢？颇值寻味的是此数经多与《金刚经》组合，这些《金刚经》又抄自同一范本：出自四川的印刷品——西川过家真印本。此印本之经文有三十二分，后接三段咒语（大身真言、随身真言、心中心真言）。仅抄写《金刚经》的八旬老人题记更多，从年号干支的排序来看，亦是同一位老人所抄。实际上，白化文、荣新江、陈祚龙已从不同角度注意了这位老人的写经②，太史文已据此老人题记排定了现知《阎罗王授记经》的最早年代。其专著附录十二列出了有关老人写八件《金刚经》与三件《十王经》共十一件经本的情况，而白化文教授则更多举出了同时写有《金刚经》与《阎罗王授记经》的S.5450与S.5544加以讨论。笔者还发现个别《阎罗王授记经》经前有《金刚经》后面的真言咒语，因而也是这种《金刚经》《阎罗王授记经》同抄的情况。以下将这类写经情况列出。

S.5534《金刚经》题：天复四年乙丑（905）三月一日，信心受持，老人八十有二。S.5444《金刚经》题：天祐二年乙丑（905）四月廿三日，八十二老人手写此经，流传信士。S.5969《金刚经》题：天复（祐）二年乙丑（905）十二月廿日，八十二老人手写流传。③《金刚经》：天祐三年丙寅（906）正月廿六日，八十（下残）敦煌市博物馆藏053号。S.5451《金刚经》题：天祐三年丙寅二月二日，八十三老人手自刺血写之（相邻的S.5450写《金刚经》与《阎罗王授记经》）。S.5669《金刚经》题：天祐三年丙寅二月三日，八十三老人刺左手中指出血，经香墨写此金（经）。P.2876《金刚经》题：天祐三年丙寅四月五日，八十三老翁刺血和墨，手写此经。国图敦有9号《金刚经》题：丁卯年（907）三月十二日，八十四老人手写流传。④ S.4530《阎罗

---

① 公元921年1月1日相当于贞明六年十一月十九日。因而庚辰十二月廿日为公元921年初。

② 白化文：《敦煌汉文遗书中雕版印刷资料综述》，载中国敦煌吐鲁番学会语言文学分会编《敦煌语言文学研究》，北京：北京大学出版社，1988年，第296页；荣新江：《归义军史研究——唐宋时代敦煌历史考索》第6章第1节，第215—216页；陈祚龙：《中世敦煌与成都之间的交通路线——敦煌学散策之一》，台北：《敦煌学》第1辑，1974年。

③ 此本原写"天复二年乙丑十二月廿日"，当知有笔误，应为天祐二年或天复五年。太史文先生注意到中国农历与公历的细微差别，此十二月廿日对应于906年1月17日，而不是905年。不过太史文先生著作附录12所列出的S.4530写于"戊辰十二月十四日"，对应于909年1月8日，而此原皆录为"戊辰二月廿四日"。据笔者观察，尚不能同意太史文先生此点。

④ 中国国家图书馆藏有九号《金刚经》，未刊布，经笔者查阅，为《金刚经》册子，存十页。页高14.5厘米，宽10.5厘米。文从"悉知何以故如来说诸心"始，有第十八品至第卅二品的内容，后附三种真言与题记。

王授记经》题:戊辰年(908)二月廿四日,八十五(后残)。散0535《阎罗王授记经》题:戊辰年七月廿八日,八十五口三写流传。国敦列26《阎罗王授记经》题:戊辰年八月一日,八十五老人手写流传,依教不修,生入地狱。S.5544《金刚经》与《阎罗王授记经》其后题:奉为老耕牛一头,敬写《金刚》一卷,《受记》一卷……辛未年(911)正月。

附:散262为《金刚经》与《阎罗王授记经》经册。S.5585为《金刚经咒语》与《阎罗王授记经》。P.5580为《金刚经咒语》与《阎罗王授记经》。

上列诸本的《金刚经》后,除敦煌博物馆本、散262情况未明外,都题有"西川过家真印本"字样,说明是遵从此印刷本样式抄写。从写经字体考察,也确为同一人所书。杜斗城先生还指出S.5585《阎罗王授记十王经》字体与S.5544一致,笔者则发现此经前面有《金刚经咒》的"心中心真言"。太史文著作附录十中列出的P.5580册子情况也相同,经前有《金刚经咒》真言。这说明这两件原为《金刚经》与《阎罗王授记经》同抄,《金刚经》亦用来自四川的古印本为准,符合此位老人写经习惯,且所写字体也与老人很相似,因而,《金刚经》与《阎罗王授记经》的组合完全可能在908年以前就出现。从各写本与《金刚经》印本的关系、题纪年号、年龄与心绪及字体等因素,都可肯定此经是一位老人所作,绝非巧合。诸本题记可以清楚地反映其思想变化。如八十二岁时所写是为"受持"与"流传",八十三岁所写则为刺血和墨而成,从"以死写之,乞早过世、余无所愿"(P.2876),已明显流露出考虑死后问题。八十五岁时有"依教不修,生入地狱"等句,且多写《阎罗王授记经》。八十八岁时则有为冤家债主与老耕牛神生净土之句。①老人多写此经明显是接受了生前预修七七斋、写《阎罗王授记经》可得福报、免入地狱之说。此生人写经预修生七、为已修福,与翟奉达为亡妻修福,共同构成此经为生人、亡人修福观念深入民间的极好例证。

老人所写《金刚经》与《阎罗王授记经》排出序列,其中至少可以肯定时当五代初后梁开平二年(908)与南汉乾化元年(911)时有此经抄写之本。这已较纪年写本的同光四年早十八年。但老人写经之中是否有更早写本呢?笔者曾推想S.5450是否与S.5451同年所写,因为经号相连,其字体尤其《金刚经》真言部分极为一致。但从老人题记中反映的对年号、干支的记载越来越趋简之规律与此题记布局及略斜的特点来看,此说论据不够充分,因而笔者同意白化文主张S.5450与S.5544同时的观点。又抄

① "辛未年"题记的S.5544的内容很有意思,此经是为老耕牛所写。《金刚经》后题"奉为老耕牛神生净土,弥勒下生,同在初会,俱闻圣法"。最后题"奉为老耕牛一头,敬写《金刚》一卷,《受记》一卷。愿此牛身领受功德,往生净土,再莫受畜生身。天曹地府,分明分付,莫令更有仇讼。辛未年正月"。又龙门石窟题记中也可见祈愿动物往生净土的题记。

同本《金刚经》的S.6726题有"写经弟子兵马使汜安宁年可七十二"题记，白化文先生认为此人或为写经八十老人，但其年岁、纪年并未能完全相合。笔者注意到P.2876背面有"兵马使阴员宗(?)汜□□"的题名。①看来写这种写经在兵马使中曾流行，此位八十老人更有可能是这位阴员宗。②

（三）**董文员所绘三图卷**

绘本中除F本（日本高野山）题有纪年外③，B本（久保惣美术馆）的"辛未年十二月十日书画毕，年六十八，弟子董文员供养"题记，是敦煌五件绘本中唯一干支题记，因而很重要。日本学者曾分别推测其为五代乾化元年(911)或北宋开宝四年(971)。④

更重要的线索是董文员作为敦煌一位出色的画家，现知绘迹还有英国与中国所藏共计三件。以往的论考或一或二、从未同时利用三件图卷。大英博物馆所藏绢画中有一幅珍贵精美的双观音图，上部有较长的题记⑤，最后有伎术弟子董文员供养之名。中国历史博物馆（现合并于中国国家博物馆）也藏有一件董文员所绘观世音菩萨与毗沙门天王像，其下部也有长篇题记及僧俗供养像。⑥这些作品不仅为推断董文员绘十王卷之年代丰富了材料，对研究敦煌佛教、民俗社会也有帮助。

英藏Ch.xxxiii005《双观音图》题记可分三段，中间为画观音像记，两侧分别有画观

---

① P.2876背面题字可识读有"丙寅兵马使阴员宗(?)汜/供养"等。又此卷之首还绘有八大金刚与启请文。因而此卷也是具插图之本。

② 又颜廷亮先生认为此位老人就是张球（参见颜廷亮著《张球著作系年和生平管窥》，载敦煌研究院编《1990年敦煌学国际学术讨论会论文提要》）。但郭锋《补唐末沙洲节度审判官掌书记张球事一则》中则排张球生卒年为会昌五年(845)至贞明六年(920)左右（参见季羡林等主编《敦煌吐鲁番研究》第2卷，北京：北京大学出版社，1996年，第349—354页）。两者对张球七十五岁时抄《略出籝金》的P.2537分别判为光化元年(898)与贞明六年，相差二十余年。

③ "宽永四稔(1627)卯月十五日仿修复之　多闻院沙□"。时当中国明代熹宗天启七年经末所题"仿修复"，应有年代更早的原卷。秃氏论为室町时代古本。室町幕府时代是1338—1573年，相当于中国元代至元四年到明万历元年。

④ 松本荣一论为北宋开宝四年(971)，秃氏与小川推为五代乾化元年(911)。但太史文教授注意到中国农历与公元纪年在年终交替时的差别，辛未年的十二月十四日应已是972年的年初了。

⑤ 此图刊于日本讲谈社《西域美术Ⅱ》大英博物馆藏敦煌24《双观音图》。题记又刊于《英藏敦煌文献》第14册第155页，题为《供养人温义等题记》，并标出收藏号Ch.xxxviii005(BM.SPO3)。此记中有些地方题为"温义"，有些地方题"义温"，标题以温义为准。

⑥ 史树青主编、西林昭一监修：《中国历史博物馆藏法书大观·第十二卷战国秦汉唐宋元墨迹》，京都：柳原书店，1994年，图56。

音记：

中段题记：清信弟子温义(义温)为已身落[番得归]乡敬造一心供养。

右侧题记：优婆夷觉惠，同修观世音菩萨。一为先亡父母神生净土，甲□□三涂，承生净国，早登佛界，一心供养。

左侧题记：□□永安寺老宿慈力发心敬画观世音菩萨，为过往父/(母)□三，早过佛界，一心供养。信弟子男永安寺律师义/□一心供养。信弟子兼伎术子弟(弟子)董文员一心供养。

此图高147.3厘米、宽105.3厘米。两位男相观音相对而立，面稍侧，眉心白毫，有髭须。身材修长，饰络华丽。题记中伎术弟子的称呼与将已身画入并题“书画毕”十王经卷的董文员完全相符。由于长期开窟画像，敦煌必有继承传习的匠师，并形成了“画行”“画院”。曹延禄(976—1002)在位时安西榆林第35窟存有数身画师供养像，其题记中“沙州工匠都勾当画院”之称说明最迟北宋初沙州曹氏已有官府画院，续五代之南唐、西蜀画院迭出的潮流。①而更早的晚唐时敦煌已有一种“伎术院”，其中可学吉凶礼仪、音乐历算，有无学习绘艺之事，并无证据，仅P.2032背面提到画窟门的“院生”，但此院生或属画院。而董文员“伎术弟子”的身份颇耐人寻味，是否其正在“伎术院”中习画艺？又S.3929写卷誉“节度押衙画行都料董保德”的画艺，“手迹及于僧繇，笔势邻于曹氏(曹仲达)”，其文员与保德都为董氏画手，或有家族之亲缘？

中国历史博物馆所藏董文员绘《观音天王供养像》为纸本，墨线勾成并点染一些色彩，高约54厘米。两像皆正面立，观音菩萨手中持瓶花与花枝。北方毗沙门天王手中托塔、持戟，戟枝还系有飘垂的幡带。此图下段题记也分三段，并以界格分开。中间题记是：

清信佛弟子董文员，先奉为/先亡父母神生净土，勿落三涂。次为长兄僧议渊，染患未蒙抽/感□，凭佛加威，乞祇救拔。敬画/大慈大悲救苦观世音菩萨，/及北方大圣毗沙门天王供养 时庚寅年七月十五日题写

其右侧画有一僧人趺坐毯上，手持香炉，题字为：

---

① 姜伯勤：《敦煌的“画行”与“画院”》，敦煌文物研究所编《1983年全国敦煌学术讨论会文集·石窟艺术编下》，兰州：甘肃人民出版社，1983年。后又收入氏著《敦煌艺术宗教与礼乐文明》，北京：中国社会科学出版社，1996年。

兄释门临坛律师兼使/内道场门僧比丘议全供养。

其左侧画出一跪姿妇女像，身穿大袖袍服，肩绕帔帛。双手相揖抱，发髻向后堆起，插有梳饰，两鬓各伸出翅一枝。题词为：

慈母修行顿悟大乘/优婆夷觉惠一心供养。

发愿文清楚反映了董文员的家庭关系及两图的先后次序。董氏是虔信敬香之家，觉惠为董文员之母，僧议渊与议全皆是董之兄。觉惠在双观音图中为先亡父母祈愿，同时有永安寺僧“伎术弟子”的董文员。而观音天王图中董文员为先亡父母祈愿，则觉惠已经过世。其顿悟大乘优婆夷①的身份与禅宗流行有关。

董文员为己祈福作画之辛未年时六十八岁，为亡父母与疾兄作画之庚寅时早其四十一年，应为二十七岁，则为亡祖父母作画时就更年少了。

青少年“伎术弟子”画《双观音》，中青年画《观音天王》，老年画《十王》，董文员三绘卷的序次应当清楚无误。但这个序次定在何一具体纪年点上，仍有相当困难。

以前曾据绘画风格近于唐咸通五年(864)的四观音文殊普贤绢画及“落番归乡”为归义军收复沙、瓜二州的大中二年(848)背景将《双观音》定为九世纪中期。《观音天王》一般定为五代的长兴元年(930)，而《十王》有五代乾化元年与北宋开宝四年两说。这三者如何统一于一人呢？

董肯定不能以一百二十、一百三十岁高寿从九世纪中期活到北宋开宝初年。若依董乾化元年六十八岁，将画《观音天王》提至唐咸通十一年(870)，也说得过去，而《双观音》韵致确近唐画。但是笔者在 S.2614v 查得了僧人“慈力”之名。

《双观音图》上题出的慈力已为“永安寺老宿”，而 S.2614 是《沙州诸寺僧尼名簿》，此卷首部分就是永安寺僧，虽然有残损，但所幸“慈力”之名存焉。此卷年代原有唐乾宁二年(895)说，现又考为略晚的 10 世纪初。②P.2250v(约 937 年之前)《㨂状》中永安寺部分③无慈

---

① 董文员绘供养观音天王图，前注《中国历史博物馆藏法书大观》第 208—209 页的图版说明有两处错误：一是右侧僧人题记与余两题记不同，应从左至右读为“兄释门临坛大律师兼使/内道场门僧比丘议全供养”，而不是从“内道场”读起。二是左侧“慈母觉惠题记中”应是“修行顿悟大乘优婆夷”，而不是“顿悟大业”。

② 郝春文：《唐后期五代宋初敦煌僧尼的社会生活》，北京：中国社会科学出版社，1998 年，第 30—31 页。该书第 100 页论证了此卷起首为永安寺僧与沙弥名。

③ 郝春文对 P.2250 年代有论证(同上书，第 307—308 页)。

力之名，定已辞世。慈力既是10世纪初的“老宿”，就不可能在九世纪中期已成“老宿”。这说明此幅唐风颇浓的《双观音图》的时代应较原定晚很多。

以前学术界较多接受董绘《十王经图》在五代乾化辛未年(911)的论点①，其服装等细节特征确也有些较早的遗风，但我们从董绘三卷来整体考虑，从觉惠头饰出翅与相关图像对比等，特别是永安寺僧慈力题名之证，仍将董绘三卷排为10世纪初，长兴元年与北宋开宝四年为宜。在图像风格与文字证据小有抵牾时，仍应服从文献根据。

（四）其余写本与年代归纳

写本《阎罗王授记经》中有几种明显的字体变化。如安国寺尼妙福抄经，字体娟秀，有一丝女性的清丽气息。安国寺是归义军时期敦煌五尼寺——大乘、灵修、普光、安国、圣光寺之一。妙福抄经题记云所抄为七卷，现存两卷字体完全一致，可以肯定是其所抄。又有国敦8256(字45)字体也很近似，但有个别字写法不完全相同，因而是否妙福所书尚存疑义。妙福之名在敦煌的僧、尼名录上也曾有出现，其抄经是因已身患病而祈愿，亦因为年事已高，其时间也应在10世纪中期。

国敦藏咸75、S.3147均有比丘道真受持与“上、张家”等字样。道真俗姓张②，是敦煌历史上著名的僧人，为三界寺观音内院的住持。三界寺在敦煌壁画及许多卷子中都有出现，是著名大寺，姜亮夫先生早就对其有论述。③近年对道真修补大藏经等工作也有深入探讨，如长兴五年(934)前后道真所做修补敦煌藏经的事业。④道真所授的不少戒牒仍存，如北宋雍熙四年(987)的授菩萨戒牒上，道真已是都僧录赐紫大法师，说明在长兴年间至北宋初他都活跃在敦煌。也有论著指出，据道林、法真等人提到的情况，道真应在920年至927年之间出使伊州，至996年(丙申年)道真仍健在。⑤上述两

---

① 学术界多已接受秃氏与小川论文的推测，如池田温著《中国古代写本题识汇编》、讲谈社编《西域美术》、奈良国立博物馆编《东亚佛教美术》等。

② 中国国家图书馆藏奈88《佛名经》经末有“沙门道真修此经，年十九，俗姓张氏”。

③ 姜亮夫先生在其辑录《敦煌经卷壁画中所见的寺观》一文，就将三界寺列为首位，并考其年代的上限在唐末天祐元年(904)，下限约至于1000年(载姜亮夫著《敦煌学论文集》[下]，上海：上海古籍出版社，1987年)。

④ 施萍亭：《三界寺·道真·敦煌藏经》，《1990年国际敦煌学讨论会论文集》。敦煌研究院藏0345、国敦329为三界寺比丘道真藏经目录题记，为后唐长兴五年(934)所记。

⑤ S.5855《雍熙三年阴存礼为亡考七七设斋疏》与S.4915《雍熙四年三界寺授智惠菩萨戒牒》中道真已是都僧录大法师赐紫的身份。据P.5026《敦煌诗、道林达道真书》、P.4712《道真残状两件》以及P.2700《法真状》，道真在920—927年出使伊州。参见郑炳林著《敦煌碑铭赞辑释》之《观音院主释道真修龛短句并序》注释，此中还举了P.3440《丙申年三月十六日见纳天子物色人绫绢历》张僧统应是道真(兰州：甘肃教育出版社，1992年，第519—520页)。

经题名说明道真也注重此类民俗经典，而且此两经也都有修补过的特征，有引首与题签等，这应说明两种道真题字的经之抄写时间至少在长兴五年之前，是 928 年到 934 年之间或更早。

总之，以上我们多个方面，即经卷及经篇之间相关联系，以“西川过家印真本”的雕印本为范的相关经典《金刚经》，老人年龄与写经年代的递进序列关系，敦煌历法中采用了干支纪年的特殊阶段，还有供养画家与相关作品及僧人题名等方面，推定出了敦煌本《阎罗王授记（十王）经》的年代。

908 年，戊辰二月。五代后梁开平二年。S.4530 写经。

908 年，戊辰七月。五代后梁开平二年。散 0535 写经。

908 年，戊辰八月。五代后梁开平二年。中国国家图书馆（列 26）写经。

911 年，辛未正月。五代后梁开平五年。S.5544（2）写经。

911 年，五代后梁开平五年，S.5450（2）写经。

911 年之前，S.5585 与老人所写经字体一致。①

921 年，庚辰十二月。五代后梁贞明六年，S.5531（8）写经。②

926 年，丙戌六月。五代后唐同光四年。S.6230 写经。

936 年，丙申十二月。五代后唐清泰三年。日本书道博物馆藏本。

958 年，戊午四月。五代后周显德五年。中国国家图书馆（冈 44）写经。

971 年，辛未十二月、北宋开宝四年。日本久保惣纪念美术馆藏董文员供养卷。有图赞。

980 年，庚辰年八月。北宋太平兴国五年。上海博物馆藏 48 经册。

988 年，戊子闰五月。北宋端拱元年前后，P.3761 写经。有经赞而无图。

1627 年，日本宽永四年卯月（相当于明天启七年）。F 本日本高野山宝寿院藏本。有图有赞。

在汉文本中，纯文无图者约为二十六本，绘本八件经整理成六本，合计约达三十二本。而其中年代约可明确者已达十本以上，时代约从五代初至北宋初年，约为敦煌归义军张氏最后的张承奉至曹氏最后的曹延禄时，在金山国③与曹氏初期较集中。此外

---

① 从老人 82 岁至 88 岁写经书迹看，82 岁时风格平稳，88 岁时则显气力不足。比较来说，S.5585 较近于 88 岁的字迹。

② 此卷年代仍为推测，或为北宋太平兴国五年初。

③ 荣新江考定敦煌金山国为 910 年至 911 年。金山国实际在 911 年因军事失败而改称燉煌国，至 914 年才更为曹氏政权，参见荣新江专著（《归义军史研究——唐宋时代敦煌历史考索》）注 47。关于金山国情况还可参见杨秀清著《八十年代以来金山国史研究综述》，《敦煌研究》1995 年第 4 期。

还有西夏时期本、宋代传世本与明代西夏本。

三、 缘起线索并小结

通过以上缀合分析、考订归纳，根据此经汉文本绘图、书写本的各种类型，笔者以为应将现知全部经卷与入大藏经本通盘考虑，包括大足宝顶大佛湾第20号石刻录文与日本《地藏菩萨发心因缘十王经》等，对图赞文与内容加以分类区别。总体来说，图文形式共有纯图、图文赞齐全、无图有赞文、仅具经偈文字及不同文本的多种变化。①简略划分图文赞齐全与仅文无图赞的两种已不能反映全面情况。②因而宜分三种类别，其甲、乙种又有数种区分，才能概括其全貌：

甲种：《阎罗王授记经》。（一）有经文无赞无图，（二）俄藏内容不同的别本。

乙种：《佛说十王经》。（一）图赞文齐全，（二）仅图无文，（三）有赞有文而无图，（四）仅具赞词与图绘说明，（五）有十王像与赞词节录的大足石刻本。③

丙种：《地藏十王经》一。有赞有文，为日本撰述，内容不同于甲、乙种经。

由于此经关涉佛教、艺术、民俗内涵甚多，前贤诸家对其来源所据，很有兴趣而详加究察，虽然多有硕果，但十王名称所出仍未有定说。此经的来源确很复杂，涉及经典与图像诸多方面，很多探考多从疑伪经典等找出处，但从南宋《释门正统·利生志》《佛祖统纪·十王供》到早期《灌顶》《提谓》《净度三昧》等疑经与《阎罗授记（十王）经》的密切联系，从塚本善隆到酒井忠夫等日本学者已论考殆尽，道明和尚入冥等线索亦同。再加论考时应扩展范围，例如属俗众在一月内十天遵守八关斋戒的《十斋日》仪轨、日本学者曾提及但未遑深论之中唐法照所创净土五会念佛法门与此经关联处都特别值

---

① 现在仅李氏鉴藏散录0262、0535未见，但也是写本无疑。

② 杜斗城将此分为甲、乙二本文字作为对比刊出。秃氏祐祥与小川贯弌曾将这两种文字做对比，来探讨其发展演化，即经文如何由简至繁，由写至图。但此论证应在年代考订的基础上做出。且其所用简本是日本书道博物馆清泰三年本，时间较晚。而图本为P.2003，亦无年代。当然其对多数经卷的年代推测大致不误，但其立论之据稍觉薄弱了一些。

③ 大足宝顶第二十号摩崖十王雕刻处的石刻本《阎罗王授记经》，内容如敦煌图绘本之节录，但每王选段、次序与敦煌本有不同。此点胡文和在《四川道教佛教石窟艺术》（成都：四川人民出版社，1994年）中已论及，但录文则应以陈明光、邓之金著《四川大足县宝顶大佛湾"地藏十王、地狱变"铭文勘查报告——兼校勘〈四川摩崖造像大方广华严十恶品经变〉录文》为准。此文是1996年大足学术会议论文，谨向惠赐论文的陈明光先生致谢。又重庆大足石刻博物馆、研究所编《大足石刻铭文录》刊布了这些刻文（重庆：重庆出版社，1999年，第133—145页）。

得注意。更重要的是,从典籍经轨等处能找出十王所出典故固然很好,但在不能肯定十王名号所出的情况下,不妨另辟蹊径,探访其图像演变踪迹、十王之中的核心组合关系等也许更有价值。十王的形成应经历较长的历史过程,并非一朝一代蹴就,也非仅在经典中有线索。确实,在图像与经典等情况中都显示出此十王中首先形成的是小组合,即以两王或三王为中心形成小组合,又与《灌顶经》三十王等结合,在此基础上最终才形成秦广、初江、宋帝、五官、阎罗、卞城、太山、平等、都市、五道转轮共十位冥王。而此十王之中最先出现的图像是阎罗与五道,随之阎罗、太山、五道形成的核心三王在经典及图像方面有不少例证。总之,从经典来源、石窟碑像与经典文献中三王核心图文线索的演进,对我们了解十王形成亦大有裨益。限于篇幅有关讨论在此不赘,只略提主要线索,以起抛砖引玉之效。

汉文佛典中出现阎罗王与五道大神均很早。西晋译《大楼炭经》、后秦译《长阿含》已有阎罗、地狱。而三国吴支谦译《太子瑞应本起经》、西晋竺法护译《普曜经》中均有五道大神为武人形貌,持拿兵器,把守五道轮回之路口的详述。陕西省富平县北魏太昌元年(532)制成的樊奴子造像碑之阴面底层,就刻出了阎罗与五道的图像。其阎罗坐帐中审案,前有羊、狗跪地申诉,立柱上有罪者受刀割之刑,还有罪魂戴枷前来。五道大神则坐于胡床上,手中拿戈,面前有数道云气表五道轮回,其上层有飞天表示天道,其下有人像表人道,再下有驼等表畜生道,地狱与饿鬼道中形象较为模糊不清。其阎罗王与五道大神名号皆有榜题。此碑情况虽在金石著作中早有介绍,研究论文也有提及①,但其图像前此从未刊布。②这幅图像较著名的写出五道大神之名的吐鲁番阿斯塔那 170 号墓所出《高昌章和十三年(543)孝姿随葬衣物疏》还要早,其重要性不仅在其为十王图像元素中出现最早,且对研讨法界人中像图也有重要意义,因其阎罗与五道组合图在美国弗利尔艺术馆藏隋代石雕卢舍那法界人中像上也有出现。其实在六

① 毛凤枝:《关中石刻文字新编》,载《石刻史料新编》第 22 册,台北:新文丰出版公司,1977 年,第 16872 页。叶昌炽、柯昌泗:《语石、语石异同评》,北京:中华书局,1994 年,第 324 页。刘淑芬:《五至六世纪华北乡村的佛教信仰》,《"中央研究院"史语所集刊》第 63 本第 3 分,台北,1993 年。

② 长期以来,原碑情况不明,碑阴雕刻从未面世。因北京大学及国家图书馆、日本京都大学人文科学研究所,台湾"中央研究院"傅斯年图书馆等都藏有此碑拓片,却均为碑侧年代题记一面,并无碑阴图像。笔者探访过程中曾得李玉珉、王钟承女士帮助得观台湾藏家拓本照片,近日笔者与西安美术学院张宝洲同调查此碑情况,得到西安碑林博物馆马骥先生协助,查得了该馆所藏珍贵的原属于右任先生之此碑全套拓片,富平县城区文物管理所井增利先生又帮助核实此造像碑原由富平县文管所回埋于富平县。在此一并深致谢忱。

世纪初南朝《慈悲道场忏法》(梁皇忏)已有了阎罗王、泰山府君、五道大神的组合。众所周知,泰山是中国固有表示死者所赴的冥府所在,太山府君即阴间主神。阎罗、太山与五道的结合,已是印度佛教结合中国传统而形成的适合国情的信仰形态,因而传之弥远。南朝梁失译者名之《阿吒婆拘鬼神大将上佛陀罗尼经》中则有阎罗王、五道大神与地藏菩萨的组合,隋代法界人中像上也有阎罗与五道之像,而初唐的贞观十三年(639)齐士员造像座有线刻阎罗王图①,龙门石窟宾阳洞上方有地藏菩萨五道轮回图,龙门石窟敬善寺洞门内侧尚有杜法力为太山府君、阎罗王、五道将军所造之像。唐临于永徽三年(653)撰成的《冥报记》中亦说到了阎罗王、太山府君与五道神。十王之中的太山王就是太山府君所演成,而五道转轮王即是五道大神、五道将军之身。实际上,在唐代,此三王结合已很普遍,在写经题记、驱傩文、破魔变文、受八关斋戒文、十斋日等文献中屡屡出现。实际上,在《阎罗王授记经》的经文前段中,也有此三王的组合,这充分说明了三王组合的重要和普遍。十王形成后此三王组合仍并行不悖。三王组合的时代跨度大,影响面广,渗入社会深,十王在此核心的三王基础上形成,是很自然的。

除起源的因素处,石窟碑像中也有不少与敦煌纸本画相呼应的十王雕刻等。以往将窟像对应十王像研究较少,但罗世平以遗迹为主的论文虽有精到的分析,却遗漏了安岳圆觉洞第八十号与第八十四号两龛地藏十王像,及巩县石窟寺十王像碑、圆觉洞两龛图像持经像的冥间善人等重要细节,与敦煌纸本画极似,最有对应价值。塚本善隆提到四川有五代杜良造十王像,笔者查知此像龛原就在四川资中重龙山,惜已毁坏失去。重庆大足县也有著名的北山与宝顶摩崖,北山及石篆山有数龛,特别是宝顶第二十号地藏和十王的巨龛,铭出了《十王经》的内容,还刻有《十斋日》与对应的十地狱图景。笔者还知四川内江县清溪乡也有五代的十王像龛,并调查确认了山东东平县华严洞石窟、河北阜平的古佛堂,都有明代的地藏十王雕刻。因而可知,石窟碑像的刻造,既在十王形成过程中起过作用,又在十王形成后,使其广播远扬。而且,石窟造像与十王挂轴图的研考应有所结合,十王经图卷首画与敦煌地藏十王绢画、日本所传陆信忠等家族画师作品等,与石窟碑像中十王雕造构图仍有关联,说明雕刻与绘画的十王延续关联仍值得研讨。

总括来说,本文对《阎罗王授记经》插图与写卷本的全部材料作了彻底之整理,并在此基础上多角度、多方位地探讨其构成、年代、源起,等等。绘图本均为完卷,写本也有缀补合成,说明其破裂损断多是后人所为,这对于理解藏经洞的封闭原因亦有益处。

---

① 参见拙文《初唐阎罗图像与刻经——以〈齐士员献陵造像碑〉拓本为中心》之内所附线图与拓片,载荣新江主编《唐研究》第6卷,北京:北京大学出版社,2000年。

又卷首画中有释迦授记与地藏十王两种、相应画卷幅图分为十三、十四两种构成的分析，图本之间先后关系的推断，宋荦赠开先寺本与回纥图文特别是西夏图文珍稀材料的介绍；《阎罗王授记经》与其他疑伪经的组合关系，董文员所画双观音、观音天王及十王图的造诣及序列、僧人慈力的题名及年代推定；八十老人写经年代的进一步考订；此经图起源方面最早碑像之五道与阎罗图的查获，十王构成中三王即阎罗、太山、五道为核心组合之看法的提出，五道轮回图与卢舍那法界人中像、地藏像的交叉融溶等方面，本文均有新的探考与收获。至于文中定存之有误不确之处，尚希获得赐教。

民国时期的佛学概论与通史书写*

龚　隽**

知识是一个历史的概念。在传统佛教教义中，觉悟比知识更要紧，知识通常只是作为第二义而具有扶翼修道的作用。禅宗门里对知识障道的批判不用细论，即使是义学僧侣，对于经教的研究也绝非仅出于知识学上的兴趣，其大旨不过是要将经教中的道理与心中的解悟融合无间而已，法义的领悟有时候甚至是通过忘记知识才能够获得的。①这种对于知识多少有些贬斥性的观念，可以说代表了传统佛学的主流意见。

近代以来，中国历史经历了巨变，受到西方或东洋的现代化观念影响，知识观念也出现了革命性的改变，与理性相关的知识成为中国近代启蒙中最为核心的价值之一。佛学界也不例外，传统佛教中被作为附属性质的知识也逐渐独立出来，而成为新的佛学思潮中最有力量的一个方面。近代学人普遍认为，中国佛学衰微的一个重要原因就是不重知识，"徒凭直觉，随意立义"，从而导致是非不辨的颟顸学风与相似佛学的流行。②于是，佛学的复兴需要重建作为"知识"意义的佛学，并在此观念下来重新书写佛教的概貌与历史。

一、中国式的文艺复兴与佛学新知

正如梁启超所说，佛教自晚清以来作为一伏流而影响了中国思想学术界。③作为

* 该文有关"通史"的内容，曾经以"民国时期佛学通史的书写"为题，发表在《世界宗教研究》2013年第6期上。

** 龚隽，中山大学哲学系教授、博士生导师。

① 如像道安这样笃研经典，以"诠定音字，详覆文旨"为业的学问僧，也绝没有知识为上的观念。恰恰相反，他认为，如果以为考订章句就可以了解佛法大旨，那就完全错了。所以他这样说："或忘文以全其质者，则大智玄通，居可知也。"分别参考释慧皎撰、汤用彤校注《高僧传》卷五，北京：中华书局，1992年，第185页；道安著《道行经序》，《出三藏记集序》卷七，北京：中华书局，1995年，第263页。

② 欧阳竟无认为，新的佛学应该通过研究与批判来抉择其教义是非，他说"教里皆为研究探讨之所取决，故公认熟于教理者有批评之职，乃属当然之事"。参见欧阳竟无著《支那内学院研究会开会辞》，《欧阳竟无佛学文选》，武汉：武汉大学出版社，2009年，第25页。

③ 梁启超在《清代学术概论》中称佛学为"晚清思想界一伏流"，参见氏著《清代学术概论》，上海：上海古籍出版社，1998年，第99页。

传统价值信念的儒学在晚清已经极度衰微，而西方宗教大都被中国知识界理解为非理性的宗教而不为广泛接受，在这一信仰价值的空隙之间，佛教找到了自己特殊的历史位置。①这时佛学通常被解读为一种具有理性倾向的精神性资源，因而具有了近代知识的兴味与道义的担当。章太炎就说"至所以提倡佛学者，则自有说。民德衰颓，于今为甚，姬、孔遗言，无复挽回之力，即理学亦不足以持世……矫弊者乃憬然乎宗教之不可泯绝，而崇拜天神，既近卑鄙…… 自非法相之理，华严之行，必不能制恶见而清污浊"②。而步入民国时期，尤其是 20 世纪 20 年代之后，启蒙的观念深入人心③，于是又有不少学人以为，只要对佛教略加改造，就可以使之成为一种中国式"文艺复兴"的思想资源。④如梁启超在 1920 年所作《清代学术概论》中，就把"新佛教"说成是中国近代启蒙的一大法流。⑤

具有近代"知识"意义的中国佛学之形成，主要被塑于 20 世纪的 20 年代到 40 年代。当然，民国佛教的复兴并不是简单地复古旧学，而恰恰是经历了近代知识的洗礼，并做了重新结构与系统化的论述。中华帝国的晚期佛教已是"入清转衰"，而"于学术益无与也"，作为知识的佛学在民国初年殆湮没无闻。⑥而就在这一时期的中国知识

---

① 蔡元培 1900 年发表《佛教护国论》一文就表明了这一状况。他说："耶氏者，以其电力深入白种人之脑，而且占印度佛氏之故虚也，浸寻而欲占我国孔教之虚矣……儒佛之中，有能食文物而强大于体质以抵制者乎？儒之中，盖有知之者矣，然而儒者扼于世法者也，集网甚密也，资本无出也……学者而有志护国焉者，舍佛教而何藉乎？"又蔡氏也批评基督教信仰的非理性倾向，"诮人之拜偶像，而不知其拜空气之同一无理也"，均见《蔡元培全集》第 1 卷，北京：中华书局，1984 年，第 106—107 页。

② 章太炎，《人无我论》，《章太炎全集》(四)，上海：上海人民出版社，1985 年，第 429 页。

③ "五四"之后，中国思想进入了一个重要的启蒙时期，关于此，参考 Vera Schwarcz, *The Chinese Enlightenment: Intellectuals and the Legacy of the May Fourth Movement of 1919*, Berkely, University of California Press, 1986。

④ 如 20 世纪 20 年代，梁启超与蒋百里就把中国可能出现的"新佛教"作为一种文艺复兴的新形式。关于此，参考周策纵著、周子平等译《五四运动：现代中国的思想革命》，南京：江苏人民出版社，1996 年，第 467—471 页。

⑤ 参见梁启超著《清代学术概论》，第 100 页。连对佛教采取批判态度的胡适有时也不免以文艺复兴的方式来论究佛教，如他把禅宗运动理解为中国思想史上一次中国式的文艺复兴。

⑥ 梁启超：《中国佛法兴衰沿革说略》，载氏著《饮冰室佛学论集》，扬州：江苏广陵古籍刻印社，1990 年，第 14 页。19 世纪下半叶，中国佛教的衰退之状，也可以参考葛兆光著《七世纪至十九世纪中国的重视、思想与信仰》，载《中国思想史》第 2 卷，上海：复旦大学出版社，2000 年，第 513 页。

界，正在发生知识与制度体系的重大变动。①人们关于知识的观念、形态及论述方式等都有了重要的转型，这一知识典范的革命导致了传统人文学科中许多重要的思想系统和论述形式的变化。如传统经史学的关系就出现了严重的移位，历史学替代了传统经学的独尊，一跃而成为民国人文知识研究谱系中的中心。而传统有关史学性质、作用及其书写方式等观念也产生了大的改变，形成了所谓"新史学"的典范。

佛学研究虽然没有成为当时人文学术中的主力，却也深刻感染了这一新的学术蜕变之风，新的知识形态与书写方式也很大程度地左右了民国佛学的知识生产。有知识的佛教徒也希望中国佛学可以融入新知而成为一种启蒙的知识，太虚在20世纪20年代就称，清末民初因为新"思想输灌之影响"，使民国佛学研究突破了传统宗派佛学之"拘蔽"而进入了"世界佛学之新时代"。②新时代的佛学理念并不一味盲从传统佛学有关教理与教史的模式，而主张融纳新知，以近代的知识方式去组织与抉发传统佛法的精义，并再造出新的佛学图式。③蒋维乔就发现，民国佛学"对古来相传之学术，亦多为之整理，有文艺复兴之现象"。这种以新知论究佛法的方式，致使民国佛学出现了一段"兴盛之曙光"④。

从知识史的意味来看，民国时期最具佛教知识学高度的太虚与欧阳竟无所领导的两个佛学研究团体（分别为武昌佛学院与支那内学院），都表示了对新知的意趣，虽然他们对佛学的思想解读与论述方式存在着诸多对立。太虚对于新知的态度，是"抱定以佛教为中心的观念"去"旁及东西古今文化思想"及"随时代以发扬佛法之教化功用"⑤，这就明确表示了他要在佛学研究中融贯"新知"。1931年佛教书局所汇编的《海潮音文库》代表了太虚一系的佛学主张，该刊所撰之"编发大意"就比较明确地总结了这一旨趣。如其中解释《海潮音》之宗旨为"应时代之要求"阐扬佛法，明确了其"与近

---

① 关于清末民初中国知识转型，参考桑兵著《近代中国的知识与制度转型》，载桑兵、赵立彬主编《转型中的近代中国：近代中国的知识与制度转型学术研讨会论文选》，北京：社会科学文献出版社，2010年，第3页。

② 太虚：《佛学概论》，《太虚大师全书》（光碟版），新竹：印顺文教基金会印行，2008年，第22页。

③ 正如近代中国启蒙思想下的新史学，其试图以科学、理性的知识形式来重构新的"过去"。关于此，参考Q.Edward Wang, *Inventing China Through History: the May Fourth Approach to Historiography*, Albany: State University of New York Press, pp.20—26。

④ 蒋维乔：《中国佛教史》，上海：上海古籍出版社，2004年，第289页。当时也有人这样描述民国佛学的盛况："宋元以降，纯佛学上研讨之风，未有如此时之盛者。"参见《太虚大师行略》，载汉藏教理院编印《太虚大师纪念集》，1948年，第1—10页。

⑤ 太虚：《新与融贯》，《太虚大师全书》，第451—452页。

代潮流之关系”,而要求佛学研究在方法上“适应潮流,如海之潮”,把佛学“建立于科学哲学的基础之上”①。

欧阳竟无领导的内学院表面看对新知充满了批判与抗拒,如欧阳竟无与王恩洋就曾多次表示了对西方哲学与宗教传统的反抗②,从而使不少学者以为相对于太虚一系开放现代性的姿态,内院代表了近代佛学立场上的保守主义。③其实内院对佛学研究的态度并非一味排拒新知,而是主张对于新知要有所抉择地加以融取。内院在佛学研究的理念上主张趣新并不能轻率地否定传统,在新知与旧学之间,欧阳竟无提出佛学研究应“抱发明主义,不可抱违反主义”,新知于古典旧义要“虚心容顺,不可轻易违反旧说”。可以说,内院是要在谨慎的意义上来融摄新知的。④欧阳竟无在《今日之佛法研究》(1923 年)中就说,佛学研究除了“整理旧存”,还需要“发展新资”“广采时贤论”等。⑤从他们为学院开设的教学科目中也可以看出,内院除了保留某些旧学的传统科目外,特别设置了“印度哲学”“印度历史学”“梵藏英日文学”等具有近代佛学新知的科目。⑥

新知需要启蒙,传统佛学的知识谱系除了经典之外,主要是通过不同的教史与教理来体现。而于近代民国佛学来讲,新佛学启蒙最必要的是编撰出与传统佛学观念不同的教史与教论。系统性的概论与通史之作,是传统佛学书写中最薄弱的环节,于是,选择以新知的方式来撰述佛学概论与通史,可算是一种应时所需的启蒙了。吕澂在 20 世纪 20 年代初就提出“吾人治学先宜习其概论与历史,虽佛教亦无以异”⑦。为了与传统佛学局限于宗门立场来书写历史与教理的方法相区别,民国佛学倾向于佛学概论与通史的撰写需要跨越宗派意识,表现出佛法的整体性。如欧阳竟无就提倡佛学研究要

---

① 《海潮音文库》第 1 辑之“编发大意”,上海:佛学书局,1931 年,第 2、6 页。

② 关于此,参见欧阳 1923 年发表的《佛法非宗教非哲学》一文,及王恩洋在此基础上续撰而成的《佛法为今时所必需》(《欧阳竟无佛学文选》,第 1—18 页)。

③ 如化声在 1930 年所发表的《佛学研究之历史观》一文中,就把内学院的治学方式称为“整理旧学”,而把武昌佛学院的佛学研究方式说成是“适应新潮”。参见张曼涛主编《现代佛教学术丛刊》第 41 辑之《佛学研究方法》,台北:大乘文化出版社,1978 年,第 91 页。

④ 关于此,参考欧阳竟无于 1923 年发表的《支那内学院研究会开会辞》(《欧阳竟无佛学文选》,第 25—26 页)。维慈(Holmes Welch)在讨论内学院的研究时也认为,欧阳竟无在佛学立场上对世学的开放与太虚一样,都可以说是“新潮流的典范”,可参见 Holmes Welch, *The Buddhist Revival in China*, Cambridge, Harvard University Press, 1968, p.120。

⑤ 欧阳竟无:《今日之佛法研究》,《欧阳竟无佛学文选》,第 30 页。

⑥ 欧阳竟无:《与章行严书》,《欧阳竟无佛学文选》,第 336 页。

⑦ 吕澂:《印度佛教史略》之“叙旨”,上海:商务印书馆,1925 年。

"期成一整体之佛教"，而主张"今兹研究范围，应全概括诸教。范围不宽则易衰歇"①。这显然是针对传统佛学拘泥于宗派意识而发表的批判。

欧阳竟无对佛学的研究视野宏大，而下手处却主张整体与精微相结合，他的门生也是各就所长。而对于整体之佛教，内院于佛史与概论都非常重视，像吕澂于佛学就重于历史学的深究，而概论则主要由王恩洋来做阐述。此外，我们从内院为其大学部学生所开设的佛学课程中，也可以看出这一点，其对佛学的基础教育中特别重视佛教概论与佛教史的训练。②太虚一系也基于中国佛教历史之经验，意识到传统佛教缘于其宗派主义的佛学论述之间"互相诋毁，积不相能"，从而造成了佛法"衰落凌替之势"。于是，复兴佛法即要树立起"佛法之全体"观念，而这一理想表之于佛学，即是重新将佛教概论与通史结构化。《海潮音文库》之"编发大意"中就表示，昌明佛法的宗旨首先必须"本释尊循时代背景变迁之程序"（历史意识），而对于有志于学佛而茫然畏却者，示以新方法而"摘取佛法精要"或得以"重要之概论"。③不难理解，民国佛学之所以会倾向于选择概论（而非宗门教义）与通史（而非宗门史）两类知识形式作为开创佛学新知的启蒙或初阶，这显然是一种颇有针对性的策略。

二、 概论与融通

作为新知的教理论述，在程序上要先"得其大体为第一步"，以概论作为佛学新知"研究入门之阶梯"。王恩洋认为"融通佛理"的第一步，就必须以概论来示"治学之正轨"④。于是，"概论"成为民国佛教教义研究之"最重要之事"。可是传统佛学中，能够阐明整体佛教的概论作品极少，即使有所概述又大都"偏于一家见解"。吕澂就说"在今日研究佛教，固将洞明其全体教理，依据其主要精神，而以为适应时代之运用。宗派之执，门户之争，已成为历史上之陈迹，今日形势全非，需求各异……故概论研究通达大体，诚属必要"⑤。

---

① 欧阳竟无：《谈内学研究》，《欧阳竟无佛学文选》，第33页。

② 参见支那内学院年刊《内学》第2、3辑（1925年、1926年），在"本院概况"中，记内院为"大学部特科"开办的几门课制中，就有王恩洋开设的"佛学概论"与吕澂开设的"印度佛学史"，从其大学部的课程体系中可以明确显示其佛学研究之次第是先概论、通史，而后再进入具体经论之研究，这也反映了内院对佛学启蒙的基本观念。

③ 参见《海潮音文库》第1辑之"编发大意"，第3—6页。

④ 王恩洋：《〈佛学概论〉初辑发刊缘起》，载氏著《王恩洋先生论著集》第1卷，成都：四川人民出版社，1999年，第197页。

⑤ 吕澂：《佛教研究法》，扬州：广陵书社，2009年，第62页。

直到民国前，中国也没有近代知识意义上的佛教概论，而流行的是以《起信论》《原人论》等作为入门的参考。蒋维乔就抱怨传统中国佛学几千年，却从来没有一本像样的概论入门书，他表示自己撰作《佛学纲要》，就是要弥补传统学术之空缺。①

实际上，晚清中国近代佛学之启蒙者杨文会(即杨仁山)曾循传统训蒙之书的体例而作《佛教初学课本》(1906 年)，并发表了具有概论性质的文章《佛法大旨》与《学佛浅说》等。而仔细分析杨文会所作佛教概论之观念，基本还停留在传统旧学的架构内。②到中华民国初年，谢无量出版《佛学大纲》，佛学概论性质的著述才开始具有了新知的意味，而让当时学人意识到佛教学术风气"应事势之需"而为之一变了。③谢无量的《佛学大纲》(中华书局，1916 年)作为民国最早出版的佛学概论，已经具有了鲜明的"新知"色彩。这从他的《佛学大纲》分类就可以看出，其"卷下"即以近代知识学科中之"论理学""心理学"和"伦理学"三科来统摄一切佛教的教义，而在解释的立场上，与杨文会一系抗斥西方哲学的理念不同，他反而自觉地以西方哲学观念作为比附或对比。如其论因明，开宗明义就说，西方亚里士多德的论理学与因明之间，"其推理方式，有相通者，亦今日言论理学者所不可不考也"。在论及佛教心理学时，他也认为佛教所谓智识作用"征诸哲学之术语，略与理性、悟性、睿知诸名相近"④。

进入民国时期，具有概论性质的佛学专书或论文如雨后春笋般地出现，以"概论""大纲"或"纲要""导论"等名目出版的专书就有多种，较有影响力的除了谢无量的《佛学大纲》外，王恩洋的《佛学概论》(内学院刊，1925 年)，蒋维乔的《佛教概论》(中华书

① 蒋维乔在《佛学纲要》中这样说："凡是研究一种学问，总须先知道它的大体，然后再分门专攻；前者就是概论，初学的人，应由这入手；后者就是各论，那是专门深造。如今要研究佛教，也是这样。但是古来传下的佛教书籍，关于概论的极少，近代杨文会居士，他自己从《大乘起信论》入手，后来教授学人，就拿《大乘起信论》做入门书；然这部论说理颇深，又是一家的见解，决不能包括佛教全体。"(《佛学纲要》，上海：中华书局，1935 年，第 117 页。)

② 杨文会之《佛教初学课本》乃改变明朝吹万老人之《释教三字经》而作佛教训蒙之书，结合其"学佛浅说"等文的意思来看，他对佛教大体的意见比较延续传统中国佛教，特别是宋明以来的法流，如他特别强调了儒佛不二、净土为上的观念。在"学佛浅说"中这样融合儒佛："先圣设教，有世间法，有出世间法。黄帝、尧、舜、周、孔之道，世间法也，而亦隐含出世之法。诸佛菩萨之道，出世法也，而亦该括世间之法。"又在《佛教初学课本》中以净土一宗为中国佛教诸宗派之"妙中妙"。参见杨仁山著、周继旨校点《杨仁山全集》，合肥：黄山书社，2000 年，第 326、107 页。

③ 参见张相为谢无量之《佛学大纲》所撰序文，该文一面叹清代佛学之衰，而以为清末民初之际"学术风气之又将一转"，并说通过谢氏《佛学大纲》之成书，可以"默察古今运会之微，而叹其足以应事势之需也"(《佛学大纲》之"序"，扬州：广陵书社，2009 年)。

④ 谢无量：《佛学大纲》，第 106、140 页。

局，1930年）和《佛学纲要》（中华书局，1935年），李圆净编述之《佛法导论》（苏州弘化社，1930年），黄士复的《佛教概论》（商务印书馆，1931年），黄忏华的《佛学概论》（商务印书馆，1935年）以及稍后印顺的《佛法概论》（1944—1949年）等，都是重要的代表。而各类佛学学刊所发表的有关概论性质的佛学论文，为数就更多，这里就不一一详举。①

下面我们只就内院与太虚两系有关佛学概论的观念来略作分析。内院一系的王恩洋于民国期间作过多部具有概论性质的佛学论述，如《唯识通论》（1924年）、《佛学概论》、《佛学通释》（1930—1931年）等，而以《佛学概论》一书最具代表性，内院所办《内学》就连续刊载了部分章节。王恩洋治《佛学概论》，可以说是近代佛学新知运动中一个有趣的例外，其最鲜明的特点可以概括为"内学为上，法相唯尊"。

王氏之概论尊内（内学）攘外（世学），有意识地要与佛学新知一流打擂台。王恩洋认为，佛学只关乎"解决夫宇宙人生究竟之问题"，是纯粹精神性的学问，而一切新知皆属外学，无关生命问题之抉择。为此在研究的取径上，他反对以新知来论究佛法，主张佛学研究不能够"诬古趋时"。他特别谨防西方新知对佛学研究之渗透，说"时学之真象既明，而吾人治佛学之宗旨当详慎。切不可蹈西洋论学之弊，徒骛形式而不问内容，尚思辨而不事实践"。所以在《佛学概论》之"叙"中，他给佛学研究（内学）确定了这样一个原则："依佛法学，依佛教学，依内明学，非世间学，非外道学，故曰佛学，或称内学"。作为人生根本问题——这于新知来讲即是哲学、宗教之形上学问题，在王恩洋看来，仍然只有内学才能够做出圆满解决。于是，他作《概论》，与谢无量去格义西学正好相反，明确反对以西方哲学、宗教等学门来论述佛学："不可以世间学问如科学哲学宗教等之见解附会佛法，以此等遍计较之凡情为更深执也。"对于民国以来所流行的以历史学来探究佛学的方式，他也给予了激烈的批判。他指出"佛法为无历史观念""不与历史之本性相应"，因此不能以近代史学的方式来加以论究。对于民国史学中盛极一时进化论观念，他更是强力反驳，甚至提出"进化之说破，信解佛法之念弥坚"②。

王恩洋对新知如此极度化的抗辩，也许有他的难言之隐。不过民国佛学新知化运动确实也呈现出异常复杂的情形，新知未必都比旧学更能解决佛学的问题，更何况肤

① 如《微妙声》第7期（1937年）刊许国霖所作"佛学论文索引"，就专列"概论"一目，其所录当时发表相关论文就不下数十篇之多。参见《微妙声》第7期，载《民国佛教期刊文献集成》第85卷，北京：全国图书馆文献缩微复制中心，2006年，第170—178页。

② 王恩洋：《佛学概论》，载《王恩洋先生论著集》第1卷，第201—202、214、222—224、244页。王恩洋于1949年后写的《佛教概观》则完全改变了早年《佛学概论》的立场，强调以历史、哲学等方法，甚至以马克思主义方法来研究佛学，因为本文论及民国期间的佛学，故在此对《佛教概观》不详论。

浅地以新知去附会佛法，甚至批判佛法的做法也不断弥漫。欧阳当年就批评说，以西方的宗教、哲学观念“勉强比附在佛法上面”是如何难堪。①王恩洋激烈地拒斥应用新知于内学之研究，不仅可以看作是对这种以新说比附旧义的心理上的反弹，更重要的是他感受到，传统佛教的精神高度可能在新学潮流的冲击下被边缘化。于是，他的反叛乃基于一种新旧交织——现代知识与传统价值之间一种深刻的危机意识，这可以说是一种处于“边界的焦虑”②。

实际上，一概排斥新学来论究佛法并不能够代表内院的研究立场。欧阳竟无在提倡内学研究的观念上是主张通古而融今的，他虽然反对以西方哲学的方式来阐明佛法，却并不拒斥近代西方佛学研究所提倡的以比较语言学、历史学的方式来探究内学。内院的另外一位主将吕澂，则更鲜明地表示佛学研究需要外学与近代知识的启蒙。他还特别反对把佛学研究拘泥在传统旧学的形式里，认为佛法不能够仅以“精神安慰为主”而不问“理性之应否”。与王恩洋强调佛法只讲修证的偏见不同，吕澂指出佛法讲修证也必须以理性来加以扶翼，因而必须融合近代新知来加以论察。③

王恩洋撰作《佛学概论》，形式上看是把佛教史及佛教各宗系中重要的名相概念都列举出来加以阐释，而其实有了相当明显的偏向。即其《佛学概论》所选择的主要佛教名相以及对这些名相的释义，大都重在法相学之疏解方面。如其在解释教乘差别中的三乘一乘之诤，以及相关的有性无性之辩时，他举天台与法相两家之义略作阐明，而认

① 欧阳竟无：《佛法非宗教非哲学》，《欧阳竟无佛学文选》，第 1 页。

② 佛尔（Bernard Faure）发现，近代东西文明的交织，经常使处于不同思想交集边界的人产生一种“边界的焦虑”（boundary anxiety），关于此，参见 Bernard Faure，*Chan Insights and Oversights：an Epistemological Critique of the Chan Tradition*，Princeton，Princeton University Press，1993，第 2 章第 1 节。实际上，从杨文会到欧阳竟无，对晚清西方知识的态度一直抱有比较复杂的心态。他们一面试图以西方近代新知来重振佛法，特别对近世西方佛学研究中的比较语文与历史学方法颇有一定程度的认同，而同时又对以西方哲学来论究佛法表示了强烈的反抗。杨文会早就说佛教为出世间法，“与世俗知见，大相悬殊。西洋哲学家数千年来精思妙想，不能入其堂奥”（见其文《佛法大旨》，《杨仁山全集》，第 325 页）。从欧阳竟无《佛法非宗教非哲学》一文中，可以明确地看出，欧阳竟无对科学、哲学等新知的批判，是基于一种佛法被新知边缘化的危机感。王恩洋《佛学概论》实际可以说把这一观念发挥到极端了。

③ 吕澂在《佛教研究法》（1933 年）中这样说：“况际现代盛行科学的方法之时，提倡研究而不求其合理，惟以精神安慰为标帜，不将令人疑佛教为神秘若迷信之事乎？抑佛教之实际，本具圆满道理，不厌精详探究，且愈以探究之详明，而愈能启人正信，发挥光大其教理。”参考吕澂著《佛教研究法》，第 28 页。

定如果要就“两家论辩”较其是非的话，则“法相理长”。又其《佛学概论》于多处论及佛教缘起之义，而都是本于唯识一家的说法，并有所针对性地批判真如缘起的说法，如他在解释“真如”一义时，就以唯识的立场而把其性质规定为无为体性，不作随缘，即“无为无有实，不起似空花”①。这些做法不仅反映了他个人于佛学知识上的倾向，也表现了他作《佛学概论》是要以内院所尊奉之法相学为圭臬的。

再来看太虚一系。太虚关于佛学概论之作非常多，他于 20 世纪 10 年代到 30 年代间所撰述的具有概论性质的作品就有《佛法导言》(1915 年)、《佛乘宗要论》(1920 年)、《佛学概论》(1926—1930 年)、《佛陀学纲》(1928 年)、《什么是佛学》(1929 年)、《佛学讲要》(1932 年)、《佛理要略》(1937 年)等。在这些概论性的著作中，唯《佛学概论》结构与内容比较周密完整，在结构与内容上也大体具备了近代佛学概论的一般性要求。即分别以教史(包括印度与中国教史)、教理(大小乘佛教各名相教义)来阐明佛学大要。

与内院王恩洋作概论而特别反对近代新知不同，太虚之作佛学概论表示了要以佛法为本位的趣新。他在《佛学概论》中就说“佛学可说是宗教、是科学、是哲学、非宗教、非科学、非哲学。宗、科、哲皆是佛学，皆非佛学。佛学是包括宗、科、哲，而又为一般宗、科、哲所不能及的”。这一说法显然与内院有所不同，先融摄新知，再讲佛学的超越性。因此，太虚在对佛学知识的建构中，较明确地表示了融纳新知的一面，如他的《佛学概论》在论述佛学研究时，就把梵、巴、藏等比较语文法以及“欧美新研究派”的方式都加以统摄。②

太虚开放的佛学姿态一直影响了他的后学，虽然对于概论的组织与论说，他的门生也各自有不同的倾向。作为太虚的学生，印顺撰著《佛法概论》(1949 年)时间虽然稍后，实是他在 1944 年所作《阿含讲要》的基础上修改扩充而成。印顺对于佛学的判释与太虚有很多的不同，他所作《佛学概论》也表示了自己一家的见解。与一般学人把《阿含》视为原始或小乘的倾向不同，印顺表示“《阿含经》是三乘共依的圣典”③。即《阿含》的教义跨越了大小乘的分别，于是，他的《佛学概论》以“如实相无所谓大小，大乘与小乘”的分别去阐发《阿含》中的经义，并以此来作为整体佛法之概要。如他在该书十九章讨论具有大乘观念的“菩萨众的德行”时，也大都是引《阿含》的教说而为经证的。④印顺

① 王恩洋：《佛学概论》，《王恩洋先生论著集》第 1 卷，第 233、274 页。

② 太虚：《佛学概论》，《太虚大师全书》，第 69—70 页。

③ 太虚：《佛法概论》之“自序”，《印顺法师佛学著作全集》第 4 卷，北京：中华书局，2009 年，第 25—28 页。

④ 同上书，第 165—175 页。

这么重视从历史探源的意义上来论究佛学总体，与他对佛法整体的判释是一致的。他认为要确认佛法的要旨与流变，必须先从佛陀的原始教义中去再现“世尊之特见”，才有可能获得正确的理解。他以原初圣典的《阿含》为主来论述佛法之概要，重视的恰恰是佛法的历史性，这表示了他对近代知识史观念的开放。如他在阐解佛教经典语文的形成时，就没有简单依循传统佛教旧说，而是以“区域文化”与近代之佛教知识研究成果（“近代的考究”）为根据来重新立说的。①

对于佛学来讲，新知重理性，而旧学尚内证，在新知与旧学的不同倾向间，印顺并没有单一地偏向于一方，而是选择了融合新旧的中间道路。他在《佛法概论》“自序”中是这样来抉择“佛法”与“佛学”（作为知识）的不同，他一面尊重佛法具有超越一切知识的方面，表示“佛法”具有修证与实践的意味，“是以身心的笃行为主”，而“佛学”在他看来，就是指近代知识意义上“学术化”了的概念阐明。他的《佛法概论》即试图在这两者中间建立一种关联，以近代知识的方式来阐明佛法的根本问题。②形式上看，印顺保留住了传统旧学的精神性价值，而就其概论的实际书写来看，却可以说是较为鲜明地表现了新知的倾向。难怪当时就有人评说这部概论“表现出以科学方法治学的精神”“论证多而出处详”③。

本来，一部理想或完整的佛学概论，其基本结构一般可分为教史与教理两大部，教史包括佛陀、原始佛教、部派形成，再到大乘诸系的演化，最后到佛教的弘传，特别是中国、日本佛教简史等，教理部分则择选重要教相而作简要的义理阐明。在教理写法上，概论虽只是佛学新知的初步启蒙，在中华民国时期却并没有形成典范。我们从中华民国时期不同《佛学概论》的比较研究中，还找不出相对固定的章法和一致性的结构。如有的是先立宗门，而下述名相，有的是不顾宗系，而直接以不同名相为纲来做教义的阐释，甚至有以近代的知识系谱，如心理学、伦理学、论理学等来组织论义的，这些原则上讲都可以自成方圆。

重要的是各家撰作概论，并没有对佛学系统做中立或整体性的建构与阐释，而与佛教旧学的传统一样，大多是各有倚重地在表现自家对教义与教史的抉择与理解。因而作为新知的佛教通释，就在各类概论的名目下有所迂回地重新在作判教。例如太虚重于中国佛学，特别是如来藏思想传统，因而其《佛学概论》“学理”部在讨论大乘不共学的“一实相印”时，就以如来藏系统的思想（他在本概论中称为“法界无障碍”）作为大

---

① 太虚：《佛法概论》之“自序”，《印顺法师佛学著作全集》第4卷，第25—28页。

② 同上。

③ 续明：《读印顺法师的〈佛法概论〉》，《海潮音》第30卷第9期。

乘教法的究极圆满之义。①而印顺以原始教义为依归，因而以《阿含》作为佛法概要的根本来组织论说。内院对概论的论述，仍然表现出较为鲜明的法相学倾向。王恩洋的《佛学概论》也是如此。吕澂重于新知，而在佛学的立场上还是有所偏向的，如他批判近代学者喜欢以具有如来藏思想性质的《起信论》和宗密的《华严原人论》作佛学概论之做法是“颠倒本末，争执门户”，而他主张以具有法相唯识传统的《摄大乘论》(玄奘译本)和《瑜伽师地论菩萨地真实品》取代，以为这才是“最适宜之概论”②。可以说，无论是尊旧学还是崇新知，民国佛学原本试图不偏宗门地重新组织与系统化佛教教义的理想，却仍然被固封在各自思想或信仰的预设与局限之中。

三、 佛学通史与印度学意识的醒觉

以近代知识史的方式来探究佛学，这对民国佛学界来讲可以说是一种创新。③传统佛学研究的通弊，正如木村泰贤在20世纪初所讲的“每以研究渐趋精微，则于全体之注意反致散漫”④。民国学人对此是深有体会的，蒋维乔就说“中国佛教，向乏有系统之通史”，其译著《中国佛教史》，作为民国第一本系统阐明中国佛教的通史(商务印书馆，20世纪30年代)，其目的就是试图在这方面做出突破。⑤于是对于民国新佛教来讲，概论虽然不可或缺，教史也是重要的方面。梁启超在20世纪20年代初就提出“欲昌明佛法者，其第一步当自历史的研究始”⑥。

如果从著史体例上说，中国传统佛学虽然不乏通史性质的著述，但大多为宗派意识下的宗门史，这些“以各宗为经纬的宗史”无法通观“佛教全体的历史”“不得显露教

---

① 参见太虚著《佛学概论》之“学理”第3章，《太虚大师全书》第1编之“佛法总学”。

② 均见吕澂著《佛教研究法》，第62页。

③ 以历史学方式考察佛教，在中华民国时期也被佛教学人视为“现时代之潮流”，就是说，对佛学来讲，运用近代历史学方法可以说是一种新知了。见谈玄著《佛教历史研究法》，载《现代佛教学术丛刊》第41辑之《佛学研究方法》，第143页。

④ 木村泰贤:《佛教研究之大方针》，载《现代佛教学术丛刊》第41辑之《佛学研究方法》，第94页。木村的佛学著述对民国佛教史研究有重要之影响，他这一关于佛学研究的观念，也曾受到太虚一系的回应。关于此，见太虚著《读木村博士佛教研究之大方针书后》，《太虚大师全书》第16编之“书评”，第102—103页。

⑤ 分别参见蒋维乔著《中国佛教史》之“凡例”“叙言”。黄忏华在1937年为自己《中国佛教史》所撰“弁言”中也认为，蒋氏此作，为中国以近代治学方法编撰的第一部佛教通史(《中国佛教史》之“弁言”，北京：东方出版社，2008年，第1页)。

⑥ 梁启超:《〈大乘起信论〉考证》之“序”，《饮冰室佛学论集》，第368页。

史真相”①。蒋维乔就认为，历史学是近代学术的产物，而传统佛学史缺乏对材料做条理化和系统化的通观方式。他认为“近世经过西洋学者用科学的方法，逐渐整理，日本学者继之，佛教的历史，始有系统可寻。我国旧时的佛教徒，也受印度的影响，不晓得注意历史，就是偶有撰述，也只限于传记及编年，要从旧时典籍寻觅一部有系统的佛教通史，绝对没有，学者不胜遗憾”②。可以肯定，民国时期佛学界对于通史之例的呼唤，在当时是具有启蒙新知的意味。

民国佛学具有通史性质的著述，较早表现在梁启超于20世纪20年代所作佛学史的研究中。他当时拟撰具有通史性质的中国佛教史，虽然这一构想最终未能完成，而其间他所撰著的关于佛教史的若干论文，显然是在为通史做的准备。如他的《中国佛法兴衰沿革说略》一文就是有关中国佛教通史的纲要，其中从汉代佛教的初传，一直讲到晚清杨文会之再兴佛学。其后，蒋维乔编撰的《中国佛教史》，黄忏华的《中国佛教史》（1937年撰成，1940年出版）及周叔迦的《中国佛学史》（稿本1930年）、《中国佛教史》（1930年）③等，都可以说是具有通史性质的著述。

内院之重史从欧阳竟无与吕澂那里就非常鲜明地表示出来。欧阳所提炼出的佛学研究方式，正是“由文字历史求节节近真，不史不实，不真不至”的治学原则④，这可看成是近代知识史的治学三昧。吕澂所编撰的《佛教研究法》论佛史之重要，显然就具有破旧立新的意义。他发现中国传统佛学素来重视教理而忽略教史之研究，针对这一现象，他说“一切学术之研钻，莫不以史的寻究为最先最要……顾自来之佛教研究独异于是。所最重者，惟教理文句训诂解释，曲说繁辞，不以为病。苟有以历史眼光略加批判者，即大逆不逊视之。浸染此古陋偏见既深，遂至褊狭独断，附会荒诞，所说鲜当。以是佛教研究乖隔时代，背反理性，其进境远不及余学术，诚可憾也”⑤。从吕澂《佛教研究法》一书关于教史类所列书目来看，无论是印度或是东亚佛教研究（中、日佛教），都是以具有通史性质的著述为主。

太虚一系所倡新佛教，对于佛史的研究方面较早地就具有了通史撰述的意识。太

① 参见吕澂著《中国佛学源流略讲》之“序论”，《吕澂佛学论著选集》第5卷，济南：齐鲁书社，1991年，第2443页。吕澂早在作《佛教研究法》时也认为，中国传统佛学史“有一通病，喜偏护所宗一派学说，而不能持公平的态度”（参见吕澂著《佛教研究法》，第48—49页）。

② 蒋维乔：《佛学纲要》，第119页。

③ 此二稿现收录在周叔伽著《周叔迦佛学论著集》（上集）中，北京：中华书局，1991年。

④ 《欧阳竟无大师纪念刊》，转引自《中国哲学》第6辑，北京：生活·读书·新知三联书店，1981年，第315—316页。

⑤ 吕澂：《佛教研究法》，第28页。

虚在宣统二年(1910)所作《佛教史略》,就把佛教之发展分为佛陀创辟时代(原始佛教)、印度时代(印度佛教)、亚洲时代(中国佛教)及世界时代(日本佛教与现代佛教)四期,这显然是一个世界佛教通史大纲。①此外,太虚的《佛教各宗派源流》(1922年)②、陆觉的《中国佛教小史》(1921年)、印顺《中国佛教史略》(1947年)等,文章篇幅虽然都不大,而都是从佛教初传一直论述到近代的佛教观念,纯粹是通史的格局。③

民国佛教盛行通史之作,显然也受到当时学风的影响。民国时期新史学特别倡导通史的书写,并试图建立"新系统的通史"④。顾颉刚于20世纪40年代所撰《当代中国史学》中就专门讨论到"通史的撰述",并指出民国史学界所著通史不在少数。⑤这一观念就影响到不同专门史的书写,如当时文化史著也多有治通史者,最著名的如柳诒徵的《中国文化史》,即是一部由上古而直通近代的文化通史。实际上,新史学主要纲领由梁启超在20世纪20年代提出,而他也几乎在同时开始了佛学史的论述,因而带动了民国时期佛教史书写的通史意识。

通史意识之流行,在于这一体例的撰述不仅可以对整个佛教的发展做出整理,而且可以有助于从中去了见佛法兴衰的律则,获得历史之教益。欧阳竟无就提出,佛学研究之所以首先研究教史,正是为了"明递嬗之理"⑥。民国时期的新史学有一种重要的观念,即是重视阐发历史进程中的"通则"⑦。梁启超就指出,历史学需要阐明历史进化之"公理公例",而对历史律则的认识,要求历史学具备通贯古今"以观其通"的眼光。这种观通的史观就不是断代史,而必须是通史才可以完成的。梁启超在《新史学》之"史学之界说"中就表示,要洞悉历史通则不能靠"知有一局部之史"或"局于一时代",而需要"知自有人类以来全体之史"⑧。

佛学通史的书写在民国时期还处于启蒙的阶段,而于史中去探究佛史递嬗的律

① 太虚:《太虚大师全书》第1编之"佛法总学",第895—917页。

② 同上书,第762—869页。

③ 参见张曼涛主编《现代佛教学术丛刊》第39辑之《中国佛教通史论述》,台北:大乘文化出版社,1978年,第1—5、41—108页。印顺一文实际由妙钦法师1943年初撰,印顺于1947年整理删补而成。

④ 关于此参考桑兵著《晚清民国的学人与学术》之"近代中国的新史学及其流变",北京:中华书局,2008年。

⑤ 顾颉刚:《当代中国史学》,上海:上海古籍出版社,2002年,第81页。

⑥ 欧阳竟无:《今日之佛法研究》,《欧阳竟无佛学文选》,第30页。

⑦ Q. Edward Wang, *Inventing China Through History: the May Fourth Approach to Historiography*, p.14.

⑧ 梁启超:《新史学》,《饮冰室合集》第1册,北京:中华书局,1989年,第10页。

则，虽未成一时佛史研究之风，也为一些学人著史所注意。作为新史学的开山祖梁启超就以此来论佛史，他提出“吾以为欲对于佛教史为系统的研究”应该“察其教理蜕进之所由”①。他关于《起信论》的判释就是本着进化论的原则，而所著《中国佛法兴衰沿革说略》也试图以输入（两晋南北朝）、建设（隋唐）、转衰（隋唐后）等三期变化图式，来阐明中国佛教沿革之规律。②吕澂也指出，佛史探究并非只是材料的堆砌与整理，重要的是能够从中寻释出历史变迁之因由，所以他说佛史论述“盖由此知事实之因果关系，及其变迁发达，而后得合理且精确之解释也”③。当然，民国时期佛教通史的书写还处于启蒙拓荒的阶段，基本还停留在引进新知来对佛教史作结构性的安排和条理化的论述，至于如何从中去习察佛史递嬗之理，只有尚待来日了。

近代知识史特别重视溯源性的古史探求，以为只有“回到人类存在可靠和原本的意义”中，才能够获得历史的正解。④民国初年以来中国学术史界出现了竞言古史的局面，引发了学者对于“古代宗教和神话的研究”⑤。这一流风所及也影响到民国佛学的知识生产方式。

佛教毕竟不是中国本土的产物，而是起源于印度文明的创造。传统中国教史的论述大都以中国佛教为主轴，而略为提点到印度教史。近代知识史观念的流行对于佛教通史书写的一个重要启发，就是治中国佛教史，必须会通到印度教史，甚至印度思想文化史（印度学）的探源中，才可以获得正解。木村泰贤所作佛教研究方针在谈及以历史学方式来研讨佛教时，就特别提出“当先定原始佛教或谓根本佛教之为何物是也”，才可能对后出佛教思想之流变做出恰当的判释。⑥这一观念，在民国佛教史学的研究中产生了很大影响，悄然形成了一股印度学的研究风气。汤用彤在他的《印度哲学史略》中就说“惟念中印关系，近年复渐密切，天竺文化，国人又多所留意”⑦。

---

① 梁启超：《读〈异部宗轮论〉述记》，《饮冰室佛学论集》，第251页。

② 民国历史学撰述所盛行的进化论史观，对佛史的探究也引起不同的反响。梁启超接受进化论的观念来作为解释历史，包括佛教史发展的通则，如他提出“佛教两千年来，循进化之公例，常为不断的发展”（见其《读〈异部宗轮论〉述记》），又如他关于《起信论》之讨论，也是循进化论的历史观念而发。而佛学界也有不少学者对这一历史通则表示反对，如太虚就反对以进化论历史通则来讨论佛史，印顺则提出佛史有进化也有退化，不能够一概而论。

③ 吕澂：《佛教研究法》，第28页。

④ 参考 Gary Gutting, *Michel Foucault's Archaeology of Scientific Reason*, Cambridge: Cambridge University Press, 1989, p.206。

⑤ 参考顾颉刚著《当代中国史学》，第122—123、133页。

⑥ 木村泰贤：《佛教研究之大方针》，第103页。

⑦ 汤用彤：《印度哲学史略》之“绪论”，上海：上海古籍出版社，2006年，第5页。

其实晚清时期沈曾植的佛学研究中，就已经透露出这种溯源印度以观会通的意思。他于光绪末年东游日本，取回《大藏经》全帙后，融通梵释，尤其于印度早期原始与部派佛教探幽索隐，试图贯通印、中佛教史籍来讨论佛教思想。①

把中国佛教史的书写与印度佛教甚至印度学观念做结合，成为民国佛教史研究中的一个重要标志。梁启超的佛史研究也在做类似的尝试，如他提出要理解中国佛教史，需要洞明佛教输入中国后之不同于印度佛教的"种种异相"，这就必须"知其渊源所自"而到印度佛教中去求阐释。②于是，他在作中国佛学通史的过程中，也极力研究印度佛教，特别是原始佛教、部派佛教的观念与流变。他在20世纪20—30年代关于佛教史的书写中，就作了不少有关印度佛教的研究文章，如《印度佛教之概观》(1920年)、《佛陀时代及原始佛教教理纲要》((原题《印度之佛教》)，1925年)、《读〈异部宗轮论〉述记》(1921年)等，都是这方面的研究成果。③在论及印度佛教时，梁启超还特别意识到其产生与发展的文化、风俗及思想脉络等问题，为此，他在《印度佛教之概观》一文中，首先就探究印度史与佛教之关系，这些都表示了梁氏佛学史研究中所具有的"印度学"意识。

汤用彤治中国佛学史恰恰试图从中印文化交涉的关系方面来加以探究，他在撰著中国佛学史时就曾提出以"研究佛教史，必先之以西域语文之训练，中印史地之旁通"为原则。④在20世纪20—40年代间，汤用彤除了讲授印度哲学与印度佛学及发表了《印度哲学史略》(1929年讲义，1945年重庆独立出版社出版)外⑤，关于印度学及印度佛教学研究方面，他还下了相当多的功夫，如他在20世纪20年代编辑了《汉文佛经中的印度哲学史资料选编》⑥，他甚至考虑过就印度佛教史与中国佛教史之关系单独作一专书，

---

① 沈曾植有关佛学论述，不少就涉及印度佛学的考订，特别是对原始部派佛教的研究方面。具体可以参见氏著《海日楼札丛》卷五，载《海日楼札丛　海日楼题跋》第1册，沈阳：辽宁教育出版社，1998年。

② 梁启超：《印度佛教概论》，《饮冰室佛学论集》，第31页。

③ 参考李国俊编《梁启超著述系年》，上海：复旦大学出版社，1986年，第196、245页；梁启超：《饮冰室佛学论集》，第1—69页。

④ 汤用彤：《汉魏两晋南北朝佛教史》之"跋"，上海：上海书店(据商务印书馆1938年版影印)，1991年。

⑤ 参考屈大成著《汤用彤有关印度佛教的研究》，该文收录在《印度佛教汉文资料选编》附录四中，文章列举了汤用彤十种有关印度学与印度佛教史有关的文件，其中包括《印度哲学讲义》和《印度佛学概论》(抗日战争时期授课提纲)等，这些材料基本都是在20世纪20—40年代之间完成的，反映了汤氏民国佛学研究的观念(见汤用彤选编《印度佛教汉文资料选编》，北京：北京大学出版社，2010年，第410—422页)。

⑥ 汤一介：《关于用彤先生编选〈印度佛教汉文资料选编〉的说明》，载《印度佛教汉文资料选编》，第388页。

惜未完成。①此外，作为民国时期撰述中国佛教通史的代表性人物之一的黄忏华，在他写作《中国佛教史》之前，也对印度学下过一些功夫，并作《印度哲学史纲》一书(1936年)。

武院与内院对佛史的探究，更鲜明地体现了贯通印度学史的作风。太虚一系在20世纪30—40年代对印度佛学及其印度学都有比较明显的兴趣，太虚自己在佛学的立场上虽然是以中国佛教为本位的，而他无论是作《佛学概论》或是《佛教史略》，都还是试图把教史的论究追溯到佛陀和印度佛教当中。②从代表太虚一系思想刊物的《海潮音》来看，20世纪30年代和40年代发表了不少关于印度佛学及印度哲学方面的论文，如唐大圆的《印度哲学叙论》(《海潮音》1930年第11卷第1期)，谈玄的《佛陀以前之印度文化及其哲学》、《印度哲学知识论》(《海潮音》1930年第11卷第3期，又1934年《海潮音》第2、3、4期，谈玄又接着发表了一组有关早期印度哲学与思潮的论文)，王与楫的《印度哲学概论》(《海潮音》1930年第11卷第10期)，印顺的《印度佛教流变之概观》(《海潮音》1940年第24卷第2期，此后连续刊发其关于《阿含》的一组讲要)等。而武院史一如所译介日本近代佛学史著的内容，也包含有关于印度佛教史的。③应该说，太虚一系有关印度佛教之研究，是在印顺那里达到了巅峰。印顺的佛史探究，正如他自己所说，是"将心力放在印度佛教的探究上"，以"确定印度经论本义，并探求其思想的演化"④。他在20世纪40年代作《印度之佛教》就明确表示对佛法"探其宗本，明其流变，抉择而洗炼之，愿自治印度佛教始"⑤。

内院对于印度佛教的重视是与其力图澄清中国佛学之流弊与异化的观念结合在一起的。所谓"佛法兴于印度，故学佛必以印度为根本"⑥。欧阳竟无早就提出了他对佛学史研究的论纲，强调了会通中印的观念。他于20世纪20年代就提出佛学研究必须"渊源于印度"而融求小乘，即教史的探究必须回溯到印度大小乘，甚至原始佛教的传统去做判释。⑦为此，欧阳在为内院建立教学科目时，也特别把"印度哲学"与"印度历史学"都纳进来传授。⑧吕澂于民国时期所作佛学研究的重点也在印度佛学方面。作为佛学研究的基础，他特别重视印度佛教的学史与教理探究。他除了编译《印度佛

① 汤用彤：《印度哲学史略》末附"一九六〇年版重印后记"，第156页。

② 参见太虚著《佛学概论》之"学史"、《佛陀学纲》及《佛教史略》，皆收录在《太虚大师全书》第1编之"佛法总学"中。

③ 史一如于1934年在武院译出境野黄洋的《印度佛教史》一书。

④ 印顺：《游心法海六十年》，《印顺法师佛学著作全集》第12卷，第9页。

⑤ 印顺：《印度之佛教》之"自序"，《印顺法师佛学著作全集》第13卷，第2—3页。

⑥ 王恩洋：《佛学概论》，《王恩洋先生论著集》第1卷，第237页。

⑦ 欧阳竟无：《法相大学特科开学讲演》(1923年)，《欧阳竟无佛学文选》，第26、27页。

⑧ 参见欧阳竟无著《与章行严书》(1925年)，《欧阳竟无佛学文选》，第336页。

教史》以对治佛学研究中好作“玄远之谈，屑视历史为不足道”的粗漏学风①，自己还作《印度佛学史》（未刊稿），一面阐明“印度佛学说变迁”，同时也借此来厘清中国佛教思想之源流与异化。②关于研究中国佛教史必须会通到印度佛教的观念，最近发表的吕澂对汤用彤《汉魏两晋南北朝佛教史》一书的审查报告中也非常明确地表示出来。他说“佛教东来，逐时演变，苟非洞晓本源，则于其递嬗之迹，鲜不目迷五色者，此中国佛教史所以难治也”。因此他提出如果研究中国佛教史而“于印度佛教面目认识未真”，则难免会出现“重要处每每考证不得要领”，而对于推阐义理，也会“空泛繁虚，多所失当”③。可以想见，在吕澂的教史研究观念中，佛学史的论究是不可能离开印度佛教史及印度学的脉络来加以阐明的。于是，作为民国新知类型的佛学通史，就这样被赋予了印度佛学和印度学的观念。

四、概论与通史书写中的“宗”门系谱

当我们习焉不察地以宗门系谱来理解或论说中国佛教传统时，我们忽略了这样一个问题，即传统教史与宗史有关宗派建立的论述，实为不同宗门史家的虚构。其实，我们所津津乐道的中国佛教之八宗、十宗等诸种说法，恰恰很多是始于近代的制作。

近代佛学论述之使用到“宗”的意识盖始于杨文会。杨文会曾受13—14世纪日本学僧凝然《八宗纲要》一书的影响，而根据他对佛学的理解作《十宗略说》，把佛教宗派析分为十宗，从而把“宗”的意识纳入到近代佛学论述的视域内。杨氏之“十宗”分别为律宗、俱舍宗、成实宗、三论宗、天台宗、贤首宗、慈恩宗、禅宗、密宗、净土宗，而他以净土一宗作为圆满之教。④杨文会自己的佛教立场为“教在贤首，行在弥陀”，他判净土为圆满，一面表示了自己信仰上的宗趣，同时也反映了净土一教在晚近中国佛教界所具有的普遍性影响。

民国以来，无论作为佛学概论或是通史的书写，都或多或少地在延续杨文会所建

---

① 吕澂：《印度佛教史》之“叙旨”。

② 参见吕澂著，高山杉整理《印度佛学史》，《中国哲学史》2009年第2期。

③ 参见吕澂、柳诒微著《汤用彤〈汉魏两晋南北朝佛教史〉审查书》，载中山大学人文学院佛学研究中心主编《汉语佛学评论》第3辑，上海：上海古籍出版社，2013年。

④ 参见杨文会著《十宗略说》，杨仁山著、周继旨校点《杨仁山全集》，第149页。此说后来受到学者的质疑，关于此，可详见汤用彤著《论中国佛教无十宗》一文。又，关于杨文会的“十宗”观念的研究，可以参考陈继东著《清末佛教研究——以杨文会为中心》之“十宗统合”，东京：山喜房佛书林，2003年。

立的这一“宗”门谱系。谢无量之《佛学大纲》在组织结构上虽然具有不少新知的意味，而论及东土所传佛教，仍然沿用了杨仁山这一宗派分判的方式，以十宗来讲解中国佛教史。①王恩洋作《佛学概论》也辟专章来讨论“诸宗流演”，但略提出了不同的分类方式。在讨论中国佛教宗派时，他根据大小乘之不同，把小乘分为成实、俱舍两宗，大乘则在杨文会原有分判的基础上，增加了地论、摄论、涅槃三宗。②太虚所作《佛学概论》单列一节来讲中国佛教之宗派，也同样是接受杨文会所倡的大乘八宗小乘二宗，共十宗的看法。③蒋维乔在20世纪30年代初所撰《佛教概论》，其中第三篇详述中国佛教，就是以杨文会的“十宗”为纲目，而简要阐明其源流与教相的。而其稍后出版的《佛学纲要》虽然在内容与结构方面都对他自己过去所作的《佛教概论》作了较大的改动，但是在谈到中国佛教宗派成立时，还是完全以宗派十分法，即小乘两宗（成实、俱舍）和大乘八宗（他按各宗成立的时间先后依次分为净土、禅宗、三论、天台、律宗、法相、华严、密宗）来加以判释。④又，黄士复所作《佛教概论》根本就是《十宗略说》的扩展，全书只第一章“总说”部分就印度佛教及佛教传入中国略作说明，而余下诸章就直接以十宗为名而详加阐解，可以说一部《佛教概论》完全成为《十宗略说》了。⑤而黄忏华的《佛教各宗大意》（1934年）从题名就知道是一部以中国佛教宗派为主题的概论。值得注意的是，他特别强化了“宗”的观念在佛学中的意义。他认为佛教的许多思想都是随历史而“不无变迁”的，但是佛教“各宗传统之学说”则是非历史，而“历千年未替”的。可见，他对佛教宗义所秉持的高度尊重。在黄忏华看来，对佛教各宗的研究，就是对整体佛教探究之关键，只有洞悉各宗教义，才能够对“佛法之全体大用”迎刃而解。因此，他的《佛教各宗大意》一书的主旨“即在将佛教各宗之教义，提要钩玄，并加整理，使成体系”⑥。实际上黄氏对宗派的析分，并没有什么新意，他基本上也是以杨文会所列十宗为纲骨，分别对其源流、宗义及名相等详加阐明。⑦

---

① 参见谢无量著《佛学大纲》第三章。

② 王恩洋：《佛学概论》，《王恩洋先生论著集》第1卷，第238—241页。

③ 太虚：《佛学概论》，《太虚大师全书》第1编之“佛法总学”，第22页。代表太虚一系的《海潮音》在1927年第11、12期合刊上所载常惺长文《佛学概论》，其中论及中国佛教，也是“统观十宗”来组织论说的（参见《民国佛教文献期刊集成》，第169卷，第91—98页）。

④ 参见蒋维乔著《佛学纲要》第7章第3节。

⑤ 参见黄士复著《佛教概论》，上海：商务印书馆，1933年。

⑥ 均参见黄忏华著《佛教各宗大意》之“再版自序”，台北：文津出版社，1984年，第15页。

⑦ 另外，民国佛教也有以“八宗”来分判佛教宗义的，如周叔迦作《八宗概要》即把印度与中国佛教上各重要流派析分为中观宗、瑜伽宗、天台宗、贤首宗、禅宗、真言宗、净土宗、律宗等，该文收录在《周叔迦佛学论著集》（上集）上。

通史的书写同样也会自觉与不自觉地以宗派作为组织论述的架构之一。我们从梁启超作《中国佛法兴衰沿革说略》就可以看出，他早就拟设专章来讨论中国佛教“诸宗之成立”，而该大纲所论也侧重从佛学思想史的内在关联，把中国佛教宗派判释为摄论宗、俱舍宗、法相宗、十地宗、华严宗、天台宗、禅宗、法华宗、涅槃宗、净土宗、律宗、密宗等十二门。①太虚甚至提出“各宗学之研究，无异佛学史之研究”的主张。②而他具有通史性质的《佛教各宗派源流》，则完全以宗系为纲骨，来通贯性地阐解从印度到亚洲各国的佛教历史。③蒋维乔译补的《中国佛教史》(1929 年)作为民国第一部具有通史性质的佛教史著，最后两章有关近代佛教史的部分为蒋氏自己所补撰。有趣的是，近代中国佛教本来就已经宗系非常混乱，而蒋氏之论史，仍然沿用传统宗派的结构来加以组织。该书最后一章即以“近世各宗”为名，把近代中国佛教的状况分别以八宗(律、禅、华严、天台、净土、法相、三论、密宗)来做阐明。④作为民国另外一部完整的通史，黄忏华的《中国佛教史》则本着“中国佛教之精华，在各宗派”的原则来进行撰述⑤，而整部佛史在大的年代史结构下，各章节都特别突出了宗派的意义，其通史之分析也以各宗派之教旨与传承为主干了。

佛教宗派的形成，从现代学术史的考察来说，本来就是一个不断被建构出来的观念。汤用彤先生对此曾有过深刻的反思，他指出以十宗为说乃属传闻而非事实。汤氏发现“宗”义在中国佛教史上是一个充满了多义性和历史性的概念，以宗来组织讲说佛教史，乃始于南宋以来佛教宗派史家的制作。于是，如果不加区分地以宗的观念来论述中国佛教史，难免会与史实相违。⑥实际上，民国时期中国佛教通史的撰写注重以“宗”为纲架来组织思想的论述，这一方式显然是受到近代日本佛学史写法的启发。如境野黄洋之《印度支那佛教小史》(东京:鸿盟社，1915 年)关于中国佛教史部的论述，及他的另外一部著作《支那的佛教》(东京:丙午出版社，1918 年)关于隋唐佛教的讨论，就都是以佛教各宗即三论、天台、华严、法相、律、念佛、禅、密八教为纲骨来组织结构与论述的。无论是蒋维乔还是黄忏华的佛教通史，都同样是以日本学界所惯用的八宗，而

① 参见梁启超著《中国佛法兴衰沿革说略》,《饮冰室佛学论集》,第 10—12 页。

② 太虚:《〈佛教各宗大意〉序》,《太虚大师全书》第 19 编,第 807 页。

③ 太虚:《佛教各宗派源流》,《太虚大师全书》第 1 编之“佛法总学”。

④ 参见蒋维乔著《中国佛教史》第十八章。

⑤ 参见黄忏华著《中国佛教史》之“凡例”,北京:东方出版社,2008 年,第 1 页。

⑥ 参见汤用彤著《论中国佛教无十宗》,《汤用彤全集》第 2 卷,石家庄:河北人民出版社,2000 年。又,关于中国佛教宗派之发展形成,可以参见蓝日昌著《佛教宗派观念发展的研究》,台北:新文丰出版公司,2010 年。

不是晚清以来十宗的架构来论述佛史。20世纪30年代宇井伯寿在处理中国佛教通史的问题时，虽然一面以宗为构架来加以论述，同时他也意识到，以宗门系谱来论述中国佛教史并非唯一法门，而只是一时之方便。①可惜，民国佛学的论述，无论是概论的书写或是通史的撰述，都还来不及对其组织思想和历史论述的工具、概念框架等进行深入省察就匆忙照搬，可以说是一种简单的拿来主义了。

五、 礼失而求诸野：概论、通史与域外资源

民国知识典范的转移，很大程度是与外部世界知识观念与成果的移植有关的。作为佛学，在东亚的历史中，传统都是中国向外输送佛法的。近代以后则是乾坤大挪移，不仅中国大量散失的佛学典籍在东邻的日本被发现，而且日本近代的佛学研究也作为一种帝国学知蓬勃地发展起来。近代新知虽然大多源于西方，但最可注意的是，民国佛学新知则不是直接从西方移植过来，几乎都是取径于日本而传译到中国的。近代日本的佛学著述已经成为晚清民国佛学研究中重要的“思想资源”。即使民国佛学界对于西方佛学状况的了解，也是经过日本学人的消化贩运而来。如《海潮音》有关欧美佛学的介绍，就是通过译介日本佛教学人渡边海旭的著作而来。②正像严复所说，近代中国学界从日本转手去获取新知，已经到了“沛然率天下学者群而趋之”的局面了。③

可以肯定，日本明治以后在知识上取得了重大成就，在佛学的材料及研究方面均已领先中国，成为民国佛教新知输入的重要源头。晚清民国时期开始输入有关日本佛学的知识，最初主要的并不在专题研究方面，而恰恰是通论与史学方面居多。正是透过这些启蒙性的基本书籍，为民国以来佛学新知的形成奠定了“文化基层建构”④。近代日本佛学界有关概论的著述不在少数⑤，民国佛教学者对日本近代佛学概论的书写也算比较了解。我们从当时蒋维乔精撰的《佛学纲要》来看，他所列举的参考书目中，

---

① 参见宇井伯寿著、李世杰译《中国佛教史》之“绪言”，台北：协志工业丛书出版股份有限公司，1970年，第5—6页。

② 参见《海潮音》1929年第4期中所发表的一组介绍欧美佛学之译文，载《民国佛教文献期刊集成》第172卷。

③ 严复：《与外交报主人书》，《严复集》第3册，北京：中华书局，1986年，第561页。

④ 参见王汎森著《思想资源与观念工具——戊戌前后的几种日本因素》，载氏著《中国近代思想与学术的系谱》，石家庄：河北教育出版社，2001年，第163页。

⑤ 蒋维乔就说：“此类之书，在日本出版者，无虑十数种。”（蒋维乔：《佛教概论》之“例言”，第2页）

基本都是日本近代学人的相关著述。①而黄忏华的《佛教各宗大意》则无论在书名、内容和体例上，几乎是仿照日本平安专修学院编撰的《佛教各宗大意》一书。②此外，直到40年代印顺作《佛法概论》，主张以原始佛教之根本佛法作为理解整体佛教的基础，而以《阿含》为“三乘共依的圣典”来组织对佛法的概说，这一点也与姊崎正治之作《根本佛教》颇为相近，姊崎正治就是以《阿含》为根本来论究佛法大旨的。③

不过，对于民国学人来讲，他们对日本学者在概论方面的成果都不算太满意。吕澂就指出当时并没有一部理想的《佛教概论》，即使在日本也“未见有善本”。蒋维乔于20世纪30年代初作《佛教概论》时，声称自己对于日本近代《佛教概论》之作“多半涉猎”，但他同时也认为，这些“概论”未必都适合“国人之用”，因而他自己才新撰《佛学概论》，对整体佛法的观念重新予以结构与组织。④

应该说，日本近代佛学影响民国至深的主要在于佛教史学的方面。日本近代佛教学受惠于西方19世纪以来佛学研究方式，而逐渐走出其传统“宗学”，形成了所谓“近代佛教学”。佛教史学的研究，可以说成为其“近代佛教学”中的典范。从明治中期开始，村上专精等就开始提倡以历史学的方式来研究佛教，并与境野黄洋等发行期刊《佛教史林》⑤，佛教史学的研究遂成为佛教新知的重要标志。同时，与佛学研究密切关联的“印度学研究”，也随着佛教史学研究的深入，发展成与佛学研究相辅相成的学门。

---

① 《佛学纲要》书后所列参考书目包括境野哲（黄洋）的《印度佛教史纲》、高木俊一的《佛教概论》、金子大荣的《佛教概论》、姊崎正治的《根本佛教》、深浦正文的《佛教圣典概论》等书。

② 参见平安专修学院编《佛教各宗大意》，京都：兴教书院，1926年。该书所列各宗中与中国佛教宗派有关的依次为律、俱舍、成实、三论、法相、华严、天台、真言、禅、净土等十宗，此外还把佛教流传到日本所形成的宗派做了介绍。该书在编撰体例上，分绪论与本论两部分。绪论三章，相当于对佛教各宗之概论，于本论下各章先介绍宗名、宗史，然后再详阐各宗宗义。黄忏华之《佛教各宗大意》从书名到结构，基本就是沿袭此书体例而来，当然在内容上，黄著有自己的发明，特别是对法相、密教的说明发明，师承了欧阳竟无、太虚一系的说法。实际上，日本近代相关著述还很多，这些著述对民国佛学撰述体例与内容是有一定影响的。

③ 参见印顺著《佛法概论》之“自序”，《印顺法师佛学著作全集》第4卷，第1页。印顺写作《佛法概论》是否参考过姊崎正治的《根本佛教》（东京：博文馆，1910年），还需要做进一步考察。如果对照姊崎正治的《根本佛教》与印顺《佛法概论》的内容，在不少方面是比较接近的。

④ 参见吕澂编著《印度佛教史略》之“叙旨”、蒋维乔著《佛教概论》之“例言”。

⑤ 参见林传芳著《近代日本佛学研究的发展》，台北：《狮子吼》杂志社，1969年，第36—37页。同时参见吉田久一著《近代佛教的形成》一文中关于日本近代佛教学形成的分析（《近代佛教・概说编》第1卷，京都：法藏馆，1963年，第102—116页）及柏源祐泉著《日本佛教史・近代》第2章关于近代日本佛教学的论述（东京：吉川弘文馆，1990年，第71—95页）。

于是，佛教史的研究，始由东亚佛教而渐次溯源于印度佛教史、印度思想哲学及文化史之探究，印度学、佛教学成为近代日本佛学研究中不可分割的两个部分。①

明治以后，日本关于印度与中国佛教通史的著述非常之多②，其中不少重要作品也于民国期间被陆续译传到中国，并深刻地影响了民国期间有关佛学史书的撰写。③梁启超就提出，近代以科学方法研究佛学方面，日本的成就要高于中国，于是他有意识地希望“辑译日本学者所说介绍于我学界”④。梁启超对于佛教史学研究中的许多问题意识、学术观念以及研究材料等，其实都直接受到日本佛学新成果的启发。他在研治中国佛学史中所生发的印度学意识，显然也是受到当时日本佛学研究潮流的影响。⑤

内院与武院系统的佛教史学研究更是较大程度上援手于日本近代佛学的成就。如在印度佛学史方面，吕澂在20世纪20年代就根据日本学者荻原云来《印度之佛教》之结构“重为编订”，同时参考日本学者堀谦德、马田行启的《印度佛教史》，综合而成《印度佛教史略》一书。他根据深浦正文的著述而编译出的《佛教研究法》一书，也对域外佛教学的研究作了较全面的启蒙教育。

太虚对日本近代佛学研究颇有赞誉，在“读木村博士佛教研究之大方针书后”一文中，称“日本佛教研究之现状，以吾人观之，已臻隆盛之域”。为此，太虚对于佛学研究的设想增加了不少新知，如他把佛学研究划为三个方面，其中教史就成为重要的一环。于佛学研究的工具方面，他特别提出了要善用比较语文学、西方哲学、心理学及宗教学等新知。⑥

---

① 近代日本佛教学与传统“宗学”以及印度学关系论述，可以参考末木文美士著《佛教研究方法論与研究史》，见《新亚洲佛教史》第14册之《近代国家与佛教》，东京：佼成出版社，2011年，第306—352页。

② 具体内容参见吕澂著《佛教研究法》第3篇的第2—3章及第4篇的第2章所分析的书目。

③ 20世纪20—30年代国内所译重要的日本佛学著述，如境野黄洋之《支那佛教史纲》（武昌佛学院，1922年），岛地墨雷之《三国佛教史略》（佛学书局，1930年），境野黄洋之《印度佛教史》（武昌佛学院，1934年），高楠顺次郎、木村泰贤之《印度哲学宗教史》（商务印书馆，1935年），木村泰贤之《原始佛教思想论》（商务印书馆，1932年）等，而《海潮音》等佛教学刊也陆续发表了不少相关佛学译文，此不详列。

④ 梁启超：《〈大乘起信论〉考证》之“序”，《饮冰室佛学论集》，第368页。

⑤ 关于此，日本近来有学者研究表明，梁启超对印度佛教，特别是印度原始佛教之重视，乃深刻受到日本近代佛学研究，如姊崎正治、木村泰贤等著述的影响。可以参见森纪子著《梁启超的佛学与日本》一文，该文收在狭间直树编《梁启超·明治日本·西方：日本京都大学人文科学研究所共同研究报告》，北京：社会科学文献出版社，2001年，第184—217页。

⑥ 关于佛学研究的三项内容分别为历史、教理与实际，参见《太虚大师全书》第16编之“书评”，第102页。

在民国时期译介日本佛学成果方面，太虚所领导的武院也起了很重要的作用，当时不少重要的佛学史论都是先由武院译出或由《海潮音》学刊发表的。如太虚在武院的主将史一如（慧圆居士）于20世纪20年代就把日本近世一些重要的佛学著述译介到中国，从内容上看几乎都是关于中、印佛教史学方面的，如《中华佛教史》《印度佛教史》《小乘佛学概论》《印度六派哲学》等。印顺所著的《印度之佛教》，则相当程度地参考了日本近代学界的成果，包括吕澂编著的《印度佛教史略》，高楠顺次郎、木村泰贤合编的《印度哲学宗教史》，木村泰贤著的《原始佛教思想论》，以及结城令闻所著有关唯识思想史的著述。①

中国史学写作在戊戌之后就潜移默化地使用日本史学的叙述方式作为"概念工具"，如传统史书以朝代更替作为时间线索来组织史书编撰，而日本史学的传入，使中国史学编撰开始运用"章节体"与采用历史分期的方法。②民国时期中国佛学史的叙述方式因受到日本近代佛学史著的影响，就有了这样的变化。几部重要的通史性史著，都是应用新的章节体与历史分期来结构或系统化其有关佛学史的论说。蒋维乔1917年赴日考察后，就有感于民国佛学与日本近代佛学研究之间的落差，承认中国传统佛学并没有提供可资参考的有关教史方面的"系统之典籍"，而使得近代中国佛学史的撰写无法从自身传统中激发灵思，寻绎出基本的组织架构与论述方式。③因而，他于民国所撰《中国佛教史》根本无法独立撰述，而完全是在"借资于东籍"，取材于境野黄洋的《支那佛教史纲》编译补撰而成。④

20世纪20年代到30年代正是日本关于中国佛教史研究的"全盛时代"，日本近代对中国佛教研究最具影响力的，当以常盘大定、境野黄洋、望月信亨等为代表，而以通史方式系统叙述中国佛教史的，则以境野黄洋为最早。境野于1907年出版的《支那佛教史纲》，从佛教东传述至宋代以后，成为一部系统论述中国佛教通史的典范。1922年，史一如把该书译为汉文后，直接刺激了民国时期中国佛教通史的书写。可以说，民国几部重要的中国佛教通史之作大都是"取材并模仿日本"学术成果而来。

蒋维乔的《中国佛教史》作为民国第一部系统阐释佛教通史之作，除了对北魏隋唐

---

① 参见太虚著《唯识学探源》之"自序"，新竹：正闻出版社，1992年，第1页。

② 参见王汎森著《思想资源与观念工具——戊戌前后的几种日本因素》，载《中国近代思想与学术的系谱》，第162页。

③ 蒋维乔说，从传统佛史著述中去找寻通史书写的方式，"正如暗中索物，不易获得"（参见蒋维乔著《中国佛教史》之"叙言"）。

④ 同上。正因为这样，以至于当时就有人对蒋氏此作"独持物议，认系抄袭人家的著作，殊为不雅"。参见释东初著《中国佛教近代史》，台北：中华佛教文化馆印行，1974年，第700页。

某些造像、石刻资料的补充及有关近史之清代与民国教史两章为自己撰述补叙之外，整部佛教通史只能说是日本学术成果的译撰。黄忏华的《中国佛教史》实际上也不应看作是完全独立的创作，而是仿照宇井伯寿的《支那佛教史》而来。①宇井伯寿之《支那佛教史》（岩波书店，1936 年）是一部关于中国佛教的通史，从佛教传入一直写到清朝。主要以“学系的相承”和“师资的脉络”为架构来加以组织，特别重视以宗派为中心来论述佛教之思想。该著是以近代日本佛学史书写所通用的八宗为要，来组织隋唐诸宗的论述。②比照黄忏华之《中国佛教史》关于隋唐佛教的书写，就是以“横述各宗派之内容”为主，而对诸宗之判释，基本都是照搬日本佛学史界以八宗为纲骨的观念。

即使在史观方面，我们也可以感受日本近代佛教史著的影响，如平安专修学院所编《印度支那佛教史要》一书，把中国佛教之发展从东汉到清朝分为东渐、传播、大成、保守与渐衰五个阶段，而宇井伯寿在《支那佛教史》中把中国佛教的发展递嬗分为前（佛教传入到罗什来中国之前）、中（从罗什到隋唐前）、盛（隋唐八宗）、后（宋到清朝）四期。对照起来就不难发现，黄忏华的《中国佛教史》基本就援用了这样的佛教史观，把中国佛教史的发展分为肇始、进展、光大与保守四个阶段，其相对应的朝代与时间也与日本学界的意见较为一致。

严复就说过“学术之事，必求之初地而后得其真”。民国佛学界援手于东洋近代之知来塑造自己有关佛教的整体观念与历史图式，在为民国佛学带来新知的同时，也意味着一种冒险。思想与学术移植的问题在于，如何对不同学术与思想发生的历史脉络做出有深度的反思。就是说，近代日本佛学新知的形成与建构，都深刻地植根于他们自身的思想、历史与文化土壤之中。无论是他们对西方新知的消化，还是对佛教观念及中印佛教史的理解与论述，都有其复杂的历史情景。这种日本化了的近代新知给民国佛学带来的成果是双重的：它一面使民国佛学快速而简易地获得了新的知识形式和观念，同时，这种经过他人咀嚼过的新知，也难免会因为迂回而出现“隔尘弥多，其去真滋远”的现象了。③

六、结语：终之于未济

作为新知的佛教概论与通史书写，伴随着中国思想启蒙运动，而逐渐开展于近代

---

① 参见吕澂著《中国佛学源流略讲》之“序论”，《吕澂佛学论著选集》第 5 卷，第 2462 页。

② 参见宇井伯寿著、李世杰译《中国佛教史》之“绪言”，第 5 页。

③ 均参见严复著《与外交报主人书》，《严复集》第 3 册，第 561 页。

中国佛学的复兴运程中。民国佛教学人试图以新的和完整的方式,纵横交织地来重新建构或体系化对佛教认识的知识图谱,概论与通史之作乃应运而生。古典中国佛学虽略约具备类似的知识形式,却包含了相当复杂的宗派论述,而且大都详于中土而略于印度佛学流变的阐明。民国新佛学的书写,正是意图洗刷这种传统佛教编撰中的宗派修辞和地域局限,而再作新议。于是,新的佛学图景已不再局限于传统以一宗一派为主的思想论述,其历史的流程也会通上溯于印度佛教,甚至是印度哲学与思想文明的大传统中去做探究。

实际上,"新知"这个语词在近代中国的意味,就是概指西学。而近代中国佛学的新知并没有直接源出于西方,虽然晚清时期的杨文会就期待佛教"学者兼通中西文,以为将来驰往天竺,振兴佛教之用"①。但是直到民国时期,具有新知意义的佛学研究最终还是转求于东洋新学。这种间接的学习方式难免会使民国佛学在接纳新知的深广度方面大打折扣,而从表现出来的成就看,也大都要略逊于民国人文学的其他学门。②

应该承认,民国有关佛教概论与通史的书写,作为佛学新知的启蒙而逐渐成长起来。不过,整体的学术成果还未见圆熟。无论是概论或通史,著书虽多而典范尤少。民国时期的佛学创造大多还处于新知输入的阶段,佛学中许多重要的议题、材料及论述结构几乎都是对日本佛学成果的抄移或模仿,并未消化而成为自己独立的论述体系。这最明显地反映在民国几部有代表性的佛教通史上。如果说在佛学的专题研究与断代史方面,吕澂与汤用彤的成就不容低估,那么相对而言,在概论与通史的写作上,民国佛学显然还没有出现具有经典性的论述。

从引进新知到融会贯通,新知与旧学之间需要经历相当长时间的纠缠与融合。对于民国佛学来说,我们可以明确地感受到这种新知与旧学间错综复杂的交织。无论是概论还是通史的书写,我们都可以看到这种紧张与对峙。民国佛学试图以西方或东洋所传的知识体系来重新组织与整理旧有材料,但他们对于新知的态度却多少有些迟疑。就是说,他们对于新知,既有期待,也有焦虑。毕竟新知给他们带来许多意想不到的知识成果,抉发了传统旧学的未发之覆。不过,通过日本佛学所带来的新知,其成就主要表现在历史学的方面,而用形上学等哲学传统来论述佛学,则显得非常不足。学术界同时也存在着滥用新学以为比附的现象,特别是在西方哲学与传统佛教教义之

① 欧阳渐:《杨仁山居士事略》,《杨仁山全集》,第584页。

② 可以发现,民国佛学的发展不仅外援于域外新知,也不断在努力跟进民国其他人文学门,特别是历史学所建立起的"知识典范",如从支那内学院与武昌佛学院等佛学重镇的研究方法来看,就特别注重运用近代历史学等方法来论述佛学。

间，强为之解的情况不时发生，这也是造成民国一批优秀的佛教学人对于哲学与佛学间的比附尤其反感的原因。[①]如王恩洋作《佛学概论》就反复提出佛学与科学、哲学性质“相异”的一面，而试图维持住佛学在“寻常知识”（新知）之外的内证独得。[②]他们认为，佛学新知的表现只局限在具有经验性的历史学门方面，而无法为传统佛教的价值世界提供精微的论述。

我们当然可以这样来自我安慰，即民国佛学在旧学与新知之间的纠缠与交织，并不是佛学一门的处境，实际也反映了民国时期人文学术所共同面对的知识状况。但克实而言，民国佛学概论与通史的书写，虽然在结构上不同程度地突破了传统佛学的规式，但终究大都停留于输入与模仿，自创不多。民国时期所造就的所谓佛学曙光，只能说是晚清佛学转衰后出现的一段复苏，并不能说是巅峰，至少就佛学概论与通史的书写来说是这样。

① 民国学界不少以外学，特别是西方哲学的观念来比附研究佛学的，从欧阳竟无对此风的批判，我们可以看到，当时学界以哲学特别是西方哲学观念来论究佛法的风气还比较流行。

② 王恩洋：《佛学概论》，《王恩洋先生论著集》第1卷，第241页。

养生以不伤为本　进道以无病为先

——谨以此文恭祝黄心川先生九十华诞

盖建民*

古语云:仁者寿! 大德之人必得其寿!

黄心川老先生是我国著名的东方哲学、印度学、佛教学学者,也是先师卿希泰先生的挚友,与四川大学有很深的学术渊源,是当代巴蜀文化的杰出代表人物。先生在20世纪50年代就曾经在川大任教,专门开设过南亚研究方面的课程,为四川大学培育过东方哲学方面的早期人才,是我们川大同仁敬重的老前辈。

黄老先生近年来也多次莅临教育部人文社科重点研究基地四川大学道教与宗教文化研究所做学术报告,2015年金秋在四川大学宗教所建所三十五周年之际,先生还撰写专稿,发表在先师卿希泰先生主编的《宗教学研究》上。先生德艺双馨的长者风范给四川大学师生留下了深刻印象。欣闻黄老先生九十大寿,特撰此文以恭贺先生寿比南山!

道教医学作为中华传统医学史上的一个重要流派,在明清之际业已汇入传统医学发展的大潮之中,其精华乃是中华传统医学宝库中不可或缺的组成部分。这就需要我们以平实的态度、科学的精神、分析的眼光,认真加以整理和挖掘,重新认识其潜在的科学价值,在继承的基础上加以创新、发展。在继承道教医学历史遗产的基础上,结合现代医学科学理论、手段,发掘以葛洪、陶弘景、孙思邈、王冰、张伯端、王怀隐为主要代表人物的道教医学思想中具有现代性价值的"合理内核",可为当代人类的健康事业提供有益的文化资源。这种形式的传统文化创新尤为重要,更具现代性,将使古老的道教文化更具时代特色。大力弘扬道教医学文化中具有现代价值和意义的内容,这不仅是我们从事道教医学研究所要达到的一个目的,也是在国家实施"健康中国"这一战略的新时代下,我们义不容辞的责任。

健康管理学有两个核心概念:第一,健康自我管理;第二,"把健康和生命掌握在自

* 盖建民,教育部"长江学者"特聘教授,四川大学道教与宗教文化研究所所长。

己手中”[①]，简而言之即有病看医生，健康靠自己。道教历来重视生命健康，以“生为第一”，故有“道在养生”的口号。道教“我命在我不在天”奠定了道教健康管理的理论基石，追求的“长生久视”是既有时间长度，又有健康品质的真正意义上的“寿老”。

养生按照现代的说法就是要健康地生活。从道教“生为第一”到现代“健康第一”是一脉相承的，树立“健康第一”“健康管理”的理念十分必要。道教在两千多年的发展过程中，经过葛洪、陶弘景、张伯端等历代高道的内修外养实践，总结出许多行之有效的健康管理方法。本文拟在现代性的视野下，从现代健康管理学的新视角透视道教健康管理的基本原则和特色，并从道教宏观医学模式和微观具体养生方法这几个维度进行专题论述，以就教于方家。

一

古老的道家文化不仅仅是陈列在博物馆里供人把玩的“古化石”，也是透视现实社会的“活生态”，其精华有其现代性意义和价值。其中，道教医学养生文化就是亟待开发的人类健康事业的宝库。

2015 年 10 月 5 日，国人大都还沉浸在中华人民共和国成立 66 周年的长假中，晚上传来一则喜讯：瑞典诺贝尔评奖委员会宣布中国中医研究院屠呦呦研究员因为发现了青蒿素（一种治疗疟疾的药物），从而与另外两位科学家共同分享了 2015 年度诺贝尔医学奖。消息令人振奋。作为一名从事道教医学研究的学者，笔者更是感慨万分。屠呦呦在 2015 年 12 月 10 日瑞典皇家科学院的颁奖仪式上的讲话，明确指出发现青蒿素，其最关键的一个技术环节是受到道教科学家、道教医学家葛洪著的《肘后备急方》古方的启发。

回顾屠呦呦研究的成功之路，我们有很多很多感触：

1964 年，代号为“523”的疟疾防治药物研究项目正式启动，持续了十三年，参加单位有六十多个，常规工作人员五六百人，前后参与者两三千人。

1969 年，时年三十九岁的屠呦呦以中医研究院科研组长的身份加入到“523 项目”。她查阅中医古方，试图从中找到出现频率较高的抗疟疾中草药或者方剂。终于，她发现青蒿提炼物有明显的抗疟疾效果，对鼠疫原虫有百分之六十到八十的抑制率。

1971 年下半年，屠呦呦从东晋葛洪《肘后备急方》得到启发：“青蒿一握，以水二升渍，绞取汁，尽服之。”于是，屠呦呦抛弃了惯用的水蒸馏提取方法，改用低温乙醚萃取，

---

① 万承奎：《健康自我管理》，北京：人民卫生出版社，2012 年，第 12 页。

终于获得成功。

2011年9月23日，八十一岁的中国中医研究院终身研究员屠呦呦因发现“青蒿素”获美国纽约拉斯克奖。2015年，获得了诺贝尔医学奖。

中国人第一次获得诺贝尔医学奖，这一中国盼望多年的诺贝尔医学奖给予我们道教界和学界很多启迪：

道教之道，既是宗教之道，又是自然之道，也是科学之道。按照学术界一般的理解，宗教、哲学与科学的关系是十分复杂的，熔铸了每个民族历史与社会发展的文化思想基因。

笔者窃认为，科学乃分科而学，遵循的是化繁为简的简单性原则；哲学是人类智慧的学问，是从个别到一般、从具体到抽象再从抽象上升到具体的学问，是将简单问题上升为复杂问题进行思辨的学问，姑且可以戏称其遵循的是化简为繁的复杂性原则；而宗教则关注人类精神家园，为芸芸众生寻找的安身立命的信仰图景。作为中华传统宗教的道教，以道为最高信仰与追求，道教之道是“玄之又玄”的“众妙之门”，蕴含自然与生命之道。与“科学分科而学”相呼应，道教乃是分宗而教。历代道门人士高扬“观天之道，执天之行”大旗，以“我命在我不在天”的积极探索精神，上观天文，下察地理，中究人情物理。道教不但在天文历法、地理、化学、医学、数理及生命科学等方方面面有许多具体而微的科学贡献，在自然探索的思维方法与思维模式上也孕育了富有道教特色的科学之道。青蒿素药物被发现的故事，其中蕴含的“道理”值得认真总结，道教医学养生文化的现代性意义更值得深思。

美国苹果公司首席执行官乔布斯英年早逝引发我们的思考：无身不能成道，无身不能守财。换句话说，没有健康，你辛辛苦苦挣来财富就不是可以放大的“资产”而是“遗产”了。所以，我们要走出生活的误区：年轻时用健康去换金钱，而等年老时又用金钱买健康。我们要清醒地知道，金钱可以购买一切，唯独购买不了健康。“道在养生”，不懂“养生”就不知“道”。

当今中国社会已经从全民经商、全民炒股进入到全民养生的时代。当今中国社会正在为全面建成小康社会奋斗。全民健康问题日益突出：没有健康就没有小康，奔小康首先要保健康。保健康可以有很多途径，从传统文化资源，特别是道教医学养生中可以汲取丰富资源。要提高全民的健康素养，健康知识是前提，建立和弘扬“健康第一”的“道理”是根本，养成健康、自然生态的生活方式和行为是关键。

当今社会民众大多数不是死于疾病，而是死于“无知”，是死于“知之”而不“为之”，简而言之，是死于不健康的生活方式和行为。

据国家卫生部2009年公布的首次中国居民健康素养调查结果，我国居民具备健康素养的总体水平只有6.48%，即一百人当中只有不到七个人具有健康素养。从健康素养的三个方面内容看，具有基本知识和理念的为14.9%，具有健康生活方式和行为素养的为6.93%，具有基本技能素养的为20.36%。

但是目前方兴未艾的道教养生热潮，存在着鱼龙混杂、良莠不齐、科学与蒙昧并存等诸多问题，需要我们认真分析研究。下面我们在现代性的视野下，从健康管理学的视角来透视古老的道教养生文化的现代价值。

二

古语云："医道通仙道"，"十道九医"。道教神仙理论的集大成者葛洪，既是六朝时期道教茅山宗和上清派的一代宗师，也是著名道教医家，精通医药与天文历法，著有《金匮玉函方》一百卷、《肘后备急方》三卷等医学著作。道教对中国传统医药学做出过杰出贡献。葛洪在《抱朴子内篇》指出："古之修道者莫不兼修医术，以救近祸。"全真道的重要典籍《重阳立教十五论》第四《合药》亦云："药者，乃山川之秀气，草木精华。一温一寒，可补可泻；一厚一薄，可表可托。更精学者，活人性命；若盲医者，损人之形体。学道之人，不可不通；若不通者，无以助道。"养生又称"摄生"。号称中国养生学鼻祖的老子在《道德经》第50章云："盖闻善摄生者，陆行不遇兕虎，入军不被甲兵。"汉代河上公注："摄，养也。"养有供养、养护、治疗、调养多种含义。《说文解字》云："养，供养也。从食，羊声。"《周礼·天官·疾医》云："以五味五谷养其病。"郑玄注："养，犹治也。"已故著名道教学者陈撄宁在其"《老子》第50章研究"中指出：实际上"摄"字有四种作用：其一，摄持自己身心勿使妄动；其二，收摄自己精力勿使耗散；其三，摄取外界物质修补体内亏损；其四，摄引天地生气延长人的寿命。这四种作用完全无缺，才可以称得上是一个善摄生者。陈撄宁是近代研究道教仙学的杰出人物，他对养生的理解体现了道教的传统养生观念。千百年来，道教人士高举"道在养生"的旗帜，在医药养生领域积累了宏富的文献与养生实践方法。因此，从道教养生文化宝库中汲取合理的养生知识与技法来提高全民健康素养就有很重要的现实意义。

道教医学养生思想富有特色，独树一帜，概而言之，有七大基本原则与特色：

其一，养生以不伤为本，进道以无病为先。这是道教健康管理的总纲。

现代社会有一句流行语"伤不起"。在道教养生方面则有"不伤即是养生"的至理名言。葛洪《抱朴子内篇·极言》论述伤身的十件事：

才而不逮而困思之，伤也；

汲汲所欲，伤也；

久谈言笑，伤也；

寝息失时，伤也；

挽弓引弩，伤也；

沉醉呕吐，伤也；

饱食即卧，伤也；

跳走喘乏，伤也；

欢呼哭泣，伤也；

阴阳不交，伤也。

此十大伤身之事，包括情志、饮食、起居、老倦等过用，而且，如此十伤，“积伤至尽则早亡”。那么，为什么道教又说“进道以无病为先”呢？陶弘景认为：“夫学生之道，当先治病……不先治病虽服食行炁无益于身。”①

无独有偶，清代高道刘一明《通关文序》也认为修道之人必须“先学个无病好人”：“然恐学者舍近求远，不知先尽自己之事，而妄想他人之事。因着《通关文》一书，为学者助一烛之明，先学个无病好人，自卑登高，由近达远，庶乎明师得遇，良师得逢，大道可闻。”②“无病”即指身体上精满气足神旺，无疾病困扰，这是道教的命功。“好人”即指心理和境界，心理健康无烦恼，心灵健康得安详，这是道教的性功。“无病好人”所指即人的身体生理心理健康、品德高尚、乐于助人等心性健康。

健康新概念：健康不仅仅是指身体健康，还包括心理与良好的人际关系、从容应对社会压力和因素。帮助别人，快乐自己，有益健康！

道教的“生为第一”和现代社会的“健康第一”的生活哲学与时尚，其实是与中华传统寿老文化心心相印，一脉相承的。道教在两千多年的发展过程中，经过历代高道内修外养修行实践，总结出许多行之有效的健康管理方法，例如大家耳熟能详的练功第一步骤“筑基炼已”，从健康管理学的角度，就符合现代医学的要求。

《抱朴子内篇》中说：“故治身养性，务谨其细，不可以小益为不平而不修，不可以小损为无伤而不防。凡聚小所以就大，积一所以至亿也。若能爱之于微，成之于著，则几乎知道矣。”③在葛洪等道教医家看来，如果一个人在修身养性中，能“务谨其细”，做到

① 《真诰》卷十《协昌期》，《道藏》第20册，第551页。

② 刘一明：《通关文序》。

③ 王明：《抱朴子内篇校释》，北京：中华书局，1985年，第240页。

防微杜渐，那么他就几乎是知“道”了。反之，如果“恃年纪之少壮，体力之方刚者，自役过差”，那么将“百病兼结，命危朝露”。唐代著名道医孙思邈也十分重视对疾病的预防，他在《千金要方》一书中郑重告诫人们：“勿以健康便为常然，常须安不忘危，预防诸病也。”①他甚至还把是否懂得预防疾病及是否擅长治疗未发之疾作为划分、衡量医师的医术水平高低的标准。他在《千金要方》中云：“上医医未病之病，中医医欲病之病，下医医已病之病。”这是因为在孙思邈看来，“五脏未虚，六腑未竭，血脉未乱，精神未散，服药必活；若病已成，可得半愈，病势已过，命将难全”。所以，孙思邈认为只有那些善于医未病之病的医师才称得上是妙手回春的上医，而那些只会医已病之病的则不是上医，充其量只是个下医罢了。这些思想与《黄帝内经》中的“上工治未病，不治已病”的思想是一脉相承的，有其深刻的现代价值。反观当今社会，人们往往陷入这样一个误区，即现代社会生活节奏加快，社会竞争日趋剧烈，致使人们整日奔波于生计，无暇顾及养生之道，一旦患病首先想到的是到医院求医吃药，将药物治疗奉为维护生命健康的至宝。这种忽视健康管理的观念对生命健康极为不利。

其二，反对“偏修”，汲取各家各种技法进行综合养生。这是道教健康管理的综合性原则。

东晋道教医家葛洪在《抱朴子内篇》就指出：“凡养生者，欲令多闻而体要，博见而善择，偏修一事，不足必赖也。”明确反对偏修行为，主张将导引、吐纳、行气、服食、辟谷、存思、按跷、房中、守一、制魂魄等内修与外养之术整合起来。这一理念，从健康管理学的视角，体现了道教健康管理中的综合性。

很多老道教修行总结出来的养生技法，例如：发要长梳，齿要常扣，目要常运，肠要常清等，都是寿老秘诀。又如“服食”与“辟谷”相结合。

道教医学的具体医学养生方术中蕴含着许多现代性的思想成分，可以古为今用。道教养生方术名目繁多，其中不乏现代性意义的科学养生方法。例如道门十分珍惜人体中的咽液，历来有液不远唾之说。《抱朴子内篇》卷十三《极言》云：“养生之方，唾不及远，行不疾步，耳不极听。”②道书载有许多咽液养生法：

> 若体中不宁，当反舌塞喉，嗽漏咽液，亦无数，须臾，不宁之屙自即除也，当时亦当觉体中宽软也。③

---

① 《千金要方》卷二七《养性》。

② 王明：《抱朴子内篇校释》，第245页。

③ 《真诰·协昌期第一》，《道藏》第20册，第538页。

> 凡守一者，身神常安，若体中不宁，当反舌塞喉，嗽漏醴泉，满口咽之。讫又如前，咽液无数，觉宁乃止，止而未宁，重复为亡。须臾之间，不宁之屙，即应廓散，自然除也。当时有效，觉体中宽软都平，便以逍遥复常。①

人体口腔中的唾液为道教养生家所重，过去无法做出解释。但近来科学家研究发现，人体唾液中不仅仅含有淀粉的消化酶，起到消化、洗刷口腔这样单纯的功能，更从动物受伤后不断用舌头舔伤口加快愈合一事中受到启发，经实验研究，发现唾液中含有两种细胞生长因子：一种是能促进神经细胞生长发育的神经生长因子（NGF），另一种是能对人体表皮细胞生长发育有很大作用的表皮细胞生长因子，这就为揭开道教咽液之术的养生保健之谜打开了通道。所以，道教养生家历来主张远唾不如近唾，近唾不如不唾，有极深刻的养生保健思想。下面我们再以道教服食术为案例，对道教的养生保健思想加以深入分析说明。

道教养生术包括内修与外养。服食就是其外养的重要内容。服食，又称“服饵”，主要是选用矿物、植物，也有少量动物类药和食物，经过一定的加工、配伍，炮制成丹药或方剂，以内服为主要摄入途径，作用于人体，从而达到轻身益气、延年度世乃至“长生不死”的目的。

服食肇端于战国时期的方士，它是在神仙家的神仙信仰和“服食成仙”思想影响下发展起来的一门方术。据《列仙传》记载，早期方士除了服食一些矿物药外，还多喜食草木药，例如，赤松子舆“啖百草花”，师门“食桃李葩”，务光服“兰韭根”，鹿皮公“食芝草”，等等。

在道教信仰的驱使下，不少隐士道人在通往所谓“成仙”的路上，孜孜以求长生不老之药，创制了大量服食方剂。在这个过程中，也确实发现了不少具有抗衰老作用的药物，积累了丰富的食养、食治经验。历代有许多关于服食的典籍，如唐代孙思邈《千金要方》中有“服食法”“服食方”专论，宋代著名道教学者张君房所辑的《云笈七籤》卷七四至卷七八《方药》中则系统记载了道教服食的药饵方剂及服法，对道教服食术作了总结。

其三，动以养形，静以养神，动静结合。这是道教健康管理的动静结合原则。

《重阳立教十五论》第一《住庵》：“凡有动作，不可过劳，过劳则损气；不可不动，不动则气血凝滞；需要动静得其中。”动静结合是中华传统养生的一大思想，不同于西方竞技体育“更高、更快、更强”的理念，更符合普通民众的日常养生实践。

---

① 《云笈七籤》卷四七《秘要诀法·反舌塞喉法》，《道藏》第22册，第335页。

其四,养性延命,形神兼养,性命双修。

道教反对独修性或者独修命的"独修一物"偏修行为,在主张性命双修的同时,也兼容清修与双修,在实践中还倡导内外丹合修并炼。这是道教合修众术以养生的传统思想在道教内炼外养中的体现。

陶弘景《养性延命录·序》略云:

> 夫禀气含灵,惟人为贵。人所贵者,盖贵于生。生者神之本,形者神之具。神大用则竭,形大劳则毙。
>
> 若能游心虚静,息虑无为,服元气于子后,时导引于闲室,摄养无亏,兼饵良药,则百年耆寿,是常分也。
>
> 如恣意以耽声色,役智而图富贵,得丧萦于怀抱,躁挠未能自遣,不拘礼度,饮食无节,如斯之流,宁免夭伤之患也。

道教典籍中,形与神、性与命、气(精乃气之精)与神等诸对范畴之间,存在相互对应关系,即:

形——身——(精)气—命——炼气——命功
|　　|　　|　　|　　|　　|
神——心———神——性——存神——性功

其五,清双交养(清修与双修交替养生),内外丹(内炼精气神与外服药物)合修。

其六,以术养生与以德养生并重。

修道在修心,养生在养心,养心在修德。历代高道大德都普遍重视"以德养生",《礼记·大学》有言:"富润屋,德润身"。然而,"以德养生"并非儒家的专利,道教典籍文献中有不少这方面的论述。历代道教养生大家都强调"以德养生",提倡将"以术养生"同"以德养生"结合起来,"以术养生"与"以德养生"并举。

其七,养生有法而无定法,应天顺时,因人、因地、因时进行养生也是道教养生的要义。①

大道至简,大道至易。道教养生方法并非都是玄之又玄的"秘诀",而是简便易行的方法。元代部道经《三元延寿参赞书》,阐释道教"三元延寿法"养生方法:"天元之寿六十,精气不耗者得之;地元之寿六十,起居有常者得之;人元之寿六十,饮食有节者得

① 参见拙著《道教医学》,北京:宗教文化出版社,2001年。

之。”换句话说，人们在日常生活中，若能够做到“精气不耗”“起居有常”“饮食有节”，就可以获得一百八十岁之“人之天年”，这与《黄帝内经》首篇《上古天真论》阐发的传统养生思想是一脉相通的。由此可见，道教养生十分重视健康管理，并有一套成熟的生命健康管理手段。

对于上述道教养生管理的七大原则，下面我们再择要略析一二。

张伯端云：“阳里阴精质不刚，独修一物转羸尪，劳形按引皆非道，炼气餐霞总是狂。毕世谩求铅汞伏，何时得见龙虎降。劝君穷取生身处，返本还元是药王。”清人董德宁对此有一段精辟注释：“夫修炼之道，谓修炼其性命之学。而性命之理有两端。其天赋之性，是宜养之；而气质之性，则应克之；其分定之命，是应安之；而形体之命则宜修之。此学道之大端也。然人之元神亦谓之性，而元气亦谓之命。《灵源大道歌》云：神是性兮气是命。是也。故人无神气则死，而丹无神气不成。则斯二者，乃人身之至宝，为修丹之枢要，岂非性命乎哉？但神藏于离，而离之象为外阳内阴，故谓之阳里阴精也。其气生于坎，而坎之象，为外阴内阳，故谓之阴里阳精也。古人所谓离宫修定坎府求玄者，即此性命二者之意也。是以学天仙之道，当益蠲除妄念，清心寡欲，乃先用烹铅炼汞，以养气有为之道修其命；及至温养已毕，金丹圆成，然后抱元守一，以炼神无为之道修其性，此之为性命兼修。有无互用，而自然形神俱妙，与道合真矣。”①

清嘉、道年间济一子傅金铨圈点的《四注悟真篇》（扫叶山房藏本）实为薛道光、陆子野、陈致虚悟真篇三注，上有傅金铨之顶批圈点提醒。例如，在张伯端《悟真篇》序“形以道全，命以术延”顶上批注云：“全角者谓之道，延命者谓之术，术即道也。”②又如，卷上注解“阳里阴精质不刚，独修一物转羸尪。劳形按引皆非道，服气餐霞总是狂。毕世谩求铅汞伏，何时得见龙虎降。劝君穷取生身处，返本还元是药王”一文时，顶批云：“白玉蟾曰：别有些儿奇又奇，心肾原来非坎离。以心肾为坎离者请看。”③

南宗援禅入道，禅道合修的背后的理论根据乃是性命双修原则，南宗后学牧常晁抨击“佛惟是性宗者”，并将其归于“劣解浅学之士耳”，体现了南宗反对偏修一物的修道思想方法论。

三

道教医学模式可为当代医学养生科学的发展提供借鉴和启示。医学模式是近年

---

① 《悟真篇正义》卷上，《道藏精华》第一集之四，第13—14页。

② 《道藏精华》第六集之一，第380页。

③ 同上书，第397页。

来医学界较为关注的一个问题。一般认为医学模式是对健康和疾病的总观点，是诊断、治疗的基本指导原则，也是对人的生理、病理过程的基本性质特别是对医学观念和医学的基本性质的最综合、最集中的概括。人们现今把完全或主要从生物因素来阐述健康和疾病的医学观，称为生物医学模式。这种医学模式是西方医学从18世纪以后，随着近代自然科学的发展，特别是生物学和解剖学的发展而逐渐形成的。生物医学模式曾对人类的健康做出过积极贡献。在人类历史上，传染病是人类健康的巨大威胁。直至20世纪初，传染病仍是死亡率最高的疾病。但在生物医学模式的指导下，医学家积极研究和开发各种能抵抗、消灭种种病毒的化学药物，在短短的十几年间，人类就使传染病的发病率和死亡率有了明显的下降，烈性传染病也逐步地减少或被消灭。其他一些传染病和绝大多数的感染性疾病以及由理化因素所致的疾病，得到了有效控制。这种医学模式只依据病人身体检查和化验参量是否偏离正常值来诊断是否有病，不问心理与社会环境因素对这些参量的影响。也就是说，这种医学模式把人只看成是生物的人，把疾病与健康只看成是生物学的过程，只研究细菌、病毒或理化因素给人体带来的损害，而忽视了人的社会性，忽视了心理和社会环境因素对身体的影响。随着现代社会文明程度的提高，危及人类生命的致病因素也在发生变化。现在主要威胁人类生命和健康的疾病是心脑血管疾病、恶性肿瘤、高血压、支气管哮喘、溃疡病、艾滋病和急性传染病等。可是，这些疾病的产生与人之情绪和性格特点有极其密切的关系。尤其是艾滋病、急性传染病这类疾病与社会环境有密切关联，仅靠药物疗法无法根治。因此，继续采用单纯的生物医学模式的观点对这类疾病进行治疗是难以立刻奏效的。1984年世界卫生组织就给健康下了这样一个定义：健康是一种身体上、精神上和社会适应的完美无缺的状态，而不仅仅是没有疾病和虚弱。这一健康新理念表明健康的含义包括三个方面的要素，即身体、精神和社会。这一健康新概念看到了导致人类疾病的因素既有生理方面的，也有心理和社会方面的因素。要想预防、控制乃至消灭一些疾病，其根本出路还在于改善人之心理状态，增强社会人群的伦理道德观念，健全社会医疗保障体系，综合地建立起从生物、心理、社会三方面来阐述健康和疾病的医学观，即生物、心理、社会医学模式，完成人类医学史上又一次“哥白尼式的革命”。

在道教生命哲学观的指导下，道门在治病防病时，能广泛而灵活地运用各种手段、措施进行医治。其治病养生，既采用常规药物疗法，也采用心理疗法、信仰疗法，将生理治疗与心理治疗、社会治疗结合起来，治疗与养生预防相结合，从而形成综合性、多元化的道教医学模式。这种医学模式与现代医学发展的趋势不谋而合，具有重要的潜科学价值，对当代医学发展不无借鉴和启迪作用，对于当今人们养生实践生活有着重要的指导意义。

道教养生思想贯注着发人深省的整体把握精神，它能够为现代社会提供一种养生医学方法论的指导。什么才是正确的养生路径？这取决于人们对生命存在的正确认识。人之为“人”，这不仅意味着一种个体的存在，而且是在宇宙联系中的生命存在。如果我们仅仅从人的个体层面来思考养生问题，那么必然导致方法的狭隘性。省思道教医学的基本理论，我们不难发现其富于启迪性的理念。道教医家深明其宇宙性的理则，把人的健康与疾病放在宇宙事物的相互联系中来加以考察，从而引申出顺应天地自然的养生医疗原则，这在当今看来还有重要的现实意义。其次，道教医家在分析疾病成因时也充分注意到社会生活中那些不良干扰信号的作用，认为社会要是病了，作为个体的“人”也难以真正获得健康。“治人”与“治世”两者必须兼顾。务实求存，注重现世人生与自然社会的“治理”，出世而不离世是道教教义思想的特色之一。从早期汉代的《太平经》到清代闵一得所辑《古书隐楼藏书》，道教治世思想从早期救世说演进为“即身以治世”的医世说，其所内蕴的丰富理身治世道理，认为社会治理是一个系统工程，强调天、地、人综合治理，将治国与治身结合起来，主张身国同治，有其现代价值和社会现实意义。①其中包含着广义的环境治理意蕴，而所谓“环境”既是自然的，又是社会的。从现代的角度来看，治理社会之病，可以看作对“丑恶”现象的清理，例如扫除那些违背社会道德的行为，这对于社会的精神文明建设来说也是有启发性的。事实上，一个社会如果精神文明程度高，良好的道德情操成为公民的共同追求，在这样的社会中生活，人体内在的气血也就可以避免许多精神干扰。复次，还应该看到的是，道教医家所使用的“祝由”之术，让人疏导情绪，通过反省以往的道德过错而放下包袱，这种做法尽管具有一定的神秘因素，但其中所包含的“做心地功夫”的性命修行在今天依然有现实价值。它从一个侧面显示，不注意道德修养也会导致身心失衡，引发疾病；要有健康的身体，也应通过道德来滋养身心。我们可以将这种方法称作“道德养生治病术”。道德既可治病又可养生，这是很值得深思的。

随着现代社会的发展，人们对健康的要求越来越高。道教医学强调理身与治心、养生与治国相统一，其理论包含着相当丰富的内容和深邃的思想，我们应当认真研究与挖掘，取其精华，古为今用。

四

道教服食术所服饵之物，以来源来说主要有两大类：一类是草木类植物，一类是金

① 参见拙著《闵一得与道教医世思想》，《世界宗教研究》2002年第1期。

石类矿物。在葛洪《抱朴子内篇》中，“金丹”“仙药”和“黄白”三章均论及了服食之术，载有上百种服食药物，其中植物药有茯苓、麦门冬、天门冬、黄精、白术、枸杞、胡麻、甘菊、松脂等，矿物药有丹砂、曾青、雄黄、雌黄、云母、玉、银等。且认为上药延命，中药养性，下药除病：

> 上药令人身安命延，升为天神，遨游上下，使役万灵，体生毛羽，行厨立至。又曰，五芝及饵丹砂、玉札、曾青、雄黄、雌黄、云母、太乙禹余粮，各可单服之，皆令人飞行长生。又曰，中药养性，下药除病。①

显然，在这两类药物中，葛洪为代表的金丹家更看重金石类药物及用五金八石等为原料炼制出来的丹药。我们知道，以汞、铅、硫等为基本成分烧炼出来的丹药分“点化”与“服食”两种，初步炼成的叫“丹头”，只能作点化贱金属铜铁为贵金属金银之用，有剧毒，不能服食。需继续再炼，方可成为能“服食”的丹药。

道教服食家，尤其是一些金丹家特别垂青于金石类药物，热衷于服食金液还丹大药，同时他们也认识到草木药具有祛病养性延命的作用，诸如“椒姜御湿，菖蒲益聪，巨胜延年，威喜辟兵”②。因此，道教服食家还大量地直接服食草木类药物及其创制的各种长寿方剂，其目的在于补精益气、调利脏腑、疏通经络，以求祛疾除病和延年益寿。这部分内容占了道教服食术的相当大部分。

从道教服食术所涉及的药物品种上来分析，不难看出，服食之士服食的药物就其功效而言，基本上分为两大类：一类是属于重镇安神和养心安神的药，前者是质地沉重的矿物质类物质，如朱砂、磁石等，临床上可用于口渴引饮、痰多气粗、烦躁易怒等阳气躁动、心神不安的实症；后者为植物药如柏子仁、茯苓、远志、菖蒲、杏仁等，具有养心滋肝作用，在临床上可用于心肝血虚、心神失养所致的心悸怔忡、失眠多梦等神志不宁的虚症。另一类是能补益人体气血阴阳不足，提高机体免疫能力，以增强抵抗和祛病能力，调节和促进新陈代谢，起到强壮身体的药物，如白术、胡麻、桂、黄芪、天门冬、枸杞子等。这类补虚药在临床不可用于治疗先天不足、体质虚弱、久病伤正、年老体衰等虚症。

道教服食家深信：服食草木类药物不仅可以轻身益气、益寿延年，而且如果服食到一定程度，且配合服气行气修炼，就可以使身体处于“不饥”“不饿”的状态，甚至达到不

---

① 王明：《抱朴子内篇校释》，第196页。

② 同上。

食五谷而长生的"断谷"境界。断谷，即辟谷，也称却谷、休粮、绝粒，都是指不食五谷之术。辟谷思想源于战国时期的神仙方士，庄子就曾经绘声绘色地描述到这种能行辟谷之术的神人：

> 藐姑射之山，有神人居焉，肌肤若冰雪，淖约若处子。不食五谷，吸风饮露。乘云气，御飞龙，而游乎四海之外。①

秦汉时期，在方士中就已流行不食五谷的长生术，出现了一些辟谷之士。《汉书·郊祀志》谓："李少君以其祠灶、谷道、却老之术见信于帝。"《史记·留侯世家》也有张良"性多病，乃学辟谷，道引轻身"的记载。1973 年在长沙马王堆汉墓中出土的帛书中就有一篇论述辟谷之术的文献——《却谷食气》。食气，即服气，指将自然界的某种清气如日气或月气吞入腹中。"却谷食气"就是指通过服食外界清气来达到辟谷目的，以求强身健体，益寿延年。当然，辟谷之士在修炼此功法时，并非不吃任何东西，只是不吃五谷杂粮罢了。据研究，辟谷之士在服气辟谷的过程中，除了要饮水外，还特别需要服食一些富含高蛋白、高油脂类的草木类药物，如莪术、茯苓、胡麻、黄精等，以维持人体的生命活动。

据史料记载，东汉时期的不少方士都热衷于辟谷之术。是什么因素促使秦汉时期辟谷之术的兴起并在方士中广为流行的呢？究其原因，这首先与当时社会上人们的饮食结构和饮食思想的变革密切相关。民以食为天，饮食是人类维持生命活动的基本条件，而要使人活得健康愉快，充满活力和智慧，则不能仅仅满足于吃饱喝足，还必须合理调配饮食结构，保证人体必需的各种营养素，并且还要保证人的肠胃能吸收这些营养素。但在先秦时期，社会上的上层阶层多喜食肥厚的肉类食物，"膳用六牲"并纵酒为乐。这种饮食结构过多地摄入高脂肪的动物性食品，必然给人的身体健康造成损害。针对这种情况，社会上的一些有识之士纷纷指出其弊端，以为肉虽多，不能胜食气，明确把这种"肥肉厚酒"的食谱称为"烂肠之食"。这种反对过分荤食，提倡素食的饮食思想给当时的方士们以很大影响，一些方士纷纷在饮食上返璞归真，多喜食天然植物性食物。

其次，这是因为在方士们看来，饮食的品种还直接关系到人的生理、心理差异。这一思想集中体现在《淮南子》中：

---

① 《庄子·逍遥游》，郭庆藩撰、王孝鱼点校：《庄子集释》第 1 册，北京：中华书局，1961 年，第 28 页。

食水者善游能寒，食土者无心而慧，食木者多力而拂，食草者善走而愚，食桑者有丝而蛾，食肉者勇敢而悍，食气者神明而寿，食谷者智慧而夭，不食者不死而神。①

方士们认为，“食谷者”不能长生，是由于人吃了五谷杂粮，肠中积成粪便，秽浊充塞体内的缘故，相反“食气者”却能做到“神明而寿”。所以，欲得长寿延年，就必须“却谷食气”，修炼辟谷之术，这样有朝一日才能达到“不食者不死而神”的境地。

道教创兴后，把辟谷之术也纳入其修仙方术之列，并对辟谷之术做了神秘主义的阐释。道教认为，人体中有三尸，亦称三虫、三彭。上尸名彭倨，好宝物；中尸名彭质，好五味；下尸名彭矫，好色欲。而且上尸居脑宫，中尸居明堂，下尸居腹胃。三尸常居人脾，是欲望产生的根源，是毒害人体的邪魔。三尸在人体中是靠谷气生存的，如果人不食五谷，断其谷气，那么三尸在人体中就不能生存了，人体内也就消除了恶魔。所以《抱朴子内篇》云：“欲得长生，肠中当清；欲得不死，肠中无滓。”②也就是说，要想益寿长生、“神明不死”就必须辟谷。在这一理论思想指导下，自道教创立后，许多道徒便虔诚地把研习辟谷之术作为修炼成仙的基本途径之一，各种辟谷之法如“服气绝粒”“符水断谷”“吞石辟谷”等不断涌现。据葛洪《抱朴子内篇》记载，当时辟谷之术“近有一百许法”：

近有一百许法，或服守中石药数十丸，但辟四五十日不饥，练松柏及术，亦可守中，但不及大药，久不过十年以还。或辟一百二百日，或须日日服之，乃不饥者。或先作美食极饱，乃服药以养所食之物，令不消化，可辟三年。欲还食谷，当以葵子猪膏下之，则所作美食皆下，不坏如故也。洛阳有道士董威辇……云以甘草、防风、苋实之属十许种捣为散，先服方寸匕，乃吞石子大如雀卵十二枚，足辟百日，辄更服散，气力颜色如故也。欲还食谷者，当服葵子汤下石子，乃可食耳。③

上述引文末介绍的，即是先食甘草、防风、苋实等十几种草木配制的辟谷散剂，然后实施石子的所谓“吞石辟谷法”。辟谷之士还常采用喝符水以达到不进五谷杂粮的目的，即“符水断谷”。符水通常有两种，一是以手指向水中画符而成，二是以纸画符烧

---

① 刘安等编著：《淮南子·坠形训》(影印本)，上海：上海古籍出版社，1989年。

② 王明：《抱朴子内篇校释》，第266页。

③ 同上书，第266—267页。

成灰烬放在水中搅拌而成。葛洪就此云:“又符水断谷,虽先令人羸,然宜兼知者,倘卒遇荒年,不及合作药物,则符水为上矣。”①也有饮祝水来辟谷的方法,《抱朴子》中就介绍了这一方法,云:“甘始法,召六甲六丁玉女,各有名字,因以祝水而饮之,亦可令牛马皆不饥也。”②

当然,道教辟谷之士最常用的还是通过吞服清气来达到辟谷目的。例如《云笈七籤》卷六〇《诸家气法》中就载有“服气绝粒”,兹移录如下:

服气绝粒第二……平枕正卧,绝一切浮想。浮想若不除则心神炁当闭不行。绝想止念既定,然待出息尽,便闭玄牝,气鼓满牙齿,勿得相近。欲咽之时,齿牙微相近,仍须收息缩气,(音摄)腹咽下,以咽得为度,咽得饱以为期,亦无时限。③

道徒在行辟谷之术时,并不一下子就“急断”谷物,而是采取逐日“节量饥饱”的渐进方法。因为道教服食之士认为,掌握辟谷之术“若遭世荒,隐窜山林,知此法者,则可以不饿死。其不然也,则无急断,急既无可大益。又止人中断肉,闻肥鲜之气,皆不能不有欲于中心。若未便绝俗委家,岩栖岫处者,固不成遂休五味,无致自苦,不如莫断谷而节量饥饱”④。所以,道徒在修炼辟谷之术时,一般都采取逐渐减食的方法,由一日三餐减为二餐、一餐,并坚持服气导引锻炼,使身体适应一段时间后,就转为以饮水食气为主,同时肥食一些有滋补强身功效的草木类药物及其方剂。这样就可在一段时间里不食谷物,而身体仍能保持比较健康、正常的状况。《云笈七籤》卷五九所载的“神仙绝谷行气经”就是一例:

神仙绝谷行气经……诸欲绝谷食气法,食日减一口,十日后可不食。二日三日腹中或悁悁若饥,取好枣九枚,若方寸术饼九枚食之。一日一夜不过此也,不念食者勿啖也。⑤

断谷虽然不能达到所谓长生不死的目的,但从现代医学角度来看,道教辟谷术中

① 王明:《抱朴子内篇校释》,第 268 页。

② 同上书,第 266—267 页。

③ 《云笈七籤》卷六〇《诸家气法》,《道藏》第 22 册,第 418 页。

④ 王明:《抱朴子内篇校释》,第 266 页。

⑤ 《云笈七籤》卷五九,《道藏》第 22 册,第 409 页。

蕴含了有现代意义的断食疗法思想。适当减少食量，空腹一段时间，可以清洁肠胃，对治疗某些疾病有一定作用。传统中医学历来重视饮食与健康的关系。《素问·生气通天论》就已经指出饱食的弊端："因而饱食，筋脉横解，肠澼为痔。因而大饮，则气逆"，"高粱之变，足生大丁，受如持虚"。因为"饮食自倍，肠胃乃伤"。现代医学研究发现，营养过剩或不足都足以损害健康，使人患病而短寿。经常饱食，不仅加重胃肠负担，引起消化不良，而且由于血液过多集中在胃肠，使心、脑等重要器官缺血；由于营养过剩而造成肥胖病，由此引发糖尿病、胆石症、代谢性痛风、心血管等疾病。而适当地少食、断食可以防治这类疾病。

道教辟谷之士在长期的辟谷修炼中，为取得较好的辟谷养生目的，还利用各种药物配伍、炮制了大量的"辟谷方""休粮方"，并用于辟谷修炼过程之中。在北宋张君房所辑的《云笈七籤》一百二十二卷中，卷七四至七八收录有各种服食方药，其中仅辟谷方就有二百首左右。著名的有天父地母七精散方、坤风后四扇散方、艮王君河车方、巽龟台王母四童散方、离彭君麋角粉方、兑夏姬杏金丹方、坎南岳真人赤松子枸杞煎丸、震青精先生米饭方、真人驻年藕花方、老君益寿散方、骊山老母绝谷麦饭术，等等。

在这些"辟谷方""休粮方"中，有不少方剂是辟谷之士独创出来的抗衰老药物，具有固精、补血、益气、养肝、健脾等功效，不仅被历代医家在临床中广为应用，而且也被历代本草学著作和医药典籍收录，汇入了浩瀚的祖国医药学大河，促进了传统中医药学的繁荣和发展。例如，北宋皇帝徽宗诏令编撰的《圣济总录》，共二百卷，是一部大型的医方书；内有《神仙服饵门》三卷，不仅介绍了各种服饵方法，还著录了神仙服饵辟谷方一百多首。

《太平圣惠方》是宋代的医方大成，为宋初国家出版的重要医药文献，是由道士出身的医官王怀隐等就当时太医院搜罗的各家验方汇编而成。据宋王应麟《玉海》的著录，《太平圣惠方》编撰的年代为太平兴国三年(978)至淳化三年(992)。《太平圣惠方》共一百卷，原书分 1 670 门，医方 16 834 道。其体例按临床实用医方书编撰，首先是"诊断脉法"，其次是"用药法则"，继之以各种病源、病候的详细处方，以及相关疗法。本书原刊本早已散佚，人民卫生出版社 1958 年据现存多种抄本进行互校勘补之后，重以全书形式排印出版。[①]卷九四凡一门，神仙方序一首，方共计一百五十六道，分别为神仙饵云母法六道、神仙服雄黄法三道、神仙服黄精法十一道、神仙服地黄法五道、神仙服天门冬法四道、神仙服杏仁法二道、神仙服松脂法四道、神仙服松实法三道、神仙服松叶法二道、神仙服茯苓法十一道、神仙服柏叶柏实法七道、神仙服木者实法一道、

① 参见王怀隐等编《太平圣惠方》，北京：人民卫生出版社，1958 年。

神仙服胡麻法八道、神仙服枸杞法二道、神仙服术法四道、神仙服蒺藜子法二道、神仙服槐子法三道、神仙服鹿角法一道、神仙服桂法二道、神仙服菊花法三道、神仙服菟丝子法一道、神仙服桃胶法一道、神仙服菁子法一道、神仙服百花法二道、神仙服仙茅法一道、神仙服大麻子法一道、神仙服芍药法一道、神仙服商陆根法二道、神仙服苣藤法五道、神仙服漆法二道、神仙服灵芝法一道、神仙服乳香法一道、神仙蜂房法一道、神仙服蔷薇法一道、神仙服泽泻法一道、神仙服蓬虆法一道、神仙耐寒暑法七道、神仙绝谷法十四道、神仙去三尸九虫法十道、神仙诸名方十八道。

卷九五，凡三门，丹药序、药酒序二首，方共计一百〇五道，其中丹药类分别为：丹药序一首，玉芝丹一道、紫粉灵宝丹一道、白金丹一道、青金丹一道、伏火水银硫黄紫粉丹一道、紫灵丹一道、四壁柜朱砂一道、田野紫粉丹一道、青化丹一道、太阳流珠丹一道、四灵丹二道、伏火玄石柜灵砂丹一道、玄英散一道、金液含化灵丹一道、含化朱砂丹一道、金液丹一道、紫霞丹一道、玄石紫粉丹一道、阴伏紫灵丹一道、倚金丹一道、黄庭丹一道、保神丹一道、安魂定魄丹一道、返魂丹一道、护命丹一道、柳花丹一道、胜金丹一道、黄英丹一道、伏火四神玉粉丹一道、小三生丹一道、紫精丹一道、碧珠丹一道、碧玉丹一道、还元丹一道、玉液丹一道、曾青丹一道、神朱丹一道、铜粉丹一道、白雪丹一道、神符玉粉丹一道、华盖丹一道。药酒类分别为：地黄酒三道、黄精酒一道、天门冬酒二道、枸杞酒五道、石斛酒三道、薯蓣酒二道、菊花酒三道、菖蒲酒三道、松叶酒二道、松脂松节酒二道、柏叶酒一道、术酒三道、乌麻子酒二道、五加皮酒一道、桃仁酒一道、紫苏子酒一道、丹参酒一道、薯黏子酒一道、葡萄酒一道、五枝酒一道、天蓼木酒一道、商陆酒一道、三石浸酒一道、九仙薯蓣煎一道、地黄煎二道、枸杞煎三道、天门冬煎二道、术煎二道、麦门冬煎一道、紫薇散煎一道、鹿角胶煎二道、髓煎一道、红雪法一道、紫雪法一道、碧雪法一道、碧雪煎法一道、黄雪法一道、金石凌法一道、甘露饧法一道。

其中有茯苓散、枸杞散、胡麻丸、二精丸、黄精丸、菟丝丸、七精散、四扇散、地髓散、松实丸、灵仙散、轻身散、地仙丸、木耳丸、天门冬丸、山精饼、仙术丸、枣木丸、黄精地黄丸等，这些都是有名的抗衰老方剂，时至今日仍有很高的医疗保健和广泛的临床应用价值。

道教医学服食术十分重视服饵雄黄。仅在京里先生所撰的《神仙服饵丹石行药法》一书中，就载有十一则服饵雄黄方，即神仙饵雄黄、又神仙饵雄黄、又饵雄黄治病辟毒延年、太一仙二物饵水银雄黄、东方朔饵雄黄、神仙饵鸡子雄黄、延年神仙一物饵雄黄、神仙饵雄黄致玉女、神仙酒炼雄黄、神仙炼饵白雄黄，等等，现移录神仙饵雄黄一方如下备考：

天地之宝，藏于中极，命曰雌黄。雌黄千岁化为雄黄，雄黄千岁化为黄金，服食黄金，命曰真人。饵金之术，微妙难成。轻身益气，莫过雄黄。饵雄黄法，用好者一斤，治之如粉，以醇酒三升和之铜器中。白炭上煎之，微火令小沸，勿使大热，其状如胶。以好漆二升，熟绞去滓，投着其中，搅令和合。药成丸如大豆。常先食，渍一丸，咽其汁，日三服，十日即知病悉愈……时寒则温，时热则凉，服之百日，肠中胞厚，皮胃坚，筋骨强，耳目聪，无众患。三百日以后，吞如黍粟大，日三丸以为常也。①

又饵雄黄治病辟毒延年：

用雄黄一斤，捣合如粉，倾半斤，云母六两捣合令和；白蜜三升皆合和，盛以竹筒。薄削之，约以枲盖其口，蒸之黍米中，五日五夜即成。以置水中，引之如绵……在地草土不着，成也。服如大豆者一枚，常服之，与天地相毕，神仙度世，与神明通。上为太一使，下伏百鬼，任使之。②

道教深信服饵雄黄有奇效，可以“与天地相毕，神仙度世，与神明通。上为太一使，下伏百鬼，任使之”。虽说难以置信，雄黄具有很强的医疗价值却是事实。据《人民日报》1997 年 8 月 18 日海外版报道。我国医学工作已经临床证实雄黄对急性早幼粒细胞白血病有明显疗效，从而为治疗对人类极具威胁的白血病找到了新办法。雄黄是一种主要含四硫化四砷的矿物质，在传统中医治疗中，多用于医治恶疮、疥癣等病。1994 年 12 月以来，中国工程院院士、北京医科大学教授陆道培带领课题组，对雄黄治疗急性早幼粒细胞白血病进行了前瞻性临床与实验室研究。研究表明，口服雄黄治疗的三十二位病人均未复发。这三十二位病人年龄多在三十至四十岁之间，最大的六十一岁，在治疗期间，病人均未服用其他抗白血病药物。急性早幼粒细胞白血病是白血病中来势较猛的一种，过去多采取骨髓移植进行治疗，成功率约为 80%。由于骨髓移植必须为患者找到骨髓类型基本相同的供应者，存在较大难度，而用雄黄治疗却不存在这一问题。

又如道教服食术中常用的原料朱砂，据现代医学研究，人食入朱砂后产生慢性中毒的可能性是存在的，但只要合理使用，仍不失为一味安全可靠的中药。

---

① 《道藏》第 6 册，第 600 页。

② 同上。

道教服石成仙思想虽然带有很大的荒谬性，但如果我们冷静地分析其内涵，也不难发现其中一些合理的医学思想萌芽，对此我们不能轻率地予以全盘否定。这是我们从事道教医学养生思想研究必须时刻注意的一个问题。

道门重视服食金石类药物，将其视为成仙的大要之一，从一定意义上说业已萌发了人体微量元素与生命相关性的潜科学思想。现代医学科学已揭示，微量元素与健康长寿有着密切关系。个体生命的健康状况及其寿夭，除了受遗传因子影响外，还与个体生存的生活环境有密切关系。环境因子十分复杂，主要包括物理因子、化学因子和生物因子等。大多数环境因子如水分、氧气、湿度、温度对于机体的影响比较容易被觉察，而微量元素对健康的影响作用却比较隐蔽。铁、锌、锰、砷、钒、金、银、汞等微量元素在人体组织中的含量需维持某种恒定，在不足时会表现出病症，而当超过某种允许值时又会引起中毒。医用丹药中含有一定的人体所需的微量元素、激素及生化酶等生物活性物质，只要运用恰当，可以有效地改善人体生理结构与功能，促进人体微循环系统的协调与平衡，从而延长寿命。因此，对于道教神仙方术中所蕴含的有现代价值的科学思想应努力研究、挖掘，使之在新的形势下发扬光大。

继承和发扬道教医学养生术的精华，还有着极为重要的现实意义。自从 20 世纪 70 年代末 80 年代初我国实行对外开放的政策以来，社会生产力有了极大的发展，经济体制的改革也取得了一定成效。人民群众的物质文化生活水平有了很大的提高，对医疗保健的需求也越来越大。这场深刻的社会改革大潮，必然要波及社会的医疗、保健制度和国家的医药卫生事业。由于过去国家普遍实行公费医疗制度，医疗费用的开支逐年剧增，许多国家机关、企事业单位不堪重负，医疗制度的改革已是大势所趋。而要想顺利完成医疗保健制度的转型，首先必须扭转陈旧的治病用药观念。

《黄帝内经》指出："圣人不治已病治未病。"告诫人们要重视预防，在疾病还未发生之前就积极进行预防。高明的医生治病的着眼点在于注意平时的预防，提高人体的自身抗病素质，重在防患于未然，这就是所谓"不治已乱治未乱"的道理。而如果平时不注意进行养生保健，当病已经发生了，这是不得已而治之。《黄帝内经素问·四气调神大论》指出这种弊端："夫病已成而后药之，乱已成而后治之，譬犹渴而穿井，斗而铸铸，不亦晚乎。"道教医学是以道教修炼成仙、长生不死为主要目的的医学，因此历来重视养生保健和预防疾病。被道教奉为经典的《道德经》中就已有防患祸害的思想。老子说过："大军之后，必有凶年。"就是说战争以后由于死亡人数剧增，必然引起疫病的流行。葛洪生活在社会动荡的东晋，目睹了瘟疫流行所造成的惨状，自然十分重视对疾病的防治。他主张对疾病的治疗首先是防止疾病的发生，把病患消灭在发生之前，即所谓"消未起之患"和"治未病之疾"。他还主张对疾病的预防要和日常养生保健结合起来，要在无病、年轻时就及早进行。“凡为道者，常患于晚，不患于早也。”不仅如此，葛洪甚至把在养生保健、预防疾病问题上能否懂得从细微入手、防微杜渐，看作衡量一个人是否知“道”的标准。

综上所述，现代医学认为，服饵药物，是养生保健、防治疾病的重要方法。道教服食之士服饵的药物，除了一部分是由五金八石炼制的丹药外，大部分是天然的草木类药物，其中含有丰富的、人体所必需的各种营养物质和成分，一般不含毒性，长期服用比较安全。这些天然的草木类药物不仅能有效地补充机体气血、阴阳和亏损，改善这些重要生命物质的质和量，而且还能充实和调整脏腑组织的生理功能，扶正祛邪，提高机体对恶劣环境的适应能力，达到防治疾病的目的。更为重要的一点在于，道教服食家服食的这类药物及其创制的方剂，多是些味平、气厚、营养丰富的补益药物，尤具补肾、健脾功效，在延缓人体衰老方面有特殊意义，是较为理想的抗衰老药物。总之，道教服食养生方术是道教文化中的一块瑰宝，值得我们进一步发掘整理，去芜存菁，使其合理内核和积极部分不断发扬光大。随着现代医学科学的发展，医学家们业已逐渐认识到化学药物对人体的副作用，治病防病途径已开始从化学药物治疗方法转而求助于非药物治疗手段，从重视对疾病的临床治疗转而重视对疾病的预防，自然疗法风行起来，从而有所谓“第四医学”的崛起。什么是自然疗法？“自然疗法是以中国传统医学为基础的医疗方法。因而，也可称为自然医疗或自然医学。由于许多疾病可由患者自己治疗，因此，也可叫作自我疗法。”①自然疗法采用饮食疗法、运动疗法、按摩疗法、刺激疗法、练功疗法、外敷疗法、沐浴疗法及心理疗法等非药物疗法，与一般医学相比，有其优点：简单易行，使用方便，对防病治病、保健养生有一定的实用价值，特别是对一些慢性病和身体不适症状，自然疗法有一定的疗效，其治疗方法一般没有副作用。道教医学养生方术是中华传统医学宝库中的一朵奇葩，其中导引、按跷、吐纳服气、服食、辟谷、房中、胎息、守一、存想、内丹诸术中皆蕴含了丰富医学养生思想，其特点是“不劳针石、不假汤药”，即通过调动、开发人体潜能而达到自我调摄、自我保健的目的。修习道教养生方术，能有效地促进身心健康，既防病于未然，又免于吃药、打针之苦，同时也可节省大量的医药费用。由此可见，道教养生方术与现代社会所崇尚的自然疗法有异曲同工之妙，值得我们下大力气挖掘研究，以造福当代人类社会。

---

① 陈永秉编著：《疾病自然疗法全书》，北京：北京科学技术出版社，2001年，第1页。

从相争到合流*

——中国古代儒释道对话的当代启示

段玉明**

众所周知，佛教于两汉之际迢迢东来时，中国大一统的文化格局已经形成。尤其是在董仲舒“罢黜百家，独尊儒术”以后，儒家意识形态一直作为主流意识形态稳如磐石。佛教要想在中国生根开花，双方之间的冲突几乎是不可避免的。而随道教的产生与卷入，此一冲突变得更加复杂纠结。差不多是经过了五六百年的对话，儒释道终于从相争走向合流，逐步形成了“三教”鼎立的新文化格局。考察这个漫长的对话过程，对我们当代多元文化背景下的宗教对话，无疑应有相当的启迪意义。

儒家意识形态与道教是同一文化土壤上滋生的不同产物，在文化本位上没有根本的利害冲突，并在“夷夏之辨”的传统旗号下常常并肩携手、合谋攘“夷”，故而中国古代儒释道“三教”的相争与合流，事实上就简化成了佛儒之争与合流以及佛道之争与合流。

一

由于形质的迥异，自东汉末始，儒释道“三教”一直处于持续的相争过程之中。在伦理本位、形神因果、夷夏之辨、仪礼教法几个方面，“三教”展开了长期的论辩，激烈之时不惜引入暴力（如北朝“二武灭佛”），以求根本的颠覆。

以仁义忠孝为伦理本位，儒家把父子有亲、君臣有义、夫妇有别、长幼有序、朋友有信视为五项基本道德准则。站在此一基本道德的立场上，历代儒士大夫对佛教展开了猛烈的攻击。他们认为“身体发肤，受之父母，不敢毁伤”，而沙门剃头去须，“违圣人之语，不合孝子之道”；“福莫逾于继嗣，不孝莫过于无后”，而沙门弃妻子、捐财货，或终身不娶，“违福孝之行”；黄帝垂裳而治，箕子以貌为五事，孔子作《孝经》以服为三德，“正其衣冠，尊其瞻视”，而沙门披赤布，“见人无跪起之礼，威仪无盘旋之容止”“违貌服之

---

* 原载《学术探索》2011 年第 4 期。

** 段玉明，四川大学道教与宗教文化研究所教授、博士生导师。

制，乖搢绅之饰”。对此，早期佛教徒以中国传统文化为依据，一一予以反驳，称：“豫让吞炭漆身，聂政面皮自刑，伯姬蹈火，高行截容，君子为勇而有义，不闻讥其自毁没也。沙门剔除发肤，而比之于四人，不已远乎！”，“许由栖巢木，(伯)夷(叔)齐饿首阳，舜圣，孔称其贤，曰求仁得仁者也，不闻讥其无后无货也。沙门修道德以易游世之乐，反淑贤以贷妻子之欢，是不为奇，孰与为奇？是不为异，孰与为异哉！”，“三皇之时，食肉衣皮，巢居穴处，以崇质朴，岂复须章黻之冠、曲裘之饰哉！然其人称有德而敦庞之，信而无为。沙门之行，有似之矣！”①。一言以蔽之，佛教言行与中国传统伦常是不相违背的；略有差池，也在儒家“苟有大德，不拘于小”的弹性范围内。

至于六朝，随着佛教影响的增大，围绕是否有必要抛妻别子、自残形骸、固守异俗、礼敬王者等几个问题，佛教徒与儒士大夫展开了更为激烈的论争。

第一，在抛妻别子、自残形骸问题上，儒士大夫攻击佛教“委离所生，弃亲即疏，刓剃须发，残其天貌，生废色养，终绝血食，骨肉之亲，等之行路，背理伤情，其此之甚”。佛教徒则辩之曰：“周之泰伯，远弃骨肉，托迹殊域，祝发文身，存亡不反，而论称至德，书著大贤。诚以其忽南面之尊，保冲灵之贵，三让之功远，而毁伤之过微也！故能大革夷俗，流风垂训。(伯)夷、(叔)齐饿首阳之下，不恤孤竹之胤，仲尼目之为仁贤，评当者宁复可言悖德乎！梁之高行毁容守节，宋之伯姬顺理忘生，并名冠烈妇、德范诸姬，秉二妇之伦，免愚悖之讥耳。率此以谈，在乎所守之轻重可知也。”以此出发，佛教徒又为释迦牟尼离群寡居、自毁体肤进行辩解：“昔佛为太子，弃国学道，欲全形以向遁，恐不免维絷，故释其须发，变其章服，既外示不反，内修简易。于是舍华殿而即旷林，解龙衮以衣粗裘，遂垂条为宇、藉草为茵，去栉梳之劳，息汤沐之烦，顿驰骛之辔，塞欲动之门，目遏玄黄，耳绝淫声，口忘甘苦，意放休戚，心去于累，胸中抱一，载乎营魄，内思安般。”并不是释迦牟尼愿意去妻别亲、毁其体肤，而是只有这样才能一心向道，救世济民。在本质上，佛教也是以孝为先的：“佛有十二部经，其四部专以劝孝为事，殷勤之旨，可谓至矣！”②

第二，在是否固守异俗的问题上，争论的焦点主要集中在踞食与袒服两个方面。东晋时期，沙门慧义于祇园寺中固守天竺旧俗，踞坐说法，用手就食。由于这一举动与中国传统的坐正行直、万事有仪格格不入，立刻遭到儒士大夫的猛烈抨击。他们指斥慧义：“夫圣人之训，修本袪末，即心为教，因事成用，未有反性违形而笃大化者也!”，“故斋讲肆业，则备其法服，礼拜有序，先后有伦，敬心内充而形肃于外。稽首至地，不

---

① 牟融：《牟子理惑论》，载僧祐、道宣撰：《弘明集 广弘明集》卷一，上海：上海古籍出版社，1991年，第3页。

② 孙绰：《喻道论》，载僧祐、道宣撰：《弘明集 广弘明集》卷一，第17—18页。

容企踞之礼;敛衽十拜,事非偏坐所预。而以踞食为心用,遗仪为敛粗,事理相违,未见其通者也”,“踞食之教,义无所弘,进非苦形,退贻慢易。见形而不及道者,失其恭肃之情,而启骇慢之言,岂圣人因事为教,章甫不适越之义耶?”①。慧义则反驳称:“夫沙门之法,正应谨守经律,以信顺为本。若欲违经反律,师心自是,此则大法之深患、秽道之首也。”踞食作为释迦牟尼遗制,“正可谨守而行,岂容以意专辄改作俗?”②沙门着袈裟偏袒右肩,与中国传统的以左为吉礼制相佐,故镇南将军何无忌撰《难袒服论》,就此提出异议,认为此俗决不可取。对此,高僧慧远作《沙门袒服论》和《答何镇南难》进行辩解,称:“佛出于世,因而为教,明所行不左,故应右袒。何者? 将辨贵贱必存乎位,位以进德,则尚贤之心生。是故沙门越名分以背时,不退已而求先。又,人之所能,皆在于右。若动不以顺,则触事王累。过而能复,虽中贤犹未得,况有下于此者乎?”,“释迦之与周孔,发致虽殊,而潜相影响;出处诚异,终期则同”③。只要能化万物,优劣吉凶的区别也就没有意义了。

第三,佛教规定,教徒见到在家俗人(包括帝王、父母)例不跪拜称名,只需合掌致敬。庾冰辅政,认为“礼重矣,敬大矣,为治之纲,尽于此矣!”佛教之行有损名教,遂代晋成帝下诏,主张沙门应敬王者。④然而,庾冰的主张遭到一批佞佛的执政者如何充、褚翌、诸葛恢、冯怀、谢广等人的反对,未能实行。其反对的理由,主要是以前帝王不令沙门跪拜也无亏于王法,而况佛教还有助于王化。至元兴(402—404)中,太尉桓玄再次提出沙门应向王者跪拜的问题,并由此引起了与当时南方佛教领袖慧远以及信佛朝官桓谦、王谧等人的争辩。桓玄以老子同王侯为“三大”资生通运作为依据,强调沙门的生长存养仰赖于王道,既受王者德惠就应礼敬王者,“岂有受其德而遣其礼,沾其惠而废其敬哉?”⑤故沙门只敬宗师而不敬王者是不合情理的。对此,慧远作《沙门不敬王者论》五篇,系统阐发了沙门不敬王者的基本立场。他说:“佛经所明,凡有二科,一者处俗弘教,二者出家修道。处俗,则奉上之礼、尊亲之敬、忠孝之义表于经文,在三之训彰于圣典,斯与王制同命,有若符契,此一条全是檀越所明理,不容异也。出家,则是方外之宾,边绝于物。其为教也,达患累缘,于有身不存身以息患,知生生由于禀化不顺化以求宗。求宗不由于顺化,故不重运通之资;息患不由于存身,故不贵厚生之益。

① 郑道子:《与禅师书论踞食》,载僧祐、道宣撰:《弘明集 广弘明集》卷十二,第78—79页。
② 慧义:《答范伯伦书》,载僧祐、道宣撰:《弘明集 广弘明集》卷十二,第79页。
③ 慧远:《沙门袒服论》《答何镇南难》,载僧祐、道宣撰:《弘明集 广弘明集》卷五,第33页。
④ 庾冰:《成帝重诏》,载僧祐、道宣撰:《弘明集 广弘明集》卷十二,第81页。
⑤ 桓玄:《与八座书论道人敬王事》,载僧祐、道宣撰:《弘明集 广弘明集》卷十二,第81页。

此理之与世乖、道之与俗反者也。是故凡在出家，皆隐居以求其志，变俗以达其道。变俗，服章不得与世典同礼，隐居则宜高尚其迹。夫然故能拯溺族于沉流，拔幽根于重劫，远通三乘之津，广开人天之路。是故内乖天属之重而不违其孝，外阙奉主之恭而不失其敬……如令一人全德，则道洽六亲，泽流天下。虽不处王侯之位，固已协契皇极、大庇生民矣。"①也就是说，在家信徒应当忠君孝亲、遵守礼法、恪守王制，而出家信徒则不需要拘泥尘俗，对天地君亲念念不忘，感恩戴德。直至唐高宗时，沙门是否拜俗的问题仍在儒士大夫与佛教徒之间争论不休，其彻底地了结应是在唐玄宗后。②

除伦理本位之争外，儒学与佛教争论的另一焦点是形神因果问题。尽管中国传统儒学并不否认灵魂的存在，但对死之问题的探讨从不热心。孔子曾言："未知生，焉知死？"而一般儒士大夫也都遵循"子不语怪力乱神"的传统，以人事作为孜孜以求的探讨核心。与此相反，佛教却把人的归宿作为它的立教核心，主张精神不灭、因果相循。这样，随着佛教影响的逐渐扩大，两者必然要在此一问题上发生冲突。早在东汉末年，已有中土士人以此责难佛徒，称："今佛家辄说生死之事、鬼神之务，此殆非圣哲之语也。夫履道者，当虚无淡泊，归志质朴，何为乃道生死，以乱志说鬼神之余事乎？"佛徒答称："《孝经》曰：为之宗庙，以鬼享之；春秋祭祀，以时思之。又曰：生事爱敬，死事哀戚。岂不教人事鬼神、知生死哉？周公为武王请命曰：旦多才多艺，能事鬼神。夫何为也？佛经所说生死之趣，非此类乎！"③至于南朝，宗炳作《明佛论》（又名《神不灭论》）把此一问题的争论推向高潮。宗炳认为，先是精神不灭，然后缘合成形，就像五岳四渎之神灵，虽托岩流，却山崩水竭不与俱亡。"神非形作，合而不灭，人亦然矣。神也者，妙万物而为言矣。"夫形神非一，故玄照者心与物绝。心物绝缘，则虚明独运，故法身乃无身而有神。因此，佛教谓诸法性空，如梦幻泡影。文末，宗炳又称："万化各随因缘，含识之属——上则诸佛、下则蜎飞蠕动同有性命。而天道至公，贤否虽殊，贵贱虽异，其致报一也。"④对此，何承天不以为然，作《达性论》难之，称："人非天地不生，天地非人不灵，三才同体，相须而成者也。故能禀气清和，神明特达，情综古今，智周万物，妙思穷幽赜，制作侔造化……安得与夫飞沉环蠕并为众生哉！"，"至于生必有死，形毙神散，犹春荣秋落，四时代换，奚有更受形哉？"⑤。迨乎南齐，范缜《神灭论》出，佛徒大哗，震动

---

① 慧远：《答桓玄论沙门不应敬王者书》，载僧祐、道宣撰：《弘明集　广弘明集》卷十二，第84—85页。

② 参见谢重光著《汉唐佛教特权的盛衰》，载氏著《汉唐佛教社会史论》，台北：国际文化事业有限公司，1990年。

③ 牟融：《牟子理惑论》，载僧祐、道宣撰：《弘明集　广弘明集》卷一，第3页。

④ 宗炳：《明佛论》，载僧祐、道宣撰：《弘明集　广弘明集》卷二，第10—16页。

⑤ 何承天：《达性论》，载僧祐、道宣撰：《弘明集　广弘明集》卷四，第22页。

一时。其文意谓形神名异体一，形外无神，“神即形也，形即神也，形存则神存，形谢则神灭。形者神之质，神者形之用。是则形称其质，神言其用，形之与神，不得相异。神之于质，犹利之于刀，形之于用，犹刀之于利。利之名非刀也，刀之名非利也，然而舍利无刀，舍刀无利。未闻刀没而利存，岂容形亡而神在”①。不仅如此，范氏又称：生灭荣枯，有欻有渐，物之理也。孕育系禀之自然，“忽焉自有，恍尔而无。来也不御，去也不追。乘乎天理，各安其性”②，佛家诞妄，乃以为出乎因果，惧以地狱之说，诱以来生之报，致使天下竭财以趣僧，破产以趋佛，病民害国，莫此为甚。③心神既无，佛自不有，因果诞妄，报应即空。而此二端乃佛教立教之本，故范文对佛徒的震动极大。由于形神因果牵涉到佛教存亡的问题，参与论争的儒士大夫与佛教徒极多。

两晋以后，伴随南北道教改造先后完成，道教与佛教的论争随即展开。汤用彤先生曾对此时二教的冲突有一高屋建瓴的概括：“北朝道教之争根据在权力。故其抗斗结果，往往为武力之毁灭。南方道佛之争根据为理论。而其诤论至急切，则用学理谋根本之推翻。南朝人士所持可以根本推翻佛法之学说有二：一为神灭，一为夷夏。因二者均可以根本颠覆释教。故双方均辩之至急，而论之至多也。”④据《牟子理惑论》称，汉时即有人以用夷变夏非难佛教。至晋，王浮作《化佛经》，亦持华戎之辨。及于刘宋，顾欢撰《夷夏论》，把佛、道夷夏之争推向高潮。其论称“以中夏之性，不可效西戎之法”“既不全同，又不全异，下弃妻孥，上废宗神”“悖德犯顺，曾莫之觉”“理之可贵者道也，事之可贱者俗也。今舍华效夷，义将安取？”⑤，顾氏一文的主旨是在根据中、印习俗不同而对佛教适合于中国加以否定。是文一出，立即引起佛徒信士群起围攻。他们认为：“故人参二仪，是谓三才。三才所统，岂分夷夏？则知人必人类，兽必兽群。近而征之，七珍人之所爱，故华夷同贵；恭敬人之所厚，故九服攸敦”⑥，“夫圣道虚寂，故能圆应无方。以其无方之应，故应无不适”⑦，“然夫大教无私，至德弗遍（偏），化物共旨，导人俱致。在戎狄以均响，处胡汉而同音，圣人宁复分地殊教隔？寓异风岂有夷耶宁有夏耶？”⑧。由于在夷夏之辨的过程中佛、道双方均以正统为证，或老子化佛，或佛训

---

① 《南史》卷五七《范缜传》，北京：中华书局，1975年，第1421页。

② 萧琛：《难范缜神灭论》，载僧祐、道宣撰：《弘明集　广弘明集》卷九，第58页。

③ 汤用彤：《汉魏两晋南北朝佛教史》，第472页。

④ 同上书，第462页。

⑤ 朱广之：《疑夷夏论咨顾道士》，载僧祐、道宣撰：《弘明集　广弘明集》卷七，第45—46页。

⑥ 谢镇之：《与顾道士析夷夏论》，载僧祐、道宣撰：《弘明集　广弘明集》卷六，第42页。

⑦ 朱昭之：《难顾道士夷夏论》，载僧祐、道宣撰：《弘明集　广弘明集》卷七，第44页。

⑧ 慧通：《驳顾道士夷夏论》，载僧祐、道宣撰：《弘明集　广弘明集》卷七，第46页。

老子,其论争最后转变成了正统之争、本末之争。

佛教与道教相争的另一中心是教法问题。佛重来世,道重今生;佛求涅槃,道慕长生;佛以形骸为桎梏,道以形骸以存神。这种立教上的截然异趣,使其各有一套独特的修行方式。而当互不相让的冲突开始以后,各自独特的教法也就成为对方攻击的口实。在《牟子理惑论》中,对佛教产生怀疑的中土人士已把道教与之相较而行责难,或问"长生之事与佛经岂同乎",或问"为道者或辟谷不食,而饮酒啖肉亦云老氏之术也,然佛道以酒肉为上戒而反食谷,何其乖异乎",或问"为道之人云能却疾不病、弗御针药而愈信有之乎,何以佛家有病而进针药耶",或问"道家云尧、舜、周、孔、七十二弟子皆不死而仙,佛家云人皆当死莫能免,何哉",等等。至晋,又有人士就佛教经义发难,称:"佛亦周遍五道,备犯众过行凶恶犹得佛,此非怖为恶者之法也。又计生民善者少而恶者多,恶人死辄充六畜尔。则开辟至今,足为久矣,今畜宜居十分之九而人种已应希矣!","沙门之在京洛者多矣,而未曾闻能令主上延年益寿,上不能调和阴阳,使年丰民富、消灾却疫、克静祸乱云云,下不能休粮绝粒、呼吸清醇、扶命度厄、长生久视云云"①。他们还举出石崇事佛而遭族诛、仲智奉佛不避其祸的具体事例,指斥佛教无益于人。面对道教的放肆攻击,佛教当然不能永远处于解释答辩的被动地位。于是,有释玄光作《辩惑论》,历数道教禁经上价、妄称真道、合气释罪、侠道作乱、章书代德五大罪状,并将其教法列为"六极":畏鬼带符妖法之极第一,制民课输欺巧之极第二,解厨纂门不仁之极第三,度厄苦生虚妄之极第四,梦中作罪顽痴之极第五,轻作寒暑凶佞之极第六。最后的结论自然就是此教不除,国无宁日。②至道士假张融所作《三破论》出,佛、道教法之争达到高潮。是文集历世道教反佛之大成,从四个方面对佛教展开了系列抨击:第一,佛救是一种违礼之教。"太子是教主,主不落发,而使人髡头;主不弃妻,使人断种,实可笑哉!"释迦牟尼自己不违礼,却教人违礼,其用心何毒!第二,佛教是一种"三破"之教。所谓"三破",即入国破国、入家破家、入身破身。第三,佛教是一种应灭之教。"(佛教)本旧经云丧门,丧门由死灭之门,云其法无生之教,名曰丧门。"仅由称名的屡犯忌讳,即知此教违天应灭之所必然。第四,佛教是一种胡人之教。"道以气为宗,名为得一,寻中原人士,莫不奉道。今中国有奉佛者,必是羌胡之种。若言非也,何以奉佛?"③整篇文章说理与诬蔑并行、辱骂和恐吓合用,企图把佛教推入绝境的用意十分明显。为此,佛教徒决不沉默,奋起还击,先有刘勰作《灭惑论》,继有僧顺作

---

① 佚名:《正诬论》,载僧祐、道宣撰:《弘明集 广弘明集》卷一,第7—8页。

② 玄光:《辩惑论》,载僧祐、道宣撰:《弘明集 广弘明集》卷八,第49—50页。

③ 刘勰:《灭惑论》,载僧祐、道宣撰:《弘明集 广弘明集》卷八,第50—52页。

《析三破论》[①]，逐条反驳，反唇相讥。至于北周，甄鸾仿《三破论》之法作《笑道论》，检出道经虚妄背理36条一一“笑”之。[②]在这一篇同样是排道之集大成的撰著中，甄氏煞费苦心，旁征博引，对道教的“不是之处”作了系统清理，目的也是要把道教推入绝境。但事实上，尽管相互诋毁对方的教法，而作为两种独立的宗教，佛教和道教都有各自存在的理由。

“三教”之间展开的以上论争，虽然在主观上都是为了保存光大自己而销蚀湮灭对方，在客观上却增进了各自教理的消化与深入。

二

与相争相对，就是“三教”之间的合流。《牟子理惑论》序称：厌世之前，牟子以儒学而非道教；逮及厌世，又合佛、道而抗儒学。至于魏晋，玄学作为儒学的怪胎，与佛、道二教既融合又抗争，玄学名士每与名僧高道抗论寺中。在高下不让的论争之后，“三教”退而求同存异，形成互摄。先是佛教吸取儒学精华以抗儒学，继是道教私窃佛教经义以排佛教。当其相互吸收之中找到共鸣之后，你死我活的争论便转而成了本末之争——“三教”本是一源，差异只在谁先谁后。道士称孔子曾经求学于老聃，而释迦牟尼为老子出关所化。佛徒则称老子闻道于竺乾古先生，竺乾古先生即是佛也。“因是而自道教言，则老氏之教理本玄虚，其入关教胡者，乃形象之化。自佛家言，则释迦实达空玄无形之真境，而五千文只于导俗。”[③]诸教本同源，流触而成异，如《张融门律》言：“道也与佛，逗极无二。寂然不动，致本则同；感而遂通，达迹成异。”[④]既是同源，自然不应有根本冲突，且能相互包容与补充。故宗炳《明佛论》称：“彼佛经也，包五典之德，深加远大之实；含老庄之虚，而重增皆空之尽，高言实理肃焉。”[⑤]明僧绍《正二教论》亦称：释迦所发乃“穷源之真唱”，周孔老庄乃“帝王之师”“经世之深，孔老之极”“神功之正，佛教之弘”“佛明其宗，老全其生”，故孔老之教可以“资全生灵，而教尊域中”，如来之教则能“通玄体道，明乎天人之际”[⑥]。“故必德贵天全，自求其道；崇本资通，功

---

① 僧祐、道宣：《弘明集 广弘明集》卷八，第52—54页。

② 僧祐、道宣：《弘明集 广弘明集》卷九，第149—158页。

③ 汤用彤：《汉魏两晋南北朝佛教史》，第466页。

④ 周刻颙：《难张融门律》，载僧祐、道宣撰：《弘明集 广弘明集》卷六，第39页。

⑤ 宗炳：《明佛论》，载僧祐、道宣撰：《弘明集 广弘明集》卷二，第10页。

⑥ 此语为汤用彤先生的概括，见其《汉魏两晋南北朝佛教史》，第466页。

归四大；不谋非然，守教保常，孔老之纯。”①慧皎在《高僧传序》中则称：儒学“辩忠烈孝慈，以定君敬之道；明诗书礼乐，以成风俗之训”，道教“或忘功遗事，尚彼虚冲；或体任荣枯，重兹达命”，佛教“考业果幽微，则循复三世；言至理高妙，则贯绝百灵”②。在如此的宽容与体让中，经过隋唐五代的进一步深化，“三教”之间便逐渐有了功能区分的认同。发挥明僧绍经世、神正、全生的区分，北宋僧人契嵩在其《寂子解》中称：“儒佛者，圣人之教也。其所出虽不同，而同归乎治。儒者，圣人之大有为者也；佛者，圣人之大无为者也。有为者以治世，无为者以治心。治心者不接于事。不接于事，则善善恶恶之志不可得而用也。治世者宜接于事。宜接于事，则赏善罚恶之礼不可不举也。其心既治，谓之情性真正。情性真正，则与夫礼义所导而至之者不亦会乎！儒者欲人因教以正其生，佛者欲人由教以正其心……故治世者非儒不可也，治出世非佛亦不可也。”③把儒家治世、佛教治心的功能区分彰显更明。及于南宋，宋孝宗作《原道辨易三教论》，即明确提出了“以佛修心，以道养生，以儒治世”的“三教”功能区分。至此，历时千年的“三教”相争最终在合三归一的功能区分中完成了混融。用宋孝宗的话说：“三教本不相远，特所施不同。至其末流昧者，执之而自为异耳。”④刘谧则在其《三教平心论》中阐发说：“故孝宗皇帝制《原道辨》，曰以佛治心、以道治身、以儒治世，诚知心也身也世也，不容有一之不治，则三教岂容有一之不立？无尽居士作《护法论》，曰儒疗皮肤、道疗血脉、佛疗骨髓，诚知皮肤也血脉也骨髓也，不容有一之不疗也。如是，则三教岂容有一之不行焉？”⑤

由一源而下互有取补并不完全被佛道人士接受，因以又有教异理同的合流努力。刘勰《灭惑论》称：“至道宗极，理归乎一；妙法真境，本固无二。”⑥萧子良《与孔中丞书》也主张：“真俗之教，其致一耳。”⑦孔稚珪在其《答萧司徒书》中说得更为明确：“推之于至理，理至则归一；置之于极宗，宗极不容二。”⑧明山宾之“教有殊途，理还一致”⑨，朱

① 明僧绍：《正二教论》，载僧祐、道宣撰：《弘明集 广弘明集》卷六，第38—39页。
② 慧皎撰、汤用彤校注：《高僧传》，北京：中华书局，1992年，第523页。
③ 契嵩：《镡津文集》卷八《寂子解》，《大正藏》第52卷，第686页。
④ 李心传：《建炎以来朝野杂记》乙集卷三《原道辨易三教论》，文渊阁《四库全书》本，第11—12页。全文见于志磐《佛祖统纪》卷四七，《大正藏》第49卷，第429—430页。
⑤ 刘谧：《三教平心论》卷上，《大正藏》第52卷，第781页。
⑥ 刘勰：《灭惑论》，载僧祐、道宣撰：《弘明集 广弘明集》卷八，第52页。
⑦ 《文宣王书与中丞孔稚珪释疑惑》，载僧祐、道宣撰：《弘明集 广弘明集》卷十一，第73页。
⑧ 《孔稚珪书并答》，载僧祐、道宣撰：《弘明集 广弘明集》卷十一，第74页。
⑨ 《五经博士明山宾答》，载僧祐、道宣撰：《弘明集 广弘明集》卷十，第47页。

昭之的“苦甘之方虽二，而成体之性必一”①，以及颜延之的“天之赋道，非羌(差)胡华；人之禀灵，岂限外内”②，均抱此一主张。在此教异理同的逐步认同中，“三教”亦逐渐找到了合流的观念基础。这个基础就是以善为核心的伦理本位。宗炳在《明佛论》中即明确声称：儒家弘仁，而释氏以去杀为众戒之首，尽为导善之教，“是以孔老如来，虽三训殊路，而习善共辙也”③。慧琳在《白黑论》中，亦认为佛教仁慈，劝人迁善，“与周孔以仁义化天下者，其方不同，而其旨在挽救风俗则一。故释孔俱以遗情遣累为目的，其善相同。夫二教既殊途同归，因而六度可与五教并行，信顺无妨与慈悲齐立也”④。顾欢《夷夏论》素被佛徒视为排佛之论，然犹称：“佛是破恶之方，道是兴善之术。兴善则自然为高，破恶则猛勇为贵。佛迹光大，宜以化物；道迹密微，利用为己。”至于唐代，此一伦理趋同的观点普遍为人接受，加速了“三教”教义的相互混融。及宋真宗，即明确表示：“三教之设，其旨一也，大抵皆劝人为善。唯识达之士，能一贯之；滞情偏执，于道益远。”⑤与此同时，契嵩毅然全面调和佛儒，把佛教的不杀、慈悲和不盗、布施分别归为儒家仁义之中，强调佛教“五戒”和慈悲等教义同于儒家的“五常”观念，称：“夫不杀，仁也；不盗，义也；不邪淫，礼也；不饮酒，智也；不妄言，信也。”⑥又称：“儒所谓仁义礼智信者，与吾佛曰慈悲、曰布施、曰恭敬、曰无我慢、曰智慧、曰不妄言绮语，其为目虽不同，而其所以立诚修行、善世教人岂异乎哉？圣人之为心者，欲人皆善，使其必去罪恶也。苟同有以其道致人为善，岂曰彼虽善非由我教而所以为善，吾不善之也！”⑦为此，契氏还作《孝论》十二章，系统全面地阐述了佛教关于孝的学说，认为佛教的戒和儒家的孝是完全一致的。故他主张：“不必僧，不必儒；不必彼，不必此。彼此者，情也；僧儒者，迹也。”⑧至宋孝宗作《原道辨易三教论》，更将契嵩的努力扩而及之道教，就“三教”之伦理趋同详加分说：“何则释氏穷性命、外形骸，于世事了不相关，又何与礼乐仁义者哉？然犹立戒曰不杀、不淫、不盗、不妄语、不饮酒。夫不杀，仁也；不淫，礼也；不盗，义也；不妄语，信也；不饮酒，智也。此与仲尼又何远乎……今迹老氏之书，其所宝者三：曰慈、曰俭、曰不敢为天下先。孔子曰节用而爱人，老氏之所谓俭，岂非爱人之大

---

① 朱昭之：《难顾道士夷夏论》，载僧祐、道宣撰：《弘明集　广弘明集》卷七，第44页。

② 颜延之：《庭诰二章》，载僧祐、道宣撰：《弘明集　广弘明集》卷十三，第90页。

③ 《明佛论》，载僧祐、道宣撰：《弘明集　广弘明集》卷二，第12页。

④ 汤用彤：《汉魏两晋南北朝佛教史》，第420页。

⑤ 志磐：《佛祖统纪》卷四四，《大正藏》第49卷，第405页。

⑥ 契嵩：《镡津文集》卷三《辅教编下》，《大正藏》第52卷，第661页。

⑦ 契嵩：《镡津文集》卷八《寂子解》，《大正藏》第52卷，第686页。

⑧ 契嵩：《镡津文集》卷二《辅教编中》，《大正藏》第52卷，第657页。

者耶？孔子曰温良恭俭让，老氏所谓不敢为天下先，岂非让之大者耶？孔子曰惟仁为大，老氏之所谓慈，岂非仁之大者耶……夫佛、老绝念无为修身而矣，孔子教以治天下者，特所施不同耳。”①刘谧在其《三教平心论》中亦称：“大抵儒以正设教，道以尊设教，佛以大设教。观其好生恶杀，则同一仁也；视人犹己，则同一公也；征忿窒欲，禁过防非，则同一操修也。雷霆众聩，日月群盲，则同一风化也。由粗迹而论，则天下之理不过善恶二涂，而三教之意无非欲人之归于善耳。”②这样，在善之伦理本位下，“三教”最终找到了和而不同的终极旨归。至元，陶宗仪将“三教”义理比勘融合，制成一幅《三教一源图》③，可以视为教异理同的另类诠释。

在宋元“三教”合流的基础上，明清诸师大德进一步加以磨合。袾宏以为儒家能显助佛法之所不及，佛法则能阴助王化之所不及，二者不应相互排斥，“（三教）理无二致，而深浅历然；深浅虽殊，而同归一理。此所以三教为一家也”④。而真可则主张“不以释迦压孔老，不以内典废子史”⑤、“（三教）门墙虽异本相同”⑥。德清认为“为学有三要，所谓不知《春秋》不能涉世，不精老庄不能忘世，不参禅不能出世。此三者，经世出世之学备矣。缺一则偏，缺二则隘，三者无一而称人者，则肖之而已”⑦。智旭每以佛教观点解释儒家经典，认为儒佛结合之处在“孝”，“世、出世法，皆以孝为宗”⑧、“儒以孝为百行之首，佛以孝为至道之宗”⑨。除此“四大高僧”⑩外，元贤曾作《寱言》《续寱言》，集中论述儒释关系。在对儒释教尊进行比较后，元贤认为：释迦牟尼之所以是“出世底圣人”，正是由于他能够入世；而孔子之所以是“入世底圣人”，也正是由于他能够出世。儒释二圣都是既入世又出世的。其次，他还认为儒释道实为一理，这个理即是佛教学说。具体到心性论上，佛家论性的说法应是三家共同遵循的至理。⑪道霈也很重视融合儒释，“若果于佛法深生正悟，仔细研究，豁然贯通，则不独静敬与佛法合，凡

① 志磐：《佛祖统纪》卷四七，《大正藏》第49卷，第429—430页。

② 刘谧：《三教平心论》卷上，《大正藏》第52卷，第781页。

③ 陶宗仪：《南村辍耕录》卷三十《三教一源图》，北京：中华书局，1959年，第376—377页。

④ 袾宏：《正讹集·三教一家》，《云栖法汇·手著》第6册。

⑤ 《紫柏尊者别集》卷四顾大韶《跋紫柏尊者全集》，《卍续藏经》第127卷，第152页。

⑥ 《紫柏尊者别集》卷一《题三教图》，《卍续藏经》第127卷，第100页。

⑦ 《憨山大师梦游全集》卷三九《学要》，《卍续藏经》第127卷，第777页。

⑧ 智旭：《灵峰宗论》卷四之二《孝闻说》。

⑨ 智旭：《灵峰宗论》卷七之一《题至孝回春传》。

⑩ 关于明代“四大高僧”之三教合一思想的详细论述，可参看洪修平著《明代四大高僧与三教合一》，《佛学研究》1998年第7期。

⑪ 参见方立天、华方田著《中国佛教简史》，北京：宗教文化出版社，2001年，第294页。

《四书》《五经》中，无一句一字，不是佛法中第一义谛也”①。同元贤、道霈一样，道盛也主张儒佛合一，其著述广涉儒释道三家思想，主张“真儒必不辟佛，真佛必不非儒”。故其弟子论之：“若以儒说谈宗，上下千年，独我师一人而已。”②至方以智，秉承道盛“集大成”思想，在其所著《象环寤记》中称：“佛生西，孔生东，老生东而游于西，而三姓为一人。”干脆直接将前代的本末分别推为一体。③类似的磨合，最终导致了“三教九流”和衷共济的认同。其代表作就是立于少林寺中的《混元三教九流图赞碑》：

佛教见性，道教保命，儒教明伦，纲常是正；
农流务本，墨流备世，名流责实，法流辅制，
纵横应对，小说咨询，阴阳顺天，医流原人，
杂流兼通，述而不作，博者难精，精者未博。
日月二光，金玉五谷，心身皮肤，鼻口耳目。
为善殊途，咸归于治，曲士偏执，党同排异。
毋患多歧，各有所施，要在圆融，一以贯之。
三教一体，九流一源，百家一理，万法一门。

将诸子百家统统包容进来，契嵩已经有此努力，其在《辅教编》中称：“古之有圣人焉，曰佛曰儒曰百家，心则一，其迹则异。夫一焉者，其皆欲人为善者也；异焉者，分家而各为其教者也。圣人各为其教，故其教人为善之方有浅有奥、有近有远，及乎绝恶而人不相扰，则其德同焉。”④虽然如此，契嵩本人却未就此展开。契嵩而下，亦均无人真正对此有所阐演。系统地加以开释，《混元三教九流图赞碑》（以下简称《图赞》）应是典型。《图赞》对农家、墨家、名家、法家、纵横家、小说家、阴阳家、医家、杂家等一一做了功能界定，认为农家的教人务本、墨家的应对俗事、名家的循名责实、法家的以法辅治、纵横家的辩说之教、小说家的咨询之功、阴阳家的顺天应人、医家的救死扶伤以及杂家的无所不通都对人生世事有所作用，因而也就都对经世、出世有所贡献。站在融合的立场，《图赞》严厉批评了那些“党同排异”的偏执之士，认为三教九流、诸子百家应当兼

---

① 《为霖禅师云山法会录》卷一，《卍续藏经》第125卷，第992页。

② 《天界觉浪盛禅师语录》卷十二刘馀谟《传洞上正宗三十三世摄山栖霞觉浪大禅师塔铭并序》，《禅宗全书》第59册，第321页。

③ 方以智：《东西均·象环寤记》，北京：中华书局，1962年，第162页。

④ 契嵩：《镡津文集》卷二《辅教编》，《大正藏》第52卷，第660页。

收并蓄,“毋患多歧,各有所施,要在圆融,一以贯之”。其最后高扬的,即是“三教一体,九流一源,百家一理,万法一门”的大圆融精神。很明显,其“佛教见性,道教保命,儒教明伦,纲常是正”的功能区分,是从传统的“以佛修心,以道养生,以儒治世”功能区分演化而来;而其“为善殊途,咸归于治”的伦理本位,则当是从传统的以善为其核心的伦理本位直接借用。

三

由于宗教本身具有的排它特性,在其向外扩展之时,总是不可避免地伴随着与异教的冲突。即使在如中国这样开放的文化传统里,在如儒学这样具有很大包容性的思想体系下,此种冲突仍然无法避免。所以,佛教虽然是被中国主动邀请进来的——如汉明帝感梦求法传说所喻示的,仍然不免与起于本土的儒道发生冲突。故在多元宗教的背景下,回避冲突不是解决问题的应有态度。

较之于基督教、伊斯兰教,佛教总体来说比较温和,没有明显的暴力主张,故在与异教的冲突中从不支持过激行为。①然在与异教遭遇时,佛教排他的立场从不含糊。典型的事例就是对“六师外道”决不妥协的斗争。其不同于他教者,乃在以宗教理性作为武器而不是以形下暴力作为武器,寄厚望于从理论上摧毁异教。类似的例子在佛教文献中屡见不鲜,从象征化的舍利弗与劳度差斗法到或有其实的提婆以“空刀”勘破外道②,我们应均不难看到此一主张。因此,在中国古代的“三教”冲突中,儒道之间的态度似乎更不友好,总想借助世俗的权力,在宗教行事之外彻底颠覆佛教。因之而有“三武一宗”的灭佛,因之而有宋徽宗的改佛为道。尽管如此,佛教并未由此偃旗息鼓,总是在短暂的挫折之后反弹回来,说明暴力不能根本解决宗教冲突。解决宗教冲突,还是应走对话的道路。中国古代儒释道合流局面的最终形成,不是因为相互打压,恰是因为相互对话。

宗教对话往往是从相争开始,像中国古代儒释道对话给出的启示一样。而其关注,又常常先在与异域文化习俗相左的宗教行事方面。在其相互没有很深的了解之

---

① 少林武术“以武止恶”的精神当是来自中国的发明,在佛教原典中没有更多的观念支持。同样,当代某些地区的僧人以激烈的方式寻求佛教以外的权力,亦是近代西方文化影响的结果,而非佛教原有的理念。至于中国古代借弥勒信仰发动民变,虽有弥勒下生的理念支持,根本上还是中国文化的发明。

② 舍利弗与劳度差斗法见于《贤遇经》卷十(《大正藏》第4卷,第481—421页),提婆以“空刀”勘破外道见于《提婆菩萨传》(《大正藏》第50卷,第186—187页)。

前，这些方面容易让人产生文化危机。佛教之抛妻别子、剃头去须、踞食袒服、不礼君亲等之所以最先遭到儒道的猛烈抨击，即是因其太过异于中国的传统礼俗。在抨击者看来，如果不对这些方面加以固守，中国传统礼俗都有崩溃的可能——是即“用夏变夷”还是“用夷变夏”的忧虑。但在佛教“以子之矛陷子之盾”的回应中，抨击者幡然醒悟攻错了要害，便反在这些方面放出了弹性，抛妻别子、剃头去须等也都成了可以容忍的习俗。同样，在类似的交手中，佛教自身也学会了策略性的退让，愿意礼拜君亲，愿意遵行中国的某些礼俗。随着对话的深入，相争的内容逐渐从外在行事转向了内在义理，“三教”之基要亦在相互的攻击中逐渐明晰起来，其结果必然是各自都有存在的理由，分别只在谁先谁后。而当转入本末之争后，“三教”之争已经失去了原初的意义，成了一种义气之争，合流已在悄悄进行。

以中国古代儒释道对话的情形论，宗教合流或可理出两种途径：一可名之曰功能式合流，一可名之曰本位式合流。功能式合流承认诸教均有存在的理由，然其功能不同，各司其职，像中国古代“以佛修心，以道养生，以儒治世”的功能区分一样。本位式合流追溯诸教立教的终极旨归，往往会落脚在道德伦理本位上，最后形成教异理同的认同，像中国古代以善为伦理本位融合诸教一样。作为一种文化，作为一种文化载体，依据文化的一般特性，宗教也是一种生存适应机制。而此机制本与特定的生存环境连在一起，如不考虑传播中的文化变迁因素，宗教的功能即总是有限的。因其有限，功能区分便在诸教合流中成为可能。没有哪一个宗教不是劝人向善的，否则即是邪魔外道。在此前提下，本位式合流应可最大限度地化解异教的冲突。故在宗教对话中，努力寻出各教在道德伦理本位上的共同点，寻出其具有普世价值的部分共享，应是化解冲突的一种有效途径。

总之，中国古代儒释道对话给我们今天的宝贵启示，即是面对冲突，应开启对话、不避争论、求同存异。

依据汉文资料对阿育王即位前几件重大史实的考证*

李利安**

阿育王（阿恕伽）是古代南亚非常重要的一个历史人物。近代以来，随着阿育王法敕这一重大的考古发现和成功解读，国外对阿育王的研究盛行不衰，这成为南亚古代史研究中一个极为耀眼的焦点，被誉为“大放异彩”。在这一学术研究中，英国、印度、日本等国学者的成果尤为突出。其研究领域主要集中在阿育王法敕、阿育王支持的第三次结集和向外传教等方面，特别是阿育王法敕的研究，成果最为丰富。①这些研究所依据的史料主要是相继发现的铭文资料，即阿育王法敕，其次是南传巴利文资料和极少部分梵文资料。具有重要价值的汉文史料根本没有引起外国学者的重视，这是阿育王研究中一种奇怪而令人遗憾的现象。

一、 有关阿育王的各类史料及其使用现状

我们先来对目前可以使用的有关阿育王的史料作一分类：

（一）希腊的资料，其中最著名的要算阿里安的《亚历山大远征记》和《印度志》、托勒密的《地理学》、狄奥多罗斯的《世界史》、麦伽斯梯尼的《印度记》。

---

* 原载《南亚研究》1999 年第 2 期。

** 李利安，西北大学玄奘研究院院长、佛教研究所所长，博士生导师。

① 据笔者所掌握的资料，国外对阿育王法敕的研究成果多达八十余项，主要者有 Benimadhab Barua, *Asoka and His Inscriptions*, Calcutta, New Age Publishers Ltd., 1946; Shinya Kasugai, “The Economic Background of Asokan Edicts”, *Liebenthal Festschrift*, *Sino-indian Studies*, Santiniketan, 1957, pp.115f; M.A. Mehendhale, “Asokan Inscriptions of Asoka”, in *Corpus Inscriptionum*, *Indicarum*, Vol.1, Oxford, Clarendon Press, 1925; N.A. Nikam and Richard McKeon; *The Edicts of Asoka*, Chicago, University of Chicago Press, 1959; D.G. Sircar: *Inscription of Asoka*, Delhi, The Publications Division, Government of India, 1957; “Asokan Studies”, Delhi, 1974; J. Filliozat, *Studies in Asokan Inscriptions*, Calcutta, India Studies Past and Present, 1967; B.N. Mukherjee, “Epigraphic Sources of Information about Asoka”, *Asoka 2300*, p.62, Calcutta, Bauddha Dharmankur Sabha, 1997。

（二）罗马的资料，其中最著名的是贾斯廷的记述、普林尼的《自然史》、波里比阿的《历史》。

（三）巴利语资料，主要是指南传佛教所保存的有关阿育王的资料，其中最著名的要算《大史》《岛史》和《一切善见律》等。这类资料主要记载了阿育王的第三次结集，向外传教特别是向斯里兰卡的传教以及当时摩揭陀同斯里兰卡的交往等。

（四）梵文资料，此类资料现在保存下来的非常有限，其中涉及阿育王的就更少了。主要有阿育王传两本，即1828年发现于尼泊尔的两个梵文文本，其一是 *The Divyavadana, A Collection on Early Buddhist Legends*（ed. by E. B. Cowell and R.A. Neal, Cambridge, 1886），其二是 *Asokavadana*。前者已经校刊出版，内有譬喻谈38段，其中第26—29段为阿育王的传记，相当于汉文《阿育王传》的第1、2、5、10等四品。法国人比优诺夫曾于1845年将其译成法文，并刊载于其所著的《印度佛教史绪论》中。后者保存在孟加拉亚洲学会（The Asiatic Society of Bengal），并由英国人密特拉于1882年在其著《尼泊尔佛教文学》中译出大意。这两个梵本估计是同汉译《阿育王传》和《阿育王经》相同的梵文文本，但或许不是汉文本的直接底本。此外，古代印度的各种往世书以及迦湿弥罗国的《诸王世系》、考底利耶的《政事论》等资料也直接或间接涉及阿育王的一些事迹。

（五）藏文资料，其中最著名的有三种：一是布顿的《善逝教法史》，西藏将其放在《大藏经》的前面，作为整个藏经的序言，可见其地位。现已有郭和卿的汉文译本，名《佛教史大宝藏论》。二是多罗那他的《印度佛教史》，这是藏文资料中最系统的一部著作，先有王沂暖的汉语节译本，后有张建木的全译本，名《印度佛教史》，先由中国佛教协会印行，后由四川民族出版社正式出版。三是胜巴的《如意宝树史》。该书内容也很丰富，可惜尚未见汉译本。另外，藏文资料中还有一些译经，也有一定的参考价值。

（六）铭文资料，主要指近代以来在印度、巴基斯坦、尼泊尔、阿富汗等地相继发现的阿育王时代的摩崖法敕和石柱法敕，其中摩崖法敕分“摩崖法敕”和“小摩崖法敕”两种，石柱法敕也分“石柱法敕”和“小石柱法敕”两种。阿育王法敕至今在我国还没有完整的汉语译文。1951年，汪兆玉先生根据日本佛教学者宇井伯寿的日语译文翻译成汉语，但不完整。另外，对于这些法敕的地点、发现时间以及分类等，中国人翻译介绍的各种资料也有不同说法，时常令人迷惑。1997年印度出版了纪念阿育王诞辰两千三百周年的文集 *Asoka 2300*，其中有阿育王各种法敕的完整英语译文，还有所有法敕发现时间、地点、内容等的完整介绍。根据此书可知，阿育王法敕可分为：(1)摩崖法敕十四章（同汪兆玉据日译的分法，但依此英语译文对照汪兆玉汉译，二者有很多区别不知原因何在）；(2)羯陵伽摩崖法敕两章（即汪兆玉汉译中所称的“别刻法敕”，译文亦有异。

该法敕是否即为“洞窟法敕”尚不清楚）；(3)小摩崖法敕三章；(4)石柱法敕七章；(5)小石柱法敕两章。[①]其中(3)(4)(5)汪兆玉的汉译中没有。该书对阿育王法敕的考古发现也做了至今为止最全面的介绍，据此资料可知，阿育王法敕至今发现者共计四十二处，其中印度三十六处，尼泊尔两处，巴基斯坦两处，阿富汗两处。这些法敕既有18、19世纪的历次发现，又有20世纪以来特别是二战以后的历次发现，如1953、1954、1958、1961、1965、1969、1975、1977、1975、1989等不同年份所发现的法敕刻文。从中可知最近一次发现是1989年，并将此年发现的法敕视作原来已经发现、被编为摩崖法敕第十二章、第十四章和小摩崖法敕第二章。[②]这些法敕是用不同的语言文字刻成的，这些文字既不同于梵文又不同于巴利文。这类资料主要记载阿育王的佛法教化内容，此外还有羯陵伽战争、向外传教并涉及同时的希腊、埃及、叙利亚等国的皇帝名字等具体史实。所以，这类资料对于确定阿育王的时代和研究阿育王的佛法统治有极大帮助，发现并成功解读之后，引起巨大轰动，成为西方研究阿育王的主要资料。铭文资料中还有一类“洞窟法敕”[③]。

（七）汉文资料，主要有以下几种：

1.《阿育王传》和《阿育王经》。此二书是同本异译。前者为西晋时代安息国（今伊朗）来华僧人安法钦翻译，共七卷十一品；后者为梁代扶南国（今柬埔寨）来华僧人僧伽婆罗翻译，共十卷八品。这是汉文资料中最集中的阿育王资料，内容非常丰富，同现存其他语言的资料相比，缺少第三次结集、传教及其范围、同时代南亚以外的皇朝、佛法治世的原则、基本内容以及具体做法、羯陵伽战争等重大事件。

2.《大庄严论经》。此经为古代印度大乘学者马鸣著，后秦时代西域来华僧人鸠摩罗什翻译，共十五卷，内容为汇集佛陀前世和在世时期的事迹直到著者时代的各种故事，说明佛教的道理，其中卷三、卷五、卷十涉及阿育王的事迹。卷三记述了阿育王礼敬僧人、教化大臣耶赊的情况；卷五记述阿育王临终布施故事、阿育王初信佛法时在宫

---

① S. Dhammika, “An English Rendering of the Edicts of Asoka”, *Asoka 2300*, pp.49—58.

② “Location of the Asokan Edicts”, *Asoka 2300*, pp.59—61.

③ “洞窟法敕”对应的英文为“Cave Inscriptions”，简称CI，共有两章。见“*Locations of the Asokan Edicts*”, Asoka *2300*, p.60。此处未录法敕原文，故尚不清楚具体内容，亦不知是否为*An English Rendering of the Edicts of Asoka*中所收录的“Kalinga Rock Edicts”。另外，关于法敕的分类，国外学者根据考古发现的进展，也曾有过不同的分法，如L. P.夏尔马将阿育王法敕分为四类：摩崖法敕、小摩崖法敕、古柱法敕、其他法敕，见L. P. Sharma, *Ancient History of India (Pre-historic Age to 1200 A. D.)*, p.134, Vikas Publishing House Pvt. Ltd., 1981。

中请比丘为宫女说法而感悟的故事；卷十记述阿育王因某比丘说法放香而体悟到赞佛之功德的故事。其中很多都是《阿育王传》等资料中所没有的。

3.《释迎谱》，十卷（或作五卷）。为梁代僧祐根据当时的各种大小乘经典撰成的史书，主要记述释迦牟尼的事迹及其后直到阿育王时代的印度佛教事迹，共三十四项，其中第二十五项为《阿育王弟出家造释迎石像记》，记述了阿育王弟受阿育王教化改宗佛教的情况；第三十一项为《阿育王造八万四千塔记》。这些内容在《阿育王传》中都有记述，情节稍异。

4.《阿育王息坏目因缘经》，前秦时代兜佉勒国（帕米尔高原西南与奥克萨斯河[Axus]上游的古国）来华僧人昙摩难提译。全经以四言偈颂的格式记述阿育王的爱子受非生母迫害以及阿育王如何发现、如何惩罚及其后果等事迹，是有关阿育王晚年生活以及孔雀王宫内部斗争的重要史料。

5.《付法藏因缘传》。该书由北魏时代西域来华僧人吉迦夜和昙曜于延兴二年（472）翻译。全书共六卷，记述印度佛教历代传法谱系，其中卷三、卷四记述阿育王时代的僧人优波笈多，涉及当时的佛教情况以及阿育王改宗佛教和支持佛教的事迹。

6.《杂阿含经》。该经是南朝宋代求那跋陀罗翻译的小乘佛教经典，其中卷二三、二五中涉及阿育王的许多事迹，包括出生、性格、夺取政权以及信仰佛教的情况，同《阿育王传》的记载基本相同，但在具体情节上有别。《杂阿含经》中的这些经文又称《阿育王因缘经》《法灭尽相经》《阿育王施半阿摩勒果因缘经》。由于相对独立，许多人认为不应该放在《杂阿含经》中，有些新编的《杂阿含经》本即删除了这些内容。

7.《善见律毗婆沙》。此书由南齐时代西域来华僧人僧伽跋陀罗翻译，共 18 卷，为小乘律部五论之一，注释南传上座部的律藏，其中卷一至卷四记述阿育王时代佛典结集和其子赴斯里兰卡传教的事迹。这本来是南传的资料，幸得译成汉语，可历史上的北传佛教对此往往不大认可。

8.《法显传》。东晋时代巡礼南亚诸国的高僧法显所著的旅行记，其中涉及许多有关阿育王的情况，如阿育王设地狱残害百姓，阿育王开古代七塔取舍利，阿育王建塔的开端，阿育王教化其弟，阿育王以大地布施佛门，阿育王石柱等，有些记述是其他资料中所没有的。尤其是关于其所见阿育王石柱的位置、形制、内容等的记载，在印度此类文献湮没民间也已遗忘的情况下，对于近代西方学者确认阿育王石柱起到了重要作用。因为最早的阿育王石柱发现（1356）之后数百年间，人们对其为何时、何人、为何而为均一无所知。直到 1837 年，经普林斯苦心钻研，并借助法显、玄奘的记载和巴利文的有关资料，方才得以确认为阿育王所为。

9.《大唐西域记》。唐代玄奘法师巡礼南亚诸国的旅行记，其中涉及阿育王的资料很多，特别是对汉译《阿育王传》中涉及的部分阿育王事迹的发生地点，如阿育王的首都华氏城、阿育王塔、阿育王造的地狱、阿育王供养僧众的大石槽、阿育王时代最大的佛寺鸡园寺、阿育王临终布施、阿育王为弟建造出家修道处等,此外还有其他一些事迹,如阿育王石柱、阿育王三次以大地布施三宝,三次以珍宝赎还等。

10. 除了上述资料以外,历史上留下来的汉语典籍中还有一些也涉及阿育王的事迹,如《大慈恩寺三藏法师传》《天尊说阿育王譬喻经》《杂譬喻经》《贤愚经》《大智度论》《释迦方志》等。另外,中国历代史书中有关印度的部分以及一些杂著如《华阳国志》《酉阳杂俎》等也都直接或间接涉及阿育王事迹的资料。

通过以上介绍可以知道,在有关阿育王的几种最主要的史料中,数量最大的要算汉文资料。汉文资料所记载的内容涉及阿育王的各个方面,主要有(一)关于阿育王的身世;(二)关于阿育王青少年时代命运的起伏变化;(三)关于阿育王的对外征伐;(四)关于阿育王夺取政权的情况;(五)关于阿育王杀害大臣、宫女、设立地狱等暴政的情况;(六)关于阿育王皈依佛教的经过;(七)关于阿育王建立佛塔的原因;(八)关于阿育王同佛教关系的演变过程(也可看到法敕的一些痕迹);(九)关于阿育王对佛陀遗迹的普查和核定;(十)关于阿育王的兄弟、子孙和继承者;(十一)关于阿育王对佛门的布施;(十二)其他有价值的史料,如法显、玄奘在西南印度见到阿育王地狱,证明巴利文资料所记载的阿育王曾经在此任总督;法显、玄奘对所见阿育王石柱及其内容的描述,可与近代阿育王法敕这一考古发现相互印证等。

外国学者所推崇的铭文资料和巴利文资料固然重要,但它们只涉及阿育王的某些方面,如佛法教化、羯陵伽战争、阿育王皈依佛教、建立法敕、佛典结集、向外传教等,汉文资料中所记载的大量史实,它们并没有包括进去。而且,如果从所涉及史事的广泛性来看,汉文资料的价值是其他所有资料都无法比拟的。可是,在国际学术界,这部分资料并没有被充分利用起来,这从他们的研究成果中很容易看出来。如英国人渥德尔的《印度佛教》①在引用资料的广泛性上曾受到国际学术界的好评。该书第八章用很大的篇幅讲述阿育王的事迹,但纵观其文,所用主要为西方学者近代以来所解译的铭文资料,其次是南传巴利文资料和极少部分梵文资料。该章中对铭文和巴利文资料缺载的阿育王事迹很少涉及。文中未见明确引用汉语资料,所以汉语资料中所记述的阿育王事迹也未得到反映。印度人编写的《高级印度史》②在讲述阿育王的历史时,也主

---

① A. K. Warder, *Indian Buddhism*, Delhi, Motilal Banarsidass, 1970.该书反响良好,1980年又出了第二版,有汉译本(王世安译:《印度佛教史》,北京:商务印书馆,1987年)。

② R. C. Majumdar, H. C. Raychaudhuri, Kalikinkar Datta, *An Advanced History of India*, London, The MacMillan Company of India Limited, 1948.该书已经连续再版四次,已有汉译本(张澍霖等译:《高级印度史》,北京:商务印书馆,1986年)。

要使用铭文资料，个别地方涉及南传巴利语资料。他们宁愿使用古代希腊、罗马的一些间接的、有时是模糊的资料，也没有直接利用汉语资料。书中所述与汉语资料相吻合的具体史实仅仅有两条，一是阿育王曾镇压过呾叉始罗的起义，一是阿育王进军首都华氏城夺取政权。但这两处都使用了“传说”一词，可见作者对汉语资料的态度。以上仅仅是两个例子，其他一些外国著述也基本上如此。①国外学者撇开汉文资料来研究阿育王，这是对史料取舍的一种极不客观的态度，所得结论自然也不可能全面和公允。至于中国的学者，因为各种原因，在阿育王研究方面又非常滞后。②总之，无论是国内还是国外，数量最大、涉及面最广的汉语资料至今没有发挥应有的作用，这是非常可惜的。

二、依据汉文资料对阿育王即位前几件重大史实的考证

由于汉文资料所涉及的阿育王史实非常广泛，本文仅就阿育王即位前的一些重大史实，依据汉文资料作一系统考证。

（一）关于阿育王的身世

作为一位一生之中发生过重大转折、对历史进程产生深远影响的著名帝王，如果不知道他的身世，其一生当中许多重大的问题就很难理解。所以，阿育王的身世研究是整个阿育王研究中一个不可或缺的重要领域。然而，现有的研究对这一问题却是模糊其词，或者干脆避而不谈。这种现象的背后是因为西方学者最主要的阿育王研究史

---

① 此类著作很多，如：L. P. Sharma，*Ancient History of India*（*Pre-historic Age to 1200 A.D.*）；D. N. Qia，*Ancient India*，*An Introductory Outline*，New Delhi，1977；Vincent A. Smith，*Asoka*，“the Buddhist Emperor of India”，1920；D.R. Bhandarkar，*Asoka*，University of Calcutta，1995；B. G. Gokhale，*Asoka Maurya*，New York，Twayne Publishers，1996。

② 中国在阿育王研究方面的主要文章有马渥民著《阿育王考略》，《觉有情》1950年第6期；巨赞著《从阿育王法敕刻文看佛陀遗教对印度社会所发生的影响》，《现代佛学》1956年第5期；杨群荣著《教的“亲戚”——阿育王》，《外国史知识》1985年第6期；葛维钧著《阿育王法与佛教的法不应混同》，《南亚研究》1988年第4期；湛如著《阿育王与佛教》，《闽南佛学》1989年第1期；寅亮撰著《护法名王阿育王》，《上海佛教》1990年第2期；李杏著《阿育王和早期佛教》，《湖北师院学报》1990年第2期。中国人翻译的外国研究有A. L. 巴沙姆撰、葛维钧译《阿育王和佛教——再探讨》，《南亚译丛》1983年第4期；金山正好著《阿育王时代的佛教》，载张曼涛主编《现代佛教学术丛刊》第93辑，台北：大乘文化出版社，1978年；水谷正幸著《阿育王与佛教》，载张曼涛主编《现代佛教学术丛刊》第93辑。

料是近代以来相继发现的铭文资料，而至今已经发现的阿育王铭文资料都没有对阿育王的身世做出明确的说明。B.M.Barua 曾经说过："令阿育王铭文研究者最为头痛的事情莫过于阿育王在这些铭文当中根本没有提到他的父亲和祖父、他的母亲以及母亲一方的亲属，也没有提到他的各位王妃的关系。他甚至没有在这些铭文中将自己作为孔雀家庭的后裔来介绍。"①

然而，汉文资料对此却有非常详细的记载。《阿育王传》卷一中说："华氏城频头莎罗王子名宿尸魔。时，瞻婆罗国有婆罗门生一女宝，相师占言，必为王后，为王宠爱。当生二宝子，一者当作转轮圣王，王四分之一；二者出家当得罗汉。婆罗门闻，极大欢喜，便将是女至华氏城，众宝璎珞以庄严之，嫁于为妻频头莎罗王。"后来，国王"遂便立作第一夫人，共相爱乐，而生一子。母言，我忧患尽除，即为作字，名阿恕伽"②。《阿育王经》对此女姿色还有记述，称其"色貌端正，国中第一"。《杂阿含经》记载得更为详细，说此婆罗门到王都后，欲嫁其女于频头莎罗王③之长子苏深摩④，后听相师之言，称其女必须嫁于频头莎罗王，等等。这是阿育王母系情况，至于其父系情况，汉文各种资料均明确指出，他是频头莎罗王的儿子，而频头莎罗王则是孔雀王朝的创立者旃陀罗笈多的儿子。《阿育王经》记述道："乃至波吒利弗多城，有王名旃陀罗笈多。时，王有子，名频头莎罗。频头莎罗长子名修私摩。"⑤汉文资料对阿育王身世的记述的确夹杂着一些因果报应和占卜迷信内容，这是古代许多历史资料中常见的现象，何况是佛教徒流传下来的记述，免不了在真实的历史中添加一些有利于宗教宣传的内容。但是，那些神神怪怪的宗教渲染是很容易剔除掉的，一旦这些东西被剔除，阿育王真实的身世就会明显地呈现出来。笔者认为，直至目前，学术界所发现的一切考古的和文献的资料都没有足够的证据和理由来否定汉文资料这些记述的可靠性。

（二）关于阿育王青少年时代命运的起伏变化

同阿育王的身世一样，各种铭文资料对阿育王少年时代的情况均没有记载，国外一些研究阿育王生平的文章对阿育王即位前的历史均很少涉及，如 B.M.Barua 的《阿

---

① B. M. Baura: "Asoka: Personal History", *Asoka 2300*, p.11.

② 《阿育王传》卷一，《大正藏》第 50 卷，第 79—80 页。"阿恕伽"为梵语 Asoka 音译，又译作"阿育"，意为"无忧"。

③ "频头莎罗"梵文为 Bindusara，在《杂阿含经》和《阿育王经》中译作"频头娑罗"。

④ "苏深摩"梵文为 Susima，在《杂阿含经》和《阿育王经》中译作"修私摩"。

⑤ 《阿育王经》卷一，第 132 页。此处旃陀罗笈多译作"旃那罗笈多"。

育王：个人的历史》[①]在介绍阿育王生平时仅从即位开始。Ananda W. P. Guruge 在《阿育王生活与生涯简历》[②]一文中讲到阿育王青年时代三件大事，其中涉及汉文资料的只有阿育王对呾叉始罗的征服，其他则来源于南传巴利文的资料。其实，汉文资料对阿育王青年时代的记述是比较详细的，这完全可以弥补巴利文和铭文资料的缺失。据汉文资料记载，阿育王的少年时代是非常不幸的。青年时期，命运又逐渐得到好转。据《阿育王传》记载："阿恕伽身体粗涩，父不爱念。"[③]所以，当频头莎罗王请相师为诸子占相，预测谁可以继承王位时，阿育王子便自感没有任何希望。《阿育王传》中记载道："母敕阿恕伽言：'今王相子于金地园，汝亦可往。'阿恕伽言：'王不爱我，何为至彼？'"[④]《杂阿含经》中也有明确记载："时，阿育王母语阿育言：'承王出金殿园馆中睹诸王子，于我灭后谁当作王，汝今云何不去？'阿育启言：'王既不念我，又亦复不乐见我。'母复言：'但往彼所。'阿育复启。母复敕令往。"同处经文还说："王先敕大臣，若阿育来者，当使其乘老钝象来，又复老人为眷属。"[⑤]可见国王对阿育王子的态度。后来，阿育王子在母亲的催逼下，去了金地园。在那里，只见个个王子得意傲慢，享用奢华。他们以金银为器具，享用着上等的饮食，坐具也是诸宝严饰，十分豪华。可是阿育王子既无宝座，又无金银用具，而是就地而坐，以瓦器盛餐，以清水为饮，可见其受父王冷遇后的落寞景象。阿育王子不受国王喜欢在当时恐怕不是什么秘密，至少相师事先是知道的。如《杂阿含经》中说："彼相师视诸王子，见阿育具有王相，当德绍位。又作是念，此阿育，王所不应，我若语言当作王者，王必愁忧不乐。"[⑥]南传巴利文资料和北传藏文资料中没有这一记载，但都承认阿育王不是合法的王位继承人，即位后曾经大开杀戒，同众多兄弟发生内讧性战争[⑦]，加之铭文资料中阿育王避免谈及先王及其对自己的嘱托等，这一切似乎都可以佐证汉文资料关于阿育王曾经受到排斥的记载的真实性。

据汉文资料记载，阿育王子命运的转折发生在他奉命对西北边境呾叉始罗国的征服。《阿育王传》卷一中说，频头莎罗王听说西北边境呾叉始罗国不服朝廷，便派阿育王子前去镇压。呾叉始罗国独立意识很强，国人骁勇善战，同朝廷一直存在着很大的

---

① B. M. Baura："Asoka：Personal History"，*Asoka 2300*，pp.11—16.

② Ananda W. P. Guruge："A Resume of Asoka's Life and Career"，*Asoka 2300*，p.19.

③ 《阿育王传》卷一，第 100 页。《杂阿含经》的记述与此基本相同。《杂阿含经》："无忧者，身体粗涩，父王不大附捉，情所不念。"

④ 同上。

⑤ 《杂阿含经》卷二三，《大正藏》第 2 卷，第 162 页。

⑥ 同上。

⑦ 据南传巴利文资料记载，阿育王为了王位曾经杀死九十九位兄弟（参见《大史》《岛史》），北传藏文资料中说，阿育王即位后曾经同六位兄弟开战（参见多罗那他著《印度佛教史》）。

对立情绪，这成为孔雀王朝的一个长期难以解决的问题。①汉文资料记载，频头莎罗王派遣阿育王子前往征讨，却不予解决战器和军需，“器仗资物悉不予之”，“众人白阿育言：‘我等今者无有器仗及资物，云何当能征罚彼国？’”②。频头莎罗王时期，孔雀王朝正值强盛之时，朝廷完全有能力承担战事所需，所以，不予阿育王子军需，可能暗示频头莎罗王对阿育王子的一个阴谋，即一旦战事失利，就可任意对阿育进行王子处置，或是排挤在京城之外，或是其他更为严厉的处置。阿育王子得不到频头莎罗王的欣赏，长此以往，二人不可能没有矛盾和对立。所以，频头莎罗王排斥阿育王子也是完全可能的。然而，阿育王子依靠自己的努力，筹集到兵器和军需，大军一到呾叉始罗，“国中人民闻阿恕伽来，自然归伏，庄严城池，平治道路，各各持瓶，盛满中物，以花覆上，名为吉瓶，以现伏相”③。于是，干戈未动，呾叉始罗的问题便解决了。阿育王子不但没有受到打击，反而一举成名，威震四方，从此再也不可能被排斥在孔雀帝国的政治舞台之外。

（三）关于阿育王的对外征伐

近代发现的阿育王法敕刻文中，只有一章提到阿育王对南印度羯陵伽的征服，这件法敕后来被编为“摩崖法敕”第十三章④，外文书籍中通常写作“Edicts XII”或“RE XII”⑤。这章法敕记载了阿育王在即位后八年⑥对羯陵伽的战争以及战争所带来的深重灾难

---

① 孔雀帝国第一任国王旃陀罗笈多征服过呾叉始罗，第二任国王频头莎罗镇压过呾叉始罗的反叛，第三任国王阿育王也镇压过这里的叛乱，阿育王太子驹那罗也率领大军来这里稳定局面，并最终废除了呾叉始罗的王统。

② 《阿育王经》卷一，第 133 页。

③ 同上书，第 100 页。

④ 摩崖法敕第十三章曾经于 1822 年在 Junagarh in Gujarat 的 Girnar 发现；1860 年在 Paonta, H. P.的 Kalai 发现；1929 年在 Gooty, Kurnool District, Andhra Pradesh 的 Erragudi 发现。见“Locations of the Asokan Edicts”, *Asoka 2300*, p.59.

⑤ 全称为 Major Rock Edicts XII。与此相应，“小摩崖法敕”则为 MRE，全称为 Minor Rock Edicts；“石柱法敕”为 PE，全称为 Major Pillar Edicts；“小石柱法敕”为 MPE，全称为 Minor Pillar Edicts；“别刻法敕”为 SepEs，全称为“Separate Edicts”。见 Ananda W.P. Guruge, “A Resume of Asoka's Life and Career”; Romila Thapar, “Asoka and Buddism as Reflected in the Asokan Edicts”; K. R. Norman, “Asoka's Debt to His People”。以上三文均收于 *Asoka 2300*。另外，其他国外著述也基本如此拼写，如 L.P. Sharma: *Ancient History of India* (*Pre-historic Age to 1200 A.D.*)。

⑥ 汪兆玉根据日本学者宇井伯寿之法敕译文所作的汉语译文称这次战争发生在阿育王继位之后的第九年。见《阿育王时代的佛教——附录：阿育王法敕刻文》（载张曼涛主编《现代佛教学术丛刊》第 93 辑之《印度佛教史论》，第 191 页）。笔者根据最新的阿育王法敕英文译文，认为这次战争应是阿育王继位后第九年的事情。

和阿育王的悔悟。除了这章法敕之外，各类铭文资料再没有关于阿育王对外征服的记载。而事实上，作为印度第一个空前统一的帝国的第三位君主，其对外征服的战争应该是不可避免的。各种资料包括一些传说都在透露出这样的信息，即阿育王曾经大开杀戒，其中就包括对外征服。所以，铭文资料在这方面的缺载是不容怀疑的。南传巴利文资料对此也没有明确的记载，只是说阿育王曾经在乌贾因做过总督，暗示阿育王曾经征服过这里。除此之外就是一些非常模糊的传说，没有具体记述。藏文资料提到过阿育王曾经征服过尼泊尔和佉悉耶。尼泊尔即现在的尼泊尔。佉悉耶位于何处，不太清楚。但藏文资料中又说这两个国家的造反者都属于山民，可见其地处山区。①此外，藏文资料再无明确记载。在这方面，汉文资料又显示了自己独特的价值。

据《阿育王传》《阿育王经》和《杂阿含经》记载，阿育王在作为王子时，曾经征服过为数众多的国家和地区，其中重点介绍了两个国家，一个是呾叉始罗国，一个是佉沙国②。介绍了对这两个国家的征服之后，汉文资料接着总结道："如是乃至平此天下至于海际。"可见，阿育王的征服是大规模的。

呾叉始罗梵文为 Taksasila，巴利文为 Takkasila，希腊古地志作 Taxila、Taxiala。汉文翻译多有差异③，玄奘译作"呾叉始罗"。此地在现在巴基斯坦的西北部④，为古代印度一个非常著名的地方。从地理位置上讲，呾叉始罗有两个特征：（一）这里一直是民族交汇频繁之地，同印度其他广大地区相比，离心倾向比较明显，正如《阿育王息坏目因缘经》中所说："西方（指呾叉始罗一带——笔者注）人民……恒好斗讼，兴兵攻伐"，"国虽西垂，益事丰广"⑤。（二）军事战略地位十分重要，历来入主印度的民族都必须首先在此站稳脚跟，特别是对于一个庞大的帝国来说，呾叉始罗就更为重要。孔雀帝国作为古代印度第一个空前统一的大帝国，不能不重视对这里的控制。如《大唐

① 多罗那他：《印度佛教史》，中国佛教协会，1983 年，第 16 页。

② 阿育王曾经征服的这个国家，梵文为 Khasa，在《阿育王传》和《杂阿含经》中称作"佉沙国"，《阿育王经》中译作"佉师国"。

③ Taksasila，《贤愚经》卷一译作"特叉尸利"，《瓶沙王五愿经》译作"特差伊罗"，《贤愚经》卷一译作"特叉尸利"，《法显传》作"竺刹始罗"，《佛本行集经》作"特叉尸罗"，《水经注》作"呾尸罗"，《阿育王经》作"德叉尸罗"，《阿育王传》作"得叉尸罗"。

④ 关于呾叉始罗的具体地点，学术界尚有不同看法：康宁哈姆比定为现在巴基斯坦的沙赫得利(Shahdheri)；许格尔(B. Hugel)比定为现在巴基斯坦的拉瓦尔品第(Rawalpindi)；史密斯(V. Smith)比定为拉瓦尔品第附近的哈桑·阿布达尔(Hasan Abdal)。但考古发掘证明呾叉始罗城的遗址在印度河和杰鲁姆河之间，距拉瓦尔品第新城西北约 20 英里(32.2 千米)。

⑤ 《阿育王息坏目因缘经》，《大正藏》第 50 卷，第 174 页。

西域记》卷三中说:“呾叉始罗,国之要领”“呾叉始罗,国之襟带。”①

关于孔雀帝国时期此地的情况,其他资料无明确记载,汉文资料的记述也稍有差异。估计在阿育王之前,此地已被纳入孔雀帝国版图,因为开国皇帝旃陀罗笈多发迹于印度西北,在那里组织人民赶走了亚历山大留下的希腊驻军,为自己建立了比较强大的基地,并向东进军推翻了难陀王朝的统治。②又传说,孔雀帝国第二位国王频头莎罗曾经镇压过呾叉始罗的叛乱。③据《阿育王传》《阿育王经》和《杂阿含经》记载,此地在孔雀帝国第二位国王频头莎罗时代,已经成为孔雀帝国的属国。《阿育王传》卷一说,“频头莎罗以得叉尸罗城叛逆不顺,即遣阿恕伽往讨彼国”④。“叛逆”暗示该地此前已经归属孔雀帝国。《阿育王经》卷一说得更为明确:“时,频头莎罗王所领国名德叉尸罗,欲为反逆,不从王化。”⑤可见当时的呾叉始罗归属于孔雀帝国的版图。可能当时的呾叉始罗在名义上还保留着自己的国王,但实际上却由孔雀王朝国王派遣的大臣管理。

阿育王征服呾叉始罗的原因,史料所记稍有差异。《阿育王传》说,呾叉始罗人反对频头莎罗王身边的大臣。⑥《阿育王经》卷一则说呾叉始罗人是为了赶走频头莎罗王派往本国的腐败官员,文中说:“我等迎王,不为斗争,亦不与彼大王相嫌,但王所遣大臣在我国者,为治无道,欲愿废之。”⑦《杂阿含经》卷二三中则说得很笼统:“我等不反大王及阿育王子,然诸臣辈不利我等。”⑧

这有可能是指朝中的官员,也有可能指地方官员。不管怎么说,有一点是可以肯

---

① 玄奘述、辩机撰、季羡林等校注:《大唐西域记》卷三,北京:中华书局,1985年,第307—308页。

② 关于先赶走西北部的希腊统治者,还是先推翻难陀王朝,说法不一。夏尔马在所著的《古代印度史》中对这段历史记述较详,认为是先赶走希腊入侵者,后推翻难陀王朝,见 L.P. Sharma: *Ancient History of India*(*Pre-historic Age to 1200 A.D.*), pp.117—119。R. C. 马宗达等人认为是先推翻难陀王朝,再赶走希腊入侵者,见 R. C. 马宗达著、张澍霖等译《高级印度史》(上册),北京:商务印书馆,1986年,第104—106页。估计两者是结合在一起的,即由于组织人民反抗外来入侵而聚集了力量,由此力量而推翻难陀统治。另外,D. N. 怡著、范铁城译《印度古代史纲要》(中国社会科学院·北京大学南亚研究所,1984年,第77页)说:“旃陀罗笈多已经将几乎整个印度北部置于摩揭陀的控制之下。”

③ 参见 R. C. 马宗达著、张澍霖等译:《高级印度史》(上册),第108页。

④ 《阿育王传》卷一,第100页。

⑤ 同上书,第133页。

⑥ 同上书,第100页。

⑦ 同上书,第133页。

⑧ 《杂阿含经》卷二三,《大正藏》第2卷,第163页。

定的,即呾叉始罗同孔雀王朝的统治者之间存在着矛盾。阿育王子兵不血刃便征服了呾叉始罗,估计有两个原因,一是呾叉始罗人迫于军事压力而做出让步,二是阿育王满足了呾叉始罗人的要求。

到了阿育王统治的后期,呾叉始罗的国王花瓔王去世,孔雀帝国便直接派总督统治这里。关于这一点,我们目前可以看到的唯一资料是《阿育王息坏目因缘经》,其文云:“当于尔时,阎浮提内,菩萨所行,投身之处,名曰石室,恒有王治,会遇国毁,主亦丧亡。国界群臣,庶民大小,谒普共就,叉手而言:圣王延寿,兴利康疆,石室散王,舍位迁神,愿赐差次,领遣荒民。王寻顾眄,告耶舍曰:速敕差遣,应谁统领。彼民刚强,须堪能者,无令凡人录摄彼土。”①“阎浮提”即这个世界,尤其是指南亚次大陆。“石室”为“呾叉始罗”的意译之一。据《佛说月光菩萨经》,月光菩萨前世为月光王时,曾经投身这里,行化人间。②“恒有王治”说明一直有自己的国王。从这条史料可以看出,呾叉始罗在阿育王统治时期,王统中断,直接由孔雀帝国统治的情况。类似这样的情况在孔雀帝国时期应不在少数,特别是在帝国统治的核心中印度及其周围广大地区。国王亡故,臣民“请求”孔雀王朝统领,也只是当时诸小国并入孔雀帝国的模式之一。对于这条重要资料,国际学术界默而不知,所以,关于这种兼并扩张模式,国际学术界从未指出过。

据汉文资料记载,阿育王征服呾叉始罗之后,接着又征服了佉沙国。《杂阿含经》中记述道:“平此国已,又使至伐佉沙国。时彼二大力士,为王平治道路,推诸山石。又复诸天,宣令此国:‘阿育当王此天下,汝等勿兴逆意。’彼国王即便降伏。”③《阿育王传》的记载:“王复遣阿恕伽罚(元本和明本“罚”作“伐”)佉沙国。彼国人民承迎调顺,与前无异。”④《阿育王经》中说:“时,阿育王遣使往佉师国,佉师国中有二健儿,白其王曰:‘我等二人力能平山,彼阿育来,不足臣事。’是时,诸天二发声言:‘阿育当为四分转轮王,领阎浮提,不可逆也。”⑤

《杂阿含经》和《阿育王传》中说阿育王征服的这个国家叫作“佉沙国”,《阿育王经》则称此国为“佉师国”。这个“佉沙国”到底是哪个国家,位于什么地方,过去中国学者

① 《阿育王息坏目因缘经》,《大正藏》第50卷,第173页。

② 《佛国记》“竺叉尸罗国”条的记注与此略异:“自此东行七日,有国名竺叉尸罗,汉言截头也,佛为菩萨时,于此处以头施人,故因此为名。”(参见法显著、郭鹏等注译《佛国记注译》,长春:长春出版社,1995年,第25页)

③ 《杂阿含经》卷二三,第163页。

④ 《阿育王传》卷一,第100页。

⑤ 同上书,第133页。

没有论及这个问题,国外学者中绝大多数不了解汉文资料,所以也很少有人触及这个问题。Ananda W. P. Guruge在撰写阿育王传时使用了这个汉文资料,笔者尚未看到他的这部名著,即 *Asoka The Righteous*:*A Definitive Biography*①,但从他的另一篇文章(A Resume of Asoka's Life and Career)中可以知道,他将汉文资料中记载的这个国家译作"Khasa"②。据《佛光大辞典》"疏勒"条,疏勒在古代印度梵文资料中作"Khasa"③。如此,Ananda W. P. Guruge是将"佉沙国"比定为我国新疆的疏勒,即今天的喀什。

"疏勒"在古代不同历史文献中有不同的名称。章巽先生将其还原为西域胡语(应为突厥语)"Kasrar"④。回纥文《大慈恩寺三藏法师传》残卷中作"Kas"。该国汉译文名古代汉文资料中也略有不同。《北魏僧惠生使西域记》《悟空入竺记》《继业西域行程》等作"疏勒"⑤。我国东晋时代的高僧法显在《佛国记》中记此国为"竭叉国"。《孔雀王咒经》作"伽舍"。新罗僧人慧超在《往五天竺国传》中说:"至疏勒,外国自呼名'伽师祇离国'。"⑥玄奘在《大唐西域记》卷十二记此国为"佉沙国",并作详细记述。他认为,"疏勒"只是一个城的名称,以其为国名是讹传,而"佉沙"的国名正确的称呼应该叫作"室利讫栗多底"⑦。

笔者认为,如果将《阿育王传》中记载的那个为阿育王所征服的"佉沙国"比定为西域的"疏勒",这是缺乏足够证据的。一方面,"佉沙""佉师"名称尚且不一,疏勒在各种文字的资料中也均有不同记述;另一方面,从自然环境以及公元前3世纪南亚次大陆同西域的交通等方面来看,从西北印度到今天的喀什,路途遥远,中间又有高山峻岭阻隔,往来非常困难,阿育王征服这里似不大可能。那么,"佉沙"到底指的是什么地方呢?《大唐西域记校注》中说:"竭石,竭叉,佉沙为另一来源,其原音似为Khasal,此名

---

① 从Ananda W. P. Guruge的文章"A Resume of Asoka's Life and Career"及其注中可知,1993年,斯里兰卡为纪念佛教传入两千三百周年,由文化事务部"核心文化基金会"出版了他著的 *Asoka The Righteous*: *A Definitive Biography* 一书。该书以"最后确定性的传记"作为副标题,表明作者对阿育王事实考证的高度自信,当然根据作者自己的解释,这是为了引起学者的进一步讨论和补充,见 *Asoka 2300* 第18页之正文及第24页的文后第五条注释。

② Ananda W. P. Guruge:"A Resume of Asoka's Life and Career", p.19.

③ 慈怡编:《佛光大辞典》(第5册)"疏勒"条,北京:书目文献出版社重印本,第4741页上。

④ 章巽:《大唐西域记导读》,成都:巴蜀书社,1990年,第84页。

⑤ 《北魏僧惠生使西域记》,《大正藏》第51卷,第867页;《悟空入竺记》,《大正藏》第51卷,第979页;《继业西域行程》,《大正藏》第51卷,第981页。

⑥ 慧超:《往五天竺国传》,《大正藏》第51卷,第979页。

⑦ 玄奘、辩机著,季羡林等校注:《大唐西域记校注》,第994页。

在古代印度文献中原指喜马拉雅山地区的山地部落。”同上。这一信息非常重要，“Khasal”不同于“Khasa”，前者指南亚次大陆北部的山地部落，后者指今天我国新疆的疏勒。所以，笔者认为，《阿育王传》中所说的“佉沙国”就是印度北部山区的某个小国。因为，从当时的情况来看，征服佉沙国是紧接着征服呾叉始罗以后进行的，应该距呾叉始罗不远。另外，从西藏的传说来看，阿育王曾经镇压过北方山地的叛乱。多罗那他的《印度佛教史》中说：“中间尼泊尔和佉悉耶等地众多山民叛乱，派遣阿育带兵征讨，很容易地就把山民平定了。”①这也是一个很重要的佐证，说明阿育王征服的这个“佉沙国”就在印度北部山区的某个地方，而不是中国境内的喀什。

（四）关于阿育王夺取政权的情况

铭文资料对阿育王如何上台没有任何记载。南传巴利文资料也说得非常笼统。《善见律毗婆沙》卷一中记载：“宾头莎罗王生儿一百。宾头莎罗王命终，阿育王四年中杀诸兄弟，唯置同母弟一人。过四年已，然后阿育王自拜为王。从此，佛涅槃已二百八十年。”②巴利文《善见律》载：“其时，频头莎罗王有子一百，阿素伽王除同母弟提沙王之外，尽杀其余诸子。杀害之间四年，不受登极灌顶而执王政。过四年，即如来涅槃后二百十八年即位，统一全阎浮提。”③阿育王为什么要杀死其他兄弟，他同其他兄弟的关系特别是政治上的关系如何，为什么四年后才灌顶奠基，阿育王继承王位合法吗，对于这些问题，南传巴利文资料均未交代。而且，根据铭文资料可知，阿育王统治时期还有一些兄弟存在，看来南传巴利文资料关于阿育王杀死所有兄弟的记述是不太真实的。④西藏的资料对阿育王即位的情况有一些记述，但显得非常零乱。大体内容是说，摩揭陀的国王去世后，由某大臣摄政，这时，孔雀王朝同尼弥多王发生了战争，阿育王子同另外六位王子一起参加战斗，最终取得了胜利，阿育王子即了王位。另外六位王子不服，便各自据守一城，自立为王。后来，阿育王子战胜并杀死六位兄弟，巩固了自己的地位。⑤

---

① 多罗那他：《印度佛教史》，第16页。

② 《善见律毗婆沙》卷一，《大正藏》第24卷，第678页。

③ 转引自多罗那他著、王沂暖译《印度佛教史》第11页注文，兰州：西北民族学院研究所，1981年。

④ 夏尔马认为：“根据唯一能为我们提供有关阿育王早期统治情况的佛教经典，阿育王是在一场残酷的战争中杀死九十九个兄弟之后登上王位的。但是这个故事看来是被尽情地夸大了，这是为了融于佛教而加大阿育王皈依佛教前后的变化的结果。”见 L. P. Sharma: *Ancient History of India (Pre-historic Age to 1200 A.D.)*, p.127。

⑤ 多罗那他：《印度佛教史》，第16页。

看来，无论是铭文资料，还是巴利文资料、藏文资料，都没有提供足够的有关阿育王如何得到政权的记载。解决这一历史疑案，还得依靠汉文资料。根据汉文资料，阿育王取得政权的大致经过是这样的：频头莎罗王喜欢长子苏深摩。阿育王子脾气暴躁、长相丑陋，不得父王喜爱。为了排挤阿育王子，尽可能消除苏深摩以后的对手，频头莎罗王以调虎离山之计，将身居京师的阿育王子派往遥远的边地。谁知阿育王子在父王未给兵器、粮草的情况下，竟然能自己设法解决，并很快征服了呾叉始罗等边疆各分离国家，从而既获得声望，又拥有了自己的实力。为了让长子也获得这样的资历和荣耀，频头莎罗王又派苏深摩率领军队去呾叉始罗。可这一去，苏深摩却陷入泥潭，呾叉始罗的问题迟迟不得解决。此时，在京城中，频头莎罗王身患重病，便急诏苏深摩回京，命阿育王子接替苏深摩前往呾叉始罗。《阿育王传》卷一中说："苏深摩到，不能令彼人民调顺。频头莎罗王闻其不能调伏彼国，即生疾病，便敕诸臣唤苏深摩以为太子。令阿恕伽而往讨伐。"①可身居第一辅臣要职的罗提掘多却联合诸大臣拒不执行。原来，罗提掘多曾经受到王子苏深摩的欺压，朝中除国王之外最有权力的两人存在着很深的矛盾。年轻气盛的苏深摩忘乎所以，而老谋深算的罗提掘多却一直暗用心机，发誓一定要阻止苏深摩即于王位。《阿育王经》卷一通过一个具体事例，记述罗提掘多的心理。其文曰："是时，频头莎罗王第一大臣顶上无发，从城内出，中路相逢。修私摩戏手拍其头。是时，大臣思维言说：'其今以手拍我，若作王时当以刀害我。宜作方便，使其后时不得为王。'"②于是，罗提掘多暗中培养自己的势力，并选择了阿育王子作为靠山。他利用相师关于阿育王子有王者之相的预言，到处游说，攻击苏深摩。所以，当频头莎罗王病入膏肓、太子又远在天边之时，罗提掘多"为其作计，便以黄物涂阿恕伽身，以罗叉汁洗，盛而弃之，诈称阿恕伽得吐血病不任征伐。尔时，频头莎罗王疾病唯笃，余命无几，辅相庄严阿恕伽已，而白王言：'请当并立阿恕伽为王，以理国事。苏深摩来，当还废之。'"，就是说，目前国王卧病在床，暂且先立阿恕伽为王，等太子回来以后，再废了阿恕伽，还王位于苏深摩。接着，他们又利用国王的迷信心理，演出了一场天降宝缯的戏。当时，阿恕伽当着父王的面说："我若有福德力应为王者，天当以天缯结我顶上"，"作是语已，应言即结。王见阿恕伽天缯结顶，极大嗔恚，沸血从面出，而便命终"。于是，"立阿恕伽为王，罗提掘多为第一辅相"③。据《阿育王经》所说，连苏深摩远去边疆都是罗提掘多设计让呾叉始罗反叛，在阿育王子亦在外地的情况下，频头莎

---

① 《阿育王传》卷一，第100页。

② 同上书，第133页。

③ 同上书，第100页。

罗王只得派苏深摩前去镇压。若此，则是与频头莎罗王一样的调虎离山之计。

京师之变很快就传到了呾叉始罗。“苏深摩闻父王命终，阿恕伽得立为王，心生愤怒，还华氏城。阿恕伽闻苏深摩来，严备一大力士置第一门下，第二力士置第二门下，第三力士置第三门下，置罗提掘多东门之下。阿恕伽而自当之。置机关白象，象上画作阿恕伽像。周匝四边造大火坑，粪草覆上。苏深摩来向第三门下，罗提掘多语苏深摩言：‘今阿恕伽在东门下，从彼入去，若得入者，即为汝臣。若不能害阿恕伽，从此门入亦无所能。’于是苏深摩即往东门，直趋象上，欲捉阿恕伽，不觉堕入火坑，而自灭没。时，苏深摩有一力士，名曰贤踊，将数万军众，入佛法中。”①苏深摩遭到惨败，罗提掘多直接导演的宫廷政变完全成功，阿育王最终取得了孔雀帝国的最高统治权。

---

① 《阿育王传》卷一，第 100 页。

东亚道教：历史价值与文化特征*

孙亦平**

道教是以“得道成仙”为基本信仰的中国传统宗教。在有着悠久历史的东亚思想与宗教中，由中国道家和道教奉为最高宗旨的“道”至今都是最具有象征性和影响力的文化符号之一。中国的神仙思想早在秦皇、汉武进行的海上求仙活动时，就开始走出中国大门，漂洋过海，对东亚地区的朝鲜半岛、日本列岛的一些国家和地区持续产生着影响。魏晋时，创立不久的中国道教随着移民的脚步开始向东亚各国传播，东亚道教开始形成并在唐宋时达到了高潮。近代以来，随着东西方文化交流的展开，道教又被介绍到西方世界，在多元文化的冲突和交融中展现出新的价值，体现出某种世界性的文化影响力。值得研究的是，东亚道教既是东亚世界中长期存在的一种历史事实，也是一个与东亚儒学或东亚佛教相并列而具有多元形态的文化概念，但至今为止，仍然缺乏对它的系统研究，其原因是多方面的。本文将道教置于东亚世界的文化脉络中，来探讨东亚道教的历史价值及文化特征，以期为研究东亚哲学及东亚宗教提供一个全新的学术视角和宽阔的研究领域。

一

“东亚道教”是“东亚”与“道教”的有机结合，它并非是一个顾名思义、不证自明的词语，而是涉及诸多事实判断，有待于被置于特定的历史文化境遇中，通过具体入微的研究，超越到底有没有所谓的“东亚道教”的问题争论，来回答为什么“东亚”与“道教”能够结合成一个文化概念。

东亚指亚洲东部地区，它既是一个地理概念，也是一个人种概念，还是一个文化概念。若从地理的角度看，一般认为东亚主要是指中、朝、韩、日等国，它们都处于亚洲东部的环太平洋地区，蓝色的大海将它们联结在一起，在典型的季风气候中形成了一个互为背景与资源的区域共同体，这个幅员广阔的世界就是东亚道教活动的大舞台。若

---

* 原载《哲学研究》2014 年第 7 期。

** 孙亦平，南京大学哲学系、宗教学系教授，博士生导师，中国老子道学文化研究会副会长。

从文化的角度划分，处于中南半岛的越南也属于以中华文明为核心的“东亚汉字文化圈”的一个分支，如日本学者西嶋定生（1919—1998）在《东亚世界的形成》中提出“东亚汉字文化圈”时，就将越南包括进来。这是因为越南的政治、宗教、文字、礼仪、饮食、服饰和习俗都深受中华礼乐文明的影响，与东南亚其他国家显著不同，与东亚各国却具有相似性，所以，在研究东亚道教时，越南也是我们研究的对象。

东亚道教是以中国道教的神仙信仰为中心，综合了东亚传统中的多元宗教、多种民俗、多样哲学和多款艺术而形成的一种历史文化形态和内涵丰富的信仰系统。从历史上看，中国道教通过神化老子以及有关“道”的学说，以“得道成仙”为基本信仰，形成自己的教理教义和修道方法，在东汉时逐步建立起自己的道团组织——太平道和五斗米道。魏晋时，道教通过不断地去除民间化、粗俗化和异端化而走到了中国文化的前台，一度与以道家和儒家结合而成的玄学并肩而立，构成了道家的两条不同发展方向：宗教性的道教和哲学性的玄学。从正始之音到江左玄风，盛行于魏晋的玄学经过一百余年的递嬗演变，逐渐淡出中国思想文化的历史舞台，虽然标志着道家学派的沉寂，但道家哲学却一方面通过人们对道家经典的注释发挥和道教的宗教化改造而得以延续和发展，另一方面，又作为一种“东亚智慧”成为道教在东亚传播的先导。南北朝时，随着一些具有较高文化水平的世家名门子弟纷纷入道，葛洪、陆修静、陶弘景、寇谦之等人致力于造作道书，建构教理教义，制定斋醮科仪，创立了适应士族精神需要的新道派，随着东亚移民潮的涌动而逐渐向东亚各国传播。

东亚自古幅员辽阔，族群众多，英国历史学家汤因比（1889—1975）曾指出，就东亚文化圈而言，中国为主要文明，朝、日、越为卫星文明。[①]由政治、经济、军事、教育和风土等问题而引发的中心与边缘的文化互动，主流文化圈与非主流文化圈的碰撞，使宗教传播在许多情况下表现为强势主流文化向弱势非主流文化的推进。唐代时，儒学昌明、佛教兴盛、道教流行，中国文化展现出繁荣发展的盛况为当时东亚各国翘首瞩目。唐王朝作为东亚世界的宗主国，一方面担起了维持世界秩序的任务，当时朝鲜半岛上高句丽、百济和新罗三国鼎立，日本又常有侵略朝鲜半岛的野心。隋唐两代，通过四次征伐朝鲜，平定了东亚国家的纷争，稳定了东亚世界的秩序；另一方面，唐朝也以自己的文明优势吸引了万国来朝。东亚各国的文化交流更为广泛，尤其是在来华留学生、遣唐使和中国道士的努力下，道教通过官方途径正式向东亚各国传播，以神仙信仰为中心的东亚道教逐渐形成。

从历史上看，东亚世界的形成有赖于两个文化支撑点：一是从华夷之辨到以华变

---

① 参见汤因比著《历史研究》，上海：上海人民出版社，第50页。

夷，以中国古代的“礼乐文明”作为社会秩序与人生价值之源；二是以中国的中央集权制王朝为政治中心，通过郡县制、分封制、朝贡制等，将中国置于东亚世界的中心地位。中华文明以自己的文化优势来吸引和改造周边民族，周边民族也通过积极认同中华文明而发展出相似的政治体制、哲学精神、生活习惯和宗教信仰，为东亚道教的传播发展奠定了基础。

政治、哲学和宗教上的趋同性标志着东亚世界在隋唐时形成。东亚各国在饮食习惯、文明礼仪、农耕经济的生产方式等方面又表现出相似性，大多具有吃稻米、用汉字、定律令、奉儒学、信佛教的文化习俗。随着对东亚文化圈研究的深入，人们发现除了西嶋定生提到的上述因素之外，实际上还存在着一些具有相似性文化因素，如科学技术、医药知识、文学、家族结构、教育制度、生活方式等。笔者认为，中国的传统宗教——道教，也在东亚文化圈中占有特殊的地位。根据上述，笔者在研究东亚道教时，依据“东亚汉字文化圈”的理论，主要着眼于中国道教在日本、朝鲜的传播，但也将越南作为关注的对象，以期更深入地探讨道教在“东亚汉字文化圈”中的历史地位及文化影响，从而为更好地理解今天的东亚哲学及东亚宗教提供一种借鉴与参考。

二

东亚道教虽然以中国道教为“中心”向东亚各国传播，但若结合着东亚历史文献来进行考察，就可见它绝不意味着是中国道教的翻版，而是综合了东亚世界的各种道教文化因素的新形态。东亚道教不仅与东亚各宗教之间存在着特殊与普遍的张力，而且在历史发展过程中，其内部因始终面临着道教信仰的“普遍性”与不同地域文化的“特殊性”的适调、“本土化”和“多元化”之间的张力，形成了中心与边缘、本土与异域、个性与共性、历史与现代等多重互动关系。这也在提醒我们只有通过深入研究，才能更好地展现有着不同民族文化传统的东亚世界是如何拥有一个既内涵多元性又具有一种普遍同一性的“东亚道教”的。

从东亚视域看，道教在中国走过了近两千年的漫长岁月，不仅渗透到中国社会的各个领域，而且在创立后不久，随着中国对外文化交流的展开，就通过不同的途径传播到东亚世界。东汉末年，创立不久的道教就通过一些官吏、士人传入交趾（在今越南中北部，后改名交州），其长生信仰与神仙之术迎合了越南人对生命存在的深层需求而逐渐被接受。据史料记载，汉献帝（190—220）时，交趾刺史张津不仅“好鬼神事”，而且还爱穿道袍、读道书、鼓琴烧香，认为这样做有助于教化民众。三国时，群雄争霸，战争蜂起，一些在三国中位居高官者，如许靖、袁沛、张子云、许慈、刘巴、程秉、薛琮、袁忠、桓邵等携带眷属和族人迁移交趾，其中有些人在盛产丹砂的交趾开始进行烧炼丹药的活动。当时的交趾太守士燮（137—226）虽为儒生，但也信奉道教神仙，爱好服食仙药："初王（士燮）尝病死三日，仙人董奉与药一丸，以水含服……四日复能说话，遂复常。奉，字昌异，侯官人，见《列仙传》。"（《大越史记全书》外纪卷三《士王纪》）一些道士在越南以符水仙药为人治病，施行令人起死回生之术来进行传道活动。东晋道士葛洪在《神仙传》中曾为董奉（220—280）列传，特别描述了董奉以仙药为士燮治病之事。后来，葛洪为寻求丹砂也来到交趾。东晋末年，孙恩、卢循利用天师道发动起义波及交州地区，最终被也是颇有道家情趣的交州刺史杜慧度（327—410）打败。这次起义活动以"长生人"相号召，在客观上扩大了天师道在越南的影响。7 世纪，随着道教在越南的传播，一些道观也在各地被陆续建立起来，河内市原有创建于唐代的玄天观。据《交州八县记》记载，当时交州各地有道观二十一所，其中修建于 650—655 年的白鹤（越池）通圣观，供奉着白鹤地区的福神三江神就是由道教神灵与越族的山神、河神信仰交融而成的，这所道观伴随着道教在越南的传播一直保存到 14 世纪。丁先皇（924—979）在创立丁朝（968—979）后，将"天尊洞"改为"安国祠"，定国号大瞿越，年号为"太平"，期望道教神灵能够保佑国家安康。据《大越史记全书》记载，丁先皇太平二年（971）实行儒佛道并举的政策，特别给佛教和道教的领袖颁授官阶品级，任命张麻尼为僧录，授道士邓玄光崇真威仪，将道教置于佛教同等位置上来对待。虽然后来越南朝代更替频繁，这种佛道并崇的做法却被历代统治者保留了下来，使道教得以在越南长期传播。

据《旧唐书》记载，唐朝伊始，道教就通过官方途径正式传入版图已迁伸到靠近中国东北地区的高句丽。武德七年（624），唐高祖李渊听说高句丽人信奉五斗米教，就"遣前刑部尚书沈叔安往册建武为上柱国、辽东郡王、高丽王，仍将天尊像及道士往彼，为之讲《老子》，其王及道俗等观听者数千人"（《旧唐书·高句丽传》），此为中国史籍中有关道教传入朝鲜半岛的最早记载。当时正是高句丽荣留王统治时期，对此朝鲜汉籍《三国遗事》中有更详细的记载：

> 丽季，武德、贞观间，国人争奉五斗米教。唐高祖闻之，遣道士送天尊像来，讲《道德经》，王与国人听之。即第二十七代荣留王即位七年、武德七年甲申也。明年遣使往唐，求学佛老，唐帝（高祖）许之，及宝藏王即位，亦欲并兴三教。时宠相渊盖苏文，说王以儒释并炽，而黄冠未盛，特使于唐求道教。①

① 《大正藏》第 49 卷，第 988 页。

唐高祖李渊得知五斗米教在朝鲜半岛高句丽传播，马上派道士送去天尊像和《道德经》。据说，荣留王听讲《道德经》之后，又向唐高祖提出派遣使者至唐学习佛、老的请求。唐贞观十六年(642)宝藏王即位，大臣渊盖苏文出于对国家安危的考虑，马上奏请国王说："鼎有三足，国有三教，臣见国中，唯有儒释，无道教，故国危矣。"①他的理由是，儒释道三教犹如一个国家精神的鼎足，但道教未能在本国传开会有损国家安全，故劝宝藏王从唐朝请道士前来传教。宝藏王觉得他的提议甚有道理，乃"奏唐请之。太宗遣叙(叔)达等道士八人"②前来传教。8—15 世纪，在朝鲜半岛历代统治者的支持下，道教在朝鲜半岛得到了上至贵族下至平民的广泛信奉。道教与朝鲜本有的祖先崇拜和原始宗教信仰相结合而具有了鲜明的民族文化特点，并形成了两大派：以斋醮为主的"符箓派道教"，因以禳灾祈福为目的，备受国家保护；而"丹鼎派道教"则流行于民间，但仍无法形成有规模的宗教体制，与儒佛鼎足而立。③这两大派形成的不同传播路向，至今仍然对韩国文化产生着潜移默化的影响。

中国道教初传日本就面临着日本神道文化所具有包容性和改造力，它虽然与佛教、儒学一并传入日本，却没有像佛教和儒学那样，或通过以"神佛习合"，或通过以"神儒兼摄"的方式，进入日本的主流文化，也未能像在朝鲜半岛那样建立独立的道团进行传教活动，似不存在可确证的道士与道观。故长期以来，学界对于中国道教对日本古代社会和宗教所发生的影响未能给予应有的注意。

但据中国史籍记载，3 世纪，在卑弥呼女王统治邪马台国(Yamatai)时出现了一种"事鬼道"④的现象，这是否与中国早期五斗米教在日本的传播与影响有关，还值得深入研究，但据现有的考古资料和文献记载，道教能够在日本传播与 4—8 世纪东亚社会出现的持续不断的移民潮相关。传入日本的道教，初期主要是来自中国和朝鲜半岛的"归化人"⑤带来的神仙思想和术数方技等。据考古学的发现，保留至今的古坟几乎遍及除北海道以外的日本全境，尤其是在当时最大的古国——邪马台国旧址出现的为王公贵族建造的高大古坟，其四周往往环绕着筒状的土制人偶，可能是殉葬用的"埴轮"。

---

① 《大正藏》第 49 卷，第 988 页。

② 同上。

③ 参见车柱环著《韩国道教思想》，北京：人民出版社，2005 年，第 2 页。

④ 据《三国志》卷三十《魏志・倭人传》记载，3 世纪时日本列岛上有三十余国，其中邪马台国为诸国之宗主，女王是"卑弥呼"，但日本史书及传说中却未有提及。一般认为，"邪马台国"是日本国家的起源，但关于邪马台国的所在地，学术界存在两种不同看法，即"九州岛说"和"畿内说"。

⑤ "归化人"是对从中国或朝鲜半岛渡海移民到日本的人及其后代的总称，也称渡来人。

古坟里通常放有许多铜镜、勾玉、珠宝等贵重物品作为陪葬品。其中的“三角缘神兽镜”与道教镜在形式与内容上有相似之处，特别是那些刻有道教神仙的铭文“吾作明竟(镜)真大好，上有东王父西王母，仙人王高赤松子，渴饮玉泉几(饥)枣，千秋万岁不知老兮”①，经常被视为道教在日本传播的物证。

据《日本书纪》卷十记载，道家与道教文献大约在5世纪由朝鲜半岛的百济传入日本。应神天皇十五年(285)②八月，百济国王派了一位认识汉字的阿直岐去日本。喜爱中国文化的皇太子菟道稚郎子(仁德天皇之弟)便拜阿直岐为师。后来，阿直岐又向应神天皇推荐了精通中国经典的博士王仁。阿直岐和王仁在传授儒家经典的同时，也传入了道教经典。依照日本学者福永光司《天皇考六题》的看法，日本神道教与天皇制在形成过程中，也吸收并借鉴了许多道教因素。“所以日本表面上道教不像儒佛一样流行，因为道教已与日本固有信仰融化于无形了”③，这种说法无疑强调了道教在日本的传播及对神道教的影响。

在日本的奈良到平安时期，随遣唐使前往唐朝的留学生和留学僧们在学习汉字和接受中国文化的过程中，逐渐了解道教并学习道教，但他们比较关注那些有利于日本发展的实用性学问，而对道教抱有一种冷淡甚至排斥的态度。例如，学者型政治家吉备真备(695—775)在唐留学十九年，学习了唐代的天文、历法、音乐、法律、兵法、建筑等知识，开元七年(719)，他携带着众多中国书籍回国时，崇道的唐玄宗还特地赠诗相送。吉备真备回日本后，向天皇献上《唐礼》一百三十卷、《东观汉记》和天文历书《大衍历经》一卷、《大衍历立成》十二卷等，他注重推广和使用唐历，促进了日本历法的改革。天宝十一年(752)，吉备真备再以副使身份随藤原清河大使赴唐，仍然受到唐玄宗的礼遇，还特别赠予他“银青光禄大夫”称号，但他晚年依照《颜氏家训》著《私教类聚》，专门列有“仙道不用事”④一章来教育子孙，这似乎代表了奈良朝大多数日本人对道教的态度。

道教虽然早已传播到朝鲜、日本和越南，并成为东亚文化的组成部分之一，但从历史上看，在中国传播的道教由“中心”传东亚各国的传播过程中，其性格特征似乎在逐渐淡化。无论是在朝鲜、日本，还是在越南，道教不仅与儒家、佛教经常相伴而行，而且

---

① 参见重松明久著《古代国家和道教》，东京：吉川弘文馆，1985年，第36页。

② 日本学者丸山二郎将《日本书纪》与《三国史记》进行对比研究，认为应神天皇十六年应为405年，而不是285年(其著《日本书纪研究》之《纪年论的沿革》，东京：吉川弘文馆，1955年，第100—265页)。另按日本史学家那珂通世的纪年法推算，应神天皇十五年则为446年，因此，阿直岐和王仁大约活动于5世纪左右(《中日文化交流史大系·典籍卷》，第313页)。

③ 朱云影：《中国文化对日韩越的影响》之“自序”，桂林：广西师范大学出版社，2007年。

④ 《拾芥抄》(下)，东京：八木书店，1998年，第205页。

与当地的宗教也经常搅成一团，但在17世纪之前的历史文献、哲学著作、文学书籍、佛教经典和考古文物中，还是可以看到与三类人士在推进东亚道教传播的零散资料。

第一，以帝王为主导的官方弘道活动。以崇道著称的宋徽宗（1082—1135）不仅在国内大力推行道教，而且积极扩大道教在东亚的影响，他曾多次与日本官方联系，希望通过建立外交关系来推行中国文化，但因日本政府采取“不称臣”的政策未能实现。当他听闻高丽国王睿宗（1079—1122）笃信道教，马上派遣使者携高道二人赴高丽弘道。睿宗亲授道箓，使道教在高丽朝升格为国家宗教。睿宗还派李仲若（?—1122）赴宋朝学道。法师黄大忠、周与灵向李仲若传授道要，在得道教真传之后，李仲若归国，向睿宗建议在京城王宫内修建福源宫，以开展道教斋醮科仪活动，得到了睿宗的认可。福源宫成为出现于朝鲜半岛的第一座道观：“以福源宫成立作为开始，传入高丽的道教，以中国宋代道教作为标准，科仪逐步体系化，并且在福源宫的影响下，建立起另外一些道观和频繁地举行道教斋醮仪式。”①从此，符箓派道教在高丽国王推行下得以在朝鲜半岛盛行。另据讲述明代与周边国家状况的著作《殊域周咨录》记载，洪武三年（1370），明太祖派遣南京朝天宫道士阎原到越南祭祀伞山泸水之神，又派朝天宫道士徐师昊赴高丽举行祭祀山川之神的仪式。②徐师昊到朝鲜半岛后，设坛于都城南，“祭于高丽首山及诸山之神，首水及诸水之神”③。这些道教祭祀活动因携皇威之势，在当地都产生了一些社会影响，如李能和所说：徐师昊赴高丽“其意不在于持传道教而在于宣扬皇威”④，可谓一语中的。

第二，文化使者从事的各类阐道活动。在日本奈良至平安朝，道教的长生信仰、神仙思想、斋醮科仪和术数方技被遣唐使或留学生传入后逐渐融入日本文化中。在《日本书纪》中，经常会用神仙、真人、长寿、常世国、蓬仙、祭神、乘龙飞翔、化白鸟而飞、尸解等道教词汇来描绘与天皇相关的事情。日本真言宗创立者空海（774—835）在来华留学之前，曾著《三教指归》来评判儒佛道三教之优劣，其中引用的道书有《老子》《庄子》《淮南子》《列子》《列仙传》《抱朴子内篇》《本草经》《黄帝内经素问》。他依照老子来描绘“虚亡隐士”的容貌和思想，对道教的“不死之神术”作了生动细致的介绍，可见空海在研读道书中对道教信仰的理解。编于9世纪末的《日本国见在书目录》⑤中记载的

① 陈耀庭：《道教在海外》，福州：福建人民出版社，2000年，第39页。

② 严从简：《殊域周咨录》卷一，北京：中华书局，1993年，第9页。

③ 《高丽史》卷四十二《恭愍王》五。

④ 李能和辑述、孙亦平校注：《朝鲜道教史》，济南：齐鲁书社，2016年，第75页。

⑤ 参见藤原佐世著《日本国见在书目录》，北京：中华书局，1991年。

道书更是多达几十种。平安朝，大江匡房（1041—1111）编撰的《本朝神仙传》，以“神仙”为名，介绍了三十七位日本修仙者的事迹。他还将成仙方式分为九种：长生不老、尸解、死后相遇、显神通、脱俗、空中飞翔、升天、辟谷、不知其所终，其中“辟谷”和“脱俗”是成仙的必要条件，颇有道教之意趣。由此推测，大江匡房曾阅读过汉唐道教典籍和唐代笔记小说。

第三，道士们积极的传道活动。唐五代至宋初，钟吕内丹道兴起，此时中国道教中有名有姓的内丹家多达百余人，其师承大多数可追溯到钟离权、吕洞宾，他们共同努力促进了以修炼人体中精气神以求长生成仙的内丹术的发展。一些来华的新罗留学生受此影响，不仅身体力行进行内丹修炼，而且还将钟吕内丹道的道书和丹法传入朝鲜半岛。《海东图录》《青鹤集》《海东异迹》《新罗殊异传》《海东传道录》《高丽史》等，记载了许多有名有姓有传的修炼者的特异事迹，从中可见，从新罗末期到高丽王朝，钟吕内丹道在朝鲜半岛形成的道统仙脉中出现了一些富有朝鲜民族风格的新特点。另据《大越史记全书》卷六《陈纪》二载，陈英宗兴隆十年（1302），“时有北方道士许宗道随商舶来，居之安华江津，符水斋醮科仪兴行自此始”。许宗道是福州道士，他从海路来到越南后，积极帮助陈朝（1225—1399）军民抵抗元军，且屡修黄箓大斋，为天瑞长公主、天真长公主以及陈英宗等祈禳超度，祈求子嗣和福寿，得到国王与皇太后的宠信，专门布施金银为之修建京师太清宫，推动了道教斋醮科仪在越南的流行。

正是在不同身份的崇道者努力下，道教才得以在东亚持续传播。但 17 世纪中叶西方列强势力进入东亚之后，东亚世界在文化上已不再是一个“中华”，在政治上已是一个“国际”，经济上的“朝贡体制”已逐渐被“贸易关系”替代。尤其是 1840 年鸦片战争后，中国的国难频繁，外患接踵而至，在东亚世界的中心地位根本上动摇，东亚道教也随之而分崩离析。道教在日本被完全边缘化，在朝鲜王朝末期已退出官方祭祀体系，符箓道术被新兴宗教吸收，神仙信仰仅保留在民间习俗和文学作品中；在越南向民间信仰方向发展，逐渐融入高台教等新兴宗教。

三

道教犹如历尽沧桑的古树，其根部深扎在中国文化的肥沃土壤之中，其枝叶沐浴着日本、朝鲜和越南文化的养分，在不同的民族文化中迎风招展，结出东亚道教这一奇异果实。正如日本学者村上重良所说：“道教承袭了产生于中国社会民族宗教的传统，也传播到中国社会以外，在朝鲜是产生天师道，在越南是形成高台教的因素之一，对于日本的宗教，也以阴阳道等形式，给予很大的影响。”[①]传播到东亚地区的道教虽然逐渐具有了区域性民族化色彩，但仍然坚持以“道”为哲学思想，遵循顺应自然的思维方式，通过追求“夺天地之造化，与天同寿”的境界，来表达对生命完满境界的向往与追求，这些共性构成了东亚道教的内涵。从空间上看，东亚道教是指道教信仰、教理教义和修道术在东亚世界的传播与发展；从时间上看，东亚道教不是一套僵硬的宗教体系，它与东亚世界复杂多变的社会文化、外交关系和民间习俗紧密相连，始终处于动态发展中。

中国道教作为东亚道教之“源”，在东亚道教中处于“中心文化”的地位，尽管道教进入东亚后，被其他宗教同化的现象时有发生，但通过在民众及上层社会中传教来发挥其宗教整合功能仍得以不断发展。这样，东亚各国所接受的道教可称为“外缘文化”“变型文化”或“容受文化”。两者既相互联系，又因民族文化的差异而有所区别，形成了东亚道教的“中心—边缘”的互动关系，使东亚道教始终没有疏离丰沃的中国文化之壤：(1)将老庄道家哲学思辨贯穿于对天—地—人之道的认识和分析中，所建构的以道论为核心的哲学思想体系，为“得道成仙”的信仰提供了玄妙精微的解释，在东亚各国的知识分子中得到广泛传播。(2)保留着中国古代社会流传下来的以鬼神崇拜为特点的宗教信仰和原始巫术的成分，常常在符水治病、炼气养神、驱妖捉鬼等道术和祈福禳灾等斋醮科仪中体现出来，再融会东亚民间社会的各种方技数术、星相、风水、占卜、图谶及泛神论思想，致力于在民间向大众传播，由此而成为最贴近百姓的日常生活状态、最具有大众文化特点的“民众道教”。(3)在中国古代祭仪的基础上，道教所创建的伴有赞诵、音乐等艺术形式的斋醮科仪，宣扬上可使人升仙得道，中可安国宁家、延年益寿，下可除去前世今生的罪过，救厄拔难、消灾除病、解脱一切忧苦，不仅影响到各种东亚宗教，一度也成为东亚某些国家宗教祭祀仪式之主体。

东亚道教作为一个富有历史内涵的文化概念，具有以下基本特征。

第一，神仙信仰是东亚道教的象征性符号。道教在东亚文化圈中的传播及其影响由来已久，虽然传播到不同国家与地区的道教在历史发展中逐渐具有了本地化色彩，但道教的神仙信仰却犹如一条红线，将不同的文化脉络联系起来，使在东亚各国传播的道教具有了一种共同的文化特征。东亚道教延续了中国道教多神信仰的传统，供奉着三清、真武、关帝、龙王、城隍、文昌、吕祖等神灵的道观、神祠和帝庙散见于东亚各地，有的至今依然香火缭绕。在东亚传播的道教神灵也表现出两个特点：一是突出的功利性，以迎合了百姓祈福禳灾的精神需要；二是信仰上的混杂性，以满足人们当下生

① 村上重良：《国家神道》，北京：商务印书馆，1992年，第11页。

活的各种精神需要。这种以文化名义所表征的东亚道教，其表层的目的是驱邪逐疫、祈福消灾、得道成仙，而内涵则通过各种仪式活动来达到阴阳调和、风调雨顺、五谷丰登、人寿年丰、国泰民安和天下太平。

第二，道教在东亚世界虽常与儒学、佛教相伴而行，却以神仙方术来彰显自己的独特性。例如，道教对“气”的重视与运用也流行于东亚道教之中。生活在 15 世纪后半期的朝鲜文学家、政治家和哲学家金时习（1435—1493）十分崇尚道教医学与养生术，他在《梅月堂集》中就专门列有以呼吸吐纳修炼为特色的“服气术”说：

> 夫服气者，屏外缘去诸尘，须守五神从四正。五神者，心、肝、脾、肺、肾之神也。四正者，言、行、坐、立之正也。五神既安，四正既和，然后习内视法，存想思食令见五脏，有如垂罄，五色了了分明勿辍，乃朝起东面，展两手于膝上，心眼观气，上入泥丸，下达涌泉，朝朝如此，名曰迎气。常以鼻引气，□吐气，微微吐，所以然者，盖欲出气少而入气多也。每食必屏气入腹者，以气为主人也，此神仙服气之法也。①

金时习所说的“服气”只是遵循了中国道教的神仙服气之法，表现出一种既去外缘，又离诸尘，通过“守五神从四正”，使所服之“气”在体内穴脉中流转，达到通五脏、强身体之功效。这种行气术后成为朝鲜丹鼎派主要奉行的修炼方法，时有郑磏著《龙虎秘诀》、李之菡著《服气问答》、郭再佑著《服气调息真诀》、权克中著《参同契注解》等，他们大多是将服气法敕入内丹道中来加以介绍，由此推进了内丹道在朝鲜半岛的传播。

第三，东亚道教神灵与民间信仰相混杂，还衍化出一些本地化的新特点。从神灵信仰上看，越南道教中出现了伞圆山神、柳杏公主、扶董天王和褚童子神化为“四不死”信仰、圣人崇拜、母神崇拜、生殖崇拜等富有越南民族文化特色的神灵。例如，今天越南河内玉山祠中供奉的兴道王神像，据说其原型为陈朝将领陈国峻（1213—1300）。陈朝建国后，曾遭受蒙元帝国三次入侵，在英勇善战的陈国峻的率领下，陈朝军民奋勇抵抗，最后取得了胜利。陈国峻曾研究道教的“八卦九宫图”，著《万劫宗秘传书》，以《孙子兵法》为基点来总结古代战争的成败得失，也介绍了一些道教秘术。陈国峻被誉为民族英雄，受封为“兴道王”，人称陈兴道，后成为越南道观中供奉的神灵。

第四，东亚道教以斋醮科仪为传播方式。高句丽时，随着道教在朝鲜半岛的传播，道教以祈福禳灾为目的的斋醮科仪也受到帝王的重视。宝藏王接受了唐太宗派遣来

① 金时习：《梅月堂集》，载《韩国文集丛刊》第 2 册，汉城：景仁文化社，1973 年，第 351 页。

的叙(叔)达等八名道士，为之改佛寺为道观，主持为镇护国家名山大川而举行的斋醮科仪。“这时候的符箓派道教在韩半岛上已正式成为国教。由于现存的文献资料不多，无法了解当时在高句丽所进行的道教科仪到底是怎样的形式，但大体上应遵循着中国在唐太宗时期所执行的科仪”①，此时符箓派道教经常为帝王健康长寿和国家繁荣富强举行一些斋醮祭祀活动。后来，高丽王朝承继这一传统，符箓派道教在统治者积极扶持下尤为兴盛，成为国家宗教祭祀的主体内容。据《高丽史》卷四记载：显宗九年(1018)“秋七月乙亥大醮于球庭”，即在王宫中举行道教的祈福禳灾的祭礼活动。显宗十四年(1023)，再次在球庭举行规模更大的斋醮科仪。后来的德宗、靖宗、文宗、睿宗、毅宗等一直将符箓派道教奉为国教，不时地举行各种类型的斋醮科仪。这种斋醮科仪活动在笃信道教的睿宗与毅宗时最为频繁。据统计，高丽王朝曾举行了一百九十一次斋醮活动，一百四十八次是在睿宗建立福源宫后举行的，现存高丽文人撰写的斋醮青词就有四十七篇。②这种带有官方祭祀特点的道教斋醮仪式表现出独特的“礼乐文明”，一般具有比较固定的上章拜神礼仪，往往还伴随着吟诵斋词青词、步罡踏斗与音乐舞蹈，不仅以一种象征性的方式表达了对道教神灵的宗教感情，也丰富了文化精英阶层的精神生活，促进了道教与朝鲜民族文化的融合，后在朝鲜王朝时期得到进一步的发展。

第五，劝善书是道教在东亚传递教理教义和对民众进行道德教化的一种方式。出现于南宋时的道教劝善书《太上感应篇》仅一千二百余字，但以“祸福无门，惟人自召；善恶之报，如影随形”十六字为纲领，通过生动的故事讲述人若想长生多福，必须行善积德的道理，并列举了二十多条善行，一百多条恶行，作为趋善避恶的标准，扩大了道教扬善伦理在民间社会中的影响。自南宋皇帝出资官刻《太上感应篇》后，明清两朝都曾刻板印刷各种道教劝善书，影响较大的有《太微仙君功过格》《文昌帝君阴骘文》和《关圣帝君觉世真经》等。明王朝建立后，明太祖就派遣使者前去朝鲜传教。明成祖于1417年遣使入朝时还特别送上《善阴骘书》六百本作为礼物③，其中有《玉皇宝训》《注生延嗣妙应真经》《敬信录》《太上感应篇图说》《三圣训经》《过化存神》《功过格纂要》等，都是当时在中国十分流行的道教劝善书。清顺治皇帝还亲自为《太上感应篇》御制序言。地方政府也捐资道教宫观印刷各种劝善书，数千万部道教劝善书通过各地宫观

① 车柱环：《韩国道教思想》，第233页。

② 参见金澈雄著《高丽中期道教盛行其性格》，载韩国道教思想研究会编《道教·韩国的变容》，汉城：亚细亚文化社，1996年，第182—183页。

③ 参见《韩国文集丛刊》第258册，第522页。

颁布到百姓手中，广传到日本、朝鲜等国，在东亚社会中产生了十分广泛影响。一些日本人用日语对劝善书进行阐释，还出现了在日本翻刻印刷的“和刻本”。从劝善书在朝鲜半岛传播看，大多是刊行于1864年高宗即位之后。当朝鲜王朝准备打开国门时，某些帝王及儒士力图通过坚持传统来保持自己的民族独立和文化发展，故积极倡导刊行道教劝善书，尤其是出版那些以关帝为名的劝善书。因为关帝身上凝聚了万世共仰的忠、义、信、智、仁、勇等伦理道德和武士精神，通过劝善书来引导民众崇拜具有忠义品德的“武圣”关帝，来维持传统秩序，就成为当时朝鲜王朝抵御各种外来文化侵蚀的方略之一。保留到今天的越南汉喃文献中也有一些道教经书，主要是由寺庙、道观、坛会刊刻的劝善书，“明清时期新出的道书，多假托关帝、文昌、吕祖等神灵乩坛降笔，这也成为越南民间祠观主要刊刻的书籍”①。

道教虽然与佛教、儒学一并传入东亚世界，但并没有像佛教那样在东亚得到长足的发展，也没有像儒学那样渗透到社会意识形态的各个方面，甚至成为日本、韩国和越南主体文化的一部分，而是始终处于一种似有似无的边缘状态，故长期以来，学界对于中国道教对东亚世界所发生的影响未能给予应有的注意。近年来，将儒家作为东亚文明的象征、将佛教作为东亚宗教的代表来进行研究的学术著作层出不穷，对中国传统宗教的重要代表——道教在东亚地区的传播和产生的特殊影响力却很少涉及。

为什么道教在东亚文化中的影响经常被人们所忽视？笔者认为，古代东亚文化圈的形成虽然是中国文化在东亚各国传播的结果，但中国文化各种要素的传播方式与过程是各具特点的。如果说，儒学与佛教采用的是“大张旗鼓”式的显性传播方式，那么，道教则好似处于一种悄然的“润物细无声”式的隐性传播状态。这既是“道”文化特点的一种生动体现，也说明道教在东亚的传播与儒学、佛教相比遇到了更多的阻力。因此，只有摆脱民族主义的局限，以中国道教研究为出发点，以域外汉籍为基本资料，以跨文化研究为基本方法，来探讨东亚道教的历史价值及文化影响，才能加深对包括中国在内的整个东亚宗教与哲学思想的主要特点和现代价值的把握。

① 刘玉珺：《越南汉喃古籍的文献学研究》，北京：中华书局，2007年，第112页。

当代印度教

江亦丽

印度教是产生于印度次大陆的古老宗教，其前身婆罗门教是远古时代雅利安人定居印度河流域后形成的宗教信仰。它以吠陀为根本经典，崇拜多神，注重祭祀。8世纪，商羯罗（约788—820）对印度教进行改革，促进了印度教的发展和繁荣。伊斯兰教入侵次大陆后，印度教一度受挫。19世纪上半叶，面对基督教的挑战，印度教领袖掀起了宗教改革运动，以拯救传统印度教。印度独立后，宪法规定印度是一个世俗国家，各种宗教一律平等。印度教历尽磨难、走过漫长而崎岖的道路，进入一个稳定发展的阶段。目前，印度教是印度第一大宗教，教徒达七亿多。在尼泊尔，印度教是国教。在南亚其他国家和东南亚、非洲以及欧美一些国家，都有印度教的组织和教徒（多为印侨及其后裔）。

一、当代印度教派别

印度教的信仰纷杂，派别繁多，仪式各异，崇奉的大神也不相同，大致可分为三大派别，即毗湿努派（Vaisnava）、湿婆派（Siva）、性力派（Sakta）。今日印度，这三大教派依然是印度教的主要派别。

毗湿努派崇拜大神毗湿努和他的种种化身，如罗摩、克里希那（黑天）。此派最有影响的代表人物是11世纪的罗摩努阇。他强调对神的虔信和热爱，反对祭司作为中介人，主张人与神的直接结合。罗摩努阇还强调苦行、素食和禁欲。他在南印度创立教派，追随者甚众，成为虔诚派运动的先驱。继他之后，罗摩难陀创立了罗摩派，查伊泰尼耶创立了克里希那派，筏罗婆创立了大王（摩诃罗阇）派，形成了延续几个世纪、声势浩大的虔诚派运动。这些派别至今在印度拥有大量的信徒，庙宇遍布各地。德里最著名的比拉庙（因由比拉财团捐资修建而得名）即属于克里希那教派。在以红色沙石建成的巍峨庙宇内，供奉着克里希那和其情人拉达的塑像，每天来此朝拜的人络绎不绝。节日期间，这里更是人山人海，挤得水泄不通。尼泊尔也有大量的毗湿努派信徒。英美等国也有此派的分支。1994年5月，英国赫特福德郡一个村子里的克里希那庙还引出一场外交纠纷。起因是克里希那教派在该庙举行盛大的宗教庆祝活动，两万多名教徒前来拜神。当地居民对此不满，要求政府制止把这座庙宇作为拜神场所，声称交通阻塞破坏了村庄的自然景色。印度教徒为此花了50万英镑①买了一条狭长的土地，准备修建新路，并派代表在英国下院游说议员，但遭警察驱赶。印度教徒愤而入禀法院对警察提出控告。消息传到印度国内，印度教徒反应强烈。印度人民党向印度议会提交了关于克里希那庙宇的议案，并指责拉奥总理不能保护英国印度教徒的利益。拉奥为平息事态，派特使纳特赴伦敦与英政府交涉，风波才告平息。

湿婆派崇拜大神湿婆，主要分支有林伽派、圣典派等。目前该派主要流传于南印度，在北方也有不少信徒。在圣城贝那勒斯（瓦拉纳西）城的恒河边上，有一座著名的湿婆林伽庙。一尊黑色的林伽石挺立在象征女阴的黑色磨盘状的石盘里。林伽上端雕有四个神态各异的湿婆像。前来供奉酥油、花环的信徒川流不息。城内的湿婆金庙香火更旺盛。成千上万的信徒千里迢迢前来供花焚香，顶礼膜拜。尼泊尔也有众多的湿婆派信徒。

性力派崇拜性力女神，如湿婆的配偶难近母、毗湿努的配偶吉祥天女、黑天的情人拉达等。性力派有两个分支：左道派和右道派。左道派采用秘密的修行仪式，修持瑜伽，男女交合、饮酒吃肉，以动物为牺牲进行祭祀。此派曾盛行于孟加拉及其他地区。在中央邦恰达布尔县的卡杰拉霍镇，有许多属于性力派的寺庙。这些寺庙大约建于10—11世纪，多用红砂岩砌成，造型独特，庙体呈塔状，四周绕有许多亭子。内外壁上密密麻麻地雕满了情态各异栩栩如生的男女神祇，多为拥抱、欢爱姿态。此地现已成为观光胜地，吸引了大批游客，也有前来进香的信徒。左道派在19世纪仍在孟加拉拥有不少信徒，英国人曾记载过该教派当时的盛况。目前此派较少公开露面，行踪更为隐秘。右道派是从左道派分化出来的。此派采用公开的祭祀仪式，遵守吠陀经典的仪轨，过清净的修行生活。目前此派在孟加拉邦仍非常盛行。每年的杜尔迦节都有成千上万的信徒参加庆祝活动。在奥利萨、阿萨姆和尼泊尔也颇为流行。

二、当代印度教组织

除了上述传统的派别外，印度教在近代和现代还出现了一些团体和教派组织。这些团体和组织超脱或独立于传统的印度教派别，但又与它们有密切的联系，把昔日一盘散沙似的印度教各派组织起来，凝聚成一股强大的力量，在印度的社会生活乃至政治生活中起着举足轻重的作用。其中在印度当代最有影响的组织则是国民志愿服务

---

① 当时1英镑约合人民币9.9元。

团(Rashtriya Swayamsevak Sangh)、世界印度教大会(Vishwa Hindu Parishad)和罗摩克里希那教会(Ramakrishna Mission)。

国民志愿服务团,印地文简称 RSS,是当代印度社会最有影响、带有军事色彩的印度教教派组织,由 K. B. 海德格瓦于 1925 年创立于马哈拉施特拉邦的那格普尔。当时,印度民族独立运动出现了新的高涨,反英浪潮此起彼伏。英国殖民当局为了瓦解民族独立运动,采取"分而治之"的政策,利用印度教和伊斯兰教的矛盾,挑拨两教教徒之间的关系。印度不少地方都发生了印度教徒和穆斯林之间的流血冲突。海德格瓦曾参加过甘地领导的不合作运动,被捕入狱。出狱后他公开批评国大党的政策和甘地的"非暴力"思想,并指责甘地对穆斯林的宽容政策导致印度教徒在教派冲突中遭受损失。海德格瓦认为,印度教徒之所以遭受苦难,是因为没有团结起来,太软弱、太善良。要摆脱苦难,就必须团结起来,拿起武器。正是基于这种指导思想,他于 1925 年的十胜节在那格普尔创立了国民志愿服务团,选用橘黄色的三角旗作为团旗,以罗摩神作为崇拜对象。海德格瓦宣称国民志愿服务团是一个不介入政治、致力于社会工作、弘扬印度教文化的社会文化组织,但实际上,它以穆斯林为敌手,其军事色彩非常浓,经常举办训练营,训练青少年使用棍棒、匕首、标枪等武器。国民志愿服务团从成立后至今,曾几起几落,显示出较强生命力。1948 年 1 月 31 日,圣雄甘地被刺,凶手是国民志愿服务团成员那图拉摩·高士。他认为甘地背叛了印度教徒,损害了印度教徒的利益,因而置甘地于死地。噩耗传开后,愤怒的人们袭击了各地的国民志愿服务团机构,尼赫鲁政府宣布国民志愿服务团为非法组织,禁止其活动,当时国民志愿服务团的领袖高瓦克(M. S. Galwalker)被捕入狱。后经调停,政府取消禁令。1975 年,国民志愿服务团因参与反对英·甘地的运动再度被禁,后来又恢复合法地位。20 世纪 80 年代后期,国民志愿服务团与其他同盟组织互相配合,为建立印度教国家运动摇旗呐喊,利用阿逾陀的巴布里清真寺—罗摩庙址之争大作文章,煽动印度教徒的教派情绪,推波助澜,终于酿成 1992 年 12 月 6 日举世震惊的毁寺事件。事件发生后,国民志愿服务团再度被禁止,一年后又恢复合法地位。

国民志愿服务团旨在弘扬印度教传统文化,建立一个强大的印度教国家。它认为,印度教是唯一宽容忍耐的宗教,因而高于其他一切信仰。然而其宽容忍耐常被误认为软弱。长期以来,印度教屡遭外族侵略和压迫。外来入侵者不断地征服和入侵造成一种假象,使人误以为印度是一个多种族、多宗教的国度。然而实际上,任何外来文化只有使自己印度教化才能生存和发展。高瓦克曾说:"印度的非印度教徒必须接受印度教文化、使用印地语;必须学会尊重印度教徒的宗教,必须以印度教的民族和文化为荣耀……一言以蔽之,他们必须不再是外族人,必须完全服从印度教民族,一无所求，不应有任何特权或享有任何优惠待遇……”①由此可见，国民志愿服务团主张捍卫印度教历史文化，在民众中有不可低估的影响和号召力。但它过于偏激、宣扬一种狭隘的印度教民族主义，否认印度是一个多种族、多文化的国家，因而受到来自不同方面的批评。尼赫鲁和英·甘地批评它是一个狭隘的教派组织，也有人认为它反传统，因为它违背了印度教的非暴力精神。

国民志愿服务团实行家长式的统治，提倡绝对忠诚和服从以及铁一般的纪律。它是专制统治和家庭温情色彩的混合体。其基层组织遍布全印，总部设在那格普尔，专职干部一般都保持独身。其成员的制服是白上衣、黄卡其布短裤、头戴黑色小帽。国民志愿服务团主要从高中生和大学生中收新成员，大部分是男青年。这些青年一旦加入国民志愿服务团，终生便与它结下不解之缘。目前国民志愿服务团拥有三万多基层组织，两百多万会员。

世界印度教大会，印地文简称 VHP，一个机构庞大的印度教教派组织、印度教各个派别的联合体。它由国民志愿服务团的领袖 M.S.高瓦克创立于 1964 年，拥有广泛的社会基础，在当今印度社会及宗教生活中起着愈益重要的作用。

世界印度教大会的诞生有着深刻的社会原因。当时，印巴克什米尔争端激化，印度国内反伊斯兰教情绪高涨。另一方面，基督教传教团在印度东北部即曼尼普尔、那伽兰、阿萨姆等邦积极开展传教活动，大部分部落民都皈依基督教。印度教徒感到印度教文化和自身的存在面临威胁，各教派及组织之间加强了联系。经过酝酿，国民志愿服务团领袖高瓦克委托西瓦拉姆·沙努卡·阿培特(Shivram Sanukar Apte)做筹备工作，与海外二十五个国家、四十多个印度教文化组织建立了联系。1964 年 8 月在孟买郊外正式成立世界印度教大会。大会确立了三个奋斗目标：(1)巩固和加强印度教社会；(2)捍卫和弘扬印度教的伦理文化和精神价值；(3)与海外印度教徒保持联系。1966 年和 1979 年在阿拉哈巴德召开了第一次、第二次世界印度教徒大会。1980 年和 1981 年分别在斯里兰卡的科伦坡、尼泊尔的帕瓦因普尔召开第三次、第四次会议，制定了一些社会改革方案。

20 世纪 60—70 年代，世界印度教大会主要致力于弘扬印度教文化和社会福利活动。开办梵文学校和教育中心，创办孤儿院、医院、救济中心等。这一时期，它以温和的社会文化组织的面目出现，在东北部地区做了不少有益的社会工作，对弘扬印度教文化做出一定的贡献。

1981 年，泰米尔纳德邦的大批贱民不堪忍受高种姓的压迫而改信伊斯兰教，形成

① 高瓦克：《我们或我们的民族资格》，那格普尔，1938 年，第 27 页。

一股浪潮。对此，世界印度教大会发出“印度教处于危急之中”的疾呼，号召印度教徒起来捍卫印度教。他们改变主攻方向，把矛头对准穆斯林，开始在北印度各邦的低种姓中间开展活动。1983 年 11 月，世界印度教大会首次组织了大规模的群众集会。此次集会是它从社会文化组织向教派主义组织转变的转折点。此后，它以激进的姿态出现，把巴布里清真寺—罗摩庙址之争作为目标，提出“解放罗摩庙”的行动方案，与其他印度教组织一道，领导了毁寺运动。

世界印度教大会的宗旨是弘扬印度教文化，建立一个纯粹的繁荣昌盛的印度教国家。它宣称印度教是最古老、最有生命力的宗教，虽屡遭磨难和外族入侵却依然顽强生存。当前印度教仍面临着伊斯兰教和基督教的挑战，因此振兴印度教是每个教徒面临的迫切任务和义不容辞的责任。世界印度教大会看到了种姓制度的弊端，因而主张种姓平等。它也深知低种姓占人口的大多数，要获得他们的支持，必须改善他们的处境，因而它提出“为穷人服务就是为神服务”的口号，主张帮助低种姓。世界印度教大会重视家庭在社会中的作用，强调家庭的稳定性，认为妇女的义务和责任就是相夫教子，强调妇女的美德和贞洁，不主张妇女参加工作。它还强调保护母牛的重要性，认为母牛是女神和母亲的化身。

世界印度教大会的哲学和社会思想有一定的进步性和合理性，如主张捍卫印度教文化、恢复传统美德、反对种姓差别、帮助低种姓等。任何民族都有自己赖以生存的文化和宗教传统，强调本民族的文化价值、保持和发扬民族传统，这是无可厚非的。世界印度教大会在这方面确实做了许多工作。然而 20 世纪 80 年代以来，它一改过去温和的面目，宣扬印度教至高无上论，越来越带有教派主义色彩。

世界印度教大会经过三十年的发展，已成为机构庞杂的宗教联合组织。它有一百多个派别和五十一个指导委员会。总部设在德里，有十八个分部，主要有寺庙管理部、教化部、祭司培训部、梵文教育部、保护母牛部、青年工作部、妇女工作部、边远地区工作部、出版宣传部、国外工作部等。值得一提的是国外工作部，它与世界上三十多个国家的印度教徒都有联系，设有分部。1993 年 8 月，世界印度教大会的美国分部在华盛顿召开“2000 年全球展望大会”，纪念哲学家辨喜在美国发表宗教演讲一百周年。近年来，世界印度教大会在国际上影响逐渐扩大，在国内拥有雄厚的经济和社会基础。在未来的岁月中，它仍会在人们的生活中有着重要的影响。

罗摩克里希那教会是当今印度颇有影响的印度教改革团体。罗摩克里希那·波罗摩汉萨，1836 年生于孟加拉的一个婆罗门家庭。十七岁时他接替兄长的职位，成为加尔各答附近一个寺庙的祭司。他在传统印度教的基础上糅合其他宗教的观点，形成“人类宗教”和“行动的吠檀多”思想。他的学说吸引了众多信徒，辨喜即是其中之一。

辨喜，1863 年生于加尔各答的一个刹帝利家庭，大学毕业后成为罗摩克里希那的弟子。1897 年，为纪念已逝的导师罗摩克里希那，辨喜在加尔各答创立了罗摩克里希那教会。

罗摩克里希那教会以罗摩克里希那和辨喜的“人类宗教”和“行动的吠檀多”为指导思想，提倡“普遍的爱”。它认为，世间一切宗教的本质和目的都是一致的，即达到与神的结合，实现普遍的爱和美好的生活。然而各种宗教为达到目的而选择的道路不同，因此各宗教之间的差别归根结底是形式上的差别。罗摩克里希那教会主张宗教的使命是实现人类普遍之爱，宗教徒的职责是为人而不是为神服务，因为人是神的化身。它主张对传统的印度教进行改革，创立一种新的以人为中心的宗教，提出“宗教为贫苦人民服务”的口号。它反对种姓压迫，主张宗教团结、提高妇女的地位、普及教育和文化等。

罗摩克里希那教会近百年来，一直致力于社会改革、普及文化教育的工作，开办学校，进行救苦扶贫的慈善活动和福利事业。它为弘扬印度民族文化、破除陋俗、改善社会状况做出不可磨灭的贡献，是当今印度社会中具有广泛影响的温和的印度教组织。它资金雄厚、基础广泛，在印度各大城市都有分部，总部设在加尔各答。目前，它在全印拥有九十余所大学、学院和研究机构，还办有医院、救济中心及出版机构。它非常重视印度教文化和哲学，尤其是吠檀多哲学的研究和宣传工作。德里的罗摩克里希那教会所在地拥有占地面积很大的建筑群，其所藏图书资料十分丰富，可以免费为学者和信徒提供很多种方便。该教会在国际上也很有影响。它在美国设有十三个分会，在英国、法国、加拿大、瑞士、阿根廷、斯里兰卡、孟加拉、新加坡、斐济等国均有分支机构。

三、 当代印度教的种姓与教派冲突

在当今印度，古老的印度教仍表现出强大的生命力。人们的衣食住行、婚丧嫁娶依然遵循着印度教的传统风俗习惯。种姓制度、嫁妆与童婚风俗依然盛行，印度教与其他宗教的矛盾也变得更加突出。

种姓制度是印度教的等级制度。它把人们按职业和血统划分为不同等级的社会集团或种姓。各种姓之间不能通婚、不能交往。随着历史的发展，种姓制度日益复杂严密。独立前的印度已形成两千七百多个亚种姓，种姓之间的对立和冲突，一直是印度社会的痼疾。当今印度社会，种姓制度虽受到冲击，但仍在社会的政治、经济、文化等方面起作用。在城市中，种姓观念比较淡薄，不同种姓的人可以和睦相处，但不能通婚。德里、孟买的大街上，经常可以看到戴着圣线、脸上画着各种标记的婆罗门圣人扬长而过。在农村，种姓界线仍很严格，种姓压迫仍很严重。1991 年 4 月，距德里一百多公里的一个山村曾发生一起骇人听闻的案件。一个高种姓少女与村里三个男青年(一个高种姓、两个低种姓)一起出走,数日后返回。村里高种姓的首领认为此事玷污了高种姓的尊严,带领村人把少女和两个低种姓青年吊在树上,拷打致死。围观者无人相救,这些受害者的亲属也是敢怒不敢言。当凶手被警察逮捕时,还理直气壮、振振有词,宣称他们是为了维护种姓的尊严和荣誉。

在20世纪80年代,女土匪头子普兰·黛维的名字在印度家喻户晓,她即是不堪忍受高种姓的压迫而铤而走险的。普兰·黛维出生在一个贫穷的低种姓(船夫)家庭,十一岁时被父母以一头牛和一辆自行车的价格卖给别人为妻。丈夫虐待她,村里高种姓青年经常凌辱欺负她,强迫她裸体在村里游行。后来她又被土匪绑架、强暴。不久,霸占她的土匪头子被手下的一名土匪打死,她与这名土匪同居,直至这名土匪又被另一伙土匪打死。她发誓报仇,组织了自己的人马,杀人放火。她的复仇对象首先是以前欺负她的高种姓青年,一次就杀了二十多人。警察追捕了她两年多,一无所获。1983年,她拖着病体到警察局自首,被判入狱。1994年后获释。她的传奇经历去年被拍成电影,由于她本人的反对及印度高种姓的反对,至今未公映。因为这不仅涉及她的隐私权,还涉及种姓对立问题。

近年来,为了争夺就业机会,维护自身利益,种姓之间时常发生摩擦。1990年秋爆发的反保留法运动即是种姓冲突的反映。1990年8月,维·普·辛格政府宣布接受曼德尔委员会报告的建议,在政府和国营企业中为落后种姓保留27%的工作名额,加上原来为表列种姓保留的15%,为表列部落保留的7.5%,保留名额总计达49.5%。这一消息见报后,引起了大学生的强烈不满。他们罢课、上街游行,堵塞交通,烧毁公共汽车,冲击议会大厦,并与警察发生冲突,被捕及死伤者达千余人。还有一些学生以自焚表示抗议,先后有十几名大、中学生自焚。一时间人心惶惶,舆论大哗。这场运动持续了几个月,直到维·普·辛格下台才平息。学生们反保留法是为了维护自身利益,因为大多数学生出身于高种姓,保留法直接威胁到他们的就业和前途。反保留法运动反映了种姓之间利益的冲突。

嫁妆制度是印度教的落后陋习。印度独立后,政府三令五申禁止索取嫁妆,并于1961年通过了禁止嫁妆法。然而,这些法令成一纸空文,嫁妆习俗依然风行。嫁妆的多少要视新娘的家庭经济状况、社会地位、新娘各方面的条件和新郎的受教育程度及家庭背景而定。新郎家越富有、地位越高、学历越高、职业越好,价码就越高。据说从英美留学回来的博士身价高达百万卢比①。一般中产阶级家庭嫁女儿都要花费40—

① 1印度卢比约合1角人民币。

50万卢比作嫁妆费用，用于买汽车、家用电器及婚礼开支。新娘因嫁妆少被夫家折磨或烧死的事件每年都有数起。嫁妆已成为女孩子家庭的一个沉重负担。不少家庭从女儿一出生就开始为她存钱，平时节衣缩食，以便支付将来的高额嫁妆费用。近年来，印度各界妇女为反对嫁妆陋习和烧死新娘的暴行举行过多次抗议游行，要求废除嫁妆，争取妇女的合法权利和地位。

童婚是印度教的另一陋习。印度教最早的法典《摩奴法典》规定女孩应在八至十二岁完婚。印度独立后政府颁布法律禁止童婚，但童婚现象仍很普遍，尤其在农村和低种姓间更为盛行。究其原因，主要是受传统印度教观念的影响，其次是经济因素的制约。童婚费用便宜，只需几千卢比。不少家庭因负担不起高额的嫁妆便早早地以童婚形式把女儿出嫁。

教派冲突从穆斯林以剑与火征服印度之日起就没有中断过。在莫卧儿王朝统治期间，伊斯兰教作为统治者的宗教在冲突中一直占上风。不少印度教徒被迫改信伊斯兰教。英国殖民主义入侵后，实行“分而治之”的政策，挑拨印伊两教的关系，使教派冲突持续不断，最终导致印巴分治。印巴分治前后，大规模的教派冲突造成五十余万人伤亡，数百万人无家可归。独立后的印度，印度教徒占人口的大多数。在持沙文主义的一部分极端派印度教徒看来，佛教是印度教的分支，佛陀是毗湿努大神的化身之一，锡克教是印度教的派别之一。这种大印度教主义潜伏着教派冲突的隐患。但独立后的20世纪50—70年代，由于印政局相对稳定，国民大会党的宗教信仰自由政策执行较好，教派冲突虽时有发生，规模不大。20世纪80年代以来，由于世界范围内宗教激进主义势力的蔓延，刺激了印度教徒教派情绪的增长。两派之间的对立和冲突加剧，冲突的焦点则是位于阿逾陀的巴布里清真寺。

巴布里清真寺是莫卧儿皇帝巴布尔下令于1528年修建的。印度教徒声称这座清真寺是拆毁了原来的罗摩庙改建的，此地是罗摩的出生地。穆斯林则认为，罗摩出生地和罗摩庙是无稽之谈，罗摩只是传说中的人物。1855年，印度教徒与穆斯林在阿逾陀发生冲突，七十五人丧生。1938年，印度教徒要求在有争议的地址上建庙，被英殖民当局拒绝。1949年12月22日，几个印度教徒夜晚潜入巴布里清真寺立了一尊罗摩神像。翌日，清真寺关闭。此后许多年，争议一直悬而未决。1988年8月，世界印度教大会与巴布里清真寺行动委员会在阿逾陀发生冲突。1989年5月，世界印度教大会宣布在阿逾陀有争议的地址上建庙，后被阻止。1990年9月25日，印度人民党领袖阿德瓦尼开始了“战车游行”，为建庙活动做宣传。途经德里时，受到成千上万印度教徒的欢迎。10月23日，阿德瓦尼被捕，世界印度教大会的一些首领也被捕，但这仍未阻止住印度教徒的建庙决心。10月30日，一些印度教徒冲进巴布里清真寺，升起印度教旗帜。警察与建庙的印度教徒发生冲突，死伤千余人。1992年12月6日，世界印度教大会、国民志愿服务团和印度人民党再度发起毁寺建庙活动，数十万印度教徒冲破警察的警戒线，涌进巴布里清真寺进行破坏，使这座著名的清真寺化为废墟。毁寺事件引发了印巴分治以来印度最严重的教派冲突。德里、孟买、加尔各答等都爆发了大规模的仇杀，导致数千人丧生。政府出动军队戒严才避免了局势的进一步恶化。毁寺事件在国际上引起强烈反响，巴基斯坦和孟加拉出现骚乱和冲击印度驻当地使领馆的事件。在英国，有四座印度教寺庙被毁。令人担忧的是，教派之争并未随着清真寺的毁坏而结束，印度教教派组织在念念不忘重建罗摩庙的同时，还声称要收回摩筏罗、贝那勒斯等印度教圣地。摩筏罗是传说中的克里希那的诞生地，在克里希那庙中有他脚印的遗迹。在距此庙两三米处并排矗立着一座清真寺。印度教徒认为这是对克里希那的亵渎，要夺回这块地方。

印度教与锡克教的矛盾近年来也有所激化。锡克教的创始人那纳克是为了调和印伊两教矛盾而创立锡克教的。20世纪80年代以来，锡克教恐怖活动加剧，并以阿姆利则的金庙为隐蔽地。1984年1月，英・甘地命令军队攻占金庙，打死三百余人，金庙遭破坏，伤害了锡克教徒的宗教感情。同年10月，英・甘地被她的两名锡克卫兵枪杀。随后，全国各地爆发了印度教徒与锡克教徒的流血冲突，仅在德里就有上千名锡克人被杀，锡克人的房屋、商店被捣毁。

印度教与佛教也有矛盾和摩擦。1992年5月，两教为争夺大菩提寺的管理权而发生流血冲突。位于菩提伽耶的大菩提寺是为纪念佛陀在此悟道而修建的。佛教衰落后，大菩提寺香火惨淡。16世纪被印度教僧侣占据，在寺内竖起湿婆林伽像和班度族五兄弟雕像。19世纪锡兰兴起佛教复兴运动，佛教徒开始向印度教徒提出归还佛寺的要求。在政府干预下，成立了“大菩提寺管理委员会”，其中四名成员为印度教徒，四名为佛教徒，主席必须由信奉印度教的菩提伽耶行政长官担任。大菩提寺管理权实际上仍由印度教徒把持，佛教徒屡有不满。1992年5月16日（佛陀成道日），全印少数民族协会和马哈拉施特拉邦佛教协会发起“夺回圣寺运动”，数千名佛教徒冲进寺内，砸毁印度教神像，殴打印度教僧侣，并与警方发生冲突。1993年5月16日，在日本裔佛僧萨塞的率领下，佛教徒聚集菩提伽耶，举行和平示威活动。此前，他还在德里组织静坐示威，要求政府出面，帮助佛教徒收回圣寺管理权。

印度教与基督教也存在矛盾。基督教传到印度时，曾遭到印度教徒的强烈反对和抵制。20世纪60年代基督教传教团在东北部加强活动，大部分部落民众皈依基督教。世界印度教大会为了抵消基督教的影响，也向这些边远地区派出传教组织，宣传印度教文化，使部落民皈依印度教。迄今为止，这种争夺信徒的“战争”仍在继续。

随着社会和历史条件的变化，古老的印度教经过长期的发展演变，呈现出一些新的特点。

其一，积极参与社会生活，呈现出世俗化、政治化趋势。

当代的印度教在现代物质文明的冲击和影响下，越来越呈现出明显的入世倾向。宗教领袖不再是遁世修行、隐居山林、与世隔绝的苦行僧或圣哲，不再只满足于精神的修炼和彼岸世界的神圣，而是越来越密切地注视着世俗社会，关心人们的尘世生活和物质利益，成为频频在公众场合亮相的社会风云人物。例如，印度教领袖钱德拉斯瓦密近年来一直台前台后地参与印度的政治事务，被报界称为“印度最有实权的人”，说他不仅是印度的精神领袖，同时也拥有世俗权力，与已故总理英・甘地及现任总理拉奥有密切联系。印度教的教派和教派组织也积极参与社会活动，与政党关系密切，在大选中为政党拉选票。成千上万的印度教徒置身于庸碌的尘世，虽然每天拜神祈祷，但向神祈求的更多的是现世的利益，更关注的是今生的幸福和欢乐。

其二，印度教各派别及各组织之间的联系密切、团结加强。

印度教派别繁多。昔日各派自成一体，互不来往，形成一盘散沙似的局面，而今面对其他宗教的挑战，印度教领袖深感要与之抗衡，就要团结起来。因而各个派别与各个组织间的联系加强。世界印度教大会就是一个协调、联系、团结各派、各组织的联合体。它的成立和发展表明印度教内部团结加强，形成以它为核心，一呼百应、众志成城的局面。在一些重大的事件上各派互相配合、联手行动，汇聚成一股势不可挡的力量。十分有趣的是，印度人常常批评西方学者以“印度教”和“印度教徒”统称毗湿努派、湿婆派等信徒，认为抹杀了各派界限和区别。严谨的印度人从不自称为“印度教徒”，只称自己是湿婆信徒或某神信徒。在他们看来，“印度教”和“印度教徒”是西方人强加给印度人的。但是，一旦这些人出于教派冲突需要，在对付伊斯兰教或其他宗教时，“印度教”便成了团结的大旗，“印度教徒”便有了一呼百应的神力。

从韩国阳明学的发展看儒学的生命力*

李甦平**

儒学是一种活的哲学、活的文化、活的学问。这是说，儒学能够随着历史的发展、社会的演变、民族的变异而因时制宜地发展、变化，并能够因地制宜发挥作用。儒学具有旺盛的生命力。从中国历史发展角度考察，中国儒学大体经历了五个发展阶段，即(1)原典儒学——先秦儒学，(2)经学儒学——两汉至隋唐儒学，(3)理学儒学——宋元明清儒学，(4)新学儒学——近代儒学，(5)新儒家儒学——现代儒学。关于这方面的论述颇多，本文不再赘言。本文的主题是要论述当中国阳明学传到韩国，形成韩国阳明学后，从韩国阳明学的发展论证儒学是一种充满生命力的文化。下面分四个问题进行论述。

一、 韩国没有阳明学吗

学术界长期流传着一种观点，认为中国和日本有阳明学，而朝鲜没有形成阳明学。果真如此吗？史料证明这种观点是不科学的，中国阳明学传到了朝鲜，并形成了独特的韩国阳明学。

关于中国阳明学传入朝鲜的时间，韩国学术界主要有三种观点。

一种观点认为：中国阳明学传入朝鲜的时间应在朝鲜中宗十六年，即1521年左右。如吴钟逸教授认为，阳明学传入朝鲜的时间应该在1521年①。这一观点的根据是朴祥(号纳斋，1472—1530)的《纳斋集》和金世弼(号十清轩，1473—1533)的《十清轩集》两部文集。其中，《纳斋集·年谱》中有“阳明文字东来，东儒莫知其为何等语，先生见其《传习录》，斥谓禅学”“辨王阳明守仁《传习录》于辛巳”的记载，时为朝鲜中宗十六

---

* 原载刘述先主编《儒家思想在现代东亚：韩国与东南亚篇》，台北：“中央研究院”中国文研究所筹备处，2011年，第43—80页。

** 李甦平，中国社会科学院哲学研究所研究员、博士生导师。

① 朱七星主编：《中国、朝鲜、日本传统哲学比较研究》，延吉：延边人民出版社，1995年，第370页。另见张立文著《李退溪思想研究》，北京：东方出版社，1997年，第27页；楼宇烈主编《东方哲学概论》，北京：北京大学出版社，1997年，第221页。

年《十清轩集》卷二中则有“阳明老子治心学，也入三家晚有闻，道脉千年传孔孟，一毫差爽亦嫌云”的诗句。可知《传习录》初刊本（1518 年）在 1521 年左右传入朝鲜。又如刘明钟教授在《韩国哲学史》第十六篇第一章中说：

> 阳明学向韩半岛的传播是从阳明在世的时候就开始了的。笔者也曾根据《西崖集》认为起始时间是明宗十三年，但目前根据朴祥的《纳斋集》和金世弼的《十清轩集》判断，《传习录》初刊本传到韩半岛那是中宗十六年，也就是王阳明五十岁时候的事。因此，我认为，将初刊本的刊行时间往后推三年，即 1521 年才是正确的。①

另一种观点认为：中国阳明学传入朝鲜的时间是在明宗十三年（1558），如金忠烈教授根据柳成龙（号西崖，1542—1607）的《西崖文集》的有关资料，提出了明宗十三年说。②关于阳明学传入朝鲜的问题，《西崖文集》中有这样的记载：

> 右《阳明文集》，余年十七趋庭义州，适谢恩使沈通源自燕京回，台劾不检，罢弃重于鸭绿江边而去，行囊中有此集。时阳明之文未及东来，余见之而喜，遂白诸先君，令州吏善写者誊出，既而藏筐箧中。

按《西崖文集》的记载，柳成龙（1542—1607）从沈通源丢弃的行囊中获得《王阳明文集》的时候当是在 1558 年。又如柳承国教授在《韩国儒学史》第六章第二节中写道：“王阳明学说初传来韩半岛是在朝鲜前的明宗代。明宗十三年，少年时节的柳成龙在侍奉义州府史的父亲同住之时，赴明而返的谢恩使一行在回程时为逃避检查而将行囊弃于江边，由其拾得行囊中得到《阳明集》一书。”此乃阳明学最早传来的记录。

第三种观点认为：中国阳明学传入朝鲜的时间为李退溪（号滉，1501—1570）当年时。其理由是退溪生前著有《传习录辨》一文，对阳明学做了批判。退溪的批判是朝鲜学术史上对阳明学所作的最早的公开批判。例如李丙焘教授在《韩国儒学史略》第三编第六章第一节中说：

> 王书之传来我东，始自何时？年代未可得知。然李退溪生存时，已得见《传习录》而为之辨证一篇，载在其文集（见《退溪集》，卷四一）矣。退溪之作辨证，又不

---

① 韩国哲学会编：《韩国哲学史》（下册），北京：社会科学文献出版社，1996 年，第 3 页。

② 参见朱七星主编《中国、朝鲜、日本传统哲学比较研究》，第 370—371 页。

知在何时。假使其作系于晚年，王书之传来，恐不后于明宗朝矣。王书之东来也，最初著为文字，以加一棒者，除退溪外，未闻其人焉。①

关于阳明学在韩国传播、发展的脉络，笔者以为可以分为以下六个阶段。

（一）阳明学早期传播期

从历史记载看，朝鲜最早的阳明学信徒当推东冈南彦经和庆安令李瑶。

南彦经是徐敬德的门客，但同时又与李滉交游过。所以，他的阳明学思想可从《陶山全书》的《静斋记》②考察。其内容主要有：

第一，主张"一气长存说"，认为"虚静微妙者，气之湛寂而先天之体也；生动充满者，气之流行而后天之用也"。

第二，反对李滉的"静时气不运，理自然存在"的主张，同时亦反对"理非静有动无，气也非静无动有"的主理说。

第三，南彦经说："涵养体察为我之宗旨，天理与人间之理并非两种事物。"这就是说：天理就是人间之理，即我心。其实，这就是王阳明的"心即理"思想。

第四，李滉认为："时甫前次所言心有善有恶，其主张大错。"南彦经的"心有善有恶"说与王阳明弟子钱德洪的"无善无恶心之体，有善有恶意之动"有一定关系。

第五，南彦经说："若曰静而气未用事，则所谓气者，静处无而动处有；所谓理者，静处明而动处暗。安见其理气合一、流行无端之妙手！"理气合一之妙即暗示"良知"。

南彦经的"一气长存"说和"理气合一即为良知"的观点，表明了他对理气问题的关心及对气的重视。这一思想演为朝鲜阳明学的主气说。

李瑶就学于南彦经，深信阳明学。他曾向宣祖宣讲过阳明学。据《宣祖实录》记载，宣祖曾对李瑶说：若按南彦经说，用阳明学治国可一扫倭寇；阳明才气过人，吾人才气低下，难以学之。李瑶对答说"常省吾心"的主张很对，阳明的意思要先正其心，事事必求正当，阳明的主旨为致良知。

（二）阳明学奠基期

张维（号溪谷，1587—1638）是朝鲜阳明学的奠基者，其阳明学的代表著作为《溪谷漫笔》。朝鲜阳明学集大成者郑霞谷是通过《溪谷漫笔》受到启发而潜心钻研阳明学。

张维关于阳明学的主要思想有以下几点：

---

① 丙焘：《韩国儒学史略》，汉城：亚细亚文化社，1986 年，第 266 页。

② 《静斋记》，载《陶山全书》第 3 册，京畿道城南市：韩国精神文化研究院，1980 年，第 269—270 页。

第一，张维与南彦经一样，主张气一元论。不过，张维的气是把老子、庄子，阳明的气与朝鲜学者李珥的气综合在一起。这表现了他好老庄之道的遗风。关于气，他在《溪谷集·杂记》卷三中说："气的本体是极其虚无的，往前无始，往后无终，大无际，小无心，无处不在。此处谁也难得，谁也难失，谁也难让其死，谁也难让其活，因为天地万物没有不是气的。"这表明：他认为气具有绝对性、普遍性、永恒性，是作为宇宙本体的一种实体。这种作为宇宙本体的实体气，在张维看来，就是良知之气，即心气的宇宙化。

第二，张维主张自治、自立和自主。这一观点是以阳明学尊重自由、个性为其根本。他批评朝鲜学术界没有实心、实事、实功、实得和志气。他认为：中国学术多种多样，有正学、禅学、道教、程朱学、陆王学等，而他们朝鲜不管有知无知，只要是能识字者，就只知程、朱而不知其他，其原因在于没有一个真正的学者。没有实心的学问或对学问没有实得，就会过于拘谨，缺乏志气，耳听口说都是程朱学的重要，行动上的表现也只是进行捧场。这不是假学问又是什么？而究其根源则是缺乏自治、自立、自主之心。而缺乏自治、自立、自主之心的实质是对良知自我拓展之缺乏。①

第三，张维主张"慎独"说。在心性修养方面，他批评了程、朱的穷理和居敬，认为即物穷理和居敬与我们的心性修养不合，而"慎独"更为切合实际。为此他写了《慎独箴》一文："有幽有室，有默其处。人莫闻睹，神其临汝。警尔惰体，遏尔邪思。"慎独就是神的降临，要像站在神面前一样进行自身警惕，防止邪思，实现良知的虔诚的心境。慎独的实质就是心身修养，而心身修养不仅是知，也是行。张维认为：先儒以穷理为格物致知之事，专属于知。唯阳明以为兼知行而言。范淳夫曰："自君臣而言之，为君尽君道，为臣尽臣道，此穷理也，与阳明之说合。"②张维这一思想是对王阳明"知行合一"说的一种具体阐述。

（三）阳明学被实学派摄取期

实学是朝鲜朝后期的一个重要学派。朝鲜实学以强调"实事求是""经世致用""利用厚生"为目标，因此，实学学者对阳明学表现出较多的关心。他们认为阳明学在打破道学（即朝鲜朱子学）以正统主义实现一元僵化统治而走向学术多元化方面有积极的贡献。而且，阳明学的"知行合一"思想成为鼓励实学派努力实践的理论。实学派从阳明学中找到了自己的哲学根据。实学派对阳明学的这一态度，在客观上亦构成了阳明学在朝鲜传播、发展的一个重要环节。例如，许筠（1569—1618）、李睟光（1563—1628）

---

① 张维：《溪谷漫笔》卷一，肃兰市：大学社，1996年，第24页。

② 同上书，第22页。

是实学启蒙派，他们的思想都受到阳明学的影响。

许筠与王阳明及阳明左派何心隐、李贽，公安派袁宗道、袁宏道、袁中道的新文学运动之间有许多相似之处。像许筠反对嫡庶差别，尊重民众意识；反对朱子学的教条主义，并揭露其虚伪性，严格区别真与伪、公与私；反对禁欲的礼教主义，肯定人欲；反对文艺的陈腐框架，提倡白话文。

李睟光号芝峰，是个百科全书派，可是他的著作《芝峰集》或《芝峰类说》却很特别，对理学几乎没有论及，对王阳明的学说则进行了简单的评价，如他称赞阳明学说：

> 王守仁说："人生大病，只是一傲字。为子而傲，必不孝；为臣而傲，必不忠；为父而傲，必不慈；为友而傲，必不信。"他又说："今人病痛，大段只是傲，千罪百恶，皆从傲上来。傲则自高自足，不肯屈下人。故为子而傲，必不能孝；为弟而傲，必不能悌；为臣而傲，必不能忠……为学，先要除此病根，方才有地步可进。傲之反为谦，谦字便是对症之药。"世上舞墨弄笔的人如果自高自大，不仅寸步难行，反会倒退，其原因都在于这种病痛。仿病者何止都是学者，千罪万恶都起源于傲，我认为这才是对的。①

这里，李睟光引用了王阳明《书正宪扇》中的语言，赞同王阳明所说的人生大病只是一个傲字的主张。另处，李睟光还十分称赞王阳明的"知行合一"说，如他认为：

> 所谓学问只有"知行"两个字。《大学》的格物致知求知之因，诚意二相也就是行动条目这个因。《中庸》提出了博学、审问、慎思、明辨等四个为知之因，笃行为行动之因。圣贤之教诲虽有千言万语，但其要领却离不开这一条。我从小时候起主张的"真知中有行"，以行为主，学问和阳明的"知行合一"说没有什么两样。阳明的"知行合一"说实际上是以行为主，强调自得和实践。②

可见，李睟光以王阳明的"知行合一"思想对光说不干的后进学者之弊端进行了揭露和批评。

梁得中（号德村，1665—1742）则从阳朱阴王的立场发展阳明学。梁得中的阳明学思想，一是强调良知，二是主张立诚，并提倡诚与良知的统一。

---

① 李睟光撰、青柳纲太郎编：《芝峰类说》卷五，京城：朝鲜研究会，1916年，第153页。

② 同上书，第154页。

王阳明哲学的要旨是致良知。而梁得中则用朱子学佐证良知说。他在《德村集·答尹大源书》中解释良知说:“人皆有良知,故朱夫子补《大学》格致之说,莫不因其已知之理而益穷之,盖言其不待学问,本有良知也”,“当行吾所明,无行吾所疑,盖言其学未至、见未透者,且从吾良知之明白无疑处,作得去也”。这里,先以朱熹思想解释良知本有,然后证明“且从吾良知之明白无疑处,做得去也”是阳明学的精髓。梁得中认为“良知”的实质是“一诚”。李建芳评论他的思想时说:德村的根本是一诚。这句话是以王阳明所说的以诚意为主就是不必再添一个敬字,之所以只用“诚意”二字,是因为它是以学问的大头脑处①为基础的。梁得中将“诚”具体化为“实事求是”,如他对英祖说,不掺入一丝私意,行至诚,勤磨炼,不期而成,自然就会使国家太平。英祖答道,看来“实事求是”这句话非常好,应该把这四个字挂在墙上,经常看它。于是英祖用“实事求是”四字代替了原来的“荡平”二字。可见,实事求是就是诚,就是良知。主张良知和实事求是的实学是以“诚”之道德为原理的。

以利用厚生为旗帜的洪大容(1731—1783)、朴趾源、朴齐家等被称为实学中的北学派。而北学派在学术思想上是实学和阳明学的折中。

洪大容从内心深处喜欢阳明学,故郑寅普认为,洪大容的《毉山问答》的虚实论与王阳明的拔本塞源论自成表里之关系。洪大容在《毉山问答》中提出,扶助正学、排斥邪说、救世之仁、保身之哲,都来自体认矜心、胜心、权心和利心,不过是一种虚。因而,他主张要有实心。贯穿这一问答的根本精神是“万物一体”论。而王阳明讲的拔本塞源论本是从“万物一体”论而来的。由此可见洪大容对阳明学的吸取和发展。

朴趾源的文学思想对阳明左派何心隐、李贽和三袁公安派进行了不同程度的吸取,而表现为民主、平等意识。

朴齐家吸取阳明学者刘宗周的“慎独”思想,强调慎独为治国之根本。“无慎独,则虽治国平天下,皆假也。”

(四)阳明学确立期

朝鲜自16世纪中叶引入中国阳明学后,历经百年之久,到17世纪中叶才由郑齐斗开创出阳明学派,在朝鲜学术思想上占有一席地位。

(五)阳明学江华期

江华传统指郑霞谷的后代以阳明学为基础,在史学、书法、诗歌、实学等广泛领域的研究成果,而对霞谷学(即朝鲜阳明学)有所继承和发展。例如,恒斋李匡臣在

① 《传习录》(上),《王文成公全书》卷一。

《书斋壁》中写道："学问只有从心随入微之处努力，才能到达笃实光辉境界。只要确立了大本，即使会产生私欲的萌芽，也不可怕。"这里所说的"心随入微""立大本"即是心学。这与阳明的"吾人为学，当从心随入微处用力，自然笃实光辉；虽私欲之萌，真是洪炉点雪，天下之大本立矣"①这一思想是一致的。另外，李匡臣对霞谷学加以评论："先生之学，专于内，实于己，如乔岳之蓄、大海之藏，荣华不显于外，接待人言词详尽，仁和旁畅而人自异之也。余识浅不敢知造道至何地，而概其去外诱，存实理，别无余境矣。古所谓笃恭者，先生其几矣。"②他认为这里所说的诚实和"专于内""实于己""去外诱""存实理"等是郑霞谷对王阳明的"诚是实理，又是一个良知"思想的发挥。

又如李建昌、李建升、李建芳一起努力阐明阳明学，并继承了王阳明、郑霞谷的思想。他们在江华开办了启明义塾(1907)，义塾宗旨为：四民皆学、务实、心即事、实心实事、恢复独立权。他们撰写论述真与假的《原论》三卷和《续原论》，认为假和假心不是良知，强调真、真实、实心的重要性，以此提倡阳明学的"良知"说。

（六） 阳明学近代光复期

韩国的光复运动指韩国近代史上对日本帝国主义的民族抵抗时期。这一时期具有代表性的阳明学者首推朴殷植和郑寅普。

朴殷植是韩国近代史具有代表性的爱国启蒙家和阳明学者。

郑寅普(1892—?)的《阳明学演论》对"致良知""至善""拔本塞源"等进行了论述和发展，并从宏观上对韩国阳明学进行了归纳、分析。郑寅普将韩国阳明学者分为三类：明确承袭阳明学的，如张维、郑霞谷及江华阳明学派；阳朱阴王的，如李匡师、李令翊、李忠翊等；不谈阳明学，但精神为阳明学的，如洪大容等。

韩国阳明学在以朱子学(性理学)为主导思潮的社会环境中，以不屈不挠的精神在与性理学的对抗中流传、发展，显示了顽强的生命力。

二、 郑霞谷的阳明学思想

郑霞谷的阳明学思想一方面是对南彦经、张维、李睟光等前期阳明学者的继承，另一方面则是对朝鲜性理学者对朝鲜阳明学的攻击之反攻。

众所周知，以李退溪为代表的朝鲜性理学是朝鲜的统治思想。作为统治思想的性

---

① 《阳明文集·与黄宗贤》，载《王阳明全集》，北京：红旗出版社，1996年，第2册。

② 《霞谷全集·门人语录》，汉城：骊江出版社，1988年。

理学在阳明学一传入朝鲜时，就对它进行了残酷的打击。例如，李退溪著《传习录辨》，对王阳明的学说进行批评，要点如下：

第一，王阳明、陈献章的学问是以陆九渊之学为出发点，形式为儒而实质为佛。

第二，笃信唯心论，不以物之理为然，认所有事物皆为心障，唯有排除心，本心、良知的作用才能得到自由发挥。总之，六经为心之支柱，凡事可从心得，不一定非读书不可。

第三，“知行合一”说与究理之心相悖。

第四，阳明所谓的“性”实为古时告子所说的“生之谓性”之理，但朱子认识到纯属理之本体的仁、义、礼、智四德就是“本然之性”。

另外，退溪的弟子柳成龙对阳明学也做过批评。他指出：第一，阳明学虽富实践性，但心中并无准则，若持主心说，会滋长猖狂妄为之弊端；第二，王阳明主张致良知，不读书，哪会对一切事物皆了如指掌？陈献章不精道学，阳明以儒学代替禅学；第三，虚灵为心之本体，知觉为心之作用，心中所藏之理即仁、义、礼、智，也就是所谓的“性”。若将虚灵和知觉均归为性，那必然与佛学相近。格物致知的“知”说的是心知，“物”说的是物之理。王阳明将致良知视为学问的精髓，贬朱子学为支离破碎，属外道即佛家学说。

再如朝鲜大儒李栗谷（名珥，1536—1584）也曾批评阳明学说，但是，栗谷创建的“栗谷学”却受到了阳明学风的影响。

在这一思潮背景下，郑霞谷创建了韩国阳明学——霞谷学。霞谷学的主要内容如下：

（一）生气论

霞谷学的一个显著特点或基本特征，是把“气”概念引入阳明学，所以，在这种意义上可以称霞谷学为主气心学。郑霞谷之所以重视“气”也正是朝鲜学术界理气之辨的具体反映。

被誉为朝鲜朱子的李退溪是朝鲜朱子学的主要代表者。他对朱熹思想做了全面的继承和发展。在理气观上，退溪主张“理先气后”的理一元论，如他说：“天下之物，必各有所以然之故，与共所当然之则，所谓理也……凡事皆能然必然者，理在事先”①，“理为气之帅，气为理之卒，以遂天地之功”②。而与退溪齐名的另一位重要学者李栗谷则反对退溪的“理一元”论，而主张“理气二元”论。在理和气的关系问题上，李栗谷

---

① 《增补退溪全书》卷二五，汉城：成均馆大学大东文化研究院，1958年，第76—86页。

② 《于命图说》，载《陶山全书》第3册，第600页。

既反对退溪的“理先气后”论，又批评徐敬德的“气一元”论，而主张把二者调和起来，认为“理”与“气”同时形成世界的本源，如他说：

> 非理则气无所根底，非气则理无所依着，既非二物，又非一物。非一物，故一而二；非二物，故二而一也。非一物者何谓也？理气虽相离不得，而妙含之中，理自理，气自气，不相挟杂，故非一物也。非二物者何谓也？虽曰理自理，气自气，而浑沦无间，无先后，无离合，不见其为二物，故非二物也。是故动静无端，阴阳无始。理无始，故气亦无始也。①

栗谷的这种理气观被郑霞谷摄取，演绎为他的“生气”论。霞谷学“生气”论的内容，主要有以下两点。

第一点：大气元神。郑霞谷认为：“气”充满天地万物之中，无始无终，是无限的，而且，“气”还是生动活泼，生生不已。他说：

> 窃谓大气元神，活泼生全，充满无穷。神妙不测而其流动变化，生生不已者，是天之体也，为命之源也。②

在这里，郑霞谷虽然没有明确提出“生气”这一概念，但其思想中的“气”是“元神”，是“活泼生全”，是“神妙不测”的，是以“生生不已”为其机能的，即为“天之体、命之源”。故他又说：

> 是故凡有动气处，皆是气之动；凡有作为者，皆是气之作为。③

这里的“凡有动，皆是气之动；凡有作为，皆是气之作为”就是提纲挈领地总括了“气”的生生不息之机能。

进而，郑霞谷又把气的生生不息之机能比喻为“相火”。他说：

> 气之用皆是相火。

---

① 《栗谷全书》卷十，汉城：成均馆大学大东文化研究院，1958年。

② 《霞谷全集·存言中》，汉城：骊江出版社，1988年。

③ 《霞谷全集·存言上》，汉城：骊江出版社，1988年。

故如凡动气嗜欲，皆是相火也。①

把“气”形象地比喻为“火”，引“火”入“气”这一思维在中国始自方以智。方以智的早期哲学观点可以概括为“气一元论”，如他认为“塞两间，皆气也。知其所以为气，气即神矣”。就是说，天地之间万物的基础在于“气”，即为“气”所充塞、由“气”所构成，正是在这个意义上称为“所以为气”；就其造物之功能言，称之为“神”。与早期相比，方以智中期较为自觉地探讨“气”的功能，即注意研究“气”何以生物。这一研究使他引“火”入“气”，提出了“气以火运”说，或曰“气动皆火”。他指出“凡运动皆火为之”，是因为“火”本身就意味着矛盾。他借用朱震亨的医学术语，把这种矛盾称之为“君火”与“相火”的对立统一，叫作“君相道合”②。据笔者所阅资料，还未发现郑霞谷直接吸取方以智著作的证据。但郑、方二人的思维路数是很贴近的。除了引“火”入“气”处，霞谷从“气”的活泼运动、神妙不测的功能出发，也称“气”为“神”“元神”。

另外，霞谷亦从医学角度论证“气”为“生命之源”的功能，如他说：

录曰：婴儿在母腹只是纯气，有何知识？是一点纯气……医经曰：心主脉，脉舍神（注：脉为血气之先）。又曰：一息不运，则机缄穷；一毫不续，则穹壤判（注：是先天一气，先天之灵。人之脉者是血气之妙、神之主也，是理之形体也）。③

方以智在中国明清之际，是一位很有独特见解的哲学家。郑霞谷对“气”的论述，在朝鲜学术界中也颇具特色。

第二点：理气非二。如上所述，霞谷的理气观与栗谷的理气观很接近。栗谷的理气观如他自己所言：

理气元不相离，似是一物，而其所以异者，理无形也，气有形也；理无为也，气有为也。无形无为而为有形有为之主者，理也；有形有为而为无形无为之器者，气也。理无形，气有形，故理通而气局；理无为，气有为，故气发而理乘。④

---

① 《霞谷全集·存言上》。

② 参见王茂等著《清代哲学》，合肥：安徽人民出版社，1992 年，第 501—502 页。

③ 《霞谷全集·存言中》。

④ 《栗谷全书·答成浩厚》。

这表明：栗谷的理气观从性能分析，是“气发而理乘”；从结构分析，是“理通而气局”。这一理气观被郑霞谷所摄取和发展。

关于理和气的关系，郑霞谷说：

> 理者，气之灵通处，神是也；气者，气之充实处，质是也。一个气而其能灵通者为理（注：是为气之精处、明处），凡其充实处为气（注：是为气之粗者、质者）。①

理为神，气为质，理是气的灵通处。这种观点与栗谷的“理通气局”“气发理乘”的观点很接近，但也有分歧之处。其分歧即为栗谷强调“主者，理也；器者，气也”，这语言即是程颐和朱熹的语言，强调了“理”与“气”之分。而霞谷则强调“理者，气之灵通处，神是也；气者，气之充实处，质是也”，即强调“理”与“气”之合。关于理气不分的思想，郑霞谷在《存言篇》中有更明确的论述，如：

> 其以心性以言于理气者，以其性有善恶，心有邪正，故以此而以善者为理也，邪与恶者气也。遂以其性者为理，心者为气；理为善，气为恶，遂以此分歧者，如此耳然。其实，只一理也，只一气也，不可分二。气亦理，理亦气；性亦情，情亦性。又以心有主理而言者？有主气而言者，其言亦似明而实非。心只是理也，亦只是气也，不可以分二也，故只可以言理也。②
>
> 如见其理不出于此心，理气非二。③

这段论述主要表明了三层意思。第一层意思：霞谷对程朱理学和退溪学进行了批评，将心与性、理与气分离开来，并视理为性为善，气为心为恶。这种思维路数正是程朱、退溪常讲的。霞谷批评，其实只是一个气，只是一个理，因为理与气不可以分为二物。

第二层意思：霞谷明确指出“气亦理，理亦气”“理气非二”，这种观点是对栗谷“理通气局”“气发理乘”思想的发展。之所以说是发展，还是因为霞谷这里所说的“气亦理，理亦气”“理气非二”的实质是以“气”为价值视角而做出的评论。如上所述，霞谷认为，一个气，其灵通者为理，其充实处为气；气之精处、明处为理；气之粗者、质者为气。

---

① 《霞谷全集·存言上》。

② 《霞谷全集·存言中》。

③ 《霞谷全集·存言上》。

可见在霞谷的理气观中，他强调的是“气”。

第三层意思：霞谷追随阳明，亦讲“心即理”。按照霞谷以气为质的“理气非二”价值观发展，必然可以得出“心即气”这一命题。霞谷自己也说过：“心只是理也，亦只是气也，不可以分二也。”但是，他又强调理是“气之灵通处，神是也”。这种人心神明上的生命元气，就是他所讲的“理”，又特命名为“生理”。而这样的“理不出于此心”，故只可以言“心即理”。为此，霞谷也说过“气者，心包气膜”[1]这样的话。

（二）**生理论**

“生理”是霞谷学的一个重要概念，也是韩国阳明学的独特用语。郑霞谷的“生理”出自王阳明的《传习录》，也是对王阳明思想的深化和发展。关于“生理”《传习录》上载：

> 先生曰：美色令人目盲，美声令人耳聋，美味令人口爽，驰骋田猎令人发狂。这都是害汝耳目口鼻四肢的，岂得是为汝耳目口鼻四肢？若为着耳目口鼻四肢时，便须思量耳如何听，目如何视，口如何言，四肢如何动；必须非礼勿视听言动，方才成得个耳目口鼻四肢，这个才是为着耳目口鼻四肢。汝今终日向外驰求，为名为利，这都为着躯壳外面的物事。若汝为着耳目口鼻四肢，要非礼勿视听言动时，岂是汝之耳目口鼻四肢自能勿视听言动，须由汝心。这视听言动皆是汝心：汝心之视，发窍于目；汝心之听，发窍于耳；汝心之言，发窍于口；汝心之动，发窍于四肢。若无汝心，便无耳目口鼻四肢。所谓汝心，亦不专是那一团血肉。若是那一团血肉，如今已死的人，那一团血肉还在，缘何不能视听言动？所谓汝心，却是那能视听言动的，这个便是性，便是天理。有这个性，才能生，这性之生理便谓之仁。这性之生理，发在目，便会视，发在耳，便会听，发在口，便会言，发在四肢，便会动，都只是那天理发生，以其主宰一身，故谓之心。这个心之本体，原只是个天理。

这里的“生理”是王阳明在回答学生萧惠“如何克己”问答时使用的一个概念。王阳明的意思是说：“生理”发出的视听言动便是仁、便是善，强调“生理”是“性”的重要功能。

霞谷将“生理”这一概念进行了深化，并加以哲学界说。他说：

> 一团生气之元，一点灵昭之精，其一个生理者，宅窍于方寸，团圆于中极。其植根在肾，开华在面，而其充即满于一身，弥乎天地。其灵通不测，妙用不穷，可以

---

① 《霞谷全集·存言上》。

主宰万理，真所谓周流六虚，变动不居也。其为体也，实有粹然本有之衷，莫不各有所则，此即为其生身命根，所谓性也。只以其生理，则曰“生之谓性”，所谓“天地之大德曰生”。惟以其本有之衷，故曰“性善”。所谓天命之谓性。谓道者，其实一也，万事万理，皆由此出焉。人之皆可以为尧、舜者，即以此也。老氏之不死，释氏之不灭，亦皆以此也。凡夫之贪利殉欲，亦出于此，而以其揜弊也。禽兽之各一其性，亦得于此，而持其一端也。此即其生身命根，所谓“天地之大德曰生”。然惟其本有之衷，为之命元，故有不则乎此也，则生亦有所不取，利亦有所不居。①

郑霞谷的这些话，可以从“人身论”“人性论”“宇宙论”三方面来理解“生理”的含义。所谓“人身论”，霞谷认为：“生理”就是“精神”与“生气”为一身生理。它存于方寸间，根植于肾，开华在面，充满全身，这是生气之元，又是灵昭之精。这就是说生气的根源与智慧精华相结合，就是生理。所以，生理是生气的灵通性。而就“人身论”而言，生理是生身命根，也就是心。

所谓“人性论”，霞谷认为：有了“生理”，人人皆可以为尧、舜。这是因为在上述引言中，霞谷把“生理”之体称为“衷”，并三次强调“衷”是“生理”“本有之”的。关于“衷”，霞谷解释说：

性者，天降之衷，明德也，自有之良也，有是生之德，为物之则者也，故曰明德，曰降衷，故曰良知良能，故曰秉彝。自有之中，故曰天地之中。生生一理，于穆流行者，性之源也。②

可见，“衷”是明德，是良知良能，而且是“天降之”即先验地生而有之的。正是由于“衷”是明德、是良知良能，所以“性善”“人人皆可以尧、舜”。而当“衷”即良知被掩蔽时，则“凡夫之贪利殉欲”，这就是恶的起源。

所谓“宇宙论”，霞谷认为：“生理”可以弥乎天地，灵通不测，妙用无穷，使天地生生不息。因此，它“可以主宰万理”“万事万理皆由此出焉”。“生理”是宇宙间万事万理的本源。

可知，“生理”在郑霞谷思想中是“心”，是“良知”，亦是万事万物之源。郑霞谷之所以特别提出“生理”这一概念，是为了批评朱子学的“理”概念。他认为，朱子把气道之

---

① 《霞谷全集·存言上》。

② 《霞谷全集·存言下》，汉城：骊江出版社，1988 年。

条路称为“理”就是称气的根源为“理”。这种“理”是空虚的，如同枯木死灰一般，没有任何生气。

> 朱子以其所有条通者谓之理，虽可以之该通于事物，然而是即不过在物之虚条空道耳，茫荡然无可以为本领宗主者也。夫圣人以气主之明体者为理，其能仁义礼智者是也。朱子则以气道之条路者为之理。气道之条路者，无生理，无实体，与死者同其体焉。苟其理者，不在于人心神明，而只是虚条，则彼枯木死灰之物，亦可以与人心神明同其性道，而可以谓之大本性体者欤？可以谓人之性犹木之性，木之理犹心之理欤？①

换言之，朱子以气之条路为理，这种理“在气之上”，虽然能“为其各物之条贯”，但“非所以为统体本领之宗主者也”②。因此，朱子的“理”没有实体，没有生气，是死物枯木。“生理”是指心的神明所存在的内在之理，即“圣人以气主之明体者为理”。这样，霞谷的“生理”就不是像朱子那样的物理之“理”，而是人心的神明，即心气的灵通途径。这样的“生理”是活生生的、有生命力的，所以，它能主宰、统领万事万物。

（三）生道论

“生道”这一概念在郑霞谷思想中，相当于“良知”。霞谷明确说过：

> 恻隐之心，人之生道也。良知即亦生道者也。③

郑霞谷思想中的“生道”就是指生命的根本、生命的原理。按上述引文的分析，“恻隐之心，人之生道也”。这就是说，“恻隐之心”是生命的根本、生命的原理。故郑霞谷说：

> 凡此生道不息，即所谓仁理也。此仁理即天地之体，五性备焉；于事物无不尽，于天地无不具，惟在充之而已。不知何故，必欲添岐物理邪？其求于物理者，盖谓欲识天地之性，以求性命之源焉耳。其为心固是也，然所谓天地之性即此仁体，吾之仁体即天地之性也。岂有不能尽吾仁之体，而可以求性命之源者乎？④

---

① 《霞谷全集·存言上》。

② 同上。

③ 《霞谷全集·与闵彦晖论辩言正术书》，汉城：骊江出版社，1988年。

④ 《霞谷全集·存言中》。

霞谷认为作生命根本的“生道”是“恻隐之心”，亦是“仁”。“仁”是天地之体、性命之源。这表明霞谷是性善论者，他认为：如果不扩充善性，仁理灭绝，“生道”就将覆灭。

> 凡有四端于我者，良知也，人皆有之，多不能察。及其知之也，则悉皆张大而充之，是致知也。如火燃泉达，则是其端始发，而其势不可遏者，充之至于炎炽流溢，而燎于原，放于海，则其体充尽而仁道之成也。四海虽远，皆吾度内，何不保之？有所谓可运掌也。如遏其心而不充，则其端灭息，岂复有水火乎？是仁理灭绝，无复生道。虽有至亲，何能保也？①

致良知的过程，就是将“仁”之善端扩充的过程。这一过程也就是“生道”亨通的过程，性命之源扩张、显现的过程。否则，遏制善端，灭绝仁理，那么将无复“生道”，生命的根本亦将枯竭。可见，郑霞谷十分重视“仁”“善”。他视“仁”“善”为性命之源、“生道”之本。这也表明了霞谷的道德情感色彩，即是说霞谷是从“恻隐”“仁”“善”这一道德角度来把握“生道”（良知），诠释“生道”。如他谈到“良知”（生道）时，多以“恻隐之心”来解释。“良知即是恻隐之心之体，惟其能恻隐，故谓之良知耳。”“恻隐之心是人所固有之良知也。”②郑霞谷的这一思想，还表现在他的《良知体用图》中。

图中最里面的圆圈叫作“心之性”。“心之性”圈包括“仁、义、礼、智”，霞谷认为这是“心之本然、良知之体”。图中的第二个圆圈，叫作“心之情”。“心之情”圈包括“恻隐、羞恶、辞让、是非”和“喜怒哀惧爱恶欲”的内容。霞谷将“心之情”圈视为“心之发、心之情、良知之用”。可见郑霞谷认为：“仁义礼智”四端是心之性，属“良知之体、心之本然”，即未发之性；又把“恻隐、羞恶、辞让、是非”和七情，规定为心之情，视为“良知之用、心之发”，即已发之情。此图不论是良知之体（仁义礼智）还是良知之用（恻隐、羞恶、辞让、是非、喜怒哀惧爱恶欲），都是从道德价值判断的角度加以确认。视“良知”为道德理性，这是霞谷学的一个重要特点。

“生气”（气）、“生理”（心）、“生道”（良知）构成了霞谷学的基本概念和主体思想。在《霞谷全集》中，阳明学的基本命题如“理气”“良知”“心即理”也使用或出现过，但郑霞谷又常使用“生气”“生理”“生道”等独特的概念。这一方面说明了郑霞谷的思想是对中国阳明学的发展，另一方面也表明了霞谷学是一种强调生命智慧的哲学。“生气论”阐明了由于气的生生不息，才有活泼的生命力之生生不已；“生理论”说明了正是由

---

① 《霞谷全集·存言下》。

② 《霞谷全集·与闵彦晖论辩言正术书》。

于生理永不停息的运动和变化，它才成为宇宙生成的命根；“生道论”表明了流行发育、化化生生的生道，是宇宙的原理、生命的根本。这一个“生”字，凸显了霞谷学对宇宙生命的终极关怀。生生不息的元气是宇宙生命的根本，而对仁、善的不断扩充致尽，则是宇宙生命永葆长青的根本。

三、朴殷植的阳明学思想

朴殷植（1859—1925），字圣七，号谦谷、白岩，是19世纪末20世纪初韩国爱国文化启蒙运动的主要代表之一，也是韩国的近代国史学的创立者。朴殷植思想的特点在于通过“儒教求新”的道路，创立了以阳明学为基础的“大同思想”，使韩国阳明学成为民族抵抗时代的哲学思想。朴殷植的阳明学思想的形成过程，大致可分为三个阶段。

第一阶段：醉心朱子学。

朴殷植于1859年9月30日（阴历）出生在黄海道黄州郡南边一农村书堂训长家庭。①他十七岁时，在身为私塾老师的父亲的影响下，接受了纯粹的正统派朱子学的教育。这段时间他笃信朱子学，每日清晨都向挂在自己房里的朱子像行礼，这一举动足见他醉心于朱子学的程度。这是他初涉学问研究的青少年时期，因此，朱子学对他产生了深远的影响。

第二阶段：移心茶山学。

1880年，二十二岁的朴殷植对茶山丁若镛的实学思想产生了兴趣，并进行初步研究。他拜访了住在京畿道广州斗陵的丁茶山的弟子耆永和丁观燮，向他们请教丁茶山在政治与法律方面治理世事的学问。二十四岁时，朴殷植在京城目睹了壬午兵乱的经过，决心实现“治理国家，拯救百姓”的志向。于是，他针对当时的时政，上书朝廷，力陈自己的主张，但都未被采纳。这件事发生在他研究丁茶山治理世事学说之后。残酷的现实使他大失所望，于是他便回到家乡，潜心研究学问。虽然他对茶山实学的研究是蜻蜓点水，但在当时社会条件不断变化的情况下，对于性理学者朴殷植来说，对实学的研究使他萌发了批判朱子学的意念。

第三阶段：潜心阳明学。

据朴殷植自己的回顾，他是在四十岁时对性理学及卫正斥邪思想产生怀疑，并开始关心新学问、新知识，同时开始认识到开化的重要性。身为卫正斥邪派学者的朴殷植，经历了1890年的“东学运动”和“甲午革新”，认识到单纯性理学不能解决那一时期

---

① 参阅慎庸厦著《八月文化人物——朴殷植》，韩国文化体育部·韩国文化艺术振兴院，第2页。

的民族问题和社会问题。于是,深受由独立协会倡导并已全面展开的"自主民权自强运动"的影响,他开始了由卫正斥邪派"性理学者"向开化自强派思想家的转变。这一转变也就意味着他要否定自己从前一直研究的以性理学为基础的所有学问。

1905 年 11 月丧权辱国的乙巳条约的签订,朴殷植受到强烈的震撼,同时,也使他进一步转变为要求变法和开化自强的思想家。与此同时,他对韩民族丧失国权的原因进行了深刻的反省,沉痛地意识到被动挨打的根源在于未能及早培养挫败日本帝国主义侵略者嚣张气焰的力量,而更深层的原因则在于李朝时期儒教与儒林的弊端。在这样的思想基础上,他开始对自己的学术研究中早已根深蒂固的旧学问进行深入的批评,辛辣地抨击卫正斥邪思想,严厉地批评笃信儒道的学者,极力主张只有吸收新学问才能解救处于危难之中的祖国。

朴殷植认为他一生挚爱的儒教不应当是站在帝王的立场上而无视民众的朱子学,主张用言简意赅的阳明学对它进行改革,使它与新时代的文化相适应。同时,他还试图调动阳明学中的积极因素,积极地投入恢复国权的运动中。

这一时期朴殷植的著作有《王阳明实记》《儒教求新论》《旧习改良论》等百余篇论文,论述了以阳明学为基础、开创儒教求新的理论。

朴殷植阳明学思想的主要内容有如下两个方面。

(一)以阳明学为基础,开创儒教求新之路

朝鲜朝末期,乙巳条约的签订使韩民族丧失了国家主权,国家处于生死存亡的紧要关头,朴殷植认为这恰是通过分析国权丧失的原因而唤醒民族的好时机。于是,他尖锐地指出:为恢复国家主权,全民族都应发奋图强,增加国家实力;若要增强实力,就应努力发展能够发挥人民的才智、提高人民素质的教育实业,并应摒弃陋习,提倡新文化。而要实现这些目标的一个大前提,就是全体韩国人都应反思的一个重要命题,那便是要对儒教——这一始终贯穿于韩国文化的核心内容——进行深入的反省和考察。

朴殷植认为儒教的本质是美好的。朝鲜王朝初期,儒教成为国家的理念、百姓的师表。但朝鲜王朝末期,儒教成了虚学,儒者的腐化状况更加严重,国家也被推向了衰亡之路。为此,朴殷植写了《儒教求新论》,揭示了朝鲜王朝末期儒教的三大弊病。

在《儒教求新论》中,朴殷植指出,韩国儒教在其发展过程中之所以逐渐衰退,是因为存在着三大问题。

第一大问题,儒教派完全站在帝王的立场,不把儒教精神向社会和人民进行普及。朴殷植指出,孔子的"大同之义"和孟子的"民为重"之说,都体现了向人民普及教义的精神。然而,孔子死后的诸子百家分别宣传他们的学说,孟子提出"民为重",而荀子则强调"尊君权"。后来,孟子的学说未能得到广泛传播,而荀子的学说却被李斯采纳,在秦国得到推广，后又传入汉朝，形成了“尊君权”学说。汉高祖为草莽之臣时曾憎恶儒教，但尊为皇帝后，提倡六经，重用儒臣，名义上崇尚儒教，而实际上并非尊奉孔子，而是试图用儒生的礼仪规范来提高自己的身价。

朴殷植还指出，因帝王厚遇儒生，使得数千年间东方儒教在国家政权中常常高居要位，这种状况是其他学派无法比拟的。所以儒林中的君子不过是把儒教作为羁络君心的法宝，儒林中的小人只是把儒教视为迎合帝王心意的绝妙之计。

朴殷植认为在开发民智、伸张民权的当今时代，要想充分发挥儒教的功能，就应努力推广孟子学说，同时改革与完善这一学说，并向广大民众普及。为此，他特别指出：

> 儒教精神若只存在于帝王将相之中，不向人民普及，便无法在世界范围内得到充分发展。孔子的弟子，不宣传孟子之说，而只宣扬荀子观点，此为产生百姓大不幸之一大弊端。更何如今正是开发民智，继而伸张民权的时代，若不改良求新，则无法将其发展。儒林为了保住自己的利益与地位而常蹈痼习，不思变通。如果他们要真正成为孔门之忠臣，发扬孔教之功德，谋求民生之幸福的话，就必须改良儒教，并向全社会普及孟子的学说。

第二大问题，不寻求改变天下的主义，固执坚持“不是我求幼稚的孩童，是无知的孩童求我”。朴殷植指出，孔子思易天下，释迦普度众生，基督舍身救民，其救世主义同出一辙。佛教教义有大乘法、小乘法，在哲人与百姓中得到普及。基督教的宣教范围也极为广泛，竭诚向五大洋、六大洲传播福音。与他们相反，儒教的教徒不遵循孔子周游列国、思易天下的主张，顽固地坚持“我不启发童蒙，而让童蒙启发我”，紧闭书门，静待别人登门求教。这样，不仅不能将儒教普及于民众之中，而且自己也孤陋寡闻，不谙世事。

朴殷植认为要使儒教得到发挥，儒者必须满怀热忱之心，积极宣扬儒教教义。

第三大问题，韩国的儒学家不愿接受简单直接的教义，反而崇尚支离破碎的学问。朴殷植指出，儒教的内容虽然极为广泛，但是了解了“根本”和“要点”便可以掌握它。然而，在韩国儒教历史的六百年间，全国儒者传授的儒教教义几乎都是朱子学，如果有人从与朱子学不同的角度建立学说的话，那他就会被斥为“斯文乱贼”，其学说也被视为异端邪说而遭到排斥。

朴殷植认为朱子学虽无所不包，但因其有支离、烦琐的特征，使许多人倾注一生心血进行研究，也未能领悟，这是一大弊端。这一弊端使得青年们会因其晦涩而感困难，因其复杂而感厌倦，从而不再研习儒教。这是儒学界一个不能忽视的问题。

基于以上存在的诸多问题，朴殷植主张对韩国儒教进行改革。他在《儒教求新论》中指出：

> 二十世纪是西方文明发达、主导世界的时代，二十一、二十二世纪将是东方文明高度发达、主导世界的时代，孔子之道将再次在全世界大显光辉。为迎接这一时代的到来，儒教改革势在必行。如果没有马丁·路德的宗教改革，欧洲便不能开创出现代文明。同样，东亚儒教界也必须实行改革，才能开创大韩和东亚的新文明。①

关于儒教改革的具体方法，朴殷植指出，只有以阳明学为基础，才能开出儒教求新之路。这是因为阳明学具有教义简明扼要、切合实际、致良知说能够直指人心、知行合一说能够言行一致等优点，从而对于培养由于日帝侵略而丧失了国家主权的韩民族的民族气节，开创恢复国家主权的伟业，具有极大的功效。

（二）对阳明学的新解释、新发展

朴殷植于1910年刊行的《王阳明实记》详细地记述了他对阳明学的新解释。这种新解释集中体现在他对“良知”概念的新发展上。关于“良知”，朴殷植说：“良知者，自然明觉之知，纯一无伪之知，流行不息之知，泛应不滞之知，圣愚无间之知，天人合一之知，神乎！妙乎！”②以上内容可分为三部分。

第一部分，“自然明觉之知”和“纯一无伪之知”表明了朴殷植对“良知”本体性的强调。

朴殷植在《王阳明实记》一文中说：

> 呜呼！良知二字，先生从石椁三年而得来，是天启之也。但其与学者说话，有提示本体之直捷也故。盖良知之本体即天理，天理以上更有何物可加乎？学者惟当一心在天理上，静则存此而养之，动则循此而行之，方能以人合天，而语其发穷处则吾心之良知。是可知良知者，自然明觉之知，纯一无伪之知。

这里所言“良知只是自然明觉之知”与王阳明所说“盖良知只是一个天理自然明觉”③

---

① 参阅韩国哲学会编《韩国哲学史》（下册），第272—280页。

② 《朴殷植全书·王阳明实记》，汉城：檀国大学东洋文化研究所，1968年。

③ 《答聂文蔚》，《王文成公全书》卷二。

之意基本相同。为强调天理为良知之本体，朴殷植又讲“良知是纯一无伪之知”，旨在表明良知是纯正的、至真的。与此同时，为反驳世儒将阳明学视为狂禅之说，朴殷植专门写道：

世儒或讥为近禅，殊不知禅专求本心而遗物理。先生以本心与物理合而为一，此其界限之别，固较然矣。且就上一截言之，王学之良知有似乎禅教之净智，然良知以天理为本体，净智以空寂为本体。其大本已自不同，则又何疑于近禅乎？未窥王学之真谛而辄肆讥诋者，不过门户之偏见矣。①

禅宗的“净智”把空寂作为本质，而阳明学的“良知”则把天理视为本质。

第二部分，“流行不息之知”和“泛应不滞之知”表明了朴殷植对“良知”动态性的强调。

朴殷植以动态主义诠释“良知”，对王阳明的“知行合一”说与“致良知”说做了能动化和实践化的发展。如朴殷植指出，王阳明特别强调“知行合一”与“致良知”，并将入悟“良知”的方法分为“解悟”“证悟”“彻悟”。对这三种方法，朴殷植从追求永不停滞的动态之知出发，特别重视从世事磨炼之中获得的真知，即“彻悟”。

从人事磨练而得者，忘言忘境，触处逢原，愈摇荡愈凝众，始为彻悟。盖先生之学，提掇本体之知而不假闻见之增益，宜若谰于实用者矣。乃其临事处变，回出常度，每过一层难处，愈加一层精神，如良金入火，愈放其光彩。较诸世儒闻见之识，其效相万，何也？盖世儒闻见之识，泛滥不切，未离言诠者也。先生之本体工夫，从事上磨练而致其精明，彻悟到底者也。故其鉴别之识，不眩于天下之事上磨练，是即知即行，即动即静，本体即工夫，工夫即本体，不落空，不滞物，而为万事之主宰者也。呜呼，其妙矣！神矣！②

朴殷植认为从世事磨炼中得到的知，才是真知。因为这种知不是滞留于书本上的凝固不变的知，而是随着社会、时代的发展而不断更新、变化的知。

朴殷植对王阳明的“致良知”也做了动态主义的诠释。

王学以致良知三字为头脑，而良知是本体，致字是工夫，故曰本体即工夫，工

① 《朴殷植全书·王阳明实记》。

② 同上。

夫即本体，而知行合一也，事上磨练也。①

可见，朴殷植认为本体与工夫是不能分开的，工夫是变动的、普遍的，所以，良知是流行不息的、泛应不滞的。进而，朴殷植在良知动态性基础上提出了进化论主张。他说：

其（指王阳明）论学之旨，亦多随时变易之义，如云良知即是易。其为道也，屡迁变动不居，周流六虚，上下无常，不可为典要，随时变易。如何执得，须是因时制宜。

呜呼！天地之进化无穷，故圣人之应变无穷，所以因时制宜，以成天下之务者也。顾世儒不达于此，将一个道理执之为不可变之格式。殊不知宜于古者而不宜于今，不能因时制之，逆天地之进化，以祸其民国者多矣。②

这里，朴殷植将他所受的欧洲进化论思想与阳明学有机地结合在一起。他将“良知”规定为“流行不息之知”和“泛应不滞之知”，强调良知的变动性，并进一步将这种变动性与进化论结合在一起。他指出，由于世界在变化，而且这种变化永无止境，因而良知的应变也如天地之变一样无穷。所以，天下万事万物都要因时制宜。处于被日帝蹂躏下的韩民族，因爱国启蒙运动的需要，应积极改革儒教，以阳明学对公民进行爱国教育。

第三部分，“圣愚无间之知”和“天人合一之知”表明了朴殷植对“良知”民主性的强调。

朴殷植对阳明学中的民主要素十分重视，并有所发展。他认为，古往今来，对于圣贤和凡人来说，良知都是相同的，如他所说：“呜呼！此其所谓良知，无间于圣愚，而天下古今之所同也。”这表明圣人与凡愚的良知是平等的。这种平等亦具有民主性，如朴殷植很强调阳明学的“天地人万物一体之仁”的思想，用“天人合一之知”解释良知。他说：“吾见先生（指王阳明）之学说，获取本心良知，做到万物同体，故可谓仁也。”他认为王阳明将《大学》“亲民”解释为“与百姓亲近”，反映了阳明学所具备的普遍的民主主义要素。朴殷植提出的“圣愚无间之知”和“天人合一之知”强调了人们在道德与本质上的平等，同时也体现了他所主张的“天下为公”“天下一家”的大同思想。

以阳明学“良知”民主性为基础，糅合西欧社会理论，朴殷植创建了大同教，发展了大同思想，并以此作为拯救国难的手段。他的大同思想具有以下的独特性：

---

① 《朴殷植全书·王阳明实记》。

② 同上。

第一，他的大同思想主张公德和公利。朴殷植认为，只有国家和社会的利益得到保证，自身和自家才能得以保全。也就是说，首先应把为国家和社会献身视为一种美德，由此号召韩国人应投身于恢复国权的运动中去。

第二，他的大同思想主张救世主义的大乘教。他认为，未来的学术研究和教育都应依据大同思想的大乘法，以国家、民族、社会为根本，创立赈世济民的公共原理。为此，他提倡依据大乘主义，发展能够拯救因日帝的侵略而丧失国权的大韩民族的新学说、新教育。

第三，他的大同思想主张“尊我国主义”。朴殷植指出，大同思想首先应成为尊崇大韩思想。继而，他提倡韩民族的民族主体性和爱国性。

第四，他的大同思想主张爱国的“知行合一”。他指出，当时一般人士只口头念及要热爱祖国，但若不承担爱国的义务，那么所说的都只是一纸空谈。他立足阳明学的“知行合一”思想，指出对于求索救国之路的人来说，走爱国的“知行合一”之路是他们唯一的选择。

由此可见，朴殷植的大同思想就是为恢复国权而进行的爱国运动的实践思想。①

四、总 结

韩国阳明学与中国阳明学相比较，具有独特的魅力和价值。例如，霞谷学在朝鲜朝理气之争的背景下，将生生不息的“气”概念吸收到阳明学中，凸显了霞谷学对生命哲学的关怀，使之更具生命力、更生动、更活跃。由此，霞谷学对朝鲜实学的发展和西学的引进，具有重要的社会价值。朴殷植提倡以阳明学为基础的儒教求新论的实质，是企图用他所发展的阳明学对韩民族进行爱国启蒙教育。他对阳明学的发展集中体现在赋予阳明学的中核——良知——以“流行不息”“泛应不滞”的动态性，使韩民族之“国魂”与阳明学之“良知”紧密相连。由此，这种充满生机和力量的阳明学，成为拯救沦于殖民地的韩民族的主体哲学。这是朴殷植阳明学思想重要的历史价值。

由此可以证明儒学的生命力永不枯竭，因为它是活的哲学、活的文化，儒学随着历史、社会、民族的发展而发展、变化而变化。在当代，东亚儒学凝聚为“东亚意识”。这种“东亚意识”将通过对21世纪东亚社会的影响作用而继续展现儒学的生命力。

---

① 参见韩国哲学会编《韩国哲学史》(下册)，第290页。

高台教的多神信仰*

何成轩**

一、导　言

高台教全称“三期普度大教”，因以“高台”为至上神，故简称“高台教”。高台教是越南土生土长的一种新兴宗教，创立于1926年，其后不断发展壮大。教徒集中在越南南部，中部和北部也有不少信仰者，还发展到柬埔寨一些地区。目前，教徒共有两百余万。

作为一种本土宗教和新兴宗教，高台教自创立至今不到八十年，但发展迅速，影响颇大，引起世人瞩目。该教教理教义杂而多端，不成系统，矛盾分歧所在多有。内部派别林立，分合无定，演变曲折。各派又与多种社会势力有千丝万缕的联系，背景复杂，关系微妙。高台教本身亦曾从事政治、军事活动，所产生的社会影响和历史作用不易判定。高台教的制度仪轨、宗教活动常带几分神秘色彩，加之对外公开宣传较少，经典资料不轻易向教外人士公开，因此社会各界对其了解不多。由于各种条件的限制，越南国内外学术界对高台教缺乏全面深入的研究。已经发表的少量研究成果和介绍文章，尚处于局部现象描述的阶段，资料零碎，理论缺乏系统；道听途说之论，捕风捉影之谈，误传曲解，在所难免。

笔者多次访问越南，对高台教亦曾留意考察探讨。今据实地调查所得，并参考时贤论著，试对高台教略加论析，以就教于大雅方家。

二、高台教概述

经过多年的酝酿准备，高台教于1926年11月18日在西宁省鹅坚县慈林寺正式宣告成立，举行了隆重的成立仪式。12月获法国殖民当局批准，取得合法地位。初时

---

* 本文是作者2004年11月26日在我国台湾大学东亚文明研究中心举办的“西方思想对东亚文明的冲击：跨文化的视野”第二次学术研讨会上发表的论文，后收入该次会议论文集《东西交流史的新局：以基督教为中心》（古伟瀛编，台北：台湾大学出版中心，2005年）一书。

** 何成轩，中国社会科学院哲学研究所研究员。

教徒仅有一万余人，不久即迅速发展成为越南南方最大的本土宗教。1930 年教徒增至五十万，1935 年已达一百万之众。后来历经沉浮兴衰，仍在艰难曲折之中生存与发展。有资料称，高台教鼎盛时期，信徒曾达一千万。现今则仅有两百余万，但近来似有继续增加的势头。信徒主要成分是农民和小知识分子，以及历届行政机关中的小职员，文化水平一般都不高。

高台教的创始人是吴文昭（亦名吴明昭，1878—1932）。他早年在新安省法院、南圻总督府、移民管理局等法国殖民政府机关中任职，曾担任过一个办公厅的副主任。1931 年辞职回芹苴省养病，1932 年去世。吴文昭对高台教的创建卓有贡献，在教内素享盛誉，得到各派信徒的尊敬与拥戴。终生倾心慕道，修身养性，积德行善，清廉无私，不求名利，拒绝担任教宗（高台教最高神职）职位。因此，在高台教成立大会上，教宗职务便由黎文忠（？—1933）代理。①代理教宗，称之为“权教宗”。黎文忠早年亦在法国殖民政府机关中任职，后来弃政经商，曾担任过上议院议员并获得法国最高勋章之一的“北斗星勋章”。虽然吴文昭、黎文忠及其他一些高台教信徒也在殖民政府机关中担任过公职，但他们不属于当权派，与法国殖民者仍存在各种分歧与矛盾。②

高台教之得名，有种种说法。据说在该教创建之初，吴文昭曾为新宗教的名称和标志而冥思苦想。原拟以十字为标志，复虑十字易与基督教混淆而放弃。后受神灵启示，看到高台上一只“天眼”光芒四射的影像，遂命名为“高台教”，以左眼画像（左代表阳）表示至上神“天眼”，并以此作为高台教的标志。③此种传说，其真实性如何，无法考究。另有一种说法，认为“高台”一词源自《老子》第二十章所说的“众人熙熙，如享太牢，如登春台”。释“如登春台”为“上祷高台”，高台即是神灵所居住的最高境界。这种解释，牵强附会的痕迹显而易见，与《老子》原意相去甚远。还有一种说法，依据高台教的教义，人类自古至今，前后经历了三个阶段（三期）。在第一阶段，释迦牟尼创立佛教，太上老君创立道教，孔子创立儒教，耶稣创立基督教，以普度人类，是为“一期普度”。在第二阶段，出现天主教，是为“二期普度”（关于一、二期“普度”，尚有其他说法）。现在的高台教则是第三次普度，也是最后一次普度，故称“三期普度”。在前两次普度中，各种宗教矛盾分歧，教理教义不统一，道术被割裂，只能适用于不同的时代和不同的地区，代表一部分人的思想和利益，而不能代表全人类的共同理想、符合全人类的根本利益。高台教则不然，它综合、包容并且超越古今所有宗教，是代表全人类思想

① 戴康生主编：《当代新兴宗教》，北京：东方出版社，1999 年，第 182、187 页。

② 雷慧萃：《越南的高台教》，《东南亚纵横》2003 年第 11 期。

③ 戴康生主编：《当代新兴宗教》，第 181—182 页。

理念、共同信仰与根本利益的跨民族、跨国界的统一宗教，以最终普度全人类为宗旨，理想崇高，目标宏远，故又称为“大教”。这便是“三期普度大教”名称的由来。从上述可知，“高台”有最高上义、最尊崇义、最广大义、终极阶段义。高台教每个圣堂（教堂）大门都有这样一副对联：

高上至尊大道和平民主目

台前崇拜三期共享自由权

横额是：

大道三期普度

对联虽用汉字写成，但其中有越南语的语音和语法。如“道”乃 dao 的音译，意为“宗教”“教门”；“大道三期普度”系倒装句，乃“三期普度大教”之意。上下联的头一个字连读，就是“高台”二字。因此，这副对联可以看作是高台教自我抱负的反映及其基本教义的概括。

“高台”是该教所崇奉的至上神，全称为“高台仙翁大菩萨摩诃萨”，有时又称为“玉皇上帝”“大罗天帝”“太极圣皇”，简称“上帝”（并非基督教的上帝）。“高台”是最高的存在，是宇宙的灵魂，世界万物的创造者和主宰者，无时无处而不在。高台教以“天眼”来作为至上神的标志，同时也作为本教的标志。认为左代表阳，代表天，所以“天眼”就是一只左眼的画像，被称为“圣像”。在各地圣堂正殿的神台上，在教徒家庭的供桌上，都供奉“天眼”。“天眼”或绘于墙壁上，或绘于神牌上，或绘于乾坤球（类似地球仪）上。眼眉弯黑，眼皮红润，眼白浅蓝，眸子蓝黑，明亮有神，状极美丽。画面以蓝为底色，表示天空。“天眼”悬挂于天空高处，光芒四射，照耀世界，如同明镜高悬，审视一切，洞察秋毫，无所不见，无所不知。在高台教的中心西宁圣庭，有一座宏伟壮丽的圣堂（1927 年兴建，1933 年落成）。正殿神台最高处有一个巨大的天蓝色乾坤球，其上绘有“天眼”，堪称所有“天眼”中最美丽壮观者。圣堂四周的窗棂上，也都嵌有“天眼”作为装饰。

高台教有一整套严密的组织机构，如同国家政权系统。中央有八卦台、九重台、协天台，地方有镇、州、族、户各级机构。

最高权力机构叫作八卦台，负责立法和各项重大决策，例如推举教宗等。八卦台指的就是圣殿中供奉“天眼”及其他神灵的神台，实为象征性的虚拟机构。决策的过程，一般通过扶乩降笔的方式来完成。扶乩降笔所形成的文字，多属诗句或偈语一类，被视为“高台”降下的圣旨，也就是天意，必须遵行照办。

九重台是庞大的行政管理机构，掌握实权，最高领袖称“教宗”。下设户、粮、工、学、医、农、和、吏、礼九个院，分别管理各项事务，相当于中央政府的各部。地方各级领导人分别称为钦镇（省）、钦州（县）、钦族（乡）、钦户（村）。①

协天台掌管立法、执法和监督工作，属于司法机构，为首者称“护法”。下设法（教理、律法）、道（宗教）、世（信徒）三个部，分别负责制定规章制度、戒律法令，主持诉讼审判、调解纠纷，维护教内秩序及安全保卫等工作。由于协天台负责掌握扶乩降笔以接受“高台”旨意的工作，实际上拥有选择领导人和决定重大事项相当的权力，地位颇为重要。

据此不难看出，高台教的组织机构，主要是仿效天主教。教宗的职称，即直接来源于天主教。

在高台教内部，上至教宗及各级神职人员，下至普通信教徒众，都被纳入各级组织之中，受到管理与约束，形成一个纪律严明、秩序井然的庞大团体。成员与团体之间，成员与成员之间，关系非常密切。教内提倡友爱互助，要求每个成员应该关心团体、帮助教友。同时，每个成员的生老病死、衣食住行，也得到团体和教友的关心；遇到困难时，常得到团体和教友的救助。

高台教信徒分为上乘和下乘两种。上乘指各级神职人员，他们脱离世俗专事修行，蓄发留须，吃斋禁欲，类似于佛、道两教中的出家信徒。下乘是居家过普通人生活、从事各种正常职业的一般信徒，平日可以在家里或者到圣堂进行礼拜祭祀活动，每月吃斋两天、六天或十天。这部分人类似于佛、道两教中的居家信徒（佛教称为“居士”）。所有信徒家中均设有供桌，供奉“天眼”及诸神像，供品为分别代表精、气、神（“三宝”）的花、酒、茶。每日六点、十二点、十八点、二十四点都要进香诵经。

高台教的礼仪和礼节繁复而严格，其中可分为天道和世道（人道）两大类。天道仪节用以礼敬祭拜“高台”及其他诸神，参加仪式的神职人员和所有信徒的服饰款式及颜色、排列方位及秩序、跪拜动作、诵唱诗文偈句、演奏鼓乐等等，均须符合仪轨规定。服色方面，黄色代表佛教，象征道德；蓝色代表道教，象征宽容；红色代表儒教，象征权威。普通信徒，日常着白色服装。世道（人道）仪节主要有生日礼、圣浴礼、成人礼、婚礼、驱病礼、葬礼及入教礼等。

和其他宗教一样，高台教内部也分成许多派别。据统计，教内大小支派达60余个，其中人数最多、影响最大的首推西宁派（以西宁为中心），其次是天仙派（以槲椥为

---

① 戴康生主编：《当代新兴宗教》，第185—186页。

中心)。由于高台教创建于西宁,而且西宁又有巍峨壮丽的圣堂及其他附属建筑,所以西宁被人们看作是高台教的发源地,西宁派也往往以高台教的中心和总部自居。

一般说来,佛教、道教奉行出世主义和避世主义,与世俗政治保持较远的距离。高台教与此不同,热衷于社会活动,积极参与现实政治、军事斗争,也兴办经济、文化事业。

在法国殖民机构及其傀儡、阮朝末代皇帝保大(阮永瑞,1913—1997, 1926—1945在位)的政权中,在美国扶植的南方政府中,高台教都有自己的代表。1941 年,法国驻印度支那总督古德试图逮捕范公稷和其他五位高台教领袖,日本人曾为他们提供庇护。高台教还组织政党,参加竞选活动,进入南方议会和内阁。高台教徒郑明世,曾担任过国防部长职务。①二战期间,高台教一些上层人物如范公稷等惑于日本"帮助越南从西方殖民统治下解放出来""支持越南实现民族独立"之类的甜言蜜语,一度与日本入侵者合作,造成恶劣影响。1945 年八月革命后,高台教分为亲法、中间、抗法三派。1975 年南北统一后,西宁派的个别领袖又组建所谓"国际调和委员会",被越南政府列为反革命案件加以惩处。

但是,无论在任何时期,大多数高台教神职人员和教徒是爱国的,他们以不同的形式投身抗战救国运动。特别是在抗美救国战争中,许多高台教徒踊跃参加越南南方民族解放阵线领导的各项斗争,有的还在南方根据地各级政府中担任一定的职务。

1974 年,高台教曾经联合南方另一新兴宗教和好教,组织和发动了大规模的反对阮文绍(1923—2001)政权的群众运动。

天仙派的教徒由于为抗美救国事业做出过积极贡献,因而受到越南共产党和政府的表彰,并获得一级抗战勋章。

全国统一后,高台教具有合法地位,参加越南祖国阵线,目前在国会中拥有四个席位。

高台教创建以后,各级组织先后建立起武装义勇队,至二战期间已形成规模可观的军事集团。1944 年,日本人曾对部分高台教徒进行军事训练,鼓励其开展反法活动。20 世纪 50 年代初,高台教凭借其强大的武装力量控制了西贡西北一大片地区,俨然一个独立王国。1955 年吴庭艳(1901—1963)政权下令解散高台教军队,1956 年初又出兵予以围剿,接管了西宁圣庭。范公稷亡命柬埔寨(范公稷本人 1959 年死于柬埔寨),所属军队四散溃逃,高台教因此元气大伤。不过,1963 年吴庭艳在军事政变中死去以后,高台教又迅速恢复并继续发展。

---

① 戴康生主编:《当代新兴宗教》,第 184 页。

对于经济和文化教育事业，高台教一向比较重视。拥有自己的报纸杂志、出版社、印刷厂、学校、广播电台、医院、孤儿院、养老院、工商业组织等。先后创办多所子弟学校和培养神职人员的专门学校。1972 年，在西宁创办了一所高台教大学——西宁大学。目前，许多教派还面向社会免费开办夜校和文化补习班，主要是教授汉语和英语，为学员的谋生及事业发展提供帮助。但是，高台教编辑出版的书刊，一般不对外公开发行，故目前教外人士很难获得这方面的文献资料。笔者最近访问西宁高台教总部时，曾得到该教有关人员的热情接待；但当笔者提出希望能够看到该教一些资料时，均被婉拒，一无所获。笔者目前掌握的部分高台教文献资料，是历年通过其他渠道获得的；还有一部分资料，是来自笔者所做的笔记和所拍的照片。

高台教的经典，主要有《天道及世道经》《道法要传》《圣言合选》《新律》《祭道供礼仪节》等。

三、 高台教的多神崇拜与多元信仰

高台教主张“三教合一”“五枝同源”“万教一理”，宣称自己囊括和融摄了各种宗教，是一种无所不包的“大教”。所谓“三教”，指儒、佛、道；所谓“五枝”，指孔子的仁教、释迦牟尼的佛教、老子的仙教、姜太公的神教和耶稣的圣教（有时又称孔教为圣教）。综观高台教的经典文献、制度仪轨、堂殿建筑、组织机构以及活动言论，可知该教实以儒、佛、道三教为基础，同时吸收天主教及民间信仰，融合发展而成的一种多神教。综合性、混合性的特征极为明显，崇拜神灵多种多样，教理教义驳杂不纯，来源于多种宗教信仰和学术文化。

一走进高台教的圣堂神殿，就可以立刻得到多神信仰的感性直观印象。所崇拜和尊奉的神灵，除了属于上述仁、佛、仙、神、圣“五枝”（五教）之外，还包括了东西方其他宗教及民间信仰的诸多神灵。代表至上神“高台”的“天眼”，无疑处于最高的地位。此外，常见的神灵有释迦牟尼、孔子、老子、玉皇上帝、太白金星、燃灯古佛、弥勒菩萨、观音菩萨、文殊菩萨、地藏菩萨、普贤菩萨、耶稣、姜太公、关圣帝君、瑶池金母、蓬莱真仙、湿婆、毗湿努、梵天，以及阮秉谦（1491—1585）、段氏点（1705—1748）、潘清简（1796—1867）、李白（701—762）、孙中山（1866—1925）、齐天大圣、贞德（约 1412—1431）、雨果（1802—1885），等等；有的圣堂，还供奉越南共产党的领袖胡志明（1890—1969）。可谓五花八门，光怪陆离，不一而足。

“天眼”并非高台教的创造发明，而是来源于佛教。天眼是佛教所说的五眼之一，即天趣之眼，认为它能透视六道、远近、上下、前后、内外及过去未来等。高台教正是从

“无所不知、无所不见”的意义上，借用“天眼”来表示至上神“高台”的。

尽管崇拜多神，但诸神在高台教中的地位并不一样。八卦台的设置，说明高台教诸神是有差等的。其中“天眼”的地位最为尊崇，“天眼”画像被称为“圣像”，安放在八卦台最高最明显的位置。“天眼”之下设若干层台阶，自上而下按地位高低安放其他神灵牌位。最上一层，中为“西方教主”（释迦牟尼），左为“太上道祖”（老子），右为“孔圣先师”（孔子）。第二层，中为“太白金星”，左为“观音如来”，右为“关圣帝君”（或“娲天大帝”）。第三层，中为“耶稣教主”。第四层，中为“姜尚子牙”。最下一层，左有“圣死道・女派”牌位，右有“圣死道・男派”牌位。如前所述，八卦台既是奉祀诸神的神台，又是虚拟的最高权力机构。神灵地位的高低，折射出世俗人间的等级差别和尊卑秩序。

在西宁圣堂正殿，八卦台的对面还立有三尊塑像。中为范公稷，是西宁派的创始人和教宗；左右分别为该派的另外两位领袖高琼居和高怀创。在圣堂后面，还并排建有“玉”“上”“清”三座宝塔，代表道教的三位最高尊神：玉清、上清、太清。在道教中，玉清又称元始天尊，上清又称灵宝天尊，太清又称道德天尊。道德天尊也叫作太上老君，世俗民间视其为道教的教主。

上面提及的高台教诸神灵，释迦牟尼、燃灯、弥勒、观音、文殊、地藏、普贤等属于佛教系统。老子、三清、玉皇上帝、太白金星、关圣帝君、瑶池金母、蓬莱真仙等属于道教系统（包括道教俗神）。孔子是儒家学派的创始人，后世被看成儒教的教主。湿婆、毗湿努、梵天等，属于婆罗门教和印度教系统。耶稣是基督教、天主教崇拜的对象。齐天大圣就是中国古典小说《西游记》中的人物孙悟空。其余神灵，如阮秉谦、雨果、孙中山，等等，则是真实的历史人物。

在这里，有必要对“太白金星”和“李白”的关系略作考辨。在高台教各圣堂的八卦台上，都有“太白金星”的牌位。太白就是金星，金星就是太白，二者是一回事，指的就是九大行星之一的金星。其晨出东方者曰“启明”，昏见于西方者曰“长庚”，又有“荧星”“大衰”等别名。星占家以为其秉西方金德之精，司秋，主兵，可根据其位置不同、星象变化来推断吉凶祸福。高台教将“太白金星”的牌位安放在神台第二层的中央，可见其地位相当重要。此外，在《天道及世道经》中，亦屡次提及“灵霄太白长庚”“长庚照耀金阙”，可证“太白”即“长庚”，亦即“金星”。太白金星和唐代诗人李白本来没有任何关系，可是在高台教的一些信徒和研究高台教的部分学者当中，却往往将二者混为一谈，以为“太白”即“李太白”，亦即“李白”。当然，诗人李白的字也叫太白，号青莲居士，擅长作诗，又好求仙学道，炼丹服药，民间信仰早已将其神化，称之为“李大仙”。而高台教在扶乩活动的过程中，又常托名古代一些文人降笔作诗，以为高台旨意，因此李白被视为一位神灵，本不足怪。但认为八卦台上的太白就是指李白，却是大错。至于有的研究者说太白指“越南古代哲学家”，更毫无根据，因为越南历史上并没有一位叫作“太白”的哲学家。

阮秉谦字亨甫，号白云居士，越南后黎朝著名学者和思想家。少时师从榜眼梁得朋研习《易经》和太乙之学，无意功名仕进。梁得朋出使明朝时获赠一部《太乙真经》，乃授予阮秉谦，大有解悟。阮秉谦四十五岁时才参加科举考试，连中三元，入仕莫氏集团控制的朝廷，任吏部左侍郎兼东阁大学士。因上疏请诛十八奸佞被驳回，乃愤而挂冠回乡，隐居白云庵，徜徉山水，诗酒自娱，并开馆设坛，收徒讲学，从游者甚众。一生著述颇丰，有汉字和喃字作品千余篇。阮秉谦虽然隐居不仕，仍受朝廷及各派势力敬重，王侯公卿常至其寓所求教请益，商讨方略；有时又应召入朝接受咨询，建言献策，不啻“山中顾问”。阮秉谦享寿九十四岁，学问渊博，精于术数，谙熟历史演变与政治兴衰规律，以占验吉凶、预测未来准确灵验闻名于当时。据载阮秉谦利用太乙术数判断和预测社会人事与政局发展诸事，皆见效验，时人莫不惊叹折服。其诗文多寓哲理与谶言，被后人称为预言家和哲理诗人。民间更尊其为神，加以崇拜和供奉。甚至到了当代，还有人认为越南的抗法、抗美救国战争及其结局，在阮秉谦的作品中早有暗示。这样的一位预言家和哲理诗人，被高台教奉为神灵，固在情理之中。阮秉谦的思想，融会儒、道二教，兼摄佛学，是一位兼通三教的学者和思想家。

段氏点字红霞，是 18 世纪越南著名女作家，撰有《传奇新谱》（又名《续传奇录》）及其他诗作，其用喃字翻译的邓陈昆（1710—1745）长篇汉文诗《征妇吟》，是越南文学史上的名著，一直传诵不衰。由于她在文学史上的成就和地位，受到高台教的崇拜，是很自然的。高台教的一些经文，且托名段氏点所作。

潘清简字靖伯，又字澹如，号梁溪，别号梅川，阮朝大臣兼史官。1826 年代表阮朝与法国签订丧权辱国的《西贡条约》，颇遭世人非议。1865 年任南圻经略大臣。1867 年法军围攻永隆城，潘清简自认无力抵抗，将衣冠印信上交朝廷，献城后服毒自尽。潘清简曾任《钦定越史通鉴纲目》和《明命政要》编修总裁，并有《梁溪诗文集》《西使程日记》等著作行世。潘清简是一位儒家，崇信孔孟思想和宋明理学。高台教奉其为神灵，大概出于对其学问文章的钦佩和自尽殉国的敬意。

贞德是英法百年战争时期的法国女民族英雄，出身农家，笃信天主教。曾率领军队屡创入侵英军，扭转战局。1430 年在一次战斗中不幸被俘，经受轮番审讯，坚贞不屈。最后被异端裁判所处以火刑，于 1431 年 5 月 31 日英勇就义。1456 年，罗马教廷撤销对她的判决。1920 年被列为圣女。巴黎高等法院规定每年五月的第二个星期日为全国贞德节。高台教崇奉贞德，是因为贞德系天主教信徒，怀抱宗教理想，又充满爱国热忱，最后为国献身，因而对其思想精神表示崇敬，列为尊神。

雨果是法国著名作家，所撰长篇小说《巴黎圣母院》和《悲惨世界》享有世界声誉。雨果宣扬仁慈博爱、改革社会、拯救人类的人道主义思想，抨击暴政，同情弱者，赞成自由精神与共和政治。1885 年 5 月 22 日雨果逝世于巴黎，法兰西举国为之志哀。雨果既享盛誉，其思想又与高台教教义颇多吻合，所以被供奉为高台教的重要神灵之一。此外，雨果也是高台教一些经文的托名作者。

孙中山先生是中国伟大的革命家，他的思想业绩对越南影响巨大。从维新派的潘佩珠、潘周桢，到共产党的领袖胡志明，无不对孙中山表示景仰。高台教尊奉孙中山为神灵，也就不难理解了。

在西宁圣庭正殿的大门入口处，有一面照壁，上绘阮秉谦、雨果、孙中山在一起的“三圣像”。阮秉谦居右，白发长髯，儒冠道服，手执毛笔在一块长方形牌匾上用汉字书写：“天上天下，博爱公平”。雨果居中，着法国服饰，用羽笔在牌匾上写下内容相同的法文词句。孙中山则站在雨果旁边，头戴青色瓜皮小帽，身着白袍青色马褂，右手托着砚台，协助阮秉谦和雨果写字。在“三圣像”的左侧照壁上，嵌有一块石碑，碑上有用中、越文字镌刻成的《三圣现像传记》：

> 阮秉谦：越南末黎著名先知家，状元，程国公。降乩称为青山道士，即白云洞先生。
>
> 维克多·雨果：大法著名诗人。降乩称为月心真人，即白云洞阮秉谦先生之弟子。
>
> 孙逸仙：中华大革命家。降乩称为中山真人，即白云洞阮秉谦先生之弟子。
>
> 此三圣人得令，为天下宗教响导天使，以实施第三天人和约时期。

在高台教其他地方的一些圣室，也有类似的阮秉谦、雨果、孙中山“三圣”的画像和碑文。可见三人在高台教中已被神化，由人变成了神，具有崇高的地位。

所谓“第三天人和约时期”，就是指的“三期普度”。第三期普度的目标，是要实现全人类和平、民主、自由、博爱、公平，并达到“天人合一”的境界。这和每座圣堂大门的对联“高上至尊大道和平民主目，台前崇拜三期共享自由权”所表达的意思，是一致的。

西宁圣庭正殿的正门，还有一副对联云：

> 协力高台百姓十方遇正果
>
> 天开黄道五枝三教会龙花

殿内范公稷塑像两侧的对联是：

梵教随元救世度人行正法

门权定会除邪灭魅护真传

高台教特别注重祭祀祖先和丧葬仪节。这类活动是该教宗教生活的重要内容，与此相关的经文在该教经典中占有很大的比重。所有圣庭的后殿都设有“九玄七祖”祭台，信徒家中也都设有祖宗牌位，依时祭祀。高台教的祖先崇拜源自儒教的孝道和重视祭丧之礼的传统，同时也受到越南民间崇拜祖先风习的影响。越南人尽管宗教信仰各不相同，思想观念千差万别，但在崇拜祖先这一点上却是一致的。每个家庭都设有供奉祖先的神龛、神台、神位，祭祀仪节，隆重繁复。作为土生土长的宗教，高台教对此当然不能忽视。

以上情况说明，高台教属于多神崇拜。如果从教理教义的层面来看，高台教对其他宗教信仰和思想文化的吸纳融合同样十分明显，可以归入多元信仰的范畴。该教创建之初，在呈送给南圻殖民总督的《高台教成立宣言》中，就声明：“新的教理将教给民众以下各条：(1)孔子的高超伦理，(2)佛教和道教中教导的德性……”①

高台教的教义，包括五个主要方面，称为“五大教义”。其内容略为：灵魂是长存的，每个人都会生死轮回永无休止，并受自身生前行为的影响；人的物欲是一切罪恶之源，应该自觉摆脱物质贪欲，舍弃名位、钱财和奢华，以求得灵魂的平安和坦然；重视家庭伦理道德，尊重妇女，供奉祖先；提倡仁慈、博爱、公平、和平、民主、自由，各种宗教和不同信仰的人应该和睦相处，团结互助；实现“第三期普度”亦即“天人和约时期”的目标，达到社会和谐、天人合一的最高境界。在戒律方面，则有“五戒”：戒杀生，戒贪欲，戒荤腥，戒奸淫，戒粗口。

大体言之，灵魂说主要源自基督教和天主教，轮回说源自佛教，禁欲说源自佛教、道教及宋明理学，重孝道、重家庭伦理道德源自儒教及越南民间信仰与本土习俗，“五戒”源自佛教与道教，尊重妇女主张源自越南民族历史传统并与西方近代思想影响有关，仁慈观念源自儒、佛、道三教，社会和谐、天人合一主张源自儒教，博爱、公平、和平、民主、自由观念源自西方近代思想。

高台教的多神崇拜及其教理教义的多元来源，在该教经典中有充分的体现和明确的表示。各种经文广泛援引诸教教义及西方近代思想观点，并加以融合发挥，作为本

---

① 雷慧萃：《越南的高台教》，《东南亚纵横》2003年第11期。

教的教理教义。例如在《天道及人道经》中,《开经》开宗明义,标举“三教同源”“三教合一”的宗旨。《玉皇真经》阐发姜太公的神教义理,《释教真经》阐发释迦牟尼的佛教义理,《仙教真经》阐发老子的道教义理,《圣教真经》阐发孔子的圣教义理,《幽明锺》和《归来经》赞颂“耶稣教主”。对于儒教的修心养性、忠孝诚信、仁义道德、贞节守礼、中庸和谐,佛教的慈悲平等、普度众生、因果报应、六道轮回,道教的惜命重生、全身保真、积德行善、羽化登仙,《天道及人道经》屡加称引,反复其言,再三致意。有些地方,还提到了儒教的三纲五常、修齐治平、大同小康、民富国强。西方近代的民主自由、平等博爱、共和法律等思想理念,在经文中也有所体现。目前,在越南实行革新开放的形势下,高台教又提出了“国荣教兴”的口号,将国家前途和本教命运联系起来,号召广大信徒积极参加社会主义现代化建设。这可以看作是该教依据本国国情,适应时代潮流,与时俱进,谋求自身生存与发展的一种努力和表现。

四、 高台教的社会文化背景

高台教的产生和发展,与越南的社会背景和文化传统有密切的关系。

从 19 世纪下半叶开始,越南逐渐沦为法国的殖民地。殖民主义的压迫,给越南民族带来了深重的灾难;西方文明的传入,又对越南传统文化造成了猛烈的冲击。20 世纪初,越南内忧外患日趋严重,社会危机县于畴昔。法国对越南实施的“第二次开发”,更使越南民众陷于水深火热之中。在法国殖民统治期间,越南许多志士仁人与广大民众前仆后继,多次掀起抗法救国斗争(勤王运动、维新运动、黄花探起义是其中的著名事例),然而均以失败告终。可以说,当时的越南,正处于社会转型时期,政局动荡,风云变幻。君主专制制度走向没落,旧的信仰与旧的价值观念逐渐崩溃。人们普遍感觉家国多故,生活艰难,命运难测,思想彷徨,精神空虚,心情苦闷。大家渴望能够找到救亡图存、复兴民族的办法和途径,以解决社会困境,实现国家富强人民幸福;同时也渴望能够找到新的思想信仰,以作为个人安身立命的精神支柱,获得某种心灵慰藉。各种宗教,各种主义,各种思想观点与理论学说,纷纷出现,相继登台,简直令人目不暇接。在这样的社会背景和心理需求之下,高台教应运而生。高台教的创建,为众多彷徨苦闷的人提供了一个新的精神家园。该教以其诸神共处、多教兼容的鲜明特色,迎合了越南民族历来崇拜多神、信仰多元的传统心理,适应了不同宗教信仰和不同思想观点的各类人群的需求和口味,因而创建不久就能够很快站稳脚跟,并且得到迅速发展。

越南位于东南亚中心地带,处于东亚和南亚之间的交通要道上。越南又是世界两大文明古国中国和印度文化交流的重要枢纽，自古以来受到中国文明和印度文明特别是中国文明的强烈影响。此外，西域文化也渐次向越南浸润传播。降至近代，西方文化又成为越南民族精神生活中的重要因素。因此，越南传统文化具有多元共存、兼容并包的特征，而儒佛道三教合一则是越南传统文化的基本格局。

中越两国山水相连，两国人民之间的传统友谊和文化交流源远流长。自秦汉以后，越南中北部地区又归入中国版图，成为中国行政区域的一部分；至10世纪北宋初年，才脱离中国而独立。这段时间，史称“郡县时代”或“北属时期”，前后达一千余年之久。越南历史上濡染汉文化甚深，政治经济，文化教育，一遵中国体制。思想学术，伦理道德，礼仪礼节，风俗习尚，亦大体与中国相似。

同时，越南又是南方海上丝绸之路的交通要道。印度、南亚和西域的商人及宗教文化界人士，常常云集越南，或经由越南进入中国。而中国的宗教文化界人士，也陆续有人经由越南前往印度取经，或到南洋地区活动。因此，印度、南亚和西域的文化，对越南都有不同程度的影响。

两汉三国之际，中原大乱，战火连绵，民不聊生，独交州偏在一隅，免受战祸波及，社会相对安定。加之当地牧守锡光、任延、士燮等人治理有方，重视文教，礼贤下士，内地人民多往该地避难，其中不乏热心文化教育事业的宗教信徒和文士学者。其时交州商业发达，文化兴盛，学术繁荣，成为南方的学术文化中心。儒、佛、道、医各家，咸集于此，辩论争鸣，切磋砥砺，形成岭南文化史上的黄金时代。多种文化的交汇与融合，多种思想的碰撞与互动，是这一时期交州文化发展的主流和特色。牟子和康僧会，便是在这样的文化氛围里成长起来的代表人物。

牟子系广西苍梧人，本为儒生，也好读诸子百家之书。青年时携母避乱交趾，转而信仰佛教，但并不排斥儒教和道教。所作《理惑论》认为儒、佛、道三教均有共通之处，一致百虑，殊途同归；三者可以相互为用，相辅相成，并行不悖。《理惑论》开三教合一之先河，在中越佛教史上地位重要，影响深远。

康僧会（？—280）也是一个以佛教为主、三教并尊的著名僧人。其祖籍西域，世居印度，其父因经商移居交趾（今越南）。康僧会青少年时期在交趾度过，并在其地出家，后到内地建业（今江苏南京）传教。他将佛教与儒教加以调和融会，以儒解佛，引儒入佛，有意识地把佛教的出世消极观念，改造成为儒家的积极用世精神，并使之在国家政治和社会生活中产生实际影响。康僧会的思想，在越南、在中国都有重大影响。

汉魏之际的三教合一思潮，奠定了越南传统文化的基本格局。三教合一的思想理论，在越南历史上传播广泛，影响久远；三教融合的现象普遍存在，持续发展，层出不穷。虽然三教合一也是中国传统思想的特色之一，但在一般情况下，中国的儒、佛、道三教之间界限分明，不容混淆。即使大量借鉴和吸收佛教思想资源的宋明理学家，表面上仍然反复申明固守孔孟阵地，与佛教划清界限。有时三教之间矛盾尖锐，冲突激烈，直接对抗，有如冰炭水火之不兼容。有名的“三武一宗灭佛事件”和韩愈的《谏迎佛骨表》，就是典型的例子。然而在越南，三教一般能够和平共处，相安无事；三教界线不甚分明，许多人兼信二教或三教，亦儒亦僧亦道，不以为怪，反以为常。越南的三教融合不仅程度比中国深，而且三教与民间信仰及其他宗教特别是天主教的结合也更加紧密。这里既有社会民间的自发行动，互相熏染，也有当权者的推波助澜，倡导弘扬，甚至使用行政手段强行推广实施。越南独立之初，丁朝首开三教并尊之局。前黎朝初试三教，以儒释道取士。陈朝多次举行三教考试，陈太宗（1218—1277）创立竹林禅派，又提倡“三教同一”说。后黎朝兴起“三教同源”的思潮，其流风余韵，延续至今。僧人香海禅师（1628—1715）的“三教同体”说，状元郑拙夫的著作《三教一原说》，是后黎朝三教同源思潮的代表。进入近代以后，越南掀起三教合一运动。19世纪末，随着天主教的广泛传播（这与法国殖民当局的鼓励有关），又出现“四教一源”说。越南传统文化的这种氛围，潜移默化，熏陶着越南人的思想性格和心理状态，培育了越南独特的民族精神。总体来看，越南民族具有比较宽阔的胸怀和开放的心态，愿意并且善于学习和吸收多种文化，改造发挥，为我所用。

越南的地理环境、文化背景和民族性格，适宜于不同宗教信仰、思想理论和学术流派的和平共处，交汇融合，并存共生。高台教就是在这样多元化的文化土壤之中孕育、产生、发展起来的。高台教是越南三教合一传统和多元文化的产物，反映了越南民族富于融合性、兼容性的心理素质以及该国民众多元信仰的社会现实。

1939年黄富数创建的和好教，也是一个崇拜多神和信仰多元的本土新兴宗教。目前教徒约有一百五十万，在国会中拥有一个席位。

越南民族的融合性与兼容性，在共产党人身上也有所体现。胡志明曾经说过：“孔子学说的长处是重视个人道德的修养。耶稣的宗教的长处是高贵的仁爱之心。马克思主义的长处是辩证的工作方法。孙逸仙的学说的优点是他的主张政策适合我国环境”，“孔子、耶稣、马克思、孙逸仙岂非均有一个共通之处？他们都要为人类谋幸福，为社会谋福利。假若到今天他们还在世，假若他们聚会在一起的话，我相信他们一定会像至亲朋友一样地和好共处。我自己愿意当他们几位的一个小小学生”①。当今，越南共产党和政府在实行革新开放的过程中，实行“以民为本”的方针以及“三民”（民有、

---

① 转引自潘文阁著《胡志明与儒教》，载中国孔子基金会编《孔、孟、荀之比较——中、日、韩、越学者论儒学》，北京：社会科学文献出版社，1994年，第146页。

民治、民享)、“四民”(民知、民议、民行、民查)的政策。对于不同思想观点和宗教信仰,态度比较宽容,政策比较宽松。这些,与越南文化富于融合性、兼容性的传统不无关系。红色高棉领袖波尔布特那样的残暴人物,越南共产党内没有出现过。越南共产党拒绝“斗争哲学”,也没有实行过“残酷斗争,无情打击”的方针。1990 年,越共中央政治局下发第 24 号文件,对宗教的社会功能有比较充分的肯定,指出:“宗教成为部分群众的需求,它将在一定历史阶段长期存在。”2001 年 4 月举行的越共九大,再次肯定了宗教的社会功能与文化道德价值,指明了执政党应当采取的正确方针:“信仰和宗教是一部分人民群众的精神要求。始终如一地实现尊重和保障信奉或不信奉某种宗教的信仰自由权,依照法律的正常的宗教生活权。团结信奉不同宗教的同胞,团结信奉和不信奉宗教的同胞……‘修善身,行善道’,发挥宗教在文化道德方面的美好价值。”①对于在越南历史上和现实生活中影响最大的佛教,越南共产党表现得尤为尊重。逢年过节,各级领导人常到当地寺庙上香行礼。虽然按照党章,共产党员不能信奉宗教,但在实际上信佛者相当普遍。以高台教而言,以往虽有过与共产党合作的历史,但也与共产党发生过不少矛盾;高台教的一些领袖人物,还从事过反对共产党和反对政府的活动。对于这样一个功绩与污点并存的民间宗教,越南共产党和政府却能容许其合法存在,且接纳其参政议政,实属不易。目前,越南各种宗教发展迅猛,据称平均每四个人中就有一人信仰宗教。当然,对于邪教组织和异端迷信活动,特别是对于利用宗教迷信进行颠覆破坏活动的组织和个人,越南政府也绝不会容忍,必进行坚决打击和取缔。

从另一方面来看,越南民族富于融合性、兼容性的特质也导致了越南文化创造力较弱的状况,不容易产生具有高度原创性的、系统完整的、独树一帜的宗教信仰或理论学说。②高台教就是如此。其领袖人物及普通信徒文化水平一般都不高,无法建构系统完整的理论体系,其教理教义驳杂不纯,思想观点肤浅粗糙,远未达到成熟、严密的程度。对于其他宗教信仰和学术理论,往往是简单的搬用、糅合和拼凑,而不是经过吸收消化之后的重新创造。这样,其教理教义的歧义丛生、矛盾百出,也就不足为奇了。因此,高台教的多神崇拜和多元信仰,表现出驳杂混合的特征。有的论者甚至称之为“大杂烩”,也不无道理。

五、结　论

高台教是越南新兴的本土宗教,创建的时间虽然不长,然而由于其迎合了越南崇

① 《越南共产党第九届全国代表大会文件》中文本,河内:越南世界出版社,2001 年,第 45 页。

② 石宝洁:《越南的高台教及其文化内涵初探》,《东南亚研究》2001 年第 3 期。

拜多神、信仰多元的传统心理，适应了不同宗教信仰和不同思想观点的人们的需求和口味，所以发展相当迅速，在社会上产生较大的影响。

高台教以儒佛道三教为基础，同时吸纳天主教及民间信仰的思想资源，是一种崇拜多神和信仰多元的多神教。该教具有非常明显的综合性、混合性特征，诸神共处，多教兼容，光怪陆离。该教的另一特色是世俗性、实用性比较浓厚，热衷政治军事活动，与各种集团势力有复杂的关系。但大多数信徒为农民和其他普通民众，勤劳纯朴，心地善良，具有爱国思想和革命精神，以往参加过救国斗争，现在拥护社会主义。

尽管高台教自命为“三期普度大教”，可是其自身并没有形成系统完整的思想体系，教理教义驳杂不纯，缺乏原创性和理论深度，许多思想观点甚至互相矛盾。该教企图熔冶多种信仰、文化于一炉，却未能致力于有机综合和理论创新，其做法比较简单粗糙。从发展教徒、扩大组织的一面来看，该教成绩可观；从教理教义、思想理论的建构一面来看，显然并不成功。因此，高台教不可能肩负起普度人类到达世界大同、天人合一美好境界的重任。然而，高台教的和平、和谐宗旨是好的，方向是对的，它为人类新文化的建构进行了某种有益的尝试，提供了某些宝贵的启迪：人类在继承、发扬和创造文化或者文明方面，应当承认多元化的原则；提倡不同思想观点、理论学说以及宗教信仰的并存共生、交汇融合、取长补短、协同发展；提倡不同文化文明的和平对话、平等交流与良性互动；主张人与人之间、人与自然之间的和谐。凡此，都符合人类社会的总体利益和世界发展的根本要求。

藏传佛教石刻大藏经考述

——以青海果洛石经墙为例*

尕藏加**

引　言

石刻藏文大藏经，顾名思义，是用金属等工具将号称藏传佛教大百科全书的大藏经（包括《甘珠尔》和《丹珠尔》两大部分）镌刻在石头上的一种特殊的经书形式，以通俗的语言可称之为“石头书”。这种形式在金石学上一般被称为“石经”。从历史上看，石刻藏文大藏经在藏传佛教流布地区产生的时间不很久远，但在青藏高原区域内不难发现，诸如位于青海省黄南藏族自治州泽库县境内的和日石经墙、位于青海省海西蒙古藏族自治州天峻县境内的天峻石经寺、位于四川省甘孜藏族自治州石渠县境内的巴松石经墙等，则是知名度较高的不同地区的具有代表性的石刻藏文大藏经。笔者在这里提出的果洛石经墙是近来在青海省果洛藏族自治州境内发现的石刻藏文大藏经，它是用大小不等、形状各异的石板两面镌刻佛经后，按一定规则和顺序重叠而成，远处望

青海泽库县和日石经墙

* 原载《青海民族研究》2017年第3期。

** 尕藏加，中国社会科学院世界宗教研究所研究员、博士生导师。

去，犹如一堵城墙，故当地藏族居民形象地称其为“多卡”(Rdo mkhar)，意为“石经墙”。本文仅就果洛石经墙的人文地理环境、历史创建过程和分布及其规模作一考述，以窥探藏传佛教石刻大藏经的基本面貌。

一、人文地理环境

任何一种文化的出现，主要受制于两大因素，即人的因素和自然环境的因素。如果说，“人，作为文化的生物，创造着物质和财富的新世界——文明的世界”①，那么，同时又不可忽视自然环境对形成任何文化所起的巨大作用。可以断言，正是世界上有了不同的自然环境，才出现了各民族的文化差异。果洛石经墙作为一种区域性人类文化现象，同样受到了自然环境和人本身的影响。

果洛地区位于青海省的东南部，总面积为75 773.6平方公里，平均海拔在4 000米以上。由于果洛地区地域辽阔，地势高峻，气候寒冷，群山耸立，青海的人们又喜欢称其为“青南高原”。这一天然的地理条件决定了果洛地区的绝大多数藏族人今天仍以畜牧业为生，他们世世代代搭建以牦牛毛编织而成的黑色帐篷，常年逐水草而迁居，从未有过固定的居住场所(房屋)。再加上，果洛地区地形复杂，交通不便②，木材短缺，1949年前，除了班玛县、久治县等地有几座规模不大的建筑寺院外，果洛大部分地区没有形成建筑寺院群，只有为数不多的帐篷寺院。设立帐篷寺院则是果洛藏族人在他们所处的特殊的地理环境中，经过长期的宗教实践探索出的一条比较适合高原牧民过宗教生活的路径。帐篷寺院在藏传佛教史上虽算是一大创举，但作为宗教信徒过宗教生活和举行宗教仪式的场所，并不是一种完美无缺的形式。譬如，帐篷寺院不宜安置作为代表“佛”的各类大型神佛塑像和作为代表“法”的大量佛经(如大藏经之类的大型佛教丛书)。另外，目前发现的绝大多数果洛石经墙集中在甘德县、达日县二县境内，而这两个县境内过去几乎没有建筑寺院。不难看出，产生石经墙的地理环境，不仅是在高寒牧业区，而且是在牧业区中没有产生建筑寺院群的地区。

同时，人的因素在形成区域性文化过程中始终起到了主导性作用。因为果洛地区数万名藏族居民是果洛石经墙这一区域性文化工程的直接缔造者。如果没有果洛人坚韧不拔、勇于开拓的精神，果洛石经墙这一标志人类文明的文化奇观也就不会自然诞生。众所周知，果洛藏族人自古就以强悍、喜武、善战著称。许多历史资料和现状调

---

① 亚·泰纳谢著、张伟达等译:《文化与宗教》，北京:中国社会科学出版社，1984年，第25页。

② 1949年前没有汽车公路，甚至连条马车路也没有修通。

查均已证明，自古以来果洛藏族民众从不屈服于任何外来的强制性压迫，从明清封建王朝到中华民国地主军阀统治时期，果洛地区受到了长达数百年无数次的镇压和掠夺，但果洛藏族人民始终没能被完全制服。特别是中华人民共和国成立前，果洛地区由于遭受马家军阀的多次血腥镇压，一直处于民不聊生的悲惨境地。因此，果洛藏族信徒虽然对藏传佛教的信仰十分虔诚，但他们无暇对藏传佛教的发展投入更多的精力，而必须时刻警惕着马家军阀的袭击。显而易见，宗教的发展需要和平的社会环境和充裕的经济基础作为保障，果洛地区却达不到这起码的客观条件，尤其是马家军阀每次袭击果洛地区时，那里的建筑寺院便成为无法逃脱的第一个“俘虏”，遭受任意焚烧毁灭。因而果洛藏族信徒放弃建造建筑寺院的传统观念，去探寻另一种更加适合当时果洛实际的弘扬佛法事业的途径。这一途径就是后来果洛藏族民众创造性地筑起一座座藏传佛教石经墙的壮举，从而满足了人们的宗教信仰需求。实际上，这是果洛藏族人对于马家军阀破坏寺院、毁灭佛法的有力回击。在藏族人的传统思想观念中，石头是地球上唯一不被浸湿、不被生锈、不被损毁并象征永存的坚硬物质，故一旦将佛经镌刻在石头之上，就意味着佛法永存，不可毁灭。诚然，果洛藏族人用血汗创建的一座座石经墙，虽历尽人世间的不测风云，但至今依旧矗立在青藏高原那博大的山野之中，可供世人亲临目睹或观赏朝拜。

果洛石经墙的产生或形成，除了上述两大重要因素之外，尚有其宗教文化上的历史渊源，因为佛教石刻文化有着源远流长的历史。从现存的许多遗迹中可得知，古印度著名的法王阿育王（约公元前 273—前 236 年在位）时期，在印度就存在石刻文化。当时印度将其重点放在开凿石窟或雕刻神佛像方面，而没有出现规模较大的佛教石经，而在佛教的第二故乡中国却生产了规模巨大、内容丰富、形式多样的佛教石经，诸如以“安岳卧佛院刻经”为代表的摩崖刻经，以“房山石经”为代表的碑刻佛经等。

根据藏文史籍，佛教石刻最初出现在青藏高原的时间，可以追溯到 7 世纪中叶的吐蕃时期。从 8 世纪开始，佛教石刻文化在吐蕃地区得以推广，并逐渐盛行。吐蕃时期之所以盛行佛教石刻文化，主要有两大因素：第一，藏族地区具有得天独厚的外部自然资源，即有丰富的不用深加工的各种天然石料，这给创造石刻文化提供诸多方便；第二，得到中国内陆地区和印度以及像尼泊尔等周边国家地区佛教石刻艺术的启迪，并在具体技术上的大力支持。综观藏传佛教石刻文化，大致有两大类型，即摩崖石刻和号称“嘛呢堆”①的石刻，其中“嘛呢堆”石刻是在青藏高原最为普及、颇有影响力的佛

① “嘛呢”一词为汉文音译，是指“六字真言”咒语。故在不规则的石头上镌刻以“六字真言”为主的短小精悍的咒语后，堆积在一起如同一小山丘，则称“嘛呢堆”。

教石刻类型。因此,摩崖石刻,特别是“嘛呢堆”石刻,对果洛石经墙的创建产生过直接影响,甚至可以认定“嘛呢堆”石刻是果洛石经墙产生的源泉。从这一角度或在形式上看,果洛石经墙是“嘛呢堆”石刻的最高发展形式。

拉萨扎拉鲁普摩崖石刻

二、 创建过程

从藏传佛教的整个历史发展来看,果洛石经墙产生的年代不算悠久。果洛最早的石经墙,迄今只有一百多年的历史。如史料记载,“1890 年,查喇嘛桑俄丹增在此开始了《甘珠尔》石刻活动”①,这是始建于今果洛藏族自治州达日县境内的岗巴石经墙的记载,至于何时完成,则没有交代,只是说“《甘珠尔》石刻板竣工开光时,昂欠部落头人多德来到岗巴寺,捐献了马鸣金佛像一尊。其后华若多杰建立了转嘛呢轮房。1930 年,达合勒布喇嘛贡却坚赞在《甘珠尔》经石(板)堆放处建起了石塔,并督促继续刻制《解脱经》《佛光十地经》等”②。引言中没有说明岗巴石经墙中的《甘珠尔》部何时竣工,推算最迟也是在 20 世纪初,至 1930 年又开始镌刻其他重要佛经。可以确认,岗巴石经墙是达日县境内最早产生的一座石经墙。因为达日县境内的绝大多数石经墙产生的年代都晚于岗巴石经墙,如“1922 年,达西喇嘛桑却多杰来到红科地区,提倡建立一个固定的寺院,在达日河谷的班玛曲池地方(达日萨纳沟口,现吉迈乡政府附近)石

① 达日县志编纂委员会编:《达日县志》,1989 年油印本,第 39 页。

② 同上书,第 39 页。

刻《甘珠尔》佛经，并进行了讲经活动”[①]。此乃位于今达日县境内的达格沙那石经墙中始建《甘珠尔》部石刻的具体时间。这比岗巴石经墙中的石刻《甘珠尔》部至少晚二三十年。就果洛地区每一座石经墙的创建过程，很难用十分精确的时间来界定，如不少石经墙是从镌刻短篇佛经开始，逐步发展到镌刻大型的长篇佛经，即大藏经《甘珠尔》部。史料记载：“东吉寺始建于1837年，该寺第五代主持拉章·格果在东吉寺首创石经墙，但其规模很小。之后，东吉寺第六代主持乍加朱格·丹增排杰又继续扩建东吉石经墙。这两代主持正是果洛阿琼贡麻官人扎西东珠(1816—1872)执政时期。后来东吉寺第三十一代寺主格拉·加羊尼玛(于1956年去世)对东吉石经墙进行了有史以来规模最大的一次扩建，至此东吉石经墙的发展已达鼎盛时期。加羊尼玛是一位名副其实的“大成就者”，他为东吉寺的发展，尤其对东吉石经墙的兴隆做出过重大贡献。因此，后人在东吉石经墙前筑有他的宝(法)座，供信徒瞻仰膜拜。[②]可见东吉石经墙的整个形成是一个比较缓慢而长期的过程。

就一般而言，果洛地区的大多石经墙的形成，均经历了很长的时间过程，但也有集中财力人力在较短时期内完成或形成的实例，如赛希石经墙和多勒石经墙。这两座石经墙是由两位果洛本地活佛分别创建的。两位活佛又是兄弟，兄长叫赛希朱格·加贝格勒扎巴，弟弟叫多勒朱格或多俄曲吉尼玛。人们为了纪念两位创建果洛石经墙有功的活佛，将他们各自创建的石经墙分别用他们的名字命名。赛希石经墙和多勒石经墙(尤其后者)是果洛地区保存最完好、规模最宏大的石经墙，具有很高的学术研究价值。

由于迄今未获得可靠的有关资料，创建赛希石经墙和多勒石经墙的确切时间无从知晓。只有通过创建石经墙的两位活佛的零星事迹来推断。民间不少老人还能追忆或叙述片段两位活佛的生平，如“赛希和多勒活佛大约出生于19世纪末，父亲叫雪拉·索南丹增，母亲系苏如麻部落，他们共有五个儿子，老大为赛希活佛，次为多勒活佛，之后依次为珠古党桑、拉才加贡、拉玛格佐。其中后三位活佛分别在今甘孜藏族自治州境内的三座寺内长期深造并任寺主。至于赛希和多勒两位活佛的具体生卒年月，有多种说法：一说赛希活佛的转世灵童，即第二世活佛，他属马，现年六十三岁，赛希活佛本人在四十五岁左右去世”[③]。以此推算，赛希活佛于1884年出生，1929年去世。

---

① 达日县志编纂委员会编：《达日县志》，1989年油印本，第41页。

② 《东吉寺志》，藏文手抄本，第3页。

③ 笔者于1992年采访果洛藏族自治州甘德县龙加寺僧人诺桑(当年六十岁)，根据他的口述记录。

又有一说"赛希活佛于 1906 年出生，1946 年至 1948 年任东吉寺住持"①。尚有一说"赛希活佛于 1941 年去世"②。

多勒活佛于 1957 年去世，也有说 1952 年或 1954 年去世的，享年六十岁。③由此可推算出多勒活佛是在 1897 年或 1894 年或 1892 年出生的。根据民间比较一致的看法，赛希石经墙的创建稍稍早于多勒石经墙，两位活佛创建石经墙时都在三十岁左右。可以推断，赛希石经墙和多勒石经墙是在 20 世纪 20 年代左右开始建造的。当地许多老人特别提到两位活佛相继去世时，各自创建的石经墙尚未完全竣工，是后人继承其事业并逐渐完成的。就多数观点或资料分析，多勒石经墙和赛希石经墙始建于 20 世纪二三十年代，完成于 20 世纪四五十年代，经过了二三十年时间。这是果洛地区集中大量财力和人力在短期内完成的具有代表性的石经墙。

青海果洛甘德县东吉石经墙中目录窗口

创建石经墙，也像建筑一座寺院一样，首先需要筹措一大笔资金。根据有关资料和实地考察，筹措创建每一座石经墙的资金，主要有三个渠道：一是信教群众的自愿布施或捐献，二是由创建者（一般为大活佛）将自己多年积蓄的财产全部贡献，三是由高僧活佛或地方官人向下属百姓摊派。因而资金的种类五花八门，诸如金银财宝、各类牲畜以及畜产品等，甚至在建造石经墙的过程中，会出现"有钱出钱、没钱出力"的情况。至于创建一座石经墙究竟筹措了多少资金，现在没有任何可依据的记载。根据实

① 《东吉寺志》，藏文手抄本，第 2 页。

② 笔者于 1992 年采访果洛藏族自治州政协副主席更强桑保先生，根据他的口述记录。

③ 笔者于 1992 年采访果洛藏族自治州甘德县龙加寺僧人阿柯卓贡（当年五十岁），根据他的口述记录。

地考察和访问，可推测镌刻一卷（帙）经书，折合人民币大约需要三千元。如果镌刻一套大藏经（包括《甘珠尔》共一百零三卷和《丹珠尔》共二百三十四卷），将达到一百多万元人民币。在此值得一提的是，虽然绝大多数石经墙没有将整套大藏经镌刻完备（一般只镌刻《甘珠尔》部），但是将《甘珠尔》部以及“贤劫经”等重要经典则重复镌刻。实际上，每处石经墙的规模或容量远远超过整套大藏经。

选择创建石经墙的位置，也有章可循，尤其要看其地形是否具有祥瑞标志，或是否曾预示过福兆，或是否遗留下圣迹等。这就意味着石料丰富的地段不一定是最佳选址。果洛地区的许多石经墙都建在距离石料很远的地带。这样，对采择或运送石料附加许多困难。中华人民共和国成立以前，果洛地区没有一条马路，几乎所有的道路都是羊肠小道，运送石板的唯一运输工具则是牦牛，而每头牦牛只能驮运两至四块石块。因此，驮运石板成为一项极其艰苦的工作。据推算每座石经墙的石板数目高达三百多万块（以多勒石经墙为例）。由此可见，果洛藏族民众仅为搬运石经墙的石料就付出了巨大的劳动力。

在石板上镌刻经文，更是一项含有技术性的细致工序，同时，又是保证石经墙质量的重要环节。因此，创建一座石经墙，除了以雄厚的资金作保障外，还必须组织一大批石匠，特别是雕刻各类神佛像和主要目录时，一定要由技术娴熟、经验丰富的石匠来完成。创建每一座石经墙时，有专门设立的组织机构，由该机构具体管理镌刻石经的整个工程，其负责人即“石官”，由创建石经墙的大活佛任命，每一至两年内换届一次。而“石官”的主要任务是将各项镌刻石经的工序，有计划地承包给大小不等的各个石匠团体。每个项目的最后验收过程极为严格，由“石官”亲自把关。整个石经墙竣工后，还要举行隆重的开光安座等宗教仪式。

青海玉树嘉纳嘛呢堆一角

三、分布及其规模

笔者于1991年和1992年两次赴果洛地区实地考察，发现果洛地区共有十余座石经墙，其中规模较大的就有六座，即多勒石经墙（mdo lu rdo kha）、赛希石经墙（ser shu rdo kha）、东吉石经墙（stong skybs chos kyi rdo mkhar）、梅沙那石经墙（rmau sanag rdo mkhar）、东琼石经墙（dung chung rdo mkhar）、达多却丹塘石经墙（stabs mdo mchob rten thang rdo mkhar）。①而且，这些石经墙均位于果洛藏族自治州甘德县和达日县境内。各处石经墙之间的距离，从二三十公里至一百多公里不等，其地理位置大多在海拔4 000米左右，所处自然环境十分优美。比如，绝大多数石经墙背靠崇山峻岭，面向奔腾不息的黄河。这六座石经墙在果洛地区的整个石经墙中不仅规模形制宏伟壮观、内容结构系统完整，而且具有代表性和典型意义。下面就果洛石经墙的具体分布及规模做一介绍。

（一）多勒石经墙

多勒石经墙位于果洛藏族自治州甘德县下贡麻乡境内，距离下贡麻乡约二三十公里，不通公路，只有骑马或骑牦牛跋涉而行才能抵达。它坐落在黄河以北的一座名叫红岩的山脚下，距离黄河只有几百米，所处海拔约4 000米，周围环境之优美，景观之壮丽，令世人流连忘返。

多勒石经墙的形制大致上呈立体的长方形，全长121米，宽9米，其高度由于地面不平而略有不均，如最低处只有2米，而最高处可达7米，平均高度约为5米，而且石经墙的底层宽，顶层或上端相对较窄，从底层到顶端分级三四层逐渐缩小。所以，从外观上看，多勒石经墙显得坚固而挺拔。实际上，多勒石经墙是由无数块大小不等的石板两面镌刻以藏文大藏经为主的各类佛经，以及众多的石雕神佛像，并按一定规则和顺序重叠而成，远处望去，酷似一段城墙。在近处最引人注目的便是石经墙中精心设计雕造的众多佛经目录“窗口”和各类色彩艳丽、神态各异的神佛像，还有十分醒目的五颜六色的六字真言等短小精悍的咒语。

多勒石经墙采用的石板，都是直接从大自然中采集的天然石料，石板本身没有经过任何加工。因此，其形制有大有小、有正方形又有不规则形等各式各样。可以说，多勒石经墙采用的石板，参差不齐。其形制或体积大致可分为大、中、小三种类型：大型石板长0.96米、宽0.57米、厚0.05米；中型石板长0.6米、宽0.43米、厚0.07米；小型石

① 前四座均位于甘德县境内，后两座位于达日县境内。

板长 0.3 米、宽 0.24 米、厚 0.01 米。

据推算，多勒石经墙的体积为 5 445 立方米，按以上三种石板体积的平均值来推算，每立方米约容纳 600 块石板，共容纳石板数达到 3 267 000 块，规模极为宏大。目前，多勒石经墙无论在果洛地区还是在整个藏族地区均属大型石经墙。而且，由于地处僻壤、交通不便等因素，多勒石经墙成为果洛地区乃至整个藏族地区唯一没有遭受破坏的保持原貌的一座石经墙。因此，多勒石经墙在整个藏传佛教石刻大藏经中具有无可比拟的重要宗教历史文化价值。

根据民间流传的藏文手抄本目录，多勒石经墙所刻佛经有：《甘珠尔》和《丹珠尔》各一部，《宗喀巴文集》一部，《圣贤劫大乘经》2 848 回（遍），《圣大解脱十方广大忏悔除罪成佛大乘经》10 399 回（遍），《圣般若波罗蜜多金刚能断大乘经》40 653 回（遍），《文殊智慧有情胜义名集》5 740 回（遍），《圣普贤行愿品》33 311 回（遍），《圣般若波罗蜜多摄要颂》892 回（遍），《圣金光明最上胜经王大乘经》113 回（遍），《圣胜幡顶饰陀罗尼》310 回（遍），《十地论》324 回（遍），《圣缘起心品》13 520 回（遍），《圣宝箧大乘经》370 回（遍），《圣三归依大乘经》13 590 回（遍），《圣如来顶髻所出白伞盖无能胜退转大母最胜成就陀罗尼》1 211回（遍），《圣母多罗陀罗尼》1 847 回（遍），《正法白莲华大乘经》7 218 回（遍），《莲花遗教》5 231 回（遍），《忏悔经》253 回（遍），《长寿经》77 262 回（遍），《百字明》15 997 回（遍），《六字真言》661 602 回（遍），《经藏》34 562 回（遍），《无垢忏悔坦特罗》1 550 回（遍），《莲花生密咒》21 693 回（遍），《金刚橛念修》12 275 回（遍），《不动佛陀罗尼》3 310 回（遍），《轮焰》2 113 回（遍），《红冠怛特罗》300 回（遍），《金刚马头念修》91 311 回（遍），《忿怒母念修》75 131 回（遍），《大自在天集赞》21 211 回（遍）。此外，雕刻的神佛像有：千佛像、一切大成就者像、历代新旧佛法贤哲像、三师君像、新旧怛特罗静怒神尊像、上师秀岗大掘藏等众上师像、格萨尔中的三十名勇猛大将像、百种姓本尊像、新旧无派别之神像，以及曼荼罗等总共 15 977 尊，其中有 5 231 种身态各异的神佛像，名号达 74 531 种之多。①

另外，据民间传说，除了上述目录外，多勒石经墙还有一本更为详细的藏文手抄本目录，但至今尚未发现。目前，唯有上述手抄本目录成为考察和探讨多勒石经墙佛经内容的主要依据。

（二）赛希石经墙

赛希石经墙位于果洛藏族自治州甘德县岗龙乡境内，紧邻岗龙乡人民政府，交通比较便利，它坐落在黄河和柯曲两河的汇流口，距离两河只有几百米，周围景观十分壮

---

① 根据《多勒石经墙所刻佛经目录》（藏文），手抄本。

美，所处海拔约 3 800 米。赛希石经墙呈立体长方形，没有层次，底部与顶部一样宽。全长 280 米，宽 5.03 米，平均高度为 2.5 米。据推算，赛希石经墙体积为 3 500 立方米，其石板的形状、大小与多勒石经墙相仿，以每立方米容纳 600 块石板计算，共容纳约 2 100 000 块石板经。

目前，没有发现可依据的赛希石经墙刻经目录的资料，从石经墙的目录“窗口”中看到一些刻经名称，诸如《般若波罗蜜多十万颂》《圣般若波罗蜜多八千颂》《圣大解脱十方广大忏悔除罪成佛大乘经》《圣贤劫大乘经》《莲花生传》《六字真言》《智慧金刚橛陀罗尼》《莲花生密咒》等。此外，还看到许多雕刻的神佛像。据民间传说，赛希石经墙中刻有一部完整的大藏经《甘珠尔》部。

（三）东吉石经墙

东吉石经墙位于果洛藏族自治州甘德县政府所在地以南数公里处，交通十分便利，所处海拔约 4 000 米，它坐落在一个小平原，附近有东吉寺。由于紧挨东吉寺和交通便利，常有不少香客前来石经墙转经磕拜。东吉石经墙的形制大致上近似赛希石经墙，是立体的长方形，底层与顶层几乎一样宽，全长 224 米，高度为 2 米，宽度为 3.5 米，据推算其体积达 1 568 立方米。采用的石板与多勒石经墙相同，以每立方米容纳约 600 块石板计算，共容纳约 940 800 块石板经，其规模次于多勒石经墙和赛希石经墙，排在第三位。

至于东吉石经墙所刻佛经内容，虽没有找到任何文字资料，但从石经墙中的目录“窗口”中看到少许经名，如《圣贤劫大乘经》《圣大解脱十方大忏悔除罪成佛大乘经》《圣大解脱十方胜大乘经》《莲花生密咒》《六字真言》《百字明》《圣般若波罗蜜多八千颂》《圣普贤行愿经》《文殊智慧有情胜义名集》等。

青海果洛甘德县东吉石经墙

（四）梅沙那石经墙

梅沙那石经墙位于果洛藏族自治州达日县境内，坐落在达日县政府所在地以西三四公里外的黄河南岸，距离黄河只有几百米，海拔约 4 000 米，交通比较便利。从远处看去宛如一条黑色长龙，由九段相对独立的石经墙一字排列组成，总长度为 220 米，平均宽约 1.5 米，平均高约 1.2 米，采用石料与多勒石经墙相同，可推算其体积为 396 立方米。以每立方米约容纳 600 块石板计算，共容纳约 247 600 块石板经，其规模比上述多勒、赛希、东吉三座石经墙要小，排在第四位。

梅沙那石经墙所刻佛经内容，至今没有发现任何文字材料，经当地知情者介绍，该石经墙刻经内容为大藏经《甘珠尔》一部以及复刻的重要佛经和六字真言等密宗咒语。由于该石经墙曾遭到破坏后重新恢复，佛经次序已经混淆，刻经目录不易查找。笔者在现场只发现《圣智慧金刚橛除一切障碍》《如来大菩萨》等极少的残缺目录，最醒目的则是六字真言石刻和少许石雕神佛像。

（五）东琼石经墙

东琼石经墙位于果洛藏族自治州达日县窝赛乡境内，坐落在达日县人民政府以东几公里外的东噶日山脚下，海拔约 4 000 米，交通便利，附近有一座名为东噶寺的小寺。

东琼石经墙的形制是立体长方形，全长 110 米，宽度不统一，最宽处达 2.1 米，最窄处只有 0.85 米，取中间位宽度为 1.68 米；由于地基不平，高度更不一致，最高处为 1.86 米，中间为 1.74 米，低处为 1.15 米，甚至个别地方只有 0.7 米高。以平均宽度为 1.5 米、高度为 1.3 米计算，该石经墙的体积约为 214 立方米，采用的石板与上述石经墙相仿，以每立方米约容纳 600 块石板计算，共容纳约 128 400 块石板经，其规模排在第五位。

东琼石经墙曾遭受严重毁坏，后来由东噶寺组织人力重新修复。笔者在东琼石经墙的目录窗口中发现不少石经名称，诸如《圣贤劫大乘经》《圣般若波罗蜜多八千颂》《圣大解脱经》《六字真言》《百字明》《狮子吼三昧耶》《金刚三昧耶》《智慧大印三昧耶》《长寿经》《圣妙吉祥真宝名经》等。此外，东琼石经墙中有许多石雕神佛像，如观世音、金刚手、文殊、莲花生等，还有不少佛塔、八宝吉祥、六字真言等精美石雕。

（六）达多却丹塘石经墙

达多却丹塘石经墙位于果洛藏族自治州甘德县岗龙乡境内，距离岗龙乡政府所在地约三四十公里，它坐落在黄河北岸一块十分秀丽的小平地，海拔约 3 700 米，不通公路，唯有一条蜿蜒崎岖的小山路。该石经墙的形制是立体长方形，全长 53 米，宽 1.4

米，高 1.4 米，共计 104 立方米，采用的石板规格形状与上述石经墙类似，以每立方米约容纳 600 块推算，共容纳约 62 400 块石板经，其规模排在第六位。

达多却丹塘石经墙所刻佛经内容，没有找到任何文字资料，但从石经墙中的目录“窗口”中发现不少石经名称，如《圣贤劫大乘经》《大解脱经》《金刚能断大乘经》以及六字真言、莲花生密咒等。此外，有不少石雕神佛像，诸如四面观音、度母、莲花生、文殊、师君三尊等；还有许多刻有动物的“忏悔经”，其图案中有狗、蛇、青蛙、鱼等，反映了人们不慎杀害动物后的一种忏悔行为。

拉萨药王山石刻忏悔经及动物图

（七）其他石经墙

除了上述六处石经墙外，果洛地区尚有不少规模较小的石经墙，诸如坐落在果洛藏族自治州达日县建设乡境内的岗巴石经墙（gang pai rdo mkhar）、坐落在果洛藏族自治州达日县德囊乡境内的噶庆石经墙（ka chen rdo mkhar）、坐落在果洛藏族自治州达日县莫坝乡境内的达格沙那石经墙、坐落在果洛藏族自治州达日县特合土乡境内的特合土石经墙、坐落在果洛藏族自治州久治县境内的查洋石经墙、坐落在果洛藏族自治州玛沁县境内的赛格石经墙。对于这些石经墙，笔者未能亲临考察，不知其详，但依据有关人士口述和搜集到的一些文字资料，岗巴石经墙、达格沙那石经墙和赛格石经墙中各刻有大藏经《甘珠尔》部，同时刻有《贤劫经》《解脱经》《八千颂》《金光十地》《普贤行愿》《文殊根本但特罗》等佛经①，在查洋石经墙中主要刻有《忏悔经》《莲花生传》

① 主要根据《达日县志》（油印本）记载和达日县民族中学校长丹巴口述。

以及六字真言等。[①]

结　语

综上所述，果洛石经墙单从分布区域来看，它的空间范围并不广大，受到特定地域的一定限制，但就其数量和规模而言，在整个藏传佛教流传的青藏高原，乃至中国、亚洲甚至全世界都没有产生与此相媲美的同类宗教文化工程。而且，果洛石经墙完成了将号称藏传佛教百科全书的藏文大藏经全部镌刻在石头上的伟大宗教文化工程，这在世界文化史上实属罕见。可以说，果洛石经墙是青藏高原这方神奇的地理环境中孕育出的一大璀璨的人类文化现象，也是藏族信徒弘扬佛法的一种艰苦而蕴含精神意义的佛教文化工程。同时，果洛石经墙不仅从一个侧面反映了藏传佛教石刻大藏经的形制和风貌，而且体现了藏传佛教石刻文化艺术的丰富多彩和博大精深，它将为进一步深入研究藏传佛教文化提供一个崭新的领域。

① 根据久治县历史文化研究组编《久治地区寺庙史》(藏文)。

契嵩本《坛经》新发现

侯　冲*

虽然迄今为止有关《坛经》研究的著述已经为数不少，但由于长期缺少新资料的加入，无法弄清契嵩本《坛经》的具体情况，所以对《坛经》诸版本的关系一直无法梳理清楚。①宋人郎简《六祖法宝记叙》说：六祖所说《法宝记》此前曾经增损，以致文字鄙俚，内容繁杂不可考。看到契嵩《坛经赞》后，郎简表示如果契嵩能对其进行补正，他愿意出资刊印。两年后，契嵩得到"曹溪古本"，对《六祖法宝记》做了校正，分为三卷，郎简于是在宋至和三年（1056）三月命工镂板刊印，并亲自作叙说明。②郎简所说契嵩校正本《坛经》，就是本文所说的契嵩本《坛经》。

自1934年胡适发表《记北宋本的六祖坛经（跋日本京都堀川兴圣寺藏北宋惠昕本〈坛经〉影印本）》③一文后，通过不断的梳理，"现存《坛经》真正有代表性的其实只有敦煌本、惠昕本和契嵩本三种"④的看法，已经得到不少人的认同。但是，究竟哪一种《坛经》是契嵩本《坛经》，此前一直未见有人能做出肯定而明确的结论。⑤以契嵩本《坛经》

---

*　侯冲，上海师范大学哲学与法政学院教授、博士生导师。

①　有关《坛经》早期研究的相关综述及重要成果目录，参见释明生主编《六祖坛经研究集成》，北京：金城出版社，2012年；有关《坛经》研究成果的细目，参见释明生主编《六祖慧能与〈坛经〉论著目录集成》，广州：广东人民出版社，2014年。

②　郎简：《六祖法宝记叙》，参见释契嵩著、邱小毛等注《镡津文集校注》，成都：巴蜀书社，2014年，第241—242页。

③　胡适：《记北宋本的六祖坛经（跋日本京都堀川兴圣寺藏北宋惠昕本〈坛经〉影印本）》，《文史丛刊》1934年第1期；《坛经考之二（记北宋本的六祖坛经）》，参见蓝吉富主编《禅宗全书》第37册，台北：文殊文化有限公司，1988年，第85—102页。

④　洪修平：《关于〈坛经〉的若干问题研究》，《世界宗教研究》1999年第2期。洪修平和白光合作《〈坛经〉版本及其与南宗禅发展之互动研究》一文最新提法："现存的《坛经》本子大致可分为三个系统，即法海集记系、惠昕所述系及契嵩校勘系""现存《坛经》真正有代表性的其实只有法海集记本、惠昕所述本和契嵩校勘本三种"，参见洪修平主编《佛教文化研究》第3辑，南京：江苏人民出版社，2016年，第31—32页。

⑤　参见石井修道著《契嵩本〈六祖坛经〉的一种臆说》（载《宗学研究》1981年第3期）一文是目前所知唯一专门谈契嵩本《坛经》的论文（感谢王招国先生提供石井修道此文的电子文档），但受资料限制，该文主要是回应胡适的相关研究，对何为契嵩本《坛经》并无明确的说明。其他学者谈到契嵩本《坛经》时，也仅只是做简单的推论，未提出明确的证据。

为基础对相关问题展开的研究，如对《坛经》诸版本关系的讨论，由于未能结合具体文本展开，存在诸多不确定性，自然无法让人信从。①

笔者近年搜集到的闾山双泉寺刊本等"洪武六年"(1373)《坛经》覆刻本，证明铃木大拙认为"洪武六年"刊本《坛经》是契嵩本《坛经》的观点是正确的。但是，铃木大拙所言该刊本与流行本《坛经》即宗宝本的构成和文字没有大的差别，则与事实不符。本文通过对新资料"洪武六年"刊本具体内容的释读，首先明确其为契嵩本《坛经》，其次以之为基础对契嵩本《坛经》的编纂进行探讨，最后陈述契嵩本《坛经》新发现对《坛经》研究的重要意义。

一、"洪武六年"刊本《坛经》为契嵩本《坛经》

虽然不少人在编排《坛经》版本体系时，会将"洪武六年"刊本纳入其中②，但此前似仅铃木大拙在其著述中提到石井光雄有此藏本。③在铃木大拙看来，此刊本即契嵩本，但其构成和文字与流行本《坛经》差不多。④铃木大拙此说是否正确，就笔者所了解来看，此前似尚未有人做过讨论。

在看到"洪武六年"刊本具体内容后，可以肯定铃木大拙"洪武六年"刊本就是契嵩本的观点，是正确的。但是，由于他似乎未仔细勘对过其文字，所以他的"洪武三年"刊本的构成和文字，与流行本《坛经》差不多的说法，则需要补正。

为证明上述论点，本节先介绍笔者搜集到的几种"洪武六年"刊本《坛经》的覆刻本，其次指出其为契嵩本的证据，肯定铃木大拙"洪武六年"刊本《坛经》为契嵩本《坛经》的结论。至于对铃木大拙误判观点的补正，将在后面几节再展开。

（一）闾山双泉寺本等四种"洪武六年"刊本《坛经》的覆刻本

1. 闾山双泉寺刊本

2015 年 8 月 1 日，笔者在孔夫子拍卖网上购买了一册"闾山双泉寺"刊本《六祖大

---

① 由于不能确定契嵩本存在，人们对《坛经》的讨论，长期以来只能基于敦煌本、惠昕本、德异本和宗宝本四种《坛经》文本展开。参见驹泽大学禅宗史研究会编著《慧能研究：与慧能的传记、资料相关的基础性研究》，东京：大修馆书店，1978 年，第 398 页。

② 驹泽大学禅宗史研究会编著：《慧能研究：与慧能的传记、资料相关的基础性研究》，第 399 页。

③ 陈继东：《日本对六祖惠能及〈六祖坛经〉的研究综述》，参见释明生主编《六祖坛经研究集成》，第 160 页。

④ 铃木大拙：《关于加贺大乘寺所藏的〈六祖坛经〉与〈一夜碧岩〉》，载支那佛教史学会编《支那佛教史学》第 1 卷第 3 号，第 3 页；也见于《铃木大拙全集》(增补新版)第 32 卷，岩波书店，2002 年，第 225 页。衷心感谢王雪同学帮助查找并提供此文的照片！

师法宝坛经》。该刊本 2014 年 1 月中旬曾被在线拍卖[1]，流拍后即挂在书店区售卖[2]。拍售说明显示“该书天头书脊有残，后几页中间有洞，不伤字”，品相较差，标价 1 499 元。

柳田圣山编《六祖坛经诸本集成》被认为“目前收录《坛经》各种版本最为齐备”[3]，已被收入《禅宗全书》，广东省佛教协会近年又刊印了收录十七种《坛经》版本的《六祖坛经集成》，如果要翻检习见版本的《坛经》，目前已经极为便利。为什么笔者要花上千元购买一本品相较差的《坛经》呢？

因为笔者推测该刊本可能是新的《坛经》刊本。不仅阆山双泉寺刊本（图一）此前未见提及，而且孔夫子拍卖网网页中照片显示的阆山双泉寺刊本，与习见诸本《坛经》有以下不同之处：

首先是书名页后“妙理即是人心”等文字（图二），未见于诸本《坛经》，属于《坛经》研究新资料。

六祖大師法寶壇經
板存閬山雙泉寺

图一

妙理卽是人心人未能以心合理解釋必須文
字脫文字全憑意見須知妙理中原無意見意
見未化卽是執着諸大乘所演妙法一落執着
之心盡成法相六祖承佛教正宗闢[illegible]近愚迷
言法處脫文字離意見惟以見性爲宗所以破
衆生執著之病誠度世之金針歟世人業重往
往慕效修禪最易爲害修空莫向空處求破有
自然歸空修定莫向定中沉解動自然得定修
淨莫向淨中覓[illegible]染自然生淨日用尋常之間

图二

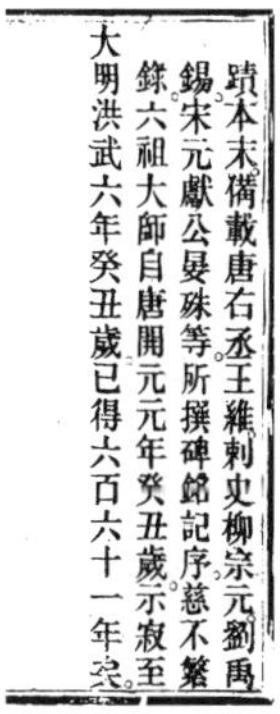
蹟本末備載唐右丞王維刺史柳宗元劉禹
錫宋元獻公晏殊等所撰碑銘記序慈不繁
錄六祖大師自唐開元元年癸丑歲示寂至
大明洪武六年癸丑歲已得六百六十一年矣

图三

教授坐禪第四
師示衆云善知識何名坐禪此法門中無障無
礙外於一切善惡境界心念不起名爲坐內見
自性不動名爲禪善知識何名禪定外離相爲
禪內不亂爲定外若著相內心卽亂外若離相
心卽不亂本性自淨自定只爲見境思境卽亂
若見諸境心不亂者是眞定也善知識外離相
卽禪內不亂卽定外禪內定是爲禪定淨名經
云卽時豁然還得本性菩薩戒經云我本源自
性清淨善知識於念念中自見本性清淨自修

图四

其次是卷末“六祖大师自唐开元元年癸丑岁示寂至大明洪武六年癸丑岁，已得六百六十一年矣”（图三）等文字，未见于习见诸本《坛经》，这段文字的阆山双泉寺刊本值得关注。

其三是该刊本《坛经》“教授坐禅第四”部分“《菩萨戒经》云：‘我本源自性清净。’”（图四）一段文字，与习见诸本《坛经》均不同。尤其是其中“本源自性清净”数字，仅见于敦煌本，可知其当与敦煌本同源，属于版本较早的《坛经》。

2015 年 8 月 3 日中午，笔者收到所购之书。发现它确实与柳田圣山编《六祖坛经

① http://www.kongfz.cn/13434489(2017 年 7 月 9 日摘取).

② http://book.kongfz.com/22946/223269734(2017 年 7 月 9 日摘取)。

③ 释明生主编:《六祖坛经研究集成》,第 25 页。

诸本集成》收录的诸本《坛经》都不同。最突出的，就是卷首《六祖大师法宝坛经略序》和首题“六祖大师法宝坛经”下均署“门人法海等集”。就卷末文字来看，当即铃木大拙所说“洪武六年”刊本《坛经》。但由于纸质年代较晚，显然不是“洪武六年”原刊本，而只能是“洪武六年”刊本的覆刻本。

2. 其他三种“洪武六年”刊本《坛经》的覆刻本

由于所购闾山双泉寺本后面几页残破伤字，在继续搜集补正闾山双泉寺本相关资料的过程中，笔者又看到了其他三种覆刻本，它们分别是凝道堂刊本（1898）、漱润斋本（1905）和函月山房本（1914）。

三种刊本中，漱润斋本与闾山双泉寺本尽管书名页文字不尽相同，但全书内容依次均为佚名刊经序、宋吏部侍郎郎简述《六祖大师法宝记序》、门人法海等集《六祖大师法宝坛经略序》、门人法海等集《六祖大师法宝坛经》、大师取首之记灵验记、达摩所传信衣西域屈眴布制、惠能衣钵相关记录、唐宋加谥记载，而且版式、字体也一样，所以是同一版本。凝道堂刊本与闾山双泉寺本内容不同的地方，一是卷首以《御制六祖法宝坛经序》代替了佚名刊经序，二是卷末另有《坛经附录》，包括柳宗元《赐谥大鉴禅师碑》、刘禹锡《大鉴禅师第二碑》、刘禹锡《佛衣铭并引》、刊经牌记、蓄庵附录《师子尊者摄五众》和宋明教大师契嵩撰《六祖大师法宝坛经赞》。其他内容则相同。函月山房本《坛经》与凝道堂刊本内容大致相同，唯一的不同是，前者首篇是佚名刊经序，而后者是《御制六祖法宝坛经序》。

3. 闾山双泉寺本等四种刊本为“洪武六年”《坛经》的覆刻本

就诸本内容来看，除佚名刊经序未见于凝道堂刊本外，闾山双泉寺本《坛经》的内容，在其他几种《坛经》刊本中都可以看到，因此这四种《坛经》刊本是同源的。由于其中都包括“六祖大师自唐开元元年癸丑岁示寂至大明洪武六年癸丑岁，已得六百六十一年矣”等文字，故它们都是“洪武六年”刊本的覆刻本。而闾山双泉寺本《坛经》的内容，就是“洪武六年”刊本《坛经》的主体内容。至于“洪武六年”刊本《坛经》是否包括凝道堂刊本、函月山房本都有的“坛经附录”，有待新资料的发现才能确定。基于此，下文暂不讨论“坛经附录”部分的内容。

除部分文字略异之外，诸“洪武六年”《坛经》覆刻本共有内容并无区别，故可将其统称为“洪武六年”刊本《坛经》。

（二）“洪武六年”刊本《坛经》为契嵩本《坛经》

在对闾山双泉寺本《坛经》录文并做初步比较后，笔者发现，此《坛经》当即胡适等人此前曾经讨论，但一直未能找到并确定其具体文本的契嵩本《坛经》。除上面提到的该刊本与敦煌本《坛经》同源的文字外，尚有其他四个证据支持笔者的观点。

其一，该刊本卷首佚名刊经序，明确说“是经于京都旧书坊中得之，系宋时郎简所集官本”《坛经》(图五)，即本文所说的契嵩本《坛经》。

其二，该刊本卷首的第一篇序，即郎简述《六祖大师法宝记序》(图六)，既与佚名刊经序相印证，又与此本原为郎简刊刻并作序相符。

其三，该刊本卷首的第二篇序，为“门人法海等集”《六祖大师法宝坛经略序》，与此刊本正文首题下署“门人法海等集”(图七)前后对应，说明该序确实是“门人法海等集”《坛经》原序，但因该书原为郎简刊刻本，所以此序只能放在郎简序之后。

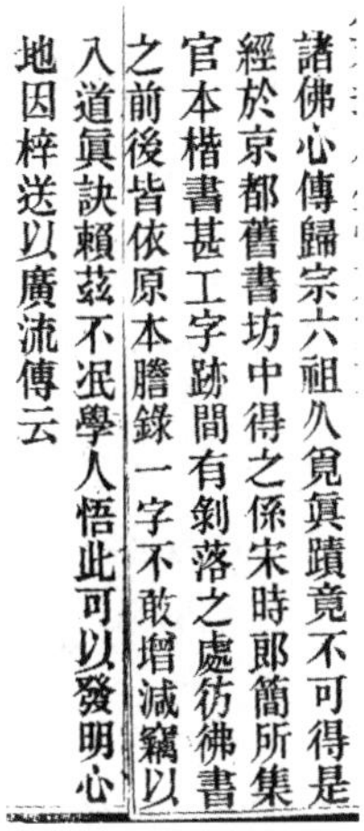
諸佛心傳歸宗六祖久覓眞蹟竟不可得是經於京都舊書坊中得之係宋時郎簡所集官本楷書甚工字跡間有剝落之處彷佛書之前後皆依原本謄錄一字不敢增減竊以入道眞訣賴玆不泯學人悟此可以發明心地因梓送以廣流傳云

图五

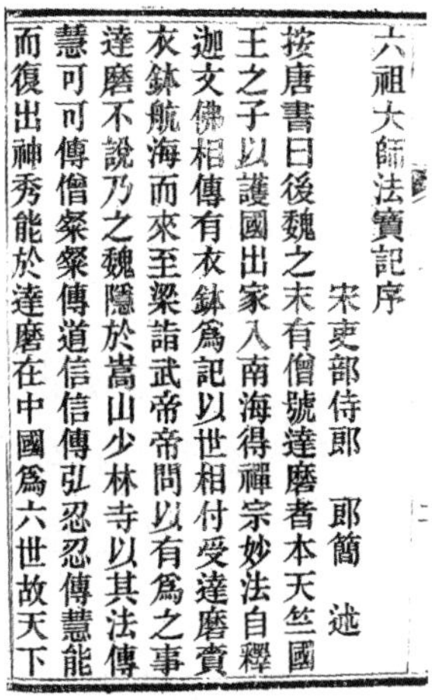
六祖大師法寶記序

宋吏部侍郎　郎簡　述

按唐書曰後魏之末有僧號達磨者本天竺國王之子以護國出家入南海得禪宗妙法自釋迦文佛相傳有衣鉢爲記以世相付受達磨賫衣鉢航海而來至梁詣武帝帝問以有爲之事達磨不說乃之魏隱於嵩山少林寺以其法傳慧可可傳僧粲粲傳道信信傳弘忍忍傳慧能而復出神秀能於達磨在中國爲六世故天下

图六

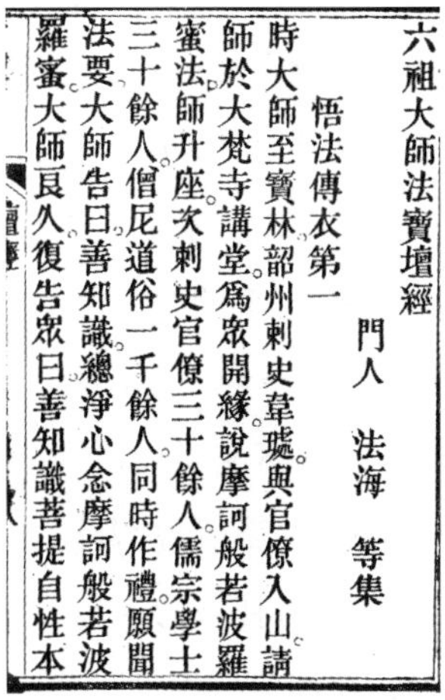
六祖大師法寶壇經

門人　法海　等集

悟法傳衣第一

時大師至寶林韶州刺史韋璩與官僚入山請師於大梵寺講堂爲衆開緣說摩訶般若波羅蜜法師升座次刺史官僚三十餘人儒宗學士三十餘人僧尼道俗一千餘人同時作禮願聞法要大師告曰善知識總淨心念摩訶般若波羅蜜大師良久復告衆曰善知識菩提自性本

图七

其四，该刊本主体文字中出现“《景德传灯录》”字样(详后)，表明其出现的时间，晚于宋僧道原《景德传灯录》。但在德异本和宗宝本《坛经》中出现的部分文字，又未见于该刊本，说明其成书较德异本和宗宝本早。目前所知符合这一早一晚时间节点的，只有契嵩本《坛经》。

可能存在的问题是，郎简说契嵩本《坛经》有三卷，今存“法海等集”本不分卷，其中是否有区别呢？我们的答案是，二者的区别只是分卷不同。能支持这一认识的证据是，宋代惠昕本等《坛经》分上下两卷，契嵩本《坛经》内容比惠昕本等《坛经》有较大增补，完全可以分成三卷。但将其分成两卷①，或者不分卷，同样是可以的。因此，分卷不同不是否定“洪武六年”刊本《坛经》为契嵩本《坛经》的理由。

在既有《坛经》研究成果中，铃木大拙曾提出“洪武六年”刊本《坛经》即契嵩本《坛

---

① 如笔者新收藏的白水碧云禅寺清嘉庆四年(1799)刊本《坛经》(http://www.kongfz.cn/29061625，2017年11月1日摘取)和上海图书馆藏清同治二年(1863)天童古松堂本，即为二卷本(http://www.kongfz.cn/15336604，2017年7月15日摘取)。

经》。笔者所见闾山双泉寺刊本等清末民初刊《坛经》,虽然不是“洪武六年”原刊本,而只是“洪武六年”刊本的覆刻本,但仍能证明,铃木大拙所说“洪武六年”刊本为契嵩本《坛经》的观点,是可以信从的观点。正是基于这一点,下文将以“洪武六年”刊本指代契嵩本《坛经》。

二、契嵩本《坛经》的编纂

按郎简《六祖法宝记叙》的说法,契嵩本《坛经》,是契嵩根据“曹溪古本”对此前文字鄙俚的“俗本”《坛经》的校正本。那么,契嵩得到的“曹溪古本”是什么?他与郎简最先看到的《坛经》又是哪一个本子?

较早在现代学术意义上研究《坛经》的胡适,先后对这两个问题做了回答。在他看来,契嵩赖以校正的“曹溪古本”,是《曹溪大师别传》①;契嵩赖以校正的“俗本”,也许就是惠昕本《坛经》。②但是,《曹溪大师别传》虽然有“曹溪”二字,并不是《坛经》,其内容与《坛经》并不相对应,可以被用来校正《坛经》的内容不多,无称为《坛经》“曹溪古本”的依据。郎简所说“曹溪古本”,当是《坛经》而不是其他著作。对于契嵩如何校正《坛经》,应根据其具体内容来考察。

事实上,比较诸本《坛经》文字,可以看出契嵩既用《坛经》的“曹溪古本”校正了“俗本”《坛经》,又大量采纳了宋代才出现的佛教文献《景德传灯录》,还全面开启了《坛经》加注的模式。

(一)用惠昕本校正存中本《坛经》

在敦煌本《坛经》之后出现,现存日本的宋代《坛经》刊本和写本中,金山天宁寺本和大乘寺本《坛经》,卷首均有政和六年(1116)存中序并书的《韶州曹溪山六祖师坛经序》,可统称为《坛经》“存中本”。真福寺本③《坛经》卷首有惠昕《韶州曹溪山六祖坛经序》,卷末有周希古《〈六祖坛经〉后叙》,兴圣寺藏本仅卷首有惠昕《六祖坛经序》和晁子健《六祖坛经序》,卷末无周希古《〈六祖坛经〉后叙》,此两种可统称为《坛经》“惠昕本”。从内容看,它们成书的时间,都比契嵩本《坛经》早。

---

① 胡适:《坛经考之一》,载柳田圣山主编《胡适禅学案》,台北:正中书局,1975年,第66—75页;蓝吉富主编:《禅宗全书》第37册,第79、90页。

② 胡适:《坛经考之二》,载柳田圣山主编《胡适禅学案》,第76—92页;蓝吉富主编:《禅宗全书》第37册,第90、99页。

③ 此抄本未见影印出版。衷心感谢业师方广锠先生惠赐该书的影印件照片!

此前我们通过对比诸本《坛经》文字，指出"荷泽神会系'《坛经》传宗'本，是现存诸本《坛经》的祖本"①，并且"在后来的传播过程中，《坛经》的内容有所变化，在增加部分内容的同时，又减少了部分内容"②。后来，我们对敦煌本、存中本、惠昕本和契嵩本等数种《坛经》中惠能行由得法部分的文字进行了比较，发现诸本之间存在明显的异同，较好地表现了它们之间的相互关系。兹择其中有代表性的文字列表分别比较，并在"备注"栏说明它们之间的异同：

敦煌本	存中本	惠昕本	契嵩本	备 注
客答曰：我于蕲州黄梅县东冯墓山，礼拜五祖弘忍和尚，见今在彼门人有千余众。我于彼听见大师劝道俗，但持《金刚经》一卷，即得见性，直了成佛。	客云：我从蕲州黄梅县东冯茂山，礼拜五祖和尚，见在彼山门人一千余众。我到彼山，听和尚说法劝道俗，但持《金刚经》，即得见性，直了成佛。	客云：我从蕲州黄梅县东冯母山来。其山是第五祖弘忍大师在彼主化，门人一千有余。我到彼山礼拜，听授此经。大师常劝僧俗，但持《金刚经》，即自见性，直了成佛。	客云：我从蕲州黄梅县东禅寺来。其寺是五祖忍大师在彼主化，门人一千有余。我到彼中礼拜，听受此经。大师常劝僧俗，但持《金刚经》，即自见性，直了成佛。	1. 敦煌本与存中本独同作"礼拜五祖""道俗""即得见性"。 2. 惠昕本与契嵩本独同为"五祖弘忍大师""僧俗""即自见性"。
惠能闻说，宿业有缘。	某甲闻说，宿昔有缘。	惠能闻说，宿业有缘。	能闻说，宿昔有缘。	敦煌本与惠昕本独同为"宿业"，存中本与契嵩本独同为"宿昔"。
大师欲更共议，见左右在傍边，大师更便不言，遂发遣惠能，令随众作务。	大师更欲共某甲久语，且见徒众总在身边，乃令某甲随众作务。	大师更欲共惠能久语，且见徒众总在身边，乃令随众作务。	祖更欲与语，且见徒众总在左右，乃令随众作务。	敦煌本和契嵩本独同有"左右"二字。
无	五祖一日忽见某甲，言：吾思汝之明见，恐有恶人害汝，遂不与言，汝知之否？ 某甲言：弟子亦知师意，不敢行至堂前，令众人不觉。	五祖一日忽见惠能，言：吾思汝之见可用，恐有恶人害汝，遂不与汝言，知之否？ 惠能言：弟子亦知师意，不敢行至堂前，令人不觉。	祖一日忽见惠能曰：吾思汝之见可用，恐有恶人害汝，遂不与汝言，汝知之否？ 惠能曰：弟子亦知师意，不敢行至堂前，令人不觉。	1. 敦煌本无。 2. 惠昕本和契嵩本独同为"吾思汝之见可用""令人不觉"。 3. 存中本和契嵩本独同为"汝知之否"。
五祖忽于一日唤门人尽来，门人集讫，五祖曰……汝等自性迷，福门何可救汝？汝总且归房，自看，有智惠者，自取本性般若之知，各作一偈呈吾。吾看汝偈，若悟大意者，付汝衣法，禀为六代。火急急！	五祖一日唤诸门人总来……汝自性迷，福何可救？汝等各去后院，自看，有智惠者，取自本心般若之性，各作一偈来呈吾看。汝等偈，若悟大意，付汝衣法，为第六代祖。火急便作，不得迟滞！	五祖一日唤诸门人总来……自性若迷，福何可救？汝等各去后院，自看智慧，取自本心般若之性，各作一偈来呈吾看。若悟大意，付汝衣法，为第六代祖。火急速去，不得迟滞。	祖一日唤诸门人总来……自性若迷，福何可救？汝等各去，自看智慧，取自本心般若之性，各作一偈来呈吾看。若悟大意，付汝衣法，为第六代祖。火急速去，不得迟滞。	敦煌本与存中本独同为"自性迷""有智惠者"，惠昕本与契嵩本独同为"自性若迷""自看智慧"。存中本与惠昕本、契嵩本同为"本心般若之性""不得迟滞"。

① 侯冲：《现存〈坛经〉的祖本及其演变》，载石立善主编《古典学集刊》第1辑，上海：华东师范大学出版社，2015年，第555页。

② 同上。

（续表）

敦煌本	存中本	惠昕本	契嵩本	备　注
夜至三更，不令人见，遂向南廊下中间壁上，题作呈心偈，欲求衣法。若五祖见偈，言此偈语，若访觅我，我见和尚，即云是秀作；五祖见偈，言不堪，自是我迷，宿业障重，不合得法。圣意难测，我心自息。	神秀作偈成已，数度欲呈，行至堂前，心中恍惚，遍体汗流，拟呈不得。前后经过二十三度。乃自思惟：不如向廊下书著，从和尚见，忽若道好，即出礼拜，云是我作；若道不堪，自我性迷，宿业障重，不合得法，枉在山中受人礼拜，何名修道！	神秀作偈成已，数度欲呈，行至堂前，心中恍惚，遍身汗流，拟呈不得。前后经四日，一十三度，呈偈不得。秀乃思惟：不如向廊下书着，从他和尚看见，忽若道好，即出顶礼，云是秀作；若道不堪，枉向山中数年受人礼拜，更修何道！	神秀作偈成已，数度欲呈，行至堂前，心中恍惚，遍体汗流，拟呈不得。前后经四日，一十三度，呈偈不得。秀乃思惟：不如向廊下书着，从他和尚看见，忽若道好，即出礼拜，云是秀作；若道不堪，枉向山中数年受人礼拜，更修何道！	存中本与契嵩本独同为“遍体”，惠昕本独作“遍身”。 敦煌本与存中本独同有“宿业障重，不合得法”，惠昕本与契嵩本独同作“更修何道”。
《金刚经》云：凡所有相，皆是虚妄。不如留此偈，令迷人诵。依此修行，不堕三恶；依法修行人，有大利益。	《金刚经》云：凡所有相，皆是虚妄。不如但留此偈，令迷人诵。依此修行，免堕三恶，有大利益。	《金刚经》云：凡所有相，皆是虚妄。不如留此偈，令迷人诵。依此偈修，免堕三恶道。依此修行人，大有利益。	经云：凡所有相，皆是虚妄。但留此偈，与人诵持，依此偈修，免堕恶道；依此偈修，有大利益。	1. 敦煌本与存中本独同作“依此修行”，惠昕本与契嵩本同作“依此偈修”。 2. 惠昕本独作“大有”，其他三本作“有大”。

结合上表对《坛经》文本的比较，我们有了此前未曾提出的看法：“俗本”《坛经》是存中本一类《坛经》，而“曹溪古本”则是惠昕本一类《坛经》。郎简所说契嵩用“曹溪古本”校正了“俗本”《坛经》，是指契嵩用惠昕本校正存中本《坛经》。理由有三：

其一，存中本《坛经》的成书时间早于惠昕本，存中本一类《坛经》勘称“曹溪本”《坛经》。真福寺本《坛经》卷首惠昕《韶州曹溪山六祖坛经序》作于宋太祖乾德五年丁卯(967)①，卷末周希古《〈六祖坛经〉后叙》写于北宋大中祥符五年(1012)，而存中《韶州曹溪山六祖师坛经序》作于政和六年(1116)，时间上不仅晚于惠昕，也晚于周希古，但上表中惠能行由得法相关文字表明，存中本文字更接近敦煌本《坛经》，其成书时间当早于惠昕本。据陈继东介绍，“铃木大拙认为比较两者，道元本(即存中本——作者注)似乎更为朴素”②，铃木大拙还认为“惠昕本对道元本有所补足，并做了变更或改订”③，从一个侧面证明了存中本早于惠昕本。

除金山天宁寺本上卷尾题未见外，存中本《坛经》不论是序还是其他的首尾题，都包括“曹溪”二字；金山天宁寺本上卷封皮和扉页题名中，也都包括“曹溪”二字。这是

① 胡适：《坛经考之二》，载柳田圣山主编《胡适禅学案》，第78页；蓝吉富主编：《禅宗全书》第37册，第87页。

② 陈继东：《日本对六祖惠能及〈六祖坛经〉的研究综述》，参见释明生主编《六祖坛经研究集成》，第160页。参见铃木大拙《关于加贺大乘寺所藏的〈六祖坛经〉与〈一夜碧岩〉》。

③ 同上。

其他本《坛经》没有的(惠昕本《坛经》仅真福寺藏本卷首有“韶州曹溪山六祖坛经序”字样,其他首尾题均作“六祖坛经”)。称存中本一类《坛经》为“曹溪本”《坛经》,当无问题。

其二,惠昕本《坛经》有被称为“曹溪古本”的理由。如上所说,目前事实上只有铃木大拙等为数不多的学者,认为卷末有“道元书”的存中本早于惠昕本,惠昕本对存中本作过变更或改订。但是,存中本一类《坛经》,在存中政和六年作《韶州曹溪山六祖师坛经序》之前,并无其他序跋,而周希古《〈六祖坛经〉后叙》写于北宋大中祥符五年,因此,如果不对二者具体内容做过比较,像现在不少学者一样,会以为惠昕本《坛经》成书时间较存中本一类“曹溪本”早,从而将其称为“曹溪古本”。

其三,契嵩本《坛经》兼有存中本和惠昕本《坛经》的内容,但契嵩本与惠昕本共同独有的文字,远多于契嵩本与存中本共同独有的文字,表明契嵩本更接近惠昕本,即用惠昕本校正了存中本一类《坛经》。一方面,契嵩本部分文字仅与存中本共同独有,也有不少文字仅与惠昕本共同独有,可以看出契嵩本《坛经》既参考过存中本一类《坛经》,也参考过惠昕本《坛经》。这是契嵩确实用所谓“曹溪古本”(惠昕本)校正过“文字鄙俚繁杂”的存中本一类《坛经》的证据。另一方面,尽管契嵩本不少文字仅与存中本共同独有,但从总体上看,契嵩本与惠昕本共同独有的文字更多,尤其是大量文字仅与兴圣寺刊惠昕本共同独有。这就表明,契嵩本《坛经》的编纂,是在用兴圣寺刊惠昕本一类《坛经》校正存中本一类《坛经》基础上完成的。

总之,由于敦煌本与存中本共同独有的文字,远多于敦煌本与惠昕本共同独有的文字,而契嵩本与惠昕本共同独有的文字,又远多于契嵩本与存中本共同独有的文字,表明《坛经》演变的轨迹,是依次从敦煌本、存中本、惠昕本到契嵩本。在这个演变过程中,契嵩用兴圣寺刊惠昕本一类《坛经》校正了存中本一类《坛经》。

(二)采纳《景德传灯录》

此前未见学者明确指出,契嵩编纂《坛经》的重要资料是《景德传灯录》。“洪武六年”刊本在结构上分为十个部分,其中“南顿北渐第七”前,有如下一段附释文字(图八):

> 六祖法嗣四十三人,见《景德传灯录》。是经结集,于南岳让、青原思、永嘉觉皆曰禅师。盖其时化已盛行,而继有褒谥,此无可议。于法海、法达等,终至于志彻、神会,则或曰一僧某,或曰禅者某,或曰童子某,此乃他本增损去取之未详耳。虽《传灯》列法海等皆曰禅师,然施于此经则有未安。今从善本,例曰比丘。窃惟六祖所说之法,既尊为经,则其体格言词,与《语录》《行状》《塔铭》之文,固当有异。其称比丘者,深契立题之旨。有识者鉴焉。

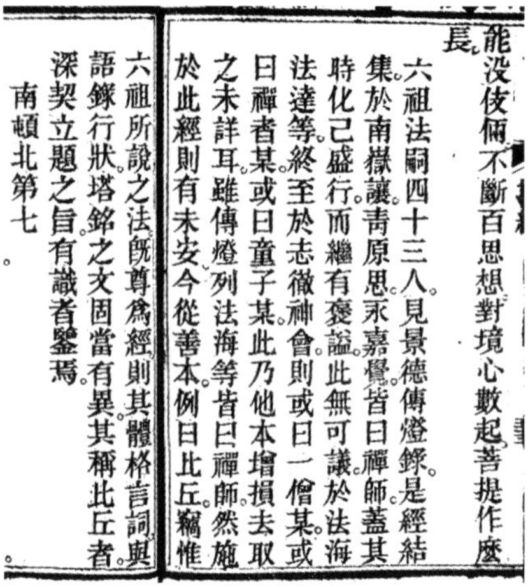

能沒伎倆不斷百思想對境心數起菩提作麼
長。
六祖法嗣四十三人。見景德傳燈錄。是經結
集。於南嶽讓。青原思。永嘉覺。皆曰禪師。蓋其
時化已盛行。而繼有褒謚。此無可議。於法海
法達等。終至於志徹神會。則或曰一僧某。或
曰禪者某或曰童子某。此乃他本增損去取
之未詳耳。雖傳燈列法海等皆曰禪師。然施
於此經則有未安。今從善本。例曰比丘。竊惟
六祖所說之法。既尊爲經。則其體格言詞。與
語錄行狀。塔銘之文。固當有異。其稱比丘者。
深契立題之旨。有識者鑒焉。
南頓北第七

图八

尽管诸本《坛经》中，只有“洪武六年”刊本中出现了这段文字，但既有研究成果表明，契嵩本《坛经》与《景德传灯录》之间存在的较大相似性，证明“洪武六年”刊本所言不误。

事实上，此前石井修道已经注意到，契嵩本《坛经》改编本中的文字，有的确实仅见于《曹溪大师别传》；有的既见于《曹溪大师别传》，也见于《景德传灯录》，而且见于《景德传灯录》的文字，比《曹溪大师别传》更接近《坛经》；还有不少文字，则只见于《景德传灯录》，在《曹溪大师别传》中并未出现。①哈磊考证德异本《坛经》增补内容时编制的《德异本增补 39 条引用及佐证文献表》也表明，在非《坛经》文献中，德异本引用最多或与德异本相关内容最多的，是《景德传灯录》和《五灯会元》。②当然，由于不是从最大相似或相近性的视角来讨论各种文献与契嵩本《坛经》的关系，所以石井修道和哈磊都没有能指出，在各种较早引用和佐证文献中，《景德传灯录》是与契嵩本《坛经》文字相同率最高的非《坛经》文献，是契嵩编纂《坛经》的重要资料。

限于篇幅，这里仅举哈磊所谓“一具臭骨头，何为立功课”条为例，证明契嵩确实利用《景德传灯录》编纂了《坛经》。契嵩本“南顿北渐第七”志诚条，较此前诸本《坛经》增加了三首偈子。其中第二首偈显然是据见于惠昕本等《坛经》的文字改编成的。因为

① 石井修道：《契嵩本〈六祖坛经〉的一种臆说》，《宗学研究》1981 年第 3 期。

② 哈磊：《宗宝本的材料来源和价值》，参见释明生主编《禅和之声：“2009 广东禅宗六祖文化节”学术研讨会论文集》，北京：宗教文化出版社，2010 年，第 394—445 页；哈磊、丁小平：《大陆地区惠能及〈六祖坛经〉研究综述》，参见释明生主编《六祖坛经研究集成》，第 20—24 页；哈磊：《德异本〈坛经〉增补材料之文献溯源考证》，《宗教学研究》2015 年第 4 期。

惠昕等本中的“吾心地无非自性戒，心地无痴自性慧，心地无乱自性定”等文字，在契嵩本中已成为偈句：“心地无非自性戒，心地无痴自性慧，心地无乱自性定，不增不减自金刚，身去身来本三昧。”由于《景德传灯录》中相对应的文字是“一切无心自性戒，一切无碍自性慧，不增不减自金刚，身去身来本三昧”，尤其是《景德传灯录》另外两个偈句与契嵩本相对应，从而可以证明，契嵩本《坛经》中新增加的这三个偈句，是契嵩据《景德传灯录》编纂并增加的。

总之，既有比对《坛经》与《景德传灯录》文字的研究结论，与上引“洪武六年”刊本《坛经》有文字明确提到《景德传灯录》能互相印证，证明了《景德传灯录》不仅被契嵩用来校正《坛经》，而且是契嵩编纂《坛经》时采纳最多的非《坛经》文献。

（三）全面开启加注模式

受资料限制，《坛经》中的注文此前未得到充分的关注。目前所见《坛经》加注的情况，最先当出现于存中本，以及稍后依次成书的真福寺本和兴圣寺本。这几种本子在第八章章名下都有“武帝问功德附”六字，第十一章章名下都有“灭度年月附”五字。兴圣寺刊本《坛经》另外在第二章末还有双行小字：“祖谓明曰：不思善，不思恶，正与么时，如何是上座本来面目？明大悟。”①总体而言，这三处《坛经》加注，注文一是在章名下，二是在该章之文末，与契嵩本《坛经》的加注模式不同。

契嵩编纂本《坛经》全面开启了《坛经》随文加注的模式，在某些需要注释的文字后即出注说明。具体有以下几个地方：

1. 法海等集《六祖大师法宝坛经序》正文末“今殿前左侧有铁塔镇处是也”下“龙骨至己卯等罹兵火，因失，未知所之。”。

2. “悟法传衣第一”中“若如此者，轮刀上阵，亦得见之”下“此喻得底人见机而作，不在言句也。”；“能辞祖已，发足南行，两月中间，至大庾岭”下“五祖归，数日不上堂。众疑，诣问曰：和尚少病少恼否？曰：病即无，衣法已南矣。问：谁人传受？曰：能者得之。众乃知焉。”；“明礼辞”下“明回至岭下，谓趁众曰：向陟崔嵬，竟无踪迹，当别道寻之。趁众咸以为然。慧明后改道明，避师上字。”。

3. “参请机缘第六”中“法海比丘”下“韶州曲江人。”，“法达比丘”下“洪州人。”，“智通比丘”下“寿州安丰人。”，“智常比丘”下“信州贵溪人。”，“志道比丘”下“广州南海人也。”，“行思禅师”下“吉州安城人。姓刘氏。”，“怀让禅师”下“金州人。姓杜氏。”，“玄觉禅师”下“永嘉人。姓戴氏。”。

4. “南顿北渐第七”中“志诚礼拜，愿为执侍，朝夕不懈”下“诚，吉州太和人。”，“志彻比丘”下“江西人。”，“禅会比丘”下“襄阳人。姓高氏。”，“神会后入京洛，大弘曹溪顿教，著《显宗记》行于世”下“神会即荷泽禅师也。”。

---

① 蓝吉富主编：《禅宗全书》第37册，第335页上。

契嵩本《坛经》的加注模式，对后世至少有两点影响。一是部分注文，尤其是契嵩本“参请机缘第六”“南顿北渐第七”中的注文，被此后诸本《坛经》直接或删改后作为正文流通。在明永乐南藏本、永乐北藏本、房山石经本《坛经》中，契嵩本“悟法传衣第一”中的三条注文，有两条被刊成了正文。二是注文模式为此后诸本《坛经》继承和沿袭，并不断有新的注文增加。如见于德异本、宗宝本等《坛经》第十章中的注文，都是元代新增加的。

综上所述，契嵩对《坛经》的编纂，一是用惠昕本校正存中本一类《坛经》，二是大量采纳《景德传灯录》相关文字编纂《坛经》，三是全面开启了《坛经》的加注模式。

三、契嵩本《坛经》新发现的意义

新发现闾山双泉寺等刊本是“洪武六年”刊本《坛经》的覆刻本，它们都属于契嵩本《坛经》。这一新发现至少有以下三个方面的意义：

首先是知道了何为契嵩本《坛经》。契嵩本《坛经》至少具备以下几个要素：一是其内容依次为宋吏部侍郎郎简述《六祖大师法宝记序》、门人法海等集《六祖大师法宝坛经略序》、门人法海等集《六祖大师法宝坛经》、大师取首之记灵验记、达摩所传信衣西域屈眴布制、慧能衣钵相关记录、唐宋加谥记载。卷首为宋吏部侍郎郎简述《六祖大师法宝记序》、门人法海等集《六祖大师法宝坛经略序》的《坛经》，基本可以确定就是契嵩本《坛经》。二是首尾题均作“六祖大师法宝坛经”，首题下署“门人法海等集”。三是经分十章。四是全面开启加注模式。五是“悟法传衣第一”中无“但吃肉边菜”数字，“释功德净土第二”中无“使君！东方人但心净即无罪，虽西方人心不净亦有愆。东方人造罪，念佛求生西方；西方人造罪，念佛求生何国？”“在家能行，如东方人心善；在寺不修，如西方人心恶”二段文字。六是“参请机缘第六”和“南顿北渐第七”提及诸人籍贯时，都是以注释的形式表现。七是“南顿北渐第七”前有一段说明该刊本与《景德传灯录》有关的文字。八是第八章章名为“心要传奏第八”。九是《坛经》正文中，不见“以铁叶、漆布固护师颈入塔”“达摩所传信衣系西域屈眴布”等文字。它们只在《坛经》附录中出现。以上九点，除第三点外，其他八点都说明，契嵩本《坛经》与流行本《坛经》不仅有区别，而且是有比较大的区别。

其次是在知道何为契嵩本《坛经》的基础上，明确了不同本《坛经》的具体内容，知道了契嵩本《坛经》与敦煌本、存中本、惠昕本、过渡本、德异本和宗宝本等《坛经》之间的关系（图九）。目前已有的认识如下：

（一）敦煌本是目前存世最早的《坛经》，也是现存《坛经》的祖本。存中本是敦煌本

《坛经》的演绎，如铃木大拙已经指出的一样，惠昕本是存中本一类《坛经》的补正，兴圣寺刊惠昕本是存世较早对《坛经》正文加注的本子。虽然契嵩本《坛经》是契嵩在用惠昕本校正存中本一类《坛经》基础上，大量采纳《景德传灯录》编纂而成，与存中本和惠昕本的关系较为密切，但契嵩本似与敦煌本也有直接关系。如上所说，“洪武六年”刊本惠能行由文字中，有仅见于敦煌本的文字；“教授坐禅第四”一章中，“《菩萨戒经》云：‘我本源自性清净。’”(图四)一段文字，与习见诸本《坛经》均不同。尤其是其中“本源自性清净”数字，仅见于敦煌本，其与敦煌本同源显然。

(二) 契嵩本既用惠昕本《坛经》这一“曹溪古本”校正过存中本一类《坛经》，又采纳了《景德传灯录》的大量内容，编纂出了《坛经》新本，并全面开启了正文加注模式。这一署“门人法海等集”的新本《坛经》，是宋代以降《坛经》的祖本。

(三) 契嵩本与德异本之间有一过渡本。所见本子为明刊本，未见前人提及，需要专门介绍和讨论，故有关该本《坛经》的详情，俟专文再叙，这里仅略作介绍。从其内容来看，契嵩本成书后，有人对其作了增改。一是将契嵩本卷首《六祖大师法宝坛经略序》改作《六祖大师法宝坛经外纪》。二是正文中增加了“但吃肉边菜”“使君！东方人但心净即无罪，虽西方人心不净亦有愆。东方人造罪，念佛求生西方；西方人造罪，念佛求生何国？”“在家能行，如东方人心善；在寺不修，如西方人心恶”等文字。三是将第六、第七两章中的注释文字，或改成了《坛经》正文，或删除，仅“诚，吉州太和人。”仍保持注释形式。四是将“参请机缘第六”章中智通条“此转识为智也。教中谓，转前五识为成所作智，转第六识为妙观察智，转第七识为平等性智，转第八识为大圆镜智。虽六、七因中转，五、八果上转，但转其名而不转其体也”一段文字改为注文。五是将契嵩本的章名“心要传奏第八”改为“唐朝征诏第八”。此刊本中新增加的文字，以及正文变注文的转换，注文变正文的转换，在德异本和宗宝本等《坛经》中均出现。根据书末部分文字，可推断其成书晚于契嵩本，但早于德异本，是契嵩本变成德异本的过渡，故称其为过渡本。

(四) 元至元二十七年(1290)休休庵刊行的德异本，是过渡本的改本。这个改本与过渡本的区别，一是过渡本卷首的佚名《刻法宝坛经序》佚名《六祖大师法宝坛经外纪》，在德异本中作古筠比丘德异撰《六祖法宝坛经序》《略序》；二是过渡本首题下所署“门人法海等集”，德异本改作“门人法海集”；三是过渡本与德异本中部分字数不多的注文，往往此有彼无，不尽一致；四是“付嘱流通第十”中“师于太极元年壬子七月”下，增加了注文“玄宗八月即位，方改先天元年，次年遂改为开元。先天即元二年，他本作先天二年者，非。”；五是将契嵩本中的大师取首之记灵验记、达摩所传信衣西域屈眴布制等附录文字，并入“付嘱流通第十”中；六是休休庵刊德异本经文后附录，如王维、柳宗元和刘禹锡等人所作碑文，在所见过渡本中未看到。

（五）宗宝本是参照契嵩本对过渡本和德异本的改本。至元二十八年辛卯(1291)宗宝《〈坛经〉跋》称宗宝“续见三本不同，互有得失”，所说“三本”，当即契嵩本、过渡本和德异本。宗宝本继承了过渡本和德异本的大部分特点，诸如新增加的“但吃肉边菜”等内容，像过渡本、德异本一样将契嵩本“参请机缘第六”中智通条部分正文改成了注文；不仅在“付嘱流通第十”中“师于太极元年壬子七月”下增加了注文，还将契嵩本中的大师取首之记灵验记、达摩所传信衣西域屈眴布制等附录文字，都并入到“付嘱流通第十”中。但是，宗宝本不是过渡本和德异本的简单继承，而是参照契嵩本作了一定的改编。主要表现有六：一是未采纳德异本的《略序》，而沿袭了过渡本中的《六祖大师法宝坛经外纪》，但将其作为附录。二是首题下署“风幡报恩光孝禅寺住持嗣祖比丘宗宝编”(部分本子如永乐南藏本从契嵩本，仍署“门人法海等集”)。三是如王起隆所说，将契嵩本统一的四字章目尽改为二字，作“行由第一，般若第二，疑问第三，定慧第四，坐禅第五，忏悔第六，机缘第七，顿渐第八，宣诏第九，付嘱第十”。四是结构上略有调整，关于这一点，前贤已经多次作过比较①，此不赘。王起隆称其弊在“分一篇为两截”“割裂不通”。五是省略部分注文。如契嵩本“悟法传衣第一”中“若如此者，轮刀上阵，亦得见之”下“此喻得底人见机而作，不在言句也。”，过渡本未改，德异本改作“古德云：譬如轮刀上阵，不问如何。若何此喻得底人见机而作，不在言句也。”，宗宝本则略作“喻利根者。”。六是将部分正文当注文，如契嵩本、过渡本和德异本“悟法传衣第一”中“能曰：我亦要诵此，结来生缘，同生佛地。上人，我此踏碓八个余月，未曾行到堂前”，宗宝本“行由第一”改作“能曰：一本有我亦要诵此，结来生缘。上人，我此踏碓八个余月，未曾行到堂前”。契嵩本、过渡本和德异本“付嘱流通第十”中“二十八菩提达摩尊者”下“此土是为初祖”数字，均为正文，但在宗宝本中则成了注文。七是增加注文。如“机缘第七”中“师自黄梅得法回至韶州曹侯村，人无知者”下“他本云：师去时至曹侯村，住九月余。然师自言不轻三十余日，便至黄梅。此求道之切，岂有逗留？作去时者，非是。”，仅见于宗宝本。“机缘第七”中行思条“谥弘济禅师”、怀让条“敕谥大慧禅师”、永嘉玄觉条“谥曰无相大师，时称为真觉焉”，方辩条末“永为人天福田”后“师仍以衣酬之。辩取衣分为三，一披塑像，一自留，一用椶裹瘗地中，誓曰：后得此衣，乃吾出世，住持于此，重建殿宇。宋嘉祐八年，有僧惟先修殿掘地，得衣如新。像在高泉寺，祈祷辄应。”等，都是宗宝本新增加的注文。八是参考过契嵩本《坛经》。契嵩本《坛经》“南顿北渐第七”中“神会后入京洛，大弘曹溪顿教，著《显宗记》行于世”下“神会即荷泽禅师也。”，在过渡本和德异本中有删改，最主要的，是“神会即荷泽禅师也”数字被删除。宗宝本“顿渐第八”神会条最末增加了“是谓荷泽禅师”数字，并以注文的形式出

---

① 松本文三郎著、守志试译：《六祖坛经书志学的研究》，《现代佛教》第5卷第8期，1933年，第45页；宇井伯寿著、杨曾文译：《〈坛经〉考》，《世界宗教资料》1980年第4期；驹泽大学禅宗史研究会编著：《慧能研究：与慧能的传记、资料相关的基础性研究》，第401页；杨曾文校写：《新版敦煌新本六祖坛经》，宗教文化出版社，2001年，第274页。

现,无疑是参照并根据契嵩本重新增补的。因为在宗宝本之前的《坛经》诸本中,这几个以注文形式出现的相关文字,仅见于契嵩本。

(六)宗宝本《坛经》的改编本有永乐南藏本、永乐北藏本、房山石经本和德清本。永乐南藏本、永乐北藏本和房山石经本《坛经》的内容,大致相当于宗宝本第一至第六章的内容,故它们都是宗宝本《坛经》的改编节略本。其共同点至少有三:一是从头至尾,未分章节。二是将宗宝本《坛经》中的部分注文改成正文,如宗宝本"行由第一"中"若如此者,轮刀上阵,亦得见之"下"此喻得底人见机而作,不在言句也。","能辞祖已,发足南行,两月中间,至大庾岭"下"五祖归,数日不上堂。众疑,诣问曰:和尚少病少恼否?曰:病即无,衣法已南矣。问:谁人传受?曰:能者得之。众乃知焉。","明礼辞"下"明回至岭下,谓趁众曰:向陟崔嵬,竟无踪迹,当别道寻之。趁众咸以为然。惠明后改道明,避师上字。",双行小字均被改为正文。三是删除宗宝本《坛经》中的部分注文,如宗宝本"行由第一"中"亦得见之。喻利根者。","能曰:一本有我亦要诵此,结来生缘。上人,我此踏碓八个余月,未曾行到堂前",双行小字在这三个本子中都被删除。

德清本也是宗宝本《坛经》的改编本。该本对宗宝本的改编包括以下几个方面:一是对章节名略有改动,并增加了"品"①字。宗宝本的"行由第一,般若第二,疑问第三,定慧第四,坐禅第五,忏悔第六,机缘第七,顿渐第八,宣诏第九,付嘱第十",在德清本中被依次改为"自序品第一,般若品第二,决疑品第三,定慧品第四,妙行品第五,忏悔品第六,机缘品第七,顿渐品第八,护法品第九,付嘱品第十"。二是删掉了部分文字,如像永乐南藏本、永乐北藏本和房山石经本一样,将宗宝本"行由第一"中"能曰:一本有我亦要诵此,结来生缘。上人,我此踏碓八个余月,未曾行到堂前"的双行小字删除;将"上上人有没意智,若轻人即有无量无边罪"删为"上上人有没意智";将"求道之人,为法忘躯,当如是乎"删为"求道之人当如是乎";将"云能本是南中人,久不知此山路,如何出得江口。五祖言,汝不须忧,吾自送汝。祖相送直至九江驿,祖令上船。五祖把橹自摇,慧能言,请和尚坐,弟子合摇橹。祖云"删改为"五祖送至九江驿,祖令上船,慧能随机把橹,祖云"②等。对宗宝本"付嘱第十"中不少文字,也作了删减。③三是将部分注文改为正文,如将宗宝本"机缘第七"中智通条的"如上转识为智也。教中云,转前五识为成所作智,转第六识为妙观察智,转第七识为平等性智,转第八识为大圆镜智。虽六、七因中转,五、八果上转,但转其名而不转其体也。",行思条的"谥弘济禅师",怀让条的"敕谥大慧禅师",永嘉玄觉条的"谥口无相大师,时称为真觉焉",方辩条末"永为人天福田"后的"师仍以衣酬之。辩取衣分为三,一披塑像,一自留,一用椶裹瘗地中,誓曰:后得此衣,乃吾出世,住持于此,重建殿宇。宋嘉祐八年,有僧惟先修殿掘地,得衣如新。像在高泉寺,祈祷辄应。","顿渐第八"中"是谓荷泽禅师"等注文,都印为正文。四是对部分内

---

① 笔者目前所见《坛经》诸本中,德清本是目前存世最早的增"品"字目的《坛经》。

② 中岛隆藏:《关于"曹溪南华禅寺建寺一千五百年纪念"刊行德清勘校〈六祖坛经〉》,载释妙峰主编《曹溪禅研究》(三),北京:中国社会科学出版社,2003年,第165页。

③ 同上书,第171—172页。

容的顺序作了调整。如将宗宝本“顿渐第八”中神会条调到“机缘品第七”智煌条后①;将宗宝本中的附录文字,置于尾题前。②

其三是通过对《坛经》编纂历程的梳理,印证了胡适《坛经》研究的一些结论,提醒我们在利用《坛经》研究禅宗时,有必要结合《坛经》不同版本展开。上文的梳理表明,从敦煌本到存中本,《坛经》内容有了较大增加;从存中本到惠昕本,不仅章名中增加了“门”字,内容有补充,而且文字略有修改。契嵩在存中本一类《坛经》基础上,参校惠昕本,大量采纳《景德传灯录》中的相关内容和文字,删除并见于敦煌本、存中本和惠昕本的部分文字后,新编成了契嵩本《坛经》。这一本子是宋代以降诸本《坛经》的祖本,但其第六、第七两章中的不少注文,在过渡本、德异本和宗宝本中或被改为正文,或被删除,保存了注文形式的仅极个别。此外,契嵩本正文的部分文字,也有被过渡本、德异本和宗宝本改为注文的情况。永乐南藏本、永乐北藏本、房山石经本中,此前的注文都被改为正文;德清本不仅把宗宝本中的相当多注文都刊印成正文,还把契嵩本中属正文,被过渡本、德异本和宗宝本都改为注文的文字,印成了正文。

很显然,《坛经》从敦煌本到德清本,经历了一个内容由简单到复杂,文字由俗俚不通到文顺意明,不少文字存在由正文变注文,又由注文变正文的转换历程。《坛经》的这个演变历程,就是它不断被改编而这些改编又都未被怀疑的历史。既有的《坛经》研究中,胡适在广泛搜集资料并仔细校勘诸本《坛经》文字的基础上,提出的“明藏本的祖本是北宋契嵩的改本”③“《坛经》的普通传本都是契嵩以后又经后人增改过的”④等观点,无疑因此得到印证。由于胡适是以新发现文献为基础展开《坛经》的版本研究,因此,在方法论意义上,“回归胡适,也许是未来中国禅宗史研究的走向之一”⑤。

《坛经》的不同版本,出现于不同历史时期,有不尽相同的内容。部分早期《坛经》版本中的内容,如与荷泽神会系关系密切的文字,未见于后代《坛经》中;部分早期《坛经》版本中未见的内容,如出现在后代《坛经》版本中的“但吃肉边菜”“使君! 东方人但心净即无罪,虽西方人心不净亦有愆。东方人造罪,念佛求生西方;西方人造罪,念佛求生何国?”“在家能行,如东方人心善;在寺不修,如西方人心恶”等文字,在北宋契嵩

① 中岛隆藏:《关于“曹溪南华禅寺建寺一千五百年纪念”刊行德清勘校〈六祖坛经〉》,载释妙峰主编《曹溪禅研究》(三),第168—170页。

② 同上书,第172页。

③ 柳田圣山主编:《胡适禅学案》,第68页;蓝吉富主编:《禅宗全书》第37册,第77页。

④ 柳田圣山主编:《胡适禅学案》,第80页;蓝吉富主编:《禅宗全书》第37册,第90页。

⑤ 侯冲:《现存〈坛经〉的祖本及其演变》,载石立善主编《古典学集刊》第1辑,第561页。

改编《坛经》时尚未出现。因此，在利用《坛经》研究禅宗乃至唐代以降中国佛教史时，有必要在辨析《坛经》不同版本的基础上展开。为便于区别《坛经》不同版本，兹附《坛经》演变表如下（图九）：

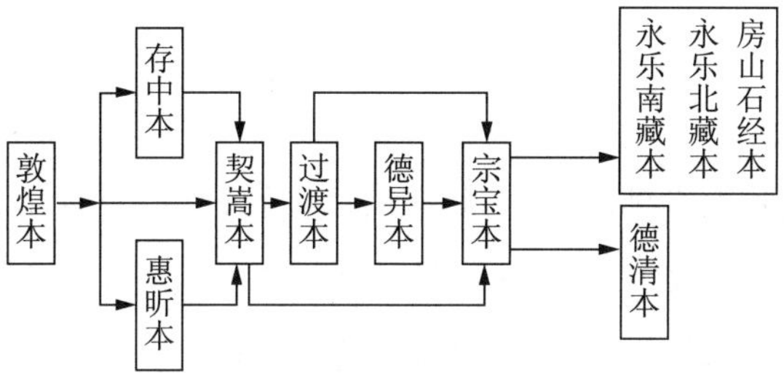

图九

（本书稿完成后，方广锠、定源［王招国］、曹凌、皮庆生、张风雷、张文良等先生先后提出了宝贵的修改补充意见。谨致谢忱！）

从《大般若心要集》看大般若宗的宗派特色

刘成有　朱竞旻*

2006年暑期，我和朱竞旻同学在调查甘肃宗教现状的过程中，发现天水麦积山附近的净土寺颇具特色。寺院大门口的石碑上，刻着“大般若正宗”几个大字。在驻寺观察半个月之后，我们对净土寺的历史及其思想特色有了进一步的了解。创寺人海正法师出自五台山清海（1922—1991）门下，在天水致力于汉藏佛教的融合，弘扬“大般若宗”。就我们目前看到的材料而言，《大般若心要集》是天水净土寺公开对外流通的一本书，是目前了解大般若宗思想的资料之一。大般若宗，自清海首次提出后，并没有详细的材料进行进一步的说明。《大般若心要集》则提供了一些重要的线索。该书由四部分组成：第一部分是《海正上师亲题撰序》；第二部分是所谓“佛言祖语”，其中既有佛经，也有一般的劝善文；第三部分是“清海仁波卿法语”，主要收录了一些清海上师的诗歌；第四部分是“海正仁波卿法语”，有海正的一些诗、文和净土寺的匾额、楹联等。这本书在当地信徒中流传较广，反映着海正本人对于大般若宗的理解。我们拟就此谈一点自己对于大般若宗宗派特色的粗浅看法，借此表达对能海上师、清海上师的纪念。

一、 大般若宗汉藏融合的思想特色

海正所传的“大般若正宗”，创始人为能海上师（1886—1967）。据《能海上师行迹录》记载，能海“上师无门派之见，见虚云和尚，顶礼后才互拜；见印光法师，也甚为恭敬，称赞净土，而非以自承密宗便轻视他教”；他与太虚大师亦甚相合，绝不因宗派不同而言行有异。这方面也可以从他自宣为“般若宗”上可以看得出来，能海是汉地“大般若宗”始祖。能海上师初次入藏后，在康萨喇嘛座下请求开士学修之途径。康萨喇嘛随令学习《现观庄严论》，能海上师由此专精修学深广般若，依仗康萨仁波切的慈悲教授及多方譬解，得以短时间内通达大论，具得般若知见。能海上师晚年于五台山清凉桥讲经时曾说：“若问我等是何宗派，应曰大般若宗。学般若，故以般若为宗。”由此可

---

* 刘成有，中央民族大学哲学与宗教学学院教授、博士生导师；朱竞旻，中国人民大学国际佛学研究中心特约研究员、中央民族大学哲学与宗教学学院博士研究生。

知修学此论的重要。这个宣告十分重要，不仅标志着立宗开派，而且还显示了打消门派之见的良苦用心。他不愿以密宗之名来与诸宗相较，单立般若宗也并非要标新立异。佛法，从根本上讲，离不开智慧，显宗离不开般若，密宗更是离不开般若。释迦牟尼佛一生说法，彰显出来的就是悲智双运。可以说，离开般若，难成正果。能海上人深明此理，在《般若波罗密多教授现证庄严论》引言中说："《现观庄严论》者，是三藏三学之总教，总指示体道果之要点，名曰般若，不能简易便可通达……进入中观为究竟也。"这里，我们看不出明显的创宗意识，看到的则是能海上师意在融通佛法，融通汉藏佛教的良苦用心。

能海上师的弟子，著名的有清定（1903—1999）、清海、隆莲（1909—2006）等。海正嗣法于五台山清海上师。"大般若正宗"从性质上来说属于藏传佛教格鲁派的汉化支派，其基点是密宗；然而由于种种原因，净土寺对外总是自觉地回避密宗与藏传佛教的话题，声称自己完全是显宗、汉传佛教。大般若宗所用仪轨完全是密宗仪轨，主要有早晚课的《上师无上供养观行法》《文殊五字根本真言念诵法》和《圣妙吉祥真实名经》①以及过堂时念的《三尊胜赞供养仪则》。依据密宗的保密原则，未经灌顶或特殊开许，不得行仪。

据净土寺海正法师的弟子寂光法师介绍，按照能海上师的教法，"大般若正宗"实际由三个部分组成：

甚深般若—中观—龙树
广行般若—唯识—无著
瑜伽般若—密教—文殊

"深""广"是藏传佛教对中观学派和瑜伽行派的称呼，瑜伽则代表密宗。一般在大乘佛教中文殊菩萨是智慧的象征；而在密教中，文殊菩萨具体化为大威德金刚，围绕他有一系列具体的密宗修法。海正对这三系的确认如下：

今此道场，依释迦牟尼佛、宗喀巴大师建立显密圆通、无碍全部的教授教诫。依释迦牟尼佛二十二年所说的《大般若经》六百卷，建立大般若宗的三智八法七十

① 《大正藏》第20卷，第826—834页。智旭《阅藏知津》："元土蕃沙门释智慧译。前有文殊菩萨发菩提心愿文，中明五智勇识真实名句，后有文殊一百八名赞，又文殊赞，哀请摄受偈，发愿偈，六波罗密偈，回向文咒。"（CBETA中华佛典宝库 http://www.fodian.net）

义。广大之学说，阐述广行般若的大教，如中国的相宗。第二依文殊、龙树、月称、佛护等论师所阐明的甚深波罗蜜，也就是《大般若经》第十四《那伽室利文殊问分》，根据龙树菩萨所说八不思、四无生、二种无我等一切教义，完全阐述学习。另外，根据《显善密意疏》及《入中论》月称法师所著。第三根据佛灭度后大乘教法、瑜伽部①、也就是由显到密、由大到小、三乘普被、一切圆满的教义，特别是达摩西天二十八代，他是瑜伽部出家，这里根据《菩提道次第论》和阿底峡尊者的《道炬论》和寂天菩萨所著的《入行论》一直到现前所学的《五字真言》《真实名经》《上师供》《生圆二次第》，等等。②

如前所述，“大般若正宗”从性质上来说属于藏传佛教格鲁派的汉化支派，虽然它的教法几乎完全是按照格鲁派的体系来组织的，但是形式上也有不少汉传佛教的风格。比如大般若正宗的语言完全是汉语，僧人一律素食、独身，寺院建筑采用汉传佛教的式样。

二、 大般若宗宗派意识的产生

所谓宗派思想，就是强调本宗的突出位置、树立本宗特色的观念。关于“宗派”，吕澂先生是这么说的：“提倡某一种学说的人，常能在一地方固定下来，并有了经济基础，具备了设立门庭，传授学徒的条件，这样，师弟传承络绎不绝，因而逐渐形成宗派。”③在能海上师提出“般若宗”的基础上，清海上师后来又正式公开提出了“大般若正宗”的名号。他把能海上师所传的、具有格鲁派传承的教法公开称为一个“宗”，说明清海在五台山圆照寺弘法时，这个学派已经具有了较为强烈的自我意识，并且奠定了固定地点、经济来源、系统师承等基础。如其所说：“根本道场佛事兴，有缘佛子皆来临；程度不同种善根，未来菩提悉能成。”④这时，他就是要将自己与其他宗派区别开来，在佛教界突出自己，标新立异。所谓“五台宝山最清凉，圆照古刹放光芒；般若法幢高树立，宏阐大化永流芳”⑤。又说：“我此道场法流迹，汉藏汇归最希奇；如实而讲整八天，他于

① 这里的瑜伽部指密教，而非哲学上的瑜伽行派或六派哲学中的瑜伽派。

② 《贺天王殿塑像开工典礼》，载《大般若心要集》（天水曼殊寺刊本），第117—118页。此段援引原文，对标点做了简单处理；词法、语法错误一律未改。

③ 吕澂：《中国佛学源流略讲》，北京：中华书局，1979年，第159页。

④ 《大般若心要集》，第86页。

⑤ 同上书，第52—53页。

大千生光辉。”[①]清海认为，建立和弘扬大般若宗，对于佛教、对于众生，是一大贡献。如他说：“为建般若宗，宣扬无上乘；显密圆通教，度生立大功。”[②]又说：“中国有了般若宗，大地虚空生光明；法类苍生皆蒙恩，三宝正法永昌隆”[③]，“愿我宗法永流芳，遍尘刹界放光芒；若谁见闻觉触者，定是解脱证真常”[④]。

大般若正宗，从性质上看，可以说是新兴宗派，但是任何时期，佛教任何一个新兴宗派，都不会说自己是凭空创造的。他们都要追溯自己的渊源，强调学派意义上的继承性，并把它与宗派意义混同在一起，以给人留下“此宗自古即有”或“此宗出于佛陀本意”的印象。比如清海说：“文殊本尊为宗主，能海上师初祖翁；第二法子耐定悟，未来尚待贤哲承。”[⑤]读这首偈子，我们很自然地能联想到禅宗追溯迦叶为初祖、律宗追溯优波离为初祖、净土宗追溯大势至菩萨为初祖、广义密宗追溯普贤王如来为初祖。再如“释迦如来为根本，沿畅般若圆满教；文殊表深慈氏广，传流至此归宗道”[⑥]。这个偈子表明，在清海看来，实际上释迦时代就已经有了“大般若正宗”了，那时候般若是统一的。后来中观学派和瑜伽行派分别发挥其中的一个方面，形成了“深”“广”两种传承；甚深行派追溯文殊为元祖，广大行派尊奉弥勒为先导。这正如前文所述，到了能海上师传法、清海确定宗派名称时，这两支才合起流来，“般若”重新具有了“源初”的意义。照此说来，“大般若正宗”的树立，意味着佛法本意（“宗”）的重新开敷，意味着般若由分裂、对立走向统一、圆满。其创宗的意义，难以估量。海正也曾说过：“性相悉归不动海，法乳同融大觉天。”[⑦]又说：“直入菩提光明路，晏坐般若是道场。”[⑧]不仅如此，海正甚至还这样说：“文殊法犹如大海，涛涛无尽，不要汪洋心淡[⑨]。若想成佛必须以五字真言为基础、为根本、为门、为依怙。”[⑩]这基本上就是说，不进入大般若正宗，就不可能成佛。像这样去为自己定位，显示地位和价值，是需要很大勇气的。

---

① 《大般若心要集》，第 91 页。
② 同上书，第 53 页。
③ 同上书，第 70 页。
④ 同上。
⑤ 同上书，第 49 页。
⑥ 同上。
⑦ 同上书，第 154—155 页。
⑧ 同上书，第 155 页。
⑨ “汪洋心淡”，应是“望洋兴叹”的笔误。
⑩ 《大般若心要集》，第 127 页。

三、海正的宗派意识

海正法师的宗派思想与清海上师在大体上是一样的，不过他更加突出他本人从五台山来到天水地区弘扬这个宗派的事迹。他说：

> 吾纳从五台来秦州，宏宣大般若正宗，以金刚智慧、不舍方便，对机施教、普渡群迷。三色遍焰、星星之火也。破无明壳，得实智慧朗然大明，应火浅辉，结成建群，作迷津之宝舟、黑夜之明灯。愿僧传辉煌，国史备载，僧行六合、平平安安，群生超九界，有情独尊，佛法兴盛，流润未来，各获庆福，同证菩提……乃为文殊五台下院也。①

海正法师认为他将大般若正宗带到天水，既是对宗派的贡献，也是对地方社会的贡献。为此，他的功劳是很大的。他甚至在净土寺的牌坊前用青石雕制作了一块碑，正面书“大般若正宗”五个大字，反面述说曼殊寺重建记。曼殊寺的楹联也能反映这一问题：“圆融佛法建成根本道场在此寺，通澈圣教主持显密正法于今朝”②，“文殊宝殿光照净土成为佛教最胜地，五台僧伦西来秦州重振宝刹净伽蓝”③。

海正法师对此是相当自信的。我们认为他的自信与密宗的思想模式有关。密宗尤重福慧双修，对于堪当上师的人而言，要具有相当强的魄力和摄受力，甚至要修所谓“佛慢”。这与显宗/汉传佛教的思路是截然不同的。显宗要求折服我慢，视慢为魔，而密宗认为佛慢是一种魄力和气度：我能修，我能证，我能把生死苦海中的众生都救拔出来。汉传佛教重视谦虚，坚决反对“未证言证”，并视之为大妄语、根本戒；而海正则说，自己“以金刚智慧、不舍方便，对机施教、普渡群迷……破无明壳，得实智慧……作迷津之宝舟、黑夜之明灯”。显然这里不存在任何“未证言证”的负担，而是越往高处说越好——因为越往高处说意味着宗教权威越大、越能吸引信众。这又如海正法师在《贺天王殿塑像开工典礼》中所说：

> 自从贫僧于五台山秉受三坛大戒，住衣钵堂，颇蒙上清下海戒和尚教诫坚，如

---

① 《大般若心要集》，第 142 页。

② 同上书，第 193 页。

③ 同上书，第 195 页。

子归母见慈颜。闻正法显密圆通法雨洒心田，得灌顶正受密法传心印，破迷皈悟入正道，了生脱死师引导。史来秦州乏密法，恩师观机遣住寺；匡扶曼殊光圣苑，正念耿耿透莲池；须弥横海落群峰，般若清辉住净地。诸佛为正法，佛以法为本，法从佛口宣，高僧护正法，居士佛法奉，正法相延续永劫。①

净土寺祖师殿的布置也能反映海正的宗派思想。其中供奉的祖师既不是迦叶也不是阿那律，而是宗喀巴、克主杰、贾曹杰、能海、清海、清定。左边还剩下一个空位，是留给海正的。须弥座上，海正的位置尚且空着，然而在正面的供桌上还是有海正的汉白玉石雕像。其造型生动逼真、和蔼庄严，绝类于布袋弥勒。

既然名为“大般若正宗”，首先突出的当然是智慧。但对于“智慧”，海正法师并没有在“空”—“有”一系的理论上有多么明确的论述，说到底，大般若正宗的核心是显密圆融。不过在能海上师、清定和清海那里，般若中观思想和真常思想还是区分得清楚的；到了海正这里，他说法中经常是杂糅中观、唯识、真常而圆融运用。当然，海正的目的本不在梳理清晰的佛教概念，我们自然不能苛求于他，但他的具体做法的确又具有相当程度的代表性。一定程度的摄受力、貌似圆融的宗派思想、汉藏佛教融合的尝试，现实佛教中的这一具体个案，是值得我们去关注的。

① 《大般若心要集》，第116—117页。

裕固族先民的文殊信仰及其心目中的文殊道场

——以莫高窟、榆林窟回纥文题记为中心

杨富学　张　艳*

关于回纥之文殊信仰和五台山崇拜，笔者曾撰文做过一些研究①，但几乎没有涉及河西回纥及后来的裕固族。13世纪后期，蒙古豳王家族及其部属入居河西，与河西回纥人杂处、融合，至明初形成一个新的民族共同体——裕固族。②为行文之便，不管形成中的裕固族还是形成后的裕固族，本文概称"裕固族先民"，仅在必要时注明"回纥裔"或"蒙古裔"以示区别。

近期，敦煌莫高窟、瓜州榆林窟、酒泉文殊山的回纥文、八思巴文题记相继得到解读、刊布③，加上此前即已广受学界重视的敦煌汉文《重修皇庆寺记》④和酒泉汉—回纥文合璧《元代重修文殊寺碑》⑤，为裕固族先民文殊信仰的研究提供了可能。

---

* 杨富学，敦煌研究院人文研究部部长，敦煌文献研究所所长、研究员，兰州大学敦煌学研究所教授、博士生导师；张艳，郑州理工职业学院教师。

① 杨富学：《居庸关回鹘文功德记uday考》，《民族语文》2003年第2期；杨富学：《回鹘五台山信仰与文殊崇拜考》，郑炳林、花平宁主编：《麦积山石窟艺术文化论文集》（下册），兰州：兰州大学出版社，2004年，第441—447页；杨富学、张艳：《回鹘文〈五台山赞〉及相关问题考释》，《五台山研究》2014年第4期；张艳：《回鹘五台山信仰研究》，西北师范大学硕士论文，2015年。

② 杨富学、张海娟：《蒙古豳王家族与裕固族的形成》，《内蒙古社会科学（汉文版）》2015年第3期；杨富学、张海娟：《从蒙古豳王到裕固族大头目》，兰州：甘肃文化出版社，2017年，第155—166页。

③ 松井太：《敦煌諸石窟のウイグル語題記銘文に關する劄記（一）》，《人文社會論叢・人文科学篇》第30号，2013年，第29—50页；松井太：《敦煌諸石窟のウイグル語題記銘文に關する劄記（二）》，《人文社會論叢・人文科学篇》第32号，2014年，第27—44页；松井太著、白玉冬译：《敦煌莫高窟、安西榆林窟的回鹘语题记》，载阿不都热西提・亚库甫主编《西域—中亚语文学研究：2012年中央民族大学主办西域—中亚语文学国际学术研讨会论文集》，上海：上海古籍出版社，2015年，第210—225页；伊斯拉菲尔・玉苏甫、张宝玺：《文殊山万佛洞回鹘文题记》，载吐鲁番学研究院编《语言背后的历史——西域古典语言学高峰论坛论文集》，上海：上海古籍出版社，2012年，第94—106页。

④ 李永宁：《敦煌莫高窟碑文录及有关问题（二）》，《敦煌研究》1982年第2期。

⑤ 耿世民、张宝玺：《元回鹘文〈重修文殊寺碑〉初释》，《考古学报》1986年第2期。

一、回纥文题记所见裕固族先民文殊信仰

关于裕固族回纥裔之文殊信仰，史书略有记载。景德四年（1007）十月，“甘州夜落纥遣尼法仙等二人来朝，献马十匹，且乞游代州五台山，从之”①。可见，甘州回纥使者到中原朝贡时，尚且不忘到五台山朝觐，足见文殊信仰在甘州回纥中的影响还是颇深的。甘州回纥于1028年亡于西夏后，其部众有一部分逃亡沙州，成为沙州回纥的一部分，而且长期活动于沙州、瓜州地区，为日后裕固族的形成奠定了基础。

元代是裕固族形成的关键期，河西地区保留有大量元代之相关文献与文物，既有回纥文、汉文碑刻，也有回纥文书信、题记和宗教经典，为裕固族先民之文殊崇拜和五台山信仰研究提供了宝贵资料。

敦煌莫高窟，现存七幅五台山图，分别是中唐第159、222、237、361窟，晚唐第9、144窟，五代第61窟。其中第61窟主尊像为文殊菩萨，洞窟正壁（西壁）绘有规模宏大的五台山图，敦煌研究院藏《腊八燃灯分配窟龛名数》称之为“文殊堂”。②在该窟甬道南壁供养比丘像两边腋下，留有两则元代回纥文题记：

01. yïlan yïlïn tangut čölgä-täki manglay
02. taykim baɤatur bu mančuširi bodistv qa yüküngäli
03. kälip yükünüp barïr-ta kin-ki körgü bolzun tip qop
04. kiši-tä qour köngül-lüg qočo-luɤ mungsuz šabi qy-a bitiyü tägintim

蛇年，西夏路先锋（01）台金·拔都儿（Taykim Baɤatur）来拜此文殊菩萨（02）。拜完回去时，为作日后纪念（03），所有人中最毒心肠的我，高昌的孟速思·沙弥（Mungsuz-šabi）谨书（04）。

01. yïlan yïl tangut čölgä-täki
02. manglay-taqï tümän (bä) gi tayk(im)

蛇年，西夏路（01）先锋万户长台金[tayk(im)]（02）（后缺）③

---

① 徐松辑：《宋会要辑稿·蕃夷四》之三，北京：中华书局，1957年，第7715页。

② 金维诺：《敦煌窟龛名数考》，《文物》1959年第5期；赵声良：《莫高窟第61窟五台山图研究》，《敦煌研究》1993年第4期；樊锦诗：《P.3317号敦煌文书及其与莫高窟第61窟佛传故事画关系之研究》，《华学》第9、10辑，上海：上海古籍出版社，2008年，第980—1004页。

③ 松井太：《敦煌諸石窟のウイグル語題記銘文に關する箚記（一）》，《人文社會論叢·人文科学篇》第30号，2013年，第43页；松井太著、白玉冬译：《敦煌莫高窟、安西榆林窟的回鹘语题记》，第219—220页。

题记虽残缺不全，但大意基本明了，即孟速思·沙弥为了参拜莫高窟第61窟的主尊文殊师利菩萨(mančuširi bodistv)，不远千里由西夏路来到敦煌。与之同行的有西夏路先锋台金·拔都儿。其中的Baɤatur为突厥语baɤa的音转，意为"勇健"，乃突厥部落首领之称号。①该词后为蒙古语所借用，演变为Batuur(巴图尔)。就本题记言，孟速思为书手，当为回纥人无疑，应来自宁夏路。言自己有着"最毒心肠"意在表示深刻忏悔，此乃与回纥佛教徒原来多为摩尼教徒，而摩尼教特别重忏悔有关，如吐鲁番出土回纥文佛教忏悔文 T II Y 47(Mainz 734a)即有类似的言语：

23. - ɤantïm(ï)z ärinč. [·] ilkisiz-däbärü ol ayaɤ qïnlïnč yoq kim biz

24. qïlmadïm(ï)z ärsär · ol bizing qïlmïš qaz-ɤanmïš tsuy irinčü

25. ayaɤ qïlïnčlarïm(ï)z sanï saqïšï idi yoq ymä birök qïlmadïmïz

26. ärsär

自无始受身以来，我们没有哪种恶行没干过，我们的罪过与恶行无量其数。(23—26)②

诸如此类，在回纥文忏悔文中很多见，不足为怪。

台金·拔都儿为西夏路先锋，在两则题记中都有出现，身份为万户长(Tümänbägi)，这在蒙古国至元代都是地位很高的官职，一般由蒙古人担当，故而可推定其为蒙古人。至于题记中的西夏路(Tangut čölgä)，不明所指，有可能指元朝于西夏国旧地所设宁夏府路。蒙古豳王出伯家族的统治中心虽在河西走廊西端至哈密之间，其统辖范围却很广，东起巩昌府(今甘肃陇西)，西到和田、吐鲁番，南包吐蕃地区，皆归其节制。③宁夏府路附近的亦集乃路归甘肃等处行中书省管辖④，始终与驻扎河西走廊西部地区的蒙古豳王家族保持着密切的军事、经济联系。⑤从军事政治上说，亦集乃路间接受制于蒙古豳王家族，因为甘肃行省虽然在名义上代表朝廷要给包括蒙古豳王家族在内的河西诸王及其所率军队提供丰厚的军需，以求"藩屏诸王，暨军民悦

① 韩儒林：《突厥官号考释》，载韩儒林编《穹庐集——元史及西北民族史研究》，上海：上海人民出版社，1982年，第305—306页。

② 杨富学：《回鹘佛教徒忏悔文及其特色》，载刘光华主编《谷苞先生90华诞纪念文集》，兰州：兰州大学出版社，2007年，第424、430页。

③ 杨富学、张海娟：《蒙古豳王家族与元代西北边防》，《中国边疆史地研究》2012年第2期。

④ 李治安：《元代行省制度研究》，北京：中华书局，2011年，第458—459页。

⑤ 杨富学、张海娟：《蒙古豳王家族与元代亦集乃路之关系》，《敦煌研究》2013年第3期。

怿输忠”①，在此情况下，甘肃行省不能不受制于诸王，而亦集乃路又隶属于甘肃行省。于是乎，宁夏府路有回纥佛教徒存在，而且赴敦煌朝拜文殊菩萨，自然属于常态。

另外，在莫高窟第138窟主室北壁最前面的女性供养人像西侧有游人题记十三行，其中前12行用回纥文草体书写，最后一行用八思巴文书写：

01 —— WX—— K kirtgünč(…)up

02 —— taɤ? buqar? T(…) —— (…)

03 ——

04 —— bala ög bulayïn tip män darm-a širi

05 —— XY ''S T(..)KY namasangiḍ ögränip

06 —— larïɤ (..)L T(…) birlä sözläp

07 ——(…)Č yol qy-a-nïng? burxan?

08 ——(säv)inč qïz tälim toluy (..)K(.)R täg? (..)TYK

09 —— alḍan tigin：yana

10 qočo (…) biš (……) darm-a širi qač kä ig

11 ky-ä bitiyü tägintim kinki körgüči (…) (…)M

12 uluɤ adam könčüg (……)muz-nung—— (.)WNKWR? bar ärsär

13 —— [sa]ṭu saṭu bolzun bandit namasangg ⌊i⌋ (d)(...)bul sun

……信心……(01)……山寺(?)……(02)……(03)……为了得到，与，我，达摩失里(Darm-a-širi)(04)……学习了《最胜名义经(namasangiḍ)》(05)……们……一同说，(06)……跃里海牙(Yol-Qya)的佛(?)(07)……小云石黑思塔林(Sävinč-Qïz-Tälim)，按雷(Toluy)……(08)阿尔丹的斤(Alḍan-Tigin)，更加(09)高昌……五……我，达摩失里(10)恭恭敬敬地书写了这几行。后世读者……(11)我祖父宽彻(Könčüg)……的……如果有的话(12)……善哉！善哉！法师的《最胜名义经》！……要得到(13)。②

虽然题记不甚完整，但其中的namasangiḍ指《文殊所说最胜名义经》则是不争的。

① 《元史》卷一二七《伯颜传》，北京：中华书局，1976年，第3113页；赡思：《有元甘肃等处行中书省平章政事荣禄公神道碑》，载沈涛撰《常山贞石志》卷二一，第4页b。

② 松井太：《敦煌諸石窟のウイグル語題記銘文に關する箚記(二)》，《人文社會論叢・人文科学篇》第32号，2014年，第32—33页。

德藏回纥文 M14(U4759)《文殊所说最胜名义经》即写作 namasangit：

> arïš arï bu nama sangit nom ärdini ačari kši karundaz sidu üzä aqdarïšï adïnčï mungadïnčï taydu-taqï aq stup-lu vxar-ta adruq šim šipqan-lï bars yïl yitinč ay-ta alqusï bar č a alasïxïn tüzü yapa adaqïnga tägi uz yarašïädgüti bütür üldi sadu sadu①
>
> 神圣的法宝《文殊所说最胜名义经》由司徒 Karunadaz 总监翻译，在大都白塔寺内于十干的壬寅年七月将其全部译出，未加任何删节，工作进行得完满细致。善哉！善哉！

此壬寅年为 1302 年，司徒 Karunadaz 实即《元史》卷一三四中的迦鲁纳答思，说明《文殊所说最胜名义经》的回纥文译者是迦鲁纳答思。而敦煌出土回纥文书信(Pelliot ouïgour 16 bis/P.4521)中却称"antsang baqšï-nïng aqdarmïš namasanggid……由安藏译的《文殊所说最胜名义经》"②。这两种说法相互抵牾。森安孝夫经考证后认为，当以安藏翻译之说更为可信。迦鲁纳答思作为安藏的上司，只不过是署名而已。③森安氏之推论颇得鹄的。

题记第 12 行出现的宽彻(Könčüg)乃蒙古豳王家族瓜州系第一代肃王。此人为出伯兄哈班之子，于天历二年(1329)八月被封为肃王④，位同豳王，为一等诸王，佩金印兽纽，驻于瓜州(甘肃瓜州)。⑤该名称(宽彻)之出现，可谓裕固族蒙古裔(出伯家族)尊信文殊菩萨的有力证据。题记中所见八思巴文，可为其断代提供坐标。

---

① P. Zieme," Zur buddhistische Stabreimdichtung der alten Uiguren", in *Acta Orientalia Academiae Scientiarum Hungaricae* XXIX-2, 1975, S.198—199.

② Takao Moriyasu, An Uigur Buddhist's Letter of the Yüan Dynasty from Tun-huang (Supplement to "Uigurica from Tun-huang"), *Memoirs of the Research Department of the Toyo Bunko* No.40, 1982, pp.3—4；森安孝夫著，杨富学、黄建华译：《敦煌出土元代回鹘文佛教徒书简》，《敦煌研究》1991 年第 2 期。

③ Ibid., p.13；森安孝夫著，杨富学、黄建华译：《敦煌出土元代回鹘文佛教徒书简》，《敦煌研究》1991 年第 2 期。

④ 《元史》卷三三《文宗纪二》，北京：中华书局，1976 年，第 739 页。

⑤ 杉山正明：《ふたつのチャガタイ家》，载小野和子编《明清時代の政治と社会》，京都：京都大学人文科学研究所，1983 年，第 677—686 页；杉山正明：《モンゴル帝国と大元ウルス》，京都：京都大学学术出版会，2004 年，第 312—321 页；杨富学、张海娟：《从蒙古豳王到裕固族大头目》，第 29 页。

蒙古豳王家族对文殊菩萨的供奉，通过该家族对莫高窟第 61 窟，即“文殊堂”的重新修复可得到见证。该窟始建于五代，主供文殊菩萨。至正十年(1350)，蒙古豳王家族成员西宁王速来蛮及其子养阿沙对该窟甬道进行了修复①，并于窟前重新修复皇庆寺，翌年功毕，立《重修皇庆寺碑》以记其事。②

瓜州榆林石窟第 3、19、32、33 窟和肃北五个庙第 1 窟也有五台山图，内容均为文殊变。③在榆林窟第 2 窟主室南北壁发现有两则回纥文题记，内容如下：

南壁　quḍluɤ luu yïl aram ay yiti yangï-da män čina išvari šabi

bu quḍluɤ mančǔširi bodistv-ta yṳkündüm sa

在吉祥的龙年正月初七，我 Čina-İšvari-šabi 来朝拜七面文殊菩萨。善哉！④

北壁　01. bu mančǔširi

02. bodisdw

此[为]文殊师利菩萨。⑤

这里的“七面文殊”，应为文殊菩萨的密教形式。回纥自 840 年由漠北迁徙至西域、河西以后，逐步放弃摩尼教而皈依佛教，长期唯汉传佛教是奉。⑥13 世纪初回纥归顺蒙古，开始与藏传佛教有了越来越频繁的接触，藏传佛教始得流行。⑦至于裕固族先民与藏传佛教的大规模接触，那已是迟至 13 世纪末至 14 世纪初叶以后之事。⑧是见这两则题记应为元代后期之物。在瓜州榆林窟第 16 窟主室甬道北壁甘州回纥公主供养人像西侧有用草书体和八思巴文合书的题记一则，其中前两行为回纥文，后一行为八

---

① 杨富学:《莫高窟第 61 窟甬道为元代西夏遗民营建说》,《西夏学》2017 年第 2 期(总第 15 辑)。

② 李永宁:《敦煌莫高窟碑文录及有关问题(二)》,《敦煌研究》1982 年第 2 期。

③ 张艳:《回鹘五台山信仰研究》,西北师范大学硕士论文,2015 年。

④ 松井太:《敦煌諸石窟のウイグル語題記銘文に關する箚記(二)》,《人文社會論叢・人文科学篇》第 32 号,2014 年,第 34 页。

⑤ 同上。

⑥ 杨富学:《论汉传佛教对回鹘的影响》,载束迪生、李肖、娜仁高娃主编《高昌社会变迁及宗教演变》,乌鲁木齐:新疆人民出版社,2010 年,第 191—208 页。

⑦ 杨富学:《藏传佛教对回鹘的影响》,《法源——中国佛学院学报》总第 20 期,2002 年。

⑧ 杨富学、张海娟:《论裕固族藏传佛教信仰的形成》,《中国藏学》2016 年第 3 期;Yang Fuxue & Zhang Haijuan, “Mongol Ruler, Yugur Subjests, and Tibetan Buddhism”, in *Chinese and Tibetan Esoteric Buddhism*, Leiden, Brill Academic Pub, 2017, pp.377—386.

思巴文：

01. män yïɤmïš
02. yükündüm
03. mnuširi
03. mnjuširi
我 Yïɤmïš(01)于此礼敬(02)文殊师利(03)。①

榆林窟第 15 窟前室西壁北侧又有八思巴文一行："mjuši [...]"，即"文殊师利"。② 回纥文与八思巴文，乃至汉文、西夏文、梵文、藏文合璧书写，在蒙古豳王家族所统治的河西走廊西部多见，体现了斯时敦煌民族文化的多样化和宽松的民族政策。③

二、回纥文题记中的"五台"与"文殊山"

榆林窟第 3 窟窟门西壁上有"文殊变"，绘文殊菩萨、帝释天、随侍菩萨、天王、罗汉和童子等圣众。文殊菩萨手持如意，半跏趺坐于青狮背莲座上，有身光和头光，象征帝王的帝释天侍立于文殊菩萨之前，借此衬托出文殊在画面的中心地位。内有多处回纥文题记。主室西壁南侧普贤菩萨像下方边沿框线内有八则回纥文题记，其中两则内容近似：

(a) šakyapal uday-qa barïr-ta kinki-lär-kä ödig qïldïm
我沙加班(Šakyapal)至于五台，作为给后人的纪念。
(b) täväči tu ung uday-qa barïr-ta ödig qïldïm sadu bolzun
我帖瓦赤(Täväči)都统至于五台，作为纪念。善哉！④

题记中的 uday，在古代回纥文文献中多见，如至正二年(1342)所建居庸关云台过

① 松井太：《敦煌諸石窟のウイグル語題記銘文に關する劄記(二)》，《人文社會論叢・人文科学篇》第 32 号，2014 年，第 35 页。
② 同上。
③ 杨富学：《河西多体文字合璧六字真言私臆》，《中国藏学》2012 年第 3 期。
④ 松井太：《敦煌諸石窟のウイグル語題記銘文に關する劄記(二)》，《人文社會論叢・人文科学篇》第 32 号，2014 年，第 37 页。

道有回纥文《建塔功德记》,文曰:

01. uday tägr[ä]ki bilgä atlï uluɤ xan bolup

02. u [luš](?)……………………………………

03. [ot] urak säkiz on yašayur tep wiyakiritlïɤ

04. uš[n] ïrï biliglig uluɤ süüglüg säčän xanïm(ï)z

五台[山]一带是被称作"智慧"的大王(即文殊菩萨)(01)的道场……(02)我们福智双全的伟大的薛禅皇帝(即忽必烈汗)授记享寿八十整(03—04)。①

在吐鲁番出土回纥文 Ch/U 6956 (T Ⅲ 62-1004)中有译自汉文的《五台山赞》,开首第一行书"bo udayšansan ol yam [u …]",意为"此为《五台山赞》"。②是故,可以肯定,uday 即五台山。uday 后随向格-qa,意为"去、到"。观其文意,这里存在两种可能,其一,回纥香客由榆林窟出发去五台山朝拜;其二,香客由外地到榆林窟朝拜。既言"留作纪念",即应为后者,因为古往今来的香客题壁一般都为朝拜成行,达于目的地而书。

如是,则绘有"文殊变",而且将文殊变置于中位位置③的榆林窟第 2 窟也就成了五台山的代名词。

之所以把榆林窟第 2 窟视作回纥心目中的五台山,首先在于该窟主壁绘有"文殊变",这种情况在敦煌石窟中是极为罕见的;其次,有着"五台山"回纥文题记的第 3 窟与第 2 窟相连,仅有一墙之隔。况且,在上引榆林窟第 2 窟主室南北壁的回纥文题记都有回纥人来该窟朝拜文殊菩萨的记载。对此,笔者已有考证④,兹不复赘。

---

① 藤枝晃:《ウイグル小字刻文》,载村田治郎編《居庸關》I,京都:京都大学工学部,1957 年,第 276 页;K. Röhrborn—Osman Sertkaya, "Die alttürkische Inschrift am Tor-Stupa von Chü-yung-kuan", in *Zeitschrift der Deutschen Morgenlandischen Gesellschaft* 130, 1980, S.320;杨富学:《居庸关回鹘文功德记 uday 考》,《民族语文》2003 年第 2 期。

② P. Zieme, "Three Old Turkic Wutaishanzan fragments",《内陸アジア言語の研究》第 17 号,2002 年,p.225;茨默著,杨富学、熊一玮译:《三件古突厥语〈五台山赞〉残片》,《吐鲁番学研究》2016 年第 1 期。

③ 赵晓星:《榆林窟第 2 窟正壁文殊图像解析》,《敦煌研究》2018 年第 5 期,第 17 页。

④ 杨富学:《藏传佛教噶玛噶举黑帽系乳必多吉活佛巡礼沙州并布施文殊窟斟议》,《五台山研究》2019 年第 1 期将刊登此文。

言“五台山”者，其实未必真有五台。日本京都嵯峨野有“五台山清凉寺”。据载：“永延元年(987)八月十日奝然奏请将爱宕山改名为五台山，建一大伽蓝，名为清凉寺，安置白檀释迦像。”长河五年(1016年)奝然圆寂，其弟子再度请求，获准，遂将原来栖霞寺内的释迦堂改称为清凉寺，于是，京都爱宕山便出现了五台山清凉寺。①榆林窟第2窟被视作五台山，其道理正与此同。下文将要谈到的西夏北五台山，其实也不过仅取其名号而已。

同样在榆林窟第3窟，在与文殊菩萨对应的普贤菩萨下方南侧有六行文字，其中提到了前述题记b中出现的帖瓦赤(Tävači)法师：

(c) 01. ——

02. quḍluɣ tonguz yïl bišinč ay T [ ]

03. tävači baxšï torčipa baxšï [ ]

04. tärim-lär qy-a birlä T(..)[ ] töläk tä [gü]z

05. bašlap yṳkündümiz

06. sadu

吉祥的亥年五月(02)帖瓦赤(Tävači)法师、朵儿只巴(Torčipa)法师(03)同贵族们一起……脱烈帖古思(Töläk-Tägüz)(04)为首，我们礼拜。(05)善哉！(06)

帖瓦赤之名又见于该窟主室南壁西侧胎藏界曼荼罗图的下方，有文曰：

(d)

01. töläk tägüs tävači buqa taɣ buqar ——

02. quḍluɣ küskü yïl törḍünč ay-nïng

03. yägrmi-kä kälip yṳkündüm

04. alqu tïnlïɣ-lar-nïng nägü kim qïlïnč(är)sär

05. yarlïɣ? burxan tngri-lär berṣün? tep

06. q(a)pïɣ? qač qur qy-a ödiglätim

脱烈帖古思(Töläk-Tägüs)，帖瓦赤·普华(Tävači Buqa)，山寺……(01)吉祥的鼠年四月(02)二十五日来礼拜。(03)“即使一切众生如何不能去。(04)说法

① 中原良辨：《日本与五台山佛教》，载崔正森主编《文殊智慧之光：五台山佛教文化国际学术会议论文集》，北京：宗教文化出版社，2004年，第414—415页。

(?)愿诸佛赐予!"(05)我,哈必(Qapïɣ)恭恭敬敬地写下这几行(?)。(06)①

在上述四则题记中,a 和 b 用语基本一致,而且都出现了"五台"一词;b、c、d 都出现有人名帖瓦赤,b、c 称其为都统、法师,意同,唯 d 写作帖瓦赤·普华;c、d 都出现有人名脱烈帖古思。这些因素加上三则题记全出自同一个洞窟,使人推想,他们应属于同一批次的朝觐者。如果这一推论不误,则其目的地应为榆林窟而非山西之五台山。能够进一步佐证这一推论的是榆林窟第 3 窟主室甬道南壁供养人像右肩旁之草书体回纥文题记:

01. bu quḍluɣ qaču [⋯] taɣ (?)
02. mančuširi taɣ (?) kälip
此吉祥的瓜州……山(?)(01)来到文殊师利山(?)(02)②

这一题记径呼榆林窟为"mančuširi taɣ",即文殊师利山,言外之意,在回纥佛教徒的心目中,榆林窟本身就是文殊菩萨的道场。职是之故,回纥朝拜者将榆林窟称作五台山,也是可以理解的。

藏传佛教噶玛噶举红帽系第二世活佛喀觉旺波(Mkha' spyod dbang po, 1350—1405)曾撰《无比最妙上师传·功德无穷明鉴(Mtshungs med bla ma dam pa'i rnam par thar pa yon tan mi zad pa rab tu gsal ba'i me long)》,记述其上师噶玛噶举黑帽系第四世活佛乳必多吉(Rol pa'i rdo rje, 1340—1383,又译绕呗朵儿只)事迹,言其元末曾在贺兰山、甘凉地区及敦煌等地巡礼与传法。据载,乳必多吉曾把所得财物布施于沙州的两尊弥勒大像、两座文殊窟,还曾在那里亲见薄伽梵、文殊菩萨,并予以赞颂。③两尊弥勒大像指莫高窟第 96 窟北大像和 130 窟南大像,殆无疑义;两座文殊窟,其一

① Matsui Dai, "Uigur Buddhist Pilgrims as Seen in the Wall Inscriptions in the Dunhuang Caves", Paper presented to "2015 Dunhuang Forum: International Conference on Dunhuang and Sino-Foreign Relations" (Dunhuang, 14—16 Aug 2015).

② 松井太:《敦煌諸石窟のウイグル語題記銘文に關する箚記(二)》,《人文社會論叢·人文科学篇》第 32 号,2014 年,第 35 页。

③ 谢光典:《黑帽四辈绕呗朵儿只的元廷之行》,载沈卫荣主编《大喜乐与大圆满:庆祝谈锡永先生八十华诞汉藏佛学研究论集》,北京:中国藏学出版社,2015 年,第 218—239 页;谢光典:《噶玛噶举黑帽系第四世活佛绕呗朵儿只的河西巡礼》,提交"'裕固与敦煌'学术研讨会暨第四届裕固学研讨会"(敦煌,2017 年 5 月 12—16 日)论文。

当指开凿于五代曹氏归义军时期的莫高窟第61窟“文殊堂”。由乳必多吉巡礼文殊窟一事加上蒙古豳王家族对莫高窟第61窟的重新修复，可以看出，直到元代，“文殊堂”崇拜经久不衰。另一座文殊窟难以确定，在笔者看来，很可能就是前文所述榆林窟第3窟。

必须说明的是，未必只有山西的五台山才配作为文殊菩萨的道场。例如，西夏统治者出于朝拜的需要，效法五台山寺庙的样式，在贺兰山中新建五台山寺，且不管那里有没有与山西五台山同样或相近的地理环境。清人张鉴撰《西夏纪事本末》卷首附有《西夏地形图》一幅，在贺兰山中赫然标有“北五台山寺”。①有意思的是，在俄罗斯科学院东方研究所圣彼得堡分所收藏品中，也有一幅与上图基本雷同的《西夏地形图》，其中同样标有“五台山寺”，只是少了个“北”字而已。②北五台山具体地址何在，史无记载，但考古学证据显示，其地大致在贺兰山拜寺口双塔一带，建成时间当在西夏国缔造者元昊统治时期。③无独有偶，辽朝在蔚州(今河北省蔚县)东南也建有五台山寺。清顺治《蔚州志》卷四载：“五台山在城东一百里，其山五峰突起，俗称大五台，又曰东五台，以别于晋之清凉山。”蔚州至今尚有“小五台山”之谓。此外，朝鲜及日本均将五台山移入本境，以利朝拜。④

三、 作为文殊菩萨道场的酒泉文殊山

酒泉文殊山素有“小西天”之称，山上山下寺庙林立，有建筑三百六十余座，七十余院，石室洞窟十八处，是河西地区佛教圣地之一，规模宏大。今保存壁画较多的洞窟主要有前山万佛洞、千佛洞，后山千佛洞和古佛洞等。石窟中留存有泰定三年(1326)用汉文和回纥文镌刻的《重修文殊寺碑》，立碑人为第三代蒙古豳王喃答失太子，碑文记载了豳王家族在文殊山修建佛教寺院的过程，汉文与回纥文内容是对应的，兹移录回纥文碑文如下：

---

① 张鉴撰，龚世俊、陈广恩、朱巧云校：《西夏纪事本末》，兰州：甘肃文化出版社，1998年，第12—13页之间附图。

② Е. И. Кычанова, *История Тангутского Государтва*, Санкт-Петрбург, 2008, стр.67.

③ 杨富学：《西夏五台山信仰斟议》，《西夏研究》2010年第1期。

④ 杜斗城、党燕妮：《八到十一世纪的五台山文殊信仰》，载崔正森主编《文殊智慧之光：五台山佛教文化国际学术会议论文集》，第106—112页；杨富学：《西夏五台山信仰斟议》，《西夏研究》2010年第1期。

12. aɤïr buyanlïɤ ïduqlar..al(q)u xan caɤaḍay orunïn olurup..aɤdïntïlar tuz-it orduɤa ∷amtï bu tusta nom (tas) taysï asnuqï (b)uyan (tïltaq)ïnta

13. caɤaḍay orunïn olurup.. arïs arïɤ üc ärcinilärtä.. an(g) sïz kirtgünclig bolmïsïnga ∷ asnu s(ü)gcüning kä guu qapcu ayta ..(a)///// u cing (san) sin (yasa)ḍmïs (..) ary(a) (mancusiri) sängrämintä(..)

14. aɤa inilär birlä yükün(gäli barïp) ∷ altïno aynïng (üc otuzta)..ayaz kök qalïɤnïng yüüzintä .. adïrtlïɤ bis boduɤlïɤyruqlriɤ körüp .. alqu sin kät (?) süzüldilär ∷ burxan nomïnga.

15. kirtgünclig .. bodistw(täg, nom) tas taysï.. busulmis (sä) ng(räm) yasamaqnïng .. buyan(ïn) tälim äsidmis ∷ (a)…… d … wxarlarïɤ (ü)klätsär .. altun tilgänlig xan bolup .. alqunï ///// bolzun (..)

16. alqïɤ köngülintä……∷(kö)…(a)rïɤ süzülüp .. Kü/// li trk bi …… (kök)linxua täg/an közin .. Körüp amtïqï (sängrä)mig ∷ adïncïɤ bu sängeäm turɤalï .. adirtlïɤ säkiz yüz

现在喃答失太子……(12)继承察哈台宝位后，由于十分敬信纯洁三宝之故，它和兄弟等人去拜谒位于肃州嘉谷沟中的、以前……由郑善进修建的圣文殊寺时，(13)于六月[二十三]看见天空中异样五色光辉，[于是]益发全心崇信[佛法]。崇信佛法的、(14)如菩萨一样的喃答失太子听说[重]修已毁寺院功德无量，多筑……精舍则作金轮王，一切……都将(15)……在其宽大心中。虔诚……迅速……以[青]莲之目看见该寺院。该特异的寺院建立以来已过八百年。(16)①

不管是汉文还是回纥文碑文皆有残毁，相对而言，回纥文部分残毁情况更严重一些。有幸的是，尽管回纥文残毁严重，但仍有弥补汉碑文中残毁内容之价值。

蒙古豳王家族对文殊寺的修复，有其崇信佛法之因素，但与文殊菩萨本身不无关系。依照碑文所记，喃答失太子一行朝拜文殊山时，“看见天空中异样五色光辉”（汉文碑文作“豁然天面两分，现五色之瑞光，众皆咸睹”），这一情景使人不由联想到文殊菩萨于五台山现真容的情景——“文殊菩萨骑金色师子，现其人前，良久，乘五色云腾空飞去。”②及五台山之石窟中“每石现圆光，摄身光，五色云”③。诸如此类，不一而足。

① 耿世民、张宝玺：《元回鹘文〈重修文殊寺碑〉初释》，《考古学报》1986 年第 2 期。

② 圆仁著、小野胜年校注、白化文等修订校注：《入唐求法巡礼行记校注》卷三，石家庄：花山文艺出版社，2007 年，第 281 页。

③ 同上书，第 308 页。

敦煌写本 P.4617《五台山圣境赞》也有“五色云中游上界，九重天外看西方”之颂词。①五台山也由是而被称作“金色世界”②。是故，碑文所描述的喃答失太子所见之景象应系文殊菩萨显圣之相，此乃蒙古豳王家族发心重修文殊寺之重要原因之一。

元代晚期，伊斯兰教大举东进，整个新疆地区，除吐鲁番、哈密外，差不多都沦为伊斯兰教的势力范围。当时代表元朝驻守河西及新疆东部地区（吐鲁番、哈密）的蒙古豳王家族为抵御伊斯兰教的东进，在辖区内大力扶持佛教，尤其是藏传佛教，故而修建了不少佛寺和石窟。③正因为如此，河西地区藏传佛教在元代晚期臻至繁荣，兹后一直盛行不衰。今天裕固人差不多全民信仰藏传佛教，与这一历史因缘密不可分。

在文殊山石窟群中，保存最好者当首推万佛洞，存回纥文题记颇多，其中有纪年者十三则，除二则使用生肖纪年外，其余则均记以年号，时代最早者为明嘉靖三十年（1551）题记，对裕固族先民文殊信仰之探讨具有特殊意义，兹移录于下：

01. ka sin[g?] otuzunč yïl(?) ü[z]-ä ikinti ay üz-ä yangïkün ü[z-ä]
02. ary-a manč(u)šri-nïng ornağï-nï küs (äyü?) kälmiš [kör]miš üz-ä
03. adišdid vpašyi bu tip kälip yükündimiz
04. qutluğ künkä tün(?) toyčï toyïn darm toyïn sängkäš- … toyïn
05. qoy kün üz-ä

嘉靖(?)三十年(1551)二月新日(初一)(01)[我们]怀念圣文殊师利住地，来到[此寺]并观其像[后]，(02)认为[他是]守护毗婆尸佛者，故来此[像]膜拜。(03)吉日[来此者]：僧人 Tün(?) Toyčï、僧人 Darm、僧人……(04)于未日。(05)④

题记表达了题壁者一行对文殊菩萨的膜拜之情，称颂其为毗婆尸佛的守护者。在汉传佛教中，文殊菩萨一般为释迦牟尼佛的左胁侍，号称“智慧第一”，乃智慧的象征，而且具有护国和护家之功能。河西地区的佛教徒非常崇信文殊菩萨，尤其是沙州归义军政

---

① 杜斗城：《敦煌五台山文献研究校录》，太原：山西人民出版社，1991 年，第 57 页。

② Mary Anne Cartelli, “The Gold-Colored World: Eulogy on the Holy Regions of Mount Wutai”, in *T'ang Studies* Vol.23—24, 2005—2006, pp.1—45；卡特里著，杨富学、张艳译：《金色世界：敦煌写本〈五台山圣境赞〉研究》，《五台山研究》2014 年第 1 期。

③ 杨富学、张海娟：《从蒙古豳王到裕固族大头目》，第 89—123 页。

④ 伊斯拉菲尔·玉苏甫、张宝玺：《文殊山万佛洞回鹘文题记》，载吐鲁番学研究院编《语言背后的历史——西域古典语言学高峰论坛论文集》，第 103—104 页。

权于1036年亡于西夏后，直至明朝中叶“关西七卫”东迁，沙州、瓜州地区不断受到战争的侵扰，最终不得不于正统十一年(1446)全部内迁至酒泉等地。这些时常处于颠沛流离的裕固人，更加向往安宁和稳定，冀求文殊菩萨护佑其平安强大。题记中出现有“manč(u)šri-nïng ornağï-nï”(文殊菩萨住地)一语，这里的“住地”显然就是“道场”之意，清楚地表明，在裕固族先民心目中，酒泉文殊山就是文殊菩萨的道场，这与上文提到的元代裕固族先民视榆林窟为文殊菩萨道场不无异曲同工之妙。

及至清代，文殊山一带仍然是裕固族的聚居地，佛教盛行，万佛洞留下了多处裕固族佛教徒回纥文题壁，确证裕固族对酒泉文殊山一直是心怀敬意的。在现存的十三则题记中，时代最晚者书于康熙五十二年(1713)，文曰：

01. biz bilgä talui toyïn b[ilgä] sada toyïn baqšï
02. šabi ägil kärdi uluğ kičig barča
03. yükünüp yanduq
04. kang ši älik ikinči yïl törtünč ay altï
05. yangïsï yükünduq ädgü

我们，僧人Bilgä Talui、僧人Bilgä Sada、Baqšï(01)沙弥、Ägil、Kärdi[等]大小[人]都(02)敬拜[此佛寺]后返回。(03)康熙五十二年(1713)四月(04)初六敬拜。善哉。(05)①

这一题记，将传统观点所认定的回纥文消亡于15世纪末16世纪初之说法向后推迟了两个多世纪，这是裕固族对回纥文化的一大贡献，具有异乎寻常的学术意义。

四、结论

从上文的论述可以看出，裕固族先民之文殊信仰来源既久。早在回纥于840年由蒙古高原西迁至河西走廊地区之前，文殊信仰在河西地区就非常流行，人们在敦煌莫高窟、瓜州榆林窟等地修建文殊堂，绘制五台山图，塑造文殊菩萨像。裕固族先民回纥裔继承了唐宋以来文殊信仰与五台山崇拜之余绪，同样把有着五台山图的莫高窟第61窟视作“文殊堂”，该窟享有的尊崇，自五代至元，在裕固族先民中一直相沿不绝；把绘

① 伊斯拉菲尔·玉苏甫、张宝玺：《文殊山万佛洞回鹘文题记》，载吐鲁番学研究院编《语言背后的历史——西域古典语言学高峰论坛论文集》，第96页。

有"文殊变"而且将之绘于主壁的瓜州榆林窟第 2 窟视作五台山或文殊山。如是，则榆林窟第 2 窟便成为莫高窟第 61 窟之外的另一个"文殊堂"。从明清时期的回纥文题记看，酒泉文殊山在后世也被视作文殊菩萨的道场，直到今天，裕固族仍然把文殊山视作圣山，究其来源，至迟可推定至元代。自 14 世纪始，文殊山长期充任蒙古豳王家族之皇家寺院，经明清至今，文殊山一直充任裕固族最重要的佛教中心。文殊山佛教信仰长期兴盛，经久不衰，为今日裕固族藏传佛教信仰的流行奠定了基础①，既是联结裕固族诸部落文化的纽带，同时也是今天裕固族共同尊崇的一个文化符号。

① 杨富学：《酒泉文殊山：回鹘佛教文化的最后一方净土》，《河西学院学报》2012 年第 6 期。

东晋时期会稽郡佛寺考述

杨维中*

江南的会稽郡，是秦始皇统一后所建立的三十六郡中的一个。会稽郡名历代多曾沿用，前后辖区变化却很大。按《宋书·州郡志》会稽郡治山阴(今浙江绍兴)，领山阴、永兴、上虞、余姚、剡、诸暨、始宁、句章、鄮、鄞十县，大致是钱塘湾以南今浙江绍兴、宁波所辖的地区。东晋时北方氏族在此重新建庄园，犹如昔日关中，会稽俨然与建康东西对峙，成为江南一大经济都会。在东晋统治区域，这一地区成为仅次于建康的佛教传播中心。会稽佛教兴盛的首要表现是现今可知的佛寺的数量最多，而会稽当地高僧云集，高僧与名士呼应唱和，蔚为大观。

会稽最富传奇的佛寺是鄞县阿育王寺，此寺与一位传奇僧人慧达有关。唐道宣《集神州三宝感通录》直接称呼此塔为"初西晋会稽鄮塔"，并且叙述说：

> 晋太康二年，有并州离石人刘萨何者，生在畋家，弋猎为业。得病死，苏见一梵僧语何曰："汝罪重，应入地狱。吾闵汝无识，且放。今洛下齐城、丹阳、会稽，并有古塔，及浮江石像，悉阿育王所造，可勤求礼忏，得免此苦。"既醒之后，改革前习，出家学道，更名慧达。如言南行，至会稽海畔山泽，处处求觅，莫识基绪。达悲塞烦惋，投告无地。忽于中夜，闻土下钟声，即迁记其处，剡木为刹。三日间，忽有宝塔及舍利从地踊出。灵塔相状青色，似石而非石，高一尺四寸，方七寸，五层露盘，似西域于阗所造。面开窗子，四周天铃，中悬铜磬，每有钟声，疑此磬也。绕塔身上，并是诸佛菩萨、金刚圣僧、杂类等像，状极微细，瞬目注睛，乃有百千像现，面目手足，咸具备焉。斯可谓神功圣迹，非人智所及也。①

这一叙述直接将阿育王塔的修造标示为西晋太康二年(281)，而《高僧传·慧达传》叙述则有所不同。梁慧皎《高僧传》卷十三《慧达传》记载：慧达"适会稽，礼拜鄮塔。此塔亦是育王所造，岁久荒芜，示存基趾。达翘心束想，乃见神光焰发。因是修立龛

---

* 杨维中，南京大学哲学系、宗教学系教授，博士生导师。

① 道宣：《集神州三宝感通录》卷上，《大正藏》第52卷，第404页中。

砌，群鸟无敢栖集。凡近寺侧畋渔者，必无所获。道俗传感，莫不移信。后郡守孟顗，复加开拓”①。慧达是西晋末年至东晋初期的僧人，他礼拜会稽塔基，并进而修造阿育王塔，时间应该在东晋。②不过，关于会稽郡阿育王寺的初建时间，道宣《集神州三宝感通录》卷一并未明确说是西晋，只是说刘萨何出家时间为西晋太康二年。文后又说：“《地志》云：阿育王造八万四千塔，此其一也。宋会稽内史孟顗修理之。”③如此等等，说明此寺很大可能是东晋中后期所修建，宋、梁扩建。

作为会稽郡的郡治，山阴的佛寺是最多的。

南宋文献《佛祖统纪》卷三六记载：西晋永康元年(300)，“会稽诸葛氏，钱自井出，乃舍宅为灵宝寺”④。这一说法不见于早期佛教史籍，不能肯定此寺是否真的建造于西晋。但此寺在东晋时期，声名显赫，特别是因供奉戴逵所制作佛像而受社会关注。《法苑珠林》卷十六记载：“晋世有谯国戴逵字安道者，风清概远，肥遁旧吴，宅性居理，游心释教，且机思通赡，巧拟造化，思所以影响法相，咫尺应身，乃作无量寿挟侍菩萨，研思致妙，精锐定制。潜于帷中，密听众论，所闻褒贬，辄加详改。核准度于毫芒，审光色于浓淡。其和墨点彩，刻形镂法，虽周人尽策之微，宋客象楮之妙，不能踰也。委心积虑，三年方成，振代迄今，所未曾有。凡在瞻仰，有若至真。俄而迎像入山阴之灵宝寺，道俗观者，皆发菩提心。高平郗超闻而礼觐，遂撮香而誓曰：‘若使有常，复睹圣颜。如其无常，愿会弥勒。’既而手中之香，勃焉自然，芳烟直上，其气联云。余熏葳蕤，溢于衢路。凡预闻见，皆心喜遍身。”⑤戴逵所制作的阿弥陀佛和胁侍菩萨像，在当时影响很大，后世也一直津津乐道。

梁慧皎《高僧传》中涉及支道林住锡过的佛寺有四所，其中有两所在山阴，即西寺、灵嘉寺。

支道林曾经在会稽西寺宣讲佛教义理。《世说新语·文学》叙述说：“许掾年少时，人以比王苟子。许大不平。时诸人士及于法师并在会稽西寺讲，王亦在焉。许意甚

---

① 释慧皎：《高僧传》，《大正藏》第53卷，第409页下—410页上。

② 《高僧传》卷十三《慧达传》记载：慧达于“晋宁康中至京师……后东游吴县，礼拜石像……达停止通玄寺，首尾三年，昼夜虔礼，未尝暂废……顷之，进适会稽，礼拜鄮塔”。参见《大正藏》第50卷，第409页中—410页上。宁康年(373—375)为东晋孝武帝的年号。从慧皎的叙述可推知，慧达至会稽的时间不会早于太元年间(376—396)。慧达在佛教史上影响很大，后来的传说很多，关于阿育王寺的修造年代也就一直被上推。

③ 道宣：《集神州三宝感通录》，《大正藏》第52卷，第404页下。

④ 志磐：《佛祖统纪》，《大正藏》第49卷，第338页下。

⑤ 释道世：《法苑珠林》，《大正藏》第53卷，第406页上。

忿,便往西寺与王论理,共决优劣。苦相折挫,王遂大屈。许复执王理,王执许理,更相复疏;王复屈。许谓支法师曰:‘弟子向语何似?’支从容曰:‘君语佳则佳矣,何至相苦邪?岂是求理中之谈哉?’”①此中的许掾即许询,王苟子即王修,字敬仁。许询生卒年不详。王修于升平元年(357)卒,年二十四。因此,此事至迟发生于永和初年。

关于会稽西寺,除《世说新语》外,史籍无载。“西寺”不是寺院的正式寺额,当代学者余嘉锡《世说新语笺疏》说“西寺即光相寺”,而《嘉泰会稽志》卷七《寺院·山阴》说:“光相寺在府西北三里三百七步,后汉太守沈勋公宅,东晋义熙二年宅有瑞光,遂舍为寺,安帝赐光相额。”②

大致在永和七年之后,支道林离开建康南下会稽山阴,与王羲之谈《逍遥游》,住会稽灵嘉寺。此事,《高僧传·支道林传》记载说:“王羲之时在会稽,素闻遁名,未之信。谓人曰:‘一往之气,何足可言?’后遁既还剡,经由于郡,王故往诣遁,观其风力。既至,王谓遁曰:‘《逍遥篇》可得闻乎?’遁乃作数千言,标揭新理,才藻惊绝。王遂披襟解带,流连不能已,仍请住灵嘉寺,意存相近。”③此事发生于王羲之任会稽内史之时。根据后来的资料,灵嘉寺是何充捐修。尽管《高僧传》等南北朝佛教史籍未曾提及此事,但从《支道林传》的叙述可知,此寺建于东晋中期之前是没有问题的。现存不多的文献显示,此寺在会稽很受重视。如《高僧传》卷七《释超进传》记载:超进于东晋末年,勃勃赫连寇陷长安之时,“避地东下,止于京师。更精寻文旨,开畅讲说。顷之,进适姑苏,复弘佛法。时平昌孟顗守在会稽,藉甚风猷,乃遣使迎接,安置山阴灵嘉寺,于是停止浙东,讲论相续。邑野僧尼及清信男女,并结菩萨因缘,伏膺戒范”④。孟顗成为会稽太守的时间无考,大致在刘宋初期。东晋之后,灵嘉寺于南朝时期仍然有所拓展。

山阴南有若耶山,是东晋乃至南朝僧人隐居修行的宝地。《高僧传》记载的最早住锡于若耶山的高僧是帛道猷。帛道猷,本姓冯,山阴人。“少以篇牍著称,性率素好丘壑,一吟一咏,有濠上之风。与道壹,经有讲筵之遇。后与壹书云:‘始得优游山林之下,纵心孔释之书。触兴为诗,陵峰采药,服饵蠲痾,乐有余也。但不与足下同日,以此为恨耳。’因有诗曰:‘连峰数千里,修林带平津。云过远山翳,风至梗荒榛。茅茨隐不见,鸡鸣知有人。闲步践其径,处处见遗薪。始知百代下,故有上皇民。’壹既得书,有

① 《世说新语》卷上《文学篇》。

② 参见王晓毅著《支道林生平事迹考》(《中华佛学学报》第8期,1995年)一文的考证。

③ 释慧皎:《高僧传》,《大正藏》第50卷,第348页下。

④ 同上书,第374页中。

契心抱，乃东适耶溪，与道猷相会定于林下。于是纵情尘外，以经书自娱。”①从文中记述看，二位高僧所住为山寺，较为简陋，僧众不会太多。因此，“顷之，郡守琅琊王荟于邑西起嘉祥寺，以壹之风德高远，请居僧首。壹乃抽六物遗于寺，造金牒千像。壹既博通内外，又律行清严，故四远僧尼咸依附谘禀，时人号曰九州都维那”②。

嘉祥寺位于山阴城中，《高僧传》卷五所载释慧虔在东晋末期住锡于此寺。释慧虔，姓皇甫，北地人也。“少出家，奉持戒行，志操确然，憩庐山中，十有余年。道俗有业，志胜途者，莫不属慕风彩。罗什新出诸经，虔志存敷显，宣扬德教。以远公在山，足纽振玄风，虔乃东游吴越，嘱地弘通。以晋义熙之初，投山阴嘉祥寺，克己导物，苦身率众。凡诸新经，皆书写讲说，涉将五载，忽然得病寝疾。少时，自知必尽，乃属想赡养，祈诚观世音。山阴北寺，有净严尼，宿德有戒行，夜梦见观世音从西郭门入，清晖妙状，光映日月，幢幡华，盖皆以七宝庄严，见便作礼，问曰：‘不审大士今何所之?’答云：‘往嘉祥寺迎虔公。’因尔无常。当时疾虽绵笃，而神色平平，有如恒日，侍者咸闻异香，久之乃歇。虔既自审必终，又睹瑞相，道俗闻见，咸生叹羡焉。”③慧虔是庐山慧远的高足，后至长安师从鸠摩罗什，圆寂时因念诵观音而显示出瑞相。此外，此传文中所说的“山阴北寺”可能不是寺院的正式寺额，只是说，此寺位于山阴的北边。而此寺中有比丘尼，说明会稽郡已经有比丘尼僧团了。

东晋时期，隐居若耶山的高僧络绎不绝，竺法旷就是其中之一。《高僧传·竺法旷传》记载，兴宁年间(363—365)，竺法旷“东游禹穴，观瞩山水，始投若耶之孤潭，欲依岩傍岭，栖闲养志。郗超、谢庆绪并结居尘外，时东土多遇疫疾。旷既少习慈悲兼善神咒，遂游行村里，拯救危急。乃出邑，止昌原寺。百姓疾者，多祈之致効。有见鬼者，言旷之行住，常有鬼神数十卫其前后。时沙门竺道邻造无量寿像，旷乃率其有缘，起立大殿”④。这里说，竺法旷先隐居于若耶山，后来出山住锡于城中的昌原寺，并且协助竺道邻造无量寿像，造立大殿，安奉无量寿佛像。

根据《高僧传》记载，晋宋之际，“有释道敬者，本琅琊胄族，晋右将军王羲之曾孙，避世出家，情爱丘壑，栖于若耶山，立悬溜精舍，敬后为供养众僧，乃舍具足，专精十戒云”⑤。这位道敬，乃名门之后。出家后于若耶山建悬溜精舍，后来则舍弃具足戒，专

---

① 释慧皎：《高僧传》，《大正藏》第50卷，第357页中。

② 同上。

③ 同上书，第357页中—下。

④ 同上书，第357页上。

⑤ 同上书，第410页中。

奉十戒，实际上成了居士。

东晋时期的山阴城南秦望山麓新建有法华精舍和乐林精舍，是释僧翼（371—450）所建。以晋义熙十三年（418），“与同志昙学沙门，俱游会稽，履访山水。至秦望西北，见五岫骈峰，有耆阇之状，乃结草成庵，称曰法华精舍。太守孟顗、富人陈载，并倾心挹德，赞助成功”①。僧翼乃庐山慧远的高足，后至长安师从鸠摩罗什，尤其精通专诵《法华经》。大概因此而命名其住锡的精舍为法华精舍。

此法华精舍，大概很快就有所扩展而成为法华寺。《高僧传》卷八《释慧基传》记载，释慧基（412—496）就于刘宋时期，“进适会稽，仍止山阴法华寺，尚学之徒，追踪问道”②。唐代的法华寺，因存有唐开元二十三年（735）括州刺史李邕撰并书《大唐秦望山法华寺碑并序》而被后世所乐道。唐会昌法难中佛毁寺废，大中年间复兴，改寺额曰天衣寺。

另外，“翼同游昙学沙门，后移卜秦望之北，号曰乐林精舍。有韶相灌蒨，并东岳望僧，咸共憩焉”③。从文中推测，乐林精舍所在的“秦望之北”也应该在秦望山。

山阴有显义寺。《高僧传》卷十二《竺法纯传》记载：“竺法纯，未详何许人。少出家，止山阴显义寺，苦行有德，善诵古《维摩经》，晋元兴中，为寺上兰渚买故屋，暮还于湖中，遇风而船小，纯唯一心凭观世音，口诵不辍。俄见一大流船，乘之获免。至岸访船无主，须臾不见，道俗咸叹神感，后不知所终。”④元兴年（402—404）为晋安帝年号。从文中叙述看，此寺建寺至少应在东晋中期。

被有些现代史著列入刘宋时期初建的云门寺，仔细解读《高僧传》卷十二《释弘明》的记载可知，此寺初建于东晋末年。释弘明（403—486），本姓嬴，会稽山阴人。《高僧传・释弘明传》记载：释弘明，“少出家，贞苦有戒节，止山阴云门寺，诵《法华》，习禅定，精勤礼忏，六时不辍”⑤。释弘明于齐永明四年（486）卒于栢林寺，春秋八十四。而传文说他少年出家且住山阴云门寺，如果这一段文字所叙述的事实中间没有五年以上的间断的话，云门寺初建应该要早于420年。

另外，《高僧传・释法相传》提及法相止越城寺，其文说：“释法相，姓梁，不测何人。常山居精苦，诵经十余万言，鸟兽集其左右，皆驯若家禽。太山祠有大石函贮财宝，相

---

① 释慧皎：《高僧传》，《大正藏》第50卷，第410页中。

② 同上书，第379页上。

③ 同上书，第410页下。

④ 同上书，第406页下。

⑤ 同上书，第408页上。

时山行,宿于庙侧。忽见一人玄衣武冠,令相开函,言绝不见。其函石盖,重过千钧。相试提之,飘然而起,于是取其财,以施贫民。后度江南,止越城寺。忽游纵放荡,优俳滑稽。或时裸袒,干冒朝贵。晋镇北将军司马恬恶其不节,招而鸩之,频倾三钟,神气清夷,淡然无扰,恬大异之。至晋元兴末卒,春秋八十。"①此中所说"越城"一般指今日绍兴,而文中的叙述似乎暗示此僧住于"越城"中的某寺而已。

会稽郡上虞县(今浙江上虞)也有佛寺。《高僧传》卷十有《晋上虞龙山史宗传》,其文说:"史宗者,不知何许人,常着麻衣,或重之为纳,故世号麻衣道士。"②史宗先在广陵,"后憩上虞龙山大寺,善谈庄老,究明论孝,而韬光隐迹,世莫之知。会稽谢邵、魏迈之、放之③等,并笃论渊博,皆师受焉"④。从文中叙述看,此寺位于龙山。

在会稽郡,除郡治山阴之外,数剡县(即浙江嵊州)佛寺多。

支道林在灵嘉寺住锡一段时间后,离开山阴南下剡县,入剡山,"于沃洲小岭立寺行道,僧众百余常随禀学"⑤。关于此事,《高僧传·竺法深传》也有记载:法深住锡剡县仰山,"支遁遣使求买仰山之侧沃洲小岭,欲为幽栖之处。潜答云:'欲来辄给,岂闻巢由买山而隐遁?'"⑥。支道林前往此山的目的是隐遁,因而此寺大概属于小寺或者可称之为精舍。在东晋成帝之后,竺法深从建康至此山隐遁修行,仰山成为会稽郡传播佛教的中心之一。

竺法深,名潜(286—374),或称道潜,字法深。俗姓王,琅琊(在今山东临沂)人。十八岁出家,师从富有才解久负盛名的名僧刘元真,慢慢克服了一般士族子弟习见的浮华性格,深刻钻研了般若学的佛学理论,加上相貌堂堂,谈吐风雅,在京城长安已小有名声。二十四岁时,法深独自登坛讲学,所讲《正法华经》《大品般若经》,义理深奥,剖析明白,前来听讲受业者常济济一堂,多达五六百人。

竺法深于"晋永嘉初,避乱过江。中宗元皇及萧祖明帝,丞相王茂弘、大尉庾元规,并钦其风德,友而敬焉"⑦。殆至明帝驾崩,王导去世,朝廷崇佛风气逆转,法深"乃隐迹剡山以避当世,追踪问道者,已复结旅山门。潜优游讲席三十余载,或畅方等,或释老庄,投身北面者,莫不内外兼洽"。从这些记述看,竺法深于晋成帝(325—342 年在

---

① 释慧皎:《高僧传》,《大正藏》第 50 卷,第 406 页下。
② 同上书,第 390 页上。
③ 似为温峤之子温放之。
④ 释慧皎:《高僧传》,《大正藏》第 50 卷,第 390 页中。
⑤ 同上书,第 348 页下。
⑥ 同上书,第 348 页上。
⑦ 同上书,第 347 页下。

位)时至此山,住锡仰山弘扬佛教近三十年,学徒问道者众多,法深遂以弘法为己任,优游讲席三十余年,牵引老、庄思想阐释大乘般若学说,创立了两晋般若学说六家七宗中的本无异宗,大意谓"诸法无本"是佛家第一义谛,但"无"能生万物,即"无"在"有"先,从"无"出"有"。在他的培养教导下,学生们都养成了"内(佛学)外(世俗学问,主要指老、庄玄学)兼洽"的治学特点。晋哀帝登基,朝廷对待佛教的态度有好转。哀帝"频遣两使,殷勤征请。潜以诏旨之重,暂游宫阙。即于御筵,开讲《大品》。上及朝士,并称善焉。于时简文作相,朝野以为至德。以潜是道俗标领,又先朝友敬尊重,挹服顶戴兼常,迄乎龙飞,虔礼弥笃"①。竺法深在建康数年之后,坚决要求重回山林,"乃启还剡之仰山,遂其先志,于是逍遥林阜以毕余年"②。竺法深以东晋宁康二年(374)卒于仰山寺院,春秋八十九。

关于竺法深在仰山创建佛寺的寺额,《高僧传》没有明确记载。而《名僧传抄》残存的目录中有"晋剡东仰山寺竺法深""晋剡东仰山寺竺法蕴十二、晋剡东仰山寺康法式十三"等文字。而《高僧传》目录则为"晋剡东仰山竺法潜(竺法友、竺法蕴、竺法济、康法识)"。二者对照,似乎暗示,仰山寺并非正式的寺额。

竺法深弟子众多,《高僧传·竺法深传》附传中提及四位:第一,竺法友,"时仰山复有竺法友,志业强正,博通众典。尝从深受《阿毗昙》,一宿便诵。深曰:'经目则讽,见称昔人。若能仁更兴大晋者,必取汝为五百之一也。'年二十四,便能讲说。后立剡县城南法台寺焉"③。这位弟子后来在剡县城南修造了法台寺④。第二,竺法蕴,"悟解入玄,尤善《放光波若》"⑤。第三,康法识,"亦有义学之功,而以草隶知名。尝遇康昕,昕自谓笔道过识。识共昕各作右军草,傍人窃以为货,莫之能别。又写众经,甚见重之"。第四,竺法济,"幼有才藻,作《高逸沙门传》"。《高僧传·竺法深传》说:"凡此诸人,皆

---

① 释慧皎:《高僧传》,《大正藏》第50卷,第347页下—348页上。

② 同上。

③ 同上书,第348页上—中。关于"县城南法台寺",《大正藏》作"剡县城南台寺",而注释则说宋、元、明本作"法台寺"。参照其他史料,法台寺正确。

④ 唐代诗人继有《剡县法台寺灌顶坛》,地方志则记载此寺后来改名惠安寺,"在剡山之阳,旧曰般若台寺,又曰法华台寺"。而《高僧传》卷八《释昙斐传》记载:"释昙斐,本姓王,会稽剡人。少出家,受业于慧基法师。性聪敏素,著领牒之称。其方等深经,皆所综达;老庄儒墨,颇亦披览。后东西禀访,备穷经论之旨。居于乡邑法华台寺,讲说相仍,学徒成列。"(参见《大正藏》第50卷,第382页下)释昙斐于天监十七年(618)卒于寺,春秋七十六。可见,此寺在梁代仍然称之为法华台寺。

⑤ 释慧皎:《高僧传》,《大正藏》第50卷,第348页中。

潜之神足。”可见，竺法深在会稽仰山弘扬佛教，很有成效。由兹，此地成为当时僧侣向往的地方，因此才有支道林写信“买山”住锡之说。

《高僧传·支道林传》记载说：支道林晚年居剡县石城山，“又立栖光寺。宴坐山门，游心禅苑，木食涧饮，浪志无生。乃注《安般》《四禅》诸经，及《即色游玄论》《圣不辩知论》《道行旨归》《学道诫》等”①。根据现存《名僧传抄》残卷所附“名僧传说处”的标题“支道林石城山立栖光精舍事”②，道林所建的栖光寺，规模不大。

石城山在剡县南部，石城山是当时会稽佛寺较为集中的地方，在道林去之前，该山已有两寺：一是于法兰创建的元华寺，二是帛僧光（或云昙光，297—396）创建的隐岳寺。

元华寺是于法兰创立，在东晋时期一脉相承，在佛教义学方面产生过很大影响。于法兰，高阳（今治河北保定）人。《高僧传·于法兰传》说，他“后闻江东山水，剡县称奇，乃徐步东瓯，远瞩嵴嵊，居于石城山足。今之元华寺是也”③。根据这一记载，法兰住在石城山，此山位于今新昌县境。

根据报道，2007 年 3 月在上虞东山发现了晋永平二年（292）东山寺僧法兰所立“棋墅”石碑一方。石碑宽 52 厘米，高 106 厘米，厚 12 厘米，背毛面，正面中部阴刻有楷书字体“棋墅”两字，左侧下部刻“永平二年僧法兰立”。一般而言，上虞东山，因谢安隐居东山而闻名，如果这一记载属实，则可知远至西晋初期有僧法兰就住于东山。关于此碑的真伪及其历史价值，学术界正在讨论。此中的最大疑点是年号问题。“永平”是西晋皇帝晋惠帝司马衷的第二个年号，但该年号只持续了三个月，永平元年三月改元康元年（291）。此碑书永平二年，显然是错的。对于这一失误，有学者举出现存文献中也有类似错误，证明在非常情况下，错书年号也可以理解。另外，关于此石碑，明陈仁锡的《剡溪记》有说：“……惟殿后高岗，晋永平元年僧法兰书‘棋墅’二字，可珍。若‘东眺’‘西眺’二碑隶字，不知何人所书，笔亦奇古。余拜太傅公墓，上西眺崇岗，见戚家山，王家渭山，坐于江面。”从这一叙述看，明代此碑仍然树立在东山。《剡溪记》的年号是对的。一些学者相信，立此碑的僧法兰就是于法兰。笔者经过仔细考辨，认定如果此石碑为真的话，此“法兰”绝不会是《高僧传》中所说的“于法兰”。依照此碑所记载，法兰于永平元年已经到了东山。法兰弟子于道邃十六岁皈依于法兰出家，三十一岁圆寂，而《于道邃传》又说：“后与兰公俱过

---

① 释慧皎：《高僧传》，《大正藏》第 50 卷，第 348 页下。

② 《续藏经》第 77 册，第 360 页上。

③ 释慧皎：《高僧传》，《大正藏》第 50 卷，第 350 页上。

江。”①可见，于法兰、于道邃在会稽停留时间不会超过十五年，应该在十三年之内。如果上述“法兰”是一人的话，则于法兰离开会稽南下的时间不应晚于305年。《高僧传》说，于法兰有弟子于法开，年六十时，卒于白山灵鹫寺。而法开至哀帝（362—365年在位）时仍多次被诏征至建康讲经。如果于法兰确实是立此碑的“法兰”的话，他就不会是于法开之师。

慧皎又记述说：“又有竺法兴、支法渊、于法道，与兰同时比德。兴以洽见知名，渊以才华著称，道以义解驰声矣。”②可见，于石城山形成了一个以于法兰、竺法兴、支法渊、于法道等四人互相唱和、互相支持，弘扬佛教的中心。于法兰后来“远适西域，欲求异闻。至交州遇疾，终于象林”③。于法兰有弟子于道邃，于道邃始终跟随其师。于道邃跟随于法兰至石城，后又一起南下交州，因病圆寂于其地。

于法兰另一高足是于法开。于法开跟随于法兰的时间、地点不详，但他未跟随其师南下交州，而是继续留在石城弘法，并且于石城修葺元华寺，另创灵鹫寺。

《高僧传》卷四《于法开传》记载：“于法开，不知何许人，事兰公为弟子。深思孤发，独见言表，善《放光》及《法华》。又祖述耆婆，妙通医法。”升平五年（361），孝武帝有疾，“开视脉知不起，不肯复入。康献后令曰：‘帝小不佳，咋呼于公视脉，亘到门不前，种种辞惮，宜收付廷尉。’俄而帝崩，获免，还剡石城，续修元华寺”④。传文将此事写于此处，可能是暗示于法兰此前已经离开元华寺南下了⑤，而于法开从建康回到此寺，又重修扩大元华寺域。大概在此后不久，他又“移白山灵鹫寺”。关于此事，现存《名僧传抄》残卷目录中有“于法开白山造灵鹫寺事”，可见，此寺是于法开自己所造。

---

① 释慧皎：《高僧传》，《大正藏》第50卷，第350页中。

② 同上书，第350页上。

③ 同上。

④ 同上。

⑤ 于法兰的生卒年失载，如果假定他于西晋武帝、惠帝交替之际（290）出家（当时十五岁），至升平五年（361）也已经七十余岁了。于道邃十六岁皈依于法兰出家，三十一岁圆寂，而《于道邃传》又说“后与兰公俱过江”，可见，于法兰在会稽停留时间不会超过十五年，应该在十三年之内。于法兰又发心至西域求取佛典，因此，其出发时的年龄应该不会太大。如此而可推知，于法兰离开会稽的时间应该不会超过永和末年（356），此年应是下限。另外，《高僧传·于道邃传》记载说：于道邃圆寂之后，郗超图写其形，支遁为著《铭赞》。而根据学者考证，“自永和七年之后，郗超任桓温幕僚，长住武昌，难与支道林交往”（参见王晓毅在《支道林生平事迹考》，《中华佛学学报》第8期，1995年），因此，支、郗与于道邃画像铭赞之事系于此年。可综上所述推测，至少在永和七年（351）之前，于法兰、于道邃已经离开会稽并且已经于交州圆寂了。

支道林至石城的时候，于法兰早已不在此地，石城最著名的法师是于法兰的弟子于法开。于法开与支道林多次就般若思想发生争论。《世说新语·文学》记载："于法开始与支公争名，后积渐归支，意甚不忿，遂遁□剡下。遣弟子出都，语使过会稽。于时支公正讲《小品》。开戒弟子：'道林讲，比汝至，当在某品中。'因示语攻难数十番，云：'旧此中不可复通。'弟子如言诣支公。正值讲，因谨述开意。往反多时，林公遂屈。厉声曰：'君子何足复受人寄载？'"①对此，《高僧传·于法开传》也有记载："每与支道林争即色空义，庐江何默申明开难，高平郗超宣述林解，并传于世"②——这一段大致与《世说新语·文学》的记载相同，但未明确说辩难的地点。《世说新语》刘孝标注引《名德沙门题目》说："于法开，才辩纵横，以数术弘教。"又引《高逸沙门传》曰："法开初以义学著名，后与支遁有竞，故遁居剡县，更学医术。"从刘孝标的批注看，于法开是在与支道林辩难失败的情况下，隐遁剡县的。因此，辩难的地点也许不在会稽郡。

于法开住锡于元华寺之后，此时支道林住锡于山阴（今浙江绍兴），法开特派弟子法威前去辩难。这一次准备充分，法威胜利在望，而支道林只能采取讽刺手法收场。至哀帝时，于法开"累被诏征，乃出京讲《放光经》，凡旧学抱疑，莫不因之披释，讲竟，辞还东山。帝恋德殷勤，嚫钱绢及步舆，并冬夏之服。谢安、王文度悉皆友善。或问法师：'高明刚简，何以医术经怀？'答曰：'明六度以除四魔之病，调九候以疗风寒之疾。自利利人，不亦可乎？'"③僧传说，于法开年六十时，卒于白山灵鹫寺。

石城隐岳寺是僧光于东晋永和（345—356）年初创建的。《高僧传》卷十一《帛僧光传》记载：

> 帛僧光，或云昙光，未详何许人。少习禅业，晋永和初，游于江东，投剡之石城山。山民咸云："此中旧有猛兽之灾，及山神纵暴，人踪久绝。"光了无惧色，雇人开剪，负杖而前。行入数里，忽大风雨，群虎号鸣。光于山南见一石室，仍止其中，安禅合掌，以为栖神之处。至明旦雨息，乃入村乞食，夕复还中。经三日，乃梦见山神，或作虎形，或作蛇身，竞来怖光。光一皆不恐。经三日，又梦见山神，自言："移往章安县寒石山住，推室以相奉。"尔后，薪采通流，道俗宗事，乐禅来学者起茅茨于室侧，渐成寺舍，因名隐岳。④

---

① 《世说新语》卷上《文学》。

② 释慧皎：《高僧传》，《大正藏》第50卷，第350页上。

③ 同上书，第350页中。

④ 同上书，第395页下。

由此可见，此寺起先是从禅窟逐渐扩展而成的。僧光“处山五十三载，春秋一百一十岁。晋太元之末，以衣蒙头安坐而卒”①。僧光在斯山斯寺五十三年，太元末年为396年，逆推可知，帛光大致从永和元年(345)入住此山，后来逐渐修成隐岳寺。

南朝时期，经过数代人的努力，在隐岳寺旁修成高数丈的弥勒佛像，此寺因此而被称之为大佛寺。《高僧传》卷十三《释僧护传》记载：“释僧护，本会稽剡人也。少出家，便克意常苦节，戒行严净。后居石城山隐岳寺。寺北有青壁，直上数十余丈。当中央有如佛焰光之形，上有丛树，曲干垂阴。护每经行至壁所，辄见光明焕炳，闻弦管歌赞之声。于是擎炉发誓愿，博山镌造十丈石佛。以敬拟弥勒千尺之容，使凡厥有缘，同睹三会。以齐建武中，招结道俗，初就雕剪疏凿，移年仅成面朴。顷之，护遘疾而亡。临终誓曰：‘吾之所造，本不期一生成办。第二身中，其愿克果。’后有沙门僧淑，纂袭遗功。而资力莫由，未获成遂。”②至梁天监十五年(516)春，此像方才完成。

根据方志记载，至梁朝时期，元华寺、栖光寺和隐岳寺合并为宝相寺，后来称为大佛寺。可见，此三寺相距不远。

余姚县(今浙江余姚)也有高僧的踪迹。《高僧传》卷十一记载：“时又有慧开、慧真等，亦善禅业，入余姚灵秘山，各造方丈禅龛。于今尚在。”③这是说，至慧皎写《高僧传》时，此二僧所造的禅窟尚存在。而支道林晚年住于余姚。《高僧传》卷四记载：“遁先经余姚坞山中住，至于明辰犹还坞中。或问其意，答云：‘谢安在昔，数来见，辄移旬日。今触情举目，莫不兴想。’后病甚，移还坞中。以晋太和元年闰四月四日，终于所住，春秋五十有三，即窆于坞中，厥冢存焉。”④尽管关于支道林病重之地早在梁代时已有不同说法，但道林晚年在余姚住过较长的时间，是肯定的。

今日浙江省内，除上述会稽郡具南方佛教中心地位之外，其他地区也有僧人于其地修行、弘教。在此，应该特别指出，作为天台宗发源地的台州，也是从东晋时期开始有高僧隐居赤城山修道。

《高僧传》记载：竺昙猷，或云法猷，炖煌人，“少苦行，习禅定，后游江左止剡之石城山，乞食坐禅”。后来，竺昙猷到赤城山。“山有孤岩独立，秀出千云，猷抟石作梯升岩宴坐，接竹传水以供常用，禅学造者十有余人，王羲之闻而故往，仰峰高挹致敬而反。赤城岩与天台瀑布、灵溪四明，并相连属。而天台悬崖峻峙，峰岭切天。古老相传云：

---

① 释慧皎：《高僧传》，《大正藏》第50卷，第395页下。

② 同上。

③ 同上书，第396页中。

④ 同上书，第412页上。

上有佳精舍，得道者居之。虽有石桥跨涧，而横石断人，且莓苔青滑，自终古以来无得至者。猷行至桥所，闻空中声曰：'知君诚笃，今未得度。却后十年，自当来也。'猷心怅然，夕留中宿。闻行道唱萨之声。旦复欲前，见一人须眉皓白，问猷所之。猷具答意。公曰：'君生死身，何可得去？吾是山神故相告耳。'猷乃退还。道经一石室，过中憩息。俄而云雾晦合，室中尽鸣，猷神色无扰。明旦见人着单衣袷来曰：'此乃仆之所居。昨行不在家中，遂致搔动，大深愧怍。'猷曰：'若是君室，请以相还。'神曰：'仆家室已移，请留令住。'猷停少时。猷每恨不得度石桥，后洁斋累日，复欲更往。见横石洞开，度桥少许，睹精舍神僧，果如前所说。因共烧香中食。食毕，神僧谓猷曰：'却后十年，自当来此。今未得住。'于是而返。顾看横石，还合如初。"①昙猷以太元末年卒于山室。赤城山在今浙江天台县西北，为天台山南门。因山上赤石屏列如城，望之如霞，故有此名。昙猷是最早隐居此山的高僧，上述记载尽管颇为神秘，但也说明昙猷住锡之前，此山未曾有人常住。后来，天台诸位祖师在此活动，最终创立了天台宗。

总体而言，东晋时期，会稽与建康一起成为江南经济都会。在东晋统治区域，这一地区成为仅次于建康的佛教传播中心，佛寺数量众多，高僧云集，高僧与名士呼应唱和，蔚为大观。阿育王寺、灵宝寺、灵嘉寺、元华寺、栖光寺、隐岳寺、灵鹫寺等寺内，都有高僧弘法，支道林、竺昙猷、于法兰、帛僧光（昙光）等高僧在此地修道弘法，是江南佛教逐渐兴盛的表现。

---

① 释慧皎：《高僧传》，《大正藏》第 50 卷，第 395 页下—396 页中。

“老不图安身许国”

——再读赵朴老诗文*

刘元春**

诗以言志，言出于心，方能感人。赵朴老的诗文，一如他的为人，重情重义，自然、平实、洒脱，放射着人性的光辉，反映出时代的风貌，彰显着佛法的真谛，揭示出人生的道理。当我们奉读《赵朴初文集》《赵朴初韵文集》《灵山集》等著作①，就不能不敬佩朴老的睿智与深邃，不能不感恩朴老的辛劳与奉献！

赵朴老近百年的人生经历，与近现代的中国历史相呼应，基本上是抗御外侮、救亡图存的历程；更与中国佛教的命运紧紧连在一起，不断探寻着振衰起弊、匡扶正法的道路。“他一生追求进步，探索真理，孜孜以求，矢志不移……为造福社会，振兴中华，做出了不可替代的卓越贡献。”②因此，读解朴老的诗文，无论是哪个时段的，无论是哪种风格的，律诗、绝句、俳句、偈语、长句、辞章、现代诗，等等，无论是为何而写的，虽形式多变但主题如一，就是为祖国、为社会、为正义、为和平，这是朴老诗文的主旋律、大格局，也是朴老一生的真情怀、人理想。这是我们读懂朴老诗文乃至读懂朴老一生的路向。

20世纪70年代末期，“文革”之后，直至逝世，二十多年时间里，赵朴老为国为教奔走呼号，呕心沥血，鞠躬尽瘁，用他的心力、智慧、胆略，引领当代中国佛教走向复兴、走

---

* 本文是2017年11月15日为纪念赵朴初居士诞辰一百一十周年写的未正式发表稿件。欣逢黄心川先生九十大寿，黄老与朴老多有交情，而且都是令人钦敬的硕学仁人，博施济众，德馨寿永，特奉致贺！

** 刘元春，上海社会科学院佛教研究中心秘书长、研究生导师。

① 赵朴初：《赵朴初文集》（上下册），上海：华文出版社，2007年；赵朴初：《赵朴初韵文集》（上下册），上海：上海古籍出版社，2003年；赵朴初：《灵山集》，北京：九洲图书出版社，1998年。同时，关于朴老的回忆和研究著作还有不少。比如，倪强：《赤子佛心赵朴初》，北京：宗教文化出版社，2007年；萧秉权编：《赵朴初宗教思想研究》，上海：上海交通大学出版社，2010年；萧国兴主编：《灵山之光：灵山大佛开光十周年纪念征文选编》，南京：凤凰出版社，2007年；茗山法师：《茗山日记》，上海：上海古籍出版社，2002年。另有安徽省赵朴初研究会主办的刊物《赵朴初研究》出版。

② 《赵朴初同志生平》，《人民日报》2000年5月31日，第4版。

向世界，取得了辉煌的成就。他留存给我们的诗文，主要就是写作于这个时期的，从中我们可以谛听到一位伟人的心音，体悟出一位圣贤的境界。

一

“文革”后，赵朴老便如老松扫云，充满激情。《赵朴初韵文集》卷五，收录了1977—1982年的作品，其中《题万松图》[①]就比较生动地描述了他当时的心境：

> 着意画万松，夭矫如群龙。千山动鳞甲，万壑酣笙钟。中有一松世莫比，似柳三眠复三起。眠历冬云八表昏，起舞春风亿民喜。喧天爆竹是心声，共助松涛争一鸣。枝扫纷霾光焰焰，骨凌霜雪铁铮铮。为梁为栋才难得，老不图安身许国。日月光华华岳高，愿松常葆参天色。

这首诗写于1977年8月，国家正处于百废待兴、拨乱反正的初期。朴老诗中参借了苏东坡《行琼儋间，肩舆坐睡，梦中得句》、杜甫《古柏行》中的诗句，抒发了自己“骨凌霜雪铁铮铮”“老不图安身许国”的壮阔情志，成为朴老二十几年的人生写照。

1980年元旦，赵朴老充满激情地写下了《八十年代献词》[②]，从中可以感受到他的视野、胸襟和抱负：

> 放眼风云观世界，洪波涌起新年代。
> 不辞险阻与艰难，长征万里雄心在。
> 学业天人日日新，无穷智力勇兼仁。
> 良朋四海看携手，共为人间保太平。

“文革”之后，放眼世界风云变幻，展望中国社会未来，面对百废待兴的中国社会与中国佛教，赵朴老不畏艰难险阻，发扬万里长征的雄心勇往直前，携手天下志士仁人，奉献自己的智慧、胆略、爱心，扶正袪邪，维护社会的安定与世界和平。由此开启了他长达二十多年的人生征程，也开启了当代中国佛教的复兴历程！

“文革”期间，中国佛教协会的工作被迫停顿，组织陷于瘫痪；佛教文化教育事业单

---

① 赵朴初：《赵朴初韵文集》（上册），第275页。
② 同上书，第277页。

位与地方各级佛教协会被迫关闭。中国共产党十一届三中全会之后，三十多年来，佛教各项事业不断得到恢复和发展，并呈现出振兴的局面。1980年冬，中国佛教协会召开了第四届全国代表大会，选举赵朴初居士为第三任会长，一大批德高望重的活佛、法师、居士进入领导层，标志着本会会务和全国佛教事业踏上了新的征途。1982年，中国佛教协会召开了第四届常务理事第二次扩大会议，研究讨论全国汉族地区重点寺院建议名单、加强佛教人才培养和佛教书刊出版流通问题，以推动佛教事业的开展。同时，也召开了藏传佛教、南传佛教工作座谈会，部署重点寺院的恢复和重建。在恢复与重建之初，针对现实与发展需要，中国佛教界在赵朴初会长的带领下，积极协助党和政府贯彻落实宗教信仰自由政策，对《宪法》《民法通则》《刑法》中涉及宗教的条款提出修改意见；赵朴初会长赴福建视察，提出佛道教寺观“在政府行政领导下由僧道人员管理”的体制，被中央采纳；就“批判宗教神学”、宗教“鸦片论”和“宗教五性论”等发表理论文章，进行深刻阐述。在教内外不懈努力下，中国佛教界取得了巨大的成就，呈现出欣欣向荣的局面。

1983年，中国佛教协会召开了第四届理事会第二次会议，赵朴初会长做了《中国佛教协会三十年》的报告，总结中国佛教三十年的工作，提出了提倡“人间佛教”思想，发扬中国佛教农禅并重、学术研究、国际交流三大优良传统的指导方针，标志着新时期佛教事业的全面恢复。1987年，中国佛教协会召开的第五届全国代表会议提出：中国佛教已经实现了与社会主义社会相适应的历史性转变，中国佛教不仅必须而且能够为社会主义两个文明建设服务，从理论和实践的统一上阐明了佛教能够为社会主义两个文明建设的观点，对中国佛教走上同有中国特色社会主义相协调的道路具有指导意义。1993年10月，中国佛教协会召开第六届全国代表会议和庆祝本会成立四十周年大会，遴选一批年轻佛教人才进入领导层，赵朴初会长作了《中国佛教协会四十年》的报告，对中国佛教四十年来的变化发展进行了概述，提出了加强佛教“信仰建设、道风建设、教制建设、人才建设、组织建设”的历史任务。之后，中国佛教进入平稳发展阶段。

当代高僧茗山法师（1914—2001）在2000年5月25日悼念赵朴老逝世的日记中，根据自己的亲身感受，讲述了赵朴老的“六大功德”：

1. 协助政府落实宗教政策，促进恢复全国重点大寺及焦山定慧寺；

2. 提倡爱国爱教，1980年恢复中佛协，提出宗教要与社会主义社会相协调的方针；

3. 1983年全国佛教代表大会上提倡人间佛教：（1）农禅并重，（2）学术研究，（3）国际交往；

4. 1993年全国佛教代表大会上，提出五个自身建设：（1）信仰，（2）道风，（3）人才，

(4)教制,(5)组织;

5. 倡办佛学院,《法音》佛刊,恢复金陵刻经处等佛教文化机构,弘护佛法;

6. 提倡“庄严国土,利乐有情”“爱国守法”“独身、素食、僧装”等佛教总方向。

“总之,赵朴老是宗教界爱国爱教的典范,值得我们隆重地纪念和学习。”①茗山法师的认知,应当是很公允的。对于这些,赵朴老本人是很少述及的。

考究古今佛教界那些创宗立说、弘法利生的祖师大德,他们最值得崇敬和效法的就是“敢于担当”的精神气概。尤其是在佛教面临机遇与挑战之风云际会的时代,他们不仅敢于挺身而出,而且能够“智慧地担当”,善于转化逆缘为顺缘、增上缘,达成善愿。“文革”之后,在争取和推进宗教界拨乱反正与恢复落实宗教信仰自由政策工作中,赵朴老充分地展现出他的智慧与担当精神。正如《赵朴初同志生平》文告中表述的那样:“作为新中国一代宗教界领袖,赵朴初同志把佛教的教义圆融于中国共产党领导的建设有中国特色社会主义伟大事业之中;圆融于维护民族和国家的尊严,捍卫国家领土和主权的完整,促进祖国和平统一的伟大事业之中;圆融于促进中国佛教界与世界各国佛教界友好交往的伟大事业之中……赵朴初同志以高度负责的精神,对社会主义初级阶段的宗教理论和工作,坦诚提出许多宝贵意见和建议……他恪尽职守,殚精竭虑,为宗教与社会主义社会相适应的理论与实践做出了杰出的贡献。”②

佛教是一种宗教,同时也是一种文化。自传入中国两千余年来,融入中国传统文化之中,而且独树一帜,对中国文史哲和民风民俗产生了深远的影响。但是,“文革”之后,深受“左倾”思想影响的社会思想界、学术界还一时难以摆脱以往的思维定式,仍然对包括佛教在内的宗教及其思想文化存在不客观的价值评价,这也阻碍了宗教信仰自由政策的全面落实。对此,以赵朴初为代表的佛教界领袖人物与教内外学者们,提出了“佛教是文化”的命题,开展了持续不断的研究。1985 年 3 月,赵朴初在《法音》上发表了《佛教与中国文化》一文,比较系统地阐述了“佛教是文化”的意义。他认为:“大乘佛教传入中国后,和中国文化相结合,发展是多方面的。一方面是与中国的思辨哲学相结合,而向学术化发展,对教义愈研愈精,由此引起各宗派的成立,使佛教本身达到高度的繁荣。一方面是与中国的精美工艺相结合而向艺术化发展,使佛教成为绚丽多彩的艺术宝库。一方面与中国的人生理想相结合而向社会化发展,使佛教与中国社会密切联系。这三方面都使佛教成为中国文化不可分割的一部分。自大乘佛教提出菩萨应以五明为修学的主要内容以来,佛教已由避世潜修的宗教信仰和思辨哲学转而向

① 茗山法师:《茗山日记》(续集),上海:上海古籍出版社,2003 年,第 732—733 页。

② 《赵朴初同志生平》,《人民日报》2000 年 5 月 31 日,第 4 版。

世间的学术、文艺、理论科学、生产工艺的领域迈进。我们千多年的历史经验证明，佛教在中国大地上吸取中国文化的营养，沿着这一人间佛教的方向发展，取得极其巨大的成功。”①

二

1996年11月，赵朴老在《九十述怀诗》②中很少见地回忆起自己一生最重要的几个人生成就，提起自己在重大的历史关头的勇敢抉择。他写道：

九十犹期日日新，读书万卷欲通神。
耳聋不畏迅雷震，言笑能教远客亲。
曾助新军旗鼓振，力摧谬论海天清。
千年盲圣敦邦谊，往事差堪启后生。

朴老的诗中，前四句描述了当时的身心状况，后四句只列举了他1938年抗战期间在上海组织青年参加新四军、1961年在“世界和平理事会”上驳斥印度文化部长攻击中国的言论、中华人民共和国成立之后致力通过共同纪念鉴真大师推动中日邦交正常化三大史绩，都是基于国家命运和世界和平大局的一种准确的判断和智慧的担当，是一种大胆略大情怀，影响深远。③

赵朴老为推动中日友好、促进世界和平，从20世纪50年代开始先后19次赴日弘扬佛法精神而广结善缘，被日本佛教界称为“当代的鉴真”④。其中，1980年的日本“鉴真大师像回国巡展”系列活动对推动中日邦交正常化起到了巨大作用，彰显出赵朴老的睿智和情怀！这从赵朴老1980年4月写的《金缕曲·鉴真大师像回国巡展欢迎礼赞》中，也可以看出他“坚定安详仁且勇，信千回百折能无碍”的精神胆识：

像在如人在。喜豪情，归来万里，浮天过海。千载一时之盛举，更是一时千载。添不尽，恩情代代。还复大明明月旧，共招提两地腾光彩。兄与弟，倍相爱。

① 赵朴初：《赵朴初文集》，第702页。

② 同上书，第700—701页。

③ 赵朴初：《赵朴初韵文集》（下册），第700—701页。

④ 倪强：《赤子佛心赵朴初》，第387—395页。

番番往事回思再。历艰难，舍身为法，初心不改。“民族脊梁”非夸语，鲁迅由衷感慨。试瞻望，是何意态。坚定安详仁且勇，信千回百折能无碍。仰遗德，迎风拜。

人类文明发展的历史告诉我们，文化尤其共同的文化信仰才是维系人与人、国与国之间友好最可靠的纽带。中国佛教一直是连接中外友好关系的“心桥”，值得我们十分的珍视。确如这样的评价，“唐代的鉴真以其献身文化传播的精神，开通了中日文化传播之路，开辟了两国亲密互助的大门。20 世纪的赵朴老以其无穷的智慧，巧妙地赠送药师佛，打开了中日两国中断多年的大门。鉴真大师和赵朴老，两人虽所处时代不同，但为实现两国人民友好，都做出了举世瞩目的贡献”①。

赵朴老对在中国佛教史上彪炳千古的另一位佛教文化使者玄奘大师，也一直深情怀念，并推动国际性的玄奘纪念活动。1956 年 3 月，他曾在《现代佛学》上发表《纪念玄奘法师，学习玄奘法师》②一文，情感丰沛，文采飞扬，充分抒发了继承玄奘精神弘扬中华文化的宏伟志愿。他说：

玄奘法师生于我国古代文化最灿烂时期，作为一个佛教徒，他没有辜负他的时代，而是对于当时文化做了重大的贡献的。处在一个新的、空前的文化灿烂时期即将到来的今天，作为玄奘法师后辈的我们，应当怎样有所贡献于当前伟大的时代，不能不是每个人所面临的一个至关重要的问题。我们在这个时候纪念玄奘法师，正是为着要学习玄奘法师，要担负起时代的责任。

玄奘法师的崇高品质，表现在他一生舍身忘我、为法为人的事迹。正因为有这种崇高的品质，他才能不断克服困难、难行能行、难舍能舍、难忍能忍、难学能学，最后完成他的志愿。正因为有这种崇高的品质，他才能那样一丝不苟，真实不虚，极广大而尽精微地做学问。正因为有这种崇高的品质，他才能够学而不厌、诲人不倦，不但以他的广博的学识教育当时的英才，而且以他的大量的译著传播中印学术文化，为中印两国友谊树立了不朽的功绩，为国际文化交流留下了光辉的典范。当今天全国人民都在以“忘我劳动，全心全意为人民服务，为世界和平服务”相勉励的时候，我们，作为玄奘法师的弟子，应当怎样发扬佛教固有的“舍己利他”的精神以献身于人类幸福文明、国际友好合作的事业，不能不是我们当务之

① 倪强：《赤子佛心赵朴初》，第 391 页。

② 赵朴初：《赵朴初文集》，第 155—156 页。

急。我们在这个时候纪念玄奘法师，正是为着要学习玄奘法师，学习他的舍身忘我、为法为人的伟大榜样。

1998年11月，朴老写有《为中国佛教二千年志庆》七绝诗，表达了对中国佛教精神的充分自信。正是凭着这种文化的自信，朴老作为中国文化的使者，奔波在世界各地，传播中国传统文化，展现出独特的精神风范和人格魅力。诗中言道：

信知此土有深缘，圣教三车独得全。
誓续慧灯无尽际，时轮再转二千年。

近现代以来，中国佛教由于长期处于内忧外患之中，表现出"自我消遣"的被动状态，缺乏走向世界的胸怀和气魄。中国随着改革开放而不断强盛，佛教也与时俱进，以崭新的姿态迈向全世界。面对世界的不安定、不和平以及人心浮躁、道德沦丧等严峻现实，中国佛教界勇敢地站出来承担起历史责任。中国传统文化底蕴，一以贯之就是"和"。"和"是一种承认，一种尊重，一种感恩，一种圆融。"和"的基础，是和而不同，互相包容，求同存异，共生共长。"和"的途径，是以对话求理解，和睦相处；以共识求团结，和衷共济；以包容求和谐，和谐发展。"和"的佳境，是各美其美，美人之美，美美与共，天下大同。"和谐世界"的呼喊，是来自中华民族深厚的文化底蕴和深刻的文化自觉。佛教认为，和谐归根结底在于人心的自觉，"心净则国土净，心安则众生安，心平则天下平"①。

1993年9月，赵朴初提出了中日韩三国佛教界"黄金纽带"的构想，至今已经扩大成中国与南亚、东南亚各国的"黄金纽带"的友好关系。进而，由中国佛教界人士倡导举办的世界佛教论坛已经成功举办了四届，并将持续进行，这已经引起世界的广泛关注。可以想见，随着世界佛教论坛以及其他世界性佛教会议的持续举办，中国佛教必将不断深化和推进"和谐""和平"的世界性命题，为增进世界不同文明之间的对话、减少文明隔膜与冲突做出更大的贡献。

当今世界，不同的国家、地区，不同的民族、种族，不同的文明、宗教，不同的人群、阶层，共同组成了精彩的世界。文明因多样而呈现丰富，世界于多元中蕴含生机。缘起理论是佛教教义的核心与基石，也是世界成住坏空的根本法则。"见缘起即见法，见法即见如来。"万物借缘而生灭，佛法依缘而成就。阴阳相合、万物生长；众缘会聚、诸

---

① 叶小文：《望海楼：和谐世界的文化底蕴》，《人民日报》海外版2007年5月16日。

法生起。和谐世界正是基于共同的追求，成于众缘的和合。我们的世界需要一种“和”的精神与智慧，去化解矛盾、消弭纷争，去营造和谐、维护和平。①

近年来，习近平主席不断倡导继承和发展中国优秀的传统文化，紧紧抓着民族文化的“根”和“魂”，提升我们的文化自信，为实现中华民族的伟大复兴做出积极的贡献。2013年9月和10月，习近平在出访中亚和东南亚国家期间，先后提出共建“丝绸之路经济带”和“21世纪海上丝绸之路”（简称“一带一路”）的重大倡议，让古丝绸之路焕发新的生机活力，对加强不同文明交流互鉴，促进世界和平发展具有十分重大的意义。这为当代中国佛教“走出去”提供了难得的机遇。2014年3月27日，习近平在联合国教科文组织总部的演讲中，从“推动文明交流互鉴，需要秉持正确的态度和原则”，谈到中华文明发展的过去与未来，“将按照时代的新进步，推动中华文明创造性转化和创新性发展，激活其生命力，把跨越时空、超越国度、富有永恒魅力、具有当代价值的文化精神弘扬起来”；同时，他指出“中华文明是在中国大地上产生的文明，也是同其他文明不断交流互鉴而形成的文明”②。中华文明不仅是中华民族多元文化相辅相成的结晶，也是与世界其他民族文化异花授粉相融相摄的结果。因而，多元多彩，平等包容，和谐仁爱，积极向上，彰显了中华文明的文化精神与时代风貌。习主席演讲中用较多篇幅论述了“具有中国特色的佛教文化”及其“独特的佛教理论”，并指出佛教“给中国人的宗教信仰、哲学观念、文学艺术、礼仪习俗等留下了深刻影响”③；同时，中国佛教对东亚文明以及世界文明所产生的重大影响，也已经是历史的事实。而且，他还提出了热切的期待：“不能只满足于领略它们对以往人们生活的艺术表现，更应该让其中蕴藏的精神鲜活起来”，“让收藏在博物馆里的文物、陈列在广阔大地上的遗产、书写在古籍里的文字都活起来”，通过“创造性转化和创新性发展”，“为人类提供正确的精神指引和强大的精神动力”④。

三

国学大师启功先生（1912—2005）是赵朴老的挚友，共同的佛教信仰与性情使得他们相知相交几十年。启功先生写有《仁者赵朴初》，追忆朴老，情真意切，十分感人。他

① 参见“中国佛教协会”官方网站（www.chinabuddhism.com.cn）中“世界佛教论坛”相关内容。

② 《习近平在联合国教科文组织总部的演讲》，人民网2014年3月28日。

③ 同上。

④ 同上。

曾告诉大家，朴老最喜爱《苍虬阁诗》中为世所传诵的《泪》诗，因为"朴翁半生又都是在'视民如伤'的心情下努力奔走的"①。陈曾寿先生的《泪》诗句中有"万幻唯余泪是真，轻弹能湿大千尘。不辞见骨酬天地，信有吞声到鬼神"。这确实契合朴老一生慈悲为怀、高义真情的心境与品格。

读遍《赵朴初韵文集》上下两册，深感朴老一生仁义，无尽意菩萨名副其实。朴老是重情重义的温厚君子，孝亲敦友，诚之于心，发之于行，令人景仰。这是中国大乘佛教慈悲行愿在人生中的表现，也是中国传统道德理念在人生中的落实。正是朴老这种高尚品质与人格典范，成为中国佛教凝聚力量的重要因素，转化为同心同德的动力，为当代中国佛教的发展奠定了坚实的基础。

赵朴老与近现代高僧大德们的情谊法谊，有很多感人至深的故事。他写有《法尊法师赞》《妙湛法师行愿颂》等感人至深的诗偈。"文革"之后，赵朴老策杖各地，四方劝请，招贤纳士，合力恢复寺院。由此，他与众多法师们结下了深厚情谊。比如，朴老与妙湛法师（1910—1995）的相互的关爱，令人感慨！妙湛法师1937年因抗日被捕，1938年出狱后出家，1957年到厦门南普陀寺常住，直至1995年12月19日圆寂。妙湛法师志向高远，戒行高洁，极其重视佛教教育和社会慈善事业，多开教内先声，为教内外敬仰。因积劳成疾，1995年身患肝癌。朴老知悉后，立即安排妙湛法师到北京中日友好医院治疗。亲历者倪强先生在《赤子佛心赵朴初》一文中生动地记述了朴老看望妙湛法师的情景：

> 1995年上半年妙湛法师住进医院后，赵朴老不顾医生的再三劝阻，专程赴医院看望了妙老。妙湛法师见到朴老特别高兴，他紧紧握住朴老的手吃力地说："谢谢朴老对我的关怀，您老一定注意保重啊！"妙老由于病情很重且心情又很激动，说着便流下了泪水，朴老尽力克制着焦急与难过之情，两眼湿润饱含深情地说："好好静养，配合治疗，多加保重……"朴老在离开医院时说："对妙老的病我们要千方百计地治疗，要不惜一切代价尽力治疗，中佛协要全力做好这一工作。"②

妙湛法师圆寂后，1997朴老在医院撰写了《妙湛法师行愿颂》表达了无限的哀思和悼念：

---

① 启功：《仁者赵朴初》，凤凰网华人佛教综合版2013年7月29日。

② 倪强：《赤子佛心赵朴初》，第77页。

十年浩劫后，我初至厦门。公犹衣俗服，端容坐空庭。
殷勤劝公起，续燃焰灭灯。答云有宿愿，重荷亦堪任。
惟求不干扰，许公扬臂行。自兹南普陀，光复法王城。
绍隆昔贤志，学院亦重兴。兼展利生事，慈济设基金。
福慧二资粮，善备无边垠。前冬遣使来，施资助学僧。
乃知公有疾，迎驾来京城。病榻叮咛再，南天双塔尊。
一寺一学院，继任须得人。感公行愿深，坚我护持心。
所愿恒沙劫，相随觉道行。①

颂文前面叙述了朴老与妙湛法师在厦门共商恢复南普陀寺、兴办教育、慈善救济等事宜，最后四句表达了朴老永远护持佛教、慈利众生的誓愿，令人深深地敬仰！

另外，朴老与茗山法师（1914—2001）持续近六十年的挚友法谊，更令人动容。1947年中国佛教在南京毗卢寺召开全国代表大会，赵朴老与茗山法师都作为代表参加会议，那时赵朴老四十岁、茗山法师三十三岁，这是他们的第一次见面。两人一见如故，会上都被选为理事，从此也开始了他们的交往和友谊。晚年，他们每一两个月都会书信往来。他们携手兴办教育，端正教风；他们互相关心，诗文唱和；他们共同规划，创建灵山大佛。

赵朴老与茗山法师互相问候的信函内容十分感人。1985年3月，赵朴老在中国佛学院的一次会议上说："茗山法师很有远见，特别重视培养人才。他在1978年于定慧寺对我讲，没有学修兼备的僧才弘扬佛法、管理寺庙，就是落实了宗教政策，把寺庙交给僧人管理，也不一定能如法如律地管理好，使佛法真正得到弘扬"，"茗老的佛学造诣很深，他早年曾就读于焦山佛学院、武昌佛学院、南岳祝圣寺佛学研究所，是太虚大师的法孙，多年受到大师的培养和指教，是佛门难得的一位高僧。他对培养佛教人才提得最早，想得很远，且诚恳又急切"②。

1996年1月24日，茗山法师听吴国平居士说，赵朴老住院治疗，他将专程去京探视，茗山法师即写信问候③：

朴老：

近闻四大违和，住院治疗，深为惦念！您老慈悲待人，智慧处事，一生为国为

---

① 赵朴初：《赵朴初韵文集》，第711—712页。

② 倪强：《赤子佛心赵朴初》，第248—249页。

③ 茗山法师：《〈茗山日记〉续集》，第284页。

教为和平精进不懈，功德巍巍，必得三宝加被，八部扶持，转危为安，化险为夷。仁者寿长，吉人天相也。今趁吴国平居士专程前来视疾之便，特函慰问！想您老早已见五蕴皆空，把生死置之度外。虽然如此，仍祈专念阿弥陀佛，安心治疗，善自珍重是祷！敬颂疾病痊愈，健康长寿。

不慧茗山合十
1.25

1996年5月22日，朴老致信茗山法师[①]：

茗山法师道席：

江南多雨，乍热还凉，敬想四大轻安，少病少恼。无锡祥符寺修复，大佛工程进行顺利，灵山胜境，重现光明，良可庆贺！尚希大德不惮烦劳，高树法幢，大施法雨，人杰地灵，无任翘企。

朴初年初发病，得及时医治，现已恢复良好，尚留院休养。教制委员会会议在锡举行，未能参与，颇愿明年灵山大佛开光，能恭逢其盛耳。专此。敬颂

百福庄严，一切无碍！

赵朴初合南

茗山法师于5月25日收悉后，是月28日回复朴老[②]：

朴老：

顷接亲笔手书，字里行间，气势不减当年。九十老翁有此矍铄精神，期颐可期，茗非常庆贺和欣慰！

教制会议在锡举行，茗与省市宗教局、省市佛协和灵山大佛筹委会吴国平等，积极配合协助，把这次会议开好！您老此次虽不便出席，但愿来年灵山大佛开光，恭请您老和陈大姐同来拈香，增福增寿！

茗进来幻质尚可，请放心！并请您老善自珍重！专此奉复。敬祝

健康长寿！

不慧　茗山作礼
96.5.28

① 茗山法师：《茗山日记》(续集)，第314页。
② 赵朴初：《赵朴初韵文集》，第315页。

1996年10月1日至1997年1月16日，中佛协根据赵朴老指示在福建莆田广化寺举办了一次盛况空前的规范传戒（计108天），其目的在于加强佛教自身建设，制止滥传戒、滥收徒、滥赶经忏、滥挂海单等问题。这次传戒请茗山、一诚、传印三位高僧担任“三师”，茗山法师做得戒师。传戒的每一个步骤，茗山法师都严格要求，如法如律，一丝不苟。1997年2月，赵朴老在家中对时任中国佛协副秘书长的倪强说：“莆田广化寺的传戒是成功的。茗山法师这么大年纪，身体又不好，为传好戒工作特别认真，其精神令人赞叹”，“茗老这位高僧，持戒精严，律己严格，佛学造诣高、人品好，多年来我们志同道合，心心相印，在工作上从来都是相互信任、相互关怀，是难得的挚友”①。

1998年底，赵朴老委托江苏省宗教局主持工作的副局长袁普泉先生说：“袁局长，茗山法师年事已高，拜托你照顾好他。他现在各种社会活动太多，年轻人也吃不消啊！”②1999年3月22日，朴老通过吴国平致信茗山法师：

> 我辈均已臻耄耋之年，不宜过劳，务祈珍摄，以期久住度生。邓颖超大姐曾谓我“劳逸结合，以逸为主”。朴初住院三年，以能随时安心静养，体气较之年相若者为佳。敢以此奉赠座下。③

2000年5月21日，赵朴老在北京逝世，享年93岁。茗山法师十分悲痛。5月25日茗山法师在镇江焦山定慧寺主持追悼赵朴老的法会。5月28日，专程去北京赵朴老家中吊唁。5月30日，参加八宝山赵朴初遗体告别仪式。5月31日，参加首都佛教界在广济寺举行的悼念赵朴初法会，茗山法师代表中国佛教协会致悼词，并写挽联悼念：

> 幸教会有缘共事，相互关怀、相互爱护、相互帮助、相互尊崇，想当年同心合作；
>
> 叹国家顿失英才，非常忍痛、非常悲哀、非常担忧、非常伤感，祈您老乘愿再来。

茗山法师赴京吊唁时，在灵堂看见1996年朴老自书的临终遗偈：

---

① 倪强：《赤子佛心赵朴初》，第254页。

② 袁普泉：《赵朴老与茗山法师何以成为挚友》，《钟山风雨》2013年第4期。

③ 茗山法师：《茗山日记》（续集），第584—585页。

生固欣然，死亦无憾，花落还开，水流不断，魂兮无我，谁欤安息，明月清风，不劳寻觅。

次日即以这样的偈语告慰诸弟子：

秋水鱼踪，长空鸟迹；若问何往？往生净域。觉而不迷，生必有灭，乘愿再来，何须悲泣。①

如此相似的吟唱，不仅是两位佛教领袖一生信念、修持和所达到境界的总结，更是这两位慈祥长者恬淡安详的美好心境之流露。

启功先生在《仁者赵朴初》一文中深情地说：

朴翁一生，从青年、中年到老年的心期和工作，无一处不是在“博施济众”的目的之下的，在先师孔子论“仁”的垂教中曾说：能做到这个地步的人，不止是一位仁人，而且够上圣人，并恐怕尧舜未必全能做到！我读了若干篇敬悼朴翁的文章，所见的回向赞语，真可谓应有尽有，而“博施济众”的仁人之语，所见还不太多。我又在朴翁的书房中见到“无尽意斋”的匾额，这虽是《金刚经》中的一个词，对一位具有仁心，还无尽意的朴老来说，岂非“尧舜其犹病诸”，难道还不够一位“仁者”吗！②

① 赵朴初：《赵朴初韵文集》，第730—735页。

② 启功：《仁者赵朴初》，凤凰网华人佛教综合版2013年7月29日。

试论佛教以前的印度思想*

徐绍强**

释迦牟尼时代，印度思想界出现了百家争鸣的活跃局面。由于历史的沧桑，印度思想史上这一壮观景象留给今人的是一幅远非清晰的画面，但是，这场思想大论战所造成的历史影响却非常深远，此后印度思想的多元发展，无疑便是它的积极成果之一。

按照通常的讨论，佛陀时代兴起旨在反对婆罗门教神学思想的沙门思潮的原因不外乎两大方面：印度社会经济基础、阶级力量这时发生了急剧变化，这个国家古老的吠陀—奥义书思想传统已不再适应其时社会生活的需要。的确，探讨沙门思潮的起因绝不能离开这两大方面，但仅仅依靠这两方面似乎尚不足以说明新兴的自由思想家们在挣脱吠陀—奥义书的禁锢之后何以有如此众多的立场和各自独具特色的丰富思想。我以为，除了站在吠陀—奥义书的思想废墟之上，沙门思潮一定从吠陀—奥义书之外的其他思想传统中汲取了一定的营养。本文拟从勾勒佛陀以前印度社会的历史轮廓入手，探讨佛教之前古代印度的社会思想构成及其发展。

一、 佛教以前的印度历史

从历史地理的角度看，佛陀之前的印度即是指喜马拉雅山脉以南到印度洋的南亚次大陆。这从古代印度很多宗教、神话中经常说到雪山（喜马拉雅山山岳地带）和释迦牟尼的诞生地在今天的尼泊尔境内可以得到印证。百年以前，人们一直以为印度的历史是从吠陀时代开始的。根据《吠陀》的资料，印度历史的上限只能追溯到公元前第二千纪中叶。但是，20 世纪 20 年代以来在印度河流域的连续考古发掘推翻了这一观点。

根据一直被奉为印度历史思想之源的《吠陀》和 20 世纪的考古发现以及现代印度依然残存的部落组织，我们可以把佛陀以前的印度社会历史分成如下三个方面。

---

* 本文系 1992—1995 年间师从黄心川先生读东方哲学专业博士学位期间的作业。值恩师九十大寿之际，重读此文，先生当年指导我读书、带我参加各种学术活动的场景历历在目，感恩、感激之情油然而生。

** 徐绍强，《中国藏学》编审。

（一）**雅利安人入侵以前的印度远古文明**

现代考古证明，约从公元前 40 万年前，印度最早的人类已经开始了原始的游牧生活。约从公元前 3500 年起，生活在次大陆西北地区德干高原的印度原始人进入了新石器时代，其中的一部分已在俾路支斯坦（Baluchistan）和信德（Sind）（两地均在今巴基斯坦境内）创建了定居的农业小村落。公元前第三千纪中叶，印度河流域更出现了以今摩亨殊达鲁（Mohenjo-daro）和哈拉巴（Harappa）为代表的区域广大、带有早期阶级分化特征的发达的城市文明——哈拉巴文明，也称印度河流域文明。

哈拉巴文明的主人澳亚—达罗毗荼人①主要从事农业生产，作物品种有小麦、大麦、枣椰、豌豆、甜瓜及其他谷物、水果和蔬菜，也饲养牛、羊、狗、鱼等动物，制陶、纺织、金属、染色、造船等手工业和商业都较为发达，已创立自己的象形文字和较为精确、完备的度量衡系统。所住城市都被一些东西向与南北向垂直交错的街道划分成若干街区，街道上备有路灯设置，居民家室大小不一，有的地方还出现了两层楼房，但差不多每家每户都有水井、浴室和下水道，下水道都与全城统一的排水系统相连。据此，学者们推测，生活在这些城市中的澳亚—达罗毗荼人之间已经出现了贫富和阶级的差别，人们已经拥有较为实用的设计、建造和管理城市的经验。

在公元前 1750 年前后，哈拉巴文明突然解体了。据历史学家们通常的推测，这一文明的解体与雅利安人入侵有关。

（二）**雅利安人的入侵及其与被征服民族的共同发展**

雅利安人的一支原是住在中亚细亚高加索一带的一些游牧部落，约从公元前第二千纪中叶开始，陆续从中亚侵入印度河流域。经过长期的多次较量，他们征服了那里的澳亚—达罗毗荼人，成为印度河流域占统治地位的民族。公元前第一千纪至公元第一千纪中叶，定居在印度河流域的雅利安人又向东迁徙至恒河、朱木那河流域平原之间。千余年间雅利安人在印度活动的主要文字史料就是被称之为印度最古老宗教历史文献的《吠陀》，因而，一般将雅利安人入侵后的这段印度历史叫作吠陀时代。

广义的《吠陀》包括产生甚早的《梨俱吠陀》和较晚时期形成的《夜柔》《沙摩》《阿闼婆》三部吠陀及《梵书》《森林书》《奥义书》等其他附属作品。为了研究的方便，历史学家又把吠陀时代划分为前、后两期。前期约从公元前 1500 年至公元前 1000 年，相当

---

① 葛维钧先生指出，先于古代雅利安人在南亚次大陆生活的原始印度人包括澳亚人和达罗毗荼人两个民族（参见葛维钧著《印度社会政治简史》，北京：中国社会科学院南亚与东南亚研究所刊印本，1988 年，第 2 页）。

于雅利安人在印度扩张的前一阶段，《梨俱吠陀》的大部分内容完成于这段时间；后期约从公元前1000年至公元前600年，相当于雅利安人从印度河流域移居到恒河、朱木那河流域，后三部《吠陀》及整个吠陀本集的派生作品都属于这一时期。

雅利安人进入印度之初，其经济形式中虽也容纳了农业，但主要还是经营畜牧业，其中饲养牛群居支配地位，牛被看作是他们最值钱的家产。他们以部落为单位过着流动的集体生活，看重食物资源而对地域不感兴趣，因而没有产生地域之王的观念。部落—伽那(gana)的首领叫作群主(ganapati)，群主的意义与后世的君王罗阇(rajya)有所不同，群主领导的是他的伽那即不断流动的部落群体，而非如罗阇那样着意管辖某一特定地区。在《梨俱吠陀》中，伽那一词出现过二十七次①，但从未提到过地区王国(ganapada)②；群主连同它的派生词出现不下四十次③，而罗阇只出现过一次④。群主经由选举产生，其权力受到沙婆(sabha)和萨弥底(samiti)两种部落会议的限制。伽那内以血缘家族为基本组织，家族内实行男性家长制，人们因为男孩更勇敢而愿意得到男孩，但妇女依然有一定的地位。女孩一般在青春期以后出嫁，妇女可与丈夫一起参加献祭仪式。婚后没有生育过子女的妇女如遇丈夫伤亡，可与其亡夫的兄弟一起过着夫妇一样的生活。部落社会角色有三个：武士、祭司和普通百姓，但他们的权利是同样的，都共同为集体的现世利益工作，也都按一定的份额领取生活所需的各种物品。被征服的澳亚—达罗毗荼人被吸收到雅利安社会的各个阶层里，其中的大多数可能被给以最低下的地位，被排斥在雅利安人的生活圈子之外，也有少数人偶然地成为祭司或在这个新社会中占有很高的地位。

雅利安人在印度河流域定居之后，逐渐从畜牧与农业的混合经济过渡到农业生活，并且有了巨大发展。与此同时，手工业和商业也得到了发展，社会上开始有了职业分工。在《梨俱吠陀》最后辑成的一卷中，最先提到了四个种姓及其不同地位，并出现了对过去团结一致的生活真诚呼唤的诗句：“愿你们意见一致，愿你们紧密团结；让你们的心怀协力和谐，犹如古昔的神灵，享受他们的份额。”⑤这都说明社会上已有不平等和等级差别现象的存在，印度的原始公社瓦解了。

---

① D. N. 恰著、范铁城译：《印度古代史纲要》，北京：中国社会科学院・北京大学南亚研究所刊印本，1984年，第26页。

② 同上。

③ 德・恰托巴底亚耶著、王世安译：《顺世论——古印度唯物主义研究》，北京：商务印书馆，1992年，第180页。

④ D. N. 恰著、范铁城译：《印度古代史纲要》，第26页。

⑤ 转引自德・恰托巴底亚耶著、王世安译：《顺世论——古印度唯物主义研究》，第678页。

吠陀后期，雅利安社会出现了奴隶制国家，种姓界限逐渐严格，地域王权得到了加强，曾在吠陀前期对群主实行过有效约束的沙婆和萨弥底两种部落会议的权力逐渐削弱，王位更替不再经过选举，而成为世袭的传承。由先前以血缘为联系的村社转变而来的农村公社成为奴隶制国家的基层行政单位。家族内实行愈益严格的男性家长制，女性地位大大降低，女孩通常被认为是痛苦的根源，寡妇殉夫的行为也已出现。

（三）澳亚—达罗毗荼人的部落社会

1881—1882 年印度人口普查资料显示，在英国统治下的 1.45 亿非回教徒的印度人口中，约有 0.18 亿人仍然生活在部落阶段。①当代一些学者认为，在印度文明社会与部落原始社会并肩共存的情况甚至今天也没有消灭。②由此我们可以推知，佛陀时代及其之前，在同时包容吠陀文明与哈拉巴文明的初期国家之外，一定有更多的部落组织存在。考诸史籍，我们发现后期吠陀作品的确反复谈到了部落，只是态度与《梨俱吠陀》中的发生了很大变化，诗人们在用一种憎恨和轻视的口吻评论他们周围那些属于异族人的部落。依据这些评论和佛教典籍中有关部落的描述，我们可以得知当时澳亚—达罗毗荼人的一些部落社会的基本轮廓：他们由酋长领导，吃炒熟的大麦、夹肉面饼、牛肉配大蒜和外人带来的大米，饮用绵羊乳、骆驼乳和驴乳、酒。没有什么食物、乳类是他们不吃的。无论老少，饮酒沉醉，唱歌大叫。妇女不戴花冠、不涂药膏，喝得醉醺醺的，唱着猥亵的歌。在性关系上她们绝对没有任何约束，在一切其他事情上她们喜欢怎么做就怎么做。私生子多得不计其数，姐妹们的儿子继承舅舅的财物。没有宗教，不举行祭祀。③部落内部的重大事项由经常召集的氏族群众会议商定，对于氏族群众会议的决定，氏族成员都能忠实执行，彼此行为一致，恪守古制；敬畏长者，把他们的话当作一项责任；不对妇女采用强暴行为；对来到他们中间的异族人均友好相待，提供必要的住所和安全保障；崇拜神龛，按礼仪规定奉献祭品。④

综上所述，可以得出如下结论：雅利安人的入侵在印度历史上意义重大。在它之前，印度的早期居民已有了漫长的进化史，并在约公元前 2750 年开始于次大陆西北地区首先迈向了文明社会。可能是与雅利安人的入侵直接相关，哈拉巴文明没能在已有的基础上继续发展，但它本身并没有从印度土地上消失。伴随着吠陀时代雅利安社会从部落走向初期的奴隶制国家，哈拉巴文明的幸存者们至少把他们原先的文化创造保

① 转引自德·恰托巴底亚耶著、王世安译《顺世论——古印度唯物主义研究》，第 221 页。

② 同上书，第 105—107 页。

③ 同上书，第 199—202 页。

④ 散见《大般涅槃经》。

存了下来，并与吠陀文明一起构成了佛教以前印度古代史中的文明成分。根据吠陀文学、佛教典籍提供的材料和时至今日依然存在于印度社会之中的发展不平衡特征，我们还必须把部落社会的内容纳入佛教之前的古代印度历史的范畴。

二、 佛教以前的印度思想

根据上述关于佛陀之前古代印度历史构成要素的分析，不难看出，从文化主体的角度来说，佛教之前的古代印度文化可以分成两大方面，一是澳亚—达罗毗荼人单独创造的文化；二是以雅利安人为主，由雅利安人与被征服的澳亚—达罗毗荼人共同创造的吠陀文化。因而有理由认为，佛陀以前的印度思想传统有两支，一支是澳亚—达罗毗荼人的，包括哈拉巴文明所孕育的和部落社会中产生的两种思想成分；另一支是由雅利安人与雅利安社会中的澳亚—达罗毗荼人的融合而产生、发展的所谓吠陀的思想传统。

（一） 澳亚—达罗毗荼人的思想

历史唯物主义原理一方面认为社会存在决定社会意识，另一方面又承认思维认识的发展可以超前或落后于其所依存的具体社会环境。据此，我们认为，脱胎于有明显阶级分化特征的哈拉巴文明基础之上的思想意识在思维发展的逻辑顺序上应晚于和高于以氏族群居生活为基础的部落思想，除此之外，我们无法确知这两种思想成分孰高孰低及它们之间有何关系。就我们对沙门思潮的起因的关心而言，或许最好的方法就是把吠陀文献及吠陀谱系的其他著作中称之为阿修罗、密教或顺世论①的内容与哈拉巴文明遗址保存下来的文明成果和佛教典籍及吠陀、吠陀谱系的其他作品中描述部落的材料糅合起来，从中归纳出佛教之前澳亚—达罗毗荼人的一些思想观点。因为在强调种姓的古代印度社会中，无论是统治阶级还是被统治阶级，都是不加分别地把这些东西看作属于愚昧堕落的土著人的，唯一的不同只是统治阶级对它们持唾弃的态度，而被统治阶级接近或信仰它们。

第一，把现世生活当作唯一的实在，认为自我与物质的身体是同一个东西，没有他世、天堂、业报的观念，因而把满足生命物质需要的饮酒、吃肉等看作是天经地义的，不向自己身体以外的任何人贡献牺牲。

《歌者奥义书》viii 关于因陀罗与毗卢遮那的故事说，阿修罗的代表毗卢遮那所理

---

① 德·恰托巴底亚耶在其著《顺世论——古印度唯物主义研究》中指出，在古代印度文化中，这几个概念均指哈拉巴文明的创造者们的思想及实践。

解的自我与身体为同一物。①商羯罗②也说:“不学无术的人们和顺世论派的意见认为,只有赋有理智素质的身体才是自我。”③

梅达底提在《摩奴法典》iii.150 和 viii.309 的注释中认为,表示顺世论观点的典型公式是“无施(布施无意义),无献(献祭供养无效果),无来世”④。

《百道梵书》说:“从前某个时候天神和阿修罗都是来自生主波惹舍波提,在一起奋斗。由于傲慢,阿修罗考虑,说实在的,我们应当供奉谁呢?如是继续供奉到自己嘴里。”⑤

第二,以人的物质身体为宇宙的缩影,并把人类的生命生理原理推广到宇宙万物中。⑥相信世界起源于阴阳交合,除了性爱的推动,没有其他原因。⑦

第三,依据上条同样的比拟原理,设想人类性行为尤其是女性的生育繁殖功能可以传染到农业生产活动和农作物收获上,因而在生产活动中应用人类的性爱活动作为生产性巫术。⑧

第四,与妇女在初期农业生产和生育子女方面显得比男性优越相关,在与丰产有关的性爱巫术中极端重视女性法则。⑨

第五,崇拜能使产品增收的地母神,印度河流域出土的许多裸体的女红陶像说明了这点。⑩在男神中有尊三首塑像,裸体,但戴许多手镯、项圈和一种有一对长角的奇特头饰,其意义或许是象征充任祭司之责并取悦女神的男性。⑪与这些陶像一起出土

---

① 德·恰托巴底亚耶著、王世安译:《顺世论——古印度唯物主义研究》,第 53—55 页。

② 印度中世纪吠檀多不二论的最大代表。关于商羯罗的生卒时间,有几种意见,此处所取为日本学者中村元的考证结果,雷诺(L. Renou)和英戈尔(D. H. Ingalls)也持此种意见。麦克斯·缪勒认为是 788—820 年,薄亨达伽(R. G. Bhandarka)提出商羯罗的生年是 620 年(参见黄心川著《印度哲学史》,第 429 页)。

③ 《梵经注疏》I. 1.1,转引自德·恰托巴底亚耶著、王世安译《顺世论——古印度唯物主义研究》,第 56 页。

④ 德·恰托巴底亚耶著、王世安译:《顺世论——古印度唯物主义研究》,第 47 页。

⑤ 《东方圣书》xii.1; xiiv.22。

⑥ 《般豆波陀夜耶全集》ii.294—295;转引自德·恰托巴底亚耶著、王世安译《顺世论——古印度唯物主义研究》,第 62 页。

⑦ 从《薄伽梵歌》xvi.8 中意译出,转引自德·恰托巴底亚耶著、王世安译《顺世论——古印度唯物主义研究》,第 61 页。

⑧ 关于此种观念的诸多具体描述,参见德·恰托巴底亚耶著、王世安译《顺世论——古印度唯物主义研究》,第 334—351、47、63—66、88 页。

⑨ 同上书,第 x、80、90、340—344 页。

⑩ 同上书,第 319—320、552 页。

⑪ 同上书,第 332—334 页。

的还有一些经过打磨的石块，大多是小的，但有的长达2英尺[①]或更长一些，被认为是男性生殖器“林伽”，而其他一些穿孔的石块则是女性生殖器“约尼”。由此可见，佛教产生以前在澳亚—达罗毗荼人中间或许也存有对生殖器的崇拜。[②]

第六，哈拉巴文明遗址中出土的印章中，还有一些神像刻有盘坐作冥想、沉思或其他姿态，另有一些刻有瑜伽坐法。它们可以说明雅利安人到来之前，印度的澳亚—达罗毗荼人已有了类似瑜伽术的活动。[③]

（二）《吠陀》的思想

与前述吠陀时代分为前、后两期相一致，关于《吠陀》宗教哲学思想的发展也可从《梨俱吠陀》和主要以《奥义书》[④]为代表的后期吠陀作品两方面加以分述。

1.《梨俱吠陀》的宗教、哲学和社会思想

《梨俱吠陀》主要是赞美神灵的颂诗。在共十卷10 552颂的诗歌中，梨俱诗人歌颂了众多的神灵。根据公元前5世纪著名的吠陀注释家耶斯迦（Yaska）所著《尼禄多》（*Nirukta*）的整理，常见的梨俱诸神有三十三个，并把他们分入天、地、空三界各十一个，其中主要的有天界的天神特尤斯（Dyaus）、司法神伐楼那（Varuna）[⑤]、友爱神密多罗（Mitra）、太阳神苏里亚（Surya）、冲动神莎维德丽（Savitri）、育生神普善（Pusan）、三界神（毗湿奴）、晓神乌莎斯（Usas）；空界的有雷雨神因陀罗（Indra，也译帝释天、军神）、暴风神楼陀罗（Rudra）、风神伐由（Vayu）、雨神帕舍尼耶（Parjanya）、水神阿帕斯（Apas）；地界的有火神阿耆尼（Agni）、酒神苏摩（Soma）、地母神波利蒂毗（Prthivi）、河神或智慧神娑罗室伐底（Sarasvati）。此外还有马神陀弟克罗（Dadhikra）、牛神毗湿奴（Visnu，也译遍入天）、管理死鬼之神阎罗（Yamaraksas）、魔神罗刹（Raksas）、恶神阿修罗（Asura）、语言神伐尸（Vac）、无限神阿地底（Aditi），等等。[⑥]

从梨俱众神的名称所体现出来的各种神的功能和属性来看，梨俱诸神不过是雅利安人在大陆西北地区定居之初一些生活要素如水、火、土地、牛、马、酒、语言、友爱等及其周围自然现象如日、月、星辰、风、雨、雷、电等的化身，反映出吠陀时代开始的时候雅

---

① 1英尺约合30.48厘米。——编者注

② 参见D. N. 恰著、范铁城译《印度古代史纲要》。

③ 参见黄心川著《印度哲学史》，第308—309页。

④ 从吠陀后期至16世纪，在印度流传下来的《奥义书》有两百多种。根据很多学者的考证，与吠陀传统相关、历史最为久远的《奥义书》有十三种（详见黄心川著《印度哲学史》，第53—54页）。本文所用《奥义书》即此最古老的十三种。

⑤ 在汉译佛教中也译作水天、龙王。参见黄心川著《印度哲学史》，第35页注1。

⑥ 同上书，第35—36页。

利安人认识自然和征服自然的能力还极其低下，人们的生存还主要依赖大自然的赐予和氏族的集体努力。若进一步考察梨俱诸神的具体地位和《吠陀》诗人献给每位神灵名下的具体颂歌，这种观点会得到进一步证实。在《梨俱吠陀》中受到主要崇拜的神首推因陀罗，诗人们花费了近四分之一的篇幅来讴歌他，除了与雷雨有关外，诗人们还把他描绘为一个伟大的勇士：全身的发须都呈茶褐色，躯干巨大，力大无比，发怒时毛发竖立，手持金刚杵，巡行时乘坐两马战车，暴风神摩录多和风神伐由都是他的扈从。他还嗜酒成命，饮酒宛如巨鲸吸纳百川。①《梨俱吠陀》还特别歌颂火神，把阿耆尼看作是"力量的儿子"和"水的孙子"，其中一首诗歌写明火神是两块木条在一起摩擦产生的，应该小心地加以保护。②可见，火神原本就是火，对火神的歌颂反映出了雅利安人已发现了摩擦生火，是他们征服自然的一种胜利。同样，他们用最大的热情讴歌因陀罗，乃是因为一方面他们来到了气候干热的印度河流域，发现雷雨与他们的生活关系十分重要，而他们对雷雨却无能为力；另一方面他们要在新土地上生存下来就得征服、驱赶原先住在这里的居民因而他们需要英勇的战士。

水、火、战士对早期的印度雅利安人至关重要，但仅有这些还不行，他们还需要食物、财富、子孙、安全、健康、长寿、平等和友爱，靠他们自己，这些生活需要得不到充分的保障，因而他们还需要其他的职能神，需要所有的神都来使他们的生活需求得到满足：

> 祭品供奉在吉祥草上，歌声召请你们双马神来到我们这里，带来了粮食满足我们的愿望。③
>
> 啊，司雨神阿湿芬(Asvins)，你的光明身体的歌声抚育我们于此屋宇，洒满了这些种类的吉祥草；它供给我们雨水，以你的礼物使人类欢喜，犹如母牛供给牛乳。④
>
> 我们召请你，啊，婆罗门主(Brahmanapati)，你是诸部落中的群主，诸先知中的先知，食物丰盈，不可度量，位居长老之上……⑤

---

① 参见《梨俱吠陀》I.32；IV.18.1；IV.46；X23.1，转引自黄心川著《印度哲学史》，第35—36页。

② 《梨俱吠陀》I.140.3，转引自黄心川著《印度哲学史》，第36页。

③ 《梨俱吠陀》I.117.1。参见德·恰托巴底亚耶著、王世安译《顺世论——古印度唯物主义研究》，第136页。

④ 《梨俱吠陀》I.181.8。同上。

⑤ 《梨俱吠陀》II.23.1。同上书，第180页。

啊,(全体诸神),让慷慨的雅查摩那人用坚强的臂膀,为了掳获,靠你们的帮助,杀死敌人……①

啊,普善(Pusan),你……务请鼓舞部落能够找到母牛,为我们增加财富。②

啊,婆罗门主……愿你给我们增添英俊而又勇敢的儿女……答应我们食物的祈求。③

愿兴旺的事业,平安无事,不受挫折;破坏者四面八方围绕我们,愿神灵不要离去,赐与保佑……④

乌莎斯,粮食之主,愿带给我们各样食物,养活我们的子子孙孙。⑤

愿我们免除疾病,欢乐地饮食,自在漫游广阔的大地,殷勤崇拜日神阿地底,永远得到密多罗的恩宠。⑥

愿因陀罗和伐楼那,敌人的克星,围绕保护;让我们有好儿好孙,土地肥沃,健康长寿,而且精壮。⑦

你赋有伟大的智慧,保护我们的荣誉、强大、胜利、幸福和昌盛。⑧

那位因陀罗鼓舞并实现了鸯之罗莎(Angirasas)在歌声中表示需求食物的愿望。⑨

《梨俱吠陀》中类似这种赞美各种神灵祈求满足生活需求的诗歌随处可见。从所有这些对神的祈求来看,当时的雅利安人所期望的都是现世的欲望,他们都是热情地钟爱现实生活的,还没有后世正统思想家们津津乐道的正法和解脱的观念。有人统计过表示欲望与祈求的物质的词汇在《梨俱吠陀》中出现的次数以及在全部诗节总数的比重,以此说明该书中到处充斥的是雅利安人对现世生活的欲望。下面是这些统计数字的一部分:食物(anna)及它的同义词,连同它们的派生词出现的总数在三千以上,几乎是《梨俱吠陀》诗节总数的三分之一。母牛一词连同它的派生词出现不下一千次。

---

① 《梨俱吠陀》V.44.12。参见德·恰托巴底亚耶著、王世安译《顺世论——古印度唯物主义研究》,第181页。

② 《梨俱吠陀》VI.56.5。同上。

③ 《梨俱吠陀》II.24.15。同上书,第654页。

④ 《梨俱吠陀》I.89.1。同上书,第656页。

⑤ 《梨俱吠陀》I.92.13。同上。

⑥ 《梨俱吠陀》III.59.3。同上书,第657页。

⑦ 《梨俱吠陀》IV.41.6。同上。

⑧ 《梨俱吠陀》VIII.9.20。同上书,第659页。

⑨ 《梨俱吠陀》II.20.5。同上书,第135页。

水的同义词有一百零一个，气力的同义词有二十八个，物质财富的同义词也是二十八个，子孙的同义词是十五个，这些词出现的次数也相当频繁，而且与前两个词一样差不多总是在有关这些名词所指的物质的欲望的上下文中提及的。①

梨俱诗人所以把实现他们集体生活的期望寄托在诸神身上，是因为在他们眼里，这些神是他们的朋友，是雅利安部落集体中的一员，神是能与他们共尽欢乐的。《梨俱吠陀》这样诉说：

阿耆尼，这位人中之杰，使人们成为财富拥有者、粮食生产者和食物的制造者。②

阿耆尼自己是一个富翁和粮食栽培者。③

因陀罗的朋友都是粮食生产者。④

阿湿芬是一些粮食的拥有者。⑤

苏摩神正在生产粮食。⑥

当生产粮食的时候，我们呼唤因陀罗和伐由给与我们粮食。⑦

啊，阿耆尼！啊，阿修罗！我们的这个祭祀仪式摆满了母牛、绵羊、马、食品和儿女子孙；唯愿你永远不要发怒，在我们的大会中是个朋友，像凡人一样，拥有财富和广大的水源。⑧密多罗和婆卢那被召请来和人们一起联合制造苏摩酒。⑨

（阿耆尼，）请给我们财富和牛群，直至我们的儿子和孙子。⑩

祈求因陀罗和毗湿奴像人类一样供给我们住宅。⑪

摩鲁多（风神）们生活于伽那之中。⑫

---

① 参见德·恰托巴底亚耶著、王世安译《顺世论——古印度唯物主义研究》，第660页。

② 《梨俱吠陀》I.77.4。同上书，第663页。

③ 《梨俱吠陀》I.60.5。同上。

④ 《梨俱吠陀》VIII.46.12。同上。

⑤ 《梨俱吠陀》VIII.35.15。同上。

⑥ 《梨俱吠陀》IX.68.4。同上书，第664页。

⑦ 《梨俱吠陀》VII.90.7。同上书，第665页。

⑧ 《梨俱吠陀》IV.2.5。同上书，第648页。

⑨ 《梨俱吠陀》I.137.3。同上书，第640页。

⑩ 《梨俱吠陀》VI.1.12。同上。

⑪ 《梨俱吠陀》IV.55.4。同上。

⑫ 《梨俱吠陀》I.14.3、38.15、64.9、64.12；III.35.9；V.52.13、52.14、53.10。同上书，第643页。

《梨俱吠陀》中，类似这些把众神视为部落集体成员的诗句不胜枚举，其中有的神干脆就是与诗人或诗人的祖先一样的①凡人。由此我们说梨俱诸神有的是印度早期雅利安社会中那些具体生产活动中的杰出人物被神圣化的结果，就像中国古代自发地尊伏羲、神农为神一样。

《梨俱吠陀》对诸神的描绘，表明早期的印度雅利安人在宗教信仰上尚处于初期的、自发的阶段上。因为除了前文所述梨俱诸神只不过是其时雅利安社会生活要素、周围环境中的自然现象及其他们集体生活中涌现出来的英雄人物在他们头脑中的幻想的反映外，我们还可以从其中一些主神的神性的变化是与印度早期雅利安社会的历史发展大致适应这一点上得到说明。

在《梨俱吠陀》之初，楼陀罗是猎人的庇护者，反映了游牧状态下雅利安猎手经常处于危险的环境中，随着雅利安人在印度河流域定居下来用畜牧经济取代围猎生活，喂养的牲畜躲避猛兽和疾病及敌对部落的掠袭就显得极为重要，因而楼陀罗也就演变成了家畜的庇护神。同样，因陀罗在最初被认为是保护农业的雷雨神，后来被认为是一个氏族的特殊保护武士贵族军神。随着这个氏族的强大，在吠陀中又描写了因陀罗与另一个氏族保护神伐楼那进行了争夺统治地位的竞争，因陀罗在斗争中获得了胜利，两个氏族联合成为部落，因陀罗从而被称为“因陀罗伐楼那”，嗣后，伐楼那逐渐销声匿迹，因陀罗取得完全统治的地位，又被尊为世界大王(Svaraj)。②因陀罗由雷雨神变成氏族神，再变成部落神或部落联盟神，反映了原始居民由氏族而部落，再由部落联合向最初奴隶制国家过渡的历史内容。③

《梨俱吠陀》赞颂的众神及印度雅利安祈求众神满足他们人丁兴旺的欲望中还表现出了一个非常明显的特点，即对男性神和男性后代的偏爱，如：

威严的阿耆尼，赐给我们一个儿子能够迎敌。④

不朽的阿湿芬，你给我们带来财富、男性后裔和一切好东西。⑤

跋伽，愿我们以男性子孙，从者附者，卓著闻名。⑥

---

① 《梨俱吠陀》I.110.4；VII.72.2。参见德·恰托巴底亚耶著，王世安译《顺世论——古印度唯物主义研究》，第644页。

② 《梨俱吠陀》I.130、8；VI.42；V.29、10；VII.82、1—2；X有关章节。

③ 参见黄心川著《印度哲学史》，第36—37页。

④ 《梨俱吠陀》V.23.2。参见德·恰托巴底亚耶著、王世安译《顺世论——古印度唯物主义研究》，第658页。

⑤ 《梨俱吠陀》V.42. 17—18。同上。

⑥ 《梨俱吠陀》VII.41.3。同上。

类似这种祈求男性子孙的文字在《梨俱吠陀》有关现世欲望的章节中随处可见。此外,梨俱众神中女性神的比例及其作用与男性神比较起来都是一样微不足道。由此可以说,这一特点也是雅利安男性父系氏族社会在宗教观念上的自发反映。

在《梨俱吠陀》卷十上,诗人们在描绘一些新神的神性时表现出了与前九卷明显的不同,即在新神的名下汇聚了前九卷中诸多神灵的神性或名称,标志着《梨俱吠陀》末期印度雅利安人的宗教信仰正处于由多神崇拜向一神崇拜的转变过程中。这些新出现的统一的抽象的神有诸神天(Visvadeva)、造一切者(Visvakarman)、生主(Prajapati)、祈祷主(Brahmanaspati)、原人(Purusa),等等。这些新神的出现及其反映出的由多神教向一神教的过渡也有着深刻的社会经济根源和认识论原因。[①]

马克思说过:"哲学最初在意识的宗教形式中形成,从而一方面它消灭宗教本身,另一方面从它的积极内容说来,它自己还只在这个理想化的、化为思想的宗教领域内活动。"[②]考察印度思想史我们可以发现,印度最早的哲学思维成分的确是包含在宗教、巫术思想材料之中的。在梨俱多数诗人热情讴歌众神的间歇,一些诗人对诸神的存在提出了质疑[③],或做出了于纷繁的万物之中寻找世界的起点及宇宙统一的根源的尝试。这种尝试的成果之一便是把某一种自然物或物质性的东西如金胎、水、火、热力、原人当作世界的本原。[④]此外,一些梨俱诗歌开始用有、无、理法、实在、梵、造物主、能生者等抽象概念作为万物统一的根源。[⑤]

在《梨俱吠陀》对神的称颂、敌人的诅咒、天道衰落的哀叹中,可以发现梨俱时代雅利安社会的基本伦理精神是原始集体主义的。印度早期的雅利安人所信奉的伦理原则包括团体之内的和团体之外(敌人)的两个方面。在集体内部,连同所敬神灵在内氏族或部落全体成员都因水、母牛、食物等财物的共同占有和按份额分享而一心一意加以团结、不相互伤害也不损害神灵的仪式[⑥],大家彼此平等[⑦],而尊重关怀资深年长者[⑧];说谎话或损伤正直的人及假称武士名号的人都得不到神的帮助,相反,要受到神的惩罚[⑨];女人

---

① 参见黄心川《印度哲学史》,第 38—39 页。

② 马克思:《剩余价值学说史》,《马克思全集》第 26 卷,第 26 页。

③ 参见黄心川著《印度哲学史》,第 40 页。

④ 同上书,第 41—46 页。

⑤ 同上书,第 46—47 页。

⑥ 《梨俱吠陀》VII.76.5;III.2.12、II.17.7。参见德·恰托巴底亚耶著,王世安译《顺世论——古印度唯物主义研究》,第 673、676—677 页。

⑦ 《梨俱吠陀》I.69.8、III.58.6、VII.72.2、IV.30.220。同上。

⑧ 《梨俱吠陀》III.56.2。同上书,第 752 页。

⑨ 《梨俱吠陀》VII.104。

不得欺骗丈夫，否则会给自己留下罪恶的深坑[1]；在敌人或外族人面前，喜欢用马匹和粮食表现出自己精力充沛[2]，而不让敌人胜过他们[3]；所敬之神应是敌人的克星[4]，赐给他们气力和进取精神[5]，以食物给他们滋养，毁灭敌人，拯救自己的牛羊[6]，不仅如此，还要为了自己部落人民的利益而劫掠外族人的牛栏。[7]

在《梨俱吠陀》最后一卷形成的时候，雅利安社会正处于部落解体、奴隶制逐渐确立的历史转变时期。与这一历史过程相应，雅利安社会出现了原人创造种姓以肯定阶级分化符合神意[8]及提倡布施、慷慨[9]和禁欲[10]等新的伦理原则。

2. 奥义书的宗教、哲学和伦理思想

在印度思想史上，奥义书因被当作印度最古老的哲学典籍而受到经久不衰的重视，因而给予了印度哲学史以深刻的影响。由于奥义书非一时一地一派所作，它蕴含的哲学思想自然也就避免不了相当芜杂和相互矛盾：萌芽于《梨俱吠陀》中的用物质性的东西水、火、风、地、气、金胎说明宇宙根源的思想为奥义书时代一些思想家继承了下来，并发展出了用某些物质元素的结合说明世界起源的新的朴素唯物主义自然观；另外一些思想家则在《梨俱吠陀》用以说明万物统一的一些抽象概念中选择了梵，用它取代生主原来的地位，他们宣称，梵是世界之始[11]，它创造了诸天神祇，生出了种姓，掌管天地空三界[12]；梵不仅创造宇宙，而且还护持万物[13]，寓居于万物之中[14]，万

---

① 《梨俱吠陀》IV.5。

② 《梨俱吠陀》II.2.10。参见德·恰托巴底亚耶著，王世安译《顺世论——古印度唯物主义研究》，第656页。

③ 《梨俱吠陀》II.7.2。同上书，第657页。

④ 《梨俱吠陀》VII.94.7。同上书，第658页。

⑤ 《梨俱吠陀》IX.4.3。同上书，第659页。

⑥ 《梨俱吠陀》VI.17.3。同上书，第658页。

⑦ 《梨俱吠陀》III.39.4、III.43.7。同上书，第636页。

⑧ 《梨俱吠陀》X.90。

⑨ 《梨俱吠陀》X.117。

⑩ 《梨俱吠陀》X.136。

⑪ 《大林间奥义书》I.4.10。参见徐梵澄译《五十奥义书》，北京：中国社会科学出版社，1995年，第528页。

⑫ 《泰迪黎邪奥义书》I.3—4。同上书，第269—273页。

⑬ 《蒙查羯奥义书》I.1.1。同上书，第679页。《白净识者奥义书》IV.1—4和11—15，同上书，第399、400、403—405页。

⑭ 《大林间奥义书》IV.5.11。同上书，第528页。

物依赖它而得以存在①,因而它是“全世界之主”②。在另外一些地方,奥义书又提出了“我”(atman)这个概念,认为“我”也是宇宙统一的原理,并将“我”与“梵”相提并论,提出了“梵我同一”的原理。③

在奥义书中,梨俱诸神失去了光辉,祭祀仪式的作用突显了出来。婆罗门宣称,世间一切皆为死亡所羁④,按照善恶行为招致相应善恶果报的规律⑤,人死后有不同的归宿,可能投入天道,也可能投入祖道或投入兽道⑥;即使投生到人间,命运也会有所不同。如果按照婆罗门教礼仪规定举行祭祀,则可使人往生神的居所⑦,或依然生为人身⑧。人的命运也因祭祀不同而不同,祭祀适宜者,可成为统治一切众生的人⑨,得到苏摩、雨水、粮食⑩、健康⑪、子孙牛羊及家族兴旺⑫;不仅如此,祭祀还能消除人的罪恶⑬,甚至使人从死亡的系缚中解脱出来⑭。如果不如礼行祭,则会断送上及曾祖、下及曾孙的七代前程⑮。

奥义书在渲染业报轮回与祭祀解脱的作用的同时,还极力推崇知识和知解的效能,认为人若能掌握与梵、我相关的知识,就能断除烦恼和痛苦⑯,消除罪过⑰,甚至犯

① 《石氏奥义书》II.5.8、II.6.1。参见徐梵澄译《五十奥义书》,北京:中国社会科学出版社,1995年,第363、365页。

② 《百道梵书》VIII.6.2.7。参见黄心川著《印度哲学史》,第55页。

③ 参见黄心川著《印度哲学史》,第55—61页。

④ 《大林间奥义书》III.1.3。参见徐梵澄译《五十奥义书》,北京:中国社会科学出版社,1995年,第565页。

⑤ 《大林间奥义书》III.2.13、IV.4.5。同上书,第570、612页。

⑥ 《大林间奥义书》VI.2.2、VI.15、VI.16。同上书,第646、649页。

⑦ 《蒙查羯奥义书》I.2.5。同上书,第684页。《大林间奥义书》VI.2.15。同上书,第649页。

⑧ 《大林间奥义书》VI.2.14。同上书,第549页。

⑨ 《考史多启奥义书》IV.3。同上书,第64页。

⑩ 《大林间奥义书》VI.2.9—11。同上书,第648页。

⑪ 《唱赞奥义书》III.16。同上书,第141—142页。

⑫ 《考史多启奥义书》IV.7。同上书,第65页。

⑬ 《考史多启奥义书》II.7。同上书,第47页。

⑭ 《大林间奥义书》III.1.3。同上书,第565页。

⑮ 《蒙查羯奥义书》I.2.3。同上书,第683页注5。

⑯ 《白净识者奥义书》I.8、IV.15、IV.16。同上书,第378、405页。《唱赞奥义书》VII.1.3。同上书,213页。

⑰ 《大林间奥义书》V.14.8。同上书,第641页。《唱赞奥义书》I.6.7、IV.11.2。同上书,第85、162页。

罪而无惭愧之容①，从生死之网中解脱出来②，升达天国，享受永远的欢乐③；即使仍居人世，也能成为人中最优秀和殊胜者④，还能占有所合之女的功德⑤，甚或感化太阳在他面前不再升落⑥。在个别地方，奥义书还提出知解大梵所产生的福善业力能使人在来世成为婆罗门；相比之下，不知大梵而仅仅举行祭祀、敬祈和苦修是远不能收到这一效应的⑦。

奥义书中这种强调知识、祭仪的作用并把它们与人生命运、轮回解脱结合起来的特点，说明奥义书时代印度的宗教思想与社会伦理思想是合二而一的，反映了其时社会地位渐趋没落的婆罗门祭司阶层试图维护其不劳而获、靠掌握吠陀知识掠取财富的现实物质利益的一种努力。⑧或许正是从这里我们才能更好地理解当时占据统治地位的婆罗门教何以以吠陀天启、祭祀万能和婆罗门至上成为三大纲领的。

---

① 《考史多启奥义书》III.1。同上书，第57页。

② 《白净识者奥义书》IV.15、IV.17。同上书，第405—406页。《石氏奥义书》I.18、III.15。同上书，第347、358页。

③ 《唱赞奥义书》III.13.6。同上书，第137页。

④ 《大林间奥义书》VI.1.1。参见徐梵澄译《五十奥义书》，北京：中国社会科学出版社，1995年，第642页。

⑤ 《大林间奥义书》VI.4.3。同上书，第657页。

⑥ 《唱赞奥义书》III.11.3。同上书，第133页。

⑦ 《大林间奥义书》III.8.10。同上书，第582页。

⑧ 参见黄心川著《印度哲学史》，第55—62页。

吉藏的二谛思想及其对三论教学的创新发展*

成建华**

吉藏是三论宗的集大成者，在中国佛教史上享有崇高的地位。他的学说在一定程度上，直接继承了龙树的《中论》《十二门论》以及提婆的《百论》等印度早期中观学的重要思想，融会发展了罗什的关河之学和摄山僧朗之三论学，为三论学派沿着中国化的道路向宗派佛教发展奠定了理论基础，对三论宗的最终创立，做出了里程碑式的贡献。吉藏是中国三论宗的实际创始人，他首开中国宗派佛教之先河，标志着中国佛教进入由学派到宗派历史性跨越发展的新阶段。

一、 吉藏的思想渊源

吉藏（549—623）一生经历陈、隋、唐三个朝代，深得三朝朝野上下的敬重和推崇，不愧为名垂千古的一代宗师。吉藏治学广博，一生著述颇丰，多达44部。现存著作有《三论玄义》《中观论疏》《百论疏》《十二门论疏》《二谛义》《二谛章》《大乘玄论》《华严经游意》《净名玄论》《维摩经义疏》《维摩经略疏》《胜经宝窟》《金光明经疏》《无量寿经疏》《观无量寿经义疏》《弥勒经游意》《大品游意》《大品经义疏》《金刚经义疏》《仁王经疏》《法华玄论》《法华论疏》《法华游意》《法华经义疏》《法华经统略》及《涅槃经游意》等二十六部。吉藏的著述，自隋唐以来陆续传入朝鲜和日本，并被广泛研究、翻译及刻版，影响深广。

吉藏的学说思想，可分为三个阶段：第一阶段是钻研宗师法朗的学说，深究三论和《涅槃经》；第二阶段是摄取天台教义思想，如《法华玄义》等；第三阶段是倾其全力阐扬三论学说，著述《三论玄义》，树立自己的宗要。

虽说龙树的中观学在一定程度上对吉藏的佛学思想有很大的影响，但他的理论学说主要还是直接渊源于摄山三论学一系。自梁僧朗和陈僧诠对三论学的弘传，摄山即成为江南三论宗的发祥地。僧诠门下拥有一批杰出的三论学者，如兴皇寺的法朗、摄

---

* 原载《世界宗教研究》2017年第6期。

** 成建华，中国社会科学院哲学研究所研究员、博士生导师。

山栖霞寺的慧布、长干寺的慧辩以及禅众寺的慧勇等，在这些门徒中，尤以法朗最为著名。僧诠在摄山所弘传的主要是三论和《大般若经》，到了兴皇法朗时，除了弘传这些经论外，还兼讲《涅槃经》等。吉藏从法朗受业，后来亦广弘这些经论，其思想渊源，显而易见。

中国的三论教学有所谓古新之分。在吉藏以前，由罗什门下僧肇、道融所弘传的三论学，即“关内义”，或“关河旧学”，被称为“古三论”；由僧朗、僧诠、法朗三世相承的“山门义”，发展到吉藏而自成体系的三论教学，被称为“新三论”。

二、 吉藏对三论教学的阐发

三论宗思想源于龙树的中观学派，形成宗派则是在隋代。尽管经过罗什、僧肇乃至僧朗、僧诠、法朗等人的弘传，但使三论宗思想自成体系的则是吉藏。如果没有吉藏的卓越成就，可以说就没有后来三论宗的勃兴。以吉藏为代表的三论宗，其核心思想和论破方法无外乎“真俗二谛”“八不中道”和“破邪显正”等三个主要方面。下面就这几个方面做一系统梳理和论述，以突显三论教学体系的内在脉络和思想理论的重要性。

（一）对“二谛”的阐释

三论宗对般若空观的阐扬发展，主要表现在吉藏的“二谛”义上。二谛说是三论宗的核心思想，从毕竟空的立场建立言教二谛，以破成实论“性实”“境理”的二谛说。《中论・观四谛品》云：“诸佛依二谛，为众生说法，一以世俗谛，二第一义谛。若人不能知，分别于二谛，则于深佛法，不知真实义。”这就是三论宗二谛义的理论依据。三论宗以二谛为权巧方便，揭示世间万法因缘假合，缘起性空的道理，以显示诸法实相。

缘起性空是建立在二谛理论基础上加以阐释的。缘起即性空，二者既对立又统一。真、俗二谛是佛法的纲要。真谛，又名第一义谛、胜义谛；俗谛，又名世谛、世俗谛。所谓真谛，即诸法实相毕竟空，指的是得大解脱的圣者所体悟的真理或真如境界。俗谛者，指众生迷于假有的差别之相，妄以为这一差别之相皆是实有的。所以佛陀根据诸法性空的道理来阐述真谛，依于众生的妄执来阐述所执非实的道理，并使之达到依真舍俗，依俗识真。这是《中论》所阐述的二谛义的原意。后来经过摄山三论学诸师的世代相承，最终建立了统一的三论教学体系，并以《中论》思想为基础，进一步阐扬二谛说的深义。

三论宗在继承《中论》思想学说的同时，进一步发展了二谛说。所以它在解释二谛时，较之于前者，有两种不同：一、以真谛为理，即诸法实相毕竟空之真理；以俗谛为教，世间假名、语言等皆可以表达法性真理，故如来借缘起之事物为众生说法，以表达真如法性之真理。二、"非空、非有"是中道，说空、说有，空、有二谛皆是教，名为言教二谛，意即真谛谈空，俗谛说有。真空、俗有都是佛陀所说之言教，所以二谛是教。

真、俗二谛论，容易被视为两种真实之理或境，而违背二谛说"非真非俗"的中道深义。譬如成实论的"境、理二谛"说，认为二谛是两境、两理的二谛，一是凡夫所认识的世界凡境，一是圣者所体悟的世界圣境。这样一来，描写世界"境"的真理，就成为凡圣二理，这一说法完全违背了般若中观原则，与不二中道原理大相径庭。吉藏针对成实论"境二谛"的说法，提出"教二谛"之二谛理论加以驳斥。

吉藏提出"教二谛"，一方面是为了批驳成实论"境、理二谛"的观点，另一方面则指出佛陀说法本身就表明"二谛是教"这样一个道理。佛陀立二谛的目的，是借此真空俗有之方便言说，彰显中道实相。所以"二谛者，乃是表中道之妙教，穷文言之极说。道非有、无，寄有、无以显道。理非一、二，因一、二以明理。故知二谛是教也"①。"诸佛依二谛，为众生说法"，是为"执有者"说"空"，为"着空者"说"有"。因此，佛陀的真、俗二谛教说，是权巧方便，是应病与药，而非可执之实境、实理。

吉藏在《大乘玄论》卷一中指出二谛是教，主要基于以下五点理由：(1)二谛是依不二中道施设之差别名相，为破众生执着而说有说无，所以是方便言教。(2)诸佛如来观照缘起事物，不作有、无定解，以非实有、非实无故，纯以中观实智，直契诸法实相。诸佛了知众生执有、执无，不能理解真如法性之实相，故以方便力，说空破有，说有破空，令众生悟入非空、非有的真如实相。以说为教，借教显理，所以二谛是教。(3)学佛之人一般都以为"二谛"是理。既然是真理，那么就不能违背，这样一来便成了定性二见。由于定性之见会障蔽对中道实相的体悟，不能认清世事无常、无自性的真相。为拔除二见，故说有无，只是方便。有、无不究竟，不应住于有、无中。所以说二谛是教。(4)有无是众生邪见的根本，故有无二见为经论所破斥。有和无是两个极端，是偏见。如凡夫执有，二乘执无；外道所执，皆不出有无。诸佛出世，如再说有无是两种定理，反而增加众生的执着。明了学习有无二谛，能通达不二正理，故说二谛是教。(5)学佛之人听说二谛是方便法门，便不作定理，免于执着，又能由此通达正道，超凡成圣，有此利益，所以说二谛是教。

三论宗更有分二谛为于谛和教谛两种说法。《二谛章》云："有两种二谛：一于谛，二教谛。于谛者如论文，'诸法性空，世间颠倒谓有，于世人为实，名之为谛。诸贤圣真

---

① 吉藏：《二谛义》卷一，《大正藏》第45卷。

知颠倒，性空于圣人是实，名之为谛。'此即二于谛。诸佛依此而说，名为教谛也。"①所谓于谛，是指诸佛方便教说二谛时，所依据的两种方便道理。凡夫由于受迷所惑，以为世间是真实的，所以佛陀说世间假有生灭无常。圣者因能体悟空的道理，所以佛陀据此阐述无所得中道实相。于谛又分二种：一是本于，又称所依于谛；二是末于，又名迷教于谛。本于二谛，是佛陀说法的所依，是一切二谛的根本。末于二谛，是对教于二谛的偏执而说，在本于二谛之后，名之为末。综上所述，三论宗诠释二谛，合为三种二谛，即本于二谛、教于二谛、末于二谛。

所谓本于二谛，即佛陀说法所依。诸法实相不论有佛、无佛，法性常住，众生迷执，以假为实，故真俗二谛本来常住。所以佛陀出世依此说法，宣说有无二教，所以称为所依于谛，即《二谛义》所说："释迦未出之前，已有此二于谛，释迦依此二谛为众生说法。"此中执有为过失，悟无为得。

所谓教于二谛，即佛陀根据本于二谛宣说的真俗二谛，即为教于二谛。佛陀依世谛说有为，表不有；依真谛说无为，表不无。中道实相非有非无，言忘虑绝，但为教化众生，随缘说二，为表不二。因此，佛陀说法并不执有，也不执无，完全是方便宣说。因此，说有说无都无过失，依言教二谛悟入诸法实相者，可假名为得。

所谓末于二谛，即众生对佛陀二谛言教生起迷见，或执有或执空，如是迷教于谛，执着空有二边，实非中道正义，故皆为过失。

三论宗的二谛说颇具独创性，尤其是"四重二谛"的主张，更是将二谛中道思想表现发挥得淋漓尽致。四重二谛是以相待缘起假名为基础而建构的理论体系。

第一重：有为俗谛，空为真谛。第二重：说空说有皆是俗谛，非空非有为真谛。第三重：空有为二，非空非有为不二，二与不二皆是俗谛，非二非不二才是真谛。第四重：前三重二谛皆不离言说，皆是教门，是为俗谛；言语道断，心行处灭，无得无相，才是真谛。三论宗立此四重二谛，有如下两个目的：

一是破众生偏见。吉藏在《十二门论疏》中说："为渐舍，破众生病，故作此四重。"又说："初重二谛为凡夫，次重为二乘，后二为菩萨。"所以，四重二谛的说法是为了对治凡夫、二乘和菩萨等众生的偏邪而提出来的方便教理。

二是破诸宗的二谛执见。立此四重二谛也是为了破斥当时各宗派之种种异说。如第一重二谛，是破毗昙宗的事理二谛；第二重二谛，是破成实论的空有二谛；第三重二谛，是批判摄论宗的"三性"说；第四重二谛，批驳摄论宗的"三性、三无性"说。

就四重二谛所破所立而言，第一重二谛：毗昙宗主张事理相对，以十六谛理为真

① 吉藏：《二谛义》卷一，《大正藏》第45卷。

谛，刀杖逼迫等苦为世谛。吉藏认为毗昙宗所主张的事理二谛，并不是真正意义上的二谛，而只能是世谛的范畴，唯诸法性空才是真谛。第二重二谛：成实论主张“境二谛”，故诸法有是世谛；我、法二空是真谛。此我、法二空，是借分析色、心二法，否定其独立的真实性，以达到一切皆空，假名为有的境地。吉藏批评这种空并不是真正的空，仅是“析法明空”，也就是透过概念的分析而推论出来的空，真正的空是指事物的当体非空非有，无有自性。因此，以第二重二谛来对成实论的主张予以否定。第三重二谛：大乘摄论主张分别性、依他性二，是俗谛，依他无生、分别无相不二的真实性是真谛。吉藏认为摄论师所说的二、不二都是俗谛，非二非不二才是真谛。第四重二谛：摄论师以三性为俗谛、安立谛，以三无性为真谛、非安立谛。吉藏认为这样有三种“无性”的执着，而不是无所得的“空”。因此，必须用第四重二谛说明安立谛、非安立谛都是俗谛，言忘虑绝才是真谛。

（二）对“八不中道”的阐释

三论宗以二谛总摄一切佛法，以“八不中道”为理论与观行的中心。所以，在三论宗看来，不悟八不，则不识二谛。所谓八不，龙树《中论》中说：“不生亦不灭，不常亦不断，不一亦不异，不来亦不出。”龙树的思想主要源于般若经等。般若力说有为、无为一切诸法当体性空，破除由于假名认识所执着的实在。龙树依据缘起性空不可得，发扬性空而无碍于缘起的中道妙理。为彰显此无所得中道实相的妙义，龙树把般若等经中散说的不生不灭等，归纳出此八不偈颂，以阐扬八不中道义。

八不，主要在破除众生的自性执。一般凡夫以及外道学者、有所得的声闻行者、菩萨行者，都不能体认一切法空，总是执着有实在的法。从常识上的实在，到形而上的实在，不能超越自性妄见。此自性见，从时间性上看，即有常见、断见；从空间性上看，则有一见、异见。从时空的运动上看，则有来去执；从法的当体上看，则有生灭执。生是说诸法实有生，灭是说诸法实有灭；常是说诸法常存，断是说诸法终归断灭；一是说千差万别的诸法实在浑然为一，异是说诸法的差别历然；来是说诸法从自性、微尘等来，出是还去至本处。此生灭等八计是众生迷失的根本，始末无量无边的妄执都从这八种自性迷见衍生。破除生灭等八计，即为总破除一切邪执。于此八种迷见冠以“不”字，并加以遮遣之，有力破除了一切有所得的迷执，从而彰显了无所得的中道。

“生、灭、常、断、一、异、来、出”八种概念，皆与离一切妄见戏论不可得的中道实相不相应。而众生却把它执为实有，因此堕入无因、邪因、断、常等邪见之中。所以龙树根据缘起论对以上八种概念予以否定，由此提出了“不生不灭、不常不断、不一不异、不来不出”等八不，以彻底否定这些实在论的谬见。

所谓不生不灭，龙树认为，诸法因缘和合而生，此生相如果实有，就可以不必凭借因缘;既然须凭借因缘而生,即非实有,所以说不生。因缘离散而诸法灭,既先已无生,何得有灭,所以说不灭。所以世谛生灭,非实生实灭,但由因缘生而假名生,因缘灭而假名灭。因缘生,虽生而不起,因缘灭,虽灭而不失,所以生灭宛然而不生不灭。

所谓不常不断,也就是说,因果依因缘而起,只是假名,不可说定有因缘和合先后等,也不可说无因缘和合先后等。虽世谛假名说有常断,而假常不可名常,假断不可名断,不常不断名为中道。

所谓不一不异,即是说,众因缘生法,因果不同,能所二义,所以非一;因是果的因,果是因的果,所以非异;不一不异名为中道。

所谓不来不出,也就是说,众因缘生法,果不偏于因,所以不从内出;也不偏于缘,所以不从外来,不来不出名为中道。

（三）对“中道义”的阐发

就中道义而言,吉藏根据龙树《中论》中所阐释的中道思想,进一步深化发展,提出了自己独到的三论宗的中道观。

三论宗从四个方面对中道义进行了诠释:一、依名释义,二、理教释义,三、互相释义,四、无方释义。

所谓依名释义,就是“中以实为义,中以正为义”。说中道,是为了彰显诸法实相,所以说“以实为义”;为了要彰显法性中正,离一切言语道,一切趣非趣,所以说“以正为义”。因此,在吉藏看来,中道者,即是中实之道,中正之道。

所谓理教释义,即“中以不中为义”。根据三论宗,诸法实相,非中非不中,无名相法。为了教化众生,强名相说,让众生因此名相舍弃妄执,体悟无有名相。所以说中,是方便言教,依言诠中道,悟入诸法实相。所以言诠之中,非真实之中。故“中以不中为义”。

所谓互相释义,即“中以偏为义,偏以中为义”。认为,中、偏是因缘相待义,所以说偏令悟中道义,说中令识偏非。

所谓无方释义,即中道实相是一切法的体性,所以随举一法无非中道。故一法得以一切法为义,一切法得以一法为义,一即一切,融通无碍。

为因应众生根机,吉藏还特别将此中道进一步拓展,并随缘开立了“一中、二中、三中、四中”四种中道思想体系。

所谓一中,即一中道。彰显中道实相,言语道断,心行处灭。若存有所得心,即是邪道。所以诸法从本以来,有亦无,无亦无,有无亦无,非有非无亦无,是名诸法实相,亦名如法性实际涅槃。

所谓二中,即二谛中。世谛以缘起生灭为假,以不生不灭为中道,是为世谛中道。真谛以不生不灭为假,以非不生非不灭为中道,这是真谛中假。以破执真俗二谛,破执不生不灭为真实中道。

所谓三中，即二谛中及二谛合明中道。二谛合明中道以生灭和无生灭为假，以非生灭非不生灭为中道。换句话说，是以真俗二谛为假名，以非真非俗为中道。

所谓四中，有“对偏中”“尽偏中”“绝待中”“成假中”。对偏中：是为对治大小乘人的断常偏病，而说中道，故称为对偏中。尽偏中：大小乘人有断常的偏病，则不成中；唯偏病除尽，则“中”显出，称为尽偏中。绝待中：由于众生素来就有偏病，故有“中”；偏病既除，则中亦不立，即非中非偏，为度众生而强名为中，故称绝待中。成假中：正道未曾有无，为教化众生，故假说有无。以有无为假，非有非无为中，如此之中，为成于假，故称之为成假中。

由此可知，三论宗的中道实相观，是立足于《中论》“缘起不碍性空，性空不碍缘起”的中道立场，以不可言诠的非有非空、非中非不中的中道实相，涤尽一切有、无的邪执。其所建构的中道言教体系，也只是为了引导众生，借“中”而申明实相义。

三、 吉藏对方法论的继承与创新

龙树中观学说的主要特点，就是“破邪显正，破而不立”。破邪显正，就是从敌论中导出矛盾来，使其立论不能成立，从而达到自己所要证明的一切事物无有自性，其本质是空的目的，而不另外立论。依据《大乘玄论》，有得是邪，无得是正。破邪就是要破除“有所得”的见解，显正就是要彰显“无所得”的空理。所谓破邪显正，通常是指破舍邪见以显取他正的意思。然而在三论宗这里，破邪之外无别显正，破邪即是显正。显正，就是彰显言忘虑绝的“无所得”中道，为令众生领悟此“无所得”的妙理，于无名相中，强设名相，而说真俗二谛，真俗二谛即诠显无所得理的言教。破邪，就是总破一切“有所得”的执着邪见。所以换句话说，就是要否定一切定说，破除所有形而上学之论，这是龙树中观学说的目的所在，而不是要另外提出自己独特的思想主张。就中观学的核心理论三论而言，龙树的《中论》就是试图通过对小乘及其他学派的破斥，以彰显诸法实相毕竟空的道理。提婆的《百论》更是以“破”当头，充分发挥了“破而不立”的论破特点。作为以继承正统的龙树中观思想自居的三论宗，对这一论破原则的贯彻，不遗余力。特别是该宗的集大成者吉藏，更是将“破邪显正”的方法论发挥得淋漓尽致。他不仅对外道学说进行彻底的批判，而且对佛教内部各派的一些主张亦给予严厉的破斥。吉藏在《三论玄义》中，就论破对象和所破的邪见，归纳为四大类①：一、摧外道；二、折

① 吉藏：《三论玄义》卷一，《大正藏》第45卷。

毗昙；三、排成实；四、呵大执。吉藏认为，龙树、提婆所破皆不出此四类，此四类被破了就等于所有的学说皆被破除。因此，他在《三论玄义》中对此进行了详细的分析和论破。

第一类，摧外道。

吉藏指出："外道多端，略陈其二：一天竺异执，二震旦众师。"[①]所谓天竺异执，即是印度九十六种外道，归纳起来不外乎"邪因邪果、无因有果、有因无果、无因无果"四种见解。具体言之，即：

（1）邪因邪果：如婆罗门教，视大梵天为宇宙万物的本源。

（2）无因有果：认为一切事物的存在，没有什么原因，自然而然形成。

（3）有因无果：属于"断见"之流的思想主张，以为只有现在，没有未来。

（4）无因无果：即印度"六师外道"中的前五师所执持的观点。

震旦众师，是指中国固有的传统学说，如道家老子、庄子的学说，周易三玄以及儒家孔子的学说等，对此吉藏以六义来说明与佛教的不同，指出佛优彼劣。

第二类，折毗昙。

折毗昙就是破斥专研并弘传有部诸论的毗昙学派，其主要理论主张是"三世实有"说，对此吉藏以十门加以论难。

第三类，排成实。

即破斥以专研《成实论》，执空见为正理的成实学派。《成实论》云："以空见五阴空，更以一空能空此空，是名空空。"[②]成实论也主张空不可执，因此容易被人混淆而误以为它是大乘。对此，吉藏以十义来判定成实属小乘，并指出大乘的空与小乘的空有四种不同[③]：(1)小乘拆法明空，大乘本性空寂。(2)小乘但明三界内人法二空，空义即短；大乘明三界内外人法并空，空义即长。(3)小乘但明于空未说不空，大乘明空亦辨不空。故涅槃云：声闻之人但见于空不见不空，智者见空及以不空，空者一切生死，不空者谓大涅槃。(4)小乘名为但空，谓但住于空；菩萨名不可得空，空亦不可得也。

第四类，呵大执。

就是破斥那些堕于"有所得"见的大乘论者。换言之，就是对大乘中那些空得不彻底的学说加以批判。

吉藏之所以举出上述四种学说加以论破，是因为此四种为内外一切学说的代表，

---

① 吉藏：《三论玄义》卷一，《大正藏》第45卷。

② 吉藏：《成实论》卷十二，《大正藏》第32卷。

③ 吉藏：《三论玄义》卷一，《大正藏》第45卷。

包括了所有的偏见邪说，所以通过对此四种学说的批判，就能取得“内外并收，空有俱摄，大小兼罗”的效果。吉藏从中观无所得的立场，彻底贯彻了空宗的批判精神，故所批判的对象不仅限于外道、小乘，而且连执持有所得的大乘也在批判之列。

中观学派是以“破邪显正，破而不立”为方法论原则的，所以论破的方法将会直接影响到对空理的体认。印度中期的中观学派，由于对空的认识有所差异，所以导致所论破的方法不尽相同，从而分裂为归谬论证派（又称应成派）和自立论证派（又称自续派）两派。前者用归谬论证法来论证空的思想，即把对方的立论加以论破，使其不能成立，并不提出自己的主张。此派以佛护、月称、寂天为代表。对此，后者则持反对意见，主张用自立论证法来表述空的思想，即强调用完整无缺的因明论式，对空的思想加以论证。此派以清辨、观誓、寂护为代表。而中国的三论宗在方法论上，也有自己独到的论破原则。吉藏在《百论疏》中就提出自己的论破法：“若论始末有二破：一就缘破，如就执有，求有无从；二对缘破，但对缘破有二：一借有破无，借邪破邪；二申正破邪，即今此文是也。以外道不出因中有无，有即是常，无即是断。今对有无断常，明非有非无、不断不常故，是中道即对偏明中。”①显见，吉藏的论破方法有两种：(1)就缘破，(2)对缘破。

所谓“就缘破”，就是先顺从对方的主张，然后找出其主张中的破绽，由此引出错误的结论来，使其主张不能成立。其实，这种论破方法，与佛护、月称等所极力推崇的“归谬论证法”极为相似，尤其是只破对方的主张而不自己立论这一点是完全一致的。

所谓“对缘破”，即从正面来论破对方。这里有两种形式：一是借用某种学说来论破另一种主张。如为破“有”而借用“无”，为了否定“无”而利用“有”，即“借邪破邪”。二是先陈述自己的正理，然后对他人的邪见进行论破。如通过解说一切诸法是无自性空、非有非无、不常不断这一道理，来论破敌论的一切诸法是有无断常的邪执。吉藏认为“就缘破”和“对缘破”这两种论破方法，其实也是龙树、提婆经常使用的。例如：“菩萨助申教旨，唯有两假。所谓就缘、对缘。菩萨虽具二假，而用复有强弱。《百论》则就缘为弱，对缘是强；《中论》对缘为弱，就缘义强。何故尔？《中论》初云：诸论师种种说生相，就其责觅生相不得，故言不生；种种说灭相，责灭者不得，故言不灭，即是就缘假义。《百论》借一对破异等，即是对缘假义也。”②这里把“就缘破”作“就缘假”，把“对缘破”作“对缘假”，但意思上是完全相同的。吉藏明确指出，龙树的《中论》《十二门论》多用“就缘破”，而提婆的《百论》则主要是用“对缘破”。由此可见，吉藏在方法论上，与龙

① 吉藏：《百论疏》卷三，《大正藏》第42卷。

② 吉藏：《大乘玄论》卷五，《大正藏》第45卷。

树、提婆的论破方法一脉相承，同时又在继承传统方法论的基础上加以发展，从而形成了一套自成体系的论破方法。吉藏在《中观论疏》中列出三种论破方法，即“一约就缘假破，二对缘假破，三并决破。就缘假破者，就众缘内检无有自(性)，如五阴内无人，四微内无柱，尚无有自性，云何言从自性生耶？二对缘假者，借于缘自互两斥之。若有自性则不假缘，若必假缘则无自性。三并决破者，既本有自体不假缘，有亦应自体本生不假缘生也”①。上述三种论破方法，其实就是在“就缘破”和“对缘破”上，再加一个“并决破”。此“并决破”是针对主张诸法有自体论者进行论破。也就是说，既然自己已有自体的话，那么即使不依赖缘也能由自体而存在、从自体而生起。如豆的自体已经有的话，那么不需水、温度、阳光、土壤等缘，也应该能从自体生起。然而，事实上不可能生起，所以证明诸法无自体。

一般来说，吉藏所常用论破方法就是就缘破和对缘破两种。“就缘破”与“对缘破”所不同在于，前者只指出论敌主张中所存在的矛盾和谬误，完全没有自己的任何主张，而后者则利用某一种主张对另一种主张进行论破。值得注意的是，虽然利用了某种主张，但仅仅是方便而已，并不是为了确立自己的主张而提出来的。对此，为了避免引起不必要的误解，吉藏进一步指出：“今舍常入断，有所得心必依倚故也。内曰：续故不断，坏故不常。续故不断破其断见；坏故不常破其常见。以其前执于断故前破断，除断恐还入常，故次破常。问：旧亦云，实灭不常，假续不断。与今何异？答：彼义实灭不常犹是断义，续故不断犹是常义。故乃执常为不断，执断为不常。此乃断常互存，犹是断常义耳。今明盖是两弹非双取也。言其非常者，明其非是常，非谓是非常。不断亦尔。”②对于有所得的人来说，如果常被否定了，那么他就执断；如果断被否定了，那么他就执常。所以吉藏强调，虽然使用了“常”的主张，但那也只是为了否定“断”的邪见而已，并非是为了确立“常”的主张。这是对断常两方面加以否定，并不是对执着于断常的双取。因此，他提醒人们注意“言其非常者，明其非是常，非谓是非常”。换言之，对缘破中所提出的主张是手段，并非目的，所以不应执着。就佛教所追求的最高境界涅槃来说，此主张也只不过是方便手段而已。《中观论疏》中说：“今申正涅槃亦是破邪涅槃。所以然者？正涅槃既成，邪涅槃即破。如诸方等经直明因缘无所得义而有所得即破。又上是就缘假破，就其觅有无涅槃皆不成。今是对缘假破，申正涅槃对破邪说，在邪既去正亦不留也。”③所以，阐明中观思想的正涅槃观点，是为了让人们放弃对邪

① 吉藏：《中观论疏》卷三，《大正藏》第42卷。

② 吉藏：《百论疏》卷三，《大正藏》第42卷。

③ 吉藏：《中观论疏》卷十，《大正藏》第42卷。

涅槃的执着。而所谓的正涅槃也只不过是为修正邪涅槃而使用的方便手段而已，并不是真正有一个正涅槃的实体存在。所以说“在邪既去正亦不留也”。

吉藏在《三论玄义》中提出论破的四种原则：(1)破而不收；(2)收而不破；(3)亦破亦收；(4)不破不收。接着，吉藏对此四种做了具体说明：“言不会道，破而不收。说必契理，收而不破。学教起迷，亦破亦收，破其能迷之情，收其所惑之教。诸法实相言忘虑绝，实无可破亦无可收，泯上三门归乎一相，照斯四句破立皎然。”①也就是说，与佛法完全乖离的学说，没有可取之处，就要全面否定，也就是要破而不收。对于所说的道理与佛理相应，这就要采纳利用不予否定，就是收而不破。对于不能正确理解甚深佛理而产生曲解论点，就要破其能执之心，留取所惑之教理，就是亦破亦收。如果从一切皆空、无有自性的立场来看，那么，没有什么可破也没有什么可收，就是不破不收。前三者只是方便，第四不破不收才是目的。所以说“泯上三门归乎一相”是破立目的所在。上述四种论破原则，其重心归根结底，就是落在“不破不收”这一原则上。这进一步表明了三论宗无所得之立场，强调了空观无所立的根本精神。所以《大乘玄论》说：“三论破即不破而破，释论收即是不收而收。不破而破，破无所舍。不收而收，收无所取，乃显不破不收无舍无取，故能善息诸见也。”②可见，破只是针对邪说邪见而采取的手段。诸法实相无依无得，所以破无所破。所以，破只是为了息灭诸见而已。

吉藏的论破方法是基于中观学说“破邪显正、破而不立”的原则展开的，在一定程度上继承和发展了龙树、提婆“以破显宗，唯破不立”的精神。在吉藏看来，龙树的中观学说目的在于论破“颠倒断常”的邪见，而不是要建立什么主张。龙树的学说如此，佛陀的教理教义亦是如此。吉藏在《中观论疏》中指出：“就说教意中凡有二意：一者破邪，二者显正。佛欲断如此等诸邪见，即破邪也；今知佛法，故谓显正也。此是对邪所以说正，在邪若去正亦不留。”③佛陀为了破除众生无明邪见之病而使用了教说之药，这只不过是为了方便而已，故不能把佛陀的教说当作固定不变的“正理”。如果放弃了邪见，所谓的“正理”亦不复存在。所以说，所有经论，总括起来，就是“破邪显正”。“有邪故有正，邪去正不留”，所以，破邪就是显正。吉藏强调：“凡有所说，皆为息病，病息则语尽，如雹摧草，草死而雹消。不得复守言作解，守言作解，还复成病，无得解脱。”④吉藏认为，世间一切学说无论有多精彩，也只不过是一种戏论而已。因为至道是言忘

① 吉藏：《三论玄义》卷一，《大正藏》第45卷。

② 吉藏：《大乘玄论》卷五，《大正藏》第45卷。

③ 吉藏：《中观论疏》卷一，《大正藏》第42卷。

④ 吉藏：《中观论疏》卷二，《大正藏》第42卷。

虑绝，不可以言说的。世间学说不仅不能表达至道，反而会成为彰显至道的障碍，故要加以破除。所以吉藏说："论主究其原，尽其理也。一源不究，则戏论不灭。毫理不尽，则至道不彰。以无源不究，群异乃息，无理不尽，玄道始通。"①所以论破的目的就是为了灭戏论。吉藏的论破方法，虽设定了就缘破和对缘破两种，但以没有自己主张的就缘破为论破的旨归；虽提出论破的四种原则，但以第四"不破不收"为最终的归结，充分地体现出中观学说无所立、无所得的根本立场。吉藏的这种独到论破之方法论，在三论教学史上具有里程碑意义。

四、结 语

以吉藏为代表的三论宗，在继承龙树、提婆以及"关河旧学"思想的基础上，进行了新的发挥与创新，建立了自己的一整套理论体系，从而为佛教中国化开辟铺平了道路。纵观三论宗的性空思想，就二谛中道义来讲，三论宗的理论学说，无不体现了中观佛教"缘起即是性空""性空不离缘起""缘起与性空不二"的哲学的性格特征。而吉藏对二谛义的阐发，主要表现在他所强调的"二谛是教"以及他的所谓"四重二谛"学说上。吉藏认为，二谛是如来因机施教的方便设施，是引导众生转凡成圣、转迷成悟的方便法门。所以说二谛是教，是一种方便教化的言教，以对治众生偏见显示诸法实相为究竟。所以吉藏在《二谛义》中进一步说："俗非真则不俗，真非俗则不真。非真则不俗，俗不碍真；非俗则不真，真不碍俗。俗不碍真，俗以真为义；真不碍俗，真以俗为义也。"说"俗不碍真，真不碍俗"，所要强调的是真谛与俗谛的圆融，真谛与俗谛的不二，二者在本质上是互为关系且统一的。

吉藏把二谛统一起来观照，因此说二谛是言教，并主张真谛与俗谛不二。从"俗不碍真，真不碍俗"到"俗即是真，真即是俗"，吉藏所要强调的这种真俗不二的思想，其实与传统的中观学思想有着密切的关系。譬如《中论》中云："涅槃与世间，无有少分别；世间与涅槃，亦无少分别。"这种打破世间与涅槃界限，强调世间与出世间的不二，充分体现了大乘佛教积极的人生态度和强烈的入世精神。

为执有者明空，为执空者说有，旨在揭示超越空有的诸法实相。在二谛关系上，吉藏突破了世谛可以言说、真谛不可说的界限，主张二谛是教可以言说，中道实相不可言说。从二谛是教，进一步突出"中道"，指出"二谛以中道为体"。这与传统佛教只重视真俗二谛的关系，可谓是迈出了中观学上的关键一步。而吉藏更为重视的是，二谛之

① 吉藏：《三论玄义》卷一，《大正藏》第45卷。

教与中道之间的内在联系。此外，吉藏还创造性地提出了四重二谛说，用以评判和会通经论中及教内外其他学派的思想，无不体现了三论宗“破邪显正”“破而不立”的方法论特色。吉藏的这一理论思想，极大丰富了传统佛教的二谛学说，从而使三论宗超越言说的真理观得以充分的揭示和阐扬。

“八不中道”作为二谛的引申，用以破除一切谬见，彰显第一义的诸法实相。三论宗强调中道实相不可言说，所以说，“诸法实相者，心行言语断，无生亦无灭，寂灭如涅槃”，所要揭示的则是言忘虑绝、不可言说的中道实相之理。此外，吉藏在破邪显正的论破方法上，也是有一番创新的。在对南北朝时期形成的毗昙、成实、摄论、地论等学派进行总结、批判的同时，亦为隋唐时期佛教进一步中国化以及宗派佛教的形成，开辟了道路，扫清了障碍。隋唐时期佛教宗派的创立，是佛教中国化的重要标志，也是中国佛教由此走向鼎盛阶段的重要标志。所以吉藏所开创的三论宗，不仅是对印度传统般若中观学的继承和创新，而且亦对隋唐以降佛教中国化的进一步发展以及宗派佛教的形成和确立，产生过积极而深远的影响。

中古时期中国的佛钵崇拜*

李建欣**

一、 佛钵是佛舍利之一种

佛钵在释迦牟尼在世时为其日常所用的食器，在其涅槃后成为佛陀(佛法)的象征。也就是说佛舍利的概念有广义与狭义两种，狭义是指佛陀的遗骨，广义按照印顺法师的表述：

> 佛涅槃后，不但佛的遗体——舍利，受到佛弟子的尊敬供养，佛的遗物，与佛有特殊关系的地点——圣迹，也受到尊敬供养，表示对佛的无比怀念。遗物，是佛的日常用具，可说是佛的"手泽存焉"。佛的遗迹，如菩提场等圣地，也就成为巡礼供养的道场。《迦陵誐王菩提树供养本生》，说到三种支提：saririka 是舍利，paribhogika 是日常的用具，uddesika 是与圣迹相当的建筑的纪念物。这三类，就是佛弟子为了敬念佛而有的三类支提。①

我们从《洛阳伽蓝记》卷五的一段话中可以对广义的舍利有一个形象的认识：

> 《道荣传》云：至那迦罗阿国，有佛顶骨，方圆四寸，黄白色，下有孔，受人手指，闪然似仰蜂窠。至耆贺滥寺，有佛袈裟十三条，以尺量之，或短或长。复有佛锡杖，长丈七。以水筩盛之，金箔贴其上；此杖轻重不定，值有重时，百人不举；值有轻时，一人胜之。那竭城中有佛牙、佛发，并作宝函盛之，朝夕供养。至瞿罗罗鹿，见佛影。入山窟十五步，四面向户。遥望则众相炳然，近看瞑然不见。以手摩之，惟有石壁。渐渐却行，始见其相。容颜挺特，世所希有。窟前有方石，石上有佛

---

* 原载《中古中国研究》第 1 卷，上海：中西书局，2017 年，第 191—210 页。

** 李建欣，中国社会科学院世界宗教研究所编审、博士生导师。

① 释印顺：《初期大乘佛教之起源与开展》(上)之"佛陀遗体、遗物、遗迹之崇敬"，北京：中华书局，2011 年，第 243 页。

> 迹。窟西南百步有佛浣衣处，窟北一里有目连窟。窟北有山，山下有六佛手作浮图，高十丈，云此浮图陷入地，佛法当灭，并为七塔。七塔南石铭云：如来手书。胡字分明，于今可识焉。①

这里有佛陀的遗体，如佛顶骨、佛牙、佛发，属于第一类；有佛陀的日常用具，如佛袈裟、佛锡杖，属于第二类；有佛影、佛迹、佛浣衣处等属于第三类。佛钵当然属于第二类。

二、 佛陀在世时的佛钵

佛钵就是佛陀的食器，在佛经尤其是佛传中有许多关于释迦牟尼在树下结跏趺坐，冥想七日，从而得道，有二商人提谓与波利献食，四天王奉钵的故事。支谦在222—253年间译出的《太子瑞应本起经》卷二中写道：

> 佛定意七日，不动不摇。树神念：佛新得道，快坐七日，未有献食者，我当求人令饭佛。时适有五百贾人，从山一面过，车、牛皆踬不行。中有两大人，一名提谓(Trapusa)，二名波利(Bhallika)，怖，还与众人俱诣树神请福，神现光像言：今世有佛，在此优留国(Uruvulva)界尼连禅(Nairanjana)水边，未有献食者。汝曹幸先能有善意，必获大福。贾人闻佛名，皆喜言：佛必独大尊，天神所敬，非凡品也。即和麨蜜，俱诣树下，稽首上佛。
>
> 佛念先古诸佛哀受人施法皆持钵，不宜如余道人手受食也。时四天王(lokapalas)即遥知佛当用钵，如人屈伸臂顷，俱到頞那(Vinataka)山上；如意所念，石中自然出四钵，香洁无秽。四天王各取一钵，还共上佛：愿哀贾人，令得大福。方有铁钵，后弟子当用食。佛念：取一钵不快余三意，便悉受四钵，累置左手中，右手按之，合成一钵，令四际现。佛受麨蜜，告诸贾人：汝当归命于佛，归命于法，方有比丘众，当预自归。即皆受教，各三自归。②

此中要点是，树神点拨两位商人给新得道的佛献食；而先古诸佛都以钵受食，不用手食；四天王各取一石钵上佛；佛担心接受一钵令其他三天王不快，因此接受四钵，并用

① 《洛阳伽蓝记》卷五，CBETA(2016)，T51，no.2092，p.1021，c18—p.1022，a7。

② 《太子瑞应本起经》卷二，CBETA(2016)，T03，no.185，p.479，a28—b9。

神力使四钵合成一钵，但“令四际现”。这一故事在其他佛经中一再出现，只是表达上稍有变化而已。

《过去现在因果经》卷三：

> 时彼商人，既见如来威相庄严，又见诸天前后围绕，倍生欢喜，即以蜜麸而奉上佛。尔时世尊心自思惟：过去诸佛用钵多罗而以盛食。时四天王知佛心念，各持一钵，来至佛所，而以奉上。于是世尊而自念言：我今若受一王钵者，余王必当生于恨心。即便普受四王之钵，累置掌上，按令成一，使四际现。①

“钵多罗”是梵语 pattra 的译音，指僧人用来盛饭菜的食具，常用以化缘。

《弥沙塞部和酰五分律》卷十五：

> 时有五百贾客，乘五百乘车。中有二大人，一名离谓，二名波利。二人昔善知识，死为善神，恒随逐之，作是念：今佛始成大道，未有献食者，我今当令二人饭佛，使长夜获安。即以神力，车牛皆踬，众人怖惧，四向求神。彼神于空中语言：汝等莫怖！汝等莫怖！今佛世尊初成大道，静坐七日，从定起，游行坐彼树下，未有献食者。汝奉上麸蜜，长夜获安。众人欢喜即和麸蜜，俱诣树下，遥见世尊姿容挺特，诸根寂定，有三十二大人之相。圆光一寻，犹若金山。前礼佛足，奉上麸蜜。世尊作是念：过去诸佛皆以钵受，当来诸佛亦复如是。我今亦应用钵受施。四天王知佛意，各取一自然香净石钵，以奉世尊。白言：惟愿哀纳我等此器，受贾人施。佛复惟念：若取一王钵，不可余王意。便悉受四钵，累左手中。右手按之，合成一钵，以用受施。受已，语言：汝等当归依佛，归依法。即受二自归。②

在其他几部佛经的中，记叙更加细致，除了总述四天王献钵之外，还分别对四天王的献钵予以分述，出现了四天王的名称，即提头赖王、毗留勒王、毗留罗叉王、毗沙门王；佛接受后分别说偈言。最后佛陀合四钵为一，复说一偈。由此看来，这些佛经可能更晚出一些。

《普曜经》卷七“商人奉糗品”：

---

① 《过去现在因果经》卷三，CBETA(2016)，T03，no.189，p.643，b17—c1。

② 《弥沙塞部和酰五分律》卷十五，CBETA(2016)，T22，no.1421，p.103，a11—28。

佛念：先古诸佛哀受人施法皆持钵，不宜如余道人手受食也！时四天王于颈那山上，得四枚青石之钵，欲于中食。时有天子名曰照明，谓天王曰：今者有佛，名释迦文，应用斯钵，非仁之器，今当受食，可往奉之。于是四王则与天子，华香伎乐，幡盖并钵，如屈伸臂顷，俱下诣佛，四天王各取所持之钵，共贡上佛。佛念：取一不快余人，意当悉纳之。提头赖王先以献佛，佛即受之，而为说偈言：

今授世尊器，当获尊法器；
自得寂然钵，心意无忘失。

时毗留勒王，次复奉钵，佛寻受之，而说偈言：
若授如来器，其心未曾妄；
四天王安护，乃至清凉觉。

时毗留罗叉王，次复奉钵，佛寻受之，而说偈曰：
其施清净器，净心授如来；
身心常轻便，天龙神所叹。

时毗沙门王，次复奉钵，佛即受之，而说偈曰：
佛戒无缺漏，授完牢之器；
信施无乱心，使德无缺减。

佛受钵已，累左手中，以右手按上，即合成一，令四际现，而复叹曰：
吾前世施钵，故有是果报；
今获斯四器，四王神足致。①

再有一些佛经，其记载就更为详细，在以上佛经记述的基础上又有所增益，四天王先后向佛陀献上金钵、银钵、颇梨钵、琉璃钵、赤珠钵、玛瑙钵、车璩钵，也就是材质为七宝的钵，佛陀均不受，最后献上石钵，佛陀欣然接受。此石钵“其色绀青，犹如云队”，其供养仪式是“盛以天花，着满其内，将一切香用涂彼钵，复持一切诸妙音声”。

《佛本行集经》卷三二“二商奉食品”：

---

① 《普曜经》卷七，CBETA(2016)，T03，no.186，p.526，b29—c27。

是时世尊复如是念：我今当以何器而受二商主食麨酪蜜抟？世尊欲受，发此心已，时四天王各从四方，速疾共持四金钵器，往诣佛所，到已各各顶礼佛足，却住一面。而四天王却住立已，将四金钵奉上世尊，作如是言：唯愿世尊用此钵器，受二商主麨酪蜜抟，愍我等故，我等长夜当得大利、大乐、大安。世尊不受，以出家人不合畜此。彼四天王舍四金钵，将四银钵奉上世尊，作如是言：世尊可于此器受食，略说乃至，为我当得大利大安。世尊不受，如是更将四颇梨钵，而亦不受；如是更将四琉璃钵，而亦不受；如是更将四赤珠钵，而亦不受；次复，更将四玛瑙钵，而亦不受。次复更将四车璩钵奉上世尊，如来亦复不为其受。尔时，北方毗沙门天王，告于诸余三天王言：我念往昔，青色诸天将四石器来奉我等，白我等言：此石器内，仁等可用受食而喫。

尔时，别有一天子，名毗卢遮那，白我等言：仁等天王！慎勿于此石器之内受食而喫，仁但受持，相共供养，比之如塔。所以者何？当来有一如来出世，其如来号释迦牟尼。仁等宜将此四石钵奉彼如来。仁等天王！今是时至，可将石钵持奉世尊。

尔时，四镇四大天王，各各皆将诸亲眷属围绕，速至自宫殿中，各执石钵，端正可喜，其色绀青，犹如云队，盛以天花，着满其内，将一切香用涂彼钵，复持一切诸妙音声，供养彼钵，速诣佛所。到已共将四钵奉佛，而白佛言：唯愿世尊受此石钵，于此钵内，受二商主麨酪蜜抟。愍我等故，各令我等长夜获得大利、安乐。

尔时世尊复如是念：此四天王以信净心，奉我四钵，我亦不合受持四钵；若我今于一人边受，则三人心各各有恨；若二人边受于二钵，二人心恨；若三人边受于三钵，一人心恨；我今可总受此四钵，出神通力持作一钵。尔时，世尊从于提头赖咤天王边受钵已，而说偈言：

施善世尊好钵盂，汝决当成妙法器，
既于我边奉净钵，必增智慧正念心。

尔时，世尊从于毗留勒叉天王边受钵已，而说偈言：
我观真如谁施钵，彼得正念增长心，
有能养育世令安，速成妙乐清净体。

尔时，世尊从于毗留博叉天王边受得钵已，而说偈言：
汝以净心施净钵，清净实心奉如来，
当来速得清净心，人天世间得称意。

尔时，世尊从毗沙门大天王边受于钵已，而说偈言：

清净持戒佛世尊，善伏诸根施全钵，

不缺坏心殷重施，汝当来世得净田。

尔时，世尊受四钵已，如是次第相重安置，左手受已，右手按下，神通力故，合成一钵，外有四唇，而说偈言：

我昔功德诸果满，以发哀愍清净心，

是故今四大天王，清净牢固施我钵。

而有偈说：

当时世尊欲受食，诸天四方持器来，

各以奉施佛如来，受已神通作一钵。①

《方广大庄严经》卷十"商人蒙记品"：

佛告诸比丘：如来尔时将欲受彼商人之食，作是思惟：过去诸佛皆悉持钵，我今当以何器而受斯食？作是念已，时四天王各持金钵奉上如来，作如是言：惟愿世尊用我此钵受商人食，怜愍我故，令于长夜获大安乐。

尔时世尊告四天王言：出家之法不合受汝如是金钵，乃至展转奉七宝钵，皆悉不受。

是时北方毗沙门天王(Vaiśravana)告余天王言：我念昔者有青身天(Nīlakāyika-devaputra)，将四石钵来与我等。复有一天，名曰遍光(Vairocana)，来白我言：慎勿用此石钵，宜应供养，而作塔想。何以故？未来有佛出兴于世，名释迦牟尼，当以此钵奉上彼佛。

尔时毗沙门天王语余天王言：欲施石钵今正是时。时四天王各还自宫，与诸眷属持彼石钵，盛满天花，以香涂之，奏诸天乐，供养石钵，来诣佛所，各各以钵奉上如来，而白佛言：世尊！惟愿如来哀受我等所献石钵，受商人食，令我长夜获大安乐，得成法器，怜愍我故。

尔时世尊作是念言：四大天王以净信心而施我钵，然我不合受持四钵，若惟受一，不受余三，而彼三王必生嫌恨，是故我今总受四王所献之钵。

① 《佛本行集经》卷三二，CBETA(2016)，T03，no.190，p.801，b28—p.802，b1。

尔时世尊受北方毗沙门天王钵，而说偈言：
汝奉善逝钵，当得上乘器，
我今受汝施，令汝具念慧。

尔时世尊，受提头赖咤天王钵，而说偈言：
以钵施如来，念慧得增长，
生生受快乐，速证佛菩提。

尔时世尊，受毗娄博叉天王钵，而说偈言：
我以清净心，受汝清净钵，
令汝得清净，人天所供养。

尔时世尊，受毗娄勒叉天王钵而说偈言：
如来戒无瑕，汝施无瑕钵，
汝心无瑕故，得报亦无瑕。

尔时世尊受四天王钵已，如是次第相重安置，右手按之，合成一器，四际分明。如来尔时忆念过去，而说偈言：
我昔以花盛满钵，奉施无量诸如来，
是故今者四天王，施我坚牢清净钵。①

以上为佛经中有关佛陀接受二商人奉食，四天王献钵的记述。此外，646 年辩机所撰的《大唐西域记》中对此也有所记述：

太子既修苦行，憍陈如等亦即勤求。憍陈如等住处东南有窣堵波，菩萨入尼连禅那河沐浴之处。河侧不远，菩萨于此受食乳糜，其侧窣堵波，二长者献麨蜜处。佛在树下结跏趺坐，寂然宴默，受解脱乐，过七日后，方从定起。时二商主行次林外，而彼林神告商主曰：释种太子今在此中，初证佛果，心凝寂定，四十九日未有所食，随有奉上，获大善利。时二商主各持行资麨蜜奉上，世尊纳受。

① 《方广大庄严经》卷十，CBETA(2016)，T03，no.187，p.602，a8—b21。

长者献麨侧有窣堵波，四天王奉钵处。商主既献麨蜜，世尊思以何器受之。时四天王从四方来，各持金钵，而以奉上。世尊默然，而不纳受，以为出家不宜此器。四天王舍金钵，奉银钵，乃至颇胝、琉璃、玛脑、车渠、真珠等钵，世尊如是皆不为受。四天王各还宫，奉持石钵，绀青映彻，重以进献。世尊断彼此故，而总受之，次第重叠，按为一钵，故其外则有四隆焉。①

玄奘的记述是以亲历与佛经互证，因此佛陀接受石钵的传说是有其来由的。

三、 佛陀涅槃后佛钵在中亚地区的流传

佛钵最初存放的地点接近摩揭陀佛陀觉悟的地方，后来根据中国的载籍，在佛陀涅槃后，佛钵一度曾在犍陀罗出现，如《出三藏记集》记载：

猛先于奇沙国见佛文石唾壶，又于此国见佛钵，光色紫绀，四边灿然。猛花香供养，顶戴发愿。钵若有应，能轻能重。既而转重，力遂不堪。及下案时，复不觉重。其道心所应如此。②

这里的“猛”是指于404年开始游历西域诸国的智猛法师。这段话一是对佛钵进行描述：“光色紫绀，四边灿然。”二是佛钵有感应：“能轻能重。既而转重，力遂不堪。及下案时，复不觉重。”

《高僧传》记载僧人昙无竭曾于宋永初元年(420)远适西方，礼拜佛钵：

释昙无竭，此云法勇……尝闻法显等躬践佛国，乃慨然有忘身之誓，遂以宋永初元年招集同志沙门僧猛、昙朗之徒二十五人，共赍幡盖、供养之具，发迹北土，远适西方。③

进至罽宾国礼拜佛钵。停岁余，学梵书梵语，求得《观世音受记经》梵文一部。④

---

① 《大唐西域记》卷八，CBETA(2016)，T51，no.2087，p.917，b28—c17。

② 《出三藏记集》卷十五，CBETA(2016)，T55，no.2145，p.113，b24—28。

③ 《高僧传》卷三，CBETA(2016)，T50，no.2059，p.338，b26—c2。

④ 《高僧传》卷三，CBETA(2016)，T50，no.2059，p.338，c12—14。

《高僧传》还记载了高昌人道普“经游西域”“顶戴佛钵”：

> 慧观法师志欲重寻涅槃后分，乃启宋太祖资给，遣沙门道普将书吏十人，西行寻经……普临终叹曰：涅槃后分与宋地无缘矣！普本高昌人，经游西域，遍历诸国，供养尊影，顶戴佛钵。四塔、足迹、形像(象)，无不瞻觌。①

这里的宋太祖即宋武帝刘裕，他于420—422年在位，因此，道普经游西域也发生于这一时间段。

《高僧传》还记载了僧人慧览也曾游西域，于罽宾顶戴佛钵：

> 释慧览，姓成，酒泉人。少与玄高俱以寂观见称，览曾游西域，顶戴佛钵，仍于罽宾，从达摩比丘，谘受禅要。②

法显对这一时期的佛钵描述得最详细，当时为402年，法显法师在弗楼沙国。

> 佛钵即在此国。昔月氏王大兴兵众，来伐此国，欲取佛钵。既伏此国已，月氏王等笃信佛法，欲持钵去。故大兴供养，供养三宝毕，乃挍饰大象，置钵其上。象便伏地，不能得前；更作四轮车载钵，八象共牵，复不能进。王知与钵缘未至，深自愧叹，即于此处起塔及僧伽蓝，并留镇守，种种供养，可有七百余僧。日将欲中，众僧则出钵，与白衣等种种供养，然后中食，至暮烧香时复尔。可容二斗许，杂色而黑多，四际分明，厚可二分，莹彻光泽。贫人以少华投中便满，有大富者欲以多华供养，正复百千万斛终不能满。③

弗楼沙为Purusapura的汉语音译，为犍陀罗原有之国都。这一段记载传达了几个重要的信息：一是月氏王曾兴兵，欲夺取弗楼沙国的佛钵；二是佛钵有感应，月氏王与佛钵“缘未至”，因此移动不得，无论是置大象身上，或由八象共牵一辆四轮车载之，均不能前进。贫人把花投入即满，富人无论投入多少枝花也不满。三是供养佛钵仪式，于佛钵供奉处“起塔及僧伽蓝”，一日两次供养：日中众僧出钵，“与白衣等”，“至暮

---

① 《高僧传》卷二，CBETA(2016)，T50，no.2059，p.337，a24—b1。

② 《高僧传》卷十一，CBETA(2016)，T50，no.2059，p.399，a11—13。

③ 《高僧法显传》卷一，CBETA(2016)，T51，no.2085，p.858，b21—c8。

烧香时复尔”。四是对佛钵的直接描述:“可容二斗许,杂色而黑多,四际分明,厚可二分,莹彻光泽。”

由法显法师对佛钵的描绘可以看出,此佛钵与智猛法师所见之佛钵应为同一件。

此后,一些世俗典籍还对佛钵多有记载,如由郦道元(527 年卒)所编纂的《水经注》在其关于“弗楼沙国”的记述中写道:

> 佛图调曰:佛钵青玉也,受三斗许可,彼国宝之。供养时,愿终日香花不满,则如言;愿一把满,则亦便如言。①
>
> 又案道人竺法维所说:佛钵在大月支国,起浮图,高三十丈,七层,钵处第二层,金络络锁县钵;钵是青石,或云悬钵虚空。须菩提置钵在金机上,佛一足迹与钵共在一处。国王、臣民悉持梵香、七宝、璧玉供养。塔迹、佛牙、袈裟、顶相舍利悉在弗楼沙国。②

第二条提供了重要的信息,一是佛钵如何存放,位于高三十丈、共七层的浮图的第二层,以金络悬钵,与佛足迹共在一处。二是供奉佛钵:“国王、臣民悉持梵香、七宝、璧玉供养。”

成书于 624 年的初唐类书《艺文类聚》对佛钵也有记载,在其第 73 卷“杂器物部”第三“钵”中写道:“《西域传》曰:《诸国志》曰:佛钵本在乾陁越国。青玉也,受三斗许,彼国宝之。供养愿终日花香不满,则如言也;愿一把满,则亦随言也。”

“杂器物部”还记述:“《支僧》载外国事曰:佛钵在大月支国,一名佛律婆越国,是天子之都也。起浮图,高四丈,七层,四壁里有金银佛像,像悉如人高,钵处中央。在第二层上作金络络钵,锁悬钵,钵是石也,其色青。”

这一条提供了供奉佛钵的更详细的布置:佛钵处七层浮图的中央,四边有如人高的金银佛像,以金络悬钵。

成书于 983 年的《太平御览》也有记载,其第 759 卷“器物部四・钵”中写道:“《西域诸国志》曰:佛钵本在乾陁越国。青玉也,受三斗许,彼国宝之。供养,乞愿终日花香,不满则如言也;满亦如言也。”似乎并没有提供更多的信息。

玄奘法师在其《大唐西域记》卷二中,记述他在游历健驮逻(即犍陀罗)国大都城号布路沙布罗(即弗楼沙)时:

---

① 《水经注》卷二。

② 同上。

王城内东北有一故基，昔佛钵之宝台也。如来涅槃之后，钵流此国，经数百年，式遵供养，流转诸国，在波剌斯。①

那么，佛钵在如来涅槃之后，是如何由中印度而流转到此的呢？由鸠摩罗什译成汉语的《马鸣菩萨传》透露了一些消息：

其后北天竺小月氏国王，伐于中国，围守经时。中天竺王遣信问言：若有所求，当相给与，何足苦困人民，久住此耶？答言：汝意伏者，送三亿金，当相赦耳！王言：举此一国无一亿金，如何三亿而可得耶？答言：汝国内有二大宝：一佛钵，二辩才比丘。以此与我，足当二亿金也！王言：此二宝者吾甚重之，不能舍也！于是比丘为王说法。其辞曰：夫含情受化者，天下莫二也！佛道渊弘，义存兼救，大人之德亦以济物为上。世教多难，故王化一国而已！今弘宣佛道，自可为四海法王也！比丘度人，义不容异，功德在心，理无远近，宜存远大，何必在目前而已？王素宗重、敬用其言。即以与之，月氏王便还本国。诸臣议曰：王奉佛钵固其宜矣！夫比丘者，天下皆是当一亿金，无乃太过。王审知比丘高明胜达，导利弘深，辩才说法，乃感非人类，将欲悟诸群惑。②

巧的是，于6世纪初北魏时期编纂的《付法藏因缘传》对此也有记述：

彼华氏城凡九亿人。月支国王威德炽盛，名曰栴檀罽昵咤王，志气雄猛，勇健超世。所可讨伐，无不摧靡。即严四兵向此国土，共相攻战，然后归伏，即便从索九亿金钱。时彼国王即以马鸣及与佛钵、一慈心鸡，各当三亿，持用奉献罽昵咤王。马鸣菩萨智慧殊胜，佛钵功德如来所持；鸡有慈心，不饮虫水，悉能消灭一切怨敌。以斯缘故当九亿钱，王大欢，喜为纳受之，即回兵众，还归本国。③

这两个传说都提到佛钵与马鸣菩萨作为替代品被带到北印度。

日本学者桑山正进（Kuwayama Shoshin）在分析犍陀罗地区的佛钵崇拜时，提出

---

① 《大唐西域记》卷二，CBETA(2016)，T51，no.2087，p.879，c5—7。

② 《马鸣菩萨传》卷一，CBETA(2016)，T50，no.2046，p.183，c17—p.184，a5。

③ 《付法藏因缘传》卷五，CBETA(2016)，T50，no.2058，p.315，b5—13。

了一种建立佛教圣迹的新理论。与公元前6—前5世纪释迦牟尼生活时代的恒河地区不同，恒河地区的佛教圣迹直接根据释迦牟尼生平中所发生的、人们熟悉的事件来建立，而犍陀罗地区的佛教圣迹只能围绕与历史上的释迦牟尼的一些更加间接的关系来建立，即通过与佛陀的前生、舍利和其他崇拜物诸如佛钵的关系来建立佛教圣迹，从而证明他们自己佛教传统的合法性。也就是说，随着佛教向最初被认为是释迦牟尼曾经生活的地区以外的弘传，就要创建新的佛教圣迹，而这些佛教圣迹的创建要通过不同的策略以建立与佛陀生平的联系。犍陀罗地区的许多佛教圣迹即是利用这些新策略创建的。①

桑山正进关于创建佛教圣迹的新理论实际上也完全适用于中土。

四、佛钵崇拜在中土的流行

如篠原亨一(Koichi Shinohara)所论："当佛教的传播越来越远离其创立地，经由边境，进入中国时，这些越来越用奇幻的语言予以想象的崇拜物，成为将佛法置于更宏大佛教宇宙的中心。"②也就是说，随着佛教向印度以外地区的弘传，佛教圣迹越来越远离印度的具体地点甚至地球上的具体地方，而越来越被想象为佛教宇宙中的空间，诸如须弥山、龙宫、诸天界，甚或祇园精舍。

如法显法师所记：

> 法显在此国闻天竺道人于高座上诵经云：佛钵本在毗舍离，今在揵陀卫。竟若干百年(法显闻诵之时有定岁数，但今忘耳!)当复至西月氏国，若干百年当至于阗国，住若干百年当至屈茨国，若干百年当复来到汉地住，若干百年当复至师子国。若干百年当还中天竺，到中天竺已，当上兜术天上。弥勒菩萨见而叹曰：释迦文佛钵至，即共诸天华香供养七日。七日已，还阎浮提。海龙王将入龙宫。至弥勒将成道时，钵还分为四，复本頞那山上。弥勒成道已，四天王当复应念佛如先佛法。贤劫千佛共用一钵。钵去已，佛法渐灭。佛法灭后，人寿转短，乃至五岁。五岁之时，粳米、酥油皆悉化灭。人民极恶，捉草木则变成刀杖，共相伤割。其中有

① Koichi Shinohara, "The Story of the Buddha's Begging Bowl: Imaging a Biography and Sacred Places", in *Pilgrims, Patrons, and Place: Localizing Sanctity in Asian Religions*, Vancouver, University of British Columbia Press, 2003, p.90.

② Ibid., p.92.

福者逃避入山。恶人相杀尽已，还复来出。共相谓言：昔人寿极长，但为恶甚，作非法故，我等寿命遂尔短促，乃至五岁。我今共行诸善，起慈悲心，修行信义。如是各行信义，展转寿倍，乃至八万岁，弥勒出世初转法轮时，先度释迦遗法中弟子、出家人及受三归五戒、八斋法，供养三宝者，第二、第三次度有缘者。法显尔时欲写此经，其人云：此无经本，我止口诵耳。①

这段文字是对佛钵之旅程最完整的描述：前半部分是写实的，即实有其地，毗舍离→揵陀卫→西月氏国→于阗国→屈茨国→汉地→师子国→中天竺。后半部分即进入想象的空间（佛教的宇宙），中天竺→兜术天→阎浮提→龙宫→颇那山。

这大概也是第一次记载佛钵曾至汉地。

佛钵曾在沙勒（Kashgar）国，即现在的新疆疏勒县。《魏书·释老志》中记载："沙勒胡沙门赴京师，致佛钵并画像迹。"这发生于太安初年（455），当时的京师在现在的大同附近。②

无独有偶，《高僧传》中对鸠摩罗什的记述也提到了沙勒国的佛钵：

什进到沙勒国顶戴佛钵。心自念言：钵形甚大，何其轻耶？即重不可胜，失声下之，母问其故，答云：儿心有分别，故钵有轻重耳！遂停沙勒一年。③

约于582年由那连提黎耶舍译出的《佛说德护长者经》恰好也提到了沙勒国的佛钵：

又此童子，我涅槃后，于未来世护持我法，供养如来，受持佛法，安置佛法，赞叹佛法。于当来世佛法末时，于阎浮提大隋国内，作大国王名曰大行，能令大隋国内一切众生，信于佛法，种诸善根。

时大行王，以大信心、大威德力供养我钵，于尔数年，我钵当至沙勒国，从尔次第至大隋国，其大行王于佛钵所大设供养，复能受持一切佛法，亦大书写大乘方广经典，无量百千亿数，处处安置诸佛法藏，名曰法塔，造作无量百千佛像，及造无量百千佛塔，令无量众生于佛法中得不退转，得不退信。④

---

① 《高僧法显传》卷一，CBETA（2016），T51，no.2085，p.865，c1—23。

② 《魏书》，北京：中华书局，1974年，第3036—3037页。

③ 《高僧传》卷二，CBETA（2016），T50，no.2059，p.330，b25—28。

④ 《佛说德护长者经》卷二，CBETA（2016），T14，no.545，p.849，b20—c2。

此经到现在也没有发现梵文本，基本上可列入疑伪经范畴。其中提及佛钵先到沙勒国，后至大隋国，其国大行王大设供养。上已论述过，佛钵曾在沙勒国，这应是历史事实，只不过其译者为取悦当时的隋朝帝王，特意添加大隋大行王供养佛钵，宣扬佛法的内容。

南朝齐梁间僧人宝唱编纂的《名僧传》中关于僧表的记述中间接提及了佛钵：

> 僧表本姓高，凉洲（州）人也，志力勇猛。闻弗楼沙国有佛钵，钵今在罽宾台寺，恒有五百罗汉供养钵。钵经腾空至凉洲（州），有十二罗汉。随钵停，六年后还罽宾。僧表恨不及见，乃至西逾葱岭，欲致诚礼，并至于宾国，值罽宾路梗。于宾王寄表，有张志模写佛钵与之。又问：宁复有所愿不？对曰：赞摩伽罗有宝胜像，外国相传云最似真相，愿得供养。王即命工巧，营造金薄像。金光趺高一丈，以真舍利置于顶上。僧表接还凉州，知凉土将亡，欲反淮海，经蜀欣平县。沙门道汪，求停钵、像供养，今在彼龙华寺。僧表入矣，礼敬石像，住二载，卒于寺（云云）。①

文中说佛钵在弗楼沙国，上已述及，这没有问题。然而他接着说："钵经腾空至凉洲（州），有十二罗汉。随钵停，六年后还罽宾。"即钵曾腾空至中土的凉州，六年后返回罽宾，充满了神幻色彩，不足采信。从中可以看出，此佛钵不是佛陀生前使用的那件食器，而是摹写、复制品。但从僧表"西逾葱岭，欲致诚礼"，沙门道汪"求停钵、像供养"的情况看来，至少在这一时期对佛钵的崇拜比较流行。

关于佛钵崇拜在中国中古的流行，我们还可以找到更多的证据，比如曾经有一部《佛钵记（或经）》流传，惜后佚失。但众多经录都记载有《佛钵经》（或云《佛钵记》）一书存在：

> 《佛钵经》一卷（或云《佛钵记》），甲申年大水及月光菩萨出事。②
>
> 《佛钵经》一卷③
>
> 《佛钵经》一卷④

---

① 《名僧传抄》卷一，CBETA（2016），X77，no.1523，p.358，b13—23 // Z 2B：7，p.13，a18—b10 // R134，p.25，a18—b10。

② 《出三藏记集》卷五，CBETA（2016），T55，no.2145，p.39，a16—17。

③ 《出三藏记集》卷四。

④ 《大周刊定众经目录》卷十二，CBETA（2016），T55，no.2153，p.452，a5—6。

《佛钵记》一卷①

而《法苑珠林》则有较详细的揭示：

> 又依《钵记》云：释迦如来在世之时所用青石之钵，其形可容三升有余。佛泥洹后，此钵随缘往福众生，最后遗化，兴于汉境。此记从北天竺来，有两纸许。甲子岁三月至石涧寺，僧伽耶舍小禅师使于汉土，宣示令知。②

这里所说的《钵记》当然是指《佛钵记》。其中说佛钵“最后遗化，兴于汉境”，进一步说明佛钵崇拜在中土的流行。此外，它还对佚失的《佛钵记》有所描述：“此记从北天竺来，有两纸许。甲子岁三月至石涧寺，僧伽耶舍小禅师使于汉土，宣示令知。”

此中最可查考的是石涧寺，《高僧传》中记载：“及罗什弃世，叉乃出游关左，逗于寿春，止石涧寺。”③其中罗什指鸠摩罗什，叉是指卑摩罗叉，石涧寺位于安徽寿春。《出三藏记集》对此也有记载：“后有罽宾律师卑摩罗叉来游长安。罗什先在西域，从其受律。罗叉后自秦适晋，住寿春石涧寺。”④《大唐内典录》：“罽宾国三藏律师卑摩罗叉，晋言无垢眼，姚秦弘始八年至长安。罗什去世，乃适寿春止石涧寺。”⑤

五、余　论

佛钵作为释迦牟尼在世时的普通的日常用具，在其涅槃后由中印度传至中亚地区，进而传至中土，从而拥有了不同寻常的意义。也就是说佛钵从日常的食器成为佛舍利的一种，成为佛陀与佛法的符号与象征，拥有了常人不可想象的功能。

这一现象很早开始就引起了一些学者的浓厚兴趣，法国汉学家西尔万・列维（Sylvain Levi）可能是最早对佛钵进行研究的一位学者，在其《大藏方等部之西域佛教史料》⑥

---

① 《众经目录》卷六，CBETA(2016)，T55，no.2146，p.146，b9—10。

② 《法苑珠林》卷三十，CBETA(2016)，T53，no.2122，p.513，b16—20。

③ 《高僧传》卷二，CBETA(2016)，T50，no.2059，p.333，b28—29。

④ 《出三藏记集》卷三，CBETA(2016)，T55，no.2145，p.20，b18—20。

⑤ 《大唐内典录》卷三，CBETA(2016)，T55，no.2149，p.246，c13—15。

⑥ 冯承钧：《史地丛考续编》，初版于1931年，此文原刊于《河内远东学校校刊》（即现通译的《法国远东学院河内院刊》），译者没有注明日期（载冯承钧编译《史地丛考・史地丛考续编》，上海：上海古籍出版社，2014年，第244—248页）。

中，他叙述了《德护长者经》《法显传》《高僧传》《大唐西域记》以及《莲花面经》中有关佛钵的资料，并没有提出观点。之后，荷兰汉学家许理和（E. Zurcher）发表其名文《"月光童子"：中古早期中国佛教中的弥赛亚和末世论》①论及了佛钵，其文的第四部分"月光童子——一位不著名的菩萨的不同寻常的生涯"中在论述月光童子时梳理了有关佛钵的汉语史料。1987 年，研究西域佛教的日本学者桑山正进在其《犍陀罗的佛钵及其相关问题》②一文中，充分利用汉语史料对佛钵在犍陀罗的流传进行了细致的描述与分析。法国汉学家王微（Francoise Wang Toutain）在 1994 年的论文《佛钵：佛教的传播与合法化的政体》③中，从以下几方面对佛钵进行全面论述："（1）佛钵：佛陀的象征，（2）佛钵：崇拜舍利之一种，（3）伴随着佛教传布的佛钵的移动，（4）佛钵与佛法的衰落，（5）末法时代与佛钵，（6）佛钵与月光童子，（7）那连提黎耶舍：佛钵的隋代创始者，（8）道宣与佛钵：戒律的保存者。"应当说王微的文章是多年来对佛钵的最全面的论述。不过，给人的印象是，文章面面俱到，但具体到与佛钵相关的任何一个问题，似乎都没有太大的推进。

日本学者篠原亨一在 2003 年发表了他的《佛钵的故事：想象佛传与圣地》④。其中，他充分利用桑山正进的研究，而把他研究的中心集中到道宣身上。从桑山正进的研究中，他提炼出一种观点：印度以外地区创建佛教圣地的策略与佛教的创始地不同，因为它们不拥有与佛陀生平联系在一起的任何事件，因此它们要确立自己为佛教中心或圣地，不得不寻求新的策略，于是他提出了三种策略，其中之一即是佛陀的可移动的遗物，佛钵自然为其中之一。

如果说在以犍陀罗为代表的中亚地区，其流传的佛钵可能是佛陀的遗物的话，那么，传到中土的佛钵只能是复制品，或者是由具体的实物向想象的物品转变；另一方

---

① E. Zurcher, "'Prince Moonlight': Messianism and Eschatology in Early Medieval Chinese Buddhism", *T'oung Pao*, Vol.68, Livr. 1/3, 1982.

② Shoshin Kuwayama, "The Buddha's Bowl in Gandhara and Relevant Problems", in *South Asian Archaeology*, 1987. Edited by M. Taddei, Rome: Insituto Italiano per il Medio ed Estremo Oriente, pp.946—978.（此文后收入作者的个人论文集）"The Buddha's Bowl in Gandhara", in *Across the Hindukush of the First Millenium: A Collection Papers by S. Kuwayama*, Institute For Research in Humanities, Kyoto University, 2002, pp.20—43.

③ "Le bol du Buddha: Propagation du bouddhisme et legitimite politique", in *Bulletin de l'Ecole Francaise d'Extreme-Orient* 81, pp.59—82.

④ Koichi Shinohara, "The Story of the Buddha's Begging Bowl: Imagining a Biography and Sacred Places", in *Pilgrims, Patrons and Place: Localizing Sanctity in Asian Religions*, Vancouver, University of British Columbia Press, pp.68—107.

面，如果说佛钵从印度本土流传到中亚还符合一定的历史事实的话，其后从中亚到中土的流传地域就从具体的地方转向具体的地方与想象的佛教宇宙掺杂。在篠原亨一看来，道宣的动机在于以佛钵等佛陀的遗物来确立中土作为佛教中心的地位，从而避免了中土僧人不辞辛劳向印度朝圣的壮举。然而，其论证还不足以确立其论点。

总之，佛钵这一貌似微不足道的小物件，其实蕴含着极其丰富的内容等待我们去揭示，尤其是佛钵在中土的流传更显得复杂。比如像《高僧传》所载："自顷道业之隆，咸无以匹。所谓月光将出，灵钵应降。法师任当洪范，化洽幽深。"①说明在道安法师的时代，月光童子的出现与佛钵的降临存在一定的联系，这应是当时的一种常识。许理和虽然下大力气进行论述，由于资料所限，尚未最后搞清楚。如法国汉学家王微所论及的佛钵与佛法的衰落之关系、末法时代与佛钵的关系、那连提黎耶舍译经与佛钵的关系、道宣与佛钵的关系，其实都是非常值得探讨的题目。相信随着地下发掘材料与地上新文献的发现，这些问题能够得到进一步的研究。

---

① 《高僧传》卷五，参见 CBETA(2016)，T50，no.2059，p.352，b27—29。

跟随黄心川先生读书的那些年

梁晓俭*

方广锠教授既是我的老师，又是我的师兄，今年春节给我打电话，说黄心川先生的弟子们要出一本论文集，已经准备了一段时间，之前找不到我的联系方式，现在要收编我的论文可能来不及了，问我是否愿意写一篇回忆黄先生的文章。我万分感谢方师兄的邀约，答应按时交稿。黄心川先生是我的硕士导师，在1988—1991年里，跟随黄先生在北京学习，每周都会有几天在先生家里吃饭，师母多会添加几个菜招待，偶或感冒生病，下午还会在先生家里休息，一并吃晚饭。对黄先生及其家人我怀有亲人般的情感，原以为稍微流溢出一点便足以成文，不曾想诸多感念感受经过三十多年的发酵，"近乡情怯"般地愈发满溢几乎堵塞了我的思路，一时又不知从何说起。篇幅所限，就捡拾几件在我当时看来比较新奇和感动的事聊吧。

一、 黄心川教授成了我的导师

1984年到1988年我在山东大学哲学系读书，因为成绩好，被学校保送读硕士，但当时我并不喜欢继续在同一所高校学习，考虑是否放弃保送另外报考一所学校。那些年的高校还没有现在这样过于强调搞科研，教师几乎全部精力都在教书育人，对学生也是无微不至的关怀。凡是学习好人品端正的学生，老师们就会特别宠爱维护。那时的山东大学哲学系就传承和洋溢着这样的文化。看到我的犹疑，系里的领导和教授就跟我谈，希望我还是在山东大学继续读硕士，但他们会联合中国社会科学院南亚所一同培养我，我的绝大部分时间会在中国社会科学院学习，该优遇的前提是我硕士毕业后必须回山东大学任教。导师就是南亚东南亚所副所长黄心川教授（之后是亚太所所长），副导师是山东大学哲学系的王守华教授。实际上，在1988年本科毕业的暑假，我就跟黄心川先生见了面，受到他的邀请，跟先生和王守华老师去常熟开了一个学术会议。之前，王守华老师带我去拜访黄先生时告诉我要称呼黄先生为"先生"，我当时还问他：怎么不叫老师，或者教授？好像王老师回答说大家都习惯于这样称呼。那时的

* 梁晓俭，山东财经大学法学院教授。

黄先生早已不指导硕士，只带博士，所以每每有社科院的老先生们看见我就会问黄先生："老黄，这个小丫头是谁？"

二、 上课的模式

那时的硕士很少，老师们带的硕士比现在带的博士还要少，师生关系也非常紧密，不像现在的硕士，连专业课都是上大课。黄先生亲自给我开了三门课，又拜托中国社会科学院的巫白慧先生和宫静先生分别给我上了一门专业课。我的两位同门师兄，当时的国家图书馆善本部副主任方广锠和社科院南亚所的朱明忠也分别给我开了一门课。这个导师团队堪称"豪华"，都是我国著名的哲学或宗教学专家。所有的课程都是我一个人上，是一对一教学的"奢侈"待遇，且所有的专业课程都是到老师们的家里上。记得第一次去黄先生家里上课，一落座，先生就问我喝茶还是咖啡，我既奇怪又窘迫，不好意思选择，黄先生便自行给我冲泡了咖啡，不一会儿，师母又给我端了一盘水果。我坐在沙发上，守着茶几上的咖啡和水果，紧张地仰望着坐在书桌旁的黄先生，拿出一个小的笔记本准备记录。先生看着我的本子，温和地"教育"我：记笔记怎么用这么小的本子，要大一点的。边说着边从他的书柜里找出一本很大的笔记本送给我，说以后就要用这样的。先生是常熟人，口音很重，我刚开始听课经常分不清"人"和"神"，以及"生"和"死"这些区别，就愈发紧张。后来随着自己专业水平地提高，渐渐通过理解能力克服了听不懂先生口音的问题。其实，先生讲课也没有太多具体内容，确切说不像现在这样满堂灌。他只是就一个专题，告诉我印度人怎么看，日本人怎么看，德国人怎么看，以及中国国内几位顶级学者和先生自己的看法。下课前，先生必当推荐几本相关的著作要我回去读，再上课时，先让我谈谈我自己的看法和读书心得，再进行下一个专题。

三、 先生很重视我的吃饭问题

从上午 9 点开始上课，到 11 点左右结束，先生必定要我留用午饭再走，不许推辞。师母也是常熟人，做的东西我觉得很好吃，她老人家长期患有糖尿病，容易疲劳，但每次我去了她必定要加菜。在我进京初期，先生还会命令他的儿子，现在是我国知名的佛教研究专家黄夏年陪我去北京各大著名景点逛逛。基于先生的学术地位和职务，他经常会在国内组织或被邀请参加一些国际性的学术会议，每次先生也会要我去参加，并跟我说上午 11 点多钟去开会就行。开始我不明白，后来才体会到先生的用意。这些会议的内容对于刚开始专业学习的我是听不大懂的,先生要我临近中午到会是为了让我去吃顿好的,之后再领取些会议材料回家慢慢研究。现在回忆起来还是觉得幸福满满啊。先生请客时也常会带着我去。1988 年,肯德基快餐刚进驻北京不久,去那里吃饭是很时髦的事。忘记是为了什么,黄先生请社科院一些同事去肯德基吃饭,我也跟着去了。先生在肯德基门口排了很长的队才得以进去就餐,当时请的人好像都是社科院南亚所和宗教所的专家,记得其中有金宜久、戴康生和宫静等几位先生,我只顾了吃,没记全。我当时有个男朋友,后来到社科院宗教所读博士,黄先生知道后也要我带男朋友去吃饭。

四、 先生家里的“人事”关系呈平衡性生态

那几年在北京能经常见到的黄先生家里的人只有师母和夏年哥。先生对儿子严肃且严格。夏年很怕先生,但先生又怕师母,师母怕夏年哥,总体是平衡和谐的生态。有一天上课快结束时,先生家里来了一位南京的自学青年,好像是对印度哲学和宗教感兴趣,也仰佩先生的学问,慕名就跟先生异地书信交往。那次去一是拜访,二是要跟先生借书,要借好多本书,其中有几本很难找。书柜很高,先生踩着凳子不安全,就把夏年哥喊来要他找。折腾很久,夏年哥才把书找全借给那人。饭后,那人走了,夏年跟先生说以后不要再这么费劲地借给陌生人这么多的书,又不写借阅目录,万一不归还会耽误自己研究,以往这样的情况也发生过多次。先生听后大发雷霆,训斥夏年不能体贴别人自学成才之不易,应该全力以赴帮忙之类,越说越气,最后勒令儿子“滚”。夏年哥马上就乖乖地“滚”出了门,脚上还穿着拖鞋。到我出门离开先生家时,夏年还在门口站着呢。我同情地问他怎么办,他说:“没事,一会我妈会给我开门的。”这件事吓得我不轻,慈善可亲的先生竟有着这么大的脾气,夏年哥在我眼里已是极为忠厚之人,换我做先生的女儿,依照我的脾气性格岂不天天会挨骂?内心庆幸自己只是先生的学生。

五、 先生学术视野开阔,毫无学科门户的偏见

我硕士毕业后工作了几年,又辞职考取了北京大学法学院,去攻读法学博士学位。到北京后,我内心忐忑,担心先生责怪我不安心专业研究,但还是硬着头皮去见了先生坦白情况,谁知先生却说很好,都是搞学术,文科不分家的。还跟我说在 1949 年前他读大学时学的是英国文学专业,读书期间因跟随共产党搞学生运动被通缉,就去参加

了共产党的游击队。1949年后，他在江苏省高等法院做法官，朝鲜战争期间去了朝鲜做了陈赓将军的英文参谋，回国后在国家监察部工作，因更愿意去从事学术研究，就考取了北京大学哲学系，师从任华老先生学习希腊哲学，获得副博士（相当于现在的硕士）学位后留在北京大学哲学系工作，之后又跟随汤用彤先生学习印度哲学，在北大哲学系东方教研室工作。再往后去了中国科学院社会科学部（中国社会科学院的前身）组建宗教所，也算经历了跨学科的学习和研究工作。我知道先生有着中西交融的学术背景，在社科院宗教所、南亚东南亚所和亚太所都担任过领导职务，是我国研究印度哲学、东方哲学和宗教方面的学术泰斗。先生鼓励我在北京大学法学院好好学习，不要有压力，他认为有厚实的西方哲学和东方哲学的理论功底，再从事法学理论和法律史研究应该会有学术能力。记得当时他指着家里靠墙的一排样式奇特的低矮的木质书箱跟我说："我这里有建国初期很多法院的文献，将来你可以拿走去做研究。"2002年博士毕业后，我被分配到同济大学工作，每到新年前后，总能收到先生手写的贺年卡片。其间，我任副教授，破格晋升教授，担任博导都跟他汇报，先生都给予祝贺和鼓励。

先生今年九十岁了。2017年底我专程去看望他老人家，见他红光满面，谈吐流畅；请他到外面吃饭，步行近一刻钟，先生步履稳实，不似九十高龄之人。最令人惊奇的是，夏年哥说先生至今从不吃任何针对老年人的药物，甚至维生素和钙片也不曾吃，血压、血脂和血糖都在正常范围，只是偶尔会有记忆模糊的问题出现。衷心祝愿先生身体安康。有先生在，似乎就有根在。

中峰明本禅师与高丽忠宣王王璋

纪华传*

禅宗的兴起与传播，一直得到朝廷和地方官员等士大夫阶层的保护和支持。元代的社会有其新的特点，但禅宗的发展仍然离不开士大夫的支持。中峰明本禅师虽欲隐名于山林，由于其道德修为和禅法修证，名声广传，四方求法者络绎不绝，吸引了很多士大夫与之交往，翰林学士赵孟頫、高丽忠宣王王璋、丞相达剌罕脱欢、吏部尚书郑云翼、两浙运使瞿霆发等，均曾问法于明本，或执弟子礼，过往甚密，成为其重要的外护。

明本与高丽忠宣王（沈王）王璋以师徒相称。①王璋作为元朝驸马，又前后两次登上高丽王位，并封为沈王，以驸马太尉的身份寓居元朝，地位显赫。然而关于王璋与佛教的关系，在笔者所见的韩国佛教史著作中，均语焉未详。关于王璋的现有研究中，多从元朝与高丽政治关系的角度考察，对于他与佛教的关系则很少涉及。②

一、 高丽忠宣王王璋与佛教

高丽忠宣工王璋（1275—1325）③，字仲昂，原名王谌，蒙古名益智礼普化，为高丽第二十八代国王。父亲是忠烈王王昛，母亲是忽必烈之女忽都鲁揭里迷失（齐国大长公主）。王璋是元初世祖忽必烈以联姻的方式控制高丽政治的产物，虽然通过这一方式，元朝与高丽之间“义虽君臣，欢若父子”④，但实际上高丽的政局被牢牢地控制在元朝政权下，可以决定国王的任命和废黜，所以王璋的命运也与元朝的政治紧密联系起

---

* 纪华传，中国社会科学院世界宗教研究所研究员、博士生导师。

① 《天目中峰和尚广录》卷六“书问”中有“与嗣沈王”，同卷“答沈王书”所附的王璋给明本的信中也自称“弟子太尉沈王王璋”。

② 近年来关于王璋研究的重要文章有苗威：《高丽忠宣王与中国》，《东疆学刊》2000 年第 3 期；桂栖鹏：《元英宗谪高丽忠宣王于吐蕃原因探析》，《中国边疆史地研究》2001 年第 2 期；薛磊：《元朝与高丽政治关系中的重要人物——高丽忠宣王王璋》，《内蒙古社会科学》2004 年第 3 期等。

③ 关于王璋的生平事迹，本文主要依据《忠宣王世家》（《高丽史》[影印本]卷三三、卷三四，台北：文史哲出版社，2012 年）以及《元史》“高丽传”的记载。

④ 《元史》卷二〇八之《列传》九五，第 4625 页，中华书局，1976 年。

来。忠烈王三年(元至元十四年,1277)被封为世子,二十二年(元元贞二年,1296)十一月王璋娶元晋王之女宝塔实怜公主。

忠烈王二十四年(元大德二年,1298)元月,忠烈王退位,元遣使册封为逸寿王,王璋即位于康安殿,即高丽忠宣王。王璋即位以后,即"遽革成规",改革官职,因此招致"物议"。同年八月,王璋被奏"有罪当废,复以其父昛为王"①。在即位的八个月时间里,王璋多次受戒、斋僧,可以看出他对佛教的重视。元月时,因以往赐出家僧人法号过滥,有谚语称"僧多批职,亡国败家",所以"令有司褒贬申闻,今后有法德殊职者方加法号,一前所配者除"②。二月,亲设消灾道场于康安殿。五月,"教僧人:既出家,固当上不拜君王,下不拜父母,况其余乎? 自今僧俗相拜者,重论如法。虽至居家庸僧,勿差官役"③。又与公主受戒于西藏僧人。六月,再一次与公主及太上王王昛一起受戒于西藏僧人。七月,与公主一起至神孝寺,设盂兰盆斋。

王璋退位以后,又一次入元,并与海山(即后来的元武宗)和爱育拔力八达(即后来的元仁宗)兄弟二人关系十分密切。《高丽史》记载:"王如元宿卫凡十年,武宗、仁宗龙潜,与王同卧起,昼夜不相离。"④大德十一年(1307),元成宗去世,王璋参与宫廷争夺皇位的斗争,帮助爱育拔力八达和其母答己发动宫廷政变,拥立海山即位,是为元武宗。至大元年(1308)五月,因这次"定策"有功,王璋被封为沈阳王(两年后又改封为沈王)。七月,高丽忠烈王去世,王璋回去奔丧,十月,又被武宗重新封为征东行中书省右丞相、高丽国王。但不到一个月,他又回到元朝,虽然高丽大臣多次派人请王璋归国,元廷也希望他回国。但他为了继续留在元朝,于皇庆二年(1313),传位于其子王焘;延祐三年(1316),又将沈王之位传给其侄王暠,自称太尉王。王璋多年在中国,受佛教及儒学影响很深。皇庆元年(1312),王璋于大都大庆寿寺舍经一藏,程钜夫曾记载此事:"是日天新雨,王(按:王璋)延至其邸,诸僧列坐,梵呗之声洋洋满庭……一僧隅坐转《法华》,每举一佛名、一菩萨名,王必举手加额而致其敬焉。"⑤延祐元年(1314),于大都建"万卷堂",招致大儒阎复、姚遂、赵孟頫、虞集等,与之从游,"以考究自娱"。⑥

延祐六年(1319),王璋奏奉圣旨,降御香于江南,至普陀山参拜观世音菩萨道场,又至杭州等地礼佛。九月上天目山,问法于中峰明本禅师,成为其在家嗣法弟子。关

① 《元史》卷二〇八之《列传》九五,第4625页,中华书局,1976年。

② 《忠宣王一》,《高丽史》卷三三,第511页。

③ 同上书,513页。

④ 同上书,515页。

⑤ 程钜夫:《大庆寿寺藏经碑》,《雪楼集》卷十八。

⑥ 《忠宣王二》,《高丽史》卷三四,第527页。

于王璋在江南的情况，佛教史书多有记载，如慧因寺住持盘谷法师博览经史，喜欢云游山水，以诗文名世，“时附马高丽沈王闻师德望，具书聘讲《华严》大意于杭之慧因寺。师展四无碍辩，七众倾伏。王大悦，师声价益重”①。又于明庆寺设斋，迎请凤山仪法师等诸山住持受供。②

延祐七年(1320)初，仁宗去世，元英宗即位，王璋第二次赴江南降香，准备朝觐浙江天童寺，当行至镇江金山寺时，被英宗派人急召，“拥逼以行，侍从臣僚皆奔窜”③。十月，将王璋下于刑部，不久令其出家于石佛寺。十二月又将他流放到吐蕃撒思吉之地。据桂栖鹏的研究，王璋被谪，是由于英宗与其祖母太皇太后答己之间的宫廷斗争，王璋是答己的亲信，所以成为清除的对象。④直到至治三年(1323)晋宗即位，大赦天下，才被招回大都。泰定二年(1325)，王璋于大都去世。

二、 王璋与明本的书信问答

延祐元年(1314)夏，王璋仰慕明本之道，曾派参军洪钥和奇长老入天目山问法，叙弟子礼。王璋在给明本的信中说：

> 弟子太尉、沈王王璋，顿首百拜和南天目中峰和尚大禅师座下：惟璋眇德，叨预天姻，爵禄虽荣，常遵佛化。仰灵山之付嘱，怀觉树之潜辉，每对真容，诚切瞻恋。至于修崇胜事，听演教乘，颇尝及矣，而禅宗向上一着，罔知所趣。伏审吾师道传天目，名简帝心，良以江山迢遥，尚阻执侍，渴仰醍醐，思沾花雨，极悬悬也。缅想天人叶赞，法候胜常，今专遣洪钥，谨赍信香，代申礼敬。久向和尚养高泉石，他方多请住持，曾未垂诺，奈无相法身，欲隐弥露，曷若出世度生，广开利益？然闻江南灵踪圣境，久欲游观。秋、冬间，傥得旨南来，首当参扣，愿兴悲济。先此布区区，幸祈法照。⑤

---

① 《盘谷传》，《大明高僧传》卷一。

② 《宗统编年》卷二七，《卍新纂续藏经》第86卷。关于凤山仪法师，《佛祖统纪》卷四八记载，至大元年(1308)，“凤山仪法师入觐。高丽沈王王璋以其道行之隆引见大明殿，特命讲经三藏试鸿胪卿加佛智之号，赐金纳失失伽黎”(“法运通塞志”第十七之十五，《大正藏》第49卷)。

③ 《忠宣王二》，《高丽史》卷三四，第527页。

④ 桂栖鹏：《元英宗谪高丽忠宣王于吐蕃原因探析》，《中国边疆史地研究》2001年第2期。

⑤ 《中峰和尚广录》卷六“书问：答沈王书(来书附)”，第76页。

明本曾于延祐六年说法时称："记六载前，伏承太尉沈王书币下逮，谓得旨南来，首谒补陀，次登天目。"[①]据此，这通书信写于延祐元年，前此一年已将高丽王位传至儿子王焘，故自称太尉、沈王。信中，王璋以弟子之礼相称，说自己虽然作为驸马太尉，爵禄荣显，但对佛教极为尊崇，常修佛教法会，听闻讲经演教，只是对于禅宗"向上一着"（即明心见性）尚不得而入。又得知明本"道传天目，名简帝心"，及"他方多请住持，曾未垂诺，奈无相法身，欲隐弥露"，所以劝说明本不如随顺因缘出世，广开利益众生之门。

明本在《答沈王书》中，云：

> 某为学既昧，于道无闻，厕影僧园，滥叨田服。扪心揆己，夙夜恐惶。伏惟阁下，位冠百辟，爵居名王。天姻懿亲为国尊行，性海巨筏为佛雄藩。仁声仁闻被呼寰区，有德有言无愧简册。顾某何人，敢当垂念。过蒙洪参军与奇长老冒尘触暍，徒步登山，出王钧缄，侑之厚币，辞情恳，自敌以下有不敢当者，而况大王年德名位振耀皇家者哉！浴沐熏香，对信使展读，虽山林泉石增助光润，其如某之愧悚何……兹示承谕，于禅门向上一着子，未有所闻，似不劳过逊也。然禅门言向上向下者，乃一时建立之方便巧辞，非实有也……又承谕及某不肯住持之说，斯言似为过情。使某苟有一毫利益于人而独擅其退休闲逸之计，不思法道之隆替，诚法门之罪人也。正以自救不暇，故当退遁，岂有他哉，惟王谅之。[②]

针对王璋的来信，明本主要谈了三点：第一，赞誉沈王王璋位高德重，"位冠百辟，爵居名王。天姻懿亲为国尊行，性海巨筏为佛雄藩。仁声仁闻被呼寰区，有德有言无愧简册"，极尽赞美之辞。第二，对王璋来信中称"而禅宗向上一着"，尚未趣入，明本认为这是谦虚的说法。又讲，禅宗所言"向上""向下"者，都是为了利益众生而一时建立的言说方便，并非实有。第三，解释不肯住持名山禅刹的原因，并非是求清净闲逸而不思利益众生，不管佛法的兴盛，而是自己"自救不暇"才求隐遁于山林。

明本又作《与嗣沈王》一书，专门开示禅宗看话禅、做工夫的修行方法。首先说明书此法语的缘起："因话次，奇长老宣传王旨，俾书法语一篇以资玄路。切谓一国之主，游刃群机以宁海宇，何暇存神内典，以亲方外之学乎？"[③]从表面上看，明本对于王璋作为一国之主，能否有时间栖神于佛典、亲近佛法似乎持怀疑的态度，实际上这恰恰是明

---

① 《中峰和尚广录》卷一"示众"，第6页。

② 同上书，第6—7页。

③ 《中峰和尚广录》卷六"书问：与嗣沈王"，第77页。

本的善巧引导。明本先以教门所讲的菩萨夙植善根福德加以赞叹，又以禅宗中的"无修而修，绝证而证"来增其信心。明本还讲，学道要具备三种正见，第一要"念得生死无常大事"，第二要"识破一切世间憎爱是非缘境"，第三要"办取一片长远决定身心"。对于参禅的方法，明本特别提出"须弥山"的话头令王璋参究："如何是须弥山？且须弥山之意作么生道？但与么举起来参取。政当参时，都不妨治国齐家、营福修善等事。"参究此话头，久久纯熟，一旦开悟，则"以此道治国则国无不治，理民则民无不安，崇福则福无不资，祈寿则寿无不永"①。

高丽白尚书或受王璋影响，亦曾持币供养，并向明本提出四个问题：第一，禅不在坐与坐禅的关系；第二，不解佛意而诵经的功德；第三，佛说一切法皆是佛法，何以更说别法；第四，在家菩萨有妻子奴婢，何以成为菩萨。从这些问题可以看出，元代时高丽士大夫阶层对于禅宗已经相当熟悉。明本皆站在禅宗的立场上，给予精彩的回答，如对于第一问，明本指出，心遍在行住坐卧之间，不拘于一隅，故禅不在坐，亦不离坐。并说："坐禅者，必欲以悟心为本。此心既悟，则四威仪皆是坐时。此心未悟，虽不离坐，实未曾坐也。"②明本此说颇为善巧圆满，既不局限于坐禅，因为禅遍及一切处；又不绝对否定坐禅，否则会"近于狂荡"。由于"今之人但知不在坐，而不知不离坐"，所以明本非常强调坐禅的重要性，这也是他一生苦口婆心劝导门人弟子孜孜于看话头、做工夫的原因。

三、 王璋登天目山问法与嗣法

延祐六年九月初六，王璋奏奉仁宗圣旨，入山拜谒明本于幻住庵。随从而来的还有江浙省右平章（后为丞相）答剌罕脱欢、命理问官阿敦等各级官员。翌日，请明本就师子正宗禅寺升座拈香。这次示众的内容，收录在《中峰和尚广录》卷首，其重要地位不言而喻。明本首先拈香祝圣，按照禅宗仪轨为皇帝、皇后、皇太子、王璋及随从官员祝寿。又举其师高峰原妙禅师深居天目山，教人参究"万法归一，一归何处"的话头的例子，教王璋等人将话头蕴之于胸中，行住坐卧不离话头，参到用力不及处，留意不得时，蓦然打脱，"方知成佛由来久矣"。特别引《华严经》中"若人欲识佛境界，当净其意如虚空"，对"佛境界"加以发挥，认为山高水深、日上月下、云腾鸟飞、明暗色空、坏空成住、三途六趣等无非是佛境界。"当知佛境界充遍，故众生境界亦复充遍，离佛境界外

① 《中峰和尚广录》卷六"书问：与嗣沈王"，第78页。

② 《中峰和尚广录》卷六"书问：答高丽白尚书"，第78页。

别无众生境界。舍众生境界外别无佛境界。所谓佛境界者，极而言之，迷则佛境界俱是众生境界，悟则众生境界俱是佛境界。”①是说佛与众生的差别只在迷悟之间，如《六祖坛经》所言：“不悟，即佛是众生；一念若悟，即众生是佛。”②

由于王璋最初接触佛教，主要通过佛法教理的研究，修行上则侧重于布施、持戒等修福的方面。所以明本专门为他开示法语，引导他由教入禅：“佛祖言教，乃指众生破妄入真之蹊径耳，亦描写如来境界之图本也。苟不肯亲蹈千万里之蹊径，孤露他方，安有到家之日。”强调要亲证如来境界。至于修行的方法，明本仍以看话禅授与王璋：“若欲必求正悟，别无方便，但将个生死事大无常迅速之要言，蕴于八识田中，念念勿令间断，政尔间断时，忽有佛祖以成现三昧注入我心，亦须吐却此事。使佛祖果有教人之理，只消与么教去，又何待人悟入耶？”③明本虽未明言禅教优劣，但所主张的禅宗修行证悟是亲蹈如来境界，显然高于教门。

王璋听闻所开示的禅法，深生敬仰，便又求法名、别号，明本为他起名为“胜光”，号曰“真际”。王璋于师子岩前建一亭子，名为“真际亭”，以纪念从明本得法。明本作《真际说》，洋洋数千言，发挥真际二字的含义：“夫真非色像，不可得而见，有见非真。际非境缘，不可得而及，可及非际。真乎不可见而见之，际乎不可及而及矣。若不可见之真，廓尔无像；不可及之际，洞然绝痕。无像之真，体之莫非神悟；罔及之际，混之必欲心开。”又将此不可见、不可及之“真际”，称为“第一义，最上乘”，认为此“真际”为佛祖所悟的根本法门，一切万法都由此而生。明本所讲的“真际”实际是本心的意思，就是要启发王璋认识自己本来具足的清净本心。最后总结说：“如是，则真际与万法会同，万法与真际交彻。在迷，则真际是万法；唯悟，则万法是真际。悟迷俱遣，得失两融，真不立而真存，际不形而际遍矣。”④与上文师子正宗禅寺示众所讲的佛与众生只在迷悟之间一样，真际与万法亦在迷悟之间，而其中的关键在于是否认识自己的本心，明心见性则佛与众生、真际与万法无二无别。明本曾作《次韵沈王题真际亭》一诗，喜赞王璋归心于禅：“高亭结构标真际，体共云林一样闲。山势倚天忘突兀，水声投涧自潺湲。伽陀迥出言词外，海印高悬宇宙间。伫看凭栏人独醒，又添公案入禅关。”⑤《西天目祖山志》中收有两首诗，均题为释中峰《次韵沈王题真际亭》。前一首与《中峰和尚广录》

① 《中峰和尚广录》卷一“示众”，第7页。

② 《新版敦煌新本六祖坛经》，北京：宗教文化出版社，2001年，第35页。

③ 《中峰和尚广录》卷五“示海印居士(沈王王璋)”，第60页。

④ 《中峰和尚广录》卷二五“真际说”，第247页。

⑤ 《中峰和尚广录》卷二九“偈颂：次韵沈王题真际亭”，第277页。

本同，后一首云："凤舞龙飞甲众山，振衣直上费高攀。层层石磴深云锁，隐隐禅林尽日闲。自古名流多驻跸，昔年王气亦相关。从前不涉高颠处，宁识东溟指顾间。"①从内容看，可能为王璋原作。

王璋与明本相见，也为西天目山留下了多处人文景致。除真际亭外，后人为纪念明本与王璋相见并传法这一盛事，又将二人相见处的山峰命名为沈王峰："沈王峰，在真际亭后，取高丽驸马事，故名。"②又有活埋庵，在师子岩南，前为香炉峰，后为趺坐石，明本尝禅寂石上，沈王王璋说："我师其活埋于此乎？"于是建庵名为"活埋庵"③。

据载，王璋每次得到明本开示得法语，都"涕泪感发"，对明本评价极高："吾阅人多矣，未有如师福德最盛者。"④在元朝崇奉藏传佛教的情况下，王璋与明本的交往，反映出高丽对于汉传佛教中禅宗的自觉选择和接受，对于了解中韩佛教文化交流具有重要意义。

---

① 《西天目祖山志》卷五"释中峰次韵沈王题真际亭"，第5页。

② 《西天目祖山志》卷一"形胜"，第7页。

③ 《西天目祖山志》卷二"建置"，第2页。

④ 《普应国师道行碑》，《中峰和尚广录》"附录"，第289页。

南北朝佛教解经学文体源流略考

王　颂*

南北朝时期逐步定型的中国佛教解经学体例，对佛教义学乃至儒家经学都产生了深远影响，这一点已经为前辈学者所指出。然而于此文化迁移史上的一大事因缘①，犹有诸多未发之覆。试举一二端，以就教于方家。

前人成果，主要集中于两个方面：其一，义疏文体。从讲授者的角度来看，义疏是其讲经的预备讲稿或者讲经之后的整理稿。②其下又分两个子项：科判或曰科段之学、开题。这两项发明也都是由佛教解经的特点决定的，它们对儒家的同类作品产生了重要影响。其二，都讲制度。汤用彤先生率先指出佛教的都讲制度与儒家的差异③，牟润孙先生、福井文雅先生新见迭出。④对于第二个方面，笔者没有新的见解，仅就前者略抒浅见。

---

* 王颂，北京大学哲学宗教学系教授、博士生导师。

① 牟润孙："撰疏一事，非仅为诂经之书创辟新体例，即在我国学术史上思想史上亦为大事因缘，影响极为深远。至于其中关键所系，厥为儒家讲经之采用释氏仪式一端。"参见牟润孙著《论儒释两家之讲经与义疏》，载氏著《注史斋丛稿》（增订本）（上），北京：中华书局，2009 年，第 88 页。

② 牟润孙："僧徒之义疏或为讲经之纪录，或为预撰之讲义，儒生既采彼教之仪式，因亦仿之有纪录有讲义，乃制而为疏。讲经其因，义疏则其果也。"出处同上。

③ 汤用彤："又汉代儒家讲经立都讲，晋时佛家讲经，亦闻有都讲，似系采汉人经师讲经成法。但此制自亦有释典之根据，未必是因袭儒家法度。"参见氏著《汉魏两晋南北朝佛教史》（上册），北京：中华书局，1983 年，第 80—83 页。

④ 牟润孙认为，汉代所谓都讲，乃经师弟子，佛教袭用其名，实质有所不同，佛教之都讲的作用在于协助讲经者即法师唱诵经文、问答往复，二者并无从属关系。参见牟润孙著《儒家之讲经仪式》（下），载氏著《注史斋丛稿》（增订本）（上），第 123—130 页。福井文雅根据吴支谦译《大明度无极经》译本和《八千颂般若》（*Aṣṭasāhasrikā Prajñāpāramitā*）梵本，推断出都讲的原词是 dharma-kathika，而法师是 dharma-bhāṇaka，又据平川彰和塚本启祥的研究，指出其差异。参见福井文雅、牧田谛亮编《讲经仪式的组织内容》，载《讲座敦煌 7：敦煌和中国佛教》，东京：大东出版社，1984 年，第 359—382 页。

一、 疏与论的印度源头

义疏或疏一词，即便为中国所固有，其作为一种成熟的解经学文体，自南北朝时期起广为流行，实乃佛教徒的贡献。然其源头，出乎五天竺。以旧瓶装新酒，渐次模糊了新旧的界限，本为文化迁移、翻译史上的普遍现象，本文以下多有涉及，不必赘言。盖佛教经疏之源头，远固可上溯至婆罗门吠陀①，近则在优波提舍（Upadeśa）、摩呾理迦（Mātṛkā）和阿毗达磨（Abhidharma）。此三者皆为佛教解经文体，后世中国佛教徒统一翻译为“论”。

优波提舍者，意译为论议、说义、广演，是最早出现的佛十二分教之一。由于原始资料缺失，我们只能从相对较晚的2世纪龙树等人的记述中略窥一二：

> 论议经②者，答诸问者，释其所以，又复广说诸义。如佛说四谛，何等是四？所谓四圣谛。何等是四？所谓苦、集、灭、道圣谛。是名论议。何等为苦圣谛？所谓生苦等八种苦。何等是生苦？所谓诸众生各各生处，是中受苦。如是等问答，广解其义，是名优波提舍。③

这种对经所说内容设置问答，之后再针对答案进一步提出问题，层层深入分析下去的解经形式，所谓“辗转生解”，即优波提舍。对此，中国义学僧人曾予以概括总结：

> “论议经者”已下：次释第十二优波提舍经也。明“论”有二种：一者辨立法相宗指，名之为“论”。二者因问答往复，名之为“论”。此中言问者释其所以者，明往复之论。又复广说诸义者，明释立诸义宗指论也。④

即优波提舍（论议）的特点有二：其一，辨立法相和宗旨。佛教通过对现象的分析，

---

① 饶宗颐：“（牟润孙文）所述南北朝以来儒家袭取佛氏讲经之仪轨，举证确切，自是不刊之论。惟向来对彼邦经疏之体例，仍未深究。佛家经疏，沿袭自婆罗门，故论梵土经疏之始，非追溯至吠陀分（Vedānga），无以明其原委也。”参见饶宗颐著《华梵经疏体例同异析疑》，载《饶宗颐东方学论集》，汕头：汕头大学出版社，1999年，第214—226页。

② 古代一部分佛教徒认为优波提舍也是佛所说，故称“论义经”“优波提舍经”。

③ 《大智度论》卷三十三，CBETA(2016)，T25，no.1509，p.308，a17—a22。

④ 《大智度论疏》卷十四，CBETA(2016)，X46，no.791，p.840，a19—a22。

提炼出概念、范畴，称之为名相。法相繁多，借助辨析法相，以明宗旨，是为“论”。其二，往复问答，释明所以，因此称“论”。

摩呾理迦者，又音译作摩窒里迦，意译为母、本母等。其特点据说是围绕名相来阐释经说，乃后世“事数”的前身：

> 摩室里迦我今自说，于所了义皆令明显。所谓：四念处、四正勤、四神足、五根、五力、七菩提分、八圣道分；四无畏、四无碍解、四沙门果、四法句无诤愿智，及边际定、空、无相、无愿、杂修诸定、正入现观，及世俗智、苫摩他、毗钵舍那、法集法蕴，如是总名摩室里迦。①

阿毗达磨者，音译作阿毗昙，简称毗昙，意译为对法、大法、无比法。传后汉所译《分别功德论》卷一云：

> 阿难复思惟：“经法浩大，当分作三聚。”……一分契经，二分毗尼，三分阿毗昙。契经者，佛所说法。或为诸天帝王，或为外道异学，随事分别，各得开解也。契经者，犹线，连属义理使成行法，故曰契也。毗尼者，禁律也。为二部僧说，捡恶敛非，或二百五十，或五百事，引法防奸……阿毗昙者，大法也。所以言大者，四谛大慧，诸法牙旗，断诸邪见无明洪痴，故曰大法也。亦名无比法，八智十慧无漏正见，越三界碍无与等者，故曰无比法也。②

可见契经（修多罗）、毗尼（毗奈耶）、阿毗昙三立，即后世所谓经、律、论三藏。优波提舍、摩呾理迦、阿毗达磨三者之间的关系颇为复杂③，因资料匮乏且古人记述多有相互龃龉之处，尚难以定论，但可以确定为同一部类。自部派佛教特别是对中国佛教影响巨大的说一切有部毗昙学发达以后，阿毗达磨逐渐取代前二者成为解经的固定文体，阿毗达磨因此也成为了释经著作的总称。④

以上略为总结：其一，印度早期的佛教文献，以修多罗（经）和毗奈耶（律）为佛所

---

① 《根本说一切有部毗奈耶杂事》卷四十，CBETA(2016)，T24，no.1451，p.408，b06—b11。

② 《分别功德论》卷一，CBETA(2016)，T25，no.1507，p.32，a5—20。

③ 参见印顺著《说一切有部为主的论书与论师之研究》，载《印顺著作全集》第15卷，北京：中华书局，2007年。

④ 阿毗达磨或曰毗昙原本为释经文体确定无疑，故而印度大乘亦有阿毗达磨。然中国大乘佛教发达后，将毗昙学定为小乘，似乎毗昙为小乘专有，与大乘论对立，徒增问题的复杂性。

亲说，以阿毗达磨（论）为佛弟子说，即释经的著作。然而由于印度原本是口传传统，文献皆系后出，故而三者时有混杂之处，如修多罗部类中的《增一阿含》乃分门别类阐述佛所说法，加工整理痕迹明显，实际上已近于阿毗达磨。其二，无论是优波提舍、摩咀理迦还是阿毗达磨，出现的时间和各自的体例固有微妙不同，但主旨唯一：释经以明宗。从现存描述看，它们都不是随文逐疏、章句训诂的形式，这一点与东土有所不同。①

二、作为文体与作为译语的“论”

“论”作为一种文体，始于先秦，大兴于魏晋南北朝时代。②曹魏曹丕《典论·论文》总结说：“夫文，本同而末异。盖奏议宜雅，书论宜理，铭诔尚实，诗赋欲丽。”③指出不同的文体应有不同的审美标准，“书论”或“论”应以析理见长。刘勰《文心雕龙·论说篇》也说：“论也者，弥纶群言，而研精一理者也。”④又云：“圣哲彝训曰经，述经叙理曰论。”⑤识者谓刘勰本佛教徒，此说可能已受到佛教影响。⑥可见魏晋南北朝时代对于“论”之作为一种文体，已有两点认识：析理、释经。

盖佛教自两汉之际传入中国，先出文献随机而发，颇显混杂，大小乘兼有、经律论并行。如后汉安世高，以小乘禅数学行世，支娄迦谶则偏重大乘。其时译语尚未确定标准，名相术语自不待言，即便是经、律、论三藏，后人耳熟能详，以为理所当然，其实其译语也经过一番演变才得以确立，特别是与本文关系密切的“论”。前人于此多未厝

---

① 吴支谦将优波提舍译为“章句经”，有误，故而西晋竺法护订正为“注解经”。分别见《私呵昧经》卷一：“何等为十二？一者闻经，二者说经，三者听经，四者分别经，五者现经，六者譬喻经，七者所说经，八者生经，九者方等经，十者无比法经，十一者章句经，十二者行经。是为十二部经。”参见 CBETA(2016)，T14，no.532，p.811，c9—13。《大哀经》卷七：“十二部经：一曰、闻经，二曰、得经，三曰、听经，四曰、分别经，五曰、现经，六曰、应时经，七曰、生经，八曰、方等经，九曰、未曾有经，十曰、譬喻经，十一曰、注解经，十二曰、行经。”参见 CBETA(2016)，T13，no.398，p.443，b27—c2。

② 据统计，魏晋时代论体文数量是两汉的数倍，若加上南北朝时代，数量更多。参见杨朝蕾著《魏晋论体文之兴盛内部动因》，《广东广播电视大学学报》2011 年第 2 期。

③ 萧统编、李善等注：《六臣注文选》，上海：上海古籍出版社，1993 年，第 1216 页。

④ 刘勰撰、黄叔琳注：《文心雕龙》，上海：商务印书馆，1935 年，第 64 页。

⑤ 同上。

⑥ 刘勰较罗什略晚，受佛教影响说不可谓无征，参见下文。又汤用彤说：“梁刘勰早孤，依沙门僧祐，与之处积十余年，遂博通经论。”（参见氏著《汉魏两晋南北朝佛教史》[下册]，第 348 页）

意,略辨一二。

如安世高所译《阴持入经》,其内容本为论,但冠以"经"名,古已疑之,今人经过汉巴文本对勘,已经确证为误。①又如上引《分别功德论》,早期经录如《出三藏记集》标为《分别功德经》,后世藏经则径改为论。又《出三藏记集》中阿毗达磨类著作一律用毗昙等音译,无"论"之说法。早期译典题名如此,可见当时或将印度翻译经典泛称为"经",或用音译,尚未将"论"作为阿毗达磨的固定译语。后世之人在论藏一说定型之后,又矫枉过正,将所有先译阿毗达磨类著作一律加上"论"这一后缀,遂有《阿毗昙八犍度论》之类不伦不类的题目。"阿毗昙"者,论也,复以"论"名之,甚为可怪,实属未经细察。②

又印度佛教在部派时代后期,义学发达,除了解经的阿毗达磨,还有对阿毗达磨进一步阐发的文类,如毗婆沙③,又从毗婆沙分化出了更加自由开放、直抒胸臆的理论性著作,这已经与解经渐行渐远,但中国译者一律译作"论"。如世亲所作《俱舍论》即为鲜明一例,其原本是对《大毗婆沙论》的诠释与批判,而《大毗婆沙论》是对《阿毗昙八犍度》(玄奘译名《发智论》更为人所熟知)的诠释与阐发,《阿毗昙八犍度》则是《阿含经》的经释。而众贤又作《俱舍雹论》(即《顺正理论》),批判《俱舍论》。从《八犍度》到《顺正理论》,遂构成一复杂的论藏体系。

按《俱舍论》梵语名称为 *Abhidharmakośabhāṣya*,所据为"论"之原词系bhāṣya,汉译又译作释论。而梵语另有śāstra,汉译也作"论",如《中论》原文为 *Madhyamakaśāstram*。佛护所作《中论释》,梵文作 *Madhyamakavṛtti*,其中vṛtti,即论之疏解,译作"注"或"释"皆宜。④关于《大智度论》之梵文原名,因尚未发现梵文原本,只能推测,学者们对"大智度"之原文为 Mahāprajñāpāramitā 并无异议,但对于"论"字的梵文原词,则有śāstra、vibhāsā、vyakyaśāstra、upadeśa几种推断。周伯戡教授根据大谷光瑞考古

---

① Stefano Zacchetti, "An Early Chinese Translation Corresponding to Chapter 6 of the Pewakopadesa—An Shigao's Yin chi ru jing T 603 and its Indian Original: A Preliminary Survey", *Bulletin of the School of Oriental and African Studies*, n.65(1), 2002, pp.74—98.

② 非唯译者如此,即中国撰述经典作者亦不察觉,如《圆觉经》标题为《圆觉修多罗了义经》。又饶宗颐先生曾举出汉译将原文中无 sūtra 的文献一律加上经的例子,与此类似(参见饶宗颐著《华梵经疏体例同异析疑》,第 221 页)。

③ 阿毗达磨与毗婆沙或为西北印说一切有部等部派所专有,故有毗婆沙师一说。

④ 饶宗颐先生《华梵经疏体例同异析疑》一文认为,据吠陀文学 sūtra、vṛtti、bhāṣya,可以分别对应经、注、疏,但笔者认为佛教文献情况较为复杂,难以一概而论。正如饶先生自己所指出的,佛教虽然沿用 sūtra 一词,但其文体已经与吠陀有所不同。

队于新疆库车所获《大智度论》写本中出现的卷首题名"摩诃般若波罗蜜优波提舍中(赞般若)波罗蜜品第廿七""摩诃般若波罗蜜优波提舍中赞般若波罗蜜品第廿八""摩诃般若波罗蜜优波提舍中赞般若波罗蜜品第卅一",断定此"论"字梵文必定为 upadeśa。①

由此可见,因印度文体用语原本复杂,且来华译者所持标准不一,译语难免混乱。5 世纪初,鸠摩罗什入长安,弘扬大乘般若学,翻译了一批影响深远的论著。罗什翻译以"曲从方言而趣不乖本"②著称,在译语方面尽量选择易于为中国人所接受的词汇。许慎《说文解字》曰:"论,议也。"可见"论"与"议"同义互训。前引鸠摩罗什《大智度论》将优波提舍翻译为"论议",乃同义复合,盖取义于此。《大智度论》乃龙树所作《大品般若经》之经释,罗什译作"论"(释论);而龙树及其弟子提婆阐发自己学说的《中论》《百论》《十二门论》,罗什也译为"论"。隋吉藏《三论玄义》转引罗什门下昙影《中论序》(佚)解释"中论"二字云:"寂此诸边,名之为中;问答拆征,称之为论。"③昙影曾襄助译场,著《中论注》(佚),深得罗什器重,其对"论"之解读,当可反映罗什选择译语的考量。盖《中论》主旨在于破斥小乘、外道迷见,多采用从对方立场设问然后予以破斥的形式,昙影所记不虚。由此可见,罗什主要从内容裁定译语,忽视了文体的差异,不免有失。而罗什门下关河学派依此诸论立宗,纵横大江南北,"论"之译语流行,实赖罗什之力。

"论"之文体,发达于南北朝,故"论"之使用,非限于译语,"论"之创作,教内外风靡。《弘明集》中所收诸论,大多为士大夫所著,或护教或辟佛,取论辩之意故名论。与士大夫交游密切,外学造诣深厚的庐山慧远、罗什门下僧肇等人,因而熏染此风,著文亦称论,如《沙门不敬王者论》《不真空论》等。连前人所作与佛教相关文字,也被改称为"论",如《牟子理惑论》,本名《牟子》《牟子博传》《牟子传》或《牟子理惑》④,称"论"当在南北朝后期。

然一并称"论",毕竟有所不便。既然印度原有注解论的文体,如毗婆沙之于阿毗达磨,中土翻《论》,复作注解时,区别命名也是势所必然。《续高僧传·法泰传》云:

> 恺素积道风,词力殷赡。乃对翻《摄论》,躬受其文。七月之中,文疏并了,都合二十五卷。后更对翻《俱舍论》,十月便了,文疏合数八十三卷。⑤

---

① 周伯戡:《库车所出〈大智度论〉写本残卷之研究》,《台湾大学历史学系学报》1992 年第 17 期。

② 《出三藏记集》卷八,CBETA(2016), T55, no.2145, p.57, b8—9。

③ 《三论玄义》卷一,CBETA(2016), T45, no.1852, p.13, b27—28。

④ 参见汤用彤著《汉魏两晋南北朝佛教史》(上册),第 52 页。

⑤ 《续高僧传》卷一,CBETA(2016), T50, no.2060, p.431, b4—7。

译经大师罗什、真谛者流，皆随译随讲。罗什门下俊彦，僧叡、道融有《维摩诘经》义疏（皆佚），道生有《妙法莲华经》义疏。真谛于此翻译的是《论》，而其讲义由弟子整理为文，"号为《义疏》，或号为《注记》，或称为《本记》"①，名虽不一，用意实同。此即义疏之起源。同理，讲经的预备讲义或之后整理的文稿也称为义疏。时间虽难以厘定前后，但事实大致如此。

不过，"论"这一译语自罗什之后也并非一锤定音，疏与论的使用也时有混杂。元魏重要译师勒那摩提、菩提流支等人依然袭用优波提舍音译②，地论师一些释经作品也命名为"论"而非"疏"③，可见在一段时期内使用并不规范，以致歧义丛生。隋初义学大师净影寺慧远大概有鉴于此，一番话予以了断："若佛灭度后，圣人自造解释佛经，名之为'论'；凡夫所造名为'义章'。今此论（指《大乘起信论》）者，佛灭度后菩萨所造，名之为论。"④又《隋书·经籍志》云："大业时，又令沙门智果，于东都内道场，撰诸经目，分别条贯，以佛所说经为三部：一曰大乘，二曰小乘，三曰杂经。其余似后人假托为之者，别为一部，谓之疑经。又有菩萨及诸深解奥义、赞明佛理者，名之为论。"⑤唐以降，此说已成定论。其后将东土所作释经著作称为"论"者，唯有两例，即唐李通玄《新华严经论》和新罗元晓《金刚三昧经论》。前者为居士，后者为颇具神秘色彩的外国法师。唐宗密针对元晓著作称为"论"（原本也称"疏"）还专门予以提示："此方造'疏'，即西国之'论'，但名异耳（晓云：'金刚三昧经疏。'亦题为'论'）"⑥，可见其与六祖《坛经》称"经"一样属于特例。限于篇幅，兹不赘述。

小结如下：印度原有解经文体阿毗达磨（优波提舍），五世纪初已经出现译语称"论"。但外来解经文体"论"与本国固有散文体"论"并行，且用例混杂。南北朝时期"疏"大量出现，"疏"与"论"混用情况尚存。但最终，"疏"替代"论"成为东土解经专用文体，其原因有二：其一，"论"之内涵过于模糊，外延过于宽泛，需有一专有名词替代。其二，中国佛教徒对印度怀有崇拜与尊敬之意，以"论"为印度诸大菩萨专有，不敢僭

---

① 参见汤用彤著《汉魏两晋南北朝佛教史》（下册），第 625 页。

② 参见勒那摩提译《妙法莲华经优波提舍》、菩提流支译《无量寿经优波提舍》等。前者已采用罗什译法，称"妙法莲华经"，但为何称"优波提舍"而不称"论"，待考。就现象而言，勒那与流支为地论师鼻祖，地论一派自译语到著述自成系统。

③ 参见圣凯著《北朝佛教地论学派"变疏为论"现象探析》，《中国哲学史》2015 年第3 期。

④ 《大乘起信论义疏》卷一，CBETA（2016），T44，no.1843，p.175，c7—10。

⑤ 《正史佛教资料类编》第 1 册，CBETA（2016），ZS01，no.1，p.528，a15—17。

⑥ 宗密对元晓非常尊重，称之为"晓公"。参见宗密著《圆觉经大疏释义钞》卷一，及 CBETA（2016），X09，no.245，p.484，a17—18 // Z 1：14，p.229，a5—6 // R14，p.457，a5—6。

越，故而称东土所撰释经著作为“疏”，这一观念至隋唐以后尤为显著，遂成定例。

三、 科判与开题

关于科判的由来，梁启超先生曾经有一段精辟的论断：“尤有一事当注意者，则组织的解剖的文体之出现也。稍治佛典者，当知科判之学，为唐宋后佛学家所极重视。其著名之诸大经论，恒经数家或十数家之科判，分章分节分段，备极精密。推原斯学，何以发达？良由诸经论本身，本为科学组织的著述。我国学者，亦以科学的方法研究之，故条理愈剖而愈精。”①然梁先生仅以数言提示了观点，未予以论证，今略为补充一二。

印度经论原本就具有条分缕析、层层深入的特点。道安《增一阿含经序》说：

> 《增一阿含》者，比法条贯，以数相次也。数终十，令加其一，故曰增一也，且数数皆增，以增为义也。②

这是说最早形成的《阿含经》中的一部分即有这种“比法条贯，以数相次”的特点，《论》则更是如此，其例甚多，限于篇幅，仅举一例，如南北朝时广为流行的《成实论》：

> 复次，佛十力成就故，智慧具足，以往反因缘故说十力。初，处、非处力，是因果中决定智也……处、非处力，知业等法故……复次，业有二种：若善、不善……是故如来次业说受，受法四种：有现苦后乐、现乐后苦，有现乐后乐、现苦后苦。③

这样的文字，本来就是辗转相生的形式，自然而然就可以形成科判。又中国士大夫学习佛教，难点就在于上文中反复出现的“事数”，因此他们更加有必要借助一些方法来帮助理解，科判即其一。《世说新语·文学篇》说：“殷中军被废，徙东阳，大读佛经，皆精解，惟至事数处不解。遇见一道人，问所签，便释然。”④所谓“事数”，刘孝标注中说：“事数，谓若五阴、十二入、四谛、十二因缘、五根、五力、七觉支属。”⑤除了科判，研究事数的另一工具是格义，如《高僧传》云：“法雅，河间人，凝正有器度。少善外学，长通佛义，衣冠士子，咸附咨禀。时依雅门徒，并世典有功，未善佛理，雅乃与康法朗等，以经中事数，拟配

---

① 梁启超：《翻译文学与佛典》，载氏著《佛学研究十八篇》，台北：中华书局，1936年，第29页。

② 《增一阿含经》卷一，CBETA(2016)，T02，no.125，p.549，a6—8。

③ 《成实论》卷一，CBETA(2016)，T32，no.1646，p.240，a26—c4。

④ 余嘉锡：《世说新语笺疏》(上册)，北京：中华书局，2007年，第284页。

⑤ 同上。

外书，为生解之例，谓之格义。”①这一点汤用彤先生已经指出②，兹不赘述。

如上所述，梁启超先生已经敏锐地发现科判与印度经论之间的关联，但他认为科判是中国佛教徒的发明，如其云：“道安言诸经皆分三部分：一序分、二正宗分、三流通分，此为科判者之始，以后日趋细密。”③虽然只是短短一句注释，却广为流传，影响至今，几乎成为定论。殊不知印度释经学著作原本既有科判，试举一例，如世亲注释《十地经》的《十地经论》：

> 十地法门，初地所摄八分：一、序分；二、三昧分；三、加分；四、起分；五、本分；六、请分；七、说分；八、校量胜分。④

南北朝时期的义学僧根据经文“沿粗以至妙、因小以及大”的特点，进一步发挥创造出了逐层细分、层层深入的科判形制，如隋净影寺慧远《维摩义记》：

> 次随文释。于中略以三门分别：一、对上生起以释来意；二、对后科分；三、依文正解……次科其文。于中有二：一、约序科判……二、就正宗科判其文。⑤

显而易见，这样的科判文字单独提炼出来列成表格，就是后世常见的科文。

开题的出现系由讲经说法的特点决定，后为儒家所效仿，前人已经指出。⑥就宗教社会学角度而言，佛教乃宗教信仰，为将经典神圣化，开题一项必不可少。南北朝隋唐俗讲中保存有大量开题的内容⑦；而作为僧讲讲义的文疏，开题自有特定的体例，如隋

---

① 《高僧传》卷四，CBETA(2016)，T50，no.2059，p.347，a18—24。

② 参见汤用彤著《汉魏两晋南北朝佛教史》(上册)，第81、168—170页。

③ 梁启超：《翻译文学与佛典》，第29页。

④ 《十地经论》卷一，CBETA(2016)，T26，no.1522，p.123，b23—25。

⑤ 《维摩义记》卷二，CBETA(2016)，T38，no.1776，p.444，c24、p. 445，a11。

⑥ 牟润孙：“盖讲经时都讲先唱题，法师讲解题意，名为开题，或曰发题……此释氏讲经仪式中之三事，于毛苌、何休、郑玄之注经中，决难觅得解题之注也。非谓释氏讲经仅此三事重要，以此三事皆创自沙门，后为儒家所仿效。”(参见氏著《论儒释两家之讲经与义疏》，第113页)。

⑦ 敦煌文献P.3849、S.4417、P.3808等皆有描述，前人所论甚详，如P.3849：“夫为俗讲，先作梵了，次念菩萨两声，说押座了。素旧温室经，法师唱经题了，念佛一声了，便说开经了，便说庄严了，念佛一声，便一一说其经题字了，便说经本文了。”参见向达著《唐代俗讲考》，载《唐代长安与西域文明》，北京：生活·读书·新知三联书店，1987年，第294—336页；周一良著《读〈唐代俗讲考〉》，载《周一良集(第3卷)：佛教史与敦煌学》，沈阳：辽宁教育出版社，1998年，第294—306页；平野显照著《讲经文的组织内容》，载《讲座敦煌7：敦煌与中国佛教》，第321—358页；福井文雅、牧田谛亮编《讲经仪式的组织内容》，第359—382页。

初智𫖮讲、门人灌顶整理的《法华玄义》用大量篇幅来诠释“妙法莲华经”经题。智𫖮之后，如唐代法藏等人诠释《华严经》，亦用大段篇幅诠释“大方广佛华严经”经题，以为一部经义全部浓缩于此七字。这自然是为了渲染佛经的神秘色彩，便于在一般民众中传播信仰。后世日本日莲宗创立者日莲进一步发挥，以“南无妙法莲华经”七字为本门本尊，宣传信众念诵、观想经题即可得利益。如是种种，有助于我们理解开题的意义所在。

四、 经疏的发展与流变

如上所述，疏与印度之论一脉相承，皆为解经文体，但疏之于论，却有自己的发挥与特色。南北朝时疏作为一大宗文类，呈现出多样姿态，并与儒家同类文体相互渗透、相互影响。

魏晋及南北朝前期的解经著作多称“注”，如吴陈慧《阴持入经注》、东晋道安《人本欲生经注》、后秦罗什等作《维摩诘经注》（该书实际上为集解）。中后期“疏”兴起，如义疏和义记类，不遑枚举。值得注意的是，儒释二家皆运用相同文体，如汇集诸家之说的“集解”，佛教有梁宝亮作《大般涅槃经集解》等，儒家有皇侃《论语集解义疏》等；僧人亦为儒家经典著疏，如灵裕作《孝经义记》等，佛教对儒家的渗透与影响显著。由此，儒家释经作品不但形式上与佛教趋于一致，思想内容也受其影响，前人对此多有论述，如孔颖达《周易正义序》批评南朝解经著作云：“其江南义疏十有余家，皆辞尚虚玄，义多浮诞……若论住内住外之空，就能就所之说，斯乃义涉于释氏，非为教于孔门也。既背其本，又违于注。”①近人黄侃先生批评梁皇侃《论语集解义疏》云：“皇氏《论语集解义疏》所集，多晋末旧说，自来经生持佛理以解儒书者，殆莫先于是书也。其中所用名言，多由佛籍转化。”②南北朝佛教经疏之影响，由此可见一斑。

经疏文体传至隋初的智𫖮、吉藏等人，又开辟出一番新天地。③智𫖮讲解《法华经》的两大著作，《法华玄义》是对“开题”的发挥，即“明经大意”；《法华文句》是对章句训诂

---

① 笔者按：佛家名相有内空、外空，能说、所说，所谓“住内住外之空，就能就所之说”者，盖讽刺援用佛家名相解经也。孔颖达著《周易正义序》，载《十三经注疏·周易正义》，北京：北京大学出版社，1999 年，第 2—3 页。

② 黄侃：《汉唐玄学论》，载《中国现代学术经典·黄侃卷》，石家庄：河北教育出版社，1996 年，第 388 页。

③ 参见李四龙著《论“五重玄义”的解经体例——再谈中国佛教宗派的成立依据》，《华梵人文学报》天台学专刊，2013 年 5 月。

传统的继承，所谓“随文释义”。对此前人所言甚明，南宋志磐说智顗“约略五时，开张八教。总括群籍，归宗《法华》。贯五章以解首题，分四释以消文句”①。“五章”即智顗发明的五重玄义：释名、辨体、明宗、论用、判教，“四释”即因缘释、约教释、本迹释、观心释。②前者以对经题的诠释阐发为中心，辨明经的立意、作用和地位；后者则从多角度疏通章句，阐发字里行间的微言大义。

我们前面已经指出，印度原有的阿毗达磨等解经文体与汉儒侧重训诂的朴学风格不同，重点在于辨明大义宗旨。汤用彤先生指出：南朝佛学继承魏晋正始玄风，强调言意之辨，从而形成了“会通其义而不以辞害意”的解经风格。③而智顗等人发明的玄义与文句并行的方法，既能标宗立意，又能疏通章句，可谓兼美，故为后人所普遍采用或效仿。前者发展为玄义、玄谈、玄论、游意等同类作品，后者则有文句、文疏等，如唐代华严宗法藏释经，采用十门体例，即取法于智顗的五重玄义。法藏之后的澄观、宗密又发明出经、疏、钞并行的形式。钞即本人或他人所作疏的复注，如澄观作《华严经疏》、自作《华严经随疏演义钞》释《疏》。《疏》中既有玄谈，又有文句，《钞》则对疏的内容进一步解释补充。疏的思想脉络简练清晰，钞则起到推广普及的作用。就形式而言，因其深入浅出，便于水平参差的各类读者阅读，很快风靡。唐以后出现了诸多经、疏、钞合刊本，后世儒家的释经著作也采用了这一刊刻形式，这一点已广为人知，不复赘言。

然所谓大事因缘者，断非止于形式，实有陶铸思想、发明宗趣之用，限于篇幅，略举数端。其一，判教理论。判教之所以出现，在于本着佛法一味的主旨，融通大小乘诸种经论的抵牾之处，由此，判教自经疏出，自然而然。进入宗派佛教阶段以后，判教成为彰显本宗地位的手段，诸宗学说无不与判教有密切关联，故可谓诸宗理论体系建构皆由判教起。其二，与上一点相关，义学著作自经疏提炼发展而来。罗什、真谛时代，忙于翻译讲解，虽有多种经疏问世，但尚未成体系，传之后世者寥寥。南北朝末期，经论译本渐次完备，诸家解说日趋成熟，出现净影寺慧远等义学大师，集之大成，以经疏构建体系。其所作经疏，全不同于前人随译随出，乃有意选择而为之，分判、诠释、发挥一

---

① 《佛祖统纪》卷六，CBETA(2016)，T49，no.2035，p.178，a1—3。

② 参见平井俊荣著《四种释义》，载《中国般若思想史研究：吉藏与三论学派》，东京：春秋社，1976年，第429—440页；《〈文句〉四种释与吉藏四种释义》，载《有关法华文句成立的研究》，东京：春秋社，1985年，第229—250页。

③ 汤用彤：“汉代经学依于文句，故朴实说理，而不免拘泥。魏世以后，学尚玄远，虽颇乖于圣道，而因主得意，思想言论乃较为自由。汉人所习曰章句，魏晋所尚者曰‘通’。章句多随文饰说，通者会通其义而不以辞害意。”（参见氏著《魏晋玄学论稿》[增订版]，北京：生活·读书·新知三联书店，2009年，第29页）。

并行之，在此基础之上完成如《大乘义章》等划时代巨著。吉藏、智顗亦如是。入唐以后，慈恩建立宗派，全赖基法师所出经论注疏，其后基门下慧沼、再传智周等人，以基《成唯识论述记》为中心，辗转反复为之钞，由此展开法相唯识理论。又华严宗智俨、法藏、澄观三代，分别为《华严经》著疏，成《搜玄记》《探玄记》《华严经疏》，其相应理论著作，如《五十要问》《义海百门》等，皆由此等疏钞提炼演化而来。其三，范畴的提炼。解经体例非止于解经工具，还由之演变出种种范畴，如华严十门即成十对。凡此种种，谓经疏之流变，孰能异之乎！

以上数端，拾遗补阙，与诸家异同，业已标明，讹谬之处，尚祈博雅君子正之。

圆融思想与末法观念

——北朝《大集经》的流行与刻经*

圣　凯**

地论师主要是以传习《十地经论》《华严经》《涅槃经》为主。但是，地论师学派出现尊崇《大集经》的现象，而且将《大集经》提到与《华严经》相同的高度，成为地论学派的特殊现象。

同时，在敦煌遗书中亦出现《大乘五门实相论》，为《大集经》的注疏，这为研究北朝《大集经》的流行提供了良好的文本；此外，在河南和山东亦出现《大集经》的刻经，通过对凿刻的经文进行分析，可以看出刻经的观念与意图。因此，通过解读与梳理敦煌遗书、刻经、题记等藏外文献，体现出《大集经》的思想对北朝佛教的影响以及灵裕、僧安道一等人刻经的活动。

一、修习《大集经》的地论师

北凉昙无谶译出《大集经》①后，在当时的北方广泛流行。《大集经》广说诸修行法门，尤其是演说禅法，重视神通；在思想上，以般若性空、中观实相为宗旨，同时掺入密教色彩与末法思想。《大集经》还反映了印巴次大陆的医学、星宿学和历法等，体现此经思想的杂糅性。

地论学派重视《大集经》，与菩提流支的译经有密切的联系。菩提流支译《弥勒菩

---

* 本文为2017年度国家社会科学基金重大项目“汉传佛教僧众社会生活史”（项目编号：17ZDA233）的阶段性成果。

** 圣凯，清华大学哲学系教授。

① 依《历代三宝记》卷九的记载，《大集经》前后有三译：一、后汉支娄迦谶译《大方等大集经》三十卷；二、姚秦鸠摩罗什译，三十卷，或作四十卷；三、北凉昙无谶译，三十卷，或作二十七卷、二十九卷、三十一卷、四十卷（《大正藏》第49卷，第84页上）。《出三藏记集》卷九《大集虚空藏无尽意三经记》：“祐寻旧录：《大集经》是晋安帝世，天竺沙门昙摩谶于西凉州译出……更不见有异人别译。”（《大正藏》第55卷，第63页上）因此，此经除昙无谶译本外，是否有其他二译，值得怀疑。

萨所问经论》言及《大集经》诸品，《金刚仙论》亦数次提及《大集经》，论中说："相传云：如来一代，成道乃至涅槃，恒说《摩诃般若》《华严》《大集》，未曾断绝。"①《宝髻经四法忧波提舍》②中说："《宝髻经》者，是《大集》中之一集也。其宗四法玄深奥密，天亲菩萨略开其门，是故名为忧波提舍。"③于是，菩提流支的译经带动了重视《大集经》的潮流。

在初唐以前，弘扬《大集经》的高僧，依《续高僧传》有如下：

昙鸾（476—542），"读《大集经》，恨其词义深密难以开悟，因而注解，文言过半，便感气疾"④。昙鸾学习"四论"后，一直欲注解《大集经》，为求长生，从道士陶弘景学习仙术，后来遇菩提流支授与《观无量寿经》，于是著《往生论注》。

慧勇（515—583），"讲《华严》《涅槃》《方等大集》《大品》各二十遍，《智论》《中》《百》《十二门论》各三十五遍"⑤。慧勇就龙光寺之僧绰、建元寺之法宠，习学《成实论》，从僧诠学习三论。

宝彖（512—561），著《大集经疏》，"初至虚空藏品，于义不达，闭目思之，不觉身上空中离床三四尺许。欻然大悟，竟文慧发"⑥。宝彖对《大集经》有特殊的体验，而且"钞集医方，疗诸疾苦"，制《涅槃经》《法华经》等疏。

安廪（507—583），曾为陈文帝讲《大集经》。在出家前，"制《入神书》一首、《洞历》三卷"，"性好老庄，早达经史。又善太一之能，并解孙吴之术"⑦。安廪是慧光的弟子，曾入南朝。

灵裕（518—605），著《大集经疏》八卷，而且还有《医决符禁法文》《断水虫序》《卜书》等俗书。

玄琬（562—636），十五岁从昙延出家，受具足戒后，就洪遵学《四分律》。复依昙迁禀学《摄大乘论》，"《法华》《大集》《楞伽》《胜鬘》《地论》《中》《百》等，并资承茂实"⑧。

---

① 《金刚仙论》卷一，《大正藏》第 25 卷，第 801 页中。

② 《宝髻经四法忧波提舍》，《开元录》列为毗目智仙所译，实为菩提流支译，经序是毗目智仙所译。参见镰田茂雄著、关世谦译《中国佛教通史》第 4 卷，高雄：佛光出版社，1993 年，第 166 页。

③ 《宝髻经四法忧波提舍》，《大正藏》第 26 卷，第 273 页

④ 《续高僧传》卷六《昙鸾传》，《大正藏》第 50 卷，第 470 页上。

⑤ 《续高僧传》卷七《慧勇传》，《大正藏》第 50 卷，第 478 页中。

⑥ 《续高僧传》卷八《宝彖传》，《大正藏》第 50 卷，第 486 页下—487 页上。

⑦ 《续高僧传》卷七《安廪传》，《大正藏》第 50 卷，第 480 页中。

⑧ 《续高僧传》卷二十二《玄琬传》，《大正藏》第 50 卷，616 页上。

法融(594—657),学习三论,讲《大集经》。牛头山的佛窟寺“有七藏经画:一、佛经,二、道书,三、佛经史,四、俗经史,五、医方图符”①。法融阅读诸书八年,摘抄各书的精要。

昙鸾、慧勇、玄琬、法融都曾学习三论,而宝彖则以《成实论》著名,灵裕、安廪、宝彖、玄琬则出自地论学派,昙鸾则受菩提流支的教导。而且,昙鸾等人都具备非常深厚的中国传统文化素养,与道家、儒家以及占卜、风水、医术、兵法等紧密联系,所以他们的思想与《大集经》有相通之处,或者说受到《大集经》的影响。②

智顗在《释禅波罗蜜次第法门》“亦世间亦出世间禅”中,详细论述“通明观”与《大集经》有紧密的联系:

> 此禅名为通明观者,此观方法出《大集经》文,无别名目。北国诸禅师修得此禅,欲以授人,既不知名字,正欲安根本禅里,而法相迥殊;若对十六特胜,则名目全不相关;若安之背舍、胜处,观行方法条然别异。既进退并不相应,所以诸师别作名目,名为通明观禅。或有说言:《华严经》有此名目。③

“通明观”的观法出自《大集经》卷二十二的一段文字:“憍陈如!法行比丘能得神通……是名不与凡夫共法,非是世法,是无学法。”④《大集经》论述了“通明观”的观法支相,却无“通明观”之名目。当时北方禅师盛行此禅法,但不知名字,冠以“通明观”之名,恐怕是智顗的创见。⑤因为,慧思亦提起此观法,但亦无“通明观”的名称。⑥“通明观”的特色在于“观一达三”:观息、观色、观心。三事通观,故云:“从初修习即通观三事,若观息时即通照色、心,若观色乃至心亦如是。此法明净,能开心眼,无诸暗蔽。既观一达三,彻见无阂,故名通明。”⑦所以,“通明观”是依据《大集经》,接纳道教的存思

---

① 《续高僧传》卷二十六《法融传》,《大正藏》第50卷,第604页中。

② 《大集经》与道教的关系,参见青木隆著《〈次第法门〉相关问题一、二》,《印度学佛教学研究》第38卷第1号,1989年,第223页。

③ 《释禅波罗蜜次第法门》卷八,《大正藏》第46卷,第529页上。

④ 《大方等大集经》卷二十二,《大正藏》第13卷,第160页下—161页下。

⑤ 林惠胜:《智者大师的禅法:以“通明观”为中心的论述》,《成大宗教与文化学报》2004年第4期。

⑥ 慧思与《大集经》的关系,参见坂本广博著《诸法无诤三昧法门和大集经》,《印度学佛教学研究》第28卷第1号,1979年,第366—368页。

⑦ 《释禅波罗蜜次第法门》卷八,《大正藏》第46卷,第529页上。

法、汉代以来流行的五行观及伪经《提谓经》而镕铸为一独特的禅观。①

修习"通明观"的"北国诸禅师"应该与南道系有紧密联系,《大集经》研究伴随着《华严经》《十地经论》研究的盛行而发展,从而出现尊重《大集经》的地论师一流,而且他们重视"无碍"的思想影响了华严学的发展。

二、《大乘五门实相论》的无碍思想

在南北朝隋初时期,尊崇《大集经》的一流确实以地论学派为主。在敦煌遗书中,保存有《大集经》注释的残卷 BD03106(腾 6)——《大乘五门实相论》,注释"不可说菩萨品"中间部分至"宝幢分"的"魔苦品""往古品""魔调伏品""相品",各品注释的开头皆插入《大乘五门实相论》,这可能是《大集经》唯一现存的注释。而且,未发现对隋代插入的"虚空藏品"进行注释,可能推测这是隋以前成立的。②

《大乘五门实相论》在解释《大集经》时,可能亦参考了法上《十地论义疏》,二者比较如下:

> 《论》云"菩萨尽",即是其事,体障者,穷实而言,一佛备一切,是合理之解。若一切备一,覆成其障。何者是也?稠众果中多百多千即是其事。正以缘智在怀故,一佛体上分别作无量佛解。以是因缘故,覆障法身如来,不能圆明,独显称周法界。是故《地论》云:"金刚藏入体性三昧,十方世界,有心有相,皆入金刚藏身中,智见通如来,形充法界,周围百万亿阿僧祇世界。"③
>
> 佛尽者,果德圆备体障尽。障者,穷实而言,一佛备一切,是合理之解。若一切备一,覆成其障。何者是也?稠众果中多百多千,即是其事。正以缘智在怀,一佛体上分别作无量佛解。以是故障法身不显。故《论》云:金刚藏菩萨入体性三昧,十方世界有心有相,皆入金刚藏身中。智见通如来,形充法界,周围百万亿阿僧祇世界。④

---

① 林惠胜:《智者大师的禅法:以"通明观"为中心的论述》,《成大宗教与文化学报》2004 年第 4 期。

② 石井公成:《华严思想研究》,东京:春秋社,1996 年,第 515 页。

③ 《大乘五门实相论》(BD03106),载石井公成、青木隆、方广锠、池田将则、山口弘江等整理《藏外地论宗文献集成》,首尔:韩国金刚大学出版,2012 年,第 515—516 页。

④ 《十地论义疏》卷一,《大正藏》第 85 卷,第 763 页下。

因此，《大乘五门实相论》的撰述受到法上《十地论义疏》的影响，成书年代应该在6世纪中叶。①

在敦煌写本中，类似的写本还有《大乘五门十地实相论》《仁王般若实相论》。在《仁王般若实相论》中处处强调“无障碍”，这与地论学派重视《大集经》一流“无障无碍”相通，因此《仁王般若实相论》是基于如来藏思想盛行《十地经论》研究的时代风潮中成立的，属于地论学派南道系的文献。②

“五门”是西魏宇文泰组织的佛教思想体系——佛性门、众生门、修道门、诸谛门、融门，根据《一百二十法门》，“第五融门”有入不二法门、三空法门、十一空法门、法界体性门。③《大乘五门实相论》提到：“问曰：修道门中，何以数数魔来何意？”④同时，“法界体性”是《大乘五门实相论》的重要用语，论述诸法的圆融无障碍。如论说：“如来声闻而有差别，法界体性，言秘妙理，实无差别”⑤，“自从陀罗尼品来至此品，凡有八品。《经》正明法界体性，性绝分别，离有无，非内非外义”⑥。因此，《大乘五门实相论》的释经方法与思想义理，皆体现了地论学派的释经传统。

同时，除了“法界体性”以外，《大乘五门实相论》还使用“法界实相”“法界实相圆道”“法界实性”“法界圆道”等词汇，这些词汇体现了北朝佛教的译经与思潮。但是，在《大集经》中只出现“法界实性无作无为”⑦，未见其余用语。另外，“法界实性”亦见于菩提流支译《大萨遮尼乾子所说经》：“一切皆修如实法界境界诸行，一切皆入法界实性，一切皆得无障无碍虚空境界殊胜妙行，一切皆得无所著行。”⑧净影慧远《十地经论义记》提到：“法界实性，是佛境界。”⑨可见，“法界实性”与“法界体性”是同样的意义，强调无障无碍的佛境界。因此，《大乘五门实相论》是用实相、实性、圆道、体性等描述法界，彰显法界融即的思想。这是依《十地经论》的思想而解释《大集经》，既有“转疏为

---

① 石井公成：《有关大乘五门实相论——敦煌写本中的地论宗系〈大集经〉注释书》，《印度学佛教学研究》第60卷第1号，2011年，第26页。

② 石井公成：《华严思想研究》，第516—517页。

③ 《一百二十法门》(BD06771、BD07808)，载《藏外地论宗文献集成》，第438页。另见圣凯著《敦煌文献中的西魏、北周佛教思想——一百二十法门与〈菩萨藏众经要〉》，《世界宗教研究》2009年第2期。

④ 《大乘五门实相论》(BD03106)，载《藏外地论宗文献集成》，第519页。

⑤ 同上书，第513—514页。

⑥ 同上书，第523—524页。

⑦ 《大方等大集经》卷十三，《大正藏》第13卷，第87页上。

⑧ 《大萨遮尼乾子所说经》卷一，《大正藏》第9卷，第317页中。

⑨ 《十地经论义记》卷六，《卍新续藏》第45卷，第103页上。

论”的文本形式创新①，更有经典思想阐释的创新。

“法界实相”一词，除了《大乘五门实相论》外，多见于天台著作中。如《妙法莲华经玄义》卷四上说：“法界实相摄持诸法，离此之外更无别妙。”②《观心论疏》卷一说：“既言生死之身。即是菩提涅槃之身。即是真如法界实相之体。”③《大乘五门实相论》说：“上初品初明降外道，后调伏魔，皆以法界实相无分别之道，以降伏之。”④台湾学者陈英善总结天台有关“实相”的涵义，分为四种：一、以“体”明实相，从佛的立场、知见，以实相作为一切法之体，实相即是“如实之相”，就是法性；二、以“空”明实相，一切法无非是因果，然而成其为因果之可能，乃在于法本身是非因非果，是空；三、以“中”明实相，以非空非有来遮除空、有的定性执着；四、以“即空即假即中”明实相，这是天台思想的核心。⑤《大乘五门实相论》强调“法界实相”的无分别、无碍圆融，这是从“体”“空”“中”来阐释实相。

《大乘五门实相论》的圆融思想还体现在“圆道”“体融”“相即”“平等”“俱融”“双融”“无碍”“无障碍”等用语。“五门”的第五门就是“融门”，而且这也是《大乘五门实相论》的核心思想。《大集经》论述了空、无分别等否定思维，而《大乘五门实相论》强调圆融思想，则是思想诠释上很大的进步。

三、《大集经》的末法观念与刻经

《大集经》不仅吸引了地论师的注释、研习，而且在北朝的河南和山东地区还出现了刻经。现存《大集经》刻经有四处：大住圣窟南壁西侧刻《大集经·月藏分》、南响堂第二窟内前壁内侧刻《大集经·海慧菩萨品》、山东东平洪顶山北崖壁西端刻《大集经·海慧菩萨品》、山东邹城铁山刻《大集经·穿菩提品》等。⑥探讨这些刻经的观念与实践，可以考察《大集经》对北朝佛教与社会的影响与渗透。

6世纪的北方佛教，随着末法观念的盛行，佛教界护法意识逐渐高涨。而当时流传与末法观念有关的重要经典有二：一、萧齐（479—502）时代昙景所译的《摩诃摩耶经》，

① 圣凯：《北朝佛教地论学派“变疏为论”现象探析》，《中国哲学史》2015年第3期。

② 《妙法莲华经玄义》卷四上，《大正藏》第33卷，第720页下。

③ 《观心论疏》卷一，《大正藏》第46卷，第588页中。

④ 《大乘五门实相论》（BD03106），《藏外地论宗文献集成》，第530页。

⑤ 陈英善：《天台缘起中道实相论》，台北：法鼓文化，1997年，第28—43页。

⑥ 张总：《山东碑崖刻经经义内涵索探》，载山东省石刻艺术博物馆编《北朝摩崖刻经研究》（续），香港：天马图书有限公司，2003年，第12页。

二、那连提黎耶舍在邺城天平寺所译的《大方等大集经・月藏分》。经典的传播引发了末法观念的盛行，灵裕（518—605）、信行（540—594）、道绰（562—645）等人的末法观念皆受《大集经・月藏分》的影响。①

末法观念与北周废佛的迫害，增加了灵裕对末法的忧虑，增强了他的护法观念。因此，他撰写《集灭法记》《破寺报应记》等。同时，在营造大住圣窟时，特别凿刻《大集经・月藏分》，以表达自己的末法观念和护法热忱；同时，他还撰著《大集经疏》八卷，这可能与灵裕喜好神圣、占卜等事有关。

大住圣窟所刻《大集经・月藏分・分布阎浮提品》（如图一②），全文如下：

图一

《大方等大集经・月藏分》：尔时，世尊告月藏菩萨摩诃萨言：了知清净士，若我住世诸声闻众，持戒具足、舍具足、闻具足、定具足、慧具足、解脱具足、解脱知见具足，我之正法炽然在世；乃至一切诸天人等，亦能显现平等正法。于我灭后五百年中，诸比丘等犹于我法解脱坚固；后③五百年，我之正法禅定三昧得住坚固；后五百年，读诵多闻得住坚固；后五百年，于我法中多造塔寺得住坚固；后五百年，于我法中斗诤言讼，白法隐没，损减坚固。了知清净士，从是以后，于我法中，虽复剃除须发，身着袈裟，毁破禁戒，行不如法，假名比丘。如是破戒，名字比丘，若有施主④舍施供养，护持养育，我说是人犹得无量阿僧祇大福德聚。何以故？犹能饶益多众生故。何况我今现在于世，譬如真金为无价宝；若无真金，银为无价；若无银者，鍮⑤石无价；若无鍮石，伪宝为无价；若无伪宝，赤白铜铁白镴铅锡为无价宝。如是一切诸世间中，佛宝无上；若无佛宝，缘觉无上；若无缘觉，罗汉无上；若无罗汉，诸余圣众为⑥无上；若无圣众，得定凡夫为无上；若无得定，净持

① 李玉珉：《宝山大住圣窟初探》，《故宫学术季刊》第16卷第2期，1998年，第14页。

② 河南省古代建筑保护研究所：《宝山灵泉寺》图二二，郑州：河南人民出版社，1992年，第294页。

③ “后”，《大正藏》作“次”，下同。

④ “施主”，《大正藏》作“檀越”。

⑤ “鍮”，《大正藏》作“鋀”。

⑥ “为”前《大正藏》本有“以”，下同。

戒者为无上。若无净戒，污戒[1]为无上；若无污戒，剃头[2]着袈裟名字比丘为无上宝，比余九十五种异道最尊第一，应受世供，以为[3]福田。何以故？能示众生可怖畏故。若有护持养育安置是人，不久得住忍地。[4]

该段经文记载五个五百年的预言，描述正法逐渐衰微的过程与现象；并且，助说众人，纵使在末法时期，若能供养破戒比丘，依然可以得到广大福田，强调出家僧人在末法时间的殊胜地位。灵裕将这段具有明确的末法观念的经文，凿刻在大住圣窟的窟内，以此表达法灭危机的自我警醒。

同时，灵裕还在大住圣窟的窟外迦毗罗神王龛侧刻有《大方等大集经·月藏分·法灭尽品》（如图二[5]）：

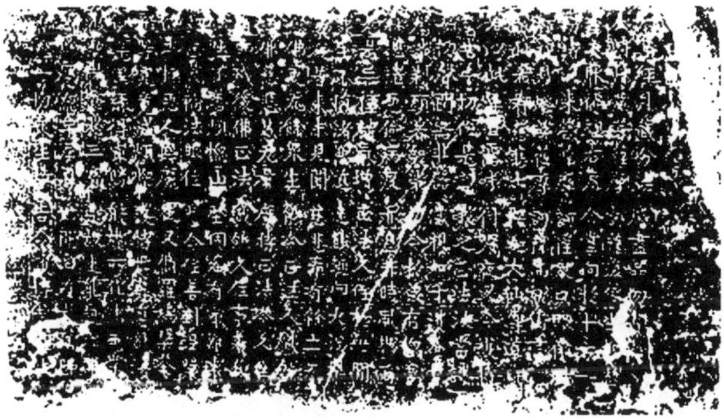

图二

《大集经·月藏分·法灭尽品》初尔时，月藏菩萨摩诃萨复从座起，整理衣服，偏袒右肩，合掌向于十方一切诸来菩萨摩诃萨众，口眼微笑，顾视月灯菩萨摩诃萨，而说偈言：

观此希有慈悲士，释迦大仙尊导师；

今以此法甘露味，付嘱夜叉令护持。

---

① “污戒”后《大正藏》本有“比丘以”。

② “剃头”，《大正藏》本作“剃除须发身”。

③ “以为”，《大正藏》本作“为物”。

④ 《大方等大集经》卷五五，《大正藏》第13卷，第363页。另参见李玉珉著《宝山大住圣窟初探》，《故宫学术季刊》第16卷第2期，1998年。

⑤ 河南省古代建筑保护研究所：《宝山灵泉寺》图三〇，第299页。

普告一切作是言，我之正法汝当护；
一切声闻器非器，当视如子护养育。
为我剃头着袈裟，勿令于后有恼害；
休息诸恶俭病疫，亦息非时风热雨；
如是三种精气增，正法久住于世间。
众生不堕诸恶道，速能趣向大涅槃；
我从昔来未见闻，慈悲希有余土无。
除佛更无余众生，能令正法久炽然；
诸佛慈悲慧无量，广持正法令久住。
导师灭后佛正法，炽然久住事希有。
此土不善烦恼山，坚固希有最难坏；
转正梵轮法眼住，悉令住善到涅槃。
此土极恶人与魔，夜叉修罗鸠盘荼；
彼等究竟灭烦恼，护持世尊真妙法。
以是因缘得最胜，能尽所作诸恶业；
彼勤供养于三宝，是故速能趣涅槃。
断除烦恼牟尼尊，世间自在大导师；
怜愍一切众生故，告令护持佛正法。①

经文记述释迦佛付嘱夜叉、恶人与诸魔等，供养三宝，令正法久住世间，众生不堕恶道。灵裕将这段经文刻在震旦国的护法迦毗罗神王像旁，希望借助他们的神力护持，能够使佛教在北周废佛之后重焕生机，延续佛法的命脉。这段经文在窟外，表达一种强烈的护法的观念与誓愿；与窟内的末法观念经文，形成一种明显的对比。

《大集经》主要是阐述大乘六波罗蜜法和诸法性空思想，因此有关“六度”“四摄”的经文片段被凿刻在南响堂石窟和洪顶山北崖壁上。在南响堂第二窟内前壁左侧，刻文有以“文殊师利白佛言”开头的《文殊般若经》的一段经文，解释“般若波罗蜜”；但是，后面四句则来自《大集经·海慧菩萨品》（如图三②）：

---

① 《大方等大集经》卷五六，《大正藏》第 13 卷，第 374 页下—375 页上。另参见李玉珉著《宝山大住圣窟初探》，《故宫学术季刊》第 16 卷第 2 期，1998 年。

② 张林堂主编：《响堂山石窟碑刻题记总录》（一），北京：外文出版社，2007 年，第 15 页。

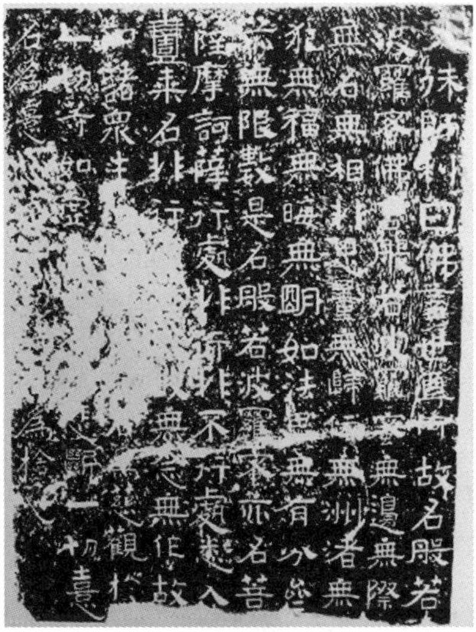

图三

> 知诸众生心性本净，是名为慈；观于一切等如虚空，是名为悲；断一切喜，名为喜心；远一切行，名为舍心。①

从刻经本意来说，主要是为了解释“般若波罗蜜”；或许空间有多余，故刻入《大集经》而阐释“四摄”，从而完成菩萨道观念的塑造与宣扬。

在山东东平县旧县乡屯村铺洪顶山北崖壁西端，左与《摩诃般若经》相邻，隶书书写，内容为《大集经·海慧菩萨品》：

> 经主道门
> 能调心者，名之为施；
> 身心清凉，名之为戒；
> 诸法无常，名之为忍；
> 勤修是知，名为精进；
> 内外清净，名为三昧；
> 观真实故，名为智慧。②

---

① 《大方等大集经》卷八，《大正藏》第 13 卷，第 50 页中。

② 同上。另参见赖非著《山东北朝佛教摩崖刻经调查与研究》，北京：科学出版社，2007 年，第 19 页。

由于人为毁坏严重，因此除此之外的刻经内容无从知晓。这与铁山所刻《大集经·海慧菩萨品》一样，是僧安道壹组织的刻经活动，因此所刻的内容或许还有有关“四摄”的经典内容。

最大的《大集经·海慧菩萨品》刻经位于山东邹城北铁山之阳摩崖石坪上。铁山旧称前冈山，海拔146米，花岗岩质。经文刻在巨大的线刻碑形图案中，碑首刻六龙缠绕，额题“大集经”三个字，刻有自“善男子云何名为穿菩提心”始，至“万六千天得无生忍”①止。此段经文在《大集经》中称为《海慧菩萨品》，而《石颂》谓《穿菩提品》。《海慧菩萨品》主要叙述发菩提心的方法，如空三昧、四念处、七觉支、八正道、六度、四摄等。

在经文的左下方，刻“石颂”两字，又称《铁山刻经颂》：

> 观世下：白沲之水，澹清波而难守；赤雷之兴，震火光而易灭。但以四毒缠躬，八疵萦骨，秽纳皆罗，孰有谁无？自非体括三乘，身苞十力，讵辨□□之章，焉知救护之品者哉！
>
> 是以有信佛弟子匡喆及弟显、□、祖、珎，汉丞相衡之苗裔也。秀德自天，英姿独拔，知宏纲尚决，察地纽方倾，叹沧海犹迁，嗟太山言落。遂弃乌涂而在怀，收清觳而□府。于是乃与同义人李桃、汤耿奴等，可谓门抽杞梓，家握芳兰，飒爽龙腾，豁然凤举。乃率邑人，敢欲寄柏天沼，共汲无竭之津，寻财法肆，同以永用之宝，仍割家赀，舍如霜叶。在■皇周大像元年，岁大渊献八月庚申朔十七日丙子，瑕丘东南，大岗山南岗之阳，前观邾峄峨峨，睹拂汉之峰，却瞻岱巘巍巍，眺排云之岳。兼复左顾昌岩，右临车驿，表里山川，林茫文暎。
>
> 于是有齐大沙门安法师者，道鉴不二，德悟一原，匪直仪相咸韬，书工尤最。乃请神毫，于四显文中，敬写《大集经·穿菩提品》九百卅字，道斯胜句，以□拔世，遂乃约石图碑，焕炳常质。六龙上绕，口莹五彩之云；双龟下蟠，甲负三阶之路。纵使昆仑玉谍，道观金兰，周穆记功，秦皇勒绩，兹今胜迹，譬彼蔑如也。■释迦本演之世，工时十二那由他，众生发菩提心，一万六千天子得无生法忍。况此群英，联珪共琲，同发善心，采斑倕之巧，成斯福业者乎。从今镌构，逢劫火而莫烧；神仙□□，对炎风而常住。尔其丹青□雄，所以图其盛法。金石长存，□以观之不朽。此岩不瑑，后叶何观？璋才同返，鹜藻谢归，犹览此征，诚何堪抃跃？聊措寡豪，以申短韵，乃作颂粤。
>
> 茫茫大道，非若□□，空来寂住，能卷能舒。想□□崖，远离陷途，称肌代鸟，放鸽残躯。六度常满，三空不缺，敢缉遗训，式彰余烈。缣竹易销，金石难灭，托以

---

① 《大方等大集经》卷八，《大正藏》第13卷，第50页上—下。另参见赖非著《山东北朝佛教摩崖刻经调查与研究》，第104页。

> 高山，永留不绝。寻师宝翰，区悬独高，精跨羲诞，妙越英繇，如龙蟠雾，似凤腾霄。圣人幽轨，神芝秘法，从兹虎相，树标永劫。①

现存《石颂》下面有题名："宁朔将军大都督任城郡守经主孙洽、东岭僧安道壹署经、刘搜扬好人平越将军周任城郡主薄大都维那闾长嵩"，另外拓片现存有"齐任城郡功曹周平阳县功曹大都维那赵郡李巨敖"②。

《石颂》表达出镌刻《大集经》的意图与大住圣窟是一样的，皆体现出末法的危机担忧与护法的精神。首先，通过《大集经》的教义宣扬，劝导有缘见到《大集经》的人能够发菩提心，如一万六千天子一样证入无生法忍。其次，因为北周废佛所引发的现实冲击与担忧，所以通过金石刻经而永久保存经典，如"缣竹易销，金石难灭，托以高山，永留不绝"（如图四③）。

图四

① 《石颂》原文、标点、校录，主要参考北岛信一《铁山〈石颂〉——招魂与送魂的祈祷文》，载房山石经博物馆、房山石经与云居寺文化研究中心编《石经研究》第1辑，北京：北京燕山出版社，2016年，第131—142页；山东石刻艺术博物馆：《山东佛教刻经全集》（上卷），济南：山东美术出版社，2015年，第57页；赖非：《山东北朝佛教摩崖刻经调查与研究》，第113页；张广存：《〈铁山刻经颂〉识读并校注》，载山东石刻艺术博物馆编《北朝摩崖刻经研究》（续），第217—235页；俞黎华：《〈石颂〉初探》，载中国书法家协会山东分会、山东石刻艺术博物馆编《北朝摩崖刻经研究》，济南：齐鲁书社，1991年，第308—316页；相川政行：《邹城市铁山〈大集经〉题刻和"石颂"研究》，《立正大学文学部研究纪要》第20号，2004年。

② 山东石刻艺术博物馆编：《山东佛教刻经全集》（上卷），第58页。

③ 山东石刻艺术博物馆编：《山东佛教刻经全集》（下卷），第253页。

所以,《大集经》末法观念与护法精神,与北周废佛等现实形成一种互动的冲击图景。北朝佛教的观念与信仰皆在地论学派有所体现,地论师修习《大集经》,组织、参与《大集经》的刻经,彰显了地论学派在北朝的影响与交融。

四、结 语

《大集经》研究伴随着《华严经》《十地经论》研究的盛行而发展,从而出现尊重《大集经》的地论师一流,而且他们重视"无碍"的思想影响了华严学的发展。敦煌遗书中,保存有《大集经》注释的残卷BD03106(腾6)——《大乘五门实相论》。《大乘五门实相论》是用实相、实性、圆道、体性等描述法界,彰显法界融即的思想。这是依《十地经论》的思想而解释《大集经》,既有"转疏为论"的文本形式创新,更有经典思想阐释的创新。

末法观念与北周废佛的迫害,增加了地论师如灵裕等人对末法的忧虑,在营造大住圣窟时,特别凿刻《大集经·月藏分》,以表达自己的末法观念和护法热忱。另外,如南响堂石窟以及山东刻经中也出现《大集经》等经句,体现六度、发菩提心等菩萨道思想,彰显末法的危机意识与护法精神。

所以,《大集经》的禅法、圆融思想与地论学派相契合,受到地论师的奉崇;同时,在北朝与隋初的官员与世家大族的支持下,在河南、山东一带大量刻经,形成一幅观念与实践、佛教与社会互动的信仰图景。

禅说道安

陈　坚*

引　言

有部电视剧叫《戏说乾隆》，我这儿想来个《禅说道安》，说说道安(312—385)与禅有关的那点事。

释慧皎(497—554)所撰的《高僧传》将道安法师放在“义解”篇中来加以立传介绍，但是并没有明说他究竟“义解”了什么佛理，只是说“形貌甚陋”的他却是“神智聪敏”，因而在“义解”佛经方面技高一筹，特别厉害。且看他在襄阳的表现：

> (道安法师)既达襄阳，复宣佛法。初，经出已久，而旧译时谬，致使深藏隐没未通，每至讲说，唯叙大意，转读而已。安穷览经典，钩深致远，其所注《般若道行》《密迹》《安般》诸经，并寻文比句，为起尽之义，乃析疑甄解，凡二十二卷，序致渊富，妙尽深旨，条贯既叙，文理会通，经义克明，自安始也。①

我们都知道，在道安法师所生活的东晋时代，佛经早已传译到了中国，但是由于当时翻译水平有限，所译的佛经中充满了谬误，再加上当时一般讲经说法的人，对佛法说实话也是不甚了了，“每至讲说，唯叙大意，转读而已”，只是照本宣科，依葫芦画瓢，也说不出个所以然，致使佛经中的高深义理“深藏隐没未通”。就是在这样的背景下，道安法师来到襄阳弘宣佛法，并从注解佛经下手，只见他“穷览经典，钩深致远”“寻文比句，为起尽之义，乃析疑甄解，凡二十二卷，序致渊富，妙尽深旨，条贯既叙，文理会通”，这才使得“经义克明”，让真正的佛理大白于天下。释慧皎甚至还认为“经义克明，自安始也”，言下之意就是，道安法师乃是中国佛教史上第一个把佛理讲清楚说明白了的人，对道安法师的这个评价无疑极高。正因为道安法师在佛经“义解”上有超群的才华，所以“四方学士竞往师之”，其中就包括当时的许多名士，如“襄阳习凿齿锋辩天逸，

---

*　陈坚，山东大学佛教研究中心主任、博士生导师。

①　释慧皎撰、汤用彤校注：《高僧传》，北京：中华书局，1992年，第179页。

笼罩当时，其先闻安高名，早已致书通好”，甚至还“有福同享”，主动“与谢安书”，希望后者也能“来此见释道安”；还有那个写《奉法要》的“郗超遣使遗米千斛，修书累纸深致殷勤”，真个是“谈笑有鸿儒，往来无白丁”。

既不是“鸿儒”但也肯定不属于“白丁”的我，原本对于道安法师在“义解”方面的了解，也仅仅只是知道他因撰写《本无论》①而成为“六家七宗”中“本无宗”的一个重要代表人物，知道“以道安为代表的‘本无宗’历来被视为六家七宗中最精当的一家”。尽管我对他的《本无论》及其所蕴含的“本无义”没有什么深入的研究，对于他所从属的“六家七宗”这个学术团体更是不甚了了，若要言其大概，那么，所谓的“六家七宗”则是“两晋般若学说玄学化最集中的表现，从现有的材料看，‘六家七宗’集中讨论的主题，确实是般若学的核心问题，即空有（色）问题”，而这也是佛教义学的基本问题。对于这个基本问题，道安“是从万法（色或有）本身来说空的，这也就是‘色即是空’，这说明道安解空确实比较符合般若空义的原旨。而且，我们结合道安所写经序的思想来看，他提到‘有无均净’‘本末等尔’‘湛尔玄尔’等，似乎又很接近中观不落两边的‘观空’方法”②。也许有着杰出“义解”才华的道安法师对印度般若学的理解在“六家七宗”中确实是最为到位最为准确的，以至于学界自古以来就有很多人认为僧肇（384—414）在《不真空论》中所批判的“本无者”并非是指道安的观点，而是指“本无宗”的另一个代表人物竺法汰（320—387）的观点抑或是“本无宗”笼而统之的观点③，与道安法师无关。然而，不管有关无关，也不管你服不服气，自从僧肇携《肇论》（其中就包含《不真空论》）在佛教界横空出世后，包括道安法师在内的一切其他般若学家都相形见绌、黯然失色。不过，就道安法师而言，“东方不亮西方亮”，他虽然在般若学上无法与僧肇相提并论，但是在禅学上却要超过僧肇，只是这一点很少被人提及，而要真正理解道安法师的禅学思想及其意义，那还得先了解一点“禅”观念的演变史。

一、“禅”的前世今生

禅宗在中国文化和社会中的巨大影响力以及由此而衍生出来的禅宗话语霸权，使得我们现在一说起“禅”，便会立马联想起禅宗，但是，实际上，“禅”并非是禅宗的专利，

---

① 参见惠达《〈肇论〉疏》，载《卍续藏》第54卷，第59页中。

② 冯达文、郭齐勇主编：《新编中国哲学史》，北京：人民出版社，2007年，第317—318页。

③ 参见刘祖荣著《〈不真空论〉里的本无宗》，载《中国佛学》（2013年刊），北京：社会科学文献出版社，2014年，第231—232页。

而且也不是禅宗“他爹”佛教发明的，在儒家、道教、基督教、伊斯兰教中也都有“禅”。或者更干脆地说，在古往今来各种文化传统中无不有“禅”，只是各种文化传统中的“禅”，不一定就叫“禅”这个名称罢了。然而不管叫什么，只要是“心注一处”，将心念集中于一个地方然后使心静下来，就是禅，无论这“一处”或“一个地方”是什么。比如天台宗的“系缘守境止，所谓系心鼻端脐间等处，令心不散”①，这是将心念集中于“鼻端脐间等处”，这与道教修炼中的“眼观鼻鼻观心气沉丹田”有着异曲同工之妙；再比如汉代安世高（约 2 世纪）“所传禅法，影响最大的是‘安般守意’，后称‘数息观’，他要求用自一至十反复数念气息出入的方法，守持意念，专心一境，从而达到安谧宁静的境界。他们相信，这种禅法最后可以‘制天命，住寿命’，‘存亡自由’。这种修禅的方法与古代中国神仙方术家的呼吸吐纳、食气守一等养生之术相似，很容易为人们接受。隋智顗将其改造为《六妙法门》。作为一种气功，安般禅至今还在流行”②，这“至今还在流行”的“安般禅”就是将心念集中于呼吸时的“气息出入”并“自一至十反复”地去数它们。另外像庄子的“坐忘”、基督教的祷告等莫不具有禅“心注一处”的属性，因而也都属于禅的范畴，蕴含着禅的方法。

禅的方法，可以简单地归纳为如下“三部曲”：“第一，每个参与者为自己选择一个可以注意的对象，例如一个声音、一个单词、一个短语，或者自己的呼吸、身体感觉、运动感觉等；第二，在选择完注意对象后，调整好姿势舒服地坐着，闭上眼睛，进行简单的腹式呼吸练习；第三，将注意力集中于所选择的注意对象。在训练的过程中，若参与者头脑中出现了其他想法、感受或者感情时，也不要紧，只需要随时回到原来的注意力上即可”③——不管哪个文化传统中的禅，其身心活动的流程和结构大致如此，所不同的只是禅的注意对象以及禅的目的功能，而后者更为关键。

按照目的功能的不同，禅经历了如下三个发展阶段，这三个阶段可以分别名之曰通神禅、神通禅和自在禅，这是我个人对禅的理解和命名，跟任何已有的禅学研究无关。前文已经提到，“心注一处”将心静下来的活动就是禅，那么将心静下来干什么呢？通神禅、神通禅和自在禅这三者就差异互见了。其中通神禅，顾名思义就是与神相沟通或与某个外在的神相沟通，倾听神的声音。在人类历史的早期，就有一些人是专门干这个的，比如印度婆罗门教中的婆罗门，他们躲到深山老林去做“头陀”苦行，其中就有坐禅的项目。他们坐在那里，静下心来仔细倾听大梵天在说些什么，倾听天上的毗

---

① 智顗：《童蒙止观》。

② 杜继文主编：《佛教史》，南京：江苏人民出版社，2007 年，第 91 页。

③ 郭世魁：《佛法疗心：当代心理咨询中的新办法》，《中国宗教》2014 年第 4 期。

湿努和湿婆在说些什么，然后将所听到的神的旨意告诉芸芸众生，用以指导后者的人生实践。在婆罗门教看来，在四种姓中，唯有婆罗门种姓能够抛弃世俗的一切而禅坐在深山老林中静心地倾听神的声音，其他三种种姓即刹帝利、吠舍和首陀罗，他们身处嘈杂的世俗，乱哄哄的，怎么能听到神的声音呢？实际上，不但婆罗门教中的婆罗门，而且萨满教中的萨满、犹太教中的摩西，都是而且只能是在禅的静心状态中才能听到各自相应神的开示，比如摩西之在西奈山上听到上帝对以色列人的告诫亦即所谓的“摩西十诫”①。甚至中国古代被称为天子的皇帝，他们之所以要“立明堂者，所以通神灵、感天地……明堂上圆下方，上圆法天，下方法地”②，而这“法天地、法阴阳、法五行就成了天子治国牧民的根本法则”③。可以想见，天子在明堂内也肯定是在禅的静心状态下去“通神灵、感天地”从而从皇天上帝那里获得“治国牧民的根本法则”的。

通神禅是世界范围内禅的最早形态，当其在印度婆罗门教中大行其道、如日中天的时候，有释迦牟尼出来创立佛教并借由佛教来反对婆罗门教，其中的一项重要内容，就是反对婆罗门教崇拜外在神而在佛教中取消了对神的信仰。于是乎，“皮之不存，毛将焉附”，既然否定了对神的信仰，那也就无须再去通神了，真所谓“神之不存，禅将焉通”，通神禅自然而然地退出了佛教之领地。不过，释迦牟尼虽然不信仰婆罗门教诸神，不提倡婆罗门教的通神禅，但他还是对禅保持着高度的兴趣，比如，他在出家之初便“先到王舍城郊外漫游，跟随数论派先驱阿逻迦罗摩和郁陀迦逻摩子学习禅定。数

---

① 也许有人会觉得奇怪，难道基督教的摩西也在西奈山上坐禅？是不是坐着我不清楚，但当他听到耶和华上帝之训示的时候，他肯定是处于禅的状态。据《圣经·出埃及记》(19:16—19:20)，“到了第三天早晨，在山上有雷轰、闪电和密云，并且角声甚，营中的百姓尽都发颤。摩西率领百姓出营迎接神，都站在山下。西奈全山冒烟，因为耶和华在火中降于山上。山的烟气上腾，如烧窑一般，遍山大地震动。角声渐渐地高而又高，摩西就说话，神有声音答应他。耶和华降临在西奈山顶上，耶和华召摩西上山顶，摩西就上去”。西奈山上如此雷鸣电闪、烟熏火燎的，不把心静下来，能听到上帝在说什么吗？另据《圣经·申命记》(5:2—5:5)：“耶和华我们的神在何烈山与我们立约。这约不是与我们列祖立的，乃是与我们今日在这里存活之人立的。耶和华在山上，从火中，面对面与你们说话。那时我站在耶和华和你们中间，要将耶和华的话传给你们，因为你们惧怕那火，没有上山。”不管是在西奈山，还是在西乃山，抑或是在何烈山，反正是在烈火熊熊的山上，摩西听到了耶和华上帝对以色列人说的话，而其他人都没有亲耳听到，需要靠摩西来转述，而摩西之所以能听到，关键不是摩西上到山顶离上帝近，而在于他在面对上帝时有一种禅——也就是所谓“通神禅”——的心态，若没有这种心态，即使离得最近也于事无补，还是听不到。

② 班固：《白虎通·爵》。

③ 冯达文、郭齐勇主编：《新编中国哲学史》，第254页。

月之后，感到不满。他不否认禅定的作用，但认为禅定不是目的”，婆罗门教所说的“通神”更不是禅定的目的，那禅定的目的是什么呢？是开智慧，当年释迦牟尼“坐在毕钵罗树（后称菩提树）下，沉思默想，据说，经过七天七夜，终于悟出了‘四谛’的真理”①，从而智慧大开，并最终创立了佛教。后来随着佛教的发展，开智慧的外延给扩大了，即禅不单单是用来开智慧，而是一般地被用来开发自身各种各样的潜能，而智慧只是其中之一。佛教把这种潜能的开发称之为“显神通”，相应的禅也就是所谓的“神通禅”。按照佛教的看法，在世俗生活中，人的许多潜能都被掩盖甚至破坏了，而通过禅的活动则可以将它们重新发挥出来，是为“显神通”，其中的“神”不是指外在于人的神灵，而直接就是人本具有却为世俗所障碍了的无限的潜能。

佛教所发展出来的神通禅在印度被称为“四禅八定”，而到了中国则被称为“如来禅”，后来天台宗又有一个说法，叫“渐次止观”，但不管叫什么，反正它代表了禅的第二个发展阶段。如果说“如来禅”和“渐次止观”是印度佛教禅法在中国的延长线，那么以这条延长线为基础，中国佛教又发展出了独具特色的禅法，这就是所谓的“祖师禅”。祖师禅乃是禅的第三个发展阶段，也是禅的最高峰。

祖师禅的目的，既不是“通神”即与神相沟通，也不是“神通”即发挥人自身的潜能，而是“自在”，亦即《坛经》中所说的“回归自性”，使自己的生活更加自在。祖师禅实际上就是禅宗之禅，其中的“祖师”，狭义而言，是指禅宗的创立者惠能大师（638—713），广义而言，是指禅宗的历代祖师。②当然，大台宗的“圆顿止观”也是祖师禅的理路，只是由于它不属于众所周知的禅宗这个系统而鲜为人知罢了。③ 这里我们且不说天台宗的“圆顿止观”，只看禅宗的“祖师禅”。禅宗“祖师禅”的精髓就在《坛经·坐禅品》中，该品不长，其实就是两段“师示众云”，也就是惠能大师给前来听他说法的大众所作的两段开示，如下：

师示众云：“此门坐禅，元不著心，亦不著净，亦不是不动。若言著心，心元是妄，知心如幻，故无所著也。若言看净，人性本净，由妄念故，盖覆真如，但无妄想，

① 杜继文主编：《佛教史》，第9页。

② 禅宗有南宗和北宗之分，南宗以惠能为鼻祖，北宗以神秀（606—706）为开山。虽然在禅法上，“南顿北渐”有差别；但在目的上，无论南宗还是北宗，都主张修禅就是为了生活的自在，然而，习惯上或一般而言，我们都是以惠能为禅宗的代表。

③ 天台宗的修行方法叫“止观”，天台宗发展出了三大止观体系，即渐次止观、不定止观和圆顿止观，该宗创始人智者大师（538—597）分别在《释禅波罗蜜次第法门》《六妙法门》和《圆顿止观》中对这三大止观作了原创性的阐发。

性自清净。起心著净，却生净妄，妄无处所，著者是妄。净无形相，却立净相，言是工夫；作此见者，障自本性，却被净缚。善知识！若修不动者，但见一切人时，不见人之是非善恶过患，即是自性不动。善知识！迷人身虽不动，开口便说他人是非长短好恶，与道违背；若著心著净，即障道也。”

师示众云：“善知识！何名‘坐禅’？此法门中，无障无碍，外于一切善恶境界，心念不起，名为‘坐’；内见自性不动，名为‘禅’。善知识！何名‘禅定’？外离相为禅；内不乱为定。外若著相，内心即师示众云乱；外若离相，心即不乱。本性自净自定，只为见境思境即乱。若见诸境心不乱者，是真定也。善知识！外离相即禅，内不乱即定；外禅内定，是为禅定。菩萨戒经云：‘我本性元自清净。’善知识！于念念中，自见本性清净，自修自行，自成佛道。”

这两段“师示众云”非常明确地告诉我们，禅宗之所谓“坐禅”，根本不是屁股坐在那里一动不动，而是指心性上的“内见自性不动”或“自见本性清净”，也就是所谓的“自性清净”。只要“自性清净”，立马解脱而如大愚法师在《解脱歌》中所说的“自在随心大安乐”，这“自在随心大安乐”就是“心安”，慧可大师（487—593）当年“立雪断臂”求达摩（？—536）给“安心”，所要“安”的就是这样的心。只有把心给“安”好了，或者说，只有“心安”了，佛教之道才能“安”①，此之谓“道安”，可见道安法师的法号还是富有禅意的。

二、禅意道安

南岳衡山广济寺在主持宗显法师的带领下，多年以来坚持在每月最后一周的周末

① “慧可安心”是禅宗史上的一个著名公案，现在网上关于这个“公案”及其佛学意义的介绍很多，各种版本大同小异，大意是说，慧可禅师翻山越岭来到嵩山少林寺，拜谒达摩祖师，要求开示，并请为入室弟子，达摩面壁静坐，不理不睬。慧可于是在门外伫候，时值风雪漫天，过了很久，雪深及膝。达摩看他确实求法虔诚，才开口问他：“你久立雪中，所求何事?”慧可道：“惟愿和尚开甘露门，广度群品。”达摩说：“诸佛无上妙道，旷劫精勤，难行能行，难忍能忍，尚不能至，汝公以轻心慢心，欲冀真乘，徒劳勤苦。”慧可听此诲励，即以刀断臂在达摩座前。达摩说：“诸佛求道为法忘形，你今断臂，求又何在?”慧可答道：“弟子心未安，请祖师为我安心！”达摩喝道：“把心拿来，我为你安！”慧可愕然地说：“我找不到心呀！”达摩微笑说道：“我已经为你将心安心了。”慧可于找不到处，而有一个转身入处，终于豁然大悟，我们的烦恼本空，罪业本无自性，识心寂灭，没有妄想动念处，就是正觉，就是佛道。如果能够保持一颗平实不乱的真心，佛性当下就会开显。

“雷打不动”地举办“禅意人生”修炼营，招收来自全国各地的佛教信徒或禅学爱好者前来学习佛法体验禅境，如遇有特殊需要，那就随缘加插再多开几期，比如加插书法家“禅意人生”修炼营、大学生“禅意人生”修炼营、作家“禅意人生”修炼营等。我就曾受邀为暑期大学生“禅意人生”修炼营讲过几次课。根据我的观察，修炼营衍生出了佛教界的一种“亚语言”现象，即人们彼此见面习惯于双手合十以“禅意人生”来相互闻讯，而不是一般佛寺中所见的“阿弥陀佛”。再者，如果你做出了某种不同寻常的事，那么就有可能被人称赞“你太禅意了！”或“你真禅意！”。有一次，我就听宗显法师在电话中，对一个向他讲述自己在房顶种了很多既可以遮阳、又可以吃的菜的居士说：“你太禅意了！”按照宗显法师的这个“禅意”观，道安法师无疑也是很“禅意”的，而且比那个种菜的居士更“禅意”，因为道安法师不但种菜，而且种菜不忘读经。当然道安法师也不一定就是在种菜，也有可能是在种高粱、小麦之类，总而言之是在田间劳作吧。田间劳作虽然辛苦，但是在劳作的间隙，道安法师还不忘抓紧时间览读佛经，而且过目成诵，岂不“禅意”哉！大家且看：

> 释道安，姓卫氏，常山扶柳人也。家世英儒，早失覆荫，为外兄孔氏所养。年七岁读书，再览能诵，乡邻嗟异。至年十二出家，神智聪敏而形貌甚陋，不为师之所重。驱役田舍，至于三年；执勤就劳，曾无怨色；笃性精进，斋戒无阙。数岁之后，方启师求经，师与《辩意经》一卷，可五千言。安赍经入田，因息就览，暮归以经还师，更求余者。师曰：“昨经未读，今复求耶？”答曰：“即已谙诵。”师虽异之，而未信也，复与《成具光明经》一卷，减一万言，赍之如初，暮复还师。师执经覆之，不差一字。师大惊嗟而异之。①

道安法师之田间读经确实是禅意十足，因为崇尚“一日不作，一日不食”的禅宗就是在田间地头发展出来的，田间地头充满了禅的故事，比如临济义玄禅师（？—766）：

> 普请锄地次，见黄檗来，拄钁而立。黄檗云：“这汉困那！”师云：“钁也未举，困个什么？”黄檗便打。师接住棒，一送送倒。黄檗唤：“维那，维那，扶起我！”维那近前扶，云：“和尚争容得这风颠汉无礼！”黄檗才起，便打维那。师钁地云：“诸方火葬，我这里一时活埋。”②

---

① 释慧皎撰、汤用彤校注：《高僧传》，第177页。

② 参见普济著《五灯会元》，北京：中华书局，2002年。

又如香严智闲禅师(唐代僧人,生卒不详):

一日,芟除草木,偶抛瓦砾,击竹作声,忽然省悟,遽归沐浴焚香,遥礼沩山。①

再如雪峰义存禅师(822—907):

普请畬田次,见一蛇,以杖挑起,召众曰:"看! 看!"以刀芟为两段。师(按:指玄沙师备禅师)以杖抛于背后,更不顾视,众愕然,峰曰:"俊哉!"②

禅籍中所记载的这些发生在田间地头的禅的故事,散发着泥土的芬芳,充满了"农家乐"的气息,象征着禅的自然性和草根性,体现了生活在农耕社会的古代中国人的价值追求和精神境界,而禅宗在其后的发展过程中也顺应了中国人的这种宗教情怀。而以作为农耕社会"杰出代表"和"形象代言"的牛来比喻禅的修行历程,这就是禅宗中著名的"十牛图":

禅门十牛图,喻示禅宗修心的十个阶段。大凡熟悉佛教禅学的都知道,唐代的大禅师们——诸如马祖道一、百丈怀海——很喜欢用"牧牛"比喻"治心"。《景德传灯录》记马祖问石巩:汝在此何务? 答曰:牧牛! 同书记长庆懒安称自己在沩山三十多年不学沩山禅,但牧一头水牯牛。这些牧牛公案后来逐渐形成图卷,并由许多禅师依据图卷作成偈颂,从而成为图文并茂的禅门心法著作。

禅门十牛图,脍炙人口,历代禅师依图唱和的偈颂甚多,其中尤以宋太白山普明禅师,和宋梁山廓庵僧远和尚所作十牛图颂最为著名。普明的牧牛图颂所绘之牛由黑变白,分成未牧、初调、受制、回首、驯伏、无碍、任运、相忘、独照、双泯十个阶段,其着眼点在于调心证道,以人牛不见、心法双亡为最高境界,修行方法上主循序渐进、历阶而升,带有神秀一系"渐修"的特色。③

我们都知道,牛是印度民族和印度教的图腾,具有至高无上的神圣性,因而至今印度人不吃牛肉。正因为牛在印度社会有着如此崇高的地位,所以印度佛教也往往顺水

① 普济:《五灯会元》,第537页。

② 同上书,第396—397页。

③ 普明禅师:《牧牛图颂》。

推舟地以牛言说佛教，比如《法华经·方便品》就以“牛车”来比喻菩萨乘而以“大白牛车”来比喻佛乘。后来佛教传入中国，虽然中国人没把牛当成神圣的宗教图腾，但牛在农耕社会所扮演的无可替代的实用性也让牛很容易被中国人推上“精神宝座”，如我们常说的“老黄牛精神”以及鲁迅先生（1881—1936）所说的“俯首甘为孺子牛”和“牛吃的是草，挤出来的是奶”等；另外，许多城市的街头也还立有牛雕塑，著名的如深圳的“拓荒牛”雕塑，无名的如在济南我所住小区附近的一个十字路口就立着一个我上下班天天远观却不曾近瞧亦不知其名的牛雕塑。可以这么说，禅宗“以牛说禅”的“十牛图”乃是在将印度神圣的牛与中国实用的牛圆融在一起，并以之来体现禅宗“凡圣相即”“世出世间不二”，或用儒家的话来说就是“极高明而道中庸”的宗教语境。在这样一个宗教语境中，禅宗的修行就好比是“牧牛”，而修行的禅者显然就是骑在牛背上横吹笛又“遥指杏花村”的牧童。①现在我这儿有个牧童，他不但牧牛，而且还种菜种庄稼；不但

① 在中国文化中，牧童随处可见，这可能与中国的农耕文明有关，比如在《儒林外史》第一回“说楔子敷陈大义，借名流隐括全文”中，也描写了一个叫王冕的牧童：这人姓王名冕，在诸暨县乡村里住，七岁上死了父亲，他母亲做些针指，供给他到村学堂里去读书。看看三个的年头，王冕已是十岁了。母亲唤他到面前来说道：“儿阿，不是我有心要耽误你。只因你父亲亡后，我一个寡妇人家，只有出去的，没有进来的；年岁不好，柴米又贵，这几件旧衣服和些旧家伙，当的当了，卖的卖了。只靠着我替人家做些针指生活寻来的钱，如何供得你读书？如今没奈何，把你雇在间壁人家放牛，每月可以得他几钱银子，你又有现成饭吃，只在明日就要去了。”王冕道：“娘说的是。我在学堂里坐着，心里也闷，不如往他家放牛倒快活些。假如我要读书，依旧可以带几本去读。”当夜商议定了。第二日，母亲同他到间壁秦老家。秦老留着他母子两个吃了早饭，牵出一条水牛来交与王冕，指着门外道：“就在我这大门过去两箭之地，便是七泖湖，湖边一带绿草，各家的牛都在那里打睡。又有几十棵合抱的垂杨树，十分阴凉。牛要渴了，就在湖边上饮水。小哥，你只在这一带玩耍，不必远去。我老汉每日两餐小菜饭是不少的。每日早上，还折两个钱与你买点心吃。只是百事勤谨些，休嫌怠慢。”他母亲谢了扰，要回家去，王冕送出门来。母亲替他理理衣服，口里说道：“你在此须要小心，休惹人说不是；早出晚归，免我悬望。”王冕应诺，母亲含着两眼眼泪去了。王冕自此只在秦家放牛。每到黄昏，回家跟着母亲歇息。或遇秦家煮些腌鱼腊肉给他吃，他便拿块荷叶包了来家，递与母亲。每日点心钱，他也不买了吃，聚到一两个月，便偷个空，走到村学堂里，见那闯学堂的书客，就买几本旧书。日逐把牛拴了，坐在柳阴树下看。弹指又过了三四年。王冕看书，心下也着实明白了。那日正是黄梅时候，天气烦躁，王冕放牛倦了，在绿草地上坐着。须臾，浓云密布。一阵大雨过了，那黑云边上镶着白云，渐渐散去，透出一派日光来，照耀着满湖通红。湖边上山，青一块，紫一块，绿一块。树枝上都像水洗过一番的，尤其绿得可爱。湖里有十来枝荷花，苞子上清水滴滴，荷叶上水珠滚来滚去。王冕看了一回，心里想道：“古人说‘人在画图中’，其实不错，可惜我这里没有一个画工，把这荷花画他几枝，也觉有趣。”又心里想道：“天下那有个学不会的事，我何不自画他几枝？”最终王冕通过自己的努力，成了著名画荷花的画家。

种菜种庄稼，而且还在种菜种庄稼的间隙读诵佛经，这个牧童就是少年道安。

说道安法师是牧童，我是这样想的，道安即使没有牧过耕田拉车的牛，也肯定牧过禅宗的所谓“心牛”，因为牧“心牛”乃是佛教历代祖师在其成长过程中的共同经历。比如惠能大师当年在卖柴过程中，“见一客诵《(金刚)经》，惠能一闻经语，心即开悟”，并经人指点和帮助，信心满满不远万里从岭南前“往黄梅参礼五祖”弘忍大师(601—674)，两人一见面便有一番“石破天惊逗秋雨”的“机锋”问答：

祖问曰：“汝何方人？欲求何物?”惠能对曰：“弟子是岭南新州百姓，远来礼师，惟求作佛，不求余物。”祖言：“汝是岭南人，又是獦獠，若为堪作佛?”惠能曰：“人虽有南北，佛性本无南北；獦獠身与和尚不同，佛性有何差别?”五祖更欲与语，且见徒众总在左右，乃令随众作务。惠能曰：“惠能启和尚，弟子自心常生智慧，不离自性，即是福田。未审和尚教作何务?”祖云：“这獦獠根性大利，汝更勿言，着槽厂去!”惠能退至后院，有一行者，差惠能破柴踏碓经八月余。①

弘忍大师见“汝是岭南人，又是獦獠”长得有点磕碜的惠能居然出语不凡，“根性大利”，顿时心中窃喜，衣钵暗许。不过，由于惠能还是个刚来的毛头小伙，人生地不熟，为了保护他免受其他很有可能“羡慕嫉妒恨”的徒众的迫害，同时也为了进一步琢磨和锻炼他，弘忍大师“乃令随众作务”，并且故意没好气声地呵斥他到后院“槽厂”去“破柴踏碓经八月余”，在那里“腰石舂米”牧“心牛”，也就是孟子所说的，“天将降大任于是人也，必先苦其心志，劳其筋骨，饿其体肤，空乏其身，行拂乱其所为，所以动心忍性，曾益其所不能”②。惠能在牧“心牛”，道安法师也不例外，你看他，“至年十二出家，神智聪敏而形貌甚陋，不为师之所重，驱役田舍，至于三年；执勤就劳，曾无怨色；笃性精进，斋戒无阙”，把个“心牛”牧得乖乖的。总之，惠能和道安，一个长得像“獦獠”，一个“形貌甚陋”，两个“丑八怪”通过牧“心牛”最终成了中国佛教史上的一对大祖师。而作为大祖师，除了能牧“心牛”，肯定还有关于如何牧“心牛”的禅思。惠能自不必说，有《坛经》为证，这里要说的是道安。

三、道安的禅思

这里肯定有人要问了，把道安与惠能放在一起说是不是有点“牛头不对马嘴”、拧

① 《坛经·自序品》。

② 《孟子·告子下》。

麻花了？道安跟禅有关系吗？有！“这个可以有”，不但“可以有”，而且还“真有”！就像在《西游记》中“观世音菩萨选了唐三藏去取经，又选了孙悟空、猪八戒、沙悟净三个怪诞去协助他”①，中国佛教在大浪淘沙地选择禅宗作为自己的“正印前锋”的过程中，也安排了三个“丑八怪”来协助其事。这三个“丑八怪”就是刚才已经“露丑”了的道安和惠能以及“容貌奇异，牛行虎视，引舌过鼻”②显然也是“丑到家了”的马祖道一(709—788)。我们都知道，惠能是禅宗的实际创始人，以惠能为界，往后，作为惠能再传弟子的马祖道一以“即心即佛，非心非佛”来诠释禅宗的禅法，使得禅宗大开大合，瓜熟蒂落，我在《“心”的佛教之最终成熟——从释迦牟尼到马祖道一》③一文中已经对此作过详细的论述，此不赘述。往前，在惠能之前甚至就在惠能所生活的年代，那是一个群雄逐鹿、暗潮涌动的佛教江湖，各种禅法纷纷登场，有印度传过来的小乘禅法和大乘禅法，有依葫芦画瓢模仿印度禅法的“洋泾浜”禅法，有结合了道教修炼的外道禅法，还有那些根本就是“扯烂污”上不了台面的小混混禅法，反正是八“禅”过海各显神通，但是谁也坐不了大、作不了主，行以至于难免会生争执，从而使得禅者与禅者之间“家常便饭”于人事上的明争暗斗。比如以修习“法华三昧”而闻名并主张“一切皆从禅生”④而被南朝陈宣帝(530—582)赐号“大禅师”的慧思大师(515—577)，就曾数次遭人陷害而每次都差点一命呜呼。比如他“年三十四时在河南兖州界论议故，遭值诸恶比丘以恶毒药令慧思食，举身烂坏，五脏亦烂，垂死之间而更得活”⑤。另外，就在慧思所生活的南北朝时期，不远万里来到中国的达摩大师也是要时时处处小心提防别人的暗害，甚至前文提到的慧可为向达摩表明矢志求法之决心而在其门前“立雪断臂”的著名公案，还被人解读为这臂并不是慧可自己断的，而是在当时的教派斗争中被反对派所砍斫。就当时的情势而言，这也并非没有可能，而且禅门的这种恐怖局面还一直延续到惠能时期。你看《坛经》中的记载，惠能到弘忍大师那里参访学法，后者见惠能应答不凡，根机大利，知是大根器可用之人，但考虑到门下其他徒众可能会因羡慕嫉妒恨而陷

---

① 潘星华：《我的小老板是这些孤儿——专访 ACC 发起人慧礼法师》，《大象脚印》2014 年第 4 期。

② 普济：《五灯会元》，第 128 页。

③ 参见《显密文库》，http://read.goodweb.cn/news/news_view.asp? newsid=78302。

④ 慧思在《诸法无诤三昧法门》中开宗明义曰：“夫欲学一切佛法，先持净戒勤禅定，得一切佛法：诸三昧门、百八三昧、五百陀罗尼及诸解脱、大慈大悲、一切种智、五眼、六神通、三明、八解脱、十力、四无畏、十八不共法、三十二相、八十种好、六波罗蜜、三十七品、四弘大誓愿、四无量心、如意神通、四摄法、如是无量佛法功德，一切皆从禅生。”

⑤ 《慧思禅师立誓愿文》，《大正藏》第 46 卷，第 787 页上。

害他，所以又故意冷落他并呵斥他，叫他到后院去“破柴踏碓”以保护他。后来，弘忍大师躲过众人耳目半夜三更给惠能传授“顿教及衣钵”并嘱咐他“汝须速去，恐人害汝”。惠能听命，遂连夜“发足南行，两月中间，至大庾岭。逐后数百人来，欲夺衣钵。一僧俗姓陈，名惠明，先是四品将军，性行粗糙，极意参寻，为众人先，趁及惠能”，想把惠能“干掉”夺得衣钵，当然惠能运用神通法力化解了这一灾难。不过，事还没完，因为后来惠能“至曹溪，又被恶人寻逐，乃于四会避难猎人队中，凡经一十五载”，把个大祖师弄得像个难民、“丧家之犬”。①当然，我说这些并不是有意要抖中国佛教的“家丑”，或有意要暴露禅学在中国初兴之时其内部的明争暗斗，而是希望大家能够透过这种堪称惨烈的明争暗斗看到当时中国禅学思想的丰富多彩——试想，如果禅学思想单一，禅者之间哪会有那么多人际斗争？当然，当时也并不是所有的禅者都被卷入“禅斗”的漩涡，或有意参与这种“禅斗”。比如道安法师就是这样，他对社会上的“禅斗”不感兴趣，他所感兴趣的是当时译介到中国来的佛经，尤其是那些有关禅修的佛经。道安法师如果有时间，不是与习凿齿(317—383)这样的名流一起海阔天空地“坐而论道”，就是一个人坐在那里研究佛经以及他人对佛经的注解，并根据自己的理解为佛经及其注解写点序，这些序大概就相当于我们现在的读书笔记或读后感之类，其中就有不少关于禅的看法。道安法师并没有专门论述禅的禅学著作，他所有关于禅的看法都体现在他所写的这些序中，比如其《安般注序》曰：

> 安般者，出入也。道之所寄，无往不因；德之所寓，无往不托，是故安般寄息以成守，四禅寓骸以成定也。寄息，故有六阶之差；寓骸，故有四级之别。阶差者，损之又损之，以至于无为；级别者，忘之又忘之，以至于无欲也。无为，故无形而不因；无欲，故无事而不适。无形而不因，故能开物；无事而不适，故能成务。成务者，即万有而自彼；开物者，使天下兼忘我也。彼我双废者，守于唯守也，故修行经以斯二法而成寂。得斯寂者，举足而大千震，挥手而日月扪，疾吹而铁围飞，微嘘而须弥舞，斯皆乘四禅之妙止，御六息之大辩者也。夫执寂以御有，策本以动末，有何难也？安般居十念之一，于五根则念根也，故撰法句者，属惟念品也。昔汉氏之末，有安世高者，博闻稽古，特专阿毗昙，学其所出经，禅数最悉，此经其所译也，兹乃趣道之要径，何莫由斯道也。魏初康会为之注义，义或隐而未显者。安窃不自量，敢因前人为解其下，庶欲蚊翮以助随蓝，雾润以增巨壑也。②

---

① 参见宗宝本《坛经·自序品》。

② 《出三藏记集》，《大正藏》第55卷，第43页下。

我们都知道，东汉时期安世高(生卒不详)所翻译的《安般守意经》乃是最早传入中国的介绍佛教禅法的经典，其中的“安般”“梵音‘安那波那’之略，指呼吸”“‘安般守意’，后称‘数息观’，它要求用自一至十反复数念气息出入的方法，守持意念，专心一境，从而达到安谧宁静的境界……这种修禅的方法与古代中国神仙方术家的呼吸吐纳、食气守一等养生之术相似，很容易为人们接受”①，因而在早期中国佛教史上受到普遍重视，以至于三国初年的康僧会(？—280)也曾为之作注。道安法师就是在阅读康僧会的这个注时，感到其中“义或隐而未显”，所以根据自己的理解对“安般守意”及《安般守意经》谈了自己的一些看法，这就是他的这篇《安般注序》。在该序中，道安法师并不是向我们介绍“安般守意”禅的修习方法，而是告诉我们修习“安般守意”禅究竟有什么结果和好处。在他看来，“安般寄息以成守，四禅寓骸以成定”，也就是说，修习“安般守意”禅就能获得“四禅八定”，从而“无为无欲”“开物成务”，最终至于“彼我双废”(也就是通常所说的“物我双忘”)而“成寂”的境界，正因如此，所以道安法师认为《安般守意经》“乃趣道之要径，何莫由斯道也”。窃以为，除非他亲自修习过并有一定的造诣，不然道安法师是说不出修习“安般守意”禅究竟会有什么境界的。从这个意义上来说，道安法师可不像擅长佛教义学喜欢“坐而论道”的康僧会那样只是“辞趣雅赡，义旨微密”地从文字到文字地去注解《安般守意经》，而是切切实实地从自己的禅修实践出发来解读此经。实际上，道安法师不但对本身就是谈禅修的《安般守意经》理所应当地从禅修实践的角度来加以解读，即使是对那些专谈佛理的佛经，道安法师也是诉诸实践而解之。比如安世高所翻译的另一部佛经《阴持入经》，是专门谈佛教教理的，其中的所谓“阴持入”，“新译作‘蕴、处、界’，亦称佛教‘三科’，是着重说明人生和世界之所以存在及其本质的。此经的中心，在于把人的世俗观念(无明)，特别是通过感官的感受和观念说成是苦的远因，而人的爱欲，主要是食与性，则是苦的近因。人生在世必然是苦”②，道安大师在《阴持入经序》中将人生的这种“阴持入”之“苦”称为“世之深病”，曰：

阴持入者，世之深病也，驰骋人心，变德成狂；耳聋口爽，耽醉荣宠；抱痴投冥，酸号三趣。其为病也，犹癞疾焉，入骨彻髓，良医拱手；犹癫蹶焉，来则冥然，莫有所识。③

---

① 杜继文主编：《佛教史》，第91页。

② 同上。

③ 《出三藏记集》，《大正藏》第55卷，第44页上。

既然是病，而且还是“深病”，那就非治不可。怎么治呢？道安法师说“世雄授药，必因本病”，“世雄”释迦牟尼就是一位“因病与药”的治病高手，而“译梵为晋，微显阐幽；其所敷宣，专务禅观”翻译《安般守意经》和《阴持入经》的安世高也在告诉世人“治病断苦”的方法，曰：

阴入之弊，人莫知苦，是故先圣，照以止观。阴结日损，成泥洹品，自非知机，其孰能与于此乎？从首至于九绝，都是四十五药也。以慧断知入三部者，成四谛也；十二因缘讫净法部者，成四信也。其为行也，唯神矣，故不言而成；唯妙矣，故不行而至。统斯行者，则明白四达，立根得眼，成十力子，绍胄法王，奋泽大千，若取证，则拔三结，住寿成道，径至应真，此乃大乘之舟接，泥洹之关路。于斯晋土，禅观弛废，学徒虽兴，蔑有尽漏，何者？禅思守玄，练微入寂，在取何道，犹觇于掌，堕替斯要，而悕见证，不亦难乎？安未近积罪，生逢百罗，戎狄孔棘。世之圣导，潜遁晋山，孤居离众；幽处穷壑，窃览篇目；浅识独见，滞而不达；夙宵抱疑，谘诹靡质……世不值佛，又处边国；音殊俗异，规矩不同；又以愚量圣，难以逮也。冀未践绪者，少有微补，非敢自必，析究经旨。①

在这里，道安法师倡导要以“禅观”或“止观”来“治病断苦”，只是当时“世不值佛，又处边国”“于斯晋土，禅观弛废”，有的也只是像某些“世之圣导”那样，“潜遁晋山，孤居离众；幽处穷壑，窃览篇目；浅识独见，滞而不达；夙宵抱疑，谘诹靡质”，在那里“禅思守玄”，不能解决实际的“病苦”。正因如此，道安法师要作《阴持入经序》，“冀未践绪者，少有微补”，希望对那些还未预禅修实践的人有所启发，哪怕是“少有微补”也是皆大欢喜。从中我们不难看出道安法师强烈的佛教实践意向以及在这种意向指导下的解经思路，这种意向和思路，我们在他的《人本欲生经序》《了本生死经序》《十二门经序》《大十二门经序》《道行经序》和《合放光光赞略解序》等经序作品中亦可分明看出。限于篇幅，兹不烦述，需者往观。阿弥陀佛！

---

① 《出三藏记集》，《大正藏》第55卷，第44页下。

梵道之间：从印度吠檀多思想到全真道的心性学*

吴学国**

与宋明儒学的心学转向类似，唐宋道教思想也逐渐克服早期朴素的自然思维和以符箓灾醮、丹鼎服食为主的粗陋、外在的实践，形成了一种以心性一如的道体论、心性本觉的道性论和旨在彻悟心性、超脱自然的反思型修道论为特征的全新的思想——道教的心性学。它构成了一个跨越不同道派的逻辑整体，可以称之为道教心学，以与儒家心学呼应。这种道教心学萌芽于南北朝重玄学，而以宋元全真道的内丹心性之学为其集大成者。我们试图将道教心学作为一个思想整体与吠檀多（奥义书）思想进行比较。

一个熟悉印度奥义书思想的学者，当他接触到道教的心学尤其是王重阳的全真道思想时，肯定会感受到二者在思想上的明显一致。我们将通过对这两种思想的比较分析进一步阐明这种一致是本质性的，并证明它不是偶然的，而是吠檀多学通过如来藏佛教中介缓慢地渗透到道教思想之中的结果。以下我们试图就吠檀多学的三个独特方面，即心性一如的本体论、心性本觉的人生论和反思型的修道论将它与道教心学进行系统比照，以阐明这种影响。

一、心性一如

所谓心性一如，乃是印度奥义书和吠檀多派思想独特的本体论立场。此即以为众生本具的清净真如心就是存在的本质、真理。到了晚期奥义书和后来的不二吠檀多派，心性一如便与万法皆幻的思想结合起来，因而包括了以下内容：（一）现实存在是虚幻不实的，存在的究竟真理是绝对超现实的空性本体。杜伊森说："奥义书开示此宇宙非真我、非实有，而只是幻，一种假相或错觉。"①在印度传统中，奥义书发展出了这样

* 本文的写作得到我的学生徐长波博士的极大帮助。

** 吴学国，南开大学哲学系教授、博士生导师。

① Paul Deussen, *The Philosophy of the Upanishads*, Delhi, Motilal Banarsidass Press, 2000, p.227.

一种观念，即以为一切现实存在皆空虚妄幻，而真心乃为唯一实有的观念，这就是吠檀多所谓幻化论（māyā-vidyā）。首次提出幻化论思想的是形成于公元前3世纪左右的《白骡奥义书》。其书云："凡此全世界，皆为幻化主，由此投射出。维彼众生我，遂尔被幻化，囚闭于此中。复次人应知，自性（世界始基）即幻化。而彼幻化主，即是大自在。遍满世界之，万有皆其分。"①其以为全部现实世界都只是至上神、大梵投出的幻相，是彻底虚假的，而大梵作为制造幻相的幻师，乃是唯一的存在真理、绝对。由于现实性、存有被虚无化，大梵作为存在真理或本体就被等同于空、无。稍晚的《频伽罗奥义书》以幻化论统摄早期数论，把大梵与自性（现实世界的直接根源、始基）的关系比喻为沙漠、贝壳、杌、水晶等与虚妄映现其上的水相（阳焰）、银相、人相、光影相等的关系。②自性就是导致世界表象的幻化原理，由此产生的一切存在皆虚妄非实；而大梵作为唯一的真实存在，就是空、本无。《慈氏奥义书》亦谓一切现实存在皆举体空无，如人于酒醉所见之妄相、如因陀罗网、如梦中境、如芭蕉芯、如戏中人、如画中景③，而本体乃超越一切现实存在，体性为"清净、无染、空、寂灭、无气、无我、无终、不坏、安住、恒常、无生、独立"④，"不可思议、不可捉摸、不可测度、不可描述、深隐难入"⑤。这本体甚至是空亦复空、非有非无、非二非不二，为毕竟不可得、不得取、不可住、不可依⑥，与大乘佛教的空性真如对应。（二）在奥义书思想中，这个空性本体或大梵，即是众生本具的清净真心、真我。《白骡奥义书》描述那超越有无、寂灭无为的大梵，就是吾人自我的本质，是居住于人心中、无过无染、永恒不死的光明、神圣⑦，它既是超越的也是内在的。这一说法确定了更晚的奥义书和不二吠檀多派思想的基调。《慈氏奥义书》《光明点奥义书》亦指出那非有非无、非二非不二，毕竟不可住、不可得的空性真如，就是人的真心、真我。⑧（三）真心是存在发生的基础、根源。此即吠檀多独特的真心缘起论。早期奥义书以为经验意识及名色世界由一个根本识转变而生。此即所谓心识转变说。这本

---

① Śvet Ⅳ・9-10（篇名为奥义书的书名缩写加章节，下同），转引自 Paul Deussen, *Sechzig Upanishads des Veda*, Leipzig, F.A.Brockhaus, 1921。（注：以下有关奥义书的出处均转引自此书）

② Paiṅgala Ⅰ・3-4.

③ Mait Ⅳ・2.

④ Mait Ⅱ・4.

⑤ Mait Ⅶ・1-6.

⑥ Mait Ⅱ・4, Ⅵ・19-20, Ⅵ・28, Ⅶ・4; Tejobindu Ⅰ・10-11.

⑦ Śvet Ⅵ・19, Ⅳ・18-20.

⑧ Mait Ⅱ・3-5, Ⅵ・19, Ⅶ・4; Tejobindu Ⅱ・24, 31.

识也就是真我、真心，又被称为种子、熟眠位识、喜乐识，它体性微细玄妙、混沌难知、非有非无、无记无表、没有分别。①晚期奥义书又把本识同真心区分开来，以为前者是经验存在的直接根源、种子，后者则无为寂灭、清净无染，却以某种方式是一切经验存在的依持或基础。如《蛙氏奥义书》提出自我四位之说，将自我、存在分为醒位（客观经验）、梦位（主观经验）、熟眠位（本识）和至上位（至上我、真心），认为世界只是识的转变，而一切诸识以熟眠识为种子、根源；真心、至上我则超越全部诸识，寂然无为，却仍是一切存在的依持，它被描述为非内识、非外识，不为识性、不为非识性，不可见，不可触，无对待，不可捉摸，无差别，不可思议，不可表示，不动、清净、安详、不二，而又是“万有之来源与归宿”②。此即所谓真心依持说。至于真心以何种方式为万有之依持，晚期奥义书和《薄伽梵歌》以幻化论予以解释，谓至上我具有的幻化力（即熟眠识）转化产生种种表象并增益于真心自体，于是世间诸有得以产生。③真心依持说其实是以本识和真心为存在发生之双重原理。

这种心性一如思想，对于中国的佛、道二教，其实都不陌生。中国佛学的主流就是持心性一如的如来藏思想。在道教中，从隋唐重玄学到宋元新道派的心学，也逐渐发展出同样的心性一如思想，后者在全真道的心性哲学中得到系统化。全真道的心性哲学，首先以为一切现实存在是虚幻的，而存在的真理、道就是超现实的空性本体。全真道的旨趣，即所谓“屏去幻妄，独全其真”④。如王重阳说：“蓦然捉住这元初，幻化方知不属余。一个光明真了了，五般彩艳自如如”⑤，“自无实相虚应显，空里依空现本空”⑥。其次这虚空、大道被认为就是内在的真心、实我。如云：“心本是道，道即是心，心外无道，道外无心也。”⑦第三，真心被认为是存在的基础。如王重阳说人先天的妙圆真心，“是太极之根，虚无之体，阴阳之祖”⑧。这表明全真道乃至整个道教心学与吠檀多的心性一如思想具有本质的一致性。我们将表明这种一致性不是偶然的，而是吠檀多思想通过佛教中介缓慢渗透到道教思想中导致其理论转型的结果。有印度学者

① Tait Up Ⅲ · 3-6; Bri Up Ⅳ · 3 · 15.

② Man Up Ⅶ.

③ Mait Ⅱ · 7; Paiṅgala Ⅰ · 3-6; BG Ⅶ · 4-5, 25.

④ 王重阳著、白如祥辑校：《终南山神仙重阳真人全真教祖碑》，《王重阳集》，济南：齐鲁书社，2005 年，第 321 页。

⑤ 王重阳著、白如祥辑校：《重阳全真集 · 卷之二 · 述怀》，《王重阳集》，第 40 页。

⑥ 王重阳著、白如祥辑校：《重阳全真集 · 卷之一 · 宋公问修行》，《王重阳集》，第 13 页。

⑦ 王重阳著、白如祥辑校：《重阳真人授丹阳二十四诀》，《王重阳集》，第 297 页。

⑧ 王重阳著、白如祥辑校：《五篇灵文注》，《王重阳集》，第 303 页。

指出中国的佛教其实是披着佛学外衣的吠檀多思想。①盖中国佛教主要继承、发展了印度佛教如来藏系的思想，后者已经严重偏离了印度佛教原有的传统，而逐渐向当时占统治地位的印度教吠檀多思想靠拢，这显然是受后者长期影响、渗透的结果。到《楞伽经》《起信论》的真心如来藏思想，就已与吠檀多基本同化了，而正是这种思想成为中国佛学的主流。以下我们将表明，奥义书—吠檀多思想就是通过如来藏佛教的中介渗透到道教之中，从而影响了道教心性一如立场的形成。

首先，我们将表明从重玄学到全真道的世界皆幻、道体即空思想，就与吠檀多之学表现出复杂的亲缘关系。

在道教思想史上，流行于南北朝至隋唐的重玄学，首次提出一切现实存在皆是虚妄，而道即是超现实的本体、空的观念。比如约出于南北朝的《元阳经》云："当观是身，犹如芭蕉，热时之炎，水泡幻化，干闼婆城，坏器电光，亦如画水"②，"一切有为之法，皆是无常。虚空无为，是故为常。道性无为，是故为常。虚空者，即是道性"③。《观身经》亦云："若善男女，照法空性，无起灭心，无憍慢心，无恐怖心，无憎爱心，能于世间免种种苦。"④这种思想与早期道教传统存在根本冲突，因为早期道学从属于华夏传统的自然思维，强调对于现实、自然的随顺、融入，而不是否定、超越，故道体即空的观念就是受大乘性空如幻思想影响，这从其明显佛化的文字表述即可了然。施及隋唐，重玄学对于般若中观之学的领会，已达纯熟。出于隋唐之际的《本际经》《秘密藏经》等就充分汲取了中观的性空中道立场。其云："法性道性，俱毕竟空。是空亦空，空空亦空，空无分别，分别空故，是无分别。亦复皆空，空无二故，故言其即……住无所住，无所不住，是名正道真实之身。"⑤唐代重玄学者，也普遍接纳了三论宗四重二谛的中道理论，并试图将其与魏晋玄学思想融合，如成玄英释道学的"忘""玄"为中观的"空""遣"，所以"物我两忘"乃为"物我皆空"。《齐物论疏》云："玄悟之人，鉴达空有，知万境虚幻，无一可贪。物我俱空，何所逊让。"⑥成玄英还把道家的"忘其所忘""玄之又玄"解释为中观的"空亦复空""有无双遣"。其云："有欲之人，唯滞于有；无欲之士，又滞于无。故说一玄，以遣双执。又恐学者滞于此玄，今说又玄，更袪后病。既而非但不滞于滞，亦乃

---

① Ketkar, S. V, *Hinduism*, Delhi, Caxton Publications, 1988, p.57.

② 《太上灵宝元阳妙经》卷十，《道藏》第 5 册，文物出版社、上海书店、天津古籍出版社联合出版，1988 年，第 981 页。

③ 《太上灵宝元阳妙经》卷二，《道藏》第 5 册，第 926 页。

④ 《太上洞玄灵宝智慧观身经》，《道藏》第 6 册，第 181 页。

⑤ 《太上洞玄灵宝开演秘密藏经》，《道藏》第 5 册，第 900 页。

⑥ 郭象、成玄英：《南华真经注疏》（上册）卷一《齐物论疏》，北京：中华书局，1998 年，第 46 页。

不滞于不滞。此则遣之又遣，故曰玄之又玄。”[①]这种思想，即根源于三论宗的四重二谛之说。[②]其中“玄”就是中道真空，双遣“有”“无”，为“非有非无”的不二法门。既而此“玄”亦应遣，即二与不二俱空，为“非非有非无”，谓之“又玄”。进而此“又玄”亦应遣除，遂入“言语道断，心行处灭”之极境，谓“玄之又玄”。“重玄”就是这种双遣双非的无限否定运动。它的目标是“超四句，绝百非，义极重玄，理穷众妙”[③]。这也是脱胎于般若中观“离四句绝百非”的中道之旨。唐代此后的重玄学，完全继踵成玄英的立场。像孟安排、李荣、王玄览、司马承祯、吴筠这些重玄学最重要的人物，以及《海空智藏经》《洞玄灵宝左玄论》《三论元旨》《护命经》等重玄派经典，亦都接受般若的中道性空思想，以为有无皆空，而道体即是空性，非有非无，为不二、一味、清净、寂灭。这种思想最后也被宋元新道学所沿袭。内丹派南宗标榜“既能圆密了，内外一真空”[④]、“百年人生如梦幻”[⑤]、“万事算来俱是空”[⑥]，世人“酬酢万机，唱赓百念，事物胶扰，方寸不宁，此乃开眼之梦也”[⑦]，而道乃是空性、本无，“空寂虚无、妙湛渊默”[⑧]。至于全真道或内丹北宗，则于此开示更详。他们一方面宣称万法皆幻、有无皆空，如王重阳说：“般般俱是妄，物物尽皆空”[⑨]，“无无有有有无端，有有无无有有赞。无有有无无有相，有无无有有无看”[⑩]；另一方面表明道是绝对超现实的空性本体，非有非无、非心非物、言语道断、心行处灭，为一味、平等、清净、寂灭、无相的原理，如王重阳说：“法身者，无形之相也。不空不有，无后无前，不下不高，非短非长。”[⑪]

从重玄学到全真道的这种新道论，与早期道学的自然思维传统有本质冲突，显然是继承或沿袭了大乘佛教的性空如幻思想。新道学对于佛教思想基本上是敞开接纳的。[⑫]在这里应当指出的是：一方面，学界认为大乘性空思想与早期佛学存在巨大的断

---

① 成玄英：《老子注》卷一，台北：艺文印书馆，1965 年，第 4 页。

② 三论宗论四重二谛，见《大乘玄论》卷一，《大正藏》第 45 卷，第 15 页。

③ 郭象、成玄英：《南华真经注疏》（下册）卷九《寓言疏》，第 543 页。

④ 《历世真仙体道通鉴》卷四九，《道藏》第 5 册，第 385 页。

⑤ 《修真十书上清集》卷四二，《道藏》第 4 册，第 794 页。

⑥ 《修真十书武夷集》卷四五，《道藏》第 4 册，第 800 页。

⑦ 《修真十书上清集》卷四二，《道藏》第 4 册，第 794 页。

⑧ 《修真十书杂著指玄篇》卷六，《道藏》第 4 册，第 624 页。

⑨ 王重阳著、白如祥辑校：《重阳全真集・卷之一・述怀》，《王重阳集》，第 22 页。

⑩ 王重阳著、白如祥辑校：《重阳全真集・卷九・指迷颂》，《王重阳集》，第 139 页。

⑪ 王重阳著、白如祥辑校：《重阳立教十五论》，《王重阳集》，第 279 页。

⑫ 参见卿希泰主编《中国道教思想史》第 1 卷，北京：人民出版社，2009 年，第 599 页。

裂，却与晚期奥义书思想具有实质的一致性。①早期佛教的世界观是朴素的、经验论的，并不认为世界本身是虚妄、空幻的。②在印度思想中，奥义书最早提出世间万有自性本空、如梦如幻，只是虚妄分别的看法。大乘的性空如幻思想在沙门传统中找不到根源③，可以肯定它是继承、发展奥义书幻化论思想而来的。④ 因此，道教心学的道体即空思想，最终应通过佛教追溯到吠檀多思想。另一方面，在般若空论与奥义书幻化论之间，新道论对空性、道体的描述，实际上更接近后者。盖奥义书幻化论遮世界为空幻，但仍把超现实的大梵当成现存的实体⑤；般若则把奥义书对现实的超越极端化，其宗旨是毕竟空，不仅要空现实世界，而且要空超现实的彼岸，故空性、涅槃、法性亦当空，这才是空亦复空，以达到彻底的无住、无得的绝对自由。⑥新道论试图接纳般若的性空中道思想，却将道实体化，如成玄英说："道者，虚通之妙理、众生之正性也。"⑦《道教义枢》释道的三个含义为"理""通""导"，谓理者实性、通者能生、导者引凡令圣。⑧《三论元旨》说"道以虚通育物，遍备群方"⑨，形容道为无为、无上、无极、无穷、真性、理性、玄性、虚无、自然、虚通、解脱、至精、至妙、至圣、至真、清静、清虚、非生非灭。⑩这都明显是把道当成一种现存实体。全真诸子亦云："夫真道者，空中有实，实中有空"⑪，"性命在无中，真空空不空，自然包万化，今古几人通"⑫，"实者道也，实者性也……万物生则显其道之实也，万化生则显其性之实也"⑬。应当说新道学这种立场，与龙树中

---

① Th.Stcherbatsky, *The Conception of Buddhist Nirvāna*, Delhi, Motilal Banarsidass, 1977, p.41- 42; Heinrich Dumoulin, *Zen Buddhism*, New York, Macmillan Publishing Company, 1994, p.27.

② Hajime Nakamura, *Indian Buddhism*, Delhi, Motilal Banarsidass, 1987, p.123.

③ 松本史朗著，肖平、杨金萍译：《缘起与空：如来藏思想批判》，北京：中国人民大学出版社，2006年，第133—134、137、140—141页；杰米·霍巴德等主编：《修剪菩提树："批判佛教"的风暴》，上海：上海古籍出版社，2004年，第251页。

④ 吴学国：《奥义书与大乘佛教的发生》，《哲学研究》2010年第3期。

⑤ 同上。

⑥ 穆帝：《中观哲学》，台北：华宇出版社，1985年，第539页。

⑦ 成玄英：《老子注》卷四，台北：艺文印书馆，1965年，第41页。

⑧ 《道教义枢》卷一，《道藏》第24册，第804页。

⑨ 《三论元旨》，《道藏》第22册，第910页。

⑩ 《道体论》，《道藏》第22册，第880—891页。

⑪ 王重阳著、白如祥辑校：《重阳真人金关玉锁诀》，《王重阳集》，第281页。

⑫ 《仙乐集》卷二，《道藏》第25册，第433页。

⑬ 《无为清净长生真人至真语录》，《道藏》第23册，第710页。

观学尚有距离，而与《涅槃经》等的如来藏思想一致。后者将空、法性实体化，为“常、乐、我、净”的如来藏，如《央掘魔罗经》(卷二)说：“有异法是空，有异法不空……如来实不空。离一切烦恼，及诸天人阴，是故说名空。”①新道论一方面鼓吹性空、中道，另一方面以道为常、乐、我、净的本体，皆与如来藏学如合符节。然而正如印顺法师曾指出，如来藏学宣说真实不空及常、乐、我、净，偏离了《般若经》的精神②，今天的学者已明确这是来自奥义书思想的进一步渗透。③因此新道论对空性的实体化应当被认为是吠檀多思想通过如来藏佛教中介进一步渗透到道教传统中的结果。总之，道教心学从佛学接受的性空、如幻思想，本不属于早期印度佛教的传统，而属于吠檀多传统。因此在这里，其实是吠檀多思想通过如来藏佛教中介渗透到中国道教之中，促进了道教心学的上述思想形成。

其次，我们将表明，道教心学以为虚空、大道就是内在的真心、实我，乃与吠檀多思想有更加本质的亲缘性。

早期道教仍服从华夏传统的自然思维，缺乏真正的精神反思，没有构想出一种超越自然的精神实体概念。④然而大约从魏晋时期开始，道教逐渐确立识神为独立于肉身、永恒不灭的精神实体，如《西升经》明确宣称识神可以“绝身灭有，绵绵常存”⑤、“谓人未生时，岂有身乎？无身当何忧乎？当何欲哉？故外其身，存其神者，精耀留也”⑥。另外，《西升经》还提出“戮形”以“存神”的主张，与传统道教“养身”的旨趣对立。这些看法都与道学传统对神、形关系的看法有很大冲突，却属当时佛教中极盛行的思想，可以肯定是从佛教沿袭过来的。早期汉地佛教，比如安世高等传授的小乘思想，大力鼓吹业报轮回、识神不灭之说。不过，佛教此类说法皆来自奥义书。⑦它们逋入中土，即引起极大重视，故被道教汲取。这种灵魂作为精神实体的观念，意味着在道教中，一种真正的精神反思得以确立。然而这种反思还不是绝对的，因为存在的本体、道，还没有被与心或识这样的精神原理等同。

---

① 《央掘魔罗经》卷二，《大正藏》第 2 卷，第 527 页。

② 释印顺：《如来藏之研究》，北京：中华书局，2011 年，第 125 页。

③ 松本史朗著，肖平、杨金萍译：《缘起与空：如来藏思想批判》，第 7 页。

④ 吴学国：《内外之辨：略论中国哲学的自我概念——兼与蒙培先生商榷》，《哲学研究》2004 年第 9 期。

⑤ 《西升经》卷下，《戒示章第三十九》，《道藏》第 11 册，第 512 页。

⑥ 《西升经》卷中，《生置章第十七》，《道藏》第 11 册，第 503 页。

⑦ 参见吴学国著《存在·自我·神性：印度哲学与宗教思想研究》，北京：中国社会科学出版社，2006 年，第 367—368 页。

南北朝至隋唐的重玄学在这方面有了新进展。南北朝道士宋文明提出:“今论道性,则但就本识清虚以为言……生气由心,故性自心边生也。”①道性论本身是在佛性论刺激下形成,而且宋文明在这里实际上以为道性即自性清净心,此心生气即物界,其说皆不属道教传统,而与《楞伽经》等的真心如来藏学以清净心为佛性并为万有根源的思想,如合符节,故可肯定来自后者影响。在重玄学中,这种影响总的来说是逐渐加深的。在《秘密藏经》中就有这样的表述:“所谓神本,是妄想初,一念之心,能为一切生死根本。以是初心,念念想续,众生业果,轮转无穷。是名识初,亦名神本。言本身者,即是道性清净之心,能为一切世出世法之根本故,故名为本。”②这其实是把一心分为清净心和妄心,以前者为后者的本体、真理,而后者为现实存在的直接根源。这种思想在此后的重玄学中,得到了更清晰的表述,如《道教义枢》提出心法凡有两种:一不形心,二依形心。“不形心”即大道智照,超越诸法、迥然独立;“依形心”即诸现行心识③;又提及有说道为真心,有“妙无”与“妙有”二相,前者为超越、无为的本体,后者为现实存在的始基。④王玄览也提出“识体”与“识用”的区分:“识体是常是清净,识用是变是众生。众生修变求不变,修用以归体,自是变用识相死,非是清净真体死。”⑤识体同于道,识用则是识体的活动、表象。司马承祯提出“心体”与“心垢”的概念,以为“心体”本与“道”同,但又会被情欲蒙蔽而产生“心垢”,从而与“道”相离:“原其心体,以道为本,但为心神被染,蒙蔽渐深,流浪日久,遂与道隔。若净除心垢,开识神本,名曰修道。”⑥《观门经》亦云:“心道不二伦,无际亦无处”⑦,“道心本不二,同流五趣方,离物离生死,非人非道场”⑧。这些说法的立场可以概括为以下几点:(一)道体、绝对即是真心;(二)心体分为真妄、寂动、染净、体用、本迹二面;(三)唯染心、妄心为诸法的直接根源,真心则无为、无作。应当承认这种本体论与早期道学传统存在巨大断裂,而与《楞伽经》开一心为净(如来藏真如心)、染(阿赖耶识)二义,以及《大乘起信论》立一心为真如与生灭二门,存在着显著的亲缘性,因而我们可以断定它是后两者的真心如来藏思想进一步渗透到道学中的产物。逮及中晚唐,由于禅宗的兴起,如来藏心性一如思想对

① 《道德义渊》,《中华道藏》第5册,北京:华夏出版社,2004年,第521页。
② 《太上洞玄灵宝开演秘密藏经》,《道藏》第5册,第898—899页。
③ 《道教义枢》卷十,《道藏》第24册,第837页。
④ 《道教义枢》卷一,《道藏》第24册,第806页。
⑤ 《玄珠录》卷上,《道藏》第23册,第625页。
⑥ 司马承祯:《坐忘论·收心三》,《道藏》第22册,第893页。
⑦ 《洞玄灵宝九真人五复三归行道观门经》,《道藏》第19册,第932页。
⑧ 同上书,第931页。

道学的渗透有了更强大的通道。中晚唐道教明确提出了心即道、道即心的主张，如《三论元旨》云："心等于道，道能于心，即道是心，即心是道，心之与道，一性而然。"①这种"即心即道"思想，明显沿袭了当时南宗禅盛行的"即心即佛"的说法。不过心性一如观念在隋唐道教中仍不占主导地位。

然而由于中唐以后立足于真心如来藏学的禅宗对思想界的持续、强大影响，施及两宋，心性一如或心道同一思想乃蔚然成为道学主流。如神霄派天师张继先即声称："心者，万法之宗，九窍之主，生死之本，善恶之源，与天地而并生，为神明之主宰……或曰真常……或曰真如……此所谓我之本心，而空劫以前本来之自己也……不可以智知，不可以识识，强名曰道，强名曰神，强名曰心，如此而已。"②清微等派同样持心道同一。这些道派以为，本心、真我既为宇宙之本体，故人若达乎至诚，则心之所祷，必能感动天地，乃至运雷霆于掌中、兴风雨于当前。③净明道以道为净明之体④，反映了禅佛教的清净、灵明的真如心观念的影响。金丹派南宗亦云："心即道，道即法"⑤，"至道在心，即心是道"⑥，"万法从心生，心心即是法"⑦，以心道一如为其本体论基础。道学这种心性一如的本体论，与禅宗完全一致，就是来自禅宗的渗透。

道教的心、道一如之学，在积极主张释道融合的金元全真道思想中，得到最系统的阐释。全真道这方面思想可以概括为以下几点：（一）真心是超越一切现实的实体，清净无染、光明澄澈、空虚寂静、非有非无、无思无虑、无为无作、无相无表。王重阳称之为天心，并明确表明它与禅佛教所谓真心的同一性。他说："天心者，妙圆之真心也，释氏所谓妙明真心。心本妙明，无染无著，清净之体，稍有染著，即名之妄也。"⑧这所谓真心就是空性本体，如王重阳吟道："现现虚空，灵灵真个，明明究、光莹宝珠一颗"⑨，"空空空里是空因。墓中常有真空景，悟得空空不作尘"⑩。这些都是说本心、真我就是真空。全真道的修道法门就在于空一切外、内境，使圆满、清净、光辉的真心显现，如

---

① 《三论元旨》，《道藏》第 22 册，第 909 页。

② 《三十代天师虚靖真君语录》卷一，《道藏》第 32 册，第 368 页。

③ 《道法会元》卷六一，《道藏》第 29 册，第 165 页。

④ 《高上月宫太阴元君孝道仙王灵宝净明黄素书》卷九，《道藏》第 10 册，第 517 页。

⑤ 《海琼传道集》，《道藏》第 33 册，第 151 页。

⑥ 《海琼白真人语录》卷三《东楼小参》，《道藏》第 33 册，第 130 页。

⑦ 《海琼白真人语录》卷四《传法明心颂彭鹤林》，《道藏》第 33 册，第 135 页。

⑧ 王重阳著、白如祥辑校：《五篇灵文注》，《王重阳集》，第 303 页。

⑨ 王重阳著、白如祥辑校：《重阳全真集・卷之十三・恣逍遥》，《王重阳集》，第 206 页。

⑩ 王重阳著、白如祥辑校：《重阳全真集・卷之二・活死人墓赠宁伯功》，《王重阳集》，第 34 页。

王重阳说："地水火风应化去，色声香味怎生存……慧性来回清净路，真灵出入妙玄门。空外九光浑。"[①]全真道对真心的上述规定，与如来藏佛教以"毕竟空"和"毕竟不空"二义释自性清净心[②]，理趣相同。(二)真心即道体。全真道标榜其宗旨为"心本是道，道即是心，心外无道，道外无心也"[③]，坚守对心与道的同一性的领会。王重阳有词云："真大道，滋味不相饶。明月光中腾莹莹，清风飙上出么么。从此见芝苗。无狭阔，又岂有迢辽。圆现圆成成自在，一能一得得逍遥。方显见彰昭。"[④]此谓大道就是光明莹洁、圆成自在的清净真心。因此同在真心如来藏佛教一样，在这里，吾人本具的自性清净心也成为一切现实存在的本体、真理；同样，万有也成为真心的表象、产物。故修道的理想，在于戡破幻境、返照真心，王重阳形容这种返照为"灵光一点便开舒，复把真如返觑"[⑤]。全真道的上述思想，与如来藏佛教以自性清净心为真如、法界，完全同其辚辙。(三)真心即自我。盖传统道学，以为自我的本质、根源是气，并未将其等同于心，亦未把心、神当成独立于肉身的精神实体。全真道汲取隋唐以来新道学的发展成果，明确以心、神为真己，肉身为幻相，如丘处机说："神为真己，身是幻躯"，"幻身假物，若逆旅蜕居耳，何足恋也！真身飞升，可化千百，无施不可"[⑥]。全真道认为人的真心、真我是先天妙明真性，超越空有、清净恒常，唯其与包括四大在内的后天假有结合，才能形成人的现实的生命。王重阳说："先天者，入于无象；后天者，滞于有形。先天者，真净妙明之心也；后天者，端严具足之形也。先天妙明真性，本来清净，无始以来，一念垂珠，至于今日，若不得后天具足之体招摄，则阴灵孤渺。"[⑦]王处一亦云："本无衰老与来生，只为尘寰染俗情，惹绊精神留苦海，性灵无路得圆成。"[⑧]尹志平喻此心如月，曰："此物但不为青霄之下浮云障蔽，则虚明洞彻。无物不照，人皆见之矣。殊不知人人有此心月，但为浮云所弊，则失其明。凡私情邪念，即浮云也。人能常使邪念不生，则心月如天之明，与天地相终始，而不复昧也。"[⑨]真心、自我本来清净无为，唯当被假有、邪念覆盖，才流转生死，离之即得不死不生。这些思想，显然都是来自佛学。另外，全真

① 王重阳著、白如祥辑校：《重阳全真集·卷之四·又》，《王重阳集》，第77页。
② 《大乘起信论》，《大正藏》第32卷，第575页。
③ 王重阳著、白如祥辑校：《重阳真人授丹阳二十四诀·徐神翁注》，《王重阳集》，第297页。
④ 王重阳著、白如祥辑校：《重阳全真集·卷之四·又》，《王重阳集》，第77页。
⑤ 王重阳著、白如祥辑校：《重阳全真集·卷之八·又(四宝)》，《王重阳集》，第121页。
⑥ 《玄风庆会录》，《道藏》第3册，第390页。
⑦ 王重阳著、白如祥辑校：《五篇灵文注》，《王重阳集》，第304页。
⑧ 《云光集》卷二，《道藏》第25册，第662页。
⑨ 《清和真人北游语录》卷二，《道藏》第33册，第162页。

道明确区分真心与元神，以为二者皆是不生不灭的实体，如王重阳说："天心者，妙圆之真心也……元神者，乃不生不灭、无朽无坏之真灵，非思虑妄想之心。天心乃元神之主宰，元神乃天心之妙用。故以如如不动、妙圆天心为主，以不坏不灭、灵妙元神为用也。"①这里真心指普遍的精神、宇宙之大心，而元神则是个体的心灵。真心居于个人心灵之中，而为其本质、主宰，二者是体用、本末关系。这种思想的旨趣亦与禅佛教论真心与染心、如来藏与众生自我基本一致，唯将其转换成了更符合道学传统的心、神观念。

总之，道教心学以真心为空，为存在、自我的绝对真理、本体（道体），为解脱的内在根据等义，皆与中国佛教尤其禅宗的真心如来藏思想一致，而与自然思维主导的早期道教传统存在巨大鸿沟，因而可以肯定是佛教长期渗透使道学发生转化的结果。然而应当指出的是，被道学汲取的上述全部佛学观念，在印度思想中，本来皆不属于佛教传统，而属于晚期奥义书的独特思想。真心如来藏佛教的这些思想完全是继承吠檀多学而来。②因此在这里，其实是吠檀多学通过如来藏佛教中介渗透到道学之中，才使得道教心学上述思想的形成。

最后，我们还将表明，道教心学以真心为存在根源、本体的思想，也应追溯到吠檀多学。

与心性一如一致，在印度思想中，奥义书最早提出了真心为存在发生之基础、根源的思想，即真心缘起说。这种真心缘起说，对于中国的佛、道二教，其实并不陌生。盖《起信论》《楞伽经》的真心如来藏思想，是中国佛学的主流。这二者皆持真心缘起论，如《楞伽经》开如来藏心（无为的真如）与阿黎耶识（诸法的根源、种子）为二法，前者不在后者之中却为其基础、依持。《起信论》开一心为真如与生灭二门，更加突出《楞伽经》真如与本识的双重性，并提出生灭心中真心与无明的二元缘起结构。这种缘起思想，与此前的印度佛教传统格格不入，而与晚期奥义书和《薄伽梵歌》的真心和本识（熟眠识、无明、幻化、自性）的二元存在发生图景表现出显著的亲缘性，因而可以肯定是沿自吠檀多学。中国佛学的基本立场就是真心缘起。这一思想也逐渐进入道学之中。自中唐以后，伴随着心道一如立场的确立，道教逐渐抛弃原先以混沌的气为始基的宇宙生成论，而把超越自然的真心作为存在发生的基础。到宋元时期，真心缘起说已俨然居于新道学的主流。

我们将表明这种思想并不属于早期道学乃至华夏思维传统，而应通过如来藏佛教

---

① 王重阳著、白如祥辑校：《五篇灵文注》，《王重阳集》，第 303 页。

② 参见 Leggett Trevor, *A History of Early Vedānta Philosophy*, Motilal Banarsidass, 1983, p.157；松本史朗：《缘起与空：如来藏思想批判》，第 7 页；杰米·霍巴德等主编：《修剪菩提树："批判佛教"的风暴》，2004 年，第 172 页。

追溯到印度奥义书—吠檀多思想。

早期道教思想，缺乏真正的精神超越和反思，其论存在发生，完全是宇宙论的。在这里，道被认为是一种混沌的宇宙始基，且常常被明确等同于气；通过其分化、演变，万物得以生成。然而在隋唐道学中，由于《楞伽经》《起信论》等思想的强烈影响，真心缘起论开始形成，如《秘密藏经》提出所谓神本，即初心，是一切法的直接根源，而真心（道性清净之心）则超越此初心而为其本体，故真心能为一切世出世法之根本。①《道教义枢》也提及道有妙无与妙有二相之说，谓妙无即超言绝相、空寂无为的真心，妙有是一切存在的直接根源，而真心为妙有之本体。②可以看出，这些思想基本上是沿袭《楞伽经》《起信论》的真心依持说，因而可以通过后者追溯到吠檀多学。这种亲缘性，通过道学这种新的发生论与晚期奥义书的真心和本识二元缘起结构的本质一致性，即可得到证明。晚唐以后，由于中国佛学自身的嬗变，道学的存在发生论也随之转变。盖晚唐以降，理事圆融已成佛学主流，导致《楞伽经》《起信论》对真心和本识的区分逐渐被模糊化。于是真心被认为是直接通过自身的转化生成万法。这意味着，中国佛学对于存在发生的看法，已与早期奥义书的心识转变说实质趋同。佛教这种思想转变自然会影响到道学，但这种影响是缓慢的。

到宋元时期，心识转变说终于成为南、北新道学的主流。诸如神霄、清微等派，皆持道心生万法之义。内丹南北二宗，则说之更详，如作为南宗最主要思想家的白玉蟾，提出"法法从心生，心外无别法"的存在发生论③，认为"人之一心而流出无穷无尽之法"，真心或道一方面"恍恍惚惚、杳杳冥冥，似物非物，似象非象"，为超越有无、无相无表的实体，另一方面又是实实在在的"造化之根"，为"阴阳之髓、混沌之精，虚空之根，太极之蒂"④，故万有都是真心转变的产物。全真道的存在发生论亦与此一致，如王重阳一方面继承传统道论，认为道通过自身转变生成万物，如云："大道无名妙不传，一气包含天地髓，四时斡运岁辰玄。五行方阐阴阳位，三耀初分造化权。窈默昏冥非有说"⑤，"大道恍惚，从无而入有，乾坤造化自有以归无，夫有入于无，故无出乎有，元之一气先天地生，既著三才，浸成万物"⑥，"一者是万物之根本。一者为道也"⑦。

---

① 《太上洞玄灵宝开演秘密藏经》，《道藏》第5册，第898页。

② 《道教义枢》卷一，《道藏》第24册，第805—806页。

③ 《海琼白真人语录》卷一，《道藏》第33册，第113页。

④ 《修真十书杂著指玄篇》卷六《谢张紫阳书》，《道藏》第4册，第625页。

⑤ 王重阳著、白如祥辑校：《重阳全真集·卷之一·迟法师注道德经》，《王重阳集》，第6页。

⑥ 《太古集·序》，《道藏》第25册，第867页。

⑦ 王重阳著、白如祥辑校：《重阳真人金关玉锁诀》，《王重阳集》，第282页。

另一方面，他又明确把道解释为释氏的妙圆真心，认为这真心“是太极之根，虚无之体，阴阳之祖”①。于是他就将道教传统的宇宙生成论成功地转化为一种心识转变论。其说乃被全真诸子继承。如丘处机云：“道因无事得，法为有心生”②，“造物悠扬气势雄，三光日夜转鸿濛。冥冥会合阴阳秀，矫矫神奇幻化丛……灵台有个真消息，未悟那堪性不通”③。此谓那居于灵台的真心，就是生成天地的造物者。

新道学的真心缘起思想不属于华夏文化传统，它无疑是从如来藏佛教袭取的。然而如来藏的真心缘起思想，事实上与印度佛教传统存在根本矛盾，却与吠檀多的缘起论完全一致，因而应视为吠檀多学渗透到佛教思想之中的结果。在这种意义上，道教心学的真心缘起思想，其实也应被认为是道学通过佛教中介融摄了吠檀多思想的结果。

总之，新道论的心性一如思想与早期道学传统存在根本矛盾，却与吠檀多思想表现出明显的家族相似性，它的三个方面与晚期奥义书的心性一如思想同构。这种本质的亲缘性不是偶然的，而是吠檀多通过如来藏佛教的中介渗透到道学之中的结果。这一点，我们还可以通过道教心学的大量文字表述与奥义书表现出的明显亲缘性，给予进一步验证。聊举数例：(1)《道体论》形容道体为“无为、无上、无极、无穷……虚无、自然、虚通、解脱、至精、至妙、至圣、至真、清静、清虚、非生非灭”④。对比奥义书对于大梵的惯常描述：无上、究竟、遍在“不可见、无对待、不可触、无相、不可思议、不可言诠、唯于自证安立、止息、寂灭、安乐、不二”⑤、“无方、寂静、无为、清净、解脱”⑥、“微妙、清净、空虚、寂灭、无气、无我、无终、不坏、安住、恒常、非生非灭”⑦。二者无论是从文字还是内容上看，其家族相似性都是十分肯定的。(2)王重阳描述道体为“法身者，无形之相也。不空不有、无后无前、不下不高、非短非长”⑧。对比奥义书对大梵、真我的描述：“无形无相、无前后、因果”⑨，“不上不下，亦非中间，不可捉摸”⑩，“非粗非细、非长

① 王重阳著、白如祥辑校：《五篇灵文注》，《王重阳集》，第303页。
② 《磻溪集》卷四《修道》，《道藏》第25册，第831页。
③ 《磻溪集》卷一《赞道》，《道藏》第25册，第816页。
④ 《道体论》，《道藏》第22册，第880页。
⑤ Mand Ⅶ.
⑥ Śvet Up Ⅵ·19.
⑦ Mait Ⅶ·4.
⑧ 王重阳著、白如祥辑校：《重阳立教十五论》，《王重阳集》，第279页。
⑨ Kāṭh Ⅱ·14.
⑩ Tait Āra Ⅹ·1·2; Śvet Ⅳ·19.

非短……非显非隐、不可测度、无内无外”①。两类表述也表现出很大的亲缘性。(3)道教心学亦常喻世界如幻、焰、电光、画、梦、戏、谷响、水中月、镜中像、芭蕉、兔角、干闼婆城等。②如《海空经》:“譬如偞师于大众中化作城郭,象马车乘作诸璎珞严身之具,城邑聚落,山林树木,泉池河水,于彼众中有诸众生,无有智慧,睹见之时,悉以为实。其中智人知其虚诳,以幻力故,惑人眼目。善男子,一切凡夫,乃至下方地仙道士,于一切法见有定相,亦复如是。”③《元阳经》云:“当观是身,犹如芭蕉、热时之炎、水泡幻化、干闼婆城、坏器电光,亦如画水。”④类似表述亦常见于吠檀多传统。如《白骡奥义书》说:“圣者是应知,世界即是幻,自在即幻师;充满全世界,皆是彼资具。”⑤此外,《慈氏奥义书》亦以幻、梦、芭蕉、戏、画等十四喻⑥,《光明点奥义书》和《瑜伽顶奥义书》以阳焰、影、兔角、干达婆城、珠母、绳蛇、石女儿等七喻形容现实世界。⑦这两类譬喻的亲缘性亦颇明显。(4)道教心学形容道体、真心为空、寂灭、无分别、不二、非有非无、无得无住等大量表述,亦皆大量见于晚期奥义书。⑧在这里二者的亲缘性是确定的,因为道教心学这些表述皆袭自大乘佛学,而后者此类表述最终皆应溯源到奥义书。⑨当然,道教心学与吠檀多有明显家族相似性的表述还远不止这些。事实上道教心学关于世界为妄幻,而人的清净心为空寂的存在本体的全部直接表述,皆可在吠檀多学中找到对应物。这就在事实层面进一步验证了两种传统的亲缘性。不过全部这些表述亦皆见于佛教的《般若经》《涅槃经》《楞伽经》《起信论》等经典,因而尽管学者谈到了奥义书直接影响道教的案例⑩,但应当承认道教心学主要是通过如来藏佛教中介汲取了吠檀多学上述内容。

二、 心性本觉

吠檀多思想还有一个不同于传统佛教的重要方面,就是坚持所谓心性本觉,即认

---

① Bṛih Ⅲ・8・8.

② 《太上一乘海空智藏经》卷十,《道藏》第 1 册,第 689—694 页。

③ 《太上一乘海空智藏经》卷五,《道藏》第 1 册,第 651 页。

④ 《太上灵宝元阳妙经》卷十,《道藏》第 5 册,第 981 页。

⑤ Svet Up Ⅳ・9-10.

⑥ Mait Ⅳ・2.

⑦ Tejo Up Ⅳ・74-99, Yogaśikha Up Ⅳ・16.

⑧ 吴学国:《奥义书与大乘佛教的发生》,《哲学研究》2010 年第 3 期。

⑨ 同上。

⑩ 刘仲宇:《〈度人经〉与婆罗门思想》,《上海社会科学季刊》1993 年第 3 期。

为人人本具的真心，体性超绝无缚、灵明不昧，因而是自性清净、本来觉悟、自在解脱的，是被覆障的胚胎、宝藏，而人的修道证解就在于把这已有的宝藏发掘出来。①晚期奥义书乃认为境与识皆是覆障本心、真我的幻有，悉为无明妄执的产物，只要打破无明，就可使本来就清净、明觉、恒常、解脱的真我得到实现。②另外，奥义书还相信本心、真己是促进、引导众生实现觉悟、解脱的现实力量。③

道教心学的道性论，也同样形成了心性本觉的立场。新道学所谓性，有两方面意思：一方面，谓性命之性，指人先天具有的本性。此义为道学传统本有者。在道教心学中，本性被认为是超越万有、不染死生的真己，如全真道云："是这真性不乱，万缘不挂，不去不来，此是长生不死也"④，"四大假躯，终为弃物；一灵真性，自在无拘"⑤。全真道把人的现实存在区分为先天的本性与后天的形质，谓"先天者，入于无象；后天者，滞于有形"⑥，唯前者方是真己。另外，本性即吾人之真心。如全真道谓吾人"真净妙明之心"，即是"先天妙明真性，本来清净，无始以来，一念垂珠，至于今日"⑦。性为先天，是虚无之真心；命为后天，是存有之玄门，有形之阴质。二者交会，乃转起神、气，诞育万有。性命为神气之根源。人的现实生命，也必由性、命结合而生，因此是"有形之内，怀无象之真"⑧。另一方面，亦指道性，即众生成道的根据。道教道性论乃是受佛性论启发而来，为南北朝时期出现的《元阳经》等灵宝类经典最早提出。南北朝至隋唐的重玄学受《涅槃经》影响，一般以空为道性。宋元新道学由于浸润禅宗，乃以真心为道性。盖以真心即是道，故修、证的主体、对象，全在乎心，于是得道成仙，唯由于真心。如全真道声称："若不得先天灵妙之元神，则不能变化通灵，岂能超凡入圣？"⑨所谓"先天灵妙之元神"就是真心，唯此是修道之主体。又曰："心中无挂碍，性内得圆明。永永常清静，仙名称道成"⑩，"心昭性著无尘汨，识得元初至真物"⑪。这是以真心为修证的对

---

① Chan Ⅷ·3·2，Ⅷ·12·1；Mun Ⅱ·2·9.

② Śvet Ⅰ·10，Ⅱ·14-15.

③ Kāṭh Ⅱ·23；Muṇḍ Ⅲ·2·3.

④ 王重阳著、白如祥辑校：《重阳真人授丹阳二十四决》，《王重阳集》，第295页。

⑤ 《长春真人西游记》卷下，《道藏》第34册，第493页。

⑥ 王重阳著、白如祥辑校：《五篇灵文注》，《王重阳集》，第304页。

⑦ 同上。

⑧ 同上。

⑨ 王重阳著、白如祥辑校：《五篇灵文注》，《王重阳集》，第304页。

⑩ 王重阳著、白如祥辑校：《重阳教化集·卷之二·赠丹阳》，《王重阳集》，第239页。

⑪ 同上书，第241页。

象。总之,心是成道的形上学根据,亦即道性。道教心学成熟的看法,乃以为众生的本性、真己,与道性都是妙明真心,因而二者最终是同一的。所谓心性本觉,就是建立在这种同一性基础上。

道教心学的心性本觉思想,大致包括以下内容:(一)众生生命中皆本来具备成道之种子、胎藏,故一切众生皆有道性。如《海空经》云:“众生、一切诸法各有道性,从因缘生”①,“众生道性,不一不二,究竟平等,犹如虚空,一切众生同共有之”②。《道教义枢》亦曰:“说道正性者,以众生本性,非是有无,毕竟清净,是真道性”③,“一切含识,乃至畜生、果木、石者,皆有道性”④。潘师正答唐高宗时也说:“一切有形,皆含道性。”⑤至于宋元诸新道派,亦大都接受道性本具之说,如神霄派张继先说:“本来真性同虚空,光明朗耀无昏蒙。偶因一念落形体,为他生死迷西东。”⑥清微派李少微:“父母生前一点灵,不灵只为结成形,成形罩却光明种,放下依然彻底清。”⑦净明道亦称:“净明之祖出于正性,性中有用,本在真想,想中有妄,故失其净明。”⑧全真道亦云众生皆本有道性。如王重阳曰:“玉性金真,人人皆可化”⑨,“谈舌举却牵情,印真灵道自生,性本来圆又满,仪能辨浊分清”⑩;又云道性是人人的“先天妙明真性,本来清净,无始以来,一念垂珠,至于今日,若不得后天具足之体招摄,则阴灵孤渺。后天具足之体,若不得先天灵妙之元神,则不能变化通灵”⑪。此谓人的自我就是由此真性坠落于现实生命之中而结成,而此真性本来觉悟,是众生解脱的原因。尹志平亦云:“本来之性有何习,无习有何感,无感无习,是五行不到之处,父母未生之时。”⑫这些说法,都表明道性是众生本具,且其体相不生不灭、本来清净,是众生修道证真的内在根据。众生生命中本具道性,与奥义书所谓众生身中本有大梵,具有实质的一致性。(二)道性既是超绝的空

---

① 《太上一乘海空智藏经》卷二,《道藏》第1册,第618页。

② 同上书,第620—621页。

③ 《道教义枢》卷八《增智义第二十七》,《道藏》第24册,第831页。

④ 《道教义枢》卷八《道性义第二十九》,《道藏》第24册,第832页。

⑤ 《道门经法相承次序》卷上,《道藏》第24册,第786页。

⑥ 《三十代天师虚靖真君语录》卷三,《道藏》第32册,第372页。

⑦ 《道法会元》卷四,《道藏》第28册,第691页。

⑧ 《高上月宫太阴元君孝道仙王灵宝净明黄素书》卷九,《道藏》第10册,第517页。

⑨ 王重阳著、白如祥辑校:《重阳分梨十化集·玉堂春》,《王重阳集》,第274页。

⑩ 王重阳著、白如祥辑校:《重阳全真集·卷之二·王德昭求学道》,《王重阳集》,第26页。

⑪ 王重阳著、白如祥辑校:《五篇灵文注》,《王重阳集》,第304页。

⑫ 《清和真人北游语录》卷二,《道藏》第33册,第167页。

理，又是灵明的真心，以灵明故本来觉悟，以超绝故自性解脱。一方面，道性超绝尘识，体即是空。如《太玄经》云："言道性者，即真实空，非空不空，亦非不空。"①《本际经》云道性"犹如虚空，圆满清净"②，《海空经》也形容道性为"非空不空，亦空不空，亦不空空，亦非非空，非空不空，空空不空，空无分别"③，《道教义枢》也说："究竟诸法正性，不有不无，不因不果，不色不心，无得无失，能了此性，即成正道，自然真空，即是道性。"④宋元新道教完全继承了这种理解。如神霄派宣称"本来真性"⑤即是虚空。内丹南宗以为道性是"空无所空，无无所无，净裸裸，赤洒洒地……灵然而独存者"⑥。全真道亦云道性是"现现虚空，灵灵真个，明明究、光莹宝珠一颗"⑦，又云："性命在无中，真空空不空，自然包万化，今古几人通？"⑧而对道性的觉悟，乃所谓"虚空返照虚空影，照出真空空不空"⑨。道性既然是超绝的真空，故本来清净、解脱，因而成为众生解脱的内在依据。另一方面，道性又是灵明的真心，因而是本来觉悟的。早在南朝，宋文明就已指出道性是"就本识清虚以为言"⑩，表明道性就是清净真心。《秘密藏经》也说清净心即是道性："是清净心，具足一切无量功德、智慧成就，常住自在，湛然安乐；但为烦恼所覆蔽故，未得显了，故名为性。"⑪这种思想被道教心学普遍接受。神宵派、清微派乃至净明道，都明确指出道性就是父母生前的灵明。全真道亦云道性就是先天的"真净妙明之心"⑫，或谓之"妙明真心""天心""妙圆之真心"等⑬。这真心自性圆明、具足功德、智慧成就、本来觉悟，因而是得道解脱的基础。应当承认，唐宋新道学这些思想，与奥义书心性本觉的宗旨完全一致。另外，与奥义书的自我以恩宠引人解脱的理论一致⑭，新道学认为真心不仅就其本体是觉悟、解脱的，而且以其空明引导、促使众生舍染就

---

① 《道教义枢》卷八《道性义第二十九》，《道藏》第 24 册，第 831 页。

② 《太玄真一本际妙经》"付嘱品"，《道藏》第 24 册，658 页。

③ 《太上一乘海空智藏经》卷二，《道藏》第 1 册，第 623 页。

④ 《道教义枢》卷八《道性义第二十九》，《道藏》第 24 册，第 832 页。

⑤ 《三十代天师虚靖真君语录》卷三，《道藏》第 32 册，第 372 页。

⑥ 《琼馆白真人集》，《藏外道书》第 5 册，第 135 页。

⑦ 王重阳著、白如祥辑校：《重阳全真集·卷之十三·恣逍遥》，《王重阳集》，第 206 页。

⑧ 《仙乐集》卷二，《道藏》第 25 册，第 433 页。

⑨ 王重阳著、白如祥辑校：《重阳全真集·卷之一·示学到人》，《王重阳集》，第 16 页。

⑩ 《道德义渊》，《中华道藏》第 5 册，第 521 页。

⑪ 《太上洞玄灵宝开演秘密藏经》，《道藏》第 5 册，第 899 页。

⑫ 王重阳著、白如祥辑校：《五篇灵文注》，《王重阳集》，第 304 页。

⑬ 同上书，第 303 页。

⑭ Kāṭh Ⅱ·23；Śvet Ⅰ·8，Ⅲ·20，Ⅵ·21、23；Mait Ⅲ·2，Ⅴ·1-2，Ⅵ·8，18.

真。如《海空经》说海空道性，“能令众生无有障碍，平等无二”，能为一切众生“作了因，不作生因，如彼然灯，照了于物”①，此谓道性以其空寂，能使众生得无碍平等，故得解脱而离生死；以其灵明，能为众生照了诸法真如。《观门经》亦云：“道性澄净，普遍圆明，故能持照，夷等诸相。”②谓道性虚明，故能为众生照见诸法平等空寂之相。宋元新道教也接受这种观念，如全真道以为“唯真心作为灵妙之元神，使人变化通灵”③。（三）这本觉的真性因被尘识覆障，故不得显现，然此尘识全为真心幻起，当此幻境被戡破，则真性自现，故觉悟、解脱当下现成。此如《海空经》云：“以诸众生，本无自澄，妄起分别，致成流浪，沉迷苦趣。是男是女，若能不生，种种邪见，了相邪空，即归复命，得成道子。”④《道教义枢》亦云：“五阴者，缘兹六识，生彼四心，想受既行，遂昏真性，荫盖云殄，方晓道宗，此其致也。《升玄经》‘已入无所入，识想心行灭’。”⑤在这里，道教心学一方面坚持心性本净、尘识所染，另一方面也表明尘识皆幻，完全是虚妄分别所生。唯当虚妄分别停止，尘识幻相消失，则道性、真心自然呈现。如《秘密藏经》说真心、道性“但为烦恼所覆蔽故，未得显了……若修方便，断诸烦恼，障法尽故，显现明了”⑥。烦恼实即尘识，是众生无明、虚妄分别所生，因而举体虚妄；然而道性之体本来灵明、空寂，因而本具觉悟、解脱，故若断分别、灭无明，则道性自现其觉悟、解脱之本体。《海空经》亦云众生心本来空虚澄静，因妄起分别，致成流浪，若断分别，不生邪见，了相皆空，则归根复命，返于道性之空。⑦这种观念被宋元新道教普遍接受，全真道亦以为真心、道性本来空寂、妙明，故即是解脱、觉悟，唯因尘妄覆蔽，不得显明，当人除倒想、灭尘妄，则真心解脱、觉悟之本体自然呈现，此即王重阳所谓“不染不思除妄想，自然究出入仙坛”⑧、“微微微处水澄清，意尽心忘灭尽情。无漏无为登正觉，不增不减证圆成”⑨。这些观念，与晚期奥义书以自我的一切覆障为幻有，一旦戡破这幻有，则本即解脱、觉悟的真我自然呈现的思想一致。因此，道教心学的上述说法，与奥义书的心性本觉思想，具有本质的同构性。

---

① 《太上一乘海空智藏经》卷二，《道藏》第1册，第621页。
② 《洞玄灵宝九真人五复三归行道观门经》，《道藏》第19册，第931页。
③ 王重阳著、白如祥辑校：《五篇灵文注》，《王重阳集》，第304页。
④ 《太上一乘海空智藏经》卷七，《道藏》第1册，第665页。
⑤ 《道教义枢》卷四，《道藏》第24册，第823页。
⑥ 《太上洞玄灵宝开演秘密藏经》，《道藏》第5册，第899页。
⑦ 《太上一乘海空智藏经》卷七，《道藏》第1册，第665页。
⑧ 王重阳著、白如祥辑校：《重阳全真集·卷之二·金丹》，《王重阳集》，第30页。
⑨ 王重阳著、白如祥辑校：《重阳全真集·卷之十·酬无名和尚诗》，《王重阳集》，第150页。

我们将进一步表明这种同构性不是偶然的，而是吠檀多心性本觉思想通过如来藏佛教的中介渗透到道教心学的道性论中的结果。道性论本身是在如来藏佛教的佛性论启发下产生的。道性论主张一切众生本有道性以为成道之种子、基础。其说本不属道教传统，而与如来藏的佛性本有之说，如合符节。在南北朝时期，由于《涅槃经》《如来藏经》《胜鬘经》等如来藏系经典的传译，“一切众生皆有佛性”之说已蔚然成为佛学的主流，在教内外产生了巨大影响。在这种情况下，提出于南北朝并最终在隋唐新道学中占据主导地位的“一切众生悉有道性”之说，可以肯定就是融摄“一切众生皆有佛性”思想形成的。另外，道性论的发展是跟随着佛性论演变的，这一点进一步验证了二者的渊源关系。如南北朝时期出的《元阳经》，说众生本有道性，为常乐我净①，与《如来藏经》《大法鼓经》等早期如来藏经的法身如来藏说作桴鼓应。道性论接下来的发展，是隋唐之际的重玄学，把道性理解为空、中道，如《太玄经》《本际经》《秘密藏经》《海空经》《道教义枢》等皆表明道性即真实空，为非空不空的中道，这与稍后出的《涅槃经》等提出的以诸法空性为佛性、如来藏的法性如来藏说一致，可以肯定是从后者沿袭而来。晚唐以至两宋道性论的进一步发展，乃是普遍以道性、真空等同于本心。此义在《道德义渊》中即已提出，然而到了晚唐才成为道性论的主流。如《定观经》《内观经》及《三论元旨》等，皆持心道一如，以为道性即是本净的真心。宋元新道教普遍接受此义。如净明道谓道性为净明②，即指空灵真心而言。神霄、清微派亦有心道一如之义。金丹南宗白玉蟾也说：“推此心而与道合，此心即道也，体此道而与心会，此道即心也。”③此亦是以真心为道性。全真道也继承这种真心道性论，如王重阳说：“心中无挂碍，性内得圆明。永永常清静，仙名称道成。”其以为道性就是吾人先天的真净妙明之心，此心圆明具足、本来觉悟，因而是得道解脱的原因。这种真心道性说与如来藏佛教中最晚起的真心如来藏说理趣一致，其逐渐盛行也是在后者（尤其是禅宗的真心佛性论）占据中国佛教主流之后，因而可以肯定是从后者沿袭而来。总之，道教心学的道性论，在内容和结构上都与如来藏佛性论存在本质上的一致性，其发展也是跟随后者的步伐，所以它就是后者渗透到道学中的结果。

如来藏佛教认为众生身中皆本具佛性、如来藏为其内在自我，且为其获得智慧、解脱的种子、胎藏。这种思想本身与印度佛教传统有很大距离，却与吠檀多的众生身中有大梵的观念有实质的亲缘性。比如《如来藏经》以莲花中的如来、众花中的美蜜、皮

---

① 《太上灵宝元阳妙经》卷二，《道藏》第 5 册，第 926 页。

② 《道藏》第 10 册，第 517 页。

③ 《修真十书》卷六，《道藏》第 4 册，第 624 页。

糠中的米、被隐没的金宝、庵罗果中种芽、贱女所怀转轮圣王九种譬喻，表明佛性、如来是蕴于众生生命中的胎藏，而此九喻，皆沿袭于奥义书对大梵的同样描述。[①]其他如来藏经典中形容如来藏常用的表述，比如木中有火喻、宝珠喻、种子喻、虚空喻等，亦皆在吠檀多传统中有踪迹可寻。[②]这些表明如来藏思想本身就是吠檀多思想进一步渗透到佛教中的产物。[③]到了《楞伽经》《起信论》等，乃以为如来藏就是自性清净心，亦是空性真如，此如来藏心本来觉悟、自性解脱，且唯它为实有，其他一切皆为无明颠倒所生、妄幻非真。这些思想已经与晚期奥义书没有实质区别。如来藏佛教发展到这里，就几乎被吠檀多思想同化了。

正是这一点决定了在中土如来藏佛教影响之下形成的道性论与吠檀多思想的本质亲缘性。可以说，在这里其实是吠檀多思想通过如来藏佛教的中介渗透到道教传统之中，才促进了道性论的形成。因此，道性论的心性本觉思想，最终应追溯到吠檀多的相同思想。这一点，还可以通过新道学对道性的常用表述与吠檀多学比照，得到进一步验证：(一)宝藏喻。道教重玄学每以被隐没的宝藏喻道性，如《元阳经》说："如闇室中种种七宝，人亦知有，闇故不见……真道亦尔，昔自有之，非始今也，烦恼闇故，众生不见。"[④]《海空经》说："善男子，深山有宝，名曰上胜。人若取之，则成富有。众生道性，亦复如是。"[⑤]宋元新道教亦每以喻道性为被烦恼埋没的宝物，如王重阳云："为人须悟尘劳汩，清净心中真宝物。"[⑥]以宝藏比喻被埋没的大梵，实为吠檀多传统中极常见者，如《唱赞奥义书》说："譬如人不知地下有金宝，故屡经历其处，而不识之，众生日日入于梵界，而不识之；因为彼等实已被妄境系缚。"[⑦]从中可以看出二者明显的家族相似性。(二)镜、水喻。唐宋新道学还往往以镜、水之明、昏喻道性之显、隐，如《秘密藏经》说："犹如明镜，能见色相，了了分明，种种差别……一切众生，心镜明故，见真道像。又如止水，无涛波故，影现日月、星辰飞鸟……一切众生，心水澄清，见道身影，亦复如是。"[⑧]《净明黄素书》

---

① Chān VIII・1・1; Mait Ⅵ・1; Chān Ⅵ・9・1-2; Tait II・1-9; Chan Ⅷ・3・2; Chan Up Ⅵ・12・2-3; Brih Ⅲ・9・17.

② Śvet Ⅰ・13; MunIII・1・6; BG ⅩⅢ・32.

③ Leggett Trevor, *A History of Early Vedānta Philosophy*, p.182；杰米・霍巴德等主编：《修剪菩提树："批判佛教"的风暴》，第172页。

④ 《太上灵宝元阳妙经》卷九，《道藏》第5册，第977页。

⑤ 《太上一乘海空智藏经》卷二，《道藏》第1册，第621页。

⑥ 王重阳著、白如祥辑校：《重阳教化集・卷之二・赠丹阳》，《王重阳集》第241页。

⑦ Chan Ⅷ・3・2.

⑧ 《太上洞玄灵宝开演秘密藏经》，《道藏》第5册，第899页。

云："譬如鉴水，尘垢污漫，不能照物，以物汩性，想之不真，亦失其净明也。"①类似表述在吠檀多传统中亦极常见，如云："如镜蒙尘埃，拂拭生光辉。一俟有身者，见自我自性，乃成为一如，成就、离苦厄"②，"如岸种种树，皆映于水中，一切所知境，映于大心镜"③。后世数论、瑜伽思想，亦多以明镜、止水之昏明喻自我、大梵之在染与离染状态。④若梵、道对勘，则二者的亲缘性亦颇明显。（三）地下之水、木中之火喻。新道学每喻众生中道性为隐藏于木中之火、地下之水，如云："譬如钻火，非木不得……是以真人遭匠加揌，今得太真无为之任"⑤，"譬如地有八味之水，一切众生而不能得。有慧之人用功穿凿，则便得水。真道亦尔"⑥。此二喻亦为吠檀多传统所常用者，如云："如火藏于木，其相不可见。其性固未灭，钻木又得之"⑦，"如地下之水，如燧中之火；如是见自我，藏于命我中，人应勤求之"⑧。其中的亲缘性亦颇明显。（四）系囚得脱喻。此即喻凡夫如被囚离家之人，而道性乃如其所失之故家，如云："善男子，如人有罪，系之牢狱，久乃得出，还家得见六亲眷属。真道亦尔。"⑨吠檀多亦常见此喻，如云："吾爱，譬如人于干闼罗村虏走一人，蒙其双目，弃于异地……彼若有智，当走一村问（路）于一村，得其指示，而回干闼罗。"⑩此谓众生被贪、嗔、无明等所掠，囚于形骸，失其真有，若破贪等，乃出其囚，进入真我。这两个譬喻旨趣完全相同。（五）盐水喻。新道学亦每以水中之盐喻众生中之道性，如云："善男子，譬如盐味置于诸物，乃至水中，皆悉有咸，物不名盐，盐不名物，乃至水中，亦复如是。名字虽变，盐性不失……若有饮水，盐味甚逼，实不见盐于水中。众生道性，亦复如是。维遍五道，长短异身，而是道性，常一不异。"⑪此类譬喻，亦是吠檀多中常见，如《唱赞奥义书》中优陀罗羯示其子置盐于水中，令其捉而不得，

---

① 《高上月宫太阴元君孝道仙王灵宝净明黄素书》卷九，《道藏》第 10 册，第 517 页。

② Śvet Ⅱ・14.

③ Annapurna Up Ⅳ・71.

④ 参见吴学国著《存在・自我・神性：印度哲学与宗教思想研究》，第 443、515 页，以及 YB Ⅰ・41f；SPV Ⅵ・59；SPB Ⅵ・30。Hariharananda Aranya, *Yoga philosophy of Patañjali*, Albany: State University of New York Press, 1983, pp. 90-111; *Dasgupta, Surendranath, Yoga as Philosophy and Religion*, Springer International Publishing, 2015, p.151f.

⑤ 《太上妙法本相经》卷中，《道藏》第 24 册，第 868 页。

⑥ 《太上灵宝元阳妙经》卷九，《道藏》第 5 册，第 977 页。

⑦ Śvet Ⅰ・13.

⑧ Śvet Ⅰ・15.

⑨ 《太上灵宝元阳妙经》卷九，《道藏》第 5 册，第 978 页。

⑩ Chān Ⅵ・14・1-2.

⑪ 《太上一乘海空智藏经》卷二，《道藏》第 1 册，第 621 页。

使其遍取于水中各处尝之，得皆得盐味，优陀罗羯乃开示那不可见之实质，就是不同众生之一味的自我。①这两个譬喻的亲缘性亦很明显。（六）江海喻。此亦属新道论中常见者，谓道性如海，众生如川，如若得道，则如百川入海，汇为一如，如云："善男子，譬如有处能受众流，名为大海，随有百川，来往依处，是名智藏。善男子，若有众生善能了了，见于道性，则得名为大海空藏。"②类似譬喻在吠檀多中亦极常见，如《蒙查羯奥义书》说，众生若知大梵，则其"皆融入一如，无上不坏者。如百川奔流，归于大海洋，消失其名色。知者离名色，归神圣自我"③。二者亦表现出明显的家族相似性。（七）灯喻。新道论亦每喻道性为灯，以其能照真如、破迷暗，生解脱故，如《海空经》云："如是正道，能为一切众生道性，而作了因，不作生因。如彼然灯，照了于物。"众生以是因缘，于生死中即得解脱，"灭诸烦恼，如灯破暗"④。类似的譬喻在奥义书中亦颇多见，如云："当以我自性，譬若灯光明，见大梵体性，证知彼无生、脱离一切谛、不动之神圣，彼瑜伽行者，尽解诸系缚。"⑤（八）虚空喻。隋唐新道论每喻道性为虚空，以其无相、清净、无碍、遍满故，如《元阳经》云："善男子，一切有为之法，皆是无常。虚空无为，是故为常。道性无为，是故为常。虚空者，即是道性。"⑥《本际经》云："一念法身犹如虚空，圆满清净，即是真道，亦名道身，亦名道性。"⑦《秘密藏经》云："所言道者，通达无碍，犹如虚空，非有非无，非愚非智，非因非果，非凡非圣，非色非心，非相非非相，即一切法亦无所即。"⑧《海空经》亦云道性"微妙功德，不变不异，湛然常住，犹若虚空"⑨。宋元新道教亦常申此义，如神霄派咏道性为"本来真性同虚空，光明朗耀无昏蒙"。全真道亦云："自无实相虚应显，空里依空现本空。"故人之复归于道性，乃是"虚空返照虚空影""性灵密与虚空合"⑩。吠檀多亦每以虚空喻大梵、自我，如云："信然，所谓自我，乃与人之外的虚空相同……彼即遍满、恒常"⑪，"一切皆生于空，亦复归于空……空是万有之依止"⑫，

① Chān Ⅵ • 13 • 2-3.

② 《太上一乘海空智藏经》卷二，《道藏》第 1 册，第 622 页。

③ Muṇḍ Ⅲ • 2 • 7-8.类似表述亦见于 Praś Ⅵ • 5-6 等处。

④ 《太上一乘海空智藏经》卷二，《道藏》第 1 册，第 618 页。

⑤ Śvet II • 15.

⑥ 《太上灵宝元阳妙经》卷二，《道藏》第 5 册，第 926 页。

⑦ 《太玄真一本际妙经》，《道藏》第 24 册，658 页。

⑧ 《太上洞玄灵宝开演秘密藏经》，《道藏》第 5 册，第 900 页。

⑨ 《太上一乘海空智藏经》卷六，《道藏》第 1 册，第 659 页。

⑩ 《云光集》卷三，《道藏》第 25 册，第 663 页。

⑪ Chan Up Ⅲ • 12 • 7-9.

⑫ Chan Up Ⅰ • 9 • 1.

“如虚空遍至，体细尘不染。我性遍众生，而不为所染”①。（九）宝珠喻。新道学亦每以宝珠喻道性、真心，以其能映现万物故，如《海空经》云：“善男子，譬如宝珠，唯有一门。虽有人多，经游出入，无有逼迮……众生道性，亦复如是”②，“善男子，譬如天人入宝珠中，无所增减，如是天民安常如故，不觉不知，已入所入，唯应度者见之分明，得见天人入宝珠中，不可思议。师子宝座入海空城，亦复如是”③。全真道亦形容道性为“灵灵真个，明明究、光莹宝珠一颗”“五色霞光，覆焘珠明颗”④。奥义书亦早有以摩尼珠比喻映境之心者。⑤数论学则常以清净宝珠因外物映照现似有种种诸色，而诸色实非宝自相，来比喻真我现种种相。⑥其立说与新道论并无二致。（十）雨水喻。新道学又以一味雨水育各异之草木，喻同一道性生差别之众生，如云：“譬如春月，天降甘雨，草木大小，悉皆萌芽。海空法味，亦复如是。”⑦同样的比喻亦常见于吠檀多传统，如《蒙查羯奥义书》云：“由月生雨水，草木生于地。阳注精于阴，自我生众生。”⑧前者几乎是后者的改写。这样的譬喻我们还可以举出更多。道性论的此类譬喻，大都在早期道教传统中没有根源，然而它们不仅所喻与吠檀多相同，且立喻的宗旨、思路亦皆与后者无异，甚至行文亦每雷同。这表明它们最终就是源自吠檀多传统。不过，尽管学者指出吠檀多思想也可能直接影响过道教⑨，但这种影响应当主要是通过如来藏佛教的中介进行的，比如上述诸喻悉皆见于《如来藏经》《涅槃经》《宝性论》《楞伽经》等如来藏系经典。这种比较从事实上证明了道教的心性本觉思想，其实是吠檀多思想通过如来藏佛教中介渗透到道教传统中的结果。

三、反思型的修道论

与其心性一如的本体论相应，在印度宗教中，奥义书提出了一种不同于佛教和沙

---

① BG XIII·32.

② 《太上一乘海空智藏经》卷二，《道藏》第1册，第621页。

③ 《太上一乘海空智藏经》卷九，《道藏》第1册，第686页。

④ 王重阳著、白如祥辑校：《重阳全真集·卷之四·苏幕遮（又）》，《王重阳集》，第72页。

⑤ Annapurna Up II·11，IV·40.

⑥ SPB VI·20。另请参见吴学国著《存在·自我·神性：印度哲学与宗教思想研究》，第473页。

⑦ 《太上一乘海空智藏经》卷二，《道藏》第1册，第626页。

⑧ Muṇḍ II·1·5.

⑨ 参见黄心川著《东方佛教论》，北京：中国社会科学出版社，2002年，第110—111页。

门传统的独特的反思型修道论，即通过反观自心，证悟超越的真心本体，从而获得自由、解脱。早在《广林奥义书》就明确提出了通过破除无明、觉悟真心、自我实相，从而离生死轮回而得解脱的修行之道。[①]在中、晚期奥义书中，这种反思型的修道方式逐渐完善，而成为所谓"内在瑜伽"(ādhyātma yoga)或"自我瑜伽"，后者最终与晚期奥义书对性空如幻的观证结合起来，如《慈氏奥义书》开示包括调息、止根、静虑、总持、思择、三昧在内的所谓六支瑜伽就是这种自我瑜伽的典范。[②]其宗旨就是从外境收摄自心，专注于内在自我，依次剥除外尘和色身、元气、知觉、经验意识、本识的覆蔽，灭尽全部现实存有的幻相，证悟空虚寂灭、有无双亡、离言绝相、无思无虑、了无差别、一味清净的真心(大梵)，并彻底融入其中。这里我们也看到，一种本质上与此一致的反思型修道论，在中国唐宋以降的道教心学中逐渐发展起来，并在宋元内丹心性学中最终定型。如全真道的修道论，就具以下特点：(一)以尽弃外境、摄心内缘为修道的准则，如王重阳诫曰："常把内真频看，休教外景长侵。"[③](二)以除灭作为幻相的现实存在，证悟绝对超越的真心本体为宗旨，如王重阳云："稍悟浮生除爱念，如知幻化绝贪嗔，便是洞中人"[④]，"般般物物俱休着，净净清清最好夸"[⑤]，"灵光一点便开舒，复把真如返觑"。马钰云："心昭性着无尘汨，识得元初至真物。"[⑥](三)以寂灭无相、非有非无、超言绝虑、一味无别、清净澄明的真空之境为所要证悟的心性真理。如王重阳形容对真心的觉悟为"虚空返照虚空影，照出真空空不空"，"心中无挂碍，性内得圆明。永永常清静，仙名称道成"。可见内丹心性学在修道的准则、宗旨和所证得的真理上，都与晚期奥义书表现出本质的一致性，却与从属华夏自然思维、缺乏真正的精神反思与超越的早期道教实践存在根本断裂。我们将表明上述一致性是吠檀多思想通过佛教中介渗透到道教传统中造成的。

早期道教完全从属于华夏自然精神传统，甚至带有浓厚的巫术野蛮思维色彩。其主要实践，包括符箓、灾醮、图谶、丹鼎、服食等术，都是完全外在甚至粗鄙原始的，其中

---

① Bṛin Ⅳ・4・11、13-15.

② Mait Ⅵ・18-30.

③ 王重阳著、白如祥辑校：《重阳全真集・卷之八・西江月(又赠友修炼)》,《王重阳集》,第122页。

④ 王重阳著、白如祥辑校：《重阳全真集・卷之十三・望蓬莱(又咏劝道友)》,《王重阳集》,第195页。

⑤ 王重阳著、白如祥辑校：《重阳全真集・卷之一・示学道人》,《王重阳集》,第16页。

⑥ 王重阳著、白如祥辑校：《重阳教化集・卷之二・赠丹阳(附丹阳次韵)》,《王重阳集》,第241页。

没有任何真正的精神反思与超越可言。其所谓修道，也主要是肉体不死、长生成仙之法。然而伴随道体论的深化，从南北朝开始，道教的修道论也在佛教影响下发生了深刻的转型。超脱尘俗、了断生死、明心见性的内向反思型修道论逐渐形成，并在宋元时期已成为道教的主流。促进道教这种修道论转型的根本力量，是佛教的长期渗透。出于晋代的《西升经》就提出了“戮形”以“存神”的修道主张，反对道教传统的养身存形以求肉体飞升的实践，认为“空虚灭无，何用仙飞”①，明显反映了佛教修道论的影响。②兹后这种影响逐渐加强。到南北朝时期，诸如《元阳经》《本相经》《运度劫期经》《无量寿经》《观身经》等大量新出道经，皆放弃道教传统的升仙理想，主张“不愿生天，但免烦恼”③，且摒弃主导传统道教的炼丹、服食、房中、导引之术，而广泛采用了诸如五停心观、四念处观等佛教小乘禅法，以及以般若空观为核心的大乘禅法。其修道宗旨，在于断除世俗的染着、证入空寂的法界，体现了一种真正的精神超越。这种新的实践几乎与当时中土流行的大小乘禅法完全融合，而与传统道教的修行旨趣则如圆凿方枘。这方面更深刻的变革，是在《楞伽经》等的如来藏佛教影响下，道教的修行开始蜕变成为以证悟、融入人的真心、真己为核心的内向反思型工夫。如隋唐之际的《观门经》，谓“修行正道，当须无欲自观，妙见真心，洞然明照”，并以断诸见除外垢，以证法空除内垢，以无所有处得升玄，以非想非非想断生死，以通达真心之觉智断欲界、色界、无色界习气，最后以心道不二、二谛常寂而得致法身、真己。④这与《楞伽经》融合般若空观与真心觉证，及依空智断习气以最终融入真心的修道旨趣并无实质区别。⑤唐代重玄学在修道论上继承、发展了这种反思路向，皆以修心为要，如《道教义枢》论修道，乃以“智者守一，谛定心源”为宗⑥，与早期楞伽师的持心、守心之功，旨趣无异。《玄珠录》以持心“无念”为修行之极则，谓“莫令心住有，莫令心住空，莫令心离有，莫令心离空，莫令心住四，莫令心住一”⑦，以无念故无心无识，是故妄境皆灭，唯余真心、道性，这与《起信论》和早期禅宗通过修无念以回归真心本体，如出一辙。司马承祯以为心体本与道同，但因着情欲而生垢染，遂与道离，故修道除却心中垢染，复其本来清净：“夫欲修道成真，先去邪僻之行，外事都绝，无以干心。然后端坐内观正觉，觉一念起，即须除灭。

---

① 《西升经》卷中，《道藏》第 11 册，第 501 页。

② 参见卿希泰主编《中国道教思想史》第 1 卷，第 330 页。

③ 《太上灵宝元阳妙经》卷一，《道藏》第 5 册，第 921 页。

④ 《洞玄灵宝九真人五复三归行道观门经》，《道藏》第 19 册，第 930 页。

⑤ 参见《吕澄佛学论著选集》第 2 册，济南：齐鲁书社，1991 年，第 1246、1265—1266、1277 页。

⑥ 《道教义枢》卷五，《道藏》第 24 册，第 826 页。

⑦ 《玄珠录》卷下，《道藏》第 23 册，第 627 页。

随起随制，务令安静。虽非的有贪着，浮游乱想，亦尽灭除。昼夜勤行，须臾不替。唯灭动心，不灭照心，但冥虚心，不冥有心。不依一物，而心常住。”①这与神秀代表的楞伽师“佛尘看净，方便明心”的修行旨趣，亦无二致。

中唐以降，这种内向反思型的修道论已居于新道学的主流。如《定观经》以无念、无心为修道之蓍龟，但应“唯灭动心，不灭照心；但凝空心，不凝住心。不依一法，而心常住”②，宗旨全同于《楞伽经》。《内观经》亦以为心即是道，若能内观不遗，即可与道合一。内观之道，要在澄心，其法包括虚心、无心、定心、安心、静心、正心、清心、净心等，从而使有无双亡、境识皆灭，而道体自现。③与此一致，《三论元旨》亦以为修道即是修心。修心之要在于澄、静、忘、明，所谓“因澄而静，因静而忘，因忘而后能明，因明而后能达，从微至著，了悟成真”④。其法即以空观遮遣一切实境，以证入空寂无相之道体，于是心与道融一如，“即道是心，即心是道，心之与道一性而然”⑤。宋元的新道派，也全面接受这种反思型的修道论。即如强调符咒、雷法的神霄、清微等派，最终亦以修心见性为修道本旨，而将传统咒诀置于从属地位；即便其行雷法，亦以心为枢纽，如神霄雷法，要在以无心合于真心，心与雷神混然如一，故能感动天地⑥，清微派亦强调以诚动天，即蠲净身心，内外一尘不着，身心与天地平等如虚空，故所祷立通。⑦金丹派南宗持心、道一如，故修道实即修心⑧，其宗旨在于使识神返归道体即真心而与道为一⑨，即所谓“归性根之太始，反未生之已前”⑩。

这种反思型的修道工夫，在全真道的实践中得到最系统体现。全真道坚持修心为内丹修炼的主旨。修道即是修心，即旨在通过观心、制心、澄心、见心、守心从而最终融入道性、真心，以离生死、得解脱，如王重阳说：“养甲争如养性，修身何似修心”⑪，“学道修真非草草，时时只把心田扫。悟超全在绝尘情，天若有情天亦老”⑫。王处一云：

---

① 司马承祯：《坐忘论·得道七》，《道藏》第22册，第897页。

② 《洞玄灵宝定观经注》，《道藏》第6册，第497页。

③ 《太上老君内观经》，《道藏》第11册，第396—397页。

④ 《三论元旨·虚妄章第二》，《道藏》第22册，第908页。

⑤ 同上书，第909页。

⑥ 《道法会元》卷七七，《道藏》第29册，第276页。

⑦ 《道法会元》卷九，《道藏》第28册，第717页。

⑧ 卿希泰主编：《中国道教思想史》第3卷，第60页。

⑨ 《琼馆白真人集·古神不死论》，《藏外道书》第5册，第134页。

⑩ 《琼馆白真人集·玄关显秘论》，《藏外道书》第5册，第136页。

⑪ 王重阳著、白如祥辑校：《重阳全真集·卷之十三·西江月（又）》，《王重阳集》，第209页。

⑫ 王重阳著、白如祥辑校：《重阳全真集·卷二·唐公求修行》，《王重阳集》，第41页。

"性灵密与虚空合，始觉光明满大千。"①丘处机云："不向此心觅，更于何处求"②，"灵台有个真消息，未悟那堪性不通"。尹志平云："修行治心为要"③，"修行人不论心地却论什么"④。这种修道宗旨，显然是沿袭了禅宗"直指人心，透彻心源"的法门，以至古来即有谓全真道"似禅而稍粗"者。在禅佛教影响下，全真道完全抛弃道教传统的肉体飞升的成仙理想，而是追求心灵的解脱。它首先是继承了佛教贱形而尊心的态度，如王重阳说："惟一灵是真，肉身四大是假"⑤，"性为真，身是假"⑥。马钰亦云："火风地水合为肌，只是愚迷走骨尸。"⑦因此肉体成仙是虚妄愚蠢的。相反，真正得道必以捐弃肉身为条件，如王重阳："今之人欲永不死而离凡世者，大愚不达道理也。"⑧全真道所谓得道，完全是内在精神的自由、解脱："真性不乱，万缘不挂，不去不来"⑨，"四般假合终归土，一个真灵直上天，不灭不生超达去，无为无漏大罗仙"⑩。这就是真心祛除了蒙蔽它的现实存在污垢，恢复其超越有无、空虚寂灭、离言绝虑、澄然一味、自在解脱的清净本性。

全真道所谓修心工夫，最初步的是观心、制心，即省察心中诸念，一俟情欲、妄念起即灭除之，务使心合于道体、一于真如。盖众生心性，本出于道，故体性清净，然一投于形质之中，即为情欲所累。其中害修行者，尤以食、睡、色三欲为重。⑪然因形气夺志，故观心、制心之功，当千磨百炼，昼夜常惺，日复一日，不可少衰⑫，久则形气俱化，心体朗然，动不乖真。⑬另外还有见心、澄心、守心等。所谓见心即证悟心性本体，乃修道之关键，如云："外用修持无应和。赢得劳神，枉了空摧挫。要行行，如卧卧。只把心头，一点须猜破。返照回亲看过。"⑭澄心乃去除心体染垢。全真道以"澄心定意、打叠神

---

① 《云光集》卷三，《道藏》第 25 册，第 663 页。
② 《磻溪集》卷四《示众》，《道藏》第 25 册，第 831 页。
③ 《清和真人北游语录》卷一，《道藏》第 33 册，第 157 页。
④ 《真仙直指语录》卷下，《道藏》第 32 册，第 444 页。
⑤ 王重阳著、白如祥辑校：《重阳真人金关玉锁诀》，《王重阳集》，第 281 页。
⑥ 王重阳著、白如祥辑校：《重阳全真集·卷之十三·苏幕遮（又）》，《王重阳集》，第 197 页。
⑦ 王重阳著、白如祥辑校：《重阳教化集·卷之二·引丹阳上街求乞（丹阳又韵）》，《王重阳集》，第 242 页。
⑧ 王重阳著、白如祥辑校：《重阳立教十五论》，《王重阳集》，第 279 页。
⑨ 王重阳著、白如祥辑校：《重阳真人授丹阳二十四诀》，《王重阳集》，第 295 页。
⑩ 王重阳著、白如祥辑校：《重阳教化集·卷之一·赠丹阳》，《王重阳集》，第 228 页。
⑪ 《清和真人北游语录》卷一，《道藏》第 33 册，第 155 页。
⑫ 《清和真人北游语录》卷二，《道藏》第 33 册，第 156 页。
⑬ 《清和真人北游语录》卷三，《道藏》第 33 册，第 166 页。
⑭ 王重阳著、白如祥辑校：《重阳全真集·卷四·苏幕遮（又）》，《王重阳集》，第 72 页。

情、无动无作、真清真静、抱元守一"[①]为修行之真功。守心则为守住心体之清净圆明。王重阳论静坐即以守心为宗旨："真坐者，须要十二时辰住行坐卧一切动静中间，心如泰山，不动不摇，把断四门眼、耳、口、鼻，不令外景入内，但有丝毫动静思念，即不名静坐。"[②]这些显然都是袭自禅佛教观心、守心的实践。

禅学对全真道修道论更深层的渗透，表现在禅门通过除遣虚幻的现实存在以呈显真心之空寂的思路，也完全被全真道继承。（一）全真道的修道论，要求戡破外在世界的幻象并将其除灭，以归于本体之虚寂。盖山河大地皆为空幻，四大根身悉如泡影。若执为实有，则心为物累，动失其寂。故云富贵资财实是金玉枷锁，人伦亲情也只是"宿世冤仇""爱狱恩山"[③]。行人须破有归空，荡绝外境，方能使一物不累，一心致虚，至于"寂无所寂之地"[④]，与道冥一，如云："得来勘破无中有，成后何如有若无。无有有无无有相，有中无相达天衢"[⑤]，"莫着凡躯，物物频思算。打破般般常内看"[⑥]，"般般物物俱休着，净净清清最好夸"[⑦]，"故当涤去根尘，独露全体"[⑧]。在全真道中，这种遮破扫荡之功，又被简单地说为绝"人情"（虚妄分别心）、弃"俗事"（所分别境），如云："绝人情，去浮嚣，俗事般般舍"[⑨]，"跳出世情居异世，尽教人道不凡人"[⑩]，"一切物情皆可绝，万般尘事不堪争"[⑪]。所谓绝人情或息情，是"不顺熟境"的"逆修"[⑫]。盖顺情则万有缘起，故出本无于生死；息情则逆缘起而除之，故冥万有于空寂。这种舍有入空的修道方针，与道教"顺化自然"的生命理想不侔，可以肯定是来自禅宗的影响。（二）一切内在的情识意想亦是虚幻，皆有碍于明心见性，故亦当除灭，以复本体之清净。盖全真道以为"心生则性灭，心灭则性现也"[⑬]。这种除遣之道，即王重阳所谓"降心"。其云："若随境生心，颠倒寻头觅尾，此名乱心，败坏道德，损失性命，不可纵也。行住坐卧，常勤

---

① 王重阳著、白如祥辑校：《重阳教化集·卷之三化缘榜》，《王重阳集》，第256页。

② 王重阳著、白如祥辑校：《重阳立教十五论·第七论打坐》，《王重阳集》，第277页。

③ 王重阳著、白如祥辑校：《重阳全真集·卷之五·金鸡叫又警刘公》，《王重阳集》，第88页。

④ 《清和真人北游语录》卷三，《道藏》第33册，第168页。

⑤ 王重阳著、白如祥辑校：《重阳全真集·卷之一·修行》，《王重阳集》，第15页。

⑥ 王重阳著、白如祥辑校：《重阳全真集·卷之十三·苏幕遮（又）》，《王重阳集》，第200页。

⑦ 王重阳著、白如祥辑校：《重阳全真集·卷一·示学道人》，《王重阳集》，第16页。

⑧ 王重阳著、白如祥辑校：《重阳教化集·王滋后序》，《王重阳集》，第256页。

⑨ 《水云集》卷中，《道藏》第25册，第858页。

⑩ 王重阳著、白如祥辑校：《重阳全真集·卷十二·瑞鹧鸪（又）》，《王重阳集》，第189页。

⑪ 《云光集》卷一，《道藏》第25册，第651页。

⑫ 王重阳著、白如祥辑校：《五篇灵文注》，《王重阳集》，第306页。

⑬ 王重阳著、白如祥辑校：《重阳真人授丹阳二十四决》，《王重阳集》，第297页。

降心，闻见觉知，此为病矣。”[①]降心就是要知心境皆幻，灭一切情识，忘意忘形，委志虚无，最终一念不生，冥合空寂。[②]这就是王重阳所谓“心死方得神活”[③]。然于此义，则尹志平示之最详。其云心中念念相续，即是生死，故“若要绝生灭，但举一念，先用觉照照破，万缘尽是虚假，方可物境不能染住，久久行持，觉照亦忘，心上自清静，清静生无为，无为自然合大道矣”[④]。又云人心若好于外物，则皆适于邪；若好于任道，则此心即正，而外邪自轻，日渐轻省，至于无物，“将多生相逐轮回迁变底业识摒除亦尽，把好道也不要，廓然虚空，其中自有个不空者。故云：非有非空，是谓真空”[⑤]。这就是认为外境、内识，皆是妄幻，修行人必境识皆空，且空亦复空，方能合于真空道体。全真道所谓降心的目标，是要达到心体湛然不动、昏昏默默、不见万物、杳杳冥冥、不内不外、清净朗然的境界。[⑥]这与禅宗境识俱灭以证真如，理趣不异。与禅宗一致，全真道的降心之道，也要求做到无思无虑、无受无得、无取无争、无挂无碍。如王重阳强调修道须“无虑无思无做作”[⑦]，谓“无思无虑是真修，养气全神物物休”[⑧]、“处处无心为锻炼，家家有性现精研”[⑨]。这种无住无得、无所滞碍的境界很自然地便被与道教传统向往的任运逍遥、自在闲适之境融会起来了，如王重阳道：“诸公如要修行，饥来吃饭，睡来合眼，也莫打坐，也莫学道，只要尘事屏除，只用心中清净两个字，其余都不是修行”[⑩]，“饿时不论粗细，困时睡、闲时唱、快时吟，要坐则坐，要卧则卧，要住则住，要行则行，放四大无拘自在”[⑪]。只要心中常守清净、不起执着，就可做到“色财丛里寻超越，酒肉林中觅举升”[⑫]。谭处端也形容这种心境为“道人心，处无心，自在逍遥清净心，闲闲云水心”[⑬]。尹志平提出“平常心是道”，即心应万变，不为物迁，自在无碍、常应常静。[⑭]马钰还说学

① 王重阳著、白如祥辑校：《重阳祖师打坐论》，《王重阳集》，第 300 页。
② 王重阳著、白如祥辑校：《五篇灵文注》，《王重阳集》，第 305 页。
③ 同上书，第 306 页。
④ 《真仙直指语录》卷下，《道藏》第 32 册，第 441 页。
⑤ 《清和真人北游语录》卷一，《道藏》第 33 册，第 157 页。
⑥ 王重阳著、白如祥辑校：《重阳祖师打坐论》，《王重阳集》，第 300 页。
⑦ 王重阳著、白如祥辑校：《重阳全真集・卷之九・悟真歌》，《王重阳集》，第 138 页。
⑧ 王重阳著、白如祥辑校：《重阳全真集・卷之十・于公求诗》，《王重阳集》，第 142 页。
⑨ 王重阳著、白如祥辑校：《重阳全真集・卷之一・吕公求指诀》，《王重阳集》，第 19 页。
⑩ 王重阳著、白如祥辑校：《重阳教化集・卷之三・三州五会化缘榜》，《王重阳集》，第 256 页。
⑪ 刘处玄：《黄帝阴符经注》，《道藏》第 2 册，第 820 页。
⑫ 王重阳著、白如祥辑校：《重阳全真集・卷之一・示学道人》，《王重阳集》，第 16 页。
⑬ 《水云集》卷下，《道藏》第 25 册，第 862 页。
⑭ 《清和真人北游语录》卷一，《道藏》第 33 册，第 155 页。

道必在自悟，不须广看经书，以防更起思量、再增执着。[①]应当承认，全真道所有这些说法，皆与早期道教传统有很大距离，却早已是晚唐以来禅门的老生常谈，因而按照正常逻辑，它们都可视为从禅宗沿袭来的。（三）最后，全真道的内外俱舍的修道论也是反思性的，是“打破般般常内看”[②]。它通过境识双亡证入的空寂本体，乃是众生本具的清净真心，旨趣与禅门并无二致，如王重阳说：“亲禅定，虚中转转观空迥。认得祖宗醒复醒，红红赫赫如金定。渐渐圆明光又莹。”[③]在这里，真心就是空诸有相之后呈现的无为无染、圆明光莹的本体。谭处端亦云：“灭嗔心，去贪心，寂寞清贫合圣心，无生现本心。”[④]此谓修道的目标是证入无生的本心。全真道对此本心的具体觉证，亦与禅宗实质一致，如王重阳形容本心“无身无为亦无漏”[⑤]，对它的觉证是“微微微处水澄清，意尽心忘灭尽情。无漏无为登正觉，不增不减证圆成”。尹志平亦提出真如妙理“只要自己心性上会得，自然照见。恁时和心性也不要。有云：也无心，也无性，无性无心，方得神通圣”[⑥]。这表明真心是空寂无为、不可取不可得、无住无依的本体。这种超越现实的反思，不属于道教固有的传统，而与禅门的实践完全一致，其来自后者的渗透是毫无疑问的。

由于道教传统的修道论影响，全真道在修性的同时，仍未放弃修命，主张性命双修。他们要求在静中调养精气神以结成金丹，推行龙虎交媾、河车搬运、水火既济的内丹功法。不过修性始终是全真道内丹修炼的基础和归宿。一方面，不同于金丹派南宗先命后性，全真道坚持先性而后命，“根者是性，命者是蒂”[⑦]、“先学定心，心定气住，气住神全，神全形固”[⑧]。另一方面，全真道的修命，乃是“藉假修真”，如王重阳说：“修行须借色身修，莫殢凡躯做本求。假合四般终是坏，真灵一性要开收。”[⑨]故炼命只是修性的辅助手段：“性若见命，如禽得风，飘飘轻举，省力易成。”[⑩]在这里，全真道试图把

① 《丹阳真人语录》，《道藏》第 23 册，第 704，702 页。

② 王重阳著、白如祥辑校：《重阳全真集·卷之十三·苏幕遮（又）》，《王重阳集》，第 200 页。

③ 王重阳著、白如祥辑校：《重阳全真集·卷之七·渔家傲》，《王重阳集》，第 109 页。

④ 《水云集》卷下，《道藏》第 25 册，第 862 页。

⑤ 王重阳著、白如祥辑校：《重阳全真集·卷之一·和玉长老古调》，《王重阳集》，第 20 页。

⑥ 《清和真人北游语录》卷一，《道藏》第 33 册，第 156 页。

⑦ 王重阳著、白如祥辑校：《重阳真人授丹阳二十四诀》，《王重阳集》，第 294 页。

⑧ 《孙不二元君传述丹道秘书》，载丁福保编《道藏精华录》第 4 册，北京：北京图书馆出版社，2005 年，第 225 页。

⑨ 王重阳著、白如祥辑校：《重阳全真集·卷之十·诸散人求问》，《王重阳集》，第 143 页。

⑩ 王重阳著、白如祥辑校：《重阳立教十五论·第十一论混性命》，《王重阳集》，第 278 页。

传统道教的“修命”和佛教的“修性”结合起来。就其试图通过保持良好的身心状况以促进修性而言，不仅符合佛教修道论的精神，而且弥补了佛教的忽视肉体生命对于修道的负面影响。

总之，在佛教的持续渗透、影响之下，道教的修道论逐渐克服其朴素、外在的形态，而具有了真正的反思性，以至到了宋元的全真道，其修道宗旨已与当时的禅佛教融会无间。

然而我们应当强调的是，佛教修道中影响、渗透到道教中的上述内容，原来都不是佛教本有的。首先，大乘佛教观诸法如幻、空、无分别、平等的空观，并不属于早期佛教传统，很大程度上是由晚期奥义书的幻化论思想渗透到佛教禅法之中形成。[①]其次，更为重要的是，如来藏佛教的反思工夫，也不属于印度佛教的正统。印度佛教本非反思的宗教。小乘和般若之学都不承认有一种真心本体，其修行亦无所谓见心、存心、守心之功。反之，奥义书宗教一开始就是反思性的，坚持心性一如，并把彻悟真心本体作为修道宗旨。在印度佛教中，这种反思型修道论直至吠檀多思想已占据主导的四五世纪才在《楞伽经》《起信论》等的真心如来藏思想中得到确立，所以它无疑是来自吠檀多思想的渗透。正是这种真心如来藏思想成为中国佛教的主流。由此我们得到的结论是，在这里，其实是吠檀多思想通过如来藏佛教中介渗透到道学之中，才导致了后者的反思型修道论的形成。这一点，我们从全真道的修道论在宗旨、方法和所证得的真理上与晚期奥义书表现出的本质一致性及其与早期道教实践的根本断裂，就可予以验证。

四、总　结

道教心学的心性一如的本体论、心性本觉的人生论和反思型的修道论，都与道学原有的传统存在巨大鸿沟，却与奥义书—吠檀多思想表现出明显的家族相似性。无疑，新道学的这些观念，基本都是沿袭自佛教的，是佛教的长期渗透使道学发生了缓慢的转化，促使其最终抛弃了原先的自然思维传统，具有了真正的精神反思和超越。然而作为中国佛学主流的如来藏学，乃是一种严重吠檀多化的思想；作为如来藏佛学的根本特征，且对道教思想影响最深刻的心性一如、心性本觉立场以及直指人心的反思型修道论，皆不属于印度佛教的固有传统，而是吠檀多思想缓慢渗透到佛教之中形成的。因此在这里，其实是吠檀多独特的本体论、人生论和修道论通过佛教

---

① 吴学国：《奥义书与大乘佛教的发生》，《哲学研究》2010 年第 3 期。

中介渗透到道学传统之中，才导致道教心学的形成。我们通过将道教心学的理论框架、精神旨趣和文字表述同吠檀多传统进行比较，充分验证这一点。这一认识对于我们更好地领会道教心性哲学的特质、更深入理解印度文化对华夏精神的影响，都将会起到促进作用。

论日本复古神道的哲学意义与实践意义*

牛建科**

复古神道是理论神道(学派神道)之一派,它产生于日本近世国学内部,以荷田春满(1669—1736)、贺茂真渊(1697—1769)、本居宣长(1730—1801)和平田笃胤(1776—1843)为代表,排斥用儒、佛等外来思想解释神道,主张通过日本的古典,尤其是《古事记》和《日本书纪》等来阐明和恢复日本的古道、日本精神;由荷田春满、贺茂真渊确立,本居宣长集其大成,平田笃胤则对复古神道加以了发展。与垂加神道一起,复古神道被誉为日本近世理论神道之双璧,是理论神道中影响最大的一个派别,对日本的思想文化的形成与发展产生了重要影响。

如此重要的理论神道派别,自然成为学术界研究的重点之一。在国外,对于复古神道的研究已有一百多年的历史,但由于不同时代的要求,对其性质和作用的评价往往大相径庭。我国对复古神道的研究,肇端于20世纪60年代。北京大学的朱谦之先生在其《日本哲学史》(1964年)中,辟有"国学者的'日本精神'哲学"一章,从国学角度切入,论述了贺茂真渊、本居宣长、平田笃胤的哲学思想,但对复古神道的评价基本上是否定性的,认为复古神道是"反动的日本'精神哲学'""天皇制度的理论基础"①。其后,王守华教授在《日本哲学史教程》(1989年)中,辟有"神道哲学思想"一章,从神道角度切入,把复古神道作为神道史上理论神道(学派神道)的一个发展阶段,涉及复古神道的主要代表人物的哲学思想,并对复古神道做了辩证的评价,在指出复古神道的理论"成为法西斯主义的理论支柱"的同时,又认为"复古神道的复古主义,在王政复古和明治维新中起过一定的作用"②。在其后的有关论著中,对复古神道的评价,基本上没有超出这样一种思路;同时,这些研究都是在对神道或者神道哲学思想的总体研究的过程中,对复古神道思想都有所涉及。因此,对复古神道的理论及实践意义,尚缺乏具体、深入的阐述。本文拟在吸收此前研究成果的基础上,对复古神道的理论及实践意

---

* 原载于《文史哲》2004年第5期。

** 牛建科,山东大学哲学与社会发展学院教授。

① 朱谦之:《日本哲学史》,北京:生活·读书·新知三联书店,1964年,第95、114页。

② 王守华、卞崇道:《日本哲学史教程》,济南:山东大学出版社,1989年,第148页。

义提出几点粗浅的看法。

一、 复古神道丰富了神道的理论形态

神道虽然是日本的民族宗教，但它所具有的理论形态，却是在与外来思想文化的冲突、整合过程中逐渐形成的。从平安时代（794—1185）后期到江户时代（1603—1867）末期，神道吸收了儒、佛、道及阴阳五行等外来思想文化，逐渐建构了自己的理论，形成了神佛习合、神儒习合的理论神道派别。

平安时代后期，在神佛结合的“本地垂迹说”的基础上，最终形成了神道与佛教习合的主张“佛本神从”的山王神道和两部神道。山王神道以佛教天台宗的“一念三千”“三谛圆融”“一心三观”“三谛即一”的教义来解释神道，是佛教天台宗与神道的习合；两部神道以佛教真言宗（密宗）的金刚界、胎藏界两部教义来解释伊势神宫内宫（天照大神）和外宫（丰受大神）以及二柱大神，是佛教真言宗与神道的习合。

进入镰仓时代（1185—1333）和室町时代（1336—1573），在“反本地垂迹”说的基础上，最终形成了神道与佛教习合的主张“神本佛从”的伊势神道和吉田神道。伊势神道和吉田神道标榜以神道为本，为唯一宗源，高扬神国思想，鼓吹天皇的神圣性。

进入江户时代，儒学成为占统治地位的意识形态，特别是朱子学成为德川幕府的官学。神道也出现了与儒学习合的理论神道派别。这就是继承伊势神道传统，站在神主儒从立场上，主张排除佛教影响，吸收儒学和易学思想内容的度会神道；以朱子学、武士道与吉田神道相结合，吸收儒学伦理，强调忠君之道的理学神道；集神儒习合之大成、创立了“神理合一”“天人惟一”神道（宗教）哲理的垂加神道。

上述各派理论神道，不管其主张神与佛、神与儒的何主何从，都是在自觉地接受外来思想文化的基础上来建构其理论形态的，它们更多的是着眼于两种异质思想文化之间的一致性。复古神道则与上述理论神道派别不同，反对接受任何外来思想文化的影响，主张依据《古事记》《日本书纪》等古典恢复真正的日本精神——古神道，通过复活日本自己的古道来建构其理论形态，从根本上着眼于外来思想文化与日本原生文化的异质性，表现出两种截然不同的价值取向。

因此，如果我们从对待外来思想文化的价值取向的角度来看，那么，可以把与外来思想文化相融合而形成的神道理论派别称作“习合神道”，其中包括神佛习合神道与神儒习合神道；而复古神道则是排斥神佛、神儒习合而有别于习合神道的所谓纯神道，我们可以称之为“非习合神道”。复古神道是在理论神道阶段最后出现的一个神道派别，以鲜明的复古主义和强烈的排外主义构成了其思想特征，以其“非习合神道”的鲜明主

张丰富了学派神道的理论形态。这种“非习合”性，主要就体现在对所谓“汉意”的批判上。所谓“汉意”，按照复古神道思想家的解释，就是指由于以汉籍为载体的中国文化在日本的传播，日本的学者或一般人被其感化，从而醉心于中国的国风与文化，以儒教的思维方法或精神来理解日本的古典。本居宣长在《初山踏》与《玉胜间》中多次对“汉意”进行了批判。

在复古神道思想家那里，为了阐明并复兴所谓的古道、“纯粹的”日本之道，都把批判儒佛等外来思想文化作为先决条件。荷田春满感叹“今之谈神道者，是皆阴阳五行家之说……非唐宋诸儒之糟粕，则胎金两部之余沥。非凿空钻穴之妄说，则无证不稽之私言。曰秘、曰诀，古贤之真传何有。或蕴，或奥，今人之伪造是多”，因而“臣自少无寝无食，以排击异端为念。以学以思，不兴复古道无止”①。贺茂真渊继承荷田春满这种精神，主张不“廓清汉意”，就不能阐明“古意”，恢复古道，并对儒佛进行了批判。本居宣长在此基础上，进一步对“汉意”进行了界定并进行了猛烈的批判。平田笃胤也继承了复古神道的这一传统，将汉意又称作“生汉意”“汉籍意”②，并且进一步对习合外来思想的神道进行了批判。平田笃胤在《俗神道大意》中，将神道划分为“真神道”和“俗神道”，认为真神道就是始于高皇产灵神、神皇产灵神，由伊邪那岐神、伊邪那美神继承，由天照大神传给皇孙琼琼杵尊，再由琼琼杵尊传给历代天皇的道，这就是“神道”，即真神道；所谓“俗神道”，就是指基于本地垂迹说的两部神道，吉田兼俱的唯一神道以及包括垂加神道在内的儒学神道。他批判两部神道以佛教的金胎两部之旨、习合神道的事实而建论立说，认为把神作为佛的垂迹，把佛作为神的本地，是欺世骗人之说。吉田家的唯一神道，则是剽窃两部神道“以为己说”③。度会延佳的度会神道，则是用《易》之道理来附会神代之事。认为垂加神道虽反对神佛习合，但却将朱子学的性理、太极、阴阳、五行之说混入神道之内，与儒意习合，实际上仍不脱两部神道之窠臼，强调山崎暗斋之流，附会宋儒之理学，在以阴阳五行为本的神道中尤为突出。总之，在平田笃胤看来，俗神道都是习合神道，用儒佛之理来附会日本神道，因此，都不是“真神道”。

总之，他们对儒佛等外来思想文化的批判，是建立在共同的价值观基础之上的，即

---

① 神道大系编纂会编：《神道大系·论说编23·复古神道(一)·荷田春满》，东京：神道大系编纂会，1983年，第259页。

② 平田笃胤全集刊行会编：《新修平田笃胤全集》第8卷，东京：名著出版，1976年，第27—28页。

③ 同上书，第140页。

认为在外来思想文化传入日本之前的古代，存在着真正的纯粹的古道、古神道，在这样一种纯神道流行的古代，日本人心纯直不伪，上下和睦相处，天下不治而治。由于儒佛等思想文化的传入，日本的古道受到了玷污，从而天下邪道流行，人心不纯，世道大乱。因此，必须彻底排除外来思想文化的影响，从日本的古典本身出发，阐明并复兴日本的古道、纯神道。他们实际上是把日本古代社会理想化了。从而，复古神道在理论上也就内在地包含了否定现实社会的因素，最终必然导出幕府政权不合“道”的结论。这大概就是复古神道成为明治维新思想原动力之一的真正原因之所在。

二、 神性的提升与神灵观念的完善

如上所述，相对于神佛习合、神儒习合之所谓“习合神道”，主张复兴并弘扬日本“纯神道”的复古神道，在其建构理论体系的主观价值取向上，表现出“非习合神道”的鲜明特征。作为一个重要的理论神道派别，复古神道还从宗教理论上丰富了神道思想的理论内容。

首先是对神性的提升与神灵观念的完善。宗教是社会的产物，在人类社会中人与人之间的社会关系，构成了宗教世界神与神、神与人之间关系的最终基础。同时，每一种宗教又都在其自身的神灵世界中，找到了内在发展的逻辑基础。因此，每一种宗教或宗教理论，基本上都注重其神灵世界中神性的提升和神灵观念的完善。复古神道作为一种神道神学理论，在本质上是探讨神的权能和意旨的，同样，也重视自身神灵世界神性的提升和神灵观念的完善。

日本的原始神道和神社神道，是一种多神信仰，表现为对自然神和祖先神的崇拜；在平安时代后期以来的神佛、神儒习合的学派神道中，尽管已有强调国常立尊即天御中主神至上、至尊者，如《天地丽气府录》中，把“天王天御中主尊”作为“婆娑世界本主”，而“国常立尊，亦名常住毗尊也，无上极尊所化神”①。《类聚神祇本源》“天神所化篇”，引用《天地丽气府录》曰：“彼众中有一大梵天王，名曰尸弃。是一大三千世界主，一切诸神大主也。亦曰，常住毗尊……亘三世有大威神无上极尊世界。大导师为神通自在。”②而《神皇系图》则曰：“天先成而地后定，然后神圣生其中焉。号国常立尊矣。

① 神道大系编纂会编：《神道大系·论说编1·真言神道(上)》，东京：神道大系编纂会，1993年，第124—125页。

② 神道大系编纂会编：《神道大系·论说编5·伊势神道(上)》，东京：神道大系编纂会，1993年，第411页。

亦名无上极尊，亦名曰常住毗尊。谓惟三世常住妙心，法界体相大智也。故天神地祇本妙，大千世界大导师是尊也。所形名曰天御中主神，亦曰尸弃大梵天王。故则为大千世界主矣。"①但是，只有到了复古神道这里，才明确地提出了主宰神的观念，从而，在对神性的把握上达到了理论神道的最高水平。

如在本居宣长那里，天照大神作为诸神中的主神，不仅仅是高天原的统治者，而且还是人世间的统治者，不论是高天原的诸神（"天津神"），还是地上的诸神（"国津神"），都应该尊崇她。同时，本居宣长又认为，世间万事万物皆由神生成，皆来自于产灵二神（高御产灵神、神御产灵神），他特别强调了"产巢日大御神的产灵"的生成作用，把"产灵神"作为生物之本。复古神道的另一个重要代表人物平田笃胤，基本上继承了本居宣长的这种思想，如他所说："所谓神，按照师说（指本居宣长对神的理解。——引者注），是指以在古典中出现的天地诸神为主，还有在神社中被祭祀的诸神之灵，人以及鸟兽草木之类，海、山等，具有不寻常的优秀之德的可敬畏之物。"②从而，也强调产灵神之"产灵"的生成力的作用，但在对造化三神的解释上，则把天御中主神作为宇宙万物的主宰神，把产灵二神作为创造天地世界、生成人种万物，并且赋予人类至善之灵性的祖神，认为，产灵二神不过是天御中主神的分身而已。如，他在《本教外篇》中说道："天地万物有大元高祖神，名曰天之御中主神，无始无终，居于天上，具有生天地万物之德，寂然无为而主宰万物。次有高皇产灵神、神皇产灵神（即高御产灵神、神御产灵神——引者注），分有天之御中主神之神德，生天地万物，主宰天地万有，具有灵妙不可测的产灵之德。"③此后，平田笃胤在《古史传》中也指出，天御中主神居住在"天的最中间的最高处之寂然不动处，即所谓的北辰，这是天之大本营"，天御中主神"主宰宇宙万物……是无始之神，最第一之神，其功德广大无边，无法用语言来形容"④。因此可以说，在神道思想发展史上，平田笃胤是最早比较明确地提出主宰神观念的，与本居宣长那里所萌发的"主神"观念相比，在对神性的把握上，不能不说是一种发展。

在复古神道思想家那里，主神、主宰神是超伦理、超善恶的，其余诸神则无法超越善恶等一般伦理价值标准的评判。在此基础上，他们将神划分为善恶两个系列和尊卑贵贱的差等。但是，主宰神又通过"产灵"的作用，与诸神具有一种"血缘"关系。这样，在神道的万神殿中，诸神就构成了既有"家长"，又有"子女"，长幼有序、贵贱有别的"大

① 神道大系编纂会编：《神道大系·论说编5·伊势神道(上)》，第174页。

② 平田笃胤全集刊行会编：《新修平田笃胤全集》第1卷，第93—94页。

③ 石田一良：《神道思想集》，东京：筑摩书房，1970年，第302页。

④ 平田笃胤全集刊行会编：《新修平田笃胤全集》第1卷，第100页。

家庭”。我们认为，这既是神道自身神灵观念自我完善的逻辑必然，也是日本社会封建等级秩序在神道理论中的反映。

其次，在神道、皇道、人道相一致的前提下，复古神道思想家比较系统地阐述了其“显幽”观。

这里的“显幽”，指的是“显事”（显露事）与“幽事”（神事）。“显露事”与“幽事”均出自于《日本书纪》，称高皇产灵尊遣经津主、武甕槌二神到大己贵神（大国主命——引者注）处告之曰：“汝所治显露之事，宜是吾孙治之，汝则可以治神事……大己贵神回答道，天神敕教，殷勤如此，敢不从命乎。吾所治显露事者，皇孙（琼琼杵尊。——引者注）当治，吾将退治幽事。”①因此，“显事”（显露事）是与“幽事”（神事）相对，指这个世界上可见的事，主要是指现世的政事；从大国主神让出国土的文脉来把握，“幽事”“神事”同意，是相对于“显事”而言的，指将苇原中国的统治权（显露事）出让给天孙后，留在大国主神手中的祭祀权（神事、幽事）。本居宣长对“显事”和“幽事”的解释，与上述《日本书纪》的所谓“显露事”和“幽事”的解释有所不同，他将“显露事”理解为“人事”，是人的所作所为，“幽事”则是指神的所作所为，是相对于“人事”的“神事”，已不再是相对于天孙的统治权而言的“祭祀权”。如果说，在《日本书纪》中，“显露事”和“幽事”在某种意义上还是指神与神之间的关系的话，在本居宣长这里，则是指神与人之间的关系。因此，也可以说，复古神道思想家的“显幽观”，从一个侧面反映了其“神人观”。

“显”“幽”无隔，以“幽”助“显”。从而，“显幽观”在复古神道的神学体系中，既建构了人类、万物生成与延续的模式，又具体地明示了人从生到死与神灵世界的关系，确立了人的道德规范和行为准则，在对“神代”的把握中，在对神灵世界的参照下，明确了个人生存的意义与价值。传统的神道理论认为，包括人在内的一切有生命的东西，都是神所生出来的，因此，“人的生命被视作本来是神圣的，人生到世界上即具有某种使命，即具有本身的自觉。因而人要努力显现其本来姿态，每一个人要尽自己的责任使共同的全体运营发展，即表现为强烈的共同体意识（集团意识）。这种精神被作为日本的民族精神之一，成为推动日本民族发展的动力之一”②。相反，由于传统神道的这种生命观是建立在其特定的神学世界观基础之上的，必然会在理论上导出神皇神统、神国神孙的思想，成为个人为天皇尽忠的精神支柱，成为国家对外侵略扩张的理论武器。复

① 坂本太郎、井上光贞、家永三郎、大野晋编：《日本古典文学大系》第67卷，东京：岩波书店，1967，第151页。

② 王守华、卞崇道编：《日本哲学史教程》，第151页。

古神道的理论，正是通过对传统“显幽”思想的进一步系统的阐述，更具体地丰富了神道的生命观，并且通过国家神道，使这样一种思想与日本近代的实践密切地联系在一起。当然，扬弃神道的生命观，使之朝着有益于人类文化、社会的方向发展，则是神道思想理论研究者的题中应有之意。

三、 复古神道的反体制性因素

复古神道思想蕴含着反体制性因素。尽管复古神道思想家对德川幕府现存的政治秩序，采取的是一种肯定的态度，但是，他们无限地拔高神的地位、强调神的作用，在主张皇祖神天照大神绝对尊严的前提下，以神统皇统的逻辑为基础，主张敬神尊皇，强调皇统的永恒性和优越性。如本居宣长认为，“皇御国按照天壤无穷之神敕，即是经过万代，君是君臣是臣，君位也不动摇”①，“皇国的朝廷，与天地共无限，作为天照大御神的御皇统，即依据大御神的神敕，即是到万万代之后，只要日月经天、天地不变，就要把天皇作为大君主来奉戴，否则，就违背了天照大御神之大御心”②。相对于江户时代儒学思想家的“放伐”和“民本主义”思想，复古神道的这种思想，虽然在理论上是一种倒退，却内含着一种把幕府的存在相对化的反体制性的因素。比如，本居宣长的“大政委任论”，对当时天皇不亲政，由将军、大名统治天下的幕藩体制的现实是这样理解的：“说到当今之世，是依照天照大御神之神意，受朝廷之委任，由东照神御祖命(即德川家康。——引者注)开始的大将军家执掌天下政权之世；将军以下又分成一国一郡，由大名来统治，但其领国内的人民完全不是自己的私民，国也不是自己的私国，当时的天下之民，是天照大御神委托给东照神御祖命各代大将军家之民，国也是天照大御神所委托的御国。因此，德川家康所制定的制度，各代大将军家所制定的制度，也就是天照大御神所制定的制度，特别重要，所以，不应违背它，要好好遵守之。再就是各领国的政事，也是天照大御神所委托的国政，应该认真地执行，还不应忘记人民也是天照大御神所托付给的，所以要特别爱护之、抚育之，这是大名非常重要的工作。”③也就是说，现存的幕藩体制，以将军家为最高统治者，完全是依照天照大神的神意，由天皇委派的结果，因此，将军家的制度和法律，也就是依据天照大神的规定制定的。这样，既承认了当时天皇不亲政的现实，又给将军家统治日本国找到了“合理”的依据。为了现实的安

---

① 大野晋、大久保正编：《本居宣长全集》第8卷，东京：筑摩书房，1972年，第146页。

② 同上书，第318页。

③ 同上书，第319页。

定，他强调，统治一国一郡的大名，要从内心敬畏朝廷，“这是对大将军家的第一忠勤，因为，所谓大将军，首先是以征讨天下轻视朝廷者为职能的，这才是东照神御祖命成就大业的大义，像祈祷武运长久、领内上下安定、五谷丰登也不过是为了这些，其原因就在于，敬畏朝廷是符合天照大御神之大御心的，才能得到天神地祇的加护”①。因此，本居宣长的这种“大政委任论”，相对于新井白石以“汤武放伐”的理论将德川家康平定天下视作“天命”，从而把幕府的存在绝对化不同。本居宣长的“大政委任论”，则是把幕府的存在相对化的理论。② 正像丸山真男所指出的，“宣长在承认幕府形态历史的、神意的必然性的同时，不管他自己是否有意识地，反倒剥夺了给予现体制先验绝对基础的可能性”③。这种内在的反体制性的因素，在幕末到明治初期尊皇攘夷、倒幕尊皇、王政复古这样的时代潮流中，成为一种显在的具有指导性的思想理论。

总之，产生于江户时代中后期的复古神道，排斥习合神道用儒佛等外来思想诠释日本的神及神之道，主张通过日本的古典，尤其是《古事记》和《日本书纪》等来阐明和恢复日本的古道、纯神道，在方法上表现为通过古言，究明古意，阐明古道，体现了一种实证研究的精神。但是，由于他们过于迷信日本的古典，视《古事记》《日本书纪》等古典为圣典，这种实证研究，缺乏一种理性分析的批判精神，研究的对象同时又构成了其信仰的对象。另一方面，他们在拒斥以往的神道家用儒佛等思想来解释神道的同时，又把批判的矛头直接对准了儒佛思想文化本身，所谓要廓清“汉意”“佛意”，在某种意义上，甚至否定了儒佛思想文化在建构日本思想文化历史过程中的价值和作用，表现出一种狭隘民族主义的文化心理。其基于神皇神统的天皇中心主义、基于神国思想的日本至上主义，则是复古神道思想理论中最具糟粕性的因素。这是我们在研究复古神道思想过程中，所必须彻底批判的。

同时要指出的是，作为江户时代学派神道中与垂加神道“并驾齐驱”的复古神道，毕竟尚属于神道理论的范畴。作为一种神道（神学）学说，可以说，在日本神道思想史上达到了前所未有的理论高度。无论是作为一种唯心主义思想，还是作为一种宗教思想理论，都是一种观念上的自我完善；另一方面，复古神道虽然是在复古的口号下，建构其思想理论体系的，但是，不可否认，其思想中也蕴含一些积极的因素，如对因袭守旧、拘泥于师说的否定，对作为“官学”朱子学“空理”的批判，对“人欲即天理”的肯定等，既是当时日本社会现实在理论上的一种反映，同时又对明治维新以后批判儒佛等

① 大野晋、大久保正编：《本居宣长全集》第8卷，第366—367页。
② 松浦光修：《大国隆正之研究》，东京：大明堂，2001年，第244—245页。
③ 丸山真男：《日本政治思想史研究》，东京：东京大学出版会，1952年，第180—181页。

"空理空论"、倡导"实学"的文明开化风潮,在某种意义上作了思想理论的铺垫。尽管我们不能对此作用作无限扩大性地理解,但是,复古神道思想理论,毕竟通过其自身的逻辑,与近代产生了思想文化上的联系。这也是我们在研究复古神道思想过程中所不应忽视的。

论丁愚潭的性理哲学

——以与退溪、栗谷的比较为中心

洪　军*

韩国儒学以其独特品格①在东亚儒学史上占有特殊地位，尤其是16世纪以退溪（1501—1570）和栗谷（1536—1584）为代表的性理学家群体的出现，使朱子学在韩国获得了新的生命和发展②，并形成了以退溪为宗的岭南学派和以栗谷为宗的畿湖学派。因此朝鲜朝性理学被誉为东亚朱子学的奇葩。

丁愚潭（名时翰，字君翊，号愚潭，1625—1707）是17世纪岭南学派的主要代表人物，他与退溪、栗谷虽然皆尊朱子，但是在体贴和阐发朱学理论方面各有侧重，各具特色，都为朱子学在东亚地区的传播与发展做出了有益的探索和贡献。

一、愚潭的"理主气辅"说

愚潭学宗退溪，其门人曾曰"先生之心，退陶之心也"③。愚潭以为，"朱夫子集群贤之大成，而在吾东则惟退溪为然。然而理气之说，既明而复晦，为后学之蔀障，遂著四七辨证，壬午录。条列而证明之"④。

"理"与"气"是理学家为学立论的一对核心概念，因此理气问题是新儒学的首要问题。⑤不过，朝鲜朝前期的理气论主要是围绕理气之发和理气体用问题而展开，愚潭对此亦提出自己的见解。

周知朱熹哲学是以理气二分为特色的理本论哲学体系。退溪在继承朱熹理气论的

---

* 洪军，中国社会科学院哲学研究所研究员。

① 李甦平：《韩国儒学史》，北京：人民出版社，2009年，第1—30页。

② 陈来：《中韩朱子学比较研究的意义》，《中国社会科学报》2014年3月12日。

③ 《愚潭集》卷十，附录，《言行见闻录》，门人赵宇鸣。

④ 《愚潭集》卷十，附录，《叙述》，门人李栻。

⑤ 愚潭曰："理气之论，实是圣门极至之源头，而吾儒及异学于此焉分。"见《愚潭集》卷四，《与许太休曤，金士重》；黄宗羲（1610—1695）亦曰："理气乃学之主脑。"见《黄梨洲文集》之"移史官论不宜立理学传书"，北京：中华书局，2009年，第450页。

过程中，基于理气道器之分，对二者“不杂”义做了进一步的阐发，提出“理帅气卒”“理贵气贱”“理尊无对”的主张。退溪重视“不杂”义的用意在于，为了强调理的发用义、主宰义。这是退溪理气观的重要特色。退溪在《非理气为一物辩证》中写道：“朱子平日论理气许多说话，皆未尝有二者为一物之云，至于此书则直谓之理气决是二物。”①进而还认为，二者的作用和地位亦不同，即“理帅气卒”“理贵气贱”。他说：“理为气之帅，气为理之卒，以遂天地之功”②，“人之一身，理气兼备，理贵气贱”③。退溪的此一见解，既是对朱子“理先气后”“理在事先”思想的修正，也是对朱子理气论的发展。他把朱熹的理气“先后”关系转换为“主仆”关系，形成了独特的理气观，同时也为其四七论打下理论基础。

在东亚儒学史上退溪的“理”论颇具特色，不过“理”亦是其哲学中最难解处。因为在他学说中“理”既是一个具无形、无质、无为之特性的形上之存有，又是一个指代作为实的道理（实理）的“天理”。而且，“理”又兼体用，既有无声、无臭、无方体之“体”，又有至神至用之“用”。④对于这样的“理”他做过多角度的论述，曰：“古今人学问道术之所以差者，只为理字难知故耳。所谓理字难知者，非略知之为难，真知妙解到十分处为难耳。”⑤他认为，只有“穷究众理到得十分透彻，洞见得此个物事至虚而至实，至无而至有”⑥处，才能知“理”。从“虚实”“有无”角度论述“理”本体的同时，他还提出“理非静有而动无，气亦非静无而动有”的理（太极）自有动静的思想，明确肯定了理的能动性。曰：“太极之有动静，太极自动静也；天命之流行，天命自流行也，岂有复使之者欤！”⑦由此，在理气之发问题上便有了“理气互发”论。他对理本体所做的这一解释，不仅给“若理无动静，气何自而有动静”⑧的朱学内在矛盾的解决提供了一种新的逻辑可能，而且还积极回应了以“理为死理，而不足以为万物原，理何足尚”⑨为由对朱学理气说

① 《增补退溪全书》（下文简称《退全》）（二），卷四一，《非理气为一物辩证》。此文是退溪针对明代朱学家罗钦顺（字允升，号整庵，1465—1547）的《困知记》一书而写。罗氏主张“理气一物”论，对此说退溪则认为“整庵之学，自谓辟异端而阳排而阴助，左遮右拦，实程朱之罪人也”。可参阅《退溪先生言行录》。

② 《退全》（三）续集卷八，《天命图说》。

③ 《退全》（一），卷十三，《与朴泽之》。

④ 柳承国：《东洋哲学研究》，首尔：东方学术研究院，1988年，第220—221页。

⑤ 《退全》（一）卷十六，《答奇明彦·别纸》。

⑥ 同上。

⑦ 《退全》（一）卷十三，《答李达李天机》。

⑧ 《退全》（二）卷三九，《答李公浩问目》。

⑨ 《明儒学案》卷四四，诸儒学案上二，《黄宗羲全集》第8册，杭州：浙江古籍出版社，1992年，第361页。

提出质疑的明初朱子学者们的诘难。因此强调理的发用义、主宰义、优位义是退溪理气论区别于朱子理气论的紧要处。

同时，退溪还从伦理道德论意义上，对理气两个概念做出“理尊无对”“理贵气贱”的理优位论规定，既保持了理学价值观和等级观，又体现了其独创性一面。他说：“理极尊无对，命物而不命于物。”①主张因理具主宰义而气则无之，故主宰与被主宰的理气关系应为上下位的关系，即上者尊贵，下者卑贱。他指出，“理贵气贱，然理无为气有欲”②，故须加之以主“敬”工夫来治之。

进而，退溪对理气两个概念又做了“理纯善，气兼善恶”的价值观上的规定。此说其实承伊川、朱子而来。气有清浊粹驳，而由气之清浊粹驳言，气有或顺理或不顺理。主敬以理驭气，即是理为主而帅其气——理是纯善，而气兼善恶，纯善之理帅气则气的表现循理而呈善。这便是其“理帅气卒”思想。退溪的“理贵气贱”之尊理贬气观念，与理纯善、气兼善恶思想有内在关联。因在其性理哲学体系中，理气各具“无为”和“有欲”之特性，故退溪在修养论中特强调通过以主敬之工夫来制“气”的必要性。

栗谷的性理学说，亦建立在其理气论基石上。但是，与退溪不同，他在继承朱子理气说的过程中更侧重于理气之不离义，并对之做了进一步的阐发。

栗谷在理气概念及理气的发用义（动静义）上的主要论述如下：

> 理者，气之主宰也，气者，理之所乘也。非理则气无所根柢，非气则理无所著。③
>
> 夫形而上者，自然之理也。形而下者，自然之气也。有是理则不得不有是气，有是气则不得不生万物。是气动则为阳，静则为阴。一动一静者气也，动之静之者理也。阴阳既分，二仪既辟，万化乃生。其然者气也，其所以然者理也。④

可见，虽然栗谷也主张理对气的主宰义，但并未如退溪对理做出伦理道德意义上的理优位论的规定，且亦否定理本体的能动性。他把“理”定义为使气产生变化并使万物生生不息的所以然者。这样的“理”是实有底理，亦即使气之生生变化成为可能的本

---

① 《退全》(一)卷十三，《答李达李天机》。

② 《退全》(一)卷十二，《与朴泽之》。

③ 《栗谷全书》卷十，《答成浩原》。

④ 《栗谷全书》卷十四，《易数策》。

体，此本体虽无形却实有。此实体恒随物（气）而在，与天理一般无二。依他之见，“诚”即是天理。理与气是互不相离，且同等重要的“一而二、二而一”的关系。由此，栗谷基于明道“道亦器，器亦道”之思想提出“理气之妙”论。

栗谷以为，在理气恒不相离的天道流行过程中，动静的本身是气，而理只是主宰“气”，使之动静的形上之存有。一动一静者是气，动之静之者是理。在此意义上，气是“其然”，理是其“所以然”。这表明，栗谷性理哲学中的理气二义，是承朱子之说建立在“其然，所以然”之义上。一动一静是其然，动之静之是其所以然。二者在其发用上亦是如此。栗谷曰：“发之者气也，所以发者理也；非气则不能发，非理则无所发。发之以下二十三字，圣人复起，不易斯言。”①此即所谓“气发理乘”论。栗谷对此二十三字所言之内容，极为肯定和自信。他以为，不但天地之化如此，人心之发亦不外于此，“是故天地之化，吾心之发，无非气发而理乘之也”②。发之者是其然，所以发者是所以然，前者是表现者，后者是使表现者得以实现的主宰者。理是主宰者，气是听命者。气的阴阳变化之所以能生万物，是理之所为。栗谷所言“天以实理而有化育之功”者，即如上所述。

在栗谷哲学中，强调理气之“不离”义是其特色。故相较于退溪之“理”论，栗谷的“理气之妙”论是其哲学的“难见亦难说”处。他写道：“理气之妙，难见亦难说。夫理之源一而已矣，气之源亦一而已矣。气流行参差不齐，理亦流行而参差不齐。”③“理气之妙”论是贯穿其整个学说的精髓和根本立场，而“气发理乘”和“理通气局”论是其“理气之妙”思想在理气之发及理同气异等理论问题上的逻辑展开。与退溪相比，栗谷的理气说虽然在理论突破上不及退溪，但在正确地承传朱子理气说方面似更胜一筹，因为其理论更适合体现朱子理气论中的二者“不离不杂”义。

栗谷的此一思想在17世纪却受到愚潭、李玄逸（字翼升，号葛庵，1627—1704）等退溪后学批评。愚潭认为，古今学问道术之所以有分歧是源于人们对古圣贤所论“理”含义的片面理解。依他之见，圣贤论“理”之言各有所指。有指“体”而言者，有指“用”而言者，有指其本原之理者，亦有指其散殊之理者。若只讲“体”之寂然不动而不讲“用”之感而遂通，或徒见本原之理赋予万物而不见散殊之理各有其则，便会导致寂而不感终归于灭，或虚而不有归于无沦的后果。他承退溪的“尊理”说，亦特重视“理”之作为，曰：“人之为学，只患于理字上见不透。若于此实见得的确，则处心行事，岂有未

① 《栗谷全书》卷十，《答成浩原》。

② 同上。

③ 同上。

尽善乎。尧舜之精一执中，孔颜之非礼勿视听言动，皆以理为主，而使人心听命焉。若以气为主而作用为性，则其祸必至于滔天。”①可见，在愚潭哲学中亦是只有“理”才具“主宰”义，气则无之。而且，他还特别强调以气为主而作用为性之后的严重后果。

作为主理论者愚潭从维护退溪学说的角度，对栗谷评论道：

> 栗谷自谓有见于理气不相离之妙处，而推出整庵、花潭之绪余，以攻互发之说。故于人心道心，则以为皆源于理，而遂为相为终始之说，以反或原或生之意。于四端七情，则以为皆发于气，而遂为发之者气所以发者理之说，以反理发气发之意。至于理通气局，则又以为得见整庵、花潭之所未见，阐发前圣所不言之旨。而其所谓理通者，徒归寂灭虚无之地，未有安顿着落之处……而终未见浑沦之中自有分开，分开之中自有浑沦之妙矣。盖其所谓理气不相离者，非真有见于理气之不相离也，只是认气为理。至以道心为本然之气，故终始迷昧于理字上。其言本原之体者，鹘图笼罩，都没紧要，其言发见之用者，专主气字，更不言理。②

愚潭以为，栗谷的“以气为重”的思想根于整庵③，故徒见理气之不离以及气常载理之一面，而终未见浑沦之中自有分开，分开之中自有浑沦之妙。因此批评栗谷之学

---

① 《愚潭集》卷十，附录，《叙述》，门人赵沇。

② 《愚潭集》卷八，《四七辨证　总论》。

③ 罗钦顺所撰的《困知记》一书何时传入朝鲜，学界尚无定论。但是其学说在朝鲜朝性理学史上影响较大，尤其是其“理气一物”论和“道心人心体用”说在学界引起较大反响。《困知记》一经传入，退溪便撰《非理气为一物辩证》予以驳斥。而栗谷则对钦顺给予极高评价，曰：“整庵则望见全体，而微有未尽莹者，且不能深信朱子，的见其意。而其质英迈超卓，故言或有过当者微涉于理气一物之病，而实非理气为一物也，所见未尽莹故言，或过差耳。”（《栗谷全书》卷十，书二，《答成浩原》）此后学界对罗氏学说的态度，大体分为以退溪与栗谷为首的批判和接受两个阵营。了解罗氏学说对理解和把握退栗性理学有较大益处。相关研究可参阅刘明钟：《栗谷哲学与罗整庵的内在式理气说》《朝鲜儒学与罗整庵的内在式理气哲学》，载《退溪与栗谷哲学》，釜山：东亚大学校出版部，1987年；李东熙：《罗整庵与李栗谷》，载《东亚朱子学比较研究》，大邱：启明大学校出版部，2005年；赵南浩：《罗钦顺哲学与朝鲜学者的论辩》，首尔大学校大学院博士论文，1999年；崔重锡：《罗整庵与李退溪哲学思想》，首尔：图书出版SimSam文化，2002年；杨祖汉：《李栗谷与罗整庵思想比较》，载《从当代儒学观点看韩国儒学的重要论争》，台北：台湾大学出版中心，2005年；林月惠：《异曲同调——朱子学与朝鲜性理学》，台北：台湾大学出版中心，2010年，第149—192、239—283页等。

为“昧于大本”“认气为理”，曰：“栗谷则祖述整庵，昧于大本而所尚者气。故发于言论者，类多轻肆凌人底规模。而流弊所及，大为吾道之深害，大本之差不差，而其所发见于言行事为之间者，亦可征矣。”①而且，还直接断言栗谷的论“理”之言论并非为“吾儒家法”②。

在理与气的关系上，愚潭接续退溪之“理帅气卒”说，提出“理主气辅”论。曰：“朱子‘虽在气中，理自理气自气，不相夹杂之谓性’云者，以其理气妙合之中，理常为主，气常为辅，虽在气中，不囿于气，命气而不命于气之云尔。非以为理气各在一处而不相妙合也。”③在此他强调理之主宰性的同时，还对退溪的理气二分说做了有益的补充。他指出，虽说理常为主，气常为辅，理自理气自气，各自不相夹杂，但是二者并非为各在一处不相妙合，强调了理气之不离性。

基于“理主气辅”论，愚潭进而提出“理气隐显体用”说，曰：

> 理至有故无不异，至无故无不同，然无者未尝无，有者未尝有，则有无非有二也……朱子辨释甚详。又于象山答书中云，不言无极，太极同于一物，而不足为万化之根。不言太极，无极沦于空寂，而不能为万化之根。由此观之，至无而至有不可云。至有故无不异，至无故无不同。其下两三句，虽合有无而言，不能救上句之病者，人所易知，而敬叔之不悟何哉？敬叔之见，既已如此，故以人物之性，谓有隐显体用，而以至有当显体用，以至无当隐体用。至有至无，分作隐显体用于一性之中，与分言无极太极者，何以异哉？④

由此可见，“理常为主，气常为辅”以及理气“隐显体用”说是愚潭理气论的主要观点。他的理气论虽然有重理气二者之“不离”性的一面，但是从对理气关系的主辅、上下位维度的解释及规定中还是可以看出其作为主理论学者的为学性格。“体用有别”是退溪主理论的立论根基，愚潭亦承此一传统构筑了“理主气辅”和理气“隐显体用”说为特色理气论思想，并对退溪的“理帅气卒”和“理气互发”之说进行了有益的补充和阐发。

---

① 《愚潭集》卷七，《四七辨证　栗谷答成浩源书》。

② 《愚潭集》卷四，《与许太休金士重》：“栗谷论理之言，亦似非吾儒家法。而殊无笃信圣贤虚心逊志之气象，故其见诸言行之间，亦多有高自标致，轻视人物之气习。虽以所自撰石潭野史观之，可征其一二也。”

③ 《愚潭集》卷七，壬午录。

④ 《愚潭集》卷五，《答李敬叔》。

二、 愚潭的四端七情说

韩儒将以四端和七情对论的同时，又围绕四端七情理气之发问题发生了激烈论辩。此“四端七情之辩”是韩国儒学史上最重要的论争，论辩源于韩国性理学家对朱熹学说的不同理解。

朱子言及四端和七情时，曾说过“四端理之发，七情气之发”①。此语仅见《朱子语类》，朱子对此并未进行具体的解释。②不过，朱熹未曾关注的四端七情问题，却在16世纪的韩国性理学界引发了一场旷日持久的“四端七情，理发气发”之大论辩。

早先退溪在手订郑之云（1509—1561）的《天命图说》时将郑氏的“四端发于理，七情发于气”一句改为“四端理之发，七情气之发”。退溪以为，郑氏之论因分别理气过甚极易引起误解，故在语气上对之做了改动。

退溪的这一订正，旋即在学界引发争议。奇大升（1527—1572）基于其“理气浑沦”立场，向退溪提出质疑，曰：“就理气妙合之中而浑沦言之，则情固兼理气有善恶矣。”③他以为所谓四端和七情，“所就以言之者不同，故有四端七情之别有，非七情外复有四端也”④，反对将四端和七情对举互言，并谓之纯理或兼气的说法。依他之见，四端虽然是纯粹的天理之所发，但是它只是发乎七情中的苗脉而已。尽管理气实有分别（理为气之主、气为理之质料），但是在具体事物中二者却浑沦不可分开。

他接着指出：

> 夫理，气之主宰也；气也，理之材料也。二者固有分矣，而其在事物也，则固混沦不可分开，但理弱气强，理无眹而气有迹，故其流行发见之际，不能无过不及之差，此所以七情之发，或善或恶，而性之本体或有所不能全也。然其善者，乃天命之本然；恶者，乃气禀之过不及也。则所谓四端、七情，初非有二义也。⑤

奇氏认为四端与七情皆为情的一种善恶性质，并非四端七情本身具有各自不同的

---

① 黎靖德编：《朱子语类》，北京：中华书局，2004年，第1297页。

② 陈荣捷：《朱子新探索》，上海：华东师范大学出版社，2007年，第195页。

③ 《高峰集》第三辑，《两先生四七理气往复书上篇》卷一。

④ 《退全》（一）卷十六，《附奇明彦非四端七情分理气辩》。

⑤ 同上。

性质，故不可以将二者以理气来分而言之。无疑他的主张更为贴近朱学理论。

对于奇氏的质疑，退溪承认先儒未曾将四端和七情分属理气来讨论过其性质之不同，也承认理与气在具体生成的过程中是不可分离的。但是，正如奇氏所说因其"所就以言之者不同"，所以分别而言之，曰：

> 性情之辨，先儒发明详矣。惟四端七情之云，但俱谓之情，而未见有以理气分说者焉……夫四端，情也，七情，亦情也。均是情也，何以有四七之异名耶？来喻所谓'所就以言之者不同'是也。盖理之与气，本相须以为体，相待以为用，固未有无理之气，亦未有无气之理。然而所就而言之不同，则亦不容无别。从古圣贤有论及二者，何尝必滚合为一说而不分别言之耶？①

退溪基于"心为理气之合"及"天地之性"（理、道心）和"气质之性"（气、人心）的二性理论，认为人由于所禀之气有清浊粹驳之不同，故有"上智、中人、下愚三等之殊"②。由此，他从"天地之性"与"气质之性"分属理气的观点出发，阐明四端（理）、七情（气）之间的关系。退溪认为，四端和七情是不同性质的情，四端是由理所发，七情是由气所发。退溪的这一主张，虽然有过一些修正，但其主旨却一直未变。他的主要说法是：

> 四端，理之发；七情，气之发。③
>
> 四端之发，纯善，故无不善；七情之发，兼气，故有善恶。④
>
> 四端，理发而气随之；七情，气发而理乘之。⑤

第一条是 1553 年时所说，退溪时年五十三岁，第二条是 1559 年（已未）的说法，此时已开始与奇氏展开论辩。经奇氏之论难，退溪有第三条的说法，而此四端为理发而气随，七情为气发而理乘之说，乃退溪之定论，此后再无改变。他认为不仅"性"可以分理气言，而且"情"亦可以理气分而言之。⑥退溪的主张称为"理气互发"说，而奇氏的观

---

① 《退全》（一）卷十六，《答奇明彦》。

② 《退全》（三）续集卷八，《天命图说》。

③ 《退全》（二）卷四十一，《天命图说后叙》，后叙・附图。

④ 《退全》（一）卷十六，《与奇明彦》。

⑤ 《退全》（一）卷七，《进圣学十图扎》。

⑥ 退溪曰："故愚尝妄以谓情之有四端七情之分，犹性之有本性、气禀之异也。然则其于性也，即可以理气分言之；至于情，独不可以理气分言之乎？"（《退全》[一]卷十六，《答奇明彦〈论四端七情第一书〉》）。

点则被称为“理气共发”说。

在四端七情问题上，退、栗的观点分歧较大。栗谷从“气发理乘”论出发，主张四端七情“气发理乘一途说”，曰：“四端七情，正如本然之性与气质之性，本然之性则不兼气质而为言，气质之性则却兼本然之性。”①又曰：“四端犹性之言本然之性也，七情犹性之合理气而言也。气质之性实是本性之在气质者也，非二性。故七情实包四端，非二情也。”②他认为七情可包四端，四端为七情之善一边，七情是兼气质而言性之全，四端是剔出而言性之本。正如朱子所言之“性非气质则无所寄，气非天性则无所成”③，理与气的关系亦是如此。栗谷认为：“理者气之主宰也，气者理之所乘也。非理则气无所根柢，非气则理无所依著。既非二物，又非一物。”④他接着直承朱子理气动静之语，提出“理无形也，气有形也；理无为也，气有为也。无形无为而为有形有为之主者，理也；有形有为而为无形无为之器者，气也”⑤。理为气之主、气为理之器以及由“理无为而气有为”之见解，便自然会产生“气发理乘”之主张。此说亦可称为“气发一途说”，实为栗谷理气论之中心思想。“气发理乘”说的核心要义是“大抵发之者气也，所以发者理也，非气则不能发，非理则无所发。无先后，无离合，何谓互发也”⑥。栗谷自注曰：“发之以下二十三字，圣人复起，不易斯言。”⑦因此栗谷不赞同退溪的“理气互发”说，曰：“四端是七情之善一边也，七情是四端之总会也。一边安可与总会分两边相对乎？朱子发于理发于气之说，意必有在。而今者未得其意，只守其说，分开拖引，则岂不至于辗转失真乎？朱子之意，亦不过曰四端专言理，七情专言气云尔……所谓气发而理乘之可也，非特七情为然，四端亦是气发而理乘之也。”⑧他以为，发之者是气，所以发者是理。故无论四端或七情，皆为气发而理乘。又因理气原无先后，无离合，故不可谓“理气互发”。

栗谷认为，若四端是理发、为善情；而七情为气发，亦可为善情，则人心有二本，曰：“今若曰四端理发而气随之，七情气发而理乘之，则是理气二物或先或后，相对而为两

---

① 《栗谷全书》卷九，《答成浩原》。

② 《栗谷全书》卷二十，《圣学辑要》。

③ 《性理大全》卷三十。

④ 《栗全》卷十，《答成浩原》。

⑤ 同上。

⑥ 同上。

⑦ 同上。

⑧ 同上。

歧，各自出来矣，人心岂非二本乎?”①退溪以为七情发于气，是气发而理乘之，故七情亦非不善，然因发于形气，不能保证其必为善，而可为善可为恶。但是，若由理发者方为纯善，则由气发者之七情中之善，又从何而发？若七情不由理发而亦可为善，则必有使其善之根据。于是理发为四端之理为一本，而使七情有善者亦为一本，这便是有二本了。

栗谷要避免此二本之失，因此主张四端为七情的善的一边。他说:“情一也，而或曰四或曰七者，专言理，兼言气之不同也……四端不能兼七情，七情则兼四端……四端不如七情之全，七情不如四端之粹。”②情只是一情，四端是就情之合理处说，而七情则是就全部之情而言。故四端纯是善的，而七情则兼善恶。栗谷此说即表示他认为理并没有活动义，活动者皆是气，情是活动，故四端七情皆是气发。但是，气之活动，应以理为根据，如能全依理而活动，便是善情，而七情之善者，便是四端，四端并不是可独立于七情之外者。接着又指出:“气质之性、本然之性，决非二性。特就气质上单指其理曰本然之性，合理气而命之曰气质之性耳。性既一则情岂二源乎！除是有二性，然后方有二情耳！若如退溪之说，则本然之性在东，气质之性在西，自东而出者谓道心，自西而出者谓人心，此岂理耶。”③

栗谷基于其“理气之妙”论，不同意退溪的“理气互发”说，而支持奇大升的观点，曰:“朱子之意亦不过曰:四端专言理，七情兼言气云尔耳。非曰四端则理先发，七情则气先发也。退溪因此立论曰:四端理发而气随之，七情气发而理乘之。所谓气发而理乘之者可也，非特七情为然，四端亦是气发理乘之也。”④他一方面批评退溪未能真正理会朱子之本意，另一方面又主张不仅是七情，四端亦是气发理乘。

栗谷对退溪的批评，遭到成浑(1535—1598)的辩难。于是，栗谷和成浑之间又展开了第二次“四、七”论辩，将之推向了高潮。成浑则基本上持退溪的立场。经过与成浑的数次信函交换，结果使栗谷的立场更加明了。他说:“今若曰‘四端理发而气随之，七情气发而理乘之’，则是理气二物或先或后，相对为两歧，各自出发矣。”⑤在栗谷看来，对四七理气之发的解释只能是“气发理乘”。

针对栗谷的“气发理乘”说，愚潭则批评道:

---

① 《栗谷全书》卷九，《答成浩原》。

② 《栗谷全书》卷三三，《年谱》上。

③ 《栗谷全书》卷十，《答成浩原》。

④ 同上。

⑤ 《栗谷全书》卷九，《答成浩原》。

理气为物，本混融无间，推之于前，不见其始之合，引之于后，不见其终之离。而理无眹气有迹，安有无气之理或先或后，发见于事为之间者乎。然而终古圣贤于浑融无间，不可分先后，离合之中，或截而言之，或分而言之，以明此理之命气而不命于气，在气而不杂乎气者……气易用事，理难直遂，必须观理约气，然后理始显而气听命。此朱子所以有四端理发七情气发之言。而今者不察孟子剔发言理，朱子分言理气之本意，乃以四端七情滚合为一说，概而言之曰，发者气也，所以发者理也，专以气发一途为言，而都遗却理发一款。①

愚潭以为，理无形而气有形，故其作用流行皆若气之所为。但是，因“理”为至无而至有、至虚而至实之存有，且又具动而无动、静而无静之特性，故其乘气流行皆为自然而然，不见其有所作为。性情寂感之际，理之神用则蔼然呈露，有不可掩，如四端粹然直出于仁义礼智之性。故不能仅着眼于理气之浑沦而只讲“气发”，不讲“理发”。

愚潭认为，四端与七情从结构而言，二者兼备了理与气，故四端与七情均与气相关。只是四端并不与气相夹杂，而七情却受其影响。而且在这一点上，七情几微有善恶，故主理和主气才相互得到区别。由此他推出四端和七情由“所从来”处相异的结论。这里他所持的是退溪的立场。愚潭认为，四端与七情皆本于仁义礼智之性。可见，愚潭所说的“所从来”与高峰、栗谷所指的“源头发端处”或“本源”并不是同一种含义。他虽然没有明确指定“所从来”的含义，但是我们可以从他的语句中推断出此点。愚潭认为，人心虽无二源，但是其所发现于外者可以以主理、主气而互言。由此可知，其所指的“所从来”并非是“本”，他更侧重于由“本”所发用于外的过程。这种过程指代他所描述的所谓“就一心之中，方其萌动之开始”或“由中感通之初”的时刻。这一时刻肯定是“性”与“气质”相互发生关系的时刻。愚潭用所谓“所从来”的术语区分四端与七情的原因即在于此。于是，与气质发生何种的关系成了区分四端和七情的关键。与“气”相关但不杂于“气”的情为“四端”，与“气”相关且在“气”的驱动下易流于恶的情则为“七情”。②据此，愚潭对退溪之说进行了进一步的阐释，曰：

退溪《四七辨》云：“恻隐、羞恶、辞让、是非，何从而发乎？发于仁义礼智之性焉尔。喜怒哀惧爱恶欲，何从而发乎？外物触其形而动于中，缘境而出焉尔。”栗

① 《愚潭集》卷七，杂著，《四七辨证》。

② 金洛真：《愚潭丁时翰的四端七情论》，载《四端七情论》，首尔：曙光社，1992年，第175—177页。

谷所谓"退溪之意以四端为由中而发,七情为感外而发"者,似本于此。而第退溪之以四端为发于仁义礼智之性者,所指而言者,以其出于性之粹然在中,不杂乎形气者而为言。初不言无感而自发也……而今者推出退溪所未有之意,说出退溪所未说之言,或以为做出许多葛藤,或以为正见之一累,已极轻肆,而终以无父而孝发,无君而忠发,不见孺子之入井而自发恻隐为心病等语,铺张抑勒,至此之极。岂其未曾虚心翫绎于退溪之说。而略绰看过胡乱说道者耶。①

这段话本是愚潭为退溪辩解而作,但是,从上下文及退溪与高峰辩论整个过程来看,退溪所言"四端感物而动,固不异于七情"一语似有不妥。若这句话代表退溪之真正立场,则他与高峰间的往复辩论便失去焦点,而愚潭引这一句等于是否定四端是"无感而自发"。这无疑是其向栗谷立场靠近,而承认四端与七情的同构型。②愚潭本人可能未意识到他的这一作解与其初衷的自相矛盾处,学者于此则不可不察。

四端七情问题,其实质是性情问题。故顺四端七情之辩,自然会引出性情之辩。与愚潭同时代的王夫之(1619—1692)则在四端七情问题上提出了"四端非情"论。他认为,朱子犯了"以性为情""以情知性"的错误,而性、情分属天、人,这种混淆很可能导致"情"的僭越,"情"对"性"的侵蚀。如尽其性,则喜怒哀乐爱恶欲炽然充塞,其害甚大。③四端不仅是道心,而且还是性。王夫之曰:

今以怵惕恻隐为情,则又误以性为情,知发皆中节之"和"而不知未发之"中"也。(言"中节"则有节而中之,非一物事矣。性者节也,中之者情也,情中性也。)曰由性善故情善,此一本万殊之理,顺也。若曰以情之善知性之善,则情固有或不善者,亦将以知性之不善与?此孟子所以于恻隐、羞恶、辞让、是非之见端于心者言性,而不于喜、怒、哀、乐之中节者征性也。有中节者,则有不中节者。若恻隐之心,人皆有之,固全乎善而无有不善矣。④

他以为,四端与七情应以性与情、道心与人心来分言之。从王夫之与愚潭的四七

① 《愚潭集》卷七,《四七辨证　栗谷答成浩源书》。

② 李明辉:《朱子性理学与韩儒丁时翰的四端七情论》,载《中国哲学与文化》第4辑,桂林:广西师范大学出版社,2008年,第239—240页。

③ 郭齐勇:《朱熹与王夫之的性情论之比较》,《文史哲》2001年第3期。

④ 王夫之:《读四书大全说》,北京:中华书局,2009年,第574页。

见解中,亦可窥见17世纪朱熹性情理论在中韩两国的不同发展路向。

“四端七情”论辩所要解决的是,“情”的善恶以及如何使“情”从有善恶而变为“纯善无恶”的性理学这一根本问题。栗谷从批评退溪的四端七情互发论立场出发,指出:若依退溪之说,便会在道心、人心、性情等理论问题上,陷入自相矛盾的困境。他提出道心人心本于一心,本然之性、气质之性源于一性,四端七情亦为一本,不可谓有二本、二源的思想,即四端七情“气发理乘一途”说。①

在性情问题上,朱熹的主张是“情根于性,性发为情”,即“性为体”(性是情的内在根据),“情为用”(情是性的外发表现)。退溪和栗谷在此问题上提出的观点其实在学理上并不完全相悖,亦有相通之处。二人之所以有分歧,主要是因于各自所持的立场之不同。退溪基于体用之有别,栗谷则基于体用之不离;抑或是退溪着眼于本体,栗谷则侧重于流行。然不管是退溪的四七“理气互发”论,还是栗谷的四七“气发理乘”说,都为朱熹性情论的丰富和发展做出了自己的贡献。而且,二人的学说还开启了长达三百年之久的韩国性理学心性论辩之理论先河。愚潭四七论的主要特色在于,其对退溪与栗谷四七理气说之异同的详尽论述。值得注意的是,愚潭在批驳栗谷“气发理乘”说的同时,在四七理论方面亦有容受栗谷说之部分,表现出某种程度的妥协倾向。

简言之,本文所讨论的理气论和四端七情论是最能反映愚潭性理哲学特点的核心内容。如前文所述,愚潭基于退溪的“理帅气卒”“理气互发”之义,在理气和四七问题上大体坚守了体用有别之立场。而,“理发”之义则显然不合于朱熹的“理不活动”之义。无疑,这是朝鲜朝性理学的特色之一。在此亦可发现韩国儒学因所依傍之文本不同而造成的“多重文本交迭”的特色及诠释问题的复杂性一面。②但是,相比较而言,愚潭在理气关系和四七理论的阐释方面的确比退溪更强调体用之不离义。这表明,在对退溪学说进行辩护和阐发时愚潭对栗谷理论进行了部分借鉴和容受。这也从另一侧面反映了17世纪的岭南性理学派学者试图折中退溪与栗谷学说的新的理论动向。

---

① 复旦大学哲学院中国哲学教研室编:《潘富恩教授八十寿辰纪念文集》,上海:上海古籍出版社,2012年,第487—492页。

② 李明辉:《朱子性理学与韩儒丁时翰的四端七情论》,载《中国哲学与文化》第4辑,第230、243页。

水陆仪起源的理论思考

李　翎*

引　言

黄心川先生是中国最早一位关注印度佛教与中国道教关系问题的学者，他开创的思路引导笔者不断地通过图像学、人类学田野调查的方式，进行佛教与道教关系的思考。

宗教美术研究，从 20 世纪初的艺术欣赏性研究，转向 21 世纪的图像学研究。这种转变的结果就是学者将目光从精美的艺术品，转向并不太精致的民间性宗教绘画。人们关注作品所携带的图像学意义超过了其表达的艺术性，这是图像学研究不同于艺术性研究的主要点。由此，一向冷门的民间工匠的水陆画进入学者的视野。但是，水陆画内容上的丰富性和复杂性，不同于组织性寺、观的“正统”图像。这就引发一些学者在这类图像研究上进入一个思路上的误区。对于这个研究目前的讨论分歧在两个问题上：一是水陆画的起源，二是水陆画源于佛教还是道教。

一、 水陆仪是什么

通过文献记载来看，至少从宋代开始，中国的佛寺、道观流行一种度亡施食法会，佛、道皆称之为“水陆法会”。水陆法会是什么？水，指的是水中的亡者；陆，指的是地面上的亡者；水陆法会就是在一些特别的时间里，为那些死于水中或陆地上的亡者进行超度和施食，主要用于祭祀祖先和各种鬼怪。在举行仪式时，要请神、降鬼、摆放祖先（亡者）牌位。因此，这个仪式的一个特点就是除了诵仪文、唱腔和“舞蹈”外，还需要有请降诸神鬼的图像。神鬼图像，从形式上大致分两种，一种是可移动的版画、卷轴、小画片，另一种是不可移动的寺观壁画。晚唐两宋时，寺观建筑群中往往单建一个水陆院，或者将弥陀院作为水陆院，在此绘制诸鬼神画壁和举行施度法会。

笔者参加过几次现在佛、观的水陆法会，对于诸神图像几近消失的现状感到非常

---

*　李翎，四川大学艺术学院教授。

失望。

现在佛教的水陆仪，在一般寺庙中几乎不再使用图像。道教也只简单地摆放三清(有的仅是单清)，再加一个鬼王(救苦天尊)，正一派会再摆放张天师的像。云南剑川法会，只在结界的地方悬挂一些简单的图像，降神时法师手持符木，在空中书写神的名字即可。至少在清代甚至中华民国时还存在的丰富水陆图，变成了历史的陈迹。于是，这引发了笔者的一个思考：水陆仪，或者说宗教文化中，图像的意义到底有多大？通过今天的调查，可以让我们对宗教图像在仪式中的重要性重新进行思考。研究以往的图像，如果没有更多的现实意义，那么我们只是在回望历史。讨论这个问题的意义何在？笔者认为，其重要意义，在于思考中国神鬼文化是如何发展与变化的，以及宗教活动中仪式与画像哪个重要，何时何者变得更重要。

二、 水陆仪的起源

（一） 理解中国宗教现象

讨论水陆仪的起源，事实上就是搞清楚水陆仪的本质，这样，才能弄清这个仪式的源头与佛、道的关系，而不能仅仅通过历史传说和现存文献，因为文献也会“说谎”。

研究中国宗教文化现象，自然要把水陆仪放在广义的道教里讨论。它反映的是“道”与“术”在宗教活动中的辩证关系。从宗教的角度来说，中国两千多年的宗教文化史，主要就是道教与佛教的演变史。道教或是显流、主流，或是巨大的潜流，一直深深影响着中国文化在不同时期的发展。虽然，从教界和世俗的角度看，佛教是显学，道教比较沉寂，但忽视道教的影响，我们将无法真正了解中国的佛教。现在学界出现的一个问题是，一些学者执意认为是水陆仪源于佛教，一些学者则认为水陆仪是道教的，在图像上孤立地去分辨道教水陆画还是佛教水陆画。学者之所以这样做，是由于以下几个明显的现象：在佛教相对兴盛的地区和来自佛寺的实物，水陆画的主尊以佛像为主，比如河北、山西、陕西等地区的寺观壁画；而在道教兴盛地区，比如四川、湖南、福建的水陆画则以道教神为主。这样区分佛、道有没有意义？笔者认为，意义不大。研究水陆文化，尤其对于唐宋变革之后的中国宗教现象，学者时刻要提醒自己把握的一个事实：中国人的世界观原本就是人、鬼、神杂居的，佛菩萨与天官地鬼，对于中国普通人来说，都是这个世界的神鬼，它们是没有宗教界限的。庞杂的地方信仰系统，将佛、道、地方诸神全部纳入其中，这时你看到的佛不再是佛教意义上的如来，你看到的千手眼观音也不再是佛教密宗意义上的千手眼观音。如果以什么经或仪轨的对应来研究这种具有地方性质的“术”，显然出力不讨好，也不能正确解读这些神鬼图像在地方信仰中的真正意义。

对于水陆画研究，当然最令人不解的是所谓“南水陆”“北水陆”的划分。所有的地方道术、神像样式，都有地方特征。中国如此之大，并且也不是一个狭长的地理分布，只以南北来分，显然会产生歧义，它完全不同于学者型的禅学南北分宗理论。遍地神鬼的宋明时代，一个村庄一个乡镇，甚至一条街道与另一条街道的神像都会存在差异，如何以南北分之？比如河北怀安的昭化寺水陆壁画与南宋宁波出口到日本的样式几乎相同，而郑振铎收藏的水陆版画与宝宁寺和昭化寺的壁画又不同。[①]地区的时空概念与文化现象是非常复杂的，就像无法回答“佛像是什么样的”一样，我们只能说初唐广元的佛像样式或盛唐长安的佛像样式。“道”与“术”的关系是辩证的，同时，道相对稳定，而术会产生丰富的变化。

水陆仪式流行的地方，其神祇会体现出非常浓郁的地方特色，也就是说一些地方、家族神怪可以随时加入其中，如何根据一个什么“仪”来套用活生生的地方神画呢？这个问题涉及目前几乎空白的古代画工作业方式的研究。由于话语权的问题，这些民间工匠不被文人所齿，古代中国工匠的工作状况、生活状况、传承方式的记载几乎是空白。我们只能想象当时作坊中的画稿可以保留较长的时间，可以保持某类图像在某种程度上的稳定性。但另一个问题是民间作坊很多，流动性很强，一个作坊中的画工可以在西安画壁，也可以流动到成都。画工之间保守自家图像不外流的特点，以及随时补充破损图像的随意方式，也使画像即使在同一个区域也不会相同并不断地产生变化，某个委托者特殊的个人诉求也使画工的神像组合产生变更。比如到了明代，五通神已经进入山西的水陆画中，妈祖也出现在北京的水陆画中。但这种流通现象也不是绝对的，比如福建泉州一带水陆画中经常出现的扶乩和杯筊形象就没有在四川等地发现，至少可以说不流行。所以，现实的宗教现象非常复杂，不会有一个可以套用的标准，要具体图像具体分析。

（二）中国佛教的“道教化”

中国历史变革于唐宋，日本学者“唐宋变革论”的提出不仅使我们能够清楚地看清政治、经济的变革，还可以发现非常显著的宗教变革。如果以目前学界的共识来说，佛教经过六七百年的发展，在唐代之后就彻底中国化了。那么就有一个问题，什么是“中国化”？从历史上看，中国的古代哲学、历史文献、科学技术以至于“迷信活动”，都可以纳入广义的道教范畴。严格地说，中国本土的道教是没有边界的，中国人的世界观、价

---

① 参见郑振铎收藏明刻本《水陆道场神鬼图像》，载郑振铎编《中国古代版画丛刊二编》第2辑，上海：上海古籍出版社，1994年。

值观、鬼神观就是道教形成的土壤。历史上幸存下来的各类文献，从广义上讲，都可以归入道藏的范畴。中国民间广泛活跃的宗教活动，也可以说是广义的道教多神崇拜的不同形式。因此，抛开精致的知识分子佛学，所谓的佛教中国化，毋宁说是“道教化”。这种远离知识分子玄学式的普及化了的民间佛教，在宋代之后，其核心已经道教化。如果一个农夫说他是信佛的，很可能他是道教徒，他的神龛中供奉的是太上老君、龙王、孙悟空和一个抱着童子的观音娘娘，民间生动的宗教崇拜活动大多只是套着佛教的外壳。传统贵族式的宫观道、丹道，也演变为民间大众广泛参与的生老病死式的宗教关怀。中国自汉代以来，各路佛道神鬼，经过洗牌，在宋代之后，重新建立了一个新的神鬼系统，佛陀、菩萨已经不再是外来的佛教圣者，而是中国的神明。明代成书的《封神演义》《西游记》等小说最好地诠释了宋代以来民间对这种神鬼世界的整顿与重新排序。今天的学者再用佛教、道教来归类庙中所示神像，是非常不明智的。这些神像表现的就是中国人的神鬼世界，很难说是佛教或道教的。并且依笔者对佛教的认识，大乘佛教中许多的佛、菩萨本身就非常可疑、来路不明。如果想说明水陆仪中一些神像与佛教渊源的话，首先要弄清佛教史和造神史，看清他们的是佛教的还是婆罗门教的，因为这两个教派在印度完全不同，但许多后来出现的佛教神却来自婆罗门教。因此，笔者认为，目前学者对于水陆仪研究出现的偏颇，可能有几个因素导致：一是文献话语权误导，二是忽视了文献保存的偶然性，三是学者自身知识结构的局限即一叶障目。当然，我们不能做到全知全能，只能尽量扩大自己的知识领域，如果固执地在一个单纯的领域内去解析中国宗教艺术、自说自话，则无效且非常危险。

中国本土的道教，通过不断吸收当地的传统和各时代文化而产生了不同时期的各种“道”。广义的道教，反映了中国人的世界观与多神崇拜的宗教观。佛教不断本土化的过程，事实上就是不断“道化”的过程。佛教在初期与传入中国之后的一个显著变化，就是从佛陀初创佛教的去仪式化后，在中国变得越来越强调仪式。宋代之前的道教科仪，主要用于皇家祭祀，包括祭祀天、地、山神、祖先等，这个领域原本是佛教无法涉及的。但是从晚唐之后，佛教开始涉足皇家祭仪，而这些仪式的灵感来源，就是宋代由宫廷走向民间的各种道教科仪。这些佛教新仪式在中国的出现，完全背离了原始的佛陀之教，它是为了迎合日渐文盲化的广大中国信众、吸引更多求神拜佛的香客。笔者认为佛、道的这种相互转化、借用关系，是由如下原因导致的。

第一，之前专注道的知识分子，宋以后大部分由理论构建转向实修，在当时主要就是“丹道”的流行和阐述精致的内丹理论，而服务性科仪减少。一般性理论兴趣的消失和高道的隐修，使精英式的道教玄学，向民间简易的神仙显灵“术”转化。民间几乎文盲的道士用于建房垫土、生子做寿等科仪的文本，由于供、需两方面文化程度较低，理论性越来越低，有的甚至胡乱反抄一些佛教的仪文来应付斋家。因此，文人在编辑正统道藏时当然不会关注或收录这些民间道士作法使用的科仪文本，当然包括一些水陆仪本，这些本子往往只在民间流通。正统道藏更倾向于收录道教正宗理论：内丹玄学。道教在理论和经藏方面的这种“沉寂”给善于弘法的佛教极大的“独享”空间。于是，我们看到的是佛教僧人或居士以佛教语境书写的水陆科仪。但是很难说，这些佛、道杂融的仪本是道士还是僧人在使用，或者兼而有之。但是从存留文献记载的内容和方式看，这类所谓佛教水陆仪非常的道教化。所以，这种话语权只反映了表面的现象，对于水陆仪文分析后，可以清楚看到道教科仪的本质。

第二，传统文化下的中国文人，以往多关注道教，如服食、求仙或隐逸。可以说中国古代知识分子的生存之道基本处于道教系统的背景中。但是社会的变革，让这些以前是道教圈子中的文人，分裂出一部分开始同时崇信更加新鲜的外来佛教。随着外来佛教进入的大量佛经，其中所包含的虔诚信仰精神和传教的力量，让中国文人倍感新奇。“崇外”是文化的普遍现象，也是宗教心理学的基本的特征，即远方的，等于有力量的、灵的。①人们在对本土传统宗教文化感到厌倦和缺乏吸引力的时候，往往会投身到一种新的文化中，并且在投入时，会片面夸大外来文化的优点，以唤起一种活力。但不能忽视的一点是，“佛教提倡的宗教生活、奉献精神与中国本土的宗教价值观相去甚远”②，它吸引着好奇的文人，同时有着强烈道教文化背景的文人，无意间也在“篡改”着佛教，以适应中国士人的口味。文人队伍由道教向佛教的部分转移，是佛教科仪文献在宋之后道教化和大量佛经注疏出现的主要原因。

第三，中国人宗教观具有包容性，并不排斥外来的佛教，但其本土强大的文化，使外来佛教深入扎根于本土的同时，也融入本土的礼拜体系中。佛道之争，在中国存不存在？当然存在，但它只限于高层精英，而且是在非常少数的高僧高道之间。这些高级僧道往往可以出入宫廷，左右帝王。佛道之争主要是非常少数的僧道为了在皇帝面前争宠、得到势力和利益而进行的较量。由于他们会有各自的僧团和道团，从而促成了佛教与道教在士人或一些乡绅中间的盲从性对立。但对于民间，比如工匠、画匠，他们可以画佛菩萨，也可以画神仙鬼怪。甚至有的士人，如苏轼、赵孟頫，都可在佛道间游走。中国人宗教观的特点正是包容性，对于佛菩萨和道教鬼神都是包容的，神佛像

---

① 参见玛丽·道格拉斯著，黄剑波、卢忱、柳博赟译，张海洋校《洁净与危险》，北京：民族出版社，2008年，第119—141页。

② 巴瑞特著、曾维加译：《唐代道教——中国历史上黄金时期的宗教与帝国》，济南：齐鲁书社，2012年，第5页。

可以相处一殿，照拜不误，甚至会给佛菩萨一个完全道教化或本土化的出身。这种包容性，是佛教在中国不断"道化"的社会学背景。

（三）水陆仪的起源

1. 佛教说还是道教说

以上，我们讨论了研究水陆文化可能需要首先考虑的几个问题。下面来谈水陆的源头到底是佛教还是道教。如前所说，这个问题对于中国宗教文化现象来说，本来无须多费笔墨。但许多学者目前纠结于这个问题，并且由于宗教感情和知识结构的关系，都在自说自话，所以有必要在这里澄清一下水陆仪式的来源。

如佛教仪文所示，佛教僧人编造了梁武帝发明水陆法会的故事，为进一步加强这个故事的可信性，又编造了唐代瑛禅师对于水陆的重视。但是所有相对可靠的历史文献都指明这个特别的宗教活动可能始于唐末五代，广泛流行于宋以后。1007 年宋真宗"梦"神人授意建"黄箓道场一个月"。从中国文化传统来看，这一个月，非常有可能是农历七月，即中国传统所谓的"鬼月"。同时这也似乎告诉我们，这个持续一个月的道场，有可能是非常高规格的一次掺杂着祭祀佛道诸鬼神、类似后来水陆仪的斋会。水陆仪在宋代开始盛行，寺庙、道观都将这类法会称之为"水陆"。道教在唐代之前具有宫廷性质的传统"黄箓斋仪"，由于其烦琐性和过度的神圣性，被民间以祭祀"水""陆"鬼怪的简单仪式所代替。但是除了佛教关于水陆起源的传说和保存下来貌似佛教的水陆仪本之外，佛经、道藏都没有直接的"水陆仪"记载。只是一些水陆仪使用的图像，主尊往往是佛，但是由此，并不能说明水陆仪起源于佛教。被学者普遍用来证明水陆是佛教的最早材料，是《益州名画录》对画家张南本的记载：中和年间（881—885）"僖宗驾回之后，府主陈太师于宝历寺置水陆院，请南本（张南本）画天神地祇、三官五帝、雷公电母、岳渎神仙、自古帝王，蜀中诸庙一百二十余帧，千怪万异，神鬼龙兽，魍魉魑魅，错杂其间，时称大手笔也。至孟蜀时，被人模塌，窃换真本，鬻与荆湖人去。今所存，伪本耳（伪本于淳化年遭贼打劫，已皆散失）"①，但事实上这个记载是有问题的：首先，文献并没有明确说这些画是佛教的水陆；其次，张南本所画的人物，完全是道家或者说是中国传统的鬼神，而不是佛教的佛、菩萨。虽然画在一个"寺"的水陆院中，但是，并不能由此断定这幅水陆画就是佛教的。四川的佛寺非常道教化，有时候观也可以叫寺。由此涉及的另一个材料，就是所谓"眉山水陆"的原始材料，即 1093 年苏轼写的"水陆法像赞"。事实上，我们也并不能由此确定苏轼所赞是佛教还是道教的水陆画。可以

---

① 参见黄休复撰《益州名画录》卷九，第 9 页 a—b 面，此印本收录于《早稻田文库》（东京，1987 年）。

明确的一个事实是，四川，在宋代是一个道教极为昌盛的地区，而这种昌盛源于四川从远古即流行的鬼神信仰，我们可以通过《山海经》找到这个传统。而道教一向注重科仪，即道、术不分家。道教科仪的主要目的大部分是祭祀天地和祭祖，所以"水陆仪"非常可能是由祭祀天、地、水三官而衍生的祭祖神鬼活动。当然，天神不在鬼列，对地、水之鬼的祭祀正是水、陆法会活动的核心。水陆法会的核心意义是祭祀祖先和各类亡灵，祭祖和鬼神文化是道教的传统而不属于佛教。虽然后汉出现有佛教的崇拜祖先类《孝子经》《报父母恩经》，但这些佛经的"翻译"非常可疑。当然，最大的疑问是佛教的水陆文献，佛教僧人将水陆仪的起源附会到梁武帝身上，因为大家都知道他是一个崇佛弃道的皇帝。但是，假如这个仪式与梁武帝有关，要注意这个皇帝的"弃道"，说明武帝最初是信道的，为什么在继位的第三年"弃道"，学者猜测很多，目前尚没有明确资料说明。一个事实是，佞佛的梁武帝，却一直保持着与高道陶弘景的友谊。所以，我相信，武帝倡行的佛教中，一定夹杂着大量道教的内容与形式，也很有可能，这个武帝借用他熟悉的道教祭祖和度亡之法，在佛寺中举行过类似的法会，这大约正是传说的由来。至于水陆仪是否源于这个弃道崇佛的怪皇帝，是另外一个话题。

水陆仪的另一个特点，正像东汉张道陵使用的方法一样，即仪式结束后要将使用的箓图烧掉。火，是水陆仪的一项重要活动，即使是佛教的水陆仪，在仪式尾声的时候，也要举行盛大的过火仪式，即将一些供奉鬼神的衣服、纸马和食物一把火烧掉。用火是中国宗教活动，或者说是祖先崇拜性宗教的传统。火是将世俗之物传递给彼岸和亡者的唯一途径，清明时节或先人祭日时，我们几乎都用这个方式给祖先送去冬衣或钱物。

烧，道教称过火，是道教仪式中非常令人瞩目的现象。为什么要用火？中国道教思想的核心是"易"，也就是"变"，变化是中国先哲对宇宙万物最朴素的认识。变，也是所有修炼者的目的，只有变才能"成仙"达到"不死"。来自蝉在地下蜕变而飞升的灵感，早期，至少在汉代的术士就认为，"土"和"火"可以"易形""炼形"和"结胎"，这是达到"不死"之境的必须过程。所以，道教文化非常注重土与火的使用。水陆仪中，无论佛教还是道教，一项重要的仪式是利用火将一些供品和符咒烧掉，而这在佛陀之教中原本是被禁止的。①对比佛、道的不同，清楚佛教在中国的改变有多大，必须了解释迦牟尼创立的佛教是什么。佛陀之教的根本理论认为人生是苦，认为世间的一切都在"败坏"，也就是"变"，佛陀认为这种变是一切"苦"的根本来源。所以，为了摆脱变化无

---

① 佛教中密教的护摩仪式，往往被学者认为是佛教使用火的证据，但这完全是婆罗门教的方式，不在佛陀之教内。笔者也注意到这个问题，即密教与佛教的关系，这是另外一个非常大的课题。

常之苦，佛陀教授了一种修持工夫，就是修持面对变，可以不悲不喜无分别的清静心，达到这种境界就可以不必遭受无尽的轮回之苦。佛教的最高境界是追求将一切看"空"，《摩奴法典》①反映的印度人的生活法则，是当人们在完成一切世俗任务，即学习、成家、赚钱之后，就要出家修行，以"枯槁"肉体、使灵魂永恒，佛教也吸收了这一理论，一切看空、灵魂永恒就是成佛。事实上，佛教追求的是"不变"，这正与道教追求的"变"完全相对。因此，作为婆罗门教分支的改革派佛陀之教，在吸收了一部分婆罗门理论的同时，也摒弃了许多，比如佛教摒弃了婆罗门教烦琐的仪式，将这些仪式也认为是虚幻的、"变"的一部分，自然也禁止使用婆罗门教僧人最常使用的火仪，所以佛教一开始并没有用火的传统。当然，佛教密教的护摩、烧符、诵咒治病，已经很难说是佛教的，更准确地说是婆罗门教的法宝，它们在许多思想和理论上与中国的道教可以沟通。虽然传统印度文化也强调祭祀祖先的重要，但佛教并没有吸纳这个理论，而是强调了印度传统的因果报应观念，即自己为自己的未来负责。而道教一直以来强调"性""命"双修，即重视今世的肉体，而这个性命可以通过祖先的保佑得到福寿，因此祭祀天地鬼神和祖先亡灵非常重要，所以，水陆仪从根本上不是佛教的。

佛教进入中国，到今天已有两千多年的历史，可以说这两千多年是在质疑中走过来的，虽然也有灿烂的时候，但总体来说，它的立足和发展比较艰难。我说的艰难指的是，佛教为了适合中国知识分子的口味，进而适合老百姓的口味，只能不断地改变自己，不断地调整自己原来的尺度。所以非常可悲的是，在这种调整和所谓的弘扬过程中，外来佛教的权威感和神圣性一直在一点点丧失。最终以佛教在唐代的中国化和世俗化完成在中国的妥协和蜕变，这就是我们在唐宋之后看到的所谓中国佛教。所以，如前所述，与其说佛教的中国化，不如说是佛教的道教化，理解中国思想史是解释佛教中国化的最好途径。

通过大量记载的水陆仪材料看，水陆仪式可能最早出现在四川，这是非常自然的。四川在历史上一直是道教的根据地，唐代中原盛行的精英道教和宫廷道教文化也通过唐皇多次入蜀而官民结合。所以当时在四川，乃至长安和洛阳一带的中原，流行的水陆仪式应大致相同。但是随着地区性鬼神的不断加入，到明代以至于清代、中华民国时期，水陆仪和水陆画呈现出更加丰富的地方性。所以，可以确定，晚唐具有浓厚道教文化的四川地区是水陆仪发生和传播的中心。

2. 从话语权看水陆仪的起源

元代对于道教文献的销毁，使我们只能听到佛道之争中佛教的声音。于是，道教

---

① 迭朗善译、马香雪转译：《摩奴法典》，北京：商务印书馆，1985 年。

抄袭佛教成为一直以来学界的普遍认识，其实这是非常片面的。王卡先生在讨论敦煌道教文献“道教法术对于佛教的影响”中，非常系统而客观地重新评价了佛道关系，可以让我们更加清醒地认识到道教对于佛教的巨大影响①，笔者在此无须多言。从目前保存的文献来说，水陆仪的话语权属于佛教。但是这个文献晚到宋代，之前的佛教经典中并没有相关记载。于是，这就导致一些学者通过印度的无遮大会发掘水陆的来源。这其实是一个思路和方法问题，只要谈到佛教，中国学者的习惯是一定要在印度找到一个对应的源头，其实不然。最典型的例子是饶宗颐先生的一篇大作，关于伊朗—印度不死药对中国不死药的影响。②我认为，饶先生的这篇文章非常有功力，但是方向错了。考虑这类问题时，我们要从人类学和思想史的意义上理解文化和宗教行为的发展，就像印度的婆罗门教与中国的道教相似得如同一个东西，但它们确实产生于自己的土壤。同样，对于死亡的恐惧和不死的追求，是古老文化的共同特征，不死和不死药在许多文化中都存在，就像阴阳观念存在于许多文明系统中一样。印度古老的婆罗门教与中国传统的道教，本质上都具有原始多神教的性质。全世界的原始宗教在许多方面是相同的，但这中间并不存在谁影响谁的问题，它是人类共同的文明足迹。比如《摩奴法典》中记载了许多祭祖仪式，这是非常自然的祖先崇拜，笔者也读到有中国学者以此来讨论“盂兰盆”的起源。但是种种迹象表明，佛教的盂兰盆非常有可能是偷换了中国传统鬼月祭祖的概念。盂兰盆与水陆仪的关系，后面我会提到。回到印度无遮大会的问题上，首先，无遮大会的概念，基本来源于玄奘对于7世纪印度宗教现象的描述，而之前没有更充分的材料描述。一个不容忽视的问题是，印度的佛教大约在3世纪以后呈现衰落之势，到玄奘访问印度的7世纪，许多佛教圣地已经变成废墟了，而且越来越多的学者同意，印度佛教的灭亡不是因为伊斯兰教，而是来自本土印度教对它的打击，伊斯兰教对于佛教最后灭亡的作用只是雪上加霜，而不是本质原因。不仅如此，婆罗门教，也就是这时被称为印度教的古老宗教，在玄奘时代已经复兴为印度宗教的主流。无遮大会，按玄奘的说法虽然是佛教辩法大会，但考虑到印度当时文化背景，这时的佛教大会肯定杂入比之前更大量的印度教仪式，不排除在无遮大会上可能使用了印度教的一些祭祀形式，但法会的主体是辩法而不是祭祀，这是根本的不同。水陆仪的宗旨和全部过程是祭祀亡灵鬼怪，所以，无遮大会与水陆仪在意义上无法衔接。一些看似合理的链接，可能没有任何实质上的关系。因为任何相似的事物，在不同的文化中想要找到一个共同点，只要你尽力去找，可能都会找到。但这并不能证明

① 参见王卡著《敦煌道教文献研究》，北京：中国社会科学出版社，2004年，第56—61页。

② 饶宗颐：《塞种与SOMA——不死药的来源探索》，《中国学术》2002年第4期。

它们之间就有必然联系，要考虑许多文化因素在其中的作用，包括考虑原始多神教有许多共同点、佛教在印度是没有仪式的等因素，这一点对学者在研究中找到正确的思路非常重要。所以，水陆仪可能与无遮大会某些仪式有些相像，但事实上没有关系。

现存两份有关水陆仪的文献是《法界圣凡水陆胜会修斋仪轨》（以下简称《法界》）和《天地冥阳水陆仪文》（以下简称《天地》）。13世纪，南宋僧人宗鉴撰写《释门正统》，将仪文中关于水陆法会起源于梁武帝的说法收入其中，此说由是为佛教“正统”。两个水陆仪文也都如是说，甚至还可笑地说到因为唐代一个叫英禅师的神遇，使失传的仪文再度流行。显然这是中国上层佛、道斗争中，佛教僧人的一贯伎俩，编造神话、推广神话，为当时的佛教造势，以对抗道教。而始见于北宋尊式所提到的“水陆”一词，其语境显然与水陆法会并不是一码事，而且尊式使用的这个词，很有可能来自道教传统。

现存《法界》，日本学者将之收于《卍续藏》，这个本子由宋末元初浙江福泉寺僧人志磐撰写、经明代修订。另一个文献《天地》是没有入藏的明印本，由北宋杨谔撰写，北宋绍圣二年（1095）宗颐向对此进行过一些删增，明代也再次印行。

是否收入藏中存在偶然性，与其是否重要无关，但这两个本子非常有趣。《天地》本显然是俗人或是道士编写的，编得比较早，至少在1095年前已经完成。并且按序中所说，当时这个本子在四川非常流行，明代再次得到印行。另一个本子是大约比此本晚至少一百五十年以上，由一个见于记载的浙江天台僧人所写，明代也再次得到印行。在四川当时非常流行的前者，很难说只用于佛寺。晚出的《法界》，非常明确的是佛教僧人编写的，这里尤其要注意的是天台宗僧人。这个由隋代智者大师所创、以《法华经》为中心的著名学派，它的影响由上层知识分子而广被民间，并且衍生出的各种忏仪更是流行民间，其仪式不乏道教色彩。由宋末元初浙江天台派僧人撰写的水陆仪本非常合理，其中加入大量道教内容，或者直接改编自四川流行的道教仪本也理所当然。虽然，从文本看，这个仪式形式上是由僧人在执行，但是从行文和内容看，完全是一派道家行为。包括开始的降神、请城隍等，仪本完全运用了道教的存思、请神之法，与佛教完全无关。所以宋末元初，四川地区佛教强烈的道教化以及江南地区道教的流行使僧人志磐无意识地运用了道教的方式，或者干脆就是直接整理的一个佛教面貌的道教科仪文献。正如日本学者大渊忍尔对敦煌道教文献观察所得：在敦煌石窟寺中保存的很多道教抄本原本是被当作佛经收藏的①，僧人使用道教文本、道士使用佛教科仪，是宋代之后民间宗教活动的一个普遍现象，也是中国宗教文化不设边界特点的一个反映。

---

① 参见日本学者大渊忍尔著，隽雪艳、赵蓉译《敦煌道经目录编》（上），济南：齐鲁书社，2016年，第9页。

另外一个背景就是南宋末、元初是全真道大行其事的黄金时代。全真道是儒、释、道的混合教派，在这种背景下，很可能这类仪文原本就是全真道的本子，经过佛教僧人的改动变成我们今天看到的类似《法界》或《天地》佛教面貌。事实上佛教借用道教的例子非常多，这可以通过敦煌文献得到证实，最明显的例子是唐代观音信仰中对于符咒的大量使用，如 S.2498/Or.8210 就是一个使用观音符治病、救产难的长卷①，片面强调道教抄袭佛教是非常不公道的。从目前的《道藏》收录的内容来看，基本都是“正统”的道教文献，用词、神名非常道教性。那种流行于民间科仪活动的佛道混合仪文，完全不见于正统道藏。如前所说，考虑到四川佛教的道教化以及宋代之后中国宗教的变革，可以说，这样一个科仪文献归入佛藏或归入道藏并不能说明水陆仪的来源。但是，文献内容要比表面重要得多，阅读仪文内容让我们看到的真相是，在整个僧人主持仪式的过程中，反映的都是道教的方式和祭祖、度亡的本质。

至此，我们还要强调水陆是佛教的吗，或者说水陆可能起源于佛教吗，水陆仪式是道教模仿佛教的吗？

3. 对佛教盂兰盆节的质疑

最后要说的一个问题是佛教的盂兰盆节。之所以谈这个话题是因为在盂兰盆节时，佛寺会举行盛大的水陆仪，而《佛祖统记》正是将梁武帝首发“盂兰盆斋”作为水陆仪之始。早在西晋或东晋就存在的《佛说盂兰盆经》似乎更是将水陆仪归入佛教系统最重要的证据②，但是这其中存在很大的疑点。

盂兰盆节，从文献记载看，南朝时就比较盛大了③，这大约正是后人将水陆仪附会到佞佛的梁武帝身上的原因。一般说这个节日就是佛教寺院举行水陆大法会的日子，主要内容是施食和度亡。这样的一个施食和度亡节日被归入一个属于佛教的节日，并且恰巧又是中国传统鬼节的那一天，是非常有意思的事。与此相关的其他问题暂不讨论，比如宗懔在《荆楚岁时记》中记录此事时并没有提到“水陆法会”这个词，只提到七月十五日这一天“奉盆”，并且“僧尼道俗奉盆供诸寺”④的抄写，也存在“供诸寺”还是

---

① 参见 Li Ling and Ma De, “Avaloktesvara and the Dunhuang Dharani Spells of Salvation in Childbirth”, translated by Ilia Mozias and Meir Shahar, Yael Bentor and Meir Shahar Edited, *Chinese and Tibetan Esoteric Buddhism*, Brill, 2017, pp.339—351。

② 日本学者在编辑藏经时将《佛说盂兰盆经》定为西晋竺法护所译，但在南朝梁僧祐的《出三藏记集》中却定为失译，现在一些学者也认为其是伪经。总之，这是一部存在很多疑点的佛经。参见高楠顺次朗等编《大正新修大藏经》，日本：大正一切刊行会，1912—1925 年，第 16 页。

③ 宗懔撰、宋金龙校注：《荆楚岁时记》，太原：山西人民出版社，1987 年，第 57 页。

④ 同上。

"供诸仙"的不同版本等，这些都值得关注。另外以《佛祖统记》的记载来说，假定梁武帝在当年举行过盛大的祭祀仪式，但那个盛大的仪式被记录以"盂兰盆斋"。斋仪，原本是道家的仪式，与道家传统的"天厨"观念有关，是以食物祭祀鬼神的方式，所以这个早期的"盂兰盆斋"非常有意思地将佛道两个概念放在一起。以下，笔者只从时间上来质疑这个佛教节日。

众所周知，盂兰盆节是中国的僧人自唐代开始就执行的三个月夏安居结束后的七月十五日举行的施食祭祀活动，而这个时间正是中国传统的中元鬼节。这个秋收时节，人们舒展了劳作一年的身体，可以坐下来享受美食，一轮生命结束，万物在秋收之后，进入寂静的休息阶段。当然，在人们享受自己的劳动成果之前，最重要的活动是祭祖，要把崭新的收成首先献给祖先，这个活动叫"尝新"。所以，七月十五日，乃至整个七月是中国人特别的月份。美国学者太史文先生非常敏锐地察觉到，安居结束与农时的关系，并提到：这个时候正值满月、季节交替、秋收、祖先转生，一切都在过渡到新的形式与万物更始相一致。①

安居的缘起据《四分律》卷三七"安居犍度"记：佛在舍卫国时，有六群比丘于夏月游化，结果暴风雨将僧人的衣钵、坐具、针筒冲走了，这件事受到世人的讥笑，笑话比丘们在大雨天里还到处游走。于是，佛便制定了"结夏"的戒律，即在夏天雨季的三个月里，要安居、不再游走乞食，同时思考自己在这之前游走时所犯的过错。据说这是佛教安居的滥觞。安居之制，并非佛陀的创造，原是印度古来旧习，印度其他教派的僧侣都有夏安居的习俗，通过《四分律》卷三七"诸外道法尚三月安居"可知。按印度的气候，夏季降雨频繁，不能游方乞食。因此佛教比丘在经历了被雨水冲走物具的事情之后，为避免再受"外道"的讥笑，也实行了雨季安居。按早期律典，在这个时间，僧人自己会寻找一个安静场所，接受饮食卧具供养，忏悔游行中所犯的罪业，并专注于策励道业。三个月期尽，自恣日后再分散各地，游行教化。《四分律删繁补阙行事钞》卷上之四以四月十六日为安居之始日，七月十五日为终日，翌日为自恣日。《摩诃僧祇律》卷二七则以七月十五日为自恣日，也就是安居结束于前一天的七月十四日；《大唐西域记》卷二、卷八所举之安居期为五月十六日至八月十五日。安居时间的差异，可能是由于古代印度不同地区历法的时间不同导致，但大致属于一个时间段。当然，对此玄奘也有解释，他说印度以星计月，不会因地区不同而有差错，这个安居时间对应中国的农历五

① 参见太史文著、侯旭东译《幽灵的节日——中国中世纪信仰与生活》，杭州：浙江人民出版社，1998年，第2页。

月十六日至八月十五日，别的说法是错的。①由此，可以发现两个重要问题：一是安居结束的时间，无法刚好与中国七月十五日的鬼节衔接；二是安居结束后，玄奘以及之前没有任何材料提到跟着有一个大型的佛教祭祖度亡法会。

从以上记载看，佛陀虽然制定了安居之法，但并没有提到之后要举行重大的施食饿鬼活动，这完全符合佛陀之教法。而且，目前没有发现这个《佛说盂兰盆经》的梵文或巴利文本。

以笔者在印度生活的经历看，现在的印度无论四月、五月还是六月，完全无雨，而且非常炎热，干燥如火，五六月因为高达摄氏50度的炎热连蚊子都消失了。印度的雨季，始于六月底，大概可以持续两三个月，即七、八、九三个月。这个时候，因为雨水的清凉，蚊子“复活”，会传播登革热。这个雨水时间，事实上与中国的大部分地区非常相似，即通常的暴雨来临是在阳历八九月，即阴历七八月。玄奘《大唐西域记》记安居结束于中国农历八月，那么就与笔者现在的经历一致。从纬度来说，印度的雨季，从佛陀时代到现在，即使变化也不会相差两三个月，只能说雨水的多少产生一些变化而已。可是，为什么古代佛教文献记载的坐夏是从四月开始呢？并且从《四分律》来看，四月虽然气候火热，但安居显然不是为了避暑而是避雨，可是四五月根本无雨。那么问题出在哪？一个在印度尼赫鲁大学学习了七年的中国僧人告诉我，这也是他的疑问，来到印度后得到解决。因为古代的印历与中国的农历，基本相差两三个月！四月正是中国的六七月！所以，如果按印度历安居始于四月至七月结束，对应中国的农历则是六七月始，结束于九月左右，正是现在的阳历八至十月。对此，玄奘在《大唐西域记》卷八“菩提树”中也提到：在菩提伽耶有肉舍利，每年在如来大神变之日将之示人，这个时间是印历12月30日，对应中国农历是正月十五日。按玄奘的说法，中印古历，相差在两个月左右。如此，安居结束、自恣日之后的时间，与《盂兰盆经》所说的七月十五日盆节完全对不上。并且通过文献看，至少在玄奘去印度的时候，还不知道印度有个盂兰盆节与佛教安居结束后的活动有关。

所以，从时间上看，印度佛教的安居与中国盛行的盂兰盆节，在时间的衔接上肯定有问题。笔者的结论就是，所谓失译的晋本《佛说盂兰盆经》，正如历史上许多学者认识的那样，非常可能是一部伪经。盂兰盆节，不过是为了适应中国人的口味，借用中国传统的中元鬼节，以佛教的名义，在七月十五日广施饿鬼一并饭僧的重大法会。

① 玄奘：《大唐西域记》，钦定四库本电子版。

三、 水陆仪的研究方法

当我们说水陆仪属于佛教或道教时，实际上就触及这个活动的起源问题。考察一个宗教活动的起源，一定要从它所反映的原始意义着手，而不是从后期变异的现象上进行讨论。水陆文化，介于道教与民间宗教之间，对于中国水陆文化的研究，不能简单地使用文献考据或宗教图像志的对应办法，金维诺先生提倡的佛教艺术研究中的“图典还原”方法显然也不适合。水陆仪是一个活态的文化，“变”和鲜明的地方性是它的本质特征，同时，水陆仪虽然古代在宫廷、明清以来在民间都广泛流行，但是宫廷或贵族的使用并不代表它就是正统宗教。从严格意义上来说，正统道教中的高级知识分子，并不屑于这种理论层次较低的“术”，所以不能以正统道藏或严格的道教理论来对应。从宗教学和人类学的角度进行思考可能更容易理解水陆文化的复杂性。同时，在对于水陆图像解读时，要把握一个有节制的度。这中间涉及宗教的仪式与艺术的辩证关系问题。比如，将自己换位为一个宗教信徒，当我们进入一个寺庙或殿堂时，第一次甚至第二次可能会仔细看一下里面供奉的对自己来说相对陌生的神像。但是，想想，我们来庙堂的目的是什么？当然是参加仪式，即寺观的法会。那些壁画和神像在经过一次、两次的观摩后很快就失去新鲜感和吸引力，时节性举办的各种仪式才是吸引我们来到庙堂的主要原因。在仪式进行中，参会者基本上是循着法坛上法师的腔调而进行不同的礼拜，没有人再去观看画像。① 并且，相对于更重视神像的佛教，道教对于图像的重视程度很低。请神、降鬼的关键在于符的使用和正确的名字。仪式上摆放的神鬼画像，更多时候的使用者是法师，而不是礼拜者。当然，斋主如果祭祀自己的祖先，一个写着名字的牌位比画像更重要。这也正是现在寺观作水陆法会时，少用或不用图像的原因，并不是因为这些画像躺在博物馆。因为如果需要，画工可以绘制新的神像，就像古代工匠所做的那样。所以，仪式与神像，哪个更重要，何时何者变得更重要，要具体分析。所有的宗教在初期都是禁像或无须神像的，后来大多都出现了对神像的使用，但是神像在仪式中有多重要，是我们作为宗教艺术研究者要时刻关注的问题。因为对这个问题的忽视，会导致在解释图像时，过度关注自己的逻辑而不是宗教的逻辑，尤其是对水陆仪式这类理论层次较低神像的解读，从而丧失节制。

历史遗存，尤其是文献，对于今天的我们，很难据此判断它记载的是当时的真实文

---

① 关于庙堂仪式与图像的观看，非常感谢北京大学魏正中教授，在与他的对话中他的一些观点启发了笔者对于这个问题的思考。

化还是作者或委托者的好恶。比如,一个古老文献的性质是什么,就涉及我们在使用它时的态度和节制度。最典型的例子是《山海经》,弄清材料的性质,才知道如何利用文献。书写文献的作者是什么立场,作者是在一种什么情况下撰写等一系列问题都要考虑。这是对于现存历史文献而言,同时还要考虑到,找不到的记载并不等于那些事情没有发生。以二十四正史来说,它不会样样都记,而不见于记载的事件并非没有发生过。记载的偶然性以及文献得以保存下来的偶然性都要考虑进去。

结　语

综上所述,水陆科仪,本质上是道教的活动,是道教宫廷性的祭祖、度亡仪式的民间化和普及化,是道教传统对于祖荫观念的强调,它与佛教、印度都没有直接的关系。之所以留下来的文本看似佛教文献,其实是唐宋之后佛教的世俗化,即佛教道教化的一个结果,是中国唐宋变革后,中国人神鬼观念在这一仪式中的体现。具体来讲,水陆仪的起源与道教古老的天、地、水祭祀关系更近。辨清水陆仪起源于佛还是道,目的是厘清事实,理解中国宗教现象。只有弄清这个宗教现象,才可以在这个思路下进行深入研究。

说一切有部之“随心转法”的建立及其功能*

惟　善**

佛教最为重要的哲学理论之一是业力说与刹那生灭说，然后又说有三种相续：世界相续（由众生所造业力，使物质世界延续不断）、众生相续（由五蕴假合，使生命延续不断）、业果相续（由善恶之业因，招感苦乐之果报）。这似乎看起来是相互矛盾的，因为人的身心都是刹那生灭的，并且心也是在善、恶、无记三性中相互交替。在心的三性交替的过程中，对于人所造的身、口二业在一期生命相续的过程中如何才能保存下来，接受未来的果报，这是佛教哲学理论非常核心的问题，也是部派佛教与大乘佛教论师试图去解释的问题。

作为部派佛教最为强势的宗派——说一切有部（简称“有部”），为了解决这个现世相续的问题，使业力和受戒时的愿力能够持续下去，而不会在刹那生灭的过程中停止相续，创造了一个新词汇“随心转法”。此言“新”字，表明这样的一个概念在早期佛教典籍中从来没有出现过。这是一个非常重要的有关解释相续轮回的哲学概念之一，在有部的哲学名相分类上，也是对七十五法（或称为元素）的重新分类，而在我们目前的研究中通常忽略这种“随心转法”分类，对其作用与功能也没有给予应有的重视和展现。有部为什么要这样分类？这类分法又有多少？其作用是什么？随心转法与心所法又有什么关系？

本文首先通过对“随心转法”概念分析，界定其范围，探讨其建立的原因，并对其最为核心部分——静虑与无漏二律仪做深入的分析，从而展现出“随心转法”在有部教义中的重要作用及意义。这种作用与意义就是在身心刹那生灭的过程中，解决业力相续的问题，也要解决人发愿（佛教徒受戒时发誓要持戒）之后会在一期生命中所起作用的问题。

一、“随心转”概念

为了更准确地了解和分析“随心转法”在身心相续中所扮演的角色，我们先要对其

---

* 原载于《人文宗教研究》第4辑（2013年卷），北京：宗教文化出版社，2014年。今略修改。

** 惟善，中国人民大学佛教与宗教学理论研究所副教授。

术语进行概念诠释。“随心转”在梵文文献中有这样一些相对应的词汇 citta-anuparivartin、citta-anuvartin、citta-anuvartana、citta-vaśānuga①，通常译为随心转、心随转、心随顺、随心起、随心变、随心转业、随心转法等。前面三个词都来自一个共同的字根 √vṛt，有转向(turn)、转身(turn round)、旋转、移动、前进、进行等基本含义。当字根 √vṛt变成 vartin 形式就成了形容词，有旋转(turning)、移动(moving)等意思，加上前缀 anu 变成 anuvartin，有跟随(following)、遵从(compliant)、顺从(obedient)、类似(resembling)等意思。所以，citta-anuparivartin 或 citta-anuvartin(心随转)作为有财释(Bahuvrīhi)复合词来解释，即某物能随心而转，或能随心转之某物。此随心转的“转”是“生起”“运作”的意思，因此，这个梵文句子 cittānuvartino dharmā ḥ 或 dharmā ś cittānuvarttinaḥ可译为“跟随心而生起之诸法”或“诸法随心而转起”(玄奘译为“心随转法”)；又 citta-anuparivarty-anulakṣaṇāni 译为“随心而转之诸相”(玄奘译为“随相于心”)，又 citta-anuparivarti-kāya-vāk-karma 玄奘译为“随心转身语二业”。法光将 cittānuparivartin/cittānuvṛttaka 英译为“accompanying thought”(陪伴心)和“thought-accompaniment”(心之伴随物)②，Gelong Lodro Sangpo 译为“thought-associates”(心之伙伴)③，Collett Cox 教授译为“factors that operate in conformity with thought”④。从此概念来看，“随心转”就是除心之外的某些东西，但这些东西却伴随着心在一起。这个术语的英译很直白、很清楚，而汉译虽然有些难懂，但更接近梵文的意境，应该比英译更传神，保留了动态作用，表达了“某些东西”会跟随着心而转变，会随着心的变化而变化。这里心是起主导作用，而其伴随物则围绕心的性质而转变。

《顺正理论》(T29：418c)用四句偈概括得很好：(1)有法是能转法而非随转法，这就是心王(心之主体)；(2)有些法唯是随转法，这就是色法及心不相应行法；(3)有些法是能转法也是随转法，这就是心所法，因为它们能随心而转，并且也能转色及心不相应行法；(4)也有些法既非能转法也非随心转法，这应该是无为法，如虚空等。这里很清楚地区别了主次之间的关系，心王是主体，是能转法，而随心转法是被或随心王所转变的法，是客体。在有部的教义中还有“随转色”(anuparivartaka-rūpa)和“随转业”等概念，

---

① Hirakawa, *Buddhist Chinese-Sanskrit Dictionary*, Tokyo, 1977, pp.1218—1219.

② Bhikkhu KL Dhammjoti(法光): *Sarvāstivāda Abhidharma*, Hong Kong, University of Hong Kong, 2007, pp.195、511、672.

③ Gelong Lodro Sangpo, *Abhidharmakosabhasya of Vasubhandu*, Motilal Banarsidass Publishers, tr.2012, Delhi, Vol.I, pp.137、612-614 etc.

④ Collett Cox, *Disputed Dharmas: Early Buddhist Theories on Existence*, Tokyo, 1995, p.367.

这里应该更清晰地理解为"随心转色"和"随心转业"，不论是色还是业，这里的业与色都是等同的，是随心转法之一。

二、何谓随心转法

上面谈到随心转法是会随着心转变的法，那么，哪些法会随着心而转变呢？这在梵文《俱舍论》(*Abhidharmakośabhāṣya* 简称《梵本》)里有一段很详细的界定：

> ke punar ete cittānuvartino dharmāḥ? **caittā, dvau saṃvarau, teṣāṃ cetaso lakṣaṇāni ca | cittānuvartinaḥ** | sarve cittasamprayuktāḥ, dhyānasaṃvaraḥ, anāsravasaṃvaraḥ, teṣāṃ ca ye jātyādayaḥ cittasya ca|ete dharmāś citta-anuvartina ucyante |①

> 译文：
>
> 什么是随心转法？[颂曰]心所二律仪，彼及心诸相，是随心转[法]。[论曰：]一切与心相应[之法](四十六个心所)，静虑律仪与无漏律仪，彼[四十六个心所、静虑与无漏二律仪]及心之生等[相]。这些法就叫作随心转②。

这里把"随心转法"的范围做了清晰的界定。所谓的"随心转法"就是四十六个心所法、静虑与无漏二律仪，以及它们的生、住、异、灭四种有为相(特征)，共有五十二个"随心转法"。从有部的七十五法中来看，"随心转法"包括了色法(律仪＝无表色)、心所法以及四心不相应行法，从实体而言，只有五十一个随心转法(二律仪同为一色法)，见

---

① Pradhan ed., *Abhidharmakośabhāṣyam of Vasubandhu*, Patna, 1975, pp.83: 25—84: 1.

② 此处玄奘将"cittānuvartin"译为"心随转"(T29:30b)，真谛译为"随心"。另见在《众事分阿毗昙论》卷四的《分别摄品》中谈到各种相对法时，提及"心随转法，非心随转法"(T26:6647a)，"云何心随转法？谓若法[与]心共一起一住一灭。彼复云何？谓一切心法法。及道共(＝无漏)、定共(＝静虑)戒。彼心及彼法生住异灭。是名心随转法。云何非心随转法？谓若法[与]心不共一起不一住不一灭。彼复云何？谓除心法法及道共、定共戒。若余色。除心随转心不相应行。若余心不相应行心及无为"。这里也很清楚地说明了心心所法以及道共和定共戒之外其余的色法，即五根五境为非随心转法；在十四不相应行法中除去生、住、异、灭，其余十法(得、非得、同分、无想果、无想定、灭尽定、命根、名身、句身、文身)以及三无为法(虚空、择灭、非择灭)，也非随心转法。

下表：

五十一个随心转法

一、心所法四十六个

(1) 大地法十个：受、想、思、触、欲、慧、念、作意、胜解、三摩地。
(2) 大善地法十个：信、不放逸、轻安、舍、惭、愧、无贪、无嗔、不害、勤。
(3) 大烦恼地法六个：痴、放逸、懈怠、不信、昏沉、掉举等六法。
(4) 大不善地法两个：有无惭、无愧二法。
(5) 小烦恼地法十个：忿、覆、悭、嫉、恼、害、恨、谄、诳、憍。
(6) 不定地法八个：寻、伺、睡眠、恶作、贪、嗔、慢、疑。

二、心不相应行法四个

生、住、异、灭。

三、色法一个

两类无表色/业(有漏与无漏静虑律仪)

这里心所法作为“随心转法”应该很好理解。因为“心所法”系属于心工之法。从此含义上来看，“随心转法”与“心所法”非常相似，都可以说是心的伴随物，所以在英文中通常翻译为 thought-associates 和 thought-concomitants，associate 是伙伴和同事的意思，而 concomitant 也是伴随物的意思。所以，从这两个词的翻译上很难看出它们之间的区别。但我们从上面就可以清楚地看出“随心转法”的概念外延大于心所法(四十六个)，除了心所法之外还包括两种律仪(一种特殊的物质，有部称之为无表色)，和心心所法及律仪的生、住、异、灭四相。这四相就是有为法的特征，不论是精神方面的，还是物质方面的，凡是由因缘和合所造作的事物都具备这四种特征，在有部的七十五法中，除了三无为法(虚空、择灭、非择灭)，其他所有的法都具有这四种特征。由于心心所法与具有物质性质的有漏与无漏律仪都是有为法，因此，心心所法与色法绝对脱离不了生、住、异、灭四有为相的特点。

三、随心转法之建立

有部建立了五十一个随心转法，那么，建立这些法的理由是如何成立的？《梵本》(84：1—6)给出了如下解释：

katham ete cittam anuparivartante?

samāsataḥ kāla-phala-ādi-śubhatā-ādibhiḥ||51||

kālas tāvac cittena eka-utpada-sthiti-nirodhatayā eka-adhva-patitatvena caturthena| phalādibhir ekaphala-vipāka-niḥṣyandatayā| pūrvakas tv ekaśabdaḥ sahārthe veditavyaḥ|| śubhatādibhiḥ kuśala-akuśala-avyākṛta-citte kuśala-aku-śala-āvyākṛtatayā| evaṃ daśabhiḥ kāraṇaiś cittānuparivarttina ucyante|

译文：

如何这些法名为随心转？从时果善等[三类而言]。简略地说，从时间上来看有四个方面，[随心转法与心](1)同时生起，(2)同时安住，(3)同时消灭，并且(4)同时发生在一个时间段(或一世 adhvan①)。从果报等方面来看，[随心转法与心有](5)相同的果报(士用与离系)，(6)相同的异熟果，(7)相同的等流果。应知前面的"同/一 eka"表示[与心]俱有相同的意思。从善等方面来看，心是善、不善、无记，[随心转法也分别是](8)善，(9)不善，(10)无记。这样，从这十种原因上来看，这些[法]叫作随心转。

从上面引文来看可知，随心转法与心有三个共同点：

第一，这些法要随心转必须与心同时存在，从生起到消灭，乃至在某个时间段(或一世)。这里在生、住、异、灭四相中，上文没有提到"异"作为其中的一个共同特点，法宝《俱舍论疏》(T41：114b)做了说明，认为"生在未来，令法入现。住在现在，令法安住。灭谓灭入过去，各有胜能，是故别说。异相助灭，令法过去，无别胜能，是故不说。又解此文，言"住"即异之别名，约住明异"。其实"异"相本身就包括在生住灭的过程中，并且有些经论也谈生、住、灭三有为相，所以，随心转法与心只在生、住、灭三相上同时即可。

第二，随心转法与心有共同的果报。这个梵文复合词 ekaphala-vipāka-niḥṣ-yandatāyā 在翻译时可有二种译法：其一，一果者：异熟果或等流果；其二，一果、一异熟果、一等流果。这里的一/eka 就是相同之义，随心转法与心在果方面是相同的。但因为后文已明确说了由此十因(daśabhiḥ kāraṇaiḥ)名随心转法，所以，这里只能以最后一种译法为准。称友在其梵本《俱舍论释》中做了解释②：三种果报与心相同：第一是士用果(puruṣakāra-phala)和离系果(visaṃyoga-phala)，第二是异熟果(因与果异时，果不似因)，第三是等流果(因与果在性质上相似)。增上果(adhipati-phala，由能作因无障

---

① 梵文 adhvan 具有道路、轨道、旅程、路径、距离、地方、方法等意思。在佛教和耆那教的用法中有"时间"的意思。玄奘将 eka-adhva-patitatvena 译为"堕一世"。

② Yaśomitra: *Sphuṭārthā Abhidharmakośavyākhyā*, ed. Unrai Wogihara, Tokyo, Sankibo Buddhist Book Store, 1971, p.192.

碍，给予增上势力所得之果）没有包括在内，因为，此增上果与所有的果都具有相似性（sarva-sādhāraṇatvāt）。《顺正理论》（T29：418b）对“一果”的解释与称友的解释一致。

心与随心转法获得相同果报包括士用果、异熟果、等流果和离系果。前三果属于有为果，后一果是无为果，是以无漏智慧断除一切烦恼，远离有漏法的系缚，证得择灭无为的涅槃果位。从果寻因，随心转法与心必具有相同的因。在有部建立六因之中，除能作因（对法生起有帮助而不相障碍之法）之外，其余俱有因（共生因，互为因）、同类因（在善恶无记三性中之同一类别）、相应因（心与心所相互依存）①、遍行因（从同类因之烦恼法中区别出来，特指能遍行于一切染污法之烦恼）、异熟因（所造善恶身语二业能招感来生苦乐果报之业因）都和心与随心转有密切的联系。

心与随心转法互为俱有因（sahabhūhetu），不论是心对于随心转法，还是随心转法对于心，它们都是相互为因、相互为果。俱有因者，即诸法之间，同时存在，相互为因果，如三杖相倚，一杖为其他二杖之因，同时，其他二杖也必为此杖之因，此三杖产生同一结果。《发智论》卷第一（T26：920c）云：

> 云何俱有因？答：心与心所法为俱有因。心所法与心为俱有因。心与随心转身业语业为俱有因。心与随心转不相应行为俱有因。随心转不相应行与心为俱有因。

在三类随心转法（心所，不相应行，身语业）中，随心转身业语业即随心转色/业，即身语之无表色，或特指静虑律仪和无漏律仪（T27：81b）。上文只讲心与随心转身业语业为俱有因，但没有再反过来说，随心转身业语业与心为俱有因。这属于文句中的省略表述，但其句义明了，两者展转互为俱有因，因为两者同办一事，共生一果。此“随心转不相应行”特指十四不相应行法中的四有为相（生、住、异、灭）与心心所法和无表色互为

① 俱有因与相应因有相似之处，《大毗婆沙论》（T27：81b）说：“问：相应俱有二因何异？有说：无异，一刹那受与想等法为二因故。是故于此，应作是说：若相应因即俱有因。有俱有因非相应因，谓不相应俱有因是。如是说者，二因有异，虽依一法而义别故。问：若尔，二因有何差别？答：名即差别，谓名相应因名俱有因。复次，为伴侣义是相应因，同一果义是俱有因。复次，同一所依、一行相、一所缘义是相应因。同一生、一老、一住、一灭、一果、一等流、一异熟义是俱有因。复次，如执杖义，是相应因；如执杖已，有所作义，是俱有因。复次，如连手义，是相应因；如连手已，渡暴河义，是俱有因。复次，相随顺义，是相应因；不相离义，是俱有因。”《俱舍论》（T29：32c）说：“相应因体即俱有因。如是二因义何差别？由互为果义立俱有因，如商侣相依，共游险道，由五平等，共相应义，立相应因。即如商侣同受同作食等事业，其中阙一皆不相应，是故极成互为因义。”

俱有因(T27:81c),而无想定、灭尽定、无想天三法是无心之状态,不可能与心之间互为因果关系。

心与随心转法互为伴侣,同一所依,同一行相,同一所缘,它们彼此相应,相互依存。这即为两者的相应因。由此俱有和相应二因之作用而引发士用果(由人的作用所产生的结果)。在这五因四果之中,离系果不在五因之内,因为此离系果是由无漏智慧证得无漏的涅槃果报。在五因中,遍行因与同类因通于过去与现在二世,但不通于未来;而异熟、相应、俱有通于三世。见下五因四果表:

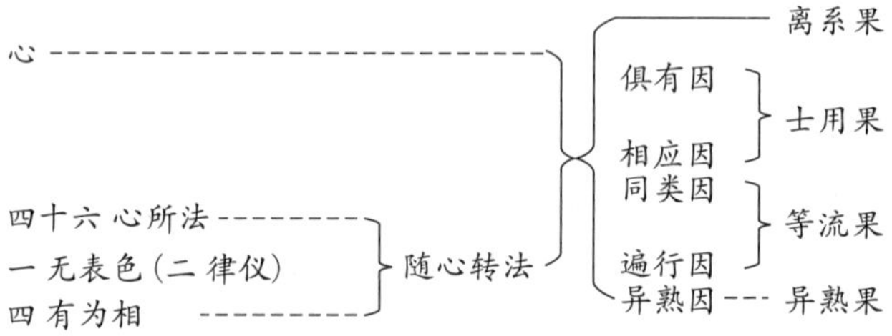

第三,从善、恶、无记三性上来看,随心转法与心必须是同性的,心是善,随心转法也必须是善;心是恶,随心转法也必须是恶。这属于同类因和遍行因的范畴,由此二因可引发等流果,其因是善的,所获得的果报也是善的,如此善恶无记等流相续。

上面已谈到随心转法的概念外延比心所法的外延要大。心所法之所以成为心所法,根据有部的解释,主要是心与心所(caitta/caitasika)之间有五个共同点或者平等关系[①],即其一,心与心所有共同的所依根(依平等);其二,它们有共同的所缘对象(所缘平等);其三,它们在取所缘境,能获取相同图像,获得相同的认识(行相平等);其四,它们在生住灭过程中是同时(时平等);其五,它们共同做一件事情,在产生作用的同一刹那,其实体相同(事平等)。随心转法在功能上与心王同时、同果和同性,而心与心所的关系也必须是同时、同果和同性的。心与随心转法的关系可见下图:

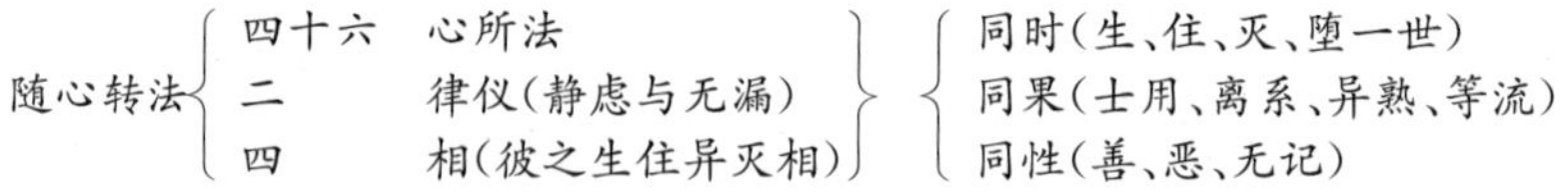

这里不同的是,在讨论心与随心转法的关系中,不讨论所依、行相、所缘、事平等的关系,因为在随心转法中,四有为相没有这些功能,在概念的范畴上必须要延伸放宽,否则就如心与心所的关系一样,而无法区别心与随心转法的关系。

---

① 大乘唯识宗则认为心与心所之间有四义(所依、所缘、时、事)平等。

四、随心转法：静虑律仪与无漏律仪

（一）无表色/业

在五十一个随心转法中，静虑律仪与无漏律仪有别于心所法，属于色法之一，是无表色的范畴，在十二处中，不放在色处，而放在法处，在十八界中纳入法界之内。因此，在探讨二律仪之前，首先要对“无表色”这一概念做一个扼要的介绍。根据世亲论师的定义：存在于乱心或无心位，依四大种所生的净（善）或不净（不善）的一种随流（anubandha）就叫无表色。①乱心是指前后念心的性质不同，如前念是善的，后念是恶或无记的。如果前后念心的性质是一致的就叫不乱心了。无心位是指人入无想定或灭尽定中。随流就是前后相似相续。世亲把“无表色”定义为一种“随流”，而众贤论师批评此定义不准确，不能完全表达“无表色”的特征。首先初刹那不能称为相续，其次“相续”是个假名，而非实体，把“无表色”定义为非实体，违背了阿毗达磨的宗旨，又由定所引发出来的色法不能在乱心和无心位随流，这就不应该是“无表色”了。众贤论师给出了他自己的定义：

作等余心等　　及无心有记
无对所造性　　是名无表色

这就是身口造业之时有一种可记别的善恶无障碍（无对）的物质会随后存在于心或无心位中。这物质就叫无表色。众贤论师总结说：“依止身语表业差别，及善不善心等差别，所生无碍善不善色，是名无表。”称友论师在《俱舍论释》（*Sphuṭārthā Abhidharmakośavyākhyā*，30ff）中对众贤论师的定义进行了反驳，并支持世亲论师的定义。②无表色是依大种生起的一种特殊的、不可见、无障碍（不占有空间）、无执受的色法，由非极微（paramāṇu）组成。众贤论师说无表色“非可积集，体非极微，不可聚故”③。有学者对玄奘译的“言无表，大种所造”和“大种所造性”④理解为“无表色本身

---

① Pradhan ed., *Abhidharmakośabhāṣyam of Vasubandhu*, p.8: vikṣiptācittakasyâpi yo 'nubandhaḥ śubhāśubhaḥ/mahābhūtāny upādāya sa hy avijñaptir ucyate.玄奘译为“乱心无心等，随流净不净，大种所造性，由此说无表”。

② Bhikkhu KL Dhammjoti: *Sarvāstivāda Abhidharma*, p.379.

③ 《顺正理论》,《大正藏》第29卷，第357页下。

④ 玄奘法师译文“大种所造”和“大种所造性”都是来自梵文 mahābhūtāny upādāya，即“依著大种”的意思。《梵本》，p.34:01。

是四大所造的"[1],"无表色是极为微细的色,可谓大种所造的细果"[2]。笔者更愿意理解为,无表色非大种所造,而是依大种而生(mahābhūtāny upādāya)。"依大种"与"大种所造"两个概念相差很大。虽然《大毗婆沙论》(684c)有"有未来表所起无表,唯为现在大种所造"的表述,笔者对此文句还是持怀疑态度,因为《大毗婆沙论》(T27:390a)也说:"无表自体虽无变碍,而彼所依有变碍,故亦名变碍。所依者何?谓四大种。所依有变碍,故无表亦可说有变碍,如树动时影亦随动。"这表明无表色是依四大种,而非说四大所造。

无表之所以称为色是因为佛经说有"无见无对色"。无表色要成为业,必须是从善业与恶业两个方面来建立的。根据佛陀的教法,业可分为身、语、意三业/行为(karma)。有部又把身业及语业分为表业与无表业两类,而意业因为不表现于外部,所以没有表与无表的区别。以身体发出动作之业是形色(物质),以嘴巴发出语言之业是声音(物质)[3],这就是表业,我们能看见,能听见。因为瞬间能看见身体造的业和可听见从口发出的业都属于物质,所以又可称为表色。由于表业出现之后刹那间就会消失,所以,它们所产生的能引发果报的业力就会以一种看不见的形态持续存在下去。这种在身口二业发出后,其背后存在的那种无形无声的善恶力量就叫作无表业(avijñapti-karma),而无记业就不可成为无表业,因其势力微弱,不能引发业道。《俱舍论》(玄奘译,T29:3a)说:"无表虽以色业为性,如有表业,而非表示令他了知,故名无表业。"虽然无表色属于"无见无对"之色,但它的所依四大种(地、水、火、风)是有对(有障碍)之色。由于以形色组成的身业和以音声发出的语业都属于物质,所以,无表色也看成是物质形态的存在,如树与影子的关系,树是物质,树影也是物质。平川彰解释说:

> 无表业是已消灭的表业改变形态而持续其力量,机会一来此力量就以"果"出现。所以无表业是因与果的媒介者,只是在此为无表业而视为物质的存在这一点,具有说一切有部的特色。但是这是眼所看不见的存在,所以不是由极微

---

① 杨勇:《〈俱舍论〉业思想研究》,北京:宗教文化出版社,2010年,第60页。另见何石彬著《〈阿毗达磨俱舍论〉研究:以缘起、有情与解脱为中心》,北京:宗教文化出版社,2009年,第138页。释宗平:《说一切有部无表色功能之探讨》,《圆光佛学学报》2000年第5期,第182页。另见丁福保编《佛学大辞典》,赖永海编《中华佛教百科全书》,星云大师监修、慈怡法师主编《佛光大辞典》中的词条"无表色",都被解释为"由四大种所造"。

② 杨勇:《〈俱舍论〉业思想研究》,第109页。

③ 《阿毗达磨大毗婆沙论》(T27:634c):"当知身表是形非显。语表是声亦非显色二种。"

组成的。①

无表业作为因与果的媒介，其重要性可想而知。在有部理论中，没有无表业，似乎业力相续的学说就很难建立。因为经说“有福增长”（puṇya-vṛddhi）。善男善女们成就依靠福业，不论是行住坐卧，还是在乱心位（善、恶、无记业相互转换时）或无心位（入二无心定），福业恒时相续，逐渐增长。如果没有无表业，在乱心或无心位时，福业增长无所依靠，就不能成就道业。为了更好地理解无表业，现在将身、语、意三业与表无表的关系概括如下：

思业 —— 意业 —— 没有表与无表业

思已业
- 身业
  - 善恶身表业 —— 可见 —— 刹那灭
  - 善恶身无表业 —— 不可见 —— 相续
- 语业
  - 善恶语表业 —— 可听见 —— 刹那灭
  - 善恶语无表业 —— 不可听见 —— 相续

可见身语表业是可见可闻，刹那而灭，不可相续的，而唯有二无表方可继续传递善恶之业力。

（二）律仪作为无表色/业

由善恶表业所产生的无表业有三种：一律仪，二不律仪，三非律仪非不律仪。“律仪”就是梵文 saṃvara，其原意有阻止（keeping back）、停止（stopping）等意思，在佛教中有克制、约束（restraint）、自制和忍耐（forbearance）等意思，汉译为律仪。能抑制和消灭恶戒相续（dauḥśīlyaprasara）者，叫作“律仪”（《梵本》：205：15）。即人受戒之后能防护身三（杀、盗、邪淫）语四（虚诳语、离间语、粗恶语、杂秽语）的过失，这就是律仪的作用，属于善业。“不律仪”者是恶戒，发誓而作恶止善，如以杀盗为生的职业。“非律仪非不律仪”者，谓在律仪与不律仪之中间，或者说介于恶与善的中间，又作“处中”，在没有发誓愿的情况下，所生起一时的善或不善心，或采取某种行动，因其善恶势力微小，所以称为处中善恶，其体既不会产生善之无表业也不会产生恶之无表业。

律仪又分为三种：别解脱（prātimokṣa）律仪（欲界戒）、静虑（dhyāna）律仪（色界戒）、无漏（anāsrava）律仪（无漏戒）。②别解脱律仪属于欲界的戒律，是佛弟子，发起出离心，经

① 平川彰著、庄昆木译：《印度佛教史》，台北：商周出版社，2004 年，第 170 页。

② 《大毗婆沙论》（T27：251a&643c），另外又说四种律仪，前三律仪之后加断律仪（T27：84a& 621c）。

过受戒仪式，发愿受持佛陀所制的不同类别的戒律而分成八种不同的级别。①受戒之后，对于戒条在记忆里留下深刻的印象，以后遇缘对境，就会起到防止恶行的作用，名为别解脱戒。静虑律仪或称静虑生（dhyānaja）律仪，属于色界之戒。静虑者，禅之异名。②无漏律仪是见到真理的学与无学的圣者，于定中远离了烦恼，由无漏作意力所得之无漏戒。法光认为，有部论师把从身语的无表业到无表业作为律仪有一个逐渐的转移（shift），但这种转移的重点也从来没有掩盖其无表业的性质。③从现有的文本来看，似乎这种转移是在对概念的诠释方面的转移，而无法辨别在时间上有前后关系的转移。这也许是有部论师在刚开始创造"无表"这个概念的时候就已经设计好了，应该包括身口无表业，以及发愿受戒和禅定所产生之律仪无表色，此概念从无表色转为律仪，其外延扩大，但没改变无表色本身作为传递善恶业力和延续发愿持戒的功能。

（三）二律仪的生起与退失

静虑与无漏律仪都是从三摩地所生（samādhijā）的随心转法，而别解脱律仪则非随心转法，因为它存在不善与无记心，以及无心状态，并且别解脱律仪唯在欲界，虽然受戒之人最初发愿时的心是善的，但在受戒之后还会存在不善和无记的念头。别解脱律仪不与心俱生俱灭，不与心同果、不与心同善恶。而静虑律仪则由有漏四根本（maulīya）或四近分（sāmantakīya）静虑地之心（citta）而得，因为在此（禅定中）静虑律仪与心同时生起

---

① 玄奘译《俱舍论》（T29：73a）解释："别解脱戒通初后位无差别名。唯初刹那表及无表得别解脱及业道名。谓受戒时初表无表。别别弃舍种种恶故。依初别舍义立别解脱名。"别解脱律仪（prātimokṣa-saṃvara）是欲界的戒律，共有八类：比丘（bhikṣu）、比丘尼（bhikṣuṇī）、式叉摩那/正学（śikṣamāṇā）、沙弥/勤策（śrāmaṇera）、沙弥尼（śrāmaṇerī）、优婆塞/近事（upāsaka，男居士）、优婆夷/近事女（upāsikā，女居士）、近住（upavāsa，受三皈，一日一夜受持戒者）。其实体只有四个：比丘、沙弥、优婆塞、近住，而其他四种律仪都是以四律仪而建立的（参见《梵本》，p.205—206）。《大毗婆沙论》（T27：643c）提到以别解脱律仪建立七众，没有提到"近住"一词。在三种律仪中，七众依别解脱律仪而建立，不依静虑和无漏二律仪，因为以别解脱律仪属于欲界的戒律，是渐次而得，渐次安立。如能受持五戒，远离四性罪（杀、盗、邪淫、妄语）一遮罪（酒）就是男居士。如果能进一步远离四性罪多遮罪（不饮酒，不着华鬘好香涂身、不歌舞观听、不坐高广大床上、不非时食、不捉钱金银宝物）就称为沙弥（śrāmaṇeraka）。如果能远离一切性罪一切遮罪就叫作比丘和比丘尼。七众不能依静虑与无漏二律仪建立，因为这种律仪是顿得、顿起、顿安立。另外，静虑与无漏二律仪通上二界，其中前者又通内外道，而后者唯属于圣者。

② 参见惟善著《说一切有部之禅定论研究——以梵文〈俱舍论〉及其梵汉注释为基础》，北京：中国人民大学出版社，2010年，第40页。另见惟善著《梵文"dhyana"之汉译与"禅"字读音演变考》，载方立天编《宗教研究》（2010年号），北京：宗教文化出版社，2011年，第101—109页。

③ Bhikkhu KL Dhammjoti：*Sarvāstivāda Abhidharma*，p.528.

(sahabhūtatvāt)。无漏律仪由无漏根本或近分静虑地之心而得，在此(禅定中)无漏律仪与心同时生起。这里的“无漏根本或近分静虑”指的是六无漏静虑地：未至定(anāgamya)、中间静虑(dhyāna-antara)和四根本定，而后三近分静虑不是无漏(《梵本》：211.22—211.30)。相对而言，无漏的反面就是有漏。虽然静虑与无漏二律仪都是从三摩地所生，但静虑律仪是有漏的，因为在那里还有烦恼所系缚。而无漏律仪是圣者入于无漏静虑时，发出可防非止恶的戒体，这两者之间事实上是静虑的有漏与无漏的差别。

静虑与无漏二律仪不可能一直存在，它们有退失或消失的阶段。根据《梵本》的解释：(1)静虑律仪的退失要符合以下两个条件之一：第一，通过在色界四禅之间的转换(saṃcāra)，也就是说从下地生上地，或者从上地生下地时，这时原来的静虑律仪会丢失。因为在不同层次的转换过程中，其心非在定中；第二，由退转(hāni)而丢失，是指获得了殊胜的禅定之后，在退失禅定时，静虑律仪也会退失。(2)舍弃无漏律仪要符合以下三个条件之一：第一，由得果而舍，即得更高的果位时，舍弃前面的圣道(pūrvako mārgaḥ)；第二，由练根(indriyottāpanā)①而舍，即在练根位时，由舍弃钝根之道(mṛdvindriya-mārga)而获得了利根之道；第三，由退转而舍，即退失上品道果或胜果道(《梵本》：224.19—225.02)。这里众贤论师认为应该是说二缘退，得果包括在练根之中，因为修行者在练根位必定已得果位，弃舍了钝果道与胜果道(《顺正理论》：T29：566c)。

（四） 三界与随心转色

在三界中，欲界的无表业来自身语表业，其无表业又包括善的别解脱律仪，恶的不律仪，以及无法决定之善与恶的处中律仪。《大毗婆沙论》(T27：622c)解释说，别解脱律仪不是随心转法，因为随心转法必须是细而轻，不为恶戒所损伏，其势用捷利，能随心运作，而别解脱律仪粗而重，为恶戒或有害意乐所损伏，其势用蹇钝，不能随心运作。欲界的善别解脱律仪和恶的不律仪都不能随心转，所以在欲界的无表色不能随心转。

而在色界的静虑与无漏二律仪是随心转法，从禅定所生，其特征细而轻，不为恶戒所损，势用捷利。另外，禅定所生律仪不需要依靠表业，表业与律仪没有直接联系。因为色界表业由寻伺心所引起，而寻伺心只存在于初禅近分定和初禅根本定，到中间定唯有伺而无寻。二禅根本定以上寻伺俱无，既无寻伺心所就不能发表业，所以，二禅以

① 梵文 indriyottāpana 与 indriyasaṃcāra 意思相同，玄奘译为“练根”，英译为 the perfecting transformation of the faculties。参见 Sangpo's translation, *Abhidharmakosabhasya of Vasubhandu*, II, p.1368。这是指在加行位中之修行者，调练其根性，使成胜根。与转根、增进根同义，即借助修道的力量，令根相续，或舍下而得中，或舍中而得上，渐次增胜，称为练根。

上身语表业全无。中间定以下至初禅近分定，虽然有寻伺，但非殷重勐利，所以，不能从其表业引发身语无表业。无色界只有四蕴，受、想、行、识，而没有色蕴，所以无色界不仅没有身体，没有身语表业，也没有定所生之身语律仪，因为律仪是要依四大种（地、水、火、风），依物质而住。当然，无色界是否有色，在部派佛教中有很多争论，如分别论者、大众部、化地部都持无色界有细色之说，而应理论者或有部论师认为无色界绝对无色，因为有经说，寂静解脱，超越诸色是无色界。有部进一步说明是因为无色界无有随转色（anuparivartaka-rūpa-abhāvāt）。[①]这就肯定了无色界无律仪，无无表色。

欲界身语表业——无表业	别解脱律仪——善		不随心转色
	不律仪———恶		
	处中律仪——善/恶		
色界禅定所生——无表业	静虑律仪———善		随心转色
	无漏律仪———善		
无色界无色定——无身语——无无表业——无律仪——无随心转色			

五、 心与随心转法在生命相续中的功能

在佛教中，一切有为法都有生住异灭的四种特征，也正因为如此，才会有“诸法无我，诸行无常”的高度概括。轮回和相续都是佛教理论中最为核心的教义之一。轮回一般指的是三世轮回。而三世（tryadhvan/trikāla）本身就是一个相对的概念，首先从较长的时间概念来分类，可以理解为有情的一期生命，从入胎到死亡的一个时间段为一世，以现世生命作为一个点，那么前期生命从生到死，还没有投生到今世生命体之前都可称为过去世或前世；在现世生命体结束后，将继续投生到下一世生命体，那就是来世。所以无始以来，有情的生命相续，就在无穷无尽的三世轮回相续，永无解脱。因为三世是个相对概念，世可长可短。从最短的时间概念来看，可分为过去刹那、现在刹那和未来刹那，前念、当念与后念皆是三世。世者迁流之义，有为法，一刹那之间，生了即灭，灭了即生。生了为现在世，灭了为过去世，来生为未来世，由此假立三世。虽然有部主张一切法“三世实有，法体恒有”，其中无为法不生不灭，而有为法则念念生灭。从生到灭，从灭到生，这中间如何来相续就成了要解决的问题。《大毗婆沙论》（T27：310a）将“相续”分成五种：（一）中有相续（有情死后在投生到下一世生命体之前的一个阶段的相续），（二）生有相续（中有死亡后投生下一世生命体第一刹那开始到生命结束

---

① 有关无色界是否有色的详细辩论，请参见惟善著《说一切有部之禅定论研究——以梵文〈俱舍论〉及其梵汉注释为基础》，第 114—131 页。

的相续），（三）时分相续（从入胎到出生，从少年到中年乃至老年的分期的相续），（四）法性相续（善恶无记法之间的相续），（五）刹那相续（时间上的最小单位前刹那与后刹那相互连接的相续）。在此五种相续中，前三者都可总摄于法性和刹那二种相续中，法性相续也离不开刹那相续，因一切法皆刹那生灭。心与随心转法包含在法性和刹那二相续中。从心与随心转法，以及不随心转之无表色的功能上，笔者试图将有情的相续概括为四条相续线。

第一条相续线是心与心同类相续（包括心所），前念心与后念心连接，前念心灭作为后念心生起的等无间缘①，前念心灭之时即后念心生之时。这样的相续必须是心在善恶无记三性中，前后二念心的性质是同类。这在三界中，欲界可分前后善心等流相续、不善心等流相续和无记心等流相续，而在上二界唯是善心和无记心等流相续。

欲界心
- 善心等流相续——延续善无表色/业——引生善异熟果
- 不善心等流相续——延续恶无表色/业——引生恶异熟果
- 无记心等流相续——无无表色——不引生异熟果

上二界心
- 善心等流相续——引生善异熟果
- 无记心等流相续——无无表色

第二条相续线是心与心异类无间相续（包括心所）。异类者，即善恶无记业相互转换，前念是善，后念可能是恶或者是无记，前念是恶，后念可能是善或无记，前念是无记，后念可能是善或恶。在这种前后不一致的相续中，就必须要有个助手加入，帮助传递前念的善恶业力。这个助手就应该是无表色，欲界的无表色不随心转，前念善心灭，生起下念不善心时，此无表色要承担前念善业相续不灭。前念不善或无记心灭，生起后念善心也是如此，在此异类相续中，不随心转无表色应该是承担转载善恶业力的工具。如下图所示：

① 指由前念之心法灭时让路引生后念心法之作用。所谓“等”，谓前念灭，后念生，前后二念心的体用等同。不仅前念与后念的心与心所的数目一致，而且前后念心与心所的性质也必须是一样，前念是善的，后念也一定要是善的。前后二念之间，念念生灭，刹那相续，无有间隔，称为无间缘。但从《顺正理论》来看，等无间缘应该有两个解释：一、相杂等无间缘，二、同类等无间缘。前者引文是“由开避理，同类异类，皆有此能，与处牵生，力无别故。诸心心所，随其所应，同类异类，皆能引起，许皆能作等无间缘，于教及理并无违失”。后者认为“又应贪等等无间缘无间唯生贪等烦恼，则善心等，无容得生；如是信等等无间缘无间，唯应生于信等，则染心等，无容得生”。众贤应该是支持前者，对唯执同类相续者持批评态度。

第三条相续线是心与无表色(身口善恶无表业)辗转相续,前念心传递业力到无表色,无表色可再将业力再次传递给下一念心。这是人在欲界入二无心定和善恶乱心的状态下进行的相续。行者入二无心,所有心心所暂时消灭。

行者有心位入→[无想定 / 灭尽定]→[不随心转无表色 / 灭心心所位]→出定

第四条相续线是无表色与无表色相续,这是在心相续中断时,即在心念中断之前的一刹那把传递任务交给无表色,然后由无表色承担这项任务,后刹那无表色续前刹那无表色,直到下一念心(可能时间很长如二无心定,也可能很短如善恶心刹那交替时)生起时为止。至于无表色承担转载业力的功能,在欲界入二无心定,不随心转无表色可以承担心传递善恶业的功能,而在人出生在色界入二无心定,色界的静虑和无漏律仪无表色就不能承担这个重任,因为这个定生无表色与心同生同灭,色界有情入二无心定,灭心心所法的同时,也灭静虑与无漏律仪。又因为色界身语表业依初禅或未至定,而身语无表业依四禅或未至定(T27:860c)。这明显谈到色界四禅有身语无表,此无表非从身语表而来,而应该理解为是对过去之身语无表和定生无表的相续,在色界二无心定中没有任何别的东西可用来保存和相续过去无表业,但从等无间缘的角度来看,也是可解释的:

> 根据《梵本》修观者进入灭尽定和无想定时,他的心已经断灭了,没有任何意识的存在和相续。然而,入定只是一个暂时的修行阶段,到了某一时间他要从定境出来,这样就要面临一个逻辑问题,前念心已灭很久,出定之后的下一念心从何而来? 这个问题和无色界是否有色所遇到的问题类似。①

有部建立等无间缘的功能可以解答心心所暂时断灭,下次从前念心再生起。不论行者生在欲界还是色界,还是入二无心定都可回答前心续后心,业力不断的问题。

除了心与心相续的问题,还有色与心、心与色相续的问题。毗婆沙师在谈论色心相续时说:"于三界死生往来,或色续色,或色续无色,或无色续无色,或无色续色故。"(T27:432a)这里的"无色"可指无色界和精神世界的心心所法,无色界本身就是唯有心心所的存在,而没有色法的存在。三界生死往来中的"色续无色"及"无色续色"是指有情于欲色二界死亡后,生于无色界或反过来从无色界死亡后,生于欲界或色界,并不是

---

① 惟善:《说一切有部之禅定论研究——以梵文〈俱舍论〉及其梵汉注释为基础》,第179页。

说从心中可以生色，或从色中可以生心。经部的观点不同，认为色心辗转相续，除了色与色、心与心相续之外，还有色与心、心与色的相续。《梵本》(p.72：23—24)解释说：

anyonyabījakaṃ hy etad ubhayaṃ yaduta cittaṃ ca sendriyaśca kāya iti pūrvācāryāḥ|

译文：

先轨范师认为：“此二(法)互为种子，即心与有根身。”

这也就是说色心互为种子，从色法可生起心法，从心法可生起色法。普光认为先轨范师是经部师①，《俱舍论记》(T41：100ab)解释说：

如生无色界色久时断，如何于后色复得生？彼生定应由心中色种子生，非过去色生。此即举例，如是出定心亦应然，由定内有五根身中有心种子，生出定心，非由过去定前心起，故彼经部中先代诸轨范师咸言，心身二法互为种子，心亦从此有根身更生，不从心生。何以故。此二更互为种子，谓心及有根身，宿旧诸师皆说如此。

对于经部师来说，他们本来就不承认有任何色心分离的有情。有情生命体之色与心是相互依存，不可分离的。如果真的像有部所说的那样，有绝对无心的“二无心定”和绝对无色的“四无色界”，有情的生命相续也不成问题。他们认为无色界的人投生到下界，其色身可以从心生起，而不是从色生起。同样之理，修观者出无心定之后，心理活动的出现也是如此，从五官俱全的“有根身”(物质身体)生起，而不是从心生起。由于经部否认三世实有，所以说此心和有根身可以互为种子，以种子说来保证色心相互生起的作用。经部的这一立场除了在《俱舍论》和普光《俱舍论记》提到外，在世亲《大乘成业论》中也提到以色根种子力，生起后心(T31：783.3)。而毗婆沙师的看法不同，他们认为过去的心可以作为下一念心生起的等无间缘(即前念心的息灭可以为后念心生起留下位子)。因为过去心仍然存在(atītasyāpyastitvāt)，这可能是像一束穿越时空的

① 但Frauwallner说先轨范师是无著(Asanga)，袴谷宪沼说先轨范师可能是瑜伽师。

光线，入二无心定时，光线被挡住了，等他出定之后，此光线继续往前穿越。①

- 心法——主体——具有与随心转法共同传递业力的功能——以等无间缘，念念相续
- 随心转法
  - 四十六心所法
  - 定生无表色（静虑与无漏律仪）
  - 彼之生灭等相

  ——具有与心共同传递业力的功能
- 非随心转色——欲界无表色——具有独立传递业力的功能（入二无心定时）

可见，在有部的教义中心不能单独传递业力，因为心的生起和相续至少有思等十个遍行心所。若人在欲界，心是善的，其心所就是二十二或二十三个，若心是不善的，就有二十或二十一个心所。②因此，可知心的相续不是独立的，而是与伴随其相应的随心转法一起相续，其随心转法的数量可多可少。上面谈到思业（cetanā karma，真谛译为意业）和思已业。所谓思业，作持业释（karma-dhāraya）解，思就是业（T27：589a）。当说心相续传递业力时，随心转法之思等心所就必定在一起，而且两者是平行关系，而不可相互交替。

六、小　结

随心转法作为有部的创新理论之一，是七十五法中的再次分类，包括色法、无表色、静虑与无漏律仪二类无表色，四十六个心所法，以及它们相应的生住异灭四相，从实体讲，有五十一个法。而这些法中，特别强调的是，作为无表色的静虑与无漏二律仪与心同生同灭，同果报，同善恶。从一方面讲，也补充了心与心所在五事平等（所依、所缘、行相、时间、事物/实体）的内容，进一步明确了心与心所之间的关系是同果报、同善恶。心所作为随心转法，是心所随心转，或随心转心所，这里突出心王作为主体作用，而心所是其伴随者的关系。而静虑、无漏二律仪作为无表色/业，是色随心转，或随心转色，其主体是心王，二律仪是伴随物。从有部的理论看来，在生命的刹那生灭相续过程中，其业力与福德完全靠心与心所的相互依存在逻辑上是不够完善的，因为在欲界的善、恶、无记三业相互转换的过程中，不能完成不同类别的业力相续，如前一念的善心有功德，应有善报，然而下一念是不善心，应感受未来恶果。在这前后相续的过程中，善恶业力出现相互交替，不能在心中得到同一类持续，善的一直是善，恶的一直是恶。因此这里必须要建立一个法来承担在断缺时间中去保存善恶之业。这就是无表

---

① 惟善：《说一切有部之禅定论研究——以梵文〈俱舍论〉及其梵汉注释为基础》，第 179 页。

② 同上书，第 94—95 页。

色/业要承担相续的作用。再从深层次去理解随心转色,可发现人进入禅定后,戒、定、慧三学也是同生灭、同果报、同善恶。戒是静虑律仪和无漏律仪,属于随心转无表色,而定(samādhi)与慧(prajñā)都属于心所法中的十大地法,与心的关系非常紧密,时时刻刻与心伴随在一起。静虑与无漏二律仪本身来自禅定,而它们表现出来的是一种无表色,与心共生灭,共果报,共善业。根据有部对禅的定义,通过禅修,能寂静审虑,审虑就是实了知,心在定能如实了知。禅定中的审虑与如实了知就是慧的功用,所以在四禅中,定与慧同时共存,是随心转法。

三学
- 戒——欲界别解脱律仪——不随心转无表色
- 定——四禅——静虑律仪与无漏律仪——随心转无表色
- 慧——在三界皆随心转

这里的静虑与无漏二律仪属于戒律的范畴,具有防非止恶的功能,唯在入四禅或生色界四禅中存在,出禅定即灭。在禅定中,定与律仪不可分离,定中有戒,戒中有定,这里的戒更像是心法中的一个元素。

从另一方面讲,我们也看到,随心转法也是刹那生灭的,它们之间的相续可以概括为四条相续线,心与心同类相续,心与心异类相续,心与无表色相续,无表色与无表色相续。其中心与无表色交替相续只能发生在欲界,因为欲界的心与色两者不是同时生灭的。这四条相续线,相辅相成,起到了保存和传递善恶业力与发愿持戒的力量,保持了现世生命中的业力和愿力不会丢失。然而,其生命结束时,现世的随心转法就不起传递业力的作用了。为了解决从死到入胎这个阶段的相续问题,有部又发明了另一个词汇“中有”身,来继续传递过去世善恶业力直到来世生命的出现,而不随心转无表色和随心转无表色只是现世生命中具有保存和传递业力与愿力的工具。这是有部论师对业力相续理论的创新点之一。当然这个相续的理论很复杂,也有争议,特别是对表业与无表业的建立,各部派都有不同的意见,如正量部在谈到表业时,认为这是一种运动(gati),而譬喻师和经部都不承认有表业和无表业,一切业都以思为体,是思的产物,思本身就是心的一个功能而已。《成实论》则主张意识有无表业(无作),属于非色非心所摄(T32:290b)。在生命一期相续中,身心刹那生住异灭,业力如何保存,如何传递,在部派佛教和大乘佛教的论典中都有各自不同的诠释,但要系统地整理出来,并非一两篇文章能解决的问题,故本文暂止于此。

民国“旅沪韩商”玉慧观居士多元身份考

张雪松*

在20世纪20年代末30年代初，玉慧观是太虚大师的重要护法，积极支持太虚大师的佛教革新运动。1933年玉慧观居士去世次日，“八月二号太虚大师在庐山接到上海沈仲钧居士来电，谓‘玉慧观居士被暗杀亡’。噩耗传来，大师悲甚；函本社（海潮音社）、武昌佛学院及汉口正信会念佛超度并追悼之。书横额一幅勉励正信教徒云：‘应励勇精进佛教之新事业，以继续慧观居士之愿行，证法身无量寿，常处净土！’”①。

玉观彬（慧观）一生履历十分复杂，祖籍云南昆明，1891年出生于朝鲜平壤，早年为基督徒，在报馆工作，积极反日，宣扬朝鲜独立；因“寺内总督谋杀未遂事件”入狱五年，出狱后开始经商。1919年“三一运动”后来到中国，定居上海。在上海还参与大韩民国临时政府的活动，后主要经营贸易，成为富商。1924年在上海入伊斯兰教，撰写《中国回教振兴策》，1926年皈依太虚大师，积极参与太虚大师领导的各项佛教革新活动，撰写《中国佛教振兴策》，并积极兴办佛化事业，创建佛慈药厂，成为太虚大师的左膀右臂。1933年在上海被韩国锄奸团暗杀。本文以太虚大师与玉慧观交往为切入点，探讨民国玉慧观居士的多元身份。

一、 玉慧观的声明与第三届中国佛教会之争

1931年6月2日，上海《申报》第六版“广告”内刊出一则署名太虚和玉慧观宣布退出中国佛教会的声明：

宣布退出中国佛教会

中国佛教会第三届全国佛教徒代表大会，虽通过余之会务提案，而认款才及其半，续任本已勉强。但月余以来，余与各常委尽力执行大会及执委会交下各决议案，并抵销国民会议中之《庙产兴学提案》，提议保护汉藏蒙教寺僧，且接洽党部

* 张雪松，中国人民大学佛教与宗教学理论研究所副教授。

① 守志：《追悼玉慧观居士大会纪事》，《海潮音》第14卷第9号“特载”，第129页。

立案，与筹办养成所，亦悉就绪。为众服劳，不逾不懈。乃各方既鲜遵照决议缴款，以示尊重大会及执委会之决议，且有构散匪语鼓惑破坏者，因特宣布退出中国佛教会，以明今后之责。

民国二十年六月一日　太虚、玉慧观附议退出。

但三日后的6月5日，上海《申报》第五版“广告”内又刊出署名玉慧观的更正负责声明：

玉慧观负责声明

六月一日于上海《申报》上所登之太虚大师《宣布退出中国佛教会》广告，系慧观奉师命代登而未经大师校正者，故其文意有未妥之处，且排印时更多误字，爰特负责，声明取销。

印顺导师的《太虚大师年谱》亦曾提及此事：“六月三日，大师鉴于事之难行，亦于（《申报》）声明辞职（《黄钟》）。”①但太虚大师所发的声明是退出中国佛教会，而非辞去中国佛教会执行委员等领导职务的“声明辞职”，而且《年谱》未提及三日后玉慧观发布“声明取销”之事。另外，该声明撰写于六月一日，在《申报》发表的时间是六月二日，均非“六月三日”。印顺导师依据的《黄钟》，是云南、四川等省佛教会攻击黄健六、挽留太虚大师的函电等相关资料汇编本。声明中“且有构散匪语鼓惑破坏者”即指黄健六等人。1931年第三届中国佛教会新旧派别的激烈斗争，在近代中国佛教史上是重要的历史性事件，其渊源需加以说明。

1928年5月太虚大师倡议成立全国佛教统一机构，并公开发表《发起全国佛教代表会议的提议》②，其中第三章第一条：“成立一全国统一永久的法定佛教团体，其会名及大纲，由大会议定。推举起草员起草章程，再经大会通过，呈请国民政府及内政部批准施行。”第十一条：“假定全国佛教统一团体，曰‘中国信佛民众会’或‘中国佛教会’首都设中央部，省设省部，县设县部，以为决议执行一切佛教事业之法团。”

北伐胜利后，国民政府定都南京，太虚大师在南京毗卢寺拟发起成立“中国佛教会”，后因蔡元培等国民党要员认为当时不便提倡佛教，以设立佛学会为宜，在各方协调下，更名为“中国佛学会”。1928年7月3日《申报》以《中国佛教新运动》为题，对此

① 释印顺：《太虚大师年谱》，北京：中华书局，2011年，第210页。

② 参见《申报》1928年6月17日，第16版。

进行报道:“中国佛教新运动领袖释太虚,有发起全国佛教代表会议的提议,曾载本报。端午日蒋总司令来沪,邀赴京一游,与党国钜公张静江、蔡孑民诸先生,叙谈此事。主张先设中国佛学会筹备处于首都毗卢寺,召集全国佛教代表会议,以统一全国各省佛教寺院僧众及各种佛学团体,集中力量,整理佛教,发扬佛学为宗旨。拟宗大纲,历访国民政府谭主席、省政府钮主席、内政部薛部长,皆荷赞同,已由筹备处积极进行。另呈内政部主张,由内政部召开全国宗教会议,今得批云:查关于宗教事项,本部正在拟订办法,所陈各节,极有见地,已饬主管司科留备采择矣。”7 月 6 日《申报》又发表《中国佛学会之筹备》对太虚大师组建中国佛学会的经过、学会章程等各项内容,进行了比较详细的报道。1929 年,太虚大师领导的“中国佛学会”与“江浙佛教联合会”共同成立“中国佛教会”,并于当年 6 月,中国佛教会章程经国民政府内政部备案。“六月三日中国佛教会开第一次全体执监委员会于赫德路觉园”,推选圆瑛为主席,“圆瑛、太虚、仁山、寂山、惠宗、王一亭、关䌹之、钟康侯、谢铸陈等九人为执行委员会常务委员”①。当时在章程中规定全国会址设在南京毗卢寺。但“后来中国佛教会会所是设在南京毗卢寺还是上海赫德路十九号的原江浙佛教联合会会址,一直成为教内新旧两派争论的焦点之一”②。

太虚大师《发起全国佛教代表会议的提议》时,原本就设想将全国佛教统一的机构,由新旧各派协商产生,其第二章第八条“推定大会职员,并敦请佛学专家(若竟无居士)、宗义专家(若净士宗印光法师、天台宗谛闲法师等)、僧制专家、法律专家(信佛之法学博士)、政治专家、教育专家等共十人至二十人为指导员”。但此后新旧派系争端日趋激烈。1931 年 4 月,太虚大师在上海出席全国佛教徒会议,会议期间太虚大师发表《告全国佛教徒代表》,对中国佛教会第二届以来的工作提出批评。大会选举执行委员二十八人,监委三人,推举圆瑛、太虚、台源、诺那呼图克图和王一亭五人为主席团成员,会中太虚大师还发表了《由第二次庙产兴学运动说到第三届全国佛教徒代表大会》。

玉慧观在中国佛教会第三次代表大会上提案《公募中国佛教会会所建筑费及永久维持基金案》,其具体办法主要有三条:

(一)中央总办事处建筑费及永久维持基金,总以“国币”壹百万为限,其中三十万为总办事处建筑费,七十万元为永久维持基金,存本取息(如存储银行以年七

---

① 《佛教会欲受党化》,《申报》1929 年 6 月 5 日,第 24 版。

② 邵佳德:《近代佛教改革的地方性实践:以民国南京为中心(1912—1949)》,台北:法鼓文化,2017 年,第 18 页。

厘计算，每年可收约五万元之利息）继续维持。

（二）募款方法，须先查明全国各地诸山寺庙之产业程度，按分派定其一定之额数，再举各地佛教徒中有德望者，为募款委员会家喻户晓，广募善款，期达凑到定额。

（三）捐款不拘多寡，必汇送中国佛教会办事处，即登报纸，以作公开的证据，且常兼登总捐数目凑到预定数为止。是否有当，敬请公决。①

玉慧观所说的“中国佛教会会所”即准备在南京毗卢寺筹建的新会所。其募款方式，须有一部分向诸山寺院摊派限额。

在第三届中国佛教会改选中，太虚大师一系获得胜利，沪杭名流失败，安徽代表黄健六、杭州代表钟康侯等人落选执行委员。不久，圆瑛等人宣布辞职，江浙诸山长老对第三届中国佛教会多采取不合作态度，亦拒绝缴纳会费，会务陷于停顿。特别是安徽代表黄健六公开散发《黄健六居士致各方大德书》，书中指出玉慧观是以南洋华侨代表身份出席第三届中国佛教会，并当选执委，程序不合法，建议中国佛教会仍在上海办事。“此事关系国籍问题，不得不加慎重，窃以佛教会与佛学会性质不同，如开佛学会时，为专门研究学理之团体，则全球人士皆应欢迎加入，无所区分。而佛教会则不能不有所区别，盖其责任在管理教务，有处分庙产之权，设使外籍人加入，不特与国家法令抵触，即《监督寺庙条例》，亦明白规定各庙住持以中国人为限。住持尚有限制，况委员乎？”但早在1928年玉慧观已经完成了恢复中国国籍的各项手续，并缴纳了各项相关费用：

（核转）玉观彬回（通“恢”，下同）复国籍（手续各费）

本府据民政厅呈转据上海县呈缴玉观彬回复国籍手续各费前来，当于十一月五日备函（第三二八九号）转送内政部如下：

径启者：案准大函开：玉观彬所请回复国籍一节，核与《修正国籍法》及《施行细则》尚属相符。照章应缴之手续费及印花税，仍应饬其补缴到部，再行核办等由。当经转饬遵照缴解，并函复在案……

原呈……查商民玉观彬所请回复国籍一节，核与《修正国籍法》第十八条第一项同法《施行规则》第五条之规定，尚属相符……兹据玉观彬将回复国籍手续费六元，执照印花税二元，遵章补缴，呈请解送前来……②

① 《中国佛教会报》1931年第15—21期，第23—24页。

② 《江苏省政府公报》1928年第60期，第29页。

实际上，在1931年玉慧观早已具有中国国籍，黄健六的相关指责其实并不成立。从当时太虚大师给黄健六的回信来看，黄健六是先致书太虚大师，随即又将书信公开散发，由此引发教内纷争。《太虚大师复黄健六书》："惠书展悉。虽则溢誉之辞，才追绣虎；其如无悔之意，德跃亢龙。然此个己之间，亦何关于得失！忆前者华札朝至，芜缄夕复。亦既披陈实情，冀祛疑滞。并云：'如有良方，愿承明教；傥求改进，尽可提商。'乃遽尔印刷分发，挑起教内之斗争；报章腾播，引来俗间之非毁。致令已认之半数经费，抗延不缴；议决之会务僧员养成，设办莫从。百事阻挠，群凶肆扰。不惟口吐刀矛，上摇监察院之听；直欲身为屠脍，下挟流氓帮之威。弟兄反目，邪外快心。庙产兴学，虽打销于国民会议而又促成立；佛会许设，虽通过于中央党部而仍莫进行。事至于斯，势安可为！宣布退出，夫岂容已！"按照太虚大师的记述，黄健六的公开信，在当时是影响很大的，直接导致了江浙诸山长老拒缴会费，太虚大师主导的第三届中国佛教会陷入停顿。

就在太虚大师和玉慧观于1931年6月2日《申报》发表声明之后不久，6月14日中国佛教会在上海的部分执行委员，在上海功德林召开了第三届第二次执行委员会，"南京设立会所，上海仍应设驻沪办事处""上海设驻沪办事处。常会由会召集，或即在上海开会""又公推钟康侯居士为本会驻沪办事处秘书长"。这实际上架空了第三届中国佛教会在南京毗卢寺的会所，由此第三届中国佛教会新教两派矛盾不可调和，直接导致了分裂。太虚大师在6月21日改组中国佛教会，此后太虚大师主要以中国佛教学会名义活动，实际上退出了中国佛教会。

太虚大师和玉慧观在6月初宣布退出中国佛教会，由于黄健六等人的攻击，太虚大师主导的第三届中国佛教会的会务工作已经陷入停顿。玉慧观是太虚大师在上海的重要支持者，且受到黄健六等人的直接攻击，"各方既鲜遵照决议缴款，以示尊重大会及执委会之决议，且有构散匪语鼓惑破坏者"，由于上述原因，太虚大师与玉慧观愤而提出退出中国佛教会。此后，太虚大师等人或认为该事尚有回旋余地，遂由玉慧观再发声明，撤回了退会声明。但不久后第三届第二次执委会在上海召开，新旧两派矛盾不可调和，实际上太虚大师还是退出了中国佛教会。

二、玉慧观生平及在华宗教活动丛考

玉慧观是20世纪二三十年代太虚大师在上海等地的重要护法，在思想倾向上主张佛教革新的大居士。早在1927年底，玉慧观就在《海潮音》上发表《中国佛教振兴策》，提出要"限制出家""限制传戒"，以此作为振兴佛教的策略。①

---

① 玉慧观：《中国佛教振兴策》，《海潮音》第8卷第11、12号合刊"特载"，1927年12月。

玉慧观居士本名玉观彬，二十世纪二三十年代协助太虚大师创办上海佛法僧苑，担任《海潮音》杂志社董事，积极支持太虚大师兴办的各项佛教革新事业，是太虚大师人间佛教事业的重要资助者。黄心川先生在《民国佛教刊物所见当代韩国佛教史料摭议》中专门辟出一节《沟通中韩两国佛教的重要人物——玉慧观》来介绍玉慧观居士在中韩佛教交流上的贡献，“实际上他仍然把自己看作一名韩国人，即使他在恢复中国国籍之后，心中的韩国情结仍然没有放下，韩国佛教在他的努力宣传与推动下，在中国佛教界里产生了一定的影响，除了太虚大师之外，上海的著名居士领袖王一亭等人，都与玉慧观来往甚密。他遇害以后，上海、武汉等地的佛教界都为他召开了追悼会，对他的评价很高，认为中国佛教界失去了一位正信的佛教徒。但是，他的去世，对韩国的佛教打击更大，在他离世后，中国的佛教刊物从此再也没有韩国佛教的重要消息，仅此一点，就足以说明他在沟通韩中两国佛教的事业中所起的重要作用了”①。

此外，由玉慧观创办的佛慈药厂延续至今，亦有较多相关回忆和研究。上海名医陈存仁先生（1908—1990）晚年在香港回忆：“太虚法师是佛教界的一代宗师，曾游历海外宣扬佛教，回国后曾患高血压，隐居上海玉佛寺。其弟子玉慧观，自日本归来，劝法师进饮海藻水，谓可治高血压。法师饮服半月后，高血压症状消失甚速。玉氏因此设立佛慈药厂，生产‘海藻晶’，销路甚广。”②佛慈药厂正式创办于1929年11月，“该厂创立过程中佛教徒出力甚多，对该厂的影响也比较大。太虚出任名誉董事，并为该厂命名‘佛慈’，商标‘佛光’。佛教界主办的一些期刊如《海潮音》《正信》《佛学半月刊》《现代佛教》等都曾长期刊登佛慈药厂的广告”③。该厂由玉慧观任厂长④，创办初期的实际主持人是玉慧观居士，太虚大师担任名誉董事。1933年，玉慧观去世前，该厂召开了第一届股东大会：

佛慈药厂股东会

以应用科学改良国药著名之上海佛慈药厂有限公司，昨开第一届股东大会于功德林，报告二十一年份账略，其营业成绩，颇有突飞猛进之概。旋由人会公推我国佛教界领袖太虚、王一亭、黄涵之、胡子笏、王森甫五人为名誉董事，并改选玉慧观、冯明政、陈玉璋、翟大雄、王中林为董事，白纯燕、杨文咏为监察人。闻该药厂

① 黄心川：《民国佛教刊物所见当代韩国佛教史料摭议》，《世界宗教研究》2007年第2期。

② 陈存仁：《津津有味谭》，桂林：广西师范大学出版社，2006年，第104页。

③ 陈丽娟、王传超：《20世纪30年代的佛慈药厂与中药西制》，《中国科技史杂志》第33卷第1期（2012年），第59页。

④ 民国报刊中，玉慧观有以厂长名义发函，例如《上海佛慈药厂玉厂长慧观来函》（《重庆国粹医馆医药特刊》，出版卷数不详，第63页）。

拟于本年内，在国内各省及南洋群岛设分发行所二百余处，以资推广销路。[1]

1933年佛慈药厂在上海设立的总发行所，随后还在天津、汉口和香港分别设立了华北、华中、华南的分销机构，同时与泰国国扬药局合作，在曼谷设立了东南亚的总经销处，畅销海内外。[2]太虚大师在玉慧观去世后，仍然关心佛慈药厂的发展，据苇舫《佛教访问团日记》：1940年太虚在南亚访问时，发现当地医生的医疗方法“与中国的国医相仿佛，也是切脉、看舌头，药也是用的草药”，便告诉他们说：“中国上海的佛慈药厂，将国药用科学方法提制，功效非常好。”玉慧观去世后其妻弟冯明政（1907—1954）接手厂务。抗战时期，冯明政等人转赴重庆开办新厂；抗战胜利后，上海老厂被发还原主。1955年实行公私合营，次年，佛慈药厂迁往兰州，现为兰州佛慈制药股份有限公司。

中国佛教革新派居士、中韩佛教交流的提倡者、佛慈药厂的创办人，这三重身份都是从近代佛教研究的视角出发来审视玉慧观。不过玉慧观居士的人生履历极为丰富，尚有许多细节需要进一步考证。

20世纪上半叶的上海是国际化大都市，其中不乏韩国籍的富商。“在上海由同胞经营的机关有仁成学校，由金科奉全面负责经营。同胞的人数大约有六七百名，都拥有职业，与以前一样生活都不困难，据说玉观彬积累了五十万元的资金，金科奉也有数万元。”[3]仁成学校是由支持抗日独立运动的韩国侨民团体资助的。玉慧观居士（玉观彬）是旅居上海的韩国人，祖籍云南昆明，后恢复中国国籍。玉慧观被韩国人怀疑其与日本谍报机关过从甚密，被无政府组织“韩人锄奸团”暗杀。玉慧观居士遇刺后不久，1933年8月23日上海《申报》第15版刊登了玉慧观居士的简历：

玉慧观氏略历（王祖勳律师代送）

公讳观彬，号慧观，其先世为中国云南昆明籍，祖宗瑞，侨居高丽平壤府，从事于政。公生于一八九一年一月十八日，生而聪明颖悟，时有神意之誉。及长，好学不倦，且承庭训，早岁即蜚声社会。当韩末政乱，强邻日迫。公时年十六岁，义愤填膺，慨然投入革命党，义勇奋发，巡回各地宣传演讲，口若悬河，听众多为惊服。

---

① 《申报》1933年3月29日，第12版。

② 孔繁荣：《“上海佛慈制药厂”迁兰三十年》，《甘肃文史资料选辑》第33辑，兰州：甘肃人民出版社，1991年，第168页。

③ 柳光烈：《上海和朝鲜人》，《东光》第31期，1932年3月5日，转引自金仁镐《太平洋战争时期朝鲜人资本家的“中国侵略”》，《抗日战争研究》2006年第1期。

十九岁时，与英人斐说经营报馆，鼓吹革命，以故日人视若眼中钉。二十岁时，竟以革命党事件，案发被逮入狱，束绁五年，手不释卷，研究文学、宗教、政治等学，甚有心得。特赦出狱后，从事经济，设立银行，充副经理职。继复设立林木公司，当总经理。一九一九年，韩民因美总统韦而逊宣言，起大规模独立运动，公即航渡中国至广东，与孙中山总理谈论时政，欲指导回教徒，成一有力国体，使助中国革命。旋因回教社会，泥古不化，绝无政治思想，不得已到上海，拟联络韩侨革命党，终以政见不合，中途易辙，乃与美人经营三德洋行。民国十六年，与太虚大师协议，在上海设立佛法僧苑，改良佛教。民国十七年，呈请国民政府回复国籍，为云南同乡会会员，及华侨联合会会员，遂决心为祖国努力，设国民公论社，发刊政治杂志。一方与佛教居士过从，被举为中国佛教会常务委员。因仰慕孙中山先生之三民主义，加入中国国民党，被选任上海特别市第二区二十一分部常务委员。民国十九年，与陈玉璋、李醒华、杨文咏、冯明政、白纯燕、王中林诸君组织佛慈药厂，应用科学，改良国药，新扩充门市部于西藏路三十九号，且附设诊治所，以惠病者。一方努力于社会事业，任上海第二特区市民联合会执行委员，提倡国货委员会常务委员，闸北保卫团董事，国医公会会员等职。公天性爽直。急公好义。视人不幸如己疾。勤勉好学，东西书史，莫不潜心研究。敏于交际、敬贤好士，出于生性，凡与知莫不交口称誉，此公之略历也。不幸于民国二十二年八月一日遭暴徒狙击殒命，时年四十有二。呜呼！公为热心爱国之一人，其死也，不死于国难，而死于盗贼，可不悲哉！

《玉慧观氏略历》的实际撰写人是玉慧观妻弟冯明政①，可信性较高。该简历中提到玉慧观早年参与中国伊斯兰教革新事业，回族学者郭成美先生对此有较为深入的研究，撰有《民国韩侨玉观彬之穆斯林身份事迹考》，并与赵学义合著《廿世纪 20 年代佐久间贞次郎与上海伊斯兰关系考》②，承蒙郭成美先生惠赐笔者中华民国年间上海清

① 冯明政生平可以参考《“中药西制”思想的倡导者和实践者：佛慈第一任总经理冯明政先生》，《甘肃中医》2010 年第 10 期。

② 此外，尚有可供参考的前人研究成果：武井义和著《1920 年代初头在上海的朝鲜人“实业者”：以玉成彬、玉观彬为例》，《爱知大学国际问题研究所纪要》(134)，2009 年；松本真澄著《佐久间贞次郎对中国伊斯兰的“活动”和上海穆斯林——围绕着一个亚洲主义者的考察》，南京大学、哈佛大学哈佛—燕京学社共同主办：“文化理解与文化对话的百年进程”第四次文明对话国际学术研讨会，2010 年 6 月 11—14 日；金光载著《从外国侨民到中国国民：以上海韩侨玉观彬的历史为中心》，上海社会科学院历史研究所上海史研究室联合主办“外侨与近代中国口岸城市”国际学术研讨会，2014 年 11 月 29—30 日。

真董事会会议纪要档案照片，玉观彬参与中国伊斯兰教革新活动的事迹已经比较清楚。

1924年4月6日（农历三月初三）《董事会议案》记："报告：在记仁路廿五号三德洋行人参部经理之韩人玉观彬夫妇由薛子明介绍入教，并有摄影存会。公决：已查明玉观彬夫妇实心入教，又系正当商人，拟择期欢迎。"4月13日（农历三月初十）"佐久间贞、玉观彬两君入教，拟择期开会欢迎事。公决：定于四月十七日（即农历三月十四日）午后四时在本寺备点开会欢迎"。4月17日欢迎会上，还宣读了正式的欢迎词：

> 今日欢迎佐久间贞、玉观彬，及其两夫人入教大会，辱承联翩莅止无任荣幸。窃以吾回教为世界之古教，□不劝人入教。然教系公开，如果有慕道来归，并不拒绝。今佐久间贞、玉观彬两君暨其两夫人，未曾受人劝导，先后自动来本寺入教，其信道之心诚笃，实非他人所能企及。况日韩信奉回教者绝鲜。两君不为风气所囿，首行提倡，树东洋回教之先声。尤征觉悟为之强且大也。故同人等于钦佩之下，极表欢迎。但归依志遂，道岸已登，尚希两君持以毅力，运以精心，循道而行，探奥理，使吾教之教旨乃大显于扶桑及三韩之境，是同人等所深切盼望者也。谨具芜词，尚祈赐鉴是幸。民国十三年四月十七日。上海清真董事会蒋辉、马桐、哈麟暨全体会董谨启。①

玉观彬入教后，一度热心中国伊斯兰教事业，参加圣忌活动，印发伊斯兰教传单；介绍韩国人入教，并出资创办回教少年星期学校。1924年5月16日《申报》报道："本月十八日（即农历四月十五日）为回教教祖穆罕穆德归元之纪念节，上海回教徒于是日下午七时半，在各礼拜寺行圣忌纪念大礼拜式，念经讲教，颇为热闹。礼拜后闻圣忌聚餐会，设筵大餉会众，预计到者约有四五千人，中有韩人回教徒玉观彬君出版《玉圣赞》传单数千张，分送中国各回教徒。玉君乃韩国最初回教信徒者，今春受道于上海清真寺，以热心信教传道为其生命云。"②1924年6月22日（农历五月廿一日）《董事会议案》记，"由玉观彬君介绍韩人李启商君入教。因见其立意虔诚，慕道来归。当请王裕三大掌教为其入教矣。并取名以思马欧勒事。公决全体欢迎，备案"，"玉观彬君报告：发起附设回教少年星期学校，附草章一份。经费由其担任，意在培养教中少年子弟之智识事。公决：应予赞成，允其于星期日午前十一时至十二时演讲一小时"。1924年

① 上海清真董事会：《欢迎词》，《回光》1924年创刊号。

② 《宗教消息：回教圣忌纪念》，《申报》1924年5月16日，第22版。

10月，佐久间贞次郎创办《回光》杂志，玉观彬在创刊号上发表《中国回教振兴策》，文中提到：“上海穿心街清真寺同人试办星期学校，业已数月，学生达百二十之多，教员共有十余人。每星期日授课一次，其时间不过一点钟，其功课皆是至圣历史及天经真理。其规模制度与基督教主日学校有大同小异之点。其成绩极优，上海教内父老莫不欣悦赞成之。若各地教门悉以模范，而接踵实行之，则我中华回教根本上之改革，当由此始矣，岂不美哉。”①当时玉观彬还撰写有《回教革命运动策》，并托人专呈孙中山先生：

> 犹记先总理由沪北上之时，予曾于南昌派李剑鸣同志，奉呈予所著之《回教革命运动策》，并向总理力说回教徒富有革命之能力，可使回民了解“三民主义”与之共同奋斗，为我国革命之重要策略，于时总理亦积极赞成，遂相约于最短时期联络回民，孰意皇天无心，不久，总理竟弃吾人而永眠于九泉之下，是诚所谓“出师未捷身先死，长使英雄泪满襟”也。否则，天假总理以数年，则三千五百八十余万我国之回民，必集中青天白日之旗下，坚持三民主义与我党共同奋斗，则我国之革命，其庶几乎！②

孙中山先生在1924年11月10日发表《北上宣言》，11月13日，偕宋庆龄乘船从广州北上，11月17日到上海，11月21日从上海乘船取道日本转赴天津。玉观彬应该是1924年11月在南昌派人到上海向孙中山先生呈上《回教革命运动策》并获得首肯的。

玉观彬在发表《中国佛教振兴策》之前三年，就曾发表过《中国回教振兴策》，全文分三部分：一是统一机关创立之必要，二是维新宗风之商榷，三是清真教育之改革。玉观彬特别强调“北京的回教俱进会有名无实，不能作为全国的中心机关”，“故余以为中国回教徒之统一机关，必以各省各寺之代表会议组织为宜”。主张一寺（清真寺）一代表，组成“中国回教统一中央最高机关”。可见，玉观彬重视构建全国宗教组织机构，是其一贯的主张。但由于佐久间贞次郎与中国伊斯兰教界交恶，不久玉观彬也淡出了伊斯兰教。

玉观彬信仰伊斯兰教之时，日本人田中逸平曾经拜访过他，田中逸平在《白云游

---

① 玉观彬：《中国回教振兴策》，《回光》1924年创刊号。

② 玉观彬：《中国回教与中国革命》，《国民公论》第2号，1928年1月15日。民国期间对中国穆斯林数量的估计普遍偏高，参见刘泳斯、张雪松著《近现代中国穆斯林人口数量与分布研究》，《世界宗教文化》2012年第4期。

记》中提到："在沪三日……只与朝鲜的玉观彬君相会……玉君夫妻作为回教徒想必在朝鲜人当中是唯一的一员吧。他曾在美国留学受到过基督教的教育，现在又作为一个忠诚的伊斯兰教徒归入到该教之中。就此也应当多做记述，但怕给他增添麻烦，特此不再多言。"①玉观彬长期在美商三德洋行工作，在信仰伊斯兰教之前，对欧美社会流行的基督教有较多的了解和接触，是人之常情。实则玉观彬在朝鲜期间即为基督徒。玉观彬早在1911年，就作为韩国基督徒，因"寺内总督谋杀未遂事件"遭到迫害。该事件中，尹致昊等基督教会人士被指控暗杀朝鲜总督寺内正毅，正式被起诉为一百二十三人，其中基督教徒有九十三人（包括天主教徒两人），一审宣告有罪的人达一百零五人，又称"一百零五人事件"，这是"三一运动"前日本殖民者对韩国基督教会进行的最大的政治迫害事件。据尹庆老《从基督教史角度理解韩国近代史》，日本统监府为了镇压韩国基督教徒的反日活动，捏造说："1910年阴历八月期间，寺内总督要西巡视察，尹致昊、梁起铎、安泰国、李升薰、玉观彬等基督教徒多次秘密商讨谋杀总督的必要性和执行计划。"②寺内正毅在第一次世界大战期间还曾担任日本首相（1916年10月—1918年9月）。日本人田中逸平未提及玉观彬早年在朝鲜信仰基督教之事，"就此也应当多做记述，但怕给他增添麻烦，特此不再多言"或系指"寺内总督谋杀未遂事件"。

1940年"北寺乡老"（上海福佑路清真寺，俗称北寺）撰有《记上海前有之东邻同教》回忆玉观彬入伊斯兰教事：

> 有韩人玉观彬者，原为基督教徒，经回教某某介绍于民十三年在沪受洗，改奉回教。玉为某洋行人参部经理，奉教之初，似颇诚笃，纠合青年同教组织星期学校，并谋创立回教青年会。乃为时未几，信念已变，足迹不入寺门，而以皈依佛教闻矣。若干年前在沪被刺，闻暗杀者系其同国人，盖有政治背景也。③

除了佛教、伊斯兰教信仰，玉观彬还曾经具有基督徒身份。玉观彬第一次接触到太虚发生的上海尚贤堂，实即由西方传教士李佳白主持的致力于宗教对话的基督教机构。太虚法师在他的《自传》中说："因这一日看见报载我讲演，来听讲的也不少，内中

---

① 转引自松本真澄著《佐久间贞次郎对中国伊斯兰的"活动"和上海穆斯林——围绕着一个亚洲主义者的考察》，南京大学、哈佛大学哈佛—燕京学社共同主办："文化理解与文化对话的百年进程"第四次文明对话国际学术研讨会，2010年6月11—14日。

② 转引自朴英姬著《论韩国基督教会在"三一"运动中的作用》，载复旦大学韩国研究中心编《韩国研究论丛》第4辑，上海：上海人民出版社，1998年，第245页。

③ 北寺乡老：《记上海前有之东邻同教》，《绿旗》1940年第4—6期合刊。

即有原籍昆明、生长朝鲜、时在上海为药商的玉观彬。观彬对耶、回、佛教都有相当研究，听我讲后大感动，决心皈依佛教。次日专诚叩谒，即请我为授三皈，作佛弟子，法名慧观，对我的信心非常忠实，后来帮助我作了许多佛事。”文中提到的“看见报载我讲演，来听讲的也不少”，是指该演讲事先在 1926 年 11 月 10 日的《申报》上刊登了广告，“尚贤堂之各教联合会。十一月十四日（即农历初十日，星期日）下午三时，该堂中外各教联合会，订请太虚法师演讲题为《佛法如何》，在霞飞路三百十八号该堂演讲，各界如愿意倾听，法师将在该堂按日讲演云”①。当时尚贤堂正在筹备成立“东方文化研究院”：

东方文化研究院之组织

章太炎、释太虚、李佳白、唐大圆、刘灵华、王一亭、张煊、刘仁宣等发此东方文化研究院。昨开筹备会于塘山路雪庐，佥以挽救中国及世界战祸之重大事业，须速有此东方最高学府之发起。且闻南洋华侨，与本埠佛教、孔教、道教、耶、回教团体，均有代表参加。当时到会人有章太炎、太虚、王一亭等十余名，后议决：先借尚贤堂为筹备处，推专员起草章程云。②

《太虚大师年谱》亦提及在尚贤堂演讲之事，“十一月十四日，大师应尚贤堂李佳白约，讲‘佛法应如何普及今世’，李氏译之以载《字林报》。其中论及天神创造说等之谬妄，引起西人之难问，大师复为文答之。韩人玉观彬，因听讲而发心皈信，大师名以‘慧观’”③。在宗教对话的背景下，玉观彬在基督教、伊斯兰教“一神教”信仰背景下，接触到佛教亦属顺理成章。

玉观彬还编译过一篇《耶稣之佛教研究》：

日本大阪《每日新闻》，近载纽约电云，著名考古学家，亚美探险队领袖列利西教授，近在西藏某寺院，发现一古代史记，据该古史云，耶稣基督为研究佛教，亲赴印度，巡视各地，二十九岁时，回还犹太国京城耶路撒冷云云。

慧观按，《新约》《旧约》，皆未载基督三十岁以前之历史，仅载幼年时上耶路撒冷，圣殿与祭司长问答之一节，后乃漠然无闻，至三十一岁，忽然出现于犹太旷野，禁食四十日，大胜魔试，乃就约旦河受洗云，今阅此报，则足征彼时之基督，实在印

① 《申报》1926 年 11 月 10 日，第 19 版。

② 《申报》1926 年 11 月 21 日，第 15 版。

③ 《太虚大师年谱》，第 149 页。

> 度研究佛教可知也，但基督之教，惜不出乎人天教之范围，且其教理简单，在此二十世纪，人智发达之期间，如来之广大法藏，则不足感化物质科学化下的……若耶稣基督，殆亦知乎者，故预皈依佛法也。①

从上述论述可以看出玉观彬对基督教《圣经》十分熟悉，对相关历史报道也较为留心。玉观彬特别注意当时考古发现西藏有古籍说耶稣曾在印度研究佛法②，这也成为玉观彬由一神教徒“预皈依佛法”的一个“依据”。

最后，由于玉观彬被韩国锄奸团暗杀，所以本文附带论及玉观彬与日本人的关系。玉观彬早年积极参加抗日运动。1904 年 7 月 18 日，英国记者斐说（Ernest Thomas Bethell，一译裴说）与韩国人梁起铎合资创办韩文和英文合刊的《大韩每日申报》，另独立刊行英文版（*The Korea Daily News*），1907 年 5 月 23 日发行韩文版，1910 年 8 月“日韩合并”后，《大韩每日申报》更名为《每日申报》。“裴说为社长，梁起铎任总务兼主笔，重要论说委员与记录有申采浩、朴殷植、玉观彬、卞一、张道斌、安昌浩。”③可见，前引《玉慧观氏略历》“十九岁时，与英人斐说经营报馆，鼓吹革命，以故日人视若眼中钉”，并非虚言。

前文已述 1911 年玉观彬还因“寺内总督谋杀未遂事件”入狱五年。玉观彬到上海后，仍然参与朝鲜半岛独立运动。“‘三一运动’后，流亡到中国上海的韩国独立运动人士于 1919 年 4 月组成了大韩民国临时政府。同年 8 月 21 日临时政府机关报《独立新闻》在上海创刊，以李光洙为主笔，采编人员有赵东祐、车利锡、玉观彬、朴贤焕等。《独立新闻》在创刊辞中阐明该报的使命是‘宣传独立思想和统一民心’‘传播独立事业和思想’‘唤起有力的舆论’‘宣传韩国的国史和国民共性’等，报纸的整个版面充满要求独立的气氛，经常刊载鞭策韩胞奋起斗争的评论。”④另外“1922 年间，玉观彬在上海创办了第一家由朝鲜人经营的贸易公司——倍达贸易公司，并创办《上海倍达商报》，玉

① 《心灯》1927 年第 27 期。

② 此类古代传说在印度和我国西藏等地颇多，读者可参见霍尔根·凯斯顿著，赵振权、王宽湘译《耶稣在印度》，北京：国际文化出版公司，1987 年；伊丽莎白·克莱尔·普弗特著、梁永安译《耶稣在西藏：耶稣行踪成谜的岁月》，台北：立绪出版公司，2012 年，特别是《耶稣在西藏》第 4 章“东方的传说”对玉观彬提到的这次考古发现有较多讨论，玉观彬所谓的“列利西”教授，该书译为“罗耶里奇”，对其生平和探险也有较详细的介绍。

③ 参见金勋顺著《旧韩末五大纸研究》，首尔：梨花女子大学新闻放送学科硕士学位论文，1979 年，转引自李细珠《韩国报刊媒体对清末新政的观察与反应：以〈皇城新闻〉与〈大韩每日申报〉为例》，《当代韩国》2012 年第 3 期。

④ 郑保勤：《韩国新闻界人士反对日本侵占者的斗争》，《当代韩国》2000 年秋季号。

观彬自任编辑和发行人，以广招徕”①。《上海倍达商报》在创刊号中没有发创刊词，只有一份说明创办这家公司的宗旨和营业目的《告顾客书》：“倍达公司纯粹是我们倍达人经营的。它是倍达民族从事国际直接贸易唯一理想的机关……营业目的有二，一为在外国市场上营利，图谋自体的利益。一为对本国兄弟义务经商，劝奖和指导本国兄弟从事海外贸易的试验。”②此时玉观彬似已淡出朝鲜独立运动，开始专心商贸经营。

其后玉观彬在上海三德洋行任经理、经营人参等药材贸易时，特别强调该企业是中美韩合资，与日本无关，所用人参是韩国所产原料白参，而非日本人专营的高丽红参：

三德洋行来函

国民对英日外交大会执事先生台鉴，敬启者，鄙行系中美韩三国人股东合资组织、在上海美国总领事署注册专办进出口货兼独家经理韩国开城高丽参公司，原料高丽白参，在华行销已有年，所查高丽参于采取后，其炮制之法有二，(甲)以日光曝干者为原料高丽白参，七色纯白；(乙)以热汽蒸制者曰高丽红参，其色略红，是由高丽白参而蒸制者也。自来韩政府有禁例，独营参政，输出国外，为唯一最大之财源。及韩并于日本后，日政府续颁高丽红参专卖法令，命日商三井洋行在华行销红色高丽参。至于原料高丽白参，在不在日政府专卖之例，韩人得自由采取贸易。故鄙行之太极牌原料高丽白参，乃完全韩货，而非日货也。是以贵会机关杂志《五九》纸上敝行之太极牌原料高丽白参之广告。今敝行设一分行于福州城内南街方仰峰君为经理，使推广原料高丽白参。近忽以原料高丽白参被该地学生疑为日货。闻福州政商学界抵制劣货，坚持到底。今对敝行之高丽白参，若误会为日货而抵制之，不分玉石，友邦同志，将不堪矣。③

1926年三德洋行经营高丽白参被福州各界疑为日货，遭到抵制，故玉观彬致函福州学生会、总商会加以解释。不过这也说明，当时确有不少人误会玉观彬经营日货。1928年玉观彬加入中国国籍，同年夫妇二人还曾遭到绑架，“《玉观彬启事》：观彬于二月二十一日遇险，深荷同志亲友纷纷慰问，至深感激。兹幸于三月二日出险，贱躯小有感冒，尚难踵候，特先登报致谢”④。半年后此案公审，“三德洋行经理玉观彬及其夫人

① 崔相哲著、紫荆译：《1919—1937年朝鲜人在上海办的朝文报》，《新闻研究资料》1988年第3期。

② 转引自上书，第162页。

③ 玉观彬：《三德洋行来函》，《五九月刊》第13期(1926年)，第166—167页。

④ 《申报》1928年3月7日，第1版。

被绑一案，社会上甚为注意。玉君夫妇，早已出险。惟查有傅岭豪者，颇有嫌疑，经捕房拘获解案。又因傅而牵涉熊秋宇，熊亦被拘。嗣因领事观审问题，延未解决，该案遂致改期。上月二十五日开庭审理，被告熊秋宇延严荫武律师出庭辩护，经严律师提出各种理由，证明熊秋宇无罪。傅岭豪亦由法庭指定代为辩护，该案业已昨日审判傅岭豪判徒刑四年，熊秋宇因证据不足，宣告无罪”①。绑架玉观彬的主犯被判处四年徒刑。

众所周知，韩国早期小说家和启蒙思想家、临时政府外务委员、《独立新闻》主笔李光洙在1921年、1937年两次被日本军警逮捕，遂投靠日本。玉观彬之堂兄玉成彬，早年在上海也积极参与朝鲜独立运动，曾任大韩红十字会常议员、大韩侨民团议事员等；1924年，玉成彬被日本驻上海总领事馆逮捕，并押送至日本，后被释放回上海。1929年3月1日“三一运动”十周年纪念日，安昌浩、李东宁、李始荣、金九、赵素昂、赵瑰九、李欲弼、金澈、金甲、玉成彬等临时政府创办者与拥护者组成韩国独立党，成为上海韩国临时政府在治期间民族主义派的领导核心。②20世纪30年代，韩国独立党与韩国独立运动者同盟经常唱对台戏。1933年12月18日玉成彬在上海被“韩人独立运动者”暗杀。③

玉观彬在1933年8月1日晚十一点三刻，在餐馆用餐后乘私家车前往玉成彬在法租界家中，下车时遭到枪杀，当场毙命。死后其子玉仁泰称其父为韩籍，法租界巡捕房照例通知日本领事署；而其妻冯佩兰称其已入中国籍，最终由日本领事署运往北四川路富民医院，检验完成后交家属成殓。枪杀玉观彬的手枪原本为上海市公安局五区一分所长瞿恒庄所有，该枪在1932年“一二八”淞沪抗战时遗失。

玉观彬、玉成彬堂弟兄二人在1933年先后被视为投靠日本人的韩奸，遭致暗杀。不过当时在华韩国独立运动中派系林立，矛盾重重，其具体详情如何，已难详考。玉观彬死后不久，韩人除奸团在报章宣布的玉观彬罪状：

韩人除奸团宣布罪状

韩人除奸团宣布玉观彬罪状云：玉逆观彬被杀后，惟韩人社会，则早知其罪恶贯盈，必有显戮之一日，然一般中国社会，莫明真相，议论滋甚。吾人为责任攸关，兹以郑重声明之：吾韩不幸，前有李完用、宋秉畯辈，而今又有玉逆观彬，不但为患于吾国，且贻害于中国，实为巨多。此吾人对于吾友爱之中国同胞惭愧万分歉疚万分也。一·二八淞沪之役，一时乘机作奸之胡立夫，早已绞刑于苏州，而多年作

① 《玉观彬被绑案判决 熊秋宇宣告无罪》，《申报》1928年10月3日，第16版。

② 胡春惠：《韩国独立运动在中国》，台北：中华民国史料研究中心，1976年，第222页。

③ 《玉慧观尸骨未寒 乃兄成彬又遭暗杀》，《申报》1933年12月19日，第9版。

伥鬼走狗之玉观彬，尚晏居沪滨，其奸险叵测之手段，去益尤甚，由是吾人为正义之使命所在，再不能姑息容忍，故于本月初日刺毙，除此中韩两国之奸逆，并举略历及数其可杀之罪于左：

玉观彬号新岛，韩国平安南道人，即现充上海法捕房包探玉成彬之徒弟也。后入中国籍时，改名慧观。少时性聪慧，善交际，年未弱冠，从事于爱国运动，一时声明颇著，有少年志士之称。因受敌人之注目，暂经狱中生活，中归顺敌方，无事出狱。（一）出狱当时，朝鲜总督密令平安南道长官，令转嘱平南南道镇南浦三和银行长福田仪作，阳任为该银行经理之职，阴使侦探爱国运动之内情。迨己未年韩国独立运动勃发，以韩国革命运动者，多集中上海，于是朝鲜总督府密派玉逆来沪，侦探真相。此事实为其来沪时同行人寅权所觉破，密告于韩国临时政府，政府即拟死刑，而玉逆知之，即避隐于英租界（以后政府累谋执行其死刑，皆未果，乃延至今日），其罪可杀也。（二）托名贸易，开设丽德洋行，骗取韩国内多数商人之金钱，后商行改为美商三德洋行，直属承命于朝鲜总督府驻沪事务官尾田满，侦探中韩两国事情，其罪可杀也。（三）三德洋行改称之始，与中国人陆某合资为名，骗万余金，但与陆同事，恐泄其秘密侦探工作，故乃逐出陆某，其罪可杀也。（四）受敌方之助资，秘印《革新日报》及其他多数匿名传单，专门挑拨离间韩国各革命运动者，以图破坏吾人运动之进展及对革命者以诱引或威胁等种种手段，使归化敌方，其罪可杀也。（五）侦探来往韩中日各地革命者之行踪，涉及逮捕（儒林金昌淑等被捕，亦为玉逆所为），其罪可杀也。（六）以韩人身分，领得中国籍时，不曰入籍而曰复籍（诈称云南昆明人），盖为取信于中国人士之意也。又加入中国国民党后运用敌方机密费，动辄以宴客联络感情，襄助公益为名，弄络各界人士，密探中国军政内容，并一·二八淞沪战时，专心注力于侦探中国军情，而与敌方，其罪可杀也。（七）供给敌军军用品（堑壕用木材，价值约万余元，及汽车一部）之结果，得敌军部之奖赏，在同济路之玉逆住屋，适在战区，乃高悬敌旗，以保安全，其罪可杀也。（八）至于近闻，受日陆相荒木所办之国粹党使命，买收在虹口方面流浪之不轨分子，组织暴力团，利用吾人自去年虹口炸案以后行动不自由之机会，计划暗杀一切革命运动者，其罪可杀也。（九）受敌方卵翼，安居英界，并佩持敌领事馆所给之手枪，动必以此显耀其身分，而绝不知耻，其罪可杀也。以上所举诸项，不过其大者著者也，虽然有其一，不能赦其罪，况而积至以如是多乎。该逆被杀后，翌日清早，敌领事馆警官多数到法捕房，要求其尸体而去，以此一事亦可知其生时为敌方最重且要之功狗伥鬼也。

一九三三年八月九日，韩人锄奸团。①

---

① 《玉慧观实为韩人所杀》，《申报》1933年8月9日，第12版。

这篇《韩人除奸团宣布罪状》(以下简称《罪状》)对玉观彬生平叙述,不确之处甚多,如玉观彬是玉成彬之堂弟,而非徒弟,两字谐音,或为道听途说之误;"慧观"是玉观彬1926年皈依太虚大师后的法名,并非1928年入中国籍后新起的中国名字。对这篇《罪状》许多人士进行了辩诬,例如:

为玉慧观先生辩诬

玉君慧观于本月一日在望志路由其兄成彬家走出时,被暴徒开枪击中要害,当即殒命。现在死者家属正在严缉凶手,乃阅八日《申报》忽有韩人除奸团宣布死者罪状一文,殊堪骇异,而罗举各点,均属荒谬绝伦,全非事实,显见捏辞中伤,恐外界不明真相,特为辩白如下:玉君讳观彬,字慧观,其先世为云南昆明籍,祖宗瑞官于高丽因家焉。君生而聪颖有神童之誉,及长好学不倦,且承庭训,早岁即蜚声社会。当韩末政乱,强邻日迫,君义愤填膺,慨然投入革命党,义勇发奋,巡回各地,宣传演讲,口若悬河,听者多为惊服。嗣与英人斐说经营报馆,鼓吹革命。以故日人视若眼中钉,二十岁时竟以革命党事件被逮入狱。柬绁五年,手不释卷,研究文学、宗教、政治等学,甚有心得,后经特赦出狱。一九一九年韩民因美总统威尔逊宣言起大规模之独立运动,君即航渡中国至广东,与孙中山先生谈论时政,欲指导回教徒成一有力团体,赞助中国革命。旋又至上海拟联络韩侨革命党,协谋恢复。民国十七年呈请国民政府回复国籍,当曾呈验家谱,由内政部核准给发第三号证书,为云南同乡会会员及华侨联合会员,遂决心为祖国努力,设国民公论社,发刊政治杂志。一方与佛教居士过从,被举为中国佛教会常务委员。因仰慕孙中山先生之三民主义,加入中国国民党,被选为上海特别市第二区二十一分部常务委员。一方努力于社会事业,任上海第二特区市民联合会执行委员第二区第四分会常务委员,提倡国货委员会常务委员,闸北保卫团董事医药公会会员等职。九一八事起,君愤日人之横暴,加入市民义勇军,受军事之训练。黎明即起,赶至集合地操演,虽大风雪,亦不稍辍。王屏南、邬志豪诸同志见其热心而有毅力,莫不叹服。一二八事起,君适在闸北同济路家中,其地正在火线,枪声密如联珠,君蛰伏家中四昼夜后设法逃出,而其宅即为日军所占,自备之汽车亦为日军夺去,室内所有衣件什物悉被搜劫,损失约二万。玉君天性爽直,急公好义,视人不幸如己疾,勤勉好学,东西书史,莫不潜心研究。敏于交际,敬贤好士,出于生性。凡与知,莫不交口称誉。许为通敌,其谁信之。此次横遭狙击,本属含冤,莫白而死,后复予以不誉之诬蔑,殊可慨叹。虽然,凶手终有就逮之日,将来水落石出,自能大白于天下也。

中国国民党上海市第二区二十一分部启①

① 《申报》1933年8月12日,第2版。

引文中“与孙中山先生谈论时政，欲指导回教徒成一有力团体，赞助中国革命”不应发生在1919年的广州，前文已述，是发生在1924年11月的上海，且是托人呈书，非是面谈。诸如此类的为玉观彬辩诬的文字甚多，再如：

佛慈药厂董事会公启

本厂玉慧观董事长不幸被刺身故，正深痛悼，乃于八月八日《大晚报》及九日《申报》忽载所谓韩人除奸团宣布各节，尤堪诧异。查玉慧观君本为复韩志士，嗣来中国，回复云南昆明籍，专意工商，容有为故韩同志所不谅。然民十六年安昌浩在辽被捕时之极力营救，去春炸弹案之避敌疑忌离沪多时，此皆同人等深知。其他，沪战时之义愤填膺，身入市民义勇军，及输资捐助，热心社会公益等事，指不胜屈，均彰彰在人耳目。与该宣言所云，适得其反，此必由玉君有私仇或嫉其回复华籍之少数韩人所为，杀其身而复污其名，殊使同人等不能不为之申雪。除呈请党政机关及租界当局密查该团，依法究办外，相应奉达，务希中韩人士共鉴其诬为幸。务本地产公司迁移通告。①

后韩国锄奸团又被报道为“华南韩人青年联盟”“黑色恐怖团”：“外论社云，日文《上海日日新闻》载称，本埠朝鲜无政府主义者一派组织‘华南韩人青年联盟’……一九三二年，彼等组织恐怖团体，号称‘黑色恐怖团’，三三年三月企图暗杀当时日本驻华公使有吉明氏，同年八月在法租界暗杀玉观彬氏。”②

玉观彬在上海美商三德洋行从事在华朝鲜人参等贸易，当时朝鲜已完全沦为日本殖民地，需时常与日本人打交道。不可否认，20世纪20年代中期，玉观彬已经跟日本人过从甚密。1924年玉观彬加入伊斯兰教、积极参与中国伊斯兰教革新、主张建立全国统一的伊斯兰教机构时，因与日本人佐久间贞次郎关系密切，并由此引起上海伊斯兰教界的警惕，不久断绝了来往。1926年玉观彬皈依太虚大师，给予太虚大师许多资金支持，次年成为《海潮音》社经理、董事，《海潮音》第八年(1927年)第七期还刊印了“本社经理玉慧观先生玉照”，上有“前曾赞助太虚法师组织法苑于沪上，今复为本社经理”。玉观彬信仰佛教期间，还时常翻译日本报刊对佛教的报道，如常盘大定的观彬《天台山记》、“日本《中外日报》载梅谷、长泽两氏报告略云”《中日佛教史上之一光明》。③玉观

① 《申报》1933年8月20日，第7版。

② 《朝鲜无政府主义派　组华南韩人青年联盟》，《申报》1933年3月9日，第9版。

③ 《心灯》1926年第22期，第11—12页。

彬信佛后，亦经常可以见到其与日本人一起出入的报道记载，1927年9月28日《申报》报道《周母八十寿辰庆祝会纪》，农历九月初一周霁光之母八十寿辰，玉观彬与日本人佐佐木三郎等人一起出席；《太虚大师年谱》记载1928年“一月九日，大师一度来沪，与玉慧观、山田谦吉等，作中日佛教徒联谊之聚餐，希予创办中之寰球佛教图书馆以协助”①。1931年，黄健六以玉观彬（慧观）的国籍问题为借口，攻击太虚大师主导的第三届中国佛教会，在一定意义上说也算触到了敏感处。此后不久的1931年“九一八”事变爆发，自东北南下上海的韩国侨民明显增长，上海侨民的政治派系斗争也日趋复杂和尖锐。玉观彬（慧观）与日本人交往频繁，引起部分旅居上海的韩人猜忌，或因派系斗争以此为借口，1933年8月1日被韩人锄奸团暗杀。②

1934年夏，太虚大师在庐山避暑，听闻汉口佛教居士王慧力去世。太虚大师以诗悼之曰：“去年今夏庐山上，两度惊看噩电来。沪玉汉王相继逝，化生愿各在莲台。”诗中“沪玉”是指玉观彬（皈依太虚大师后取法名慧观），“汉王”是指王慧力，太虚大师在上海的佛化事业多得玉慧观支持，而在武汉的佛化事业则多得王慧力协助。去年即1933年夏玉慧观在上海遇刺身亡，今夏王慧力又去世，太虚大师痛感失去左膀右臂。玉慧观去世一年后，仍引起太虚大师触景生情，可见其在太虚大师心目中的地位。

太虚大师的重要护法玉慧观居士，本是祖籍云南的穆斯林，出生在朝鲜平壤，早年积极参加朝鲜独立运动，后却被怀疑为日本间谍，在上海遭到无政府主义组织“韩国锄奸团”的暗杀。玉慧观的宗教身份也十分复杂，拥有基督徒、穆斯林、佛教徒的多重身份。以往学界熟悉的民国年间重要居士，多为传统派；相对于太虚大师一系的佛教徒，非传统派的居士个案研究较少，玉慧观具有重要的学术价值，值得学界深入探讨。

---

① 《太虚大师年谱》，第161页。

② 玉观彬被暗杀有诸多谜团，当时亦有报道说杀害玉观彬的手枪型号为日本军警特有，不过大多数韩国学者都认为玉观彬是被朝鲜独立运动人士暗杀。有学者认为玉观彬是在上海法租界与兴士团员朝鲜人独立运动者李某的妇人通奸中被杀害的，但玉观彬被暗杀后当时新闻报道基本上都是说玉观彬是访问亲戚家途中被暗杀的（玉观彬兄长玉成彬住在法租界附近），未提到通奸途中被杀之说。玉观彬是否为日本间谍，说法亦多，甚至玉观彬被认为在1911—1915年因“105人事件”入狱五年（实际坐牢时间为四年多）期间，已经投靠日本人，但均无实质性证据。参见金学俊著《革命家们的抗日回想》，首尔：民音社，第408—409页；金光载（Kim, Kwang-jae）著“A Study on the Activities of Oak Guan-bin after Going to Shanghai as an Exile”, *Journal of Korean modern and contemporary history*《韩国近现代史研究》）第59期，2011年；金光载著“Critical Review of the Ok Guan-bin Secret Spy Suspicion in the Shanghai Era of Independence Movement”,《韩国近现代史研究》第63期，2012年。以上韩文文献由东国大学甘沁鑫博士向笔者提供，特此感谢。

附:玉观彬(慧观)简谱

1891 年 1 月 18 日,玉观彬生于朝鲜平壤,祖籍云南昆明。

1906 年,玉观彬十五岁,开始投身革命。

1910 年,朝鲜完全沦为日本殖民地。十九岁的玉观彬加入斐说经营的《每日申报》馆,鼓吹革命。

1911 年,日本殖民者迫害韩国基督教会的“寺内总督谋杀未遂事件”(“105 人事件”)爆发,年仅二十岁的基督徒玉观彬被捕入狱,狱中大量阅读文学、宗教、政治方面的书籍。

1915 年,特赦出狱。开始经商,先后任银行副经理、林木公司总经理。

1919 年,3 月 1 日,“三・一运动”爆发;4 月,流亡上海的韩国人组成大韩民国临时政府。朝鲜半岛爆发独立运动后,玉观彬乘船前往广州,拜会孙中山先生,后又从广州抵达上海。

1919 年 8 月 21 日,大韩民国临时政府机关刊物《独立新闻》在上海创刊,玉观彬为该报采编人员。

1922 年,玉观彬在上海创办第一家由朝鲜人经营的贸易公司——倍达贸易公司,同时创办《上海倍达商报》,玉观彬自任编辑和发行人。玉观彬在上海任美商三德洋行人参部经理,在华经营朝鲜人参等业务。

1924 年 4 月 17 日,上海清真董事会还举办欢迎会,欢迎玉观彬夫妇与日本人佐久间贞次郎夫妇,由上海著名阿訇薛子明介绍,正式入伊斯兰教。入教后,玉观彬即开始资助兴办回教少年星期学校。

1924 年 10 月,佐久间贞次郎创办《回光》,玉观彬在创刊号上发表《中国回教振兴策》,全文分三部分:一是统一机关创立之必要,二是维新宗风之商榷,三是清真教育之改革。文中还提议创办设立中央清真大学,认为“中国回教之中兴,必俟掌教之人才辈出。而后教中人才当亦可随之辈出”。

1924 年 11 月,在南昌派李剑鸣到上海,向即将北上的孙中山先生呈上《回教革命运动策》,主张联络中国穆斯林共同为三民主义奋斗,获孙中山先生首肯。

1925 年 4 月,《上海清真寺董事会启事》声明:“查近年韩日人士崇奉吾教者颇不乏人。敝会推念宗教之发展,自当欢迎,惟某日人在沪所办之《回光》周刊,纯为彼个人主张。敝会从未与闻,海内君子幸共鉴之。”此后,玉慧观与中国伊斯兰教界渐行渐远。

1926 年 11 月 14 日,应西方基督教传教士李佳白之请,太虚大师在上海尚贤堂演讲《佛法应如何普及今世》,玉观彬聆听了这次演讲,随后皈依太虚大师,取法名“慧观”。

1927年2月2日，太虚大师为改良僧制，在上海筹建“法苑”，得到玉观彬经济上的大力支持。

1927年10月，佛化青年运动代表人物张宗载在《海潮音》上发表《致玉慧观居士函》。

1927年12月，玉观彬在《海潮音》上发表《中国佛教振兴策》，提出“限制出家”“限制传戒”。

1928年，玉观彬呈请国民政府恢复中国国籍，成为云南同乡会会员、华侨联合会会员。玉观彬后加入中国国民党，被选任上海特别市第二区二十一分部常务委员。玉观彬担任社会职务多种：上海第二特区市民联合会执行委员、提倡国货委员会常务委员、闸北保卫团董事及国医公会会员等职。

1928年1月1日，创办国民公论社，自任社长，发刊《国民公论》杂志，反对专制，提倡民众化、科学化。

1928年1月9日，太虚大师在上海，与玉慧观、山田谦吉等人举行中日佛教徒联谊之聚餐，为筹建中的寰球佛教图书馆谋求协助。

1928年2月21日，玉观彬夫妇遭到绑架，3月2日获释。后主犯傅岭豪被判四年徒刑。

1929年4月20日，玉观彬与赵尚夑等组织成立上海高丽商业会议所。

1929年11月，玉观彬等人筹备多时的佛慈药厂正式成立。玉观彬任厂长。

1931年4月，玉观彬在上海出席全国佛教徒会议，当选中国佛教会第三届执行委员。随后因国籍问题，受到黄健六等人的公开质疑和指责。

1931年6月1日，玉观彬在太虚大师授意下撰写《宣布退出中国佛教会》，次日发表于《申报》。

1931年6月5日，《申报》发表《玉慧观负责声明》收回之前所发声明。

1931年9月18日，“九一八”事变后，加入上海市民义勇军，接受军事训练。

1932年1月28日，“一二八”淞沪抗战爆发，玉观彬位于上海闸北同济路的住宅适在战区，损失惨重。

1932年10月8日，太虚大师住持浙江奉化雪窦寺，玉观彬进山观礼，并撰写《浙东名山雪窦寺游记》。

1933年3月28日，上海佛慈药厂有限公司在功德林召开第一届股东大会，太虚大师等五人当选名誉董事，玉观彬等五人当选董事。

1933年8月1日，玉观彬在上海被刺身亡。

A Preliminary Report on the Chinese Buddhist Literature Kept at the Jagiellonian University in Kraków, Poland *

Darui Long **

1. Introduction

At the Second Symposium on Chinese Buddhist Canon was held at the University of the West, Los Angeles, March 18 - 20, 2013, the author got to know Dr. Zhang Dewei. When he came to know that the author had done research on the *Yongle Northern Canon*, he informed the author that a library in Poland has kept a set of *Yongle Northern Canon*. Zhang told the author to get in touch with Professor James Robson, Harvard University. It took the author a long time to get in touch with both Professor James Robson and the staff members of Jagiellonian Library to confirm that the Jagiellonian University Library keeps a collection of *Yongle Northern Canon*. Then, the author obtained *A Preliminary Report on the Wanli Kanjur kept in the Jagiellonian Library, Kraków* by Marek Mejor, Agnieszka Helman-Waźny and Thupten Kunga Chashab. This book was published by the Research Centre of Buddhist Studies, Faculty of Oriental Studies, University of Warsaw, 2010. This book further confirms the collection of the Chinese Buddhist literature kept in the Jagiellonian University Library. ①

---

* The author would like to thank Professor Agata Bareja-Starzynska, University of Warsaw, and Jakub Zamorski, Jagiellonian University, for their kind suggestions to revise the paper. Professor Agata Bareja-Starzynska kindly pointed the problems in the paper.

** Darui Long, Professor of University of the West, Los Angeles.

① Marek Mejor, Agnieszka Helman-Waźny and Thupten Kunga Chashab, *A Preliminary Report on the Wanli Kanjur Kept in the Jagiellonian Library, Kraków*, Warsaw: Research Centre of Buddhist Studies, Faculty of Oriental Studies, University of Warsaw, 2010, p.19. However, there are some problems in the short description that the author will discuss in detail in chapter 2.

According to Dr. Jakub Zamorski, Professor Robson expressed his interest in visiting Jagiellonian Library as early as 2010. He had learned about the collection of Chinese Buddhist literature from Ms. Agnieszka. Eventually, Professor James Robson visited Kraków in February 2013. Both spent four days in the study room of the Jagiellonian Library browsing the collection. Before leaving, Professor Robson requested the library to take photos of some of the more interesting findings.①

The author's research interest is the *Yongle beizang* 永乐北藏(*Yongle Northern Canon*) and other Chinese Buddhist literature. According to the photos that Professor James Robson offered, the canon was printed with colophons indicating the sixth year (1578), twentieth year (1592), and twenty-sixth year (1598) of Emperor Shenzong (also called Wanli 万历, r. 1573 - 1620).

On May 23, 2016, the author came to the Jagiellonian Library and examined the Pander Collection F. This collection contains 68 works of Chinese literature. None of them belongs to the *Yongle Northern Canon*. The author examined the Kanjur of the Tibetan Buddhist canon and it was until the last second day that the librarian showed a three-page catalogue of Peking Tripiṭaka.

The catalogue is almost unusable in the sense that there is no Chinese word, no Sanskrit word for the whole collection of 5 000 volumes. The inventory numbers offer little information about their collection of the Chinese Buddhist canon. The only thing one can do is to come again to have a thorough examination the next year.

The author came to Kraków again on May 28, 2017, and spent three weeks at the Jagiellonian library. Every day he took more than a thousand photos of every front page of the Buddhist scriptures and gathered the first-hand information about the Jagiellonian library collection of the *Yongle Northern Canon*.

The current paper aims at introducing Jagiellonian collection of Chinese Buddhist literature, mainly the *Yongle Northern Canon*, the *Saddharmapuṇḍarīka Sūtra* in

---

① I would like to take opportunity to thank Professor James Robson for his generosity to send me a number of the photos of high quality. I immediately identified them to be part of *Yongle Northern Canon*. Then I asked University of the West to endorse my trip to Poland in 2016. I would like to thank Dr. Jakub Zamorski and Professor James Robson for their generosity to share the information of the Jagiellonian University Library Collection.

the Tangut language, and the Tibetan Kanjur.

The Jagiellonian Collection of Tibetan books, xylographs and manuscripts previously belonged to the so-called "Sammlung Pander" of the Staatsbibiothek in Berlin. The collector was Eugen Pander, a scholar and collector, was on good terms with Thu'u bkwan Hutukhtu 土观·呼图克图 from the Yonghe Lamasery in Beijing.

In the years 1881—1889 Pander gathered a large collection of Tibetan religious objects (approximately 700 bronze figures, 300 objects of cult etc.) as well as several hundreds of Tibetan, Chinese and Mongolian books, including a fragmentary Wanli Kanjur set, initially believed to be the Yongle Kanjur from 1410. The collection was sent to the Museum of Ethnography in Berlin (Königliches Museum für Völkerkunde zu Berlin), bearing the accession date 1889, and was later moved to Staatsbibiothek in Berlin, where it was kept until the Second World War.

Due to massive raids of the allied air forces the valuable cultural collections kept in Berlin were in great danger. Therefore, for the purpose of their rescue and protection, a special action of redistribution of the collections and placing them in several safe places on the then territory of the Reich was undertaken. One part of books and manuscripts, which included also the Pander collection, was deposited first in the Fürstenstein (now Książ) castle. Since it was decided in 1943 that the castle was to be prepared as the quarters for Hitler, the collection was moved to another place. Consequently, 505 containers were deposited in the church of a baroque Cistercian monastery in Grüssau (now Krzeszów) in Silesia. They safely survived military operations and after the war, in 1945, were discovered by a group of Polish scholars and librarians, who had been assigned with the task of protecting the cultural goods. In 1946 the whole collection including Pander's books was moved to Kraków and in 1947 deposited in the Jagiellonian Library. It was due to the political situation that the Berlin collection deposited in the Jagiellonian Library in Kraków (the so-called "Berlinka") has been kept top secret for a long time and the access to the collection was strictly prohibited. Now it is fully available for research.①

① Marek Mejor, Agnieszka Helman-Ważny and Thupten Kunga Chashab, *A Preliminary Report on the Wanli Kanjur Kept in the Jagiellonian Library, Kraków*, Warsaw: Research Centre of Buddhist Studies, Faculty of Oriental Studies, University of Warsaw, 2010, pp.7—8. Also see Agnieszka Helman-Ważny, "Recovering a Lost Literary Heritage: Preliminary Research on the Wanli Bka″ gyur from Berlin", in *Journal of the international Association of Tibetan Studies*, no.5 (December 2009), pp.5-6. http://thib.org? tid=T5691.(转下页)

According to Agnieszka Helman-Ważny, the Pander collection has been forgotten and is un-catalogued, thus constituting a lost heritage for world scholarship. No proper catalogue of these works exists, and the entire collection has probably been untouched for almost 120 years. Pander's texts and letters give some clues as to its contents. The original collection seems to have included, among other items, portion of Bka'' gyur, works of Lcang skya ho thog thu rol pa'i rdo rje (1717—1786), Tibetan-Mongolian dictionaries, and the fifteenth century founder of Dge lugs pa school's (Tsong kha pa, 1357—1419) works.①

The collection and xylographic prints and manuscripts from the former Prussian State Library in Berlin kept in the Department of Manuscripts of the Jagiellonian Library in Kraków, the so-called "Sammlung Pander" consists of the following six parts:

Pander A = nos. 1—87 [vols. 1—370]
Pander B = nos. 88—117 [vols.1—315]
Pander C = nos.118—136 [vols. 1—40]
Pander E = nos. 137—141 [vols. 1—12]
Pander F = nos.142—162 [vols. 600—668]
Pander Pantheon = nos. 163—222 [vols. 1—60]

(接上页) The Polish First Secretary Edward Gierek gave East German leader Erich Honecker seven pieces of music manuscripts to East German leader Erich Honecker, including Mozart's original manuscript of *Magic Flute* and Beethoven's notes for his Ninth Symphony as a gift, in 1977. The world began to know that Poles hold this Berlinka collection.

① Agnieszka Helman-Ważny, "Recovering a Lost Literary Heritage: Preliminary Research on the Wanli Bka″ gyur from Berlin", in *Journal of the international Association of Tibetan Studies*, no. 5 (December 2009), p. 2. Also see Thupten Kunga Chashab and Filip Majkowski, *Catalogue of the Tibetan Texts in the Pander Collection*: *Part A* (Complete) *and Part B* (Partial) *Held by the Jagiellonian Library*, *Cracow*, Warsaw: Faculty of Oriental Studies, University of Warsaw, 2015. This catalogue provides an index of the authors. The works by Lcang skya rol ba' I rdo rje can be found in this index on page 402. The works by Tsong Kha-pa is indexed on page 407. The Tibetan-Mongolian Dictionary is recorded on page 291.

This paper contains three sections:

1. 68 works in the Chinese language in Pander F
2. The *Yongle Northern Canon of Chinese Buddhism*
3. The *Saddharmapuṇḍarīka Sūtra* in the Tangut language

2. The 68 Volumes of Pander F

There is no catalogue. Agnieszka Helman-Waźny gives a very short description. "Pander F contains 68 volumes of the Chinese Buddhist canon, mostly printed with xylography with original acquisition numbers of the Library from 600 to 668. Accession numbers of the Museum are from 1133 to 1201."①

This, however, is not accurate. Most of them are Buddhist scriptures, but they do not belong to any edition of the Chinese Buddhist canon. The author has made the following catalogue according to its order.

F = nos.142—162, 600—668 (68 volumes)

1. *Miaofa lianhua jing* 妙法莲华经(*Saddharmapuṇḍarīka Sūtra*), volume 4, with each block 5 pages, each page 5 lines, and each line 15 characters. It has punctuations. It is 12 cm in width and 34.2 cm in height. It has no *qianziwen* 千字文 (*One Thousand Character*) word for cataloging. The size is similar to that of *Yongle Northern Canon*. However, each line of *Yongle Northern Canon* has 17 characters. The volume is marked by three Tibetan words Om, Me, Hon.

2. *Miaofa lianhua jing* 大乘妙法莲华经(*Saddharmapuṇḍarīka Sūtra*), volume 5.

3. *Miaofa lianhua jing* 大乘妙法莲华经(*Saddharmapuṇḍarīka Sūtra*), volume 6, ibid.

---

① Marek Mejor, Agnieszka Helman-Waźny and Thupten Kunga Chashab, *A Preliminary Report on the Wanli Kanjur Kept in the Jagiellonian Library, Kraków*, Warsaw: Research Centre of Buddhist Studies, Faculty of Oriental Studies, University of Warsaw, 2010, p.19.

4. *Miaofa lianhua jing* 大乘妙法莲华经(*Saddharmapuṇḍarīka Sūtra*), volume 7, with a seal of Berlin Library.

5. *Miaofa lianhua jing* 大乘妙法莲华经(*Saddharmapuṇ ḍ arīika Sūtra*), volume 1. Each block has five pages with five lines in each page, and each line in seventeen characters. It has punctuations. It is 12 cm in width, and 34.2 cm in height. Its format is similar to that of the *Yongle Northern Canon*. It, however, does not have *qianziwen* as its cataloguing word order. It has word explanations and Tibetan words: om, me, hon. The designer was likely to imitate the format of the *Yongle Northern Canon*.

6. *Miaofa lianhua jing* 大乘妙法莲华经(*Saddharmapuṇ ḍ arīka Sūtra*), Volume 2, ibid.

7. *Miaofa lianhua jing* 大乘妙法莲华经(*Saddharmapuṇ ḍ arīka Sūtra*), Volume 3, ibid.

8. *Miaofa lianhua jing* 大乘妙法莲华经(*Saddharmapuṇ ḍ arīka Sūtra*), Volume 1, ibid.

9. *Miaofa lianhua jing* 大乘妙法莲华经(*Saddharmapuṇ ḍ arīka Sūtra*), Volume 2, ibid.

10. *Miaofa lianhua jing* 大乘妙法莲华经(*Saddharmapuṇ ḍ arīka Sūtra*), Volume 3, ibid.

11. *Miaofa lianhua jing* 大乘妙法莲华经(*Saddharmapuṇ ḍ arīka Sūtra*), Volume 4, ibid.

12. *Miaofa lianhua jing* 大乘妙法莲华经(*Saddharmapuṇ ḍ arīka Sūtra*), volume 5, ibid.

13. *Miaofa lianhua jing* 大乘妙法莲华经(*Saddharmapuṇ ḍ arīka Sūtra*), volume 6, ibid.

14. *Miaofa lianhua jing* 大乘妙法莲华经(*Saddharmapuṇ ḍ arīka Sūtra*), volume 7, ibid.

15. *Yaoshi liuli guang rulai benyuan jing* 药师琉璃光如来本愿经(*Bhaiṣ-ajya-guru-pūrva-praṇidhāna-viśeṣa-vistara*). It is 12 cm in width, and 34.2 cm in height. The first page is a woodcut illustration of how the Buddha lectures. Each page has 4 line, each line has 10 or 11 characters. The end page has an illustration of general Weituo. There is no inscription.

16. *Yaoshi liuli guang rulai benyuan jing* 药师琉璃光如来本愿经(*Bhaiṣ-ajya-guru-pūrva-praṇidhāna-viśeṣa-vistara*), ibid.

17. *Yaoshi liuli guang rulai benyuan jing* 药师琉璃光如来本愿经(*Bhaiṣ-ajya-guru-pūrva-praṇidhāna-viśeṣa-vistara*), ibid.

18. *Yaoshi liuli guang rulai benyuan jing* 药师琉璃光如来本愿经(*Bhaiṣ-ajya-guru-pūrva-praṇidhāna-viśeṣa-vistara*), ibid.

19. *Yaoshi liuli guang rulai benyuan jing* 药师琉璃光如来本愿经(*Bhaiṣ-ajya-guru-pūrva-praṇidhāna-viśeṣa-vistara*), ibid.

20. *Yaoshi liuli guang rulai benyuan jing* 药师琉璃光如来本愿经(*Bhaiṣ-ajya-guru-pūrva-praṇidhāna-viśeṣa-vistara*). The reversed side has Tibetan words: om, me, hon.

21. *Yaoshi liuli guang rulai benyuan jing* 药师琉璃光如来本愿经(*Bhaiṣ-ajya-guru-pūrva-praṇidhāna-viśeṣa-vistara*). The reversed side has Tibetan words: om, me, hon.

22. *Yaoshi liuli guang rulai benyuan jing* 药师琉璃光如来本愿经(*Bhaiṣ-ajya-guru-pūrva-praṇidhāna-viśeṣa-vistara*). The reversed side has Tibetan words: om, me, hon.

23. *Yaoshi liuli guang rulai benyuan jing* 药师琉璃光如来本愿经(*Bhaiṣ-ajya-guru-pūrva-praṇidhāna-viśeṣa-vistara*).

24. *Yaoshi liuli guang rulai benyuan jing* 药师琉璃光如来本愿经(*Bhaiṣ-ajya-guru-pūrva-praṇidhāna-viśeṣa-vistara*).

25. *Yaoshi liuli guang rulai benyuan jing* 药师琉璃光如来本愿经(*Bhaiṣ-ajya-guru-pūrva-praṇidhāna-viśeṣa-vistara*).

26. *Yaoshi liuli guang rulai benyuan jing* 药师琉璃光如来本愿经(*Bhaiṣ-ajya-guru-pūrva-praṇidhāna-viśeṣa-vistara*).

27. *Yaoshi liuli guang rulai benyuan jing* 药师琉璃光如来本愿经(*Bhaiṣ-ajya-guru-pūrva-praṇidhāna-viśeṣa-vistara*). It is 11.3 cm in width, 29.1 cm in height. The cover is decorated with yellowish brocade. Each block has 5 pages, with each page 5 lines, and each line 15 characters. The end has an inscription:

Written by devotee Fang Gumu

Devotees Yao Lingshu and Hu Lingyin made a vow to print *Yaoshi liuli yanshou Scripture* for circulation. They pray for all people to obtain the truth and reach perfection so that both Lingshu and Lingyin may consolidate their happiness and longevity. They may enjoy a life of good fortune in the future with perfect wisdom.

The woodblocks are kept at Haizhuang Temple, Guangzhou.
In the eighteenth year of Emperor Kangxi 康熙(1679)

28. *Yaoshi liuli guang rulai benyuan jing* 药师琉璃光如来本愿经(*Bhaiṣ-ajya-guru-pūrva-praṇidhāna-viśeṣa-vistara*). It is 11.4 cm in width, and 27.8 cm in height. It has a woodcut illustration of how the Buddha lectures. Printed in the thirty-first year of Emperor Qianlong 乾隆(1736). Each block has 5 pages, each page has 5 lines and each line has 14 characters. It is covered with a *han* 函(case). It is hand-copied manuscript.

29. *Yaoshi liuli guang rulai benyuan jing* 药师琉璃光如来本愿经(*Bhaiṣ-ajya-guru-pūrva-praṇidhāna-viśeṣa-vistara*); ibid.

30. *Guoqu zhuangyan jie qian fo* 过去庄严劫千佛. It is 12.2 cm in width, and 33 cm in height. Each block has 5 pages, and each page 5 lines and each line 15 characters. It has Tibetan words. The covers are decorated with dark blue brocade.

31. *Xianzai xian jie qian fo* 现在贤劫千佛. It is 12.2 cm in width, and 33 cm in height. Each block has 5 pages, and each page 5 lines and each line 15 characters. It has Tibetan words. The covers are decorated with dark blue brocade.

32. *Guoqu zhuangyan jie qian fo* 过去庄严劫千佛. It is 12.2 cm in width, and 33 cm in height. Each block has 5 pages, and each page 5 lines and each line 15 characters. It has Tibetan words. The covers are decorated with dark blue brocade. It is decorated with green flowered brocade.

33. *Xianzai xian jie qian fo* 现在贤劫千佛. It is 12.2 cm in width, and 33 cm in height. Each block has 5 pages, and each page 5 lines and each line 15 characters. It has Tibetan words. The covers are decorated with dark blue brocade.

34. *Dizang pusa benyuan jing* 地藏菩萨本愿经(1). It is 12 cm in width, and 33.7 cm in height. The first page is a woodcut illustration of how the Buddha lectures. Another page is devoted to the wish of the long, long life of the emperor. Each block has 5 pages, and each page has 5 lines and each line 15 characters.

35. *Dizang pusa benyuan jing* 地藏菩萨本愿经(2). It is 12 cm in width, and 33.7 cm in height. The first page is a woodcut illustration of how the Buddha lectures. Another page is devoted to the wish of the long, long life of the emperor. Each block has 5 pages, and each page has 5 lines and each line 15 characters.

36. *Dizang pusa benyuan jing* 地藏菩萨本愿经(1). It is 11.8 cm in width and 31 cm in height. The first page is a woodcut illustration of how the Buddha lectures. Another page is inscribed with the wish that the empire would be consolidated and enjoy prosperity. The Buddha shines and the Dharma wheel revolves all the time. Each block has 5 pages, and each page has 5 lines and each line 15 characters.

37. *Dizang pusa benyuan jing* 地藏菩萨本愿经(2) and (3). Three Chinese words "弘""玄""弦" each has one stroke missing. They are written in a way to show that these words are taboo words as they are part of Emperor Kangxi's and Emperor Qianlong's names.

38. *Dizang pusa benyuan jing* 地藏菩萨本愿经(3). It is 11.8 cm in width and 31 cm in height. It has a colophon: A devotee named Lady Zhao of Fu Family donates money to print this Buddhist scripture in the hope that her husband Fengshen Jilun would increase his capacity daily and be away from misfortune events daily. He would enjoy good health. He would take auspicious actions and do things to his heart's content. Written with great respect, in the first year of Emperor Jiaqing 嘉庆(1796).

Each block has 5 pages, each page 5 lines and each line 15 characters.

39. *Dizang pusa benyuan jing* 地藏菩萨本愿经(1). It is 11.8 cm in width and 31 cm in height. Each block has 5 pages, each page 5 lines and each line 15 characters.

40. *Dizang pusa benyuan jing* 地藏菩萨本愿经(2). It has a woodcut illustration of how the Buddha lectures. A colophon reads: To make the empire consolidated and prosperous. The Buddha shines and the Dharma Wheel revolves constantly.

Each block has 5 pages, each page 5 lines and each line 15 characters.

41. *Dizang pusa benyuan jing* 地藏菩萨本愿经(3). It is 12 cm in width and 34.7 cm in height. It ends with a woodcut illustration of general Weituo. The reversed side is written with Tibetan words. Printed in the Ming Dynasty (1368—1644). Each block has 5 pages, each page 5 lines and each line 15 characters.

42. *Dizang pusa benyuan jing* 地藏菩萨本愿经(1). It is 12 cm in width and 34.7 cm in height. A colophon reads: To make the empire consolidated and prosperous.

The Buddha shines and the Dharma Wheel revolves constantly. Each block has 5 pages, each page 5 lines and each line 15 characters.

43. *Dizang pusa benyuan jing* 地藏菩萨本愿经(2). It is 12 cm in width and 34.7 cm in height.

44. *Dizang pusa benyuan jing* 地藏菩萨本愿经(3). It is 12 cm in width and 34.7 cm in height. It ends with a woodcut illustration of general Weituo. Recarved for merit-making by Jingtong, abbot of Qingliang'an.

45. *Dizang pusa benyuan jing* 地藏菩萨本愿经(1). It is 11.3 cm in width and 26.3 cm in height.

46. *Dizang pusa benyuan jing* 地藏菩萨本愿经(2). It is 11.3 cm in width and 26.3 cm in height.

47. *Dizang pusa benyuan jing* 地藏菩萨本愿经(3). It is 11.3 cm in width and 26.3 cm in height.

Copied and recurved with respect in the fourth year of Emperor Tongzhi 同治(1865). Collated and proofread by Bhikhu Xianxiu 贤修,abbot of Shanguo Monastery 善果寺. Layperson Zhang Lan 张澜 recurved and donated money to print. The woodblocks are kept for printing in Zhen Yi Zhai Printing House, Xihe, Zhengyang Gate 正阳门外西河沿振一斋,Beijing. The price for printing the whole set was 1.5 *qian* 钱.

48. *Foshuo sanshi dazang yinguo jing* 佛说三世大藏因果经.It is 12 cm in width and 32.7 cm in height. Lady Pan of Na family sincerely donated money to pray for the happiness, longevity and health of the family, the nineteenth day, the ninth month, seventeenth year of Emperor Qianlong(1752).

49. *Fan qi xiantian doumu yanling xiezui bao chan* 梵炁先天斗姥延龄谢罪宝忏.It is 11.7 cm in width and 34.7 cm in height. Each block has 5 pages, each page 5 lines and each line 15 characters. Recorded by (Lady Aisin) Gioro, wife of Mingzhu, who was Grand Secretariat, in the tenth month of 1682.

50. *Li chan xinfa* 礼忏心法. It is 11.8 cm in width and 32 cm in height. The colophon reads:

> Yuan'an, abbot of Tongming Monastery, made a vow to print 40 prints of *Da bei chan* in the hope that he could pay the debt of four kindnesses, i.e., the

kindness of parents' love, love of sentient beings, the king, and three treasures of Buddhism, and be close to three kinds of people: sentient beings, knowledgeable beings and those who are connected by fate. May all gain wisdom of perfection. Engraved and printed on the seventeenth day, the eleventh month, third year of Emperor Jiaqing (1798).

Each block has 5 pages, each page 5 lines and each line 15 characters.

51. *Jingang banruo bo luo mi jing* 金刚般若波罗蜜经(*Vajracchedikā prajñā-parāramitā Sūtra*). It is 12.2 cm in width and 33 cm in height. It has a woodcut illustration of how the Buddha lectures. The colophon wishes that the empire would be consolidated and be prosperous, and the Buddha shines and Dharma Wheel revolves constantly.

Each block has 5 pages, each page 4 lines and each line 11 words.

52. *Fo ding xin tuoluoni jing* 佛顶心陀罗尼经. It is 10.5 cm in width and 26.4 cm in height. There is a woodcut illustration of Avalokiteśvara with the words: the empire would be consolidated and be prosperous, and the Buddha shines and Dharma Wheel revolves constantly. The end is inscribed with a colophon: Written on a fortunate day in the ninth month, 1787, during the reign of Emperor Qianlong of the Qing Dynasty. Lady Zhao of Fu family, who became pregnant at the age of twenty-two, made a vow to print 300 copies of Dharani. She wished to eliminate all three obstacles of greed, anger and ignorance and troubles, obtaining the perfect wisdom. She wished to be free from disasters. She would always follow the Bodhisattva way.

The end of the scripture is attached with a woodcut illustration of general Weituo.

Each block has 5 pages and each page 5 lines and each line 16 words.

53. *Fo ding xin tuoluoni jing* 佛顶心陀罗尼经, ibid.

54. *Fo ding xin tuoluoni jing* 佛顶心陀罗尼经, ibid.

55. *Yaoshi baochan* 药师宝忏. It is 11.1 cm in width and 29.7 cm in height. Each block has 5 pages, and each page 5 lines, and each line 16 characters.

56. *Yaoshi baochan* 药师宝忏. It is 11.1 cm in width and 29.7 cm in height. Each block has 5 pages, each page 5 lines and each line 16 characters.

57. *Fo shuo da zang xuepeng jing* 佛说大藏血盆经. It is 11.6 cm in width and

32.12 cm in height. A woodcut illustration of lecturing hall with the words "Long live the emperor".

58. *Guanshiyin pusa pumen pin jing* 观世音菩萨普门品经(*Saddharmapuṇḍarīka Sūtra*). It is 10.4 cm in width and 30.3 cm in height. A woodcut illustration of Avalokiteśvara with a wish that the emperor enjoy longevity. It ends with general Weituo. It has a colophon: written by devotee Xianyong shuheng. Printed on the day of Buddhahood, the sixth month, the sixteenth year of Emperor Daoguang 道光(1836). Each block has 5 pages, each page 4 lines and each line 12 characters.

59. *Dacheng zhupin jing zhou* 大乘诸品经咒(*Foshuo yulanpeng jing* 佛说盂兰盆经, *Baofumu en zhou* 报父母恩咒, *Fo shuo da zang xuepeng jing* 佛说大藏血盆经, *Li nian wuliang baota wen* 礼念无量宝塔文). It is 9.2 cm in width and 26.7 cm in height. Song type. Each block has 5 pages and each page 5 lines and each line 15 characters.

60. *Fo shuo gaowang guanyin Jing* 佛说高王观音经. It is 11.9 cm in width and 27 cm in height. Handwritten copy with colored illustrations. It ends with general Weituo. Each block contains 10 pages and each page 5 lines. Each line has 14 characters, or 16-19 characters in the last part.

61. *Xiu jian Liang Huang sanmei churu chanfa ke wen* 修建梁皇三昧出入忏法科文. It is 7.6 cm in width and 25.2 cm in height. It ends with a colophon: The Emperor donated the woodblocks to Venerable Zongguo 宗果, abbot of Da zhihua chan Monastery 大智化禅寺. Each block has 7 pages and each page 5 lines. Each line has 18 characters.

62. *Da bei wu hai zhu pin shenzhou* 大悲无阂诸品神咒. It is 8 cm in width and 19.2 cm in height. A woodcut illustration of Avalokiteśvara. It ends with a colophon: Written with respect by Ven. Xingzheng 性证, Ruiying Monastery 瑞应寺, in the winter of 1718 during the reign of Emperor Kangxi. A devotee Wang Jiaxi 王嘉锡 assisted in printing. Each block has 7 pages, each page 4 lines. Each line has 15 characters.

63. *Da bei wu hai zhu pin shenzhou* 大悲无阂诸品神咒. It has 16 pages. Handwritten copy.

64. *Shenguang jing shi* 神光经识. It is 9 cm in width and 16.6 cm in height. Copied by Yin Xun 殷熏, who was a high-ranking official. It totals 16 pages, each

page 6 lines and each line 19 characters.

65. Heart sutra. Each page has 3 lines and each line has 7 characters.

66. *Dazang yuqie shi shi yi* 大藏瑜伽施食仪. Handwritten copy.

67. *Da fangbian Fo baoen jing* 大方便佛报恩经卷, volume 2. It is 11.7 cm in width and 32.8 cm in height. There is no *Qianziwen* cataloging word. It totals 23 pages and each page has 5 lines. Each line has 5 lines and each line 15 characters.

68. Without title, a Dharani, to be identified.

From the titles above, one can see that most of these scriptures are quite common. One scripture that is unique is No.649 entitled *Fan qi xiantian doumu yanling xiezui bao chan* 梵炁先天斗姥延龄谢罪宝忏. It is not a Buddhist scripture or a Daoist scripture. In other words, neither Buddhist canon nor Daoist canon records it. It has the colophon of Nalan Mingzhu 纳兰明珠(1635—1708).① The author wrote a letter to Mr. Li Jining 李际宁, curator of National Library of China. He generously helped me check the *Baojuan mulu* 宝卷目录 compiled by Che Xilun 车锡伦. There is no record in the catalogue of so-called *Baojuan*. When checking with the *Taishang xuanling booming yansheng da fan doumu xin chan* 太上玄灵保命延生大梵斗姥心忏 and *Taishang beidou ershiba zhang jing* 太上北斗二十八章经, one may find similar chapters and paragraphs. It is assumed that this *Fan qi xiantian doumu yanling xiezui bao chan* 梵炁先天斗姥延龄谢罪宝 is likely to be a print independently engraved and circulated. After 300 years, most of the prints are either damaged or disappeared. Fortunately, it is well protected in Poland. The author has already copied it out and will publish it somewhere soon.

① Nalan Mingzhu 纳兰明珠(1635—1708), styled name Duanfan 字端范, was born in a family of yellow bannermen of Manchu. He was a high minister during the reign of Emperor Kangxi (r. 1662—1722). He was appointed as director of interior affairs of the Imperial Palace, Minister of Punishments, Minister of War, Left Censorate, Grand Secretariat of Wuying Hall, tutor of crowned prince and other important posts. He played an important role in the decisions of dismissal of "Three Feudatories" 三藩, the unification of Taiwan and wars of resisting foreign invasions. He was dismissed in the twenty-seventh year of Emperor Kangxi (1688) for his involvement in factional fights. Later he returned to his old post but was not entrusted.

3. The Collection of the *Yongle Northern Canon* 永乐北藏①

There is no catalogue of Collection of the *Yongle Northern Canon*, except for a simple list enumerating the existing items.

There are probably more than 400 boxes of the *Yongle Northern Canon*. It totals probably 5 000 volumes. The author examined almost all volumes and took photos of every front cover and the first page of the volume. He has found four prints:

1. Printed in the fourth year of Emperor Wanli(1576)
2. Printed in the sixth year of Emperor Wanli(1578)
3. Printed with the donation of Lady Hao, concubine of Emperor Shenzong in the year of 1592
4. Printed in the Wuxu year of Emperor Wanli(1598)

Some of these scriptures may have three prints. In other words, three similar copies are found in Jagiellonian Library. This is very rare. The author has visited more than 24 temples and libraries in China, the US and Poland. Only three temples in China did he find two prints. In addition, there are some independently printed scriptures and handwritten copies.

A German scholar Alfred Forke compiled a catalogue in 1916. It records 1 223 works. They were printed in 1578, 1592 and 1735. More than one-seventh of the scriptures were damaged. One thousand volumes are missing. The prints of 1735 should be classified as *Longzang* 龙藏 which was initiated by Emperor Yongzheng 雍正(r. 1723—1735) and completed in the third year of Emperor Qianlong (1738).

This set of *Yongle Northern Canon*, perhaps, was never opened when it came to Poland. At least, there is no scholarly record. More than 5 000 volumes of the Buddhist canon are packed in 403 packages. Some of them are kept in boxes. Most of them are not. According to the Chinese tradition, every 10 volumes are kept in a *han*. They are simply tied with ropes. The author consulted the situation with librarians. They agreed that a catalogue for the collection is needed.

---

① Alfred Forke, *Katalog des Pekinger Tripiṭaka der Königlichen Bibliothek zu Berlin*, Berlin Behrend & Co., 1916.

The three prints of 1576, 1578 and 1598 look similar. When putting three together in comparison, one can see that the print of 1598 is slightly smaller—0.5 cm shorter. The format and the printing quality are approximately the same. The copy with the donation of Lady Hao is beautifully decorated with deluxe brocade. The collection of *Yongle Northern Canon* at Princeton University, University of Chicago and Zhejiang Provincial Library can match this collection at the Jagiellonian library.

Here is a long colophon in Lady Hao's donation.

> Wang Zhong 王忠, a devotee at Huguo wanshou Monastery 护国万寿寺, printed a set of Buddhist canon at the emperor's edict.
>
> Lady Hao 郝氏, who holds the title of jing shi gong qin 敬侍恭勤, expressed her wish that the emperor live a long, long life.
>
> The empire would be consolidated and prosperous. The Buddha shines and Dharma Wheel revolves constantly.
>
> This set of Buddhist canon is kept at Huguo Wanshou Monastery forever.
>
> On an auspicious day, the sixth month, the year of renchen 壬辰(1592).

It happened that on November 23, 2015, at an auction of rare books and artifacts was held in Tokyo. ①A number of volumes of *Yongle Northern Canon* were sold. The colophon is the same as those found in the Jagiellonian Library.

Who was Lady Hao? Her name can be found in *juan* 4, *Ming shenzong shilu* 明神宗实录 when she was given imperial title and dresses.

When the author stayed at Xiangjie Monastery 香界寺 in Western Hills 西山 in the outskirts of Beijing, he found a bell which was cast in the jiawu year 甲午(1594). The timing of casting the bell was close to the printing of the Buddhist canon in 1592.

---

① http://pmgs.kongfz.com/detail/206_653149/According to the synopsis of the auction, the Buddhist canon was printed by the scripture printing house, in the twentieth year of renchen (1592). It was printed on a white cotton paper and wrapped in brocade. The format is sutra-binding 13×35 cm. Six volumes were sold at the price of 6 000 RMB. The scriptures sold at the auction are entitled Mahāprajñāpāramitā sūtra. They are volumes 202, 203, 204, 206, 208 and 210. The end volume has a woodcut illustration of general Weituo. The colophon is similar to that found in Jagiellonian Library collection.

The cast of the bell was initiated by monks and devotees of Jingtu Monastery which was located in Jintai Lane 金台坊 near Anding Gate 安定门.① Here is the inscription on the bell：

Lady Wang, Great Ming Emperor's legal wife 大明正宫娘娘王氏
Princess Yongning 大明永宁公主②
Emperor's high concubine Zheng 皇贵妃郑娘娘③
Emperor's concubine Lady Xu 德妃许氏
Emperor's concubine Lady Chang 顺妃常氏
Emperor's concubine Lady Wei 慎嫔魏氏④
Concubine Lady Shao 敬嫔邵氏
Concubine Lady Rong 和嫔荣氏
Concubine Lady Zhou 端嫔周氏
Crowned prince 皇太子
Grand Aunt Li 大李娘娘李氏
Second Aunt Li 二李娘娘李氏
Devoted Wang Ming and others 信心弟子王明等
Princes, princesses, mistresses 皇太子，长公主，尊夫人
Liu Yingjie, a relative of the emperor 皇亲刘应节⑤ and his wife Ma 夫人马氏
Ji Ying 吉英, Li ? yuan 李? 园，and Li Gongnü 李恭女
Tian Dongnü 田栋女，Zhang Yinü 张义女，Liu Aisong 刘爱松 and Lady Hao 郝氏

The last person's name was Lady Hao in the epigraphy of the bell. Was she the same Lady Hao in the colophon of the *Yongle Northern Canon* kept at the Jagiellonian

---

① Peng Xinglin 彭兴林，*Beijing foshi yiji kao* 北京佛寺遗迹考，Beijing：Zongjiao wenhua chubanshe, 2012, p.36.

② Her history is recorded in *Mingshi* 明史，Beijing：Zhonghua shuju, 2011, p.3675.

③ See *Mingshi* 明史，pp.3537—3539.

④ A number of records show that her name was “Wei”, but in this character“韦”.

⑤ Liu Yingjie 刘应节 was father of Concubine Liu Zhaofei 刘昭妃. Concubine Liu is recorded in *Mingshi* 明史，pp.3536.

Library in Poland? The author assumed that Lady Hao should be the same person. According to Professor Chen Yunü 陈玉女, Lady Hao's name appeared in the list of lady donors who assisted to the construction of the Qianfo Temple 千佛寺. This event took place in the ninth year of Emperor Wanli (1581). ①

In addition, some hand copied scriptures are found in the packages. For instance, some volumes of *Avataṃsaka Sūtra* is different in its format. It has 15 characters in each line while each line in the prints of the *Yongle Northern Canon* has 17 characters.

Here is an example in Photo 3698:

Avataṃsaka Sūtra

Buddhist disciple Fuxian 福贤 made a vow to copy this scripture on the thirteenth day of the twelfth month, seventeenth year of Emperor Yongle (1419). It was carved and printed.

It was recurved in the winter month, thirty-fourth year of Emperor Jiajing 嘉靖 (1555).

On the auspicious day of the first month, thirty-seventh year of Emperor Jiajing (1558), devotees Zhao Tang 赵镗②, Sun Yue 孙钺, Wang Mao 王茂, Wang Xian 王显 and Liu Ji 刘纪 donated money to print it out.

Fuxian 福贤 was good at calligraphy. His copying of the *Avataṃsaka Sutra* could be found in many places, for instance, the Yangxian Museum 洋县博物馆 in Shaanxi Province. Also this *Avataṃsaka Sūtra* copied by Fuxian is found in the auctions.

On May 30, 2015, the China Guardian Auctions sold six volumes of *Avataṃsaka Sūtra* in two *han*, volumes 67, 69, 72, 74, 75, and 78. It bears the colophon of Fuxian 福贤 who copied the scripture in the seventeenth year of Emperor Yongle (1419). Then it was carved and printed by Chen Longshan 陈龙山 printing house in Nanjing. Its size is 12 × 20.3 cm. The estimated price was 80 000-90 000 RMB.③

---

① Chen Yunü 陈玉女, *Mingdai ershisi yamen huanguan yu Beijing fosi* 明代二十四衙门宦官与北京佛寺, Taipei: Ruwen chubanshe, 2001, p.119.

② Zhao Tang 赵镗 became a successful candidate in the imperial examination in the twenty-sixth year (1547) during the of Emperor Jiajing.

③ Guji shanben: Zhongguo jiade 2009 chunji paimaihui 古籍善本:中国嘉德 2009 春季拍卖会, No.2924, 2009.

Again, the Baoli Auctions 保利拍卖 in Beijing sold volume 47 of this scripture in June 2017. The estimated price was 6 000-7 000 RMB. The size is 34.5 × 12 cm. ①

In December 2016, the Chongzheng Auction 崇正拍卖行 in Guangdong sold volume 5 at the price of 20 000—40 000 RMB.②

4. The Rediscovery of *Miaofa lianhua jing* 妙法莲华经 (*Saddharmapuṇḍarīka Sūtra*) in the Tangut Language

Before beginning to introduce the one volume of *Miaofa lianhua jing* 妙法莲华经(*Saddharmapuṇḍarīka Sūtra*) in the Tangut Language, it is necessary to share some knowledge of Tangut history.

The Tangut were a Tibeto-Burman-speaking people who first appeared as a tribal union living under Tuyuhun 吐谷浑 authority. They moved to Northwest China sometime before the 10th century and founded the Western Xia or Tangut Empire (1038—1227). In the thirteenth century, Genghis (Chinggis) Khan unified the northern grasslands of Mongolia and led his troops in six rounds of attacks against the Western Xia over a period of twenty-two years (1205, 1207, 1209—10, 1211—13, 1214—19, 1225—27). During the last spate of the Mongol attacks, Genghis died in Western Xia territory. The official Mongol history attributes his death to illness, whereas legends claim that he died from a wound inflicted in these battles.

On June 9, 2017, the author found one volume of *Miaofa lianhua jing* 妙法莲华经(*Saddharmapuṇḍarīka Sūtra*) in the Tangut Language. It has two slips of paper in the Chinese language, indicating that it has chapter 13 and Chapter 14 of the Lotus Sutra.

The author does not know the Tangut language, but came to know the existence of this language when reading history of the Chinese print. He immediately sensed out that this must be a rare book. He stopped examining the *Yongle Northern Canon* and took photos of the whole book.

One month later, the author visited Beijing. He made an appointment with

---

① http://auction.artron.net/paimai-art5105190153/

② http://www.epailive.com/goods/8322019

Professor Shi Jinbo, an expert of the Tangut language from the Institute of Minorities, Chinese Academy of Social Sciences.

Professor Shi examined the photo and found four chapters in this volume: chapter 12 Devadatta, chapter 13 Encouragement to uphold the sutra, chapter 14 Peace and Contentment and chapter 15 Springing up from the Earth.

Shi told the author the status quo of the *Miaofa lianhua jing* 妙法莲华经 (*Saddharmapuṇḍarīka Sūtra*) in the Tangut Language. He presented a paper on this rare Buddhist scripture that the Center for the Study of Tangut Culture of Chinese Academy of Social Sciences and the Guimet Museum Asian Art Museum plan to cooperate in publication of the *Lotus Sutra* in the Tangut language in future.

The Center for Tangut Culture Studies of Chinese Academy of Social Sciences and the Guimet Museum of Asia Art in France agreed to cooperate in publication of the three volumes of the *Lotus Sutra* in the Tangut language. This is the first time that the most precious treasures will be published. The academia will be able to see this precious treasure which has a history of 900 years but has been lost for over a century.

In 1900 the Boxers attacked diplomatic compounds in Beijing. Eight Allied forces entered Beijing to counter attack the Boxers. Two French diplomats, George Morisse and Fernand Berteaux, together with Paul Pelliot, discovered 6 volumes of the *Saddharmapuṇḍarīka Sūtra* in the Tangut Language in the ruins of a "White Pagoda" in Beijing. The two diplomats divided the loots. Paul Pelliot, being the greatest sinologist, fully understood the value of the *Saddharmapuṇḍarīka Sūtra* in the Tangut Language, advised the two diplomats to donate the loots to museum. Fernand Berteaux did. In 1912, Morisse sold the three volumes to the State Library of Berlin. Later, the German obtained one volume.

As this volume of *Saddharmapuṇḍarīka Sūtra* in the Tangut Language was wrapped randomly in a package of *Yongle Northern Canon* by Germans during the closing stages of World War II, it came to Jagiellonian University Library in 1947.

According to Agnieszka Helman-Ważny, "during the closing stages of World War II, collections from the Prussian State Library in Berlin were evacuated to the Silesian Castle Fürstenstein (Książ) and later to the Cistercian Brother Monastery Grüssaau (Krzeszów) to protect them from allied bombing. When Lower Silesia became Polish territory after the war, the Polish state claimed the collection as abandoned property. Thus, the Polish part of the Wanli Bka″ gyur history starts in 1946—47, when a group of researchers led by Dr. Stanisław. Sierotwiński, delegate of the Ministry of Education from the Jagiellonian University Library, transported, among others, the Pander Collection to the main Library seat in Crakow"①.

The Germans did not forget their collections. The Berlin State Library sent its librarians to Jagiellonian Library in the hope to scan the *Saddharmapuṇḍarīka Sūtra* in the Tangut Language, but in vain. Unfortunately, due to lack of manpower and funds, the Jagiellonian University Library was unable to catalogue all the books of the Berlinka collection. The library does not have any record. The librarians did not know where these four volumes of *Saddharmapuṇ ḍ arīka Sūtra* in the Tangut language were. The author was fortunate to find out one volume.

In 1904, George Morisse wrote an article about the *Saddharmapuṇḍarīka Sūtra* in the Tangut Language that he obtained in Beijing:

> Chaque volume se présent renfermé dans une enveloppe ou *t'ao* de carton épais, doublé à l'intérieur d'une mince soie jaunie, et, à l'extérieur, de soie bleue ornée de fleurs et de feuilles d'or peintes au trait. Les volumes eux-mémes, recouverts de soie brochée verte, et mesurant 33 centimétres de hauteur sur 12 de largeur, sont formés de feuilles d'un fort papier bleu-noir collées à la suite et pliées en paravent. Le tete, manuscript, se détache en caractères d'or répartis en six colonne de dix-neuf caractères chacune, par page. Les caractères, d'une netteté parfaite et d'une grande élégance, tracés par un pinceau qui unissait la fermeté à une remarquable soupleasse, constituent, avec l'inscription de Jiu-yong-kouan, le plus magnifique specimen de cette écriture aux forms toujours compliquées et souvent gracieuses. L'inscription de Liangzhou est, sous le rapport de la calligraphie, quelque peu inférieure, et certaines corrections-en fort petit nombre-faites après coup au texts de notre Lotus décèlent une main plus

① Also see Agnieszka Helman-Ważny, "Recovering a Lost Literary Heritage: Preliminary Research on the Wanli Bka″ gyur from Berlin", in *Journal of the international Association of Tibetan Studies*, no.5 (December 2009) , p.5.

inhabile encore.①

The Guimet Museum of Asian Art keeps three volumes: volume 2, volume 6 and volume 8. The Germans had in the past volume 1, volume 3, volume 4 and volume 5. There is a preface to volume 1.

Wang Puxin, a high official in the Bureau of Military affairs with several honorary titles, wrote preface to the translation of the *Saddharmapuṇḍarīka Sūtra*, which is considered the secret treasure of Tathāgata. As dharma was manifest, the Buddha came to the world. He gathered followers of both Pratyekabuddhayāna and Śrāvakayāna to study the highest truth. The profound truth is as high as Sumeru Mountain. Its doctrines are as deep as great oceans. The Buddha, in order to help the followers of Śrāvakayāna to understand the truth, repeated his dharma lectures three times. Then he lectured seven parables. This scripture was widely propagated in India and gradually spread to China. The king of the later Qin made a request to Kumārajīva to translate it into the Chinese language.

The Fengjiao cheng emperor, using the country's native language, established Tangut rites, created a script, and translated sutras. His military prowess was outstanding, his virtuous deeds most remarkable. In ruling the people, none can compare. The previous court [Yuanhao's?] translated a great many sutras, but this Lotus law was not included. Now the imperial child and mother have taken the throne, revere and have faith in the Three Treasure [Buddha, dharma, sangha], rule the country and practice virtue, causing the rites of the ancestors to flourish.②

The descendants followed the suit. They took the virtue as the basic as they followed the sun and the moon. They ruled the country with filial piety and all

---

① George Morisse, "Contribution préliminaire à l'étude de l'écriture et de la langue Si-Hia", in *Mémoires présenté par divers savants étrangers à l'Académie*, Année, 1904, 11-2, p. 317.

② This paragraph was translated by Ruth Dunnell. See her book, *The Great State of White and High: Buddhism and State Formation in Eleventh-Century Xia*, Honolulu: University of Hawaii Press, 1996, p.46.

people converted to [Buddhism]. Now the royal family has made a great vow to invite talent people to translate it. Now one set has been done. It is widely circulated and widely supported in the state. Therefore, the sentient beings enjoy prosperity, being free from all disaster.

I do not possess great talent and knowledge. It is beyond my ability to write this preface. My words are just as small dust facing the huge mountain. It cannot be so high. It is as small as a drop of water in the sea.

枢密西摄？典礼司正授艺广武孝恭敬东南姓关上柱国旺普信作《妙法莲华经》者，如来之秘藏也。因其法显，佛出世间，集二藉乘，入一真中。文才高广，与须弥山等，义趣幽深，与大海水同。先演三周，诸乘一乘中集；后宣七喻，五性独性中入。此经者西天演说，渐渐流传东土，晋天子朝罗什三藏翻译，此后风角城皇帝，以本国语言，兴起番礼，制造文字，翻译经典，武功超凡，德行殊妙，治理民庶，无可比喻。前朝已译多伙，然此《莲华经》尚未翻译。今圣母子已袭王位，恭信三宝，治国行德；令先祖礼繁盛，为后帝所习取。以德行业，与日月齐明；以孝治民，总万国皈依。发出大愿，以贤手译，年面未转，一部已毕，国中传行，各处受持。是故众生逐日兴盛，患难永代绝离。臣智微才弱，学殖未深，不自量度，略作序言。我者譬如微尘依山，不能为万丈高；露滴入海，未能与百谷水味合。①

Professor Wu Tianchi 吴天墀（1914—2004）, a well-known scholar of Xixia history from the Department of History of Sichuan University, who was a friend of the author's father, wrote about this event of the "Lotus Sutra" being discovered in the early twentieth century:

In the year of 1889, French diplomat George Morisse obtained volumes of the *Saddharmapuṇḍarīka Sūtra* in the Tangut language. He made a thorough study on it and identified more than 100 characters. He was able to explain some grammars of the Tangut language. In 1904 he published a paper entitled "Contribution Préliminaire à L'étude de L'écriture et de la langue Si-hia"②.

---

① Shi Jinbo 史金波, *Xixia fojiao shi lue* 西夏佛教史略, Yinchuan: Ningxia renmin chubanshe, 1988, p.236.

② Wu Tianchi 吴天墀, *Xixia shigao* 西夏史稿, Chengdu: Sichuan renmin chubanshe, 1983, pp. 271—272.

The earliest scholar to study this *Saddharmapuṇḍarīka Sūtra* in the Tangut language in China was Mr. Luo Fucheng 罗福成(1884—1960), the eldest son of the famous scholar Luo Zhenyu 罗振玉(1866—1940). He wrote a book *Xixia yi lianhua jing kaoshi* 西夏译莲华经考释(Study of the Xixia Translation of the Lotus Sutra Annotated with the Chinese Text), in which he mentioned how George Morisse obtained three volumes of the *Saddharmapuṇḍarīka Sūtra* in the Tangut language.

Morisse says that each page in the *Saddharmapuṇḍarīka Sūtra* in the Tangut language that he obtained has 18 lines. He has made a thorough study on these words that only small percentage of words are still to be identified. Morisse has made great contributions to the understanding of the Tangut language. In the summer of this year, my brother [Luo] Fuchang and I studied the documents together. Apart from the collections of inscriptions on bronzes and stones of our father, we obtained nine papers of *Zhang Zhong zhu* 掌中珠(Pearls in the Palm) presented to our father by Dr. Ivanoff and three volumes of photos of Lotus Sutra presented by Professor Haneda. In the fall of September, Mr. Haneda showed us the photos of Morisse's collection. I utilized the spared time examining the parts Morisse obtained and found problems in Morrise's work. Then we made additional annotations. Now our work was finished and we printed it out. When in future, people will gain more knowledge, they may regard our work as not so valuable. It is only a preliminary study. Written by Luo Fucheng in my study, in mid-September, the year of Jiayin 甲寅(1914) in the reign of Emperor Xuantong.①

---

① Luo's family members were loyal to the Manchu imperial court. Three years after the 1911 Revolution to overthrow the Manchu Dynasty, they still followed the title year of the Last Emperor Xuantong 宣统(r.1909—1911). The original Chinese text is as follows:毛氏尝考释法华经卷一十八行,虽其疑而未定及不可识者什尚二三,然其所已辨识者,则钩稽至密。开辟丛蚕之功盖者首推毛氏矣。今年夏,予与家弟[罗]福苌同治斯学,所见图书,除家大人所藏金石刻辞外,仅得伊凤阁博士 Ivanoff 赠家大人《掌中珠》九纸。日本羽田 Haneda 学士所赠法华经三纸而已。秋九月,乃又于羽田君许,得见毛氏书。爰以课业之暇,将毛氏所疑所阙,就管见所及知者,为之补释。复将羽田学士所赠法华三纸并为考释,校写既毕,姑印存之。异日倘所见较广或更有跬步之进,则此区区者固不足存。第以自验学力而已。宣统甲寅九月中旬上虞罗福成序于曼殊沙华室。See Luo Fucheng 罗福成(1885—1960),*Xixia yi lianhua jing kaoshi* 西夏译莲华经考释,Kyoto: Dongshan xueshe, 1914, preface, p.1 AB.

Now we turn to Professor Shi Jinbo's comment on *Saddharmapuṇḍarīka Sūtra* in the Tangut language:

The devotees copied Buddhist scriptures with gold powder a long, long time ago. Few manuscripts have come down since the Tang and Song dynasties(618—1279). Some of them are found in Dunhuang Grottoes. They are great treasures, but most of them are fragmentary. It is very rare to see such a well-preserved Buddhist scriptures written in gold powder. Due to its long age of existence, it is an invaluable state treasure.

Three volumes of *Saddharmapuṇḍarīka Sūtra* in the Tangut language were lost in Germany. According to Dr. Hua Kaiqi, the Germans obtained four volumes: volume 1, 3, 4, and 5. They were written in gold powder on the blue paper. In 1912, the Germans obtained volume 7. These five volumes were catalogue Libri sin. 1414. They were transferred to the East Asian section newly established in 1922. Finally, they were transferred to the Jagiellonian Library located in Kraków, Poland. The Germans sent their librarians to Poland in the hope to scan these materials from 2013—2014. But they failed to find these scriptures. They suspected that these scriptures were lost during the Second World War. Dr.Hua Kaiqi translated the following catalogue written by hand:

1414, obtained in 1907, 203

Volumes 1, 3, 4, 5

Saddharmapuṇḍarīka Sūtra in the Tangut language

Folded, dark-blue paper written in gold powder.

Each volume begins with a woodcut illustration.

Four cases.

Each volume is enclosed in an envelope or tao of thick cardboard, doubled inside of blue silk adorned with flowers and gold leaves painted in the line. The volumes themselves, covered with green silk brocade.

The scriptures were placed in the horizontal way (unlike the vertical way that Western books are places on the bookshelves).

G.Morisse, *Mémoires présentés à l'académie des inscriptions*, series I.11, 2

(1904), pp. 314—379.

Four volumes, obtained in 1912, 171

Volume 7(Volumes 2, 6 and 8 are missing)①

The author's rediscovery of one volume of the *Saddharmapuṇḍarīka Sūtra* in the Tangut language kept at the Jagiellonian Library greatly encouraged Professor Shi Jinbo. He expressed his hope that the author would go to Poland again to look for the whereabouts of other three missing volumes. Perhaps, they remain in the Jagiellonian library. The Chinese side is willing to cooperate with the Jagiellonian library and Guimet Museum of Asian Art in France to publish the *Saddharmapuṇḍarīka Sūtra* in the Tangut language so that the treasure may shed its light into the understanding of the lost culture.

The author attended the XVIII congress of International Buddhist Association held at the University of Toronto August 22, 2017. He met Professor James Robson, East Asian Language Department of Harvard University and Jakub Zamorski, Professor of East Asian Buddhism at the Jagiellonian University. The three of us had a short meeting on how to further explore the Chinese Buddhist literature kept at the Jagiellonian library.

Professor Wu Tianchi pointed out, "If we want to know the history of China, Xixia is a link that cannot be missing. As far as the sources of Xixia are concerned, so many of them are missing. Many problems remain. Historians should not trust good luck when exploring these problems. We have to sift out fine gold from sand, or gather so many a little to make a mickle. We have to gather and explore sources from the neighbors of Xixia, examining the regimes and contact information of nationalities and finally offer an outline of the essentials of Xixia history. ②

5. Conclusion

The author spent two summers in Poland, examining the Chinese Buddhist

① Shi Jinbo 史金波, "Nijin xie Xixia wen *Miaofa lianhua jing* de liushi he kaocha"泥金写西夏文《妙法莲华经》的流失和考察, in *Wenxian* 文献, No.3, 2017, p.10.

② Wu Tianchi 吴天墀, *Wu Tianchi wenshi cungao* 吴天墀文史存稿, Beijing: Beijing shifan daxue chubanshe, 2016, p.369.

literature. He has the following reflections:

1. It is necessary to have patience and perseverance when tracing the Buddhist literature. Nothing should be missed out.

2. There are many manuscripts in the Jagiellonian Library. Undertaking the cataloging work is necessary. This is never an easy job. The Polish librarians hope to have an inventory catalogue. In this way, readers may look for queries as they wish. In other words, each package should be catalogued accordingly. The weakness of this catalogue is that it does not follow the standard catalogue of the Chinese Buddhist canon which follows the *qianziwen*. Many scriptures are placed together in a random way. The readers may have difficulties looking for what they intend to examine.

3. The study of rare Chinese books overseas is a field that has long been neglected. The Chinese academia knows little about the Jagiellonian Library collection. Overseas Chinese scholars should enhance such communication by introducing the information of library collections. The Chinese counterparts should also widen their connections with libraries in the world.

4.The study of rare Chinese books overseas is a difficult job. It is necessary to bear hardship and hard work. Difficulties may occur in language, life, and communications. It is necessary to possess communicational capacities not only in the English language, but French or German or Polish. It is necessary to speak in a number of foreign languages.

5. The *Yongle Northern Canon* is a court edition of Chinese Buddhist canon. The woodblocks were kept in the imperial court. It was extremely difficult to make a request to print it. Usually, the emperor or empress would print some copies and donated them to various big temples. Small and medium sized temples could obtain it. Three prints are found at the Jagiellonian library, plus *Dragon Edition of Chinese Buddhist Canon*. This is rarely seen. The author has traveled across China and the world and visited many libraries and temples in China, the US and Poland. Only three places did he find two or three prints: Guangji Temple 广济寺,Guanghua Temple 广化寺 and Yunju Temple 云居寺 in Beijing. These temples obtain two sets due to the fact that after the Cultural Revolution's

damage, many temples disappeared. When the authorities wanted to return to collections of the Buddhist canon to these temples, they found no place to return. Therefore, each print would be very precious. That is why two or three temples may have two sets of the *Yongle Northern Canon*. Here a question arises in Jagiellonian University Library: Why did Yonghe Lamasery obtain three prints? It seems that it is necessary to check the archives of Yonghe Lamasery and imperial court. Records in these two places may give us answers.

后　记

作为黄心川先生的弟子，我们一般都会在春节期间约好日子一起到黄先生家给先生拜年。大约是在2017年春节，师兄方广锠提出在黄先生90大寿时我们每人提交一篇文章，为他献上一部祝寿集。大家都很赞同，这样就行动起来，由方广锠、黄夏年和李建欣三人具体负责。

约稿信发出去之后，得到全国学界同仁的积极响应。当然我们深知这不是因为我们有多么大的号召力，而是出于各位同仁对黄心川先生学问和人格魅力的敬仰。

由于出版时间的限制，我们最后只能严格按照事先约定的时间截止收录文章。这里我们首先要对那些没有被收录的文章作者表示歉意。其次，由于大家都可以理解的原因，有的学者提交的文章因涉及比较敏感的主题最后被撤下，我们也希望能得到他（她）们的理解与谅解。

如黄心川先生评价朱谦之先生为“百科全书式的学者”一样，先生本人也是这样一位名符其实的“百科全书式的学者”。我们差堪聊以自慰的是除了学界同仁、弟子对与黄心川先生交往的回顾和对其学术思想的评述以外，本书所收录的学术文章涉及东方哲学与东方宗教两大领域，前者包括印度哲学、日本哲学、越南和韩国哲学，后者包括佛教（印度佛教、中国佛教、佛教艺术等）、印度教、道教、儒学等，这两大领域恰好代表黄心川先生几十年来孜孜矻矻、辛勤耕耘的园地。

黄心川先生被人称誉为“菩萨心肠”，他以各种方式帮助过他所遇到的不少人，这些人在他（她）们人生的关键节点上得到黄先生的无私帮助，从而走上了人生的坦途。我们为拥有这样德高望重、兼济天下的恩师感到由衷的幸运和自豪！

最后，向各位积极惠赐大文的学界同仁表示感谢和敬意，同时让我们共同祝愿敬爱的黄心川先生健康长寿！

李建欣